U0101216

拜占庭帝国大通史
1204—1461

陈志强——总主编
陈志强——主编

BYZANTINE

江苏人民出版社

图书在版编目(CIP)数据

拜占庭帝国大通史. 1204－1461 / 陈志强总主编. --
南京 : 江苏人民出版社, 2023.10(2024.2 重印)
ISBN 978－7－214－27569－1

Ⅰ.①拜… Ⅱ.①陈… Ⅲ.①拜占庭帝国－历史－
1204－1461 Ⅳ.①K134

中国版本图书馆 CIP 数据核字(2022)第 186248 号

书　　名　拜占庭帝国大通史(1204—1461)
总 主 编　陈志强
本卷主编　陈志强
策　　划　王保顶
统　　筹　马晓晓
责任编辑　马晓晓
装帧设计　棱角视觉
责任监制　王　娟
出版发行　江苏人民出版社
地　　址　南京市湖南路 1 号 A 楼,邮编:210009
照　　排　江苏凤凰制版有限公司
印　　刷　南京爱德印刷有限公司
开　　本　718 毫米×1000 毫米　1/16
印　　张　60.5　插页 6
字　　数　922 千字
版　　次　2023 年 10 月第 1 版
印　　次　2024 年 2 月第 2 次印刷
标准书号　ISBN 978－7－214－27569－1
定　　价　256.00 元

全书总编辑小组：
- **陈志强** 南开大学历史学院教授，希腊亚里士多德大学博士
- **庞国庆** 南开大学历史学院副教授，希腊雅典大学博士
- **疏会玲** 华侨大学国际关系学院讲师，南开大学博士
- **孙思萌** 中国社会科学院世界历史研究所助理研究员，南开大学博士

全书译名校改：
- **李昭融** 南开大学历史学院博士研究生
- **吕丹彤** 南开大学历史学院博士研究生
- **吴湉殊** 南开大学历史学院博士研究生
- **毕利鹏** 南开大学历史学院博士研究生

地图制作翻译：**哈尔顿**（John Haldon），普林斯顿大学历史系终身教授

翻　　译：**罗春梅** 中南大学马克思主义学院副教授，南开大学博士

钱币图谱整理：**郭云艳** 河北大学历史学院副教授，南开大学博士

目录

上编 拜占庭君主列传

下编 拜占庭帝国的文化遗产

Part I 上编

上编各章作者：

拉丁帝国（罗春梅）

伊庇鲁斯专制君主国（孙思萌、徐一卯）

特拉比宗“帝国”（郭云艳）

莫利亚君主国（刘宇方）

罗春梅 中南大学马克思主义学院副教授，南开大学博士

孙思萌 中国社会科学院世界历史研究所助理研究员，南开大学博士

徐一卯 天津理工大学马克思主义学院讲师，南开大学博士

郭云艳 河北大学历史学院副教授，南开大学博士

刘宇方 天津师范大学欧洲文明研究院讲师，南开大学博士

上编

拜占庭君主列传

（1204—1461）

The Biographies of Monarchs

第一章

拉丁帝国

（1204—1261年）

拉丁帝国王朝是拜占庭帝国第一个非正统王朝，也是占据君士坦丁堡的拜占庭帝国第12个王朝，是由第四次十字军骑士建立起来的，先后称帝的有七人，他们分属于不同西欧封建家族，包括鲍德温一世（Baldwin Ⅰ of Flanders，1204—1205年）、亨利一世（Henry of Flanders，1206—1216年）、彼得（Peter of Courtenay，1217—？年）、约朗德（Yolanda，1217—1219年）、罗伯特（Robert of Courtenay，1221—1228年）、鲍德温二世（Baldwin Ⅱ，1228—1261年）、约翰（John de Brienne，1231—1237年）。

该王朝的建立源于1204年4月13日第四次十字军骑士攻占君士坦丁堡。当时的拜占庭人并不知道他们分属哪些西欧王室或家族，只因为他们通用拉丁语而称之为拉丁骑士。这个名称较早出现在12世纪的拜占庭作家安娜·科穆宁娜(Anna Comnena,1083—1153? 年)、约翰·金纳莫斯(John Cinnamus,约1143—1185年)和尼基塔斯·侯尼雅迪斯(Nicetas Choniates,约1155—约1215/1216年)等人的著作中,用来通称当时信奉罗马天主教的西方人,以区别于信奉东正教的拜占庭人。拉丁人(Latins)的希腊文为 Λατίνοι,他们主要包括法兰西人、英格兰人,还有一些德意志人,以及威尼斯人和热那亚人等意大利人等。十字军的成分比较复杂,骑士作为主力军。按照《十字军东征百科全书》关于骑士的定义,在13世纪之前,骑士身份通常与贵族身份、自由、公职、财富无关,骑士并不构成一个社会阶级,并无法律地位,他们是充当为王公作战主要工具的专职武士。与他们同行的很多人不是骑士,例如威尼斯人多为临时加入雇佣兵。① 至于拉丁帝国这一称谓,也是拉丁人建立的政权借用东罗马帝国政权的名字。因此当时人称之为"罗曼尼亚"(Romania)或"君士坦丁堡帝国"(Imperium Constantinopolitanum)。这个拉丁名称出现在4世纪,6世纪后出现在希腊语文献中,指罗马帝国。1080年之后,西欧人用这个词指称拜占庭人所称的罗马帝国或者穆斯林所称的"罗姆"(*Rūm*)。1204年,君士坦丁堡的拉丁帝国被冠以 Romania 名称,此后拜占庭人官方文件不再使用这一术语。②

拉丁帝国第一位皇帝是鲍德温一世。他是第四次十字军的首领之一,出征前是西欧封建主,其封地在佛兰德(Flanders)和埃诺(Hainault)两地,故而他同时被称为佛兰德伯爵鲍德温九世(Baldwin Ⅸ of Flanders,1194—1205年在位)和埃诺伯爵鲍德温六世(Baldwin Ⅵ of Hainault,1195—1205年在位)。根据西欧封建制的规矩,他世袭的封地需要有继承人,因此在出征前,他的舅父指定了妹妹玛格丽特和妹夫埃诺伯爵鲍德温五世为自己的继承人。他虽然在君士坦丁堡被选举为皇帝,但是却按照西欧的封建制行事,因此拉丁帝国的第二位皇帝是鲍德温的弟弟亨利,而后第三位皇帝是鲍德温的妹夫彼得,鲍德温和亨利的妹妹约朗德担任摄政。之后的三个皇帝中,罗伯特是约朗德的次子,鲍德温二世是约朗德的幼子,

① A. P. Kazhdan ed., *The Oxford Dictionary of Byzantium*, Oxford and New York: Oxford University Press, 1991, pp. 1187-1188. A. V. Murray ed., *The Crusades: An Encyclopedia*, Santa Barbara, California: Abc-Clio Inc, 2006, p. 245. 罗春梅:《1204年君士坦丁堡的陷落》,北京:人民出版社2012年版,第21—23页。

② A. P. Kazhdan ed., *The Oxford Dictionary of Byzantium*, pp. 1805 and 1183-1184.

而约翰是鲍德温二世的岳父。他们实际上并不是按照拜占庭帝国皇帝血亲世袭继承制传递皇位,也不严格按照父死子继、长子继承、兄终弟及的顺序交接权力,因此不是拜占庭帝国意义上的王朝。更由于他们不是拜占庭贵族,所以不能算作是拜占庭帝国的王朝。只是由于拉丁帝国占据了拜占庭帝国首都,学界还是将其列入拜占庭王朝序列,本书明确标注其为拜占庭帝国非正统王朝。1261 年 7 月 25 日,流亡尼西亚的拜占庭人重新占领君士坦丁堡,拉丁帝国灭亡。

从 1204 年君士坦丁堡被第四次十字军攻陷、拉丁帝国建立,到 1261 年拉丁帝国末代君主逃离君士坦丁堡,这个名不副实的帝国退出历史舞台,历时仅仅 58 年。在此期间,拉丁帝国所有统治者的活动几乎都是为了维持这一所谓帝国的运转。但是,由于该国家从建立之初便采取层层分封的西欧封建政治体制,始终未能形成强大的中央集权,致使其可控资源极其有限,无力与周边国家对抗。特别是在复国势力日益壮大的拜占庭人的打击下,拉丁帝国末代皇帝最终未做任何抵抗便乘船仓皇逃命,并长期流落在西欧各地寻求援助,企图复辟。尽管米哈伊尔八世属下将士幸运地夺取了君士坦丁堡,正统的拜占庭王朝重新占据了故都,但是半个多世纪的拉丁帝国统治留给拜占庭人太多严重的影响,不仅加速了拜占庭社会的分裂,加剧了拜占庭帝国的衰落,而且摧毁了拜占庭帝国的核心价值,即罗马帝国中央集权制的政治传统、古典希腊罗马文明为基础的文化自信,以及东正教信仰为支柱的精神家园。自此以后,拜占庭国家长期衰落,威尼斯等意大利航海共和国逐步垄断东地中海商业贸易,巴尔干半岛地区内乱加剧,等等,拉丁帝国这个短命"帝国"的灭亡,并没有改变历史变革的大趋势,只是加速了拜占庭帝国最终走向灭亡。

如果问占据拜占庭帝国都城 58 年的拉丁帝国王朝对拜占庭历史发展有何影响的话,回答只能是,其影响基本上都是消极的。首先,它将西欧通行的封建制融合在拜占庭帝国正在衰败的中央集权制中,加速了拜占庭国家衰落的进程。如果说拜占庭家族地方集权政治已经开启了帝国中央集权制瓦解的进程,那么拉丁帝国统治便是加快这一进程的加速器。其次,西欧封建制彻底摧毁了已经处于瓦解中的军区制,也瓦解了建立在小农税收体制上的帝国经济形态,使帝国经济基础迅速崩塌。拉丁帝国中央政府治下各个封建实体将拜占庭帝国变为四分五裂的经济实体。再者,拉丁帝国与威尼斯人共同剥夺了拜占庭帝国长期主导的东地中海商贸霸权,掏空了帝国赖以维持的最后一点资源。最后,拉丁帝国彻底结束了拜占庭帝国整合巴尔干半岛各族群历史过程的主导权,开启了该地区群雄逐鹿的时代,因此该王朝可以被称为打造近现代巴尔干火药桶的第一个工匠。如果说拉丁帝国客观上促进了西欧人对拜占庭帝国的了解,扩大了双方的文化交流,那也是其无心之举。

第一节

鲍德温一世(Baldwin Ⅰ of Flanders)

1204—1205年在位

鲍德温一世(荷兰语为Boudewijn,法语为Baudouin,希腊语为Βαλδουίνος,英语为Baldwin,生于1172年,卒于1205/1206年)是拉丁帝国第一位皇帝,1204年5月9日至1205年4月14日在位。

鲍德温于1172年出生在瓦朗谢讷(Valenciennes),早年经历不详,1205年或1206年病逝于巴尔干北方的特尔诺沃(Tŭrnovo/Trnovo/Tirnovo)。他一生大部分时间忙于西欧封建领地争斗,投身十字军以前,就担任了佛兰德伯爵,称鲍德温九世,还担任埃诺伯爵,称鲍德温六世。他是欧洲著名的封建领主,可能是法王最强大的封臣,也是第四次十字军中最大的封建主。在第四次十字军战争中,他率领的队伍规模最大,成为第四次十字军战争最重要的领袖之一。1204年第四次十字军攻占君士坦丁堡后,侵占并瓜分了拜占庭帝国领土,以君士坦丁堡为首都建立起拉丁帝国,鲍德温当选为首任皇帝,史称鲍德温一世(Baldwin Ⅰ of the Latin Empire)。1205年4月14日,他在作战中被保加利亚沙皇卡洛扬(Kalojan/Kaloyan/Johanitza/Joannitsa/Ioannitsa/John,1197—1207年在位)俘虏,后神秘死于监狱,具体去世时间不明,直到一年多以后的1206年7月,十字军骑士才得到其死亡的确切消息。鲍德温的妻子为香槟的玛丽(Marie of Champagne,约1174—1204

年)，先于他去世，两个幼女让娜(Jeanne，1199/1200—1244年)和玛格丽特(Margaret，1202—1280年)成为孤儿，父母去世后，他们的佛兰德领地和埃诺领地遭受了长达半个世纪的政治动乱。

鲍德温的父亲是埃诺伯爵鲍德温五世(Baldwin Ⅴ of Hainault，1171—1195年在位)，母亲玛格丽特(Margaret of Alsace，约1145—1194年)是佛兰德伯爵阿尔萨斯的蒂埃里(Thierry of Alsace，1128—1168年在位)之女。鲍德温的父母于1169年结婚，婚后育有八个子女，长子鲍德温和三子亨利先后成为拉丁帝国皇帝，长女伊莎贝拉成为法国王后，次女约朗德成为拉丁帝国皇后。鲍德温的舅父佛兰德伯爵菲利普一世(Philip of Alsace，1168—1191年在位)安排了他的妹妹玛格丽特和埃诺伯爵鲍德温五世的婚姻。因没有后嗣，佛兰德伯爵菲利普一世于1177年出发参加十字军之前，指定妹妹玛格丽特和妹夫埃诺伯爵鲍德温五世为自己的继承人。1179年，法王路易七世(Louis Ⅶ of France，1137—1180年在位)指定佛兰德伯爵菲利普为自己的幼子、后来的法王菲利普二世(Philip Ⅱ of France，1180—1223年在位)的监护人。第二年，佛兰德伯爵菲利普安排妹妹玛格丽特的长女伊莎贝拉与菲利普二世结婚。1190年，菲利普再次参加十字军，但于1191年在阿卡(Acre)感染军中时疫身亡。菲利普去世后，佛兰德领地由其胞妹玛格丽特继承。1194年，玛格丽特去世，她的长子鲍德温成为佛兰德伯爵。1195年，鲍德温五世去世，长子鲍德温继承了埃诺领地，成为埃诺伯爵。鲍德温的胞弟菲利普(Philip，1175—1212年)继承了那慕尔领地(Namur)①，但菲利普必须向他哥哥鲍德温宣誓效忠。从那之后，那慕尔侯爵就成为埃诺伯爵的附庸，由于埃诺伯爵领地隶属于神圣罗马帝国，埃诺伯爵还要向神圣罗马帝国皇帝宣誓效忠。② 这样，鲍德温一世也就成为佛兰德伯爵和埃诺伯爵，以及那慕尔的封君。

1196年，鲍德温向法王菲利普二世·奥古斯都宣誓效忠。为防法王入侵其

---

① 那慕尔领地由鲍德温五世继承自他的舅父“瞎子”亨利(Henry the Blind，约1112—1196年)。“瞎子”亨利长期没有后嗣，因而指定由妹妹艾丽丝(Alice，鲍德温五世的母亲，1169年去世)及其丈夫鲍德温四世(Baldwin Ⅳ of Hainault，1108—1171年)继承那慕尔，妹妹、妹夫去世后又指定由他们的儿子鲍德温五世继承那慕尔。但1186年“瞎子”亨利的独女出生后，一度出现对那慕尔的继承权之争。

② R. L. Wolff, “Baldwin of Flanders and Hainaut, First Latin Emperor of Constantinople,” *Speculum*, vol. 27, No. 3 (Jul., 1952), p. 282.

领地,并收回曾作为其亡姐伊莎贝拉的嫁妆的阿图瓦(Artois)领地,鲍德温与跟法王菲利普二世关系不好的神圣罗马帝国皇帝亨利六世(Henry Ⅵ,1191—1197 年在位)、英王"狮心"理查德(Richard the Lionheart,1189—1199 年在位)和英王约翰(John,1199—1216 年在位)结盟,并与英王一起支持奥托担任神圣罗马帝国皇帝(Otto Ⅳ, 1209—1215 年在位),坚决反对法王菲利普二世提出的候选人施瓦本的菲利普(Philip of Swabia,德国国王,1198—1208 年在位)。1200 年 1 月,鲍德温在几次打败法王之后,同法王签订了《佩罗讷条约》,从法王菲利普二世那里收回相当大部分的阿图瓦领地。

鲍德温虽然一生中经历过多次封建战争,但其中最大的事件是第四次十字军战争,这一事件改变了他及其家人的命运,改变了所有参与人的命运,也改变了所涉国家和地区的历史。

1200 年 2 月 23 日,圣灰星期三,鲍德温在布鲁日(Bruges)宣誓加入十字军。1202 年 4 月 14 日,鲍德温率十字军出发。中间两年,他忙于准备出征。可能是为了便于在出征期间控制埃诺领地,鲍德温于 1200 年颁布了著名的领地法和刑法。[①] 该领地法阐明了封地继承的规则,确认了血缘关系优先原则,封地继承优先考虑的是与被继承人的血缘关系而不是姻亲关系,旨在阻止私斗的爆发。刑法规范了对谋杀和伤害的具体惩罚,主要是通缉罪犯,禁止窝藏罪犯,对伤害他人者依据具体伤害情况处以不同罚款,并对不交罚款者予以惩罚等。[②] 罗伯特·李·沃尔夫(Robert Lee Wolff)认为,鲍德温的刑法主要是沿袭其父的法律加以修改颁布的,内容和他父亲 1171 年颁布的法律差别不大。鲍德温颁布的领地法和刑法主要是为了在他离开领地时维持现状,同时加强领主对附庸的控制。鲍德温颁布的法律对后来拉丁帝国的法律并没有产生直接影响。[③]

在为出征做准备的两年间,鲍德温还颁布了大量特许状,以确认或增加教会机构的特权。例如,他批准了蒙斯(Mons)的圣沃德鲁(Saint Waudru/Walde-

---

① R. L. Wolff, "Baldwin of Flanders and Hainaut, First Latin Emperor of Constantinople," p. 283.

② 关于鲍德温颁布的领地法和刑法详细内容见 R. L. Wolff, "Baldwin of Flanders and Hainaut, First Latin Emperor of Constantinople," pp. 283 - 286。

③ R. L. Wolff, "Baldwin of Flanders and Hainaut, First Latin Emperor of Constantinople," pp. 286 - 287.

truda)教堂对其所有农奴的所有权,并授权在其蒙斯领地上为麻风病人建立救助机构,还授予这些机构特权,包括康布龙(Cambron)、梅西讷(Messines)、瓦朗谢讷的圣约翰(St. John of Valenciennes)、卢斯(Loos)和奥尔德堡(Aldeburgh)等修道院,哈勒贝克(Harlebek)教堂,位于根特(Ghent)的一所隐修院,以及鲍德温领地上所有普雷蒙特利修会(Premonstratensians)都享有特权和免税权。按照惯例,伯爵到布鲁日、根特、伊普尔(Ypres)、库特赖(Courtrai)和里尔(Lille)等城镇管辖区时,当地有义务为伯爵提供酒,不管市场价格高低,只象征性地收取单价三旦尼尔(*deniers*)的酒钱,现在伯爵废除了这一规定,自行承担酒钱。①

一切准备就绪后,鲍德温于1202年4月14日率领大军出发前往威尼斯集结,开始其第四次十字军战争。作为这次战争的首领之一,他在整个战争过程中,支持此次战争的统帅蒙特菲拉特侯爵卜尼法斯(Boniface of Montferrat,约1150—1207年)以及威尼斯总督恩里科·丹多洛(Enrico Dandolo,约1107—1205年)的决定,参与了其中所有重要活动,包括转向攻打并洗劫扎拉(Zara)和君士坦丁堡,他派代表签署了1201年4月《威尼斯条约》,他本人参与签署《扎拉条约》,担任第一次攻打君士坦丁堡陆地城墙的先头部队的首领。

第四次十字军战争由教宗英诺森三世(Innocent Ⅲ,1198—1216年在位)于1198年8月发动。一开始没有多少人响应,但1198年11月英诺森三世邀请讷伊的福尔克(Fulk of Neuilly, 1201年去世)布道,促使很多人加入了十字军。同年11月28日,鲍德温的内弟、香槟伯爵蒂博(Thibaut of Champagne,1197—1201年在位)举办了一次骑士马术比武大会,法国各地贵族云集,讷伊的福尔克也到场,蒂博在比武大会上组织了一支十字军队伍,他本人当选为这次战争的统帅。但1201年5月24日蒂博去世后,维拉杜安的杰弗里(Geoffrey of Villehardouin,1152—1212/1218年)帮助蒙特菲拉特侯爵卜尼法斯当选为此次战争的新统帅。②

鲍德温于1200年圣灰日加入十字军后不久,便与蒂博以及布卢瓦伯爵路易

---

① R. L. Wolff, "Baldwin of Flanders and Hainaut, First Latin Emperor of Constantinople," pp. 287-288.

② 维拉杜安的杰弗里出身香槟男爵家庭,非长子,1185年成为香槟地区司令官(Marshal),服侍香槟伯爵蒂博。他后来写了《君士坦丁堡征服记》(*De la Conquête de Constantinople*),是关于第四次十字军战争最重要的史料之一。Geoffrey of Villehardouin, "The Conquest of Constantinople," *Chronicles of the Crusades*, by Joinville and Villehardouin; trans. M. R. B. Shaw, New York: Dorset Press, 1985, pp. 37-38.

(Louis of Blois,1191—1205年在位)三人各任命两位代表共六位代表(其中之一是维拉杜安的杰弗里),作为全权代表谈判和相机处理所有东征事务。[①] 1201年,法国十字军六位全权代表到威尼斯请求运送十字军,经过协商,双方正式签订1201年4月《威尼斯条约》,主要内容是:威尼斯提供一支舰队运输十字军,包括4 500名骑士、4 500匹战马、9 000名扈从、20 000名步兵,从1202年6月29日开始,威尼斯为这些十字军提供为期一年的服务和给养,十字军支付威尼斯85 000银马克;另外威尼斯自费提供50艘战舰,条件是威尼斯人与法国十字军在保持联盟关系期间,平分在陆上和海上夺取的一切战利品。[②] 1201年4月的《威尼斯条约》没有注明进军的具体目的地,[③]但得到了教宗批准。

1202年复活节后,和大多数十字军一样,鲍德温如约率军向南经过勃艮第(Burgundy),跨越阿尔卑斯山(Alps)和塞尼山(Mont Cenis),再经过伦巴第(Lombardy),最后到达威尼斯,驻扎在圣尼科洛(San Niccolo di Lido)岛上。鲍德温是最早到达威尼斯的十字军首领之一。[④] 在第四次十字军各路人马中,他的部队规模最大。当时,由于种种原因,很多十字军没有去威尼斯,或者到达威尼斯后又离开,很多骑士从别的地方出发前往叙利亚,一些则返回家园,还有一些十字军爽约没有出发前往威尼斯或者叙利亚。其中,鲍德温的封臣、布鲁日领主让・德・内勒(Jean de Nesles)等人率领一支舰队从佛兰德直奔直布罗陀(Gibraltar)海峡,鲍德温和弟弟亨利把自己的一些船给了他们,船上装载了衣服、食物等供给品。杰弗里说船上有他们大多数最好的将士,这些人原计划同鲍德温会合,但是他们后来自行去了叙利亚。鲍德温的另一个附庸吉勒・德・塔斯吉尼(Gilles de Trasignies)也没有去威尼斯集合,而是去了阿普利亚(Apulia),从那里出发前往叙利亚,

---

① Geoffrey of Villehardouin, "The Conquest of Constantinople," p. 31.

② 关于1201年条约的原文见G. L. Fr. Tafel and G. M. Thomas eds., *Urkunden zur älteren Handels-und Staatsgeschichte der Republik Venedig*. I. Vienna: Kaiserlich-königlichen Hof-und Staatsdruckerei, 1856, pp. 362 ff. Geoffrey of Villehardouin, "The Conquest of Constantinople," p. 33. Robert of Clari, *The Conquest of Constantinople*, trans. Edgar Holmes McNeal, New York: Columbia University Press, 1936, p. 38, n. 17.

③ Donald E. Queller and Thomas F. Madden, *The Fourth Crusade: The Conquest of Constantinople*, University of Pennsylvania Press, 1999, p. 14. 关于第四次十字军战争的目的地,各相关原始资料的记载多不一致,见罗春梅:《1204年君士坦丁堡的陷落》。

④ Geoffrey of Villehardouin, "The Conquest of Constantinople," pp. 40–41.

鲍德温给了他 500 里弗尔(*livres*)路费。[1] 结果,到威尼斯聚集的十字军人数仅为规定人数的三分之一,他们无法全额支付规定的费用,为此,鲍德温和其他贵族感到非常焦虑。鲍德温带头拿出所有的钱交给威尼斯,其他贵族也跟着效仿。但是最后他们上交的总费用还是比 1201 年 4 月《威尼斯条约》规定的总金额少了 34 000 马克。威尼斯拒绝在十字军未付清费用的情况下运输他们。[2] 结果,十字军被困在圣尼科洛岛上长达四个月,其间物价急剧攀升,十字军处境困难,几乎像俘虏似的被威尼斯人控制一切,士兵们非常穷困,感到极度恐惧,很多人回家或者到别的港口渡海,留在威尼斯的十字军大量病死。最后病人、穷人、妇女和所有虚弱者被教宗使节彼得(Peter)安排人手送回家。[3] 威尼斯总督恩里科·丹多洛趁机提出,十字军可以延期支付所欠 34 000 马克债务,条件是帮威尼斯人征服扎拉,[4]以征服所得战利品支付欠债。鲍德温等贵族被迫同意了这一提议,十字军与威尼斯又签订了新协议。不久,总督丹多洛加入十字军,许多威尼斯人也跟着他加入了十字军。[5]

1202 年 10 月 1 日或者 9 日,舰队终于从威尼斯启航。在威尼斯人沿途征服一些地方之后,舰队于 11 月 10 日到达扎拉,十字军对扎拉城的美丽繁荣、城防坚固感到震惊。第二天,舰队开始对该城进行海陆两路围攻,于 11 月 24 日迫使扎拉城投降,随后十字军部队和威尼斯人洗劫了扎拉城。舰队在扎拉过冬,大约 1202 年 12 月 24 日,德王施瓦本的菲利普和拜占庭流亡王子阿莱克修斯(Alexius, 1182—1204 年)派出的使者到达扎拉,[6]与总督和十字军首领们协商兵锋转向君

---

① Geoffrey of Villehardouin, "The Conquest of Constantinople," pp. 36, 40 - 41 and 52 - 53.

② Geoffrey of Villehardouin, "The Conquest of Constantinople," pp. 41 - 43.

③ An Anonymous Author, *Devastatio Constantinopolitana, in Contemporany Saurces for the Fourth Crusade*, ed. and trans. Alfred J. Andrea, Leiden; Bosten; Köln: Brill, 2000, pp. 213 - 214. Robert of Clari, *The Conquest of Constantinople*, 1936, p. 41.

④ 扎拉是威尼斯的竞争对手,是基督教城市,当时处于已加入十字军的匈牙利国王的控制之下。

⑤ Geoffrey of Villehardouin, "The Conquest of Constantinople," pp. 43 - 44.

⑥ 他是拜占庭前任皇帝伊萨克二世(Isaac Ⅱ Angelos, 1185—1195 年在位)的儿子,后来的阿莱克修斯四世(Alexius Ⅳ Angelos, 1203—1204 年在位),施瓦本的菲利普的内弟。1195 年,伊萨克二世被他哥哥阿莱克修斯三世(Alexius Ⅲ Angelos, 1195—1203 年在位)推翻,伊萨克和阿莱克修斯父子被阿莱克修斯三世监禁,1201 年阿莱克修斯被释放。在两个比萨人塞加拉里的雷内里奥(Count Rainerio of Segalari)和希尔德布兰德·法米利亚迪(Ildebrando Famigliati)的帮助下,1201 年 9 月底或 10 月,阿莱克修斯成功逃到西方,寻求姐姐伊琳妮(Irene Angelina, 1181—1208 年)和姐夫施瓦本的菲利普的帮助。1201 年圣诞,(转下页)

士坦丁堡事宜。十字军只有鲍德温等十来人同意转向君士坦丁堡,但最后双方还是签署了《扎拉条约》,签署条约的还是非威尼斯十字军部队的鲍德温等十来个人。条约的主要内容是:如果十字军帮助阿莱克修斯当上皇帝,阿莱克修斯将把整个拜占庭帝国置于罗马教宗的权威之下,即拜占庭教会连同皇帝及其整个帝国与罗马教宗重新统一,服从罗马教会;阿莱克修斯将给十字军 20 万银马克,并给整个十字军提供一年的供给;阿莱克修斯还将自费率领或者派遣一万士兵跟随十字军去埃及,并在埃及服役一年;阿莱克修斯在有生之年将在圣地自费驻扎 500 位骑士。① 这时很多十字军因反对去君士坦丁堡而离开,其中,鲍德温的附庸让·德·内勒等人率领的舰队抵达马赛(Marseilles),派人请示鲍德温,鲍德温要他们去拜占庭,他们拒绝服从命令,自行去了叙利亚。②

1203 年 4 月 20 日,舰队大部分舰船从扎拉启航前往拜占庭的科孚岛。4 月 25 日,阿莱克修斯来到扎拉,跟随在那里等他的威尼斯总督和博尼法斯等一起前往科孚岛,不久他们到达科孚岛,与先期到达的十字军会合。在科孚岛,十字军大半想离开,不愿攻击君士坦丁堡,鲍德温等十字军首领、一些贵族、主教和修道院院长以及阿莱克修斯跪在地上,请求他们不要离开,他们最后答应不离开,同意与首领们一起待到 9 月 29 日,条件是从那时起,在他们提出要求后两周内,首领们应该提供足够的船只载他们前往叙利亚。但后来首领们没有遵守这一协定。威尼斯舰队未能攻下科孚岛,于 5 月 24 日或 25 日离开科孚岛。舰队在马里亚角(Cape Malia)碰到从马赛出发到叙利亚返回的两艘船,鲍德温派出一只小船前去询问,有兵士确认舰队要去征服东方土地后,就不顾随身携带的所有物品,跳进小船加入了十字军。

(接上页)菲利普安排自己的表兄博尼法斯与阿莱克修斯在自己宫廷中会面。Nicetas Choniates, *O City of Byzantium*, trans. H. J. Magoulias, Detroit: Wayne State University Press, 1984, pp. 294 - 295 and 403, n. 1436. Nicetae Choniatae, *Historia*, ed. J. van Dieten [Corpus Fontium Historiae Byzantinae 11], Berlin: De Gruyter, 1975. Thesaurus Linguae Graecae(希腊语文献数据库,简称 TLG), No. 3094001. C. M. Brand, *Byzantium Confronts the West, 1180—1204*, Gregg Revivals, 1992, pp. 215 - 216 and 276.

① Geoffrey of Villehardouin, "The Conquest of Constantinople," pp. 50 and 75. Hugh of Saint Pol, *The Letter of Hugh of Saint Pol to R. of Balues*, pp. 189 and 199 - 200.

② 后来这些人在叙利亚一无所获,维拉杜安的杰弗里对他们的遭遇幸灾乐祸。Geoffrey of Villehardouin, "The Conquest of Constantinople," pp. 52 - 53 and 87.

舰队到达内格罗蓬特(Negroponte)后,十字军首领们召开了会议,之后鲍德温和博尼法斯率军侵占并劫掠了安德罗斯岛(Andros)。他们接着征服了阿拜多斯(Abydos),最后在6月下旬到达君士坦丁堡附近,所有未曾见过君士坦丁堡的人无不震惊于其富庶和规模宏大。当时正是收获季节,供给充足,气候适宜,十字军就地攫取了大量粮食。6月24日,舰队停泊在卡尔西登(Chalcedon)皇帝阿莱克修斯三世的一座宫殿前面,很多贵族住进了宫殿。6月27日,舰队到达斯库塔里(Scutari),那里有阿莱克修斯三世的另一座宫殿,部队驻扎在圣乔治(St George)海峡。次日,阿莱克修斯三世派来使者,询问十字军来意并要求十字军离开。十字军强令阿莱克修斯三世让位给他的侄子阿莱克修斯。为了瓦解君士坦丁堡军民的士气,总督丹多洛和十字军首领们于6月29日,让阿莱克修斯(四世)出面劝降,要求城中人们服从阿莱克修斯,结果遭到拒绝。6月30日,十字军首领们开会商议,部署攻打君士坦丁堡相关事宜,最后决定,鲍德温率领的人马为先头部队,因为他的军队人数远比其他人的军队人数多,且经验丰富,有更多弓箭手和弩手。第二分队由鲍德温的弟弟亨利等人率领的军队组成,第三分队由圣波尔的休(Hugh of Saint Pol)伯爵率领的军队组成,第四分队由路易伯爵率领的军队组成。马修·德·蒙莫朗西(Mathieu de Montmorency)率领来自香槟地区的人马组成第五分队,勃艮第人组成第六分队。第七分队为后卫部队,由博尼法斯亲自率领,包括伦巴第人、托斯卡纳人(Tuscans)、德意志人,以及来自从塞尼山到罗讷河(Rhône)畔的里昂(Lyons)之间所有地区的人马。①

到了事先确定攻城的日子,十字军各队按照分队顺序排列进军,经过激战,7月6日夺取了加拉塔(Galata)塔楼,撞断了横跨金角湾入口、从君士坦丁堡城墙拉到加拉塔塔楼的粗铁链,威尼斯舰队得以进入金角湾。十字军首领们商议下一步行动计划时,决定威尼斯人从海上进攻,非威尼斯人十字军骑士从陆上进攻。② 7月10日或11日,拉丁人正式发动海陆两路合攻君士坦丁堡战役。鲍德温、博尼法斯等为首的十字军攻打布拉海尔奈宫(Blachernae/Blachernai Palace)外面的君士坦丁堡陆墙,由于陆墙坚固,十字军陆上攻城不利。威尼斯人则从金角湾攻打

① Geoffrey of Villehardouin, "The Conquest of Constantinople," pp. 57 - 65.

② Geoffrey of Villehardouin, "The Conquest of Constantinople," pp. 66 - 68.

君士坦丁堡城的海墙,那里是君士坦丁堡城防最薄弱的部分,到 17 日,威尼斯人夺取了海墙 25 座塔楼,放火烧毁附近的建筑,这是拉丁人放的第一把火,阿莱克修斯三世自知不敌,连夜逃走,18 日,城内拜占庭人投降。第四次十字军战争中拉丁人第一次占领君士坦丁堡。

被废黜多年的伊萨克被解救出狱,重新坐上皇帝宝座,拉丁人派代表前去谈判,在伊萨克批准《扎拉条约》后,拉丁人才允许阿莱克修斯(四世)回到君士坦丁堡。阿莱克修斯在 8 月 1 日加冕为皇帝,史称阿莱克修斯四世。由于《扎拉条约》过于苛刻,阿莱克修斯四世一时无法兑现承诺,因此他前往鲍德温的住处,向威尼斯总督以及十字军大贵族们提议,要他们第二年 3 月份等他能筹齐款项再离开。威尼斯人也提出再为十字军服务一年,十字军各方达成一致。由于各方已订的协议将于 9 月 29 日到期,双方盟约,协议自那时起再延续一年。8 月 19 日,一些携带武器的弗来明人(Flemings,即隶属于鲍德温所率部队)、比萨人和威尼斯人攻击并劫掠了君士坦丁堡城中一座寺庙,遭到反击后被迫撤退并放火。根据维拉杜安的杰弗里的说法,这场大火持续燃烧了整整一星期。《君士坦丁堡的毁坏》一书说它烧毁了近半个君士坦丁堡城,城内大约 15 000 个拉丁人纷纷逃到十字军营地避难。① 这是拉丁人放的第二把火。

不久,君士坦丁堡民众不堪忍受十字军的暴行,并将一切灾难归罪于阿莱克修斯四世,发动叛乱,阿莱克修斯五世(Alexius V Ducas, 1204 年 1 月 28 日—4 月 12 日在位)乘机上台。出卖祖国、引狼入室的阿莱克修斯四世被绞死,瞎眼的伊萨克也已病死。拉丁人感到无法得到阿莱克修斯四世在《扎拉条约》中承诺的一切,遂决定再次攻打君士坦丁堡。在备战期间,博尼法斯、鲍德温、布卢瓦的路易和圣波尔的休伯爵代表十字军,总督恩里科·丹多洛代表威尼斯人,共同签署了一份分赃协议,称为《三月条约》,其主要内容是:攻占君士坦丁堡后,所获财宝的四分之三归威尼斯人以支付阿莱克修斯四世的欠债,四分之一归十字军作为酬劳;剩余的战利品由威尼斯人和十字军平分;十字军和威尼斯人双方各选出六位代表,共同商议选出新皇帝;新皇帝将拥有帝国四分之一的领土,以及布拉海尔奈

① Nicetas Choniates, *O City of Byzantium*, pp. 302－303. An Anonymous Author, *Devastatio Constantinopolitana*, pp. 217－218. Geoffrey of Villehardouin, "The Conquest of Constantinople," pp. 74－79.

宫和大皇宫(Bucoleon Palace/Great Palace),其余四分之三由十字军和威尼斯人平分;未被选上皇帝的一方有权掌管圣索菲亚大教堂并选出牧首;从这个3月的最后一天起,所有十字军将士人将在首都滞留一整年,以支持拉丁帝国和皇帝;那之后,所有待在帝国的人应该向拉丁帝国皇帝宣誓效忠,发誓满足于占据分封的土地。十字军和威尼斯人双方各选出12位代表,这24位代表负责给所有骑士分配封地、头衔,委派职务。每个获得封地的人将永久拥有封地,并将世袭,男性和女性都有权继承。协议还特别规定,总督丹多洛不必向皇帝或帝国宣誓效忠,也不必为任何协议、封地或荣誉履行任何义务,但其他威尼斯人和总督的继任者须发誓为皇帝和帝国服务。[①] 显然,《三月条约》完全是按照西欧封建政治体制确定的,也为后来的拉丁帝国奠定了政治基础。

1204年4月9日,拉丁人开始攻城,全部从海上进攻,攻打君士坦丁堡位于金角湾的海墙。12日,拉丁人攻破君士坦丁堡。鲍德温占据阿莱克修斯五世逃跑时丢下的红色帐篷,其弟亨利以及博尼法斯也率领军队驻扎在君士坦丁堡城内。夜里拉丁人放了第三把火,维拉杜安的杰弗里说,在这场大火中"这座城市烧毁的房子比法国最大的三座城市中任何一座所拥有的房子都多"[②]。阿莱克修斯五世连夜逃走。13日,城内拜占庭人投降,君士坦丁堡陷落,拉丁人第二次攻占了君士坦丁堡。维拉杜安的杰弗里夸张地记载,拜占庭军队人数二十倍于十字军,而君士坦丁堡城中人数二百倍于十字军。[③] 也有传言说,拉丁骑士得到了城内奸细帮助而取胜。[④] 拉丁帝国时代从此开始。

随后三天,拉丁人在君士坦丁堡城内大肆洗劫,烧杀淫掠无恶不作。[⑤] 拉丁人劫掠的财物惊人。法国骑士、十字军普通士兵克拉里的罗伯特(Robert of Clari,生卒年不详)说,"世界上40座最富庶城市的财富总计也没有君士坦丁堡城中找到的财富多"。维拉杜安的杰弗里说,"自创世以来从来没有在哪座城市获得过

---

① 罗春梅:《1204年君士坦丁堡的陷落》,第262页,注7。协议的全文见 *The Registers of Innocent Ⅲ*, in *Contempory Sources for the Fourth Crusade*, pp. 141-144。

② Geoffrey of Villehardouin, "The Conquest of Constantinople," p. 92.

③ Geoffrey of Villehardouin, "The Conquest of Constantinople," pp. 68 and 84-93.

④ Geoffrey of Villehardouin, "The Conquest of Constantinople," p. 84. Robert of Clari, *The Conquest of Constantinople*, pp. 85-86.

⑤ Nicetas Choniates, *O City of Byzantium*, pp. 314-316, 322-327 and 357-362.

这么多战利品”,使“那些迄今贫困的人现在因此生活富裕奢侈起来”①。洗劫结束后,拉丁人按照《三月条约》瓜分了绝大部分财物。后来在1204年夏鲍德温出征期间,拉丁人又瓜分了剩余的战利品。②

接着是选举皇帝,在恩里科·丹多洛的操纵下,1204年5月9日,鲍德温击败竞争对手博尼法斯,当选为皇帝。5月16日,鲍德温在圣索菲亚教堂加冕为拉丁帝国皇帝,其他十字军首领如博尼法斯侯爵和布卢瓦的路易伯爵向鲍德温宣誓效忠。克拉里的罗伯特详细描绘了鲍德温的服饰和加冕过程,说他的所有衣服、鞋子上都缀满宝石,纽扣是黄金的,最外面的披风上饰有宝石镶成的鹰形图案,“整个人光彩照人”。同时,路易伯爵为他高举皇帝旗帜,圣波尔的休伯爵为他执剑,博尼法斯则为他手捧皇冠,两名主教在两侧托起博尼法斯的双臂,还有两名主教站在鲍德温身边。与此同时,所有贵族都身着绫罗锦绣,雍容华贵。行涂油礼后,所有主教一起把皇冠戴在鲍德温头上,然后为他佩戴上拜占庭皇帝曼努埃尔一世(Manuel Ⅰ Comnenus,1143—1180年在位)的珍宝,即花费62 000马克购买的首饰。之后,他被扶拥着坐上高高的皇帝宝座,一手持权杖,一手握着带十字架的金球。弥撒礼之后,鲍德温骑上属下牵来的一匹白马,众多贵族们簇拥着他回到大皇宫,被扶上君士坦丁的宝座。所有贵族向他宣誓效忠,所有拜占庭人则向他跪拜臣服。聚餐之后,鲍德温留在大皇宫,所有贵族回到各自住所。③ 整个加冕过程都按照原拜占庭帝国的礼仪举行盛典,鲍德温穿的戴的、使用的场所等都采用了拜占庭帝国仪式,特别是沿用新皇帝骑白马这种做法。

然而,拉丁帝国徒有帝国虚名,因为鲍德温在其不到一年的短暂统治期间,主要忙于四处征伐和瓜分、分封拜占庭土地。他还发布正式通告称,其原来作为佛兰德和埃诺伯爵的印章从此失效,其伯爵地位由此荣升皇帝最高地位,踌躇满志溢于言表。④ 另外,他还写了几封书信向教宗和西欧封建君主们报喜,也为攻击

---

① Geoffrey of Villehardouin, “The Conquest of Constantinople,” pp. 92-93. Robert of Clari, *The Conquest of Constantinople*, pp. 101-113.

② Robert of Clari, *The Conquest of Constantinople*, pp. 117-118 and 121.

③ A. P. Kazhdan ed., *The Oxford Dictionary of Byzantium*, p. 247. Robert of Clari, *The Conquest of Constantinople*, pp. 115-117. Geoffrey of Villehardouin, “The Conquest of Constantinople,” p. 97.

④ Robert Lee Wolff, “Baldwin of Flanders and Hainaut, First Latin Emperor of Constantinople,” p. 289.

基督教兄弟的行为进行辩护。加冕后不久，鲍德温给西方至少写了四封类似的书信。其中一封是写给教宗英诺森三世的，信中解释并宣布了事态的发展，为攻占君士坦丁堡事件进行辩护，声称拉丁人征服君士坦丁堡是上帝而非人力所为；请求教宗号召西方所有基督教徒来君士坦丁堡保卫新兴的拉丁帝国，邀请教宗来君士坦丁堡召集并主持全基督教大会，以此争取教宗支持；他还称上帝赐予他们一块充满各种好东西的土地，这块土地非常富饶多产，气候极其宜人，相当适合定居。大约6月份，鲍德温又给教宗写了封信，附上了《三月条约》的副本，恳请教宗批准。此外，鲍德温曾和其他十字军首领还于1203年4月给教宗写信，1203年8月底鲍德温和其他十字军首领给教宗、德王菲利普和全体基督教徒各发了一封信，都是为十字军攻占君士坦丁堡辩护。[①]

1204年夏，鲍德温率军出征，攻打拜占庭流亡皇帝阿莱克修斯五世。不久，阿莱克修斯五世联合岳父阿莱克修斯三世反攻拉丁人，但被岳父设计蒙骗，弄瞎了双眼。狡猾的岳父这样无情是严防他争夺其皇位。鲍德温占领阿德里安堡(Adrianople)后，进军莫西诺波利斯(Mosynopolis)攻打阿莱克修斯三世，后者闻风而逃，鲍德温顺利占领了莫西诺波利斯。1204年11月，拉丁人俘获阿莱克修斯五世，鲍德温召集所有位高权重的人商议如何处置他，总督恩里科·丹多洛提出从高处摔死他的建议，得到一致同意。君士坦丁堡城中央有两根最高的大理石柱，拉丁人让他站在其中的塞奥多西(Theodosius)石柱的顶端，然后在全城人注视下被推下石柱摔死。大约在同时，阿莱克修斯三世被博尼法斯俘获囚禁，后来被赎出，最后被其女婿、尼西亚流亡统治者塞奥多利·拉斯卡利斯(Theodore Lascaris/Laskaris, 1205—1221年在位)监禁，死于修道院。[②]

不久，鲍德温和博尼法斯发生了冲突。据维拉杜安的杰弗里记载，博尼法斯早就对鲍德温当选皇帝耿耿于怀，后者加冕并开始处理政务后，博尼法斯处处掣肘。当时，博尼法斯请求鲍德温兑现把亚洲的土地和希腊岛(Isle of Greece)分封给他的承诺。鲍德温表面上说乐意履行承诺后，博尼法斯就请求鲍德温授予他塞

---

① *The Registers of Innocent III*, pp. 54－57, 80－85, 98－112 and 127－128.

② Nicetas Choniates, *O City of Byzantium*, pp. 333－334 and 339. Geoffrey of Villehardouin, "The Conquest of Constantinople," pp. 108－109. Robert of Clari, *The Conquest of Constantinople*, p. 124.

萨洛尼基(Thessaloníke)王国,以交换鲍德温之前承诺封授的土地。鲍德温自恃实力增强,暗中策划取消封授,于同年夏天,在占领莫西诺波利斯后,寻找机会。正巧博尼法斯向鲍德温要求去自己的封地塞萨洛尼基就任,并邀请鲍德温一同攻打保加利亚国王卡洛扬。鲍德温乘机向塞萨洛尼基进军,彻底断绝博尼法斯的念头。后者因此愤而与他分道扬镳,二人最终决裂。据克拉里的罗伯特记载,博尼法斯请求鲍德温把塞萨洛尼基分给自己,鲍德温回答说塞萨洛尼基的大部分属于十字军贵族和威尼斯人,不能分给他,自己很愿意分给他一小部分塞萨洛尼基。博尼法斯因此怒不可遏。接着鲍德温率军离开君士坦丁堡出征,沿途攻占了很多小城市和堡垒,最后抵达塞萨洛尼基。博尼法斯带着妻子,也就是伊萨克二世的遗孀,率军跟来,派人送信给鲍德温,不准鲍德温进入他的塞萨洛尼基,否则与他决裂。鲍德温回答说自己绝不会离开,因为塞萨洛尼基不是博尼法斯的。愤怒的博尼法斯于是率军离开,二人公开撕破脸皮。①

目前有关此事真相不得而知,因为维拉杜安的杰弗里的记载并不可靠,隐藏了很多历史事实。后世人认为,他自己说与博尼法斯关系很好,蒂博去世后他便提议博尼法斯担任这次十字军战争新的统帅。② 另一位记载此事的骑士克拉里的罗伯特,也只是十字军普通士兵,不在领导人物之列,除了他亲眼所见亲耳所闻之外,所记多为十字军中的传闻。因此,维拉杜安的杰弗里关于鲍德温食言毁约的说法和克拉里的罗伯特关于博尼法斯无理取闹的解释都不可靠。事实上,博尼法斯一直觊觎皇位,他在 1204 年拉丁人攻占君士坦丁堡后,马上占据了大皇宫,以便抢占地利。后在选举皇帝时,他公开与鲍德温争当皇帝。更可疑的是,在鲍德温加冕之前一天,他同伊萨克二世的遗孀玛格丽特(又称玛丽亚,Margaret-Maria,1175—? 年)结婚,抢夺皇帝宝座之心路人皆知。后来他还打着拥立玛格丽特与伊萨克二世的儿子曼努埃尔为皇帝的旗号四处征讨。③ 他本是第四次十字军

---

① Geoffrey of Villehardouin, "The Conquest of Constantinople," pp. 97 – 101. Robert of Clari, *The Conquest of Constantinople*, pp. 118 – 119.

② Geoffrey of Villehardouin, "The Conquest of Constantinople," pp. 37 – 38 and 102.

③ Robert of Clari, *The Conquest of Constantinople*, pp. 113 – 115 and 118 – 120. Nicetas Choniates, *O City of Byzantium*, pp. 328 – 330. Geoffrey of Villehardouin, "The Conquest of Constantinople," pp. 92 and 95 – 97. A. P. Kazhdan ed., *The Oxford Dictionary of Byzantium*, p. 304.

战争的统帅,鲍德温只是这次战争的一个首领,他们共同夺取君士坦丁堡后,后者却成为拉丁帝国皇帝,反而要他听命于后者。而且,鲍德温曾反对施瓦本的菲利普担任神圣罗马帝国皇帝,而博尼法斯则是施瓦本的菲利普的表兄,二人关系很好,之前施瓦本的菲利普把流亡王子阿莱克修斯托付给他照顾。或许,博尼法斯的野心是他与鲍德温之间爆发冲突的根源。约翰·伯里(John B. Bury)的研究也证明了这一点,他认为博尼法斯图谋计划建立一个独立于拉丁帝国的伦巴第王国(Lombard kingdom)。1204 年 8 月,博尼法斯与威尼斯共和国签署了《阿德里安堡条约》,双方达成交易,博尼法斯把塞萨洛尼基王国置于威尼斯霸权之下,联合威尼斯来对抗鲍德温,反对后者要他承认塞萨洛尼基国王是拉丁帝国皇帝附庸的强硬要求;博尼法斯还利用他十字军统帅的地位,授予十字军战士封地,使他们成为塞萨洛尼基王国的附庸,而根据《三月条约》,他们都应该是拉丁帝国皇帝的直接附庸。[①] 维拉杜安的杰弗里的记载也有可信之处,因为十字军首领普遍同意把塞萨洛尼基分给博尼法斯,以弥补他未能当选皇帝,只有鲍德温不同意,[②]因为塞萨洛尼基是仅次于君士坦丁堡的第二大城市。

二人反目成仇后,鲍德温接着占领了塞萨洛尼基等城市。博尼法斯则占领了之前已被鲍德温征服的德莫迪卡(Demotika)和阿德里安堡。克拉里的罗伯特说,鲍德温和其他十字军贵族知道这一消息之后,威胁博尼法斯说,要把他们所有人都砍成碎片。直到 8 月,经过威尼斯总督丹多洛、路易伯爵等重要人物调解,博尼法斯才撤离阿德里安堡,归还德莫迪卡给鲍德温,鲍德温则把塞萨洛尼基交给博尼法斯。[③] 二人公开对抗总算终止。后来他们的关系得到改善,大约在 1204 年 11 月,博尼法斯俘获阿莱克修斯三世,把后者的深红色皇帝皮靴和皇袍送给了鲍德温,以此表示承认拉丁皇帝的态度,鲍德温则对此表示感谢,两人重归于好。[④]

随后拉丁骑士开始在帝国境内瓜分土地。根据 1204 年 3 月分赃协议,威尼

---

① J. B. Bury, "The Lombards and Venetians in Euboia (1205—1303)," *The Journal of Hellenic Studies*, vol. 7 (1886), pp. 311-313.

② S. Runciman, *A History of the Crusades, Vol. Ⅲ*, Cambridge: Cambridge University Press, 1951, p. 125.

③ Geoffrey of Villehardouin, "The Conquest of Constantinople," pp. 101-106. Robert of Clari, *The Conquest of Constantinople*, pp. 119-121.

④ Geoffrey of Villehardouin, "The Conquest of Constantinople," p. 109.

斯人和十字军共同统治原拜占庭领土,威尼斯人占有原拜占庭领土的八分之三,十字军占有八分之五。同年10月,对原拜占庭领土的正式瓜分开始了。由12位威尼斯人和12位十字军骑士组成的委员会,以《三月条约》为原则,草拟了一份新的瓜分协议。按照这一协议,拉丁帝国皇帝鲍德温获得君士坦丁堡城区的八分之五,包括布拉海尔奈宫和大皇宫,他还得到色雷斯南部地区如特霍尔卢(Tchorlu)、塞林布里(Selymbria),博斯普鲁斯海峡与达达尼尔海峡的海岸地区,小亚细亚西北部地区,爱琴海上一些大岛如莱斯沃斯、萨摩斯和希俄斯。威尼斯人则获得君士坦丁堡城区的八分之三,占有亚得里亚海沿岸重要的商业地区,分得爱琴海大部分岛屿和沿海地区,还有赫勒斯滂海峡(达达尼尔海峡)港口城市、马尔马拉海沿岸重要港口如罗多斯托(Rodosto)等地。

同时,鲍德温对其他土地进行了分封。除了授予博尼法斯塞萨洛尼基,他还分别授予路易伯爵尼西亚,授予休伯爵(不久去世)德莫迪卡,其弟亨利分得阿德拉米提乌姆(Adramyttium),路易伯爵的亲戚埃蒂安·杜·佩舍(Étienne du Perche)得到菲拉德尔斐亚(Philadelphia),雷尼尔·德·特里特(Renier de Trit)分到菲利普波利斯(Philippopolis)等。据克拉里的罗伯特记载,分得土地的多少由财富、地位和追随者的规模来决定,每个地位高的人再分封土地给他的附庸或愿意成为其附庸的人。[①] 受封者率军前往封地。原拜占庭领土上有很多拜占庭人势力,还有保加利亚人势力,由于他们人多势众,拉丁人很难真正控制各自封地。这就迫使拉丁人在原拜占庭领土欧洲部分与保加利亚沙皇卡洛扬、拜占庭人莱昂·斯古罗斯(Leon Sgouros)等交战,在小亚细亚与尼西亚的拜占庭流亡君主塞奥多利·拉斯卡利斯等交战。保加利亚沙皇卡洛扬曾经派使者试图与拉丁人示好,却遭到后者轻蔑的拒绝。同样,小亚细亚突厥人苏丹凯伊-库斯鲁一世(Kay-Khusraw Ⅰ,1194/1195—1197年、1205—1211年在位)提议与拉丁人结盟,也遭到拒绝。很多拜占庭贵族也曾请求为鲍德温和博尼法斯服务,都遭到拒绝,迫使他们转而投奔卡洛扬。只是很久后博尼法斯才使用了一些拜占庭人。不久,欧洲地区的拜占庭人到处发动起义,并与卡洛扬结盟攻打拉丁人。鲍德温、路易伯爵和

① Robert of Clari, *The Conquest of Constantinople*, p. 123.

威尼斯总督丹多洛见形势危急,决定把亚洲地区的拉丁人调到欧洲地区去援助那里的拉丁人镇压叛乱。①

鲍德温非常焦虑,担心丧失已经征服的土地,未等到其弟亨利率军从小亚细亚撤回,就和路易伯爵率军与从亚洲回来的大约 100 个骑士会合,率领着总共约 140 个骑士出发,贸然离开君士坦丁堡,前往叛乱的阿德里安堡。行至尼基察(Nikitza),他们与维拉杜安的杰弗里率领的小支部队会合。他们来到阿德里安堡后,看到这座城市非常强大繁荣,人口众多,防守严密,城墙和塔楼上飘着保加利亚国王卡洛扬的旗帜。他们自知拉丁人兵力严重不足,处境非常不利。这时,威尼斯总督丹多洛率领人马前来助阵,他的队伍人数和鲍德温的队伍人数差不多,后来又有一队威尼斯骑兵加入。但拉丁人军队极其缺乏给养,迫于周边到处是拜占庭人,又无法离开营地去劫掠,只好忍饥挨饿。路易伯爵曾带领本营多半人外出劫掠,却空手而归。同时,保加利亚国王卡洛扬率领大军前来援助亚得里亚堡,其中有 14 000 名库曼人(Cumans/Comans)骑兵。拉丁军队安排维拉杜安的杰弗里和马纳西耶·德·利勒(Manassier de l'Isle)留守营地,鲍德温率领其他人迎战。4 月 13 日,保加利亚国王卡洛扬所部库曼人发动攻击,攻打拉丁人。库曼人都是轻骑兵,他们和拉丁人交战后佯装逃跑,同时朝后面射箭,拉丁人追击了一阵也没有收获。当所有拉丁人归营后,鲍德温便召集所有贵族到他的驻地开会,最后一致决定,敌人来攻打的时候,所有人在营地前列阵等待,禁止追击。4 月 14 日,卡洛扬设下埋伏圈,又派库曼人前来诱敌。路易伯爵不顾前一天的命令,追击库曼人,并要鲍德温跟上他。他们追了很久,最终被库曼人引进埋伏圈,后者立刻回兵围攻拉丁人。路易伯爵身受两处重伤,体力不支掉下马来而死。鲍德温英勇作战,拒绝离开战场,最后被俘。拉丁人损失惨重,死伤大半。克拉里的罗伯特说,整整 300 个骑士下落不明,残余幸存者逃离阿德里安堡。大批拉丁帝国十字军骑士因恐惧不顾他人请求和劝阻,纷纷离开君士坦丁堡,他们乘坐五艘威尼斯船只返回

---

① Geoffrey of Villehardouin, "The Conquest of Constantinople," pp. 108 – 118. Nicetas Choniates, *O City of Byzantium*, pp. 335 – 336. Robert of Clari, *The Conquest of Constantinople*, pp. 78 – 79, 86 – 88 and 123 – 125. An Anonymous Author, *The Deeds of Pope Innocent Ⅲ*, ed. J. M. Powell, Washington, D. C.: Catholic University of America Press, 2011, pp. 201 – 202.

西方。①

关于鲍德温在阿德里安堡战役后的命运,能够或者可能接触鲍德温的几位历史人物的作品说法不一。克拉里的罗伯特说鲍德温失踪,下落不明,②其他人都说鲍德温被俘后死亡。其中,12 世纪末的拜占庭宫廷高官尼基塔斯·侯尼雅迪斯说鲍德温被俘后惨死,维拉杜安的杰弗里、鲍德温的弟弟亨利和保加利亚沙皇卡洛扬说鲍德温被俘后被处死,但没有具体说是如何死的。据尼基塔斯·侯尼雅迪斯记载,1205 年 4 月 14 日,鲍德温在阿德里安堡附近被瓦拉几亚人(Vlachs/Wallachians)和保加利亚人(Bulgarians)国王卡洛扬俘虏,关在卡洛扬的首都特尔诺沃,脖子上一直铐着枷锁,关了很久,当卡洛扬的拜占庭人盟友阿斯皮耶特斯(Aspietēs)及其党羽抛弃他转而投靠拉丁人的时候,卡洛扬狂怒之下,命令把鲍德温拖出监狱,齐膝砍断其双腿,从肘部砍断其双臂,然后把他扔进山谷。最终,鲍德温在山谷里躺了三天,悲惨死去,成为秃鹫的猎物。③ 据维拉杜安的杰弗里记载,鲍德温在阿德里安堡战役中被俘。一支拉丁人部队于 1206 年 7 月曾去援救菲利普波利斯公爵和弗来明人雷尼尔·德·特里特,当时,雷尼尔已被围困在斯特尼马卡(Stenimaka)中长达 13 个月之久。见到雷尼尔之后,贵族们问及一则传闻:鲍德温已经死在卡洛扬的一座监狱之中,不知真假,他们都认为这是流言。但雷尼尔告诉他们说消息是真的,鲍德温确实已经去世。④ 阿德里安堡战役后不久,鲍德温的弟弟亨利大约在 1205 年 4 月或 5 月致信英诺森三世,书信中说,鲍德温在阿德里安堡战役中被卡洛扬俘虏并囚禁。英诺森三世于 1205 年 7—8 月写信要求卡洛扬释放鲍德温,他还敦促鲍德温的弟弟亨利同卡洛扬议和。1205 年底或 1206 年初,卡洛扬回信说不可能了,因为鲍德温已经死于狱中。⑤ 鲍德温的弟弟亨利在后来的书信中,关于鲍德温命运的说法跟维拉杜安的杰弗里的说法

---

① Geoffrey of Villehardouin, "The Conquest of Constantinople," pp. 119 - 126. Nicetas Choniates, *O City of Byzantium*, p. 337. Robert of Clari, *The Conquest of Constantinople*, pp. 125 - 126.

② Robert of Clari, *The Conquest of Constantinople*, pp. 125 - 126.

③ Nicetas Choniates, *O City of Byzantium*, pp. 337 and 353.

④ Geoffrey of Villehardouin, "The Conquest of Constantinople," pp. 142 - 143.

⑤ An Anonymous Author, *The Deeds of Pope Innocent Ⅲ*, pp. 197 - 198 and 201 - 202.

一致。①

还有几位不太可能接触鲍德温的历史人物在作品中谈到这个问题。哈尔伯施塔特(Halberstadt)的无名氏说鲍德温在战场上被卡洛扬杀死,②科吉舍尔的拉尔夫(Ralph of Coggeshall,死于1227年后)说鲍德温被卡洛扬俘虏后囚禁,没有进一步说明他的命运,③苏瓦松(Soissons)教堂的无名氏说鲍德温要么被俘要么战死,④拜占庭作家乔治·阿克罗颇立塔斯(George Akropolites, 1217—1282年)和特鲁瓦方丹的阿尔贝里克(Alberic of Trois Fontaines,死于约1251年)说鲍德温被俘后惨遭杀害,埃努尔(Ernoul,生卒年不详)说鲍德温战死沙场,但记载了他被俘后可能逃走的故事。据乔治·阿克罗颇立塔斯记载,阿德里安堡战役拉丁人战败,鲍德温被保加利亚人俘虏,戴着镣铐面见保加利亚沙皇约翰·卡洛扬,还说约翰杀掉鲍德温后,砍掉并挖空了鲍德温的脑袋,镶以珠宝,用作酒杯。⑤ 特鲁瓦方丹的阿尔贝里克说,一位弗来明(Flemish)神职人员曾从君士坦丁堡回来途经特尔诺沃,说他在特尔诺沃一位勃艮第妇女的客栈住了一晚,听说卡洛扬的妻子企图在监狱中引诱鲍德温,说如果他愿意娶她并带她到君士坦丁堡,她就马上释放他,在遭到鲍德温拒绝后,这个女人愤怒地告诉卡洛扬说,鲍德温向她承诺,如果她释放了他,他就让她当皇后。沙皇大怒,一天晚上喝醉酒后,下令把鲍德温带到他面前砍死,并把鲍德温的尸体喂狗。接着,他公开下令对鲍德温死亡的消息加以保密。那位勃艮第妇女说,她看到鲍德温的尸体在黑暗中发光,便体面地加以埋葬,还称她丈夫在鲍德温坟墓里治好了牙痛和发烧。阿尔贝里克还说,同一年,米蒂里尼的大主教约翰(John of Mytilene)和一个名叫阿尔伯特(Albert)的修道士也认为鲍德温是在特尔诺沃被杀害的。⑥ 埃努尔本人说,鲍德温战死沙场,他编

---

① Robert Lee Wolff, "Baldwin of Flanders and Hainaut, First Latin Emperor of Constantinople," p. 290.

② An Anonymous of Halberstadt, *The Deeds of the Bishops of Halberstadt*, in *Contempory Sources for the Fourth Crusade*, p. 255.

③ Ralph of Coggeshall, *Chronicle*, in *Contempory Sources for the Fourth Crusade*, pp. 287 and 289.

④ An Anonymous of Soissons, *Concerning the Land of Jerusalem and the Means by Which Relics Were Carried to this Church from the City of Constantinople*, in *Contempory Sources for the Fourth Crusade*, p. 236.

⑤ George Akropolites, *The History*, trans. R. J. Macrides, Oxford and New York: Oxford University Press, 2007, pp. 139 - 140. Georgii Acropolitae, *Opera*, ed. A. Heisenberg, vol. 1. Leipzig: Teubner, 1903, TLG, No. 3141002, No. 3141003.

⑥ Alberic of Trois Fontaines, *Chronicle*, in *Contempory Sources for the Fourth Crusade*, pp. 307 - 308.

造了一个故事:当鲍德温的弟弟亨利还只是拉丁帝国的巴伊(*bailli*)①时,他竭尽所能到处打听鲍德温的消息,有人告诉他鲍德温已经从监狱被救出来了,其属下两个人正在一片森林里保护他。他要求亨利提供骑士和军士护送他,而他将从海上送来鲍德温。亨利于是派了两艘全副武装的战舰,安排了骑士和军士前往,船行至那个人所说的那片森林后,立即派救援队来到鲍德温所在的树下,结果发现只有一些残余的面包屑、洋葱和盐,但不知道是谁吃了这些东西。尽管那个人发誓说绝没有撒谎,但是他们在森林里仔细搜寻,最终一无所获,不得不回到君士坦丁堡。罗伯特·李·沃尔夫认为,鲍德温引诱卡洛扬妻子和鲍德温可能逃走的说法只是想象和编造,完全不可靠。②

伴随鲍德温个人悲惨结局而来的是其家庭的不幸遭遇。鲍德温在1186年与香槟的玛丽结婚,后者是香槟伯爵亨利(Henri,1127—1181年)的女儿,第四次十字军战争统帅、香槟伯爵蒂博的姐姐。她一出生就被许配给鲍德温,两人12岁结婚。鲍德温和妻子关系很好,感情深厚。③ 12世纪末的拜占庭宫廷高官尼基塔斯·侯尼雅迪斯称赞他虔诚、行为节制、贞洁、忠于妻子,说妻子不在身边的时候,他从未看其他女性一眼,还规定一周两晚禁止任何人在宫中与合法妻子以外的女性发生性行为。④

1199年末或1200年初,玛丽生下大女儿让娜。1200年2月23日,玛丽与鲍德温同时加入十字军,但她没有在1202年4月跟随鲍德温一起出发,因为当时她已经怀孕了几个月,鲍德温让她在离开之前担任领地的摄政王。1202年6月玛丽生下二女儿玛格丽特后,于1203年末或1204年初,出发前往东方与丈夫会合。临行,她把两个年幼的女儿留在家中,把她们连同佛兰德伯爵领地的摄政权交给鲍德温的弟弟那慕尔侯爵菲利普,委托鲍德温祖父鲍德温四世(Baldwin Ⅳ)的私生子圣索韦的威廉(William)担任埃诺领地的巴伊。鲍德温和妻子玛丽原计划只离开领地三年,但是后来两人都客死他乡,再也没有回去。由于不知道第四次十

① 法语的专有名词,是国王的行政代表。在其所管辖的辖区内,巴伊有很大权力,可直接控制当地的司法、行政和财务。

② Robert Lee Wolff, "Baldwin of Flanders and Hainaut, First Latin Emperor of Constantinople," pp. 290-292.

③ Robert Lee Wolff, "Baldwin of Flanders and Hainaut, First Latin Emperor of Constantinople," p. 288.

④ Nicetas Choniates, *O City of Byzantium*, p. 328.

字军转向攻打君士坦丁堡,玛丽从马赛出发,于 1204 年夏航行到达阿卡,在那里她才知道十字军攻陷了君士坦丁堡,并且其丈夫成了那里的新皇帝,自己成了拉丁帝国的皇后。玛丽在阿卡帮助教宗使节调解了西里西亚的亚美尼亚国王利奥二世(Leo Ⅱ,1198/1199—1219 年在位)与安条克(Antioch)王公博希蒙德四世(Bohemond Ⅳ, 1201—1216 年、1219—1233 年在位)之间的冲突,并接受安条克王公宣誓效忠。安条克原属拜占庭帝国,此时成为拉丁帝国的封地。正当玛丽决定前往君士坦丁堡时,她却因阿卡暴发瘟疫而病倒,于 1204 年 8 月去世。① 鲍德温派来的代表本来是为护送她去君士坦丁堡的,结果却护送着她的遗体返回。妻子的去世给鲍德温带来极大痛苦,②他内心绝望,在 1205 年 4 月 14 日被俘后神秘死亡。他们的两个女儿成为孤儿。鲍德温夫妇俩先后去世,为其女儿们的不幸遭遇和其领地一连串的灾难埋下了伏笔。

在玛丽去世和鲍德温被俘后,其佛兰德和埃诺领地由年仅 5 岁的长女让娜继承,当时她仍由其叔父那慕尔侯爵菲利普监护。到 1206 年,菲利普自行决定担任佛兰德和埃诺的摄政,以应对法王占有领地的企图。同年 1 月,菲利普被迫以侄女让娜的名义向法王菲利普·奥古斯都宣誓效忠,承诺帮助法王反对除鲍德温之外的任何人。③ 法王菲利普·奥古斯都还逼迫菲利普于 1211 年迎娶自己的女儿玛丽(1198—1224 年),以便控制佛兰德和埃诺两个伯爵领地。④ 但是次年菲利普去世,二人没有后嗣,法王的目的也没有达到。1208 年 9 月,法王菲利普·奥古斯都强迫菲利普转让对鲍德温两个女儿的监护权,菲利普的条件是:没有他的同意,鲍德温两个女儿未满 12 岁时不能结婚,并且当她们年满 12 岁可以结婚以后,她们的丈夫必须同意支付一笔钱。

法王菲利普·奥古斯都得到鲍德温两个女儿监护权之后,在 1210 年或 1211

---

① Geoffrey of Villehardouin, "The Conquest of Constantinople," pp. 110 - 111. F. van Tricht, *The Latin* Renovatio *of Byzantium: The Empire of Constantinople (1204—1228)*, trans. Peter Longbottom, Leiden: Brill, 2011, pp. 434 - 436. R. L. Wolff, "Baldwin of Flanders and Hainaut, First Latin Emperor of Constantinople," pp. 288 - 289.

② Geoffrey of Villehardouin, "The Conquest of Constantinople," pp. 110 - 111.

③ John W. Baldwin, *The Government of Philip Augustus: Foundations of French Royal Power in the Middle Ages*, Berkeley: University of California Press, 1991, p. 203.

④ J. Bradbury, *Philip Augustus: King of France 1180—1223*, London: Routledge, 2016, p. 284.

年以50 000巴黎里弗尔(*livres parisis*)把她们卖给了法国大贵族昂盖朗·德·库西(Enguerrand de Coucy,约1182—1242年),昂盖朗想要迎娶让娜以获得佛兰德领地,但交易失败。1212年1月,让娜嫁给了玛蒂尔达的侄子葡萄牙的费兰德。不久,菲利普去世。据说,菲利普死前非常悔恨自己给两个侄女带来的不幸,于是解除了她们对自己的所有义务,并把那慕尔领地留给了自己的双胞胎姐妹约朗德。①

让娜和费兰德在巴黎举行婚礼后,在返回佛兰德的路上,被法国王位继承人路易(Louis,1187—1226年)俘虏。② 在佩罗讷,路易王子要求他们把鲍德温曾于1200年夺取的土地即他母亲伊莎贝拉的嫁妆全部还给他。回到佛兰德之后,费兰德联合英王和德王,结成反法同盟,但盟军最后于1214年被法王菲利普·奥古斯都打败,费兰德被俘,被囚禁在法国达12年之久。这期间,让娜独自统治佛兰德,协助她统治的是一个亲法委员会。

1212年,鲍德温的小女儿玛格丽特嫁给了埃诺贵族阿韦讷的布沙尔(Bouchard d'Avesnes,1182—1244年),婚礼公开举行,让娜夫妇未加反对。但不久布沙尔要求继承鲍德温的部分遗产,遭到让娜反对。此后让娜决心拆散他们,称布沙尔曾担任教职,于是教宗英诺森三世及其继任教宗宣布玛格丽特与布沙尔的婚姻无效。但玛格丽特与布沙尔拒绝服从,继续在一起生活,先后生了三个儿子,长子夭折,另两个儿子活了下来。最终双方兵戎相见,1219年布沙尔被让娜俘虏后,布沙尔于1221年答应与玛格丽特分手,而后被释放,他旋即前往罗马寻求教宗赦免。1223年,在让娜的压力下,玛格丽特与另一个贵族当皮埃尔的威廉(William of Dampierre,1196—1231年)结婚。由于当时玛格丽特与布沙尔的婚姻并未被正式废止,同时玛格丽特与威廉具有禁止结婚的血缘关系,③玛格丽特的婚姻一时成为丑闻。人们强烈反感玛格丽特的无情和让娜的残忍。由于人们普遍不满佛兰德和埃诺在女性统治下遭受的不幸,以及统治者的家庭丑闻,其领地内各个阶

---

① R. L. Wolff, "Baldwin of Flanders and Hainaut, First Latin Emperor of Constantinople," p. 293.

② 即后来的路易八世(Louis Ⅷ, 1223—1226年在位),他是法王菲利普·奥古斯都和鲍德温姐姐伊莎贝拉的儿子,因此,他是让娜的表兄。

③ Robert Lee Wolff, "Baldwin of Flanders and Hainaut, First Latin Emperor of Constantinople," pp. 293-294.

层都骚动不安起来，姐妹间的战争造成的破坏和劫掠以及一场饥荒又加重了这种不满和不安。

正是在这种背景下，出现了伪鲍德温事件。1225年开始流行一种说法，说鲍德温仍然活着，并且回到了佛兰德。反让娜派联合各派势力，公开拥戴一个伪称鲍德温的人。伪鲍德温的追随者以玛格丽特第一个丈夫布沙尔等贵族为首，包括一批贵族和神职人员，以及大量民众。鲍德温的老部下因为识破伪鲍德温，公开声称他不是真的鲍德温，但是民众坚持认为他就是他们的伯爵，认为那些否认的人是被让娜收买了。伪鲍德温要求让娜归还佛兰德和埃诺领地的统治权。绝大多数城镇都支持伪鲍德温，并选出自己的地方行政长官。随后双方爆发了内战，乡村遭到彻底破坏。伪鲍德温大受拥戴，其中有很多是高级贵族，甚至英王也写信给伪鲍德温提议恢复传统的同盟关系，伪鲍德温还带着两个“孙子”即布沙尔与玛格丽特的儿子现身。让娜则被迫逃到巴黎寻求路易八世的保护，请求路易帮她夺回权力，承诺以20 000巴黎里弗尔作为报酬，在付清报酬之前，允许他占领杜埃(Douai)城和莱克吕斯(l'Ecluse)城。路易八世后来接见了伪鲍德温，向他提了很多问题，后者答不上来。有主教和修道院院长悄悄告诉法王说认出伪鲍德温是一个吟游诗人，他的真名叫贝特朗·德·雷恩斯(Bertrand de Rayns)。伪鲍德温连夜逃走，立刻遭到贵族追随者的抛弃。最终，他虽然仍然得到穷人的支持，但是还是被抓住处死。尽管如此，民众仍然坚信那个人是真正的鲍德温。在此后几个世纪里，让娜往往被斥责为弑父者，甚至有学者也认为那个人是真正的鲍德温。[①]

伪鲍德温事件深刻地反映出西欧封建制的丑陋。鲍德温夫妻俩离开领地去世之后，他们在西方的领地佛兰德和埃诺成为外敌侵略的对象，并陷入长达半个世纪的内乱，先后经历了让娜夫妇与法王的战争、让娜与玛格丽特姐妹俩的战争、伪鲍德温派反让娜的战争、玛格丽特两场婚姻所生儿子们争夺佛兰德和埃诺继承权的战争。[②] 这是鲍德温家庭的不幸，也是其领地佛兰德和埃诺的灾难，透射出西欧流行的封建政治体制之深刻矛盾。

鲍德温一生命运多舛，虽然一度年轻气盛，血气方刚，与法王菲利普二世冲

---

① R. L. Wolff, “Baldwin of Flanders and Hainaut, First Latin Emperor of Constantinople,” pp. 295 - 299.

② https://en.wikipedia.org/wiki/War_of_the_Flemish_Succession.

突,但全力支持第四次十字军战征,且同意十字军转向攻击扎拉和君士坦丁堡,参与创建拉丁帝国。他将西欧地方集权制的家族政治模式推广到东地中海,在原拜占庭帝国领土上推行西欧分封制,加速了拜占庭帝国沦为二流小国的进程。他与博尼法斯争当拉丁帝国皇帝,争夺塞萨洛尼基,坚决反对博尼法斯独立于拉丁帝国的斗争,纯属封建主之间的较量。他和其他拉丁人拒绝保加利亚沙皇的友好姿态和突厥人苏丹的结盟提议,拒绝拜占庭人的和解请求,没有及时开展对保加利亚人的积极外交,未能对拜占庭人采取怀柔政策,致使周边势力都成为拉丁帝国的敌人。他不熟悉保加利亚军队中库曼人轻骑兵的游击战术,与路易伯爵鲁莽追击库曼人,遭到伏击,且拒绝逃离战场,①最后被俘,下场悲惨。虽然他虔诚贞洁,与妻子感情深厚,但他投身十字军,注定了此后其本人和家族凄惨的结局。他的妻子为了跟他在一起把两个幼女托付给他的附庸、其弟菲利普,两个幼女却遭到菲利普的恶劣对待,结果他的领地在他离开后半个世纪里遭受了灾难和动荡。终其一生,鲍德温作战英勇,处事执着,具备组织才能。但是,他终究不能算是卓越的政治家,因为他缺乏洞悉西欧封建政治弊端的见识,也无视其周边贵族人性的丑恶,包括其亲属贵族在内的,最终制造了其后人的苦难。他曾采取积极的治理措施,给其领地带来秩序和相对的安全,进而遏制了法王扩张的野心,却在关键时刻离开自己的领地参加十字军,这不能不说是其人生重大的错误。

第二节

亨利一世(Henry of Flanders)

1206—1216 年在位

亨利(法语为 Henri de Flandre/Hainaut,希腊语为 Ερρίκος της Φλάνδρας,英

---

① 维拉杜安的杰弗里说鲍德温拒绝离开战场,尼基塔斯·侯尼雅迪斯说当时拉丁人无法逃离战场。但根据维拉杜安的杰弗里记载,当时还是有人逃离了战场,逃回了营地。Geoffrey of Villehardouin, "The Conquest of Constantinople," pp. 122 and 127. Nicetas Choniates, *O City of Byzantium*, p. 337.

语为 Henry of Flanders/Hainault,生于1176年,卒于1216年)是拉丁帝国第二位皇帝,1206年8月20日被加冕为皇帝,直到1216年6月11日病逝,在位近十年。

亨利是鲍德温一世的弟弟,埃诺伯爵鲍德温五世和玛格丽特的第三个儿子。他出生于瓦朗谢讷,逝于塞萨洛尼基。亨利和其兄长鲍德温一起参加了第四次十字军战争,很快因英勇善战而出人头地。鲍德温被俘后,他被属下骑士推举为拉丁帝国的皇帝。

鲍德温于1200年2月加入十字军之后不久,亨利也加入了十字军。[①] 此次十字军被称为第四次十字军,由威尼斯舰队负责运输,于1203年6月下旬到达君士坦丁堡附近。同月底,十字军贵族们部署军队攻打君士坦丁堡,把十字军分成七支分队,其中,亨利率领的是第二分队,居于其兄长鲍德温率领的先头部队之后。这七支分队攻打君士坦丁堡西面陆地陆墙,威尼斯人则攻打君士坦丁堡海墙。攻打陆墙的七支队伍中,前四支分队各由鲍德温、亨利、路易和休率领,主要负责军事进攻,后三支队伍则主要负责守卫营地。[②] 7月18日,第四次十字军和威尼斯人第一次占领君士坦丁堡。8月1日,阿莱克修斯四世(Alexius Ⅳ Angelos,1203—1204年在位)加冕为皇帝。不久,阿莱克修斯四世率领拜占庭人和十字军出征拜占庭帝国各地,追捕阿莱克修斯三世。亨利是跟随阿莱克修斯四世出巡的少数十字军贵族之一。据无名氏记载,由于阿莱克修斯四世未能兑现支付承诺给亨利的报酬,亨利就愤然离开了他,回到十字军主力部队中,并带回了更多十字军骑士和步兵。[③] 阿莱克修斯五世推翻阿莱克修斯四世上台后,拉丁人无法得到阿莱克修斯四世承诺的一切,决定再次攻打君士坦丁堡。

由于缺乏食物等必要物资,亨利率领一小队人马于1204年2月某天晚上,秘密潜出京都劫掠城郊,占领了富庶的非利亚(Philia)城区,掠夺了大量战利品,包括牛和衣服,还有大量俘虏。但是归途中,他们遭到阿莱克修斯五世伏击。亨利

---

① Villehardouin and De Joinville, *Memoirs of the Crusades*, trans. Sir Frank Marzials, London: J. M. Dont & Sons, Ltd.; New York: E. P. Dutten & Co., 1908(reprinted 1921), p. 3.

② Geoffrey of Villehardouin, "The Conquest of Constantinople," pp. 62-70.

③ Geoffrey of Villehardouin, "The Conquest of Constantinople," p. 78. An Anonymous Author, *Devastatio Constantinopolitana*, p. 218.

率领小队人马以少胜多,打败了阿莱克修斯五世的大队人马,①杀死了大约20个拜占庭军人。阿莱克修斯五世仓皇逃脱,险些丧命,拜占庭皇帝随身携带的圣母圣像、皇帝头盔、旗帜和武器等,都落入拉丁人之手。其中,圣母圣像尤其贵重,是拜占庭皇帝上战场时必带的圣物,被皇帝们看作是与他们共同指挥作战的神祇。② 克拉里的罗伯特记载说,整个圣像全由黄金做成,装饰有珍贵的宝石,他从未见过如此美丽昂贵的圣像,并由此判断拜占庭人虔信该圣像的神迹,他们认为任何持有该圣像作战的人都不会被打败。③ 亨利的部队携带大量劫掠的财物回城,受到拉丁人的热烈欢迎,特别是他缴获圣像的功绩在当时引起轰动,第四次十字军战争几乎所有相关资料都对此进行了记载,④亨利因此名声大噪。

1204年4月9日,拉丁人再次攻打君士坦丁堡城,12日攻破拜占庭都城,十字军骑士和威尼斯人第二次占领君士坦丁堡。亨利占领布拉海尔奈宫,派兵驻守宫殿,重点守卫财宝。⑤ 1204年5月16日,亨利长兄鲍德温加冕为拉丁帝国皇帝。1204年夏,鲍德温率军出征,追击逃亡的拜占庭皇帝阿莱克修斯五世。亨利被鲍德温派去先行出战,亨利的军队所到之处望风披靡,所有城市包括阿德里安堡都宣誓效忠鲍德温。⑥

在随后的土地分封中,亨利分到了封地阿德拉米提乌姆。1204年11月,亨利率领大约120个骑士出征小亚细亚,占领了阿拜多斯城、艾达(Ida)山和阿德拉米

---

① 无名氏在《君士坦丁堡的毁坏》(*Devastatio Constantinopolitana*)中说,阿莱克修斯五世率领了15 000个士兵。鲍德温在1204年5月16日加冕后不久写给教宗英诺森三世的信中说,阿莱克修斯五世率领无数人攻打1 000名十字军战士。特鲁瓦方丹的阿尔贝里克说亨利率领了1 000个人,阿莱克修斯五世率领了10 000人。据克拉里的罗伯特记载,亨利率领的人马包括30个骑士和许多骑马的军士;阿莱克修斯五世率领的是足足1 000名全副武装的骑马的军士。阿尔弗雷德·J.安德烈亚(Alfred J. Andrea)指出,麦克尼尔(McNeal)把克拉里的罗伯特的《君士坦丁堡征服记》中"4000"错误翻译成"1000"了。见 An Anonymous Author, *Devastatio Constantinopolitana*, p. 220. *The Registers of Innocent Ⅲ*, p. 103. Alberic of Trois Fontaines, *Chronicle*, p. 302, n. 100. Robert of Clari, *The Conquest of Constantinople*, p. 89.

② Nicetas Choniates, *O City of Byzantium*, p. 312.

③ Robert of Clari, *The Conquest of Constantinople*, p. 89.

④ Nicetas Choniates, *O City of Byzantium*, p. 312. Geoffrey of Villehardouin, "The Conquest of Constantinople," pp. 85 – 86. Robert of Clari, *The Conquest of Constantinople*, pp. 88 – 90. *The Registers of Innocent Ⅲ*, p. 103. An Anonymous Author, *Devastatio Constantinopolitana*, p. 220. Ralph of Coggeshall, *Chronicle*, p. 285. Alberic of Trois Fontaines, *Chronicle*, pp. 302 – 303.

⑤ Geoffrey of Villehardouin, "The Conquest of Constantinople," p. 92.

⑥ Geoffrey of Villehardouin, "The Conquest of Constantinople," pp. 98 – 99.

提乌姆城及其周边地区。1205 年 3 月,亨利在阿德拉米提乌姆,率军以少胜多大败拜占庭人,①夺取了大量战利品,迫使那里的拜占庭人臣服于拉丁人。

大约从 1205 年 2 月开始,巴尔干各地的拜占庭人发动起义,与保加利亚人结盟攻打拉丁人。鲍德温等人非常焦虑,决定把亨利从小亚细亚调回欧洲。拉丁帝国皇帝下令亚洲地区的拉丁人撤回欧洲地区援助他镇压叛乱,只留下很少人驻守沿海城镇斯皮加(Spiga)。鲍德温还没等亨利回到君士坦丁堡,就火急火燎地率领小股军队前去镇压叛乱,结果 1205 年 4 月 14 日在阿德里安堡被保加利亚沙皇卡洛扬俘虏,下落不明。② 亨利率领大约 20 000 名亚美尼亚人将士离开封地阿德拉米提乌姆,前往欧洲援助拉丁人。由于亚美尼亚人在小亚细亚帮助亨利攻打拜占庭人,担心遭到拜占庭人报复,因此他们携妻带子,行动迟缓。当总共约 20 000 人的亚美尼亚人随亨利前往欧洲时,他们拖家带口,带着全部行李家当,行动缓慢,不能跟上亨利率领的小队拉丁人骑兵队伍。由于亨利急着前去援助兄长鲍德温,便率领拉丁人率先出发了。后来这些亚美尼亚人遭到灭顶之灾,他们被拜占庭人杀死或俘虏。亨利及其人马在罗多斯托见到了从阿德里安堡逃回来的拉丁人军队,这些人没有在阿德里安堡战役中追击保加利亚沙皇佯装逃跑的军队,侥幸逃命,其中包括香槟与罗曼尼亚(Romania)司令官维拉杜安的杰弗里和威尼斯总督恩里科·丹多洛等人各自率领的人马。在罗多斯托,拉丁人接受亨利为领主,请他担任拉丁帝国的摄政王,代替其兄长鲍德温处理军政事务。③

此时,拉丁人在原拜占庭帝国领土上所控制的城市除了君士坦丁堡,在亚洲只剩下斯皮加城堡,其余地方被尼西亚的拜占庭流亡皇帝塞奥多利·拉斯卡利斯所控制。十字军在巴尔干半岛只剩下罗多斯托城和塞林布里亚城,其余地区被保加利亚沙皇卡洛扬占领。其中,塞林布里亚城原来属于皇帝鲍德温,因此亨利留下自己的人马驻守。罗多斯托城由逃亡的拉丁人占领,后来决定由威尼斯人占

---

① 关于这支拜占庭人大军的首领,原始资料有不同的说法,维拉杜安的杰弗里说是君士坦丁·拉斯卡利斯(Constantine Lascaris,塞奥多利·拉斯卡利斯的兄弟,生卒年不详),尼基塔斯·侯尼雅迪斯说是菲拉德尔斐亚人塞奥多利·曼加法斯(Theodore Mangaphas)。Geoffrey of Villehardouin, "The Conquest of Constantinople," p. 112. Nicetas Choniates, *O City of Byzantium*, p. 331.

② Geoffrey of Villehardouin, "The Conquest of Constantinople," pp. 115 – 122.

③ Geoffrey of Villehardouin, "The Conquest of Constantinople," pp. 122 – 128.

有。当时,惨败于阿德里安堡战役的拉丁人逃到罗多斯托城,他们没有遭到城中拜占庭人的抵抗,因此在城中扎营。亨利来到罗多斯托并成为拉丁帝国摄政王之后,立即同威尼斯总督恩里科·丹多洛、维拉杜安的杰弗里开会,决定罗多斯托归威尼斯人所有,由威尼斯总督恩里科·丹多洛派兵驻守。①

1205年4月亨利成为拉丁帝国摄政王之后,写信给英诺森三世称,鲍德温被保加利亚沙皇俘虏,请求教宗援助。英诺森三世回信,要亨利与保加利亚沙皇议和,停止攻打保加利亚,以获得鲍德温的释放。但1205年底或1206年初,卡洛扬在给英诺森三世的书信中说鲍德温已经死于狱中。② 史料并未记载英诺森三世的建议为何没有得到采纳,鲍德温为何没有获释,或许书信往来需要时间,或许当时拉丁人和保加利亚沙皇很难和解。史料记载表明,亨利成为摄政王之后,率领拉丁人四处征讨。亨利英勇善战,富有军事指挥才能。他一生征战,在拉丁人战斗人员严重不足的情况下,仍然经常获胜,几乎是战无不胜。③ 他后来成为拉丁帝国皇帝,在与保加利亚沙皇和尼西亚皇帝塞奥多利一世·拉斯卡利斯的作战中基本上都取得了胜利。亨利注重拉拢拜占庭人,但一开始他没有对保加利亚沙皇、尼西亚皇帝以及小亚细亚的突厥人展开外交活动,导致在欧洲和亚洲两线作战,疲于奔命。后来情况发生变化,亨利遂与博尼法斯在1206年结为联姻,共同对付保加利亚沙皇卡洛扬。同时,亨利联合特拉比宗(Trebizond)的重要军事将领大卫·科穆宁(David Comnenus,约1184—1212年),联手对付尼西亚皇帝塞奥多利一世·拉斯卡利斯。1207年5月,亨利与尼西亚皇帝议和,避免了两线作战。

1205年5月底之后,亨利率军攻占了特霍尔卢城,占领拜占庭人放弃的空城阿卡地奥波利斯(Arcadiopolis),接着兵临防守强大的比佐埃(Bizoë)城和阿普洛斯(Apros)城,比佐埃城被迫投降。据维拉杜安的杰弗里记载,阿普洛斯城的拜占庭人也前来协商投降条件,这时亨利手下一些人擅自行动,未告知亨利和其他指挥人员,便自行从阿普洛斯城另外一侧强行突入城内,屠杀拜占庭人,掠夺城中一

① Geoffrey of Villehardouin, "The Conquest of Constantinople," pp. 116, 125 and 128 - 129.

② An Anonymous Author, *The Deeds of Pope Innocent Ⅲ*, pp. 198 - 199 and 201 - 202.

③ 特鲁瓦方丹的阿尔贝里克说他在12年里发动了很多战争,经常获胜。Alberic of Trois Fontaines, *Chronicle*, p. 309.

切值钱的东西，并攻占了阿普洛斯城。拜占庭人对拉丁人屠城感到非常恐惧，纷纷逃离阿普罗斯城，很多人逃到阿德里安堡和德莫迪卡。尼基塔斯·侯尼雅迪斯记载说，亨利侵入阿普洛斯城，屠杀城中居民，俘虏的拜占庭人被迫支付赎金，生病的俘虏则被杀死。[①] 亨利接着率军围攻阿德里安堡，未能攻下。由于军队中很多人生病，亨利不得不撤军到庞非勒（Pamphile），四处劫掠，在那里驻扎了两个月，直到冬季开始才离开。而后，他派遣大约 140 个骑士和许多骑马的军士驻守鲁斯昂（Rousion）城，命令他们对拜占庭人开战，守住周边地区。亨利率领剩下的人马来到比佐埃城，留下大约 120 个骑士和许多骑马的军士驻守。同时，亨利把阿普洛斯城还给拜占庭人塞奥多利·布拉纳（Theodore Branas，1219 年后去世），因为塞奥多利与拉丁人亲善，他还娶了曾经的拜占庭帝国皇后、法国的阿涅丝（Agnes of France，1171—1204 年）为妻，阿涅丝是法王路易七世的女儿，法王菲利普·奥古斯都的妹妹，先后成为阿莱克修斯二世（Alexius Ⅱ Comnenus，1180—1183 年在位）和安德罗尼库斯一世·科穆宁（Andronicus Ⅰ Comnenus，1183—1185 年在位）的皇后。1178 年初，鲍德温和亨利的舅父佛兰德伯爵菲利普一世从圣地返回，途经君士坦丁堡，他可能说服拜占庭皇帝曼努埃尔一世相信法兰西王国是可靠的同盟，促使曼努埃尔于 1178 年冬派出使者跟随佛兰德伯爵菲利普一世到巴黎联姻。法王路易七世后来把女儿阿涅丝许配给了曼努埃尔一世唯一的儿子、皇位继承人阿莱克修斯二世·科穆宁。阿涅丝于 1179 年到达拜占庭宫廷，1180 年正式改名为安娜（Anna）。1183 年，安德罗尼库斯一世·科穆宁篡位，杀害阿莱克修斯二世后娶阿涅丝为皇后。阿涅丝后来又与拜占庭人将军塞奥多利·布拉纳结婚，他们的一个女儿嫁给了图西的纳若一世（Narjot Ⅰ of Toucy）。后者于 1228 年继考特尼的玛丽（Marie de Courtenay，约 1204—1228 年）之后担任拉丁帝国摄政王。[②] 维拉杜安的杰弗里说塞奥多利是与拉丁人合作的唯一拜占庭贵族。[③] 这些城市的拉丁人军队继续攻打拜占庭人，劫掠原拜占庭领土，拜占

---

① Geoffrey of Villehardouin, "The Conquest of Constantinople," pp. 129 – 130 and 132. Nicetas Choniates, *O City of Byzantium*, pp. 340.

② F. van Tricht, *The Latin* Renovatio *of Byzantium : The Empire of Constantinople (1204—1228)*, pp. 286 and 288 – 289.

③ Geoffrey of Villehardouin, "The Conquest of Constantinople," p. 133.

庭人则不断突袭拉丁人。除了留驻军队之外,亨利率领剩余人马回到了君士坦丁堡。

不久,拉丁人遭遇了一次惨败。1206 年圣烛节前夕的前一天,保加利亚沙皇卡洛扬所部与由库曼人、拜占庭人和瓦拉几亚人组成的联军,几乎全歼从鲁斯昂外出劫掠的拉丁人,120 名拉丁人骑士大多阵亡,只有十个人逃生。消息传到君士坦丁堡,很多正在举办圣烛节的拉丁人极其恐慌,认为拉丁帝国无法恢复实力。拉丁帝国摄政王亨利得知这一消息后,派出军队驻守离君士坦丁堡两天路程的要塞塞林布里亚。

保加利亚沙皇卡洛扬率领库曼人、拜占庭人和瓦拉几亚人组成的大军继续攻打拉丁人,阿卡地奥波利斯的威尼斯人闻风而逃。卡洛扬接着攻占了阿普洛斯,把该城夷为平地,吓得罗多斯托的几千拉丁人纷纷逃窜,其中威尼斯人逃往海上,其他拉丁人从陆上逃跑。卡洛扬听说后率军前往,又把罗多斯托城夷为平地。卡洛扬接着摧毁了潘内多(Panedor)城、赫拉克利亚(Heraclea)城、达奥尼乌姆(Daonium)城、特霍尔卢城、阿西拉斯(Athyras)城。这样,除了君士坦丁堡外,拉丁人控制的城市只剩下比佐埃和塞林布里亚。卡洛扬军队到处劫掠牲畜,屠杀或掳走居民,摧毁城墙和堡垒,所到之处留下一片废墟,把原拜占庭帝国巴尔干地区变成了牧场和荒地。①

拜占庭人见卡洛扬凶猛残暴、言而无信,转而向拉丁人示好。他们秘密派使者去君士坦丁堡联络塞奥多利·布拉纳,通过他提议与亨利以及威尼斯人议和,提议把阿德里安堡和德莫迪卡城献给法兰西人,并一致支持摄政王亨利。于是,亨利在君士坦丁堡召集会议,最后决定把阿德里安堡城和德莫迪卡城赐给塞奥多利·布拉纳及其妻子,而后拉丁人和拜占庭人签署了和平协议。

不久,卡洛扬率军兵临阿德里安堡城下,阿德里安堡守军拒绝投降。暴怒的卡洛扬于是围攻德莫迪卡城。阿德里安堡城和德莫迪卡城派出使者到君士坦丁堡向亨利和塞奥多利·布拉纳求援,最后亨利率领军队前往塞林布里亚,

---

① Nicetas Choniates, *O City of Byzantium*, pp. 338 - 340 and 342 - 348. Geoffrey of Villehardouin, “The Conquest of Constantinople,” pp. 129 - 138.

驻扎在城外,并滞留了一星期。每天都有来自阿德里安堡的使者请求他前去救援。亨利和贵族们商议对策,决定前往比佐埃城。亨利率领大约400个骑士在6月份圣施洗者约翰节(Saint John the Baptist's Day)前夕到达比佐埃城,并驻扎在城外。这时阿德里安堡城派出的使者又来请求亨利率军帮助德莫迪卡城解围,称卡洛扬率领了大约40 000骑兵和不计其数的步兵攻打德莫迪卡城,他的投石机已经在四个地方攻破防线,他的军队已经两次爬上城墙。圣施洗者约翰节的第二天,亨利便率领拉丁人军队分成九支队伍,向德莫迪卡进军。卡洛扬听说拉丁人前来救援,匆忙撤军。亨利在出发的第四天到达阿德里安堡,得救的市民出城迎接。

入城次日,亨利率军前去追击卡洛扬,追了五天,没有追到。第五天,他们在弗赖姆(Fraïm)城堡附近扎营,待了三天。这时,一些人与亨利发生意见分歧,大约50名骑士离开了亨利。亨利率领剩余骑士继续进军,两天后,到达莫尼亚克(Moniac)城堡,并在附近扎营,迫使莫尼亚克向拉丁人投降。约五天后,亨利率领大部分人马留在营地,其余人马前往斯特尼马卡解救被围困长达13个月之久的雷尼尔·德·特里特。救援人马见到雷尼尔·德·特里特后,甚为欢喜,交谈中,雷尼尔·德·特里特证实了关于皇帝鲍德温已经死于卡洛扬一座监狱的真实性。此时已经是1206年7月,距离鲍德温战败被俘的阿德里安堡战役已经过去了一年多。前几日派出救援的队伍和雷尼尔·德·特里特的人马离开斯特尼马卡城堡,骑行了三天回到亨利营地。由于已经得到关于鲍德温去世的确切信息,拉丁人决定回到君士坦丁堡为亨利安排皇帝加冕的仪式。亨利留下塞奥多利·布拉纳和40位骑士驻守阿德里安堡和德莫迪卡一带,率领其余人马回到君士坦丁堡。据克拉里的罗伯特记载,当时法兰西贵族选举亨利为皇帝,威尼斯人则反对他当皇帝。[①] 但最后,亨利还是于1206年8月20日在圣索菲亚教堂被君士坦丁堡威尼斯人牧首托马斯·莫罗西尼(Patriarch Thomas Morosini, 1204—1211年在位)加冕为拉丁帝国皇帝。

此后,卡洛扬率领大军摧毁了德莫迪卡城,阿德里安堡人向皇帝亨利求援,亨

---

① Robert of Clari, *The Conquest of Constantinople*, p. 126.

利于是率军前去援助。卡洛扬听说后撤军。亨利率军到达阿德里安堡,并驻扎在城外。当地拜占庭人告诉亨利保加利亚沙皇卡洛扬的行踪,并说他掳走了大量拜占庭人,亨利于是率军追踪卡洛扬,未见踪影。四天后,亨利的军队来到贝罗埃(Beroë)城,守城军民见军队前来纷纷逃进山中。亨利率军驻扎在城外,扎营两天后,他派军队劫掠附近地区,获得大量战利品。接着,亨利率军进抵布里斯梅(Blisme)城,驻扎在城外,那里的军民也是在亨利军队到来前弃城而逃。这时,亨利听说卡洛扬军队在附近一个山谷,于是派出两支拉丁人军队,其中一支由亨利的弟弟尤斯塔斯(Eustace,约1219年去世)率领,和来自阿德里安堡和德莫迪卡的拜占庭将士前去迎战,最终抢回拜占庭人俘虏。拉丁人与拜占庭人联合军队打败了卡洛扬的军队,解救了被卡洛扬掳走的拜占庭人,多达20 000余名,还抢回了3 000辆装满财物的马车,以及大量牲畜。亨利非常高兴,给这些拜占庭人安排了住处,并派人守护以保证他们的人身和财产安全。取胜的第二天,亨利为确保营地里那些拜占庭人的安全,严加设防。第三天,他率军来到阿德里安堡,让被解救出来的拜占庭人尽快返回家园,并把战利品分给军队将士。在阿德里安堡待了五天后,亨利来到德莫迪卡城查看城防工事,他率军在城外扎营,发现城墙损坏程度过于严重,已经无法修复。这时,蒙特菲拉特的博尼法斯派出使者前来商议亨利与博尼法斯女儿婚姻事宜,双方同意正式联姻。①

亨利率军进入卡洛扬控制区,占领了塞迈(Thermae)城,抢掠大量战利品,蹂躏周边地区,摧毁阿基洛(Akilo)城,又夺取了大量战利品。几天后,亨利率军离开,出发前亨利下令放火烧毁塞迈城。然后,他回到了阿德里安堡,在那里待到万圣节。由于冬天来临,加上亨利和贵族们作战非常劳累,亨利最终留下十来个骑士和拜占庭人一起驻守阿德里安堡城,而后离开。同时,亨利联合特拉比宗帝国皇帝戴维·科穆宁对付尼西亚皇帝塞奥多利·拉斯卡利斯,戴维·科穆宁答应成为亨利的附庸。② 亨利派出140名骑士由他弟弟尤斯塔斯指挥,前往斯皮加攻打

① Geoffrey of Villehardouin, "The Conquest of Constantinople," pp. 144 - 146.

② R. L. Wolff, "The Latin Empire of Constantinople, 1204—1261," *A History of the Crusades, Volume II : The Later Crusades, 1189—1311*, ed. Kenneth M. Setton, Robert Lee Wolff and Harry W. Hazard, The University of Wisconsin Press, 1969, pp. 204 - 205.

塞奥多利·拉斯卡利斯。他们占领了西奇库斯(Cyzicus)城,修复了防御工事,然后劫掠塞奥多利·拉斯卡利斯的领地。亨利派出的另一支拉丁人军队在尼科美底亚(Nicomedia)附近与塞奥多利·拉斯卡利斯的军队交战。1206年冬,拉丁人占领了佩加(Pegae)、基兹库斯(Cyzicus)和尼科美底亚。①

1207年2月圣烛节后的星期日(2月4日),亨利与博尼法斯的女儿阿涅丝(Agnès of Montferrat,约1187—1207年)在圣索菲亚教堂举行婚礼,他头戴皇冠,珠光宝气,随后在大皇宫举行了盛大婚宴。这场婚姻巩固了亨利与博尼法斯的联盟,双方发誓共同打击保加利亚沙皇卡洛扬。

与此同时,塞奥多利·拉斯卡利斯和卡洛扬联合攻打拉丁人,前者在小亚细亚征战,后者在巴尔干拼杀,迫使拉丁人两线作战。卡洛扬率领大军围攻阿德里安堡,驻守那里的拜占庭人和拉丁人派人向亨利求援。接到消息后,亨利心烦意乱,因为他的军队兵力分散且频繁作战,但他还是率领尽可能多的人马前往小亚细亚,到西奇库斯城召集人马跟随他返回巴尔干作战,那里大多数拉丁人包括他弟弟尤斯塔斯马上响应号召,只有少数人留守西奇库斯城。塞奥多利·拉斯卡利斯得知卡洛扬围攻阿德里安堡后,马上攻打西奇库斯,接着水陆两路围攻基沃斯托斯(Kibostos)城堡。基沃斯托斯派信使前往君士坦丁堡请求皇帝亨利予以援助,亨利于是号召君士坦丁堡的拉丁人包括威尼斯人和比萨人前往援助,率领17艘战船对抗塞奥多利·拉斯卡利斯的大约60艘船只。亨利的水军士气高昂,把拜占庭人的船队逼到岸边,傍晚前又有大量前来增援的拉丁人船只赶到,数量超过了拜占庭人舰队,迫使拜占庭人连夜烧掉船只狼狈逃窜。次日凌晨,亨利率军前往查看基沃斯托斯城堡状况,认为没有必要分散兵力据守该城,于是带领所有拉丁人上船启程离开。1207年整个4月份,卡洛扬都在围攻阿德里安堡,来自阿德里安堡的拜占庭人和拉丁人不断向皇帝亨利求援,致使亨利皇帝非常焦虑,不知如何是好,因为如果他去援助阿德里安堡,塞奥多利·拉斯卡利斯又会攻打拉丁人。后来前线传来好消息,卡洛扬军队中的库曼人劫掠了大量战利品后便离开战场,西线战局有所缓解。直到5月,卡洛扬不得不撤军。

---

① R. L. Wolff, "The Latin Empire of Constantinople, 1204—1261," p. 205.

亨利正准备去阿德里安堡时,有消息传来说塞奥多利·拉斯卡利斯率领军队水陆进攻基兹库斯,并且当地人们以及马莫拉(Marmora)的民众乘势起义反抗拉丁人。亨利于是派出一支14艘战船组成的舰队前往救援,其中包括其弟尤斯塔斯和威尼斯人。但塞奥多利·拉斯卡利斯听说拉丁人援军前来就撤军了。拉丁人援军于是返程回到君士坦丁堡,准备前往阿德里安堡。这时,塞奥多利·拉斯卡利斯又率军攻打尼科美底亚,那里的拉丁人急忙向亨利求援。亨利只好再次放弃援助阿德里安堡的计划,率军前去救援尼科美底亚的拉丁人。可塞奥多利·拉斯卡利斯听说拉丁人援军前来,又及时撤走。亨利于是部署好小亚细亚驻守人员,率军回到君士坦丁堡,正准备前往阿德里安堡,小亚细亚的拉丁人又来求援,说是尼科美底亚的拉丁人在外出劫掠时被塞奥多利·拉斯卡利斯突袭,拉丁人遭遇惨败,大部分被俘被杀,很少人逃出来。亨利只好又匆匆忙忙前去救援,塞奥多利·拉斯卡利斯听说援军前来又撤走了。亨利于是在尼科美底亚附近扎营,他的手下在周边地区掳掠了大量牲畜和俘虏。

亨利遭受尼西亚拜占庭人多次戏耍,无奈之下只好与之谈判。恰好,塞奥多利·拉斯卡利斯派使者前来提议停战两年,条件是亨利允许拜占庭人摧毁基兹库斯和尼科美底亚的拉丁人的防御工事,塞奥多利·拉斯卡利斯则把所有拉丁人俘虏移交给亨利。由于拉丁帝国不能两线作战,同时也为了拆散卡洛扬与塞奥多利·拉斯卡利斯之间的联盟,亨利答应了提议。最后,双方于1207年5月签订了停战协定。这样,拉丁人在小亚细亚只剩下佩加和哈拉克斯(Charax)两个小城。①

亨利回到君士坦丁堡后,大肆宣称将率大军去阿德里安堡。亨利在塞林布里亚集结军队后,于1207年7月初出发,几天后到达阿德里安堡,亨利在城外扎营。阿德里安堡城军民列队欢迎亨利,周边地区的拜占庭人也赶来迎接他。亨利在营地待了一天,发现阿德里安堡的城墙和塔楼被卡洛扬所部严重破坏,于是第二天率军出发前往卡洛扬的控制区,在一座名叫尤鲁伊(Eului)的城镇前扎营,劫掠了大量战利品。由于那里多山,有很多峡谷,军队走失了很多骑兵。最后,亨利派其弟尤斯塔斯等人率领四支小分队保护那些出去劫掠的骑兵,结果遭遇了瓦拉几亚

① R. L. Wolff, "The Latin Empire of Constantinople, 1204—1261," p. 205.

人袭击,失败而归。

此后,亨利率军离开尤鲁伊,带着战利品回到阿德里安堡,在城外营地待了两个星期。这时蒙特菲拉特的博尼法斯派人前来提议两人见面时间和地点,商定在伊普萨拉(Ipsala)城外见面。亨利告诉博尼法斯,皇后阿涅丝已经怀孕,于是博尼法斯向亨利宣誓效忠,亨利则向他封授领地塞萨洛尼基。二人商定在10月份联合攻打保加利亚沙皇卡洛扬。二人分别后,亨利回到君士坦丁堡,博尼法斯回到莫西诺波利斯。过了几天,噩耗传来,博尼法斯率领的人马遭遇保加利亚人袭击,博尼法斯大败,于1207年9月4日被杀,脑袋被割下来送给卡洛扬。克拉里的罗伯特说,博尼法斯战死之前,他的女儿、亨利的妻子阿涅丝就已经去世了,[①]维拉杜安的杰弗里的记载随着博尼法斯的死亡而结束,没有提及阿涅丝的死亡,此后再没有史料提及她。后人推测,阿涅丝很可能在她父亲战死前后死于难产。大约在博尼法斯被杀的同时,卡洛扬也突然因肺出血死亡。

随后,塞萨洛尼基王国和保加利亚局势陷入动荡,为亨利提供了良好时机。保加利亚爆发了王位争夺战,卡洛扬指定的继位人、他的侄子约翰·亚森(John Asen/Asan,约1195/1196—1241年)尚未成年,被迫逃亡俄罗斯,卡洛扬的外甥鲍里尔(Boril)最后打败两个亲戚阿莱克修斯·斯拉夫(Alexius Slav/Alexios Sthlavos, 1208—1228年独立统治大部分罗多彼山脉[Rhodope Mountains])和斯特雷兹(Strez,活跃于1207—1214年,后成为鲍里尔的附庸),迎娶了卡洛扬的遗孀,占据首都特尔诺沃,成为保加利亚新沙皇(1207—1218年在位)。亨利充分利用了这一变局,他联合阿莱克修斯·斯拉夫,把自己的私生女许配给他,使阿莱克修斯·斯拉夫成为他的附庸。1208年8月1日,亨利率领大约2 000人,其中六分之一是拜占庭人,在菲利普波利斯打败了鲍里尔率领的33 000人大军。亨利踌躇满志,写信给教宗说,他的胜利为拉丁帝国增加了15天路程的领土。在小亚细亚,亨利再次支持戴维·科穆宁成功对抗塞奥多利·拉斯卡利斯。[②]

此时的塞萨洛尼基陷入混乱。博尼法斯的继位人迪米特里(Demetrius,约

① Robert of Clari, *The Conquest of Constantinople*, p. 127.

② George Akropolites, *The History*, p. 172. R. L. Wolff, "The Latin Empire of Constantinople, 1204—1261," p. 206.

1205—1230 年在位)当时只有两岁,是博尼法斯和拜占庭伊萨克二世遗孀匈牙利的玛格丽特的儿子,但摄政王比安德拉泰的奥贝托(Oberto of Biandrate)和治安官(constable)阿马迪奥·布法(Amadeo Buffa 或 Amédée Pofey)支持博尼法斯第一次婚姻所生儿子蒙特菲拉特的威廉六世(William Ⅵ of Montferrat,约 1173—1226 年)即位,阴谋推翻迪米特里并反叛亨利,他们认为拉丁帝国皇位本来属于博尼法斯,希望威廉取代亨利成为拉丁帝国皇帝,但遭到威廉拒绝。亨利于是率军远征塞萨洛尼基,当时非常寒冷,比安德拉泰的奥贝托关闭城门,拒绝让亨利进城,并向亨利提出苛刻条件,要求塞萨洛尼基王国独立于拉丁帝国,并与亨利划分统治区域。亨利假装答应他的要求,以免他和他的军队被冻死。亨利声称只要玛格丽特同意这些条件,他也答应这个要求,亨利这才得以进入城内。随后,他公开证明比安德拉泰的奥贝托的领土要求没有获得伦巴第贵族大部分人的支持,反复劝解说服玛格丽特。接着他剥夺了比安德拉泰的奥贝托和阿马迪奥·布法的权力,监禁了比安德拉泰的奥贝托。1209 年 1 月 6 日,亨利为迪米特里加冕为塞萨洛尼基国王,比安德拉泰的奥贝托作为塞萨洛尼基王国摄政王,重新宣誓效忠于他,亨利的弟弟尤斯塔斯也成为塞萨洛尼基摄政王(1209—1216 年)。

这时,伦巴第人发动叛乱。1209 年春天,亨利致力于镇压伦巴第人叛乱。驻守塞利斯(Serres)要塞和克里斯托波利斯(Christopolis 或 Kavalla)要塞的是比安德拉泰的奥贝托一派的人,他忠诚于蒙特菲拉特的威廉六世。亨利攻占了塞利斯,但没有攻下克里斯托波利斯。亨利攻占拉里萨(Lárissa)后,善待战败的卫戍部队。在哈米洛斯(Halmyros),亨利受到当地拜占庭人的热烈欢迎。在拉文尼卡(Ravennika),亨利召开会议,希望同伦巴第贵族们议和,但是只有阿马迪奥·布法前来宣誓效忠,重新接受封地。亨利利用法兰西贵族出现于希腊南部的情况,封维拉杜安的杰弗里一世(Geoffrey Ⅰ of Villehardouin,约 1169—约 1229 年)为附庸,让他担任帝国巴伊,从而把阿哈伊亚地区收归君士坦丁堡,切断了它与塞萨洛尼基的直接联系。维拉杜安承认亨利的权力高于威尼斯总督,促使威尼斯人把在莫利亚(Morea)(除莫顿[Modon]和科伦[Coron]之外)的权利让给维拉杜安,同时要求维拉杜安向威尼斯支付年金。亨利继续镇压伦巴第人叛乱,围攻底比斯(Thebes),他在此受到拜占庭人热烈欢迎,迫使伦巴第人守城人员投降。1209 年

3月,内格罗蓬特(即埃维亚岛[Euboea/Évvoia])统治者拉瓦诺·达勒·卡瑟利(Ravano dalle Carceri, 1216年去世)主动屈服于威尼斯人,成为威尼斯的附庸,给予威尼斯重要的商业特权。5月,拉瓦诺·达勒·卡瑟利在反叛亨利失败之后,承认自己是亨利的附庸。希腊绝大多数贵族都向亨利宣誓效忠。亨利则释放了比安德拉泰的奥贝托,后者前往内格罗蓬特,发誓报复亨利。当亨利去了内格罗蓬特之后,比安德拉泰的奥贝托计划谋杀亨利,幸亏拉瓦诺·达勒·卡瑟利保护了皇帝,迫使比安德拉泰的奥贝托投降,后者再度向亨利宣誓效忠,亨利则恢复他作为塞萨洛尼基摄政王的职位。后来,奥贝托回到蒙特菲拉特,继续致力于劝说蒙特菲拉特的威廉六世取得塞萨洛尼基统治权,以对抗亨利。[1]

1209年夏,伊庇鲁斯君主国(Despotate of Epirus/Epiros)统治者米哈伊尔一世·科穆宁·杜卡斯(Michael Ⅰ Comnenus Ducas或Michael Ⅰ Komnenos Doukas, 1205—1215年在位)见亨利成功镇压了希腊地区的伦巴第人叛乱,便派人前来谈判结盟。亨利不相信他的诚意,就派使者前往伊庇鲁斯提出条件,要求米哈伊尔成为拉丁帝国的附庸。米哈伊尔提议联姻,把自己的长女许配给亨利的弟弟尤斯塔斯,并承诺把其控制区的三分之一土地作为女儿的嫁妆。亨利接受了这一提议,双方联姻,结成同盟。[2]

同年,亨利攻打尼西亚的塞奥多利·拉斯卡利斯。大约1209年,亨利和塞尔柱人罗姆苏丹国(Seljuq Sultanate of Rûm)苏丹凯伊-库斯鲁一世结盟对付塞奥多利·拉斯卡利斯。1211年,塞奥多利·拉斯卡利斯和凯伊-库斯鲁一世之间爆发迈安德河(Maeander)畔安条克战役,凯伊-库斯鲁得到亨利派去的援军支持,即将歼灭由800名拉丁人雇佣军组成的拉斯卡利斯军队主力。但战争关键时刻,凯伊-库斯鲁在战场上被杀,战局扭转,拉斯卡利斯军队险胜,还俘获了岳父阿莱克修斯三世,但其军队也元气大伤。这正是亨利进攻的好时机,因此当亨利听说拉斯卡利斯取胜时,调侃说:"拉斯卡利斯失败了,不是胜利了。"[3]1211年10月15

---

[1] R. L. Wolff, "The Latin Empire of Constantinople, 1204—1261," pp. 206-208. J. B. Bury, "The Lombards and Venetians in *Euboia* (1205—1303)," pp. 314-316.

[2] https://en.wikipedia.org/wiki/Michael_I_Komnenos_Doukas

[3] George Akropolites, *The History*, p. 148.

日，亨利率领260名骑士在林达科斯（Rhyndakos）河打败了塞奥多利·拉斯卡利斯率领的军队，包括塞奥多利的亲兵1 700人，另外还有八九支队伍，以及160个拉丁人雇佣兵。据说亨利未损失一兵一卒。亨利占领波厄曼内努姆（Poemanenum）、伦提阿纳（Lentiana）、阿德拉米提乌姆等地区。1212年1月，亨利写信给西方，称拉丁帝国的四大敌人鲍里尔、拉斯卡利斯、米哈伊尔和斯特雷兹已经丧失军力，但是他需要更多拉丁人来驻守夺取的土地。很多拉丁人不顾教宗开除教籍的惩罚，自愿为拉丁帝国的敌人服务，他们帮助拉斯卡利斯大败突厥人。然而西方并没有派来拉丁人援军。在伦提阿纳围攻战之后，亨利只好用他的拜占庭人俘虏驻守其东部边境。不久，亨利迫使塞奥多利在尼穆非乌姆（Nymphaeum）签署条约，确定两个国家的边界，塞奥多利被迫割让小亚细亚西北地区给亨利，包括马尔马拉海整个亚洲沿海地区以及爱琴海亚洲沿海地区。拉丁人夺回了从尼科美底亚到阿德拉米提乌姆的安纳托利亚沿海地区，尼科美底亚、西奇库斯、佩加以及阿德拉米提乌姆因此都落入拉丁人手中，他们还获得远至阿西拉奥斯（Achyraūs）的部分内陆地区。尼西亚拜占庭人则重新获得帕加马（Pergamum）等城镇。在拉丁人地区和拜占庭人地区之间的村庄卡拉莫斯（Kalamos）是无人区。这一条约的有效性持续到1224年。①

同时，伊庇鲁斯的米哈伊尔趁亨利和尼西亚交战之机，攻打塞萨洛尼基，俘获并虐待当任拉丁帝国的总管阿马迪奥·布法以及其他百余个拉丁人，最终他处死了阿马迪奥·布法及其神父，以及另外三个拉丁人贵族。亨利火速前来援助，仅仅花了12天便从君士坦丁堡赶到塞萨洛尼基。1212年，亨利打败了米哈伊尔及其同盟者斯特雷兹。②

这时，保加利亚沙皇鲍里尔攻打拉丁帝国，亨利被迫赶回君士坦丁堡，留下其弟尤斯塔斯镇守塞萨洛尼基。亨利向西追逐鲍里尔到保加利亚。伊庇鲁斯的米哈伊尔也被保加利亚人搅得不得安宁，转而支持拉丁人。亨利的弟弟尤斯塔斯联

---

① George Akropolites, *The History*, pp. 148 - 149, p. 151, n. 9, p. 152, n. 12, p. 153. A. P. Kazhdan ed., *The Oxford Dictionary of Byzantium*, p. 1117. R. L. Wolff, "The Latin Empire of Constantinople, 1204—1261," pp. 208 - 210. https://en.wikipedia.org/wiki/Battle_of_Antioch_on_the_Meander

② R. L. Wolff, "The Latin Empire of Constantinople, 1204—1261," p. 208. https://en.wikipedia.org/wiki/Michael_I_Komnenos_Doukas

合米哈伊尔在佩拉戈尼亚(Pelagonia)平原歼灭了得到鲍里尔支持的斯特雷兹的军队。尤斯塔斯联合斯拉夫人打败了鲍里尔,鲍里尔被迫求和。经过协商,双方决定结成同盟,并以联姻来加强结盟。1213年,亨利娶卡洛扬的女儿、鲍里尔的继女、保加利亚的玛丽亚(Maria of Bulgaria)为妻。据克拉里的罗伯特记载,亨利一开始拒绝娶地位低下的人为妻,但拉丁人贵族们认为联姻有利于战争,他最终答应了和亲联盟。①

1213年9月,匈牙利国王安德鲁二世(Andrew Ⅱ of Hungary,约1177—1235年,匈牙利的玛格丽特之弟)的妻子梅拉尼亚的基尔特鲁德(Gertrude of Merania,1185—1213年)被人谋杀。考虑到与匈牙利人结亲有利于扩大联盟,亨利遂与安德鲁二世联姻,安排自己的姐姐约朗德的女儿考特尼的约朗德(Yolanda de Courtenay,约1200—1233年)与安德鲁二世结婚。1215年2月,二人举行婚礼,约朗德加冕为匈牙利王后。这样,亨利打败了塞奥多利·拉斯卡利斯、保加利亚的鲍里尔、伊庇鲁斯的米哈伊尔、普罗塞克的斯特雷兹(Strez of Prosek,鲍里尔的附庸)等敌人,和塞奥多利·拉斯卡利斯达成协议,和保加利亚的鲍里尔、伊庇鲁斯的米哈伊尔、普罗塞克的斯特雷兹以及匈牙利的安德鲁二世等结成同盟,成为控制罗多彼山脉的阿莱克修斯·斯拉夫的岳父,从而确保了拉丁帝国的安全。

这个时期也许是拉丁帝国最强盛的阶段,但危机从未消失。1214年,亨利和鲍里尔联军攻打塞尔维亚的斯蒂芬(Stephen of Serbia,约1165—1228年),但是没有取胜,普罗塞克的斯特雷兹被塞尔维亚俘获并杀害。1215年,亨利联合安德鲁二世远征塞尔维亚,但是仍无果而终。之后,亨利与塞尔维亚和解。1215年,伊庇鲁斯的米哈伊尔被一个仆人谋杀,随后掌权的是他的同父异母弟弟、塞奥多利·拉斯卡利斯的盟友塞奥多利·科穆宁·杜卡斯(Theodore Comnenus Ducas,约1180/1185—约1253年),后者很快与阿莱克修斯·斯拉夫、阿尔巴尼亚人(Albanians)、塞尔维亚人等结成同盟。当时,阿莱克修斯·斯拉夫的妻子即亨利的女

① Robert of Clari, *The Conquest of Constantinople*, pp. 127 - 128. F. van Tricht, *The Latin* Renovatio *of Byzantium: The Empire of Constantinople (1204—1228)*, p. 391.

儿已经去世,他娶了塞奥多利·科穆宁·杜卡斯的侄女为第二任妻子。①

1216年,匈牙利的玛格丽特向亨利求援,亨利匆匆前往塞萨洛尼基援助,却于6月11日在那里神秘去世,年仅40岁。有学者认为亨利或者是被他的宿敌、塞萨洛尼基前摄政王比安德拉泰的奥贝托所害,或者是被他的妻子保加利亚的玛丽亚谋害,但都没有同时代人提供的证据。②

亨利从1206年到1216年在位约十年,在其统治期间,巩固了新兴的拉丁帝国。1205年4月亨利成为拉丁帝国摄政王时,拉丁人只控制了四座城市:即君士坦丁堡、斯皮加城堡、罗多斯托城和塞林布里亚城。到1216年亨利去世时,拉丁人在亚洲夺回了从尼科美底亚到阿德拉米提乌姆的整个安纳托利亚沿海地区,和塞奥多利·拉斯卡利斯划分了两个国家间的边界,亨利还控制了塞萨洛尼基等重要地区,与保加利亚等结成了同盟。

亨利英勇善战,颇具军事指挥才能。他参加第四次十字军战争,首先以少胜多打败阿莱克修斯五世,夺取圣母像,名声大噪。此后又多次以少胜多打败敌人。1205年4月、1206年8月,亨利先后成为拉丁帝国摄政王,他成为皇帝之后,又四处征战,打了很多胜仗,打败了保加利亚的鲍里尔、尼西亚的塞奥多利·拉斯卡利斯、伊庇鲁斯的米哈伊尔、普罗塞克的斯特雷兹等众多敌人,被拜占庭人称为"战神再世"③。

但亨利并非仅仅是赳赳武夫,他同时具有统治智慧,善于外交。他与蒙特菲拉特的博尼法斯联姻,对付保加利亚沙皇卡洛扬,与塞奥多利·拉斯卡利斯签署停战协定,避免两线作战。他一反拉丁人最初的傲慢态度,多方结盟,在东方,与戴维·科穆宁以及突厥人苏丹凯伊-库斯鲁一世结盟对付塞奥多利·拉斯卡利

---

① George Akropolites, *The History*, p. 172. A. P. Kazhdan ed., *The Oxford Dictionary of Byzantium*, p. 1362, p. 2042. R. L. Wolff, "The Latin Empire of Constantinople, 1204—1261," p. 210. F. van Tricht, *The Latin* Renovatio *of Byzantium : The Empire of Constantinople (1204—1228)*, pp. 397 - 402. 亨利的女儿去世的时间以及阿莱克修斯·斯拉夫第二次结婚的时间不清楚,麦克里德斯(R. J. Macrides)认为可能在1216年亨利去世之后。见 George Akropolites, *The History*, pp. 175 - 176。

② R. Rodd, *The Princes of Achaia and the Chronicles of Morea : A Study of Greece in the Middle Ages*, vol. 1, BiblioBazaar, 2009, p. 89. R. L. Wolff, "The Latin Empire of Constantinople, 1204—1261," p. 210. https://en.wikipedia.org/wiki/Henry_of_Flanders

③ 转引自 R. L. Wolff, "The Latin Empire of Constantinople, 1204—1261," p. 210。

斯，在北方，与罗多彼山脉的阿莱克修斯·斯拉夫、伊庇鲁斯的米哈伊尔、保加利亚的鲍里尔、普罗塞克的斯特雷兹以及匈牙利的安德鲁二世等结盟，保证了拉丁帝国的安全。

他在内政方面，除了明智、坚决处理伦巴第人叛乱之外，还公正务实对待投诚的拜占庭人，注意争取他们的支持。1205 年 4 月成为拉丁帝国摄政王之后，他拉拢拜占庭人塞奥多利·布拉纳，说服他为自己服务，始终公正对待后者，并力主使用东方教会仪式。欧洲地区的拜占庭人因卡洛扬过于残暴转而向拉丁人示好后，亨利与他们缔结和平协议。此后，亨利在拉丁帝国欧洲地区征战时总是驻扎在城外，并不率军进驻城内。成为拉丁帝国皇帝后，他救回被卡洛扬掳走的拜占庭人，保护他们的人身和财产安全，平等对待他们，允许他们自由前往任何地方。他还联合拜占庭人攻打保加利亚沙皇鲍里尔，使用拜占庭人俘虏驻守边境。1213 年塞萨洛尼基审理的一起案件记录表明，该城由拜占庭人管理，这个大主教区的所有拜占庭人主教和民事管理人员一起审理了这起案件。亨利勇敢但不残忍，宽容但不懦弱，具有与其他许多十字军贵族不同的特征，赢得了拜占庭人的支持，获得了良好名声。亨利所到之处，很多拜占庭人都热烈欢迎他，例如君士坦丁堡、阿德里安堡、内格罗蓬特、哈米洛斯、底比斯。亨利得到同时代拜占庭作家的公正评价。一些拜占庭律师说，在亨利统治期间，拜占庭人的生活毫无恐惧。13 世纪的拜占庭史家乔治·阿克罗颇立塔斯说，亨利"尽管是法兰克人出身，但是仁慈对待君士坦丁堡的本地人即罗马人，使很多罗马人成为他统治下的权贵，他征召罗马人加入他的军队，对待平民百姓就像对待自己的老百姓一样"。①

有一个例子很说明问题。1213 年，教宗使节佩拉吉奥·加尔瓦尼（Pelagio Galvani，约 1165—1230 年）到达君士坦丁堡，按照教宗英诺森三世的命令强迫拜占庭人服从罗马教宗，否则处死，结果遭到反对。他因此囚禁了许多东正教教士和修道士，并关闭了所有东正教教堂。君士坦丁堡的拜占庭人派代表去见亨利说："你可以统治我们的身体，但不能统治我们的精神和灵魂。如果需要，我们可以为你战斗，但是要我们放弃信仰和宗教仪式是完全不可能的。"于是，亨利应他

---

① George Akropolites, *The History*, p. 153. R. L. Wolff, "The Latin Empire of Constantinople, 1204—1261," p. 211.

们的请求撤销了迫害令，开放了教堂，释放了教士和修道士，并拒绝把东正教教会土地割让给教宗，导致与教宗英诺森三世之间的争端。① 但亨利也对罗马教会做出了一些让步。1206 年 3 月，亨利和贵族们答应将君士坦丁堡以外所有财产的十五分之一送给罗马教会，一个委员会将把君士坦丁堡以外所有不动产分成 15 份，把其中一份交给罗马教会。这一规定引起争议。1214— 1215 年，另一位教宗使节将这个比例提高到十二分之一，又遭到反对，致使它成为一纸空文。直到 1219 年争端才最终解决，规定出让财产的十一分之一，归还大教堂丧失的财产。后来这一协议得到各方认可。②

然而，拉丁骑士战斗人员严重不足，无法确保对原拜占庭帝国领土的征服，亨利曾多次向教宗呼吁号召拉丁人前来援助拉丁帝国，但没有等来援军。亨利也无法支付拉丁人雇佣军的军饷，致使很多拉丁人雇佣军为尼西亚人和伊庇鲁斯君主国作战。为此，他设法让威尼斯人参与保卫拉丁帝国，甚至让包括小亚细亚拜占庭人战俘在内的战俘驻守在被征服地区。1205 年 10 月，拉丁帝国摄政王亨利与芝诺(Zeno，威尼斯城市行政长官[*podestà*])签订了一项重要条约，规定所有骑士，不管是威尼斯人还是非威尼斯人(法兰克人)，都要为拉丁帝国战斗；拉丁帝国皇帝也要尊重城市行政长官委员会的建议；法兰克人和威尼斯人共同任命帝国法官。这就第一次规定了威尼斯人要为拉丁帝国作战，要履行对拉丁帝国军事服役的义务，从而巩固了拉丁帝国和皇帝的地位。但拉丁帝国皇帝要对城市行政长官委员会负责，这个委员会由威尼斯行政长官及其议会组成，与非威尼斯人贵族合作行动，他们共同组成拉丁帝国的顾问委员会。从此，每当拉丁帝国新皇帝加冕的时，他必须发誓遵守三个基本条约的所有条款，即 1204 年《三月条约》，1204 年 10 月《瓜分条约》，以及 1205 年 10 月这个新条约。③

亨利一生结婚两次，第一个妻子蒙特菲拉特的阿涅丝和第二个妻子保加利亚

---

① George Akropolites, *The History*, pp. 154 - 155. https://en.wikipedia.org/wiki/Henry_of_Flanders; https://www.britannica.com/biography/Henry-of-Hainault.

② R. L. Wolff, "The Latin Empire of Constantinople, 1204—1261," p. 199. Filip Van Tricht, *The Latin* Renovatio *of Byzantium : The Empire of Constantinople (1204—1228)*, pp. 202 - 204 and 291. J. B. Bury (planned.), J. R. Tanner, C. W. Previté-Orton, and Z. N. Brooke eds., *The Cambridge Medieval History*, Ⅳ, Cambridge: Cambridge University Press, 1966—1969, p. 606.

③ Robert Lee Wolff, "The Latin Empire of Constantinople, 1204—1261," pp. 194 - 195 and 211.

的玛丽亚都没有为他留下后代,他的一个私生女嫁给了阿莱克修斯·斯拉夫,先于亨利去世。亨利去世后,其姐夫考特尼的彼得(Peter of Courtenay)继承了他的皇位。亨利是拉丁帝国最有能力的皇帝,拉丁帝国在亨利统治期间达到鼎盛,此后的拉丁帝国再没有能干的统治者,迅速衰落了。无论亨利的才能如何出众,他所处的时代和他面临的历史难题都是他无法克服的,特别是作为外来骑士,利用拜占庭帝国内部矛盾,偶然攻占了其京都,并不能真正取代气数未尽的拜占庭帝国。十字军实行的西欧封建制无法在东地中海复杂的政治军事博弈中占得制度性优势,拉丁帝国只是个松散的封建主联盟。这个徒有其名的"帝国"只不过加速了拜占庭帝国的衰败,其历史作用仅仅是在混乱的巴尔干半岛、小亚细亚乃至东地中海世界投入蛮一个新的因素,加剧了该地区四分五裂的政治格局。

第三节

彼得(Peter of Courtenay)和约朗德(Yoland)

1217—? 年在位;1217—1219 年在位

彼得(法语 Pierre de Courtenay,英语 Peter Ⅱ of Courtenay,生于约 1165 年,卒于 1219 年前后)是拉丁帝国第三位皇帝,1217 年被选立为拉丁帝国皇帝,但在赴任途中失踪,下落不明,故而从未到任。拉丁帝国皇位由其妻子约朗德(法语 Yolande de Hainault,英语 Yolanda of Flanders,生于 1175 年,卒于 1219 年,1217—1219 年任摄政王)代理,她直到 1219 年 9 月病逝,在位数年。

彼得的父亲是法王路易六世(Louis Ⅵ of France,1108—1137 年在位)最小的儿子考特尼的彼得一世(Peter Ⅰ of Courtenay,1126—1183 年),母亲是考特尼的伊丽莎白(Elisabeth de Courtenay,1127—1205 年)。彼得一生结婚两次,第一个妻子阿涅丝一世(Agnes Ⅰ,1170—1192/1193 年)是讷韦尔(Nevers)、欧塞尔(Auxerre)和托内尔(Tonnerre)的女伯爵(1185—1192 年在位),他因此获得继承讷韦尔、欧塞尔和托内尔领地的权利,两人育有一个女儿。第二任妻子约朗德是拉丁帝国首任皇帝鲍德温的妹妹,第二任皇帝亨利的姐姐。彼得因约朗德而取得拉丁帝国皇位继承权,二人育有十个子女,其中,次子罗伯特和最小的儿子鲍德温先后成为拉丁帝国皇帝。此外,彼得还有一个私生子。① 彼得于1217年继承拉丁帝国皇位,同年在赴任途中于都拉基乌姆(Dyrrachion/Dyrrhachium/Durazzo)附近失踪,从此下落不明,故没有统治过拉丁帝国。

彼得曾陪伴堂兄弟、法王菲利普·奥古斯都参加1190年十字军,同弟弟罗伯特(Robert,1166—1239年)参加过1209年和1211年的讨伐阿尔比异端的十字军(Albigensian Crusade),他还参加了1214年的布汶之战(Battle of Bouvines)。1216年亨利去世时,没有血亲继承人,按照西欧封建政治体制,其姐夫彼得拥有继承权。后者当选为皇帝后,名义上继承了亨利的皇位。彼得于1217年4月9日在罗马城外的圣劳伦斯大教堂(Basilica of Saint Lawrence或basilica of San Lorenzo),被罗马教宗霍诺留三世(Honorius Ⅲ, 1216—1227年在位)加冕为拉丁帝国皇帝,同时,彼得的妻子约朗德被加冕为皇后。教宗有意选择在罗马城外的教堂而不是城内的圣彼得大教堂(Saint Peters Basilica)为彼得加冕,意在避免他以后主张对西部帝国的继承权,因为按照传统,罗马的圣彼得大教堂是为神圣罗马帝国皇帝加冕的地方。这次加冕也偏离了拜占庭传统,②拉丁帝国其他皇帝的加冕基本上是遵循拜占庭传统,在君士坦丁堡圣索菲亚大教堂举行。关于彼得的当选,罗伯特·李·沃尔夫指出,彼得虽然是法王路易六世的孙子,却声名狼藉,实际上是法国历史上最爱吵架最残暴的贵族之一,他曾常年对欧塞尔主教公开发动战争,并实施过一些可耻的暴行,一个同时代人说他控制不了感情,脾气暴躁,因此,不适合继承亨利的皇位。③

彼得受伦巴第人鼓动,于1217年离开罗马之前,把塞萨洛尼基王国所有权利和职责都授予蒙特菲拉特的威廉,只留给迪米特里一个国王的空头衔,这就把亨利在塞萨洛尼基王国的长期努力成果毁于一旦,进而加剧了塞萨洛尼基的派系斗争,削弱了那里拉丁人的力量。彼得离开罗马时,先是把怀有身孕的妻子约朗德

---

① https://en.wikipedia.org/wiki/Peter_II_of_Courtenay

② F. van Tricht, *The Latin Renovatio of Byzantium: The Empire of Constantinople (1204—1228)*, pp. 82-85.

③ R. L. Wolff, "The Latin Empire of Constantinople, 1204—1261," pp. 194-195 and 212.

送上一艘直接开往君士坦丁堡的船只，然后率领6 000人的军队，乘坐向威尼斯人借来的船只横渡亚得里亚海，他承诺为威尼斯人征服都拉基乌姆作为回报。威尼斯船只把彼得及其军队运到都拉基乌姆后便离开了。彼得率军围攻都拉基乌姆，但未能攻下这座地区首府，于是他打算经艾格纳提亚大道（Via Egnatia）前往塞萨洛尼基。但他的军队在都拉基乌姆附近被塞奥多利·科穆宁·杜卡斯击溃，教宗使节乔瓦尼·科隆纳（Giovanni Colonna，1245年去世）及一众贵族被俘。彼得本人则神秘失踪，同时失踪的很可能还有约朗德的弟弟尤斯塔斯。① 关于彼得的下落，13世纪拜占庭史家乔治·阿克罗颇立塔斯说他死于战场，拉丁人史料说他被俘后，死于狱中。其死亡时间也不确定，有流言说他死于1219年夏天，但应该早于这个时间，因为1218年经多方协商促使教宗使节乔瓦尼·科隆纳获释的记载，对他只字未提。②

彼得事实上从未统治过拉丁帝国，1217年到1219年间，实际统治拉丁帝国的是他的妻子约朗德皇后。1217年，怀孕的约朗德没有跟丈夫彼得一起走陆路前往拉丁帝国，而是直接从罗马乘船到达君士坦丁堡，在那里生下了未来的皇帝鲍德温二世（Baldwin Ⅱ）。彼得被俘后，她担任拉丁帝国巴伊。约朗德很有能力，她联合保加利亚人对付拜占庭人，并精明地通过联姻与周边势力结盟。她把一个女儿考特尼的阿涅丝（Agnes de Courtenay）嫁给阿哈伊亚侯国君主维拉杜安的杰弗里二世（Geoffrey Ⅱ of Villehardouin，约1195—1246年），后来杰弗里曾三次援救过拉丁帝国首都君士坦丁堡。③ 她还把另一个女儿考特尼的玛丽嫁给尼西亚皇帝塞奥多利一世·拉斯卡利斯，巩固了1211年亨利大败塞奥多利后拉丁帝国与尼西亚帝国之间建立的和平关系，减轻了拉丁帝国东部边境的压力。④

---

① F. van Tricht, *The Latin* Renovatio *of Byzantium : The Empire of Constantinople (1204—1228)*, p. 171, n. 58.

② A. P. Kazhdan ed., *The Oxford Dictionary of Byzantium*, p. 1640. George Akropolites, *The History*, p. 145, p. 147, n. 13, p. 148, n. 17. R. L. Wolff, "The Latin Empire of Constantinople, 1204—1261," pp. 212-213.

③ J. Longnon, "The Frankish States in Greece, 1204—1311," in *A History of the Crusades, Volume Ⅱ : The Later Crusades, 1189—1311*, ed. Kenneth M. Setton, Robert Lee Wolff, and Harry W. Hazard, The University of Wisconsin Press, 1969, p. 242.

④ A. P. Kazhdan ed., *The Oxford Dictionary of Byzantium*, p. 2215. George Akropolites, *The History*, p. 145, p. 148, n. 15.

1219年9月约朗德去世,长子那慕尔侯爵菲利普(Philip,1195—1226年)不愿意去君士坦丁堡当皇帝,[1]皇位因而先后由次子考特尼的罗伯特和最小的儿子鲍德温继承。由于罗伯特当时仍在法国,1221年才到达君士坦丁堡就任,因此,在那之前的几年里,拉丁帝国实际上皇位空缺。在此期间,拉丁帝国先后由贝蒂讷的科农(Conon/Cono de Béthune,1160年之前—1219年)和乔瓦尼·科隆讷担任摄政王。其中,贝蒂讷的科农是一位卓越的军人兼外交家。早在1200年,贝蒂讷的科农就作为鲍德温任命的全权代表,参与协商和签署1201年4月的《威尼斯条约》。1203年底,他又作为鲍德温的使者前去君士坦丁堡城中敦促阿莱克修斯四世履行承诺,并被其他五位使者一致推为发言人。维拉杜安的杰弗里说他智商很高,巧舌如簧。[2] 他先后为鲍德温、亨利、约朗德效劳,曾在1216年亨利突然去世后担任拉丁帝国摄政王。在约朗德统治期间,他指挥将士保卫阿德里安堡城,被授予"至尊者"(sebastocrator)称号。1219年约朗德去世后,他再次当选为拉丁帝国摄政王。1219年12月17日,科农去世。其后,教宗使节乔瓦尼·科隆纳担任拉丁帝国摄政王(1220—1221年)。[3]

彼得和约朗德的经历浓缩了西欧封建政治体制的混乱,他们所继承的拉丁帝国皇位与西欧各地存在的高级封建主并无本质差异,有所不同的是他们前往东方的君士坦丁堡就任,陡然增加了自身面临的风险。他们名义上治下的拉丁帝国既无拜占庭帝国中央集权制的政治权力,也没有朝廷统一调配的各种资源,甚至其继承资格也是西欧封建政治理念下的产物,因此在东地中海混乱的政局中,只能落得个惨败的下场。

---

① 1212年,约朗德的双胞胎兄弟菲利普去世,约朗德从他那里继承了那慕尔领地,成为那慕尔女侯爵(1212—1219年)。约朗德死后,长子菲利普继承那慕尔。

② Geoffrey of Villehardouin, "The Conquest of Constantinople," p. 31 and 81 - 82.

③ R. L. Wolff, "The Latin Empire of Constantinople, 1204—1261," pp. 212 - 213. F. van Tricht, *The Latin* Renovatio *of Byzantium : The Empire of Constantinople (1204—1228)*, pp. 288 - 289 and 291.

第四节

罗伯特(Robert of Courtenay)

1221—1228 年在位

罗伯特(法语 Robert de Courtenay,英语 Robert of Courtenay,出生日期不详,卒于 1228 年)是拉丁帝国第四位皇帝,1221 年 3 月 25 日被加冕为拉丁帝国皇帝,1228 年 1 月在克拉伦萨(Clarenza)去世,在位时间不足八年。

罗伯特是考特尼的彼得和约朗德的次子,早年的成长经历没有记载。他的哥哥即彼得的长子菲利普在法国得知彼得和约朗德去世后,放弃了继承皇位的优先权,让位给弟弟罗伯特。于是罗伯特经陆路前往君士坦丁堡,在匈牙利顺访了国王夫妇,即他的亲姐姐考特尼的约朗德和姐夫匈牙利国王安德鲁二世,随后他借道保加利亚,安全抵达拉丁帝国首都。当时,保加利亚沙皇为约翰·亚森二世(John Asen Ⅱ, 1218—1241 年在位),他推翻鲍里尔成为新沙皇后,迎娶了匈牙利国王安德鲁二世的女儿匈牙利的玛丽亚(Maria of Hungary, 1204—1237 年),因此成为罗伯特的外甥女女婿,故而为后者顺利抵达君士坦丁堡提供了安全保证。[①] 罗伯特到达君士坦丁堡后,按照拜占庭传统,于 1221 年 3 月 25 日在圣索菲亚教堂由大主教马修斯(Mattheus, 1221—1226 年在位)加冕为皇帝。

关于罗伯特的统治,乔治·阿克罗颇立塔斯说他"处理事务相当没有能力"[②]。罗伯特·李·沃尔夫指出,罗伯特的同时代人认为他不具备必要的帝王素质。在君士坦丁堡,威尼斯人肆意扩大他们的属地。[③] 大约在 1223 年,罗伯特还一时高兴授予威尼斯人特权,向威尼斯总督承诺把大量特权赐予威尼斯根据 1204 年瓜分协议所得属地。[④] 他还授予比萨人特权,一份 1228 年的档案

---

① 1218 年底,约翰·亚森俘获参加十字军战争返回途中的匈牙利国王安德鲁二世,安德鲁被迫把女儿玛丽亚许配给他;1221 年 1 月,约翰·亚森与匈牙利的玛丽亚结婚。

② George Akropolites, *The History*, p. 157.

③ R. L. Wolff, "The Latin Empire of Constantinople, 1204—1261," p. 214.

④ F. van Tricht, *The Latin Renovatio of Byzantium : The Empire of Constantinople (1204—1228)*, p. 75.

文件表明,其姐姐、摄政王考特尼的玛丽促使罗伯特授予比萨人的特权继续有效。[①] 罗伯特在其近八年统治期间,四面树敌,导致拉丁帝国陷入两线作战。在西面,他与伊庇鲁斯的塞奥多利·科穆宁·杜卡斯开战;在东面,他与尼西亚的约翰三世·杜卡斯·瓦塔泽斯(John Ⅲ Doukas Vatatzes of Nicaea,约 1192—1254 年)交战。他既不擅长外交,更不懂战略,使拉丁帝国处境困难,几近灭亡。

在亚洲方面,塞奥多利一世·拉斯卡利斯乘罗伯特母亲约朗德于 1219 年去世、拉丁帝国陷入困境之机,违反与拉丁人的协议,抓住拉丁人兵力不足的机会攻打拉丁人。罗伯特加冕后不久,派使者去尼西亚和谈,交换战俘,塞奥多利一世·拉斯卡利斯提议把三女儿尤多奇亚(Eudocia/Eudokia)许配给罗伯特。由于塞奥多利·拉斯卡利斯已于 1219 年与罗伯特的姐姐考特尼的玛丽结婚,因此拉斯卡利斯王朝公主与罗伯特结婚属于乱伦,该联姻计划遭到君士坦丁堡牧首曼努埃尔一世(Manuel Ⅰ Sarantenos, 1217—1222 年在位)的反对。这一理由是成立的,很多人都反对促使皇室家庭陷入乱伦关系的联姻。1221 年 11 月,拉斯卡利斯去世,这场联姻计划也泡了汤。[②] 罗伯特随后积极干预尼西亚流亡朝廷的皇位争夺战。1221 年 12 月 15 日,约翰三世·杜卡斯·瓦塔泽斯(约 1221—1254 年在位)继位,他是塞奥多利一世·拉斯卡利斯长女伊琳妮(Irene/Eirene, 1239 年去世)的丈夫。[③] 塞奥多利一世·拉斯卡利斯的两个兄弟阿莱克修斯·拉斯卡利斯(Alexios Laskaris,生卒年不详)和伊萨克·拉斯卡利斯(Isaac Laskaris,生卒年不详)对此心怀不满,发动叛乱,逃到拉丁帝国。他们被罗伯特任命为军队指挥官,率领拉丁帝国军队攻打尼西亚的拜占庭人。约翰三世·瓦塔泽斯为了巩固地位,在继位后两

---

① George Akropolites, *The History*, p. 151, n. 6.

② George Akropolites, *The History*, p. 157, p. 158, n. 4, p. 177, n. 20.

③ 关于塞奥多利一世·拉斯卡利斯去世的时间和约翰三世·杜卡斯·瓦塔泽斯继位的时间,学术界有两种观点,一种认为,塞奥多利一世·拉斯卡利斯在 1221 年 11 月去世,约翰三世·杜卡斯·瓦塔泽斯在 1221 年 12 月 15 日继位;另一种认为,1222 年 8 月,塞奥多利一世·拉斯卡利斯去世,之后约翰三世·杜卡斯·瓦塔泽斯继位。学术界大多主张前一种观点。A. P. Kazhdan ed., *The Oxford Dictionary of Byzantium*, pp. 1047 and 2039 - 2040. George Akropolites, *The History*, p. 158, n. 5, p. 160, n. 1. Judith Herrin, Guillaume Saint-Guillain, *Identities and Allegiances in the Eastern Mediterranean After 1204*, Farnham, Surrey, UK: Ashgate, 2011, p. 52. J. C. Carr, *Fighting Emperors of Byzantium*, Pen and Sword Military, 2015, p. 255. R. L. Wolff, "The Latin Empire of Constantinople, 1204—1261," p. 214.

年内没有反击拉丁人,而是致力于肃清内部异己势力。大约 1223 年底或 1224 年初,[①]罗伯特派遣阿莱克修斯·拉斯卡利斯和伊萨克·拉斯卡利斯率领拉丁人军队攻打瓦塔泽斯。结果,在波伊马讷农(Poimanenon)战役中,拉丁人军队遭到瓦塔泽斯军队的重创,阿莱克修斯和伊萨克被俘虏,瓦塔泽斯下令弄瞎了他们。正在巴尔干围攻塞利斯的拉丁人听说这一消息,吓得赶紧逃跑,尽管他们已经快要攻下塞利斯要塞。约翰三世借口援助伊庇鲁斯的塞奥多利,乘胜征服了拉丁人在小亚细亚的大多数领地,包括波伊马讷农、伦提阿纳、夏里霍斯(Charioros)、贝贝尼亚康(Berbeniakon)、阿西拉奥斯、霍尔科斯(Holkos)、兰普萨库斯(Lampsakos/Lampsacus)等大小城镇,并建造战舰,向西渡海进军,打算从海上进攻加利波利半岛(Gallipoli peninsula),几乎扫荡了所有拉丁人沿海地区,包括马迪塔(Madyta)。瓦塔泽斯接着派遣军队占领了阿德里安堡,以此作为占据原拜占庭帝国巴尔干地区的拉丁人的根据地。罗伯特被迫求和。1225 年,瓦塔泽斯迫使罗伯特割让土地,把拉丁人彻底赶出了小亚细亚西北部,促使拉丁人在亚洲只剩下博斯普鲁斯海峡东岸的尼科美底亚城及其周边地区。至此,亨利在小亚细亚的努力成果付诸东流。罗伯特在小亚细亚遭到的挫败,很可能使拉丁帝国财政收入至少削减了一半,他因此不得不增加税收,并于 1224 年 11 月从教宗霍诺留三世那里获准使用他在拉丁帝国属地和色雷斯其余地区各教会收入的十分之一,为期一年,以弥补他在小亚细亚损失的收入。1225 年 1 月,教宗霍诺留增加了预定给罗伯特的费用,把这一地区教会四分之一的收入提供给拉丁帝国政府使用。[②]

同时,伊庇鲁斯的塞奥多利在欧洲不断扩张,攻打拉丁人和保加利亚人,占领了拉丁人和保加利亚的大量土地。1222 年初,塞奥多利占领色雷斯,并围攻塞萨洛尼基。拉丁帝国派代表请求教宗霍诺留发动十字军前来援助,教宗等人决定由蒙特菲拉特的威廉六世率领十字军前去援助塞萨洛尼基的拉丁人,神圣

---

① George Akropolites, *The History*, pp. 166 – 167.

② George Akropolites, *The History*, pp. 166 and 171. A. P. Kazhdan ed., *The Oxford Dictionary of Byzantium*, p. 1048, pp. 1690 – 1691 and 1800. R. L. Wolff, "The Latin Empire of Constantinople, 1204— 1261," p. 215. F. van Tricht, *The Latin* Renovatio *of Byzantium : The Empire of Constantinople (1204— 1228)*, p. 137.

罗马帝国皇帝借给威廉9 000科隆银马克。教宗霍诺留威胁塞奥多利说,比安德拉泰的奥贝托和蒙特菲拉特的威廉六世正前往援助拉丁帝国。蒙特菲拉特的威廉率领的援救塞萨洛尼基的军队一再推迟出发日期,皇帝罗伯特只好不等援军到来先行派遣军队出征,但要救援塞萨洛尼基须先夺回塞利斯要塞,于是罗伯特的军队攻打塞利斯。就在拉丁人快要攻下塞利斯时,波伊马讷农战役拉丁人惨败的消息传来,致使拉丁人惊恐万分,四散而逃。教宗霍诺留还强迫拉丁帝国境内所有神职人员为保卫塞萨洛尼基和整个拉丁帝国提供经济资助,但已于事无补。1224年底援军还没有赶到时,塞奥多利就占领了塞萨洛尼基,年轻的国王迪米特里和拉丁人大主教被迫逃到意大利。1225年春,蒙特菲拉特的威廉率领的拉丁人军队终于到达塞萨利(Thessaly)。但蒙特菲拉特的威廉和军队很大一部分人于同年9月感染痢疾,威廉在塞萨利去世,其军队随即解散。① 伊庇鲁斯的塞奥多利占领塞萨洛尼基后称帝,并于1227年接受了奥赫里德(Ochrida/Ohrid)大主教迪米特里·乔玛特诺(Demetrius Chomatianus或Demetrios Chomatenos, 1216—1236年在位)为其加冕为拜占庭皇帝。当时,他正与尼西亚帝国皇帝争当拜占庭帝国继承者,因此他的加冕遭到尼西亚人的反对,引起尼西亚帝国的牧首和塞奥多利统治区域众多主教之间的严重抗议,为此,尼西亚召开了一次宗教会议,发布了一封反对塞奥多利称帝的公开信,乔治·阿克罗颇立塔斯嘲笑他不懂拜占庭礼仪。② 塞奥多利不顾这些反对,从塞萨洛尼基继续向东推进,占领了色雷斯大部分地区,兵临阿德里安堡城下,将瓦塔泽斯的驻守部队驱逐出该城,并于1225年强行占领阿德里安堡。此后,罗伯特与瓦塔泽斯议和,在亚洲只保留了尼科美底亚等小块地方,塞奥多利一世·拉斯卡利斯的三女儿尤多奇亚被许配给拉丁人贵族卡修的安塞姆(Anselm of Cahieu)。同时,伊庇鲁斯的塞奥多利率军横扫巴尔干,直抵君士坦丁堡城下,乔治·阿克罗颇立塔斯说他控

---

① George Akropolites, *The History*, p. 166. F. van Tricht, *The Latin* Renovatio *of Byzantium : The Empire of Constantinople (1204—1228)*, pp. 383 - 385, n. 127.

② George Akropolites, *The History*, p. 162, p. 164, n. 4. A. P. Kazhdan ed., *The Oxford Dictionary of Byzantium*, p. 2042. F. van Tricht, *The Latin* Renovatio *of Byzantium : The Empire of Constantinople (1204—1228)*, p. 387.

制了除阿莱克修斯·斯拉夫统治地区之外的一切地方。[①] 到1226年，拉丁帝国岌岌可危。

罗伯特无所作为，既没有有效阻止塞奥多利的扩张行动，又没有利用拜占庭人之间的矛盾攫取拉丁人的利益，其统治期间拉丁帝国领土大幅度收缩，仅存几座城市。罗伯特也未能像鲍德温、亨利那样自行决定授予附庸封地，更没有积极调整拉丁帝国内部的封建结构和关系以加强皇帝权力。[②] 由于先后遭到瓦塔泽斯于1224年在亚洲的重创和在欧洲丧失塞萨洛尼基的沉重打击，罗伯特一蹶不振，变得消沉颓废，懒惰无为。同时，他热恋上出身较低的法国女人诺伊维尔女士(Lady of Neuville或Madame de Neuville-en-Artois, 1228年去世)，二人还于1226—1227年间秘密结婚，长期沉溺于情爱之中。罗伯特属下的法国贵族们非常愤怒，他们冲进皇帝寝宫，把罗伯特的新婚妻子毁容，并抓住罗伯特的岳母，把她活活淹死。罗伯特无法为这一屈辱进行报复，仓皇逃回罗马，向教宗格里高利九世(Gregory Ⅸ或Gregorius Ⅸ, 1227—1241年在位)抱怨申诉，教宗则劝他回到君士坦丁堡。[③] 但是，在返回的途中，罗伯特于1228年1月染病去世，死于希腊。[④]

罗伯特生前不在君士坦丁堡的时候，其姐考特尼的玛丽担任摄政王，被称为君士坦丁堡帝国摄政王(*baiula imperii Constantinopolitani*)。[⑤] 玛丽于1219年与塞奥多利一世·拉斯卡利斯结婚，两人没有孩子，拉斯卡利斯死后，玛丽回到君士坦丁堡居住。罗伯特死后，贵族们选图西的纳若一世为摄政王。图西的纳若一世是塞奥多利·布拉纳和法国的阿涅丝的女婿，1217年，他和贝蒂讷的科农以及米罗二世·勒布雷班(Milo Ⅱ le Bréban)等几位贵族得到教宗霍诺留三世的书面通

---

① 关于尤多奇亚的婚姻，乔治·阿克罗颇立塔斯说尤多奇亚嫁给了卡修的安塞姆；麦克里德斯说卡修的安塞姆的身份不能确定。George Akropolites, *The History*, pp. 177-178, n. 20, p. 245. 关于伊庇鲁斯的塞奥多利的扩张活动见George Akropolites, *The History*, pp. 172-173。

② F. van Tricht, *The Latin* Renovatio *of Byzantium : The Empire of Constantinople (1204—1228)*, pp. 157-168.

③ R. L. Wolff, "The Latin Empire of Constantinople, 1204—1261," pp. 215-216.

④ 关于罗伯特去世的时间，菲利普·范·特里赫特(Filip Van Tricht)认为是1227年11月6日；《牛津拜占庭辞典》(*The Oxford Dictionary of Byzantium*)认为是1228年1月；罗伯特·李·沃尔夫认为是1228年。本书采用《牛津拜占庭辞典》的说法。F. van Tricht, *The Latin* Renovatio *of Byzantium : The Empire of Constantinople (1204—1228)*, p. 292, n. 168. A. P. Kazhdan ed., *The Oxford Dictionary of Byzantium*, p. 1799. R. L. Wolff, "The Latin Empire of Constantinople, 1204—1261," p. 216.

⑤ George Akropolites, *The History*, p. 151, n. 6.

知,称教宗使节乔瓦尼·科隆纳将出使君士坦丁堡。1219年,图西的纳若一世成为摄政王贝蒂讷的科农一份特许状的第二见证人。1228年他继考特尼的玛丽之后担任摄政王。①

1228年9月,图西的纳若一世和伊庇鲁斯的塞奥多利·科穆宁·杜卡斯签署了为期一年的停战协定,允许商人自由出入边境,条约表明,拉丁人在色雷斯仍然拥有三座城市,即维齐亚(Vizya)、"维里萨"("Verissa",今天土耳其的珀纳尔希萨尔[Pinarhisar])和"杰鲁瓦"("Genua",塞尔根[Sergen])。维拉杜安的杰弗里一世等希腊南部的拉丁人贵族没有参与该协议的签订。按照约翰·亚森的说法,只是因为他的宽宏大量,拉丁帝国才没有灭亡。1225年,约翰·亚森与伊庇鲁斯的塞奥多利缔结和约并联姻,约翰·亚森把女儿玛丽亚(Maria,生卒年不详)嫁给塞奥多利的弟弟曼努埃尔·科穆宁·杜卡斯(Manuel Komnenos Doukas,约1187—约1241年)。亚森可能要求塞奥多利不要侵占拉丁人所剩无几的土地。1230年,约翰·亚森命人在特尔诺沃的圣四十殉道士教堂(church of the Forty Martyrs)刻写碑铭,吹嘘说"只是因为他的同意,拉丁人才拥有他们的土地"。②

约翰·亚森劝说塞奥多利手下留情并非是为拉丁人着想,而是计划自己占领拉丁帝国。1228年罗伯特去世时,他的弟弟、皇位继承人鲍德温二世尚未成年,只有11岁。据14世纪初威尼斯政治家兼地理学家马里诺·萨努多·托尔塞洛(Marino Sanudo Torsello, 1260—1338年)记载,罗伯特去世后,保加利亚沙皇约翰·亚森向君士坦丁堡拉丁人贵族们提议,他帮助他们夺回拉丁帝国丧失的西部领土,条件是未成年皇位继承人鲍德温二世与他的女儿结婚。据说约翰·亚森自己想成为鲍德温二世的巴伊。起初贵族们答应了这一提议,双方达成协议,并发誓遵守。但是,拉丁人贵族不久反悔毁约了。萨努多说,其原因是贵族们害怕鲍德温二世将来会报复他们对其兄长罗伯特的羞辱。③ 他们担心鲍德温二世在约

① F. van Tricht, *The Latin* Renovatio *of Byzantium*, pp. 286 and 288 - 289.

② George Akropolites, *The History*, p. 178, p. 179, n. 2. R. L. Wolff, "The Latin Empire of Constantinople, 1204—1261," p. 215. F. van Tricht, *The Latin Renovatio of Byzantium*, pp. 385 - 386 and 395.

③ Marino Sanudo Torsello, "Liber secretorum fidelium crucis super terrae sanctae recuperatione et conservation," J. De Bongars ed., *Gesta Dei per Francos*, vol. Ⅱ, Typis Wechelianis apud heredes Ioannis Aubrii, Hanoviae, 1611, pp. 72 - 73. F. van Tricht, *The Latin Renovatio of Byzantium : The Empire of Constantinople (1204—1228)*, pp. 294 - 295.

翰·亚森帮助下巩固权力后,会惩罚他们对罗伯特妻子犯下的罪行。贵族们于是把皇位提供给鲍德温、亨利、约朗德的妹妹西比拉(Sybilla of Flanders/Hainaut,1179—1217 年)之子博热的安贝尔五世(Humbert Ⅴ van Beaujeu,1198—1250 年),可是他们都没有接受。最后,贵族们请求教宗从中斡旋,说服在西方颇有名望的布里恩的约翰(John of Brienne,约 1170—1237 年)接受皇位,同时不损害未成年的鲍德温二世的权利。图西的纳若一世等派使者去见约翰,邀请约翰前去君士坦丁堡当皇帝。1229 年 4 月,君士坦丁堡贵族们与布里恩的约翰达成了协议。① 这样,新的皇帝被君士坦丁堡的拉丁贵族们最终选定。事实上,许多贵族拒绝继承拉丁帝国的皇位在情理之中,因为这个有名无实的"帝国"根本就不是真正意义上的帝国,其皇帝只是东部众多西欧外来封建主中实力较弱的一个,他不仅远离故土,人地生疏,而且身处险境,名利全无,其权位毫无吸引力,这从一个侧面反映出拉丁帝国虚弱的本质。

第五节

约翰(John de Brienne)

1229/1231—1237 年在位

约翰(John of Brienne,法语 Jean de Brienne,生于 1170 年前后,卒于 1237 年)是拉丁帝国第五位皇帝。1229 年,约翰被君士坦丁堡的拉丁人贵族选为拉丁帝国皇帝,1231 年到任,1237 年在君士坦丁堡去世,在位八年。

约翰大约于 1170 年出身于贵族家庭,是香槟富裕贵族布里恩(Brienne)伯爵埃拉德二世(Erard Ⅱ,1191 年去世)最小的儿子,原本是要从事教会生涯,但因爱好军事转而成为骑士,大约于 1200 年在香槟受封小块封地。其长兄去世后,他替未成年的侄子统治布里恩伯爵领地。约翰大半生都是个小贵族,一文不名,但后

---

① George Akropolites, *The History*, pp. 185 - 186, n. 3. Filip Van Tricht, *The Latin* Renovatio *of Byzantium : The Empire of Constantinople (1204—1228)*, pp. 293 and 295 - 296.

来在法王菲利普二世·奥古斯都的帮助下改变了命运,成为名义上的耶路撒冷国王(1210—1225年在位),任国王期间成为第五次十字军战争的首领,后来成为神圣罗马帝国皇帝霍亨斯陶芬王朝弗雷德里克二世(Frederick Ⅱ of Hohenstaufen,1194—1250年)的岳父,但两人后来变成仇敌。据说,约翰身材魁梧,英勇善战,臂力过人,受过系统教育,知识广博,对时事动向认识深刻。同时代人乔治·阿克罗颇立塔斯说,他以富有军事谋略著称,且体形高大,身高和腰围都超出常人,还是一个勇敢优秀的战士。①

1210年正值西欧教俗封建主争权夺利的博弈趋于白热化之际,法王菲利普二世·奥古斯都为压制与其交战正酣的英国国王、扩大其在东地中海拉丁骑士国家中的影响,安排约翰与十字军国家耶路撒冷王国女王蒙特菲拉特的玛丽亚(Maria of Montferrat, 1205—1212年在位)结婚,并送了他40 000银镑(silver pounds)。罗马教宗英诺森三世当时凌驾于欧洲各国王权之上,还打算将其势力范围扩张到整个地中海世界,因此与法王不约而同地选择支持约翰,也送了他40000银镑。同年9月13日,约翰到达巴勒斯坦的阿卡城,第二天与玛丽亚结婚,10月3日在提尔被加冕为耶路撒冷国王。1212年,玛丽亚生下女儿布里恩的约朗德即伊莎贝拉二世(Yolande de Brienne或Isabella Ⅱ,1212—1228年)几天后去世,耶路撒冷王位由女儿约朗德继承,约翰顺理成章地成为耶路撒冷王国摄政王。

1212年7月,约翰与埃及阿尤布王朝(Ayyubid dynasty)苏丹马利克·阿迪尔(al-Malik al-'Ādil,1145—1218年)达成五年停战协定。停战期间,他派使者请教宗英诺森三世发动第五次十字军战征,以便乘双方停战结束时机,出动十字军援助耶路撒冷王国。1218年,约翰加入十字军攻打埃及港口达米埃塔,但因与十字军另一首领、枢机主教贝拉基(Pelagius)不和而于1220年离开埃及,导致次年十字军失败。此前,约翰摄政下的耶路撒冷王国与亚美尼亚王国于1214年结盟,约翰迎娶亚美尼亚国王利奥二世的女儿斯蒂法妮(Stephanie of Armenia,1195年

---

① 关于他的年龄,据乔治·阿克罗颇立塔斯记载,1231年到达君士坦丁堡的布里恩的约翰在当时14岁的乔治看来大约80岁,这个说法遭到质疑,现代史学家认为约翰当时大约60岁,即他出生于大约1170年。George Akropolites, *The History*, p. 184. A. P. Kazhdan ed., *The Oxford Dictionary of Byzantium*, p. 1062. S. Runciman, *A History of the Crusades, vol. Ⅲ*, p. 133. J. M. Buckley, "The Problematical Octogenarianism of John of Brienne," *Speculum*, vol. 32, no. 2 (1957), pp. 315-322.

后—1220年）公主。婚后二人生有一个儿子，但1220年她们母子先后死亡，据说斯蒂法妮是个坏继母，想要毒死继女约朗德，被暴怒的约翰打死。1222年秋，约翰前往西方，向罗马教宗请求进一步援助耶路撒冷王国。这时，条顿骑士团首领萨尔扎的赫尔曼（Hermann of Salza，约1165—1239年）提议，请约翰的女儿约朗德与神圣罗马帝国皇帝霍亨斯陶芬王朝弗雷德里克二世结婚，并承诺约翰生前保留摄政王地位。教宗大力支持这个提议，但法王菲利普二世·奥古斯都知道后很是不悦，因为约翰本人是法王菲利普提拔的，约翰女儿的婚事应该由菲利普安排。但联姻事宜已协商得差不多了，法王也难以改变此事。1223年7月，法王菲利普去世，留遗嘱给约翰50 000马克用于耶路撒冷王国，约翰参加了菲利普的葬礼和路易八世的加冕仪式，并接受了菲利普留给他的这笔钱。

1224年，约翰与莱昂的贝伦加利亚（Berengaria of León，1204—1237年）结婚。贝伦加利亚是莱昂国王阿方索九世（Alfonso Ⅸ of León，1171—1230年）和卡斯蒂尔的贝伦加利亚（Berengaria of Castile，1179/1180—1246年）的女儿，也是卡斯蒂尔国王斐迪南三世（Ferdinand Ⅲ of Castile，1199/1201—1252年）和莫利纳的阿方索（Alfonso of Molina，1202—1272年）的妹妹，她和约翰婚后育有四个子女，其中，布里恩的玛丽（Marie of Brienne，约1224—1275年）后来成为拉丁帝国皇帝鲍德温二世的皇后。1225年11月，约翰的长女、耶路撒冷王国女王约朗德与神圣罗马帝国皇帝霍亨斯陶芬的弗雷德里克二世结婚，后者随后便剥夺了约翰对耶路撒冷的摄政权力，抢走法王菲利普遗留给他的钱财，甚至诱奸了约朗德的堂姐。约翰因此和弗雷德里克二世成为仇敌。在1226—1229年间罗马教宗格里高利九世与被开除教籍的弗雷德里克二世之间的冲突中，约翰率领教宗的军队攻打弗雷德里克在意大利南部的领地，迫使弗雷德里克做出让步。这期间，约朗德婚后生活与世隔绝，1228年4月生下儿子六天后去世。[1]

约翰比其女儿幸运得多。1228年1月拉丁帝国皇帝罗伯特去世后，皇位继承人鲍德温二世尚未成年，君士坦丁堡的拉丁贵族们乘机剥夺其继承权，因为他们担心鲍德温受人操控，会报复他们对其兄长犯下的罪行。他们到处寻找合适的摄

---

① S. Runciman, *A History of the Crusades, Vol. Ⅲ*, pp. 132 - 134, 138, 146, 151, 155, 159, 161 - 162, 164 - 165, 167 - 171, 173 - 177 and 191.

政王人选,最后找到约翰,原因是他能干,具有军事谋略,在西方颇具声望,同时与罗马教宗关系密切,有助于为拉丁帝国获得大量援助。① 君士坦丁堡的拉丁贵族们邀请约翰去君士坦丁堡当皇帝,向他提议把女儿许配给未成年的皇位继承人鲍德温,以便控制住小皇帝。约翰刚刚遭受过被霍亨斯陶芬的弗雷德里克二世骗走耶路撒冷王国的经历,不得不防备再度受骗,故坚持自己有生之年享有充分的皇权。经过协商,约翰与君士坦丁堡的拉丁人贵族们于 1229 年 4 月达成协议,协议规定:约翰将终生担任皇帝,拥有充分的权力;皇位继承人鲍德温二世将娶约翰女儿布里恩的玛丽为妻,待约翰死后鲍德温二世才能行使皇权;约翰要重新征服小亚细亚或色雷斯的土地;鲍德温在年满 20 岁时,要向约翰宣誓效忠;约翰要把小亚细亚或者伊庇鲁斯的塞奥多利和斯拉夫以及斯特雷兹的土地留给继承人,约翰的继承人将为这些土地对他宣誓效忠。② 这份协议文本保存至今,其中提到的这些土地在协议签订时都尚未被拉丁人控制,而威尼斯人占有的所有土地都没有出现在协议中。协议得到教宗格里高利九世的正式批准。

随后,约翰与威尼斯人达成运输协议,约翰及其 5 000 名步兵、500 名骑兵以及 1 200 匹战马从威尼斯出发,由威尼斯人舰队运送。③ 这样,约翰及其人马于 1231 年到达君士坦丁堡。不久后,约翰在君士坦丁堡圣索菲亚大教堂加冕为拉丁帝国皇帝,其女布里恩的玛丽和鲍德温二世结婚,女婿鲍德温二世向他宣誓效忠,约翰成为鲍德温的摄政王—皇帝。随后两年,约翰忙于准备战船和征募军队。1233 年,约翰率领舰队前往小亚细亚攻打尼西亚的拜占庭人,船队到达兰普萨库斯,停泊在附近的霍尔科斯。此前,尼西亚皇帝约翰三世已经从斯塔迪亚(Stadeia)派遣军队前往罗得岛(Rhodes),攻打"凯撒"利奥·加巴拉斯(*Caesar* Leo Gabalas)。拉丁皇帝的进攻迫使约翰三世率领小队人马从斯塔迪亚折返,随后驻扎在位于兰普萨库斯和佩加(Pegai)之间的西格里涅(Sigrene)地区。而后,拉丁皇帝约翰率领舰队在沿海一带活动,不敢远离船队,约翰三世则率领小队人马在

---

① F. van Tricht, *The Latin* Renovatio *of Byzantium : The Empire of Constantinople (1204—1228)*, pp. 293 and 295 - 296.

② George Akropolites, *The History*, pp. 38, 184 and 185 - 186, n. 3, n. 4, n. 7. R. L. Wolff, "The Latin Empire of Constantinople, 1204—1261," p. 216.

③ George Akropolites, *The History*, p. 186, n. 6.

山脚一带阻击拉丁军队深入内陆。约翰率军在小亚细亚沿海活动了不到四个月，虽然占领了克拉米达斯(Keramidas)要塞和佩加城，但并没有实现占领小亚细亚的预定战略目标，只好撤兵，几乎无功而返，回到君士坦丁堡。①

孰料，此时巴尔干半岛形势已经发生变化。伊庇鲁斯的塞奥多利在原拜占庭帝国巴尔干半岛各地，屡战屡胜，此时却遭遇“滑铁卢”，被保加利亚沙皇约翰·亚森大败。后者成为半岛新的主宰者。1230年3月或4月，伊庇鲁斯的拜占庭人和保加利亚人在克洛克特尼查(Klokotnitza/Klokotnitsa)发生了一场大战，一方是塞奥多利率领的由拜占庭人和拉丁人组成的大军，另一方是约翰·亚森指挥下由保加利亚人和西徐亚人(Scyths)组成的军队。在前者阵营中，可能包括神圣罗马帝国皇帝霍亨斯陶芬的弗雷德里克二世派遣的增援部队。乔治·阿克罗颇立塔斯说战争由塞奥多利挑起，尼基弗鲁斯·格里高拉斯(Nikephoros Gregoras，约1295—1360年)则称战争由约翰·亚森挑起。可能前一种说法更为合理，因为1228年拉丁帝国皇帝罗伯特去世时，其皇位继承人鲍德温二世尚未成年，塞奥多利恰好正打算乘此良机夺取皇帝宝座。特别是，他此前几乎战无不胜，连续不断的胜利可能冲昏了头脑，他要一鼓作气夺取君士坦丁堡。为此，他计划首先进攻保加利亚，以保证向东进军时无后顾之忧。由于此前双方已经缔结联姻同盟，沙皇约翰·亚森闻讯大怒，谴责塞奥多利背信弃义。据说，亚森把塞奥多利书写的誓言悬挂在自己的旗帜上，以此来警醒自己，鼓舞士气。最后，塞奥多利遭遇惨败，他本人连同许多亲属和官员，以及他们的所有财产，都成为约翰·亚森的战利品。约翰·亚森释放了大部分俘虏和平民，争取民心，以减少日后扩张的阻力。随后，约翰·亚森继续进军，先后占领阿德里安堡、狄迪蒙特乔(Didymoteichon)、色雷斯西部，以及塞利斯、佩拉戈尼亚、普里莱普(Prilep)、大瓦拉几亚(Great Vlachia)、阿尔巴农(Albanon)等地，实际上吞并了塞奥多利的大部分土地。之后，约翰·亚森让拜占庭人继续统治一些地方，并在大部分征服地区留下军队驻守，同时向各地派员征税。由于他没有像他之前的保加利亚沙皇那样嗜杀成性，因而广受被征服地区民众的爱戴。塞奥多利则一直被亚森囚禁，后来因参与阴谋叛乱，

① George Akropolites, *The History*, pp. 184－185, 187－188 and 190.

被亚森刺瞎双眼。塞奥多利的弟弟、亚森的女婿曼努埃尔·科穆宁·杜卡斯从克洛克特尼查战役中逃了出来,来到塞萨洛尼基,取代他哥哥的位置,成为塞萨洛尼基及其周边地区的统治者(1230—约1237年在位)。①

约翰·亚森在控制原拜占庭帝国绝大部分欧洲领土之后,企图进一步夺取君士坦丁堡,问鼎"罗马帝国"的皇帝宝座。1230年克洛克特尼查战役之后,约翰·亚森在特尔诺沃的四十殉道者教堂郑重地镌刻下碑文。碑文中说:他征服的土地从东方的阿德里安堡延伸到西方的都拉基乌姆,声称拥有对君士坦丁堡的统治权。他还发行钱币,自称"保加利亚人和希腊人的沙皇(tsar)"。他还与尼西亚流亡的拜占庭朝廷谈判,把征服地区一些主教教区由服从罗马教宗转变为服从居于尼西亚的君士坦丁堡牧首,力图使其统治下的教会摆脱罗马教会的控制取得独立地位,企图把保加利亚教会大主教提高到牧首地位。尼西亚皇帝约翰三世·杜卡斯·瓦塔泽斯答应帮助保加利亚人,设法将其大主教教区提高到牧首教区地位,但要求联合亚森攻打拉丁人。在伊庇鲁斯的塞奥多利惨败于克洛克特尼查战役之后,约翰三世也企图收复君士坦丁堡。1232年,约翰·亚森与约翰三世·杜卡斯·瓦塔泽斯联姻,亚森与匈牙利的玛丽亚的女儿海伦(Helen, 1223—? 年)被许配给约翰三世唯一的儿子和皇位继承人,即后来的塞奥多利二世·拉斯卡利斯(Theodore Ⅱ Laskaris, 1221—1258年)。之后,约翰三世与罗马教宗格里高利九世协商教会统一问题,教宗派了两名法兰西斯修会修士(Franciscans)和两名多明我会修士(Dominicans)前去尼西亚,这个四人使团参加了在尼西亚尼穆非乌姆召开的东正教会议,但最终双方因神学见解不同,不欢而散。拜占庭人指责拉丁人在1204年犯下可怕罪行,使团回复说犯罪的十字军是被开除教籍的罪人。无疑,1204年拉丁人攻占君士坦丁堡造成的对立使得双方无法就东西方教会在"和子"说(*filioque*)神学争议上达成一致。另外,两大教会在圣餐礼中使用未发酵的面饼还是发酵的面包问题上也是分歧严重,无法进行心平气和的讨论。四位拉丁人修士在拜占庭人的暴怒中差点丢了性命,协商最后毫无结果。但是,约翰三世还是同亚森签订了1235年协议,双方正式结成联姻同盟,在1235年的加利波利教会

---

① George Akropolites, *The History*, pp. 178 - 184. R. L. Wolff, "The Latin Empire of Constantinople, 1204—1261," p. 217. A. P. Kazhdan ed., *The Oxford Dictionary of Byzantium*, p. 1292.

会议上,还正式把保加利亚大主教提高到牧首地位。①

此时,布里恩的约翰统治下的君士坦丁堡风雨飘摇。教宗格里高利九世派去尼西亚协商教会统一问题的四位修士曾于1234年去过君士坦丁堡,据他们记载,当时君士坦丁堡处境危险,形势可怕,他们根本不敢待在那里:"君士坦丁堡的土地似乎已无任何保护。皇帝约翰是个穷光蛋。所有雇佣的骑士全都离开了。威尼斯人、比萨人、安科纳人(Anconitans),以及其他国家的船只正准备离开,事实上一些船只已经离开。当我们看到这个地方被放弃时,我们担心危险降临,因为它被敌人包围了。瓦拉几亚人的国王亚森从北方、瓦塔泽斯从东方和南方、曼努埃尔从西方威胁着它。因此,我们提议君士坦丁堡皇帝和瓦塔泽斯签订一年的停战协定。实际上,我们似乎不能主动这样做,我们咨询了圣索菲亚教堂的高级神职人员和这里的主教以及皇帝本人,他们一致建议我们这么做。"②

1235年,约翰三世与亚森正式缔结联姻同盟后,约翰三世率军把拉丁人赶出了兰普萨库斯,然后横渡海峡,征服并洗劫了威尼斯人占领的加利波利城。之后不久,亚森带着妻子匈牙利的玛丽亚和女儿海伦也访问那里,约翰三世和亚森正式会面。随后,亚森留在加利波利,约翰三世则带着亚森的妻子女儿返回兰普萨库斯,约翰三世的皇后伊琳妮在那里等候,于是塞奥多利·拉斯卡利斯和海伦在兰普萨库斯完成正式订婚仪式。同时,约翰三世和尼西亚教士把保加利亚特尔诺沃大主教提高到自治牧首的地位。而后,尼西亚皇后伊琳妮带着儿子儿媳一起生活,匈牙利的玛丽亚则返回保加利亚。③

1235—1236年间,约翰三世与亚森率领各自的军队横扫色雷斯,联合攻打欧洲地区的拉丁人,蹂躏拉丁人的领地,劫掠战利品,并按照协议划分占领的土地。约翰三世占有加利波利、马迪塔、切索内索斯(Chersonesus)、基索斯(Kissos),把其边境推进到马里察(Maritza)河,他还占领了加诺斯山(Ganos mountain),在那里建立起一座要塞,并派尼古拉·科特茨(Nicholas Kotertzes)驻守,不断给特霍尔卢

---

① George Akropolites, *The History*, p. 182, n. 15, pp. 191 - 192. R. L. Wolff, "The Latin Empire of Constantinople, 1204—1261," pp. 218 - 219. A. P. Kazhdan ed., *The Oxford Dictionary of Byzantium*, p. 1057.

② 转引自 R. L. Wolff, "The Latin Empire of Constantinople, 1204—1261," p. 218。

③ George Akropolites, *The History*, pp. 194 - 196. R. L. Wolff, "The Latin Empire of Constantinople, 1204—1261," p. 219.

(Tzouroulos/Tzurulum/Chorlu)的拉丁人制造麻烦。亚森则征服了其他地区。1235年,他们联合攻打君士坦丁堡,布里恩的约翰率领大约160名骑士凭借城防工事打败了约翰三世与亚森联军。同时代的弗莱明编年史家菲利普·穆斯克斯(Philip Mouskes)经常批评布里恩的约翰贪得无厌,但对约翰此次作战表现却佩服得五体投地,他把勇敢抵抗的约翰比作赫克托(Hector)、罗兰(Roland)、丹麦人奥吉尔(Ogier the Dane),以及犹大·马加比(Judas Maccabaeus)。同时,在海上,威尼斯舰队打败了约翰三世的舰队,俘获约翰三世的25艘战舰,包括旗舰。①

约翰三世与亚森被迫撤军,准备来年再次围攻君士坦丁堡,但到了第二年,亚森拒绝发兵。于是,约翰三世于1236年单独进攻君士坦丁堡。教宗呼吁法国和匈牙利援助拉丁帝国,但徒劳无益。不过,布里恩的约翰得到了阿哈伊亚王公维拉杜安的杰弗里二世的大力援助,因为杰弗里二世是鲍德温二世的姐夫,与皇帝约翰多少有点沾亲带故。1236年,杰弗里二世率领一支舰队,其中包括100名骑士、300名弩手以及500名弓箭手,前往援救君士坦丁堡,他突破约翰三世的包围圈,然后联合前来援助的威尼斯人、比萨人和热那亚人,击退了拜占庭人舰队,解救了君士坦丁堡。②

同时,罗马教宗格里高利九世敦促布列塔比的彼得(Peter of Brittaby)伯爵前往君士坦丁堡而不是叙利亚,要求他率领法国北部600名骑士紧急援助拉丁帝国。格里高利九世还呼吁匈牙利教会人士前去援助拉丁帝国,但是他们还没有来得及回应,布里恩的约翰便于1237年3月23日在君士坦丁堡去世了。③

拉丁帝国自皇帝亨利去世后开始衰落,君士坦丁堡的拉丁人贵族们曾寄希望于布里恩的约翰,希望他能使拉丁帝国起死回生,但未能如愿。布里恩的约翰统治期间,拉丁帝国已经处境悲惨,财务困窘,致使约翰没钱雇用雇佣军。④ 尼西亚的拜占庭皇帝约翰三世和保加利亚沙皇约翰·亚森联合攻打拉丁帝国,将其疆域

① George Akropolites, *The History*, pp. 195 - 197. R. L. Wolff, "The Latin Empire of Constantinople, 1204—1261," p. 219.

② George Akropolites, *The History*, pp. 195 - 199. R. L. Wolff, "The Latin Empire of Constantinople, 1204—1261," p. 219. J. Longnon, "The Frankish States in Greece, 1204—1311," p. 243.

③ George Akropolites, *The History*, p. 197. R. L. Wolff, "The Latin Empire of Constantinople, 1204—1261," pp. 219 - 220.

④ R. L. Wolff, "The Latin Empire of Constantinople, 1204—1261," p. 218.

压缩得仅剩下君士坦丁堡及其周边地区，君士坦丁堡岌岌可危，随时有被攻陷的危险。拉丁帝国苟延残喘，其灭亡只是时间问题了。

第六节

鲍德温二世（Baldwin II）

1228—1261 年在位

鲍德温二世（英语为 Baldwin Ⅱ *porphyrogennetos* 或者 Baldwin of Courtenay，法语为 Baudouin Porphyrogénète 或者 Baudouin de Courtenay，希腊语为 Βαλδουίνος，生于 1217 年，卒于 1273 年）是拉丁帝国第六位皇帝，也是末代皇帝，出生于君士坦丁堡，11 岁便继承皇位，但直到 1237 年 3 月 23 日前任皇帝约翰去世后才掌握皇帝大权，1240 年在君士坦丁堡圣索菲亚大教堂加冕，直到 56 岁去世，实际在位 21 年。

鲍德温二世是约朗德和考特尼的彼得最小的儿子，是拉丁帝国唯一一位出生在君士坦丁堡的皇帝，因此其印章上注明“生于紫色寝宫的皇子”（porphyrogennetos）字样。[①] 作为拉丁帝国最后一位常驻君士坦丁堡统治的皇帝，其命运多舛，曲折痛苦。1228 年，他继兄长考特尼的罗伯特之后继承皇位时，只有 11 岁，因此君士坦丁堡的拉丁人贵族们为他寻找合适的摄政人选，最后找到了布里恩的约翰。贵族们和约翰达成协议，规定约翰终生拥有充分的皇权，鲍德温和约翰的女儿布里恩的玛丽结婚，约翰死后鲍德温才能行使皇权。1231 年约翰加冕为皇帝，同时是鲍德温的摄政，鲍德温则成为共治皇帝。1234 年，鲍德温与约翰的女儿玛丽结婚。当 1237 年约翰去世时，鲍德温正在西方各国四处奔走，以筹集援助拉丁帝国的援兵和金钱，1239 年底，鲍德温最终回到君士坦丁堡，次年在君士坦丁堡圣索菲亚大教堂加冕为皇帝。1261 年拜占庭人突袭君士坦丁堡期间，鲍德温逃出都

① George Akropolites, *The History*, p. 185, n. 2.

城。此后,鲍德温为复辟帝国尽心竭力,直到1273年前后,心力交瘁,在意大利福贾(Foggia)去世。

鲍德温二世统治期间,拉丁帝国疆域只剩下君士坦丁堡一座孤城,国库空空如也,帝国内外交困,处于绝境,因此鲍德温大部分时间是在西方各国游说,筹款和寻求军事援助。但西方国家都忙于民族国家初步兴起的事务,路易九世(Louis Ⅸ, 1226—1270年在位)正筹划自己领导的十字军东征计划,匈牙利人忙于应付蒙古人入侵,教宗忙于同德意志霍亨斯陶芬王室(Hohenstaufens)的斗争,全都无暇东顾,援助并不容易得到。好在拉丁帝国的敌人此时不能集中精力攻击拉丁人:尼西亚的拜占庭皇帝约翰三世与保加利亚沙皇约翰·亚森发生争执,其联盟几乎破裂;1241年约翰·亚森去世后,保加利亚国内混乱,实力虚弱;约翰三世则因蒙古人扩张忙于处理小亚细亚事务。

1235—1236年间,约翰三世与约翰·亚森联合攻打拉丁人。拉丁人皇帝布里恩的约翰没钱雇用雇佣军,只好派遣鲍德温二世于1236年前往罗马寻求经济和军事援助。大约1237年,拉丁人联合保加利亚沙皇约翰·亚森和库曼人对付尼西亚的拜占庭皇帝约翰三世。亚森担心自己在与约翰三世的联合行动中得不到好处,反而使约翰三世因此受益,特别是担心尼西亚帝国的扩张对自己造成威胁。亚森与教宗格里高利九世因此频繁协商调整外交战略,正是在教宗的敦促下,亚森寻求结束与约翰三世的同盟关系,他借口思念女儿,把女儿海伦带回特尔诺沃,强行将她与女婿塞奥多利·拉斯卡利斯分开,还企图把女儿另嫁给他人。

不久,亚森与拉丁人签订和平协议,结成同盟。亚森与约翰三世的同盟关系因此在1237年3月布里恩的约翰去世后破裂。拉丁人还将库曼人拉入新同盟。1237年前后,在蒙古人扩张的压力下,成千上万库曼人渡过多瑙河,逃到巴尔干半岛,他们占据色雷斯,大肆劫掠,占领了一些要塞。拉丁人与这些库曼人结盟,缓解其兵力短缺问题,拉丁人贵族甚至和库曼人首领的女儿结婚。1237年,拉丁人和亚森联合攻打约翰三世,他们首先攻占了特霍尔卢城,这是约翰三世在色雷斯占有的一座设防城市。拉丁人动用大量攻城器械,亚森本人则率领数千西徐亚人或库曼人和保加利亚人参与攻城。但攻城战进行正酣的时候,有消息传来,说亚森的妻子匈牙利的玛丽亚去世,同时去世的还有他的小儿子以及特尔诺沃牧首。亚森认为这些预示着天谴，上天在惩罚其背盟行为，于是一把火烧掉了攻城塔，撤兵赶回特尔诺沃。这就导致拉丁人因攻城人数不足，撤围返回君士坦丁堡。亚森认为不幸源自他背叛与尼西亚的盟约，于是再派使者前往尼西亚寻求修复关系，1237年底，双方恢复了同盟关系，亚森的女儿重新返回尼西亚。[①] 这样，拉丁人联合保加利亚人打击尼西亚人的计划遭到失败。

君士坦丁堡的拉丁帝国因此再次陷入十分严重的危机之中。1238年，教宗格里高利九世再度号召西方君主发动十字军战争援助拉丁帝国，攻打约翰三世和约翰·亚森。他写信告诉东正教教士说，君士坦丁堡城中食物严重短缺，防御极其虚弱，要求教会对莫利亚神职人员的动产及收入征收三分之一的税赋，用于拯救君士坦丁堡。他还要求亚森的前内弟、匈牙利国王贝拉四世（Béla Ⅳ of Hungary, 1235—1270年在位）攻打亚森，但遭到拒绝。贝拉提出攻打亚森的条件：教宗授予他在被征服的保加利亚领土上任命教会高级教职的权力，并指定他为匈牙利的教宗使节等。教宗答应了大部分要求，却拒绝了最后一项要求，致使计划告吹。事实上，蒙古人的侵略使得贝拉根本无力攻打约翰·亚森。此时，亚森本人恢复了与尼西亚的结盟关系，但只是同他保持表面上的友好关系，再未与约翰三世联合作战。格里高利九世还为君士坦丁堡发布了一系列紧急法令，他规定拉丁人两年内禁止司法诉讼，以便他们把所有精力投入防御战；谴责为拜占庭人作战的拉丁人为背叛者，要求他们忏悔并重新为拉丁帝国作战，教宗将同意赦免他们的罪孽；未经拉丁帝国皇帝、城市行政长官（*podestà*）以及贵族们的许可，对守卫君士坦丁堡有用的任何东西都不得运出君士坦丁堡。[②]

当时，鲍德温本人还在西欧各地寻求援助。他于1236年前往西方，访问了罗马、法国和佛兰德等国家和地区，企图筹款并招兵买马，以援助拉丁帝国收复失地。在巴黎，鲍德温向路易九世和太后卡斯蒂尔的布兰奇（Blanche of Castile, 1188—1252年）求援，太后是他妻子布里恩的玛丽的外祖姨妈，他的曾祖父是法王路易六世，后者是路易九世曾祖父法王路易七世的父亲，算起来他们还是同宗

---

① George Akropolites, *The History*, pp. 197－202. R. L. Wolff, "The Latin Empire of Constantinople, 1204—1261," p. 220.

② R. L. Wolff, "The Latin Empire of Constantinople, 1204—1261," p. 221.

亲戚。1237 年,在法王路易九世的支持下,鲍德温取代自己的姐姐、那慕尔领地女侯爵玛格丽特(Margaret of Courtenay, 1229— 1237 年在位)成为那慕尔侯爵(1237—1256 年在位)。随后,鲍德温把自己的侯爵领地那慕尔抵押给法王路易九世,换取了 50 000 巴黎里弗尔。[①] 1238 年,鲍德温访问英格兰,英王亨利三世(Henry Ⅲ of England, 1216— 1272 年在位)欢迎他到伦敦并给了他一些金钱支持。这时君士坦丁堡传来不好的消息:1238 年,约翰三世准备再次围攻君士坦丁堡,皇后和贵族们饱受饥饿折磨,一些贵族在夜里偷偷溜出城门逃到西方。1237 年,处境艰难的拉丁人贵族们把耶稣受难的荆棘冠冕(Crown of Thorns)抵押给威尼斯人,换取城市行政长官(*podestà*)的承诺:提供 13 134 金币(hyperpers)贷款。双方约定,这笔钱由威尼斯人尼古拉・圭里尼(Nicholas Querini)提供,后者也因此获得这个贵重圣物的临时保管权,如果贷款没有在规定的时间内偿还,他将获得该圣物的绝对所有权。这顶冠冕最终在 1238 年底被路易九世赎回,送往巴黎,存放在专门为它建造的圣夏佩尔(Sainte Chapelle)。[②]

鲍德温决定立即派出部分军队前往援助君士坦丁堡。他在西方征募的军队因当时弗雷德里克二世正在围攻米兰(Milan)而被迫延缓了在意大利北部的行程,加上指挥官贝蒂纳的约翰(John of Béthune)去世而滞留,最终,只有一支威尼斯舰队前往君士坦丁堡。1238 年,阿哈伊亚即莫利亚王公维拉杜安的杰弗里二世率领舰队,与威尼斯舰队联合发兵,拯救了君士坦丁堡。鲍德温后来把埃维亚岛的宗主权授予杰弗里二世,作为对他的回报。[③] 1239 年,鲍德温率领法王路易九世募集的几万援军,从陆路直接返回君士坦丁堡。[④] 他在途中未遭遇阻击,当时,约翰・亚森虽然与约翰三世有同盟关系,但不仅没有阻挠拉丁人军队,反而给予他们一定的帮助。1240 年,拉丁人和库曼人联军攻打特霍尔卢城,联军人数众多,攻城器械精良,一举征服了特霍尔卢城,迫使约翰三世派驻的拜占庭人守军投

---

① A. P. Kazhdan ed., *The Oxford Dictionary of Byzantium*, p. 247.

② R. L. Wolff, "The Latin Empire of Constantinople, 1204—1261," pp. 221 - 222.

③ J. Longnon, "The Frankish States in Greece, 1204—1311," p. 243. A. P. Kazhdan ed., *The Oxford Dictionary of Byzantium*, p. 832. R. L. Wolff, "The Latin Empire of Constantinople, 1204—1261," p. 221.

④ 乔治・阿克罗颇立塔斯说有 60 000 名法国人,奥布里(Aubry)说有 700 位骑马的骑士和 30 000 名步兵。George Akropolites, *The History*, p. 203, p. 205, n. 4.

降,城中拜占庭人尽数被俘,卖给拉丁人为奴。[1]

拉丁人攻打特霍尔卢的同时,约翰三世率领舰队从尼科美底亚出发,途经哈拉克斯,攻占了达吉比扎(Dakibyza)和尼基提阿图(Niketiatou)。1241 年 5—6 月间,拜占庭人攻打君士坦丁堡,但因军队海战经验不足而失败。据同时代人记载,拉丁人以少胜多大败拜占庭人。乔治·阿克罗颇立塔斯说拉丁人的 13 艘船打败拜占庭人的 30 艘船,俘获拜占庭人的 13 艘船。丹多洛(Dandolo)和马蒂诺·达·卡纳莱(Martino da Canale)说,拉丁人的 16 艘船打败约翰三世的 25 艘战舰,俘获了拜占庭人的 10 艘船。1241 年 6 月,拉丁人、约翰三世父子俩以及约翰·亚森的儿子科洛曼一世(Kaliman/Coloman Ⅰ, 1234—1246 年)之间签订了为期两年的停战协定。[2] 此前不久,很可能在 1241 年 5 月或 6 月,亚森去世,[3]其匈牙利妻子所生儿子科洛曼继位,科洛曼当时只有七岁,在主和派贵族支持下与约翰三世恢复了和平关系。[4] 同时,蒙古大军侵略浪潮袭来,1241 年,他们侵入匈牙利,4 月便歼灭了贝拉四世的军队,洗劫匈牙利领土。次年,蒙古大军侵入保加利亚,再向南攻打拉丁帝国,鲍德温二世率军同蒙古人作战,第一次取得胜利,第二次战败。而后,蒙古人从拉丁帝国回军途中,再次劫掠保加利亚,毁坏了特尔诺沃(Tărnovo)、普雷斯拉夫(Preslav)、舒门(Šumen)、瓦尔纳(Varna)、切尔文(Červen)、洛维奇(Loveč)、斯维什托夫(Svištov)、德利斯特拉(Dristra)、图尔夸亚(Turcoaia)、伊萨克恰(Isaccea)和努法鲁(Nufăru)等城堡。蒙古人后来建立起金帐汗国(Golden Horde),其领土囊括从多瑙河口到西伯利亚(Siberia)中部的广大地区。蒙古人的侵略虽然没有灭亡保加利亚,但迫使保加利亚于 1242 年臣服纳贡。[5] 由于在位沙皇年幼,加上蒙古人侵略,保加利亚由此衰落。

在此之前,约翰·亚森的匈牙利妻子于 1237 年去世,他再娶自己俘虏的伊庇

---

[1] George Akropolites, *The History*, p. 203, p. 205, n. 9.

[2] George Akropolites, *The History*, pp. 203 - 204, p. 206, n. 18.

[3] A. Madgearu, *The Asanids : The Political and Military History of the Second Bulgarian Empire, 1185— 1280*, Leiden and Boston: Brill, 2017, p. 225.

[4] George Akropolites, *The History*, p. 211.

[5] A. Madgearu, *The Asanids : The Political and Military History of the Second Bulgarian Empire, 1185— 1280*, pp. 228 - 234.

鲁斯的塞奥多利之女伊琳妮·杜凯娜(Irene/Eirene Komnene Doukaina,生卒年不详)为妻,后者的美丽性感使他不顾自己女儿已嫁给伊琳妮的叔父曼努埃尔,从而形成了娶自己女婿的侄女为妻的乱伦关系。亚森极度迷恋伊琳妮,二人婚后育有三个子女。塞奥多利因女儿的关系而被释放,并经亚森同意,重新控制了塞萨洛尼基以及附近城市和地区。伊庇鲁斯的塞奥多利因眼瞎无法再次称帝,于是任命自己的儿子约翰·科穆宁·杜卡斯(John Komnenos Doukas, 1237—1244 年在位)为皇帝,把弟弟曼努埃尔流放到阿塔洛斯(Attalos)城,曼努埃尔的妻子则被送回其父亲亚森那里去。不久,在约翰三世的支持下,曼努埃尔控制了法尔萨拉(Pharsala)、拉里萨、普拉塔蒙(Platamón)以及周边地区。而后,曼努埃尔、君士坦丁(Constantine,约 1172—约 1242 年)和塞奥多利三兄弟于 1237—1239 年间签署停战协定。从那以后,达成和平协议的三兄弟也与伯罗奔尼撒半岛和尤利普斯(Euripos,即埃维亚岛[Euboia])的拉丁人达成和平协议。曼努埃尔于 1238—1239 年间去世。他的侄子、米哈伊尔一世·科穆宁·杜卡斯的私生子米哈伊尔二世·科穆宁·杜卡斯(Michael Ⅱ Komnenos Doukas,约 1206—1266/1268 年)继承了他的领地。塞奥多利和儿子约翰父子俩、与侄子米哈伊尔以及兄弟君士坦丁从此达成和解。①

面对伊庇鲁斯君主国的分裂和保加利亚的衰落,约翰三世不失时机地扩张势力。他收买了大量英勇善战的库曼人,征募他们入伍,当时这些库曼人因 1230 年代晚期蒙古人扩张而逃至马其顿。他还促使他们皈依基督教,将他们安置在小亚细亚的迈安德河地区和弗里吉亚(Phrygia),以阻止向西扩张的突厥人。在通过诡计控制伊庇鲁斯的塞奥多利·科穆宁·杜卡斯本人之后,约翰三世于 1241 年夏秋之际率领拜占庭人和库曼人组成的军队,跨过博斯普鲁斯海峡,占领了伦丁(Rentine)要塞,并攻打塞萨洛尼基。这时,他收到当时派驻在小亚细亚佩加地区的儿子塞奥多利二世关于蒙古人打败了突厥人的报告,约翰三世于是改变主意,与塞奥多利的儿子约翰协商双方议和问题,确定取消约翰的"皇帝"称号,改授他"君主"称号,约翰则承认尼西亚皇帝的宗主权。1241 年底,约翰三世回到亚洲,

---

① George Akropolites, *The History*, pp. 206 – 208, n. 2, pp. 211 – 212, n. 1.

忙于处理小亚细亚事务，1243 年，他与突厥人苏丹签订和约。蒙古军队在打败突厥人后，撤离了小亚细亚，他们满足于突厥人缴纳的贡金，从此后，塞尔柱突厥人丧失了往日的权势。①

但鲍德温二世并没有抓住时机振兴拉丁帝国，保加利亚沙皇年幼、原伊庇鲁斯君主国分裂，以及约翰三世忙于亚洲事务等因素为拉丁帝国创造的良好外部环境，并没有帮助他根本改变帝国的困境，拉丁帝国仍然处于极度贫穷状况之中，人力和财力资源几近枯竭。鲍德温企图把他的西方封地考特尼（Courtenay）授予阿哈伊亚侯国君主维拉杜安的杰弗里二世以换取筹款，但由于这块领地与法国王室密切相关，路易九世愤怒地拒绝了他的提议。像之前的布里恩的约翰一样，贫穷使得鲍德温无法雇佣拉丁军人作战。据统计，这一时期大约有 1000 名拉丁人为塞尔柱突厥人作战，他们作战特别英勇，成为苏丹吉亚德丁·凯库斯劳二世（Ghiyāth-ad-Dīn Kai-Khusrau Ⅱ，1237—1246 年在位）上台的决定性力量，他们还享有不行亲吻苏丹脚之大礼的特权。为了得到更多优秀的拉丁战士，这位完全不了解拉丁帝国虚弱状况的苏丹，竟然向鲍德温二世提出联姻结盟的请求，他希望选择拉丁公主作为新娘，还信誓旦旦地表示，这桩联姻不会有宗教方面的障碍，称他自己的母亲也是拜占庭人，信奉基督教，他还承诺新娘可以保持自己的信仰，保有自己的神父和其他神职人员，并维持整个基督教家眷（household）的信仰。他甚至提出在其所有城市里均可建造教堂，并雇佣基督教神职人员在教堂里主持宗教仪式；他将把他统治区域内整个基督教主教领导集团置于君士坦丁堡拉丁人大主教的管辖之下。事实上，他暗示自己有可能皈依基督教，如果新娘真的爱他的话。鲍德温二世受到这番表白的极大诱惑，考虑到他自己没有女儿，于是写信请求法国太后卡斯蒂尔的布兰奇责成他一个姐姐把一个女儿，亦即其外甥女，送到君士坦丁堡达成这一交易。但是这个联姻计划后来没了下文，可能是因为 1243 年苏丹和尼西亚签订了同盟协定。②

雪上加霜的是，1241 年格里高利九世的去世，鲍德温二世失去了一个最强大

① George Akropolites, *The History*, pp. 215－216, p. 217, n. 5, pp. 220－221, p. 326. R. L. Wolff, "The Latin Empire of Constantinople, 1204—1261," pp. 222－224.

② R. L. Wolff, "The Latin Empire of Constantinople, 1204—1261," pp. 222－223.

的朋友,随后两年的教宗空位期间,他丧失掉教廷这一强大的支持力量。鲍德温只好依赖路易九世和卡斯蒂尔的布兰奇,为讨好他们而赠送圣物,希望换取援助经费。他低三下四地向他们咨询意见,根据他们的建议进行统治。1243 年 8 月,布兰奇指责他的政务委员会里有两个拜占庭人,这使鲍德温慌作一团,并在一封信里否认指控事实的真实性,坚持说他完全依靠法国人的指示办事,“我们向您坦白并发誓,我们过去从未以任何方式采用任何拜占庭人的建议,现在也没有。相反,我们所做任何事情都咨询了我们的法国贵族和贤人(good men)同伴的意见……不管您发现什么需要纠正,我们都请求您告诉我们,以便我们改正,您将发现我们愿意听从您的建议和命令……我们的信仰和希望在于我们的领主国王即您的儿子和您本人的恩赐”①。

1243 年或者 1244 年初,鲍德温回到西欧,在那里待到 1248 年 10 月。这期间,留在君士坦丁堡的皇后和法国贵族图西的菲利普(Philippe de Toucy,1277 年去世)以摄政身份代理皇权。1244 年春,他促使神圣罗马帝国皇帝弗雷德里克二世与教宗英诺森四世(Innocent Ⅳ,1243—1254 年在位)和解,协商处理争议问题。为此,弗雷德里克大约在 1244 或 1245 年,促成约翰三世与他签署为期一年的停战协定。但英诺森四世与弗雷德里克二世的协商未果,英诺森于 1244 年 6 月逃出罗马,同年底逃到里昂,随后在那里召集宗教会议。在 1245 年 6 月 28 日的第一次里昂宗教会议(First Council of Lyons)上,鲍德温坐在教宗英诺森的右手边,在世俗王公中居首位。会议指控弗雷德里克的女儿康斯坦丝(Constance of Hohenstaufen,1230—1307 年)和新近丧妻的约翰三世结婚(1244 年),宣布“废黜”弗雷德里克;会议规定各方在经济上援助君士坦丁堡的拉丁帝国,其中教宗提供其本人收入的十分之一,任何持有圣职半年或以上的人需提供其所有收入的一半来支持拉丁帝国,除非他出差在外。然而,路易九世忙于筹划他自己的十字军战争,无暇顾及鲍德温,拉丁帝国并没有得到实际援助。1246 年,西班牙的圣地亚哥修道会

① R. L. Wolff, “The Latin Empire of Constantinople, 1204—1261,” pp. 222 and 224.

(Order of Santiago)承诺的援助也没有兑现。①

拉丁帝国的国库空空如也,鲍德温被迫拆下部分皇宫木材用做柴火,并把大量圣物送到西方换取钱款,其中著名的圣物除了前面所说的耶稣受难荆棘冠冕之外,还有耶稣受难真十字架(the True Cross)的大部分,这些圣物被法王路易九世存放在巴黎的圣夏佩尔。② 鲍德温甚至被迫把唯一的儿子考特尼的菲利普(Philip of Courtenay, 1243—1283 年)抵押给威尼斯商人做人质,作为其借贷 24 000 金币(hyperpers)巨额债务的担保。菲利普在很小的时候就被送到威尼斯抵债,在鲍德温的债主监护下渡过了很多年,1258 年,路易九世还曾送 1 000 图尔里弗尔(*livres tournois*)给他用于日常花销。1248 年 10 月,鲍德温回到君士坦丁堡后,玛丽皇后出发前往西方。鲍德温授权皇后抵押他在西方的领地以筹钱还债,但皇后没有这样做,可能是因为卡斯蒂尔的布兰奇和路易九世的反对。后来,菲利普由皇后的表兄卡斯蒂尔国王阿方索十世(Alfonso X of Castile, 1221—1284 年)出钱赎回。③

在拉丁帝国处境窘迫的同时,保加利亚和巴尔干半岛的拜占庭人势力进一步衰落,只有尼西亚的拜占庭人势力日益扩张。1244 年,塞萨洛尼基的约翰・科穆宁・杜卡斯去世,其年轻的弟弟迪米特里・安苴鲁斯・杜卡斯(Demetrios Angelos Doukas, 1244—1246 年在位)经约翰三世认可继任"专制君主",但塞萨洛尼基的主要家族掌握着实权。1246 年 8 月或 9 月,12 岁的保加利亚沙皇科洛曼去世。同年 9 月,保加利亚牧首贝萨利翁(Bessarion, 1246 年在位)去世,随后约翰二世・亚森与伊琳娓・杜凯娜的七岁儿子米哈伊尔二世・亚森(Michael Ⅱ Asan,约 1239—1257 年)继位,保加利亚由敌视匈牙利和天主教的亲东正教集团控制。尼西亚的约翰三世马上趁机攻打保加利亚和塞萨洛尼基。1246 年 9 月到 11 月,约翰三世的军队占领了色雷斯和马其顿的大片土地,包括塞利斯、迈雷尼康(Melenikon)、斯特尼马霍斯(Stenimachos)、泽佩纳(Tzepaina),以及瓦尔达尔河(Vard-

① R. L. Wolff, "The Latin Empire of Constantinople, 1204—1261," pp. 224 - 225. A. P. Kazhdan ed., *The Oxford Dictionary of Byzantium*, p. 247.

② https://www.britannica.com/biography/Baldwin-II-Porphyrogenitus

③ R. L. Wolff, "Mortgage and Redemption of an Emperor's Son," *Speculum*, vol. 29, No. 1 (1954), pp. 45 - 84.

ar River)流域中的要塞和城市,包括斯托皮昂(Stoumpion)、霍托沃斯(Chotovos)、普罗萨科斯(Prosakos)、维勒斯(Veles)、韦尔布德(Velbužd)、斯科普里(Skopje)和普里莱普等。约翰·亚森在1230年征服的土地悉数落入约翰三世之手。同时,由于迪米特里·安苴鲁斯·杜卡斯年轻鲁莽,贪玩放荡,塞萨洛尼基一些重要人物策划推翻他,他们在1246年秋把塞萨洛尼基献给了约翰三世。约翰三世还控制了巴尔干主要道路艾格纳提亚大道以及瓦尔达尔河流域地区,成为巴尔干半岛的霸主。1254年,约翰三世去世,局势大变,保加利亚的米哈伊尔二世·亚森一度收回了1246年被尼西亚军队占领的保加利亚土地,但不久战败,于1256年6月与尼西亚皇帝塞奥多利二世·拉斯卡利斯(Theodore Ⅱ Laskaris, 1254—1258年在位)签订和约,被迫放弃所占土地。1257年初,米哈伊尔被不满的贵族谋杀,随后上台的是他的堂兄弟科洛曼二世(Kaliman Ⅱ, 1257年在位),但不久也被谋杀,这样,亚森王朝(Asanid dynasty)已无男性后裔。之后上台的新沙皇君士坦丁·亚森(Constantine Asan, 1257—1277年在位)是贵族托伊乔斯(Toichos)的儿子,他娶了约翰二世·亚森的外孙女、塞奥多利二世的女儿伊琳妮·杜凯娜·拉斯卡丽娜(Eirene/Irene Doukaina Laskarina, 1268年去世)为妻,与岳父塞奥多利二世结成同盟。①

巴尔干地区其余的拜占庭人势力中,年迈的伊庇鲁斯的塞奥多利对尼西亚已无威胁。他的侄子米哈伊尔二世·科穆宁·杜卡斯即米哈伊尔一世·科穆宁·杜卡斯的私生子,在塞奥多利战败之后成为伊庇鲁斯的统治者,此次战役于1230年发生在克洛考特尼卡(Klokotnica)。他与塞奥多拉·佩特拉利菲娜(Theodora Petraliphaina,约1270年去世)的婚姻使他得到强大的佩特拉利法斯(Petraliphas)家族的支持,后者与尼西亚朝廷关系密切。大约在1249年,约翰三世授予米哈伊尔"专制君主"(*Despotes*)头衔,并把自己的孙女玛丽亚·杜凯娜·拉斯卡丽娜(Maria Doukaina Laskarina)许配给米哈伊尔的儿子尼基弗鲁斯一世(Nikephoros Ⅰ Komnenos Doukas,约1240—1297年)。但米哈伊尔不久后便在叔父塞奥多利

---

① George Akropolites, *The History*, pp. 224, 225-238, 281-304 and 334. A. P. Kazhdan ed., *The Oxford Dictionary of Byzantium*, p. 605. A. Madgearu, *The Asanids: The Political and Military History of the Second Bulgarian Empire, 1185—1280*, pp. 236-244.

的煽动下,发动反叛。他旋即于1252年被约翰三世打败。其属下许多人投靠了约翰三世,塞奥多利被囚禁,米哈伊尔被迫把普里莱普、维勒斯和克鲁艾(Kroai)等要塞割让给尼西亚人。1256年,玛丽亚与尼基弗鲁斯结婚,其代价是米哈伊尔被迫放弃都拉基乌姆等重要据点。此后,米哈伊尔致力于阻止尼西亚人的扩张,先后收复了被尼西亚军队占领的城镇和要塞。为此,他与西西里国王曼弗雷德(Manfred of Sicily, 1258—1266年在位)以及阿哈伊亚侯国君主维拉杜安的威廉二世(William Ⅱ Villehardouin, 1246—1278年在位)结盟,联合他们一起同尼西亚军队作战。但是,联军于1259年在佩拉戈尼亚战役中被尼西亚军队彻底打败,威廉被俘。①

这个时期的拉丁帝国极其衰败,其灭亡只是早晚的问题。皇帝鲍德温二世仍然忙于到处寻找经济援助和军事支持,但都无功而返。1249年,他还访问了法王路易九世在达米埃塔的营地,并于1251年在巴勒斯坦向路易九世借过钱。当他不在君士坦丁堡的时候,图西的菲利普在君士坦丁堡担任摄政,总理帝国政务。②

拉丁人的虚弱使尼西亚帝国加紧实施复国计划。1243年,尼西亚政府与突厥人签订停战协定,1246年,尼西亚与保加利亚和巴尔干地区的拜占庭人势力签订和约。1247年,约翰三世率领拜占庭人和库曼人军队攻打君士坦丁堡,同年7月,约翰三世被拉丁人打败。8月,约翰三世攻占了君士坦丁堡附近的麦迪亚(Médéa)、德尔科斯(Derkos)、特霍尔卢和维齐(Vizye)。1248年,约翰三世再次攻打君士坦丁堡,促使君士坦丁堡的拉丁人感到末日临近。这时,罗得岛上的热那亚人和阿哈伊亚侯国的维拉杜安的威廉二世对拜占庭人开战,使约翰三世转移了注意力,暂停攻击君士坦丁堡。但这只是一时解了君士坦丁堡的围,因为当时尼西亚帝国国土从东边的突厥人边境延伸到西边的阿尔巴尼亚,成为东地中海最强大的国家。③

---

① George Akropolites, *The History*, pp. 249 – 259, 308, 312, 323 – 324, 330 – 333, 344 and 354 – 365. A. P. Kazhdan ed., *The Oxford Dictionary of Byzantium*, pp. 1363 and 2042. R. L. Wolff, "The Latin Empire of Constantinople, 1204—1261", p. 228.

② R. L. Wolff, "The Latin Empire of Constantinople, 1204—1261," p. 226.

③ George Akropolites, *The History*, pp. 220 – 221, pp. 245 – 246, n. 2, n. 6, pp. 246 – 248, n. 4. A. P. Kazhdan ed., *The Oxford Dictionary of Byzantium*, p. 1048.

面对鲍德温二世和拉丁帝国的绝望处境,罗马教宗英诺森四世逐渐放弃希望,并调整了历任教宗们对君士坦丁堡的传统政策,停止援救拉丁帝国,转而寄希望于直接与约翰三世·瓦塔泽斯协商,尽快结束教会分裂。1247 年,教宗取消了早先关于要求各地教士在经济上资助拉丁帝国的命令。同时,约翰三世也调整了对德意志王室的政策,因为他认识到与霍亨斯陶芬的弗雷德里克二世的结盟没有为他带来实质性的好处。1248 年,他转而争取罗马教宗的支持。双方在 1249—1252 年间多次进行东西两大教会统一问题的协商,但是最后双方协商未果。1254 年,约翰三世派出新的使者到达罗马,主动提出承认教宗在教会事务上的最高权威,并提议召集一次宗教会议来讨论"和子"说(*filioque*)争议问题;作为交换,他要求把君士坦丁堡归还给他,并把君士坦丁堡牧首宝座归还给常驻尼西亚的牧首阿西尼奥斯·奥托雷亚诺斯(Arsenios Autoreianos, 1254 年 11 月—1260 年 2 月或 3 月、1261 年大约 5 月—1265 年春在位)。此前的教宗总是拒绝考虑这种要求,此时的英诺森四世则回答说,关于归还君士坦丁堡问题,他不能够做出承诺,因为拉丁帝国皇帝并没有犯下任何罪过,也不能被召唤到教宗法庭上。英诺森承诺将尽职尽责处理好拉丁人皇帝和拜占庭人皇帝之间的争端,并暗示:如果尼西亚教会完全服从罗马教廷的话,他将默许拜占庭人对君士坦丁堡的控制。然而人算不如天算,约翰三世和英诺森四世都在 1254 年去世,协商无果而终。1256 年,新教宗亚历山大四世(Alexander Ⅳ, 1254—1261 年在位)与塞奥多利二世·拉斯卡利斯继续协商,讨论还是毫无结果。然而,教宗的通信表明,教廷认识到拉丁帝国已经丧失作为教宗外交政策工具的作用,不管是教会统一还是成功的十字军战征都无法通过拉丁帝国来实现了,教宗正式放弃拉丁帝国了。①

尼西亚皇帝塞奥多利二世·拉斯卡利斯在其短暂统治期间(1254—1258 年),主要注意力集中在巴尔干半岛,忙于处理保加利亚人、伊庇鲁斯人(Epirotes)、阿尔巴尼亚人和塞尔维亚人等问题,还忙于小亚细亚事务,没有足够的时间和精力攻打君士坦丁堡。1258 年塞奥多利二世去世,皇位继承人约翰四世·拉斯卡利斯(John Ⅳ Laskaris, 1258—1261 年在位)只有 8 岁,还是个孩子,主政

① R. L. Wolff, "The Latin Empire of Constantinople, 1204—1261," pp. 226 - 228. A. P. Kazhdan ed., *The Oxford Dictionary of Byzantium*, p. 187.

的实权人物是米哈伊尔·帕列奥列格。后者首先铲除了作为摄政的牧首阿西尼奥斯·奥托雷亚诺斯和宫廷重臣乔治·穆扎隆(George Mouzalon,约1220—1258年)。而后,米哈伊尔·帕列奥列格凭借掌控的拉丁人雇佣军实力成为摄政王,进而成为小皇帝的共治皇帝,最终夺取皇权,史称米哈伊尔八世·帕列奥列格(Michael Ⅷ Palaeologus, 1259—1282年在位)。①

老谋深算的米哈伊尔八世·帕列奥列格篡位上台不久,鲍德温二世或许是为了试探,或许是认为这位尼西亚新皇帝皇位不稳,认为他应该愿意做出让步,于是派使者前去与米哈伊尔商谈。使者们先是要求米哈伊尔割让塞萨洛尼基及其与君士坦丁堡之间的所有土地,米哈伊尔回答说这座城市恰好是他的故乡,因为他父亲曾统治那里、在那里去世并葬在那里,因此他不可能放弃它。于是,使者们要求他割让塞利斯及其向东直到君士坦丁堡之间的土地,但米哈伊尔又说这是他第一次指挥作战的福地,因此他不会放弃它。拉丁人使者只好进一步降低要求,提议米哈伊尔割让沃勒隆(Voleron)以东的土地,米哈伊尔再回答说这是他最喜欢的打猎场所。拉丁人询问他准备割让哪里,米哈伊尔傲慢地回答说,他不会割让任何土地,不仅如此,如果拉丁帝国要想和平,他就要得到他们一半的进出口税和商业交易税(*kommerkion*),以及君士坦丁堡造币厂一半的收入,否则,他将进攻并打败他们。②

处于绝望境地的鲍德温二世不得不再次求助于西欧君主。他一直没有停止向西方各国求援,最后连皇后布里恩的玛丽也前往西方寻求援助。据《佛兰德和十字军东征编年史》(*Chronique de Flandre et des Croisades*)记载,鲍德温在法国的时候,玛丽的外祖姨母卡斯蒂尔的布兰奇,即法王路易的母亲给了鲍德温20 000里弗尔,条件是他必须承诺不得出售那慕尔领地在回到君士坦丁堡一个月之内送玛丽前去拜见她。③ 因此,1248年鲍德温回到君士坦丁堡后,派出四艘武装船只护送皇后及其随从去巴黎。当时,法王路易九世和十字军在塞浦路斯,玛丽准备

---

① George Akropolites, *The History*, pp. 281 - 304, 319 - 333 and 339 - 347. A. P. Kazhdan ed., *The Oxford Dictionary of Byzantium*, pp. 187, 1367 and 1421.

② George Akropolites, *The History*, pp. 351 - 352. R. L. Wolff, "The Latin Empire of Constantinople, 1204—1261," pp. 228 - 229.

③ R. L. Wolff, "Mortgage and Redemption of an Emperor's Son," p. 60.

去见法王,但是一股强大的海风把她的船吹到了塞浦路斯岛的阿卡,结果玛丽只剩下身上的衣服和斗篷。让·德·茹安维勒(Jean de Joinville, 1224—1317 年)见状送了她一些布料等做衣服,玛丽则说服 200 多名骑士(包括茹安维勒)发誓在完成十字军战争之后前去援助君士坦丁堡,但后来他们并没有兑现承诺。① 接着玛丽离开了塞浦路斯,来到内格罗蓬特(即埃维亚岛),于 1249 年 1 月 30 日在那里写信告诉她的外祖姨母卡斯蒂尔的布兰奇说,她得到了三笔钱款,一共 1 430 里弗尔,请她的外祖母姨支付这笔钱。1249 年 5 月,三位债主跟着玛丽一起齐聚法国,他们的贷款由卡斯蒂尔的布兰奇付清。此后,玛丽一直与布兰奇生活在一起,直到 1252 年 11 月底或 12 月初布兰奇去世。此前,玛丽写信给教宗申诉教俗人士攻击她和鲍德温,请求教宗帮助,教宗英诺森四世在 11 月 7 日回信给她,命令巴黎和埃夫勒(Evreux)各位主教帮助她对付这种攻击。布兰奇去世后不久,玛丽前往鲍德温的封地那慕尔。玛丽到后不久,那慕尔侯爵的领主、埃诺伯爵即鲍德温二世的表姐佛兰德的玛格丽特(Margaret of Flanders)与第一个丈夫所生儿子阿韦讷的让(Jean d'Avesnes, 1246—1257 年在位),于 1253 年 7 月 20 日,把那慕尔领地让给"瞎子"亨利的外孙卢森堡的亨利(Henry of Luxembourg, 1216—1281 年)。经法王干预,1256 年 9 月 24 日,阿韦讷的让宣布放弃对那慕尔领地和玛丽其他领地的权利要求。1256 年圣诞节,卢森堡的亨利入侵那慕尔领地,迫使玛丽于 1258 年 6 月放弃那慕尔领地城堡,慌忙逃离了那里。②

随后,布里恩的玛丽前往卡斯蒂尔去找表兄阿方索十世寻求帮助,她的三个兄弟是阿方索宫廷里最重要的贵族。当时,阿方索十世正在努力争取多方支持以获得广泛承认。援助拉丁帝国可望提高他的威望,因此,他答应赎回玛丽不幸的儿子考特尼的菲利普,并打算把自己一个女儿许配给菲利普。1258 年,阿方索十世从鲍德温二世的威尼斯人债主那里赎出菲利普,使菲利普最终于 1261 年 5 月 1 日获得释放。③ 这样,拉丁帝国得到了卡斯蒂尔实质性的援助和保护。

这时,威尼斯人采取了一项措施。总督雷尼尔·芝诺(Renier Zeno)及其委员

---

① J. de Joinville, *The Life of Saint Louis*, pp. 198 - 199.

② R. L. Wolff, "Mortgage and Redemption of an Emperor's Son," pp. 61 - 64.

③ R. L. Wolff, "Mortgage and Redemption of an Emperor's Son," pp. 54 - 60, 64, 69 - 70 and 80 - 82.

会授权原拜占庭帝国领土上各派拉丁势力，包括被俘的阿哈伊亚侯国王公威廉(William of Achaea)摄政王、伯罗奔尼撒半岛莫利亚的贵族们、雅典、内格罗蓬特、克里特岛、利姆诺斯岛(Lemnos)和爱琴海公国(Duchy of the Archipelago)等的统治者们，在君士坦丁堡永久驻扎一支定期支付酬金的1 000人守军。威尼斯和其他各派拉丁人势力各支付一份军饷。①

然而，一切努力都为时过晚。1260年米哈伊尔八世再次围攻君士坦丁堡，加拉塔守军成功抵抗了围攻，②迫使拜占庭人和拉丁人签订了一年的停战协定。但是鲍德温穷得不得不取下君士坦丁堡宫殿房顶的铅皮去筹款。为了最终收复君士坦丁堡，米哈伊尔八世·帕列奥列格与保加利亚人、塞尔柱突厥人以及蒙古人达成协议，以便在欧洲和亚洲获得安全保证。同时，他与威尼斯人的竞争对手热那亚人结成同盟。1261年3月13日，双方在尼穆非乌姆签署条约，7月10日，热那亚批准该条约。生效后的条约规定：热那亚人提供一支多达50艘战舰的海军，用于反对热那亚的敌人，费用由米哈伊尔支付；热那亚人将在尼西亚军队中服役，尼西亚政府负责指挥热那亚舰船；尼西亚将允许热那亚商人在其领土上自由贸易且完全免税，并将把士麦那(Smyrna)和拜占庭所有重要港口包括君士坦丁堡的拉丁人住区割让给热那亚，他们在这些港口不仅可以得到他们以前的所有属地，还能得到威尼斯人的那些现有属地；黑海将对热那亚的所有敌人(比萨除外)关闭。③ 但是，热那亚舰队还没有到达东方、甚至这一条约还没有得到批准时，米哈伊尔的军队就占领了君士坦丁堡。

1261年春，米哈伊尔八世派出两支军队西征，一支由他的兄弟、“专制君主”(*despot*)约翰率领，前去攻打伊庇鲁斯的米哈伊尔二世。另一支由“凯撒”阿莱克修斯·斯特拉特戈普洛斯(Alexios Strategopoulos)指挥，前往攻打保加利亚人，顺便震慑君士坦丁堡的拉丁人。当时，在拉丁帝国都城君士坦丁堡近郊、位于马尔

① R. L. Wolff, “The Latin Empire of Constantinople, 1204—1261,” pp. 229-230.

② 加拉塔是一个定居地，与君士坦丁堡隔着金角湾(Golden Horn)，处于金角湾北端的海岬上，原名希凯(Sykai)，13—15世纪也称佩拉(Pera)，可能在11世纪成了一个犹太人区，1203年十字军占领了这里，1261年米哈伊尔八世收复君士坦丁堡后，在1267年把这个地方赐予热那亚人，1453年加拉达向土耳其人投降。A. P. Kazhdan ed., *The Oxford Dictionary of Byzantium*, pp. 815-816.

③ R. L. Wolff, “The Latin Empire of Constantinople, 1204—1261,” pp. 229-230.

马拉海和黑海之间的地区,生活着很多农民和渔民,他们是原拜占庭帝国的臣民,1204年拉丁帝国建立起来之后一直为君士坦丁堡提供食物,可以自由出入君士坦丁堡。米哈伊尔八世从他们那里获取有用的情报,并与生活在君士坦丁堡、名义上忠诚于拉丁人的一些拜占庭人建立起联系。这些农民或渔民告诉远征途中的斯特拉特戈普洛斯,说城墙中有一条通道,足够一个全副武装的人一次通过。他们说,当时君士坦丁堡城中实际上已无拉丁人守军,被威尼斯派来援助保卫君士坦丁堡的威尼斯行政长官马可·格拉迪尼戈(Marco Gradenigo),已带领大多数拉丁人援军乘坐30艘战船前往黑海攻打达弗努西亚(Daphnousia/Daphnusia)岛,该岛位于博斯普鲁斯海峡以东大约70英里,他们离开都城有可能是米哈伊尔八世故意设计的调虎离山之计。①

1261年7月24日夜里,阿莱克修斯·斯特拉特戈普洛斯率领一支士兵通过那条秘密通道成功进入并占领君士坦丁堡。据拜占庭史学家乔治·阿克罗颇立塔斯记载,一些士兵进入通道,从城内打开城门,放其余拜占庭将士进入城内。另一位拜占庭史学家乔治·帕奇米尔斯(George Pachymérès, 1242—约1301年)则说,一些拜占庭农民或渔民在城内架起梯子,杀死守兵,打开“泉水之门”(Gate of the Spring/Fountain,又称塞林布里亚门[Selymbria Gate]),帮助等待的尼西亚军队冲杀进去。可能这两位史学家记载的情况同时存在和发生,只是记载的重点不同而已。拜占庭士兵进入城内后,大肆喧哗,制造恐慌情绪,黑暗中,双方发生了一些巷战,但随后战斗很快就结束了,残存的拉丁人纷纷乘船逃走。第二天,斯特拉特戈普洛斯顺利占领了君士坦丁堡,米哈伊尔八世在梅特奥尼昂(Meteorion)听说了斯特拉特戈普洛斯胜利的特大喜讯。②

马可·格拉迪尼戈闻讯匆忙从达菲诺细亚岛赶回来救援,但拜占庭人闻讯后

---

① George Akropolites, *The History*, pp. 375 - 376. R. L. Wolff, “The Latin Empire of Constantinople, 1204—1261,” pp. 230 - 231.

② George Akropolites, *The History*, pp. 376 - 379. George Pachymérès, *Relations historiques*, ed. A. Failler, trans. V. Laurent, I (Paris, 1984), 157.6 - 28. Georges Pachymérès, *Relations Historiques*, ed. A. Failler and V. Laurent, 2 vols., [Corpus Fontium Historiae Byzantinae 24] Paris: Les Belles Lettres, 1984, TLG, No. 3142001. *Georgii Pachymeris de Michaele et Andronico Palaeologis libri tredecim*, ed. I. Bekker, vol. 2, [Corpus Scriptorum Historiae Byzantinae] Bonn: Weber, 1835, TLG, No. 3142002. R. L. Wolff, “The Latin Empire of Constantinople, 1204—1261,” pp. 231 - 232.

立即放火烧掉了威尼斯居民生活的金角湾沿岸商业区。① 当格拉迪尼戈率领威尼斯人船只驶入港口的时候,船上的男人发现自己的妻子孩子站在岸上呼救,他们的房子和商店在他们后面燃烧。一些拉丁人冲进修道院,企图假扮成修道士,妇女则藏在黑暗的角落里。难民蜂拥挤上舰船,场面一片大乱,难民中就有鲍德温二世,他搭乘拉丁人的船只逃亡意大利去了。拜占庭人军队入城时他正在君士坦丁堡西北角的布拉海尔奈宫沉睡,被嘈杂声惊醒。听闻拜占庭军队杀来,鲍德温匆忙逃出皇宫,没来得及带走皇帝那饰有一颗巨大红宝石的紫色皇冠、用紫色丝绸包裹的皇帝宝剑,以及紫色皇靴。他逃到马尔马拉海岸的大皇宫小港口,登上一艘威尼斯船出逃。当时,他在慌乱中还弄伤了一只胳膊,加之饥肠辘辘,狼狈不堪,登船后立即下令起航。舰队出发前往埃维亚岛,但是供给不足,沿途许多难民死于饥饿。在内格罗蓬特,鲍德温受到其附庸们的欢迎,得到雅典公爵和爱琴海公国女公爵的款待。他从那里再驶往意大利阿普利亚,最后到达法国。②

1261年8月15日,米哈伊尔八世举行盛大入城仪式,由“指路圣母”圣像(Hodegetria)开道,文武百官跟随,禁卫军仪仗队高举华盖旗帜,通过著名的“金门”(Golden Gate)进入君士坦丁堡。经过拉丁人半个多世纪的统治,首都人口已经极大减少,到处一片破败景象。队伍行进到达圣索菲亚大教堂时,按照预先安排,米哈伊尔进入教堂举行盛大仪式,他被加冕为皇帝(*basileus*)。拉丁人的统治结束了,新的帕列奥列格王朝统治开始了。③

---

① 11—12世纪,阿马尔菲人(Amalfitans)、威尼斯人、比萨人、热那亚人等拉丁人在加拉塔对面的金角湾沿岸建立起拉丁人商业殖民地。这些拉丁人区位于君士坦丁堡城内金角湾沿岸地区,与处于城外的加拉塔不是同一个地方。到12世纪末,那里居住的拉丁人相当多。在第四次十字军战争期间,君士坦丁堡民众因仇恨拉丁人而攻击君士坦丁堡城内的拉丁人区,尼基塔斯·侯尼雅迪斯说,“城市暴民……极其愚蠢地摧毁、铲平西方民族位于海边的住所,根本不区别朋友与敌人……”结果,君士坦丁堡城中大约15 000个拉丁人纷纷投奔城外的侵略者十字军。A. P. Kazhdan ed., *The Oxford Dictionary of Byzantium*, p. 511. Nicetas Choniates, *O City of Byzantium*, p. 302. Geoffrey of Villehardouin, “The Conquest of Constantinople,” p. 79. An Anonymous Author, *Devastatio Constantinopolitana*, p. 218. H. F. Brown, “The Venetians and the Venetian Quarter in Constantinople to the Close of the Twelfth Century,” *the Journal of Hellenic Studies*, vol. 40 (1920), pp. 68–88. P. Magdalino, *The Maritime Neighborhoods of Constantinople: Commercial and Residential Functions, Sixth to Twelfth Centuries*, pp. 209–226. 罗春梅:《1204年君士坦丁堡的陷落》,第169页。

② George Akropolites, *The History*, pp. 376–379. R. L. Wolff, “The Latin Empire of Constantinople, 1204—1261,” pp. 231–232.

③ George Akropolites, *The History*, pp. 381–387. R. L. Wolff, “The Latin Empire of Constantinople, 1204—1261,” p. 232.

但逃亡到意大利的鲍德温二世仍然被西方视为拉丁帝国皇帝,他至死都在西方四处奔走,寻求援助,企图重回君士坦丁堡,再现拉丁帝国旧梦。在意大利,霍亨斯陶芬家族的西西里国王曼弗雷德极其友好地接待了他,成为他的强大支持者,但这种关系引起霍亨斯陶芬家族的死对头教宗的严重不满。1266 年,在教宗的支持下,法王路易九世的弟弟安茹的查理一世(Charles Ⅰ of Anjou, 1226—1285 年)打败了曼弗雷德,掌控了霍亨斯陶芬家族在意大利南部和西西里的领地,成为那不勒斯和西西里国王(1266—1285 年在位)。1267 年,鲍德温二世前去法国,请求查理援助夺回君士坦丁堡。1267 年 5 月,查理联合鲍德温、阿哈伊亚侯国王公维拉杜安的威廉二世、教宗克雷芒四世(Clement Ⅳ, 1265—1268 年在位),共同签署《维泰博条约》(*Treaty of Viterbo*),查理还与鲍德温以及威廉联姻,他们组成反拜占庭联盟。通过联姻,查理获得继承鲍德温与威廉的部分或全部财产的权利。[①] 1273 年,鲍德温的儿子考特尼的菲利普与查理的女儿比阿特丽斯(Beatrice, 1252—1275 年)在福贾结婚。几天后,鲍德温去世。查理和菲利普仍然致力于复辟拉丁帝国,梦想重新征服君士坦丁堡,但是,这一"雄心勃勃"的计划和努力先是在 1274 年被米哈伊尔八世破坏,他同意东正教教会统一到罗马天主教教廷,从而瓦解了这个联盟,使之遭到挫败。而后,米哈伊尔八世又在 1282 年暗中煽动和支持"西西里晚祷"(Sicilian Vespers)起义,彻底粉碎了该计划,最终使之灰飞烟灭。[②]

史料记载,当时人认为鲍德温二世不具备作为皇帝应有的聪明头脑和强壮身体,[③]他在整个统治期间很少待在君士坦丁堡,不能从帝国内部找寻振兴实力的机会,一直致力于向西方封建主寻求援助,梦想着依靠外力保卫、巩固甚至壮大拉丁帝国,特别是梦想得到具有军事和经济实力的实权人物的支援。然而,欧洲的世道变了,西欧各民族国家刚刚开始形成,作为各个民族国家象征的国王都忙于

① 1259 年威廉在佩拉戈尼亚战役中被尼西亚打败并俘虏后,1267 年被释放,被迫把大梅涅(Grand Maigne)、莫奈姆瓦夏(Monemvasía)、米斯特拉(Mistra)割让给拜占庭帝国,此后丧失势力,成为查理的附庸。后来,威廉的女儿伊莎贝拉(Isabella, 1260/1263—1312 年)与查理的儿子菲利普(Philip, 1255/1256—1277 年)结婚,但菲利普比父亲先去世,1278 年威廉去世后,查理继承那里成为阿哈伊亚王公(1278—1285 年在位)。

② A. P. Kazhdan ed., *The Oxford Dictionary of Byzantium*, p. 414.

③ R. L. Wolff, "The Latin Empire of Constantinople, 1204—1261," p. 221.

各自的发展,根本不可能全力援助他。而拉丁帝国资源极其有限,其封建政治体制决定了其皇权缺乏调动各种资源的统一权能,因此早在亨利去世后帝国就开始迅速衰落。加上拜占庭人复国势力日益壮大,拉丁帝国的灭亡不可避免,鲍德温失败落魄的一生几乎从一开始就已经注定了,他必定与拉丁帝国一起从历史舞台上消失。

第二章

伊庇鲁斯专制君主国

（1204—1318年）

伊庇鲁斯专制君主国是1204年后，拜占庭帝国皇室贵族建立的第二个流亡的政权实体。由于它长期活动在巴尔干半岛西部的伊庇鲁斯山区，其君主长期享有“专制君主”称号，后人称之为“伊庇鲁斯专制君主国”。

这个君主国的奠基人是米哈伊尔。他虽然是大贵族约翰·安苴鲁斯·科穆宁的私生子，但是却与前朝皇室保持血缘关系，其祖母是科穆宁王朝皇帝阿莱克修斯一世的女儿塞奥多拉，他们的两个堂哥伊萨克二世·安苴鲁斯和阿莱克修斯三世·安苴鲁斯曾是血腥的安苴鲁斯王朝的皇帝，而杜卡斯王朝也有他的远亲。这种现象源于阿莱克修斯一世的“贵族治理政策”，也就是将晚期罗马帝国中央集权制的国家政治架构改革成为科穆宁家族的“家天下”政治关系，造成了晚期拜占庭帝国以科穆宁家族为核心的贵族群体独揽大权的局面。尽管具有私生子身份的米哈伊尔属于这个群体的附属人物，但是在君士坦丁堡被西欧骑士攻占的混乱政治环境中，他凭借过人的精明和皇室亲属关系，在乱世中脱颖而出，另立山头。

伊庇鲁斯专制君主国统治时间长达一百余年，先后有八位专制君主轮流掌控大权，鼎盛时期还自称为“皇帝”，他们是米哈伊尔一世（Michael Ⅰ Komnenos Doukas，1205—1215 年在位）、塞奥多利（Theodore Komnenos Doukas，1215—1230 年在位，1224—1230 年任塞萨洛尼基皇帝 Emperor at Thessalonike）、曼努埃尔（Manuel Angelos，Emperor at Thessalonike，1230—1237 年）、约翰（John，1241—1244 年在位，1237—1242 年任塞萨洛尼基皇帝 Emperor at Thessalonike）、迪米特里（Demetrios Angelos Doukas，1244—1246 年）、米哈伊尔二世（Michael Ⅱ Komnenos，1230—1266 年）、尼基弗鲁斯一世（Nikephoros Ⅰ Komnenos Doukas，1266—1296 年）、托马斯（Thomas，1296—1318 年在位）。其中米哈伊尔二世在位时间最长，而国势最强盛的时期处于塞奥多利治下。

作为拜占庭帝国的流亡政权，该君主国坚持拜占庭帝国的政治传统，最高权力的交接也保持直系血亲世袭继承的惯例，君主登基也举行加冕等礼仪盛典，其君主则穿戴拜占庭皇帝的服装和饰品。就最高君主权的交接看，该国严格实行血亲继承原则。米哈伊尔一世之后继位的塞奥多利是按照“兄终弟及”惯例就任的，只不过是剥夺了其侄子米哈伊尔二世的继承优先权，后者当时年幼，被迫让位于亲叔叔。塞奥多利野心勃勃，能力超强，将君主国势力扩张了数倍，并自称“罗马皇帝”。如果不出意外，他的两个儿子将延续君主国的最高权位，但是最终继位的是其弟弟曼努埃尔。后者的继位也符合“兄终弟及”的继承原则，但其继位纯属偶然，其中重大变故是被胜利冲昏头脑的塞奥多利意外败于保加利亚沙皇，其本人和两个儿子都被俘虏，长期关押在牢狱中，君主大权不得不由曼努埃尔执掌。后者在位时间仅七年，就被获释的塞奥多利推翻。

此后，专制君主大权重新回归塞奥多利一系，曼努埃尔则流亡在外，图谋东山再起。约翰和迪米特里都是塞奥多利的儿子，他们随其父征战，也身陷牢狱之灾，得到释放后，先后继任专制君主。但是他们缺乏其父的政治抱负和能力，在位期间也受制于他们的父亲。而其父塞奥多利为了保持其儿子们的位置，也没有严格按照“父死子继”的管理办事,而是让小儿子迪米特里接续兄长,从而使该国君主权力按照“兄终弟及”的惯例继承。

米哈伊尔二世获得伊庇鲁斯专制君主称号完全是在外部强权安排下实现的,但重新实现了米哈伊尔一世的直系血亲继承,因为新君主是该国创立者米哈伊尔一世的儿子。他是该国在位时间最长的君主,在巴尔干半岛多变的复杂政治环境中,一直维系着偏安一隅的次要地位。特别是在君士坦丁堡出现了正统的帕列奥列格王朝后,伊庇鲁斯专制君主国与东部的特拉比宗王朝一样,成为消解拜占庭帝国中央集权的力量。

值得注意的是,米哈伊尔二世的继位不仅恢复了伊庇鲁斯专制君主国的正朔传统,即王朝奠基人米哈伊尔一世系统的地位,而且在其身后,又将君主权位传递给了其子尼基弗鲁斯一世和其孙托马斯。换言之,在该国八个君主中,一半属于米哈伊尔一世系统。按照“兄终弟及”惯例继承的君主也占了一半,而父死子继的案例仅有三个。

伊庇鲁斯专制君主国的历史充分表明,中央集权制的拜占庭帝国在1204年第四次十字军骑士攻占君士坦丁堡以后便不复存在,此后的拜占庭帝国已经在拉丁帝国统治下融入了整个欧洲中世纪普遍流行的封建政治形态中。统一帝国变成四分五裂的封建领地,帝国领土上散布的独立政权实体,相互征战,它们之间的关系与封建制度鼎盛时代的西欧各级领主之间的封建关系一样,坚持各自家族和领主个人的利益,完全不顾及“罗马帝国”的共同利益,更不存在帝国皇帝集权的统一原则,统一大帝国的理念也湮没消失在封土建制的环境中。伊庇鲁斯专制君主国是整个晚期拜占庭帝国分裂的缩影。

第一节

米哈伊尔一世·科穆宁·杜卡斯（Michael Ⅰ Komnenos Doukas）

1205—1215 年在位

米哈伊尔一世·科穆宁·杜卡斯（Michael Ⅰ Komnenos Doukas，Μιχαήλ Κομνηνός Δούκας，出生日期不详，卒于 1215 年）是伊庇鲁斯流亡政权的创立者，于 1205 年在以伊庇鲁斯和塞萨利等拜占庭人聚集地区建立政权，以阿尔塔城（Arta）为首府，至 1215 年统治十年。

米哈伊尔在现当代史学作品中常被称作米哈伊尔一世·安苴鲁斯（Michael Ⅰ Angelos），一部分学者在指称米哈伊尔所建立的王朝时，也称之为"安苴鲁斯王朝"。这一姓氏源自其祖父是君士坦丁·安苴鲁斯（Constantine Angelos），实际上，米哈伊尔一世本人从未使用过"安苴鲁斯"这一姓氏。他是拜占庭帝国"大贵族"（sebastokrator）约翰·安苴鲁斯·科穆宁（John Angelos Komnenos）的私生子。[①] 其祖母是科穆宁王朝开国皇帝阿莱克修斯一世·科穆宁（Alexios Ⅰ Komnenos，1081—1118 年在位）的女儿塞奥多拉（Theodora）。米哈伊尔的叔叔是安德罗尼库斯（Andronikos Angelos），后者的两个儿子先后成为拜占庭皇帝，他们分别是伊萨克二世·安苴鲁斯（Isaac Ⅱ Angelos，1185—1195 年，1203—1204 年在位）和阿莱克修斯三世·安苴鲁斯（Alexios Ⅲ Angelos，1195—1203 年在位）。因此，这两位皇帝都是米哈伊尔的堂兄（弟）。[②]

虽然米哈伊尔是他父亲的长子，却是私生子，这一身份始终引发人们的诸多疑虑和非议。尽管如此，他宣称自己与拜占庭皇室之间存在血脉联系，他属于皇

---

① Niketas Choniates, *O City of Byzantium*, p. 290. Nicetae Choniatae, *Historia*, ed. J. van Dieten [Corpus Fontium Historiae Byzantinae 11], Berlin: De Gruyter, 1975, TLG, No. 3094001.

② R.-J. Loenertz, "Aux origines du despotat d'Épire et de la principauté d'Achaïe," *Byzantion*, vol. 43(1973), pp. 362-363; D. M. Nicol, *The Despotate of Epiros*, Oxford: Basil Blackwell, 1957, p. 11.

族。与他时代相近的希腊人和拉丁人一般都只是称呼他为“米哈伊尔”,[1]或至多尊称他为“米哈伊尔·科穆宁”。[2] 但是,米哈伊尔本人在姓氏的使用方面颇为自信,通常以“米哈伊尔·杜卡斯”或“米哈伊尔·科穆宁·杜卡斯”自称。其中,科穆宁之姓氏继承自他的祖母、他的父亲,而杜卡斯之姓氏则是来自他父亲的婚内妻子邹伊·杜卡斯(Zoe Doukaina),两个旧王朝似乎给其统治合法性带来不小的自信。[3] 米哈伊尔在姓氏使用问题上的考究,体现出他强调自身与尊贵的杜卡斯王朝和科穆宁王朝血缘关系的意图。

与之相对,米哈伊尔虽然与安苴鲁斯家族有着亲缘关系,却从未将“安苴鲁斯”作为自己的姓氏,似乎是有意回避提起自身与带有悲剧色彩的安苴鲁斯家族的关联。在中古史料中,用姓氏“安苴鲁斯”指称米哈伊尔的记载,均出自帕列奥列格王朝早期的历史学家们。[4] 他们普遍对米哈伊尔一世持敌视态度,因为他建立的伊庇鲁斯政权后来也宣称是拜占庭皇权的合法继承者。在13世纪的大部分时间里,伊庇鲁斯地区的统治者们不断向尼西亚政权和复国后的帕列奥列格王朝的合法统治权提出质疑和挑战,一旦找到机会便与之分庭抗礼。因此,帕列奥列格王朝早期史家在记载中大多不使用他的“科穆宁·杜卡斯”姓氏,或许是有意在历史书写中弱化米哈伊尔与拜占庭历史上统治较为成功的皇室家族之间的关联。[5]

米哈伊尔的出生年月难以考证,有关他在1204年之前经历的记载也十分有

---

① Niketas Choniates, *O City of Byzantium, Annals of Niketas Choniates*, pp. 290 – 291 and 350; George Akropolites, *The History*, pp. 41, 124 and 144; Georgii Acropolitae, *Opera*, ed. A. Heisenberg, vol. 1. Leipzig: Teubner, 1903, TLG, No. 3141002, No. 3141003. Villehardouin, *La Conquête de Constantinople*, ed. E. Faral, vol. 2, Paris: Les Belles Lettres, 1961, pp. 108 – 111 and 138 – 139; *Histoire de la Conquête de Constantinople par Geoffroi de Ville-hardouin avec la Continuation de Henri de Valenciennes*, edited and translated by M. Natalis de Wailly, Paris: Librairie Hachette et Cie, 1870, p. 270.

② A.-M. Talbot, ed., *Holy Women of Byzantium: Ten Saints' Lives in English Translation*, Washington, D. C.: Dumbarton Oaks Research Library and Collection, 1996, p. 327.

③ D. M. Nicol, *The Despotate of Epiros*, p. 11.

④ D. M. Nicol, *The Despotate of Epiros 1267—1479: A Contribution to the History of Greece in the Middle Ages*, Cambridge: Cambridge University Press, 1984, p. 3; R.-J. Loenertz, "Aux origines du despotat d'Épire et de la principauté d'Achaïe," pp. 362 – 363.

⑤ Georges Pachymeres, *Relations Historiques*, vol. 1, ed. Albert Failler, trans. Vitalien Laurent, Paris: Les Belles Lettres, 1984, pp. 36 – 37. Georges Pachymérès, *Relations Historiques*, ed. A. Failler and V. Laurent, 2 vols., [Corpus Fontium Historiae Byzantinae 24] Paris: Les Belles Lettres, 1984, TLG, No. 3142001. *Georgii Pachymeris de Michaele et Andronico Palaeologis libri tredecim*, ed. I. Bekker, vol. 2, [Corpus Scriptorum Historiae Byzantinae] Bonn: Weber, 1835, TLG, No. 3142002.

限，显然这是受其私生子身份的影响，史家们的注意力大多集中在皇亲国戚合法后裔身上。据说，在1190年2月14日第三次十字军途经拜占庭帝国疆土时，他和其他一些皇亲国戚一同被送到弗雷德里克一世·巴巴罗萨（Frederick Ⅰ Barbarossa，1152—1190年在位）驻地充当人质。[①]

在12世纪90年代和13世纪初，他曾两度前往小亚细亚地区的米拉萨—迈拉努迪昂军区（Theme of Mylasa and Melanoudion）担任总督（*doux*，*anagrapheus*）。[②] 后来，米哈伊尔还曾经出任过伯罗奔尼撒军区（Theme of Peloponnese）的总督。[③]

米哈伊尔在担任军区总督期间，不知出于何种原因，公然起兵反抗皇帝阿莱克修斯三世的统治。同年夏天，阿莱克修斯三世出兵镇压，平定了米哈伊尔的反叛力量，迫使米哈伊尔踏上流亡的旅程，逃往塞尔柱突厥人的罗姆苏丹国，在苏莱曼沙二世（Süleymanshah Ⅱ，1196—1204年在位）的宫廷寻求庇护。[④] 在为突厥人效力期间，米哈伊尔曾率领突厥军队劫掠拜占庭人在迈安德河（Maeander River）谷地的领土。

1204年第四次十字军攻陷君士坦丁堡后，摆在米哈伊尔面前的道路有两条：一是效忠皇帝、履行职责，捍卫拜占庭帝国在希腊南部的统治区域，二是借着混乱的局面谋求个人利益。米哈伊尔选择了第二条道路。根据第四次十字军战争的参与者、《征服君士坦丁堡》（*La Conquête de Constantinople*）的作者杰弗里·德·维拉杜安（Geoffrey de Villehardouin）的记述，在十字军攻陷君士坦丁堡时，米哈伊尔正在城中，他可能是趁1203—1204年间阿莱克修斯三世被罢黜、伊萨克二世和阿莱克修斯四世复位之机结束流亡，重返君士坦丁堡。随后，米哈伊尔投奔了十字军统帅蒙特菲拉特的博尼法斯，后者在十字军的分赃协议中获得了塞萨洛尼基

---

① D. M. Nicol, *The Despotate of Epiros*, p. 11.

② Lucien Stiernon, "Les origines du despotat d'Épire. À propos d'un livre récent," *Revue des études byzantines*, vol. 17(1959), p. 126. 米拉萨—迈拉努迪昂是12至13世纪拜占庭军区名称，位于小亚细亚西南部。关于该军区的明确记载首次出现于1127或1128年，它的创建者是皇帝阿莱克修斯一世·科穆宁或约翰二世·科穆宁，是以11世纪90年代拜占庭军队从塞尔柱突厥人手中夺回的领土为基础而建立的。该军区最初以米拉萨（Mylasa）为首府，因此原名为米拉萨军区。随着12世纪下半叶该军区首府从米拉萨迁至更南部的城镇迈拉努迪昂（Melanoudion），军区名称也随之变更为米拉萨—迈拉努迪昂军区。A. P. Kazhdan, ed., *The Oxford Dictionary of Byzantium*, p. 1428.

③ A.-M. Talbot, ed., *Holy Women of Byzantium: Ten Saints' Lives in English Translation*, p. 327.

④ Niketas Choniates, *O City of Byzantium*, pp. 290-291.

王国以及希腊地区的封建领主权。① 当博尼法斯与拉丁皇帝鲍德温(Baldwin)在塞萨洛尼基的占有权问题上产生纠纷时,包括米哈伊尔在内的一部分希腊贵族支持博尼法斯。博尼法斯就是在他们的帮助下,于1204年9月接管了塞萨洛尼基王国,并以此为基地扩张自己的领土范围。在此期间,一直陪伴博尼法斯左右的米哈伊尔深得博尼法斯的信任。至于米哈伊尔为何会支持博尼法斯的事业,有学者分析认为,博尼法斯此时已迎娶前拜占庭皇太后、匈牙利的玛格丽特为妻,米哈伊尔希望玛格丽特的儿子、他的远亲曼努埃尔·安苴鲁斯能够在未来获得塞萨洛尼基王国的继承权。更重要的是,他在这位强大的十字军领袖身边频繁活动,也能为他带来声望和影响力。②

无论米哈伊尔真实的想法如何,他都没有在博尼法斯身边久留。不久之后,当组建拜占庭人政权的时机出现时,他立即前往伊庇鲁斯地区自立门户,摇身变成引领当地希腊人抵抗拉丁十字军的领袖。

米哈伊尔选择伊庇鲁斯地区作为根据地,也许是与他父亲曾经的仕途经历有关。根据现代学者的考证,在米哈伊尔的父亲约翰·安苴鲁斯·科穆宁仕途生涯中,曾出任帝国伊庇鲁斯地区和塞萨利地区的总督。在第四次十字军攻陷君士坦丁堡之前,米哈伊尔已经通过婚姻关系加强了与当地贵族之间的联系,成为当地的实际统治者。③

1204年底,伊庇鲁斯地区尼科波利斯军区(Theme of Nikopolis)的民众起义为米哈伊尔带来了组建伊庇鲁斯政权的机遇。根据成文于13世纪后期、为圣徒阿尔塔的塞奥多拉(St. Theodora of Arta)撰写的传记记载,皇帝阿莱克修斯三世曾经任命塞纳海里姆(Senachereim)家族的一名男性担任尼科波利斯军区的总督,后者的妻子与米哈伊尔的妻子都是来自希腊北部根基深厚、拥有大地产的梅里塞诺斯(Melissenos)家族,二人是堂姐妹关系。④ 当时,尼科波利斯军区的民众起义反对塞纳海里姆的暴政,后者被迫向米哈伊尔寻求帮助。米哈伊尔火速离开博尼法

① Villehardouin, *La Conquête de Constantinople*, ed. E. Faral, vol. 2, pp. 108-111.

② D. M. Nicol, *The Despotate of Epiros*, p. 12.

③ D. M. Nicol, *The Despotate of Epiros*, p. 11.

④ A.-M. Talbot, ed., *Holy Women of Byzantium: Ten Saints' Lives in English Translation*, p. 327.

斯的军队,前往尼科波利斯。当他赶到时,塞纳海里姆已被起义者弑杀。他采取强硬措施平息叛乱,将谋害总督者判处死刑。后来,米哈伊尔的妻子逝世,他又娶塞纳海里姆的妻子为第二任妻子,通过这一方式继承了塞纳海里姆的总督职位,成为伊庇鲁斯地区的实际统治者。[①] 圣徒传记中的这一部分内容得到了十字军编年史家维拉杜安的佐证。[②]

米哈伊尔统治下的伊庇鲁斯政权以阿尔塔城为都,很快成为希腊人抵抗拉丁十字军的中心和避难所。米哈伊尔也在这一时期领导了希腊人在伯罗奔尼撒抵抗拉丁人的军事行动。1205 年春天,米哈伊尔召集军队前往伯罗奔尼撒与拉丁十字军交战。此时,伯罗奔尼撒大部分地区已沦陷于十字军之手,而阿尔卡迪亚(Arcadia)的希腊人还在坚持抵抗,他们向当时仍然是伯罗奔尼撒军区总督的米哈伊尔求援,后者接到消息后率领一支规模在 4 000—6 000 人之间的队伍从伊庇鲁斯地区出发,渡过科林斯湾,其队伍中既有步兵,也有骑兵。米哈伊尔的军队与拉丁人在库恩图拉(Koundoura)橄榄林发生战斗,这场拉丁人征服伯罗奔尼撒半岛过程中唯一激烈的战斗以希腊人的失败告终。[③] 此役失败之后,米哈伊尔离开了伯罗奔尼撒,将当地的防卫交由其同父异母的弟弟塞奥多利 · 安苴鲁斯(Theodore Angelos)指挥、部署。

从伯罗奔尼撒回到伊庇鲁斯之后,米哈伊尔意识到眼下稳固政权的当务之急是解除拉丁帝国和威尼斯共和国的威胁。为了达到这一目的,米哈伊尔巧用外交手段,在罗马教宗、拉丁帝国皇帝和威尼斯共和国总督之间斡旋,在 13 世纪的第一个十年里,为伊庇鲁斯政权及其统治下的希腊人谋得了生存空间和发展环境。

首先,为了同时限制威尼斯和拉丁帝国,米哈伊尔采取的初步措施是主动向罗马教宗英诺森三世(Innocent Ⅲ,1198—1216 年在任)示好,将伊庇鲁斯地区的领土置于罗马教廷的庇护之下。米哈伊尔开始与罗马教宗谈判,向教宗暗示伊庇鲁斯地区的东正教教会能够与罗马天主教会实现统一,顺从罗马教宗的最高权

---

① A.-M. Talbot, ed., *Holy Women of Byzantium: Ten Saints' Lives in English Translation*, p. 328; J. A. Buchon, *Nouvelles Recherches*, vol. 2, p. 402.

② Villehardouin, *La Conquête de Constantinople*, ed. E. Faral, vol. 2, pp. 110-111.

③ Villehardouin, *La Conquête de Constantinople*, ed. E. Faral, vol. 2, pp. 138-139.

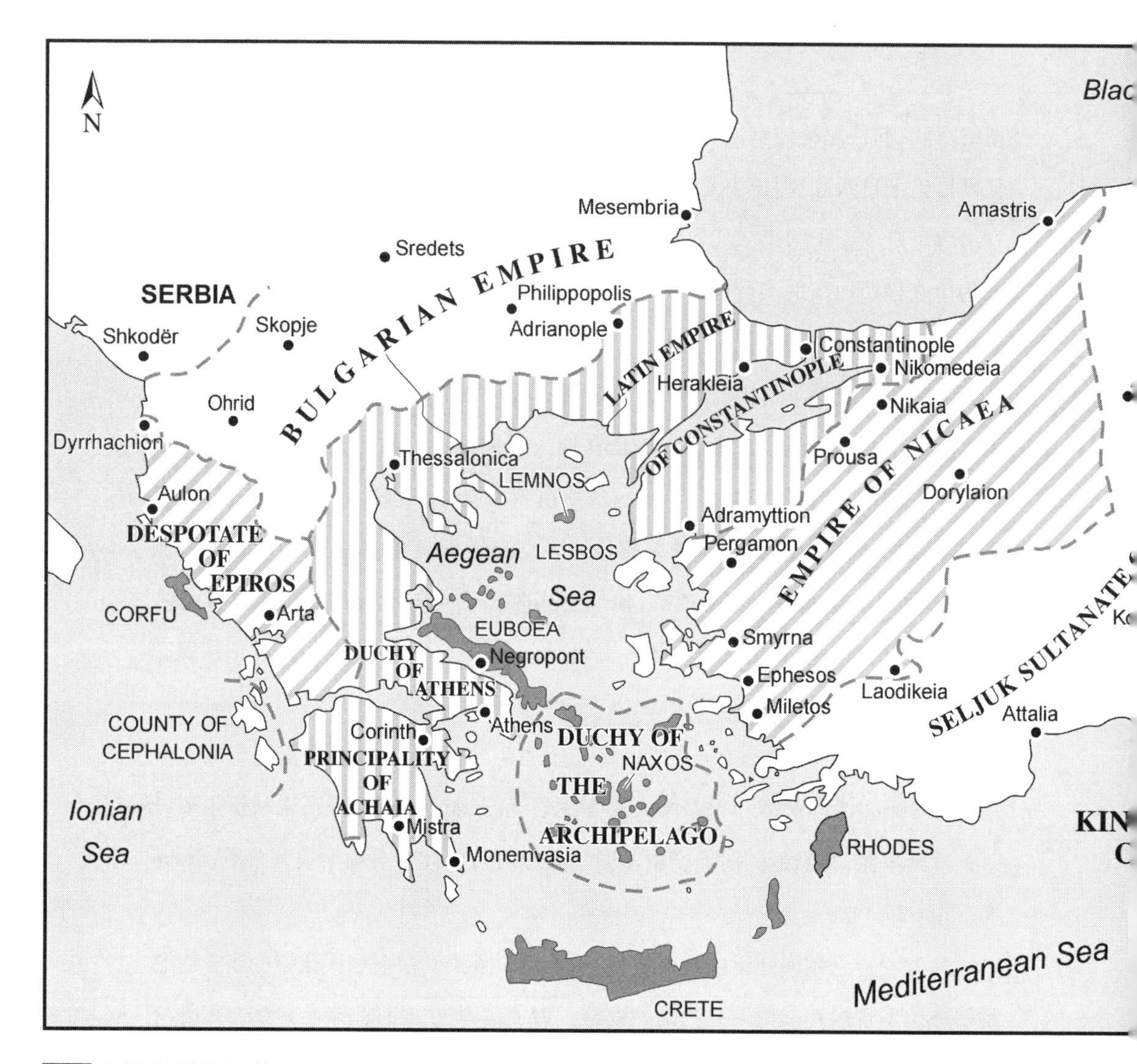

图1 伊庇鲁斯专制君主国地图

- SERBIA 塞尔维亚
- Skopje 斯科普里
- Shkodër 斯库台●[阿尔巴尼亚语，又拼写为 Shkodra，拉丁文为 Scodra，意大利文为 Scutari，今阿尔巴尼亚城市，位于斯库塔里湖（Lake Scutari）的东南端。参见 https://www.britannica.com/place/Shkoder.]
- Ohrid 奥赫里德
- Dyrrhachion(又拼写为 Dyrrachium) 迪拉基乌姆
- Aulon 奥隆
- DESPOTATE OF EPIROS 伊庇鲁斯君主国
- CORFU 科孚岛
- Arta 阿尔塔
- DUCHY OF ATHENS 雅典公国
- Negropont 内格罗蓬特
- Athens 雅典
- COUNTY OF CEPHALONIA 凯法利尼亚岛伯国
- Corinth 科林斯
- PRINCIPALITY OF ACHAIA 阿凯亚公国
- Mistra 米斯特拉
- Monemvasia 莫奈姆瓦夏
- Ionian Sea 爱奥尼亚海
- Mesembria 梅塞布里亚
- Sredets 斯雷迪特

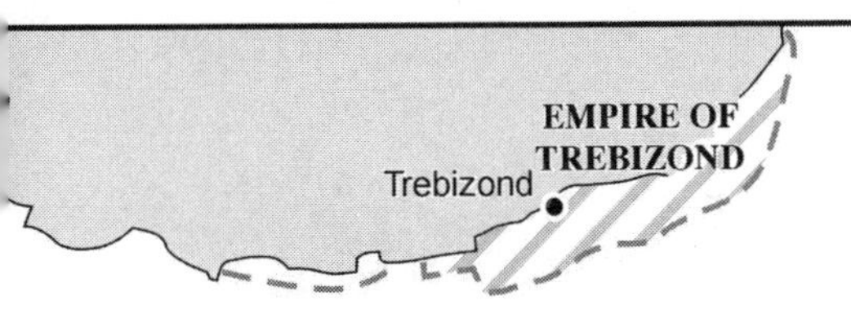

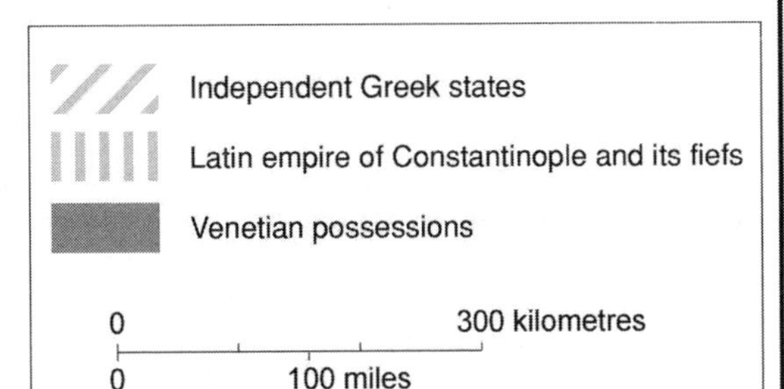

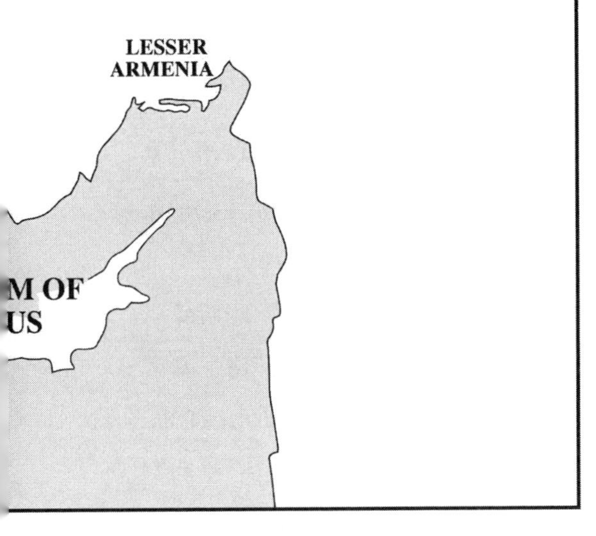

- BULGARIAN EMPIRE 保加利亚帝国
- Philippopolis 菲利普波利斯
- Adrianople 哈德良堡，或译阿德里安堡
- LATIN EMPIRE OF CONSTANTINOPLE 君士坦丁堡的拉丁帝国
- Herakleia 赫拉克利亚●［拜占庭时代称为 Herakleia 的城市有三座，此图中的 Herakleia 位于色雷斯，马尔马拉海北岸。关于这座城市，参见 Alexander P. Kazhdan (editor in chief), *The Oxford Dictionary of Byzantium*, 3 vols., New York: Oxford University Press, 1991, p.915.］
- Constantinople 君士坦丁堡
- Thessalonica 塞萨洛尼基
- LEMNOS 利姆诺斯岛●［参见 Alexander P. Kazhdan (editor in chief), *The Oxford Dictionary of Byzantium*, 3 vols., New York: Oxford University Press, 1991, p.1205.］
- LESBOS 莱斯沃斯岛●［参见 Alexander P. Kazhdan (editor in chief), *The Oxford Dictionary of Byzantium*, 3 vols., New York: Oxford University Press, 1991, p.1219.］
- Aegean Sea 爱琴海
- EUBOEA 埃维厄岛（旧译优卑亚）
- DUCHY OF THE ARCHIPELAGO 爱琴海公国
- NAXOS 纳克索斯
- RHODES 罗德岛
- CRETE 克里特岛
- Mediterranean Sea 地中海
- Black Sea 黑海
- Amastris 阿马斯特里斯，现在的阿马斯拉（Amasra）
- Nikomedeia 尼科梅迪亚
- Nikaia（即 Nicaea）尼西亚
- Ankyra 安基拉●［现代城市安卡拉（Ankara）的古名。参见 Alexander P. Kazhdan (editor in chief), *The Oxford Dictionary of Byzantium*, 3 vols., New York: Oxford University Press, 1991, p.102.］
- Prousa 普鲁萨
- Adramyttion 阿德拉米提翁●［即 Atramyttion，今天的 Edremit（埃德雷米特）。参见 Alexander P. Kazhdan (editor in chief), *The Oxford Dictionary of Byzantium*, 3 vols., New York: Oxford University Press, 1991, p.23, p.227.］
- Pergamon 帕加马●［希腊语，即 Pergamum，今天的 Bergama。参见 Alexander P. Kazhdan (editor in chief), *The Oxford Dictionary of Byzantium*, 3 vols., New York: Oxford University Press, 1991, p.1628. https://www.britannica.com/place/Pergamum.］
- EMPIRE OF NICAEA 尼西亚帝国
- Dorylaion 多里利昂
- Smyrna 士麦那
- Ephesos 以弗所
- Miletos 米利都
- Laodikeia 劳迪西亚●［参见 Alexander P. Kazhdan (editor in chief), *The Oxford Dictionary of Byzantium*, 3 vols., New York: Oxford University Press, 1991, p.1177.］
- SELJUK SULTANATE OF RŪM 罗姆的塞尔柱苏丹国
- Konya 科尼亚
- LESSER ARMENIA 小亚美尼亚
- Attalia 阿塔利亚，即阿塔雷亚（Attaleia），今天的安塔利亚（Antalya）●［参见 Alexander P. Kazhdan (editor in chief), *The Oxford Dictionary of Byzantium*, 3 vols., New York: Oxford University Press, 1991, p.228. https://www.britannica.com/place/Antalya.］
- KINGDOM OF CYPRUS 塞浦路斯王国
- EMPIRE OF TREBIZOND 特拉比宗帝国
- Trebizond 特拉比宗

- Independent Greek states 独立的希腊人国家
- Latin empire of Constantinople and its fiefs 君士坦丁堡的拉丁帝国及其封地
- Venetian possessions 威尼斯的殖民地（属地）

威。教宗在1209年8月17日的一封书信中写道,如果"罗曼尼亚(Romania)的米哈伊尔·科穆宁"[①]当真如他在书信中所说的,是"教宗的仆人",那么就请他同意都拉基乌姆城的拉丁大主教进入其统治区域内的、大主教所管辖的地产。米哈伊尔此时与罗马教宗建立起的友好关系,似乎只是为赢得教宗好感、争取稳固政权时间的权宜之计。

其次,米哈伊尔还通过联姻的方式与占据君士坦丁堡的拉丁皇帝缔结盟约。拉丁帝国军队对伊庇鲁斯政权的威胁,始于1207年塞萨洛尼基王国统治者博尼法斯的逝世。博尼法斯的离世引发继承权纠纷:伦巴第贵族们支持博尼法斯的兄弟蒙特菲拉特的威廉(William of Montferrat)从意大利赶来继承王国,并且拒绝承认拉丁皇帝的宗主权;[②]而君士坦丁堡的拉丁皇帝佛兰德的亨利(Henry of Flanders, 1205—1216年在位)则支持博尼法斯的幼子迪米特里作为继承人,并在此基础上维护拉丁皇帝对塞萨洛尼基的宗主权。1208年冬天,亨利向塞萨洛尼基城进军,亲自出席迪米特里的加冕礼。1209年5月,他平息了伦巴第领主们的叛乱,由此将塞萨洛尼基王国置于他的有效控制之下。[③]

为了防止拉丁皇帝顺势通过军事手段将伊庇鲁斯地区收入囊中,米哈伊尔向亨利派出使臣,提议结盟。1209年夏天,伊庇鲁斯的使臣来到塞萨洛尼基南部、拉丁军队的营帐。当时就在现场的拉丁史家瓦朗谢讷的亨利(Henry of Valenciennes)在其编年史作品中记载了此次会面的场景。根据他的说法,亨利不相信米哈伊尔的诚意,提醒他的使臣不要被米哈伊尔的花言巧语打动。使臣向米哈伊尔传达了亨利提出的、不攻打伊庇鲁斯地区的唯一条件:米哈伊尔须公开承认亨利是拉丁帝国的皇帝,承认他所占有的领土均是皇帝允许他享有的采邑。米哈伊尔巧妙地规避了拉丁皇帝提出的效忠条件,并且提议将自己的长女嫁给皇帝的弟弟尤斯塔斯(Eustace of Flanders),许诺将治下的1/3领土作为长女的嫁妆。[④] 亨利接受了米哈伊尔提议的婚约,双方就此订立和平协议。不久

---

① 此处指的是"罗马人的土地",是对拜占庭帝国疆土的一种称呼。

② J. Longnon, *L'Empire latin de Constantinople et la Principauté de Morée*, Paris: Payot, 1949, pp. 106-109.

③ J. Longnon, *L'Empire latin de Constantinople et la Principauté de Morée*, pp. 109-111.

④ *Chronique de la prise de Constantinople par les Francs écrite par Geoffroy de Ville-Hardoin, -suivie de la continuation de Henri de Valenciennes*, éd. J.-A. Buchon, Paris: Verdière Libraire, 1828, pp. 267-269.

后,米哈伊尔长女与尤斯塔斯的婚礼如期举行。亨利率军踏上重返君士坦丁堡的旅途,伊庇鲁斯政权的一大威胁由此化解。

再者,在伊庇鲁斯地区拥有实际经济利益的威尼斯人也是米哈伊尔重点防范的对象。在十字军和威尼斯人订立的瓜分协议中,伊庇鲁斯地区被划给威尼斯共和国,威尼斯也的确在1205年和1207年分别占领了都拉基乌姆城和科孚岛(Corfu)。但是,立足海洋贸易的威尼斯共和国对伊庇鲁斯的内陆地区兴趣不大,耗费大量人力物力征服外国土地也有悖于威尼斯共和国的传统策略。威尼斯共和国对领土的控制主要采取两种办法:一是由威尼斯人重新指定一名统治者对当地进行治理,正如他们在科孚的做法;二是现有统治者宣誓成为威尼斯的封臣,通过封建关系实现对当地的宗主权。[①] 米哈伊尔将伊庇鲁斯1/3的领土作为长女嫁妆的许诺,将触犯威尼斯人在瓜分协议中获得的权益,因此威尼斯人很快做出反应,要求米哈伊尔重新承认威尼斯人的宗主权。米哈伊尔本人并不排斥这项要求,在他看来,佯装承认威尼斯人的宗主权既能保护伊庇鲁斯地区免遭战火蹂躏,又能限制拉丁皇帝的吞并野心,还能在一定程度上促进伊庇鲁斯地区经济的繁荣发展。

基于以上考虑,米哈伊尔在1210年初,派使臣凯尔尼库姆城(Cernikum)的主教塞奥多利(Theodore)和西米恩·库纳利斯(Symeon Counales)与都拉基乌姆公爵马里诺·瓦拉雷索(Marino Vallaresso)会面,双方订立条约,并在同年6月20日宣布生效。[②] 威尼斯总督皮耶罗·齐亚尼(Pietro Ziani, 1205—1229年在位)签发的一份特许状也确认了双方之间的封建关系。在协议中,米哈伊尔发誓效忠圣马可共和国,效忠现任威尼斯总督及其继任者,他和他的继承人在威尼斯的宗主权之下领有从乌尔库斯河(Vrecus/Urchus)到纳夫帕克托斯(Naupaktos/Nepantum)之间的封土,[③]其中包括尼科波利斯公国(Duchy of Nikopolis)以及与之毗邻的阿尔塔(Arta/Larta)、阿彻鲁斯(Achilo/Acheloos)、纳托利科(Natoliko,位于阿彻鲁斯

---

① D. M. Nicol, *The Despotate of Epiros*, p. 30.

② P. Lemerle, "Trois Actes du Despote d'Epire Michel II concernant Corfu," *'Ελληνικά*, vol. 4, no. 1, p. 407 and note 10; J. A. Buchon, *Recherches et Matériaux pour servir à une histoire de la domination française dans le provinces démembrées de l'Empire grec*, vol. 2, Paris, 1840, p. 210.

③ 什昆宾河(Shkoumbi)的中古名称,该河流位于今天阿尔巴尼亚的中东部,源自瓦拉马拉山东部,注入亚得里亚海。

河口处)、塔利西阿纳(Talisiana)等地,还将约阿尼纳(Ioannina)行省、格兰迪斯(Grandis/Graditzion)主教区、瓦耶内提亚(Vagenetia)行省、伊斯特罗诺波利(Istronopolis)行省、科罗内亚(Colloneia)行省、格拉维尔尼卡(Glavernica)①等地区囊括其中。②

作为回报,米哈伊尔做出以下几方面承诺:一、在上述区域内保障威尼斯人和都拉基乌姆城公民的安全,当他们的人身或财产遭到伊庇鲁斯居民的侵犯时,米哈伊尔须在15天内给出令他们满意的惩处方式,否则将予以双倍价值的赔偿;二、威尼斯人的敌人便是伊庇鲁斯政权的敌人,米哈伊尔不仅要禁止他们进入伊庇鲁斯的领土,必要时还应与威尼斯人一起对敌作战;三、承认科穆宁王朝皇帝曼努埃尔一世(Manuel Ⅰ,1143—1180年)在金玺诏书中授予威尼斯人的特权,确认威尼斯人和迪拉基乌姆公民享有一系列贸易特权和免税权利,允许能够自由进出伊庇鲁斯地区的每条河流和各个港口,在这些地方从事海陆贸易时也无需缴纳关税;四、允许威尼斯人在他的领地内拥有自己的地产、房屋、教堂和议事厅;五、促进向威尼斯的粮食出口;六、帮助救援伊庇鲁斯海岸附近的威尼斯失事船舶;七,作为臣服的象征,米哈伊尔每年须向都拉基乌姆的威尼斯代理人分两期支付42利特拉(*litrai*)的金币(*hyperpyra*)作为贡赋,每年还要分别向圣马可教堂和威尼斯总督献上织入金线的圣坛覆锦。③

通过上述外交手段,米哈伊尔巩固了自身在伊庇鲁斯地区的统治基础,使得伊庇鲁斯政权和小亚细亚西部的尼西亚政权一样,成为第四次十字军建立拉丁帝国之后希腊人的庇护所。对于米哈伊尔而言,与拉丁人的多方面妥协只是权宜之计,当收复拜占庭疆土的时机成熟时,缔结的契约也可以随时被弃为一纸空文。

几乎在同一时期,米哈伊尔花费重金,赎回沦为人质的拜占庭废帝阿莱克修斯三世,以此为自身统治的合法性增添人质凭证。1203年7月,阿莱克修斯三世在十字军的威逼下被迫退位,他和他的妻子埃芙菲罗丝奈(Euphrosyne Doukaina Kamatera)在希腊四处流窜,寻求庇护。阿莱克修斯三世本想与利奥·斯古罗斯

---

① 位于阿科洛凯拉夫海角(Akrokeraunian promontory)附近。
② D. M. Nicol, *The Despotate of Epiros*, p. 31.
③ D. M. Nicol, *The Despotate of Epiros*, p. 31.

(Leo Sgouros)订立婚盟,但是未能成功,因为利奥在博尼法斯・蒙特菲拉特进一步推进之前就慌忙撤军了。博尼法斯抓获了困在塞萨利地区的阿莱克修斯三世。被俘之初,阿莱克修斯三世得到了较为舒适的优待,但他在不久后与博尼法斯发生冲突,致使自己和妻子身陷囹圄。相关史料关于冲突的原因存在不同的解释,一部分史料记载,阿莱克修斯三世试图逃往米哈伊尔一世的领土,在途中被博尼法斯麾下骑士逮捕。但也有史料提到,博尼法斯只是不信任阿莱克修斯三世,认为阿莱克修斯三世的存在会成为自己获得希腊民众忠诚和支持的严重阻碍。①

获悉了阿莱克修斯三世的境遇后,米哈伊尔向博尼法斯提出要花重金赎回前皇帝和前皇后的请求。关于米哈伊尔赎出阿莱克修斯三世的年代,学界主要存在两种意见:部分学者判断这件事发生在1206或1207年,②也有学者认为阿莱克修斯三世被赎出是米哈伊尔与拉丁人恢复外交的结果,因此赎出的时间应该是1210年,当时,拉丁帝国全力打压新兴的尼西亚帝国,这与米哈伊尔赎出阿莱克修斯三世的想法相契合。③ 米哈伊尔使阿莱克修斯三世夫妇重获自由后,便在阿尔塔城的港口萨拉戈拉(Salagora)迎接乘船前来的二人。④ 米哈伊尔敬重地招待了前皇帝夫妇,但是阿莱克修斯三世并未在阿尔塔城久留,这位废帝向塞尔柱突厥苏丹凯伊-库斯鲁一世(Kay khusraw Ⅰ,1192—1196年、1205—1211年在位)寻求帮助,迫切地想要接管尼西亚帝国,重登皇位。阿莱克修斯三世将妻子留在了阿尔塔城,在米哈伊尔同父异母的兄弟君士坦丁・科穆宁・杜卡斯(Constantine Komnenos Doukas)的护送下,扬帆前往小亚细亚地区。1211年,阿莱克修斯三世在安条克战役(Battle of Antioch)遭遇惨败,击碎了他的愿景。在这场战役中,尼西亚政权的统治者塞奥多利一世・拉斯卡利斯杀死了凯伊-库斯鲁一世,并俘虏了阿莱克修斯三世,使后者的余生在修道院中度过。⑤

根据圣塞奥多拉传记所载,阿莱克修斯三世授予米哈伊尔及其后人世代享有

---

① R.-J. Loenertz, "Aux origines du despotat d'Épire et de la principauté d'Achaïe," pp. 370 - 374.

② Konstantinos Varzos, *Η Γενεαλογία των Κομνηνών*, vol. 2, Thessaloniki: Centre for Byzantine Studies, University of Thessaloniki, 1984, p. 676; Lucien Stiernon, "Les origines du despotat d'Épire. À propos d'un livre récent," p. 122.

③ R.-J. Loenertz, "Aux origines du despotat d'Épire et de la principauté d'Achaïe," pp. 374 - 376.

④ A.-M. Talbot, ed., *Holy Women of Byzantium: Ten Saints' Lives in English Translation*, p. 328.

⑤ George Akropolites, *The History*, pp. 124, 129 and 131.

其领土的世袭权力。[1] 然而,14 世纪阿拉贡语版的《莫利亚编年史》称,阿莱克修斯三世将米哈伊尔留在西方,作为他的代理人。一些现代学者根据史料推断,阿莱克修斯三世授予了米哈伊尔"专制君主"的头衔,[2]但这一传统看法遭到了质疑和修正。[3]

通过上述外交手段,时至 1210 年夏天,米哈伊尔面临的内部和外部环境已经相对安全。但是,他公然违背一年之前与拉丁皇帝亨利订立的婚盟,趁着亨利专注于进攻尼西亚政权之际,对塞萨洛尼基周边地区发起进攻。米哈伊尔出其不意的军事行动收效显著,他的军队伏击并俘获了拉丁帝国的领主阿马迪奥·布法(Amadeo Buffa)及其随行的百名骑士。据称,米哈伊尔一世对俘虏们极其残暴,将许多俘虏杀害或施以鞭刑,阿马迪奥·布法及其告解神父,以及另外三名贵族被钉死在十字架上。米哈伊尔因为这一举动而遭到亨利的谴责,被罗马教宗驱逐出教,也引起了威尼斯人的提防和怀疑。[4] 但米哈伊尔并没有就此收手,而是继续攻击劫掠拉丁人控制的城堡和村庄,处决拉丁教士。在米哈伊尔的军队中,有不少人是法兰克雇佣兵,他们在金钱的驱使下为米哈伊尔战斗。此外,米哈伊尔还得到了保加利亚国王鲍里尔(Boril)的兄弟多布罗米尔·斯特雷兹(Dobromir Strez)的军事援助,联军在 1210 年秋天对塞萨洛尼基城发起进攻。拉丁皇帝亨利被米哈伊尔的军事行动所激怒,立即调转方向,赶去塞萨洛尼基救援,仅用了 12 天的时间就从君士坦丁堡赶到了塞萨洛尼基。历经几个月的围城战后,米哈伊尔和多布罗米尔损失惨重,被迫撤军。

1211 年春天,米哈伊尔被迫再次向拉丁帝国皇帝宣誓效忠,亨利则由于君士坦丁堡正遭遇保加尔人的威胁而撤军、重返君士坦丁堡。亨利走后,多布罗米尔在鲍里尔的支持下即刻对塞萨洛尼基发起新一轮的攻势。不愿看到塞萨洛尼基落入保加尔人手中的米哈伊尔很快调转阵营,与塞萨洛尼基王国的摄政、他本人的女婿尤斯塔斯,以及伯特霍尔德·卡泽伦博根(Berthold of Katzenellenbogen)联

---

① A.-M. Talbot, ed., *Holy Women of Byzantium: Ten Saints' Lives in English Translation*, p. 328.

② D. M. Nicol, *The Despotate of Epiros*, p. 15.

③ R.-J. Loenertz, "Aux origines du despotat d'Épire et de la principauté d'Achaïe," p. 376.

④ *Letters of Innocent III*, xiii, 184.

合起来,帮助拉丁人在佩拉戈尼亚地区击溃保加尔人。① 这是米哈伊尔成为伊庇鲁斯的统治者后唯一一次与拉丁人同仇敌忾、并肩作战,促使他这样做的原因并非是其对拉丁皇帝的效忠誓言,而是出于希望亲自夺取塞萨洛尼基的长远考量。

根据《加拉谢迪编年史》(*Chronicle of Galaxeidi*)的记载,在1210—1214年间的某个时候,米哈伊尔曾与萨罗纳(Salona,今天的阿姆菲撒 Amfissa)的拉丁领主托马斯(Thomas Ⅰ d'Autremencourt)发生冲突。当托马斯攻取了加拉谢迪港附近、位于科林斯湾的一些岛屿后,加拉谢迪的当地民众向米哈伊尔寻求帮助。在接下来的战斗中,托马斯被杀,伊庇鲁斯军队入主萨罗纳。然而,伊庇鲁斯人政权在萨罗纳的统治未能持久,托马斯的儿子很快便率军赶来讨回其父的封地。②

此后,为了切断塞萨洛尼基与希腊南部法兰克封建政权的联系,米哈伊尔又向防卫较为薄弱的塞萨利地区进军。根据威尼斯人与十字军的瓜分协议,拉里萨和塞萨利等地区作为采邑被分给了博尼法斯队伍中的骑士们。对于米哈伊尔而言,夺取这片区域似乎并非难事:一方面,拉丁人在这些地区的防卫能力已经在塞萨洛尼基王国继承问题所引发的伦巴第贵族叛乱中遭到严重损耗;另一方面,在十字军征服这些区域的过程中,一些希腊大贵族世家的私人地产得到了一定程度的保留,其中就包括在阿尔塔避难的前皇后埃芙菲罗丝奈的地产,以及米哈伊尔妻子的娘家梅里塞诺斯家族的祖产,米哈伊尔能够从当地希腊人之中获得支持。

截至1212年6月,米哈伊尔通过一系列军事行动,从拉丁人手中夺得了拉里萨城,以及塞萨利地区的大部分土地,他罢黜了拉里萨大教堂的拉丁主教,重新任命了一位希腊主教执掌圣事。随后,米哈伊尔的军队继续向东挺进,从拉丁人手中收复了韦乐斯提诺(Velestino)和海岸上的迪米特里亚斯(Demetrias)地区,迪米特里亚斯大教堂重新迎来了希腊人自己的主教。1215年,梅里塞诺斯家族出资在珀利翁山的马克里尼察(Makrinitissa)村修建一座圣母修道院,以纪念米哈伊尔驱逐拉丁人的丰功伟绩。③ 征服了塞萨利地区之后,米哈伊尔统治的区域由伊奥

---

① *Receuil des Historiens des Gaules et de France*, éd. D. M. Bouquet, Poitiers: Imprimerie de H. Oudin Frère, vol. 18, 1879, pp. 531–532; J. A. Buchon, *Recherches et Matériaux pour servir à une histoire de la domination française dans le provinces démembrées de l'Empire grec*, vol. 2, p. 211.

② Konstantinos Varzos, *Η Γενεαλογία των Κομνηνών*, vol. 2, p. 684.

③ D. M. Nicol, *The Despotate of Epiros*, pp. 36–37.

尼亚海岸延伸到了爱琴海沿岸。

随后,米哈伊尔同样撕毁了早先与威尼斯人订立的协议,他的军队在1213—1214年间先后从威尼斯人手中夺回了都拉基乌姆城和科孚岛。都拉基乌姆城控制着从亚得里亚海通往塞萨洛尼基的必经路线,夺取这座城市将有助于切断拉丁人对塞萨洛尼基的增援。在收复科孚岛的过程中,米哈伊尔与当地贵族谈判,不仅承认皇帝伊萨克二世授予他们的诸种特权,并且还许诺了更多的优惠条件。

最后,米哈伊尔的军队向北一直推进到阿尔巴尼亚和马其顿地区,占领了克鲁亚(Kruja)城,终结了独立的阿尔巴农公国(Principality of Arbanon)及其大公迪米特里·普罗戈尼(Dimitri Progoni)的统治。米哈伊尔还想攻取泽塔城(Zeta),但他向北征战的步伐最终在斯库台(Skadar)被塞尔维亚人阻截。

以阿尔塔城为基地,米哈伊尔将他控制的区域扩展到伊庇鲁斯的大部分地区,其领土包括今天阿尔巴尼亚的大部分领土,囊括了北至都拉基乌姆、南到纳夫帕克托斯的土地,在东面与拉丁人统治的塞萨洛尼基王国接壤,在北面和西面毗邻威尼斯共和国管辖的领地,在北部和东部与保加尔人和塞尔维亚人为邻。米哈伊尔所建立的政权在现当代的历史研究中一般被称为“伊庇鲁斯专制君主国”(Despotate of Epirus)。① 学界一般认为,米哈伊尔是伊庇鲁斯政权统治者中第一个使用“专制君主”(δεσπότης,despotes)头衔的人,这一观点的主要依据是《莫利亚编年史》(*The Chronicle of the Morea*)中将米哈伊尔一世称为“专制君主”。学者们推测,当米哈伊尔将被罢黜的皇帝阿莱克修斯三世赎回后,后者赐予了米哈伊尔“专制君主”的头衔。② 但是,晚近的研究推翻了这一猜测,证明米哈伊尔·科穆宁·杜卡斯及其继任者塞奥多利·科穆宁·杜卡斯都未曾使用过“专制君主”的头衔。在伊庇鲁斯政权的统治者中,第一位使用“专制君主”头衔的是米哈伊尔一世的私生子米哈伊尔二世·科穆宁·杜卡斯,后者在13世纪30年代使用了“专制君主”头衔。在13世纪末至14世纪期间形成的《莫利亚编年史》有可能是混淆了米哈伊尔一世与其同名的米哈伊尔二世。此外,值得注意的是,首次将伊

---

① E. Jeffreys, J. Haldon and R. Cormack ed., *The Oxford Handbook of Byzantine Studies*, Oxford and New York: Oxford University Press, pp. 280, 282, 283 and 287.

② L. Stiernon, “Les origines du despotat d'Épire. À propos d'un livre récent,” p. 122.

庇鲁斯政权称为“专制君主国”的文本记载也不是拜占庭方面的史料,而是 14 世纪以降的西欧史料。①

1214 年底或 1215 年初,米哈伊尔的扩张事业在如日中天之际戛然而止,这位伊庇鲁斯政权的奠基者在睡梦中被一名叫作罗迈欧斯(Rhomaios)的仆人暗杀。② 当时,米哈伊尔唯一在世的儿子米哈伊尔二世是个私生子,不具备合法继承权,况且尚未成年。③ 米哈伊尔同父异母的兄弟塞奥多利将年少的米哈伊尔二世排除在统治权力之外,接替米哈伊尔成为伊庇鲁斯政权的统治者,他在统治期间还将米哈伊尔二世及其母亲放逐到伯罗奔尼撒地区,流亡的米哈伊尔二世直到 1230 年才回到伊庇鲁斯,继承了父亲的统治权。④

米哈伊尔一世与两任妻子共育有五个子女,前三个孩子是与第一任妻子所生,后两个孩子是与他的第二任妻子所生。这五个孩子分别是:长女的名字不详,1209 年嫁给尤斯塔斯·佛兰德尔;二女儿塞奥多拉·科穆宁·杜凯娜(Theodora Komnene Doukaina),仅出现在奥赫里德城(Ohrid)大主教迪米特里·乔玛特诺(Demetrios Chomatianos)对 1216 年历史的记述中,记述非常简略;长子君士坦丁·科穆宁·杜卡斯(Constantine Komnenos Doukas),仅出现在 1210 年与威尼斯人签订的协议的拉丁文本中,在这一文本中,君士坦丁被称为是米哈伊尔一世的继承人,但君士坦丁英年早逝,先于米哈伊尔一世离世;小女儿玛利亚·科穆宁·杜凯娜(Maria Komnene Doukaina)嫁给了君士坦丁·马里亚塞诺斯(Constantine Maliasenos);米哈伊尔二世·科穆宁·杜卡斯是米哈伊尔一世的私生子,在 1230 年继承其父的统治权,成为伊庇鲁斯的统治者,在位直至 1268 年逝世,据称,他是第一位使用“专制君主”头衔的伊庇鲁斯统治者。⑤

米哈伊尔一世是伊庇鲁斯政权的奠基者,也是该地区科穆宁—杜卡斯王朝的开创者,该王朝在伊庇鲁斯地区的统治一直持续到 1318 年意大利的奥尔西尼(Orsini)家族接管该地区。米哈伊尔一世在位期间似乎颇受拜占庭遗民的拥戴。

---

① L. Stiernon, “Les origines du despotat d'Épire. À propos d'un livre récent,” pp. 124 - 126.

② George Akropolites, *The History*, p. 144; D. M. Nicol, *The Despotate of Epiros*, p. 42.

③ George Akropolites, *The History*, p. 144.

④ A.-M. Talbot, ed., *Holy Women of Byzantium: Ten Saints' Lives in English Translation*, p. 329.

⑤ Konstantinos Varzos, *Η Γενεαλογία των Κομνηνών*, vol. 2, p. 689, n. 72, 73, 74 and 75.

迪米特里·乔玛特诺认为,至少有一半从君士坦丁堡逃出的难民在伊庇鲁斯寻求庇护,其中包括许多元老院贵族,为数更多的难民从伯罗奔尼撒逃到伊庇鲁斯境内,躲避拉丁人的统治。纳夫帕克托斯城都主教约翰·阿颇卡夫科斯是米哈伊尔的同代人,称颂米哈伊尔为"诺亚再世",说他重建约阿尼纳要塞,将许多难民安置其中,为遭遇拉丁人"滔天洪水"之难的希腊人营建庇护之所。① 为了纪念米哈伊尔一世的功勋,从那时起,这座城市以其家族的守护神大天使米哈伊尔(Archangel Michael)作为主保圣人。②

第二节

塞奥多利·科穆宁·杜卡斯(Theodore Komnenos Doukas)

1215—1230 年在位

塞奥多利·科穆宁·杜卡斯(Θεόδωρος Κομνηνὸς Δοῦκας,Theodore Komnenos Doukas,生于 1180—1185 年间,卒于 1253 年,享年近 70 岁)是伊庇鲁斯和塞萨利两大地区的统治者。自 1224 年起至 1230 年间,他还统治着塞萨洛尼基城、马其顿的大部分地区和色雷斯西部,在位数十年。他的两个儿子约翰和迪米特里在 1237 年至 1246 年间统治塞萨洛尼基城期间,他操控实权。

塞奥多利大约出生于 1180 年至 1185 年间,他的家族是拜占庭的名门望族,与三朝皇族科穆宁、杜卡斯和安苴鲁斯均有亲缘关系:他的父亲是拜占庭"大贵族"(sebastokrator)约翰·杜卡斯(John Doukas),其母亲是邹伊·杜卡斯(Zoe Doukaina),祖父是君士坦丁·安苴鲁斯(Constantine Angelos),祖母是皇帝阿莱克修斯一世·科穆宁的女儿塞奥多拉(Theodora),叔叔安德罗尼库斯(Andronikos)

① Konstantinos Varzos, *Η Γενεαλογία των Κομνηνών*, vol. 2, p. 688; D. M. Nicol, *The Despotate of Epiros*, p. 42.

② D. M. Nicol, *The Despotate of Epiros*, p. 42.

是皇帝伊萨克二世·安苴鲁斯(Isaac Ⅱ Angelos,1185—1195年、1203—1204年在位)和皇帝阿莱克修斯三世(Alexios Ⅲ Angelos,1195—1203年在位)的父亲,因此塞奥多利是这两位拜占庭皇帝的堂兄弟。①

与他同父异母的兄弟米哈伊尔一世一样,塞奥多利更喜欢使用"杜卡斯"或"科穆宁·杜卡斯"(Κομνηνὸς ὁ Δοῦκας)作为姓氏。同代人对他称呼各异,或是"杜卡斯",或是"科穆宁",或是"伟大的科穆宁"(μεγας Κομνηνός),②但最后一种称呼更多用来指称黑海沿岸特拉比宗帝国(Empire of Trebizond)的统治家族。塞奥多利偏爱的是更加成功的杜卡斯和科穆宁王朝,而不是多灾多难的安苴鲁斯(Angelos)王朝。③ 在中古拜占庭史家中,将他称为"安苴鲁斯"的,只有敌视伊庇鲁斯的帕列奥列格王朝史家尼基弗鲁斯·格里高拉斯(Nikephoros Gregoras)和塞奥多利·斯库塔里欧忒斯(Theodore Skoutariotes),在1230年克洛克特尼查战役(Battle of Klokotnitsa)战败之前,乔治·阿克罗颇立塔斯(George Acropolites)将他称为"科穆宁"家的,此战之后称他为"安苴鲁斯"。④

塞奥多利在成为伊庇鲁斯政权的统治者之前,已经娶了玛丽亚·佩特拉利菲娜(Maria Petraliphaina)为妻。佩特拉利法斯(Petraliphas)家族具有诺曼人和意大利人的血统,是塞萨利北部显赫的土地贵族,玛丽亚的兄弟约翰(John Petraliphas)在伊萨克二世皇帝统治时期曾担任塞萨利和马其顿地区的总督。⑤ 玛丽亚为塞奥多利生了四个孩子,他们分别是:长女安娜·安吉莉娜·科穆宁·杜凯娜(Anna Angelina Komnene Doukaina),后来嫁给了塞尔维亚国王斯特凡·拉多斯拉夫(Stefan Radoslav);长子约翰·科穆宁·杜卡斯在1237年成为塞萨洛尼基帝国的皇帝;次女伊琳妮·科穆宁·杜凯娜(Irene Komnene Doukaina)后来嫁给了保加利亚皇帝约翰·亚森(John Asen);幼子迪米特里·安苴鲁斯·杜卡斯继长兄约翰之后于1244年成为塞萨洛尼基帝国的统治者。⑥

---

① Konstantinos Varzos, *Η Γενεαλογία των Κομνηνών*, vol. 2, p. 548.

② Konstantinos Varzos, *Η Γενεαλογία των Κομνηνών*, vol. 2, pp. 548 – 551.

③ D. M. Nicol, *The Despotate of Epiros 1267—1479: A Contribution to the History of Greece in the Middle Ages*, p. 3.

④ George Akropolites, *The History*, p. 41.

⑤ D. M. Nicol, *The Despotate of Epiros*, p. 47.

⑥ Konstantinos Varzos, *Η Γενεαλογία των Κομνηνών*, vol. 2, p. 637.

由于缺乏史料记载,塞奥多利在1204年君士坦丁堡沦陷之前的经历并不为人所知。1204年第四次十字军攻陷君士坦丁堡后,塞奥多利跟随塞奥多利·拉斯卡利斯(Theodore Ⅰ Laskaris)前往小亚,后者以尼西亚城为中心,组建起拜占庭流亡政权。后人对塞奥多利在尼西亚宫廷中的经历所知甚少,当时留下的历史文献中,只有一封信件简要提到了他。这封信的作者是科孚岛都主教(Metropolitan of Corfu)、塞奥多利的拥护者乔治·巴登斯(George Bardanes)。根据他的说法,塞奥多利"冒着重重危险,从敌人手中夺回许多要塞,使这些要塞臣服于拉斯卡利斯的统治之下",英勇的品质使他脱颖而出,获得了尼西亚统治者的诸多嘉奖。① 现代学者卡尔·霍夫(Karl Hopf)和安托万·波恩(Antoine Bon)在解读这段记载时认为,其中提到的塞奥多利正是塞奥多利一世,他是"阿哥斯领主",伯罗奔尼撒地方大贵族利奥·斯古罗斯(Leo Sgouros)事业的继承者。塞奥多利在1208年斯古罗斯去世后,领导了伯罗奔尼撒半岛西北部抵抗十字军的军事斗争。但罗埃涅尔茨(R. -J. Loenertz)对此表示质疑,认为上述猜想缺乏其他史料的佐证,他提出证据表明塞奥多利·杜卡斯在此期间正为尼西亚宫廷效力。②

塞奥多利·杜卡斯在尼西亚宫廷效力了几年后,在1210年左右,被同父异母的哥哥米哈伊尔一世·科穆宁·杜卡斯(Michael Ⅰ Komnenos Doukas)邀请到伊庇鲁斯地区,后者在该地区已经组建起了一个独立的拜占庭流亡政权。米哈伊尔希望得到塞奥多利的帮助,因为他唯一的儿子、未来的米哈伊尔二世·科穆宁·杜卡斯(Michael Ⅱ Komnenos Doukas)尚且年幼,并且是个私生子,不具备合法的继承权。米哈伊尔一世认为自己其他同父异母的兄弟们缺乏统治的能力,只有塞奥多利最为合适。拉斯卡利斯同意塞奥多利离开尼西亚,但要求塞奥多利向自己和尼西亚未来的继承者们宣誓效忠。③

1215年,米哈伊尔一世在睡梦中遭到暗杀,塞奥多利将米哈伊尔年幼且不具备合法继承权的儿子米哈伊尔二世排斥在统治权力之外,自己成为伊庇鲁斯政权的统治者。根据阿尔塔的圣塞奥多拉传记记载,当时还是个小男孩的米哈伊尔二

① Konstantinos Varzos, *Η Γενεαλογία των Κομνηνών*, vol. 2, pp. 553 - 554.

② R. -J. Loenertz, "Aux origines du despotat d'Épire et de la principauté d'Achaïe," pp. 390 - 391.

③ George Akropolites, *The History*, p. 144.

世和他的母亲被塞奥多利送往伯罗奔尼撒半岛,在那里过着流亡的生活。①

成为伊庇鲁斯政权的统治者后,塞奥多利·杜卡斯延续了米哈伊尔一世的领土扩张政策,将伊庇鲁斯政权的统治范围扩大了一倍多。他的第一项军事计划便是完成米哈伊尔生前未竟的事业:夺取塞萨洛尼基城。

即位之初,塞奥多利便为围困塞萨洛尼基展开部署,计划的第一步是夺取西起都拉基乌姆城东至塞萨洛尼基的"艾格纳提亚大道"(Via Egnatia)沿线尚未被伊庇鲁斯政权占领的城堡。为了顺利实现目标,他与北部近邻阿尔巴尼亚人和塞尔维亚人达成和平协议,为专心用兵于塞萨洛尼基排除隐患。一方面,他与科利亚(Kroia)要塞的领主格里高利·卡莫纳斯(Gregory Kamonas)以及科利亚地区的总督约翰·普利托斯(John Plytos)签署和平协议。另一方面,他放弃了米哈伊尔一世时期向北扩张至泽塔城的战略目标,与塞尔维亚君主斯特凡二世·内马尼亚(Stefan Ⅱ Nemanja,1195—1228年在位)缔结婚盟,让他的弟弟曼努埃尔迎娶斯蒂芬的姐姐。在处理好与阿尔巴尼亚人和塞尔维亚人的关系后,塞奥多利于1216年春天从保加利亚人手中夺取了艾格纳提亚大道沿线最关键的两座要塞——奥赫里德城和佩拉戈尼亚。②

夺取奥赫里德城对提高伊庇鲁斯政权的地位和声望和实现塞奥多利的宏远来说,重要程度非同一般。奥赫里德城是奥赫里德大主教区的中心城市。1217年初,塞奥多利任命著名的教会法学家迪米特里·乔玛特诺(Demetrios Chomatianos)担任奥赫里德城大主教。③ 后者坚定不移地拥护伊庇鲁斯政权继承拜占庭帝国法统的主张,在日后伊庇鲁斯政权与尼西亚政权争夺拜占庭正统皇权的过程中扮演了重要的角色。

伊庇鲁斯军队于1216年在马其顿地区取得的军事胜利让拉丁人感到不安,因为这意味着伊庇鲁斯已经打开了再次进攻塞萨洛尼基的通途。塞萨洛尼基王

---

① A.-M. Talbot, ed., *Holy Women of Byzantium: Ten Saints' Lives in English Translation*, p. 329.

② 后来内马尼亚还曾主动提议过另外两桩婚事:一是由他的长子、未来的王位继承人斯蒂芬·拉多斯拉夫(Stephen Radoslav)迎娶米哈伊尔一世的女儿塞奥多拉(Theodora)为妻;二是由他来迎娶米哈伊尔的另一个女儿玛利亚·科穆宁。但是伊庇鲁斯的教会对此严重反对,两桩婚事因此均未成功,斯蒂芬二世转而与威尼斯总督亨利·丹多洛(Henry Dandolo)的孙女成婚。D. M. Nicol, *The Despotate of Epiros*, pp. 48-49.

③ George Akropolites, *The History*, p. 162; D. M. Nicol, *The Despotate of Epiros*, p. 49.

国的创立者蒙特菲拉特的博尼法斯已于1207年去世,他年幼的儿子迪米特里(Demetrius, 1207—1224年在位)在摄政王的辅佐下执政,王国实力大大削弱。塞奥多利向东扩张的军事行动让拉丁皇帝亨利预见到塞萨洛尼基王国的危机,他立即中止了与尼西亚军队在小亚地区的军事纷争,火速赶往塞萨洛尼基城。亨利与鲍里尔(Boril)取得联系,准备共同对付塞奥多利的军队,但不幸的是,亨利于1216年6月11日猝然离世,据猜测,亨利是被他的第二任妻子保加利亚的玛利亚(Maria of Bulgaria)所毒害,但他也很有可能是死于疟疾。亨利去世一个月后,第四次十字军的发动者、罗马教宗英诺森三世也去世了,这对塞奥多利来说都是非常幸运的事,因为他同时失去了两个强大的对手。①

亨利死后,拉丁帝国的领主们推选彼得二世·考特尼(Peter of Courtenay)为新一任拉丁帝国皇帝。彼得二世是法国国王菲利普二世·奥古斯都的堂(表)兄弟。得知自己当选皇帝的消息后,彼得集结了一支由160名骑士、5 500名步兵和骑兵组成的军队,离开法国,远赴君士坦丁堡。在彼得二世途经罗马时,教宗霍诺留三世(Honorius Ⅲ)为他加冕。而后,彼得在1217年4月乘船从布林迪西出发,首先在都拉基乌姆(今阿尔巴尼亚的都拉斯)登陆,他曾许诺从伊庇鲁斯政权手中夺回该城、交还威尼斯,他的妻子佛兰德的约朗德则继续乘船前往君士坦丁堡。效仿1185年西西里的威廉二世(William Ⅱ of Sicily,1166—1189年在位)所发动的诺曼入侵,彼得打算在攻陷都拉基乌姆城后,沿着艾格纳提亚大道抵达塞萨洛尼基,沿途夺回阿尔巴尼亚和马其顿。②

都拉基乌姆城成功地抵抗住了彼得二世的攻势,由于军队中的伤亡人数不断增加,彼得被迫放弃围城,直接前往塞萨洛尼基。行军的过程困难重重,一来地势险峻,二来遭到当地民众明显的敌视。《切卡诺编年史》(*Annales Ceccanenses*)、圣日耳曼诺的理查德(Richard of San Germano)、菲利普·穆斯克斯(Philippe Mouskes)、欧塞尔的罗贝尔(Robert of Auxerre)的续写者等人提供的西方史料强调

---

① D. M. Nicol, *The Despotate of Epiros*, p. 50; Konstantinos Varzos, *Η Γενεαλογία των Κομνηνών*, vol. 2, pp. 555 and 557 - 558.

② D. M. Nicol, *The Despotate of Epiros*, pp. 50 - 51;

当地的阿尔巴尼亚民众效忠于塞奥多利。[①] 几天后,塞奥多利的军队与彼得的军队遭遇。塞奥多利请求与彼得队伍中的罗马教廷使节乔瓦尼·科隆纳(Giovanni Colonna)面谈,并使后者相信了他的好意。据西方史料记载,塞奥多利表示会承认罗马天主教会的最高地位和拉丁帝国的宗主权,并许诺为彼得参加第五次十字军战争提供支持,为拉丁人提供食物和穿越山区的向导。[②] 彼得对这些允诺未曾料想到,对其允诺的帮助感到满意,他与塞里奥多利达成协议。当拉丁人放松警惕后,塞奥多利的军队立即发动进攻。彼得·考特尼、科隆纳、萨罗纳的拉丁主教(Latin Bishop of Salona)、伯爵桑塞尔的威廉一世(William Ⅰ of Sancerre)以及众多贵族相继被俘,彼得的军队被击败、四处逃亡。[③]

塞奥多利的胜利在拜占庭世界造成轰动,极大地提升了他的威望,即便是一向敌视他的尼西亚宫廷史家乔治·阿克罗颇立塔斯(George Acropolites)也在撰写史书时承认这一功绩"对罗马人来说是巨大的帮助"。与此相反,彼得的失败和被俘让罗马教宗霍诺留深感失望,他写信给希腊地区的拉丁王公、威尼斯总督,还有彼得·考特尼的女婿匈牙利国王安德鲁二世(Andrew Ⅱ of Hungary, 1205—1305年在位),督促他们确保彼得皇帝和科隆纳的安全,并要求他们设法营救二人。他甚至在写给安德鲁和法国各主教的书信中,提到要召集新一轮的十字军对抗塞奥多利,他也在写给塞奥多利的信中以发动十字军相威胁。[④] 1217年末,新一轮十字军的第一批队伍集结在安科纳(Ancona),威尼斯人希望利用这次十字军收复都拉基乌姆城,军事压力发挥了作用,1218年3月,科隆纳被释放,塞奥多利向罗马教宗道歉,并保证效忠于教宗。霍诺留因此改变政策,因为他要避免威尼斯总督进犯塞奥多利的利益,以便促使塞奥多利能够释放更多的俘虏。一些等级较低的拉丁人封臣重获自由,但是彼得和他的许多高级领主至死都被关在监

① Konstantinos Varzos, *Η Γενεαλογία των Κομνηνών*, vol. 2, p. 560.

② Filip Van Tricht, *The Latin Renovatio of Byzantium : The Empire of Constantinople (1204—1228)*, pp. 187 and 243.

③ D. M. Nicol, *The Despotate of Epiros*, p. 51; Konstantinos Varzos, *Η Γενεαλογία των Κομνηνών*, vol. 2, pp. 560-561.

④ D. M. Nicol, *The Despotate of Epiros*, p. 52.

狱中。[1]

彼得·考特尼的被捕使得希腊北部主要的拉丁政权,即塞萨洛尼基和君士坦丁堡失去了男性统治者,两地都由女性摄政。约朗德在君士坦丁堡生下了彼得的儿子鲍德温二世,约朗德在抵达君士坦丁堡之前,曾在伯罗奔尼撒半岛停留。她立即就感受到了阿哈伊亚公国的富庶和强大,于是安排自己的女儿阿涅丝嫁给公国的继承人杰弗里二世。约朗德在政治上十分精明,她将女儿玛利亚·考特尼嫁给了尼西亚皇帝塞奥多利·拉斯卡利斯,后者的第二任妻子刚刚过世。[2] 这样,她便可以脚踏两只船,维持弱小的拉丁帝国不被灭亡。

在对塞萨洛尼基发动进攻之前,塞奥多利也确保领土南侧的安全。他任命自己的弟弟君士坦丁·科穆宁·杜卡斯担任埃托利亚(Aetolia)和阿卡纳尼亚(Acarnania)的总督。君士坦丁是一位精力充沛的总督,他不仅有效地防御了伊庇鲁斯的领土,使之免受雅典公国(Duchy of Athens)的威胁,还在不久后收复了新帕特拉(Neopatras)和拉米亚(Lamía)。塞奥多利则将注意力转到清除塞萨利地区的拉丁人残余势力上去,直至1218年普拉塔蒙城堡投降。在接下来的几年中,塞奥多利一座接一座地夺取了塞萨洛尼基城四周的要塞。普拉塔蒙城堡控制着塞尔迈湾(Thermaïkós Gulf)的入口,1221年末,塞利斯投降,至此,塞奥多利切断了君士坦丁堡和塞萨洛尼基之间的陆路联系,塞萨洛尼基"差不多成了被塞奥多利的领地所包围的孤岛"[3]。

随着塞萨洛尼基陷落的前景逐渐明朗,罗马教宗霍诺留将塞奥多利驱逐出教,并下令禁止从亚得里亚海沿岸港口运出马匹、军队和物资,他给君士坦丁堡写信,敦促拉丁皇帝向迪米特里提供援兵。迪米特里亲自前往意大利寻求救援,1222年3月,教宗在罗马城接待了他,随后,他又会见了神圣罗马帝国皇帝弗雷德里克二世(Frederick Ⅱ, 1220—1250年在位)。一支对抗塞奥多利的十字军在意大利集结。这支新十字军的第一批分遣队在奥贝托二世伯爵(Oberto Ⅱ of Bian-

---

① D. M. Nicol, *The Despotate of Epiros*, pp. 52 – 53.

② Konstantinos Varzos, *Η Γενεαλογία των Κομνηνών*, vol. 2, pp. 563 – 564.

③ J. V. A. Fine, *The Late Medieval Balkans : A Critical Survey from the Late Twelfth Century to the Ottoman Conquest*, Ann Arbor, Michigan: University of Michigan Press, 1994, p. 194.

drate)的率领下,于1222年夏抵达塞萨洛尼基,与塞萨洛尼基的摄政居伊·帕拉维奇尼(Guy Pallavicini)会面。为此,塞奥多利火速向塞萨洛尼基进军,在1222年末的初步部署后,他于1223年初下令攻城。罗马教宗霍诺留再次将塞奥多利驱逐出教,并加倍努力召集十字军援兵,但这一时期的十字军征召事务早已陷入停滞。在罗马教宗的敦促下,威尼斯和神圣罗马帝国皇帝弗雷德里克承诺会援助塞萨洛尼基。罗贝尔·考特尼也表示会派出援兵。与此同时,霍诺留也号召希腊南部的拉丁王公们施以援手。1224年3月,十字军队伍最终集结在布林迪西(Brindisi)。但是,霍诺留在给使节下达的指示中,也没有排除塞奥多利与十字军达成妥协的可能性。①

1224年4月,罗贝尔·考特尼履行诺言,派出军队围攻塞利斯。在攻城期间,拉丁人将军们听说拉丁军队在波伊马讷农战斗中(Battle of Poimanenon)惨败于尼西亚皇帝约翰三世之手的消息后,匆匆放弃围城,赶往君士坦丁堡。他们在败退途中遭到塞奥多利军队的伏击,大部分拉丁人将士或是被杀或是被俘。双重灾难破坏了罗马教宗为十字军设定的计划:在塞奥多利正面与罗贝尔的军队作战时,让十字军包抄塞奥多利的后方。与此同时,原计划的十字军统帅蒙特菲拉特的威廉六世(William Ⅵ of Montferrat)疾病缠身,无法兑现承诺。直到11月,教宗被迫将十字军出发的时间推迟至第二年春天。在听到拉丁军队战败、十字军推迟出发的消息后,塞萨洛尼基城的拉丁人守卫部队迫于精疲力竭,不得不在1224年12月将城市交给塞奥多利。②

成为塞萨洛尼基城的统治者后,塞奥多利立即称帝,直接挑战尼西亚皇帝约翰三世·杜卡斯·瓦塔泽斯(John Ⅲ Doukas Vatatzes)的权威,并宣称拜占庭皇位属于自己。塞萨洛尼基在传统意义上是拜占庭帝国仅次于君士坦丁堡的第二大城市。夺取塞萨洛尼基城在很大程度上提升了塞奥多利在拜占庭人心目中的声望,也对拉丁人造成了重大打击。塞奥多利认为,在夺取塞萨洛尼基后,他的地位高于约翰三世,因此他穿上了只有拜占庭皇帝才有权穿的紫靴,公开宣称自己为

① Konstantinos Varzos, *Η Γενεαλογία των Κομνηνών*, vol. 2, pp. 571 – 572.

② Konstantinos Varzos, *Η Γενεαλογία των Κομνηνών*, vol. 2, p. 573.

拜占庭帝国皇帝。[1] 作为塞奥多利的主要支持者之一,纳夫帕克托斯都主教(Metropolitan of Naupaktos)约翰·阿颇卡夫科斯(John Apokaukos)在1222年写给牧首的一封信中,宣称伊庇鲁斯人已经将塞奥多利视为"上帝派给他们的统治者"。随后,约翰又写信给塞奥多利的妻子,希望在即将于塞萨洛尼基城举行的皇帝加冕礼盛大活动中给予积极的配合。[2]

根据拜占庭的习俗,皇帝加冕礼只能在君士坦丁堡举行,并由牧首主持加冕仪式。然而,此时的君士坦丁堡仍然被拉丁人占领,牧首日耳曼努斯二世(Germanus Ⅱ, 1223—1240年任职)则常驻尼西亚城。因此,塞奥多利向塞萨洛尼基城的都主教君士坦丁·美索不达米特斯(Constantine Mesopotamites)寻求帮助。在此之前,塞奥多利已经赶走了占据塞萨洛尼基都主教职位的拉丁教士,把这一职位授予了君士坦丁·美索不达米特斯。然而,君士坦丁·美索不达米特斯坚决表示拥护暂居尼西亚的牧首的合法地位,坚决拒绝为塞奥多利施行加冕礼,无论塞奥多利和约翰·阿颇卡夫科斯对他施以何种压力,他都表示,宁愿去过流亡生活,也不愿屈从。[3]

1225年3月,塞奥多利在阿尔塔城召集主教会议,会议由约翰·阿颇卡夫科斯主持。此次会议通过了由阿颇卡夫科斯起草的一项声明,颂扬塞奥多利抗击拉丁人和保加利亚人、解放"罗马人"土地、驱逐天主教教士、恢复东正教主教教职等一系列功绩,并强调了塞奥多利的皇族血统,宣称主教会议承认塞奥多利为唯一的皇帝。在这份声明的帮助下,塞奥多利下令由支持他的奥赫里德大主教(Archbishop of Ohrid)迪米特里·乔玛特诺(Demetrios Chomatianos)为他举行加冕礼。[4]

关于塞奥多利加冕的确切日期尚有争议。法国学者吕西安·斯提埃尔农

① D. M. Nicol, *The Despotate of Epiros*, p. 64; J. V. A. Fine, *The Late Medieval Balkans : A Critical Survey from the Late Twelfth Century to the Ottoman Conquest*, p. 120.

② D. M. Nicol, *The Despotate of Epiros*, pp. 66–67.

③ D. M. Nicol, *The Despotate of Epiros*, pp. 64–65.

④ D. M. Nicol, *The Despotate of Epiros*, pp. 65–66.

(Lucien Stiernon)认为,塞奥多利的加冕日期是在1227年6月至1228年4月之间。① 希腊学者卡尔颇基洛斯(Apostolos D. Karpozilos)不同意这一判断,他认为塞奥多利没有理由将加冕日期推迟这么久,而应该是在1225年阿尔塔主教会议之后不久便举行了加冕礼。② 另一位学者艾莱尼(Eleni Bees-Seferli)以阿颇卡夫科斯的信件为证据,认为塞奥多利是在1227年4月3日至8月之间的某天举行了加冕礼,③但反对者阿尔克米尼(Alkmini Stavridou-Zafraka)则认为加冕日是1227年5月29日。④

为了凸显自己的皇权,塞奥多利开始在他的新都塞萨洛尼基城组建宫廷,将前朝的拜占庭宫廷头衔授予其亲戚和追随者。有关塞奥多利宫廷中官职情况的记载,主要来自近臣乔玛特诺的作品。根据他的记载,塞奥多利的兄弟曼努埃尔和君士坦丁升迁至"专制君主"等级,约翰·普利托斯(John Plytos)官至总务大臣(*mesazon*)。一些逃亡到伊庇鲁斯地区寻求庇护的、原拜占庭贵族世家的子孙被任命为军区(行省)总督,与当地贵族一同管理地方社会。在塞奥多利的官员队伍中,出现了持"总督"(*doux*)头衔者,但这一时期该官职失去了传统的"总司令"内涵,大多为行政总督,几乎没有军事权力。⑤

塞奥多利慷慨地将前朝宫廷等级中非常显赫的头衔授予自己的诸多支持者,由此导致宫廷头衔严重"贬值"。乔治·阿克罗颇立塔斯在他撰写的《历史》中嘲笑塞奥多利不顾拜占庭传统习俗、随意滥发官衔的做法,就像"一个保加尔人,更像一个野蛮人"⑥。

在塞奥多利的加冕礼后,地中海东部同时存在着四位自称为皇帝、为控制君

---

① L. Stiernon, "Les origines du despotat d'Épire. À propos d'un livre récent," *Revue des études byzantines*, vol. 17 (1959), pp. 197-202.

② Apostolos D. Karpozilos, *The Ecclesiastical Controversy between the Kingdom of Nicaea and the Principality of Epiros (1217—1233)*, Thessaloniki: Centre for Byzantine Studies, 1973, pp. 74-75.

③ Eleni Bees-Seferli, "Ὁ Χρόνος στέψεως τοῦ Θεοδώρου Δούκα ὡς προσδιορίζεται ἐξ ἀνεκδότων γραμμάτων τοῦ Ἰωάννου Ἀποκαύκου," *Byzantinisch-Neugriechische Jahrbücher*, 1971—1974, Athens, vol. 21, pp. 272-279.

④ Alkmini Stavridou-Zafraka, "Συμβολή στο ζήτημα της αναγόρευσης του Θεοδώρου Δούκα," *Αφιέρωμα στον Εμμανουήλ Κριαρά*, 1988, p. 44.

⑤ D. M. Nicol, *The Despotate of Epiros*, pp. 67-68.

⑥ George Akropolites, *The History*, p. 162.

士坦丁堡而相互争斗的统治者。他们分别是:伊庇鲁斯的塞奥多利,拉丁帝国的罗贝尔·考特尼,尼西亚的约翰三世·杜卡斯·瓦塔泽斯,以及年纪轻轻但颇具野心的保加利亚沙皇约翰二世·亚森(John Ⅱ Asen, 1218—1241年在位)。

在波伊马讷农战役后,拉丁人已经丧失了他们在小亚细亚的大部分领土。在欧洲,他们的统治区域也只剩下君士坦丁堡及其周边的区域。虽然塞奥多利在离开尼西亚宫廷时曾许下誓言,会永远效忠拉斯卡利斯王朝,但他的野心却不只是攻取塞萨洛尼基城,而是要最终收复君士坦丁堡,复兴拜占庭帝国,登上皇帝大位。

1224年或1225年,塞奥多利夺取了哈尔齐迪基(Chalcidice)和阿索斯圣山(Mount Athos)。1225年春天,塞奥多利向马其顿东部和色雷斯西部进军,夺取了几座市镇和要塞。为了阻截伊庇鲁斯的军队,防止塞奥多利夺取君士坦丁堡,尼西亚军队响应阿德里安堡当地居民的请求,从拉丁人手中夺回了这座城市。然而,塞奥多利的军队渡过埃夫罗斯河(Evros River),封锁了阿德里安堡,迫使其投降。塞奥多利允许尼西亚军队统帅约翰·伊赛斯(John Ises)和约翰·卡密泽斯(John Kammytzes)率领尼西亚军队退回亚洲地区。①

夺取阿德里安堡为塞奥多利铺展开向君士坦丁堡进军的通途。为了确保北面领土的安全,他同保加利亚皇帝约翰·亚森订立盟约,让他的兄弟曼努埃尔迎娶亚森的私生女玛利亚为妻。与此同时,拉丁帝国与尼西亚政权订立和平协议,双方同样是通过一桩婚事维系和平:拉斯卡利斯朝公主尤多奇亚(Eudocia)嫁给了拉丁人大封建主(Anseau de Cayeux)。②

1225年夏天,塞奥多利率军来到君士坦丁堡近郊地区,与拉丁人发生军事冲突,拉丁军队遭到重创,但塞奥多利尚未准备好发动对君士坦丁堡的进攻,一方面他尚未造好进攻坚固雄伟的塞奥多西城墙的军事器械;另一方面,蒙特菲拉特的威廉(William of Montferrat)在塞萨利地区登陆的消息也迫使他停止进一步进军的

---

① J. V. A. Fine, *The Late Medieval Balkans : A Critical Survey from the Late Twelfth Century to the Ottoman Conquest*, p. 122; Konstantinos Varzos, *Η Γενεαλογία των Κομνηνών*, vol. 2, p. 603.

② J. V. A. Fine, *The Late Medieval Balkans : A Critical Survey from the Late Twelfth Century to the Ottoman Conquest*, p. 123.

计划,被迫向西折返,以守卫后方。[①]

塞奥多利在1226年后的几年时间里忙于处理与西欧的事务,并未重新发动夺取君士坦丁堡的进攻,同时忙于整顿内政。其中重点在于努力改善与弗雷德里克二世的关系,后者在1228年领导了第六次十字军战征,在科孚岛和凯法利尼亚(Céphalonia)做短暂停留。1229年,塞奥多利甚至派出一支由希腊当地人组成的军队前往意大利,供弗雷德里克调遣。

也是同一时期,塞奥多利与威尼斯的关系破裂,因为他的科孚岛总督扣押了一支遭遇海难的威尼斯船只所装载的货物。1228年8月19日,塞奥多利签署了一项法令,禁止威尼斯商人在其领地内进行商业活动。[②]

在塞奥多利一世统治伊庇鲁斯期间,随着拜占庭两大流亡政权的政治斗争趋于白热化,伊庇鲁斯和尼西亚双方争夺复辟拜占庭帝国最高权威的较量更为激烈,进而导致东部教会内部进一步分裂。米哈伊尔一世统治时期,在伊庇鲁斯教会内部召开了两次地方性的主教会议,表明其在很大程度上独立于尼西亚牧首进行教会管理工作:一次在纳夫帕克托斯召开,由约翰·阿颇卡夫科斯主持;另一次在奥赫里德召开,由乔玛特诺主持。此后不久,更具野心的乔玛特诺成了"西部"首席主教,他设法加强伊庇鲁斯在教会事务中的独立性,包括在不经尼西亚牧首干涉的情况下任命地方主教。

这一教会政策与塞奥多利的政治愿景相契合,即与尼西亚争夺拜占庭皇权大统。在塞奥多利称帝之初,尼西亚政权统治者、皇帝约翰·瓦塔泽斯给出的回应是:只承认塞奥多利是其统治区域的总督。但塞奥多利拒绝接受这样的认可,他公开宣称自己享有拜占庭皇帝的完整头衔,即"罗马人的皇帝(basileus)和统治者(autokrator)"。[③]

塞奥多利的加冕礼加深了拜占庭西部伊庇鲁斯政权和东部尼西亚政权之间的裂痕。最初,尼西亚方面试图将此时拜占庭教会内部分裂的罪责推到乔玛特诺

---

① D. M. Nicol, *Byzantium and Venice: A Study in Diplomatic and Cultural Relations*, Cambridge: Cambridge University Press, 1988, pp. 166-167.

② D. M. Nicol, *The Despotate of Epiros*, p. 106.

③ Konstantinos Varzos, *Η Γενεαλογία των Κομνηνών*, vol. 2, pp. 583-584.

身上。尼西亚方面任命的牧首日耳曼努斯二世在提到塞奥多利时仍是怀着敬意的。他谴责乔玛特诺的傲慢,认为后者犯了僭越之罪,篡夺了牧首为皇帝加冕的特权。乔玛特诺回应道,作为查士丁尼城(Justiniana Prima)古代教座(ancient see)的继承者,他是独立自主的高级教士,本身就具备这样为皇帝举行加冕礼的权力。[①]

随着1227年阿尔塔主教会议的召开,事态进一步恶化,尼西亚方面对伊庇鲁斯方面的批评矛头转向了伊庇鲁斯的统治者塞奥多利·科穆宁·杜卡斯。1227年,伊庇鲁斯的主教们聚集在阿尔塔城,召开宗教会议,试图寻找一条与尼西亚方面达成和解的途径:他们承认尼西亚牧首的权威,但要求在教会的行政事务上独立自主,换言之,他们要求塞奥多利能够在他的辖区内行使任命主教的权力。他们给牧首三个月的考虑时间,并且暗示,假如牧首忽视他们的提议,那他们可能就只好承认罗马教宗的最高权威了。

作为回应,牧首日耳曼努斯也主持召开宗教会议,谴责塞奥多利使用皇帝头衔。日耳曼努斯任命了自己的人选去填补都拉基乌姆城的主教空缺。但这名主教却遭到了塞奥多利的驱逐。随后,伊庇鲁斯的宗教会议选出了乔玛特诺的朋友君士坦丁·卡巴西拉斯(Constantine Kabasilas)担任都拉基乌姆城主教。双方的矛盾就此升级,日耳曼努斯开始直接攻击塞奥多利的做法。作为回应,乔治·巴登斯(George Bardanes)给日耳曼努斯写信,坚持伊庇鲁斯教会的独立地位,并且开始质疑日耳曼努斯担任牧首职位的合法性。最终,尼西亚教会与伊庇鲁斯教会于1232年或1233年彻底决裂。[②]

尽管塞奥多利在此前已经与保加利亚达成盟约,但后者还是从北部发动对他的武力威胁。1225年,塞奥多利率军行进至君士坦丁堡城郊,然而,收复旧都的最后一击一直被拖延到1230年才发动。在1229年末,塞奥多利将军队集结在塞萨洛尼基,准备按照计划对君士坦丁堡发动最后的进攻,其中包括一支由弗雷德

---

① D. M. Nicol, *The Despotate of Epiros*, pp. 80-81.

② D. M. Nicol, *The Despotate of Epiros*, pp. 105-106; J. V. A. Fine, *The Late Medieval Balkans: A Critical Survey from the Late Twelfth Century to the Ottoman Conquest*, pp. 120-121; Konstantinos Varzos, *Η Γενεαλογία των Κομνηνών*, vol. 2, pp. 592-600.

里克二世派来的分遣队。1230年春天，塞奥多利的军队在向东进发的过程中出其不意地调转方向，转而向北，沿着埃夫罗斯河谷进入保加利亚。关于塞奥多利突然转向的原因众说纷纭。当世和后世史家如阿克罗颇立塔斯将之视为塞奥多利狡黠的表现。更可信的另一种猜测是，塞奥多利到那时尚未品尝败绩，他想要武力侦察保加利亚的实力，避免后者在他围攻君士坦丁堡时从背后偷袭。尽管塞奥多利发动突袭，约翰·亚森还是迅速做出应对，他将被塞奥多利"撕毁"的协议粘在长矛上作为旗帜，迅速集结军队，在1230年4月迎击塞奥多利的军队。①

1230年，双方之间爆发克洛克特尼查战役（Battle of Klokotnitsa），对约翰·亚森而言，这是一场决定性的胜利。它使保加利亚崛起为巴尔干半岛最强大的势力，而塞奥多利建立的帝国迅即土崩瓦解：在几个月的时间里，色雷斯、马其顿的大部分地区，以及阿尔巴尼亚都落入保加利亚的统治下。约翰·亚森下令在保加利亚首都特尔诺沃（Tarnovo）的圣四十殉道士教堂（Holy Forty Martyrs Church）树立碑文，纪念他"占领了从阿德里安堡至都拉基乌姆的领土，希腊人、塞尔维亚人、阿尔巴尼亚人的土地"。②

塞奥多利本人在溃败的队伍中被俘，后在特尔诺沃的监狱中度过了七年的光阴。最初他享受礼遇，但后来因被指控谋害约翰·亚森而被刺瞎双眼。在拜占庭时期，刺瞎双眼的刑罚常被用于惩罚叛国罪，或是消除潜在的政治对手问鼎皇权的可能性。根据当时一封用希伯来语书写的信件记载，约翰·亚森一开始是命令两位犹太人去刺瞎塞奥多利，因为塞奥多利在他的领土上长期迫害犹太人，并且没收犹太人的财产来贴补自己的军事活动。塞奥多利祈求告饶，犹太人并没有将塞奥多利刺瞎，愤怒的沙皇于是命人将两个犹太人扔下悬崖处死。③

最终，塞奥多利在1237年被释放，因为刚刚丧偶的亚森爱上了塞奥多利唯一尚未出嫁的女儿伊琳妮。在这桩婚事后不久，塞奥多利重获自由，沙皇准许塞奥

---

① D. M. Nicol, *The Despotate of Epiros*, pp. 109–111.

② D. M. Nicol, *The Despotate of Epiros*, p. 113; J. V. A. Fine, *The Late Medieval Balkans : A Critical Survey from the Late Twelfth Century to the Ottoman Conquest*, p. 124; Konstantinos Varzos, *Η Γενεαλογία των Κομνηνών*, vol. 2, pp. 614–616.

③ J. V. A. Fine, *The Late Medieval Balkans : A Critical Survey from the Late Twelfth Century to the Ottoman Conquest*, pp. 124–125.

多利离开特尔诺沃,去任何他想去的地方。[①]

在塞奥多利沦为阶下囚的七年光阴里,他那从战场上侥幸逃脱的弟弟曼努埃尔成为塞萨洛尼基帝国的新任统治者,后者还承认保加利亚沙皇约翰·亚森的宗主地位。此时塞萨洛尼基帝国统辖的领土缩小至塞萨洛尼基城周边,以及科穆宁—杜卡斯家族在伊庇鲁斯和塞萨利的核心领地,外加都拉基乌姆城和科孚岛,他的兄弟君士坦丁在埃托利亚(Aetolia)和阿卡纳尼亚(Acarnania)也表示承认曼努埃尔的统治。[②]

塞奥多利重获自由后即刻重返塞萨洛尼基,没有任何陪同或随从,他伪装成乞丐秘密入城。入城后,他私下联络上原来的支持者和亲信,策划了一场阴谋驱逐了曼努埃尔,接管了塞萨洛尼基。双目失明的塞奥多利不能重登皇位,于是他将自己的儿子约翰·科穆宁·杜卡斯安置在皇位上,但后者没有举行加冕礼,塞奥多利以其子之名行统治之实。约翰本人对宗教事务很感兴趣,与当皇帝相比更愿意进入修道院成为修士。塞奥多利只好劝说他,担任皇帝是上帝赐予的礼物,由于他具有皇室血统,因此是名正言顺的、合理合法的罗马人皇帝。[③]

被废黜的曼努埃尔被发配到小亚细亚的阿塔雷亚(Attaleia),他的妻子玛利亚被允许回到她的父亲身边。曼努埃尔没有甘于流放的命运,他决心复仇,从阿塔雷亚出发,途经突厥人的领土来到了尼西亚。约翰·瓦塔泽斯热情欢迎曼努埃尔的到来,并表示将支持他复仇,但前提条件是曼努埃尔要向约翰·瓦塔泽斯宣誓效忠。1239 年初,曼努埃尔在六艘尼西亚战船的护送下向希腊地区起航,最终在塞萨利地区的迪米特里亚斯附近登陆。他在塞萨利地区得到了广泛的支持,甚至包括当地的总督、米哈伊尔一世的女婿君士坦丁·马里亚塞诺斯(Constantine Maliasenos),在后者的帮助下,曼努埃尔组织起一支军队,迅速占领了该地区的一

---

① J. V. A. Fine, *The Late Medieval Balkans : A Critical Survey from the Late Twelfth Century to the Ottoman Conquest*, p. 133.

② J. V. A. Fine, *The Late Medieval Balkans : A Critical Survey from the Late Twelfth Century to the Ottoman Conquest*, p. 126.

③ D. M. Nicol, *The Despotate of Epiros*, pp. 134 - 135; Konstantinos Varzos, *Η Γενεαλογία των Κομνηνών*, vol. 2, p. 618.

些市镇。①

面临即将到来的内战危机,曼努埃尔和塞奥多利最终决定以协议的方式划分塞萨洛尼基的领土。曼努埃尔获得了塞萨利地区,约翰和塞奥多利保有塞萨洛尼基,以及马其顿地区的剩余土地,他们承认君士坦丁作为埃托利亚和阿卡纳尼亚的领主。为了确保自身的统治,塞奥多利和曼努埃尔都与强大的阿哈伊亚大公杰弗里二世·维拉杜安订立协约。②

随着拉丁帝国的进一步衰落,尼西亚统治者约翰·瓦塔泽斯有意夺回昔日"罗马人"的都城君士坦丁堡。但在采取进一步行动之前,他意识到要处理塞萨洛尼基事务,特别是要处理好塞奥多利,后者的野心、能力和阴谋诡计都让他忌惮。1240 年或 1241 年,瓦塔泽斯邀请塞奥多利到访尼西亚。塞奥多利接受了这一邀请,受到了瓦塔泽斯的热情款待。瓦塔泽斯给予塞奥多利家人般的礼待,并与他在同一张餐桌上进餐。事实上,塞奥多利在尼西亚是一名囚徒,他不能离开,而就在他被扣留在尼西亚期间,瓦塔泽斯做好了进攻塞萨洛尼基的充分准备。

1242 年春天,瓦塔泽斯率大军渡海进入欧洲,塞奥多利也在队伍之中。瓦塔泽斯的军队几乎未受抵抗便来到了塞萨洛尼基城下。塞萨洛尼基的戍卫队和居民进行了成功的抵抗,尼西亚军队由于缺乏强有力的攻城设备,不得不安营扎寨、准备漫长的围城过程。然而,不久之后,蒙古人入侵小亚的消息传来,瓦塔泽斯只好暂停攻势,返回尼西亚。

但是瓦塔泽斯并没有将其离开的消息公之于众,而是派塞奥多利去与其子约翰谈判。据说,约翰当场就打算交出城市,但他的父亲塞奥多利说服他继续坚持以换取更好的条件。历经 40 天的谈判,约翰最终得以继续控制塞萨洛尼基城,但他必须宣布放弃皇帝头衔,承认尼西亚的宗主权,接受"专制君主"的头衔。塞奥多利也可以继续留在塞萨洛尼基,陪伴在他的儿子身边。③

约翰在塞萨洛尼基的统治又持续了两年,直到他于 1244 年离世。塞奥多利

---

① J. V. A. Fine, *The Late Medieval Balkans : A Critical Survey from the Late Twelfth Century to the Ottoman Conquest*, p. 133.

② Konstantinos Varzos, *Η Γενεαλογία των Κομνηνών*, vol. 2, p. 619.

③ D. M. Nicol, *The Despotate of Epiros*, pp. 138 – 139.

退至沃德纳(Vodena),在那里监管国事。约翰死后,塞奥多利将次子迪米特里·安苴鲁斯·杜卡斯扶上王位,并按照1242年达成的《隶属协议》的规定,派出使节前往尼西亚通报此事。迪米特里是一位风流少年,四处拈花惹草。虽然塞奥多利仍然操纵着塞萨洛尼基城的统治权,但迪米特里的不得人心还是令市民代表们宁愿选择尼西亚宫廷的直接管辖。①

1246年11月,约翰三世·瓦塔泽斯收到密文,内容是:愿以密谋罢黜迪米特里为条件,换取一纸黄金诏书,保证塞萨洛尼基城传统的权利和特权。瓦塔泽斯予以首肯,派人传唤迪米特里,让他亲自来营帐觐见。迪米特里怀疑瓦塔泽斯不怀好意,不肯前往,于是尼西亚军队再度向塞萨洛尼基挺进。几日过后,同谋者为尼西亚军队打开了城门,塞萨洛尼基很快便被攻克。迪米特里沦为俘虏,被流放至比提尼亚(Bithynia)地区。塞萨洛尼基城和整个马其顿地区交由尼西亚海军总司令(Grand Domestic)安德罗尼库斯·帕列奥列格(Andronikos Palaiologos)管控。塞奥多利在沃德纳孤立无援,无法参与这一系列事件。②

1251年,塞奥多利怂恿他的侄子米哈伊尔二世攻打塞萨洛尼基。1252年,瓦塔泽斯对米哈伊尔二世发动进攻,迫使后者坐在了谈判桌旁。塞奥多利再度沦为俘虏,被流放至尼西亚,最终于1253年离世。③

为科穆宁家族撰写人物传记的现代史家,曾将塞奥多利描述为一位精力充沛、足智多谋、极具野心的政治家,他继承了祖先阿莱克修斯一世·科穆宁的坚忍和毅力,但没有继承后者的才智、外交手段和适应能力。尽管塞奥多利很有能力,但他想要收复君士坦丁堡的野心以及他与尼西亚不可调和的竞争,实际上将拜占庭帝国的复国时间推迟了若干年。④

塞奥多利的遗产在西部拜占庭人的政治观念中留下持久的记忆。拜占庭学家尼克尔曾评论到:"关于塞奥多利·杜卡斯的军事胜利及其使用拜占庭皇帝头

---

① D. M. Nicol, *The Despotate of Epiros*, pp. 141 and 146.

② D. M. Nicol, *The Despotate of Epiros*, p. 146.

③ D. M. Nicol, *The Despotate of Epiros*, pp. 147 - 148; Konstantinos Varzos, *Η Γενεαλογία των Κομνηνών*, vol. 2, pp. 631 - 635.

④ Konstantinos Varzos, *Η Γενεαλογία των Κομνηνών*, p. 636.

衔的历史记忆，长存于希腊北部，并长存于塞奥多利子孙的心中。”①米哈伊尔二世延续他叔叔的做法，继续与尼西亚分庭抗礼，导致拜占庭人收复君士坦丁堡的时间进一步推迟。即便是在1261年尼西亚政权收复君士坦丁堡、恢复拜占庭帝国皇帝大统之后，伊庇鲁斯的统治者仍然挑战复兴的帝国皇帝的权威，宣称他们自己也有权继承拜占庭皇位。

第三节

曼努埃尔·科穆宁·杜卡斯（Manuel Komnenos Doukas）

1230—1237年在位

曼努埃尔·科穆宁·杜卡斯（Manuel Komnenos Doukas，Μανουήλ Κομνηνός Δούκας，生于1186年或1188年，卒于1241年，享年50多岁）是伊庇鲁斯第三位君主，1230—1237年间曾是塞萨洛尼基帝国的第二任“皇帝”，在位仅七年。

曼努埃尔的父亲是“大贵族”约翰·杜卡斯，祖父是君士坦丁·安苴鲁斯，祖母则是拜占庭帝国科穆宁王朝缔造者阿莱克修斯一世的第四个女儿伊琳妮·杜凯娜（Irene Doukaina）。曼努埃尔·科穆宁·杜卡斯先后有过两次婚姻。第一任妻子是塞尔维亚大公斯特凡·内马尼娅（Stefan Nemanjić，1196—1228年在位）的妹妹杰菲米加·内马尼娅（Jefimija Nemanjić）。1225年，他迎娶了第二任妻子，保加利亚皇帝伊凡·亚森二世（Ivan Asen Ⅱ，1218—1241年在位）的私生女玛丽亚·别洛斯拉娃（Maria Beloslava）。他与第一任妻子育有一女海伦娜（Helena），与第二任妻子则没有子女。② 曼努埃尔·科穆宁·杜卡斯拥有众多兄弟姐妹，其

① D. M. Nicol, *The Last Centuries of Byzantium, 1261—1453*, Cambridge: Cambridge University Press, 1993, pp. 20-21.

② D. I. Polemis, *The Doukai: A Contribution to Byzantine Prosopography*, London, Athlone Press, 1968, p. 90. A. P. Kazhdan ed., *The Oxford Dictionary of Byzantium*, p. 1292.

中比较著名的两位兄长是伊庇鲁斯君主国前两任君主米哈伊尔一世·科穆宁·杜卡斯和塞奥多利·科穆宁·杜卡斯。

在伊庇鲁斯君主塞奥多利早年进行扩张战争期间,曼努埃尔可能被委任守卫塞萨利。1225年或1227年后,他被塞奥多利·科穆宁·杜卡斯授予"专制君主"头衔。他于1225年与玛丽·别洛斯拉娃的婚姻,是为了促成伊庇鲁斯君主国与保加利亚帝国的结盟。[①] 总体而言,在1230年之前,曼努埃尔在帝国西部所扮演的角色相对低下,史料中的信息非常匮乏。[②]

1230年,在克洛克特尼查(Klokotnitsa)战役中,塞奥多利·科穆宁·杜卡斯战败,遭到保加利亚人俘虏,许多近亲内臣连同他们的财产全都成为保加利亚人的囊中之物。[③] 曼努埃尔则侥幸逃到塞萨洛尼基,成为当地的统治者。

曼努埃尔·杜卡斯继续使用"专制君主"的称号,但同时以皇帝自居,因此在皇宫庆典中遵循拜占庭帝国的各种传统礼仪,使用红色染料签署敕令。[④] 尼西亚帝国的一位使臣嘲讽他的这些行为,直言"歌颂基督的赞美诗可能更适合你,你这位'皇帝和君主'"[⑤]。

曼努埃尔在塞萨洛尼基的统治直到1237年才宣告结束。在其统治期间,他能够按照自己的意愿和能力实施治理。[⑥] 这首先源于保加利亚皇帝亚森二世对他的仁慈。亚森二世在1230年击溃塞奥多利·杜卡斯后,没有乘胜追击,将塞萨洛尼基纳入自己的领地。史料及学界传统观点均认为,这是由于亚森二世考虑到曼努埃尔与自己女儿的婚姻,因此允许后者以"专制君主"称号继续统治塞萨洛尼基及其周边区域。[⑦] 除此之外,很可能这也是亚森二世一直以来的统治方式。

---

① George Akropolites, *The History*, pp. 178 - 179.

② K. Βαρζός, *Η Γενεαλογία των Κομνηνών*, τόμος Β', Θεσσαλονίκη: Κέντρον Βυζαντινών Ερευνών, 1984, p. 638.

③ George Akropolites, *The History*, pp. 178 and 182.

④ 君主应该使用紫色墨水。George Akropolites, *The History*, p. 183, note 4.

⑤ George Akropolites, *The History*, p. 182. 传统观点中将此视为尼西亚使臣单纯的嘲讽,见D. Nicol, *The Despotate of Epiros*, p. 114。但也有学者认为,曼努埃尔不只是自诩为皇帝,而是真实拥有basileus的头衔。这些诗句更适用于曼努埃尔,是因为他确实拥有两个头衔。见George Akropolites, *The History*, pp. 96 - 97。

⑥ K. Βαρζός, *Η Γενεαλογία των Κομνηνών*, τόμος Β', p. 641.

⑦ D. Nicol, *The Despotate of Epiros*, p. 114.

根据史料记载:"他允许罗马人统治一些要塞,但要臣服于他,允许他驻兵和收税……人们对他既害怕,又尊崇。他没有用宝剑强加于自己的臣民,也不像以前的保加利亚统治者那样屠杀罗马人。因此,他得到了保加利亚人、罗马人和其他族群民众的爱戴。"①因此,他可以接受曼努埃尔治下所谓塞萨洛尼基帝国的存在。

但是在宗教事务中,伊凡·亚森试图将塞萨洛尼基都主教变成特尔诺沃都主教区的附属教区,并且能够根据自己的意愿去任命塞萨洛尼基的高级教士。具体而言,亚森主导了特尔诺沃都主教的人选,菲利普波利斯(Philippopolis)的前任主教格里高利当选,后者只在名义上效忠于尼西亚牧首,实际上保持独立。而塞萨洛尼基被降为保加利亚教会的附属主教区。塞萨洛尼基的都主教约瑟夫(Joseph)被免职,米哈伊尔·普拉塔诺斯(Michael Pratanos)遵从伊凡·亚森的命令取而代之。为了进一步弱化其影响力,塞萨洛尼基教会还被剥夺了对阿索斯圣山边界耶里索斯(Ierissós)主教区的管辖权。至此,塞萨洛尼基教会被置于保加利亚的完全监控之下。②

为了保护塞萨洛尼基教会免受保加利亚染指,曼努埃尔努力寻求解决方法。他首先想到向西部教会求助。1231年,曼努埃尔安排科孚都主教乔治·巴登斯(George Bardanes)出使意大利,拜访德意志皇帝弗雷德里克二世(Frederick Ⅱ)和教宗格里高利九世(Gregory Ⅸ),希望借此能够得到西部皇帝的军事援助。作为回报,他承诺在宗教上服从于教宗。③

巴登斯的西部之旅并不顺利。最初,他的船只在驶离科孚后,由于大风而偏离了前往布林迪西的航线,被迫改从奥特朗托(Otranto)登陆。紧接着,当巴登斯踏上意大利半岛后,便染病卧床。他无法继续自己的行程,只好在病床上写信给弗雷德里克二世,解释自己此行的目的,文中充满了对西部皇帝的吹捧。他还表示,如果寒冬与健康状况迫使他无法在当年见到弗雷德里克二世,他希望能够在

① George Akropolites, *The History*, p. 179.
② D. Nicol, *The Despotate of Epiros*, p. 118.
③ E. Kurtz, "Georgios Bardanes, Metropolit von Kerkyra," *Byzantinische Zeitschrift* vol. 15(1906), pp. 603-604.

1232年春天前往拜访。[1] 巴登斯此后长期卧床不起,历经两个月左右的时间才恢复健康。

巴登斯优先选择写信给弗雷德里克二世,很可能是听从了曼努埃尔·杜卡斯的建议。巴登斯此行的目的有二:一方面是寻求援助,抗击保加利亚的压迫;另一方面是希望能够维系并巩固与弗雷德里克二世的良好关系。塞奥多利·杜卡斯统治时期,双方建立了友好的联系,但塞奥多利的战败有可能导致弗雷德里克二世立场的转变,毕竟科孚岛是西西里统治者长期觊觎的目标,而凯法利尼亚和伊萨卡(Ithaka)岛已经沦陷。曼努埃尔即位后不久,便下令科孚岛加强所有要塞的防御,军队则随时待命,以应对突发情况。与此同时,科孚岛地处偏远,曼努埃尔不便援助。因此,如果能通过外交结盟免除弗雷德里克二世带来的威胁,将更有利于曼努埃尔的利益。[2]

由于巴登斯长期无法推进与弗雷德里克二世、罗马教宗的外交谈判,曼努埃尔便亲自写信给教宗格里高利九世,提议将塞萨洛尼基帝国置于教宗保护之下,以换取教宗及拉丁教会的援助。教宗在1232年4月写信回复,称赞了曼努埃尔的宗教热情和英明选择,承诺会给君士坦丁堡的拉丁牧首、拉丁皇帝写信,要求他们向曼努埃尔提供必要的帮助。但教宗并未给拉丁帝国去信,曼努埃尔·杜卡斯向西方求助的计划以失败告终。[3]

为了保护塞萨洛尼基教会不受保加利亚教会控制,曼努埃尔只能变更计划。既然西部教会无法提供帮助,那么,曼努埃尔只能将目光转向东方的尼西亚帝国。但这意味着他要在塞萨洛尼基的宗教独立方面,向尼西亚牧首区作出妥协。1232年初,曼努埃尔写信给牧首日耳曼努斯二世(Germanos Ⅱ, 1222—1240年在任),请求牧首和尼西亚皇帝提供帮助,“消除希腊人与希腊人之间分裂的耻辱”。曼努埃尔为此做出妥协,承诺希腊教会承认日耳曼努斯二世的权威。牧首日耳曼努斯二世立刻派遣安卡拉主教克里斯托弗(Christopher)作为牧首代表前往曼努埃

---

① E. Kurtz, “Georgios Bardanes, Metropolit von Kerkyra,” p. 604.

② D. Nicol, *The Despotate of Epiros*, p. 115 - 116.

③ K. Βαρζός, *Η Γενεαλογία των Κομνηνών*, τόμος B', p. 644.

尔的宫廷。[1] 希腊地区的各地主教被召集到一起,举行了宗教会议,宣读牧首的书信。巴登斯代表所有同事,放弃了关于宗教独立的言论:"我们全都承认您的统治权,对我们过往的罪责忏悔,并确认我们是一体的。"[2]

这样,牧首在希腊的统治权重新得到确认。这可以通过日耳曼努斯二世颁布的一则敕令看出。这则敕令涉及曼努埃尔领地内一些"帝国"修道院的身份界定问题。在拉丁帝国建立后,伊庇鲁斯的修道院出现了身份上的混乱,它们自称是"帝国"修道院,但在实际中,有些被剥夺了皇室资助,有些则成为伊庇鲁斯君主国和塞萨洛尼基帝国的新贵族的封地,绝大多数并没有得到牧首授予的合法身份。此时,牧首得以对这些希腊修道院施行管制权。克里斯托弗还逐一调查了这些修道院的特权。西部的希腊高级教士被召集到阿尔塔,核验每一个修道院的头衔情况,并参照1204年之前的身份,确立哪些应该被授予帝国修道院或牧首修道院的身份,确定哪些仅归属于当地主教。[3]

曼努埃尔热情欢迎牧首的代表克里斯托弗,并致信牧首日耳曼努斯二世,希望他能亲自访问西部教会。至此,东正教内部结束了分裂状态,再次实现统一。希腊教会的独立曾经是塞奥多利·杜卡斯帝国计划的一部分,曼努埃尔的放弃等同于公开承认尼西亚的统治者就是拜占庭帝国的正统皇帝。[4] 曼努埃尔希望能够通过教会妥协获得尼西亚帝国的援助,但他发现这个愿望难以实现,塞萨洛尼基帝国逐渐沦为保加利亚帝国和尼西亚帝国的附庸。

这种状况随着保加利亚与尼西亚建立起姻亲关系和军事同盟而再度恶化。亚森二世的女儿海伦和约翰·瓦塔基斯的儿子塞奥多利·拉斯卡利斯联姻,双方签署了结盟协议。婚礼在1235年初举行,牧首日耳曼努斯二世主持了仪式,特尔诺沃大主教协助举行仪式。在结盟的情况下,双方相互妥协。1235年,"特尔诺沃主教,本应从属于君士坦丁堡牧首,现在得到荣耀,获得独立,经由帝国和宗教

① K. Βαρζός, *Η Γενεαλογία των Κομνηνών*, τόμος B', p. 645.

② E. Kurtz, "Christophoros von Ankyra als Exarch des Patriarchen Germanos Ⅱ.," *Byzantinische Zeitschrift* vol. 16 (1907), pp. 139–140.

③ E. Kurtz, "Christophoros von Ankyra als Exarch des Patriarchen Germanos Ⅱ.," pp. 137–139.

④ D. Nicol, *The Despotate of Epiros*, pp. 120–122.

会议敕令宣布,他成为牧首",特尔诺沃升格为牧首区。[①] 与之相应,伊凡·亚森宣布米哈伊尔·普拉塔诺斯作为塞萨洛尼基主教的任命是无效的,同意任命曼努埃尔·迪西巴托斯(Manuel Disypatos)。由此,保加利亚教会在尼西亚牧首的同意下,获得了独自任命主教的权利,而塞萨洛尼基都主教则直接听命于尼西亚牧首。[②] 换言之,曼努埃尔·杜卡斯成为两大帝国的附属国,塞萨洛尼基教会也服从于尼西亚牧首。

在此背景下,曼努埃尔选择多方结交,试图与各方建立友好关系。一方面,他继续维系与塞尔维亚的友情,支持塞尔维亚国王拉多斯拉夫(Radoslav)。后者的妻子是塞奥多利·杜卡斯的女儿、也就是曼努埃尔的侄女安娜(Anna)。拉多斯拉夫与塞萨洛尼基帝国在所有事务上紧密合作。因此当1233年拉多斯拉夫遭到叛变、废黜和流放时,曼努埃尔为其提供了庇护。对于热情招待拉多斯拉夫的拉古萨地区(Ragusa),曼努埃尔深表感谢,奖赏了当地民众,给予该城商人全权保护,并在自己领地内赋税全免的特权。另一方面,在1236年,他又向阿哈伊亚大公维拉杜安的杰弗里二世效忠,希望得到后者的庇护。[③]

曼努埃尔的统治在1237年结束。根据史料记载,这一年,已经成为鳏夫的伊凡·亚森二世决定迎娶前任伊庇鲁斯君主、塞萨洛尼基皇帝塞奥多利的女儿,于是将塞奥多利及其子嗣从狱中释放。在亚森二世的默许下,塞奥多利试图重新夺回对塞萨洛尼基的统治权。他从亚森二世那里借走一些士兵,乔装打扮进入了塞萨洛尼基。然后寻找到一些旧相识,特别是那些他在位时给予恩惠的人。他与这些人合谋反对自己的弟弟,很快便控制了塞萨洛尼基及其周边的城市和地域。曼努埃尔遭到废黜,然后被送上三列桨大船,流放到阿塔雷亚。在那里他受到当地

① Νικηφόρος Γρηγοράς, *Ρωμαική Ιστορία, Α' περίοδος : 1204—1341 (Κεφάλαια 1—11)*, Απόδοση στην νέα ελληνική, εισαγωγή και σχόλια από Δ. Μόσχος, Αθήνα: Εκδοτικός Οργανισμός Λιβάνη, 1997, pp. 56-57. Nicephori Gregorae, *Historiae Byzantinae*, ed. L. Schopen and I. Bekker, 3 vols., [Corpus Scriptorum Historiae Byzantinae] Bonn: Weber, 1829, 1830, 1855, TLG, No. 4145001. George Akropolites, *The History*, pp. 191-192 and 194-195.

② D. Nicol, *The Despotate of Epiros*, p. 124.

③ K. Βαρζός, *Η Γενεαλογία των Κομνηνών*, τόμος B', pp. 652-653 and 655.

民众的热情欢迎。曼努埃尔决定借助尼西亚帝国夺回权力，于是他向阿塔雷亚民众表示自己想去面见皇帝约翰三世・瓦塔基斯，人们为他提供了便利。他在抵达尼西亚宫廷后，受到约翰・瓦塔基斯的热情欢迎。之后，曼努埃尔向约翰・瓦塔基斯宣誓效忠，作为回报，他得到了金钱资助和六艘三列桨战船。1239 年，曼努埃尔依靠这些物资和军队，顺利抵达希腊，而后迅速集结了一支军队，从塞奥多利・杜卡斯的儿子约翰・科穆宁・杜卡斯的手中夺回一些要塞，包括法尔萨拉(Pharsala)、拉里萨、普拉塔蒙(Platamón)以及周边区域。在此基础上，他与塞奥多利・杜卡斯及其子缔结协议，原有的家族领地被再次分而治之。此后，曼努埃尔与伯罗奔尼撒半岛和伊庇鲁斯的拉丁人也都达成和约。[①] 但曼努埃尔在希腊大陆中部的统治并未维系很长时间。1241 年，曼努埃尔去世，其领地传给另一位侄子、伊庇鲁斯的米哈伊尔二世・科穆宁・杜卡斯。[②]

曼努埃尔・科穆宁・杜卡斯作为塞萨洛尼基帝国的第二任皇帝，兼具“专制君主”和“皇帝”双重身份。但其统治时期，国势衰落，能否生存完全依赖于其他政治势力角逐剩下的空间大小。在这种背景下，曼努埃尔只能竭尽所能，维系塞萨洛尼基帝国的权威，还被迫将其教会置于尼西亚牧首的统治之下。但正是在这种谨慎、中立、多方交好的方法，使得塞萨洛尼基帝国得以存活下来，保加利亚帝国和尼西亚帝国都允许它的独立存在。[③] 也许这可以被视为其治理国家能力的一种体现。因此，现代学者认为，曼努埃尔虽然不像他的哥哥塞奥多利一样通过征战扩张领地，但也并非平庸的统治者。[④] 显而易见，曼努埃尔的经历反映出拜占庭帝国原有的中央集权制彻底瓦解，所有拜占庭帝国的遗老遗少都沦落为家族政治体制下的封建领主，他们与西欧的同辈似乎并无本质上的区别，而他们孜孜以求的“皇帝”“专制君主”称号徒有其名而无实质。

---

① George Akropolites, *The History*, p. 207.

② George Akropolites, *The History*, pp. 210 – 211.

③ D. Nicol, *The Despotate of Epiros*, p. 125.

④ Κ. Βαρζός, *Η Γενεαλογία των Κομνηνών*, τόμος Β', p. 656.

第四节

约翰·科穆宁·杜卡斯(John Komnenos Doukas)

1237—1244年在位

约翰·科穆宁·杜卡斯(John Komnenos Doukas,Ιωάννης Κομνηνός Δουκας,出生日期不详,卒于1244年)是伊庇鲁斯第四任专制君主,也是塞萨洛尼基帝国的第三任皇帝(1237—1244年在位),1242年卸任塞萨洛尼基帝国皇帝后,直到1244年任塞萨洛尼基专制君主,在位仅七年。

他的父亲是伊庇鲁斯第二任专制君主、塞萨洛尼基帝国的第一任皇帝塞奥多利·科穆宁·杜卡斯,母亲是玛丽亚·佩特拉利菲娜。由于有关约翰的史料极为匮乏,其早年生活无人知晓,原因有二:一方面,约翰在即位时,塞萨洛尼基帝国已经极度衰落,在地中海世界的政治军事角逐中影响微弱,相关史料对塞萨洛尼基帝国这一时期的历史着墨较少。另一方面,约翰宗教热情浓厚,立志于投身修道事业,对世俗统治并无太大兴趣,因此在治国理政方面并没有什么作为。①

由于史料信息的缺乏,后人无法确认约翰的出生年份,只知道他是塞奥多利·杜卡斯的长子。他的姐姐安娜·科穆宁·杜卡斯嫁给了塞尔维亚国王拉多斯拉夫(Radoslav),其妹伊琳妮嫁给了保加利亚皇帝伊凡·亚森二世,其弟迪米特里·安苴鲁斯·杜卡斯则是他的继任者。② 在1230年之前,约翰在原拜占庭帝国西部扮演着不重要的角色。

1230年,约翰的父亲塞奥多利·杜卡斯和保加利亚帝国在克洛克特尼查(Klokotnitsa)发生会战,结果战败被俘,约翰和弟弟迪米特里也遭到囚禁。③ 直到1237年,约翰·杜卡斯的命运才有所转机。是年,已经成为鳏夫的保加利亚皇帝伊凡·亚森二世决定迎娶约翰的妹妹伊琳妮,“因为这个原因”,约翰和父亲、弟

① D. Nicol, *The Despotate of Epiros*, p. 137.

② George Akropolites, *The History*, p. 206. K. Βαρζός, Η Γενεαλογία των Κομνηνών, τόμος Β', pp. 652-655.

③ George Akropolites, *The History*, pp. 178 and 182.

弟一起从狱中被释放。约翰的父亲塞奥多利不甘心将自己打下的塞萨洛尼基帝国基业置于自己弟弟曼努埃尔·杜卡斯的统治之下,于是征得亚森二世的同意,乔装打扮进入塞萨洛尼基,与一些旧臣合谋推翻了曼努埃尔·杜卡斯的统治。不久,塞奥多利、约翰便控制了塞萨洛尼基及其周边城市和地区,曼努埃尔遭到废黜和流放。塞奥多利曾在监狱中被刺瞎双眼,因此不愿重登皇位,于是安排其子约翰成为新的皇帝。根据塞奥多利的指示,约翰穿着红色的靴子,使用红色墨水签署敕令,按照皇帝的礼仪行事。①

约翰本人无心世俗生活,渴望进入修道院,他的父亲塞奥多利只能通过劝说鼓励他,声称约翰戴上的皇冠是上帝赐予"罗马人的礼物",是对他的宗教热情的反馈。约翰接纳了皇位,但在多数情况下,治国理政仍然由其父亲塞奥多利施行。通过这种方式,塞萨洛尼基帝国这一衰微的政治军事实体得以残存。②

约翰在位时期遭遇的第一个挑战来自被废黜的塞萨洛尼基皇帝曼努埃尔·杜卡斯。后者不甘心将权势拱手相让,于是从流放地出发前往尼西亚帝国,拜会约翰三世·瓦塔基斯(John Ⅲ, 1221—1254 年在位)。他得到了后者热情招待,获得了大量金钱和六艘三列桨战船。曼努埃尔在 1239 年抵达希腊大陆后迅速集结了一支军队,占领了塞萨利地区。约翰无力驱逐曼努埃尔,于是经过谈判达成协议,将这些家族领地分而治之。1241 年,曼努埃尔去世,领地赠予另一个侄子米哈伊尔。在塞奥多利·杜卡斯的调解下,科穆宁—杜卡斯家族内部再次达成协议:规定约翰掌控塞萨洛尼基及其周边郊区,享有"皇帝"称号,而约翰的叔叔君士坦丁、塞奥多利的侄子米哈伊尔则持"专制君主"头衔。③

约翰遭遇的第二个挑战来自尼西亚帝国。1204 年之后,他与尼西亚围绕拜占庭皇位的合法继承人是谁、未来君士坦丁堡的光复由谁来领导等问题,发生了一系列冲突和对抗。至 1241 年保加利亚皇帝伊凡·亚森二世去世,其七岁的儿子科洛曼·亚森(Koloman Asen, 1241—1246 年在位)继位,保加利亚帝国对尼西亚帝国的威胁被解除。而塞萨洛尼基帝国则长期处于保加利亚帝国的控制之下,

---

① George Akropolites, *The History*, pp. 206 – 207.

② George Akropolites, *The History*, p. 208, note 7. D. Nicol, *The Despotate of Epiros*, p. 137.

③ George Akropolites, *The History*, pp. 210 – 211.

国势衰落。对于尼西亚皇帝约翰三世而言,此时是收复塞萨洛尼基甚至吞并伊庇鲁斯的绝佳时机。但约翰三世深知塞萨洛尼基帝国的真正掌控者是塞奥多利·杜卡斯,因此,他决定先将其清除。1241年,约翰三世向塞奥多利发出盛情邀请,希望后者可以出访尼西亚宫廷。塞奥多利没有任何怀疑便出发了。约翰三世对塞奥多利盛情款待,称呼他为叔叔,和他坐在一张餐桌上用餐,大献殷勤。但自此约翰三世便不允许塞奥多利离去,实际上是将其软禁了起来。与此同时,约翰三世利用金钱和礼赠,使骁勇的库曼人为其战斗。1242年初,约翰三世挟人质塞奥多利,发兵攻打塞萨洛尼基。大军穿过色雷斯和东马其顿地区,几乎没有遭到抵抗,最终抵达斯特雷蒙(Strymon)河。河对岸的雷迪纳(Rendina)城堡此前被约翰·杜卡斯的兵马控制,但面对约翰三世的大军,守军放弃了防御,临阵脱逃。前往塞萨洛尼基的道路已经完全打通,约翰三世很快抵达这座城市郊外。他的军队尚未强大到可以破墙而入,于是他安营扎寨,放任士兵在周围洗劫。①

面对约翰三世的进攻,约翰·杜卡斯调动城中军队进行积极防御,他们有时甚至冲出城门,与敌军作战。随着战事推进,塞萨洛尼基处境日益困难。这时出现了一个突发情况,暂时解救了约翰·杜卡斯。尼西亚皇帝约翰三世得到情报,蒙古大军正在进攻突厥苏丹国,并取得了重大胜利。尼西亚有可能成为下一个目标,约翰三世被迫返回备战。但在返程之前,约翰三世封锁了消息,假意与约翰·杜卡斯进行谈判,派塞奥多利作为主要谈判人员前往洽谈。约翰·杜卡斯并不清楚约翰三世的燃眉之急和暗中离去,因此在大军的压力之下,接受了约翰三世的条件,同意放弃"皇帝"身份,脱去红靴等皇帝身份象征,接纳"专制君主"的头衔,并向约翰三世宣誓效忠。② 约翰·杜卡斯本就对世俗事务没有太大兴趣,因此对这些安排并不抵触。约翰三世虽然没有获得塞萨洛尼基帝国的领地,却在名义上迫使其称臣,且剥夺了后者的皇帝头衔。这意味着在拜占庭帝国皇位的正统继承权问题上,希腊人内部的争议已经不复存在。换言之,双方都认可在君士坦丁堡光复之后,只有尼西亚帝国的皇帝才有权继承皇位,这是约翰三世此行取得的重

① George Akropolites, *The History*, p. 215. D. Nicol, *The Despotate of Epiros*, p. 138.

② George Akropolites, *The History*, p. 216.

大胜利。[①]

在此后的两年时间里，约翰·杜卡斯以“专制君主”的身份继续统治塞萨洛尼基。1244年，约翰逝世，他的弟弟迪米特里继而成为塞萨洛尼基城的统治者。[②]

约翰·杜卡斯在统治期间，塞萨洛尼基帝国统治者丧失了“皇帝”的身份，失去了与尼西亚帝国争夺拜占庭皇位继承权的资格。由于约翰·杜卡斯始终没有卷入世俗争斗的欲望，缺乏强烈的治国意愿，因此其绝大多数政策都来自他的父亲塞奥多利。另一方面，当时伊庇鲁斯君主国和塞萨洛尼基帝国积重难返，内部分裂和势力衰落已是大势所趋，因此，塞萨洛尼基帝国统治者失去“皇帝”的身份，也并非是约翰·杜卡斯的个人过失。

第五节

迪米特里·安苴鲁斯·杜卡斯（Demetrios Angelos Doukas）

1244—1246年在位

迪米特里·安苴鲁斯·杜卡斯（Demetrios Angelos Doukas, Δημ ήτριος 'Αγγελοδούκας，约生于1220年，卒于1246年后，享年26岁左右）是伊庇鲁斯专制君主国第五位君主，自1244年在位至1246年去世，在位仅两年。

伊庇鲁斯专制君主国（the Despotate of Epirus，Δεσποτάτο της Ηπείρου）的历史虽然复杂，但是学界总体争议不大，只是在其灭亡年代上看法不一。[③] 该王朝由拜占庭帝国安苴鲁斯家族（曾建立安苴鲁斯王朝）的一个分支建立，是在第四次十字军攻破君士坦丁堡之后出现的小国，偏安于巴尔干半岛西部山区。1205年，米哈伊尔·科穆宁·杜卡斯建立了伊庇鲁斯政权，他是拜占庭皇帝伊萨克二

---

① D. Nicol, *The Despotate of Epiros*, p. 138.

② George Akropolites, *The History*, p. 222.

③ 学界关于伊庇鲁斯专制君主国灭亡的时间有不同看法，值得注意。

世·安苴鲁斯和阿莱克修斯三世·安苴鲁斯的表亲。该政权以拜占庭帝国的合法继承者自居,同位于小亚中西部地区的尼西亚帝国和黑海东南部的特拉比宗帝国等势力争夺拜占庭帝国皇位的正统地位。伊庇鲁斯专制君主国的统治者们曾于1225—1242年间一度自称为皇帝,并在此时期建立起塞萨洛尼基王国。事实上,“伊庇鲁斯专制君主国”这一称呼是现代历史学家为了便于研究而赋予的,在当时并无此国号,这一名称仅是根据字面意思而来。该政权控制的区域以伊庇鲁斯地区为核心,包括今天的阿尔巴尼亚和希腊马其顿大区的西部以及中部的塞萨利以及南至纳夫帕克托斯的希腊西部地区。伊庇鲁斯政权在1337年被后来复国的帕列奥列格王朝征服之前,一直保持着高度自治的权力。1411年,凯法利尼亚和扎金索斯的巴拉丁伯爵(the Count palatine of Cephalonia and Zakynthos)卡洛一世(Carlo Ⅰ Tocco)得以重新整合伊庇鲁斯地区,但是他的继任者们面对步步紧逼的奥斯曼土耳其军队节节败退,最终,土耳其人于1479年攻陷该地区最后的堡垒沃尼察(Vonitsa)。伊庇鲁斯专制君主国一直维持拜占庭帝国先前的管理体制,在所辖的地区实行严格的军事管制。同小亚细亚的尼西亚帝国一样,位于巴尔干半岛的伊庇鲁斯专制君主国成为保存拜占庭文化的中心和政治复兴的据点。伊庇鲁斯和尼西亚两个政权努力实现的目标都是夺取首府君士坦丁堡,重建拜占庭帝国,因此双方的冲突不可避免。

值得一提的是,除了上述两个拜占庭流亡政权外,同一期间,在黑海南岸,安纳托利亚半岛东北地区,塞尔柱突厥人曾扶植科穆宁家族后裔,建立了特拉比宗帝国,作为伊科尼乌姆苏丹的附庸。相比于伊庇鲁斯政权和尼西亚政权,这个无足轻重的帝国尽管存在了250多年,但一直独立存在的政权实体,对拜占庭帝国历史发展没有太大的影响,也没有立志恢复君士坦丁堡,重整拜占庭旧河山。

1244年,伊庇鲁斯专制君主国统治者约翰·科穆宁·杜卡斯去世后,迪米特里继任专制君主之位,在位仅两年,于1246年退位。约翰·科穆宁·杜卡斯是塞奥多利·科穆宁·杜卡斯和玛丽亚·佩特拉利菲娜的长子。1230年的克洛克特尼查战役战败后,约翰与父亲和弟弟迪米特里一同被保加利亚军队俘虏。1237年,约翰的妹妹伊琳妮嫁给保加利亚沙皇亚森二世,父子三人才得以返回塞萨洛尼基,他们不久便推翻了塞奥多利的兄弟曼努埃尔的统治。由于塞奥多利此时双眼已盲,因此推举长子约翰为塞萨洛尼基君主。1241 年亚森二世去世后,约翰宣布解除塞萨洛尼基对保加利亚第二王国的附庸地位,并重新恢复了塞萨洛尼基的帝国称号,此举引发了尼西亚帝国皇帝瓦塔基斯的强烈不满。1242 年,尼西亚军队兵临城下,约翰也不得不接受了尼西亚的要求,去掉皇帝称号,接受赐予的"专制君主"的头衔,并承认尼西亚帝国的宗主权。约翰缺乏治国理政的才智,他的理想是当一名神职人员。他于 1244 年去世。

迪米特里是塞奥多利和玛丽亚的幼子。其父塞奥多利作为伊庇鲁斯政权的第二位统治者,和第一任统治者米哈伊尔一世的同父异母兄弟,曾是趁米哈伊尔一世的私生子年幼之机篡夺君主位。在其统治的 1215 年到 1224 年时期,伊庇鲁斯君主国的统辖范围主要是伊庇鲁斯和塞萨利,1224 年后到 1230 年间,他的势力范围又扩大到塞萨洛尼基和马其顿、西色雷斯大部分地区。双眼失明的塞奥多利于 1237 年被保加利亚沙皇释放后,先后辅佐长子约翰和幼子迪米特里担任塞萨洛尼基国主,他本人则退居幕后指挥。正是由于塞奥多利这位精力充沛、足智多谋、野心勃勃的政治家不懈努力,奠定了伊庇鲁斯政权最强盛的基础。①

迪米特里也是拜占庭帝国皇帝阿莱克修斯一世和皇后杜卡斯家的伊琳妮的曾孙辈,具有称帝称王的合法资格,但远不如其父善于钻营。② 作为皇家亲戚的迪米特里与 1204 年君士坦丁堡陷落前的两位废帝伊萨克二世和阿莱克修斯三世同样沾亲。③ 他们都是安苴鲁斯家族先祖君士坦丁・安苴鲁斯的后裔。④ 后来的历史证明,迪米特里的品性偏向安苴鲁斯家族更多一些。纵览 12—13 世纪拜占庭王朝史,安苴鲁斯家族的统治堪称灾难,其在位帝王热衷并擅长内斗,为了争夺皇位甚至雇佣西方十字军骑士,并最终导致君士坦丁堡在 1204 年的陷落,安苴鲁

① 他继承了祖先阿莱克修斯一世的耐力和毅力,但缺乏先人的智慧与外交能力。

② 阿莱克修斯一世,1081—1118 年在位,拜占庭 11—12 世纪的皇帝;伊琳妮・杜卡娜(Irene Doukaina)皇后,约 1067—1133 年,拜占庭皇帝约翰二世和女史家安娜・科穆宁娜之母。

③ 伊萨克二世,1185—1195 年在位,1203—1204 年曾在第四次十字军帮助下短暂复位;阿莱克修斯三世,1195—1203 年在位。二人兄弟阋墙,终致 1204 年君士坦丁堡陷落。

④ 君士坦丁・安苴鲁斯,1090—1166 出生于安纳托利亚半岛的菲拉德尔斐亚(Philadelphia),曾出任拜占庭帝国海军的指挥官。

斯家族因此在这场国难中声名狼藉。1205 年,安苴鲁斯家族的部分成员又在伊庇鲁斯地区建立了政权,为了不给新生政权的声望抹黑,迪米特里的父亲和其他家族成员有意回避使用“安苴鲁斯”这一姓氏,而更倾向于使用亲属中名望较高、声誉较好的姓氏如“杜卡斯”和“科穆宁”。迪米特里本人则不然,他在 1244 年 9 月 25 日的一份手稿中就使用了“安苴鲁杜卡斯”(’Αγγελοδούκας)这一联合姓氏。①

迪米特里上台时,伊庇鲁斯专制君主国的实力已经大不如前。迪米特里的父亲塞奥多利于 1215 年上位后,以收复罗马拜占庭帝国正统地位的象征君士坦丁堡、复兴拜占庭帝国为努力的目标。伊庇鲁斯专制君主国长期同尼西亚帝国、保加利亚第二王国争夺罗马拜占庭正统继承地位和反拉丁王朝统治斗争的领导权。关于塞奥多利的功绩以及他争夺拜占庭皇位的记忆长久地铭刻在希腊北部割据势力和其后辈人心中。② 子以父贵,迪米特里作为塞奥多利的儿子,俨然也成为未来的皇位继承人。但他没有想到,他在 20 年后会从皇储和帝国继承人沦为尼西亚帝国的阶下囚。

1224 年后,伊庇鲁斯—塞萨洛尼基帝国在塞奥多利的指挥下继续向色雷斯地区扩大势力范围,最东端直至狄迪蒙特乔和阿德里安堡。狄迪蒙特乔位于今希腊共和国东马其顿和色雷斯大区,是希腊大陆最东端的城市,距离今土耳其边境仅 12 千米。Didymoteicho 的现代希腊语形式为“Διδυμότειχον”,“δίδυμος”意为“twin”,“τεῖχος”意为“wall”,这座城市的名字意为“双重城墙”。这个名字源于查士丁尼大帝时代(591/592 年)对这座城市城墙的改造。阿德里安堡(Adrianople,或译“哈德良堡”)在古希腊时期就已有古城存在。罗马帝国时期,哈德良皇帝(Publius Aelius Traianus Hadrianus,117—138 年在位,五贤帝之一)鉴于此地战略位置之重要而悉心经营,逐渐发展为罗马帝国的军事重镇,该城遂以“哈德良”的名字命名。拜占庭帝国时期,该城是首都君士坦丁堡的西部门户和重要

① D. I. Polemis, *The Doukai : A Contribution to Byzantine Prosopography*, p. 93.

② D. M. Nicol, *The Last Centuries of Byzantium, 1261—1453*, pp. 20 - 21.

屏障。①

伊庇鲁斯人如果没有于1230年在克洛克特尼查战役(the Battle of Klokotnitsa)中惨败于保加利亚王国,②其王朝很有可能真正成为收复君士坦丁堡、复兴拜占庭帝国的旗手。克洛克特尼查战役的起因是,拉丁帝国皇帝罗伯特于1228年去世,其年幼的弟弟鲍德温二世继位。由于缺乏帝国皇帝坐镇和外部压力急迫,拉丁帝国意欲邀请保加利亚沙皇摄政,这样可以使拉丁帝国免遭尼西亚帝国和伊庇鲁斯政权的攻击。鲍德温二世与沙皇之女海伦联姻,保加利亚沙皇成为拉丁帝国的保护人,沙皇也意欲占领君士坦丁堡,建立保加利亚—拜占庭帝国。君士坦丁堡是罗马拜占庭正统权力的象征,得君士坦丁堡者得天下。保加利亚此举也与伊庇鲁斯政权发生严重的矛盾冲突。1230年,双方在马利卡河流域的克罗考特尼卡展开激战。伊庇鲁斯一方惨遭失败,皇帝塞奥多利本人被俘,并被处以瞽目之刑。经此一役,伊庇鲁斯君主国的势力范围大大缩小,到塞奥多利的弟弟曼努埃尔继位时,仅剩下塞萨洛尼基城和塞萨利、伊庇鲁斯地区,丧失了先前夺取的色雷斯部分地区和马其顿等地区。1230年的惨败还导致伊庇鲁斯政权不仅沦为保加利亚第二王国的属国,而且退出了竞争拜占庭正统皇权的斗争。此役之后,保加利亚先后占领色雷斯东部、希腊北部和爱琴海沿海地区以及整个马其顿和阿尔巴尼亚。保加利亚国家的版图由此和保加利亚第一王国最兴旺时的版图相仿,东起黑海,西至亚得里亚海,一跃成为巴尔干半岛最强大的国家。1230年的惨败致使迪米特里与父兄被俘,之前占领的色雷斯和马其顿地区也丧于敌手,只有伊庇鲁斯地区、塞萨利地区和塞萨洛尼基一城得以幸免。父子三人精心打造的良好局面由此丧失,伊庇鲁斯-塞萨洛尼基帝国迅即发生分裂,并在未来的数十年中相继沦为其他地区强国如尼西亚帝国、保加利亚王国的附庸。1237年,迪米特里的姐

---

① 1369年,哈德良堡被奥斯曼帝国苏丹穆拉德一世征服,改名为埃迪尔内,这一名称沿用至今,并曾一度成为奥斯曼帝国的首都。

② J. van Antwerp Fine, *The Late Medieval Balkans: A Critical Survey from the Late Twelfth Century to the Ottoman Conquest*, pp. 124–126.

姐伊琳妮嫁给保加利亚沙皇亚森二世,[①]双方联姻改变了迪米特里等的俘虏身份。同年,他和父兄被释放,返回塞萨洛尼基城。

尽管迪米特里在敌国经历了七年的苦难,但所幸最终平安回到自己的领地。此时,由他父亲一手建立的塞萨洛尼基“帝国”已经日薄西山,气息奄奄。1242年,尼西亚帝国发动对塞萨洛尼基的进攻。尽管这次攻势由于蒙古人的西征而被迫中断,但是尼西亚方面依旧取得了重要的成果。同年,双方达成有利于尼西亚一方的协约:迪米特里父子承诺放弃与尼西亚帝国对抗;塞萨洛尼基“皇帝”交出印玺,并接受尼西亚皇帝瓦塔基斯授予的“专制君主”称号。在迪米特里上台前夕,塞萨洛尼基方面已经承认了尼西亚帝国的宗主权,因此沦为尼西亚帝国的附属国。约翰·杜卡斯·瓦塔基斯(John Ⅲ Doukas Vatatzes of Nicaea, Ιωάννης Γ'Δουκας Βατάτζης, 1222—1254年在位)继承了岳父塞奥多利一世·拉斯卡利斯的皇位,[②]他文武双全,深知“专制君主”称呼的分量。这个头衔(Despot, Despotes, δεσπότης)相当于领主、大人、殿下的意思,是拜占庭帝国宫廷最高级头衔,起初仅授予拜占庭皇帝的继承人,后也赐予皇帝的子嗣,尤其是幼子,长子则一般被称为“凯撒”即共治皇帝,皇帝的女婿也可享受,用于显示被授予之人的异常尊贵的地位,甚至还曾被用于神圣的称呼。这个非常尊贵的头衔用于称呼最为尊贵的皇家成员(女性除外)。1163年,曼努埃尔一世开始把这一尊贵头衔纳入到宫廷荣誉头衔体系,并将其赏赐给匈牙利国王贝拉三世(Béla Ⅲ of Hungary)及其继承人。1204年君士坦丁堡陷落后,巴尔干地区的伊庇鲁斯政权、莫利亚公国(即原来的拉丁人阿哈伊亚公国)、塞尔维亚政权皆被冠以“专制君主国”(Despotate)之名。这些政权相当于西欧的公爵领(公国)或侯国,拥有较高独立性,这些政权

---

① 伊琳妮(Irene Komnene Doukaina, Ειρήνη Κομνηνή Δούκαινα)是保加利亚沙皇伊凡·亚森二世的第三任妻子,也是沙皇米哈伊尔·亚森一世(Michael Asen Ⅰ)的母亲。伊琳妮是塞奥多利与玛丽亚的第二个女儿,排行第三,是迪米特里的姐姐。1230年克洛考特尼察战役中,伊琳妮同父亲兄弟被俘,囚禁于保加利亚第二王国的首都特尔诺沃。伊琳妮美丽动人,得到沙皇爱慕,伊琳妮成了沙皇的情妇。1237年,二人结婚。亚森二世死后,伊琳妮的儿子米哈伊尔上台。米哈伊尔死后的1256年,伊琳妮被驱逐出保加利亚,返回了塞萨洛尼基。

② 这位尼西亚皇帝有“希腊人之父”的美誉。他是一位雄才大略的君主,为尼西亚帝国最终收复君士坦丁堡奠定基础。

的统治者亦被称为“专制君主”。①

1244年9月，迪米特里的哥哥约翰去世，按照拜占庭王朝兄终弟及的继承原则，他顺利登上君主大位。上台伊始，他就品尝到弱国无外交的滋味。为了向宗主国尼西亚帝国表示忠诚，迪米特里委派使节觐见尼西亚皇帝瓦塔基斯，请求他对新上台专制君主实行册封。与此同时，为了让宗主国放心，使节还再三强调，迪米特里会严格遵守双方于1242年达成的协议。作为回报，瓦塔基斯承认了迪米特里继承约翰的君主位，并封他为“专制君主”。② 虽有“君主”名号，但是迪米特里实际控制的疆域大体上仅限于塞萨洛尼基城。

尽管塞萨洛尼基政权从帝国沦为城市政权，但是安苴鲁斯家族内斗的基因依然发挥着作用。自从长兄约翰去世后，迪米特里与父亲塞奥多利的关系也变得十分微妙。一方面恋权的父亲希望继续以“太上皇”的身份通过儿子来遥控政局；另一方面，已经24岁的儿子渴望摆脱父亲的控制，自己做主。在这场父子博弈中，迪米特里最终占据了上风，掌握了实权。对于塞萨洛尼基城此时的形势，学者奥斯特洛格尔斯基的评价最为准确，“这个城市由瞎子塞奥多利的后人统治，他只不过是在摇摇欲坠的皇帝宝座上勉强维持的傀儡”③。

迪米特里是一个轻浮幼稚的统治者，上台后不久就令臣民对他十分厌恶。④ 他年轻气盛、生性风流，因勾引当地贵族妇女得罪了塞萨洛尼基城中不少世家大族。这些贵族对年轻的迪米特里产生了反心，密谋发动叛乱，意欲推翻迪米特里的统治。1240年代，由于蒙古人西征，保加利亚王国和土耳其人势力受损严重，这在客观上有利于尼西亚帝国的发展。尼西亚帝国不仅没有因为蒙古西征受到伤害，反而在一代明君瓦塔基斯的统治下国力更加强盛，成为1204年君士坦丁堡陷落以后拜占庭人各个流亡政治势力中实力最为强大、最名正言顺的继承者。鉴于尼西亚帝国的强势发展，反对迪米特里的势力暗中计划请求尼西亚皇帝

---

① 从12世纪到拜占庭帝国灭亡，“Despot”或“Despotes”一直是仅次于拜占庭皇帝的尊贵头衔。

② Bozidar Ferjančić, *Деспоти у Византији и Јужнословенским земљама* [*Despots in Byzantium and the South Slavic Lands*], Belgrade: Српска академија наука, 1960, p. 63.

③ 乔治·奥斯特洛格尔斯基：《拜占庭帝国》，陈志强译，西宁：青海人民出版社2006年版，第373页。

④ J. van Antwerp Fine, *The Late Medieval Balkans: A Critical Survey from the Late Twelfth Century to the Ottoman Conquest*, p. 157.

直接接管塞萨洛尼基城。

瓦塔基斯在迈雷尼康接见了塞萨洛尼基谋叛集团的密使。[1] 密使提出,城中的反迪米特里势力将会协助尼西亚军队推翻迪米特里,并把塞萨洛尼基城献给瓦塔基斯,条件是瓦塔基斯需要保证他们的特权和财产。对此,后者当然乐于接受。然而,瓦塔基斯并没有贸然采取行动,因为尼西亚帝国刚刚在巴尔干地区与保加利亚人进行了一场历时三个月的战争,从保加利亚第二王国手中收复了色雷斯和马其顿的大部分地区,此时的尼西亚军队需要休整补充,养精蓄锐。此时,昔日强大的保加利亚也已今非昔比,实力减弱,在亚森二世年幼的儿子科洛曼的统治下,保加利亚的处境并不乐观。1246 年,年仅 12 岁的科洛曼突然去世,年龄更小的同父异母弟弟米哈伊尔(Michael, 1246—1256 年在位)继位,导致局势进一步恶化,陷入混乱。瓦塔基斯趁保加利亚主少国疑,皇位更迭之际,趁乱收复了亚森二世在 1230 年从伊庇鲁斯政权手中夺取的领土,且未遭到任何抵抗。凭借这次胜利,瓦塔基斯把尼西亚帝国的控制范围扩大到马利卡河上游支流地区和瓦尔达河流域的马其顿地区。这场胜利后,收复塞萨洛尼基一事便被提上了瓦塔基斯的日程。因此,塞萨洛尼基城中反对迪米特里的势力前来求援时正中瓦塔基斯下怀。[2] 不过,瓦塔基斯也不愿意错失良机,他首先致信迪米特里,命后者前往尼西亚宫廷觐见,表示希望迪米当面对他本人表达忠诚与顺从,实质上意欲实施软禁。迪米特里对于尼西亚帝国一直保持着警惕,担心此去无回,故而委婉拒绝了瓦塔基斯的要求。与此同时,迪米特里对塞萨洛尼基城中的反叛势力开始有所察觉,但又被这些人的花言巧语所蒙骗,进而打消了疑虑。

1246 年是迪米特里统治的最后一年。这一年 12 月,瓦塔基斯挥师兵临塞萨洛尼基城下,命令迪米特里出城迎接。[3] 已觉大事不妙的迪米特里态度强硬,断然拒绝出城,同时否认了尼西亚帝国对自己领地的宗主权。然而几天后,城中的尼西亚支持者们打开城门,迎接尼西亚军队进城。迪米特里本人率领亲信辗转到另一处堡

---

① 迈雷尼康(Melenikon,希腊语:Μελένικο),位于今保加利亚西南部。

② 蒙古人的西征也严重削弱了保加利亚第二王国的实力。

③ 早在 1246 年 5 月之前,尼西亚皇帝瓦塔基斯授予伊庇鲁斯地区的统治者米哈伊尔二世·科穆宁·杜卡斯"专制君主"称号。Cf. George Akropolites, *The History*, p. 97. 瓦塔基斯此举一方面安抚、麻痹了盘踞在伊庇鲁斯地区的米哈伊尔,另一方面也扫清了外围,免遭夹击,断绝了迪米特里的外援。

垒要塞依险据守。后来，迪米特里在自己的姐姐伊琳妮的劝说下放弃抵抗，宣布投降。伊琳妮之后又主动要求觐见瓦塔基斯，以求得后者对自己弟弟的宽大处理。

最终，在塞萨洛尼基城中反迪米特里势力的帮助下，尼西亚帝国皇帝瓦塔基斯兵不血刃地占领了塞萨洛尼基。迪米特里的父亲塞奥多利早已经双目失明，这位塞萨洛尼基帝国曾经的缔造者，在与儿子的政治斗争中失利后躲避到乡间，并未参与上述事件，也因此暂时得到宽大处理，甚至还从瓦塔基斯那里得到了一处位于沃德纳的庄园。[①] 迪米特里本人则没那么幸运，他被当作战俘押往小亚细亚，后被流放到比提尼亚的一处名叫伦提阿纳（Lentiana）的要塞。[②] 他很可能死在了那里，但具体时间不详。

迪米特里的死亡标志着塞萨洛尼基帝国的终结，这个政权实体被尼西亚帝国吞并，他也是塞萨洛尼基帝国的末代统治者。这个有帝国之名无帝国之实的政权从塞奥多利建立到迪米特里投降仅存在了22年（1224—1246年），共两代人，三位皇帝。塞萨洛尼基帝国灭亡后，尼西亚皇帝瓦塔基斯委派安德罗尼库斯·帕列奥列格出任尼西亚帝国在巴尔干地区领地的总督，[③]驻扎在塞萨洛尼基城。这位安德罗尼库斯便是1261年收复君士坦丁堡、建立帕列奥列格王朝的米哈伊尔八世的父亲。

第六节

米哈伊尔二世·科穆宁·杜卡斯（Michael II Komnenos Doukas）

1230—1266年在位

米哈伊尔二世·科穆宁·杜卡斯（Michael II Komnenos Doukas，Μιχαήλ Β'

① 沃德纳（Vodena；希腊语：Βοδενά）意为"水城"，1923年后改为"埃德萨"（Edessa；希腊语：Ἔδεσσα），位于希腊北部。

② 比提尼亚（Bithynia；希腊语：Βιθυνία）位于安纳托利亚半岛西北部，毗邻博斯普鲁斯海峡与黑海。著名的城市尼科米底亚与尼西亚均位于该地区。

③ 安德罗尼库斯·帕列奥列格（Andronikos Palaiologos，Ἀνδρόνικος Κομνηνός Παλαιολόγος，约1190—1248/1252年），领有尼西亚帝国总司令（megas domestikos）一职。

Κομνηνός Δουκας,生于1206年,卒于1266年或1268年,享年60岁左右)是伊庇鲁斯专制君主国第六位君主,自1230年在位至1266年(或1268年)去世,在位超过36年。

在某些史料中他被称为“米哈伊尔·安苴鲁斯”(Michael Angelos)。他在位时期,伊庇鲁斯君主国的统辖范围包括希腊西北部的伊庇鲁斯地区、今希腊马其顿大区和塞萨利地区的西部,以及南至纳夫帕克托斯的希腊西部地区。纳夫帕克托斯,位于科林斯湾北岸。早在伯罗奔尼撒战争时,这里就是雅典海军的一处极其重要的基地。[①]

米哈伊尔二世是伊庇鲁斯专制君主国的建立者米哈伊尔一世的私生子。历史家迪米特里推测他出生于父皇执政的初期,[②]很有可能是在1206年。[③] 像安苴鲁斯家族的大部分成员一样,他更喜欢使用“杜卡斯”或“科穆宁·杜卡斯”这一姓氏。然而,现代学者为了便于研究,也会给他加上“安苴鲁斯”的姓氏。1215年,他的父皇遇刺身亡后,他的叔叔塞奥多利·科穆宁·杜卡斯继位,米哈伊尔被流放他乡。根据他的妻子塞奥多拉的传记记载,皇叔塞奥多利上台后把米哈伊尔母子二人流放到了伯罗奔尼撒。塞奥多拉与米哈伊尔育有六名子女。她的父亲约翰(John Petraliphas)是拜占庭帝国塞萨利和马其顿地区的最高长官。1231年她同米哈伊尔结婚。米哈伊尔二世在她身怀六甲之时将其驱逐出宫,而招情妇入宫。塞奥多拉忍辱负重,五年后,米哈伊尔悔改,将她召回宫中。塞奥多拉主张同尼西亚帝国保持友好关系,并为长子尼基弗鲁斯同尼西亚公主的婚事积极奔走,也为双方教会缓和关系发挥了重要作用。塞奥多拉在伊庇鲁斯君主国首都阿尔塔主持修建了圣乔治女修道院(the convent of St. George),她本人也最终葬在了该修道院,这里也成了教徒朝圣之所。[④] 她的记述可靠,提供了许多历史信息。

1230年,塞奥多利在克洛克特尼查战役中惨败于保加利亚第二王国沙皇伊凡·亚森二世,塞奥多利本人被俘,他的兄弟曼努埃尔·科穆宁·杜卡斯从战场

---

① 威尼斯人统治时期称其为“Lepanto”即勒班托,历史上著名的“勒班托海战”(这场战役与732年查理·马特击败阿拉伯人的“图尔战役”并称为保卫天主教的两大战役)即发生于此。

② D. I. Polemis, *The Doukai : A Contribution to Byzantine Prosopography*, p. 93.

③ A. Kazhdan ed., *The Oxford Dictionary of Byzantium*, p. 1363.

④ 她被尊奉为东正教的圣徒,庆祝日为每年的3月11日。

上侥幸逃回,趁乱攫取了塞萨洛尼基王国的权位。米哈伊尔作为君主国建立者的子嗣依然被排挤于君主权之外。克洛克特尼查战役后,米哈伊尔的父亲一手建立的国家四分五裂。安苴鲁斯家族丢失了先前夺取的色雷斯部分地区和马其顿等地区,核心统治区域仅剩下伊庇鲁斯、塞萨利、都拉基乌姆和科孚岛。伊庇鲁斯位于巴尔干半岛西南部,品都斯山脉(Pindus Mountains)和伊奥尼亚海(Ionian Sea)之间,多山地丘陵,地跨今天阿尔巴尼亚和希腊两国,大体上相当于希腊西北部和阿尔巴尼亚南部。品都斯山脉把伊庇鲁斯同马其顿、塞萨利地区分割开来。塞萨利(Θεσσαλία,旧称"艾欧里亚",Αιολία, Aeolia)位于今希腊大陆中部,希腊全境的北部,北邻马其顿大区,西接伊庇鲁斯地区,东临爱琴海,南面是中希腊地区。1204年后,塞萨利落入十字军领袖博尼法斯之手,1212—1220年间,伊庇鲁斯专制君主国两位君主米哈伊尔一世和塞奥多利历时八年收复该地区。地区首府都拉基乌姆(现名都拉斯,Durrës)位于阿尔巴尼亚西海岸中部,是该国最大海港和第二大城市,也是该国历史最悠久、经济最发达的城市。在拜占庭帝国时期,该城是横穿巴尔干半岛、著名的艾格纳提亚大道(Via Egnatia,直通君士坦丁堡)的终点。1204年,它归属于威尼斯人,1213年被伊庇鲁斯方面收复,之后又多次在伊庇鲁斯和西西里两大势力间易手。科孚岛(科基拉岛,Kerkyra)位于希腊西北部伊奥尼亚海东侧,与伊庇鲁斯地区隔海相望,是希腊西北部的海上边界点。1204年后,威尼斯人占据该岛,1214年,复归于伊庇鲁斯君主国。1259年作为海伦娜的嫁妆被赠予西西里的曼弗雷德。八年后,西西里和那不勒斯的新国王安茹的查理正式吞并该岛,并开始了长达一个世纪的统治。①

控制着埃托利亚和阿卡纳尼亚的君士坦丁·科穆宁·杜卡斯是曼努埃尔的兄弟,他仅是在名义上承认曼努埃尔的宗主权。曼努埃尔本人控制的领地缩小至塞萨洛尼基城以及周边郊区。由于曼努埃尔与伊凡·亚森二世存在姻亲关系,他被允许继续保留自治权,但事实上已经沦为了保加利亚沙皇扶植的傀儡。埃托利亚位于希腊科林斯湾北岸,北接伊庇鲁斯和塞萨利地区,南面扼守科林斯湾的入口,战略位置十分重要。阿卡纳尼亚位于希腊中西部地区,西临伊奥尼亚海,东面

---

① 伊庇鲁斯地区地理位置十分重要。

与埃托利亚隔河相望。1204 年之后,阿卡纳尼亚归属于伊庇鲁斯君主国。[1]

米哈伊尔趁此混乱局势,重新返回伊庇鲁斯,在当地民众的支持下迅速夺回了该地区的统治权。困守于塞萨洛尼基城的"皇帝"曼努埃尔则被迫承认了这一既成事实,承认米哈伊尔"专制君主"的头衔,条件是米哈伊尔承认自己的宗主权。事实上,米哈伊尔具有完全独立的地位,不久之后他拒绝承认曼努埃尔的宗主权。到 1236 年时,米哈伊尔又把科孚岛纳入到自己的统辖范围之内。

米哈伊尔通过迎娶塞奥多拉获得了当地贵族势力的支持。与此同时,他还与尼西亚帝国保持着亲密友好的关系。1238 年,米哈伊尔接见了到访的尼西亚大教长日耳曼努斯二世,并于 1249 年接受了尼西亚皇帝瓦塔基斯授予的宫廷高级头衔"专制君主"。牧首日耳曼努斯二世于 1204 年君士坦丁堡城破之时,在圣索菲亚大教堂担任执事(Deacon),之后隐退到一座位于阿齐拉奥斯的修道院。1223 年 1 月,他被尼西亚皇帝约翰三世・瓦塔基斯遴选为牧首,驻跸于尼西亚。日耳曼努斯为修复四分五裂的东正教世界积极奔走,并为尼西亚帝国争夺拜占庭帝国正朔而摇旗呐喊。因此,日耳曼努斯所代表的尼西亚教会与支持伊庇鲁斯政权的东正教势力展开过激烈的论战和纷争。彼时,支持伊庇鲁斯一方的代表是奥赫里德大主教迪米特里(Demetrios Chomatenos, Archbishop of Ohrid),迪米特里还为塞奥多利举行了塞萨洛尼基帝国皇帝加冕仪式,直接挑战尼西亚帝国的正统地位。1230 年伊庇鲁斯君主国在克洛克特尼查战役惨败后,双方教会的裂痕才开始弥合,伊庇鲁斯教会也承认了日耳曼努斯所领导的尼西亚教会的权威。1238 年,日耳曼努斯访问伊庇鲁斯。此外,日耳曼努斯还屈从于外交考量,拉拢保加利亚教会,以避免后者倒向罗马教廷。他也为东西方教会的重新联合积极努力,但终以失败告终。[2] 米哈伊尔二世通过笼络当地贵族势力以及同尼西亚帝国建立友好关系巩固了自己的统治。

正当米哈伊尔二世巩固统治之时,东面的塞萨洛尼基政权出现了权力更迭。

---

① 1348 年,该地被塞尔维亚人占领。1480 年,该地区被奥斯曼土耳其帝国占领。1832 年划归给希腊。值得一提的是,希腊境内最大的河流阿彻鲁斯河(the Achelous River)把埃托利亚和阿卡纳尼亚分为东西两岸。

② 1240 年 6 月,他死于任上。M. Angold, "Byzantium in exile," *The New Cambridge Medieval History : Volume V, c. 1198—c. 1300*, ed. David Abulafia, Cambridge: Cambridge University Press, pp. 551 - 553.

1237年，在克洛克特尼查战役中被俘的塞奥多利，被迫将自己的女儿嫁给保加利亚沙皇亚森二世，他也因此获得释放。返回塞萨洛尼基后，他轻而易举地推翻了兄弟曼努埃尔的统治，并把自己的儿子约翰扶上“皇帝”的宝座。1230年之后，塞萨洛尼基帝国仅有“帝国”之名，而无帝国之实。匆忙间登基的约翰甚至都没来得及筹办加冕仪式。被亚森二世刺瞎双眼的塞奥多利自知无法履行皇帝的职权，于是以约翰为代理人，他本人则行使太上皇之权。被推翻了的曼努埃尔被处以流放之刑，但是1239年，他在尼西亚帝国的扶植下重返塞萨洛尼基，意欲重夺大权。曼努埃尔和塞奥多利、约翰父子二人达成协议，前者得到了塞萨利，后者父子二人继续控制塞萨洛尼基。

塞萨洛尼基帝国的此次权力更迭既是安苴鲁斯家族内部的一场权力纷争，更是巴尔干和小亚地区两大强国，即保加利亚帝国与尼西亚帝国之间的一次暗中较量。在国际势力的干预之下，伊庇鲁斯君主国一分为三，一个是塞萨洛尼基政权，一个是塞萨利政权，还有就是米哈伊尔二世统治的伊庇鲁斯政权。经历了1230年战役惨败以及1239年领地分裂，伊庇鲁斯君主国的实力已经大不如前，对外不仅无力北拒保加利亚帝国，对内也失去了争夺拜占庭皇帝正统权的机会。伊庇鲁斯专制君主国分裂而成的地区小国只能在保加利亚、尼西亚以及西欧君主三大势力的夹缝中苟延残喘。这些在各自地区偏安一隅的小朝廷借助外部势力加剧内斗，在此过程中，也逐渐沦为外部强国的傀儡和代理人。

尽管伊庇鲁斯君主国已经一分为三，国际地位和实力急剧下降，但是安苴鲁斯家族内斗的家风一直存在。偏安西部的米哈伊尔二世虽然置身事外，得以继续掌控伊庇鲁斯地区，保持自身的独立地位，但是他对自己的两个叔叔塞奥多利和曼努埃尔并不放心。1239年12月，米哈伊尔派遣使节拜见神圣罗马帝国皇帝弗雷德里克二世·霍亨斯陶芬，请求对方帮助自己对抗两位叔父。弗雷德里克是神圣罗马帝国皇帝，于1220—1245年间在位，还兼任西西里国王、意大利国王和日耳曼国王。在他统治期间，其帝国疆域达到最大。他自视为罗马皇帝的直接继承人，具有极强的政治野心，积极插手南欧、东南欧的事务。[1] 1241年曼努埃尔去世

---

① 弗雷德里克又译腓特烈二世(Frederick Ⅱ Hohenstaufen)，堪称一代雄主。

后,米哈伊尔迅速占领了塞萨利地区,没有给其他宗亲留有可乘之机。1244—1246年间,正逢塞奥多利的幼子迪米特里在位时,塞萨洛尼基与尼西亚双方关系再度紧张。米哈伊尔因为同尼西亚方面一直保持着友好关系,在尼西亚皇帝瓦塔基斯与塞萨洛尼基政权的冲突中严守中立。

米哈伊尔同尼西亚帝国的友好关系也为自己带来了实际利益。1240年代,米哈伊尔继续扩大势力。1246年秋季,瓦塔基斯趁保加利亚第二王国权力更迭,新沙皇米哈伊尔·亚森年幼之机,出兵扩张地盘。在三个月内,尼西亚军队从保加利亚人手中收复了色雷斯大部分地区和马其顿东、北部地区。作为尼西亚的友军,米哈伊尔也趁机把势力范围扩大到阿尔巴尼亚和马其顿西北部。由于阿尔巴尼亚地区多山地林地,易守难攻,米哈伊尔此举也增加了自身的战略回旋余地。

然而,尼西亚帝国在巴尔干地区取得的巨大胜利也使得作为盟友的米哈伊尔倍感惊心。同保加利亚人的战事一结束,瓦塔基斯旋即开始着手处理塞萨洛尼基问题。在城中的亲尼西亚势力的帮助下,瓦塔基斯轻而易举地占领该城。塞萨洛尼基城和整个马其顿地区落入尼西亚帝国控制范围,塞萨洛尼基政权宣告覆灭。随着塞萨洛尼基王国的灭亡,尼西亚军队可以长驱直入,直接进攻伊庇鲁斯和塞萨利的米哈伊尔政权。此时,巴尔干半岛的局势已经非常明了。拉丁帝国早已日薄西山,而过往一直强势的保加利亚第二王国在一代雄主亚森二世去世后,以及在蒙古大军和尼西亚军队的双重打击下国力骤减。尼西亚帝国在瓦塔基斯的治理下,成为该地区最强大的势力,同时也占据着拜占庭帝国皇权的正统地位,不仅实力强大,而且名正言顺。对于伊庇鲁斯的统治者米哈伊尔来说,其面临的形势愈加严峻。尽管他长期与叔父为敌,但塞萨洛尼基王国被尼西亚吞并后,米哈伊尔自然产生了一种唇亡齿寒的感觉,伊庇鲁斯和尼西亚中间再无战略缓冲地带。

所幸的是,正当米哈伊尔犹疑之际,尼西亚方面率先伸出了“橄榄枝”。客观上,伊庇鲁斯政权同尼西亚帝国相比,实力差距过于悬殊。尼西亚帝国采取任何手段都会被米哈伊尔疑为以大压小、意图吞并之举。尼西亚帝国皇帝瓦塔基斯在吞并塞萨洛尼基后,把目光转移到盘踞在伊庇鲁斯的米哈伊尔。由于长期保持友好关系,瓦塔基斯并没有采取武力手段,而是采用了联姻的方式。瓦塔基斯提出要把自己的孙女玛丽亚下嫁给米哈伊尔的长子尼基弗鲁斯。这一联姻的要求立即得到米哈伊尔的夫人塞奥多拉的积极响应,塞奥多拉之所以急于同尼西亚联姻,在于她十分清楚当时的形势,也十分看重同尼西亚帝国保持的友好同盟关系。

然而,她的丈夫米哈伊尔的态度却始终犹豫不决,因为他依然没有放弃作为安苴鲁斯家族成员的政治野心,依然想要争夺拜占庭帝国正朔,恢复家族昔日建立王朝的荣耀。研究尼西亚帝国的历史学家们认为,米哈伊尔的这一态度表明他本人继承了安苴鲁斯家族的不可靠性,认为他主要是受到其叔塞奥多利的影响,当时,塞奥多利在塞萨洛尼基城破后退隐在沃德纳的庄园颐养天年。然而,年老目盲的塞奥多利在退隐后继续暗中活动,由于他的儿子们或死亡或被俘,所以他把希望寄托在安苴鲁斯家族子侄辈唯一的幸存者米哈伊尔身上,希望后者能够夺回塞萨洛尼基,阻挠尼西亚帝国一统江山、收复君士坦丁堡的计划。曾经相互敌对的叔侄二人为了挽回安苴鲁斯家族失去的地位冰释前嫌。

1251年春,米哈伊尔和塞奥多利发动对塞萨洛尼基的突袭,标志着伊庇鲁斯政权同尼西亚帝国的关系宣告破裂。驻防塞萨洛尼基的尼西亚军队成功地抵御了伊庇鲁斯军队的进攻。被激怒了的瓦塔基斯随即挥师跨过博斯普鲁斯海峡进入巴尔干半岛,对伊庇鲁斯人展开报复。米哈伊尔和塞奥多利挥师北向,占领了普里莱普和维勒斯,当他们听到瓦塔基斯抵达巴尔干地区的消息后,经由卡斯托利亚撤回伊庇鲁斯。普里莱普(Prilep,Πρίλαπος)是北马其顿共和国的第四大城市,位于该国西南地区。1014年保加利亚第一帝国沙皇萨缪尔(Tsar Samuil)在此地驻扎时,眼见克雷迪昂战役(the Battle of Kleidion)失败后被拜占庭帝国皇帝瓦西里二世刺瞎眼睛的数千保加利亚将士,惊惧而亡。维勒斯(Veles)位于今北马其顿共和国中部,拜占庭帝国和第一、第二保加利亚王国对该地屡次展开争夺,13世纪末,该地被崛起的塞尔维亚王国占领。①

瓦塔基斯大军于1252—1253年冬,包围并攻占了沃德纳、卡斯托利亚(Kastoria)和狄阿波利斯,但是尼西亚军队在卡斯托利亚地区陷入伊庇鲁斯军队发动的游击战的泥潭,战争进入相持阶段。卡斯托利亚伫立在奥雷斯提亚达湖(Lake

---

① 14世纪时,塞尔维亚王国占领该地。1395年,奥斯曼土耳其帝国占据此城直到1913年,1944—1991年属南斯拉夫社会主义共和国,现属于北马其顿共和国。可以说,这座城市的历史就是被地区强国争夺占据的历史。

Orestiada)西岸的一个海角上,该城以保留众多的拜占庭时期和奥斯曼时期的教堂及其他建筑而闻名于世。1018 年,瓦西里二世从保加利亚人手中夺回卡斯托利亚城,阿莱克修斯一世在位时又从诺曼人手中收复该城。该城也是拜占庭时期的犹太人定居点。13、14 世纪时,伊庇鲁斯君主国和保加利亚第二王国、尼西亚帝国数次争夺该城。狄阿波利斯是拜占庭时期的军事要塞和主教驻跸地,是拜占庭帝国著名的驰道艾格纳提亚大道途经之地。①

战争僵局被两名伊庇鲁斯将军所打破,约翰·格拉巴斯(John Galbas)和米哈伊尔的妻弟塞奥多利·佩特拉利法斯(Theodore Petraliphas)叛变投敌。不久之后,克鲁亚的统治者高勒姆(Golem, the ruler of Kruja)也投靠尼西亚方面。高勒姆(Γουλάμος)是阿尔巴尼亚当地的贵族,领有阿尔巴农公国,通过联姻同塞尔维亚王国和尼西亚帝国建立了联系。需要指出的是,高勒姆不时根据自身利益摇摆于尼西亚帝国和伊庇鲁斯君主国之间。1257—1258 年,高勒姆又随同米哈伊尔二世对抗尼西亚帝国。② 这也迫使米哈伊尔不得不派遣自己的姐夫君士坦丁·马里亚塞诺斯(Constantine Maliasenos)同瓦塔基斯达成协议。双方最终在希腊中部塞萨利大区的首府和最大的城市拉里萨达成协约,③协约规定:一、伊庇鲁斯的统治者米哈伊尔二世必须放弃近期占领的要塞城池,而且还要放弃在马其顿地区的领地;二、克鲁亚的统治者高勒姆承认尼西亚帝国的宗主权,受尼西亚庇护;三、米哈伊尔的儿子尼基弗鲁斯同瓦塔基斯的孙女玛丽亚的婚姻依然有效,但是尼基弗鲁斯必须作为米哈伊尔的人质入赘到尼西亚帝国;④四、米哈伊尔二世必须交

---

① 卡斯托利亚(Kastoria, 希腊语:Καστοριά)位于希腊北部的西马其顿地区。1259 年佩拉戈尼亚会战之后,尼西亚帝国才占领该城。1342 年前后,塞尔维亚人利用拜占庭内乱之际,占领卡斯托利亚城。1385 年,奥斯曼土耳其帝国占领后,卡斯托利亚城中的穆斯林人数骤增,并修建了数座清真寺。到 20 世纪初时,该城有 3 000 名希腊正教教徒、1 600 名土耳其裔穆斯林和 750 位犹太人,这座城市堪称是巴尔干地区的耶路撒冷。狄阿波利斯(Deabolis, 希腊语:Δεάβολις)即今阿尔巴尼亚东南部城市德沃尔(Devoll),该城位于西马其顿地区,奥赫里德湖南岸。

② Donald MacGillivary Nicol, *Studies in Late Byzantine History and Prosopography*, London: Variorum Reprints, 1986, p. 161.

③ 拉里萨(希腊语:Λάρισα)不仅历史悠久,也是重要的农工商业中心和交通枢纽。8 世纪时,这座城市是拜占庭帝国希腊军区(the theme of Hellas)的首府。1204 年后先后被蒙特菲拉特的博尼法斯、伦巴底男爵、拉丁帝国皇帝亨利占有。之后,该城被伊庇鲁斯君主国收复。

④ 米哈伊尔二世的儿子尼基弗鲁斯在抵达尼西亚后,受封为"专制君主"头衔,不久后被允许返回伊庇鲁斯。

出罪魁祸首塞奥多利；[①]五、米哈伊尔二世须接受瓦塔基斯赏赐的“专制君主”头衔。

这次城下之盟带有明显的不平等性。在伊庇鲁斯方面，米哈伊尔二世丢城失地，叔父被囚，儿子为人质，部下叛离，同时地位下降，以臣属附庸的身份接受了尼西亚皇帝的册封。原本双方能够通过联姻维持友好关系，但是，由于米哈伊尔二世继承了安苴鲁斯家族的政治野心、摇摆不定和夜郎自大的缺点，以致与尼西亚方面反目成仇。从结局看，米哈伊尔二世实是自取其辱。1252—1253年间的这场战争使得巴尔干局势更为明朗，尼西亚帝国降服了巴尔干半岛最后一股能够挑战其地位的势力，同时扫清了外围，为最终于1261年收复君士坦丁堡创造了条件。

1256年，米哈伊尔二世被迫把都拉基乌姆和塞尔维亚地区的领地移交给尼西亚帝国。重要港口和北部地区的丢失促使米哈伊尔朝其他方向拓展。然而正当他东进塞萨洛尼基时，天不遂人愿，西方强邻曼弗雷德占领了都拉基乌姆及周边地区。[②] 这就使米哈伊尔占领拜占庭帝国第二大城市塞萨洛尼基、树立自己拜占庭帝国正朔地位的决心更加坚定。因此，他同曼弗雷德迅速达成协议，并把自己的女儿海伦娜嫁给后者，[③]同时把曼弗雷德已经占领的领土和科孚岛作为女儿的嫁妆。米哈伊尔还与阿哈伊亚公国的大公威廉二世缔结同盟关系，把另一个女儿安娜（又被称为“阿涅丝”）嫁给了威廉。至此，伊庇鲁斯—西西里—阿哈伊亚三方同盟正式结成。米哈伊尔二世把这次东进塞萨洛尼基的军事行动当作安苴鲁斯家族争夺拜占庭帝国正统地位的最后一搏。威廉二世是阿哈伊亚公国维拉杜安家族的最后一位大公。他上台后征服了拜占庭帝国在伯罗奔尼撒半岛的剩余领土，并在斯巴达附近的米斯特拉（Mistra）修建要塞。威廉还率领400名骑士

---

① 米哈伊尔二世的叔父塞奥多利作为俘虏被关押在小亚，并于1253年后的某一天死于狱中。

② 曼弗雷德（King Manfred of Sicily，1232—1266年），腓特烈二世之子，1258—1266年在位，是霍亨斯陶芬家族的最后一任西西里国王。霍氏家族与教皇历来势同水火，教皇乌尔班四世（Urban Ⅳ）借助安茹家族的查理（Charles of Anjou）推翻了曼弗雷德的统治。曼弗雷德本人也在贝纳文托战役（the Battle of Benavento）中阵亡。

③ 海伦娜是曼弗雷德的第二任妻子，两人共育有四个孩子。1266年，曼弗雷德在贝纳文托战役中阵亡后，海伦娜被安茹的查理俘虏，并于1271年死在了诺切拉（Nocera）的监狱中。他们的子女也是命运凄惨，长期被囚以致或疯或盲。

和28艘战船随法王路易九世参与第七次十字军征战,远征塞浦路斯。威廉二世统治时期,雅典公国以及伦巴底贵族统治的埃维亚岛均尊奉其为领主,从而使阿哈伊亚公国的影响达到巅峰。1259年,他迎娶伊庇鲁斯公主安娜。同年9月,他在佩拉戈尼亚战役中惨败,被俘并被囚禁在尼西亚直到1262年。①

1258年8月,尼西亚帝国发生了政局动荡,军官权臣当道。1258年8月18日,约翰三世·瓦塔基斯之子、尼西亚帝国皇帝塞奥多利·拉斯卡利斯去世,其8岁的儿子约翰即位,是为约翰四世。此时担任对抗土耳其军队的基督徒雇佣兵指挥官米哈伊尔,是掌握精锐部队的实权派。1258年8月底,米哈伊尔凭借军权进而独揽大权。② 面对三方同盟计划利用尼西亚内乱发动军事进攻,米哈伊尔·帕列奥列格选择主动出击,先发制人。1258年秋,由米哈伊尔的兄弟约翰·帕列奥列格(John Palaiologos)率领的尼西亚军队横渡博斯普鲁斯海峡进入巴尔干半岛,同年冬天进入马其顿地区。翌年春,尼西亚军队沿着艾格纳提亚大道西进,占领了奥赫里德和狄阿波利斯。伊庇鲁斯军队在战争初期即遭受重创,丢失了许多领地。

伊庇鲁斯的两个盟友,也就是米哈伊尔二世的两个女婿,及时提供军事援助,起到了稳定局势的关键作用。尽管曼弗雷德正忙于平定意大利中部地区的叛乱,无暇分身,他还是派出了400名装备精良的日耳曼骑士。阿哈伊亚公国的威廉二世则集结了希腊地区的几乎所有的法国贵族,他们统领骑士部队穿越科林斯湾,在纳夫帕克托斯登陆,向伊庇鲁斯君主国的首府阿尔塔进军。米哈伊尔的私生子,统治塞萨利地区的约翰·杜卡斯也率领数目众多的瓦兰吉亚精锐部队参战。③《莫利亚编年史》记载,威廉二世所率军队包括8 000名重装骑士及12 000名轻装骑兵,伊庇鲁斯方面的军队包括8 000名重装骑兵和18 000名轻装骑兵,这些数字显然做了夸大。④ 尼西亚方面的军队不仅包括来自小亚细亚、马其顿和

---

① 1267年,向拜占庭归还部分领土以换得获释的威廉又沦为安茹家族查理的附庸,阿哈伊亚公国也成了那不勒斯王国的一个省。阿哈伊亚公国式微后,雅典公国取代了它在希腊地区的地位。

② 1259年1月1日,米哈伊尔被任命为尼西亚帝国的共治皇帝。

③ D. J. Geanakoplos, "Greco-Latin Relations on the Eve of the Byzantine Restoration: The Battle of Pelagonia-1259," *Dumbarton Oaks Papers*, vol. 7(1953), pp. 99 - 141, esp. p. 123.

④ M. C. Bartusis, *The Late Byzantine Army : Arms and Society 1204—1453*, Philadelphia: University of Pennsylvania Press, 1997, p. 37.

色雷斯的希腊本土士兵,还有为数不少的雇佣兵。《莫利亚编年史》载,尼西亚方面的雇佣兵包括300名日耳曼士兵、1 500名匈牙利人士兵、600名塞尔维亚人士兵、1 500名土耳其人骑兵、2 000名库曼人骑兵,以及数量不详的保加利亚人骑兵。[1]

尽管在数量上并不占优,但是尼西亚军队采取合理的战略。约翰·帕列奥列格避免正面会战,对伊庇鲁斯—西西里—阿哈伊亚同盟军采取分化瓦解的策略,计划利用他们内部的不和取得胜利。尼西亚方面的判断是正确的。伊庇鲁斯方面不会完全信任曾掠夺君士坦丁堡、压迫东正教徒的拉丁人,同样,拉丁人也认为希腊人素来懦弱、狡猾且诡计多端,不值得信任。尼西亚军队一方面坚固己方的营垒,另一方面派出小股轻骑兵进行骚扰,破坏伊庇鲁斯及其盟军的粮道。三方同盟的军队士气低落,补给紧张,米哈伊尔二世的私生子约翰的变节投降更是给予他们致命一击。根据帕奇米尔斯的记载,约翰·杜卡斯变节的原因是法国骑士们对其美貌的瓦兰吉亚妻子垂涎三尺,法国人首领威廉二世不仅不禁止手下无礼,反而嘲笑约翰的私生子身份。约翰在得到尼西亚方面不伤害其父兄的保证之后投降了敌对方。[2] 约翰·帕列奥列格还派细作到米哈伊尔二世营中散布谣言,谎称法国骑士已经收受了尼西亚的贿赂,即将倒戈。米哈伊尔二世信以为真,仓皇逃离了战场大营,士兵也走散了大半。

1259年9月,伊庇鲁斯军队撤离后,阿哈伊亚大公威廉二世率领的法国军队成了尼西亚军队进攻的目标,这场战役史称“佩拉戈尼亚战役”(the Battle of Pelagonia),也被称为“卡斯托利亚会战”(the Battle of Kastoria),双方交战的具体地点尚待进一步考证,后人仅知卡斯托利亚位于希腊境内西马其顿地区(Western Greek Macedonia)。帕奇米尔斯(Pachymeres)、阿克罗颇立塔斯(George Akropolites)、格里高拉斯(Nikephoros Gregoras)三位编年史家都曾提及伊庇鲁斯军队的营地位于一处名为鲍里尔林地(Boril's Wood,希腊语:Βορίλλα λόγγος)的地区,

① D. J. Geanakoplos, “Greco-Latin Relations on the Eve of the Byzantine Restoration: The Battle of Pelagonia - 1259,” pp. 124 - 125.

② D. J. Geanakoplos, “Greco-Latin Relations on the Eve of the Byzantine Restoration: The Battle of Pelagonia - 1259,” pp. 99 - 141.

遭到首次袭击便溃散了。① 约翰·杜卡斯的瓦兰吉亚军队率先袭击了法国后卫部队。随后,尼西亚军队发动总攻。是役,威廉二世及其手下30名男爵被俘,曼弗雷德的400名日耳曼骑士也被迫投降。尼西亚军队乘胜追击,占领了阿哈伊亚公国的首府底比斯(Thebes)。阿哈伊亚公国一度是第四次十字军之后,法国人建立的最强大的国家,此次战役后,国力骤减,先后沦为尼西亚帝国和那不勒斯王国的附庸。

三方同盟战败的主要原因即在于内部的不团结。他们彼此猜忌,相互之间存在着难以化解的矛盾甚至敌意,再加上盟友临阵投敌以致未战先败。生性多疑的米哈伊尔二世对于兵强马壮的法国军队心生疑虑,他担心即便战胜尼西亚军队,也难免为法国人占领伊庇鲁斯打开通道。与此同时,他的儿子约翰·杜卡斯与威廉二世的嫌隙也增加了这种担心。因此当听闻法国人同尼西亚人达成协议后,他不假思索地抛弃了"盟友",仓皇逃离了战场,一直逃到了伊奥尼亚群岛(the Ionian Islands)。而尼西亚军队因此得以集中兵力进攻威廉二世的军队,并乘胜占领了伊庇鲁斯。但是,由于当地民众依然忠心于安苴鲁斯家族且激烈反抗,尼西亚帝国军队被迫撤军。后来,米哈伊尔的私生子约翰也逃到了岛上,父子相见抱头痛哭,在儿子的鼓励下,米哈伊尔二世重振信心。与此同时,曼弗雷德的外援已经抵达,加之伊庇鲁斯地区民心可用,米哈伊尔才得以逐渐收复了失地。

这场战役在东地中海历史上意义重大,为尼西亚帝国重新收复君士坦丁堡以及拉丁帝国的最终覆灭奠定基础。米哈伊尔八世乘这次具有决定意义的军事胜利之势,于1261年收复了君士坦丁堡,建立了拜占庭帝国末代王朝帕列奥列格王朝。值得一提的是,这场战役也是拜占庭帝国著名的瓦兰吉亚精锐部队在历史上的最后一次亮相。②

事实上,直到1261年尼西亚帝国收复君士坦丁堡之后,伊庇鲁斯割据势力依

---

① D. J. Geanakoplos, *Emperor Michael Palaeologus and the West, 1258—1282: A Study in Byzantine-Lantin Relations*, Cambridge, Massachusetts: Harvard University Press, 1959, p. 136; R. Mhajlovski, "The Battle of Pelagonia 1259: A New Look through the March Routes and Topography," in *Proceedings of the 21st International Congress of Byzantine Studies, London*, eds. Jeffreys & Haarer, Aldershot: Ashgate Publishing Limited, 2006, p. 370; George Akropolites, *The History*, p. 363.

② D. J. Geanakoplos, *Emperor Michael Palaeologus and the West, 1258—1282*, p. 43.

然不时挑战复兴后的拜占庭帝国的权威，觊觎拜占庭帝国的皇位。[①] 1264 年，两位米哈伊尔之间再次爆发战争。米哈伊尔二世对君士坦丁堡方面的挑战又惨遭失败，他终于被迫承认了米哈伊尔八世的宗主权，只是由于当地人民的支持和激烈反抗，拜占庭军队一时也无法彻底剿灭伊庇鲁斯政权，因此双方通过世代联姻维系着这一名义上的君臣关系。

在米哈伊尔二世去世前(1266 年或 1268 年)，他一生所为之奋斗的伊庇鲁斯专制君主国被他的两个儿子分裂。长子尼基弗鲁斯一世占据了伊庇鲁斯地区，次子约翰一世则分得了塞萨利。纵观他的一生，米哈伊尔二世继承了安苴鲁斯家族的志大才疏、野心膨胀、自大狂妄等恶劣品性，他继续同尼西亚帝国争夺拜占庭帝国的正统帝位。事实上，这两个实力稍强的拜占庭流亡政权之间的相互争斗阻碍了收复君士坦丁堡、复兴拜占庭帝国宏伟大业的实现。[②]

第七节

尼基弗鲁斯一世·科穆宁·杜卡斯(Nikephoros Ⅰ Komnenos Doukas)

1266—1296 年在位

尼基弗鲁斯一世·科穆宁·杜卡斯(Nicephorus Ⅰ Komnenos Doukas, Νικηφόρος A' ΚομνηνόςΔούκας，生于 1240 年，卒于 1297 年，享年 57 岁)是伊庇鲁斯专制君主国第七位君主，作为米哈伊尔二世的长子，于 1266 年或 1268 年即位，至 1296 年，约在位 30 年。

1249 年，尼西亚皇帝约翰三世主动提出与伊庇鲁斯君主联姻，提议把孙女玛利亚下嫁给米哈伊尔二世的儿子尼基弗鲁斯。尼基弗鲁斯一世的婚事使伊庇鲁

---

① D. M. Nicol, *The Last Centuries of Byzantium, 1261—1453*, p. 16.

② D. M. Nicol, *Byzantium and Venice : A Study in Diplomatic and Cultural Relations*, p. 171.

斯君主米哈伊尔二世与皇后塞奥多拉产生严重分歧。尼基弗鲁斯的母后塞奥多拉非常赞同这门亲事,并为双方继续发展友好关系积极奔走。她主动携尼基弗鲁斯到位于小亚西北部的密细亚地区(Mysia)的佩加(Pegae)去觐见瓦塔基斯。[①] 在塞奥多拉返回伊庇鲁斯首府阿尔塔前,双方的长辈还为两位年轻人举行订婚仪式,并商定于次年举行结婚仪式。阿尔塔位于希腊西北部的伊庇鲁斯地区,古希腊时被称为“安布拉基亚”('Αμβρακία),是阿尔塔地区的首府。阿尔塔经过两代人的努力,建成重要中心城市。1204 年君士坦丁堡陷落之后,该城被划归威尼斯人,然而因为当地人的激烈反抗,威尼斯人并未对该城实施有效控制。1205 年,伊庇鲁斯君主国的缔造者米哈伊尔一世以该城为中心建立了政权。[②]

母子二人返回伊庇鲁斯后,米哈伊尔二世对订婚一事未表示反对,并对二人的归来表示庆贺。实际上,对于这次联姻,米哈伊尔二世的态度是反对的,他担心儿子成为对方手中的人质,如果有朝一日双方反目,伊庇鲁斯方面定会投鼠忌器。面对强大的尼西亚帝国,米哈伊尔二世深知己方难以抵挡,但是他始终不甘心向对方俯首帖耳,并一直抱有警惕防备之心,甚至不断寻找伤敌自肥的机会。拜占庭史家乔治·阿克罗颇立塔斯曾用一句谚语形容负隅顽抗的米哈伊尔:“弯曲的棍棒再也无法被掰直,埃塞俄比亚人的肤色也根本不可能变白。”[③]在儿子平安回国后,米哈伊尔开始秘密筹备针对尼西亚帝国的军事行动,并把蛰居赋闲的叔父塞奥多利邀请出山,[④]尽管这位叔父曾经在米哈伊尔二世幼年时夺走本该属于后者的权位。

---

① 即今土耳其马尔马拉海地区的卡拉比阿(Karabiğa)。拜占庭帝国时期名为“佩加”(Pegae)或“佩盖”(Pegai)。该城位于比阿河(the Biğa River)河口地带,有优良的港口,自古希腊时期就是希腊人的海军基地(当时被称为“普里阿普斯”,Priapus or Priapos;古希腊语:Πρίαπος),拜占庭时期也修有坚固的海陆要塞。

② 1259 年的佩拉戈尼亚会战之后,尼西亚帝国曾短暂占领阿尔塔,之后被约翰一世收复。1292 年拜占庭皇帝安德罗尼库斯二世曾率大军水陆并进,攻击阿尔塔,但以失败告终。在此后的几个世纪里,阿尔塔先后从属于意大利的奥尔西尼家族(Orsini Family)、那不勒斯的安茹王朝、拜占庭帝国、塞尔维亚王国、奥斯曼土耳其帝国等地区强国,1881 年最终被划给希腊王国。该地区保留了很多从皮洛士时代到 13 世纪的古代遗址,尤其是许多拜占庭建筑风格的教堂,其中以伊庇鲁斯君主国国主尼基弗鲁斯一世于 1290 年建立的圣母慰子大教堂(Mother of God the Consoling)最为著名。阿尔塔的防御工事主要由米哈伊尔一世主持建造。

③ George Akropolites, *The History*, p. 249.

④ 塞奥多利是伊庇鲁斯政权第二位统治者,塞萨洛尼基帝国的建立者。

米哈伊尔二世的态度和行为激怒了尼西亚帝国。1252—1253年间,双方处于公开对抗状态,尼基弗鲁斯同玛丽亚的婚礼仪式被一再拖延。尽管准备充分,但是伊庇鲁斯军队还是难以抵挡强大的尼西亚军队。为了躲避尼西亚军队的锋芒,年仅12岁的尼基弗鲁斯跟随父皇转战各地,吃尽了苦头。同样,伊庇鲁斯的山区密林也给尼西亚方面制造了难题,因为山路崎岖,地形复杂,军队的物资供应十分不畅,士兵怨声载道。尼西亚皇帝派出骡马队为大军转运粮草,平息了军队的怨气,使得战争走势向有利于尼西亚的方向发展。1253年,伊庇鲁斯被迫投降,被迫与尼西亚帝国达成停战协议。根据协议规定,尼基弗鲁斯与玛利亚的婚约不变,但是尼基弗鲁斯必须作为人质入赘到尼西亚帝国。尼基弗鲁斯身为皇子,尽管年轻,但是被迫成为国家间博弈的筹码,他就像个牺牲品一样被母后、父皇、岳丈等权势人物轮番摆布。表面上看,1252—1253年战争起源于尼基弗鲁斯的婚事,也终于他的婚事,其实这场战争是双方积怨的结果,13岁的尼基弗鲁斯只好跟随敌人前往尼西亚。

1256年9月17日至10月23日之间,16岁的尼基弗鲁斯和玛丽亚在塞萨洛尼基举行了盛大的婚礼。约翰三世·瓦塔基斯亲自出席了婚礼,尼西亚牧首阿西尼奥斯(the patriarch Arsenios)主持了婚礼。尼基弗鲁斯本人被尼西亚皇帝赐予“专制君主”头衔。然而好景不长,小夫妻经常发生争吵。1258年,玛丽亚去世,据说她经常遭到丈夫尼基弗鲁斯的殴打。[①] 葬礼结束后,这位18岁的年轻鳏夫也得以返回伊庇鲁斯。因为国家间的争斗,他的婚姻被当成一种交易。身处敌国的他除了警惕和高度紧张外,丝毫体会不到新婚的幸福。而在外界看来的痛苦,即弱冠之年即丧偶的悲惨遭遇对他本人来说,更像是一种解脱。因为王朝政治,尼基弗鲁斯成为牺牲品,尼基弗鲁斯的经历使他在本该快乐的年纪内心充满了仇恨。

婚姻纽带的断裂使伊庇鲁斯和尼西亚双方再次回到敌对状态。尼基弗鲁斯回到伊庇鲁斯后,旋即与父亲米哈伊尔二世一道,积极开展对尼西亚的战争。尼基弗鲁斯对尼西亚帝国充满敌视,同自己的两位妹夫即西西里国王曼弗雷德与阿

---

① George Akropolites, *The History*, p. 336.

哈伊亚公国的威廉进行积极的军事合作。报仇心切的尼基弗鲁斯最终中了尼西亚帝国的离间计,安苴鲁斯家族内讧的基因再次在他身上发作。在佩拉戈尼亚战役爆发前,他跟随父亲米哈伊尔悄悄从战场撤退,并一路撤退到伊奥尼亚群岛。此次战役发生于1259年9月,伊庇鲁斯专制君主国联合西西里王国和阿哈伊亚公国共同对抗尼西亚帝国。然而,因为尼西亚方面采用离间计,导致三方同盟离心离德,最终被尼西亚军队各个击破。他们父子逃难的伊奥尼亚群岛是希腊西岸沿海的长列岛群,位于伊奥尼亚海中,由克基拉、莱夫卡斯、凯法利尼亚、扎金索斯等大岛和附近小岛组成。根据阿克罗波里塔斯的记载,他们逃到群岛中比较大的凯法利尼亚岛和莱夫卡斯岛(Leukas),因为这两座岛屿是尼基弗鲁斯的秘密基地。① 尚不知情的阿哈伊亚军队成为尼西亚军队的主攻目标,遭遇惨败。尼基弗鲁斯最终也学会了利用损害其他亲属的利益而保存自己实力的秘诀。

1259年,尼西亚军队已经入侵了伊庇鲁斯大部分地区。未满20岁的尼基弗鲁斯再一次离开家乡,渡过亚得里亚海,来到亚平宁半岛,向自己的另一个妹夫西西里国王曼弗雷德求援。尼基弗鲁斯鼓动唇舌,说服曼弗雷德。在后者的帮助下,尼基弗鲁斯协助父亲米哈伊尔二世收复了伊庇鲁斯。1261年,已经成为尼西亚帝国摄政王的米哈伊尔·帕列奥列格入主君士坦丁堡,建立了帕列奥列格王朝,登基成为拜占庭皇帝米哈伊尔八世。

远在伊庇鲁斯山区的尼基弗鲁斯父子二人对此十分嫉妒,他们随即发动攻势。1264年他们遭到惨败,父子二人被迫同皇帝米哈伊尔八世达成协议。精明的米哈伊尔八世深知,伊庇鲁斯地区被安苴鲁斯家族经营多年,难以彻底吞并,因此想通过联姻手段维系双方间松散的关系。米哈伊尔八世的祖母是科穆宁和杜卡斯家族的后裔,而他的母亲是安苴鲁斯王朝的公主,他集中了前三代王朝血统于一身,因此与伊庇鲁斯君主有远亲关系。米哈伊尔天生精明,工于心计,不仅涉猎广泛,而且对拜占庭帝国的兴衰成败和施政得失有着深刻的认知。为了重振王朝大业,他自青年时代起就投身军界,广交朋友,建立贵族私党和效忠于他个人的军队。他表面上温文尔雅,平易近人,内心狠毒无情。1258年,他利用尼西亚帝

① George Akropolites, *The History*, p. 365.

国幼主约翰四世的无知,联合贵族发动军事政变杀死了摄政王乔治·穆扎隆(George Mouzalon),取而代之,次年成为共治皇帝,为建立新王朝做好了准备。1261 年复国后,米哈伊尔八世担心皇位不稳,因此将约翰四世刺瞎并关押在首都附近、马尔马拉海南岸的一处要塞严加看管。为了增加其篡位的合法性,他还霸占了小皇帝的未婚妻。[①] 尼基弗鲁斯再次成为政治联姻中的男主角。根据约定,尼基弗鲁斯迎娶米哈伊尔八世的外甥女安娜·坎塔库震妮(Anna Kantakouzene, 'Αννα Καντακουζηνη)。安娜·坎塔库震妮是拜占庭皇帝米哈伊尔八世·帕列奥列格的外甥女,出身于大贵族坎塔库震努斯家族。她是尼基弗鲁斯一世的第二任妻子,两人育有二子二女。1297 年尼基弗鲁斯一世去世后,安娜极力扶植小儿子托马斯继承伊庇鲁斯君主,并亲自担任摄政。为了巩固伊庇鲁斯政权,安娜为儿子托马斯求娶拜占庭公主。1304 年,托马斯与拜占庭皇帝安德罗尼库斯二世的孙女、共治帝米哈伊尔九世(Michael Ⅸ Palaiologos, Μιχαηλ Θ' Παλαιολόγος, 1277—1320)的女儿安娜·帕列奥列吉娜(Anna Palaiologina)订婚。[②] 1265 年,尼基弗鲁斯和安娜成婚。如果说尼基弗鲁斯的第一次政治婚姻是在他本人懵懵懂懂之中进行的,那么对第二次政治婚姻,他则十分清醒,并已经成长为合格的政治家。

1266 年(一说 1268 年),伊庇鲁斯地区的统治者米哈伊尔二世去世,尼基弗鲁斯即位。尼基弗鲁斯即位后,首先需要应对的就是来自西西里王国的挑战。1272 年,查理一世取霍亨斯陶芬家族的曼弗雷德而代之,1266—1285 年,他担任西西里国王。1272 年,他自封为阿尔巴尼亚国王(King of Albania)。1278 年,他又把阿哈伊亚公国置于自己的统治之下。1266 年,查理一世击败曼弗雷德后,就一直在追杀霍亨斯陶芬家族的成员。1268 年他捉住并杀死霍亨斯陶芬家族最后一个男嗣,他本人也如愿以偿,正式成为西西里国王。通过这一事件,残忍暴虐与嗜杀成性也成了他的主要标签。此人对宗教和教会颇为虔诚,在十字军运

① 纵观他的一生,米哈伊尔虽然足智多谋,阴险毒辣,但是限于拜占庭帝国实力弱小,即便使出了浑身解数也终难重振帝国雄风。

② 安娜·坎塔库震妮的一生都致力于维系伊庇鲁斯政权与拜占庭帝国的关系,使伊庇鲁斯政权在夹缝中得以继续生存,堪称一代杰出的女政治家。

动日渐式微的时代里,他依然同他的兄长路易九世一样,积极发动十字军战征。他野心极大,1277 年,他获得了耶路撒冷王国的继承权,希望重建当初第四次十字军在君士坦丁堡建立的拉丁帝国,也因此把帕列奥列格王朝治下的拜占庭帝国当成重要的军事打击目标。[①] 查理一世继承了前人对巴尔干地区的进攻战略。查理一世同他的前任一样再次出兵占领了都拉基乌姆。此时的尼基弗鲁斯已经成年,他从父亲那里良好地继承了纵横捭阖、夹缝中生存的外交技巧。1274 年,拜占庭军队在对查理的战争中损害了尼基弗鲁斯的权益,促使尼基弗鲁斯以此为据,转而与查理和谈。为了对抗共同的敌人拜占庭帝国,尼基弗鲁斯还邀请同父异母的兄弟约翰加入同盟。当时,约翰占据着塞萨利地区,是一股不可忽视的力量。1276 年,三方结成同盟,并对拜占庭帝国展开进攻。查理、尼基弗鲁斯、约翰三人领导的同盟军攻占了已经属于拜占庭帝国的数座城市。[②] 1278 年,他们甚至一度占领了布特林托,该地位于今阿尔巴尼亚南部,毗邻希腊边界及科孚岛。这座城市历史悠久,中世纪时衰落,被认为是阿尔巴尼亚最重要的古城。直到 1204 年以前,这座城市一直是拜占庭帝国抵御西方拉丁人、诺曼人进攻的前哨阵地。1204 年以后,布特林托曾归属于伊庇鲁斯君主国,1267 年,它又被安茹的查理控制。[③]

具有讽刺意味的是,尼基弗鲁斯和约翰作为拜占庭皇室后裔,一方面同西方天主教君主结成同盟,与拜占庭帕列奥列格王朝为敌,另一方面却支持拜占庭帝国内部反对东、西教派统一的呼声。也正是因为他们二人的庇护,很多反对教派统一的人士躲过了米哈伊尔八世的迫害。

1279 年,为了寻找靠山,对抗拜占庭帝国,尼基弗鲁斯不惜自降身份,正式承认自己是查理一世的附庸,并把布特林托奉献给宗主查理,两人的关系从盟友变成了主仆。然而,尼基弗鲁斯的如意算盘最终落空。法国人在西西里岛的统治不得人心,1282 年,“西西里晚祷事件”(Sicilian Vespers)爆发,岛上居民对法国安茹

---

① 查理一世(Charles Ⅰ of Sicily, 1226/1227—1285 年)即安茹的查理,法兰西国王路易九世的弟弟。1282 年,“西西里晚祷事件”使查理一世最终丢掉了西西里岛,仅保留了那不勒斯。1285 年,查理一世在郁闷中去世。

② 即约翰一世(John Ⅰ Doukas of Thessaly),统治塞萨利地区,是尼基弗鲁斯同父异母的兄弟。

③ 布特林托(Butrinto)亦被称为“布斯罗敦”(拉丁语:Buthrōtum;古希腊语:Βουθρωτόν)。

家族的暴虐统治进行反抗,获得成功。安茹的查理一世(Charles Ⅰ)从1266年开始统治西西里王国,法国人对当地人的侮辱与压迫终于导致当地人的暴动。暴动从3月30日一直持续到4月28日,大约有13 000名法国人被杀,查理失去了对西西里岛的控制。西西里晚祷事件也揭开了战争的序幕。由于暴动爆发的3月30日正逢复活节礼拜一晚祷时分,因此得名。事件爆发的深层原因在于当地百姓与占领军双方积怨已深,另外,法国士兵对当地妇女的骚扰也是事件爆发的导火线。与此同时,拜占庭帝国皇帝米哈伊尔八世与阿拉贡国王佩德罗三世(Pedro Ⅲ, 1239—1285年, 1282—1285年为西西里国王)也在暗中推波助澜,意欲阻止法国贵族与罗马教会染指地中海与拜占庭事务。这一事件发生的外部因素非常复杂。事件严重削弱了安茹家族的军事力量,甚至危及安茹家族与伊庇鲁斯君主国之间的同盟。同年,阿拉贡国王佩德罗三世占领了西西里岛,取安茹家族而代之。西西里晚祷事件的爆发还有拜占庭皇帝米哈伊尔八世挑唆的因素,他支持起义民众意在使安茹的查理耽于西方事务而无暇东顾。这一事件也导致查理丢掉了西西里岛,法国人仅保留了对那不勒斯王国的控制权。查理一世的失势也令尼基弗鲁斯失去军事外援,拜占庭军队乘机夺取他在阿尔巴尼亚的领地。尼基弗鲁斯再一次败在了米哈伊尔八世的计谋之下。

1282年,拜占庭帕列奥列格王朝皇帝安德罗尼库斯二世(Andronikos Ⅱ)重新恢复了东正教的地位。值得一提的是,安德罗尼库斯二世成为皇帝后,立即废止了先皇米哈伊尔八世同西方天主教谋求联合的大政方针,恢复了东正教的独尊地位,直到1310年,他才平复了东正教内部的纷争。① 尼基弗鲁斯通过他的妻子安娜,重新与拜占庭帝国建立了同盟关系,安娜更是亲自前往君士坦丁堡缔结和约。事实上,尼基弗鲁斯经过数次抗争,屡遭败绩,已经心灰意冷,因此甘心成为安娜的傀儡。安娜的政治立场是亲拜占庭王朝的,暗中为拜占庭帝国服务,因此伊庇

---

① 安德罗尼库斯二世('Ανδρόνικος Β' Παλαιολόγος, 1259—1332年)是拜占庭帝国末代王朝帕列奥列格王朝的第二任皇帝,1282年到1328年在位。在他统治时期,拜占庭帝国国力急剧下滑。土耳其人占领了小亚半岛西部的大部分地区,拜占庭帝国的小亚防线开始全面溃退。1285年,安德罗尼库斯二世又裁撤了拥有80艘战船的拜占庭舰队,导致拜占庭帝国失去了海军而不得不依靠威尼斯和热那亚的海上力量。安德罗尼库斯晚年又与自己的孙子小安德罗尼库斯开兵见仗,史称"两安德罗尼库斯之战",是末代王朝的第一次内战。内战失败后,老安德罗尼库斯被迫退位,躲进了修道院。

鲁斯政权也开始转向拜占庭一方。

为了讨好并帮助拜占庭帝国吞并塞萨利地区,尼基弗鲁斯开始向自己的亲属下手。1284 年,尼基弗鲁斯、安娜夫妇二人邀请侄子米哈伊尔访问伊庇鲁斯,后者的父亲就是占据塞萨利地区的约翰・杜卡斯。尼基弗鲁斯假意承诺是为了缔结合约,但实际上暗藏杀机,当米哈伊尔抵达伊庇鲁斯首府阿尔塔时,他背信弃义命人逮捕了其侄子并把他送交到君士坦丁堡。米哈伊尔的父亲,也就是尼基弗鲁斯的同父异母兄弟约翰・杜卡斯得知后,愤而起兵报复,蹂躏了阿尔塔附近地区,百姓惨遭涂炭。尼基弗鲁斯所采取的行动损人而不利己,反而让拜占庭皇帝坐山观虎斗。也许他命中注定,只能当一枚棋子,难以成为落子之人。

尼基弗鲁斯的夫人安娜也是一个不安于现状的人。在逮捕侄子后,安娜又想出了一个宏大的计划,打算通过联姻把伊庇鲁斯王室与帕列奥列格皇室紧密联系在一起。安娜计划把女儿泰玛嫁给皇帝安德罗尼库斯二世的儿子、[①]共治帝米哈伊尔九世。[②] 然而,安娜的这一计划被安德罗尼库斯二世本人否决,理由是联姻双方为表亲,血缘关系太近,违背了教会婚姻法的规定。该计划的流产令夫妻二人倍感失望,不过令他们欣慰的是,她的幼子托马斯于 1290 年被拜占庭皇帝授予了“专制君主”的头衔。

1291 年,在伊庇鲁斯内部反拜占庭贵族的怂恿下,不甘寂寞的尼基弗鲁斯一世同那不勒斯国王查理二世展开和谈。因为后者势力强大,不仅于 1285—1289

---

① 泰玛(Thamar Angelina Komnene)是伊庇鲁斯专制君主尼基弗鲁斯一世和安娜・坎塔库震妮的长女。1294 年 8 月,双方在今意大利阿布鲁佐大区的阿奎拉城(L'Aquila in Abruzzo)举行婚礼。泰玛的婚姻并不幸福。五年后,她的丈夫被阿拉贡军队逮捕并囚禁。为了凑够丈夫的赎金,泰玛甚至典卖了王冠,并向父亲尼基弗鲁斯借钱。1302 年,菲利普最终得以释放。因为居住在塔兰托,泰玛也生活在不得不融入拉丁世界的压力之下。她也取了天主教教名“凯瑟琳”(Catherine)。泰玛和丈夫菲利普的关系更是随着伊庇鲁斯与安茹家族的关系时好时坏。尽管她曾卖掉珠宝来作为安茹家族的军费,但是菲利普依然怀疑她暗中给伊庇鲁斯通风报信。1309 年,菲利普下定决心同泰玛离婚,同时莫须有地指责她与他人通奸。泰玛在重压之下,违心地承认与宫廷中四十名贵族通奸。泰玛最终被处以放逐幽禁之刑,并与 1311 年后死于囚所。泰玛和菲利普共育有六名子女。在政治联姻成为普遍的时代,作为政治筹码的王子公主的婚姻并不如童话般美好。

② 米哈伊尔九世是拜占庭帝国末代王朝帕列奥列格王朝的第三任皇帝。他是安德罗尼库斯二世与安娜的长子。年轻时,他曾平息了卡塔兰雇佣兵暴乱并因此受重伤,加上幼子曼努埃尔被长子小安德罗尼库斯(Andronikos Ⅲ)谋害,米哈伊尔 43 岁即去世。他去世后,他的父亲老安德罗尼库斯(Andronikos Ⅱ)和长子小安德罗尼库斯之间爆发了惨烈的内战。

年间继承了那不勒斯国王的王位，同时他还领有众多领地头衔，譬如普罗旺斯伯爵、阿尔巴尼亚国王、耶路撒冷国王等。[1] 此举激怒了帕列奥列格王朝的皇帝，引发了拜占庭军队的大举入侵。查理二世对尼基弗鲁斯积极施以援手，派遣自己的两位附庸、占据希腊伊奥尼亚群岛中凯法利尼亚和扎金索斯岛两个大岛的凯法利尼亚伯爵里卡多·奥尔西尼（Count Riccardo Orsini of Cephalonia），[2]和凭借妻子伊莎贝拉（Isabella of Villehardouin）的关系于1289年被封为阿哈伊亚大公（Prince of Achaea）的佛罗伦特（Florent of Hainaut），共同协助伊庇鲁斯抵御拜占庭军队的攻势。[3] 吊诡的是，不是拜占庭帝国，反而是这两位贵族最终成为伊庇鲁斯政权的掘墓人。

查理二世的帮助仿佛让尼基弗鲁斯看到了希望，因为尼基弗鲁斯一心想要与西方势力交好，用西方势力平衡、抵消拜占庭帝国的军事压力，以此来维护自己的独立地位。为了巩固同西方拉丁君主的联系，曾经被动接受政治联姻的尼基弗鲁斯也开始积极地给自己的子女安排婚姻。他把自己的大女儿泰玛嫁给了那不勒斯国王查理二世的儿子塔兰托的菲利普（Philip Ⅰ of Taranto, 1278—1331），[4]把二女儿玛丽亚嫁给了凯法利尼亚伯爵的继承人奥尔西尼。塔兰托的菲利普一世是那不勒斯国王查理二世的第四个儿子，其母亲玛利亚是匈牙利国王斯特凡五世的女儿，因此菲利普和拜占庭皇帝米哈伊尔九世是姨表亲。尼基弗鲁斯大女儿泰玛有权取代她的兄弟们继承伊庇鲁斯专制君主国的王权，查理二世也承诺允许泰玛保留原有的东正教信仰，[5]这为后来的政治风波埋下了伏笔。1294年，伊庇鲁斯和那不勒斯两方新人举行婚礼，伊庇鲁斯方面移交给那不勒斯四座位于伊庇鲁

---

① 查理二世（Charles Ⅱ of Naples, 1254—1309年）是13世纪下半叶欧洲最强君主——安茹的查理（Charles Ⅰ of Anjou）的儿子。查理二世子嗣众多，他和妻子匈牙利的玛利亚共有14个子女。

② 里卡多·奥尔西尼，或被称为“理查德·奥尔西尼”（Richard Orsini），头衔全称为“凯法利尼亚和扎金索斯伯爵”（Count Palatine Cephalonia and Zakynthos）。

③ 佛罗伦特（1255—1297年）在西西里晚祷事件爆发、安茹家族式微之后，作为安茹家族附庸的佛罗伦特在孤立无援的情况下，明智地与拜占庭帝国达成和平协议（the Treaty of Glarentsa, 1290），基本上维持了拉丁人在莫利亚地区的权益。佛罗伦特去世后，伊莎贝拉邀请妹夫里卡多·奥尔西尼襄助军政。

阿哈伊亚公国又被称为“莫利亚公国”，位于伯罗奔尼撒半岛，是1204年君士坦丁堡陷落后所建立的拉丁帝国的三大附庸之一。

④ 1309年，菲利普与泰玛离婚后，于1313年迎娶了第二任妻子凯瑟琳（Catherine of Valois）。

⑤ 泰玛最终也被迫放弃了东正教信仰，这也导致她失去了继承伊庇鲁斯王位的权利。

斯南部的城堡,作为泰玛的嫁妆。另外尼基弗鲁斯还承诺给菲利普王子同曼弗雷德一样的地位。[①] 查理二世则把自己在希腊的权益赠予了儿子菲利普。

然而,查理二世的赠予不可避免地引发希腊当地地产主与安茹家族领主之间的紧张局势。这也给尼基弗鲁斯的侄子、塞萨利的统治者创造了武装入侵的机会。塞萨利的军队占领了大多数已经移交给菲利普的城堡。两年后,安茹家族又将它们夺回。最终,势均力敌的双方于1296年订立和约。和约订立不久后,就传来了尼基弗鲁斯一世去世的消息。

尼基弗鲁斯一世去世的具体时间不详,大体上是在1296年9月到1298年7月之间。尼基弗鲁斯去世后,他的女婿菲利普意欲抢夺伊庇鲁斯国主之位,因为菲利普的妻子泰玛有继承王位的权利。菲利普的父亲查理二世也极力帮助儿子和儿媳夺权。尼基弗鲁斯的遗孀安娜则借口女儿泰玛已经被迫放弃东正教信仰,剥夺了后者继承伊庇鲁斯王位的权利。最终,安娜扶持年幼的儿子托马斯继承了伊庇鲁斯的君主位,她本人则垂帘听政,掌控大权。

第八节

托马斯一世·科穆宁·杜卡斯(Thomas I Komnenos Doukas)

1296—1318年在位

托马斯一世·科穆宁·杜卡斯(Thomas I Komnenos Doukas,Θωμάς Α′ Κομνηνός Δούκας,约生于1285年,卒于1318年,享年32岁)是伊庇鲁斯专制君主国第八位君主,也是末代君主,1297年,12岁的托马斯继任伊庇鲁斯专制君主,至1318年遇刺身亡,在位约21年。

托马斯是尼基弗鲁斯一世和安娜的幼子。他的母亲安娜出身于帕列奥列格家族,也是创建拜占庭帝国末代王朝的米哈伊尔八世的外甥女。1290年,年仅5

① 35年前,泰玛的姑母海伦娜·杜凯娜嫁给了曼弗雷德。

岁的托马斯被拜占庭皇帝安德罗尼库斯二世封为“专制君主”。①

托马斯上台颇费周折。1294年，尼基弗鲁斯一世与安娜的长女泰玛（Thamar Angelina Komnene）嫁给了那不勒斯国王查理二世的儿子塔兰托的菲利普。泰玛作为长女有权继承伊庇鲁斯专制君主国的君主位，因此，塔兰托的菲利普也提出继位要求。由于他们的母后专宠小儿子托马斯，因此当尼基弗鲁斯一世去世后，安娜迅速扶植托马斯上位，并亲自担任幼子的摄政。托马斯的上台导致伊庇鲁斯与自己的盟友离心离德，致使君主国陷入外无援助的境地。那不勒斯国王查理二世提出必须让菲利普和泰玛执掌伊庇鲁斯专制君主大权，但是被安娜严词拒绝，并声称泰玛既然放弃了东正教信仰就无权继承伊庇鲁斯王位。

为了改变外交困局，安娜利用自己与帕列奥列格王朝的血缘关系积极发展同拜占庭人的友好关系，并安排托马斯与当时的拜占庭帝国共治皇帝米哈伊尔九世（Michael Ⅸ Palaiologos，）的女儿安娜·帕列奥列吉娜结婚。② 二人的婚姻从1307年一直持续到1313年。

与此同时，那不勒斯国王查理二世发兵攻打伊庇鲁斯，但是被打退。伊庇鲁斯军队乘胜追击，进入安茹王朝在巴尔干半岛西部的领地，于1304—1305年间收复布特林托和纳夫帕克托斯。1307年，那不勒斯王国的安茹家族再次进攻伊庇鲁斯，但由于伊庇鲁斯地区军民忠心于安苴鲁斯家族，利用山区地形进行游击战，托马斯的军队依然坚持抵抗，尽管伊庇鲁斯军民有时并不占优势。最终，双方达成协议，伊庇鲁斯方面做出让步，把之前收复的堡垒要塞重新割让给塔兰托的菲利普。

随着时间的推移，伊庇鲁斯专制君主国逐渐被拜占庭帝国纳入到王朝统治范围之中，如果任由形势继续发展，这座偏安一隅近百年的专制君主国也许会被彻底纳入拜占庭帝国的版图。然而，1315年的一场由双方军事将领引发的军事冲突中断了这一趋势。拜占庭军队深入伊庇鲁斯境内，甚至一度直捣首府阿尔塔。

---

① 安德罗尼库斯二世是拜占庭末代王朝开国君主米哈伊尔八世的儿子，是帕列奥列格王朝第二任君主，是安娜的表兄，也是托马斯一世的表舅。

② 1304年，安娜·帕列奥列吉娜被托马斯一世的母亲挑选作为伊庇鲁斯未来的王后。1307年，托马斯与安娜举行婚礼。1318年，托马斯被尼古拉斯·奥尔西尼谋杀后，安娜被迫委身于凶手。1320年，安娜去世。

为了报复拜占庭帝国的入侵,托马斯一世囚禁了自己的妻子、来自拜占庭的公主安娜,并转而开始与塔兰托的菲利普谈判求援。但是在安茹家族的援兵抵达之前,托马斯一世被自己的外甥,凯法利尼亚伯爵尼古拉·奥尔西尼刺杀。① 当初受查理二世委派,前来支援伊庇鲁斯对抗拜占庭军队的奥尔西尼家族最终成为伊庇鲁斯君主国的掘墓人。1317 年,尼古拉继承了父亲的爵位。同他的父亲相比,他更愿意介入伊庇鲁斯的事务。1318 年,他刺死舅父托马斯一世后成为伊庇鲁斯的统治者,建立起独立的伊庇鲁斯奥尔西尼小王朝。为了巩固自己的统治,他娶了托马斯一世的遗孀安娜,即拜占庭皇帝米哈伊尔九世之女。同时,为了堵住当地教会势力之口,他改信了东正教。伊庇鲁斯北部地区以及伊奥尼亚地区的贵族势力拒绝承认尼古拉的统治,转而投向了拜占庭帝国。1323 年,尼古拉本人被自己的兄弟约翰·奥尔西尼(John Ⅱ Orsini)谋杀。

伊庇鲁斯专制君主国的历史至此终结。该政权实体的历史充分表明,自 1204 年第四次十字军骑士攻占君士坦丁堡以后,中央集权制的拜占庭帝国不复存在,即便 1261 年重新入主君士坦丁堡的尼西亚人建立了拜占庭人的王朝,但是此后的拜占庭帝国已经四分五裂,帝国领土上散布着许多大小不一的独立政权,他们之间的关系与封建制度鼎盛时代的西欧各级领主之间的封建关系毫无区别。这些领主陷入长期的混战,为了各自家族和领主个人的利益相互厮杀,“罗马帝国”的共同利益早已消失,帝国皇帝集权的统一原则和理念也随之烟消云散。伊庇鲁斯是整个晚期拜占庭社会的缩影,也是研究衰亡中的拜占庭社会的一个重要观察点和极为生动的案例。

---

① 尼古拉斯·奥尔西尼(Nicholas Orsini,希腊语:Νικόλαος Ορσίνι)是伊庇鲁斯专制君主国尼基弗鲁斯一世的外孙,他的母亲是尼基弗鲁斯的二女儿玛丽亚,父亲是那不勒斯国王查理二世的附庸凯法利尼亚伯爵里卡多·奥尔西尼。

第三章

特拉比宗“帝国”

（1204—1461 年）

特拉比宗帝国王朝是拜占庭第三个流亡的正统王朝，由大科穆宁家族的阿莱克修斯一世创立，因为其所在地而得名，统治时间 257 年，可能是拜占庭帝国流亡王朝中存续时间最长的，先后有九代 19 个皇帝在位，如果将三位掺杂在他们中间的皇后的短暂统治时间也计算在内的话，则在位君主数量更多。政治上的错综复杂，使得人们几乎难以搞清楚他们都包括哪些人：阿莱克修斯一世（Alexios Ⅰ Komnenos, 1204—1222 年在位）、安德罗尼库斯一世（Andronikos Ⅰ Gidos, 1222—1235 年在位）、约翰一世（John Ⅰ Axouch, 1235—1238 年在位）、曼努埃尔一世（Manuel Ⅰ Komnenos, 1238—1263 年在位）、安德罗尼库斯二世（Andronikos Ⅱ Komnenos, 1263—1266 年在位）、乔治（George Komnenos, 1266—1280 年在位）、约翰二世（John Ⅱ Komnenos, 1280—1297 年在位）、塞奥多拉

(Theodora, 1284—1285 年在位)、阿莱克修斯二世(Alexios Ⅱ Komnenos, 1297—1330 年在位)、安德罗尼库斯三世(Andronikos Ⅲ Komnenos,1330—1332 年在位)、曼努埃尔二世(Manuel Ⅱ Komnenos,1332 年在位)、瓦西里(Basil Komnenos,1332—1340 年在位)、伊琳娜(Irene Palaiologina,1340—1341 年在位)、安娜(Anna Anachoutlou,1341—1342 年在位)、米哈伊尔(Michael Komnenos,1341 年在位)、约翰三世(John Ⅲ Komnenos,1342—1344 年在位)、米哈伊尔(Michael Komnenos,1344—1349 年在位)、阿莱克修斯三世(Alexios Ⅲ Komnenos,1349—1390 年)、曼努埃尔三世(Manuel Ⅲ Komnenos,1390—1417 年在位)、阿莱克修斯四世(Alexios Ⅳ Komnenos,1417—1429 年在位)、约翰四世(John Ⅳ Komnenos,1429—1460 年在位)、戴维一世(David Ⅰ Komnenos,1459—1461 年在位)。

特拉比宗帝国王朝的创立者阿莱克修斯一世是科穆宁王朝末代皇帝安德罗尼库斯一世(Andronikos Ⅰ,1182—1185 年在位)之孙,他的父亲是那个屠杀皇室亲人的恶棍皇帝之子曼努埃尔,他们可能都参与了那场皇族自相残杀的叛乱,但是最终在首都民众起义中都因此遭到清算。少年时代的阿莱克修斯和他的亲弟弟戴维在格鲁吉亚士兵的帮助下逃亡到帝国东部,因为他们的母亲原本是格鲁吉亚王国的公主,并在姥姥家长大。1204 年君士坦丁堡被第四次十字军骑士占领后,22 岁的阿莱克修斯率兵攻占了帝国边区的特拉比宗,从此找到了栖身之地,建立了大科穆宁王朝。他在位将近 20 年去世时,将皇位传给了女婿安德罗尼库斯一世,这样的做法符合拜占庭帝国皇位继承传统。特别是这个将领女婿并未僭越皇家正统,在位 13 年后,皇权重归阿莱克修斯一世的长子约翰一世。

约翰一世在位仅仅三年便死于娱乐运动的意外事故,可能因为他未有子嗣,皇位顺次由他的幼弟曼努埃尔一世继承,学界有推测称,后者是通过政变夺权上台的,因纯属推测不可采信。无论如何,曼努埃尔的继承符合兄终弟及的原则,属于皇权正常交接。曼努埃尔在位 25 年,其三位妻子特拉比宗贵族小姐安娜·希拉勒(Anna Xylaloë)、格鲁吉亚公主鲁苏丹(Rusudan)、特拉比宗贵族小姐伊琳妮·叙丽凯娜(Irene Syrikaina),可能为他生下了三子两女,这三个儿子都先后成为大科穆宁王朝的皇帝,即安德罗尼库斯二世、乔治和约翰二世。他们兄弟三人在位时间长短不一,但皇权交接仍然正常,都符合兄终弟及的继承原则,直到后者在位 17 年后,将皇位传给了自己的长子阿莱克修斯二世。曼努埃尔可谓幸福的一家皇帝。

阿莱克修斯二世继承皇位将特拉比宗帝国王朝兄终弟及的方式调整为父死子继是不是经过了激烈的内讧呢？答案是否定的。作为拜占庭帝国边陲的一个小王朝,占据帝国京都君士坦丁堡的帕列奥列格王朝此时也没有放过机会,频繁干涉其最高权力的交接。约翰二世临终前希望君士坦丁堡的帝国皇帝安德罗尼库斯二世照顾自己的妻子和儿子,这恰好给掌控中央政府的帕列奥列格皇族提供了机会,因为约翰二世的妻子就是安德罗尼库斯二世的妹妹。后者“好心”邀请她们母子前往帝国京都,但是戒备心极强的特拉比宗帝国贵族们留了一手,将 14 岁的阿莱克修斯二世留在了特拉比宗,还推举他继承父亲的皇位。长大成人的小皇帝为了摆脱帕列奥列格皇族的威胁与控制,几度婉拒他们提出的婚约,而是选择了格鲁吉亚贝卡一世(Beka Ⅰ Jaqeli, 1285—1306 年在位)的女儿加扎克(Djiadjak)为妻,还先斩后奏与未婚先孕的妻子举行了盛大婚礼,迫使安德罗尼库斯二世不得不承认,从而挫败了后者的图谋。他后来传位于儿子安德罗尼库斯三世,后者又传位于他的孙子曼努埃尔二世,似乎父死子继的传统又恢复了。但是其中暗藏杀机,血腥的皇室杀戮发生在安德罗尼库斯三世短暂的统治时期,他为了消除皇位的威胁,残忍地杀害了自己的几个弟弟米哈伊尔・阿扎胡特鲁(Μιχαηλ τοῦ 'ΑζαΧουτλοῦν)和乔治・阿赫普加(Γεώργιος τοῦ 'ΑΧπουγώης),而后将皇位传给十岁的儿子曼努埃尔。

当然,后世史家分析他的残暴是因为他反对父皇与穆斯林的和亲政策,并迁怒于弟弟妹妹,似乎是合理的,但手足相残之人必将短命,不仅他自己短命,还祸及后代,他的儿子曼努埃尔二世被其二叔瓦西里推翻,后来死于囚禁之中,年仅 9 岁。瓦西里是阿莱克修斯二世的次子,父亲去世后随母亲去君士坦丁堡,可能是作为人质性质被扣押不归。他于 1335 年按君士坦丁堡皇帝安德罗尼库斯三世的安排迎娶后者的私生女伊琳妮・帕列奥列吉娜为妻。回到特拉比宗后,他又于 1339 年休弃其讨厌的前妻而正式与特拉比宗的伊琳妮(Irene Komnenos)结婚,他们的长子在君士坦丁堡流亡的时候夭折,次子约翰后来加冕为阿莱克修斯三世,是特拉比宗帝国在位时间最长的皇帝。他们俩还生育了另外两个女儿。瓦西里去世后,特拉比宗政权被他的前妻伊琳妮与妹妹安娜·阿纳胡特鲁·大科穆宁('Αννα ΑναΧουτλου)分别掌控一段时间,皇家内部爆发内战,直到1342年9月,瓦西里的堂弟约翰才被推上皇位,称为约翰三世。在这次内战中,阿莱克修斯二世的弟弟米哈伊尔三世也参与其中,并从其侄子手中夺取皇位,一度称帝五年半。这一乱局持续到瓦西里与特拉比宗的伊琳妮所生次子阿莱克修斯三世时为止,此后的皇权维系在瓦西里一支中。

阿莱克修斯三世在位长达40余年,是特拉比宗帝国最长寿的皇帝。他于1351年与君士坦丁堡皇家公主塞奥多拉·科穆宁·坎塔库震妮结婚,她是拜占庭当朝皇帝约翰六世的女儿,也是皇帝约翰五世的妻姐,显示此时的特拉比宗帝国与拜占庭帝国间的良好关系。对于这一关系持反对意见的贵族不是少数,他们先后四次反叛均告失败,阿莱克修斯三世没有赶尽杀绝,而是采取了宽容怀柔政策,遂使这个小小的帝国得以在强敌环伺的环境中生存下来。他至少育有七名子女,分别是塞奥多拉所生的长女安娜、瓦西里、曼努埃尔以及尤多奇亚,其长子安德罗尼库斯为其情妇所生,还有两个女儿可能也是情妇所生。只是长子和次子早亡,皇位由小儿子曼努埃尔三世顺位继承,其他儿女都与豪门联姻。曼努埃尔三世所代表的大科穆宁家族后来与帕列奥列格皇室广泛结亲,其子女也与君士坦丁堡皇家沾亲带故,但帕列奥列格与特拉比宗两大家族均面临奥斯曼土耳其人的强大压力,相互难以为对方提供支持。后来,皇位由曼努埃尔三世与皇后尤多奇亚所生之子瓦西里继承,加冕后称为阿莱克修斯四世。只是衰亡中的特拉比宗帝国和拜占庭帝国一样,盛产昏庸无能的君主,阿莱克修斯四世把一手好牌打得稀烂,其本应顺位继承的长子约翰被他自己逼上了弑父夺权绝路。有史料说约翰并未杀害自己的父亲,是其手下误杀,但他作为叛军的首领是要为此负责并背负骂名的。

约翰四世在位31年,其间拜占庭帝国灭亡,他似乎密切关注了君士坦丁堡的陷落,但似乎一直袖手旁观。特拉比宗成为拜占庭遗老遗少最后逃难的地方,直到君士坦丁堡陷落三年后,奥斯曼土耳其大军征服塞尔维亚途中,于1456年顺便围攻该城。投降后的约翰通过缴纳年贡和美女的方式,又使特拉比宗苟活了数年,约翰去世后,将皇位交给了弟弟戴维,同时,也把特拉比宗帝国沉船的罪名转移到末代皇帝戴维头上。1461 年 8 月,特拉比宗被苏丹穆罕默德二世攻占,特拉比宗帝国大科穆宁王朝统治断绝。

特拉比宗帝国王朝统治了 257 年,先后有 9 代 22 个皇帝在位(包括那些有争议的君主)。但作为拜占庭帝国边陲小王朝对拜占庭历史并无多少影响,其历史贡献虽无足挂齿,却十分特殊,就是它成为拜占庭帝国最后灭亡的小王朝,1461 年这个年代也因为它的存在而具有了特殊的意义。

第一节

阿莱克修斯一世·大科穆宁(Alexios I Megas Komnenos)

1204—1222 年在位

阿莱克修斯一世(Alexios I Megas Komenos, Αλεξιος A' Μεγας Κομνηνός,约生于 1182 年,卒于 1222 年 2 月 1 日,享年 40 岁)是特拉比宗帝国的创立者,1204 年 4 月 25 日至 1222 年 2 月 1 日年在位 18 年。

阿莱克修斯自称科穆宁王朝后裔,是 1185 年在君士坦丁堡被废黜且被杀死的科穆宁王朝末代皇帝安德罗尼库斯一世之孙,他自诩代表拜占庭皇室正统,坚持认为 1185 年之后推翻科穆宁王朝自立的安苴鲁斯王朝的非正统性,以此否定凭借与安苴鲁斯王朝的姻亲关系建立的尼西亚王朝的合法性,力求在第四次十字军骑士占领君士坦丁堡之后各派拜占庭流亡势力中抢夺皇室身份地位的制高点。

阿莱克修斯的弟弟戴维(David)可能生于 1184 年。史料中多有关于其祖辈人的传说。其父曼努埃尔·科穆宁是安德罗尼库斯一世的长子,他和其弟约翰为同母兄弟,可能为安德罗尼库斯的第一位妻子所出。有关曼努埃尔的史料很少见,只有尼基塔斯·侯尼雅迪斯的《拜占庭史》中略有提及。该书称,1182 年 4 月,安德罗尼库斯率大军威胁君士坦丁堡及城中的皇帝和摄政王,迫使摄政王阿莱克修斯放弃抵抗,于是首都局势暂由“安德罗尼库斯的儿子们和支持者”掌控,一切平稳后,安德罗尼库斯才隆重进入君士坦丁堡。这里所谓“儿子们”应当就是指曼努埃尔和约翰。约1182年底,已经成为共治皇帝且大权独揽的安德罗尼库斯想进一步实现其完全独自掌权的野心,对与其共治的小皇帝阿莱克修斯二世及其母亲太后柯塞妮(Xene)彻底清除,遂罗织罪名下令处死太后。出乎意料的是,其子曼努埃尔拒绝执行命令,后者认为这一命令“让人厌恶且毫不神圣”,安德罗尼库斯皇帝被迫千方百计拖延数日,另派遣手下杀死柯塞妮。① 1185年安德罗尼库斯一世被反叛者推翻,曼努埃尔也受到株连,尽管他并不支持其父的暴政,但作为其直系亲属,也遭到反叛者的报复。他的眼睛被刺瞎,不久因感染去世。此时其弟约翰恰好率领一支人马前往菲利普波利斯(Philippopolis),安德罗尼库斯一世被推翻的消息激起部下兵变,约翰旋即遭到逮捕,并被属下刺瞎眼睛,而后也在伤痛中死去。② 芬利在描述曼努埃尔·科穆宁时,称他因为反对父亲的暴政而受到一定程度的爱戴,还因为拒绝迎娶被谋杀的皇帝阿莱克修斯二世的遗孀——法国人阿涅丝(Agnes of France)——而受到欢迎,因为他强调自己对希腊教会权威的尊重因而无法接受这一婚姻。曼努埃尔这种执拗的做法引起父亲的不满,导致后者将曼努埃尔的弟弟约翰选为继承人,为其加冕为共治皇帝。③ 但尼基塔斯·侯尼亚迪斯并没有提及曼努埃尔与皇后阿涅丝的议婚,反而称安德罗尼库斯一世不顾自己年迈体衰娶了年纪很小的法国公主安娜为妻,芬利也未在文中标注该条资料的来源,故无法核实哪一种更可信。此外,查兰顿(Chalandon)根据斯拉夫人的记载,提出曼努埃尔·科穆宁就是在1164年至1165年被皇帝曼努埃尔一世派往罗斯的拜占庭使者,大约生于1144年,并进一步推算他的弟弟约翰大约生于1156年。④ 1185年君士坦丁堡发生暴乱,暴怒的民众在竞技场杀死了

---

① Niketas Chioniates, *O City of Byzantium*, 225, p. 142; 268 - 269, p. 149. Nicetae Choniatae, *Historia*, ed. J. van Dieten [Corpus Fontium Historiae Byzantinae 11. 1], Berlin: De Gruyter, 1975, TLG, No. 3094001.

② Niketas Chionetas, *O City of Byzantium*, 356 - 357, pp. 197 - 198.

③ G. Finlay, *The History of Greece, the Empire of Trebizond, 1204—1461*, Edinburgh and London: William Blackwood and Sons, 1851, p. 367.

④ Niketas Chionetas, *O City of Byzantium*, 260, p. 145. 另见 F. Chalandon, *Les Comnène*, Ⅱ (Paris, 1912), 481, n. 5, 转引自 C. Toumanoff, “On the Relationship between the Founder of the Empire of Trebizond and Queen Thamar,” *Speculum*, vol. 15, no. 3(1940), p. 304。

他们的祖父、时任皇帝的安德罗尼库斯一世,其他皇室成员也遭到民众追杀,阿莱克修斯的父亲曼努埃尔未能幸免,被杀身亡,而阿莱克修斯和戴维两兄弟侥幸逃生,由于他们与格鲁吉亚王室有某种亲戚关系,为后者收留。

关于两兄弟侥幸逃生后的经历史料记载存有异议。一种说法称:阿莱克修斯和戴维在格鲁吉亚人的帮助下,被人成功带离君士坦丁堡,前往格鲁吉亚王宫与他们的表亲一起长大。直到成年后,也就是13世纪初,他们才在格鲁吉亚王室和军队的支持下,趁乱对小亚细亚发动攻击,夺取特拉比宗。关于阿莱克修斯两兄弟逃离君士坦丁堡的过程,当时的拜占庭史家们并无记载,相关信息来自15世纪后半期的劳尼科斯·乔尔克堪代勒斯(Laonicas Chalcocondyles)的记载:"据说,科尔齐斯(Colchis)的皇帝们此前曾是拜占庭的皇帝,属于科穆宁家族。当他们被剥夺了权力后,皇帝的一个儿子伊萨克在父亲被憎恨他的暴民杀死后逃跑,前往科尔齐斯和特拉比宗。在到达那里之后,当地人民把他奉为科尔齐斯的统治者,因此他将那里变成了科尔齐斯的一座城市——特拉比宗帝国。从那之后,他们一直统治着那里直到我们这个时候,他们本来就是希腊人,也一直保持着希腊风俗以及希腊语。"①特拉比宗帝国皇帝姓氏的希腊语拼写也依据14世纪末特拉比宗的史家帕纳雷托斯所撰《历史》一书。② 乔尔克堪代勒斯在这里称"科尔齐斯的皇帝们",瓦西列夫认为这是史家因不了解而导致的错误,"科尔齐斯"指的是格鲁吉亚;但在同一篇文章中,瓦西列夫在论及格鲁吉亚编年史中记录的阿莱克修斯所征服之地时,就提到了拉齐卡(Λαζική),他还提出一种可能,即阿莱克修斯先征服拉齐卡,再从拉齐卡前往特拉比宗。然而,通过格鲁吉亚史书与乔尔克堪代勒斯记述的相互印证,还可以解释为:12世纪初时,格鲁吉亚女王泰玛无法在拉齐卡地区开展有效的管理,因此阿莱克修斯才可能率领军队征服该地;后来阿莱克修斯作为皇帝成为其所征服之地的统治者时,科尔齐斯也自然被纳入该范畴,故而乔尔克堪代勒斯会

① Laonikos Chalkokondyles, *The Histories*, Ⅱ, trans. A. Kaldellis, Cambridge, Massachusetts: Harvard University Press, 2014, 9. 27, p. 305. Laonici Chalcocandylae, *Historiarum Demonstrationes*, ed. E. Darkó, 2 vols., Budapest: Academia Litterarum Hungarica, 1922, 1923, 1927, TLG, No. 3139001.

② "Panareti chronicon Trapezuntinum," *OPOSCULA Accedunt Trapezuntinae Historiae Scriptores Panaretus et Eugenicus*, ed. Theophil. Lucad Frider. Tafel, Beneto: 1832.

称其为“科尔齐斯的皇帝”。[1] 乔尔克堪代勒斯的记述存在一些错误,例如将特拉比宗误称为科尔齐斯,将阿莱克修斯误称伊萨克,而且没有解释他们两兄弟如何逃离君士坦丁堡,如何来到科尔齐斯。事实上,1185年内乱发生时,阿莱克修斯才大约4岁,而他弟弟戴维年纪更小,两个孩子必须要仰仗他人的帮助才能成功逃脱。

有些学者提出,阿莱克修斯两兄弟在1185年可能在格鲁吉亚人帮助下逃离君士坦丁堡。库尼克(Kunik)根据格鲁吉亚编年史关于格鲁吉亚女王泰玛(Thamar,1184—1212年在位)有一姐妹的记录,猜测这位格鲁吉亚公主可能嫁给了曼努埃尔为妻,故而暴乱发生时,这位公主带着孩子们在格鲁吉亚人的帮助下逃回故乡。[2] 但特拉比宗史家米哈伊尔·帕纳雷托斯(Michael Panaretos)称泰玛是阿莱克修斯兄弟俩的“父系亲属(πατρὸς θείας αὐτοῦ Θάμαρ)”[3],库尼克的上述假设显然忽略了这一层关系。19世纪20年代的德国学者法尔迈拉耶(Fallmerayer)认为泰玛是安德罗尼库斯一世皇帝的女儿,她为对抗诺曼人的舰队早就派兵驻扎于黑海南岸地区,且黑海南岸各地已经封授给安德罗尼库斯家族的各个成员,因此两兄弟能够顺利逃离。[4] 之后,大多数学者受法尔迈拉耶观点的影响,直到19世纪中叶格鲁吉亚编年史出版,对泰玛的经历有比较详细的介绍,才终结了这一说法。

此后学者们试图通过别的途径求证安德罗尼库斯家族与格鲁吉亚王室的联系。一些学者推测安德罗尼库斯曾经娶了一位格鲁吉亚公主为妻,并生下了曼努埃尔和约翰。[5] 这种观点得到其他学者的支持,库尼克根据俄国学者查兰顿提出

---

① 科尔齐斯(Colchis),指的是今格鲁吉亚西部由黑海和高加索山脉夹着的一块低地,该地区古称科尔齐斯,在罗马—拜占庭统治时期,开始使用拉齐卡(Lazica)来称呼当地。在历史上,科尔齐斯(拉齐卡)地区拥有较强的独立性,时而为拜占庭帝国属国,时而依附于萨珊波斯帝国,7世纪时被阿拉伯人征服。一般认为,8世纪在驱逐阿拉伯人后建立起独立政权,大约在11世纪左右与东部的伊比利亚(格鲁吉亚东部地区)合并成立格鲁吉亚王国。A. A. Vasiliev, “The Foundation of the Empire of Trebizond (1204—1222),” *Speculum*, vol. 11(1936), p. 20.

② A. Kunik, “The Foundation of the Empire of Trebizond”, *Uchenyja Zapiski of the Imperial Academy of Sciences in St. Petersburg*, first and third section, 2(1854), p. 713. 转引自 A. A. Vasiliev, “The Foundation of the Empire of Trebizond (1204—1222),” p. 8。

③ “Panareti chronicon Trapezuntinum”, 1. 3-4, p. 362.

④ A. A. Vasiliev, “The Foundation of the Empire of Trebizond (1204—1222),” p. 8.

⑤ 芬利认为安德罗尼库斯一世与一位格鲁吉亚公主的疑似婚姻将格鲁吉亚人常用的名字——泰玛和戴维引入他们家族,所以他的孙辈中阿莱克修斯的弟弟名叫戴维,而且阿莱克修斯两兄弟前往格鲁吉亚可能投靠的是他们的一位名叫泰玛的姑姑。G. Finlay, *the Empire of Trebizond*, p. 369.

的曼努埃尔·科穆宁在1164—1165年间作为使者出使罗斯一事,提出关于曼努埃尔年龄的多个假设,其中也提到曼努埃尔可能是安德罗尼库斯与一位格鲁吉亚公主的儿子。① 这种推论使得泰玛符合了阿莱克修斯兄弟"姑姑"的身份,但他们如何从君士坦丁堡逃往格鲁吉亚仍是个谜团。

从后来的结果看,阿莱克修斯兄弟与格鲁吉亚王室之间必然存在着一定的联系,当他们于1185年在一些侍从或近臣的保护下暂时逃脱暴民后,完全有可能借助停泊在君士坦丁堡港口的格鲁吉亚商船来到格鲁吉亚,因为黑海东岸的格鲁吉亚与君士坦丁堡之间有着频繁的商业往来。尼基塔斯称在1181年5月,前皇帝曼努埃尔一世的女儿玛利亚在反对其弟阿莱克修斯二世以及摄政王时,曾招募了一些"来自东方的、大胆的伊比利亚人"②。这些人都是商人,他们的存在以及"胆大妄为"使得两兄弟有可能借此逃亡。

另一种说法则称:阿莱克修斯和戴维在1185年并没有离开,而是一直留在君士坦丁堡,甚至娶妻,到了13世纪初才因乱离开。芬利支持这一说法,认为当曼努埃尔被杀后,一些支持科穆宁家族的人"将阿莱克修斯以及还在襁褓中的戴维藏了起来,躲过了暴民,躲过了伊萨克二世的清洗,躲过憎恨科穆宁家族的敌人的报复,最终安静地生活下来,并且在那里接受教育、长大;直到1204年十字军围攻君士坦丁堡,他们两兄弟趁乱逃出首都,来到格鲁吉亚(科尔齐斯),找到他们的姑姑泰玛"。芬利也认为这位"姑妈泰玛"是安德罗尼库斯一世皇帝的女儿,且为了避免她与女王泰玛混淆,称前者是一位格鲁吉亚王子的遗孀,拥有相当丰厚的资产,从而能够为其侄子们后来的征服活动提供资金支持。③

但这第二种说法遭到极大质疑。安苴鲁斯王朝统治下的君士坦丁堡怎么会容许科穆宁末代皇帝直系后裔秘密地长大成人,毕竟他们两兄弟的存在将会否定安苴鲁斯家族皇位的合法性,动摇其统治的基础。事实上,在伊萨克·安苴鲁斯

---

① 关于泰玛与阿莱克修斯兄弟的亲缘关系,瓦西列夫梳理了学者们的各种假设,见 A. A. Vasiliev, "The Foundation of the Empire of Trebizond (1204—1222)," pp. 8 and 10。后来图曼诺夫更详细地辨析了泰玛与科穆宁家族的关系,也倾向于认同可能是安德罗尼库斯一世与格鲁吉亚王室联姻从而形成亲属关系。C. Toumanoff, "On the Relationship between the Founder of the Empire of Trebizond and Queen Thamar," p. 303.

② Niketas Choniates, *O City of Byzantium*, 233, p. 132. 伊比利亚,即格鲁吉亚。

③ G. Finlay, *The Empire of Trebizond*, pp. 367 – 369.

即位后的数年中,原安德罗尼库斯一世皇帝的支持者和科穆宁家族的许多成员发动数次起义,如安德罗尼库斯一世的侄子伊萨克·科穆宁就曾从监狱逃到大教堂,并集结许多支持者以图抗争,不过很快被杀死。再如曼努埃尔一世皇帝的外孙、时任塞萨洛尼基总督的安德罗尼库斯·科穆宁就因被怀疑有意篡夺皇位而遭逮捕,最终这位安德罗尼库斯及其子均被杀死。① 安苴鲁斯王朝的皇帝们为稳固统治,必须要尽可能清除近在咫尺的危险人物,阿莱克修斯与戴维就是这种威胁。对于他们来说,最危险的地方就是君士坦丁堡,他们必须尽早逃离,找到一个能够保证他们顺利长大、接受必要教育的地方。当格鲁吉亚史料被引入特拉比宗帝国建立的研究中后,这种说法也就失去了支持。

总体上因资料缺乏,学者们虽多方猜测,但始终无法弄清两兄弟何时、以何种方式离开首都,研究者逐渐放弃对这段历史的探究。② 至于两兄弟之后的成长,更是缺乏资料,瓦西列夫认为他们在1204年之前一直待在格鲁吉亚女王的宫殿,在那里接受教育,进行军事训练,格鲁吉亚语成为他们的母语,同时他们可能还继续用希腊语和其贴身侍从交流。③ 到1204年时,阿莱克修斯已经22岁,他的弟弟戴维约20岁或21岁。在此之前,他们或许只是蛰伏,等待时机,或许毫无报复君士坦丁堡的安苴鲁斯家族的心思,只是随着君士坦丁堡局势益发动荡,以及兄弟二人的成长与成熟,重新夺回拜占庭皇位的机遇逐渐到来。

事情的变化发生在1204年4月,也就是君士坦丁堡被拉丁人攻陷的同一个月,阿莱克修斯与戴维率军向小亚细亚东北重镇特拉比宗发起攻击,并且很快取得胜利。在此过程中,格鲁吉亚人起到关键作用。瓦西列夫认为阿莱克修斯和戴维起初并没有夺取拜占庭皇位的想法,只是迫于泰玛的对外扩张政策,充当了她在黑海东岸政治军事扩张的马前卒。库尼克则进一步指出,选择特拉比宗等地作为征服对象是出于格鲁吉亚王国本身军力和国力的限制,④而且与科穆宁家族的姻亲关系也使得他们自然将君士坦丁堡的安苴鲁斯王朝视为对手,对后者治下领

---

① Niketas Choniates, *O City of Byzantium*, 424 - 427, pp. 233 - 236.

② W. Miller, *Trebizond: the Last Greek Empire of the Byzantine Era, 1204—1461*, London: ZENO Booksellers & Publishers, 1926, p. 14.

③ A. A. Vasiliev, "The Foundation of the Empire of Trebizond (1204—1222)," p. 18.

④ A. A. Vasiliev, "The Foundation of the Empire of Trebizond (1204—1222)," p. 18.

地的攻占也不会有任何心理负担。

泰玛女王在1204年对特拉比宗发动攻击的导火索，是1203年7月君士坦丁堡的皇帝阿莱克修斯三世（Alexios Ⅲ，1195—1203年在位）没收了女王向拜占庭帝国境内一些修道院、圣山的捐赠。[①] 女王盛怒之下，亲自调派军队，筹划对特拉比宗的军事行动，并任命阿莱克修斯·科穆宁为远征军首领。这被看作是泰玛统治时期最为重要的行动，[②]而且取得了极其丰硕的成果——由格鲁吉亚扶持的特拉比宗帝国最终建立起来。

关于征服特拉比宗以及建立帝国的过程，拜占庭方面的史家并没有留下记录，与他们同时代的尼基塔斯·侯尼亚迪斯只是在述及戴维·科穆宁时提到他的哥哥阿莱克修斯，而且明确说是戴维将后者“推上位，成为特拉比宗等城市的统治者，当阿莱克修斯把时间耗在特拉比宗时，戴维作为前锋在小亚细亚的其他地区继续冲杀”[③]。比他们稍晚些年的乔治·阿克罗颇立塔斯在讲到控制帕夫拉戈尼亚（Paphlagonia）的戴维时，提到他的哥哥是统治着特拉比宗的阿莱克修斯，他们两兄弟是“安德罗尼库斯皇帝的孙子，曼努埃尔的儿子”[④]。直到14世纪时，特拉比宗的米哈伊尔·帕纳雷托斯才记录说：“阿莱克修斯在其姑姑泰玛的热情且有效的帮助下，从伊比利亚（格鲁吉亚）出发，占领了特拉比宗。”[⑤]相比而言，格鲁吉亚史书的记载给学者们留下一些线索，瓦西列夫根据史书中关于阿莱克修斯征服的地区名单，认为他们首先征服了拉齐卡，再从拉齐卡前往特拉比宗。拉齐卡位于今格鲁吉亚西部滨海的低地地区，与构成格鲁吉亚王国核心地带的伊比利亚地区存在着较大差异，一般认为，11世纪时拉齐卡与伊比利亚合并建立了格鲁吉亚王国。如果这时阿莱克修斯需要率军征服当地的话，那么说明11世纪时拉齐卡与伊比利亚就不是简单的合并。[⑥]

---

① 这些信息源于格鲁吉亚编年史的记载，Marie-Félicité Brosset, *Histoire de la Géorgie debuis l'Antiquité jusqu'au XIXe siècle*, S.-Pétersbourg: Imprimerie de l'Académie Impériale des sciences, 1849, pp. 464-465.

② A. A. Vasiliev, “The Foundation of the Empire of Trebizond (1204—1222),” p. 19.

③ Niketas Choniates, *O City of Byzantium*, 626, p. 343.

④ George Akropolites, *The History*, p. 120. Georgii Acropolitae, *Opera*, ed. A. Heisenberg, vol. 1. Leipzig: Teubner, 1903, TLG, No. 3141002, No. 3141003.

⑤ “Panareti chronicon Trapezuntinum,” 1. 3-4, p. 362.

⑥ Niketas Chionetas, *O City of Byzantium*, 356-357, pp. 197-198.

另一种观点认为阿莱克修斯兄弟走的是陆路,因为格鲁吉亚一首民歌提到泰玛女王解放了埃尔泽乌姆(Erzurum),故而阿莱克修斯可能先从陆路占领埃尔泽乌姆,再北上征服特拉比宗。埃尔泽乌姆是今土耳其东部重镇,是同名省份的首府。埃尔泽乌姆本名卡林(Karin),是亚美尼亚地区的一座城市,4世纪后半期时拜占庭帝国与萨珊波斯分割亚美尼亚地区后,这里归于拜占庭帝国,并以皇帝塞奥多西(Theodosius Ⅰ,375—391年在位)之名将其命名为塞奥多西波利斯(Theodosiopolis),也是拜占庭帝国东部边境的防御重镇。1071年曼兹克特战役后不久,该城被塞尔柱突厥人占据,将其改名为埃尔泽乌姆(意为"罗马人的城镇")。这首民歌中关于泰玛解放埃尔泽乌姆的表述可能就源于此,格鲁吉亚王国信奉基督教,故而把从穆斯林控制下夺取埃尔泽乌姆称为"解放"。但后者遭到瓦西列夫质疑,因为埃尔泽乌姆与拉齐卡不再一个方向,中间隔着大山,他不可能浪费时间与精力绕过大山辗转到达。①

阿莱克修斯率领的格鲁吉亚军队在特拉比宗地区似乎没有遭到抵抗,进军以及攻占特拉比宗的过程似乎都很顺利。芬利认为他们能够如此"迅速而成功"的原因在于当地各级政府机构因拜占庭混乱而陷入孤立无援的境地,民众对近在咫尺的入侵威胁十分恐惧,故而在面对阿莱克修斯两兄弟的大军时,政府直接放弃组织抵抗,人民希望一支由前皇族即科穆宁家族后裔领导的军队能够保护他们免受压迫。② 米勒与瓦西列夫均认为这源于阿莱克修斯的祖父安德罗尼库斯一世曾经在这里担任过总督,还以此为基地出兵君士坦丁堡争夺皇位,因此科穆宁家族、特别是安德罗尼库斯在该地区拥有很好的名望,相比于远在君士坦丁堡的陌生的安苴鲁斯王朝,当地居民更愿意接受安德罗尼库斯·科穆宁的孙子们。③

近年在特拉比宗发现的一枚印章提供了阿莱克修斯进入特拉比宗的信息。该印章正面是圣阿纳斯塔西斯(Η ΗΑΓΙΑ ΑΝΑΣΤΣΙΣ)的形象以及两段铭文:"阿莱克修斯·科穆宁('Αλ εξιος ' ο Κομνηνός)"和"圣乔治['Ο'Α(γιος) Γε

---

① A. A. Vasiliev, "The Foundation of the Empire of Trebizond (1204—1222)," p. 20.

② G. Finlay, *The Empire of Trebizond*, pp. 370-372.

③ W. Miller, *Trebizond: The Last Greek Empire of the Byzantine Era, 1204—1461*, p. 15. A. A. Vasiliev, "The Foundation of the Empire of Trebizond (1204—1222)," p. 7.

ώργιος]”,由于这枚印章是大司祭的常用式样,故而卡波夫认为该印章描述了一个重要事件,即圣乔治(特拉比宗的守护圣徒)邀请阿莱克修斯·科穆宁进入特拉比宗,其中“圣阿纳斯塔西斯”表示1204年复活节期间的“耶稣复活日”即4月25日,圣乔治的纪念日为4月23日,故而他认为阿莱克修斯于1204年4月23日进入特拉比宗,并在4月25日正式称帝,帝号为“罗马人虔诚的皇帝”。[①]

因资料缺乏,关于特拉比宗立国后阿莱克修斯的治理情况难以知晓,只是通过尼西亚帝国与戴维·科穆宁的军事冲突,以及塞尔柱突厥苏丹对特拉比宗帝国的军事进攻,了解到初生的特拉比宗帝国与小亚细亚其他势力的往来。

1204年4月之后,阿莱克修斯继续留在特拉比宗,统辖着他们刚刚征服的领地,包括特拉比宗和西诺普(Sinope,今土耳其北部濒临黑海的西诺普),以及云耶(尤尼翁,Oinaion,后来称云耶,Unye,今土耳其北部濒临黑海的云耶)。戴维则率军继续沿海岸向西推进,在占领赫拉克利亚(Heraclea)后,[②]建立了帕夫拉戈尼亚(Paphlagonia)公国,并继续向尼科美底亚进发,似乎打算占据整个黑海南岸,但他们两兄弟的扩张势头很快引起小亚细亚其他势力的警惕与打压。

1205—1206年,罗姆苏丹国的苏丹凯伊-库斯鲁一世(Ghiyāth al-Dīn Kay-Khusraw Ⅰ,1192—1197年、1205—1211年在位)包围特拉比宗。[③] 与此同时,尼西亚的塞奥多利·拉斯卡利斯对戴维在尼科美底亚地区的进攻加以阻击,虽然戴维与君士坦丁堡的拉丁人结盟对抗拉斯卡利斯,但并未扭转败局,[④]仅仅勉力维持住其在西部的领地。对此,芬利认为这是罗姆苏丹国与尼西亚帝国为了共同利益而展开的合作,特别是为了罗姆苏丹国的经济利益,联合攻击科穆宁兄弟。[⑤] 扎沃隆科夫(Zhavoronkov)考察了三份1204年末到1206年末塞奥多利·拉

---

① S. Karpov, “New Archival Discoveries of Documents Concerning the Empire of Trebizond,” *Gamer*, 1(2012), pp. 75-76.

② 赫拉克利亚,亦称本都的赫拉克利亚(Heraclea Pontica,或 Pontoheraclea),今土耳其北部偏西靠近土耳其海峡的埃雷利(Karadeniz Ereğli)。

③ 关于这部分内容见伊本·阿西尔(Ibn al-Athīr,1160—1233年)在其《历史大全》(*Chronicon quod perfectissmimum inscribitur*)曾有记载。

④ Niketas Choniates, *O City of Byzantium*, 640-642, pp. 351-352.

⑤ G. Finlay, *The Empire of Trebizond*, pp. 372-374.

斯卡利斯与塞尔柱人签署的和约,进一步证实两者结盟的事实。[①] 对于尼西亚帝国来说,戴维在小亚细亚西部的军事扩张、特别是对尼科美底亚的进攻直接威胁到其生存,他们必然要做出反击。而罗姆苏丹国也有充分理由,因为阿莱克修斯拒绝执行苏丹的命令而受到惩罚。[②] 另外,阿莱克修斯与戴维兄弟的西征还占领了特拉比宗以西的萨姆松(Samsun)和锡瓦斯(Sivas)。锡瓦斯既是东西方沿海商路的重要港口,也是内陆地区向黑海地区销售货物的必要通道,[③]但特拉比宗帝国的建立阻断了其商道,导致原先汇集于罗姆苏丹国的叙利亚、伊拉克、摩苏尔等各地商人无法经由黑海与拜占庭帝国、罗斯地区进行贸易,从而受损严重。[④] 因此,基于政治、经济等多方面的原因,罗姆苏丹国与尼西亚帝国结盟,在1205—1206年对科穆宁兄弟发动合击。

面对这次合击,东部的阿莱克修斯失败了。在特拉比宗城外的战斗中,阿莱克修斯遭遇大败,勉强带着残部逃脱。[⑤] 到1206年,阿莱克修斯显然不得不开放萨姆松,因为从后来商人们撰写的游记来看,萨姆松仍然由"罗马人"(特拉比宗帝国)掌控,市场上有各种商品,但那里的人对待穆斯林并不太友好。[⑥] 而西部的戴维虽然与君士坦丁堡的拉丁皇帝结盟,但并未成功夺取尼科美底亚,仅勉力维持其在帕夫拉戈尼亚的统治。

科穆宁兄弟与小亚细亚半岛上其他势力的和平状态在1208年再次被打破,从君士坦丁堡的拉丁史家的记载,后人得知,戴维曾在1208年9月派遣使者前去寻求拉丁皇帝亨利的帮助,因为尼西亚的塞奥多利·拉斯卡利斯正率兵攻打希拉克利亚,如果拉丁皇帝不派兵援救,他就会失去其领地。拉丁皇帝亨利对此积极

---

① P. I. Zhavoronkov, "Dopolneniia k tretirmu tomu 'Regest' F. Dölger'a perioda Nikeiskoi imperii," *Vizantiiskii Vremennik*, vol. 41(1980), pp. 183 - 184; from R. Shukurov, "Trebizond and the Seljuks (1204—1299)," *Mésogeios, Revue trimestrielle d'études méditeeranéennes*, special edition "The Saljuqs", ed. G. Leiser, [T. 25 - 26], Paris, 2005, p. 76.

② W. Miller, *Trebizond : the Last Greek Empire of the Byzantine Era, 1204—1461*, p. 16.

③ 锡瓦斯,今土耳其小亚细亚中部锡瓦斯省的首府,希腊—罗马时称塞巴斯蒂亚(Sebastia),濒临小亚细亚第一大河克孜勒河(Kizilrmak,土耳其语意为"红河"),希腊—罗马时称为哈里斯河(Halys),是重要的商业中心。

④ R. Shukurov, "Trebizond and the Seljuks (1204—1299)," pp. 75 - 78.

⑤ G. Finlay, *The Empire of Trebizond*, pp. 376 - 377.

⑥ 'Ajā' ib ad-dunyā, Chudesa Mira (the Marvels of the World), ed. and trans. L. P. Smirnova, Moscow, 1993, pp. 510 - 511, from: Rustam Shukurov, "Trebizond and the Seljuks (1204—1299)," p. 76.

回应，立刻率领军队越过海峡前往卡尔西登，迫使拉斯卡利斯回兵尼西亚，使得戴维得以继续保有赫拉克利亚。[①] 然而，由于此事仅有来自拉丁史家的记载，他们没有提到戴维被包围时是否有来自特拉比宗的援兵，从情理以及战略安全角度来看，阿莱克修斯必定要派兵援救，否则一旦赫拉克利亚失陷，不仅有违兄弟情义，也会使特拉比宗陷入危境。只是阿莱克修斯的援救对挽救局势显然并没有重要影响，直到拉丁皇帝出兵才解了赫拉克利亚之围。

然而拉丁皇帝的救援只是延缓了戴维统治下帕夫拉戈尼亚地区的沦陷时间：1211—1214 年的某个时候，赫拉克利亚及周边地区被塞奥多利·拉斯卡利斯攻占，1214 年，西诺普被罗姆苏丹国的苏丹占领，科穆宁家族控制的黑海南岸仅保留了特拉比宗周围地区。

关于戴维的命运以及西诺普沦陷这两件事，拜占庭和伊斯兰史家们提供了相关记载的多个版本。“西诺普沦陷”指的是 1214 年塞尔柱突厥人夺取了阿莱克修斯一世控制下的西诺普，然而，舒库罗夫指出在 1214 年以及 1228 年夺取西诺普的可能不是塞尔柱突厥人，而是土库曼人。[②] 13 世纪中，尼西亚帝国史家阿克罗颇立塔斯称：“皇帝塞奥多利击败了帕夫拉戈尼亚的统治者戴维，将赫拉克利亚、阿马斯特里斯（Amastris 今土耳其西北部濒临黑海的阿马斯拉），及其周边地区和城堡纳入自己治下。”[③]而同一时期的尼古拉斯·梅萨利特斯（Nicholas Mesarites）却称，尼西亚皇帝在 1214 年取得了一场对阿莱克修斯的胜利。[④] 13 世纪叙利亚的一位史家格里高利·巴·阿隆[⑤]记载道：“在阿拉伯人征服后的 611 年（1214 年 5 月 13 日—1215 年 5 月 1 日），苏丹凯伊-卡乌斯（Izz-ad-Din Kai Kaus Ⅰ，1211—1220 年在位）开始统治坐落于本都海海滨的西诺普，他杀死了那里的领主阿利克

---

① Henri de Valenciennes, *Histoire de l'Empereur Henri*, ed. M. N. de Wailly (Paris, 1872), pp. 335 - 336 and 551 - 554. A. A. Vasiliev, “The Foundation of the Empire of Trebizond (1204—1222),” p. 25.

② R. Shukurov, “Between Peace and Hostility: Trebizond and the Pontic Turkish Periphery in the Fourteenth Century,” *Mediterranean Historical Review*, vol. 9, 6(1994), pp. 22 - 72.

③ George Akropolites, *The History*, 11, p. 133.

④ A. A. Vasiliev, “Mesarites as a source,” *Speculum*, vol. 13, 2(1938), pp. 180 - 182.

⑤ 格里高利二世·巴·阿隆（Gregory Ⅱ Abu ‘I-Faraj bar Ahron, 1226—1286 年），也被称为巴尔·赫卜拉艾乌斯（Bar Hebraeus，或 Bar ‘Ebroyo），是一名雅各派基督徒，在 1246 年被任命为古伯斯（Gubos）地区的主教，教名为格里高利。

斯(Kir Alix)。”①

同一时期罗姆苏丹国的一位波斯裔史家伊本·比比(Ibn Bībī)对苏丹凯伊-卡乌斯对西诺普的占领做了详细描述。伊本-比比的全名为纳赛尔·阿丁·侯赛因·本·穆罕默德·本·阿里·贾法里·罗佳迪(Nāşer-al-Dīn Ḥosayn b. Moḥammad b. 'Alī Ja'farī Rogadī),他是生活在13世纪罗姆苏丹国的波斯裔历史学家,其撰写的历史涉及塞尔柱突厥苏丹国及至罗姆苏丹国从1192年到13世纪末的历史,主要依据他的亲身经历以及其他少量资料,包括两个版本,一是全本,名为 *El-Evāmirü'l-'Alā'iyye fi'l-Umuri'l-'Ala'iyy*(安卡拉,1956年版),一是其同时代人整理的简写版,名为 *Saljūq-nāma*。目前,这部历史或其部分章节被翻译为法语、德语、亚美尼亚语、俄语、希腊语等。② 他记述说,1214年,苏丹得到消息称,阿利克斯(Kyr-alksi)越过边界,非法占据西诺普。苏丹凯伊-卡乌斯与群臣商讨之后,于次日率兵向西诺普进发。而他们的探子通报,阿莱克修斯率领500名骑兵在城外打猎,且在无任何警戒的情况下,正和侍从们露天饮宴。于是苏丹立刻发动攻击,将处于醉酒状态的阿莱克修斯及其随从抓获。第三天,苏丹带着阿莱克修斯来到西诺普城外,用身着皇袍、被捆绑着的阿莱克修斯要挟西诺普城居民投降。经过数次交锋,阿莱克修斯也遭受了一些肉体折磨后,双方最终达成协议,苏丹发誓不杀阿莱克修斯,且保证城中居民的生命和财产安全,这样西诺普便投降了。阿莱克修斯还发誓效忠苏丹,每年向苏丹缴纳12 000枚金币、500匹马、2 000头牛、10 000只羊以及50捆各种贵重珠宝礼物;当苏丹需要时,他也要提供一定数量的军队。反过来,苏丹承认阿莱克修斯对特拉比宗、拉齐卡以及特拉比宗以西不包括西诺普在内所有地区的统治。③

由于伊本·比比曾在罗姆苏丹国的政府供职,是事件的亲历者,其历史记述

---

① “Kir Alix”即阿莱克修斯。Gregory Abū Al-Faraj, *The Chronography of Gregory Abû'l-faraj the son of Aaron, (Bar Hebraeus' Chronography)*, X, tr. E. A. W. Budge, London: Oxford University Press, 1932, HTML formatting by R. Bedrosian, 2009: 2018-10-31: https://ia800207.us.archive.org/21/items/BarHebraeusChronography/BarHebraeus_Chronography.pdf.

② Tahsin Yazici, “EBN BĪBĪ, NĀṢER-AL-DĪN ḤOSAYN,” *Encyclopaedia Iranica*, updated 06/11/2012, 11/12/2018: http://www.iranicaonline.org/articles/ebn-bibi.

③ 瓦西列夫根据梅里奥兰斯基(P. Melioransky)翻译的俄文版“*Saljūq-nāma*”简单说明了罗姆苏丹国进攻西诺普的过程, A. A. Vasiliev, “The Foundation of the Empire of Trebizond (1204—1222),” pp. 26-28.

也十分详尽,可信度较高。因此可以确定,1214 年阿莱克修斯在西诺普被突厥人俘虏后,被迫臣属于苏丹,并在之后每年向苏丹缴纳大笔贡赋,换取在特拉比宗等地区的统治。但前面三位作家的记载引发了诸多疑问:帕夫拉戈尼亚被征服的时间究竟是哪一年?究竟谁在 1214 年对西诺普发动攻击?且当时被杀死的是戴维,还是阿莱克修斯?

目前,学者们都承认阿克罗颇立塔斯的时间记述存在错误。早些年,学者们都认为塞奥多利·拉斯卡利斯进攻的时间在 1214 年。芬利认为塞奥多利在 1214 年与拉丁皇帝亨利签署和约后,随即发动对帕夫拉戈尼亚地区的战争,但没有说明戴维的最终结局。① 米勒则直接忽略尼西亚帝国,称塞尔柱苏丹凯伊-卡乌斯一世为了夺取通往黑海的出海口,于 1214 年攻占西诺普,杀死了戴维,并迫使身在特拉比宗的阿莱克修斯臣服于苏丹并缴纳年贡。② 瓦西列夫认为戴维在这场危机中虽然失去了赫拉克利亚等地,但成功逃脱并退守西诺普,却在随后凯伊-卡乌斯对西诺普发动的攻击中被杀,其后当阿莱克修斯为了给弟弟报仇重新夺回西诺普后,苏丹发动第二次攻击,成功俘虏阿莱克修斯并迫使他臣服纳贡。③

近年来,学者们根据新的资料判断戴维的去世时间在 1212 年 12 月。阿索斯圣山的瓦托佩蒂(Vatopedi)修道院保存着的一本 11 世纪的《诗篇》,该书有一处边注,记载戴维·科穆宁在战败后退隐修道院,僧名丹尼尔(Daniel),并于 1212 年 12 月 13 日去世。④ 布莱耶(Bryer)据此认为戴维应该是在 1211 年战斗失败后被捕,在遭受一些刑罚后被送往圣山关押,因为伤势恶化身亡。⑤ 但舒库罗夫提出另一种可能,鉴于 1208 年之后戴维就再没有出现过,而且 14 世纪时

---

① G. Finlay, *The Empire of Trebizond*, p. 378.

② W. Miller, *Trebizond : The Last Greek Empire of the Byzantine Era, 1204—1461*, p. 18.

③ A. A. Vasiliev, “The Foundation of the Empire of Trebizond (1204—1222),” p. 26.

④ “μηνί Δεκεμβρίου ιγ'ήμέρα ε'ίνδ. α'έν έτει. ςψκα'έκοιμήθη ό εύσεβέστατος μέγας Κομνηνός κύριος Δαβίδ, ό διά τού Θείου καί άγγελικού σΧήματος μετονομασθείς Δανιήλ μοναΧός,” Chrysanthos, “the Church of Trebizond ('Η'Εκκλησία Τραπεζούντος),” *Pontic Archive* (*'ΑρΧείον Πόντου*), 4/5 (1933), p. 355, from R. Shukurov, “The Enigma of David Grand Komnenos,” *Mésogeios*, 12 (2001), p. 125.

⑤ A. A. M. Bryer, “David Komnenos and Saint Eleutherios,” *Pontic Archive* (*'ΑρΧείον Πόντου*), 42 (1988—1989), pp. 163 - 187, from: M. Angold, “Mesarites as a source: Then and Now,” *Byzantine and Modern Greek Studies*, vol. 40, 1(2016), pp. 56 - 67.

特拉比宗帝国在为大科穆宁王朝的各位重要成员绘制画像时,在建国过程中占据重要位置的戴维却不在其内,因此,戴维很可能于1208—1212年的某个时间,因过度狂妄引发政变,或因与兄长冲突被后者拘禁,最后被送到阿索斯圣山,关押在与科穆宁家族关系紧密的瓦托佩蒂修道院,其领地也由阿莱克修斯掌管。①

在此背景下,可以理解为何尼西亚帝国对赫拉克利亚及周边地区的进攻并没有提及戴维,同时其进攻时间也难以确定。布莱耶和马克里德斯(Macrides)认为,事件发生的时间是在1211年,因为当1211年6月尼西亚帝国在安条克战役中大败突厥人,并杀死突厥苏丹凯伊-库斯鲁后,很快与拉丁帝国签署和约,从而能够在1212年集中力量进攻帕夫拉戈尼亚。② 而舒库罗夫认为尼西亚军队的进攻发生在1214年,而且与1205—1206年一样是协同作战。③

同样地,1214年九十月间在西诺普遭遇突厥人的也只能是阿莱克修斯,不过有些地区将阿莱克修斯的被俘讹传为被杀。库尔山斯基斯(Kuršanskis)根据亚美尼亚史料的零星记载,为突厥人的行动找到理由,他认为可能是阿莱克修斯干涉了罗姆苏丹国的内部大位继承事务,在1211年凯伊-库斯鲁战死后,支持继任苏丹凯伊-卡乌斯的弟弟阿拉·阿丁('Alā' al-Dīn)。后者驻扎在特拉比宗帝国南部的托卡特(Tokat),企图争夺苏丹大位。所以当1214年凯伊-卡乌斯击败反叛的弟弟后,开始对特拉比宗帝国加以报复。④ 相较而言,瓦西列夫的推测有些不合逻辑,因为当阿莱克修斯因弟弟被杀而前往西诺普时,从情感上讲他不会带着侍从在城外狩猎且宴饮,故而库尔山斯基斯的假设更为可信。

由于资料缺乏,后人很难完全理清阿莱克修斯与戴维在这段时间的活动,以及戴维的具体死亡过程,但学者们的研究为这段历史提供了一些参考。可以确定的是,1208—1214年间,科穆宁兄弟在黑海南岸的统治经历了波折,西部领地被尼西亚帝国和罗姆苏丹国夺走,且导致戴维去世,而阿莱克修斯则成为依附于苏

---

① R. Shukurov, "The Enigma of David Grand Komnenos," pp. 126-130.

② George Akropolites, *The History*, trans. Ruth Macrides, 11, p. 134.

③ R. Shukurov, "Trebizond and the Seljurks, 1204—1299," *Mésogeios*, 25-26(2005), pp. 85-86.

④ M. Kuršanskis, "L'Empire de Trébizonde et les Turcs au XIIIe siècle," *Revue des études byzantines*, 46(1988), pp. 109-124, from: Rustam Shukurov, "Trebizond and the Seljuks (1204—1299)," pp. 80-81.

丹的属臣，不再是能够威胁尼西亚帝国和突厥人的政权实体。从特拉比宗帝国自身的定位与发展来看，1214年的遇挫也是转折性的，如果说在此前阿莱克修斯兄弟还打算沿小亚细亚北部海岸地区一路向西扩张，最终夺回君士坦丁堡，重建科穆宁家族治下拜占庭帝国的荣光，那么1214年前后，戴维的去世、西诺普的丧失，都迫使其只能偏安于特拉比宗，放弃那个可能曾有过的恢复拜占庭帝国荣耀的打算。[①]

与外交冲突相比，阿莱克修斯在特拉比宗的内政管理上没有留下丝毫史料信息，后人只能通过其他记载加以分析推测。根据法国人博韦的文森特(Vincent de Beauvais)的记载，在1240年前后，特拉比宗的领主还要每年向苏丹提供200支矛以及相当数量的士兵，[②]说明特拉比宗的科穆宁王朝对苏丹的臣属关系一直存在，这种状况也为该帝国的存续和以特拉比宗为中心的商业活动提供了稳定的和平环境。

1214年后，阿莱克修斯治下的特拉比宗帝国，向东延伸到距离特拉比宗约155英里、处于格鲁吉亚边境地带的索特罗波利斯(Soteropolis)，[③]向西至埃里斯河(Iris River)和塞尔墨顿河(Thermodon)。埃里斯河从小亚细亚中部的锡瓦斯向北辗转在萨姆松汇入黑海，土耳其语称为耶希勒马克河(Yeşilirmak)，意为“绿河”。塞尔墨顿河(Thermodon)，土耳其语称特尔梅河(Terme)，位于土耳其中北部，从萨姆松与奥尔杜(Ordu)之间汇入黑海，可见其商业地理的重要性。从前面提到的波斯商人游记的记载看，萨姆松城也可能在其治下。向北控制着黑海北岸的克里米亚南端，将克尔松(Cherson)及周边地区设置为佩拉提亚省(Perateia)，南部背靠本都山脉。[④] 特拉比宗帝国所在滨海地区地势平缓、雨量充沛，适合农业、牧业和渔业发展，在1204年之前就是黑海南岸的商业重镇，在大科穆宁王朝

---

① A. A. Bryer, “Greek and Türkmens: The Pontic Exception,” *Dumbarton Oaks Papers*, vol. 29(1975), in *The Empire of Trapezunt and the Pontus*, London: Variorum Reprints, 1980, p. 116.

② Vincent de Beauvais, *Speculum Historiale*, Liber XXXI, caput 144, Nürnberg: Anton Koberger, 1483. 转引自 A. A. Vasiliev, “The Foundation of the Empire of Trebizond (1204—1222),” p. 31。

③ 索特罗波利斯(Soteropolis，或 Σωτηριούπολις)，过去学者们曾认为这里是现在的皮聪大(Pitsounda 或 Suchumi)，但这种观点被卡日丹否定。A. P. Kazhdan ed., *The Oxford Dictionary of Byzantium*, p. 1930.

④ W. Miller, *Trebizond : The Last Greek Empire of the Byzantine Era, 1204—1461*, p. 18.

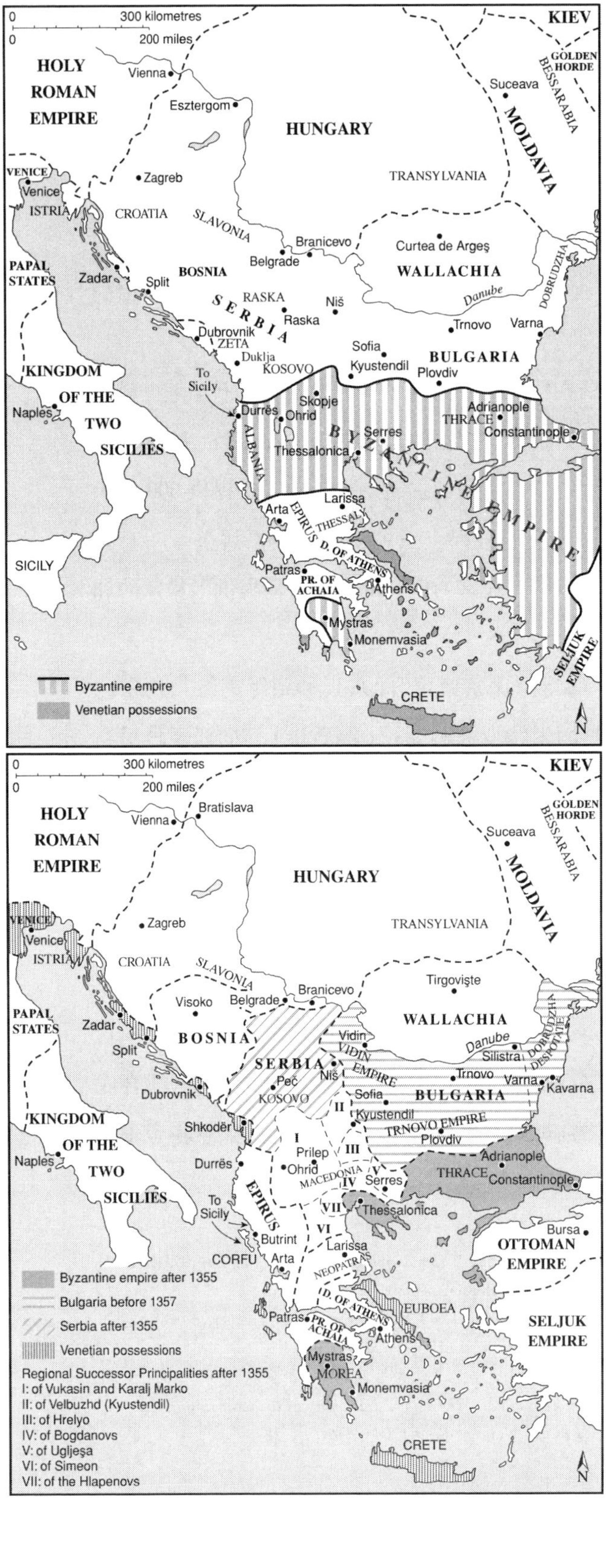

图2 14世纪的巴尔干地图

0 300 kilometres
0 200 miles
KIEV
GOLDEN HORDE
BESSARABIA
HOLY ROMAN EMPIRE
Vienna
Esztergom
Suceava
MOLDAVIA
HUNGARY
TRANSYLVANIA
VENICE
Venice
ISTRIA
Zagreb
CROATIA
SLAVONIA
Branicevo
Curtea de Argeş
Belgrade
WALLACHIA
PAPAL STATES
Zadar
Split
BOSNIA
DOBRUDZHA
Danube
RASKA
SERBIA
Niš
Raska
Trnovo
Varna
Dubrovnik
ZETA
Sofia
Duklja
Kyustendil
BULGARIA
KOSOVO
Plovdiv
To Sicily
KINGDOM OF THE TWO SICILIES
Skopje
Adrianople
Naples
Durrës
Ohrid
THRACE
ALBANIA
Serres
Constantinople
BYZANTINE EMPIRE
Thessalonica
Larissa
Arta
EPIRUS
THESSALY
D. OF ATHENS
SICILY
Patras
PR. OF ACHAIA
Athens
Mystras
Monemvasia
SELJUK EMPIRE
CRETE
N
Byzantine empire
Venetian possessions

0 300 kilometres
0 200 miles
KIEV
GOLDEN HORDE
BESSARABIA
HOLY ROMAN EMPIRE
Bratislava
Vienna
Suceava
MOLDAVIA
HUNGARY
TRANSYLVANIA
VENICE
Venice
ISTRIA
Zagreb
CROATIA
SLAVONIA
Branicevo
Tirgovişte
Visoko
Belgrade
PAPAL STATES
Zadar
BOSNIA
WALLACHIA
Split
Vidin
Danube
Silistra
DOBRUDZHA DESPOTATE
SERBIA
VIDIN EMPIRE
Niš
Trnovo
Varna
Peć
Kavarna
Dubrovnik
KOSOVO
Sofia
BULGARIA
II
Kyustendil
KINGDOM OF THE TWO SICILIES
Shkodër
I
TRNOVO EMPIRE
Plovdiv
III
Prilep
Naples
Durrës
Adrianople
Ohrid
MACEDONIA
V
THRACE
IV
Serres
Constantinople
EPIRUS
VII
Thessalonica
To Sicily
VI
Butrint
Bursa
Larissa
CORFU
Arta
OTTOMAN EMPIRE
NEOPATRAS
D. OF ATHENS
EUBOEA
Patras
PR. OF ACHAIA
SELJUK EMPIRE
Athens
Mystras
MOREA
Monemvasia
CRETE
N
Byzantine empire after 1355
Bulgaria before 1357
Serbia after 1355
Venetian possessions
Regional Successor Principalities after 1355
I: of Vukasin and Karalj Marko
II: of Velbuzhd (Kyustendil)
III: of Hrelyo
IV: of Bogdanovs
V: of Uglješa
VI: of Simeon
VII: of the Hlapenovs

- HOLY ROMAN EMPIRE 神圣罗马帝国
- Bratislava 布拉提斯拉瓦
- Vienna 维也纳
- Zagreb 萨格勒布
- VENICE 威尼斯
- Venice 威尼斯
- ISTRIA 伊斯特里亚
- CROATIA 克罗地亚
- SLAVONIA 斯拉沃尼亚
- Belgrade 贝尔格莱德
- Branicevo 布兰尼切沃
- Visoko 维索科
- Zadar 扎达尔，即 Zara（扎拉）● [参见 Alexander P. Kazhdan (editor in chief), *The Oxford Dictionary of Byzantium*, 3 vols., New York: Oxford University Press, 1991, pp.2220-2221.]
- Split 斯普利特
- BOSNIA 波斯尼亚
- SERBIA 塞尔维亚
- Niš 尼什
- Peč 佩奇
- KOSOVO 科索沃
- Dubrovnik 杜勃罗文克
- Shkodër 斯库台● [阿尔巴尼亚语，又拼写为 Shkodra，拉丁文为 Scodra，意大利文为 Scutari，今阿尔巴尼亚城市，位于斯库塔里湖（Lake Scutari）的东南端。参见 https://www.britannica.com/place/Shkoder.]
- Durrës 都拉斯
- Prilep 普里莱普
- Ohrid 奥赫里德
- MACEDONIA 马其顿
- Serres 塞利斯● [Serres，又拼写为 Sérres，即 Serrai（又拼写为 Sérrai），古名 Siris（西里斯）。参见 Alexander P. Kazhdan (editor in chief), *The Oxford Dictionary of Byzantium*, 3 vols., New York: Oxford University Press, 1991, p.1881. https://www.britannica.com/place/Serrai.]
- Thessalonica 塞萨洛尼基
- EPIRUS 伊庇鲁斯
- To Sicily 往西西里
- Butrint 布特林托
- CORFU 科孚岛
- Arta 阿尔塔
- Larissa 拉里萨
- NEOPATRAS 新帕特拉
- D. OF ATHENS 雅典公国
- Athens 雅典
- Patras 帕特拉
- PR. OF ACHAIA 阿凯亚公国
- Mystras 米斯特拉斯
- MOREA 莫利亚
- Monemvasia 莫奈姆瓦夏
- CRETE 克里特岛
- PAPAL STATES 教皇国
- KINGDOM OF THE TWO SICILIES 两西西里王国
- Naples 那不勒斯
- HUNGARY 匈牙利
- TRANSYLVANIA 特兰西瓦尼亚
- KIEV 基辅
- GOLDEN HORDE 金帐汗国
- BESSARABIA 比萨拉比亚
- Suceava 苏恰瓦
- MOLDAVIA 摩尔达维亚
- Tirgovişte 蒂尔戈维什特
- WALLACHIA 瓦拉几亚
- Danube 多瑙河
- Silistra 希利斯特利亚
- DOBRUDZHA DESPOTATE 多布罗加君主国● [DOBRUDZHA，保加利亚语，罗马里亚语为 Dobrogea，英语为 Dobruja。参见 https://www.britannica.com/place/Dobruja.]
- Kavarna 卡瓦尔纳
- Varna 瓦尔纳
- Trnovo 特诺沃● [又拼写为 Turnovo，或 Tărnovo，或 Trnova，或 Tirnovo，或 Tŭrnovo，译为"特诺沃"。参见 https://www.britannica.com/place/Veliko-Turnovo.]
- Vidin 维丁
- VIDIN EMPIRE 维丁帝国
- Sofia 索非亚，今天保加利亚共和国的首都
- BULGARIA 保加利亚
- Kyustendil 科尤斯腾迪尔
- TRNOVO EMPIRE 特诺沃帝国
- Plovdiv 普罗夫迪夫● [古名菲利普波利斯（Philippopolis）。参见 Alexander P. Kazhdan (editor in chief), *The Oxford Dictionary of Byzantium*, 3 vols., New York: Oxford University Press, 1991, pp.1654-1655.]
- Adrianople 哈德良堡，或译阿德里安堡
- THRACE 色雷斯
- Constantinople 君士坦丁堡
- Bursa 布尔萨
- OTTOMAN EMPIRE 奥斯曼帝国
- EUBOEA 埃维厄岛（旧译优卑亚）
- SELJUK EMPIRE 塞尔柱帝国

- Byzantine empire after 1355 1355 年之后的拜占庭帝国
- Bulgaria before 1357 1357 年之前的保加利亚
- Serbia after 1355 1355 年之后的塞尔维亚
- Venetian possessions 威尼斯的殖民地（属地）

- Regional Successor Principalities after 1355 1355 年后的各地区继承国
- I: of Vukasin and Karalj Marko 乌卡辛和马尔科王的公国● [Vukasin 和 Marko 是塞尔维亚国王，二人为父子关系，Karalj 意为国王。参见 Alexander P. Kazhdan (editor in chief), *The Oxford Dictionary of Byzantium*, 3 vols., New York: Oxford University Press, 1991, p.2188.]
- II: of Velbuzhd (Kyustendil) 韦尔布德（科尤斯腾迪尔）公国
- III: of Hrelyo 赫雷约公国
- IV: of Bogdanovs 博格达诺夫斯公国
- V: of Uglješa 乌格列沙公国
- VI: of Simeon 西米恩公国
- VII: of the Hlapenovs 赫拉佩诺夫人公国

的统治下将以其富庶、富有闻名。[1] 特拉比宗的皇帝们将货币发行视为重要的经济工具以及政治宣传渠道,然而到目前为止,尚未发现可确定为阿莱克修斯一世统治时期发行的货币。

关于特拉比宗帝国,学者们关注其姓氏和帝号。最早记录“大科穆宁”的是尼西亚的阿克罗颇立塔斯对戴维的描述,[2]因此普遍认为戴维最先启用“大科穆宁”称谓,在对抗尼西亚的塞奥多利·拉斯卡利斯时以此彰显科穆宁兄弟更为高贵的出身。而阿莱克修斯在特拉比宗最初启用的帝号是拜占庭皇帝长期沿袭的“罗马人的皇帝、统治者(Βασιλεύς καί Αὐτοκράτωρ των ʽ Ρωμαίων)”[3]。不过这一帝号随着尼西亚帝国重新夺回君士坦丁堡等局势变化,特拉比宗的皇帝们也被迫对这一帝号做出调整。

关于阿莱克修斯的婚姻情况同样缺乏资料。根据伊本·比比的记述,1214年时,西诺普居民在向苏丹投降时,曾声称阿莱克修斯的儿子们“均已成年,都可以承担管理国家之责”[4],说明阿莱克修斯很早之前就已结婚,他的妻子可能出身自阿克苏齐(Axouchos)家族。[5] 根据特拉比宗史家帕纳雷托斯的记载,阿莱克修斯有一女二子,女儿名字不详,嫁给了安德罗尼库斯·吉多斯(Andronikos I Gidos),后者在1222年阿莱克修斯去世后继任为帝,即安德罗尼库斯一世;长子名为约翰·阿克苏齐·大科穆宁(John Axouchos Komnenos),在1235年继安德罗尼库斯一世之后为帝,即约翰一世。约翰之子名曼努埃尔,在1237/8年登基为帝,是为曼努埃尔一世。而舒库罗夫在对帕纳雷托斯的记载进行分析后认为,阿莱克修斯可能还有另外一个儿子,也叫约翰,可能被称为“小约翰”(Ioannikios)。[6]

1222年2月1日,阿莱克修斯一世在特拉比宗去世,时年约40岁。在特拉比宗人看来,从1214年西诺普事件之后,帝国虽成为罗姆苏丹国的属国,但享受着

---

① W. Wroth, *Catalogue of the Coins of the Vandals, Ostrogoths and Lombards and of the Empires of Thessalonica, Nicaea and Trebizond in the British Museum*, London: Oxford University Press, 1911, p. lxxvii.

② George Akropolites, *The History*, 7, p. 120.

③ A. A. Vasiliev, “The Foundation of the Empire of Trebizond (1204—1222),” p. 21.

④ A. A. Vasiliev, “The Foundation of the Empire of Trebizond (1204—1222),” p. 26.

⑤ K. J. Williams, “A Genealogy of the Grand Komnenoi,” *Foundations*, vol. 2, 3(2006), pp. 171 - 189; R. Shukurov, “The Enigma of David Grand Komnenos,” pp. 126 - 130.

⑥ R. Shukurov, “The Enigma of David Grand Komnenos,” pp. 131 - 132.

难得的和平,皇位传承给安德罗尼库斯一世也未引起巨大波澜。然而,整个欧亚大陆的格局正在发生变化,这个变化将在数年后,特拉比宗帝国的生存带来重要影响。阿莱克修斯一世统治末期,13 世纪席卷欧亚大陆的蒙古扩张引起的浪潮已经影响到特拉比宗帝国以东地区。1221 年春,格鲁吉亚(谷儿只)遭遇到哲别与速不台率领的蒙古大军,①在人数占优的情况下被围歼,一战失利便损失 30 000 多士兵。幸运的是,哲别与速不台并不打算完全灭亡南高加索的各个王国,他们取胜之后转向北高加索,给黑海东岸以及小亚细亚地区的各政权留下了喘息之机。

纵观阿莱克修斯一世一生,可谓命运多舛,生存艰难,但在混乱的政治环境中,得到科穆宁王朝遗老遗少的关照与帮助,建立起拜占庭历史上最长寿的王朝。这一贡献虽然并非得益于其个人的天赋和能力,但是,在该王朝发展史上却有重要意义。目前,学界的相关研究成果大多建立在根据少量史料信息推测的基础上,许多相关细节尚待深入研究后得出结论。但是,阿莱克修斯一世连同其建立的特拉比宗帝国已经成为了解晚期拜占庭帝国历史的重要侧面,以此可以更加全面观察这个时期帝国衰亡的过程,特别是作为帝国核心区的小亚细亚脱离拜占庭帝国的全过程。

第二节

安德罗尼库斯一世·吉多斯(Andronikos Ⅰ Gidos)

1222—1235 年在位

安德罗尼库斯一世·吉多斯(Andronikos Ⅰ Gidos, 'Ανδρόνικος Γίδων Κομνηνός,出生年代不详,卒于 1235 年 4 月)是特拉比宗帝国的第二任皇帝,1222 年 2 月至 1235 年 4 月在位共 13 年。

安德罗尼库斯一世·吉多斯是阿莱克修斯一世的女婿,1222 年 2 月 1 日阿莱

① J. S. Boyle, ed., *The Cambridge History of Iran*, vol. 5, The Saljuq and Mongol Period, Cambridge: Cambridge University Press, 1968, p. 311.

克修斯去世后,他成功继承帝位。关于安德罗尼库斯·吉多斯即位的资料仅见于帕纳雷托斯的记载:"6730年(1220年),他(阿莱克修斯一世)的女婿安德罗尼库斯·吉多斯·科穆宁成为皇帝。"①这里只是说安德罗尼库斯成为皇帝,没有提及其出身与成长时期的经历。在拜占庭帝国历史上,吉多斯家族在12世纪后半期到13世纪颇为显赫,普遍认为,"圭多"(Guido)是一个希腊化的意大利姓氏。该家族源于11世纪的十字军骑士,即罗伯特·吉斯卡尔(Robert Guiscard)的儿子圭多。当年,圭多受拜占庭皇帝阿莱克修斯一世的欣赏,成为他的军事顾问。为了强化联系,阿莱克修斯还将一个女儿嫁给圭多。到12世纪末,吉多斯家族的一名成员阿莱克修斯被任命为总司令(Megas domestikos),相当于"丞相"。他于1194年时曾指挥军队对抗保加利亚人的进攻。到13世纪初,一位叫做安德罗尼库斯·吉多斯的将军听从尼西亚的塞奥多利·拉斯卡利斯指挥,曾经成功地瓦解了拉丁人的救援,进而沉重打击了戴维·科穆宁。② 在大约同一时期小亚细亚的政治舞台上出现了两个名为安德罗尼库斯·吉多斯的人,很容易被混淆,芬利曾推测他们为同一人,③但这种说法并不被其他学者认同,很大可能是他们只是出身自吉多斯家族的两个同名之人而已。有学者指出这位安德罗尼库斯·吉多斯可能与吉多斯家族毫无关系,"吉多斯"表示"护卫",似乎表明他原本是名护卫,后来娶了阿莱克修斯一世的女儿,并被选为继承人。④

安德罗尼库斯一世继承帝位后,延续阿莱克修斯一世时与罗姆苏丹国的臣属关系。阿莱克修斯一世去世后,罗姆苏丹国的新任苏丹凯伊-库巴德一世(Kay Kubad Ⅰ, 1219/1220—1237年在位)派自己的儿子"马利克(Melik)"与继任的安德罗尼库斯签署新和约,⑤延续1214年和约的内容,帝国每年缴纳规定的贡赋以

① "Panareti chronicon Trapezuntinum," 2. 11-17, p. 362.

② A. P. Kazhdan, ed., *The Oxford Dictionary of Byzantium*, pp. 850-851.

③ G. Finlay, *The History of Greece, the Empire of Trebizond, 1204—1461*, p. 384.

④ Joannides, *'Ιστορία καί Στατιστική Τραπεζούντος*, p. 59, from W. Miller, *Trebizond : The Last Greek Empire of the Byzantine Era, 1204—1461*, p. 19.

⑤ 马利克(Melik)是一种官职,凯伊-库巴德一世至少有两个儿子,但没有资料有助于判断这位马利克是其中哪位。

及提供一定数量的军队为苏丹服务。[1] 然而，这种让皇帝感到屈辱的纳贡与和约并没有带来绝对的安全保障，即位不到一年的安德罗尼库斯遭遇到内部危机和来自外部的军事威胁。

拉札洛普洛斯对事情起因的记载如下："第二年……创世6731年……一艘搭载着从克尔松以及邻近哥特地区（Gotthia）征缴的货物的船只，同时还搭乘负责财税的官员阿莱克修斯·帕克提亚雷斯（'Αλεξίος Πακτιάρης）以及一些克尔松的官员，正行驶在回程途中，准备向皇帝吉多斯上缴一年的贡赋。它被深海的波浪推到西诺普的岸边。前面提到的西诺普总督劫掠了船上的货物以及甲板上的所有人，包括水手。随后，他派遣武装船只入侵刻松并彻底洗劫该地。"[2]

根据特拉比宗一方的记载，事件的导火索源自1222年的海上事故。[3] 一艘悬挂着特拉比宗帝国旗帜的船只，满载着从克里米亚克尔松征收的贡赋，准备前往特拉比宗以充盈国库，结果船只遭遇暴风被吹到偏西的西诺普海岸，被时任西诺普总督的哈图恩（Hatum）趁机劫掠。西诺普人不仅派遣船只前往黑海北岸劫掠克尔松周边地区，还将同船的官员与贵族扣押起来，以换取巨额赎金。[4] 特拉比宗皇帝听到这一海盗行径就立刻派遣舰队前去西诺普，特拉比宗的舰队在西诺普附近登陆后，扣押了海岸至城外的所有船只，将所有地区均劫掠一空，获得大量财物。哈图恩面对特拉比宗皇帝的愤怒与报复，立刻答应归还劫掠的财物，释放所有俘虏。特拉比宗舰队于是也释放了所有被劫掠的人员，但没有归还在西诺普周围劫掠的赃物。安德罗尼库斯一世的做法引起罗姆苏丹国苏丹凯伊-库巴德愤怒。在他看来，安德罗尼库斯作为苏丹的纳贡属臣，在攻击西诺普、劫掠突厥人领

---

[1] Lazaropoulos, *Synopsis*, in *The Hagiographic Dossier of St Eugenios of Trebizond in Codex Athous Dionysiou 154*, tr. & ed. Jan Olof Rosenqvist, Uppsala, 1996, p. 311. W. Miller, *Trebizond: The Last Greek Empire of the Byzantine Era, 1204—1461*, p. 20.

[2] Lazaropoulos, *Synopsis*, p. 311.

[3] 关于时间，学界仍有分歧。史家米哈伊尔·帕纳雷托斯描述的是："吉多斯（安德罗尼库斯一世）统治的第二年，马利克苏丹攻击特拉比宗而其军队遭遇灭顶之灾。"见 A. C. S. Peacock, "The Saljuq Compaign against the Crimiea and the Expansionist Policy of the Early Reign of ' Alā'al-Dīn Kayqubād," *JRAS*, series 3, vol. 16, 2 (2006), p. 145。早期史学家——如芬利与米勒等学者——都认为发生在1222年，近些年的学者一般认为这次冲突发生在1223年。但是帕纳雷托斯记录的是后来发生的特拉比宗围城战发生在"第二年"，那么这次围城战与"西诺普纷争"相隔多长时间仍不得而知，无法判断它们是否在同一年。因此此处暂且采用1222年。

[4] W. Miller, *Trebizond: The Last Greek Empire of the Byzantine Era, 1204—1461*, p. 20.

地之前应该首先请求宗主的批准,而不能如此擅自行动。于是苏丹再次派遣马利克前往特拉比宗,命他率领军队前去教训安德罗尼库斯。①

然而,同一个事件如果转换一下视角就会得到完全不同的解释。在塞尔柱突厥史家的记载中,1222 年来到西诺普的并不是来自克尔松的特拉比宗船只,而是蒙古人于 1222 年转战北高加索地区和钦察草原后引发的逃亡难民,这些人既包括黑海北岸各地、特别是苏达克(Sudak 或 Sughdāq)的商人,也有内陆地区的罗斯人。不过,多桑撰写的蒙古史中认为,蒙古人先是在钦察草原北部征战,先后消灭了莫斯科、斯摩棱斯克等地反抗者,在 1223 年底时向南越过第聂伯河进入亚速海地区,并攻入克里米亚半岛,夺取著名的商业中心苏达克。那么,苏达克的难民抵达黑海南岸的时间似乎应该为 1223 年底。② 自从 1214 年苏丹凯伊-卡乌斯战胜特拉比宗夺取西诺普后,西诺普就成为突厥人以及穆斯林参与黑海贸易、与黑海北岸地区进行贸易往来的重要商站,同时也与特拉比宗在黑海的商业活动形成竞争。长期以来,西诺普与特拉比宗都习惯于将进入本辖区的船只看作自己管辖的对象,特别是当船只搁浅或毁损后,其财物将为打捞方占有。因此伊本·阿提尔记载的是当一艘罗斯商船毁损后,辖区政府将所有能够救上来的人和财物纳为己有。③ 这也就解释了当安德罗尼库斯一世从特拉比宗派舰队前往西诺普索要那艘船上的财物与人员后,会引起辖区军队的报复。

对于安德罗尼库斯来说,1222 年马利克率领突厥人的大兵压境是一场巨大考验。自 1204 年以来,大科穆宁王朝领导下的特拉比宗军队并没有表现出强大的战斗力。甚至苏丹在派遣马利克时就建议他围城的策略是围而不攻,在他看来,特拉比宗的希腊人根本没有战斗意志,一旦被围就会很快崩溃投降。然而,令绝大多数人没有想到的是,安德罗尼库斯却表现出不同寻常的战斗精神。苏丹与马利克从各地征调军队,一路向北翻越山口,向特拉比宗汇集。同时,安德罗尼库斯一世也将帝国辖区各地的青壮年招募起来,齐聚特拉比宗以谋应战。他命人加

---

① Lazaropoulos, *Synopsis*, pp. 311-313. G. Finlay, *The Empire of Trebizond*, pp. 385-386.

② 多桑:《多桑蒙古史》(上册),冯承钧译,上海:上海古籍出版社 2014 年版,第 159—161 页。

③ C. Cahen, *The Formation of Turkey, the Seljukid Sultanate of Rūm: Eleventh to Fourteenth Century*, tr. & ed. P. M. Holt, London: Pearson Education Limited, 2001, p. 54.

固城墙，郊区居民全部带着财物进入城中，在野外实行坚壁清野，并准备足够的粮食应对可能面对的长期围城。不仅如此，安德罗尼库斯一世不只考虑固守特拉比宗，在与突厥军队遭遇之前，他派出塞奥多利·波勒马科斯（Theodore Polemarches）和乔治·阿克力比乔特斯（George Akribitziotes）在特拉比宗南部的山口布防，以便尽可能利用地势削弱对方兵力。皇帝本人还亲率500名士兵在拉布拉（Labra）驻守。只是这样的安排并没有产生效果，除去少数骑兵队伍敢于战斗外，绝大多数士兵对突厥军队强大战斗力的恐怖远远超过了皇帝努力备战提升的信心。再加上特拉比宗军队的数量远远低于突厥军队，也不足以在特拉比宗城外布置足够的防御力量，因此最后还是退守城中，凭借城墙之固坚守御敌。特拉比宗城位于一处高地之上，从南向北地势逐渐降低，直到黑海的港口，东西两侧城墙将城市紧紧保护起来，靠近黑海地区的城墙较厚，城外还有河流，靠南的上城地势极高，两侧城墙之外又有深深的沟壑，这一地形十分有利于城市的坚守。[①]

马利克也具有相当高的军事素养，他的军队在城东偏南的高地选址扎营。这里有一座特拉比宗城保护神圣徒尤金（Saint Eugenios）修道院，马利克就把自己的大营设在教堂之中。马利克的大军共发动两次进攻，第一次从北部发起，但由于特拉比宗北侧的城门距离海岸线较近，城门外的空地无法完全容纳马利克的大军，结果导致大军组织进攻时受限于地形，不仅发挥不了人数的优势，反而因为过于拥挤而遭到城内士兵弓箭的袭击，伤亡较大。第一次交锋以突厥人失利告终，有记载称马利克的一个侄子以及西诺普总督哈图恩在此役阵亡。[②]

马利克在吸取第一次攻击失利的教训后，选择在夜晚从南侧城门发动进攻，虽然特拉比宗城外有沟壑保护，但对于突厥大军来说并非无法逾越。然而，命运的天平似乎倒向了特拉比宗。在突厥军队发动攻击的时候，一场暴雨不期而至，“尽管那天晚上天气晴朗，但一道巨大的闪电突然划过天际，以至于一场难以名状的大火似乎从四面八方弥漫开来，晃瞎了敌人的眼睛，震呆了他们那不信神的灵魂。与之相伴随的是大雨倾盆而至，雷声阵阵，敌人瞬间陷入可怖的地狱。是的，那一晚，一场极大的、剧烈的暴风雨降临到那群愚昧之人身上……仿佛被闪电击

① Lazaropoulos, *Synopsis*, p. 313.
② Lazaropoulos, *Synopsis*, pp. 317 – 323.

晕了——神迹啊！……他们慌不择路之下,有的人在山涧里四处碰壁、坠落而下,其他人骑上马匹向山壁奔去,仿佛想要把山壁当成平地那样奔驰,结果只是突然终结其不幸的生命。有的人跑到山边后就把盔甲脱掉丢弃,有的人因为寒冷而冻死。"①

在暴雨突然降临的夜晚,突厥军队陷入严重混乱,马利克也不得不选择撤退逃离。然而,在逃离过程中,马利克及其随行人员在库拉提翁(Kouration)被一支来自马祖卡(Matzouka)的山民军队俘获,被押送至特拉比宗。② 史家们记载下的特拉比宗围城战与拜占庭历史上许多其他战役一样,带有强烈的神秘色彩。在他们的叙述中,安德罗尼库斯一世的战斗意志虽强,但面对庞大的突厥军队并无胜算,只能退守特拉比宗,在金首圣母教堂(Chrysokephalion)中乞求圣母以及圣尤金的庇护。战役的整个过程也出现了他们获得神秘力量的事件。在决定夜晚进攻之前,马利克曾有过犹豫,但占星家们十分肯定地说,星象已经说明当晚定能攻下特拉比宗,但随后发生的暴雨让突厥人难以承受,甚至导致马利克及其随从被一些山民抓获。③

安德罗尼库斯一世面对这突如其来的胜利,依然保持清醒。他对被俘的马利克极尽优待,却对马利克说,这是神对无视和约者的惩罚,强调特拉比宗在这场纷争中的正义立场。随后,经过与群臣的商议,特拉比宗朝廷一致同意将马利克送回苏丹那里,并以此为筹码与苏丹重新商定协议内容。安德罗尼库斯一世及其官员们要求包括:取消皇帝与苏丹的臣属关系,取消特拉比宗帝国每年向苏丹政府缴纳的年贡,取消每年必须提供给苏丹的军队。苏丹与马利克对释放马利克的举动深感意外,不但全部接受了安德罗尼库斯一世的要求,还每年送给他一些礼物,包括一些阿拉伯骏马良驹,甚至向特拉比宗城郊的圣尤金修道院以及城中的金首圣母教堂捐献了大笔财物。④

对于刚刚登上帝位的安德罗尼库斯一世来说,这次胜利不仅为自己赢得了声

---

① Lazaropoulos, *Synopsis*, pp. 327 - 329.

② Lazaropoulos, *Synopsis*, pp. 329 - 331; G. Finlay, *The Empire of Trebizond*, pp. 387 - 388.

③ W. Miller, *Trebizond : The Last Greek Empire of the Byzantine Era, 1204—1461*, p. 22.

④ W. Miller, *Trebizond : The Last Greek Empire of the Byzantine Era*, p. 22.

望，而且特拉比宗帝国因此事重拾尊严，不再是依附于异教的罗姆苏丹国的附庸，不用再缴纳贡赋，不用再派遣基督徒去与穆斯林一起征战。

然而，这样的独立并没有维持太久。阿莱克修斯一世统治末期，即 1221 年春，席卷欧亚大陆的蒙古扩张势头已经影响到黑海东岸，1222 年春，格鲁吉亚（谷儿只）遭遇到哲别与速不台率领的蒙古大军，在人数占优的情况下被围歼，此战损失了 30 000 多士兵。[①] 这次冲突使南高加索的基督教政权产生极大震动，因为据说他们看到蒙古军队的先锋高举着十字架，亚美尼亚国王甚至向罗马教宗霍诺留三世（Honorius Ⅲ，1216—1227 年在位）提出抗议。[②] 安德罗尼库斯一世作为黑海东部地区的一个基督教政权，对格鲁吉亚在遭遇蒙古大军后的损失也必然有所耳闻，只是还没有直接遭遇。

经历了 1222—1225 年的短暂平静后，特拉比宗帝国东部的基督教政权遭遇到更大的灾难。这次是来自花剌子模的末代国王（后称苏丹）亚拉丁·明布尔努（Jalal-ad-dīn Mingburnu）。1220 年，雄踞中亚的花剌子模（Khuarizm）被蒙古人灭国，亚拉丁在父亲去世后成为国王，也开启了逃亡生涯。他先是在印度辗转多年，试图集结各种力量对抗蒙古统治，虽有些成效，但在蒙古人的不断追杀和当地王公的钩心斗角掣肘下，始终难以成功。1225 年，他回到伊朗高原，对当地的领主进行拉拢打压，随后转到伊朗西北部的阿塞拜疆地区。[③] 亚拉丁的到来对于南高加索地区的基督教政权构成巨大威胁，因为他急需征服各地、扩充力量，以抗击如影随形的蒙古大军。而格鲁吉亚作为基督教政权就成为亚拉丁拉拢周围地区穆斯林联合攻击的最佳目标。1225 年，亚拉丁要求格鲁吉亚臣服于他，遭遇格鲁吉亚的拒绝，他随后派兵征讨，并很快获得胜利，占领第比利斯（Tiflis 或 Tiblis）。[④]

格鲁吉亚被亚拉丁征服是重要的历史转折点，标志着百余年来格鲁吉亚王国的强盛至此终结。虽然特拉比宗帝国与格鲁吉亚间的亲密关系在阿莱克修斯一

① J. S. Boyle ed., *The Cambridge History of Iran*, vol. 5, The Saljuq and Mongol Period, p. 311.

② B. Dashdondog, *The Mongols and the Armenians 1220—1335*, Leiden & Boston: Brill, pp. 49 - 50.

③ 多桑：《多桑蒙古史》（下册），第 451—456 页。

④ 志费尼：《世界征服者史》（下册），何高济译，翁独健校，呼和浩特：内蒙古人民出版社 1980 年版，第 508—511 页。

世统治后期已经终结,特别是女王泰玛去世后,在乔治一世在位期间,特拉比宗与格鲁吉亚纷争不断,但同为基督教国家,格鲁吉亚被消灭,身在特拉比宗的安德罗尼库斯一世自然感受到这一剧变的震动。

从1225年到1227年,亚拉丁率领军队东征西讨,在东边与蒙古军队交锋不断,有胜有负,在西边不断向小亚细亚进军,一度占领阿赫拉特(Ahlat或Akhlat)。[①] 1227年,亚拉丁再次率军攻击格鲁吉亚,此前格鲁吉亚人趁亚拉丁在外征战之机,已经重新夺回第比利斯。与此同时,各地不满亚拉丁的力量均聚集在明多尔(Mindor),[②]商讨迎击亚拉丁的对策。“因为鲁木(罗姆)的算端们(苏丹)和叙利亚、亚美尼亚以及那一带的篾力们(埃米尔)害怕他侵略和夺取政权,他们全都起来反击他。他们带着一支包括格鲁吉亚人、亚美尼亚人、阿兰人、薛里尔人、列兹斤人(Lakz或Lesques)、钦察人(Kiptchakes)、斯万人(Swsan或Svan)、阿卜哈思人(阿布哈兹)和察尼特人(Čhanet)的军队,[③]在某地会合。”[④]

在拉施特的记载中,并未见到特拉比宗帝国的身影,但联军是由周边各国共同组成,且其中“察尼特人(Chanet)”就生活在特拉比宗与巴统(Batum)之间,[⑤]因此,特拉比宗的安德罗尼库斯一世可能也派出一些士兵参战。各地兵力的汇入使得联军的数量远超亚拉丁的军队,但是战争的结果令人失望。联军一方统帅的决策失误以及部分军队的叛离,导致联军最终全面溃散。随后,亚拉丁继续西进,1229年重新占领凡城西北部的阿赫拉特,并紧接着在1230年前后,与罗姆苏丹国

① 阿赫拉特,今土耳其东部凡城西北的一座重要城市,早期属于亚美尼亚,称克拉特(Khlat),8世纪初为阿拉伯帝国所占,恰在拜占庭帝国与阿拉伯帝国的边境线上。

② 明多尔(Mindor),今亚美尼亚洛里附近的明多里(Mindori),拉施特的《史集》汉译“满都儿”,格鲁吉亚语表示“田地、平原”,格鲁吉亚编年史记载这场战役发生在博耳尼西(Bolnisi)。见志费尼:《世界征服者史》,第529页注8。

③ 察尼特,也作Čanyt,Ḥanyt或J̌anyt,指的是Ch'anet'i,表示即“察恩(Ch'an)的土地”,察恩是格鲁吉亚人对拉兹人(Laz)的称呼。他们生活在黑海东南滨海地区,距离特拉比宗很近。志费尼:《世界征服者史》,第529页注7。

④ 拉施特主编:《史集》(第二卷),余大钧、周建奇译,北京:商务印书馆1985年版,第43页。

⑤ 巴统(Batum或Batumi),格鲁吉亚西南部隶属科尔齐斯、濒临黑海的一座城市,最初为古希腊人建立的殖民城市巴图斯(Bathus,Βαθύς),罗马帝国至拜占庭帝国早期,是罗马东部边境上的防御要塞。

为首的联军在雅西克曼(Yasiçoman)发生冲突。①

对于特拉比宗帝国以及皇帝安德罗尼库斯一世来说,1230年花剌子模与塞尔柱人的战争是其政治史上的又一转折点。1222年特拉比宗围城战的胜利及之后安德罗尼库斯一世对苏丹之子马利克的优待,使得特拉比宗帝国在此后数年间一直享受着独立于罗姆苏丹国的自由地位,但由于1230年他选择站在花剌子模一方,当后者失败后,他为逃亡到特拉比宗的3 000名花剌子模士兵提供庇护,②于是特拉比宗帝国也成为塞尔柱突厥人的惩罚对象,再次沦为苏丹的属臣,每年缴纳贡赋并提供士兵参战。③

显然,从事后结果来看,安德罗尼库斯一世做出了错误的选择,由于史书并未详细描述这个时期特拉比宗帝国的政治生活,只能从外部局势来猜测安德罗尼库斯一世的考量。芬利认为由于花剌子模当时实力强大,号称“全球之王”(King of Globe),当其扩张时,作为小国之一的特拉比宗帝国必须在小亚细亚的传统霸主塞尔柱突厥人和花剌子模之间选择一方以为依附,并且安德罗尼库斯一世选择了实力更为雄厚的亚拉丁,效忠于他,并听从其调遣。④ 米勒则直接称安德罗尼库斯一世与花剌子模的结盟是在“邪恶、不幸的”时刻做出的决定。⑤

然而,从当时花剌子模国王亚拉丁的遭遇来看,他的实力与芬利所说的“实力强大”存在出入。亚拉丁凭借个人的强大武力和政治游说能力,在伊朗北部不断取得军事上的成功,但其统治毫无基础,每当前往另一地征战时,其原先征服的地区,无论是信奉伊斯兰教的阿塞拜疆还是信奉基督教的格鲁吉亚,都会立刻叛乱,而且他还始终处于蒙古大军打击的威胁之下。在1222年的特拉比宗围城战中,安德罗尼库斯一世已经表现出他在军事上的战斗意志以及成熟的政治判断力和手腕,而且蒙古人与花剌子模的矛盾已持续很长时间,成为众所周知的事实,如

---

① 雅西克曼(Yasiçoman),是埃尔津詹(Erzincan)西部的一处草地,就位于特拉比宗正南。亚拉丁率领的花剌子模军队在埃尔泽乌姆埃米尔的指引下从阿赫拉特向西北,后在雅西克曼与塞尔柱人率领的联军相遇。

② C. Cahen, *The Formation of Turkey, the Seljukid Sultanate of Rūm : Eleventh to Fourteenth Century*, p. 61.

③ G. Finlay, *The Empire of Trebizond*, pp. 390 - 391.

④ G. Finlay, *The Empire of Trebizond*, p. 391.

⑤ W. Miller, *Trebizond : the Last Greek Empire of the Byzantine Era, 1204—1461*, p. 23.

1225年格鲁吉亚在拒绝向亚拉丁臣服时,曾说“汝父较汝英勇,鞑靼(蒙古)兵至,尚不免身死国亡。吾人曾与鞑靼较力,鞑靼且终不免于退走”[①]。最主要的是,特拉比宗地处小亚细亚东北,濒临黑海,南靠本都山脉,亚拉丁率领着军队则主要在伊朗高原北部和南高加索地区争夺地盘与资源,特拉比宗对于他来说太偏远且不易攻打,只要安德罗尼库斯一世坚持特拉比宗保持中立,应该不会有太大危险。

在此背景下,安德罗尼库斯一世成为亚拉丁的盟友可能是出于其他原因。据志费尼记载,1229年,亚拉丁围困阿赫拉特近一年,并最终攻下该城大肆屠杀后,整个小亚细亚及周边地区都向亚拉丁臣服,“鲁木和西利亚(西里西亚)的诸侯,仿效和平城的榜样,用驿骑把贡品送到算端(札兰丁)的金碧辉煌的大殿”[②],可以确定的是距离特拉比宗帝国南部不远的埃尔泽乌姆此时就投靠了亚拉丁,曾在阿赫拉特围城战中向亚拉丁军队提供粮草补给,并向亚拉丁报告说罗姆苏丹国的苏丹正联合其他各地诸侯征讨亚拉丁,苏丹还警告他们只能将粮草供给罗姆苏丹而非亚拉丁。[③] 由此可见,在1229年至1230年间,罗姆苏丹国的苏丹凯伊-库巴德等表面与亚拉丁交好,但在秘密筹备征讨亚拉丁,且要求各地诸侯选边站队。特拉比宗帝国很可能是这个时候选择了倾向于军事上更可能成功的亚拉丁。事实上,尽管亚拉丁的统治没有基础,但其武装力量仍然具有强大的威慑力:当罗姆苏丹率领的联军与亚拉丁相遇时,他们内心充满恐惧,即便亚拉丁因身体突然不适、未控制好马匹以至马匹回转而引起军队大乱、四散奔逃时,他们也不敢大肆追赶,直到对方的士兵都四散逃去,才开始追击,[④]亚拉丁在该地区的军事威慑力可见一斑。

如果亚拉丁没有生病,就不会输掉战争,那么特拉比宗和埃尔泽乌姆做出的选择就是正确的,那么即便亚拉丁很快被蒙古人击败,他们也不会受到罗姆苏丹国的责难。然而,亚拉丁的疾病影响了战局,四散奔逃的士兵中有一部分向北越过本都山到特拉比宗寻求庇护。胜利后的罗姆苏丹国为此迁怒皇帝安德罗尼库

---

① 多桑:《多桑蒙古史》(下册),第456页。

② 志费尼:《世界征服者史》,J. A. 波伊勒英译,何高济译,北京:商务印书馆2004年版,第537页。

③ 志费尼:《世界征服者史》,第538页。

④ 拉施特:《史集》(第二卷),第46页。

斯一世，后者也被迫再次成为塞尔柱苏丹的属臣，重新开始向苏丹缴纳贡赋并提供军队听命于苏丹。①

此后特拉比宗帝国一直保持着罗姆苏丹国属国的地位。蒙古大军在1231年消灭了花剌子模，随后也对小亚细亚发动了攻击，一度攻入锡瓦斯，但蒙古人没有久留，要等到十多年后才会给罗姆苏丹国带来持久的威胁。而罗姆苏丹国则趁此空当，夺取了亚拉丁去世后留下的全部领地，控制着小亚细亚东部至格鲁吉亚的大片地区。② 在此情形下，安德罗尼库斯一世只能接受臣服于苏丹的结果，没有任何外力能够帮助他抵抗塞尔柱人的控制。

除了1222年和1230年的这两次对外战争外，安德罗尼库斯一世治下的特拉比宗帝国的社会经济保持稳步发展的态势，主要表现为此时发行了大量品质较高的货币。一般认为，13世纪初，帝国在境内的某些地区发现了铜矿并加以利用，开始发行铜币。从目前发现的安德罗尼库斯一世时期发行的铜币看，帝国此时拥有足够的铜矿资源，因为与君士坦丁堡的拉丁帝国发行的铜币相比，特拉比宗安德罗尼库斯一世时期的铜币明显更重，大多在4.5克到5.8克之间，而且品相较好，显示出特拉比宗帝国在经济上的自信与繁荣。③ 而且铜币的形制、设计与12世纪末拜占庭帝国安德罗尼库斯一世皇帝时期的货币比较接近：正面是皇帝的持矛立像，背面为圣母立像，背面铭文KOMNNC ΟΓΔΩΝ明确指向了安德罗尼库斯一世，似乎为了凸显特拉比宗帝国与后者以及正统的拜占庭皇帝间联系。安德罗尼库斯一世时期同样发行了相当数量的银币，由于在形制上与前期的拜占庭帝国以及尼西亚帝国发行的货币比较接近，因此目前学术界的争论比较多。

1235年，安德罗尼库斯一世在统治特拉比宗帝国13年后去世，葬在金首圣母教堂，他生前曾多次向这座教堂捐献巨资，以感谢圣母庇护其臣民在特拉比宗战役中不败。

---

① W. Miller, *Trebizond: the Last Greek Empire of the Byzantine Era, 1204—1461*, p. 24.

② A. C. S. Peacock, “Georgia and the Anatolian Turks in the 12th and 13th Centuries,” *Anatolian Studies*, vol. 56 (2006), p. 139.

③ E. S. Georganteli, “Trapezuntine Money in the Balkans, Anatolia and The Black Sea, 13th – 15th centuries,” *Trebizond and the Black Sea*, ed. T. Kyriakides, Thessaloniki, 2010, 93 – 112, p. 94.

安德罗尼库斯一世在位13年,内外政策虽然存在不少错误,但总体上保持了拜占庭帝国在遥远东方的这块飞地的平稳发展。他在政治局势相当混乱、地理区位极度敏感、内政外交动荡的环境中,能够维持特拉比宗帝国存在并多少取得了一定发展,实属不易。由此,后人也有理由推测,他的即位可能与其本人禀赋和能力突出有关,而并非拜占庭帝国宫廷政治传统使然。作为特拉比宗帝国首位皇帝阿莱克修斯一世的弟弟,他从前任皇帝手中接过皇权是打破了"父死子继"的惯例,在其兄弟有子嗣的情况下,他这种"兄终弟及"的即位属于"僭越"。其能够实现不是权力争斗的结果,而是特拉比宗帝国皇室内部的安排,显然是考虑了他的能力对于新生帝国稳固发展有利,而阿莱克修斯一世的"长子"约翰尚未长大成人,还难以担当大任。当然,他去世后,阿莱克修斯一世的长子约翰顺利继位,还是恢复了拜占庭帝位传承的传统。从这个角度看,特拉比宗帝国继续保持了拜占庭帝国皇帝继承制的政治传统。由于史料匮乏,后人还无法判断安德罗尼库斯一世的人品在历史上的作用,只能大体做出上述推测。

第三节

约翰一世·大科穆宁(John Ⅰ Axouch Megas Komnenos)

1235—1238年在位

约翰一世·大科穆宁(John Ⅰ Axouch Megas Komnenos, Ἰωάννης A'Aξουχος μεγας Κομνηνός,生年不详,卒于1238年)是特拉比宗帝国的第三任皇帝,1235年至1238年在位仅三年。

约翰一世全名约翰·阿克苏齐·科穆宁,是特拉比宗帝国首位皇帝阿莱克修斯一世的长子。文献关于特拉比宗帝国的记录非常有限,其中涉及约翰一世的少之又少。安德罗尼库斯一世去世后,"他的妻弟、第一位阿莱克修斯的儿子,出身大科穆宁的约翰·阿克苏齐·科穆宁即位,在位六年,6746年(1238

年)去世”①。这里所谓“在位六年”显系错误。除了帕纳雷托斯简单勾勒的政治变动之外,没有任何关于皇室成员生活方面的资料,后人只能根据史书中透出来的只言片语加以推断。

米勒根据阿莱克修斯一世去世后将皇位传给女婿安德罗尼库斯一世的事实,认为当时约翰因年幼无法继任。② 但13世纪生活在罗姆苏丹国的史家伊本·比比则称,1214年西诺普居民在回应苏丹招降时,曾声称阿莱克修斯的儿子们“均已成年,都可以承担管理国家之责”。③ 即便这里的“儿子们”有夸大嫌疑,可能包括其女婿安德罗尼库斯·吉多斯,那么约翰在此时也不会太小,仅过八年后的1222年,约翰事实上也已成年。帕纳雷托斯记载,1238年,约翰在担任了六年皇帝后去世,④而其正式独自管理帝国始于1235年,因此可能在1232年他就已经作为共治皇帝与姐夫一起执政了。

约翰一世独立统治的时间仅有三年,这三年恰恰处于国际局势比较平稳的时期,亚拉丁的强权业已崩溃,蒙古人尚未对南高加索地区和小亚细亚发动全面进攻,罗姆苏丹国还享受着在该地的霸主地位,环境总体安定。特拉比宗帝国从1230年起再次成为罗姆苏丹国的属国,每年定期缴纳贡赋并提供相应的军队,帝国的社会经济以及黑海地区的贸易仍然稳步发展,没有大的波动。史书没有记录任何关于约翰一世统治期间的重大事件,因此可以说这段时间比较平稳。帕芬霍芬(Pfaffenhoffen)曾认为有一种银币是在约翰一世统治期间发行的,⑤就是按照早年科穆宁王朝时期的银币样式发行的阿斯普(Asper),⑥但学者们后来的研究认为这些银币属于约翰二世。⑦

---

① “Panareti chronicon Trapezuntinum,” 2. 17－23, p. 362.

② W. Miller, *Trebizond : the Last Greek Empire of the Byzantine Era, 1204—1461*, p. 18.

③ A. A. Vasiliev, “The Foundation of the Empire of Trebizond (1204—1222),” p. 26.

④ 对于帕纳雷托斯的记载,早期的学者释读为“6”年,法尔梅拉耶释读为“3”年,米勒倾向于认同三年。W. Miller, *Trebizond : the Last Greek Empire of the Byzantine Era, 1204—1461*, p. 25.

⑤ W. Wroth, *Catalogue of the Coins of the Vandals, Ostrogoths and Lombards and of the Empires of Thessalonica, Nicaea and Trebizond in the British Museum*, London: Oxford University Press, 1911, p. lxxviii.

⑥ 阿斯普(Asper,或Aspron),本意表示粗糙的,后来逐渐表示光亮的、白的,从11世纪开始用来称呼帝国发行的银币,并且成为银币的代名词。

⑦ E. S. Georganteli, “Trapezuntine Money in the Balkans, Anatolia and The Black Sea, 13th－15th centuries,” p. 94.

1238年,约翰一世在玩一种游戏时,从马上跌落被踩踏而死。这种游戏究竟是什么仍不是很清楚,米勒只是提到这种游戏在拜占庭贵族中非常流行,后来引入到特拉比宗。① 芬利所说的危险游戏“祖卡尼翁(Tzoukanion)”就是马球,在当时的拜占庭贵族中间极为流行,早年间,君士坦丁堡的皇帝曼努埃尔一世就差点摔下马死掉。按照芬利的说法,马球比赛只有贵族才能参加,参与成员组成两支队伍,骑着马、依照规则竞相追逐一个皮制的、像苹果或石榴一样大小的球,用来击球的是一头呈圆锥形球状的木棍,将球击打越过某种障碍,或者阻挠对手得分。这种游戏风行一时,几乎每座重要城市都开设了马球场(Tzoukanisterion),而19世纪还能在特拉比宗皇宫靠近上城的地方看到当年的马球场遗址。②

约翰一世的妻儿情况不明。帕纳雷托斯称约翰一世死后,“他的第二个弟弟曼努埃尔·大科穆宁即位”,还称“约翰尼克斯(Ioannikios Komnenos,意为‘小约翰’)痛苦万分”。③ 基于对“第二个弟弟”的记录,舒库罗夫认为小约翰是约翰的弟弟,而曼努埃尔是最小的弟弟,正是因为约翰一世去世后,曼努埃尔夺取了政权才导致小约翰痛苦万分。为了论证兄弟两人的名字几乎一样的情况,他还举出数十年后的另一对名字相同的兄弟来说明这并非不可能。④ 然而,大部分学者仍然认为约翰尼克斯是约翰的儿子,故称“小约翰”,之后他或因父亲去世而痛苦万分,或因被剥夺了即位权利而痛苦,⑤但如果将“second brother”解释为“二弟”时就不会产生理解的差异。

约翰一世死于马球比赛的事件至少告诉后人,这种为拜占庭贵族追捧的娱乐活动是由拜占庭帝国京都君士坦丁堡扩散流行到各地的。透露出来的两个信息,一是君士坦丁堡引领着仪式感极强的拜占庭贵族生活时尚,反映出这个古老帝国宫廷政治的中心仍旧在首都君士坦丁堡,而没有出现文化核心区转移的现象。衰亡阶段的

① W. Miller, *Trebizond : the Last Greek Empire of the Byzantine Era, 1204—1461*, p. 25.

② G. Finlay, *The Empire of Trebizond*, p. 391.

③ K. J. Williams, “A Genealogy of the Grand Komnenoi of Trebizond,” *Foundations*, vol. 2, no. 3 (2006), 171-189, p. 175.

④ R. Shukurov, “The Enigma of David Grand Komnenos,” pp. 131-132.

⑤ 米勒指出他被送入了修道院。W. Miller, *Trebizond : the Last Greek Empire of the Byzantine Era, 1204—1461*, p. 25.

拜占庭文化中心西迁到伯罗奔尼撒半岛西部米斯特拉，应该大体出现在14世纪下半叶或者15世纪上半叶。二是拜占庭贵族流行马球比赛甚至不惜以命相搏并非仅仅出于娱乐，可能还存在末代拜占庭贵族力图通过此种活动保持马上武功的军事能力。这个时期，类似于马球比赛的还有走马射帽的贵族娱乐，其实质也是通过娱乐活动保持作战中最有战斗效力的骑马射箭技能。但是，衰败中的拜占庭帝国最终还是未能重振雄风，贵族军事游戏也无法挽救帝国最终的灭亡。诸多文化传统和游戏方式后来演变为欧洲贵族争相效仿的贵族生活方式，直到西欧启蒙运动渐起，“拜占庭贵族生活”才进入被批判和抛弃的黑名单。

第四节

曼努埃尔一世・大科穆宁（Manuel Ⅰ Megas Komnenos）

1238—1263年在位

曼努埃尔一世・大科穆宁（Manuel Ⅰ Megas Komnenos，Μανουήλ Α' μέγας Κομνηνός，出生年代不详，卒于1263年3月）是特拉比宗帝国的第四任皇帝，1238年至1263年3月在位共25年。

曼努埃尔是阿莱克修斯一世的次子，约翰一世因意外事故去世后，他继承了哥哥的皇位，成为特拉比宗帝国的第四位皇帝。根据帕纳雷托斯的记载，约翰的“第二个兄弟，曼努埃尔，大科穆宁，大首领（στρατηγικώτατος）且受命运眷顾，在那一年成为（皇帝）。”[①]约翰一世去世后，有一个叫作“小约翰”（'Ιωανίκιος）的人“痛苦万分”，一般认为这是约翰一世的儿子，他的痛苦很可能源于其叔父曼努埃尔攫取了帝位而对他加以约束和控制，米勒甚至指出他被送入修道院。[②] 然而，

① “Panareti chronicon Trapezuntinum,” 3. 25－40, p. 362.

② “Panareti chronicon Trapezuntinum,” 3. 24－25, p. 362. W. Miller, *Trebizond: the Last Greek Empire of the Byzantine Era, 1204—1461*, p. 25.

舒库罗夫认为约翰一世并没有子嗣,这个“小约翰”可能也是阿莱克修斯一世的儿子,因为与大哥约翰同名,故而被称为“小约翰”,以此来解释曼努埃尔为约翰一世的“第二个兄弟”(second brother, δευτερος ἀδελφός)。① 但第二种观点没有得到大多数学者的赞同,学界仍倾向于认为小约翰是约翰一世的儿子,并进而认为曼努埃尔的即位经过一定的权力争斗。

在曼努埃尔一世统治的25年中,特拉比宗帝国所处的国际环境正发生着重大变化。就在他即位的前一年,即1237年,作为特拉比宗帝国宗主国的罗姆苏丹国的苏丹凯伊-库巴德去世,他的儿子凯伊-库斯鲁二世(Kay Khusraw Ⅱ, 1237—1246年在位)即位。芬利称这位新苏丹“软弱不堪且奢靡成风”,他“毒杀了他的父亲……塞尔柱人失去了大部分权势”。② 但从塞尔柱史家的记载来看,凯伊-库斯鲁二世的即位并没有导致罗姆苏丹国的实力削弱。凯伊-库斯鲁作为前任苏丹的长子顺利得到各地埃米尔的支持,成为新任苏丹,继续维持着凯伊-库巴德去世之前在整个小亚细亚地区的霸主地位,接受包括特拉比宗帝国在内的各地领主的臣服,享有他们缴纳的贡赋。③

对于曼努埃尔一世领导的特拉比宗帝国而言,这段时期的小亚细亚表面平静而背后矛盾冲突不断。常驻阿塞拜疆大不里士的蒙古大军暂无继续深入小亚细亚的打算,与塞尔柱人的罗姆苏丹国维持着脆弱的和平,但无人知晓这种和平能维持到何时。苏丹凯伊-库斯鲁二世治下的一些伊斯兰势力也蠢蠢欲动,时不时地与苏丹发生冲突。这些与曼努埃尔关系似乎不大,但他也感受到蒙古入侵的恐怖。就在他即位之前,蒙古人在拔都的统领下,开始第二次西征。1239年至1242年间,蒙古大军相继攻占今俄罗斯、乌克兰、波兰、匈牙利各地,④带来巨大的物质破坏与心理恐惧。1239年,蒙古人占领亚美尼亚的阿尼(Ani)后屠城,曼努埃尔

① R. Shukurov, “The Enigma of David Grand Komnenos,” pp. 131－132.
② G. Finlay, *The Empire of Trebizond*, p. 393.
③ C. Cahen, *The Formation of Turkey, the Seljukid Sultanate of Rūm: Eleventh to Fourteenth Century*, pp. 65－67.
④ 拉施特:《史集》(第二卷),第77—81页。

还接纳了许多逃亡而来的亚美尼亚人。[①] 处于惊恐之中的小亚细亚各政权，终于在1242年遭遇到蒙古人的再次进攻。

1242年末，蒙古大军在拜住(Baiju)的率领下从阿塞拜疆向西发动攻击，经过两个多月的围城之后，终于攻下小亚重镇埃尔泽乌姆。拜住(Baiju)在蒙古第一次西征时是绰儿马罕(Choremahan)的部将，跟随其追击亚拉丁。亚拉丁死后，他随绰儿马罕驻守于里海以西的阿塞拜疆。1242年，绰儿马罕因病身故，拜住接替其将军之位。之后在1243年春，他们继续向西入侵埃尔津詹(Erzincan)。[②] 这两地不仅是距离特拉比宗最近的内陆商业重镇，也是小亚细亚东部地区的战略要地。面对如此严重的危局，小亚细亚及周围地区的众多力量暂停内斗，联手共同应对蒙古人的威胁。在苏丹凯伊-库斯鲁二世的牵头下，各伊斯兰势力、尼西亚的拜占庭流亡朝廷和特拉比宗的拜占庭人、格鲁吉亚和亚美尼亚的基督徒，甚至包括受雇而来的拉丁人，组成人数庞大的联军，人数远超蒙古军队。1243年夏，双方军队在科斯达格(或译为克塞山，Köse Dag)相遇，史称“科斯达格战役”。十年后(1253年)，鲁布鲁克的威廉(William of Rubruk)率领的使团途经这里时，随行向导队伍中曾参与此战的人说“鞑靼人(蒙古人)总共不超过一万人；算端(苏丹)有二十万人，都是骑兵”[③]。作为罗姆苏丹国的属臣，特拉比宗帝国也要派出一定数量的军队参战。按规定，特拉比宗需要每年为苏丹提供人数枪骑兵(lances)千人，分200组。[④] 这次大规模会战中，特拉比宗派出的军队人数是否也是千人不得而知，但伊本·比比记载曼努埃尔带着3 000名法兰克人亲自参加了塞尔柱联军。[⑤] 然而，人数占优的塞尔柱联军在蒙古军队的第一轮弓箭攻击下就迅速溃散，[⑥]甚至

---

① A. Eastmond, “Narratives of the Fall-Structure and Meaning in the Genesis Frieze at Hagia Sophia, Trebizond,” *Dumbarton Oaks Papers*, vol. 53(1999), p. 229. 关于阿尼城屠城，见多桑：《多桑蒙古史》(下册)，冯承钧译，北京：商务印书馆2013年版，第482页。

② 多桑：《多桑蒙古史》(下册)，第483页。

③ 何高济译：《鲁布鲁克东行纪》，柔克义译注，北京：中华书局1985年版，第324页。

④ 200组枪骑兵相当于一支1 000人的军队，C. Cahen, *The Formation of Turkey, the Seljukid Sultanate of Rūm: Eleventh to Fourteenth Century*, p. 69.

⑤ R. Shukurov, “Trebizond and the Seljuks, 1204—1299,” *Mesogeios*, 25-26(2005), p. 120.

⑥ 关于科斯达格战役中塞尔柱一方的军队人数存在争议，前面提到1255年到达此地的鲁布鲁克的威廉听说是20万，蒙古军队有1万人；同时期的亚美尼亚史家阿克内尔的格里高利(Grigor Aknert)称塞尔柱军队有16万，而亚美尼亚史家赫索姆(Het'um)称蒙古军队人数为3万。B. Dashdondog, *The Mongols and the Armenians (1220—1335)*, p. 62.

苏丹本人也带头逃窜,逃往安卡拉。随后蒙古人乘胜向西占领锡瓦斯,[①]并夺取了原先属于罗姆苏丹国的小亚细亚霸主地位。

1243年科斯达格战役在历史上具有重要意义,此役标志着塞尔柱人在小亚细亚霸权的丧失。特拉比宗帝国对其的臣属关系也相应地被解除,这是帝国历史发展的转折点。由于没有资料说明曼努埃尔在这场战役中的具体活动,只能通过一些只言片语加以推断。在特拉比宗史家帕纳雷托斯的记述中,曼努埃尔一世被称为"大首领",他是"最尚武、最成功的,以正确的、令上帝满意的方式进行治理"[②]。对此,芬利推测,曼努埃尔其人可能是位颇具勇气,军事技能比较突出,能力远远超出特拉比宗这个小帝国的范围,甚至猜测他的军事武勇可能是在科斯达格战役中表现出来的,并推断曼努埃尔带着他的特拉比宗军队曾经英勇地战斗过。[③] 根据伊本·比比的记载,在通往科斯达格的一个关口处,曾经有一支3 000人组成的"法兰克人和罗马人"被蒙古人消灭,[④]很可能这就是曼努埃尔率领基督徒作战的地方,并且幸运地逃得性命。

曼努埃尔是否真的在这一战斗中亲自率队迎击蒙古军队,尚无法确定,可以肯定的是特拉比宗帝国自此向蒙古人臣服,成为后者的属臣。1253年,鲁布鲁克的威廉了解到的特拉比宗是这样的:"特拉比宗有自己的领主,名叫圭多,是君士坦丁堡皇室的后裔,而且他服从于鞑靼人。"[⑤]这段描述将统治者误称为圭多,应是受到特拉比宗帝国第二任皇帝安德罗尼库斯一世·吉多斯统治的影响,且"君士坦丁堡皇室后裔"显然指的是科穆宁家族。"服从于鞑靼"则表明特拉比宗帝国作为蒙古人附庸的身份。

然而,特拉比宗帝国与蒙古人并不是简单的依附关系,这其中即包含着蒙古人内部不同派系的斗争,也关系到小亚细亚各方势力的争斗。在1243年科斯达格战

---

① C. Cahen, *The Formation of Turkey, the Seljukid Sultanate of Rūm : Eleventh to Fourteenth Century*, p. 69.

② "Panareti chronicon Trapezuntinum," 3. 26 - 27, p. 362. R. Shukurov, "Trebizond and the Seljuks, 1204—1299," p. 123.

③ G. Finlay, *The Empire of Trebizond*, pp. 392 - 393.

④ R. Shukurov, "Trebizond and the Seljuks, 1204—1299," p. 121.

⑤ *The Journey of Friar John of Pian de Carpine to the Court of Kuyuk Khan, 1245—1247, as narrated by himself*, trans. W. W. Rockhill, London: Hakluyt Society, 1900, p. 46. 中译见《鲁布鲁克东行纪》,第207页。

役结束之后,曼努埃尔一世延续之前与塞尔柱突厥人共同进退的策略,选择依附拔都,而没有选择代表哈拉和林的拜住。但他不久又做出了新的选择,1246 年,曼努埃尔一世亲自前往哈拉和林,拜见蒙古大汗贵由,①正式成为蒙古的附庸。这也可以解释为什么当时地处黑海东岸的格鲁吉亚明明依附于蒙古人,但在鲁布鲁克的威廉的叙述中它却“没有臣服于鞑靼”②,这是因为格鲁吉亚以及小亚细亚的塞尔柱突厥人都依附于控制着黑海北岸、钦察草原的拔都,而非掌控哈拉和林的拜住。

关于特拉比宗帝国能够顺利地被蒙古人接纳,芬利认为是由于“蒙古人把特拉比宗看作是一个商业重镇,而非一个帝国,这样的一个政权对于哈拉和林来说,根本提不起兴趣加以征服”③。结合特拉比宗帝国的面积与政治实力,这一解释有一定道理。然而,在舒库罗夫看来,这并非特拉比宗帝国享有的特例,蒙古人对于小亚细亚的统治不同于其在伊朗以及黑海北岸的管理,由于小亚细亚、格鲁吉亚和亚美尼亚等小政权,地处拔都控制下的钦察汗国与直接隶属大汗贵由的伊朗等两支蒙古势力的交界地带,是拔都对抗贵由的主要阵地,因此当地各方力量能够借助两大蒙古势力之间的矛盾维持各自的独立地位,而蒙古人也只能保留着当地原有的统治模式,仅接受各势力的臣服而已。④ 曼努埃尔一世亲自前往哈拉和林这一行动表现出的诚意与政治意义,以及他的基督徒身份,令蒙古大汗贵由极为满意。按照成吉思汗立下的规矩,“诸民族之自愿来归者善遇之”⑤,因此曼努埃尔一世顺利地成为蒙古大汗的属臣,并得到相当大的经济收益和政治支持。

从经济上看,曼努埃尔统治下的特拉比宗帝国,得益于“蒙古人治下的大和平”,成为东、西商路的重要站点,收获丰厚利润。蒙古人一直很重视商业活动,因为他们“远离城市,十分珍视各种织物和垫子”。例如,1218 年,成吉思汗令各部派遣亲信携带金银组成商团,带着他写给花剌子模国王的信函前往花剌子模,希

---

① A. A. M. Bryer, “The Grand Komnenos and the Great Khan at Karakorum in 1246,” *Itinéraires d'Orient : Hommages à C. Cahen*, eds. R. Curiel and R. Gyselen, Res Orientalis: 6, Bures-sur-Yvette, 1994, pp. 257 – 261. R. Shukurov, “Trebizond and the Seljuks, 1204—1299,” p. 121.

② *The Journey of Friar John of Pian de Carpine to the Court of Kuyuk Khan, 1245—1247, as narrated by himself*, pp. 46 – 47.

③ G. Finlay, *the Empire of Trebizond*, p. 393.

④ R. Shukurov, “Trebizond and the Seljuks, 1204—1299,” pp. 71 – 136.

⑤ 多桑:《多桑蒙古史》(下册),第 506 页。

望展开正常的商贸活动,却不料在途经讹答剌时,[①]使团全部成员被该城守将杀害,仅余一名驮夫返回报信。[②] 这次"讹答剌事件"直接导致蒙古人对花剌子模开战、持续追杀亚拉丁,并发动第一次西征。当蒙古人经过两次西征建立起对欧亚大陆北部草原游牧区的统治后,这条因各方势力混杂而较为危险的东、西商路也被打通,地中海地区的商人越来越多地选择黑海前往草原丝路,特别是当曼努埃尔一世亲身前往哈拉和林向蒙古大汗表示臣服后,特拉比宗帝国的政治地位得到保障,作为黑海最东边的海港,特拉比宗也随即兴盛起来。

曼努埃尔一世治下的特拉比宗帝国商业极其繁荣,这一点可以从他发行的货币及其国际影响看出来。他统治期间发行了大量铜币和银币,无论是数量还是种类都是特拉比宗帝国中众帝王中最好的。大约在1238年到1245年之间,特拉比宗开始发行一种新的银币阿斯普(Aspers),[③]这种银币正面为皇帝立像,背面是圣尤金的立像,还有一种银制诺米斯玛,正面也是曼努埃尔一世立像,背面是抱着圣子耶稣的金首圣母坐像。[④] 这些银币的流通量极高,广泛散布到境外。格鲁吉亚曾仿制特拉比宗的银币,称"曼努埃尔王"(Kirmaneoul)[⑤],由此可知当时特拉比宗在商贸领域中的重要影响。

1253年,曼努埃尔派遣使者前往巴勒斯坦,面见当时正在西亚从事其十字军战争的法王路易九世,提议迎娶一位法国公主。当时路易九世因身在东方,身旁并没有公主随行,他对该提议虽然很有兴趣,却只能婉拒,并建议特拉比宗的皇帝可以与君士坦丁堡的拉丁皇帝鲍德温二世所属的考特尼家族联姻,因为后者与法国王室有姻亲关系,他们的公主从血统上也与卡佩家族有关,他认为这样做还可以促成双方联合对抗尼西亚的皇帝。然而,曼努埃尔似乎更感兴趣的是,与声望显赫的路易九世建立姻亲关系,而非在意卡佩家族的血统。后来此事不了了之。

---

① 讹答剌(Otrar),当时花剌子模的重要城市,位于坦阿雷河与锡尔河交汇处,今哈萨克斯坦南部讹答剌州,古称康居。林梅村:《通往恭御城之路——兼论中亚历史上的讹答剌城》,《江海学刊》2016年第2期,第169—172页。

② 拉施特:《史集》(第一卷,第二分册),第280—284页。

③ M. Kuršpanskis, "The Coinage of the Grand Komnenos Manuel I," 'Αρχειον Πόντου 35(1979), pp. 23 - 37.

④ W. Wroth, *Catalogue of the Coins of the Vandals, Ostrogoths and Lombards and of the Empires of Thessalonica, Nicaea and Trebizond in the British Museum*, pp. lxxviii, 236 - 257.

⑤ W. Miller, *Trebizond : The Last Greek Empire of the Byzantine Era, 1204—1461*, p. 26.

值得注意的是，路易九世对曼努埃尔的评价是“那么英武且富有的一个人”①，这一态度也说明了特拉比宗帝国的富庶。

经济实力的提升以及政治上得到蒙古人的支持后，曼努埃尔一世似乎也想在小亚细亚周边地区的政治格局中一展抱负。在其出资兴建的圣索菲亚教堂中曾经有一幅描绘他的半身壁画，壁画旁边的铭文读作“信仰基督上帝，虔诚的罗马人皇帝与天然统治者（Βασιλεὺς καί Αὐτοκράτωρ των ‘Ρωμαίων）”，这是拜占庭皇帝们的传统称号，显示特拉比宗帝国虽然偏居黑海东部，但始终强调拜占庭皇室后裔的身份，并怀有复兴拜占庭大业的雄心。② 而曼努埃尔一世此时随着国家经济实力增强，也试图通过努力来实现家族的这个夙愿。因此舒库罗夫认为，1253年曼努埃尔试图与法王路易九世联姻就是他在致力于实现这一抱负的努力之一，而他没有采纳路易九世的建议与君士坦丁堡的拉丁皇帝联姻，也是出于不与敌对方联姻且争夺君士坦丁堡皇帝之位的考虑。③

在政治上，曼努埃尔一世还通过军事胜利扩大了特拉比宗帝国的影响。1259年，他率军攻占特拉比宗西部的重要港口西诺普。与之相关的记载非常零散，一个是在苏达克的“圣徒传记”（Synaxarion of Sughdaq）的旁注中提及“创世6762年（公元1254年），就在国王曼努埃尔·科穆宁占领西诺普的那一天”。另一位伊斯兰史家伊本·沙达德（Ibn Shaddād）称曼努埃尔占领西诺普，将城中的清真寺全部改做教堂。但是，关于曼努埃尔一世征服西诺普的时间还存有争议，苏达克的《圣徒传记》所记时间为1254年，舒库罗夫、库尔山斯基斯均采用这一时间；而根据伊斯兰作家的史料，尼斯塔佐布鲁、卡赫恩等学者将其定为1259年。④ 这些

---

① W. Miller, *Trebizond : The Last Greek Empire of the Byzantine Era, 1204—1461*, p. 25.

② A. A. Vasiliev, “the Foundation of the Empire of treizond (1204—1222),” *Speculum, A Journal of Medieval Studies*, vol. XI, no. 1(1936), p. 31.

③ R. Shukurov, “Trebizond and the Seljuks, 1204—1299,” p. 122.

④ M. G. Nystazopoulou, *‘Η ἐν τῃ Ταυτικῇ Χερσονήσωι πόλις Σοθγδαιά*, Athens, 1965, pp. 18 – 19. M. G. Nystazopoulou, “La dernière reconquête de Sinop par les Grecs de Trébizonde (1254—1265),” *Revue des études byzantines*, 22(1964), pp. 241 – 249. M. Kuršanskis, “L’Empire de Trébizonde et les Turcs au XIIIe siècle,” *Revue des études byzantines*, 46(1988), pp. 109 – 124. A. A. M. Bryer & D. Winfield, *The Byzantine Monuments and Topography of the Pontos*, Washington: Dumbarton Oaks 1985. C. Cahen, “Quelques textes négligés concernant les Turcomans de Roum au moment de l’invasion mongole,” *Byzantion*, 14 (1939), p. 138. C. Cahen, *The Formation of Turkey, the Seljukid Sultanate of Rūm : Eleventh to Fourteenth Century*, p. 194. R. Shukurov, “Trebizond and the Seljuks, 1204—1299,” pp. 121 – 122.

记载只是提到曼努埃尔一世对西诺普的征服,但没有涉及其征服的过程以及方法。根据当时小亚细亚各方势力及其背后支持力量来看,西诺普的总督臣服于拔都,而特拉比宗依仗的是蒙古大汗,因此曼努埃尔一世的这次胜利可以看作是新任蒙古大汗与拔都的较量。

一般认为,鉴于西诺普与特拉比宗都是蒙古人的附庸,因此他们之间的政治斗争与冲突也处于蒙古人的监控之下,特拉比宗之所以能够发动对西诺普的攻击并取得成功,一定是得到蒙古大汗的敕令(即:札儿里黑,yarligh),从而获得对西诺普的合法管理权。基于此,库尔山斯基斯认为特拉比宗攻占西诺普的时间是1254年,并进而猜测1253年蒙哥即位时,各地属臣可能会派遣使者前往哈拉和林拜见新任可汗,故而曼努埃尔一世得到一封可以攻占西诺普的敕令。[1] 然而,这一观点存在很大漏洞。蒙哥之所以能被推举为大汗,要得益于拔都的支持,他怎么会在即位之初就向曼努埃尔发布这样一道明显针对拔都的敕令?而且不久之后,当他派遣三弟旭烈兀远征伊朗时,拔都还派兵予以支援。[2] 这些均说明蒙哥所属的托雷系与拔都关系较好。更重要的是,蒙哥即位之后为了从他的对手那里夺取帝国的资源,使他们不能未经许可就占用物品和劳役,进行了一系列改革,其中就包括废除始于成吉思汗时代的象征权力的札儿里黑,"凡朝廷即诸王滥发牌印、诏旨、宣命,尽收之"[3]。因此,即便曼努埃尔一世曾在汗位更迭后派遣使者前往哈拉和林面见蒙哥,蒙哥也不会在此时发布一道札儿里黑,让其属臣特拉比宗攻占另一个属臣塞尔柱突厥人控制着的城市。

小亚细亚的局势在13世纪50年代末60年代初出现变化。1255年拔都去世,拔都之弟别儿哥(1256—1266年在位)统领钦察汗国,他们与旭烈兀在黑海地区的领土矛盾也尖锐起来。从1257年至1287年,金帐汗国与伊儿汗国爆发数次

---

① M. Kuršanskis, "L'Empire de Trébizonde et les Turcs au XIIIe siècle," p. 121.

② 徐黎丽:《金帐汗国和伊儿汗国的关系(1251年—1335年)》,《西北民族研究》1998年第2期,第118—282页。

③ 宋濂、王祎:《元史》卷三《宪宗纪·蒙哥》,北京:中华书局1971年版,第43—44页。傅海波、魏瑞德等编:《剑桥中国辽西夏金元史》,史卫民等译,北京:中国社会科学出版社1998年版,"第四章:蒙古帝国的兴起及其在中国北部的统治",见12/15/2018:http://www.guoxue123.com/other/jq/yuan/063.htm.

冲突,与此同时,伊儿汗国内部的矛盾也开始显现,特别是在第二次西征时作为南部地区统帅的绰儿马罕和拜住成为旭烈兀强化权力过程中的障碍,因此1259年拜住被赐死。[①] 曼努埃尔很可能在这种纷争不断的情势下,趁势占据西诺普。玛利亚·尼斯塔佐布鲁认为这与当时控制东部地区的塞尔柱苏丹基里克·阿尔斯兰(Kilic Arslan, 1246—1266年在位)有关,后者与伊儿汗国的对手埃及的马穆鲁克王朝合作。这里不得不提及当时地区的复杂政局:1246年,罗姆苏丹国的苏丹凯伊-库斯鲁二世去世,他的儿子们在不同势力的扶植下争夺苏丹之位;其中具有一半希腊血统的长子凯伊-卡乌斯二世与作为宗主国的蒙古不是太亲密,与尼西亚帝国走得比较近,占据西部地区;基里克·阿尔斯兰则无条件依附蒙古,在塞尔柱突厥王公们的支持下占据包括西诺普在内的东部地区。蒙古人采用分而治之的策略,虽然更倾向于支持基里克·阿尔斯兰四世(Rukn al-Din Kilic Arslan, 1246—1266年在位),但基本默许了塞尔柱苏丹国中存在两位苏丹的状况。但到50年代末,成年后的基里克·阿尔斯兰(1246年其父亲去世后,他年仅9岁)开始不再完全依靠蒙古,反而试图秘密接触蒙古的对手埃及的马穆鲁克王朝。[②] 1259年时,苏丹与马穆鲁克王朝密谋共同对抗旭烈兀,大汗意欲废掉阿尔斯兰,迫使其四处逃亡。于是曼努埃尔一世抓住机遇,对西诺普发动突袭,在成功控制该城后,还派一位来自特拉比宗望族加布拉斯(Gabras)家族的将军驻守西诺普,显然是利用地区复杂局势进行扩张的成果。[③]

依据特拉比宗史家的记录以及周边地区的零星记载,曼努埃尔一世借助新崛起的蒙古势力,在黑海地区的国际贸易中占据有利地位,为特拉比宗帝国收获了丰厚的经济回报。1256年,旭烈兀建立伊儿汗国,1258年,蒙古军队攻克巴格达后杀掉了哈里发。巴格达被攻陷后,从伊儿汗国的首都到特拉比宗的商路成为商

---

① 徐黎丽:《金帐汗国和伊儿汗国的关系(1251年—1335年)》,《西北民族研究》1998年第2期,第118—282页。志茂硕敏:《伊儿汗国的蒙古人》,乌力吉图译,《蒙古学资料与情报》1987年第2期,第1—10页。

② C. Cahen, *The Formation of Turkey, the Seljukid Sultanate of Rūm : Eleventh to Fourteenth Century*, pp. 175-192.

③ M. G. Nystazopoulou, “La dernière reconquête de Sinop par les Grecs de Trébizonde (1254—1265),” *Revue des études byzantines*, 22(1964), pp. 245-247.

人们的首选,推动了特拉比宗的经济发展更加繁荣。[1]

有关曼努埃尔一世在帝国内政上的管理史料几乎没有留下只言片语。可以确定的是,大约在13世纪50年代初,他在特拉比宗城的西北角,距离西墙1.5千米的一处突出岩石上修建了一座新的教堂,名为圣索菲亚大教堂,从这里可以俯视黑海。曼努埃尔显然想要在特拉比宗也建造一座类似于君士坦丁堡圣索菲亚教堂那样的宗教场所,作为信仰中心,因此在设计与建造方面费尽心思。他聘请了来自东、西方各地的工匠,使得这座圣索菲亚教堂虽然与君士坦丁堡的不同,但也是建筑和艺术上的精品。[2] 正是在这座教堂中,芬利于19世纪中期看到一幅曼努埃尔一世的半身肖像,可惜后来毁于动乱。

曼努埃尔于1263年3月去世,统治时间长达25年,这段时间也被看作特拉比宗帝国历史中比较繁荣强盛的时期。只是就在他去世的两年前,也就是1261年,尼西亚帝国军队成功收复了君士坦丁堡,逐渐确立起其正统地位,特拉比宗帝国渐渐失去了主张拜占庭皇位的条件,而这里的皇帝们所采用的帝号将在后来成为与拜占庭都城皇帝们纷争的焦点。

曼努埃尔可能结过三次婚,他的第一位妻子名叫安娜·希拉勒(Anna Xylaloë),可能是特拉比宗贵族出身,为曼努埃尔生了长子安德罗尼库斯,就是后来的安德罗尼库斯二世。安娜可能在1253年之前去世了,因为这一年曼努埃尔派使者向路易九世提出联姻请求,说明当时皇后已经去世。曼努埃尔的第二位妻子名叫鲁苏丹(Rusudan),是位格鲁吉亚公主,生了女儿塞奥多拉,这位公主后来在1285年前后一度预谋篡夺帝位,但以失败告终。曼努埃尔的第三位妻子叫做伊琳妮·叙丽凯娜,似乎也是特拉比宗贵族出身,生下次子乔治和三子约翰,即后来的乔治一世和约翰二世。伊琳妮还生了几个女儿,名字不详,亚美尼亚史籍记

---

① 米勒最先提出这一主张,其后许多学者也持同一立场,见 W. Miller, *Trebizond : The Last Greek Empire of the Byzantine Era, 1204—1461*, p. 26. Ashhan Akişki-Karakullukçu, "The Empire of Trebizond in the World-Trade System; Economy and Culture," *Trade in Byzantium : Papers from the Third International Sevgi Gönül Byzantine Studies Symposius*, eds. Paul Magdalino & Nevra Necipoğlu, Istanbul: Koc University Press, 2016, pp. 323-336. A. A. Bryer, "The Fate of George Komnenos, Ruler of Trebizond," *The Empire of Trebizond and the Pontos*, London: Variourum Reprints, 1980, p. 339.

② S. Balance, "The Byzantine Churches of Trebizond," *Anatolian Studies*, vol. 10(1960), pp. 141-175.

载,其中一位在1273年嫁给了一个叫迪德布尔(Dideboul)的人,另一位在1277年嫁给格鲁吉亚的迪米特里二世。① 然而,学者们根据帕纳雷托斯的只言片语,对曼努埃尔一世的几位妻子有不同认识,米勒认为后两位妻子似乎没有皇后尊号,因此她们俩与曼努埃尔的婚姻在法律上存在一些问题。② 而库尔山斯基斯提出曼努埃尔一世的合法妻子可能只有安娜·希拉勒和伊琳妮·叙丽凯娜,因为她们都拥有“君主”尊号,而鲁苏丹可能只是曼努埃尔一世的情人。③

曼努埃尔在位时间长达25年,使得他有足够岁月施展才华。毫无疑问,他充分利用当时的国际环境,审时度势地推行了一系列相对正确的内外政策,取得了突出的政绩,受到当时人和后人比较一致的好评。正是由于他洞悉亚洲政局的变幻,抓住了蒙古统治阶层不同派别间矛盾纷争的时机,周旋在各种强大势力之间,充分发挥本国在东西方贸易中的独特地位优势,通过过境贸易增强国家实力。在此基础上,他适时开展全方位活跃的对外交往活动,扩大合作范围,沟通各方势力,能屈能伸,机敏灵活,为特拉比宗帝国发展营造了良好的外部环境。尽管作为地区小国,但是曼努埃尔一世治下的特拉比宗帝国仍被视为帝国历史上发展的鼎盛时期,为这个小巧“帝国”的长期存在打下了良好的基础。后人对他的赞誉实不为过。

第五节

安德罗尼库斯二世·大科穆宁(Andronikos II Megas Komnenos)

1263—1266年在位

安德罗尼库斯二世(Andronikos Ⅱ Megas Komenos, Ανδρόνικος Β' μεγας

---

① M. Kuršanskis, “L'usurpation de Théodora Grande Comnène,” *Revue des études byzantines*, vol. 33(1975), p. 200.

② W. Miller, *Trebizond: The Last Greek Empire of the Byzantine Era, 1204—1461*, pp. 26-27. Kelsey Jackson Williams, “A Genealogy of the Grand Komnenoi of Trebizond,” *Foundations*, 3(2006), pp. 171-189. A. P. Kazhdan ed., *The Oxford Dictionary of Byzantium*, pp. 1290-1291.

③ M. Kuršanskis, “L'usurpation de Théodora Grande Comnène,” pp. 199-200.

Κομνηνός,出生年代不详,卒于1266年)是特拉比宗帝国的第五任皇帝,1263年3月至1266年在位三年。

安德罗尼库斯二世是曼努埃尔一世的长子,帕纳雷托斯对他有着这样的记述:"随后是安德罗尼库斯·科穆宁,安娜·希拉勒夫人(῞Αννη Ξυλαλόης)所生之子,被选为继承人并成为皇帝,统治帝国三年,死于6774年(1266年)。"①米勒认为安娜可能出身特拉比宗贵族,而安德罗尼库斯可能生于1240年至1242年间的某一年。②

安德罗尼库斯二世在位仅三年,在内政上没有突出表现。总体上看,他即位时从父亲手中继承的是商业繁荣、经济富足的帝国,但他自己甚至没有发行本人的货币,③仍然沿用他父亲在位时发行的大量货币,也许是上天没有给他足够的时间做事。此时特拉比宗帝国假前任皇帝的余威,商贸活动持续繁荣,有两名来自马赛的商人曾经生活在特拉比宗,还带着由普罗旺斯伯爵安茹的查理(Charles of Anjou, 1266—1285年)的推荐信。④

在对外事务上,安德罗尼库斯二世却很不顺利。大约1265年末或1266年初,特拉比宗帝国控制下的重要商港西诺普被塞尔柱突厥人攻陷。塞尔柱突厥人的维齐尔(类似于"丞相")穆因·阿丁·苏莱曼·佩瓦内(Mu'īn al-dīn Sulalman Parwāna, 1261—1277年是罗姆苏丹政府的实际掌权人)在阵前,曾向城内守军展示蒙古大汗颁发的札儿里黑(诏令),声称对该城的进攻得到了宗主国蒙古的认可。最终,西诺普被攻陷,派驻守卫西诺普的特拉比宗总督加布拉斯(Gabras)阵亡。皇帝曾派一支由法兰克人组成的海军船队前去救援,结果在海港被伊斯兰军队拦截烧毁,统帅吉多斯(Gidos 或 Ghidras)阵亡。⑤ 自曼努埃尔一世在13世纪50年代末夺得西诺普后,对该城仅控制了几年就再次失守,自此,也永久失去了对它的控制。

---

① "Panareti chronicon Trapezuntinum," 4. 32-35, p. 362. A. A. Bryer, "the Fate of George Komnenos, Ruler of Trebizond," p. 333.

② W. Miller, *Trebizond : The Last Greek Empire of the Byzantine Era, 1204—1461*, p. 27.

③ W. Wroth, *Catalogue of the Coins of the Vandals, Ostrogoths and Lombards and of the Empires of Thessalonica, Nicaea and Trebizond in the British Museum*, p. lxxviii.

④ W. Miller, *Trebizond : the Last Greek Empire of the Byzantine Era, 1204—1461*, p. 27.

⑤ R. Shukurov, "Trebizond and the Seljuks, 1204—1299," pp. 124-125.

不同的学者在分析这一事件时存在极大争议。首先是时间问题。克里夫·福斯(Clive Foss)认为,西诺普在1254年时被特拉比宗帝国征服,1265年仅过十年便被伊斯兰军队重新占领。① 舒库罗夫认为伊斯兰军队在1264年开始进攻并包围西诺普,直到1265—1266年的冬季最终攻陷。② 尼斯塔佐布鲁认为伊斯兰军队对西诺普的围城发生在1265年2月之后,也就是旭烈兀去世之后(1265年2月8日),经过数月的准备和攻城,在1265年秋攻占西诺普。③ 皮考克(A. C. S. Peacock)则将时间提前到1262年底到1263年初,也就是曼努埃尔一世去世之前。④ 之所以在西诺普被重新征服的时间问题上存在如此大争议,主要原因在于资料太少,针对该事件发生的年代零星片语的记载都可以进行各种不同角度的解说。

学者们能够依据的史料大体一致,主要是三位波斯史家和一位阿拉伯史家的记述,他们简短的描述提供了几个基本信息。伊本·比比称,伊斯兰军队对西诺普的征服战役长达两年。伊本·比比和伊本·沙达德都提到,攻城前维齐尔佩瓦内曾出示蒙古大汗出具的札儿里黑,表示他“得到大汗颁布的札儿里黑,可以从特拉比宗人手中征服西诺普”。伊本·比比还提到佩瓦内曾前往伊儿汗廷觐见汗王。⑤ 此外,在西诺普城附近的一所伊斯兰学校的门廊上,有一处铭文显示该学校是由维齐尔佩瓦内建造的,时间为1263年。⑥

学者们根据上述史料,结合这个时期各派势力的矛盾与纷争作出推测,得出不同的结论,他们根据相同材料得出不同观点的原因在于各自的解释存在角度上的差异。舒库罗夫认为,特拉比宗帝国在曼努埃尔一世去世后,正逢伊儿汗国面临较大的外部威胁,既包括来自钦察汗国的蒙古军队,也包括来自埃及的马穆鲁

---

① C. Foss, “Sinope,” A. P. Kazhdan, ed., *The Oxford Dictionary of Byzantium*, p. 1904.
② R. Shukurov, “Trebizond and the Seljuks, 1204—1299,” pp. 124 - 125.
③ M. G. Nystazopoulou, “La dernière reconquête de Sinop par les Grecs de Trébizonde (1254—1265),” *Revue des études byzantines*, 22(1964), pp. 247 - 249.
④ A. C. P. Peacock, “Sinop: a Frontier City in Seljuq and Mongol Anatolia,” *Ancient Civilization from Scythia to Siberia*, 16 (2010), p. 106.
⑤ R. Shukurov, “Trebizond and the Seljuks, 1204—1299,” pp. 124 - 125. Maria G. Nystazopoulou, “La dernière reconquête de Sinop par les Grecs de Trébizonde (1254—1265),” pp. 247 - 249.
⑥ A. C. P. Peacock, “Sinop: A Frontier City in Seljuq and Mongol Anatolia,” p. 106. C. Cahen, *The Formation of Turkey, the Seljukid Sultanate of Rūm : Eleventh to Fourteenth Century*, p. 194.

克王朝军队,故而旭烈兀选择小亚细亚军事实力较强的塞尔柱突厥合作,并放弃与塞尔柱突厥存在矛盾的特拉比宗,向前者发放札儿里黑,允许其攻占特拉比宗管理下的西诺普。尼斯塔佐布鲁则推测,1259 年,蒙古人因塞尔柱突厥苏丹基里克·阿尔斯兰四世(Rukn ad-Din Kilic Arslan, 1246—1266 年 2 月在位)意图与埃及的马穆鲁克联系而大为不满,甚至默许曼努埃尔一世占领他辖下的西诺普。后来,他和他的维齐尔佩瓦内转而全心依靠蒙古,并逐渐得到谅解。1265 年 2 月 8 日旭烈兀去世后,佩瓦内遂扩大其在西诺普的攻势,全面包围西诺普,并与苏丹前往伊儿汗国的汗廷,觐见新任大汗阿八哈(Abaqa, 1265—1282 年在位),获得允许攻占西诺普的札儿里黑。随后,经过数月准备,就在阿尔斯兰四世去世之前(1266 年 2 月)攻陷了西诺普。皮考克则依据西诺普伊斯兰学校的铭文,认为伊本·比比的记述是其一贯夸大的结果,其记载的时间存在错误,进攻并攻占西诺普的时间应该在 1263 年。而卡赫恩倾向于认为塞尔柱突厥人对西诺普的攻击发生在旭烈兀在世时,他们持有的是旭烈兀签发的札儿里黑,西诺普并非仅有一座滨海港口,还包括周围整个地区的 12 个城镇,而这些地区并非完全由特拉比宗掌控。鉴于佩瓦内后来将西诺普及周边地区封为其家族的伊克塔(iqta),卡赫恩认为佩瓦内家族在此前已经控制了西诺普的某些地区,故而他能在一些地区建立伊斯兰学校,此后塞尔柱突厥军队花费了两年时间才逐渐攻占周围各个城镇,最后包围西诺普,直到阿八哈即位之后才完全占领。

结合各位学者对 1265 年前后特拉比宗帝国最终失去西诺普的分析,可以确定,安德罗尼库斯二世统治下的特拉比宗帝国在与伊斯兰军队的角逐中,失去了蒙古大汗的支持。这个事件也被看作特拉比宗帝国衰落的标志。

安德罗尼库斯二世治下的特拉比宗因何失去蒙古大汗的支持,舒库罗夫通过对 14 世纪时两位伊斯兰作家保存下来的马穆鲁克作品集中的马穆鲁克与特拉比宗皇帝的书信,说明这时皇帝如何与埃及的马穆鲁克保持密切联系,以及最后像格鲁吉亚一样转而依附钦察汗国,在西诺普事件中成为伊儿汗国的弃子。舒库罗夫经过对比分析,将信件内容整理出来:"致信罗姆海岸边的西诺普领主,写于突厥人占领、夺取该城之前。据说:'这是位于君士坦丁堡海峡岸边的城市,其王是位源于古老皇室的罗马人,是君士坦丁堡领主的亲人。'还听说,他的父亲是位世袭君主,然而,他的王国不大,居民人数也不多,可他还与突厥的埃米尔们经常打仗,很多时候他都以失败告终。而且这些信的格式与他写给马穆鲁克领主们的一样。”①

特拉比宗皇帝给马穆鲁克国王也有着类似书写格式:“致信国王陛下:伟大的、英勇的、如狮子般强大的、英雄、胜利者等,基督教义的声望、基督徒的财富、受洗国家的柱石、诸王与诸苏丹的同志。据说,神于即将到来的罪恶中将他拯救,在北方用芬芳的微风将他的灵魂轻抚,让他免于恶行,不断忏悔,并看清谁将不幸带给西诺普。如果上帝降福于北方人,那么愿神怜悯拥有财富的他,即便轻如尘埃的愿望也会实现,让南方的所有人都服从于他。”这里的“西诺普国王”指的就是特拉比宗帝国的皇帝,而且这些书信写于西诺普还没有被伊斯兰军队重新征服时,也就是 1264 年到 1266 年,恰好处于安德罗尼库斯二世统治时期,所以舒库罗夫认为这是他与马穆鲁克交好的有力证据。

马穆鲁克史家伊本·阿卜杜勒·扎希尔(Ibn ‘Abd al-Zahir,死于 1293 年),曾记载了一位马穆鲁克使者在 1264 年 7 月前往君士坦丁堡和金帐汗国的路线,这是一条并不常见的行进路线:“[使者]花了 20 天到达君士坦丁堡,从那里他们出发前往伊斯坦布尔(不是今天的同名城市,而是附近的某个城市?!),从那里他们前往位于苏达克对面属于阿-艾西卡力(al-Ashkari)的达弗努斯(Daphnous),然后才向北穿过海洋(花费 2—10 天),然后登上名叫苏达克的山脉。”

通过对上述材料的分析,舒库罗夫认为,到 1264 年时,特拉比宗帝国在安德罗尼库斯二世统治时与西诺普往来密切,“北方人”指的是金帐汗国,“南方人”指的是伊儿汗国。并提出特拉比宗帝国很可能像格鲁吉亚王朝那样中断了自己与伊儿汗国的联系,转投钦察汗国。② 由于舒库罗夫的观点只是一家之言,对于这个时期特拉比宗帝国如何选择不同的政治联盟这一问题,几乎没有提供能够得到佐证的材料,因此也就难以辨别舒库罗夫的判断是否合理,只能暂作一种观点加以介绍。

需要指出的是,尽管从特拉比宗帝国的角度看,它积极推进与埃及的马穆鲁克王朝结盟,然而,对于后者来说,特拉比宗的基督教政权只能算三流国家,其重

---

① R. Shukurov, “Trebizond and the Seljuks, 1204—1299,” pp. 127 - 132.

② R. Shukurov, “Trebizond and the Seljuks, 1204—1299,” pp. 127 - 130.

要性不仅无法与刚刚夺回君士坦丁堡的拜占庭帝国相比,也无法与格鲁吉亚、亚美尼亚的基督教国家抗衡,对于这一盟友,只能是聊胜于无。信件中出现的赞美之词不过是外交辞令而已。①

安德罗尼库斯二世于1266年去世,死因不明,没有留下任何子嗣,皇位由其同父异母的二弟乔治继承,史称乔治一世。安德罗尼库斯在位时间短暂,很难在帝国治理上有所作为。即便上天赐予他再多的岁月,他也可能无法继续前任皇帝的辉煌,原因在于西亚特别是小亚细亚地区国际局势的变化。早在帝国鼎盛时期的皇帝曼努埃尔统治末期,特拉比宗帝国已经呈现下滑趋势。其中标志性事件是,1261年实力更为强大的尼西亚拜占庭人重新入主故都君士坦丁堡,以正宗拜占庭皇位继承者身份取得了周边各国的认可。在人数规模、疆域面积、财富资源等诸多方面,特拉比宗帝国都不能与之相比,大为逊色。它只能充当那个再度承续帝王香火的拜占庭帝国之边塞小邦,也许其地位还不如巴尔干半岛上其他拜占庭封建领地上的政权地位高。因为此时的拜占庭帝国早已今非昔比,中央集权制为地方封土建邦制所取代,特拉比宗帝国与伊庇鲁斯和莫利亚一样,政治地位甚至还不如皇亲国戚控制下的后者更优越。而西亚和小亚细亚地区各种新兴势力的角逐也破坏了特拉比宗帝国赖以为生的财富之路,其东西方国际贸易中转站的特殊地位也逐步丧失,仅靠黑海贸易是无法维系其原有的经济优势。特拉比宗帝国注定要走向衰落,成为承认君士坦丁堡最高地位的拜占庭帝国边区小邦。但也正是这种特殊的小邦地位,使得它在拜占庭人最后的岁月中既没有吸引敌人的主要注意力,成为强大敌对势力的攻击重点,同时保持着小邦旺盛的生存活力,成为1461年最后熄灭的拜占庭之火。

---

① R. Shukurov, "Between Peace and Hostility: Trebizond and the Pontic Turkish Periphery in the Fourteenth Century," *Mediterranean Historical Review*, vol. 9, 6 (1994), p. 22.

第六节

乔治·科穆宁（George Komnenos）

1266—1280年在位

乔治一世（George Komnenos, Γεώργιος Κομνηνός，生于1253年，卒于1284年，享年31岁）是特拉比宗帝国的第六任皇帝，[①]1266年至1280年在位共14年。

1266年，皇帝安德罗尼库斯二世去世，没有留下子嗣，他的同父异母弟弟乔治成为新任皇帝。乔治为曼努埃尔一世第三任妻子伊琳妮·叙丽凯娜所生，她可能也是特拉比宗贵族。鉴于1253年曼努埃尔一世希望与路易九世联姻的行动，威廉姆斯认为她可能是此后皇帝迎娶的第三任妻子，也就是伊琳妮，故而乔治的出生年份至少要在1253年之后。[②] 1266年，他即位之时，年约13岁。

关于乔治的统治，帕纳雷托斯记述称：“接着是主人乔治·科穆宁，曼努埃尔与伊琳妮·叙丽凯娜所生之子，统治14年。然后，他在陶雷吉翁山区（Ταυρεσίου）因贵族们的阴谋而遭遇背叛，在6月时被俘。”三年之后，当1283年4月他的弟弟约翰·科穆宁带着在君士坦丁堡娶的妻子返回特拉比宗时，乔治再次出现，“当时被称为‘浪子’的主人乔治·科穆宁突然跳出来并被抓获”[③]。这些是特拉比宗帝国关于乔治的所有记载，普遍认为他被投入监狱后，大约于1284年去世。早年的史家，诸如芬利和米勒，在提及他时都是寥寥数语一带而过。[④]

虽然特拉比宗帝国早期诸位皇帝的记载都很少，但乔治一世的统治长达14年，历史记录如此简短就显得极为诡异，特别是结合“贵族们的阴谋”“背叛”以及“浪子”，显示出这种缺失似乎是作家有意为之，乔治一世的统治似乎很不寻常。

---

① 值得注意的是，14世纪末的史家帕纳雷托斯在记述所有其他皇帝时，都会以“大科穆宁”（μέγας Κομνηνός）来称呼，但只有乔治的名姓后面是“科穆宁”（Κομνηνός），显示出他在帝国官方语境中的位置。

② K. J. Williams, “A Genealogy of the Grand Komnenoi of Trebizond,” pp. 171 - 189.

③ “Panareti chronicon Trapezuntinum,” 4, pp. 35 - 40; 5, pp. 64 - 66, 362. A. A. Bryer, “the Fate of George Komnenos, Ruler of Trebizond,” p. 333.

④ G. Finlay, *the Empire of Tebizond*, p. 395. W. Miller, *Trebizond : the Last Greek Empire of the Byzantine Era, 1204 - 1461*, p. 27.

没有任何资料提及安德罗尼库斯二世去世的原因,也没有提及乔治即位过程中是否有过冲突,但学者们普遍认为这次皇位传递是以暴力冲突方式完成的,因此米勒称乔治一世为"篡位者",[①]卡日丹的《牛津拜占庭词典》提到他即位时年纪较轻且比较"暴力"。[②] 只是当时乔治年仅13岁,即便如研究者所认为的那样,其皇位以暴力篡位方式获得,那也是其背后的势力而非他本人采取的具体行动。根据舒库罗夫的研究,并参照乔治后来的遭遇看,安德罗尼库斯二世的死亡如果是阴谋导致的结果,那么很可能是因为他在位时期的外交政策所致。

1280年,乔治在陶雷吉翁山区遭遇贵族背叛被俘,那么贵族为什么要阴谋背叛他?他去陶雷吉翁山做什么?他被什么人俘获?这些是帕纳雷托斯简略又模糊的记述留给后人的巨大疑惑,也只能通过小亚细亚当时的政治局势以及特拉比宗帝国与各方势力之间的联系与纠葛去寻找线索。

乔治一世统治时期的小亚细亚存在着诸多势力,即信奉伊斯兰教的塞尔柱突厥人、土库曼人,正在与蒙古人对抗、势力深入小亚细亚的埃及马穆鲁克王朝,同为信奉东正教的希腊人、过去长期与特拉比宗帝国对峙、此时刚刚收复君士坦丁堡的帕列奥列格王朝,黑海东岸信奉东正教的格鲁吉亚王国,以及北方的钦察汗国和伊朗的伊儿汗国。乔治一世即位时正逢各方势力更迭、风云变幻莫测之时。1266年2月,塞尔柱苏丹基里克·阿尔斯兰四世被维齐尔佩瓦内杀害,开始了佩瓦内扶植傀儡苏丹掌控罗姆苏丹国的时期(1266—1277年)。[③] 1266年钦察汗国的大汗别儿哥去世,不久伊儿汗国的创始人旭烈兀也于1265年2月8日去世。[④] 而就在不久前的1261年,尼西亚帝国夺回君士坦丁堡,在与特拉比宗帝国关于皇位正统性的争夺中获得明显优势。[⑤] 稍早些的1260年9月3日,旭烈兀派出的蒙古军队在叙利亚的艾因·加鲁特(Ayn Jālūt)遭遇埃及的马穆鲁克军队,并遭到失败,将军乞忒不花被杀。[⑥] 对此,芬利认为小亚细亚的塞尔柱人和蒙古人

---

① W. Miller, *Trebizond : The Last Greek Empire of the Byzantine Era, 1204 - 1461*, p. 27.

② A. P. Kazhdan, ed., *The Oxford Dictionary of Byzantium*, p. 836.

③ C. Cahen, *The Formation of Turkey, the Seljukid Sultanate of Rūm : Eleventh to Fourteenth Century*, p. 195.

④ 多桑:《多桑蒙古史》(下册),第612、643页。

⑤ W. Miller, *Trebizond : the Last Greek Empire of the Byzantine Era, 1204 - 1461*, p. 11.

⑥ J. M. Smith, Jr., "Ayn Jālūt: Mamlūk Success or Mongol Failure?" *in Harvard Journal of Asiatic Studies*, vol. 44(1984), pp. 307 - 345. 亦见拉施特:《史集》(第三卷),第82—83页。

都出现衰落迹象,特拉比宗帝国与他们的藩属关系有所松动,乔治一世因此基本上获得了完全独立的地位。① 然而,几乎“完全独立”的地位却没有让特拉比宗帝国在时局的风云激荡中有所收获,反而还有损失。就在安德罗尼库斯二世统治时期(1266 年初),刚刚被曼努埃尔一世夺得的西诺普(1259 年)又被塞尔柱突厥人给夺了回去。

乔治一世即位后的外交政策也不甚清楚,如果安德罗尼库斯二世的死亡是非暴力的,那么特拉比宗帝国可能还会延续其政策。但如果其死亡不正常,且原因在于乔治一世背后势力的阴谋,或来自亲伊儿汗国一派的谋杀,那么乔治一世即位后的外交政策就会发生转向。由于资料的缺乏,对于这些情况后人一无所知。布莱耶与库尔山斯基斯都认为,到 13 世纪 70 年代之前,乔治在外交上一直与埃及的马穆鲁克、安茹的查理结盟,以对抗包括伊儿汗国、教廷、帕列奥列格王朝以及塞尔柱苏丹在内的反马穆鲁克联盟。② 舒库罗夫还通过 14 世纪保存下来的 13 世纪期间特拉比宗皇帝与马穆鲁克苏丹的通信,证明在安德罗尼库斯二世统治时期,特拉比宗帝国已经与马穆鲁克王朝确立起友好关系。③ 因此他们主张乔治即位后的特拉比宗帝国仍然延续前任皇帝的外交政策。

到了 1277 年前后,乔治已经成年,从这个时期的情况来判断,乔治显然也选择了支持埃及的马穆鲁克。库尔山斯基斯认为,原因在于特拉比宗帝国每年向蒙古伊儿汗国缴纳的贡赋过高,给帝国造成严重的财政负担,这一负担直接表现为乔治在位的 14 年间几乎没有发行新的银币阿斯普。④ 由于这种经济压力,当伊儿汗国面临一个强大的外敌时,乔治自然选择站在伊儿汗国的敌对一方。

当特拉比宗帝国选择支持埃及的马穆鲁克时,其命运也自然与马穆鲁克的胜负联系起来。在经过数年的和谈、对峙后,1277 年 4 月,马穆鲁克苏丹伯拜尔斯一世(Baybars Ⅰ,1260—1277 年在位)对佩瓦内控制下的塞尔柱苏丹国发动进攻,

---

① G. Finlay, *the Empire of Tebizond*, p. 395.

② R. Shukurov, “Trebizond and the Seljuks, 1204 - 1299”, p. 126; A. P. Kazhdan ed., *The Oxford Dictionary of Byzantium*, p. 837.

③ R. Shukurov, “Trebizond and the Seljuks, 1204 - 1299,” pp. 126 - 131.

④ M. Kuršanskis, “L’usurpation de Théodora Grande Comnène”, *Revue des études byzantines*, vol. 33 (1975), p. 197.

先在埃尔比斯坦(Elbistan)战役中击败10 000人的蒙古军队后,长驱直入,得到众多埃米尔的归附,俘虏佩瓦内,自立为塞尔柱苏丹。只是由于补给不足问题,他没有再继续扩大战果。① 可能就在此时,乔治一世对西诺普发起攻击,意图重新夺取这座商港,但以失败告终。按照伊本·比比的记载,6月底时,西诺普的塞尔柱总督向苏丹凯伊-库斯鲁三世报告称"加尼提·卡特加斯(Janiti katergas)攻击西诺普",但切普尼部土库曼人(Chepni Turkmen)焚烧了希腊舰船。② 学者们普遍认为加尼提·卡特加斯(Janiti katergas)指的就是大科穆宁朝的乔治,而切普尼部土库曼人(Chepni Turkmen,或Çepni)则于13世纪末在西诺普城以西地区生活,他们也被称为切普尼的突厥人或土库曼人。如果此前特拉比宗帝国确实是马穆鲁克的盟友,那么这次攻击应该是为配合马穆鲁克军队在小亚细亚的行动,只是没有料到会遭到切普尼部土库曼人的袭击,他们没有达到预期目标,也未能为拜耳巴斯提供必要的支援。

1277年6月,伯拜尔斯苏丹去世,其后马穆鲁克王朝陷入内斗,无法继续巩固其对抗伊儿汗国的联盟。就在此时,1278年,乔治一世将自己的称号从"君主"换成"皇帝"(basileus),强调其政权的独立性,引起君士坦丁堡皇帝及大不里士的伊儿汗国的反对。③ 这一点来自布莱耶的分析,他通过乔治一世发行的一枚铜币上的图案形制得出这一结论。④

紧接着,乔治一世就于1280年在"陶雷吉翁山区"遭到贵族叛乱并被俘。从名称上看,绝大多数学者都认为陶雷吉翁山区是陶鲁斯山区的支脉,⑤也都认为乔治此行是进攻那里的土库曼人,目的是要与那里的土库曼人争夺领地,但是由于贵族们的背叛,他这一目的难以实现,导致土库曼人向特拉比宗帝国领地范围

---

① C. Cahen, *The Formation of Turkey, the Seljukid Sultanate of Rūm : Eleventh to Fourteenth Century*, pp. 203 - 205.

② 14世纪时,他们开始向东迁徙,进入萨姆松以东的丛林地带,到14世纪末已经迁徙到特拉比宗帝国境内,在15世纪中后期特拉比宗帝国被灭的过程中起到主要作用,见M. E. Meeker, "the Black Sea Turks: Some Aspects of Their Ethnic and Cultural Background," *International Journal of Middle East Studies*, vol. 2(1971), p. 318 - 345. R. Shukurov, "Trebizond and the Seljuks, 1204 - 1299," p. 132。

③ A. P. Kazhdan ed., "George Komnenos," *The Oxford Dictionary of Byzantium*, p. 837.

④ A. A. Bryer, "the Fate of George Komnenos, Ruler of Trebizond," p. 348.

⑤ W. Miller, *Trebizond : The Last Greek Empire of the Byzantine Era, 1204 - 1461*, p. 27.

不断扩张。[①] 但正如布莱耶所质疑的那样,特拉比宗所在地区与陶鲁斯山脉相隔数百英里,[②]且陶鲁斯山区的土库曼人也是埃及马穆鲁克王朝的盟友,[③]乔治一世治下的特拉比宗帝国即便再富有,也不能否认自身军事实力不足的事实,他为什么要对与之相距如此之远的盟友的盟友发动攻击呢?按照伊本·比比的记述,在1277年对特拉比宗发动攻击、且会影响到特拉比宗帝国辖区的是位于小亚西部、正向东迁徙扩张的切普尼部土库曼人。如此看来,陶雷吉翁山区因此必定不是陶鲁斯山区。布莱耶也从特拉比宗帝国在不同时期的帝国势力范围,认为乔治·科穆宁不会出于与特拉比宗帝国有关的利益纷争而到遥远的陶鲁斯山区打仗。进而,他们通过各种史料的记录,认为陶雷吉翁山区(Ταυρεσίου)的希腊语形式还写作Ταβρέζιον, Ταβρής, Ταβρέσζην表示的是大不里士(Tablis),后者在亚美尼亚语中拼为T' awrež或Dawrež,拉丁语化为Torisi,故而指出乔治一世应该在大不里士(伊儿汗国夏都)附近可汗驻留的山区,被特拉比宗的贵族们阴谋背叛抓捕,被送交伊儿可汗。[④] 对此,后来的史家,如卡日丹、舒库罗夫表示认可。[⑤]

那么,乔治一世与特拉比宗贵族们为什么会产生如此深的矛盾呢?前文已经介绍,特拉比宗在乔治即位之初时所面临的国际局势,特别是到1278年后,马穆鲁克王朝的衰退使得特拉比宗的乔治一世在小亚细亚处于孤立无援的境地。库尔山斯基斯还认为,1279—1280年间发生的另一件事对特拉比宗的贵族产生了刺激。在格鲁吉亚南部的萨姆茨赫(Meskhet,或Samtskhe),有一位领主亚克力德斯(Jaqelides)因支持钦察汗国反对伊儿汗国而遭到伊儿汗国的惩罚,按照格鲁吉亚史家的记载,“敌人来攻击我们,占领了月余之后,随即撤退”[⑥]。萨姆茨赫领主的遭遇令特拉比宗的贵族们感到惊恐,而他们各自的切身利益也不支持皇帝乔治选择的外交政策。有的家族商业利润源于大不里士-特拉比宗的陆地商路,不愿

① G. Finlay, *the Empire of Tebizond*, p. 395.

② A. A. Bryer, “the Fate of George Komnenos, Ruler of Trebizond,” p. 334.

③ C. Cahen, *The Formation of Turkey, the Seljukid Sultanate of Rūm : Eleventh to Fourteenth Century*, p. 205.

④ A. A. Bryer, “the Fate of George Komnenos, Ruler of Trebizond,” pp. 335 - 339.

⑤ A. P. Kazhdan ed., *The Oxford Dictionary of Byzantium*, p. 836. R. Shukurov, “Trebizond and the Seljuks, 1204 - 1299,” pp. 132 - 133.

⑥ M. Kuršanskis, “L'usurpation de Théodora Grande Comnène,” p. 193.

意与伊儿汗国为敌,其他大部分家族与君士坦丁堡联系密切,许多生活必需品需要从君士坦丁堡进口,而乔治一世因皇位正统之名与君士坦丁堡皇帝的纷争也难以在贵族中间得到支持。另外,长期生活在特拉比宗地区,与周边诸如格鲁吉亚、亚美尼亚关系较近的家族都不支持乔治的外交政策,特别是当马穆鲁克王朝的影响力在小亚细亚逐渐消退时,乔治的外交政策导致特拉比宗帝国的孤立,进而威胁到各方贵族的利益。所以地方贵族们联合起来反叛乔治,并选择另一位同样是大科穆宁家族成员的约翰为皇帝。乔治一世的遭遇反映出在国际政治局势变化的背景下,身为统治者的君主因其政策危害到帝国多方的利益,从而遭到几乎全体贵族(包括他的亲弟弟)的背弃。当时的官方或私人作者也有意识地忽略或抹去其统治的痕迹,导致100多年后的史家帕纳雷托斯只能用寥寥数语简单介绍这样一位统治长达14年的皇帝。

乔治被捕后,其同母弟弟约翰即位为皇帝,是为约翰二世。此后,特拉比宗帝国与拜占庭的帕列奥列格王朝实现和解,约翰娶了米哈伊尔八世的女儿,[1]还与格鲁吉亚的国王及伊儿汗国的阿八哈成为连襟。按照帕纳雷托斯所记,乔治一世并没有被杀死,而且还在1283—1284年间出现在特拉比宗,在企图袭击从君士坦丁堡返回的约翰时再次被捕。卡日丹认为他可能是在1281年伊尔克汗阿八哈去世后被释放,1284年再次被捕后死于监狱。[2]

就乔治一世时期发行的货币而言,目前仍未发现他发行过银币的证据,他可能仍然沿用其父亲曼努埃尔一世发行的银币阿斯普。对此,库尔山斯基斯认为,乔治在位时期仍然以他父亲曼努埃尔一世之名发行银币阿斯普,因为伊儿汗国压制各地领主,禁止他们发行以当地统治者为名的货币。[3] 可以确定的是,他在位期间发行了一些青铜币,包括多种类型,譬如正面是皇帝与圣尤金的立像,背面为圣徒乔治(Saint George)胸像,或者正面是皇帝立像,背面为圣尤金立像,有的代之以台阶十字架。[4]

---

① M. Kuršanskis, "L'usurpation de Théodora Grande Comnène," pp. 342 – 343.

② A. P. Kazhdan ed., *The Oxford Dictionary of Byzantium*, p. 837.

③ M. Kuršanskis, "L'usurpation de Théodora Grande Comnène," p. 197.

④ W. Wroth, *Catalogue of the Coins of the Vandals, Ostrogoths and Lombards and of the Empires of Thessalonica, Nicaea and Trebizond in the British Museum*, pp. lxxviii, 259.

乔治本人的婚姻状况不详,他在1280年被捕时仅仅20多岁,可能还没有来得及安排婚姻就遭遇贵族的背弃。其母亲伊琳妮·叙丽凯娜可能出身特拉比宗贵族,其弟弟后来成为新皇帝约翰二世,还有一个妹妹可能嫁给了格鲁吉亚的国王迪米特里二世,另一个妹妹可能还没有出嫁,就和母亲一起被送往伊儿汗国汗廷。[①] 但库尔山斯基斯看到的资料表明,她们似乎是一个在1273年嫁给迪德布尔,另一个在1277年嫁给格鲁吉亚的迪米特里二世。[②]

纵观乔治一生,年纪轻轻便登基为帝,在位时长14年,却屡屡犯错,内外政策失度,重大选择不准确,国内外树敌甚多,特别是时运不济,其投靠的强大政治力量马穆鲁克王朝迅速衰败,连带着特拉比宗帝国也陷入困境。对时局缺乏洞察力,确定政策缺乏灵活性,这是小邦君主败落的主要问题,乔治就是这样的小邦之君。事实上,乔治统治时期前后,外部环境对特拉比宗帝国发展比较有利,如果他和他周围的统治团队能够清醒地认清形势,确切了解地区国际政治格局变动,采取正确的政策方针,并抓住有利时机开展积极外交和军事行动,那么必将有助于该帝国的继续发展,至少不会在有利的外部环境中犯下大错,帝国没有收获反而损失不小。无论如何,特拉比宗帝国在拜占庭帝国历史整体发展中的边缘化地位,决定了该政权实体不会也不能发挥重要作用,包括乔治在内的“皇帝”们最多也只能发挥辅助性作用。

第七节

约翰二世·大科穆宁(John II Megas Komnenos)和塞奥多拉(Theodora)

1280—1297年在位；1284—1285年在位

约翰二世(John Ⅱ Megas Komnenos, Ἰωάννης Β' μέγας Κομνηνός,生于

① K. J. Williams, “A Genealogy of the Grand Komnenoi of Trebizond,” pp. 171–189.

② M. Kuršanskis, “L'usurpation de Théodora Grande Comnène,” p. 200.

1262年或1263年,卒于1297年8月16日或17日,享年约27岁)是特拉比宗帝国的第七任皇帝,1280年2月至1297年8月16日在位17年。

他大约生于1262或1263年,1297年8月16日(或17日)死于特拉比宗附近的利姆尼亚〔Limnia,今土耳其恰尔尚巴(Çarşamba)以北〕。① 利姆尼亚位于特拉比宗帝国最西部靠近萨姆松的耶希勒马克河〔Yeşil Irmak,埃里斯河(Iris)〕三角洲,古代时,这里是一处补给站,可能叫安科纳(Ancona),12世纪时称为金特(Kinte),1140年,拜占庭皇帝约翰二世·科穆宁曾把这里当作骑兵的冬季牧场。特拉比宗帝国统治时,这里发展为利姆尼亚要塞,设置有一个主教区和13座堡垒,16世纪后彻底荒废。约翰遗骨后葬于特拉比宗的金首圣母教堂。②

1280年,当他的同胞哥哥皇帝乔治一世因特拉比宗贵族们的阴谋背叛而被捕后,贵族们返回特拉比宗拥立约翰为新任皇帝,史称约翰二世,帕纳雷托斯记称:"同一年,乔治的兄弟约翰·大科穆宁继领权杖。"③即位之初的约翰二世继续采用其父兄们长久以来的尊号——"罗马人的皇帝与天然统治者"('Eν Χριστω τω Θεω πιστός, βασιλεὺς καὶ αὐτοκράτωρ των 'Ρωμαίων)。④ 然而这一惯例却在此时遭到入主君士坦丁堡的拜占庭皇帝米哈伊尔八世的反对,他在两年中数次派出使臣,指责约翰二世使用皇帝的称号与徽章,称约翰可以按照任何方式在其领地内统治,前提条件是承认一个事实,即世界上只有一位真正的"罗马帝国皇帝"。⑤ 对于拜占庭皇帝米哈伊尔八世为何在此时对特拉比宗皇帝的尊号提出异议,芬利认为是其面临的政治困境所致。米哈伊尔八世在收复君士坦丁堡后,致力于与罗马教宗统领的天主教和解,甚至重新统一教会,从而引起绝大部分信奉东正教的希腊人不满。在努力与罗马教宗和解的过程中,拉丁帝国末代皇帝考特尼的菲利普凭借自己的皇帝继承人资格,得到众多拉丁贵族支持,意欲重新夺取君士坦丁堡。在这样内外交困的情形下,出身科穆宁家族的特拉比宗皇帝在希腊

---

① A. A. Bryer, "Greek and Türkmens: The Pontic Exception," *Dumbarton Oaks Papers*, 29 (1975), p. 128.

② K. J. Williams, "A Genealogy of the Grand Komnenoi of Trebizond," pp. 171 - 189 (176).

③ "Panareti chronicon Trapezuntinum," 5. 41 - 44, p. 362.

④ A. A. Vasiliev, "The Foundation of the Empire of Trebizond (1204 - 1222)," p. 33.

⑤ D. M. Nicol, *The last Centuries of Byzantium, 1261 - 1453*, Cambridge: Cambridge University Press, 1999, p. 75.

东正教徒中享有很高威望，而新任皇帝约翰二世的年轻且性格软弱以及特拉比宗贵族内的派系林立就为政治经验老到的米哈伊尔提供了绝佳机会。[①] 因此，他才数次派出使团，力求在政治上瓦解特拉比宗帝国对其帝位正统性的威胁，迫使后者承认其最高宗主地位，以便巩固自己的统治。

约翰二世在特拉比宗迎来的第一个使团明确提出米哈伊尔八世的要求：不能使用拜占庭皇帝正式使用的帝号“罗马人的皇帝与天然统治者”。事实上，使团一直称呼特拉比宗皇帝为“拉齐卡的统治者”。对于这样的要求，约翰二世及其朝臣显然不会同意，约翰答复称其先祖们一直采用这一称号，他因循祖先之例行事，且贵族们也不允许他缩小皇帝特权。[②] 当关于帝号的要求遭到拒绝后，米哈伊尔决定采用与约翰联姻的迂回方法达到目的。

1281 年，约翰二世迎来了第二个使团，这次使团成员包括著名历史学家阿克罗颇立塔斯（Akropolites）。这位学者兼重臣已经年近 80 岁，曾多次代表米哈伊尔出访，他提议约翰二世与米哈伊尔八世的三女儿尤多奇亚结亲，并邀请约翰到君士坦丁堡亲自迎娶公主。然而，约翰与特拉比宗的贵族们却认为，过去的历史经验说明与邻近王朝联姻更具优势，因此他们宁愿选择一位没有显贵身份的新娘，也不打算娶拜占庭皇帝之女。就在拜占庭使团离开之前，特拉比宗爆发了一场由一位名叫帕帕多普洛斯（Παπαδοπούλου）的小贵族领导的暴乱，暴乱赶走了把控政权的大贵族，还控制了皇帝与宫殿。后来，约翰二世不知通过什么方法成功摆脱控制、重新夺回政权。但这次事件似乎改变了特拉比宗皇帝与贵族们的想法，使得他们更愿意选择与拜占庭皇帝的结盟。[③]

不久，约翰二世在特拉比宗迎来了由亚特洛普洛斯（Iatropoulos）率领的第三个使团。使团承诺如果约翰愿意成为米哈伊尔八世的女婿，愿意到君士坦丁堡，那么皇帝会热情且尊贵地招待他。对此，约翰二世表示愿意接受这桩婚姻，并很快协商好与使团一同前往君士坦丁堡。然而就在快要进入拜占庭所辖范围时，拜占庭与特拉比宗关于帝号之争再次因具体细节被突出出

① G. Finlay, *History of Trebizond Empire*, pp. 399 - 400.

② W. Miller, *Trebizond : The Last Greek Empire of the Byzantine Era, 1204 - 1461*, p. 28.

③ G. Finlay, *History of Trebizond Empire*, p. 400.

来。就在专门搭乘的船上,约翰二世突然被拜占庭使者要求脱掉象征皇帝尊贵的红靴子,换成黑色,以表达对米哈伊尔八世的敬意。① 此时,约翰与特拉比宗的官员们才发现接受联姻、前来君士坦丁堡似乎陷入了预先设计的圈套中,他们除了接受这种要求别无他法。但皇帝一旦脱掉红靴子,也意味着特拉比宗皇帝在拜占庭皇帝面前的退让。不仅如此,1282 年约翰二世抵达君士坦丁堡后的欢迎仪式上,米哈伊尔八世没有出席,在随后的每个场合,拜占庭官员们想尽办法逼迫约翰二世放弃红靴子和皇袍。鉴于此时已身陷君士坦丁堡、人身安全没有保障,且米哈伊尔八世早期的共治皇帝被刺瞎和剥夺皇位的事实摆在眼前,约翰无计可施。② 特拉比宗一方在这种压力之下,不得不接受条件,脱掉红靴,接受拜占庭皇帝所授予的"君主"称号。后来,约翰二世的帝号改为"信仰耶稣基督,整个东方、伊比利亚人和海外省的虔诚的皇帝与天然统治者('Εν Χριτῷ τῷ Θεῷ πιστὸς, βασιλεὺς καὶ αὐτοκράτωρ πάσης 'Ανατολῆς, 'Ιβήρων καὶ Περατείας)",他也成为特拉比宗帝国第一位采用此帝号的皇帝。③

1282 年 9 月,约翰二世在君士坦丁堡正式迎娶米哈伊尔八世的三女儿尤多奇亚(Eudocia),当时他至少已经年满 19 岁了。④ 特拉比宗史家帕纳雷托斯称:"事情解决后,他出发前往[君士坦丁堡]城,与生于紫色寝宫的尤多奇亚·科穆宁·帕列奥列格(Εὐδοκία Κομνηνῇ, τῇ Παλαιολογίνῃ, τῇ Πορφυρογεννήτῳ)结婚,后者是皇帝米哈伊尔·帕列奥列格的女儿,也是皇帝安德罗尼库斯·帕列奥列格的妹妹。"⑤芬利认为,约翰二世就是在这次婚礼上,在帝号问题上做出重大让步,他身着绣单头鹰的皇袍,而非双头鹰的拜占庭帝国传统皇袍,⑥标志着其统辖范围仅限东部。有关证据是 1302 年尤多奇亚去世后葬在尼

① W. Miller, *Trebizond: The Last Greek Empire of the Byzantine Era, 1204-1461*, p. 29.

② G. Finlay, *History of Trebizond Empire*, p. 402.

③ 此时特拉比宗帝国对伊比利亚(格鲁吉亚)并没有统治权,只是名义上的统治。A. A. Vasiliev, "the Foundation of the Empire of treizond (1204-1222)," p. 34.

④ M. Kuršanskis, "L'usurpation de Théodora Grande Comnène," p. 220.

⑤ "Panareti chronicon Trapezuntinum," 5. 44-51, p. 362. A. A. Bryer, "the Fate of George Komnenos, Ruler of Trebizond," p. 333.

⑥ G. Finlay, *the Empire of Tebizond*, p. 403.

萨(Nissa)的圣格里高利教堂,1863 年之前这座教堂中还保留着一幅描绘约翰二世和尤多奇亚的壁画,其中约翰二世的皇袍上绣着单头鹰,而皇后尤多奇亚却身着双头鹰的袍服,显示出特拉比宗皇帝和来自君士坦丁堡的皇后之间的区别。①

当约翰二世身在君士坦丁堡时,他的帝国并不安稳。1282 年 4 月,格鲁吉亚国王率军入侵特拉比宗,“6790 年 4 月,伊比利亚国王戴维(Δαυιδ)②,入侵特拉比宗的边境地区,但是空手而回。”③关于格鲁吉亚人入侵特拉比宗的具体过程史料没有提及,芬利认为他们洗劫了周边地区后,只进攻到特拉比宗城外,最后没有得到任何战利品,④他将格鲁吉亚的行动看作是趁特拉比宗皇帝不在而打算劫掠一些财物。米勒则认为,其目的是不允许特拉比宗享受当时的相对独立地位。⑤ 舒库罗夫与库尔山斯基斯都认为格鲁吉亚人发动攻击,是由于约翰二世与拜占庭帝国的合作意味着其重心转向以伊儿汗国为中心的同盟,背弃了钦察汗国同盟,故而戴维打算通过武力征服将特拉比宗帝国重新拉回到反伊朗—蒙古人的联合阵营。⑥

同样在 1282 年,伊儿汗国的阿八哈去世,可能被蒙古人关押着的前任皇帝乔治被释放,后者秘密潜回特拉比宗,伺机复辟。因此当 1283 年,约翰二世带着他的新婚妻子返回特拉比宗时,遭遇到乔治的袭击,“在 6791 年(1283 年)的 4 月 25 日,我们的主人约翰·大科穆宁从君士坦丁堡返回特拉比宗,带着他的妻子帕列奥列格,此时皇后已经怀孕,胎儿就是后来在 6792 年(1283 年 9—12 月)出生的

① W. Miller, *Trebizond : The Last Greek Empire of the Byzantine Era, 1204 - 1461*, p. 32.

② 伊比利亚的国王戴维,指的是戴维四世(David Ⅵ Narin,或“小戴维”,1245—1292 年在位),格鲁吉亚女王鲁苏丹(Rusudan,1223—1245 年在位)之子,他与堂兄戴维共同管理国家,后者被称为戴维五世(David Ⅴ Ulu,1245—1269 年在位)。M. Brosset, *Histoire de la Georgia, depius l' antiquite Jusou' au XIXe* Siecle, Paris, Histoire Ancienne, 1469, p. 543. R. Shukurov, “Trebizond and the Seljuks, 1204 - 1299,” p. 118.

③ “Panareti chronicon Trapezuntinum,” 5. 56 - 58, p. 362. A. A. Bryer, “the Fate of George Komnenos, Ruler of Trebizond,” p. 333.

④ G. Finlay, *the Empire of Tebizond*, p. 403.

⑤ W. Miller, *Trebizond : The Last Greek Empire of the Byzantine Era, 1204 - 1461*, p. 30.

⑥ R. Shukurov, “Trebizond and the Seljuks, 1204 - 1299,” p. 131. M. Kuršanskis, “L'usurpation de Théodora Grande Comnène,” *Revue des études byzantines*, vol. 33(1975), pp. 187 - 220.

阿莱克修斯。当时科穆宁家族的'浪子'乔治返回来并被抓获。"①乔治的出现虽然没有掀起特别大的风浪,但近些年来,学者们大多认同布莱耶的观点,认为乔治之所谓被放弃,是因为其外交政策的选择与特拉比宗绝大多数贵族的利益相悖,贵族们为了自身利益而放弃他,转而拥护约翰二世以及与君士坦丁堡的联姻,这是特拉比宗帝国重新加入伊儿汗国—蒙古阵营的表现。而帝国内并非完全被亲伊儿汗国势力把控,仍然残存着一些支持乔治、反伊儿汗国的力量。这些力量的反扑表现为1281年时帕帕多普洛斯的暴乱,表现为1282年4月格鲁吉亚国王的入侵,表现为前任皇帝乔治的反扑,同样也表现为公主塞奥多拉的叛乱。②

1285年,约翰二世同父异母姐姐塞奥多拉·大科穆宁(Θεοδώρα Κομνηνή)猝然叛乱,夺取政权,引起一定混乱,帕纳雷托斯对她并没有过多记载,只是说在约翰二世返回特拉比宗后不久,塞奥多拉突然逃离:"在此次袭击后,公主塞奥多拉·科穆宁,即曼努埃尔·大科穆宁皇帝与伊比利亚的鲁苏塔娜('Ρουσαντάνας)所生长女,突然逃走。"③

塞奥多拉是曼努埃尔一世的第二任妻子所生,其母亲是格鲁吉亚公主鲁苏塔娜,一般认为她嫁给曼努埃尔一世的时间在1242年至1246年间,④那么塞奥多拉可能是在这之后不久出生的。故而1284—1285年时,她大约40岁。塞奥多拉的成长经历以及成年后的婚姻状况不详,似乎她一直没有结婚。塞奥多拉叛乱的具体时长不太确定,一般认为是1284—1285年间的数个月时。她控制政权期间发行了一些货币,包括银币阿斯普和铜币诺米斯玛,正面为塞奥多拉的肖像和尊号。⑤ 1285年,塞奥多拉的篡位夺权活动被镇压,约翰二世重新统治特拉比宗帝国,此后,再也没有别的兄弟姐妹能够挑战约翰的皇位,他作为唯一

---

① "Panareti chronicon Trapezuntinum," 5. 59 – 66, p. 362. A. A. Bryer, "the Fate of George Komnenos, Ruler of Trebizond," p. 333.

② M. Kuršanskis, "L'usurpation de Théodora Grande Comnène," pp. 187 – 220.

③ "Panareti chronicon Trapezuntinum," 5. 66 – 69, p. 362. A. A. Bryer, "The Fate of George Komnenos, Ruler of Trebizond," pp. 333 – 334.

④ K. J. Williams, "A Genealogy of the Grand Komnenoi of Trebizond," p. 174. 只是库尔山斯基斯提出鲁苏丹也不见得就是格鲁吉亚女王鲁苏丹的女儿,可能只是曼努埃尔一世的情人。M. Kuršanskis, "L'usurpation de Théodora Grande Comnène," pp. 199 – 200.

⑤ W. Wroth, *Catalogue of the Coins of the Vandals, Ostrogoths and Lombards and of the Empires of Thessalonica, Nicaea and Trebizond in the British Museum*, p. lxxx.

皇帝统治到1297年。对此,帕纳雷托斯称:“好约翰·科穆宁(Καλοϊωάννης)恢复皇位,开始对帝国全境的18年统治……在他统治期间,突厥人夺取了哈利比亚(Χαλυβίαν),并对特拉比宗发动一场大规模袭击,以至于许多地方都荒无人烟。”[①]

约翰二世统治的后半段虽然长达12年,但同样缺少有关资料,在政治上唯一被记录下来的事件就是“突厥人”(Τοῦρκοι)对哈利比亚的攻占以及对特拉比宗的攻击。哈利比亚广义上与哈利迪亚(Chaldia)同义,特拉比宗所在的滨海地区及其南部本都山脉的山区地带,这里显然指的是特拉比宗西部地区,库尔山斯基斯将其具体到云耶(Oinaion,即Ünye,今土耳其东北部奥尔杜省的滨海城市)南部山区。[②] 自特拉比宗帝国建国以后,这里一直为大科穆宁家族控制。然而,从13世纪后半期开始,切普尼部土库曼人从西部的西诺普城附近逐渐向东迁徙,并与特拉比宗帝国频繁发生冲突,双方关系持续恶化。此前,他们曾对进攻西诺普的特拉比宗舰队发动过攻击,而此时已经夺取了本都山脉的坡地。他们夺取该地后并非劫掠一番就离开,而是在那里定居过起放牧生活,到14世纪末,他们已经占据特拉比宗帝国大部地区。[③]

在内政方面,特拉比宗帝国延续其东西商贸通路上重要中转站的地位,频繁的国际贸易给帝国带来丰厚的利润。米勒对此评述称,尽管约翰二世统治时期不断遭受土库曼人的进攻,许多地区遭到蹂躏、占领、荒废,甚至改成牧场,但哈利比亚地区足够富庶,还有价值极高、自伊阿宋时代就开始挖掘的丰厚矿藏,约翰二世的名望甚至传到梵蒂冈的枢机处,在东方同样尽人皆知。[④] 约翰二世在位期间发行了大量货币,其数量和种类可以与其父亲统治时期相媲美。他发行的青铜币形制多样,正面有时是皇帝与圣尤金的立像,背面为圣徒乔治(Saint George)胸像,有时正面是皇帝立像,背面为圣尤金立像,还有背面为台阶十字架的货币。扫

① “Panareti chronicon Trapezuntinum,” 5. 69 – 72, 73 – 76, p. 362. A. A. Bryer, “the Fate of George Komnenos, Ruler of Trebizond,” pp. 333 – 334.

② M. Kuršanskis, “L'empire de Trébizonde et les Turcs au 13e siècle,” *Revue des études byzantines*, tome 46 (1988), pp. 109 – 124.

③ M. E. Meeker, “the Black Sea Turks: Some Aspects of Their Ethnic and Cultural Background,” *International Journal of Middle East Studies*, vol. 2(1971), p. 318 – 345.

④ W. Miller, *Trebizond: the Last Greek Empire of the Byzantine Era, 1204 – 1461*, p. 30.

马《西行记》中提到“他到达美可海(黑海)岸边的贝特罗马也(即罗马人的国土),参观了那里的教堂后,和随行的人一起登上了一艘船,船中约有三百多人。每日里他便向他们讲道以安慰他们的灵魂,船上大多是罗马人,他的讲道中自有吸引人之处,人人都极尊他敬他”。但该书的英译者在导言中认为这里经过的“贝特罗马也”是萨姆松而非特拉比宗。这段文字虽没有关于萨姆松的特别指向,但理解为特拉比宗更符合上述记载,作为拜占庭人统治下政权的首都,它无疑就是“罗马人的国土”,因与君士坦丁堡来往密切,因此往来商贾旅人均由此登船前往君士坦丁堡,船上也多以希腊人为主。故而,这里应该指的是特拉比宗,而非萨姆松。①

作为东西方重要商道,特拉比宗此时迎来了一些来自东、西方的使节。1287年,来自大都(北京)的聂斯托利派主教拉班·索马(即巴索马,Rabban Sauma,也译为扫马·拉班)就曾从特拉比宗乘船前往君士坦丁堡。② 阿卡城陷落后,教宗尼古拉四世(Nicholas Ⅳ,1288—1292年在任)曾在1291年8月13日和23日两次写信给约翰二世,③希望他们能够接受教宗的洗礼,并投身于收复圣地的事业中来。1292—1293年时,英格兰国王派去伊儿汗国首都大不里士的使团曾途经特拉比宗,他们先是与热那亚商人一起抵达特拉比宗,住在热那亚驻特拉比宗使节的宅邸,并在城中购买了不少物品,包括面包、面粉、葡萄酒、醋、鱼、大米、牛奶、黄油、橄榄油、蔬菜、水果、坚果、羊肉、羔羊肉、猪肉、鸡肉、鸡蛋、牛肉、吹奏乐器,以及喂养猎鹰与豹子的各种饲料。为后人留下了特拉比宗商业的繁荣景象。④ 特拉比宗在商贸活动中的繁盛还表现在其货币在其他地区的流通,约翰二世发行的银币(22毫米,2.42克)就出现在苏格兰的赫布里

① W. Wroth, *Catalogue of the Coins of the Vandals, Ostrogoths and Lombards and of the Empires of Thessalonica, Nicaea and Trebizond in the British Museum*, London: Oxford University Press, 1911, pp. lxxvix, 260－264. 扫马著,王莹译:《巴索马西行记》,收录于《谢清高海录:附三种》,长沙:岳麓书社2016年,第86、125—126页。

② A. A. Bryer, “Shipping in the Empire of Trebizond,” *Mariner's Mirror* 52, *Journal of the Society for Nautical Research*, Heathfield, Sussex, 1966, in *The Empire of Trebizond and the Pontus*, p. 7.

③ M. Ernest Langlois ed., *Les registres de Nicholas Ⅳ : recueil des bulles de ce pape, D'apres les manuscrits originaux des Archives du Vatican*, vol. Ⅱ, Paris: Ernest Thorin, 1886, p. 904.

④ W. Miller, *Trebizond : The Last Greek Empire of the Byzantine Era, 1204－1461*, p. 31. A. A. Bryer, “Greek and Türkmens: The Pontic Exception,” p. 120.

底群岛(Hebrides)。①

总之,约翰二世的统治除了初期比较混乱,皇室内部发生数次政治动荡,外部有一些威胁,其影响力最大的事件就是与拜占庭帕列奥列格皇室联姻,并将特拉比宗皇帝的帝号降格为“信仰耶稣基督,整个东方、伊比利亚人和海外省的虔诚的皇帝与天然统治者”。“6805 年(1297 年)8 月 12 日他于利姆尼亚(Λιμνίοις)去世,”他的尸体后来被运回特拉比宗,葬入圣母金首教堂。② 约翰二世性情文弱,缺乏判断力和决断力,特别是在重大压力下,表现出性格软弱的不足,原本不适合做皇帝。但是,他出于合理判断或因压力所致而对特拉比宗帝国外交政策的调整,还是符合 1261 年拜占庭人重新入主君士坦丁堡以后这一地区政局的变化,也就是作为小邦君主,他应该寻找合适的强大势力做靠山。最终他选择了同根同种同信仰,同谱同系同语言的帕列奥列格王朝,这在纷乱混杂的地区政治博弈中也算是歪打正着,更为重要的是,这一选择奠定了此后特拉比宗帝国相对安定的外交政策基础。

第八节

阿莱克修斯二世·大科穆宁(Alexios Ⅱ Megas Komnenos)

1297—1330 年在位

阿莱克修斯二世(Alexios Ⅱ Megas Komnenos, Αλέξιος Β' μέγας Κομνηνός, 生于 1283 年末,卒于 1330 年 5 月 3 日,享年 46 岁)是特拉比宗帝国的第八任皇

---

① I. Stewart, “Early Groats from the Melrose Area and a Trapezuntine Asper from the Hebrides,” *Proceedings of the Society*, 1975 - 1976, p. 324.

② “Panareti chronicon Trapezuntinum,” 5. 72 - 73, 76 - 78, p. 362;利姆尼亚(Limnia),指的是位于小亚细亚东北部本都山脉中的利姆尼亚,位于埃里斯河(Iris River)的冲积平原,这里在特拉比宗帝国时期位于西部的边境地带,这里设置了一个主教区以及一些要塞。A. A. Bryer, “Greek and Türkmens: the Pontic Exception,” *Dumbarton Oaks Papers*, 29 (1975), p. 128.

帝,1297年8月至1330年5月3日在位共33年。

他是约翰二世与尤多奇亚·帕列奥列格的长子,大约生于1283年的9月到11月间。[①] 1297年8月约翰二世去世时,阿莱克修斯还不满14岁。作为父亲的长子,阿莱克修斯二世的继位没有遭遇任何质疑,其继承者的地位早在约翰二世生前就已经确定。在约翰二世发行的银币阿斯普中,有一类为一面是圣尤金的站立像,另一面是约翰二世与阿莱克修斯父子两人的正面立像。还有一种铜币,一面是约翰二世的正面立像,一面是阿莱克修斯的正面立像。[②] 按照拜占庭传统,这是明确继承人身份的重要措施。鉴于阿莱克修斯尚未成年,约翰二世去世之前曾安排他的大舅哥、拜占庭皇帝安德罗尼库斯二世为监护人,并照看皇后尤多奇亚、阿莱克修斯与米哈伊尔两兄弟的成长以及他的帝国。因此,正如芬利所说,阿莱克修斯二世即位之初,他必然经历过一段受人控制、只是名义上的皇帝进行统治的阶段。[③]

阿莱克修斯二世的受制于人主要表现在婚姻上。作为约翰二世临终前郑重委托的监护人,拜占庭皇帝安德罗尼库斯二世很是看重这一嘱托,尽心尽力地看护自己的妹妹与两位外甥。1298年6月13日,尤多奇亚带着阿莱克修斯的弟弟米哈伊尔离开特拉比宗前往君士坦丁堡,而阿莱克修斯二世则独自留在特拉比宗。[④] 这一举动很值得玩味:为什么只有尤多奇亚和米哈伊尔前往君士坦丁堡?安德罗尼库斯的邀请是针对母子三人,还是仅有他们两人?如果原本是邀请母子三人,那么是什么原因导致阿莱克修斯二世选择留在特拉比宗?芬利认为特拉比宗的贵族们不断劝说皇帝警惕安德罗尼库斯二世的挟制,说服皇帝保持更多的独立性。[⑤] 从后来发生的事情和结果看,尤多奇亚本人也并不完全信任她的哥哥,很可能也支持阿莱克修斯二世留在特拉比宗。毕竟约翰二世在君士坦丁堡城下

---

① K. J. Williams, "A Genealogy of the Grand Komnenoi of Trebizond," p. 176.

② W. Wroth, *Catalogue of the Coins of the Vandals, Ostrogoths and Lombards and of the Empires of Thessalonica, Nicaea and Trebizond in the British Museum*, p. 276.

③ G. Finlay, *the Empire of Tebizond*, p. 405.

④ "Panareti chronicon Trapezuntinum," 6. 81 – 82, p. 362. D. M. Nicol, "Constantine Akropolites: A Prosopographical Note," *Dumbarton Oaks Papers*, vol. 19(1965), p. 252. W. Miller, *Trebizond : The Last Greek Empire of the Byzantine Era, 1204 – 1461*, p. 32.

⑤ G. Finlay, *the Empire of Tebizond*, p. 406.

“受辱”的记忆,令特拉比宗贵族们对帕列奥列格皇帝们的“背信弃义”印象深刻,因此时刻保持警惕。

对于留在特拉比宗的年轻的阿莱克修斯二世来说,贵族们的帮助与支持使得帝国各项事务按部就班地进行;土库曼人仍然在边境地带骚扰,但也没有爆发特别严重的冲突。抵达君士坦丁堡的尤多奇亚和米哈伊尔得到了很好的招待,安德罗尼库斯二世明确表示不限制尤多奇亚的行动自由,她可以随时返回特拉比宗。实际上,她并没有那么多自由。让阿莱克修斯二世有些震动的是安德罗尼库斯二世的一个提议,他建议刚刚抵达君士坦丁堡的尤多奇亚再婚,对象是塞尔维亚国王斯特凡・乌罗什二世(Stefan Uroš Ⅱ Milutin,1282—1321 年在位),①不过尤多奇亚表示拒绝。不料,尤多奇亚婉拒前一个联姻提议后,拜占庭皇帝又积极提出了另一个联姻计划,他建议阿莱克修斯二世娶拜占庭大臣尼基弗鲁斯・胡穆诺斯(Nikephoros Choumnos,约 1250—1327 年)的次女伊琳妮。②

阿莱克修斯二世及特拉比宗贵族之所以不满,原因在于安德罗尼库斯二世安排的这两次婚姻显然出于政治目的,完全无视作为特拉比宗皇帝的阿莱克修斯二世以及特拉比宗皇后尤多奇亚的尊严和利益。前者是为与塞尔维亚人媾和,后者是为获得大贵族支持。塞尔维亚国王斯特凡在 13 世纪的最后几年给拜占庭帝国边境造成严重威胁,1297 年,他们占领了多瑙河重镇都拉基乌姆,拜占庭军队无力夺回,只能筹划媾和。安德罗尼库斯二世的媾和之心如此迫切,以至于当尤多奇亚拒绝后,他就安排自己的女儿西蒙尼丝(Simonis)嫁给斯特凡・乌罗什二世,而丝毫不顾及脸面。因为此时后者已经 40 多岁,其第三任妻子仍然在世,而西蒙尼丝年仅 6 岁,年龄差距太大。教会对这次婚姻表示强烈反对。③ 另外,安德罗尼库斯二世自觉统治地位不稳,似乎十分迫切地要通过联姻拉拢其重臣尼基弗鲁斯・胡穆诺斯,当特拉比宗皇帝阿莱克修斯二世先斩后奏地拒绝了这桩婚事后,他又安排伊琳妮嫁给自己的儿子约翰・帕列奥列格。④

---

① W. Miller, *Trebizond : The Last Greek Empire of the Byzantine Era, 1204 - 1461*, pp. 31 - 32.

② D. M. Nicol, “Constantine Akropolites: A Prosopographical Note,” p. 253.

③ W. Treadgold, *A History of the Byzantine State and Society*, Standford: Standford University Press, 1997, p. 749.

④ A. M. T., “Choumnos, Nikephoros,” A. P. Kazhdan ed., *The Oxford Dictionary of Byzantium*, p. 433.

正如芬利所说,安德罗尼库斯二世将特拉比宗皇帝当棋子的行为,是对阿莱克修斯及特拉比宗人的严重冒犯。① 然而,当安德罗尼库斯二世提出让阿莱克修斯二世娶伊琳妮时,身在君士坦丁堡的尤多奇亚却无法拒绝,特别是当她已经婉拒嫁给塞尔维亚国王的建议之后。尤多奇亚只能接受拜占庭皇帝的提议,然而,身在特拉比宗的阿莱克修斯二世却可以不听从这一安排,他和特拉比宗贵族为自己选择了"伊比利亚的贝卡(Πεκα)之女",②也就是格鲁吉亚境内萨姆茨赫(Samtskhe)的地方领主贝卡一世(Beka I Jaqeli,1285—1306年在位)的女儿加扎克(Djiadjak),旋即便于1300年举办了婚礼。萨姆茨赫(Samtskhe,另称Meskheti),位于格鲁吉亚西南山区,与亚美尼亚接壤。中古时,萨姆茨赫作为格鲁吉亚王国的一部分,1266年,因与格鲁吉亚国王产生矛盾,萨姆茨赫地方的领主直接臣服于伊儿汗国大汗,成为与格鲁吉亚并立的诸侯国,在13世纪末、14世纪初,事实上独立于格鲁吉亚王国而存在,是南高加索地区比较强大的政权之一。阿莱克修斯二世与之结盟也是出于地区安全的考虑。但这一举动令安德罗尼库斯二世十分恼火,甚至要求教会、牧首取消这一婚约,但鉴于前者的婚事已经达成,而且据说那位新婚妻子已经怀孕,故而教会拒绝了安德罗尼库斯二世的要求。有鉴于此,尤多奇亚提出返回特拉比宗劝说阿莱克修斯二世回心转意,于是在1301年5月回到特拉比宗。③ 她返回特拉比宗后并没有采取任何行动劝说阿莱克修斯,反而支持他们的婚姻。不久她就因病去世了。④

由此,围绕着阿莱克修斯二世的婚姻,特拉比宗帝国与拜占庭帝国展开的拉锯战,以前者的胜利告终,自约翰二世与尤多奇亚联姻而开始的特拉比宗帝国对拜占庭帝国的依附关系,也暂告一段落。经过这件事情的历练,阿莱克修斯二世在政治上也更加积极主动。

---

① G. Finlay, *the Empire of Tebizond*, p. 406.

② "Panareti chronicon Trapezuntinum," 6. 79 - 81, p. 362. K. J. Williams, "A Genealogy of the Grand Komnenoi of Trebizond," p. 176.

③ W. Miller, *Trebizond : The Last Greek Empire of the Byzantine Era, 1204 - 1461*, pp. 32 - 33.

④ 帕纳雷托斯称其于1301年12月13日去世,而米勒等学者都认为她的去世时间为1302年,其后葬于圣格里列高利教堂。"Panareti chronicon Trapezuntinum," 6. 83 - 84, p. 362. K. J. Z. Williams, "A Genealogy of the Grand Komnenoi of Trebizond," p. 177. W. Miller, *Trebizond : The Last Greek Empire of the Byzantine Era, 1204 - 1461*, p. 33. D. M. Nicol, "Constantine Akropolites: A Prosopographical Note," p. 253.

土库曼人与特拉比宗帝国的冲突在乔治皇帝统治时就已显现，直至约翰二世统治末期，土库曼人已经侵入到哈利比亚（Chalybia），①使得当地荒无人烟，沦为草原民族放牧的牧场。于是在1301年，特拉比宗帝国与土库曼人再次爆发冲突，“皇帝阿莱克修斯（二世）出发对突厥人作战；就在6810年（1310年）9月，他控制了凯拉苏斯（Κερασούντ），抓获库斯图加（Κουστουγά），杀掉和俘虏了许多突厥人。”凯拉苏斯即今土耳其东北部滨海城市吉雷松（Giresun），位于特拉比宗以西175千米处，是特拉比宗帝国的第二大城市。1404年，前去求见帖木儿的西班牙使者克拉维约途经这里，曾经此地“殊小，滨海的建筑，好像是从城内到海边的一条走廊”②。

幸运的是，关于这段历史，拉札洛普洛斯也有记载。“当他的父亲（约翰二世）去世后，这位皇帝（阿莱克修斯二世）当时还很年轻，仅仅掌控了他父亲遗产的一小部分，因为不信神的阿加雷尼人（'Αγαρηνῶν）的劫掠摧毁了一切。这一状况越来越糟糕，因为穆斯林（'Ισμαηλίτας）已经包围了所有城墙，占据了很多地方，只有凯拉苏斯镇及周围地区、著名的云耶（Οἰναίου）北面的哈利比亚等城镇以及利姆尼亚附近的13座城堡，因为这些地区十分繁荣、每一座都防卫坚固。现在，当这位三倍光荣的皇帝承继了其父亲的权杖时，上帝从高处关注他，使他扩大自己的疆域并击败敌人，让伟大的圣尤金赐予他庇护。那时，皇帝征召了数不尽的军队，既包括陆军，也包括舰队，装备上能够在海上作战的大帆船。”③只是拉札洛普洛斯对于战事的记载到此为止，其后转而描述阿莱克修斯二世屠龙的奇幻故事。

据此，学者们普遍认为，是阿莱克修斯二世主动发起的进攻，因为土库曼人占领哈利比亚后，也占据了凯拉苏斯，④故而阿莱克修斯二世击败土库曼人后，重新

---

① 特拉比宗时期，哈利比亚（Halybia）指的是特拉比宗西部地区，介于本都山与黑海之间。

② “Panareti chronicon Trapezuntinum，” 6. 84－88, p. 362; A. A. Bryer, “Greek and Türkmens: The Pontic Exception”, p. 143. ［西班牙］罗·哥泽来滋·克拉维约：《克拉维约东使记》，杨兆钧译，北京：商务印书馆1982年版，第58页。

③ Lazaropoulos, *Logoss*, in *The Hagiaographic Dossier of St. Eugenios of Trebizond in Codex Athous Dionysiou 154*, ed. J. O. Rosenqvist, Uppsala, 1996, pp. 218－219.

④ W. Miller, *Trebizond : The Last Greek Empire of the Byzantine Era, 1204 － 1461*, p. 33. M. Kuršanskis, “L'empire de Trébizonde et les Turcs au 13e siècle,” *Revue des études byzantines*, tome 46(1988), p. 124.

夺回该地。而布莱耶认为,1301 年时,土库曼人在库斯塔加的率领下从正西面对凯拉苏斯发动攻击,①芬利则认为,土库曼人先在 1302 年发动入侵,②阿莱克修斯二世只是积极予以反击,并获得了胜利。正是在阿莱克修斯二世统治时期,也就是 13 世纪末,土库曼人在小亚细亚东北部的聚落逐渐增多,并与西部的土耳其人走向联合。从 14 世纪开始,他们将成为特拉比宗帝国后期面临的主要外部威胁。

在阿莱克修斯二世角度看来,土库曼人造成的威胁远远比不上生活在首都的意大利商人。14 世纪时的热那亚人已经在黑海建立起成熟的贸易网络,他们不仅在君士坦丁堡拥有商业特权,在特拉比宗也有极大的商业利益。1292 年,英国使臣先抵达热那亚,然后随热那亚商船一起来到特拉比宗,从特拉比宗经由陆路前往大不里士,他们在特拉比宗停留期间,就居住在热那亚使节的宅邸。③ 由此可见,热那亚人在特拉比宗的实力相当强大,代表英国国王的使者可以不经特拉比宗帝国政府批准、自由进出特拉比宗,由热那亚人为他们安排一切。

相较而言,热那亚人对其在特拉比宗的特权仍然不太满意,因为在 1261 年时,热那亚人与米哈伊尔八世秘密签署《南菲宏条约》(Nymphaion),约定拜占庭帝国与热那亚永久结盟以对抗威尼斯人,作为回报,热那亚人在击败威尼斯人后,将获得威尼斯人在拜占庭水域享有的一切特权,特别是贸易免税权。④ 此后,热那亚人迅速崛起,垄断黑海贸易,其在特拉比宗的商业垄断地位也益发突出。然而,热那亚人与拜占庭帝国的条约在特拉比宗并无效力,无法实施,他们虽然垄断了商贸,但还需要缴纳各种关税,因此,热那亚人便努力设法从特拉比宗皇帝处获得免税特权。

阿莱克修斯二世即位后,帝国收税官与热那亚商人不时爆发冲突。因为后者希望特拉比宗能像拜占庭皇帝将加拉塔出让给热那亚人一样,也给他们划出一块完全免税、完全自由的领地,于是,他们拒绝缴纳赋税且蛮横阻止特拉比宗税官触碰他们的货物,甚至傲慢地宣称他们享有"皇帝赋予免税特权的荣耀,根本无需向

---

① A. A. Bryer, "Greek and Türkmens: The Pontic Exception," p. 133 - 134.

② G. Finlay, *the Empire of Tebizond*, p. 407.

③ W. Miller, *Trebizond : The Last Greek Empire of the Byzantine Era, 1204 - 1461*, p. 31.

④ D. M. Nicol, *The Last Centuries of Byzantium, 1261 - 1453*, pp. 33 - 34.

那些小小地方政权首领屈膝”①。这种税称为“商业税”（Kommerkion）②，长期以来一直是特拉比宗帝国财政收入的主要来源。热那亚人在争取免税时的傲慢不仅针对收税官，甚至对于皇帝阿莱克修斯二世也是如此。1306年，阿莱克修斯二世接见热那亚人派来的使者，对方要求授予他们免税特权，当被拒绝后，热那亚人威胁要彻底退出特拉比宗市场，还将所有货物打包装船。对此阿莱克修斯二世并不担心，因为他知道威尼斯人正虎视眈眈地要夺回被热那亚人夺取的市场份额，故而坚决不松口，坚持热那亚人的所有货物必须在一定期限内纳税，甚至当热那亚人继续无视其命令时，还派出格鲁吉亚士兵对热那亚人发动攻击，武力平息他们的抗议。热那亚人不但没能获得免税特权，反而遭到武力镇压，暴怒之下，他们在特拉比宗东郊的达弗努斯（Daphnous）港口放火，结果不仅给特拉比宗带来严重毁坏，甚至热那亚人自己停泊在港口的12艘商船也被大火烧毁。③

对于这场大火，帕纳雷托斯将其形容为热那亚人与特拉比宗的战争：“6月份，因拉丁人而起的船只大火肆虐，随后爆发了大规模战争。”④而布莱耶认为，这场火灾发生在1305年，热那亚人放火的目的是要破坏特拉比宗的舰队，使其无法出海，因为达弗努斯港可能是特拉比宗的唯一港口，特拉比宗帝国的舰队以及所有商队的商船都要在此停泊，⑤只是没料到热那亚人自己的商船也被烧毁。

大火给双方都造成巨大损失，特拉比宗帝国的港口与城市、近郊的许多建筑被毁，商业活动停滞，以之为基础的经济收益锐减。更严重的是，就在此前一年，特拉比宗还遭遇到另一场大火，两次火灾叠加造成的破坏亟待投入大笔资金予以重建。而肇事的热那亚人不仅满载货物的商船被大火烧毁，还要为特拉比宗火灾承担责任，支付巨额赔偿。在如此严重的后果面前，双方不得不寻求和解，经过长期、数轮交涉后，1314年10月26日，热那亚人与特拉比宗帝国签署和约。和约规定：为了和平，特拉比宗给予热那亚以免税特权，不提出新的征税要求，不再对达

① W. Miller, *Trebizond : The Last Greek Empire of the Byzantine Era, 1204 - 1461*, p. 33.

② Aslihan Akisik-karakullukcu, “The Empire of Trebizond in the World-Trade System: Economy and Culutre,” p. 323.

③ W. Miller, *Trebizond : The Last Greek Empire of the Byzantine Era, 1204 - 1461*, pp. 34 - 35.

④ “Panareti chronicon Trapezuntinum,” 6. 4 - 6, p. 363.

⑤ A. A. Bryer, “Shipping in the Empire of Trebizond,” p. 11.

弗努斯港口事件中的遇难者和受损失方向热那亚人提出其他赔偿要求。①

阿莱克修斯二世领导下的特拉比宗帝国为何在商业税率上向热那亚人做出如此大的让步,资料没有提供详细信息,后人只能根据有限的记载加以推测。从火灾发生前阿莱克修斯二世的态度来看,火灾之后他对热那亚人的态度只会更加严厉。若帕纳雷托斯所称的"战争""规模很大",那么火灾之后特拉比宗帝国可能与热那亚人的冲突发展为战争,甚至有记载称,阿莱克修斯二世还将热那亚人聚居的狮堡(Leontokastron)改建为一座城堡,作为监控热那亚海军力量的哨所。不过芬利认为,帕纳雷托斯记载的时间是1311年,而拜占庭史家记载的时间是1306年。② 此外,为了应对热那亚人咄咄逼人的压力,阿莱克修斯二世于1313年前后,还拉拢西诺普的伊斯兰统治者哈兹·切勒比(Ghazi Chelebi),组织反热那亚联盟,标志着大科穆宁家族放弃了他们一贯的领土要求,开始改变自己以适应外部环境的变化,舒库罗夫据此认为阿莱克修斯二世在政治上就是一个"彻头彻尾的现实主义者"③。

如果舒库罗夫引用的材料真实准确,阿莱克修斯二世确实在1313年打算与穆斯林合作对抗热那亚人,那么从后面的结果来看,他的外交选择并没有达到预想的结果。按照帕纳雷托斯的记载,就在1313—1314年间,特拉比宗遭到穆斯林的袭击,"6822(1313)年10月2日,巴伊拉姆(Παριάμης)袭击了营帐;1314年4月2日,西诺普人于6823(1314)年4月在(特拉比宗)城外放火,大火烧毁城市(包括城里、城外)的许多美丽建筑"④。

显然,阿莱克修斯二世无论如何"现实"地做出与穆斯林合作的艰难决定,特拉比宗遭受的攻击也宣告该政策的破产。此后,皇帝需要加强城市的治安防务,

---

① 《利古里亚社会历史辑录》第13卷(Antonio conte Cavagna Sangiuliani di Guaddana, *Atti della Società ligure di storia patria*, Genoa: La Società di storia patria, 1947),第513-526页。

② G. Finlay, *the Empire of Tebizond*, p. 413.

③ R. Shukurov, "Trebizond and the Seljuks, 1204-1299", *Mésogeios*, 25-26 (2005), p. 135.

④ "Panareti chronicon Trapezuntinum," 6.6-9, p. 363. 关于"营帐(Τζεργα, çerge)",布莱耶认为是由帐篷构成的市场;关于西诺普人放火的时间,目前使用的1832年希腊文版所注的时间为6822(1314)年;芬利也采用1314年的解释;而布莱耶释读的时间为6827年,也就是1318—1319年;这里暂且采用1314年的说法。相关信息见G. Finlay, *the Empire of Tebizond*, p. 415. A. A. Bryer, "Greek and Türkmens: the Pontic Exception," *Dumbarton Oaks Papers*, 29 (1975), p. 144。

现存于君士坦丁堡博物馆的一处铭文属于1314年的文物，其中提到特拉比宗的“夜巡人”①，他们要在夜间巡逻，保持警戒。也正是在穆斯林的政治与经济打击之下，1314年，阿莱克修斯二世不得不在与热那亚人的和谈中接受免税等十分不利的条件。

值得注意的是，代表阿莱克修斯二世与热那亚进行商议的，是两名意大利人加维诺·德·马雷（Gavino de Mare）和索雷奥尼·斯皮诺拉（Sorleone Spinola），②显见特拉比宗帝国既缺乏足够强大的力量反击热那亚人，也无法与穆斯林达成政治同盟，甚至缺乏处理政治事务的能手，没有足够的能够捍卫自己利益的希腊裔人才。芬利认为这是希腊人在中古早期逐渐退出海上事务的后果，无论是君士坦丁堡的希腊人，还是特拉比宗的希腊人，都已经不再是海洋的称霸者。而特拉比宗帝国因穆斯林的劫掠，防御负担不断加重。他们此时失去了从商业活动中获得的丰厚利润，政府的税收负担主要由从事农业生产的农民承担，③国家实力大幅削弱，为后来的内部混乱与动荡埋下了伏笔。

另一方面，当特拉比宗帝国和希腊人不得不接受他们已经失去对海洋事务的控制和主导权时，穆斯林在黑海的活动却越来越多。聚集在西诺普附近的突厥人迫于该地环境限制农业和牧业发展，只能转向海洋，随着时间的推移，穆斯林的航海技术越来越高明，他们在黑海的活动也益发活跃，并挑战了基督徒海上优势的传统地位。西诺普的穆斯林不仅在1314年袭击特拉比宗，还在1320年前后诱杀了一支热那亚商队。当时，热那亚人已经在特拉比宗帝国获得极大权势，一支由三艘商船组成的商队受到西诺普地方突厥首领的邀请，到西诺普海域经商，当他们抵达海港后，还受邀参加了突厥首领举办的晚宴，却没料想在晚宴上遭到穆斯林士兵的突然袭击，热那亚人商人被杀，三艘商船也被劫掠一空。④

面对这样危险的局势，阿莱克修斯二世不得不加强防御，他曾在特拉比宗西

① W. Miller, *Trebizond: The Last Greek Empire of the Byzantine Era, 1204–1461*, p. 39.

② R. Shukurov, “Foreigners in the Empire of Trebizond,” *Varia Anatolia* (in *At the Crossroads of Empires: 14th–15th Century Eastern Anatolia*, Proceedings of the International Symposium held in Istanbul, 4th–6th May 2007. Istanbul: Institut Français d’Études Anatoliennes-Georges Dumézil, 2012), pp. 72–84.

③ G. Finlay, *the Empire of Tebizond*, pp. 413–414.

④ W. Miller, *Trebizond: The Last Greek Empire of the Byzantine Era, 1204–1461*, p. 39.

郊外增修了一堵新城墙,为城堡与海洋之间的地区提供保护,对于这道城墙,后来的史家拉札洛普洛斯曾经提到:"此时(安德罗尼库斯一世·吉多斯统治初,遭遇突厥人入侵的1222年),由阿莱克修斯一世·大科穆宁的曾孙皇帝阿莱克修斯·大科穆宁修建的、一直延伸到海岸的城墙尚未建立。"[①]也是在此背景下,阿莱克修斯二世不得不放弃其对待热那亚人的一贯强硬立场,不得不接受对方提出的各种免税特权和租地要求。

阿莱克修斯二世与热那亚人的纷争并没有因这场大火以及1314年的和约而化解,米勒根据热那亚的史料指出,在1314—1316年间,特拉比宗帝国与热那亚人之间还爆发了另一场严重的冲突。

冲突的缘起在于阿莱克修斯二世的一位名叫安德罗尼库斯的宠臣,据说他长得十分俊美,皇帝很喜欢他,此人对能够自由出入皇宫的热那亚代表梅加洛·雷卡里(Megollo Lercari)十分嫉恨。有一次两人下棋时,安德罗尼库斯无端扇了雷卡里一记耳光。事情告到皇帝那里,阿莱克修斯二世偏宠安德罗尼库斯,这一态度导致雷卡里十分愤怒,抱着"希腊人应该知道他们不能伤害热那亚公民而不受惩罚"的念头,从热那亚招募了一些士兵,回到特拉比宗实施报复。他借口与港口的希腊船只发生冲突,将他们引诱到海面上全部抓获,之后将俘虏们的鼻子和耳朵割掉、泡在盐水里送给皇帝,要求他把安德罗尼库斯交出来。最终,阿莱克修斯二世不得不屈服,安德罗尼库斯被迫在大庭广众之下被雷卡里羞辱,还将阿莱克修斯二世赐给的骏马和会表演的猴子送给雷卡里。之后,阿莱克修斯二世再次与热那亚人签署和约,承诺不镇压热那亚人,还出资为其修建一座新的公使馆,热那亚人可以在特拉比宗刊行自己的刊物,建设浴场以及冶炼熔炉。另一份材料还说明,阿莱克修斯还将达弗努斯港北部的梅丹角(Meidan Cape)划给热那亚人,后者可以在那里建造兵工厂和防御设施,特拉比宗帝国不能干涉其活动,甚至临近地带也归热那亚人控制。据说,1318年时,阿莱克修斯二世还因为一位友人的自杀而痛苦万分,米勒认为自杀的就是饱受羞辱的安德罗尼库斯。后者死后,阿莱克修斯二世还请一位女巫来帮助寻找凶手,女巫把尸体带到广场,当着众人的面,将

① Lazaropoulos, *Synopsis*, p. 315.

一种膏状物抹在尸体的口唇上，尸体就站起来，开口说明他的死因，说完之后就再次倒下。[①]

热那亚人自此在特拉比宗帝国拥有特权，可以不受帝国政府的辖制。然而，前文已经提到，此时黑海的商贸环境出现变化，穆斯林在黑海上的活动益发频繁，与基督徒不断发生冲突，1320 年，热那亚商人与商船被西诺普穆斯林劫杀，已经反映出此时黑海贸易环境开始变坏，这种变化在接下来的百余年中将伴随着即将登场的一系列事件，彻底改变黑海地区的社会经济与政治生活。

当热那亚人通过暴力冲突逼迫阿莱克修斯二世做出让步，得到在特拉比宗享有租界区和免税特权时，其竞争对手威尼斯人也在努力从特拉比宗的贸易中分享一些利益。1319 年，阿莱克修斯二世发布诏令，将热那亚人享有的各项特权也都赋予威尼斯人，后者拥有了与热那亚人同样的免税权，也得到一块土地用于建造教堂、居所和工坊。[②] 这似乎是阿莱克修斯二世对热那亚商业霸权实施的制衡措施，鉴于帝国政府在对抗热那亚人的斗争中失利，且和约内容对其行为未加约束，因此，只能将热那亚人的宿敌引入特拉比宗，并赋予他们与热那亚人类似的特权，从而削弱其利益。据威尼斯政府征收的税收额度看，1320 年时，威尼斯人在特拉比宗的商贸总额约有 25 万杜卡特，与热那亚人不相上下。[③]

特拉比宗帝国与意大利的联系不仅体现在热那亚人与威尼斯人的活动上，罗马的天主教会同样关注这里。教宗约翰二十二世（John XXII，1316—1334 年在任）曾在 1329 年致信阿莱克修斯二世，希望后者能够帮助推动希腊教会与拉丁教会的统一，并且打算推荐一些传教士在特拉比宗政府任职。[④] 这样的要求当然会遭到拒绝，但也反映出特拉比宗帝国在意大利的影响不断提高。

尽管关于特拉比宗帝国后期帝国内部事务的材料有所增多，但仍然比较零散，特别是关于阿莱克修斯二世时期的记载依旧很少。根据拜占庭天文学家格里

---

① W. Miller, *Trebizond : The Last Greek Empire of the Byzantine Era, 1204 - 1461*, pp. 36 - 38.

② S. Karpov, "Venezia e Genova: rivalità e collaborazione a Trebisonda e Tana, secoli XIII-XV," *Genova, Venezia, Il levante Nei Secoli XII -XIV*, Genova - Venezia, 10 - 14 Marzo, 2000, p. 261.

③ 杜卡特（Ducat）是中古时期威尼斯人发行的金币，采用足金制作，金含量极高，重约 3.56 克左右。S. Karpov, "Black Sea and The Crisis of the Mid XIVth Century: An Underestimated Turning Point," Θησαυρίσματα, τ. 27 (1997), σσ. 65 - 77 Benetia, 1997, p. 72.

④ G. Finlay, *the Empire of Tebizond*, p. 416.

高利·西奥尼亚德斯(Gregory Chioniades,约1240/1250—约1320年)的通信可知,他曾得到阿莱克修斯二世的帮助,前往大不里士学习天文学,后来他返回特拉比宗时,也与皇帝保持很好的关系,并且曾应阿莱克修斯二世要求,为6月24日举办的圣尤金纪念活动撰写了一篇颂歌。①

1330年5月3日,阿莱克修斯二世去世,葬礼在金首圣母教堂举行,在葬礼上,特拉比宗的著名学者,曾经跟随阿莱克修斯二世参与1301年对土库曼人战争并在宫廷担任总管(protonotarios)和首席配剑贵族(protovestiarios)的君士坦丁·路基特斯(Constantine Loukites),为其创作悼词。② 这份悼词辞藻华丽,对阿莱克修斯二世极力吹捧,说他"以其善行布满世界","在所有君主中唯一值得世上各种族加以哀痛和赞颂的"。值得注意的是,该悼词对阿莱克修斯二世的外貌也做了描绘:"圣音和金舌,声音之美,远胜塞壬……金子般的嘴,珍珠牙齿以及优雅的嘴唇……狮子般的臂膀、黑铁般坚硬的胸膛,宽大的肩膀。"若干年后,特拉比宗的都主教也称其拥有"皇帝般高贵的鼻子"和"黄金般的胡须"。③ 这些比喻用词展现出的是特拉比宗的学者对其君主的崇拜与夸耀,这属于该类型文章或论及皇帝时的套话,无法真实反映阿莱克修斯二世的面容。

从留存下来关于阿莱克修斯二世的文献和记载看,至少说明这位皇帝在特拉比宗帝国得到极高赞誉,在其宫廷任职的路基特斯称其为"优秀的武士,堪与阿莱克修斯一世媲美",④在史家拉札洛普洛斯的记述中,阿莱克修斯二世也被看作"杰出的、了不起的"君主,他推崇公正秩序、厌恶混乱,甚至英勇地杀死一条龙,用龙肉喂狗。"正是为了纪念特拉比宗守护圣徒圣尤金在屠龙过程中的作用,阿莱克修斯二世规定每年要在圣尤金生日(1月21日)以及施洗者约翰的生日(6月24日)这两天举行盛大的庆典,由国库向圣尤金修道院拨款,后者承担庆典的

---

① A. P. Kazhdan ed., *The Oxford Dictionary of Byzantium*, pp. 422-423. Miller, *Trebizond : The Last Greek Empire of the Byzantine Era, 1204-1461*, p. 41. A. Eastmond, *Art and Identity in the Thirteenth Century Byzantium, Hagia Sophia*, Trebizond, 2004, p. 93.

② "Introduction," J. O. Rosenqvist, *The Hagiaographic Dossier of St. Eugenios of Trebizond in Codex Athous Dionysiou 154*, pp. 22-25. 官职的解释见A. P. Kazhdan, ed., *The Oxford Dictionary of Byzantium*, pp. 1747, 1749。

③ W. Miller, *Trebizond : The Last Greek Empire of the Byzantine Era, 1204-1461*, pp. 40-41.

④ W. Miller, *Trebizond : The Last Greek Empire of the Byzantine Era, 1204-1461*, p. 40.

相关事宜。”①

特别值得一提的是，1330年特拉比宗帝国陷入十多年的皇位争夺、内战与纷争之中，混乱与动荡的冲击，让后来的人们更加怀念和推崇阿莱克修斯二世统治的30多年的和平与繁盛。这30多年间，虽然特拉比宗帝国的商业日益被意大利人控制，穆斯林在黑海的活动益发频繁，造成了帝国后来的困局，但帝国表面上仍然呈现较为繁荣的景象。

阿莱克修斯二世在数十年的统治期间发行了大量货币，如1983年发现的一处货币窖藏576枚金币阿斯普中属于阿莱克修斯二世时期的有303枚。② 阿莱克修斯二世发行的银币阿斯普依然因循旧制，即一面为皇帝像，一面为特拉比宗守护圣徒圣尤金像，只是他一改原有的正面站立像，采用了骑马戎装像，③或可解释为纪念其1301年在凯拉苏斯对土库曼人的军事胜利。此外，由于阿莱克修斯二世的统治长达33年，他也从一位少年逐渐长大成人及至衰老，故而其银币阿斯普上的形象也经历了从无须到有须、从短须到长须的变化。④

阿莱克修斯二世的货币也折射出时代的变化。一方面，商业活动的兴盛需要更多种类的银币，因此此时开始发行一种半阿斯普(half-aspers)银币。⑤ 另一方面，这个时期发行的银币重量总体上较之以前略有减少，此前特拉比宗帝国发行的阿斯普银币重量在2.3—2.8克之间，通常随发行货币的皇帝变动而变动，而阿莱克修斯二世发行的银币阿斯普的重量不断降低，大部分在1.9—2.2克之间，辛克莱尔认为这是为了与伊儿汗国在合赞汗(Ghazan，1271—1304年在位)改革后的货币重量相适应，⑥也反映出特拉比宗帝国的经济与金融活动与大不里士的伊

① Lazaropoulos, *Logos*, 256 - 275, pp. 219 - 227.

② S. Bendall, "A Hoard of Early Fourteenth Century Aspers of Trebizond," *the Numismatic Chronicle*, vol. 145 (1985), pp. 102 - 108.

③ W. Wroth, *Catalogue of the Coins of the Vandals, Ostrogoths and Lombards and of the Empires of Thessalonica, Nicaea and Trebizond in the British Museum*, p. lxxxi, 279.

④ S. Bendall, "A Hoard of Early Fourteenth Century Aspers of Trebizond," pp. 102 - 108.

⑤ S. Bendall, "A Hoard of Early Fourteenth Century Aspers of Trebizond," p. lxxxi.

⑥ T. Sinclair, "Some Conclusions on the Use of the Coins on the Ayas-Tabriz Route (Late 13th and First Half of 14th Century A. D.)," *At the Crossroads of Empires : 14th - 15th Century Eastern Anatolia*, Proceedings of the International Symposium held in Istanbul, 4th - 6th May 2007, Istanbul: Institut Français d'Études Anatoliennes-Georges Dumézil, 2012, pp. 97 - 98.

儿汗国关系密切。

在私人生活方面,根据特拉比宗帝国以外的史料记载,阿莱克修斯二世似乎好色淫乱,拜占庭史学者尼克尔说,“除了皇后外,他至少娶了三名异教徒为妻”①。根据热那亚文献,前文提到那位与热那亚驻特拉比宗大使发生冲突、最终被当众羞辱、且可能在1318年自杀身亡的安德罗尼库斯似乎是阿莱克修斯二世的男宠。② 按照帕纳雷托斯的记载,阿莱克修斯二世的合法妻子为萨姆茨赫(Samtskhe)公主加扎克(Djiadjak),育有四子二女(还有一种说法是四子三女)。四子二女究竟是否为加扎克所生,因帕纳雷托斯没有明确记录,故而存有争议。四个儿子中长子安德罗尼库斯应该为加扎克所生,在1330年阿莱克修斯二世去世之前就已经结婚,并育有一子,名曼努埃尔。另外三个儿子分别为瓦西里(Βασίλειος)、阿扎胡特鲁的米哈伊尔(Μιχαήλ τοῦ 'ΑζαΧουτλοῦν)和阿赫普加的乔治(Γεώργιος τοῦ'ΑΧπουγώην)。其两个女儿名为阿纳胡特鲁的安娜('Αννα τοῦ 'ΑναΧουτλοῦν)和尤多奇亚。③ 从其子女的名字看,他们很可能并非全部由皇后加扎克所生,另外三名子女分别由不同母亲所生。米哈伊尔的母亲可能姓阿扎胡特鲁,乔治的母亲可能姓阿赫普加,安娜的母亲可能姓阿纳胡特鲁,从姓氏来看,这三位可能不是基督徒,而是周边地区穆斯林领主的子女。阿莱克修斯二世如果确曾娶三名异教徒为妻,那么米哈伊尔、乔治与安娜就是这三位异教徒妻子的子女。

阿莱克修斯二世在其33年的统治生涯中,感情生活堪称“风流史”,这也使得其家族成员的关系不太亲密,相互敌意颇深。1330年5月即位之后的安德罗尼库斯三世,可能出于警惕三名成年兄弟对其皇位的可能威胁以及长久的感情不和,向他们挥起屠刀,米哈伊尔和乔治被杀,而瓦西里成功逃脱,或许是因为瓦西里为其同胞兄弟而被有意放走。

尤多奇亚也没有另外一个姓氏,说明她可能也是皇后加扎克所生。尤多奇亚

---

① D. M. Nicol, *The Last Centuries of Byzantium, 1261 – 1453*, p. 204.

② W. Miller, *Trebizond : The Last Greek Empire of the Byzantine Era, 1204 – 1461*, pp. 36 – 38.

③ “Panareti chronicon Trapezuntinum,” 8. 14 – 19, p. 363. 两个被害兄弟的英文译名见 K. J. Williams, “A Genealogy of the Grand Komnenoi of Trebizond,” p. 176。

后来嫁给西诺普的伊斯兰领主,但究竟是哪位领主,学界存在很大争议,早期学者认为,她嫁的是西诺普埃米尔哈兹・切勒比・伊本・马苏德(Ghāzī Chelebi ibn Mas'ūd,约1301—1322年在位),晚些时候的学者们则认为,她的出嫁要在阿莱克修斯二世去世之后,可能嫁给了易卜拉欣・伊本・苏莱曼(Ibrāhīm ibn Sulaymān, Ghiyāth al-Dīn,约1340—1345年在位)或阿迪尔・伊本・雅库布('Ādil ibn Ya'qūb,约1345—1361年在位)。虽然不能确定她的丈夫究竟是谁,但可以确定的是,1357年11月11日西诺普领主去世后,成为寡妇的尤多奇亚返回特拉比宗。[1] 阿莱克修斯二世的另一位女儿安娜・阿纳胡特鲁曾经出家进入修道院,从其后来的行为看,显然出家并非她本人意愿,可能也是在1330年安德罗尼库斯三世即位后被迫进入修道院,很可能就是因为她的母亲是一位异教徒。后来,她在1340—1341年间的内乱中趁乱逃出,并于1341年7月17日在拉兹人的帮助下夺取政权,直到1342年9月4日被推翻。卡日丹称格鲁吉亚的巴格拉特五世(Bagrat Ⅴ,1360—1395年在位)的妻子也是阿莱克修斯二世的女儿,名叫安娜,[2]但从时间上看显然此安娜并非这里提到的安娜,可能为他的笔误。

布莱耶曾提出阿莱克修斯二世可能还有一位女儿,因为埃尔津詹领主曾有一位希腊人妻子哈吞(hatun)于1342年12月28日去世,根据时间看,布莱耶认为她是阿莱克修斯二世的一位不知名的女儿,嫁给埃尔津詹,以便进行联姻结盟。从阿莱克修斯二世家庭成员的经历来看,特拉比宗帝国皇室的对外联姻已经不再限于周边的基督教国家,他本人很可能曾三次娶异教徒为妻,他的两位女儿也被嫁给周边的伊斯兰君主。这也开启了特拉比宗帝国最为拜占庭史家所诟病的政治模式,即以皇室联姻的方式维持其在小亚细亚险恶的政治环境中艰难生存。拜占庭史家劳尼科斯・乔尔克堪代勒斯(Laonikos Chalkokondyles,约1430—1470年)曾讽刺特拉比宗帝国,说他们虽然保留着希腊人的生活方式、希腊人的语言,但他们毫不犹豫地与周边蛮族人联姻以换取疆域不被劫掠。[3]

---

① "Panareti chronicon Trapezuntinum," 24. 46－49, p. 366. A. A. Bryer, "Greek and Türkmens: The Pontic Exception," p. 145.

② A. P. Kazhdan ed., *The Oxford Dictionary of Byzantium*, p. 841.

③ D. M. Nicol, *The last Centuries of Byzantium, 1261－1453*, p. 402.

在特拉比宗帝国诸位皇帝中,阿莱克修斯二世属于在文献资料中出现比较频繁的,无论是时人的阿谀奉承还是极尽贬斥,后人还是能够从中得到一些信息,特别是其个人相貌、人品、秉性、爱好等,还是能帮助后人构建起对他的认知。他的生平清晰地展示出,处于拜占庭帝国东部边缘地带的拜占庭社会生活,与帝国核心区的社会生活存在较大差异,特别是在族群关系、文化交流、通婚融合等方面,存在着明显理念和实践上的不同。事实上,处于衰落阶段的末代拜占庭帝国,不仅王朝宫室成员,而且贵族平民也与周边非基督教政权国家频繁联姻。这种文化融合不仅仅用以换取和平,也是该地区多元文化发展的必然结果。无论当时人还是后人对跨文化族群融合持批评态度,都带有十分明显的种族歧视和文化偏见,实不足取。

第九节

安德罗尼库斯三世·大科穆宁(Andronikos Ⅲ Megas Komnenos)

1330—1332 年在位

安德罗尼库斯三世(Andronikos Ⅲ Megas Komnenos, Ανδρόνικος Γ' μέγας Κομνηνός,约生于 1300 年,卒于 1332 年 1 月 8 日,享年 32 岁)是特拉比宗帝国的第九任皇帝,1330 年 5 月至 1332 年 1 月 8 日在位不到两年。

安德罗尼库斯三世是阿莱克修斯二世的长子,1330 年 5 月 3 日其父去世后,安德罗尼库斯毫无争议地继任为皇帝。但是,他刚一掌握政权,立刻对其同胞兄弟大开杀戒,以消除他们对其统治的威胁。帕纳雷托斯记称:“他(阿莱克修斯)的儿子,安德罗尼库斯·大科穆宁即位,并谋杀了他的两个弟弟,米哈伊尔·阿扎胡特鲁(Μιχαήλ τοῦ 'Αζαχουτλοῦν)和乔治·阿赫普加(Γεώργιος τοῦ Ἀχπουγώης)。”①

① “Panareti chronicon Trapezuntinum,” 8. 14-19, p. 363.

由于安德罗尼库斯三世统治时间很短,关于他的研究十分少见。其统治期间最重要的事件就是杀死了他的两个兄弟,此事只有芬利与米勒在撰写特拉比宗帝国通史时略有提及。米勒认为,这是一种突厥人的传统,为了维护自己的统治,将可能造成威胁的兄弟杀掉。① 芬利没有分析其行为背后的原因,只是说在安德罗尼库斯三世清洗特拉比宗的大科穆宁家族成员时,他的弟弟瓦西里和他的叔叔米哈伊尔成功逃脱,逃往了君士坦丁堡。②

然而,当我们仔细考虑安德罗尼库斯三世的行为以及那两位被杀的兄弟时,会发现一些特殊情况,米哈伊尔的中间名字为阿扎胡特鲁('Αζαχουτλους),乔治的中间名字为阿赫普加(Ἀχπουγώης),而安德罗尼库斯与瓦西里并没有额外标注中间名字,显示前两者出身的特殊之处。按照拜占庭习俗和希腊人的命名传统,中间的名字往往是母系家族的姓氏,据此可知,安德罗尼库斯与瓦西里可能为同母,都是阿莱克修斯二世的第一任皇后,也就是萨姆茨赫公主加扎克(Djiadjak)所生,而米哈伊尔与乔治为阿莱克修斯二世后来所娶的穆斯林妻子所生。

安德罗尼库斯三世即位时已年近而立之年,他的三个弟弟可能均已成年,按照特拉比宗帝国的继承传统,只要身具大科穆宁家族的血脉,均拥有成为皇帝的权利和机会,故而安德罗尼库斯三世要尽力打压这些潜在的皇位威胁者。然而,米哈伊尔、乔治与瓦西里的不同命运不能简单地归结为瓦西里可能出于幸运成功逃脱迫害,很可能是瓦西里因与安德罗尼库斯三世是同胞兄弟而免于死亡的厄运,被流放到君士坦丁堡,与早已在那里生活数十年的叔叔米哈伊尔享受着同样的贵族生活,而米哈伊尔与乔治因身具异教血统而遭遇残酷镇压,被杀死。

同样地,米哈伊尔·阿扎胡特鲁、乔治·阿赫普加与瓦西里的不同境遇也反映在阿莱克修斯二世两个女儿的不同命运上。按照史籍的明确记载,安德罗尼库斯三世有两位姐妹,即尤多奇亚和安娜·阿纳胡特鲁。尤多奇亚可能是与

---

① W, Miller, *Trebizond : the Last Greek Empire of the Byzantine Era, 1204 - 1461*, p. 43. 这一传统直到奥斯曼土耳其国家早期两百年还延续着。

② G. Finlay, *the Empire of Tebizond*, p. 416.

安德罗尼库斯、瓦西里的同母姐妹,她被嫁给西诺普的伊斯兰领主。从安德罗尼库斯三世的举动来看,他显然具有较强的反异教情绪,因此不太可能主动将特拉比宗的基督教公主嫁给异教徒,那么很可能其父亲阿莱克修斯二世在世时尤多奇亚就已经被嫁了出去。从名字看,安娜·阿纳胡特鲁的母亲可能是阿莱克修斯二世的另一位异教妻子,来自阿纳胡特鲁家族。就是在1330年5月安德罗尼库斯三世对其拥有异教血统兄妹的清洗中,这位安娜·阿纳胡特鲁被关入修道院。

安德罗尼库斯三世即位之后的残酷清洗反映出的是14世纪特拉比宗帝国内部另一种政治倾向,即阿莱克修斯二世为了维持统治,采取与伊斯兰世界交好、联姻,疏远君士坦丁堡的外交策略,并接连娶了三位异教公主为妻,还将合法的公主嫁给西诺普的穆斯林。这种政策在帝国内引起相当程度的不满与抵制,他的长子安德罗尼库斯是主要代表人物,故而他十分厌恶那三个异教继母所生的兄弟姐妹,一旦即位就对他们加以镇压。安德罗尼库斯三世并没有足够的时间来展现其政治主张,两年后,也就是1332年1月8日,他生病去世,留下了年仅9岁的幼子曼努埃尔。他的儿子继任皇帝后不久,逃亡于君士坦丁堡的瓦西里回到特拉比宗,先是废黜曼努埃尔,后者在1333年2月21日被杀。[①]

安德罗尼库斯三世统治时间虽短,却也发行了一定数量的银币阿斯普。早些时候并未发现安德罗尼库斯三世与曼努埃尔二世时期发行的货币。[②] 近年来,人们不时发现这个时期的货币。新出土货币表明,他基本上延续其父亲时的阿斯普银币形制与重量,正反面分别采用皇帝与圣尤金的骑马戎装像,银币重量在1.9克左右。1983年发现的一处特拉比宗帝国14世纪的货币窖藏中包含570多枚货币,其中除300多枚阿莱克修斯二世的货币以及200多枚瓦西里时期的货币外,还有一些是安德罗尼库斯三世和曼努埃尔二世时期发行的。其中属于安德罗尼库斯三世的有55枚,按照细节可分为11种正面类型和17种背面类型,重量均在

① K. J. Williams, "A Genealogy of the Grand Komnenoi of Trebizond," p. 177.

② W. Wroth, *Catalogue of the Coins of the Vandals, Ostrogoths and Lombards and of the Empires of Thessalonica, Nicaea and Trebizond in the British Museum*, p. lxxxi.

1.9—2克之间，①反映出安德罗尼库斯统治的两年时间中货币发行仍然有序进行。

安德罗尼库斯三世统治带有“血腥”的政治斗争特点，但是其背后反映出来的是这个处于伊斯兰政权汪洋大海的基督教政权面临的艰难处境和无奈选择。他一改其父的亲伊斯兰教远基督教政策，并非仅仅出于其个人的好恶，而是帝国贵族和民众共同的心声。这样的选择难题，在特拉比宗帝国历史上始终存在，只是表现的程度和形式有不同而已。

第十节

曼努埃尔二世·大科穆宁（Manuel Ⅱ Megas Komnenos）

1332年1—8月在位

曼努埃尔二世（Manuel Ⅱ Megas Komnenos，Μανουήλ Β' Μέγας Κομνηνός，生于1323年或1324年，卒于1333年2月21日，享年约8岁）是特拉比宗帝国的第十任皇帝，1332年1月至8月在位共7个月。

他是皇帝安德罗尼库斯三世的儿子，阿莱克修斯二世的长孙，生于1323年或1324年，1330年其父即位时年方7岁。1332年1月8日安德罗尼库斯三世突患暴病去世，年仅8岁的曼努埃尔继任为帝，称曼努埃尔二世。

关于曼努埃尔二世统治唯一的资料就是帕纳雷托斯的记载，“接下来，他（安德罗尼库斯）的儿子曼努埃尔成为皇帝，时年八岁，统治数月。他成为皇帝后不久，巴伊拉姆（Παρι άμης）在许多大火（日光）中冲到一个叫阿索玛托（'Ασϖ ματον）的地方。随后在8月时，许多突厥人（Τοῦρκοι）到来，失败后迅速逃亡，许多突厥人（Τοῦρκικά）丧命。之后在1332年的9月23日，瓦西里·大科

① S. Bendall, “A Hoard of Early Fourteenth Century Aspers of Trebizond,” pp. 102-108.

穆宁,就是阿莱克修斯·大科穆宁的儿子,安德罗尼库斯的二弟,从君士坦丁堡回来,占有了帝位”①。根据这一记载,芬利与米勒结合其他资料以及他们自己的理解,对曼努埃尔二世的短暂统治做出描述。

首先,曼努埃尔二世治下的特拉比宗帝国处于幼帝即位、权力空虚的时期,因此外敌趁机发动入侵。芬利只是称1332年土库曼人对特拉比宗帝国发动了攻击,并攻入到阿索玛托(Asomatos),在那里土库曼人遭遇抵抗并被击败,被迫丢下许多物品逃离。② 米勒则理解为,特拉比宗皇权的弱小刺激周边外敌趁机发动攻击,“巴利亚尼(Παριάνης)”为土库曼人的首领,转译为拜拉姆贝格(Bairambeg),他们进攻到安吉尔修道院(monastery of the Angels)附近,并被特拉比宗人击退,丢下许多人员与马匹。③

其次,到1330年9月时,曼努埃尔二世的脆弱统治遭遇致命性打击,他的二叔瓦西里从君士坦丁堡返回,并称皇帝。这里存在着疑问:瓦西里何时返回特拉比宗?瓦西里称帝后,曼努埃尔二世的命运如何?

芬利与米勒都认为,当土库曼人对特拉比宗帝国发动进攻时,帝国内部已经陷入纷乱当中,尽管他们成功地击退了土库曼人的进攻,但内部的纷争以及对于权力掌控者的怀疑占据了上风。特拉比宗帝国的不同贵族派系爆发冲突,帝国内廷的官员,教会人员、省区总督以及军队首领纷纷陷入内乱当中,而年幼的曼努埃尔二世对此无能为力。在此情形下,逃亡君士坦丁堡的瓦西里被请回特拉比宗,以期成为解决乱局的关键因素。这位瓦西里是“伟大的”阿莱克修斯二世之子,已经成年,具有足够决断力,且具有大科穆宁家族血统,因此他返回特拉比宗后,立刻废黜小曼努埃尔二世,正式称帝,并且平息内乱。

此后,在瓦西里当政时期,曼努埃尔二世被监禁起来,随后特拉比宗的大统领(Megas Doux)太监约翰发动叛乱,叛乱中曼努埃尔受到牵连被杀死。但关于这次阴谋叛乱的时间略有分歧。芬利认为曼努埃尔被监禁起来,长得较大些后入修道院为僧,之后因约翰叛乱爆发而被杀,且曼努埃尔二世不是被瓦西里杀死,是被叛

① “Panareti chronicon Trapezuntinum,” p. 363.

② G. Finlay, *the Empire of Tebizond*, p. 417.

③ W. Miller, *Trebizond : The Last Greek Empire of the Byzantine Era, 1204 - 1461*, p. 43.

乱的大统领所杀。[1] 米勒认为，大统领约翰的叛乱发生在瓦西里称帝的数月之后，也就是1333年初，故而曼努埃尔二世被杀的时间在1333年初。[2] 这种观点也得到其他学者的认同，兰普西迪斯（Lampsidis）和威廉认为曼努埃尔二世于1333年1月21日被杀。[3]

曼努埃尔二世死后，作为阿莱克修斯二世长子一脉的安德罗尼库斯系断绝，他的两位弟弟米哈伊尔和乔治已经在1330年被杀害，于是1332年9月掌权称帝的瓦西里一系以及长期生活在君士坦丁堡的米哈伊尔（阿莱克修斯二世的弟弟）一系就成为大科穆宁家族仅有的有条件称帝的人选。

与其父亲安德罗尼库斯三世的货币类似，因统治时间十分短暂，早些年并未发现曼努埃尔二世时期发行的货币，[4]直到1983年发现的一处包含570多枚特拉比宗帝国14世纪前半期的货币窖藏，其中包含11枚曼努埃尔二世的银币，银币上的面部形象无须，看起来很年幼，货币铭文字母被解读为M，与其他瓦西里货币不太一样，故而被认定为曼努埃尔二世货币，重量均在1.9—2克之间，[5]这说明曼努埃尔二世虽然年幼且没有实权，但帝国的货币生产仍然有序进行。

曼努埃尔在位数月的事实表明，皇帝血亲继承制已经深入人心，至少在瓦西里夺权以前的数月间没有皇室之外的贵族觊觎大位。这样一种最高权力的交接相比于周边原始部落凭借武力较量争夺最高权力，进而引发广泛的社会动荡要“平和”“文明”得多，为此支付的社会成本也相对少。由此，读者还是可以窥见全球中古时代皇权普遍化的“奥秘”。

---

① G. Finlay, *the Empire of Tebizond*, pp. 418 and 421.

② W. Miller, *Trebizond : The Last Greek Empire of the Byzantine Era, 1204 - 1461*, p. 44.

③ K. J. Williams, “A Genealogy of the Grand Komnenoi of Trebizond,” p. 177.

④ W. Wroth, *Catalogue of the Coins of the Vandals, Ostrogoths and Lombards and of the Empires of Thessalonica, Nicaea and Trebizond in the British Museum*, p. lxxxi.

⑤ S. Bendall, “A Hoard of Early Fourteenth Century Aspers of Trebizond,” pp. 102 - 108.

第十一节

瓦西里·大科穆宁(Basil Megas Komnenos)和伊琳妮·帕列奥列格(Irene Palaiologina)

1332—1340年在位;1340—1342年在位

瓦西里(Basil Megas Komnenos, Βασίλειος Α' Μέγας Κομνηνός,出生年月不详,卒于1340年4月6日)是特拉比宗帝国的第十一任皇帝,1332年9月23日即位,1340年4月6日去世,在位时间超过七年半。伊琳妮·帕列奥列格(Εἰρήνη Παλαιολογίνα)是瓦西里的继母,1340年5月至1342年8月一度称帝,在位两年多,被后世人列为第十二任皇帝。

瓦西里是特拉比宗的第十一位皇帝。曼努埃尔登基时,他正在君士坦丁堡流亡,1332年8月,返回特拉比宗,从侄子曼努埃尔二世(1332年1—8月)手中夺取了皇位。后者成为皇帝时,君士坦丁堡的拜占庭皇帝是安德罗尼库斯三世·帕列奥列格,1335年,流亡到那里的瓦西里迎娶安德罗尼库斯三世的私生女伊琳妮·帕列奥列格为妻。他们的夫妻关系似乎从开始就不好,因为1339年瓦西里已经正式与特拉比宗的伊琳妮结婚,这个时候特拉比宗的伊琳妮已经生了两个儿子,但长子在君士坦丁堡流亡期间夭折;次子约翰后来加冕为阿莱克修斯三世(1350—1390年),是特拉比宗帝国在位时间最长的皇帝。瓦西里去世后,特拉比宗政权被他的前妻与妹妹分别掌控一段时间,直到1342年9月,瓦西里的堂弟约翰才被推上皇位,称约翰三世。

瓦西里是阿莱克修斯二世的次子,1330年5月3日后者去世后,他的长兄安德罗尼库斯三世继任。这里,帕纳雷托斯并没有明确说明阿莱克修斯二世四个儿子的长幼次序,安德罗尼库斯三世无疑是长子,当瓦西里于1332年从君士坦丁堡返回特拉比宗时,米勒的《特拉比宗,拜占庭时代的最后一个希腊帝国》指出,帕纳雷托斯称其为安德罗尼库斯的"第二个弟弟"(ἀδελφός δε δεύτερος 'Αωδρονίκου),并据此认为瓦西里排行第三。但本书认为米勒对"第二个弟弟"的理解有误,应该为"排行第二的弟弟",也就是说瓦西里排行第二。而且前文已经提到,根据帕纳雷托斯记述的安德罗尼库斯、瓦西里以及尤多奇亚的名字来看，他们很可能是阿莱克修斯二世的第一任妻子所生，而另外三名子女分别由其不同妻子所生。因此安德罗尼库斯与瓦西里必然是兄弟中的长子与次子，瓦西里是安德罗尼库斯的“二弟”而非“第二个弟弟”。[①] 即位后的安德罗尼库斯杀害他们的另外两个兄弟米哈伊尔与乔治，而瓦西里则幸运逃脱，来到君士坦丁堡得到拜占庭皇帝安德罗尼库斯三世・帕列奥列格的庇护。1332 年 1 月 8 日，特拉比宗的安德罗尼库斯三世去世，其幼子曼努埃尔二世继位。当时正逢土库曼人对特拉比宗发动攻击，虽然外敌被成功击退，但特拉比宗帝国内部各派势力的争斗帮助瓦西里从君士坦丁堡返回特拉比宗，废黜了侄子曼努埃尔二世，并于 1232 年 9 月 23 日正式称帝。

称帝后的瓦西里首先需要应对的是帝国内各派势力的内乱，按照帕纳雷托斯的记述，“大统领（μέγτας δούκα）莱克斯（Λέκης）与儿子札巴斯（Τζάμπας）被杀，曼努埃尔的表兄、同样身为大贵族的叙利凯诺斯（Συρικαίνος）被乱石砸死……（数月之后的 1332 年）2 月，一位太监，也曾担任大统领的约翰（Ἰωάννης）叛乱，曼努埃尔成为牺牲品，被用刀砍死”[②]。可见莱克斯父子以及叙利凯诺斯均为曼努埃尔二世的支持者，特别是叙利凯诺斯为曼努埃尔的表兄。然而在特拉比宗的内斗中，他们不敌支持瓦西里的反对派势力，在后者上台后均遭屠杀。数月后以大统领太监约翰为首发动的叛乱，则是这一方势力的最后挣扎，该叛乱不但未能推翻瓦西里及其背后势力的统治，反而导致原先被监禁的不足九岁的曼努埃尔二世被杀。只是帕纳雷托斯没有明确说明杀死曼努埃尔二世的是谁。是叛乱的大统领太监约翰，还是震怒之下的瓦西里？芬利认为是乔治叛乱时趁乱杀死曼努埃尔，米勒认为是瓦西里迁怒曼努埃尔，随后将其杀害。[③]

1335 年 9 月，安德罗尼库斯三世的女儿伊琳妮・帕列奥列格（Εἰρήνη Παλαιολογίνα）抵达特拉比宗，与瓦西里成婚。[④] 不过她只是拜占庭皇帝的私生

---

① W. Miller, *Trebizond : The Last Greek Empire of the Byzantine Era, 1204 – 1461*, p. 42.

② “Panareti chronicon Trapezuntinum,” 9. 30 – 38, p. 363.

③ G. Finlay, *the Empire of Tebizond*, p. 421.

④ “Panareti chronicon Trapezuntinum,” 9. 38 – 43, p. 363.

女,[①]史料没有说明特拉比宗与拜占庭如何商议,以及对于这位伊琳妮·帕列奥列格的身份抱有何种看法。从13世纪以来拜占庭帝国的做法来看,通常合法的婚生女儿与皇帝私生女出嫁代表着不同的政治态度。例如瓦西里的祖父约翰二世迎娶的是拜占庭皇帝米哈伊尔八世的婚生女儿尤多奇亚,因此他们的联姻较为稳固,是特拉比宗帝国与拜占庭帝国交好、结盟的重要依托与证据。而米哈伊尔八世的两名私生女分别被嫁给了伊儿汗国大汗阿八哈与格鲁吉亚国王,这被拜占庭史家解读为用身份不那么重要的女儿与一些不那么重要的国家结盟。[②]

在瓦西里与伊琳妮·帕列奥列格的这场政治婚姻中,若说伊琳妮的私生女身份反映出的是拜占庭帝国对于特拉比宗以及瓦西里的轻慢,那么瓦西里也没有表现出对伊琳妮和拜占庭帝国足够的尊重。因为1339年7月8日瓦西里正式迎娶另一位出身特拉比宗贵族的伊琳妮,而到1340年4月6日瓦西里去世之前,[③]他与后者育有两子两女,芬利认为,1339年的婚礼就是为了让特拉比宗的伊琳妮所生子嗣能够合法地继承皇位。[④] 从时间上看,在1335年9月伊琳妮·帕列奥列格抵达特拉比宗之前,瓦西里早已经与特拉比宗的伊琳妮生活在一起。故而,伊琳妮·帕列奥列格抵达特拉比宗、了解到事情的真相后,通报给拜占庭方面,引起后者十分不满,京城牧首曾致信特拉比宗都主教,抱怨瓦西里没有善待他的妻子,并将特拉比宗的伊琳妮开除出教,甚至威胁若特拉比宗都主教不处理此事也会遭到牧首惩罚。拜占庭史家则将特拉比宗的伊琳妮称为"高级妓女"。[⑤]

由此可见,瓦西里的婚姻反映出的是,他在寻找政治同盟稳固自己统治过程中的矛盾。特拉比宗的伊琳妮代表着当地的贵族势力,她与瓦西里的结合凸显出该贵族势力与瓦西里的结盟。但显然瓦西里还希望与拜占庭帝国结盟,故而商定迎娶安德罗尼库斯三世的一位女儿。然而两位伊琳妮所代表的支持力量产生冲突,结果,瓦西里似乎选择了特拉比宗的本地势力。只是伊琳妮·帕列奥列格虽然婚姻生活不幸,但她在1339年以后仍然以皇后名义留在特拉比宗,并凭借"娘

---

① K. J. Williams, "A Genealogy of the Grand Komnenoi of Trebizond," p. 177.

② D. M. Nicol, *The Las Centuries of Byzantium, 1261 - 1453*, p. 204.

③ "Panareti chronicon Trapezuntinum," 9. 56 - 61, p. 363.

④ G. Finlay, *the Empire of Tebizond*, p. 419.

⑤ W. Miller, *Trebizond : the Last Greek Empire of the Byzantine Era, 1204 - 1461*, p. 45.

家”的强大后盾，拥有较强的政治实力。

瓦西里统治时期，特拉比宗帝国继续遭到周边政权的威胁。“6844（1336）年7月5日，周五，谢赫哈桑（Σιχάσα），帖木儿塔斯（Ταμαρτά）之子，进攻特拉比宗。双方在圣凯利克斯的阿罕塔卡（'Αχάντακας）和米特拉山（Μινθρίον）发生激战，[1]得上帝眷顾，他因大雨带来的洪水而被迫撤退逃离，但鲁斯坦（'Ρουστάβης）之子阿卜杜勒（Αύτουρα ĩμης）被杀。”[2]关于这段记载，早期研究特拉比宗帝国的史家们在不太熟悉蒙古伊儿汗国历史的情况下，认为这是一支以谢赫哈桑为首领的土库曼人，他们对特拉比宗帝国的袭击因大雨而阻断。[3]

帕纳雷托斯在记述这一事件时，并不像论及其他军事冲突时称对方为“突厥人”，因为他们并非生活在小亚细亚特拉比宗周边地区的土库曼部落，而是小亚细亚地区的一支蒙古势力。13世纪初，伊儿汗国在大汗布·萨义德（一般写作 Abū Sa'id，正确的拼写为 Bū Sa'id，1317－1335年在位）去世后无嗣，[4]此后围绕着大汗之位，伊儿汗国的各蒙古贵族派系展开激烈争夺，正是在此背景下，分崩离析中的一支蒙古势力在谢赫哈桑率领下对特拉比宗发动了攻击。帕纳雷托斯记载的谢赫哈桑，指的是历史上的谢赫·小哈桑（Ṣeyh Hasan-i Küçük，卒于1343年）。[5] 谢赫·小哈桑出身出班家族，祖父是伊儿汗国晚期著名的权臣出班（Čūpān 或 Čobān，约1262－1327年），父亲是出班次子帖木儿塔斯（Temürtāš，亦作 Timurtash，卒于1328年）。[6] 1336年，札剌亦儿家族的谢赫·大哈桑推举穆罕默德——旭烈兀之子蒙哥-帖木儿（Mengü-Temür，生卒年不详）的重孙——为可汗，

---

① 米特拉山（Μινθρίον），即 Minthrion，今土耳其博兹特佩（Boz Tepe）。

② “Panareti chronicon Trapezuntinum，” 9. 43－49，p. 363. A. A. Bryer，“Greek and Türkmens: the Pontic Exception，” p. 144.

③ W. Miller，*Trebizond : the Last Greek Empire of the Byzantine Era, 1204－1461*，p. 45.

④ “Abū Sa'īd Bahādor Khan，” *Encyclopedia Iranica*，01－17－2019: http://www.iranicaonline.org/articles/abu-said-bahador-khan (accessed on 31 January 2014). updated: 07－21－2011.

⑤ 谢赫哈桑，Ṣeyh Hasan-i Küçük，亦作 Shaikh Ḥasan(-e) Kūček。Ṣeyh 或 Shaikh，意为“首领、长老”。冯承钧在《多桑蒙古史》中将其译为“洒克哈散”。见多桑：《多桑蒙古史》，第967页。A. A. Bryer，“Greek and Türkmens: the Pontic Exception，” p. 144.

⑥ 伊儿汗国末年，帝国内部陷入两大家族——出班家族以及札剌亦儿（Jalāyerī）家族——的斗争当中，1327年，出班的军队在面对他的女婿、札剌亦儿家族的谢赫·大哈桑（Ṣeyh Hasan-i Bozorg，卒于1356年）的斗争中落败，他本人以及他的长子、次子（帖木儿塔斯）、四子纷纷被杀。“Chobanids，” *Encyclopedia Iranica*，01－17－2019: http://www.iranicaonline.org/articles/chobanids-chupanids-pers. (updated: 10－18－2011).

争夺伊儿汗国汗位。1337年以后,他以穆罕默德为傀儡,在大不里士成功地控制了中央政权。与此同时,出班家族的谢赫·小哈桑也展开行动争夺权力。他为了收编出班家族、特别是父亲帖木儿塔斯的支持者,使一名突厥奴隶冒称帖木儿塔斯,宣称当年从狱中逃脱,免遭杀害,最终与谢赫·小哈桑汇合一处。于是谢赫·小哈桑以帖木儿哈斯之名募集大量支持者,并于1338年与谢赫·大哈桑兵戎相见,双方于1338年7月16日爆发阿拉塔赫战役(Ala-Tagh),小哈桑获胜,成功占领大马士革,建立了他控制下的傀儡政权。[①]

谢赫·小哈桑在1330—1331年间来到小亚细亚,以东北部城市谢宾卡拉希萨尔(Şapkarahisar)为根据地,逐渐扩大自己的力量。谢宾卡拉希萨尔(Şapkarahisar)亦称卡拉希萨尔(Karahisar),或黑堡,今土耳其东北部特拉比宗省以西的吉雷松省的一座城市,普罗柯比在《建筑》中记载,查士丁尼曾重建这里的城堡,命名为科洛尼亚(Koloneia或Coloneia),后来分别隶属亚美尼亚军区和哈利迪亚军区。[②] 11世纪时这里改称"黑堡(Mavrokastron)",13世纪初为塞尔柱突厥人占据,遂采用意译Karahisar。因小亚细亚有三处地名为Karahisar,这里位置最东,且盛产明矾,故而称为"东方黑堡(Şarki Kara Hisar)"或"明矾黑堡(Şapkarahisar)",即"谢宾卡拉希萨尔"。小哈桑在1336年7月对特拉比宗帝国发动攻击。这场进攻给特拉比宗帝国带来巨大危险,幸亏再次得到暴雨的帮助才化险为夷。对谢赫·小哈桑来说,这可能只是一次不成功的行动而已,后来他在小亚细亚得到更多的支持和援助。例如1338年,他成功游说留守锡瓦斯的埃勒特纳(Alā al-Dīn ibn Ja' far Eretna,卒于1352年初)与其结盟,[③]锡瓦斯曾是谢赫·大哈桑的根据地,可见谢赫·小哈桑在小亚细亚的成功经营。

特拉比宗帝国的情况也出现变化,此时帝国的政治影响力和经济实力相较于13世纪已经大幅衰微,蒙古各方势力在大不里士及周边地区的纷争与动荡虽然

① J. A. Boyle ed., *The Cambridge History of Iran*, vol. 5, Cambridge: Cambridge University Press, pp. 414 - 415.

② Procopius, *On Buildings*, Ⅲ. 4. 6.

③ 锡瓦斯,位于克泽尔河(即哈里斯河)上游,早在公元前2000多年时就有人类居住;公元前67年,庞培(Pompey)在此建立一座城市,名为"大城"(Megalopolis),后来帝国时期更名为塞巴斯特(Sebaste),锡瓦斯为塞巴斯特的突厥语音译。

影响到他们,但他们本身没有实力参与混乱博弈。当谢赫·小哈桑率兵到来时,正是借助暴雨相助,以及鲁斯坦之子阿卜杜勒的阵亡,[1]才侥幸成功迫使谢赫·小哈桑放弃进攻的打算。这场战斗仍然有重要的贵族丧生,这表明皇帝在防卫战中毫无作为,与一百年前(1222年)安德罗尼库斯一世面对塞尔柱突厥人进攻时的努力与虔诚完全不同。

在瓦西里去世后,帝国先后由伊琳妮·帕列奥列格和安娜·阿纳胡特鲁·大科穆宁统治,且帝国内部爆发内战,在此情形下,本都山区的土库曼部落白羊部数次与特拉比宗发生冲突。白羊部,音译为阿米提奥泰('Αμιτιϖ ται, Amitiotai),是生活在本都山区的土库曼部落,他们的突厥语称呼是阿克·库云鲁(Aq Quyunlu),阿米提奥泰是特拉比宗的希腊人对其的称呼,这个部落在14世纪末以大不里士为中心征服周边地区,建立白羊王朝。[2]“(1340年8月),我们的军队向白羊部阿米提奥泰('Αμιτιϖ ται)突厥人的夏季牧场发动攻击,袭击了他们,劫走大量战利品;但是多利诺斯(Δολίνος)的几个儿子阵亡……1341年7月4日,周三,白羊部突厥人再次袭击(特拉比宗),罗马人没有进行任何抵抗就被驱离,许多基督徒被屠杀,整个特拉比宗,包括城里城外的许多建筑被烧毁。这场灾难之后,被烧死的马匹、牲畜以及人的尸体散发出恶臭,引发瘟疫(αἰφνίδιος θάνατος)……就在那一年,6849年(1341年)的8月3日,周五,白羊部突厥人再次发动侵扰,他们的强大远胜我们,但最后他们空手而归。”[3]这样的冲突并没有停歇,一直到阿莱克修斯三世即位之后数年,当帝国内部事务趋于稳定之后,来自白羊部的侵扰才告一段落。

瓦西里是在动乱中登基的,也是在混乱中去世的,其后特拉比宗帝国的形势似乎更加恶化,出现了伊琳妮·帕列奥列格与安娜·阿纳胡特鲁统治时期更大的内乱。1340年4月6日,瓦西里去世,特拉比宗帝国在后阿莱克修斯二世时代的

---

① 舒库罗夫认为这位鲁斯坦与阿卜杜勒是追随谢赫·小哈桑的库尔德支持者。R. Shukurov, “Between Peace and Hostility: Trebizond and the Pontic Turkish Periphery in the Fourteenth Century,” *Mediterranean Historical Review*, vol. 9, 6(1994), pp. 20-72.

② R. Shukurov, “Between Peace and Hostility: Trebizond and the Pontic Turkish Periphery in the Fourteenth Century,” p. 54.

③ “Panareti chronicon Trapezuntinum,” 9. 81-84; 88-93; 18-21, pp. 363-364. A. A. Bryer, “Greek and Türkmens: the Pontic Exception,” p. 144.

内斗趋于白热化,当时的史家拉札洛普洛斯亲身经历了动乱,并记述道:“许多年过去了,一场严重灾难降临这座城市。当我们的伟大皇帝——瓦西里去见上帝后,留下两名年幼的儿子以及相当庞大的财产,帝国的主要官员们却开始动乱。官员们分成两派,一派称为阿敏赞塔派(Amintzantarantai,Ἀμιντζανταράνται),另一派称为斯侯拉派(Scholarantai,Σχολαράνται)。各种动荡不断持续,他们就将两个男孩和他们的母亲、皇后送往君士坦丁堡,而将(特拉比宗的)权力赋予皇帝的另一位妻子帕列奥列格(Palaiogina)——这是他们的主意。现在还不到说她所遭遇种种邪恶之事的时候,以后别的场合再说它。”①

作家拉札洛普洛斯只是提到特拉比宗国内贵族纷争中的两个派别——阿敏赞塔派以及斯候拉派,②并且认为特拉比宗的伊琳妮及其子女被送往君士坦丁堡流放是他们的共同意愿。而皇后伊琳妮·帕列奥列格不过是被贵族们推举出来的傀儡,并未有效掌握政权。尽管如此,她还是被后世史家列入特拉比宗帝国君主系列表。另一位亲身经历混乱的史家、生于1320年的帕纳雷托斯的记述较为复杂,他不但列举了各个派系的支持力量,指出他们分别控制了帝国的哪些地方,并对双方随后爆发的战争做出了描述。“(同一年,6848年,即1340年),瓦西里的孩子们,即阿莱克修斯(Ἀλέξιος)和好约翰(Καλοϊωάννης)与他们的母亲一起被送往君士坦丁堡。皇后伊琳妮·帕列奥列格(Εἰρήνη Παλαιολογίνα)掌权。国家的贵族们分为两个阵营。担任卫戍部队司令的大将军扎尼西提斯(Τζανιχίτης)、属于斯候拉(σχολαρίοις)与梅佐马提斯家族的(Μειζονάταις)塞瓦斯托斯(Σεβαστός),他们与康斯坦提诺斯(Κωνσταντῖνος)、多兰尼提斯(Δωρανίτης)、库瓦斯台(Κυβασίται)、卡玛西诺斯(Καμαχηνός)等,以及一些王室成员,一起控制了圣尤金修道院。阿敏赞塔派(Ἀμυντζανταραύται)以及其他贵族与王室成员一起控制了皇后与议会(Κουλαν)。6848年(1340年)7月2日,

---

① Lazaropoulos, *Synopsis*, 1665, p. 339.

② 学者们根据史料对斯候拉派做出分析,布莱耶在驳斥了早期的一些观点后,认为“斯候拉派(scholarioi)”是由宫廷中的官员们、已经在特拉比宗海滨地区拥有土地的一群人组成,他们对宗教抱有极大的热情,会积极投入对抗周边土库曼穆斯林的斗争当中,但对皇帝本人也没有太多忠诚。A. A. Bryer, “The Faithless Kabazitai and Scholarioi,” *Maistor : Classical, Byzantine and Renaissance Studies for Robert Browning*, ed. A. Moffatt, *Byzantine Austrliensia*, vol. 5, Canberra, 1084, pp. 309 - 327.

周日，大统领太监约翰在利姆尼亚（Λιμνίων）放火后逃走了，[①]战争于是爆发。交战双方一边设置陷阱，一边点起篝火警戒，但一切就绪后双方却畏缩不前。扎尼西提斯与其他贵族们一起前往利姆尼亚，在那里进行重建。……6849年（1341年）7月4日，[②]周三，罗马人的皇帝安德罗尼库斯·帕列奥列格去世。”[③]

同样，在帕纳雷托斯的记录中，伊琳妮·帕列奥列格也只是傀儡般的存在。阿敏赞塔派扶植着伊琳妮并控制了市中心，而斯侯拉派控制着城市的外围，特别是重要的宗教中心圣尤金修道院。虽然内战过程中，不时有人放火烧毁一些地区，但总体上双方军队因怯战并未发生短兵相接的大规模战斗。1341年6月，拜占庭皇帝安德罗尼库斯三世在君士坦丁堡的去世成为转折点，皇后与阿敏赞塔派失去最强有力的支持者，于是逐渐放弃对抗。此后伊琳妮·帕列奥列格被废黜，阿敏赞塔派暂时落败，阿莱克修斯二世的女儿、安德罗尼库斯与瓦西里的妹妹在修道院的安娜·阿纳胡特鲁（Ἄννα ΑναΧουτλού）的支持下在拉兹地区夺取了皇位。

1341年7月，安娜·阿纳胡特鲁·大科穆宁在斯候拉派贵族的支持下出现在拉兹区，占领那里后开始争夺特拉比宗的控制权。“7月17日，周二，大火过后，阿纳胡特鲁登陆上岸，宣称拥有拉齐卡（即特拉比宗）的王位、财产和荣耀，帕列奥列格退位。7月30日，周一，伟大统帅阿莱克修斯的弟弟、米哈伊尔·大科穆宁带着舰队，与斯候拉派的尼基塔（Νικήτα）、格里高利（Γρηγόριος）、梅佐马特（Μειζομάτ）等人到来。到了晚间，都主教安伽吉奥斯（Ἀκάκιος）率领贵族们出来投降，宣布接受他为其主人。然而，人们包围了皇宫。拉兹人控制了舰队，许多人都被弓箭射杀，米哈伊尔被送往云耶（Οἴναιον）关押……（1342年8月）伊琳妮·帕列奥列格启程离开前往（君士坦丁堡）。9月时，尼基塔、梅佐马特、格里高利、多兰尼提斯、康斯坦提诺斯、梅佐马特的儿子约翰、兄弟米哈伊尔等人以及他们这一派的其他人，乘着威尼斯人的船只离开特拉比宗，前往君士坦丁堡。随后，

① 此人曾在1332年瓦西里掌权后发动叛乱，导致被废黜的曼努埃尔二世被杀。

② 拜占庭皇帝安德罗尼库斯三世死于6月，7月4日可能是消息传到特拉比宗的时间。

③ “Panareti chronicon Trapezuntinum,” 9. 62–86, p. 363.

米哈伊尔之子,约翰·大科穆宁来到特拉比宗。”①

由上可知,斯候拉派先是扶植安娜·阿纳胡特鲁,击败阿敏赞塔派后,再逼迫伊琳妮·帕列奥列格退位,并迫使其在1342年8月离开特拉比宗。斯候拉派获得胜利后不久,就被米哈伊尔率领军队包围,他们的支持者大多被杀死,重要的贵族成员不得不在1342年9月离开特拉比宗,去往君士坦丁堡。这也宣告了瓦西里去世后伊琳妮与安娜傀儡统治的终结,之后进入到约翰三世统治时期。

近现代史家在论及这次一直持续的内乱时,由于帕纳雷托斯的记述并不十分详细,大多结合各自选取的记载,从不同角度探讨其背后的矛盾。伊琳妮·帕列奥列格无疑得到阿敏赞塔派的支持,但作为拜占庭皇帝安德罗尼库斯三世的女儿,她自然也得到拜占庭方面的支持。故而芬利认为,由于在内战中伊琳妮这一方参战的还有一些来自意大利与拜占庭的雇佣兵,且伊琳妮本身的帕列奥列格身份,使得特拉比宗当地居民憎恨她,认为她是来自“君士坦丁堡的陌生人”,而更愿意支持以特拉比宗守护圣徒圣尤金修道院为中心的斯候拉派,因为他们能够占据那里说明圣徒对这一派的支持。对于伊琳妮·帕列奥列格来说,她的父亲之前忙于其他事务,无暇给予她足够多支持,特别是1341年6月其父皇的去世,使她失去了最强大的靠山。作为皇后,要想维持其皇位,她必须尽快为自己找一位丈夫,然而新郎人选却引起其支持者们的争议与分裂,这两个因素相结合共同导致她的落败。②

米勒的理解略有不同,他认为瓦西里去世后,伊琳妮·帕列奥列格的掌权得到绝大多数贵族的支持,当皇后需要再选出一位丈夫担任皇帝时出现了争议,由于拜占庭皇帝安德罗尼库斯三世未能及时就女儿的求助给出建议,加之特拉比宗出现流言,声称皇后是总管的情人,从而引起贵族内部的分裂,分裂为阿敏赞塔派与斯候拉派,后者聚集于郊区的圣尤金修道院。后来,斯候拉派说服安娜·阿纳胡特鲁走出修道院,以拉兹区为基地征讨伊琳妮,很快取得胜利。而如此轻易取得胜利的原因,米勒也认为是伊琳妮代表的是不得人心的君士坦丁堡的力量,而

---

① “Panareti chronicon Trapezuntinum,” 9. 3 - 18, 21 - 36, p. 364.

② G. Finlay, *the Empire of Tebizond*, p. 421.

安娜与斯候拉派代表着本地的势力,能够得到人民的支持。米哈伊尔是拜占庭一方选出来作为伊琳妮丈夫的人选,尽管他出身大科穆宁家族,但他当时50多岁,老态龙钟,这让特拉比宗人无法接受,故而也遭到反对并被流放,因为贵族们认为这样年长的人物难以控制,无法成为他们的傀儡。[①]

如此一来,斯候拉派在推举米哈伊尔失败后,再次从拜占庭帝国首都接回米哈伊尔的儿子、时年20岁的约翰,成功击败安娜及其支持者拉兹派,许多拉兹派成员被杀,安娜·阿纳胡特鲁·大科穆宁被勒死。1342年9月9日约翰在金首圣母教堂加冕为约翰三世。

瓦西里统治时期虽然混乱动荡,社会经济生活普遍未受太大影响,因此也发行了一定数量的货币,包括银币与铜币。但是,因其统治期间正逢帝国内乱且土库曼人等外敌不断发动攻击,因此发行货币的数量有限。1983年发现的一处特拉比宗帝国14世纪的货币窖藏中包含570多枚货币,其中包含207枚瓦西里发行的银币,按照印模细节可辨别出41种正面类型和64种背面类型,重量均在1.9—2克之间。[②] 银币依然因循阿莱克修斯二世时期最初的式样,两面分别为圣尤金与皇帝的正面骑马像,铜币采用两者的正面立像,但银币面部一般都表现出胡须的痕迹,而铜币未表现胡须。[③] 伊琳妮·帕列奥列格与安娜摄政期间似乎并未正式发行货币。[④]

前文已经详细说明瓦西里的婚姻状况,他的第一位妻子伊琳妮·帕列奥列格并没有生育。其第二任妻子特拉比宗的伊琳妮育有两子两女,分别是阿莱克修斯、约翰,以及玛利亚和塞奥多拉。1340年瓦西里去世后,伊琳妮·帕列奥列格被贵族推举上台,拉札洛普洛斯以及帕纳雷托斯都记载,伊琳妮带着阿莱克修斯和约翰一起被流放到君士坦丁堡,但两个女儿是否跟随并没有提及。

在君士坦丁堡期间,长子阿莱克修斯可能因病去世,次子约翰幸运地健康成

---

① W. Miller, *Trebizond : The Last Greek Empire of the Byzantine Era, 1204 - 1461*, pp. 46 - 50.

② S. Bendall, “A Hoard of Early Fourteenth Century Aspers of Trebizond,” pp. 102 - 108.

③ W. Wroth, *Catalogue of the Coins of the Vandals, Ostrogoths and Lombards and of the Empires of Thessalonica, Nicaea and Trebizond in the British Museum*, p. lxxxi, 285 - 287.

④ W. Wroth, *Catalogue of the Coins of the Vandals, Ostrogoths and Lombards and of the Empires of Thessalonica, Nicaea and Trebizond in the British Museum*, p. lxxxi.

长,直到1349年在拜占庭皇帝的支持下返回特拉比宗即位,称阿莱克修斯三世(1349—1390在位),成为特拉比宗帝国历史上在位时间最长的皇帝。特拉比宗的伊琳妮虽然在1340年瓦西里去世后被迫带着儿子流亡君士坦丁堡,并且经受了失去长子的痛苦,但当阿莱克修斯三世逐渐稳定了政权后,伊琳妮返回特拉比宗,并一直活到1382年6月。玛利亚在1352年8月嫁给本都山区土库曼白羊部的埃米尔库特鲁·伊本·图尔·阿里(Qutlugh ibn Tur Ali,Fakhr al-Din,卒于1389年),曾在1358年8月22日和1365年7月两度到访特拉比宗。塞奥多拉在1358年8月29日嫁给哈利比亚的埃米尔哈吉·欧玛尔(Hacj Omar)。[①] 玛利亚和塞奥多拉与小亚细亚穆斯林政权的联姻也开启了特拉比宗帝国通过联姻方式确保帝国存亡的外交策略。

第十二节

安娜·阿纳胡特鲁(Anna Anachoutlou)和约翰三世·大科穆宁(John Ⅲ Megas Komnenos)

1342年;1342—1344年在位

约翰三世(John Ⅲ Megas Komnenos, Ιωάννης Γ' μέγας Κομνηνός, 生于1322年,卒于1362年5月,享年40岁)是特拉比宗帝国的第十四任皇帝,1342年9月9日至1344年5月3日在位将近两年,于1362年5月死于西诺普。[②] 在约翰三世继位前,还有一位短暂在位的皇帝和皇后,但后者旋即被约翰三世的支持者处死,即安娜·阿纳胡特鲁·大科穆宁,也被后人计入特拉比宗帝国皇帝名单,与米哈伊尔一起算作第十三任皇帝。

约翰三世为阿莱克修斯二世之弟米哈伊尔的儿子,也就是约翰二世的孙子,生于1322年。关于约翰三世的早年经历,同时代的史家们没有留下相关记述。

① K. J. Williams, "A Genealogy of the Grand Komnenoi of Trebizond," p. 178.

② K. J. Williams, "A Genealogy of the Grand Komnenoi of Trebizond," p. 178.

约翰二世去世后,皇后尤多奇亚于1298年带着次子米哈伊尔前往君士坦丁堡,当她于1301年返回特拉比宗时,米哈伊尔似乎并未跟随,因为她托词劝说留守特拉比宗的阿莱克修斯二世接受拜占庭皇帝安德罗尼库斯二世为其定下的婚姻,摆脱了君士坦丁堡的控制,留下的儿子米哈伊尔还具有人质含义。其后不久,尤多奇亚因病去世,葬在特拉比宗城郊的圣格里高列教堂。自此到1341年之前,我们再未发现关于米哈伊尔及其家庭的记录。

当特拉比宗帝国在瓦西里一世去世后,陷入贵族派系引发的内战时,斯候拉派贵族于1341年7月底从君士坦丁堡请回米哈伊尔,曾短暂地从拉兹派与安娜·阿纳胡特鲁·大科穆宁手中夺取了特拉比宗的统治权。但这一胜利极为短暂,米哈伊尔很快被推翻流放,斯候拉派的支持者遭到镇压,其他贵族在威尼斯商船的帮助下逃往君士坦丁堡,迎回米哈伊尔之子、年方20岁的约翰,再次成功夺取政权。"过了一段时间,6951年(1342)9月4日,周三,米哈伊尔之子约翰·科穆宁,带着两艘战船以及三艘热那亚船只(Γενουΐτικά κάτεργα)抵达特拉比宗。就在那一年的9月9日,他们在金首圣母教堂……所有人都聚集到这里。然后进行了大规模报复和劫掠,那时天昏地暗,包括阿维札达里家族(Ἀβυτζαντάριοι)在内的贵族们被处死,乔治(Γιωργίου)的母亲萨尔加丽(Σαργαλή)被抓起来肆意玩弄,而公主阿纳胡特鲁则在当月的一个周日被杀。"①

帕纳雷托斯是约翰三世的同时代人,其关于皇帝登基及统治的记载相对可靠。现代学者根据这一记载以及其他史料,对其中诸多细节作出补充。米勒称斯候拉派的贵族尼基塔以及格里高利奥斯等人逃往拜占庭京都后,成功劝服当时主政的皇后萨伏依的安娜(Anne of Savoy)将约翰交给他们。当他们返回特拉比宗时,正逢当地居民不满安娜即拉兹派的统治而发动起义,于是斯候拉派雇佣的外国军队趁机快速夺取了特拉比宗的政权。② 芬利认为约翰及支持他的贵族们在特拉比宗东郊的大竞技场附近登陆,随后他们与安娜的支持者在街头巷尾爆发激战,最后成功击败对方,夺取了皇位。③

---

① "Panareti chronicon Trapezuntinum," 9. 36-44, p. 364.

② W. Miller, *Trebizond: The Last Greek Empire of the Byzantine Era, 1204-1461*, p. 50.

③ G. Finlay, *the Empire of Tebizond*, p. 426.

根据帕纳雷托斯的记载,约翰三世即位后,在斯候拉派的控制下进行大清洗,拉兹派的许多贵族成员被羞辱,安娜·阿纳胡特鲁·大科穆宁公主则被处死,以避免她再次被反对派推举出来威胁新皇帝。然而,约翰三世清除了拉兹派并处死安娜公主后,其皇位并不稳固。帝国先是遭遇到外敌入侵,生活在南部本都山区的白羊部土库曼人(Amitiotai,或 Aq Quyunlu)再次对特拉比宗发动侵扰。"6951年(1343年)6月,白羊部突厥人再次发动战争,不过空手而回。"①虽然这次白羊部的入侵未对特拉比宗帝国造成严重损害,但不久以后,帝国统治基层内部深刻的矛盾就将激化。

1344年5月,被关押在利姆尼亚的米哈伊尔突然被迎回,加冕为皇帝。帕纳雷托斯如此记述道:"6952年(1344年)3月,因为那位大统领太监(约翰)要求把被关押的米哈伊尔带离利姆尼亚,于是斯候拉派的大贵族动身前往利姆尼亚,带着米哈伊尔回到特拉比宗,并在5月3日周一加冕为皇帝。"②帕纳雷托斯的记载极为简短,只是说因在利姆尼亚看守米哈伊尔的大贵族约翰要求把他带走,斯候拉派的贵族就将他带回特拉比宗立为皇帝,这背后的矛盾与背景只字未提。

对此,现代学者们有着各种解读,在芬利看来,当时20岁的约翰三世完全是斯候拉派贵族的傀儡,他的权力无法在宫墙之外行使,只能凭借富足的国库钱财沉溺于各种奢侈品和愚蠢的娱乐活动,将对外防御完全交给外国雇佣军以镇压人们因不满而发起的各种反抗。而斯候拉派的主要贵族尼基塔则根据常年政变、叛乱的惯例,声称希望建立更好的特拉比宗,对约翰的做法严重不满,从而选择了被关押的米哈伊尔。③ 米勒则认为,斯候拉派不满意约翰三世没有听话地按照他们的意愿签署文件,只是以奢靡沉溺迷惑贵族们的视线,但还没有做出什么反抗就被斯候拉派贵族抛弃了。④

米哈伊尔称帝后,约翰三世被废黜,关押在圣萨巴斯修道院。"他(米哈伊尔)的儿子被带到圣萨巴斯(ἁγίου Σάβας)修道院关押,约翰皇帝统治了一年八

---

① "Panareti chronicon Trapezuntinum," 10. 45 – 46, p. 364. A. A. Bryer, "Greek and Türkmens: the Pontic Exception," p. 144.

② "Panareti chronicon Trapezuntinum," 10. 46 – 51, p. 364.

③ G. Finlay, *the Empire of Tebizond*, p. 426.

④ W. Miller, *Trebizond : The Last Greek Empire of the Byzantine Era, 1204 – 1461*, p. 52.

个月。”[①]圣萨巴斯修道院坐落于特拉比宗附近的米特拉山(Minthrion)的悬崖上，在悬崖一侧有三座岩洞教堂，还在较低处岩石上建造有一座小礼拜堂，是天然的监狱。[②] 一年之后的1345年11月，约翰又被送往君士坦丁堡，之后转到阿德里安堡，当阿莱克修斯二世即位后，正逢特拉比宗再次暴发瘟疫，“恰在此时，约翰·科穆宁从阿德里安堡逃离，来到西诺普，并死在那里”[③]。芬利认为，他是被突厥人抓获后杀死的。[④] 但由于当时特拉比宗正暴发瘟疫，所以有学者认为西诺普可能也发生了瘟疫，约翰可能死于瘟疫。[⑤] 约翰三世统治期间并未结婚，可能在阿德里安堡期间他结婚生子，当他去世后，他的孩子成功逃往热那亚人控制下的卡法，1362年，“约翰·科穆宁的儿子去了卡法(Καφ ά)，其后又去了加拉塔(Γαλατας)”[⑥]。

约翰三世统治时期的特拉比宗帝国虽然陷入内乱，政务、社会、经济严重失序，但从内战中各派的斗争可以看出，威尼斯与热那亚的舰队在其中起了不小作用，每次贵族们出逃均雇佣意大利人的船只，甚至可能雇佣他们的军队。例如，1342年斯候拉派带着约翰三世返回特拉比宗时就雇用了意大利人。因此当斯候拉派扶植约翰三世把控政权时，威尼斯与热那亚都与特拉比宗保持着比较友好的关系。1344年，威尼斯政府规定了威尼斯人前往特拉比宗的旅行规则。他们的首领“就像大使觐见皇帝那样，适当地表达尊敬，告诉他我们对于其古老生活的爱慕，以及在其帝国内的愉悦，祈祷神能不断保佑他，让他们的首领能够不断地获得特权；还让他们带着价值200杜卡特的礼物献给皇帝及其贵族。[⑦]

在经济方面，约翰三世的统治期间基本保持适度发展，也发行了以其名字铸造的货币，但截至目前仅发现了这个时期发行的青铜币，它们依然延续着特拉比

① “Panareti chronicon Trapezuntinum,” 10. 51 – 54, p. 364.

② A. A. Bryer, “Some Trapezuntine Monastic Obits, 1368 – 1563,” *Revue des Etudes Byzantines*, 34 (1976), Paris, in *The Empire of Trapezunt and the Pontus*, p. 130.

③ “Panareti chronicon Trapezuntinum,” 31. 34 – 36, p. 367.

④ G. Finlay, *the Empire of Tebizond*, p. 428.

⑤ K. J. Williams, “A Genealogy of the Grand Komnenoi of Trebizond,” p. 178.

⑥ “Panareti chronicon Trapezuntinum,” 31. 43 – 46, p. 367.

⑦ W. Miller, *Trebizond : The Last Greek Empire of the Byzantine Era, 1204 – 1461*, p. 40.

宗铜币的传统样式,两面分别为圣尤金与皇帝的正面立像。[①] 显然,这个时期的特拉比宗皇帝成为各方政治势力角逐政治经济利益的工具,基本丧失了掌控帝国的实际权力。

第十三节

米哈伊尔·大科穆宁(Michael Megas Komnenos)

1344—1349年在位

米哈伊尔(Michael Megas Komnenos, Μιχάελ Μέγας Κομνηνός,生于1288年,卒于1355年以后,享年67岁多)是特拉比宗帝国的第十三任皇帝,1344年5月3日至1349年12月13日在位,共五年七个月。[②]

米哈伊尔是约翰二世与尤多奇亚·帕列奥列格的次子,阿莱克修斯二世的弟弟,生于1288年,尼克尔认为他应该生于1285年前后。[③] 1297年,其父约翰二世去世,临终前请拜占庭皇帝安德罗尼库斯二世照看两个尚未成年的儿子。于是,1298年6月,米哈伊尔跟随母亲尤多奇亚抵达君士坦丁堡,1301年,尤多奇亚借口阿莱克修斯二世的婚事返回特拉比宗,次年于特拉比宗病故。但米哈伊尔是否跟随母亲回返特拉比宗不得而知,因为此后数十年的时间里再未有关于他的记载,只知道当阿莱克修斯二世去世后,特拉比宗皇室内部不断爆发内乱,他被迫流亡在外。

1341年7月30日,他曾在斯候拉派的支持下返回君士坦丁堡,与其侄女安娜公主争皇位,但当晚就被推翻,关押在利姆尼亚。后来,在约翰三世统治的1344年5月,斯候拉派再次放弃约翰三世,转而从利姆尼亚接出米哈伊尔,将其立为新

---

① W. Wroth, *Catalogue of the Coins of the Vandals, Ostrogoths and Lombards and of the Empires of Thessalonica, Nicaea and Trebizond in the British Museum*, pp. lxxxi, 289–291.

② K. J. Williams, "A Genealogy of the Grand Komnenoi of Trebizond," p. 178.

③ D. M. Nicol, "Constantine Akropolites: A Prosopographical Note," p. 252.

帝。芬利认为斯候拉派贵族的态度转变导致他们不断发动政变，逐渐失去对君主的忠诚与服从，[①]故而一旦其傀儡统治者不能令其满意，就会寻找一个新的替代者。尼克尔则认为，约翰三世与米哈伊尔的几番更迭，反映出的是拜占庭末代王朝势力在背后的角逐。1341年6月，君士坦丁堡的皇帝安德罗尼库斯三世去世，拜占庭帝国在如何应对特拉比宗的局势上产生分歧。摄政的约翰·坎塔库震努斯（John Cantacuzenos，约1292—1383年）与皇太后萨伏依的安娜（Anna of Savoy，1306—1365年）分别支持米哈伊尔与约翰，而1342年约翰成功成为特拉比宗帝国的皇帝，反映出的是皇太后安娜的胜利。[②] 然而，尚无法判断1344年米哈伊尔取代约翰三世的政变是否体现出拜占庭贵族坎塔库震努斯一方的意志，可以确定的是，1349年时约翰·坎塔库震努斯明确支持阿莱克修斯三世而非米哈伊尔。[③] 斯候拉派先后推举出米哈伊尔、约翰三世，无疑反映出他们内部在傀儡人选上的纠结与变化，而宫廷外部力量没有太大变动。

米哈伊尔在特拉比宗斯候拉派贵族的扶植下即位后，该派贵族掌控着整个国家，米哈伊尔被迫签署一道敕令，规定皇帝只是名义上的，其权限不出宫廷，所有国家事务均由斯候拉贵族商议决定，最终由米哈伊尔签名批准。[④] 于是，斯候拉派贵族对于重要职务进行分配，控制着帝国的各项大权，“尼基塔斯被封为大统领，格里格列奥斯·梅佐马提斯（Μειζομάτης）为大将军，莱昂·卡瓦西提斯（Λέων Καβασίτης）为大内官，君士坦丁·多兰尼提斯（Κωνσταντῖνος Δωρανίτης）为首席配剑贵族，他的儿子约翰·卡瓦西提斯（Ἰωάννης Καβασίτης）作为总会计掌管账务，米哈伊尔·梅佐马提斯（Μιχαήλ Μειζομάτης）掌管皇宫防务，斯特凡·扎尼西提斯（Στέφανος Τζανιχίτης）作为最高治安官负责公共安全”[⑤]。这样，斯候拉派贵族就以米哈伊尔皇帝为傀儡，在特拉比宗帝国建立起贵族寡头统治。

然而，这样的做法令皇帝米哈伊尔本人感到极度屈辱，也引起国内反对派的

---

① G. Finlay, *the Empire of Tebizond*, pp. 422 - 426.

② D. M. Nicol, “Constantine Akropolites: A Prosopographical Note,” p. 253.

③ Lazaropoulos, *Synopsis*, 1691, p. 341.

④ W. Miller, *Trebizond: The Last Greek Empire of the Byzantine Era, 1204 - 1461*, p. 52.

⑤ “Panareti chronicon Trapezuntinum,” 10. 54 - 62, p. 364.

不满,他们联合起来,煽动民众进行抗议,并声称他们宁愿接受合法皇帝的统治而非一群贵族的管理。① 皇帝与反对派联合发动政变,“1345 年 11 月,斯候拉派的大统领、大内官梅佐马提斯以及其他人都被抓捕起来。其后,科穆宁皇帝还安排将约翰送往君士坦丁堡”②。按照帕纳雷托斯的记载,米哈伊尔的宫廷政变比较顺利,并没有发生严重流血冲突,胜利者事后还将被废黜的约翰三世送往君士坦丁堡,学者们认为此举是为了防止约翰再次被心怀叵测的贵族当做傀儡工具来争夺皇位。③

然而,米哈伊尔的胜利是短暂的,因为从帕纳雷托斯记载的后续发展来看,当热那亚人与特拉比宗发生冲突时,特拉比宗一方的主战派大多是来自梅佐马提斯家族以及扎尼西提斯家族的成员。1346 年以后,米哈伊尔击败斯候拉派贵族,将帝国统治权力收回,成为拥有全权的专制君主。然而,特拉比宗帝国强敌环伺的政治境遇并没有给他更多机会来梳理各种矛盾,改善国家的政治、经济乱局。就在他刚刚夺回权力后不久,便先后遭遇到来自土库曼人的侵扰和瘟疫的肆虐,以及热那亚人的进攻与逼迫。

米哈伊尔时期的外敌入侵主要是指邻近的穆斯林侵扰。“6855 年(1347 年),圣安德烈阿斯(ἅγιος 'Ανδρέας)修道院④及云耶('Ὄναιον)遭到劫掠与占领。”⑤记载者帕纳雷托斯在此并没有明确指出对这里进行劫掠的是什么人,舒库罗夫认为袭击来自生活在附近的土库曼人,也就是在萨姆松东南、利姆尼亚南部的耶希勒马克河三角洲地区的贝伊政权,十几年后,他们的首领塔吉·阿丁(Taj al-Din)向特拉比宗提出联姻请求,故而舒库罗夫认为正是这位塔吉·阿丁埃米尔

---

① G. Finlay, *the Empire of Tebizond*, p. 428.

② “Panareti chronicon Trapezuntinum,” 11. 63-67, p. 364. 这里的大内官为梅佐马提斯,而在1344 年时格里格列奥斯·梅佐马提斯为大将军,另一位梅佐马提斯负责皇宫防务,担任大内官的莱昂·卡瓦西提斯,这里不确定是他们的职位进行了调整,抑或帕纳雷托斯笔误。

③ G. Finlay, *the Empire of Tebizond*, p. 428. William Miller, *Trebizond : the Last Greek Empire of the Byzantine Era, 1204-1461*, p. 52.

④ 圣安德烈阿斯修道院(Saint Andreas ἅγιος 'Ανδρέας)可能指的是伊阿宋海角(Cape Jason),见 A. A. Bryer, “Greek and Türkmens: The Pontic Exception,” pp. 130 and 144。

⑤ “Panareti chronicon Trapezuntinum,” 11. 67-68, p. 364.

在 1347 年时对利姆尼亚东部的云耶等地发动劫掠。①

此外，生活在特拉比宗南部的穆斯林也对特拉比宗发动进攻。“1348 年 6 月 29 日，无数突厥人聚集于特拉比宗，埃尔津詹(Τζικαίν)的阿赫·安颜·贝格('Αχχής 'Αιωανάκ)、巴伊布尔特(Παίπερτ)的穆罕默德·艾克伯塔(Μαχμάτ Ε ίκεπτάρις)，以及来自白羊部('Αμιτιϖται)的突厥统领图拉里·贝格(Τουραλί Π έκ)，他们与博斯图干人(Ποστογάνης)和切普尼人(Τζιαπνίδες)一起，战斗了三日，受了伤后垂头丧气地离开，一路留下许多死去的突厥人。”②

1348 年的这次冲突较之以往更加危险，因为自特拉比宗在 1340 年后陷入内战以来，来犯的穆斯林往往是单打独斗，属于小规模的劫掠。但 1348 年的进攻，入侵者一改以往的做法，他们伙同埃尔津詹、巴伊布尔特地区的突厥人和切普尼部土库曼人一起进攻特拉比宗，反映出这些穆斯林统治者们在政治策略上的进步。尽管威胁如此之大，但此次伊斯兰联军并未取得丰厚成果，而是留下许多尸体后仓促逃离。事实上，此时的特拉比宗帝国并没有能力对抗联军的进攻，伊斯兰联军的败走缘于特拉比宗当时刚刚经历过的另一场严重灾难。

这场灾难就是降临特拉比宗的黑死病。“(1347 年)9 月，小纪第一年，死亡突然降临，瘟疫发生了，以至于许多孩子、许多夫妻、许多兄弟姐妹、许多母亲以及同族的亲属都失去了生命，这样的状况一直持续了七个月”③。

显然，特拉比宗在 1347 年遭遇的这场灾难就是历史上著名的黑死病。按照现代学者普遍接受的观点，1345 年，钦察汗国的蒙古人攻打热那亚人控制的殖民城市卡法(Caffa，今乌克兰城市费奥多西亚)时，黑死病便暴发了，惊慌失措的热那亚人乘船逃离时将病菌也带到地中海各地。④ 而特拉比宗就是与卡法具有紧密商业联系的重要商业中心，这里也有庞大的热那亚殖民区，因此来自卡法的热那亚人很可能将黑死病传进特拉比宗，引发大量人员死亡。不过，关于特拉比宗

---

① R. Shukurov, “Between Peace and Hostility: Trebizond and the Pontic Turkish Periphery in the Fourteenth Century,” p. 41.

② “Panareti chronicon Trapezuntinum,” 13. 75 – 83, p. 364. A. A. Bryer, “Greek and Türkmens: the Pontic Exception,” p. 144.

③ “Panareti chronicon Trapezuntinum,” 12. 69 – 72, p. 364.

④ 约瑟夫·P. 伯恩：《黑死病》，王晨译，上海：上海社会科学院出版社 2013 年版，第 8 页。

的这场灾难,意大利史家的记载有些不同。当时身在特拉比宗的李巴德诺斯(Libadenos)根本没有提到瘟疫,似乎这里并未发生这一灾难。佛罗伦萨的编年史家维拉尼(Villani)则称,整个城市仅有五分之一人口幸存,而且特拉比宗人遭受的灾难不止如此,当时还发生了地震。[①] 帕纳雷托斯的记载简略但均有事实依据,故而可以确定,1347 年特拉比宗的希腊人遭遇到了黑死病,大量人员死亡,整个社会遭到沉重打击。

这场瘟疫持续了七个月,也就是到 1348 年 3 月,此后,即便特拉比宗在瘟疫中死去的人口没有维拉尼声称的五分之四那么多,也不可能在面对伊斯兰联军的进攻时做出强有力的抵抗,而联军的败退可能恰恰是因为瘟疫刚刚结束,幸存下来的特拉比宗人对于瘟疫有了一定的抵抗力,而新到来的联军却无免疫力,只能留下许多生病死去的人后仓促败走。

特拉比宗与热那亚的冲突是在特拉比宗遭遇到瘟疫侵袭和穆斯林联军侵扰的时候发生的。热那亚人不顾 1348 年瘟疫正在肆虐,似乎还是乘机发动了进攻,先夺取了特拉比宗重镇凯拉苏斯。“到 6856 年(1348 年)1 月,热那亚人('ιανοῦτώς)夺取、占领凯拉苏斯(Kerasous,Κερασοῦς),并烧毁许多建筑。”[②]

关于特拉比宗与热那亚人为何在此时爆发冲突,帕纳雷托斯并未说明原因,拜占庭史家格里格拉斯曾提到其原因,他认为,早些时候(1345 年),热那亚人在卡法建立的殖民地与鞑靼人爆发冲突,这件事让特拉比宗感到警醒,担心同样的事情会发生在特拉比宗。于是,特拉比宗人突然包围热那亚人,杀死了很多人,这令幸存下来的热那亚人生活悲惨。[③] 然而,热那亚人在黑海地区的商业霸权早已确立,在阿莱克修斯二世统治时期,特拉比宗人已经因商业权利与热那亚人发生过冲突,失败后不得不与其签署免除热那亚关税的条约,此时他们因热那亚人与蒙古人的冲突而产生唇亡齿寒的担心并不成立。事实上,在 1345 年的卡法战役中热那亚人并没有取得胜利,而是在蒙古人将因疫病而死的尸体抛入城中引发瘟疫后,仓促乘船逃往他地。那么,考虑到疫病的传播,从卡法来到特拉比宗的商人

---

① W. Miller, *Trebizond : The Last Greek Empire of the Byzantine Era, 1204 - 1461*, p. 54.

② “Panareti chronicon Trapezuntinum,” 13. 73 - 75, p. 364.

③ W. Miller, *Trebizond : The Last Greek Empire of the Byzantine Era, 1204 - 1461*, p. 54.

必然会选择前往热那亚人聚居区停留生活，自然也将疫病带入其中。故而，特拉比宗的瘟疫首先会在热那亚人中间发生蔓延。当疫病发生并逐渐为其他地区的希腊人所了解后，他们为安全起见，就需要将热那亚人居住的区域隔离起来，甚至需要将已经患病的人杀死。这也就导致意大利史家笔下的特拉比宗人因热那亚人在卡法与鞑靼人的冲突，而突然包围热那亚人，杀死很多人，后来幸存的热那亚人生活更加悲惨。

无论出于何种原因，特拉比宗人与热那亚人的冲突已然发生，作为报复，热那亚人在瘟疫流行之际，攻占凯拉苏斯，并放火烧毁建筑。不仅如此，冲突还不断升级，在1349年5—6月间，热那亚人两次从卡法派遣舰队前去征讨特拉比宗。对比帕纳雷托斯记称：“到6858年（1349年）5月5日，周二，两艘法兰克舰船从卡法（Καφᾶ）来到这里。我们的舰队包括一艘大船以及一些小船从达弗努斯港（Δαφνοῦντος）出发，双方遭遇后爆发战争。法兰克人取得了胜利，大公爵约翰·卡瓦西提斯、米哈伊尔·扎尼西提斯以及许多其他人一起阵亡。（作为报复，特拉比宗的）法兰克人的船只（商船）被烧毁，他们生活区的法兰克人被抓捕，于是他们的战船退走……到6月15日，有三艘战船从卡法而来，还有一艘战船来自萨姆松（'Αμινσώ）。随后，进行了复杂的谈判与周旋，最终以狮堡（Λεονόκαστρον）划给热那亚人为条件达成协议。当时，由于皇帝米哈伊尔身染疾病，于是斯候拉派的尼基塔斯从其被关押地坎赫里纳（Κεγχρίνα）返回，成为大总督，娶了贵族萨姆松（Σαμψῶν）的女儿。米哈伊尔皇帝在位五年七个月。”①

由上可知，特拉比宗帝国在面对热那亚人的两次进攻时，态度发生了变化，第一次面对两艘战舰的军队，特拉比宗派出自己的海军迎战，遭遇失败，舰只沉没，数位贵族出身的将领阵亡。尽管特拉比宗人对热那亚区进行了报复，但帝国基本上已经失去了抵抗的能力。故而当热那亚的四艘战舰再次到来时，特拉比宗毫无迎战能力，只能选择谈判和解，并且将在阿莱克修斯二世时期收回的狮堡再次割让给热那亚人。在论及这段历史时，现代史家们通过对其他史料的解读与研究，为帕纳雷托斯的记载提供了补充。芬利称和约还规定热那亚人将凯拉苏斯归还

---

① 此版希腊语原文为“2年7个月”，按照米哈伊尔即位后的时间算，应该是五年七个月。“Panareti chronicon Trapezuntinum,” 14－15. 84－96, 1－7, pp. 364－365.

给特拉比宗,但他们自此以后获得达弗努斯港的完全控制权,特拉比宗帝国基本丧失了对过境贸易的管辖权和利益。① 米勒则指出,自此以后,狮堡一直由热那亚人控制,直到帝国被灭。在谈判时,热那亚人还向特拉比宗人抱怨,称威尼斯所建对抗土库曼人的防御设施已经侵入到热那亚人的领地,希望官方能够出面要求威尼斯人停止这种做法,不过,最终这一诉求并未得到满足,热那亚人也只能与威尼斯人共享防御工事,以共同应对来自土库曼人的侵扰。②

热那亚人进攻的另一个结果是,原先被关押起来的斯候拉派重要人物尼基塔斯被放出监禁,返回特拉比宗,而后通过再次联姻,重新掌握政权,而皇帝米哈伊尔再次失去权力,成为任人摆布的傀儡。内外交困的米哈伊尔,无力统治,被迫退位。正当特拉比宗帝国遭遇到热那亚舰队的进攻并与之进行谈判时,60 多岁的米哈伊尔重病缠身,根本无力处置政务。自从他从斯候拉派贵族手中夺得权力后,先后遭遇到来自土库曼人、热那亚人的入侵以及严重的瘟疫,在国家管理方面没有取得任何政绩,故而在反对者眼中,米哈伊尔的形象十分糟糕。"罗马人的皇帝约翰·坎塔库震努斯……知道当时被安排统治特拉比宗的米哈伊尔·科穆宁十分蠢笨、轻佻,而且又老又没有子嗣……他支持阿莱克修斯·大科穆宁成为特拉比宗能够担当大任的人。"③不仅拜占庭皇帝如此小看他,重新掌权的斯候拉派贵族也不愿意继续尊米哈伊尔为傀儡皇帝,1349 年 12 月 13 日,米哈伊尔被废。

同年 12 月 22 日,身在拜占庭京都的瓦西里次子约翰被护送返回特拉比宗。退位后的米哈伊尔被送到当初关押约翰三世的圣萨巴斯修道院,出家为僧,不久,他在 1350 年又被送往君士坦丁堡关押。然而,1355 年时,米哈伊尔竟然再次现身特拉比宗,似乎他已经成功从君士坦丁堡逃脱,率领军队进攻特拉比宗,但在进军到苏勒哈提乌(Σουλχατίου)时,再次逃走,④此后再无他的消息。

米哈伊尔统治的这五年多时间,虽然遭遇到各种灾祸,帝国的一些事务仍然按部就班地进行。比如,宫殿内仍进行正常的建筑修缮,18 世纪时在特拉比宗宫

---

① G. Finlay, *the Empire of Tebizond*, p. 430.

② W. Miller, *Trebizond : the Last Greek Empire of the Byzantine Era, 1204 – 1461*, p. 55.

③ Lazaropoulos, *Synopsis*, 1396, pp. 339 – 341.

④ "Panareti chronicon Trapezuntinum," 16. 18 – 21; 7 – 9, pp. 365 and 366.

殿西侧发现的一处铭文,读作“米哈伊尔·科穆宁之塔”,显示他当时还进行了塔楼建筑活动。① 虽然米哈伊尔统治时期的特拉比宗帝国在经济和政治上均走向衰落,货币发行总量受到影响,但发行仍有序进行。这个时期继续发行银币阿斯普和青铜币,其中银币依然延续圣尤金与皇帝正面骑马像的传统形制,铜币也是正面立像模式。②

关于米哈伊尔的家庭的资料同样十分稀少。他的儿子约翰三世生于1322年,当1342年约翰被带回特拉比宗夺取政权时,刚好20岁。但米哈伊尔的结婚对象是谁?他究竟有多少子嗣?均不得而知。英国史学家尼克尔发现,拜占庭的君士坦丁·阿克罗颇立塔斯称“尤多奇亚的儿子是他的女婿”,经过仔细分析后,认为与阿克罗颇立塔斯家族联姻的是尤多奇亚的小儿子米哈伊尔,很可能是安德罗尼库斯二世因为阿莱克修斯二世安排的联姻无法实现后,重新安排了替补方案。③

米哈伊尔与君士坦丁·阿克罗颇立塔斯的女儿娜娜·阿克罗颇立提萨(Na. Akropolitissa)结婚后,长期生活在君士坦丁堡,他们可能只有一个儿子,即约翰三世。米哈伊尔成为修道士后又被送回君士坦丁堡,大约一年以后去世。他的儿子在1356年被送往君士坦丁堡关押,之后又辗转关押在阿德里安堡。但在阿莱克修斯三世统治时期,他于1362年从阿德里安堡逃脱,前往西诺普,之后死于西诺普。

第十四节

阿莱克修斯三世·大科穆宁(Alexios Ⅲ Megas Komnenos)

1350—1390年在位

阿莱克修斯三世(Alexios Ⅲ Megas Komnenos, Αλέχιος Γ' Μέγας Κομνηνός,

---

① W. Miller, *Trebizond : the Last Greek Empire of the Byzantine Era, 1204 - 1461*, p. 56.

② W. Wroth, *Catalogue of the Coins of the Vandals, Ostrogoths and Lombards and of the Empires of Thessalonica, Nicaea and Trebizond in the British Museum*, pp. lxxxi - lxxxii, 291 - 292.

③ D. M. Nicol, “Constantine Akropolites: A Prosopographical Note,” p. 253.

生于1338年10月5日,卒于1390年5月20日,享年52岁)是特拉比宗帝国的第十五任皇帝,1350年1月21日至1390年5月20日在位,共四十年零四个月,是特拉比宗帝国在位时间最长的皇帝。

阿莱克修斯三世是皇帝瓦西里与特拉比宗的伊琳妮所生次子,本名约翰,长兄为阿莱克修斯。特拉比宗的伊琳妮早年成为瓦西里的情妇,与之常年生活在一起,至少育有两子两女。1339年7月8日,她与瓦西里结婚,芬利认为这是为了让自己的子嗣能够合法地继承皇位。① 瓦西里于1340年病故,从时间上看,伊琳妮的四个子女均生于婚礼之前,身份为私生子。再者,后人没有证据表明瓦西里与伊琳妮·帕列奥列格离婚,因为后者在瓦西里去世后仍然以皇后的身份被贵族立为傀儡统治者。在这种情况下,当1340年瓦西里去世、特拉比宗帝国陷入贵族内斗后,阿莱克修斯与约翰作为瓦西里的子嗣并没有得到任何一派的支持,而是被流放到君士坦丁堡。正如拉札洛普洛斯所述:"两个男孩和他们的母亲皇后送往君士坦丁之城,而将(特拉比宗的)权力赋予皇帝的另一位妻子帕列奥列格。"②

约翰抵达君士坦丁堡时只有两岁,他的哥哥阿莱克修斯约四岁。因瓦西里的第一任妻子出身帕列奥列格家族,且他对妻子的态度以及休妻再娶的做法令君士坦丁堡政界对特拉比宗的伊琳妮非常反感,普世牧首曾要求将她开除出教,拜占庭帝国的史家直接称其为"高级妓女"。③ 因此,虽然特拉比宗的伊琳妮可能也是贵族出身,作为瓦西里的遗属也拥有一定资产,但是他们在君士坦丁堡的生活不会很舒适。1349年,特拉比宗的贵族们试图寻找瓦西里的子嗣来取代老皇帝米哈伊尔时,发现瓦西里的长子阿莱克修斯已因病去世,只有次子约翰在世。

约翰在君士坦丁堡度过了他的幼年和童年,可能也在君士坦丁堡接受了教育。虽然文献没有关于其早年生活的记载,但据当时逃亡君士坦丁堡的史家拉札洛普洛斯的经历,"我最亲爱的儿子君士坦丁·拉札洛普洛斯(Constantine Lazaropoulos)……凭借其天生的聪明才智,他很享受在君士坦丁堡的教育,既包括异教的,也包括基督教的教育,"可以推测约翰的经历大约也是一样。他与那个时代其

① G. Finlay, *the Empire of Tebizond*, p. 419.

② Lazaropoulos, *Synopsis*, 1665, p. 339.

③ W. Miller, *Trebizond : The Last Greek Empire of the Byzantine Era, 1204 - 1461*, p. 45.

他出身贵族之家的孩子一样，也接受文学、法律、教义等方面的教育，只是他们的生活时刻处于拜占庭皇帝的监控之下。随着特拉比宗局势的不断演变，约翰的重要性凸现出来。按照帕纳雷托斯的记载，约翰由斯候拉贵族推为皇帝。另一位作家拉札洛普洛斯记载说，拜占庭皇帝约翰·坎塔库震努斯在其中也参与颇深，“罗马人的皇帝约翰·坎塔库震努斯……知道当时被安排统治特拉比宗的米哈伊尔·科穆宁十分蠢笨、轻佻，而且又老又没有子嗣。作为一位能够掌控权力的皇帝，他支持阿莱克修斯·大科穆宁（我之前提到的皇帝瓦西里·大科穆宁几个儿子中的一个）成为特拉比宗的能够掌权之人；因此，他应该得到权力。皇帝任命我承担这一使命”①。经过一段时间的思想斗争后，约翰及其母亲特拉比宗的伊琳妮，在拉札洛普洛斯的陪伴以及拜占庭军队的护送下，于1349年12月22日回到特拉比宗，并于1350年1月21日在圣尤金修道院加冕为帝，称阿莱克修斯三世。②“阿莱克修斯”曾是帝国创立者之名，是他祖父的名字，也是他去世的兄长之名，加冕为阿莱克修斯三世是强调其皇帝的正当性，或许也希望在另一位阿莱克修斯的统治下，帝国能够再次繁荣。

拜占庭皇帝在其加冕后继续支持阿莱克修斯三世。1349年底，前任特拉比宗皇帝米哈伊尔被废黜，后监禁于圣萨巴斯修道院，但到第二年，他被送往君士坦丁堡关押。负责押送米哈伊尔的是塔塔斯·米哈伊尔·萨姆松（Τατας Μιχαήλ τοῦ Σαμψών），萨姆松还负责与君士坦丁堡皇帝商讨阿莱克修斯三世的婚事。1351年1月，萨姆松再次乘船前往君士坦丁堡，商讨公主前来特拉比宗的具体事宜。到1351年，阿莱克修斯三世的未婚妻来到特拉比宗。“9月3日，小纪第2年，尼基弗鲁斯·坎塔库震努斯（Νικηφόρος Καντακουζηνού）的女儿、公主科穆宁·坎塔库震妮（Κομνηνή Καντακουζηνή）抵达特拉比宗，前者是罗马皇帝约翰·坎塔库震努斯六兄弟中的长子。”③这样，阿莱克修斯三世就与君士坦丁堡的篡位皇帝结成亲密盟友。

此时，不仅拜占庭帝国政治生活复杂多变，而且更为弱小的特拉比宗帝国内

① Lazaropoulos, *Synopsis*, pp. 339－341.
② “Panareti chronicon Trapezuntinum,” 16. 8－17, p. 365.
③ “Panareti chronicon Trapezuntinum,” 16. 43－49, p. 365.

部也是环境险恶,小皇帝即位不久便发生了贵族叛乱。阿莱克修斯三世即位时仅11岁,尚无能力把握帝国,其皇位得益于拜占庭皇帝与特拉比宗斯候拉派贵族的联合拥立,他们想要立一位傀儡皇帝。因此,阿莱克修斯三世统治初期,特拉比宗帝国的政治生活仍延续着纷争不断的局面。

自米哈伊尔被斯候拉派拥立为帝,控制特拉比宗帝国的斯候拉派就不断爆发内部纷争,不时有贵族家族发动叛乱或被推翻。如1346年时,借助其他贵族和民众的支持,米哈伊尔就将斯候拉派原来的贵族首领梅佐马提斯家族查封,将其软禁在家族封地内。其后,斯候拉派的其他贵族世家继续控制主要职位,其中地位较高的有多兰尼提斯家族、卡瓦西提斯家族。从1344年米哈伊尔即位之初开始,君士坦丁·多兰尼提斯就掌管财政与国库,梅佐马提斯家族被推翻后,他继续掌管该职位。1349年,对热那亚人的海战令特拉比宗一方损失惨重,大统领约翰·卡瓦西提斯以及大将军米哈伊尔·扎尼西提斯阵亡,而被关押着的斯候拉派前领导人尼基塔斯逃脱羁押,并通过与萨姆松家族的联姻重获大统领一职,大将军职位由被称为皮莱利斯(Πιλέλης)的塞奥多利·多兰尼提斯(Θεόδωρος Δωρανίτης)获得。这样,到阿莱克修斯三世统治初期,斯候拉派内部各个贵族世家之间的矛盾已难以调和,并在1350—1351年间发展为极为混乱的内斗。陷入内斗的贵族派系主要包括多兰尼提斯家族、卡瓦西提斯家族、扎尼西提斯家族和斯候拉里斯家族,他们都在此后复杂的贵族叛乱中扮演重要角色。

首先爆发的是多兰尼提斯家族的叛乱。1350年7月,阿莱克修斯三世即位不久,贵族内争激化,控制着军队和国库的多兰尼提斯两兄弟及其支持者被捕,卡瓦西提斯家族获得胜利,莱昂·卡瓦西提斯(Λέων Καβασίτης)成为新的首席配剑贵族。而后仅仅七个月,即1351年1月,多兰尼提斯家族发起反扑,皮莱利斯重新夺回权力。就在此时,前去君士坦丁堡商讨阿莱克修斯三世婚事的塔塔斯·米哈伊尔·萨姆松返回特拉比宗,他坚定支持尼基塔斯·斯候拉里斯,成功制衡了多兰尼提斯家族的霸权,贵族各派系之间的斗争更趋白热化。1351年5月,皮莱利斯及其支持者进攻皇宫,控制大统领尼基塔斯。不过,这一行为引起特拉比宗市民的严重不满,民众集合起来将皮莱利斯的暴政推翻,皮莱利斯及其儿子、女婿和亲信等被关押在坎赫里纳(Κεγχρίνα)。①

在贵族们的斗争此起彼伏、不断升级时,年幼的阿莱克修斯三世无所作为,眼睁睁目睹大贵族互斗。就在皮莱利斯被特拉比宗民众起义推翻之前,阿莱克修斯三世前往迪里波利(Τρίπολις)。迪里波利是今土耳其东北部城市的蒂雷博卢(Tirebolu),这里位于濒临黑海的一个半岛,城防坚固,属于凯拉苏斯地区,该地区筑有三座城市,包括迪里波利、安德斯(Andoz,今埃斯皮耶 Espiye)和贝德鲁姆(Bedrum)。由于迪里波利有着坚固的城堡,米勒认为正是由于特拉比宗形势严峻,出于安全考量,其摄政王才把阿莱克修斯三世送到这里加以保护。② 帕纳雷托斯并没有记载阿莱克修斯三世何时返回特拉比宗。1351 年 9 月 3 日,当皇帝的未婚妻从君士坦丁堡来到特拉比宗时,不知道阿莱克修斯三世是否已回到首都。此时,皮莱利斯派虽已被推翻,但局势尚未安定,皮莱利斯的弟弟君士坦丁·多兰尼提斯仍然在利姆尼亚拥兵自重。于是,太后伊琳妮亲自领兵前往,作为亲身经历者,帕纳雷托斯记述道:“那一年的 9 月 22 日,我与皇帝的母亲前往利姆尼亚,抗击控制那里的君士坦丁·多兰尼提斯(Κωνσταντῖνος Δωρανίτης),也就是皮莱利斯的兄弟。三个月后,我们回返……6 月,皮莱利斯、他的儿子、女婿在坎赫里纳被杀。”③到 1352 年 6 月,随着叛军首领的死亡,围绕着皮莱利斯及其多兰尼提斯家族的纷争暂告一段落。然而,多兰尼提斯家族并未就此消失,1371 年时,阿莱克修斯三世还曾发布一道诏令,将特拉比宗以西的一块地产赐予乔治·多兰尼提斯。④

第二场叛乱是扎尼西提斯家族发动的。多兰尼斯提家族的动乱刚刚平息,扎尼西提斯家族(Τζανιχίται)便随即而起。扎尼西提斯家族也曾有多人在帝国政府中担任高级官职,其中一位于 1340 年任大将军的斯特凡诺斯·扎尼西提斯在 1344 年又担任了最高治安官(Grand Constable),1352 年约翰·扎尼西提斯

① “Panareti chronicon Trapezuntinum,” 16. 34–42, p. 365.

② W. Miller, *Trebizond : The Last Greek Empire of the Byzantine Era, 1204–1461*, p. 57.

③ “Panareti chronicon Trapezuntinum,” 16. 49–54, p. 365.

④ A. A. Bryer, “The Estates of the Empire of Trebizond, Evidence for Their Resources, Products, Agriculture, Ownership and Location,” (*Archeion Pontou* 35, Athens, 1979), in *The Empire of Trapezunt and the Pontus*, p. 422.

('ιωάννης Τζανιχίτης)担任执杯者(*epikernes*)。[1] 1352年1月,约翰·扎尼西提斯攻占扎尼汗堡(Τζάνιχαν),[2]直到4月时,皇帝阿莱克修斯三世与太后伊琳妮一同前来与之谈判。扎尼汗堡(Τζάνιχαν,Tzanixan)即是今土耳其东北部居米什哈内(Gümüşhane)城以西3千米处的堪加(Canca),这里位于特拉比宗西南65千米,位于特拉比宗通往埃尔津詹的重要通道之上,古希腊人称此地为白银之城(Αργυρόπολις),因为当地有银矿,居米哈内什就是"白银之城"的意思。正是由于这里出产的白银,特拉比宗帝国才能稳定地发行银币。米勒认为扎尼汗堡是扎尼西提斯家族的祖产。[3] 从帕纳雷托斯的记载来看,这次谈判达成了和解,扎尼西提斯家族得以继续拥有扎尼汗堡,他们也继续承认阿莱克修斯三世的宗主权。

第三场叛乱是由大公爵尼基塔斯发动的。尼基塔斯作为斯候拉派的首领,出身斯候拉里斯(Scholaris)家族。在与皇帝一起平息多兰尼提斯家族的叛乱后,他与皇帝之间的矛盾日渐突出、激化。1354年6月,尼基塔斯预感形势不妙,逃往凯拉苏斯,以那里为基地集合自己的力量。1355年3月22日,大统领与其儿子(担任大内官)一起率舰船向特拉比宗发动攻击,在与首席配剑贵族瓦西里·胡帕克斯(Βασίλιος Χουπάκθ)数次谈判后,返回凯拉苏斯。[4] 帕纳雷托斯只是提到双方谈判了很久,未具体描述尼基塔斯等人撤走的原因。芬利认为,这些叛乱者在特拉比宗引起极大混乱,但发现皇帝的权威十分稳固,只能无奈撤退。这次撤退也标志着小皇帝的皇权进一步强化,表明特拉比宗的居民,无论贵族还是平民,都倾向于支持皇权。[5]

阿莱克修斯三世并没有等待对方彻底转变,便进行反攻。1355年5月,皇帝、太后伊琳妮以及特拉比宗都主教,一起率领两艘大帆船和一些小型舰船组成的舰队,前往凯拉苏斯,恰逢大公爵去了坎赫里纳,凯拉苏斯防务由其子负责。经过短

---

① A. A. Bryer, "Greek and Türkmens: The Pontic Exception," *Dumbarton Oaks Papers*, 29 (1975), p. 125, n. 37.

② A. A. Bryer, "The Fate of George Komnenos, Ruler of Trebizond," in *The Empire of Trapezunt and the Pontus*, p. 347. W. Miller, *Trebizond : The Last Greek Empire of the Byzantine Era, 1204 - 1461*, p. 57.

③ "Panareti chronicon Trapezuntinum," 17. 55 - 63, p. 365.

④ "Panareti chronicon Trapezuntinum," 18. 73 - 79, p. 365.

⑤ G. Finlay, *the Empire of Tebizond*, p. 434.

促激烈的战斗，凯拉苏斯当地居民表示愿意臣服皇帝，尼基塔斯之子被迫出逃，前往坎赫里纳寻求其父庇护。随后，皇帝阿莱克修斯三世将太后与舰队留在迪里波利，他本人从特拉比宗亲率骑兵快速行军，包围坎赫里纳。在一番战斗之后，尼基塔斯投降。其后，后者略有反复，直到 1356 年 10 月，小纪第 9 年，大内官梅佐马提斯（Μειζομάτης）以及大将军萨姆松前往迪里波利和坎赫里纳，抓获大统领及其追随者。这样，以尼基塔斯为中心的斯候拉里斯家族叛乱宣告终结。[①] 斯候拉里斯家族与多兰尼提斯家族的遭遇不同，尼基塔斯等人并没有被处死，他本人被软禁在特拉比宗，五年后去世。他去世之后，阿莱克修斯三世还带领群臣站在葬礼队伍的最前面为其送行，[②]表达了皇帝对于这位能力卓越的贵族的尊敬。但他们的家族地产被充公，由皇帝再次分配。[③] 斯候拉里斯家族是特拉比宗帝国内拥有地产最多的世俗贵族，其次为萨姆松家族，再次为多兰尼提斯家族，他们的地产大多濒临黑海，多兰尼提斯家族的地产应主要集中于特拉比宗以西的利姆尼亚附近；斯候拉里斯家族地产主要集中于凯拉苏斯附近。

第四次叛乱来自卡瓦西提斯家族。卡瓦西提斯家族（Καβασίται）与扎尼西提斯家族一样，其领地位于特拉比宗以南的本都山区。该家族也曾有多人在帝国政府中担任高级官职，如莱昂·卡瓦西提斯（Leo Ⅰ Kabasites）1343 年任大内官，1350—1351 年间任首席配剑贵族，其子约翰·卡瓦西提斯（John Ⅰ Kabasites）曾在 1344—1345 年间任总会计，1349 年任大统领，1355—1356 年任哈利迪亚公爵。[④] 查尔迪亚（Chaldia）是拜占庭帝国时期对于小亚细亚东北部的称呼，涵盖今居米什哈内周围山区以及北至特拉比宗的整个区域，9 世纪时设哈利迪亚军区。在特拉比宗帝国时期，哈利迪亚专指山区，这里有着重要的堡垒如海里安以及扎尼汗堡等。卡瓦西提斯家族曾在 1350 年作为对抗以皮莱利斯为首的多兰尼提斯家族的先锋，但数个月后也被打压。其后，他们担任阿莱克修斯三世在南部对抗穆斯林的重要军事力量的指挥。哈利迪亚公爵约翰·卡瓦西提斯于 1355 年 5 月

① “Panareti chronicon Trapezuntinum,” 18 – 19. 79 – 96, 1 – 2, pp. 365 – 366.

② “Panareti chronicon Trapezuntinum,” 29. 92 – 96, 1 – 2, pp. 366 – 367.

③ A. A. Bryer, “The Estates of the Empire of Trebizond, Evidence for Their Resources, Products, Agriculture, Ownership and Location,” pp. 431 – 440.

④ A. A. Bryer, “Greek and Türkmens: The Pontic Exception,” p. 125, n. 36.

"出兵征服海里安(Χερίαναν)并占据那里,同时索罗亚那(Σορώυαινα)也被解放,并入帝国疆域。"[①]当年年底,他又协助皇帝远征海里安地区的土库曼人,并在那场羞辱性惨败中被土库曼人俘虏。[②] 约翰·卡瓦西提斯后来可能被赎回,但在1360年阿莱克修斯三世与巴伊布尔特土库曼人的战争中,约翰再次失败,"4月,皇帝前往哈利迪亚修建库库堡(Κούκου);哈吉·拉提夫(Hoca Latif,Χοτζια λατίφης)带着300名骑兵从巴伊布尔特(Παΐπερτιος)而来,那时,约翰·卡瓦西提斯失去了指挥权。"[③]此后,从1361年到1363年,皇帝曾数次与海里安的土库曼军队交战,将领中再未出现卡瓦西提斯家族成员的身影。在此情形下,卡瓦西提斯家族感觉被抛弃,故于1363—1364年间发动叛乱。

1363年10月27日,阿莱克修斯三世正在距离特拉比宗不远一条名叫圣格里高利(άγίος Γρηγορίος)的河畔休憩,欣赏那条河旁边一座小山的风景。卡瓦西提斯家族担任首相(*megas logothete*)的格里高利(Γρηγόριος)与其手下突然发动攻击,并追击皇帝直到库拉(Κουλάς)。但在那里,卡瓦西提斯家族武装被四散奔跑的人群冲乱,首相退往凯拉苏斯,之后又退到萨姆松('Αμινσοῦς)。[④] 显然,卡瓦西提斯家族的这次突袭并没有取得预期效果,他们退往萨姆松标志着叛乱的失败。1364年12月29日,首相逃往吉阿诺图·斯皮努尔(Ντζιανώτου Σπίνουλ),一起逃走的还有斯特凡·达库埃比(Στεφάνος Δακυέπις)。[⑤]

卡瓦西提斯家族的叛乱波及的还有特拉比宗都主教。当卡瓦西提斯家族逃往萨姆松后,身在特拉比宗的都主教尼蓬(Νίφων Πτερυγιωνίτα)作为同谋被捕,关在距离首都不远的苏梅拉(Σουμελᾶς)修道院。1364年3月19日,"小纪第2

---

① "Panareti chronicon Trapezuntinum," 18. 2-6, p. 366. A. A. Bryer, "Greek and Türkmens: The Pontic Exception," p. 144. 海里安(Cherian,Χερίαναν),今土耳其东北城市希兰(Şiran),也称卡拉加(Karaca),位于本都地区南部山区,是从内陆的埃尔津詹前往黑海时途经本都山的交通要道之一,附近是齐加纳(Zigana)关;索罗亚那(Sorogaina,Σορώυαινα)是靠近齐加纳关口的另一处城镇,今土耳其托鲁尔(Torul),也称亚琳卡巴克(Yalinkavak)或索里纳(Sorina)等。

② "Panareti chronicon Trapezuntinum," 20. 16-28, p. 366. A. A. Bryer, "Greek and Türkmens: The Pontic Exception," p. 144.

③ "Panareti chronicon Trapezuntinum," 28. 72-76, p. 366. A. A. Bryer, "Greek and Türkmens: The Pontic Exception," p. 145.

④ "Panareti chronicon Trapezuntinum," 34. 68-77, p. 367. 萨姆松的别称为阿米索斯(Amisos),即'Αμινσοῦς。

⑤ "Panareti chronicon Trapezuntinum," 34. 80-83, p. 367.

年,周二,都主教尼蓬在苏梅拉修道院去世,”他的尸体被运回特拉比宗的金首圣母教堂,葬入前都主教巴拿巴(Βαρνάρα)的墓旁。[①]

上述四次贵族叛乱的性质都非常恶劣,其影响深远。卡瓦西提斯家族叛乱是阿莱克修斯三世在位期间发生的最后一次贵族叛乱,说明皇权暂时得到巩固,此后贵族们再难撼动皇帝的权威。事实上,阿莱克修斯三世并没有对叛乱的贵族赶尽杀绝,这些贵族世家遭遇到不同程度的打击,实力虽有削弱,但仍保有自己的力量。皇帝之所以这样处理,是因为贵族叛乱本质上是14世纪特拉比宗贵族和皇室对权势、利益的争夺,皇帝需要对威胁其权威的贵族加以打压,但为了维护统治,又不能将他们全部消灭。

13世纪初帝国初建时,拥立大科穆宁家族的贵族世家从皇帝那里得到土地赐予,双方结成紧密的利益共同体。但随着皇权与贵族权力此消彼长,皇帝无法继续向贵族们提供他们需要的奖赏和封地,其权威也受到贵族的威胁,双方矛盾逐渐激化,上述四个大家族的叛乱正是矛盾激化的结果。按照布莱耶的分析,特拉比宗帝国的贵族按照地域分为两类,一是地产集中于沿海地带的滨海贵族,二是地产集中于南部本都山区的哈利迪亚贵族。多兰尼提斯家族与斯候拉里斯家族属于前者,他们拥有较多地产,实力较强,对皇帝的威胁也比较严重。叛乱失败后,这两大家族的财产被充公,由皇帝进行重新分配。[②] 扎尼西提斯家族和卡瓦西提斯家族属于哈利迪亚贵族,他们占据哈利迪亚山区的山道关口,其领地农业生产不突出,但战略地位极为重要,要么掌控丰富的矿藏,要么控制防御内陆穆斯林进攻的主要城堡,且位置显要、易守难攻。阿莱克修斯三世对他们并不彻底镇压,而是通过和谈平乱,允许其以半自治形式存在。[③] 例如,扎尼西提斯家族一直保有自己的扎尼汗堡,还曾经有两位名叫君士坦丁的成员分别于1386年和1415年担任特拉比宗的最高治安官。卡瓦西提斯家族在哈利迪亚权势很大,1404年

---

① “Panareti chronicon Trapezuntinum,” 34. 77–80; 35. 84–89, p. 367.

② A. A. Bryer, “The Late Byzantine Monastery in Town and Countryside,” (*The Church in Town and Countryside*, ed. D. Baker, Studies in Church History 16, Oxford, 1979), in *The Empire of Trapezunt and the Pontus*, p. 229.

③ A. A. Bryer, “The Estates of the Empire of Trebizond, Evidence for Their Resources, Products, Agriculture, Ownership and Location,” pp. 416–417.

和1461年时的哈利迪亚公爵都来自卡瓦西提斯家族,他们的家族领地中,查尔迪亚(Mesochaldia)位于特拉比宗与大不里士的商道上,扼守许多重要山口,他们也能从中获得过境商贸的好处。①

特拉比宗皇帝的权力经过几次大规模压制贵族叛乱,重新得到强化,但国内仍存在着一些强大的贵族势力,如萨姆松家族,作家帕纳雷托斯没有记述他们是否参与叛乱,但在一定程度上也一定受到牵连,遭到皇帝的压制,在1355年以后的文献中,萨姆松家族再未出现过。②

除了上述贵族叛乱外,其他势力也有一些动作。1355年,前任皇帝米哈伊尔·大科穆宁突然现身,带领一支军队向特拉比宗而来,只是在进军到苏勒哈提乌(Σουλλχατίου)时再次突然撤走。③ 对于此次行动,芬利认为,这与拜占庭皇帝约翰五世·帕列奥列格有关,因为1352年,帕列奥列格家族与坎塔库震努斯家族内战再起。1354年12月10日,约翰六世·坎塔库震努斯正式退位,重新隐居修道院,他的妻子皇后伊琳妮也出家为修女,坎塔库震努斯家族在君士坦丁堡的统治时代宣告终结。④ 在此情形下,约翰五世为清除坎塔库震努斯家族的残余政治影响,将被关押在君士坦丁堡的米哈伊尔放出,并派出军队支持他前往特拉比宗夺取权力。只是此时的米哈伊尔已经十分衰老,他的身体很可能只够支撑进军到苏勒哈提乌,这也是他最后一次出现在历史文献中。

阿莱克修斯三世成功地在贵族的轮番叛乱下维持其统治的稳定,强化了皇权。关于这些叛乱的资料,主要来源于帕纳雷托斯的记载,由于他本人是阿莱克修斯三世的坚定拥护者,故而米勒认为他关于尼基塔斯以及诸多贵族叛乱的记述不够客观。⑤ 从行文来看,帕纳雷托斯以过于简洁的流水账记述这些事件,对叛乱过程与冲突双方缺乏必要的说明。这种记述形式一方面使读者无法了解冲突背后的根由,另一方面也没有带入自己的感情,而是比较中立地描述着客观事实,

---

① A. A. Bryer, "Greek and Türkmens: The Pontic Exception," p. 125, n. 36 and 37.

② A. A. Bryer, "The Estates of the Empire of Trebizond, Evidence for Their Resources, Products, Agriculture, Ownership and Location," p. 419.

③ "Panareti chronicon Trapezuntinum," 18. 7 - 9, p. 366.

④ D. M. Nicol, *The Last Centuries of Byzantium, 1261 - 1453*, pp. 241 - 246.

⑤ W. Miller, *Trebizond : The Last Greek Empire of the Byzantine Era, 1204 - 1461*, p. 59.

因此可信度比较高。总体上,这些叛乱对皇帝的威胁不大,皇帝往往借助其他贵族的支持达到镇压目的,在斗争过程中,被利用的贵族们逐渐削弱了他们的力量,皇权却得到了提升。

特拉比宗帝国与周边土库曼部的往来在这个时期比较频繁。特拉比宗帝国地处小亚细亚东北部,为黑海与本都山之间的狭长地带,随着周边突厥人、土库曼人等游牧族群的扩张与迁入,[①]到14世纪时,帝国所辖区域仅限黑海沿岸的一些堡垒和特拉比宗以南的山区要塞。小亚细亚的拜占庭人(当时称为"罗马人")与突厥人的冲突由来已久,特拉比宗帝国在建国后与周边伊斯兰政权也发生过数次冲突。在13世纪初到14世纪初的百余年间,特拉比宗周边的伊斯兰领主虽拥有较大权力,但大都隶属于更强大的罗姆苏丹国和伊儿汗国。特拉比宗帝国同样隶属于后者,故而与这些政权保持和平状态。14世纪初,伊儿汗国崩溃,小亚细亚的伊斯兰政权陷入分裂,各地领主相互厮杀、抢占领地、争夺霸权。与此同时,受蒙古扩张的影响,中亚的土库曼人大规模向西迁徙至小亚细亚,到14世纪时,他们与周围居民不时爆发冲突,如曾与特拉比宗帝国有过纷争的切普尼土库曼部。到14世纪后半期阿莱克修斯三世在位期间,特拉比宗帝国附近出现了数个土库曼人建立的伊斯兰政权,如何处理与他们的关系成为阿莱克修斯三世要解决的重要问题。

对特拉比宗帝国构成威胁的土库曼人主要集中在帝国的西部与南部。特拉比宗东部地区是高耸的本都山区,难以通行;再往东则是以基督徒为主的格鲁吉亚和亚美尼亚。由于本都山脉中大山的阻隔,从内陆地区前往特拉比宗,只能经由埃尔泽乌姆向西北或从埃尔津詹向北,经由巴伊布尔特等各个关口才能抵达。故而,特拉比宗帝国与本都山区的突厥人和土库曼人的领土冲突主要发生在南部山区。帕纳雷托斯称呼周边的突厥系为"突厥人"。特拉比宗帝国以西地区为本都山脉西侧与黑海沿岸地区,与东部相比,这里南北跨度较小,且被南北向的山脉与河谷割裂成几个区域,有些地区的山崖直接伸向黑海,有的

---

① 土库曼人在小亚细亚主要生活在塞尔柱突厥人与基督徒希腊人之间的边界地带,相比于顺从的塞尔柱突厥人与基督徒,这些土库曼部落更加桀骜不驯,迫使蒙古领主不断派兵对其镇压,到13世纪末14世纪初,土库曼人已经建立起许多独立领地。E. A. Zachariadou, "Trebizond and the Turks (1352 - 1402)," *Romania and the Turks (c. 1300 - c. 1500)*, London: Variorum Reprints, 1985, pp. 334 - 336.

地区是平缓的河流冲击平原,如耶希勒马河平原,这些地区之间陆路不通,难以交往,海路则比较便捷。凭借海上交通的优势,特拉比宗帝国控制着多个濒海城堡,从西到东分别为利姆尼亚、云耶、凯拉苏斯、迪里波利等,各城堡的临近地区大都生活着许多土库曼人。14 世纪后半期,影响特拉比宗的主要势力是利姆尼亚附近、耶希勒马克河三角洲土库曼人建立的塔吉·阿丁贝伊领地(Taceddin ogullari),凯拉苏斯附近哈利比亚地区的哈吉埃米尔贝伊领地(Haciemir ogullari)。14 世纪 70 年代之前的数十年间,特拉比宗以南本都山区的突厥政权,从西到东包括以谢宾卡拉希萨尔为中心的基里克·阿尔斯兰(Kilic Arslan)政权、以埃尔津詹为中心的阿赫·安颜·贝格(Akhi Ayna Beg)政权、以巴伊布尔特为中心的哈吉·拉提夫(Khoja Latif)政权。那以后,整个本都山区都在埃米尔穆塔哈坦(Mu ahhatan,1379—1403 年在位)统治之下。[①] 此外,14 世纪时,特拉比宗周围生活着的土库曼人,除切普尼部外,还有西南山区的白羊部(Aq Quyunlu),特拉比宗人称之为阿米提奥泰人(Amitiotai)。

特拉比宗与土库曼白羊部的交往比较多。在阿莱克修斯三世统治之前,白羊部土库曼人曾与特拉比宗帝国发生数次冲突。从 1340 年到 1348 年,在瓦西里、约翰二世、米哈伊尔皇帝在位期间,白羊部与特拉比宗帝国的冲突共五次。与小亚细亚的其他土库曼部一样,白羊部的早期生活并没有文献留下任何记载,直到 15 世纪伊朗高原出现强大的白羊王朝之后才产生较大影响。此前的活动只能通过特拉比宗帝国的史料一窥究竟。由于特拉比宗称其为阿米提奥泰人,故而有一种观点认为他们先去了小亚细亚东南部的阿米达(Amida)地区,之后再向北迁徙,到达特拉比宗附近定居。另一种观点认为他们和切普尼部土库曼人一样,进入小亚细亚后先向西迁徙,在 14 世纪中期时,生活在特拉比宗以西的奥米迪亚(Omidia)地区,之后向东再次返回伊朗高原。[②] 舒库罗夫在分析这些冲突时,认为白羊部的每次行动均与特拉比宗帝国内部的政治冲突相伴而生,故而白羊部可能是

---

① 穆塔哈坦(Mu ahhatan 或 Mutaharten),也写作 Trata 和 Tahirten,有学者认为这是穆塔哈·丁(Mu ahhar al-Dīn)的讹误。P. Jackson ed., *The Cambridge History of Iran, The Timurid and Safavid Periods*, vol. 6, Cambridge: Cambridge University Press, 1986, p. 77.

② R. Shukurov, "Between Peace and Hostility: Trebizond and the Pontic Turkish Periphery in the Fourteenth Century," pp. 47 - 54.

斯候拉派贵族的盟友，每当后者在特拉比宗帝国的内部斗争中处于不利地位时，白羊部就会发动侵袭，而侵袭常常改变内战中各派势力胜负的结果。① 阿莱克修斯三世即位之初，作为斯候拉派贵族扶立的傀儡皇帝，他似乎也得到白羊部的善意对待，在1352年之前，后者并未对特拉比宗帝国发动过侵扰。1352年，特拉比宗皇室与白羊部还结成联姻，“8月，皇帝的姐姐玛利亚·大科穆宁，嫁给白羊部酋长图拉里（Τουραλῆ᾿Αμηράν）的儿子库特鲁·贝格（Χουνλουπέκην）”②。

1352年的联姻极大地推动了特拉比宗帝国与白羊部土库曼人的关系，此后双方长期友好。1358年，玛利亚·大科穆宁以白羊部哈吞的身份访问特拉比宗，1363年，阿莱克修斯三世还打算帮助他的姐夫库特鲁·贝格在夏季牧场放牧，1365年，白羊部埃米尔库特鲁本人访问特拉比宗，受到极大礼遇，1367年，皇帝阿莱克修斯三世本人访问白羊部。“1358年8月22日，小纪第11年，皇帝的姐姐，与白羊部的库特鲁贝格联姻的公主哈吞玛利亚访问特拉比宗。……1363年8月15日，我们去帮助皇帝的姐夫图拉里之子库特鲁·贝格，但是我们没有能够提供帮助，因为突厥人感染了黑死病，我们在27天后返回特拉比宗。……1365年7月14日，小纪第3年，皇帝的姐夫埃米尔库特鲁·贝格带着妻子玛利亚·大科穆宁访问特拉比宗，他们与皇帝见面，并被迎入皇宫，他们……得到很好款待后，和平离开。……1366年，皇帝远行前往夏季牧场，我们总共有1 000多步兵和骑兵，从斯佩里亚（Σπελίας）出发前往费阿诺伊（Φιανόη），途经甘托佩丁（Γαντοπέδι）和马尔马拉（Μάρμαρας），我们还经圣梅库里奥斯（ἅγιος Μερκούριος）前往阿汉塔卡斯（Ἀχάντακας），与埃米尔一起相处四日后，我们在6月返回。”③在阿莱克

① R. Shukurov, “Between Peace and Hostility: Trebizond and the Pontic Turkish Periphery in the Fourteenth Century,” p. 61.

② “Panareti chronicon Trapezuntinum,” 17. 63 – 66, p. 365. 这里的白羊部酋长图拉里，即图尔·阿里（Tūr – ‘Ali b. Pahlvān，1340—1360年在位），也是文献记录的最早的白羊部酋长，此前正是在他的领导下，白羊部与特拉比宗帝国发生数次纠纷；他的儿子是法克尔·阿丁·库特鲁（Fakr-as-dīn Qutlugh，1360 – 1378/9年在位），“贝格”（beg）是突厥人常用的尊号。R. Quiring-Zoche, “Aq Qoyunlū,” *Encyclopaedia Iranica*, updated 05/08/2011, 29/01/2019: http://www.iranicaonline.org/articles/aq-qoyunlu-confederation.

③ 斯佩里亚指的是伊斯佩拉（Ispela），今马奇卡以西7千米处的奥卡克里（Ocakli）；费阿诺伊指的是费卡诺伊（Fikanoy），西距今马奇卡10公里。其他三个地名具体位置不详。“Panareti chronicon Trapezuntinum,” 26. 59 – 63; 33. 63 – 67; 38. 6 – 13; pp. 366 – 367. A. A. Bryer, “Greek and Türkmens: The Pontic Exception,” pp. 145 – 146.

修斯三世去世后,这种友好关系继续保持着,一直延续到1461年特拉比宗帝国灭亡。

特拉比宗帝国与南部各土库曼部的交往也很频繁。14世纪后半期,特拉比宗帝国以南的本都山区存在着许多伊斯兰政权,在1380年代之前曾入侵特拉比宗领土的有谢宾卡拉希萨尔的基里克·阿尔斯兰、埃尔津詹的阿赫·安颜·贝格以及巴伊布尔特的哈吉·拉提夫。谢宾卡拉希萨尔位于特拉比宗西南,1336年7月5日,盘踞在这里的蒙古贵族谢赫·小哈桑曾对特拉比宗发动攻击,遭遇暴雨后撤退。到14世纪后半期,控制此地的是土库曼人基里克·阿尔斯兰,他可能臣属于锡瓦斯的埃雷特纳(Eretnids)贝伊政权。在1380年基里克·阿尔斯兰去世之前,谢宾卡拉希拉尔及其周边地区一直由其控制。阿赫·安颜·贝格在1348年之前就控制了埃尔津詹,并与其他土库曼人一起在1348年联合进攻特拉比宗。哈吉·拉提夫在14世纪中期控制着巴伊布尔特。这些政权多数时间彼此敌对,经常发生冲突。1380年代后,整个地区被控制着埃尔津詹的埃米尔穆塔哈坦吞并,后者成为特拉比宗帝国南部最重要的邻居。

由于本都山的阻隔,从小亚细亚内陆通往特拉比宗必须经过查尔迪亚的山路,这里也是联通大不里士与特拉比宗的交通要道,商业地位以及战略防御地位十分重要,于是查尔迪亚成为南部穆斯林政权与特拉比宗争夺的焦点。阿莱克修斯三世在稳固政权后,开始加强对查尔迪亚的控制。前文曾提到,查尔迪亚公爵在1355年5月从穆斯林手中夺回要塞海里安与索罗亚那。海里安(Cherian,Χερίαναν)即是今土耳其东北城市希兰(Şiran),也称卡拉加(Karaca),位于本都地区南部山区,是从内陆的埃尔津詹前往黑海时途经本都山的交通要道之一,附近是齐加纳(Zigana)关口。索罗亚那(Sorogaina,Σορώυαινα)是靠近齐加纳关口的另一处城镇,即今土耳其托鲁尔(Torul),也称亚琳卡巴克(Yalinkavak)或索里纳(Sorina)等。① 同年底,阿莱克修斯三世为扩大战果,远征查尔迪亚,随行的史家帕纳雷托斯用第一人称记述道:"……11月27日,我们与皇帝一起出发——他与魔鬼勾结——前往海里安。起初,我们蹂躏那里,包围

① "Panareti chronicon Trapezuntinum," 18. 2-6, p. 366. A. A. Bryer, "Greek and Türkmens: The Pontic Exception," p. 144.

对手，抓捕许多俘虏，但就在当日6点，一些突厥人开始追逐我们，我们便开始阵脚大乱、四散奔逃。事实上，当时有50多名基督徒被杀，查尔迪亚总督约翰·卡瓦西提斯被捕。如果当时皇帝不在，我可能就迷路了；上帝保佑，我的马匹足够强壮，紧紧地跟在皇帝后面，我们自由了，在三天后抵达特拉比宗。”①

由于帕纳雷托斯并未提到1355年两次冲突的对象是谁，布莱耶认为，他们是生活在查尔迪亚地区的切普尼土库曼人。② 但舒库罗夫认为他们是埃尔津詹的阿赫·安颜·贝格所率军队。因为在他看来，切普尼土库曼人是游牧族，生活在埃尔津詹和巴伊布尔特的则是定居族群，习惯于游牧生活的部落缺乏攻陷城堡的欲望与能力，只有定居于城堡中的突厥人才会想要占领它。再者，此前切普尼土库曼人生活在锡瓦斯周围地区，直到1380年大败后才开始向东迁徙，此时他们尚未进入查尔迪亚地区，因此这些人不是切普尼人，③他推断那些人员应该来自埃尔津詹。

阿莱克修斯三世在1355年11月的惨败使他遭受了奇耻大辱，此后他开始频繁前往查尔迪亚地区，以强化对此地的控制。1357年“5月，皇帝带着一支军队前往夏季牧场（Παρχάριν），几乎走遍整个牧场”④。此处的“夏季牧场”尚无法确定地理位置，但根据上下文的记述来看，应当是特拉比宗控制下的山区草场。1362年时，由于特拉比宗再次爆发黑死病，阿莱克修斯三世再度带领重臣来到哈利迪亚，“3月，皇帝与太后等人都退往中查尔迪亚（Μεσοχάλδια）。”⑤他们在这里停留了三个月，6月才回返特拉比宗，避难的同时也为了巡视这个地区。“1367年夏末，皇帝前往拉拉汉尼的夏季牧场，以及利姆尼孔（Λιμνικόν），然后还去了更远

① “Panareti chronicon Trapezuntinum,” 20. 16－28, p. 366. A. A. Bryer, “Greek and Türkmens: The Pontic Exception,” p. 144.

② A. A. Bryer, “Greek and Türkmens: The Pontic Exception,” p. 132.

③ Rustam Shukurov, “Between Peace and Hostility: Trebizond and the Pontic Turkish Periphery in the Fourteenth Century,” p. 35.

④ “Panareti chronicon Trapezuntinum,” 23. 43－45, p. 366; A. A. Bryer, “Greek and Türkmens: The Pontic Exception,” p. 144.

⑤ “Panareti chronicon Trapezuntinum,” 31. 27－41, p. 367; A. A. Bryer, “Greek and Türkmens: The Pontic Exception,” p. 145.

的查尔迪亚。”①

就在阿莱克修斯三世数次前往查尔迪亚巡视的同时,穆斯林也对此地发动数次侵袭。1360 年 4 月,阿莱克修斯计划修建库库堡(Koukos),它位于巴伊布尔特通往查尔迪亚的必经之路,因此巴伊布尔特的哈吉·拉提夫采取行动意欲阻挠该要塞的修建。“皇帝前往查尔迪亚,修建库库堡(Κούκου)。哈吉·拉提夫带着 300 名骑兵从巴伊布尔特(Παωπερτίου)而来。那时,约翰·卡瓦西提斯失去了领导权。”②这次干扰行动未能起到作用,特拉比宗与巴伊布尔特的矛盾不断激化,1361 年“6 月 23 日,周五,小纪第 14 年,巴伊布尔特埃米尔哈吉·拉提夫带着 400 名精兵入侵马祖卡,直达拉拉汉尼和哈斯丹尼汗(Χασδενίχαν)等地。马祖卡民众武装对抗约 200 名突厥人发动的突袭,杀死绝大多数人,还俘获大量武器和马匹,杀死了埃米尔哈吉·拉提夫,并于次日带着他的头颅胜利返回特拉比宗”③。对哈吉·拉提夫的胜利,得益于阿莱克修斯三世采取的政策,因为他扼守住山路关口后,为己方赢得战略优势。

巴伊布尔特失去了首领后,沦为埃尔津詹埃米尔的辖地,他们同样对特拉比宗控制的库库堡虎视眈眈,并于 1361 年 10 月发动攻城战,“阿赫·安颜·贝格从埃尔津詹(Ἐρζίγκα)包围了格拉哈(Γόλαχας)16 天,他还带着攻城机械和威力十足的炸弹。但没有上帝庇护,他们什么也没得到,羞辱地空手而归。”④这次失利后,阿赫·安颜·贝格转而向东,进攻埃尔泽乌姆以及特拉比宗帝国东部的拉齐卡地区,迫使阿莱克修斯三世曾前往拉齐卡筹划防御事宜。⑤ 1362 年 7 月 2 日

---

① “Panareti chronicon Trapezuntinum,” 39. 14 – 20; 28 – 30, p. 368。拉拉哈尼(Λαραχάνην),即 Laraxanes,也写作 Larhan 或 Larxan,今土耳其东北部特拉比宗辖区南部马奇卡城的阿卡尔苏(Akarsu)村;利姆尼孔(Λιμνικόν)还不是很确定,布莱耶认为是海拔 2 400 米处的克拉特达格关(Kolatdağ), A. A. Bryer, “Greek and Türkmens: The Pontic Exception,” p. 146.

② “Panareti chronicon Trapezuntinum,” 28. 72 – 76, p. 366. A. A. Bryer, “Greek and Türkmens: The Pontic Exception,” p. 145. R. Shukurov, “Between Peace and Hostility: Trebizond and the Pontic Turkish Periphery in the Fourteenth Century,” p. 34.

③ “Panareti chronicon Trapezuntinum,” 29. 2 – 11, p. 367. 哈斯丹尼汗(Χασδενίχαν, Chasdenichas),今玉卡里柯伊(Yukarıköy),马奇卡以南 4 千米处,见 A. A. Bryer, “Greek and Türkmens: The Pontic Exception,” p. 145.

④ “Panareti chronicon Trapezuntinum,” 30. 19 – 26, p. 367.

⑤ R. Shukurov, “Between Peace and Hostility: Trebizond and the Pontic Turkish Periphery in the Fourteenth Century,” p. 33.

或3日时,埃尔津詹的埃米尔阿赫·安颜·贝格去世,各土库曼势力陷入新一轮争夺埃米尔权位的较量,特拉比宗则得享短暂平静。

1362年,来自谢宾卡拉希萨尔的皮尔·侯赛因(Pīr Husayn)控制了埃尔津詹,并派人占领巴伊布尔特,舒库罗夫指出此人可能是安颜·贝格的儿子,于1379年下半年去世。[①] 皮尔·侯赛因的行动得到谢宾拉卡希萨尔的埃米尔基里克·阿尔斯兰的支持,因此他控制下的埃尔津詹和巴伊布尔特实际上也属于后者的势力范围。这样,特拉比宗南部与基里克·阿尔斯兰的领地比邻,从1368年开始,基里克·阿尔斯兰成为哈利迪亚的主要威胁。

从1368年到1380年基里克·阿尔斯兰去世之前,查尔迪亚地区爆发数次冲突。“1368年2月,基里克·阿尔斯兰(Γλιτζι ασθλάνης)入侵并包围了查尔迪亚附近属于我们的领地,皇帝于是率领军队前往抵抗……1369年1月,格拉哈上了突厥的当后被占领,为此,查尔迪亚地区被洗劫一空,当地居民有些在战斗中被杀,有些藏身于危险的岩洞……1370年5月,皇帝出发前往马尔马拉地区的夏季牧场,只带了很少的随从。在5月21日,周二,他们突然遭遇一队突厥人,大约有500名骑兵和300名步兵。皇帝的随从有不到100人,但皇帝投入战斗,还凭借武器和追逐,后来把一些敌人的头颅以及他们旗帜带了回来……1373年1月13日,皇帝率军出发前往海里安,我们的军队遭遇暴雪以至于寸步难行,暴雪如此之大,以至于140名基督徒死亡,有些死于饥饿,有些(半数以上)死于寒冷。……1374年4月16日,小纪第13年,格拉哈被查尔迪亚人占领,重新回到皇帝统治之下,但敌人很快将其夺回。”[②]1379年8月,当阿莱克修斯三世准备送女儿出嫁时,得到基里克·阿尔斯兰入侵特拉比宗周边地区的消息,于是中途返回积极抵抗入侵,直到9月底对方退兵,特拉比宗方才解除了威胁。[③]

1380年基里克·阿尔斯兰的去世,对特拉比宗南部边境格局产生了重要影响,此前埃尔津詹统治者皮尔·侯赛因于1379年去世,具有埃雷特纳血统的穆塔

① R. Shukurov, “Between Peace and Hostility: Trebizond and the Pontic Turkish Periphery in the Fourteenth Century,” p. 36.

② “Panareti chronicon Trapezuntinum,” 41. 46 – 49; 41. 49 – 52; 43. 56 – 65; 45. 81 – 86; 47. 1 – 3, pp. 368 – 369. A. A. Bryer, “Greek and Türkmens: The Pontic Exception,” pp. 146 – 147.

③ “Panareti chronicon Trapezuntinum,” 49. 35 – 50, p. 365.

哈坦夺取埃尔津詹,基里克·阿尔斯兰去世后,穆塔哈坦继续西扩,最终,其势力范围西迄科尤尔希萨尔(Koyulhisar)、东至埃尔泽乌姆,①将特拉比宗与小亚细亚的其他内陆政权隔绝开来。科尤尔希萨尔即是今土耳其东北部特拉比宗省以西的吉雷松省所辖内陆城市,位于谢宾卡拉希萨尔以西约 30 千米。公元前 63 年,庞贝在击败本都王国军队后,在此建立尼科波利斯(Nicopolis),拜占庭帝国时,该城隶属于科洛尼亚(Koloneia 或 Coloneia),分别隶属亚美尼亚军区和查尔迪亚军区。科尤尔希萨尔之名源于白羊部,即 Koyunlu Hisar,意译为“羊堡”。

阿莱克修斯三世成功地与穆塔哈坦成为盟友,将自己的一个女儿嫁给他。但帕纳雷托斯没有记载这一婚事,只是当 1401 年奥斯曼土耳其苏丹拜齐德一世(Bayezid Ⅰ,1389—1402 年在位)攻占埃尔津詹时,提到将穆塔哈坦的妻子、特拉比宗公主释放了。② 这样,特拉比宗帝国南部的伊斯兰政权就成为特拉比宗帝国的盟友,而在伊斯兰史家看来,特拉比宗帝国是后者的藩属国,需要缴纳一定贡赋,故而舒库罗夫认为,正是穆塔哈坦时期的这种友好关系,为特拉比宗帝国的南部地区提供了长期和平。③

特拉比宗与西部土库曼政权的关系比较复杂。当时在特拉比宗帝国西部的哈利比亚地区生活着哈吉·埃米尔(Haji Amir)率领的土库曼人,即哈吉·埃米尔贝伊领地,他们直接威胁到凯拉苏斯、伊阿宋海角(Cape Jason)、马祖卡(Matzouka)和老马祖卡(Palaiomatzouka)等地。在 14 世纪前半期,哈吉·埃米尔的父亲巴伊拉姆(Bayram)曾在 1313 年和 1332 年两次入侵马祖卡,分别侵入到营帐和阿索玛托。④

阿莱克修斯三世即位后,特拉比宗帝国与哈利比亚的哈吉·埃米尔贝伊于 1357 年发生两次冲突。第一次是在 1357 年 1 月,皇帝此前率领军队在 1356 年底

---

① R. Shukurov, “Churches in the Citadels of Ispir and Bayburt: an Evidence of ‘Harem Christianity’?” *cura, Polidoro : Studi Offerti Ad Antonio Carile*, G. Vespignani, Spoleto: Centro Italiano Di Studi Sull' alto Medioevo, 2013, p. 722.

② A. A. Bryer, “Greek and Türkmens: The Pontic Exception,” p. 149.

③ R. Shukurov, “Between Peace and Hostility: Trebizond and the Pontic Turkish Periphery in the Fourteenth Century,” p. 39.

④ 有时这里也以巴伊拉姆名字命名为“巴伊拉姆贝伊领地”。关于巴伊拉姆入侵特拉比宗帝国,详见第八节“阿莱克修斯二世”、第十节“曼努埃尔二世”。

前往利姆尼亚，过了一段时间后从那里来到凯拉苏斯，“在凯拉苏斯举行圣诞节弥撒，在云耶庆祝主显节；这时，有14名突厥人被杀。”①米勒认为，皇帝前来利姆尼亚、凯拉苏斯、云耶等地是为了散心，排遣1356年在特拉比宗南部山区远征海里安土库曼人遭遇大败的沮丧。② 但布莱耶认为，皇帝之所以突然前往凯拉苏斯和云耶，可能是此时巴伊拉姆去世，他想趁其内部动荡之机主动进攻，故而杀死了一些突厥人，作为主显节的祭品。③ 阿莱克修斯三世的主动袭击自然引起突厥人的不满，11月份，哈吉·埃米尔进行反击，“13日，周一，小纪第11年（6866年），巴伊拉姆之子哈吉·埃米尔（Χατζύμυρις）带领无数战士入侵马祖卡（Ματζουκαν）地区，即从老马祖卡（Παλαιοματζούκα）直到迪凯西蒙（Δικαίσμο）一带，由于打了我们的卫兵一个措手不及，他们劫掠并抓走许多人、牲畜和财物”。米勒将Χατζύμυρις解读为Hadji-Omar，布莱耶认为解读有误，应是Haci emir，舒库罗夫则认为是Hājī Amīr，后两者都是深入研究特拉比宗与周边伊斯兰部族交往历史的专家，准确度更高，因此这里采用后者。马祖卡（Matzuka）即今土耳其东北特拉比宗辖下的马奇卡（Maçka）区，该地位于特拉比宗以南29千米，山崖耸立，著名的圣苏梅拉（St. Soumeila）修道院就位于该地。老马祖卡和迪凯西蒙为马祖卡地区的两个地名，布莱耶认为分别是今哈姆西柯伊（Hamseköy）和切维兹里克（Cevizlik-Maçka）。④

从这两件事看，哈利比亚的土库曼人并没有主动袭击特拉比宗，而是阿莱克修斯三世临时起意主动进攻对方，行动背后并没有明确的政治或宗教目的。故而，面对哈吉·埃米尔的报复性劫掠，阿莱克修斯三世虽感意外，但并不打算以武力回应，而是选择和谈。经过数月协商，他将自己的另一个姐妹塞奥多拉嫁给哈吉·埃米尔，1357年“8月29日，周六，小纪第11年，瓦西里皇帝的女儿公主塞奥多拉，嫁给哈吉·埃米尔，斯候拉派贵族瓦西里·胡帕卡斯（Βασιλείος Χουπακ

---

① “Panareti chronicon Trapezuntinum,” 16. 49 – 51, p. 365.

② W. Miller, *Trebizond: The Last Greek Empire of the Byzantine Era, 1204 – 1461*, p. 60.

③ A. A. Bryer, “Greek and Türkmens: The Pontic Exception,” p. 130.

④ “Panareti chronicon Trapezuntinum,” 24. 49 – 55, p. 366. W. Miller, *Trebizond: The Last Greek Empire of the Byzantine Era, 1204 – 1461*, p. 59. A. A. Bryer, “Greek and Türkmens: The Pontic Exception,” p. 145. R. Shukurov, “Between Peace and Hostility: Trebizond and the Pontic Turkish Periphery in the Fourteenth Century”, p. 63.

άς)护送前往。”①

此后,在1380年代中期之前,特拉比宗与哈利比亚的哈吉埃米尔贝伊领地一直保持和平。1361年,阿莱克修斯三世曾亲自访问哈利比亚,“12月13日,我们与皇帝前往哈利比亚,来到巴伊拉姆之子哈吉·埃米尔(Χατζύμυρις)的城堡,更准确地说,他和我们一起前往凯拉苏斯。我们沿陆路从哈利比亚前往凯拉苏斯,哈吉·埃米尔和突厥人相当顺从地跟随着我们。”②米勒认为,哈利比亚的哈吉·埃米尔是隶属阿莱克修斯三世的属臣,③但其他学者并不认同。从帕纳雷托斯寥寥数语的记载来看,哈利比亚的土库曼人保持着自己的独立,阿莱克修斯三世通过联姻政策与其交好结盟,保证自己的安全,双方往来时身份平等。

在哈吉·埃米尔贝伊领地以西靠近利姆尼亚地区生活着另一个土库曼部落。14世纪中期,他们由一位叫塔吉·阿丁(Taj al-Din)的首领统治,故而称为塔吉·阿丁贝伊政权(Taceddin ogullari 或 Beylik of Tacettin)。其所辖地区在今土耳其托卡特省,以尼克萨尔(Niksar)④为中心,处于萨姆松东南、利姆尼亚和云耶的正南。帕纳雷托斯称,1347年时,位于伊阿宋海角的圣安德烈阿斯修道院及云耶等地遭到劫掠,还被占领,⑤有学者认为发动劫掠的正是塔吉·阿丁率领的土库曼人。⑥

阿莱克修斯三世即位后,直到1362年,帕纳雷托斯才提到塔吉·阿丁,称“这时(1362年6月),来自扎拉比·塔吉·阿丁(τζαλαπής Τατζιατίνης)的使者抵达,请求联姻。但这时一些人袭击(皇帝营地)几乎成功地以暴乱推翻皇帝”⑦。那么,在1362年之前,塔吉·阿丁与特拉比宗帝国关系如何?他为何此时提出联姻?以及联姻请求为何遭到阿莱克修斯的拒绝?这些问题成为现代学者们考察

① “Panareti chronicon Trapezuntinum,” 26. 63 – 68, p. 366. A. A. Bryer, “Greek and Türkmens: The Pontic Exception,” p. 145.

② “Panareti chronicon Trapezuntinum,” 30. 12 – 19, p. 367. A. A. Bryer, “Greek and Türkmens: The Pontic Exception,” p. 145.

③ W. Miller, *Trebizond : The Last Greek Empire of the Byzantine Era, 1204 – 1461*, p. 61.

④ 尼克萨尔(Niksar),土耳其中北部重要城市,希腊化时期称为卡比拉(Cabira,或 Kabira),罗马人治下这里称为迪奥波利斯(Diopolis),老普林尼时改称新凯撒利亚(Neokaisareia),尼克萨尔即源自新凯撒利亚。

⑤ “Panareti chronicon Trapezuntinum,” 11. 67 – 68, p. 364.

⑥ R. Shukurov, “Between Peace and Hostility: Trebizond and the Pontic Turkish Periphery in the Fourteenth Century,” p. 41.

⑦ “Panareti chronicon Trapezuntinum,” 31. 41 – 43, p. 367; A. A. Bryer, “Greek and Türkmens: The Pontic Exception,” p. 145.

双方关系时的重点。学者们普遍认为，在此之前，特拉比宗帝国与塔吉·阿丁贝伊政权之间不时爆发冲突。布莱耶认为，自阿莱克修斯三世即位后，他或皇室其他成员曾先后四次前往利姆尼亚，虽然有时掺杂着其他原因，但其目的是为了巩固对利姆尼亚的控制。第一次是1351年9月到12月底，由于叛乱的多兰尼提斯家族控制了利姆尼亚，太后伊琳妮等人率队去征讨，历时三个月后成功夺回该地区。第二、三次在1356年12月19日到1357年3月初，皇帝与要臣们在圣诞节前去了利姆尼亚，后来去凯拉苏斯过节，并在那里与土库曼人发生冲突，他们可能在1月初返回利姆尼亚，并在那里停留近三个月。第四次是1360年12月6日到1361年3月20日，“皇帝前往利姆尼亚，在那里停留三个半月后返回特拉比宗。”①对此，舒库罗夫则明确称，特拉比宗皇室前往利姆尼亚的目的在于抵抗塔吉·阿丁，他所率领的土库曼人每年冬季从山区前往耶希勒马克河三角洲过冬时，对利姆尼亚造成的威胁。塔吉·阿丁在1362年提出的联姻请求，是由于他们与南部锡瓦斯的埃米尔关系恶化，于是希望能与特拉比宗结盟，但遭到阿莱克修斯三世的婉拒。②

根据帕纳雷托斯的记载，可以找到两条阿莱克修斯三世婉拒其婚约的原因：第一，帕纳雷托斯称当时特拉比宗差点爆发内乱，阿莱克修斯三世无暇顾及塔吉·阿丁的使者；第二，特拉比宗此前刚刚发生第二次黑死病，损失惨重，不适宜谈论婚事。还有一点需要注意的是，阿莱克修斯三世的两个姐妹都已经出嫁，此时特拉比宗皇室似乎并没有一位适龄公主能够承担联姻的使命。此外，舒库罗夫提出另一原因，塔吉·阿丁贝伊政权与特拉比宗帝国之间隔着哈吉·埃米尔贝伊领地，与双方都处于敌对关系。当塔吉·阿丁向特拉比宗提出联姻请求时，阿莱克修斯三世不得不考虑哈吉·埃米尔的意见，他不能轻易答应与塔吉·阿丁联姻，那样意味着对哈吉·埃米尔盟约关系的背叛。另外，塔吉·阿丁政权对特拉

---

① A. A. Bryer, “Greek and Türkmens: The Pontic Exception,” p. 129. “Panareti chronicon Trapezuntinum,” 16. 49–52; 21. 31–38; 29. 86–88, p. 365.

② R. Shukurov, “Between Peace and Hostility: Trebizond and the Pontic Turkish Periphery in the Fourteenth Century,” pp. 41–42.

比宗的威胁不是特别严峻。①

从1362年到1379年间,特拉比宗帝国与塔吉·阿丁贝伊政权的关系并没有发生变化,仍然维持着以前的状态。1369年1月底到5月底,皇帝再次前往利姆尼亚,并在那里停留四个月。② 到1379年夏,局势出现变化,“经过罗马人(特拉比宗)与穆斯林(Μουσουλμανικός)——我指的是皇帝与塔吉·阿丁——之间多次派遣使者进行商谈,皇帝于1379年8月14日出发,带着两艘大型战舰和两艘大船,还有他的女儿尤多奇亚……在云耶,他于1379年10月8日与塔吉·阿丁会面,将他的女儿尤多奇亚嫁给对方。同时,皇帝控制了利姆尼亚。”③

根据上面的记述,可知在1379年之前,塔吉·阿丁与特拉比宗帝国之间必然发生过冲突,导致利姆尼亚被塔吉·阿丁占领。经过数轮谈判,双方于1379年8月14日签署联姻协议,阿莱克修斯三世同意将女儿尤多奇亚嫁过去,虽然送嫁过程略有波折,但最终在云耶举办婚礼,而利姆尼亚作为塔吉·阿丁提供的聘礼回到阿莱克修斯三世手中。

1379年,特拉比宗与塔吉·阿丁的联姻如此突然,而帕纳雷托斯的记述如此简单,学者们难以猜测,究竟发生了何事令阿莱克修斯三世做出这一决定。哈利比亚的哈吉·埃米尔此时可能已经去世,但特拉比宗仍然与哈利比亚保持着盟友关系,阿莱克修斯三世将自己的一个女儿嫁给了哈吉·埃米尔的儿子苏莱曼·贝格。尽管苏莱曼·贝格与塔吉·阿丁同为阿莱克修斯三世的女婿,但他们仍彼此敌对,“10月,小纪第10年(1386年),皇帝的女婿、利姆尼亚埃米尔塔吉·阿丁率领12 000人进攻皇帝的另一个女婿哈利比亚的苏莱曼·贝格(Σουλαμάμπεκ),入侵了哈利比亚,那时,塔吉·阿丁最先被打败,被砍成数段死去,同时大约有3 000人被杀,其余人丢弃装备逃亡,他们失去了约7 000匹马和无数武器。”④塔吉·阿丁去世后,阿莱克修斯三世的女儿尤多奇亚作为哈吞继续生活在那里,塔

① R. Shukurov, “Between Peace and Hostility: Trebizond and the Pontic Turkish Periphery in the Fourteenth Century,” pp. 41-42.

② “Panareti chronicon Trapezuntinum,” 42. 54-56, p. 365.

③ “Panareti chronicon Trapezuntinum,” 49. 35-50, p. 365.

④ “Panareti chronicon Trapezuntinum.” 52. 87-95, p. 369. A. A. Bryer, “Greek and Türkmens: The Pontic Exception,” p. 148.

吉·阿丁的贝伊领地与特拉比宗继续保持着友好关系。她后来再次以特拉比宗公主身份嫁给了一位塞尔维亚领主君士坦丁·德扬诺维奇(Konstantin Dejanović)。①

在特拉比宗西南部的山区还生活着切普尼土库曼人,此前他们与特拉比宗曾数次冲突,在1380年时,阿莱克修斯三世率领大军远征切普尼。“1380年2月,小纪第3年,皇帝从海陆两路出发夹击切普尼人(Τζιαπνίδες)。大约在3月4日前后,他将军队分为两部分。他派遣600名步兵从贝德鲁姆(Πέτρωμαν)出发,皇帝本人指挥骑兵和另一支更庞大的步兵,穿过那些沿着费拉伯尼特斯河(Φιλαβωνίτης)上游而建的村庄,前往他们的冬季营地,摧毁他们的营帐,杀死许多人,烧毁营帐,解救出被俘虏的我们的人……然后他回转兵锋,在斯拉波皮亚斯提斯(Σθλαβοπιάστης)停留一段时间。从贝德鲁姆出发的600个步兵袭击了科詹塔(Κοτζαντα),在那里劫掠、屠杀并放火焚烧,当他们一路向海岸边冲杀时,每次遇到那些追逐他们的突厥人都会杀死很多人。罗马人希望遇见皇帝,先期抵达海岸,在那里艰苦战斗,尽可能杀死敌人。然而,当他们抵达斯拉波皮亚斯提斯附近的海岸时,并没有发现原定要到达那里等候的皇帝,他们不得不向后撤退,大约有42名罗马人阵亡。突厥的男人、女人、孩子死亡超过100人。”②这次战斗规模很大,似乎给切普尼人造成很大破坏,他们开始向东迁徙,到1395年前后到达哈利迪亚的海里安附近。③

特拉比宗帝国与周边基督教东正教国家的关系也是一波三折。阿莱克修斯三世治下的特拉比宗与拜占庭帝国的关系就十分复杂。阿莱克修斯三世的即位曾得到拜占庭皇帝约翰六世·坎塔库震努斯的全力支持,并娶了他的侄女塞奥多拉为妻。1354年,约翰五世·帕列奥列格重新夺回皇权,迫使约翰六世退隐修道院,还派兵支持老迈的米哈伊尔重回特拉比宗夺取皇权,但后者中途失败退回。此后,约翰五世调整政策,派遣使者与特拉比宗重建友好关系。“1358年1月22

① A. A. Bryer, “Greek and Türkmens: The Pontic Exception,” p. 152.

② “Panareti chronicon Trapezuntinum,” 50. 51－74, p. 369. 贝德鲁姆(Bedrum)为今土耳其东北蒂雷博卢东南部距离哈尔希特河(Harşit River)5千米的古堡。费拉伯尼特斯河即哈尔希特河。斯拉波皮亚斯提斯(Σθλαβοπιάστης)可能指现代的瓦克菲克比尔(Vakfikebir)。科詹塔为今库尔屯(Kurtun)和苏玛堡(Suma Kale)附近。A. A. Bryer, “Greek and Türkmens: The Pontic Exception,” pp. 147－148.

③ R. Shukurov, “Between Peace and Hostility: Trebizond and the Pontic Turkish Periphery in the Fourteenth Century,” p. 35.

日,使臣(λεοντόστηθος)约翰从君士坦丁堡来到特拉比宗……1361年,约翰·帕列奥列格的使臣约翰前来与我们的皇帝商谈。”①经过数次协商,特拉比宗的大科穆宁家族与拜占庭的帕列奥列格家族计划缔结婚约,以加强两个皇室的联盟。1363年4月,阿莱克修斯三世与一众大臣一起前往君士坦丁堡,与皇帝、皇后以及牧首会晤,筹划约翰五世之子与阿莱克修斯之女的婚事。② 后来不知什么原因,婚约并未达成。米勒认为双方本来安排的是皇帝约翰次子曼努埃尔迎娶阿莱克修斯二世之女尤多奇亚(1357年西诺普埃米尔去世后,孀居的尤多奇亚返回特拉比宗),但当特拉比宗公主抵达拜占庭时,患有痛风的皇帝着迷于她的美丽,决定自己迎娶她。③

由于帕纳雷托斯的记载十分简略,拜占庭方面也没有其他史家对此事有过记载,因此后人难以判断双方的联姻为何没有达成。此后,特拉比宗帝国与拜占庭帝国的关系也出现了变化。自从阿莱克修斯二世去世之后,特拉比宗帝国的权威就受到拜占庭帕列奥列格王朝的压制,特别是特拉比宗内乱期间,后者甚至干预插手特拉比宗皇帝的人选。约翰六世在位时,他不仅扶植阿莱克修斯三世即位,还将侄女嫁过来,并且在政策上也对阿莱克修斯三世施加影响。当约翰五世重新掌控帝国权力后,正逢阿莱克修斯三世成年,其帝位十分巩固,双方处于平等盟友地位,虽然婚姻无法缔结,但经过数次商谈改善了阿莱克修斯三世与帕列奥列格王室的关系,此后拜占庭方面也没有再试图干涉特拉比宗的政治。1373年11月11日,拜占庭皇帝约翰五世还亲自访问特拉比宗。④ 不久之后,君士坦丁堡的拜占庭皇室陷入内斗,双方之间的来往暂时停滞。

此外,阿莱克修斯三世统治时期,特拉比宗帝国与东部的格鲁吉亚继续保持友好关系。1367年6月,皇帝与太后等人曾一同前往帝国辖区的东部地区拉齐卡,与格鲁吉亚国王巴格拉特五世会晤,并在一个叫“长滨”的地方举行婚礼,将

① R. Shukurov, “Between Peace and Hostility: Trebizond and the Pontic Turkish Periphery in the Fourteenth Century,” 25. 56-58; 29. 89-92, p. 366.

② R. Shukurov, “Between Peace and Hostility: Trebizond and the Pontic Turkish Periphery in the Fourteenth Century,” 32. 48-62, p. 367.

③ W. Miller, *Trebizond : the Last Greek Empire of the Byzantine Era, 1204-1461*, p. 68. 此处米勒误将约翰七世的史记套用到约翰五世身上。

④ “Panareti chronicon Trapezuntinum,” 46. 87-95, p. 368.

长女安娜·大科穆宁嫁给巴格拉特五世。根据格鲁吉亚史料的记载，巴格拉特五世的第一任妻子为伊琳妮·大科穆宁，为巴格拉特五世育有两子乔治和戴维，但帕纳雷托斯对其并无记载。学者们认为她可能是瓦西里皇帝的女儿，也就是阿莱克修斯三世的姐妹。其母亲既非皇后伊琳妮·帕列奥列格，也非阿莱克修斯三世的生母特拉比宗的伊琳妮。1366年伊琳妮去世，第二年，巴格拉特五世迎娶了另一位特拉比宗公主安娜。①

特拉比宗皇帝与东正教教会的关系相对而言比较友好。特拉比宗国教为东正教，在宗教事务上隶属于君士坦丁堡教区，属于其下的都主教区，都主教由牧首任命，例如1370年8月13日上任的都主教塞奥多西（Θεοδόσιος）来自塞萨洛尼基，曾是位修道士。② 按照东正教教会的传统，宗教领袖同时还服从于所在地的统治者，故而阿莱克修斯三世对特拉比宗都主教也拥有较高权威，当卡瓦西提斯家族发动叛乱时，1364年都主教尼蓬因参与叛乱获罪身亡，君士坦丁堡教会方面也没有提出意见，而是另外选派一位都主教。

阿莱克修斯三世也是一位虔诚的信徒，与其前任皇帝们一样，他向教会和修道院颁赐大量捐赠和特权。他尤其钟爱特拉比宗以南50多千米处的苏梅拉修道院，1360年还出资修缮了修道院的一处连接通道。1361年，他与皇族和亲信官员一起到这里观看日食，1365年，他发布诏令赋予修道院在其统治下享有自治权，无论是先皇们颁赐、虔诚信徒捐赠、还是修道院自行购买的所有产业和农奴，均完全由修道院本身所有，政府的收税官不得对修道院的农奴征税，修道院只需要每年向皇帝的内库缴纳两次贡赋。此外，修道院组建武装部队，要自己承担修道院防务任务，安排守卫应对穆斯林的袭击。③

阿莱克修斯三世为了彰显自己的虔诚，还出资在阿索斯圣山上建造圣狄奥尼修斯（St. Dionysius）修道院。狄奥尼修斯是塞奥多西的兄弟，后者于1370年成为特拉比宗都主教，而后，狄奥尼修斯本人也到访特拉比宗，并且颇受阿莱克修斯三

---

① Ibid, 39. 21 – 30, p. 368. C. Cawley, “Profile of Bagrat V, his wives and children,” *Geogian Chronicle*, updated 02/27/2019, 03/04/2019 from http://fmg.ac/Projects/MedLands/GEORGIA.htm#BagratVdied1395B.

② “Panareti chronicon Trapezuntinum,” 44. 66 – 80, p. 368.

③ W. Miller, *Trebizond: The Last Greek Empire of the Byzantine Era, 1204 – 1461*, pp. 62 – 63.

世的欣赏。1374 年,皇帝答应出资 1 000 万银币阿斯普,由狄奥尼修斯负责掌管,主持在阿索斯圣山南端西侧修建一座修道院,并承诺修道院建成后每年捐赠 1 000 银币,还嘱咐自己的继承人要继续资助该修道院。作为回报,该修道院坚持为皇帝阿莱克修斯三世、为皇后以及特拉比宗皇室的过去、现在和未来的所有成员祈祷。① 因此这座修道院也被称为“大科穆宁修道院”。

皇帝及皇室成员对于特拉比宗的其他宗教机构同样慷慨。阿莱克修斯三世曾出资在凯拉苏斯以东的格雷莱(Görele)修缮圣福卡斯(St. Phokas,希腊人称为孔蒂勒)教堂,后改建为修道院。1360 年代时,太后伊琳妮出资在特拉比宗东南的博兹特佩山脚修建了圣塞奥斯盖帕斯托斯修院(Παναγία Θεοσκ έπαστος)②,该修院还保存着阿莱克修斯三世及其母亲和妻子的画像。③ 凭借着对教会的大量虔诚捐赠,阿莱克修斯三世为自己留下了大量历史记录,成为特拉比宗帝国历史上在文化、宗教方面影响较大的皇帝。

特拉比宗帝国与意大利人的关系充满了矛盾。阿莱克修斯三世即位之初,正逢威尼斯与热那亚之间爆发第三次战争,战火也波及特拉比宗,“1352 年 8 月,威尼斯与热那亚的商船发生冲突,许多船只被烧毁。”④1356 年,这场战争以热那亚人的胜利告终,这对于特拉比宗来说更糟,因为热那亚人长期垄断称霸的地位益发牢固。而威尼斯人在黑海、特别是特拉比宗的商站则遭到废弃或被占领。在此情形下,阿莱克修斯三世试图与威尼斯联系,希望借助威尼斯的力量打破热那亚人的商业霸权。1360 年,阿莱克修斯三世派使团前往威尼斯,希望后者重新前往特拉比宗进行贸易。⑤ 威尼斯人此前一直在考虑重新恢复在黑海地区的贸易,也认真衡量君士坦丁堡、特拉比宗以及土耳其人的政治局势,斟酌如何利用这些因素从热那亚人手中抢夺商业利益,故而有学者认为,1360 年的贸易请求是威尼斯人主动提出的,并以成立反突厥人联盟来诱惑阿莱克修斯三世。⑥

---

① Ibid, p. 64. Also see D. M. Nicol, *The Last Centuries of Byzantium, 1261 – 1453*, p. 403.

② 古城米特拉山;“塞奥斯盖帕斯托斯”表示“上帝庇佑的”。

③ W. Miller, *Trebizond : The Last Greek Empire of the Byzantine Era, 1204 – 1461*, pp. 63 – 64.

④ “Panareti chronicon Trapezuntinum,” 17. 66 – 69, p. 365.

⑤ W. Miller, *Trebizond : The Last Greek Empire of the Byzantine Era, 1204 – 1461*, p. 68.

⑥ A. M. Talbot and A. P. Kazhdan, “Alexius III Komnenos,” *The Oxford Dictionary of Byzantium*, A. P. Kazhdan ed., p. 65.

无论重新建立贸易关系的要求由谁提出，特拉比宗帝国此后与威尼斯之间往来频繁。威尼斯人在1363年开始着手与特拉比宗重启贸易，1364年，便遣使来到特拉比宗，要求得到一块像热那亚人一样的自治领地，1366年，他们委派了驻特拉比宗威尼斯社区的巴伊，并于1368年在特拉比宗完成其堡垒的修缮与加固。① 威尼斯人在特拉比宗的堡垒选址颇费了些周折。起初，阿莱克修斯三世将加卜拉斯（Gabras）修道院下面的一处土地划给威尼斯，赋予他们全部商业特权。但威尼斯人认为，这个地方不够便利，特别是相对于热那亚人占领的狮堡而言比较差。直到1367年，阿莱克修斯三世将圣克罗齐（Sta. Croce）赐予威尼斯人，才令他们满意。②

威尼斯人希望能够在特拉比宗得到皇帝的支持，将这里建设成为重要商站，从而彻底击溃热那亚人的商业霸权，为此，他们还送给阿莱克修斯三世一座钟作为礼物。③ 然而，阿莱克修斯三世的态度以及给予威尼斯人的特权远不能满足他们的愿望，特拉比宗的威尼斯人时不时地表达抗议，并与当地的希腊人和帝国政府发生冲突。1374年，威尼斯驻特拉比宗的巴伊还威胁要全部撤离特拉比宗，除非皇帝阿莱克修斯三世答应改善给予他们的特权，他们甚至还打算支持其他反对者或直接对特拉比宗发动攻击，以推翻阿莱克修斯三世的统治。④ 1376年，威尼斯人支持皇帝的儿子安德罗尼库斯·大科穆宁反对阿莱克修斯三世，就像他们在君士坦丁堡所做的那样，虽然最终他们没有取得成功，却迫使阿莱克修斯三世不得不将威尼斯人的商业税降低了一半。⑤

不过，威尼斯人在1360—1370年代的努力并未获得预期的成功，他们没有在特拉比宗站稳脚跟，没有打通从特拉比宗前往大不里士的商路，故而，当时威尼斯人要想获得来自印度洋的香料，就只能通过亚速海东北角的塔纳港（Tana）⑥，而

---

① D. M. Nicol, *Byzantium and Venice : A Study in Diplomatic and Cultural Relations*, Cambridge: Cambridge University Press, 1992, p. 310.

② W. Miller, *Trebizond : The Last Greek Empire of the Byzantine Era, 1204 - 1461*, p. 68.

③ D. M. Nicol, *Byzantium and Venice : A Study in Diplomatic and Cultural Relations*, p. 310.

④ D. M. Nicol, *Byzantium and Venice : A Study in Diplomatic and Cultural Relations*, p. 310.

⑤ W. Miller, *Trebizond : The Last Greek Empire of the Byzantine Era, 1204 - 1461*, p. 68.

⑥ 塔纳港，亦称塔奈斯港（Tanais），位于顿河汇入亚速海东北角的三角洲，是古希腊人建立的商业城市，距今俄罗斯顿河畔罗斯托夫（Rostov-na-Don）西约30千米处。

这一通道在1381年的《都灵和约》已经作出规定,特拉比宗彻底丧失了控制权,黑海北部商路几乎完全处于热那亚人控制下。① 在14世纪最后10年间到15世纪前半期,热那亚人与威尼斯人在黑海的商业争斗仍在持续,特拉比宗帝国还要继续与这两个意大利共和国交涉往来。

阿莱克修斯三世的家庭成员中,阿莱克修斯三世的母亲、太后伊琳妮对其统治十分重要。当阿莱克修斯三世尚且年幼时,伊琳妮带着他与兄长阿莱克修斯在君士坦丁堡挣扎求生,当拜占庭皇室以及特拉比宗贵族拥立他即位之初,以及还在少年时代的约翰以阿莱克修斯三世称号进行统治时,也是太后伊琳妮挺身而出,代表皇帝率军前去镇压叛乱的贵族,稳固其政权。这位太后比较长寿,在阿莱克修斯三世的许多行动中,伊琳妮始终伴随左右,与他一同前往利姆尼亚,一同前往苏梅拉修道院观看日食等等,她可能在1382年之后去世。14世纪的特拉比宗受拜占庭文化以及邻近的伊斯兰文化影响,天文学较为发展,1361年特拉比宗的天文学家经过测算算出日食的发生时间,并且发现特拉比宗就位于最佳观测区域内。当阿莱克修斯三世得知这一预测后,他与皇室成员以及要臣们一起组织观看,帕纳雷托斯称:"1361年,5月5日,周一,日食。我们这一代从来没有看到过这一胜景。它持续了一个多小时。皇帝阿莱克修斯三世、他母亲太后伊琳妮以及一些重要贵胄祈祷、吟诵赞美诗向日食致敬。当时,他们在马祖卡的苏梅拉修道院,我也在其中。"②

阿莱克修斯三世的妻子是来自拜占庭的塞奥多拉·坎塔库震努斯,他们于1358年9月28日成婚。除皇后塞奥多拉外,阿莱克修斯三世还有多名情妇,她们在特拉比宗公开活动,拥有较高的地位。皇后塞奥多拉至少育有四名子女,分别是安娜、瓦西里、曼努埃尔以及尤多奇亚。阿莱克修斯三世的长子是私生子,名叫安德罗尼库斯,是皇帝的一位情妇所生。此外他至少还有两名私生女,但姓名不详,生母也难以确定。

---

① L. Guerre, "Venice, Genoa and the Fights over the Island of Tenedos (later fourteenth and early Fifteenth Century," *Studi Veneziani*, ed. By R. Gertwagen and J. C. Hocquet, n. s., 67(2013), p. 38.

② K. J. Williams, "A Genealogy of the Grand Komnenoi of Trebizond," p. 179. A. Zehiroğlu, "Astronomy in the Trebizond Empire," *Trabzon Imparatorluğu*, trans. P. Darwish, Trabzon, 2016, vol. 2, pp. 119 – 129, 163 – 177 and 224 – 229.

长子安德罗尼库斯生于1356年11月，长女安娜生于1357年4月，①就在1355年12月阿莱克修斯三世哈利迪亚惨败后，按照帕纳雷托斯的说法，这两个孩子的出生给予皇帝极大的安慰。1376年3月14日，不到20岁的安德罗尼库斯·大科穆宁去世，被葬于特拉比宗南部的塞奥斯盖帕斯托斯教堂。阿莱克修斯三世为长子迎娶格鲁吉亚公主的计划因此被迫改变，当时这位库尔坎（Koulkan）公主已经来到特拉比宗并举行了婚礼，后来根据皇帝的安排，公主库尔坎又嫁给了阿莱克修斯三世的合法儿子与继承人曼努埃尔三世。② 帕纳雷托斯未说明安德罗尼库斯因何去世，有学者认为安德罗尼库斯可能参与了威尼斯人推翻阿莱克修斯三世统治的政变，失败后死去。③ 阿莱克修斯三世在1360年代初曾试图安排长女安娜与拜占庭皇帝之子联姻，后无果而终，1367年，她最终嫁给格鲁吉亚国王巴格拉特五世，婚后育有两子两女，分别叫戴维与君士坦丁、泰玛与奥林匹亚（Ulumpia）。④

阿莱克修斯三世的次子瓦西里生于1358年9月17日，不到19岁便去世了。⑤ 其三子曼努埃尔生于1364年12月16日，⑥即后来的皇帝曼努埃尔三世。次女尤多奇亚生卒年月不详，1379年时嫁给利姆尼亚的塔吉·阿丁，1386年10月塔吉·阿丁去世后，她嫁给了塞尔维亚领主君士坦丁·德扬诺维奇，⑦直到1395年后者去世，她最终返回特拉比宗。阿莱克修斯三世的另外两个女儿分别嫁给了哈利比亚埃米尔苏莱曼以及埃尔津詹埃米尔穆塔哈坦。

阿莱克修斯三世成年后不久，注意在经济上逐渐强化皇帝对帝国的控制，发行足够数量、品质有保障的银币阿斯普。但比之帝国早年的银币，此时的银币重量有所降低，从45谷降至40谷，也就是从2.8克降至2克左右，其种类分为阿斯

---

① “Panareti chronicon Trapezuntinum,” 20. 28 – 30; 22. 39 – 42, p. 366.

② “Panareti chronicon Trapezuntinum,” 48. 4 – 35, p. 369.

③ A. M. Talbot and A. P. Kazhdan, “Alexius Ⅲ Komnenos,” p. 65.

④ C. Cawley, “Profil of Bagrat V, his wives and children,” *Geogian Chronicle*, updated 02/27/2019, 03/04/2019 from http://fmg.ac/Projects/MedLands/GEORGIA.htm#BagratVdied1395B; and Christopher Buyers, “Georgia: The Bagrationi Dynasty,” 03/04/2019 from: "http://www.royalark.net/Georgia/georgia3.htm.

⑤ “Panareti chronicon Trapezuntinum,” 27. 69 – 71, p. 366. K. J. Williams, “A Genealogy of the Grand Komnenoi of Trebizond,” p. 180.

⑥ “Panareti chronicon Trapezuntinum,” 36. 92 – 94, p. 367.

⑦ A. A. Bryer, “Greek and Türkmens: The Pontic Exception,” p. 152.

普、半阿斯普和四分之一阿斯普,半阿斯普重量约有 17 谷,四分之一阿斯普重约 13 谷。此外还发行青铜币,但重量较轻,数量和类型较多。阿莱克修斯三世发行的银币正面为圣尤金带须正面骑马像,背面为皇帝带须正面骑马像。铜币的样式变化较多,两面基本上都是圣尤金和皇帝的带须正面立像,具体服饰、手持物会有变化。阿莱克修斯三世还曾专门发行了一种金属币用于纪念特拉比宗守护圣徒圣尤金的生日。①

与同时期拜占庭帝国为代表的东正教各国普遍衰落的情况相比,阿莱克修斯三世统治的 40 年中,特拉比宗帝国成功地从长期内乱中恢复过来,通过与伊斯兰政权联姻的手段维护住这个小国在群敌环伺环境中的生存,并在一定程度上恢复生机,呈现出经贸繁荣景象。然而,这一景象掩盖不住拜占庭人各地政权持续衰败的趋势。阿莱克修斯三世曾亲历了数次黑死病的降临,帕纳雷托斯记载过,特拉比宗在 1362 年、1382 年发生的两次黑死病,"1362 年 3 月时,皇帝等人退往中哈利迪亚;1382 年的黑死病从 7 月一直延续到 12 月"②。然而,无论黑死病多么恐怖,大科穆宁家族并没有人因病去世,似乎该家族一直得到上帝的庇护,即便危机重重,也能幸运得救。阿莱克修斯三世之后的政权交接也比较顺利,作为阿莱克修斯三世唯一在世的儿子,已经成年的曼努埃尔三世顺利即位,国家最高权力实现平稳的过渡。

阿莱克修斯三世的统治时间长达 40 年三个月,"1390 年 3 月 22 日,第 5 周的周日两点,瓦西里·大科穆宁之子、阿莱克修斯·大科穆宁去世。"③作为特拉比宗帝国历史上在位时间最长的皇帝,他面对着来自内部贵族的叛乱、外部伊斯兰军队的入侵、周边东正教国家的衰落以及意大利商人的贪得无厌,但他总体上都能够妥善应对。他乐于资助教会、赞助天文学家,推动国内文化、宗教的发展,在历史上留下了好名声。作为小国之君,他做得还是不错的。

---

① W. Wroth, *Catalogue of the Coins of the Vandals, Ostrogoths and Lombards and of the Empires of Thessalonica, Nicaea and Trebizond in the British Museum*, pp. lxxxii, 293 - 300.

② "Panareti chronicon Trapezuntinum," 31. 27 - 41; 51. 81 - 86, pp. 367 and 369.

③ "Panareti chronicon Trapezuntinum," 54. 17 - 21, p. 370.

第十五节

曼努埃尔三世·大科穆宁(Manuel Ⅲ Megas Komnenos)

1390—1417年在位

曼努埃尔三世(Manuel Ⅲ Megas Komnenos, Μανουήλ Γ' Μέγας Κομνηνός, 生于1364年12月16日,卒于1417年3月5日,享年53岁)是特拉比宗帝国的第十六任皇帝,1390年至1417年3月5日在位,共27年。①

曼努埃尔三世是阿莱克修斯三世与皇后塞奥多拉·坎塔库震努斯的次子,如果将阿莱克修斯三世的长子(即婚前所生的私生子)计算在内,他就是第三子。阿莱克修斯三世去世时,其同胞长兄已经去世,曼努埃尔作为皇帝唯一在世的婚生儿子,且早已成年,娶妻生子,故而即位顺利,帝国皇权的新旧交替没有引发争议。

曼努埃尔三世即位时,作家帕纳雷托斯已经去世,关于这段时期特拉比宗帝国的事务几乎找不到拜占庭作家自己记载的史料,只有1404年西班牙使者克拉维约途经该地时的简略记述。当时,曼努埃尔三世已近40岁,他的长子阿莱克修斯也被加冕为共治帝(即阿莱克修斯四世),与其共同治理帝国。克拉维约抵达特拉比宗后,于4月12日周六在皇宫中觐见曼努埃尔三世,他"身高体壮,服饰华美富丽"。4月13日周日,阿莱克修斯再度召见克拉维约一行,所穿服饰"极其讲究"。皇帝们"所戴皇冠,较一般者为巨大,其上以金锦作徽,冠顶插鸟羽一根,冠边缀以珍贵之兽皮"②。这样的皇冠显然受周围游牧族群的影响,与君士坦丁堡皇帝的王冠不同。

---

① "Panareti chronicon Trapezuntinum," 54. 21–25, p. 370. Also see Michael Panaretos & Bessarion, *Two Works on Trebizond*, 109, ed. & trans. S. Kennedy, Cambridge: Harvard University Press, 2019, P 107, p. 55. 帕纳雷托斯的记录称曼努埃尔三世于创世纪6920年3月5日去世,也就是1412年3月5日,但又称其在位27年,因此学界一般采用1417年3月5日为其去世时间。米勒还指出在1415年建造的一处亚美尼亚祭坛铭文中称,当时曼努埃尔三世仍然在世,故而"6920年"可能为记录错误。W. Miller, *Trebizond: the Last Greek Empire of the Byzantine Era, 1204–1461*, p. 79.

② 罗·哥泽来滋·克拉维约:《克拉维约东使记》,第60页。

曼努埃尔三世与其子阿莱克修斯四世的关系并不太好,后者曾与大臣密谋发动宫廷政变,甚至将曼努埃尔三世困于宫廷,要求他罢黜负责内库的宠臣布拉瓦斯(Bravas),但在相持三个月后,仍无结果。最终,由侍卫总长克鲁斯(Korus)成功调解双方矛盾,曼努埃尔三世仍然维持着自己的体面,布拉瓦斯继续担任首席配剑贵族一职。这位布拉瓦斯据说是一位面包师的儿子,地位低下,但擅长星相之术,得到曼努埃尔三世宠信后,担任首席配剑贵族一职,皇帝对他言听计从,"事不经其同意者,即无法进行"。正是鉴于布拉瓦斯的这种专横跋扈,阿莱克修斯四世及众大臣才不得不发动劝谏政变,但布拉瓦斯并未被罢官惩处,甚至当克拉维约等使者到访特拉比宗时,他还与侍卫总长克鲁斯一起拜访西班牙使团,①可见其权力并未受到明显约束。此后曼努埃尔三世与阿莱克修斯四世的关系如何、权力如何分担则不得而知。

特拉比宗帝国与拜占庭帝国的关系在这个时期也出现了些许变化。从14世纪中期开始,原本作为拜占庭皇帝们雇佣来解决内部冲突或外部威胁的奥斯曼土耳其雇佣军愈发强大,到14世纪后半期,奥斯曼土耳其苏丹率领军队在小亚细亚西部以及东欧各地大肆征战扩张,拜占庭帝国也如周边其他政权一样岌岌可危,试图通过各种方式勉力维持拜占庭帝国的生存。② 在这种情况下,帕列奥列格家族从1261年收复君士坦丁堡后,对包括特拉比宗帝国在内的其他希腊东正教政权享有的崇高地位和优势逐渐丧失。因此,在阿莱克修斯三世统治后期到曼努埃尔三世统治时期,君士坦丁堡与特拉比宗之间虽仍然保持着频繁的商业往来,两个政府以及皇帝之间也或有联系,但政治交往几乎中断。

1395年,曼努埃尔三世的皇后去世,其长子阿莱克修斯也到适婚年龄,于是在海军总司令阿米里阿勒斯('Αμυριάλης Ο Σχολάρις)的筹划下,父子俩分别求娶到君士坦丁堡贵族世家的女儿。这一年,阿莱克修斯三世的女儿尤多奇亚的丈夫塞尔维亚领主君士坦丁·德扬诺维奇去世,她先抵达君士坦丁堡,然后带着两位拜占庭末代王朝的新娘一起于9月4日返回特拉比宗。"尤多奇亚·大科穆宁

① 罗·哥泽来滋·克拉维约:《克拉维约东使记》,第60页。

② [英]帕特里克·贝尔福:《奥斯曼帝国六百年:土耳其帝国的兴衰》,栾力夫译,北京:中信出版社2018年版,第33—56页。

乘着一艘大帆船,带着一艘小船,从君士坦丁堡出发,抵达圣福卡斯修道院。与她一起的还有两位新娘,一位将要嫁给他的兄弟,此时鳏居的皇帝曼努埃尔,这是费兰塞罗佩诺斯(Philanthropenos/Φιλανθρωπηνοῦ)家族的安娜,另一位将要嫁给她的侄子、皇帝阿莱克修斯四世,她是坎塔库震努斯家族的塞奥多拉。费兰塞罗佩诺斯是13世纪中期崛起的贵族,其家族许多成员在拜占庭帝国的军队与政府中担任重要职务,从14世纪后半期开始掌控塞萨利,安娜是塞萨利领主曼努埃尔·安苴鲁斯·费兰斯罗比诺斯(Manuel Angelos Philanthropenos,约1389—1394年在任)的女儿,他们家族与君士坦丁堡的其他世家均有联姻,如帕列奥列格、坎塔库震努斯等家族。[①] 第二天(9月5日),周日,他们冒雨进入特拉比宗。海军总司令阿米里阿勒斯作为负责此事的使者一同返回。”[②]克拉维约指出,1404年时,(曼努埃尔三世的)王后为君士坦丁堡东罗马皇帝之“亲属,幼王之后,也是君士坦丁堡贵族之女,现已生育两位小公主”[③]。

曼努埃尔三世与君士坦丁堡的交往还表现在文学上,皇帝本人十分热爱文学,他曾致信君士坦丁堡的皇帝曼努埃尔二世,向他征询一些文学著作的问题,1409年前后,后者将自己收藏的孤本手抄本赠送给曼努埃尔三世。[④] 曼努埃尔与君士坦丁堡的往来还体现于教会事务。曼努埃尔三世曾用金钱贿赂特拉比宗都主教任免的有关人士,并因此在1401年招致君士坦丁堡牧首的指责。[⑤] 米勒认为,曼努埃尔三世干涉的是黑海东岸的阿兰尼亚(Alania)教区主教的选任,[⑥]为请求牧首不公开他的罪行,曼努埃尔三世还打算支付大量银币作为封口费以求免于被谴责。[⑦] 他尽管被指责犯下买卖圣职之罪,但在公众看来,曼尼埃尔三世仍是

---

① A. P. Kazhdan ed., *The Oxford Dictionary of Byzantium*, p. 1649.

② “Panareti chronicon Trapezuntinum,” 55. 46 - 50, 55 - 57, p. 370. Also see Michael Panaretos & Bessarion, *Two Works on Trebizond*, 109, p. 57.

③ 罗·哥泽来滋·克拉维约:《克拉维约东使录》,第60页。

④ W. Miller, *Trebizond: The Last Greek Empire of the Byzantine Era, 1204 - 1461*, p. 78. A. P. Kazhdan ed., *The Oxford Dictionary of Byzantium*, p. 1292.

⑤ A. P. Kazhdan ed., *The Oxford Dictionary of Byzantium*, p. 1292.

⑥ 阿兰尼亚,即阿兰人的地区。被称为阿兰尼亚的有两处,一是山地阿兰尼亚,位于北高加索地区,今北奥塞梯地区;一是草原阿兰尼亚。中古时,拜占庭与其他地区的人常常将阿兰尼亚与格鲁吉亚人混为一谈。见 A. P. Kazhdan ed., *The Oxford Dictionary of Byzantium*, pp. 51 - 52。

⑦ W. Miller, *Trebizond: The Last Greek Empire of the Byzantine Era, 1204 - 1461*, p. 78.

一位虔诚的信徒。他与其父亲一样,积极参与每年举办的宗教庆典,热衷于向各修道院慷慨捐赠。在自己的登基典礼上,曼努埃尔三世向苏梅拉修道院捐赠了一柄大十字架,这柄十字架用白银制成,上面还镌刻着用长短格诗写成的铭文。①

总之,虽然曼努埃尔三世及其子阿莱克修斯均迎娶君士坦丁堡贵族世家之女为妻,这些家族也都与帕列奥列格皇室沾亲带故,但在奥斯曼人不断扩张的压力之下,帕列奥列格家族与特拉比宗家族均面临严重威胁,无论哪一方均不够强大,不能为对方提供支持,故而此时双方间政治联系逐渐减少,仅剩民间社会生活、文化宗教方面的交往。

曼努埃尔三世时期,特拉比宗与意大利人的关系与此前相比并未发生明显变化,继续着合作与冲突并存的状态。1377 年到 1381 年间,威尼斯与热那亚围绕着达达尼尔海峡的特奈多斯(Tenedos)岛和意大利的基奥贾(Chioggia)爆发了长达四年的战争,②虽然最后威尼斯人获得了胜利,但其实力也受损严重,并没有从 1381 年 8 月 8 日签订的《都灵和约》中获得商业优势。该条约甚至限制威尼斯在黑海的行动,原先威尼斯人获取东方商品重要港口的塔纳港被夺走,他们只能在黑海西南今保加利亚的瓦尔纳港(Varna)、波摩莱港(Pomorie,古称 Anchialos)以及黑海南部的特拉比宗停靠经商。与此同时,热那亚人在黑海北岸的经营有了新进展,从 1380 年到 1387 年,热那亚人成功地从钦察汗国手中夺取了黑海北岸克里米亚沿岸地区。③ 这样,威尼斯人就迫切希望在特拉比宗有所突破,通过这里打通与印度洋地区的贸易通道。

在威尼斯人的努力下,曼努埃尔三世于 1391 年与威尼斯签署协议,削减后者需要缴纳的税额。1396 年,曼努埃尔三世签署诏令,允许威尼斯人在帝国各地经商,按照原定的税额缴税,允许他们建立自己的教堂、礼拜堂,甚至银行与法庭,威

---

① J. P. Fallmerayer, "Original-Fragmente, Chroniken und anderes Materiale zur Geschichte des Kaiserthums Trapezunt," *Abhandlungen der historischen Klasse der königlich bazerischen Akademie der Wissenschaften*, vol. 4, 2 (1844), 11 – 40, from: W. Miller, *Trebizond : The Last Greek Empire of the Byzantine Era, 1204 – 1461*, p. 78.

② 特奈多斯岛,今土耳其博兹贾阿达(Bozcaada),位于爱琴海通往达达尼尔海峡的入口处,地理位置十分重要。

③ L. Guerre, "Venice, Genoa and the Fights over the Island of Tenedos (Later Fourteenth and Early Fifteenth Century," *Studi Veneziani*, ed. Ruthy Gertwagen and Jean-Claude Hocquet, n. s., 67(2013), p. 38.

尼斯驻特拉比宗的领事兼任法官,处理威尼斯法庭受理的案件。这种友好关系还表现为曼努埃尔三世曾经把一座钟表送到威尼斯去维修,那可能就是数十年前威尼斯人送给老皇帝阿莱克修斯三世的钟表。1416 年,他还派遣一支特拉比宗使团前往威尼斯。①

威尼斯人努力与曼努埃尔三世交好,努力发展途径特拉比宗的贸易,确实促进了两国关系。但是特拉比宗帝国与热那亚的关系就差多了,双方不时发生冲突。曼努埃尔三世曾经贿赂驻佩拉(Pera)的热那亚官员,②从而招致热那亚人的指责;1416 年,热那亚人又控诉皇帝推行莫名其妙的新政,伤及热那亚人以及他们所在的狮堡的利益,威尼斯人于是借口热那亚人与皇帝的分歧,下令不允许热那亚商船停靠特拉比宗。当热那亚的商船不得不试图返回黑海北岸的卡法时,却被附近的土耳其舰队截获。③ 热那亚为了报复此次冲突的损失,命令驻扎于卡法的舰队对特拉比宗发动攻击。④

事实上,此时热那亚人与威尼斯人在特拉比宗城外的殖民区都完好无损,克拉维约曾亲眼见到:“城郭近海之处,更建有坚固之堡垒两座:其一属于威尼斯人,另一座属于热那亚人,两座堡垒建筑,皆曾经国王之许可。”⑤尽管如此,此时的黑海贸易格局已经发生变化。从 14 世纪开始,随着伊儿汗国的崩溃与统治终结,原先经由黑海与东方的商业联系受地区政治不稳定的影响而逐渐衰落,商路也渐渐南移,转到叙利亚一线。⑥ 自 14 世纪末,热那亚人在黑海的商业中心主要集中在北岸,与特拉比宗的往来大幅收缩,而威尼斯人因《都灵和约》的约束,只能努力经营黑海南岸的特拉比宗才能获取来自东方的商品。在此背景下,曼努埃尔三世时期,特拉比宗帝国与威尼斯关系较好,与热那亚关系较差是一种必然。这一点

---

① W. Miller, *Trebizond : the Last Greek Empire of the Byzantine Era, 1204 - 1461*, p. 77.

② 佩拉,今土耳其伊斯坦布尔北部的贝伊奥卢区(Beyoğlu),与君士坦丁堡老城隔金角湾相对。自 1273 年始,佩拉被划给热那亚人,成为热那亚人的殖民地。

③ W. Miller, *Trebizond : The Last Greek Empire of the Byzantine Era, 1204 - 1461*, pp. 77 - 78.

④ S. P. Karpov, “New Documents on the Relations between the Latins and the Local Populations in the Black Sea Area (1392 - 1462),” *Dumbarton Oaks Papers*, vol. 49, Symposium on Byzantium and the Italians, 13th - 15th Centuries, 1995, p. 38.

⑤ 罗·哥泽来滋·克拉维约:《克拉维约东使记》,第 61 页。

⑥ H. Barker, *Egyptian and Italian Merchants in the Black Sea Slave Trade, 1260 - 1500*, Doctoral dissertation of Columbia University, 2014, p. 193.

也得到其他证据的印证,俄罗斯拜占庭学家卡波夫(Karbov)的研究认为,从14世纪后半期开始,热那亚人在黑海的商业活动主要集中于黑海北岸的卡法,而威尼斯人则更集中于黑海南岸,特别是特拉比宗。他还认为这可能是双方就黑海地区商业利益加以重新分配的结果。专注于黑海历史研究的卡波夫的结论是可靠的。①

特拉比宗帝国的外部环境此时逐步险恶起来。曼努埃尔三世即位时,正逢帖木儿(Timur,1370—1405年在位)向西扩张、进抵到小亚细亚,如何处理与蒙古人、土库曼人以及势力已经延伸到小亚细亚东部地区的奥斯曼土耳其人的关系,是他面临的主要问题。

早在阿莱克修斯三世统治末期,帖木儿的影响已经渗入小亚细亚。1381年,帖木儿占领整个中亚地区,随后向西挺进伊朗东部,消灭了伊朗高原上的数个政权后,于1386年越过陶鲁斯山,攻占格鲁吉亚首都第比利斯,俘虏格鲁吉亚国王巴格拉特五世以及王后安娜·大科穆宁,同时还征服了亚美尼亚西部地区。② 帕纳雷托斯曾记述帖木儿的征服,"这时,有一位鞑靼(Τάταρις)埃米尔掌握了可汗(Χάνην)的权力。这位鞑靼人名叫帖木儿(Ταμουρλάνης),来自靠近中国(Cathay, Χαταίας)的边境地带。听人说,他率领着人数多达80 000多的军队占领了整个波斯(Περσίαν)。然后,他们进入格鲁吉亚高原,按照战争惯例摧毁了伟大的第比利斯,俘虏了格鲁吉亚国王——也是最优秀统帅的巴格拉特,和我们皇帝的女儿——最漂亮的公主安娜,以及她的儿子戴维,帖木儿还把城中居民杀掉屠尽。至于他夺取的物品数量,他所亵渎且焚毁的圣像,还有带走的宝石、珍珠、金银等,谁又能做出详细记录呢?这件事发生在1386年11月21日"③。此时,帖木儿并没有向西挺进小亚细亚,所以特拉比宗帝国在阿莱克修斯三世统治末期时还没有与帖木儿发生接触。

1390年,曼努埃尔三世即位,此时特拉比宗帝国周边仍然分布着不同的土库

① S. P. Karpov, "New Documents on the Relations between the Latins and the Local Populations in the Black Sea Area (1392-1462)," p. 34.

② [美]斯坦福·肖:《奥斯曼帝国》,许序雅、张忠祥译,西宁:青海人民出版社2006年版,第46页。

③ "Panareti chronicon Trapezuntinum," 53. 1-16, p. 370. S. Kennedy ed. & trans., *Two Works on Trebizond, Michael Panaretos and Bessarion*, Cambridge, Massachusetts: Harvard University Press, 2019, p. 55.

曼政权，南部是占据埃尔津詹的穆塔哈坦政权，西南山区生活着白羊部土库曼人，西部仍然是哈利比亚贝伊政权和塔吉·阿丁贝伊政权。在阿莱克修斯三世的苦心经营下，这四个土库曼政权均与大科穆宁家族联姻，因此，特拉比宗帝国在强敌环伺的土库曼政权中享受着难得的和平。为了继续维持这种状态，帝国与南部的穆塔哈坦政权以及土库曼白羊部保持着紧密联盟，甚至采取同样的和亲外交政策。

埃尔津詹仍然由穆塔哈坦统治，他娶了阿莱克修斯三世的一位女儿为妻，因此成为曼努埃尔三世的妹夫。他控制着从科尤尔希萨尔直到埃尔泽乌姆的整个地区，而其主要对手是锡瓦斯的卡迪·布尔汗·阿丁（Qāżī Borhān-al-dīn，亦作 Kadi Burhan al-Din，1381—1398 年在位）。穆塔哈坦与卡迪均与此前锡瓦斯的埃雷特纳（Eratnids）贝伊政权有关，1365 年的一场叛乱导致贝伊被杀，其后埃雷特纳家族陷入夺权内战，大权被贵族控制。1380 年，出身埃雷特纳家族的穆塔哈坦夺取埃尔津詹，并以之为基地向本都山脉南部地区扩张，建立起自己的强大政权。卡迪·布尔汗·阿丁出身于为埃雷特纳政权服务的贵族世家，当埃雷特纳家族陷入内乱时，他所在的家族迅速扩大自身实力，并于 1381 年在锡瓦斯废除作为傀儡的埃雷特纳贝伊，自立为苏丹。由于其家族曾经一直担任“卡迪”（大法官）一职，信任苏丹，故称为卡迪。[①] 卡迪以锡瓦斯为中心向四周扩张领地，并与周边的各政权为敌，特别是与埃尔津詹的穆塔哈坦政权长期对峙，特拉比宗帝国则与埃尔津詹一起与锡瓦斯的卡迪抗衡。

在特拉比宗西南部生活着的白羊部落，恰好位于锡瓦斯的北部，也采取了与锡瓦斯对抗的立场。对于特拉比宗帝国来说，与白羊部的结盟关系要通过不断联姻来维护。早在阿莱克修斯三世在世时，娶了阿莱克修斯姐妹的白羊部酋长库特鲁·贝格就曾介入埃雷特纳家族的内斗，1380 年后，他支持埃尔津詹的穆塔哈坦，与卡迪为敌。1389 年库特鲁·贝格去世，经过一番争斗后，其子卡拉·尤鲁克·奥特曼·贝格（Qara Yülük ‘Oṯmān Beg，1378—1435 年在位）继任酋长。特拉比宗为了强化与白羊部的结盟，将阿莱克修斯三世的另一位女儿嫁给他，据说

① 也译作卡迪布尔汗尼丁（Burhanettin），见斯坦福·肖：《奥斯曼帝国》。

是阿莱克修三世与皇后塞奥多拉所生之女,但公主的具体资料以及出嫁日期不详。奥特曼·贝格继续延续库特鲁·贝格的政策,与埃尔津詹结盟共同对抗锡瓦斯。①

特拉比宗帝国西部的两个贝伊政权,即哈利比亚贝伊政权以及塔吉·阿丁的贝伊政权长期相互敌对,但哈利比亚的哈吉·埃米尔在1357年与特拉比宗帝国联姻,而塔吉·阿丁虽在1362年向特拉比宗提出迎娶一位公主的希望,但一直被婉拒,直到1379年,皇帝才同意将公主尤多奇亚嫁给塔吉·阿丁。这次婚约达成的盟约关系标志着特拉比宗帝国最终在哈吉·埃米尔与塔吉·阿丁之间做出取舍,即选择了塔吉·阿丁而背弃哈吉·埃米尔。史学家帕纳雷托斯并没有记载其原因,推测似乎与哈吉·埃米尔的扩张有关。哈利比亚介于特拉比宗帝国与塔吉·阿丁贝伊政权之间,其扩张必然会与东、西两个邻居发生冲突,西部的塔吉·阿丁政权可能是其扩张的主要目标。在这个过程中,哈吉·埃米尔选择与锡瓦斯合作,因为塔吉·阿丁的贝伊政权也是锡瓦斯向北扩张的目标之一,双方有着共同的敌人。而特拉比宗帝国与锡瓦斯的主要对手穆塔哈坦结盟,站到了哈利比亚贝伊政权的对立阵营。1386年塔吉·阿丁在与哈利比亚的战争中阵亡,塔吉·阿丁的子孙们加入到各种各样的反锡瓦斯联盟中,与特拉比宗一直保持友好关系。哈利比亚藩属于锡瓦斯,与特拉比宗不时发生冲突。② 曼努埃尔三世即位时,帝国周边的政治局势并不太平,特拉比宗帝国与穆塔哈坦、白羊政权以及利姆尼亚、云耶近邻的塔吉·阿丁后裔们结盟,与锡瓦斯的卡迪苏丹为敌,与藩属于锡瓦斯的哈利比亚贝伊政权敌对。

在14世纪的最后十年中,卡迪苏丹与特拉比宗帝国所在的联盟不时爆发冲突,特拉比宗也偶尔被波及。1396年初到1397年5月,哈吉·埃米尔的儿子苏莱曼·贝格(Sulayman Beg)对凯拉苏斯发动进攻,并在夺取该地后献给卡迪。不过,凯拉苏斯似乎后来又被曼努埃尔三世在1398—1402年之间派兵夺回,这从后

---

① R. Quiring-Zoche, "Aq Qoyunlū," *Encyclopaedia Iranica*, updated 08/05/2011, 29/01/2019: http://www.iranicaonline.org/articles/aq-qoyunlu-confederation.

② R. Shukurov, "Between Peace and Hostility: Trebizond and the Pontic Turkish Periphery in the Fourteenth Century," pp. 42-44.

来一份关于卡迪所辖领地的名单中得到证明,此时他拥有一座位于黑海边的城市,舒库罗夫认为该地位于伊阿宋海角与凯拉苏斯之间。①

在特拉比宗以南,卡迪的主要对手是埃尔津詹的穆塔哈坦。从穆塔哈坦在埃尔津詹立国开始,就与卡迪频繁爆发冲突,1389 年,穆塔哈坦遭遇重大失败,在与卡迪签署的和约中,他不得不做出退让,将边境地区的布尔图鲁斯(Burtulus)要塞夷为平地。② 隐忍数年之后,穆塔哈坦谋划报复,在 1394 年时向帖木儿求援。虽然帖木儿同意援手,但其军队并未抵达,他于 1394 年率军越过底格里斯河,在占领一些城池后,被高加索地区事务缠身,无法西进小亚细亚,此时,钦察汗国的脱脱迷失于这一年秋派兵进攻南高加索地区的阿塞拜疆。③ 此后,穆塔哈坦不得不面对来自锡瓦斯的猛烈袭击,1395 年,卡迪的军队先后占领了艾兹比德尔(Ezbider)、西斯(Sis)等要塞,重建布尔图鲁斯,劫掠科尤尔希萨尔和谢宾卡拉希萨尔周围地区,并进一步向东对穆塔哈坦控制下的巴伊布尔特发动攻击。虽然穆塔哈坦在同年 10 月份对卡迪军队取得一些胜利,但其颓势并未能扭转,1397 年,卡迪占领巴伊布尔特。④ 穆塔哈坦遭遇到巨大挫败后,自然也影响到特拉比宗帝国等盟友。

曼努埃尔三世与特拉比宗帝国在这些土库曼政权的冲突中,作为冲突一方的属国,并没有发挥十分重要的作用,真正发挥作用的是他的另一个盟友——土库曼白羊部。特拉比宗帝国与白羊部的联盟比较稳定,自从库特鲁·贝格娶了阿莱克修斯三世的姐姐后,双方互动频繁。1389 年库特鲁·贝格去世,他的儿子卡拉·尤鲁克·奥特曼·贝格(Qara Yülük ‘Otmān Beg)继任酋长。这位新任酋长的妻子也是特拉比宗公主,是阿莱克修斯三世的女儿、曼努埃尔三世的亲妹妹,⑤但该公主的名字以及迎娶日期不详。自从穆塔哈坦与卡迪敌对以来,白羊

① R. Shukurov, “Between Peace and Hostility: Trebizond and the Pontic Turkish Periphery in the Fourteenth Century,” p. 44.

② R. Shukurov, “Between Peace and Hostility: Trebizond and the Pontic Turkish Periphery in the Fourteenth Century,” p. 37.

③ 王治来:《中亚通史》(古代史 下),北京:人民出版社 2010 年版,第 260 页。斯坦福·肖:《奥斯曼帝国》,第 47 页。

④ R. Shukurov, “Between Peace and Hostility: Trebizond and the Pontic Turkish Periphery in the Fourteenth Century,” p. 37.

⑤ A. A. Bryer, “Greek and Türkmens: The Pontic Exception,” p. 149.

部一直支持前者,与后者为敌。1398 年 7 月 14 日,当卡迪率军侵入到白羊部的辖区时,奥特曼・贝格率军抗击,并在战场上将卡迪杀死。[1] 卡迪去世后,锡瓦斯政权立刻分崩离析,为了对抗白羊部与穆塔哈坦,卡迪原先的追随者转投奥斯曼土耳其苏丹拜齐德(Bayezid I,1389 - 1403 年在位),这也促成了小亚细亚东部政局的转折。

对于特拉比宗来说,作为穆塔哈坦与白羊部的联盟,自然也先后与锡瓦斯的卡迪以及奥斯曼土耳其苏丹为敌。但不同对手的扩张策略和攻击目标不尽相同,导致特拉比宗帝国面临多种不同的危险。奥斯曼土耳其人很好地掌握了海战技术,拥有强大的舰队,其扩张并不仅限于陆地,还从海上发动攻击。当奥斯曼人的扩张触角逐渐向东北部延伸时,在陆地上易守难攻的特拉比宗此时遭遇到土耳其人经由海路造成的威胁。早在 1398 年,拜齐德已经沿着黑海向东挺进到特拉比宗帝国边界附近,征服了紧邻利姆尼亚的萨姆松,只有热那亚人在萨姆松的城堡未被征服。[2] 这种迫在眉睫的威胁在 1399 年益发严峻,这一年,拜齐德成功占领锡瓦斯及周边地区,他作为穆塔哈坦、白羊部以及特拉比宗帝国的对手,如果还像在小亚细亚西部和东欧那样长驱直入,那么特拉比宗帝国也将遭遇拜占庭帝国一样被灭亡的命运。

大约在 1399 年到 1400 年间,穆塔哈坦投靠帖木儿,对于想要夺取埃尔津詹的拜齐德来说,这一事件也成为他与帖木儿矛盾激化的导火索。1404 年,克拉维约途经埃尔津詹时,曾探听到此地刚刚发生过的事情,即拜齐德一直希望控制埃尔津詹,要求穆塔哈坦投靠他,但后者答复说:"称臣纳贡皆可,但此堡断不能给予土耳其人。"在拜齐德的威胁之后,穆塔哈坦遂转而正式投靠帖木儿。帖木儿也向拜齐德公开声称:"穆塔哈坦已投附帖木儿汗国,其领土已列入汗国保护,因此任何方面对穆塔哈坦之要求,帖木儿绝不能承认。"[3]1400 年春,拜齐德向东扩张,夺取了埃尔津詹和埃尔泽乌姆等重镇,使得穆塔哈坦失去所有领地,几乎亡国。帖

---

① R. Quiring-Zoche, "Aq Qoyunlū," *Encyclopaedia Iranica*, updated 05/08/2011, 29/01/2019: http://www.iranicaonline.org/articles/aq-qoyunlu-confederation.

② 斯坦福・肖:《奥斯曼帝国》,第 49 页。萨姆松有两座城堡,一座属于土耳其人,一座属于热那亚人。罗・哥泽来滋・克拉维约:《克拉维约东使记》,第 57 页。

③ 克拉维约误以为穆塔哈坦为亚美尼亚人。罗・哥泽来滋・克拉维约:《克拉维约东使记》,第 70—71 页。

木儿乘机以穆塔哈坦保护者的姿态出现，进军小亚细亚，在1400年8月起兵，开始他在西亚的“七年战争”。[①] 这时，特拉比宗帝国以及白羊部也一同加入到帖木儿的阵营，成为帖木儿的藩属国，一起参与了从1400年到1402年帖木儿与拜齐德在小亚细亚的战争，但究竟派出多少军队参战无法确定。1400年，帖木儿军队攻占锡瓦斯，将参与守城的4 000名亚美尼亚基督徒活埋，而穆斯林均幸免于难。[②] 虽然发生了这样的事，曼努埃尔三世仍然继续留在帖木儿的阵营。1402年，在帖木儿率领大军意欲与拜齐德决战前，他曾要求曼努埃尔三世提供20艘战舰供他差遣，以应对土耳其人可能从海上发动的攻击。[③] 1402年7月，在安卡拉战役中，拜齐德率领的大军惨败，[④]帖木儿乘胜追击，很快将其兵锋扩展到整个小亚细亚。帖木儿仍然沿循过去塞尔柱突厥人、蒙古大汗的做法，各个地区保留原有政治架构，各地贵族继续控制所在地区，只需缴纳贡赋表示臣属即可。因此，在1402年之后，特拉比宗帝国作为帖木儿的藩属国之一，得以继续维持自己的统治。

安卡拉战役之后，穆塔哈坦去世，因其没有子嗣，其原有领地陷入其义子和侄子的争斗之中，后在帖木儿的介入下，穆塔哈坦的义子掌权。[⑤] 此前该地已经被拜齐德击溃，其首领于1403年去世，本都山南部地区由白羊部的首领负责管理。帖木儿封卡拉・尤鲁克・奥特曼・贝格为埃米尔，统领周围所有土库曼部部落，并把阿米德[⑥]作为其政治中心，在此基础上发展为白羊帝国。1405年帖木儿去世后，卡拉・尤鲁克・奥特曼・贝格继续与帖木儿的后裔维持友好关系，但其辖下原先被迫臣服帖木儿的黑羊部在卡拉・优素福（Qara Yusof，1413—1420年在位）的率领下反抗蒙古人的统治，在格鲁吉亚以及伊朗大部地区建立起黑羊王朝的统治。[⑦] 奥斯曼土耳其人由于安卡拉战役的惨败，苏丹拜齐德被俘，次年被杀，整个

---

① ［法］布哇：《帖木儿帝国》，冯承钧译，上海：商务印书馆1932年版，第46页。
② 帕特里克・贝尔福：《奥斯曼帝国六百年：土耳其帝国的兴衰》，第82—83页。
③ H. Hookha, *Tamburlane the Conqueror*, London: Hodds and Stanghton, 1962, p. 243, 转引自马骏骐：《帖木儿帝国与奥斯曼帝国关系述略》，《贵州师范大学学报》1992年第3期，第41页。
④ 斯坦福・肖：《奥斯曼帝国》，第50页。
⑤ 罗・哥泽来滋・克拉维约：《克拉维约东使记》，第68页。
⑥ 阿米德（Āmed），古代的阿米达城，亦称迪亚巴克尔（Dīār Bakr），今土耳其东南部迪亚巴克尔省首府。
⑦ R. Quiring-Zoche, “Aq Qoyunlū,” *Encyclopaedia Iranica*, updated 05/08/2011, 29/01/2019: http://www.iranicaonline.org/articles/aq-qoyunlu-confederation.

国家陷入继承人争夺苏丹大位的内战期,经历了长达11年(1402—1413年)的空位期,之后成功上位的穆罕默德一世(Mehmed Ⅰ,1413—1421年在位)也主要忙于稳固内部统一,巩固统治,没有顾及小亚细亚东部事务。①

虽然白羊王朝与黑羊王朝后来针锋相对,争夺内陆地区的重要城镇,但曼努埃尔三世的特拉比宗帝国凭借与白羊部的传统友好关系,继续与白羊帝国结盟。白羊帝国也像过去的穆塔哈坦政权一样,一定程度上屏蔽了小亚细亚内陆其他势力对特拉比宗的潜在威胁。

曼努埃尔三世治下的特拉比宗疆域基本稳定。安卡拉战役中帖木儿对拜齐德的胜利奠定了后来数年间小亚细亚的政治格局相对平静,虽然在帖木儿一方的军队参与安卡拉战役名单中没有特拉比宗,但曼努埃尔三世仍然成功地得到胜利者的承认,与其他拜占庭东正教同袍有了不一样的命运。

克拉维约在1404年途经特拉比宗时,明确指出:“国王曼努埃尔及邻境的土库曼人,此时都向帖木儿纳贡称臣。”事实上,作为一个基督教政权,要得到帖木儿的认可十分困难。就在1400年拜齐德与帖木儿直接爆发冲突之前,埃尔津詹的穆塔哈坦曾因其对基督徒的态度受到质疑,遭到帖木儿诘问。埃尔津詹的基督徒与穆斯林混居,双方也爆发冲突,但穆塔哈坦作为一名穆斯林并没有给予当地穆斯林支持,于是他们向帖木儿告状,指责穆塔哈坦偏袒基督徒。虽然穆塔哈坦解释自己没有压制城内基督徒的原因,但帖木儿并不以为然,下令将城内所有基督徒全部杀掉。后来在穆塔哈坦的尽力斡旋下,基督徒以捐献黄金9 000两、白银9 000两的代价为自己赎命,但教堂均被拆毁。②

尽管帖木儿对于基督徒的恶感在战争进程中继续放大,但在蒙古人与奥斯曼土耳其人的战争中,除特拉比宗外,其他基督教政权也选择支持帖木儿。拜占庭皇帝对于帖木儿这样的霸主能给奥斯曼土耳其人造成巨大威胁感到庆幸和谢意,③也计划加入帖木儿阵营,但最终并没能得到帖木儿的认可。克拉维约在埃尔津詹时听说,大约在安卡拉战役之前,拜占庭皇帝曾派人与帖木儿结盟,称愿意为帖

① 帕特里克·贝尔福:《奥斯曼帝国六百年:土耳其帝国的兴衰》,第91页。
② 罗·哥泽来滋·克拉维约:《克拉维约东使记》,第60、70—71页。
③ D. M. Nicol, *The Last Centuries of Byzantium, 1261-1453*, p. 314.

木儿出钱、出力以对抗拜齐德，无论是海上支援还是陆上支援，君士坦丁堡的热那亚人还承诺派出战船，扼守色雷斯附近的海峡，牵制欧洲境内的土耳其军队。然而，直到战争结束，拜占庭皇帝和热那亚人做出的承诺都没有实现，战败后的土耳其士卒还是乘坐他们的战船逃回了巴尔干。帖木儿因此十分厌恶希腊人，断绝与君士坦丁堡和热那亚人的往来，将其视为敌国，对各地的拜占庭居民十分苛刻。①

在此情形下，曼努埃尔三世的特拉比宗帝国十分难得地得到帖木儿认可，成为其治下的基督教藩属国，也因此得享帖木儿治下和平带来的利益。一方面，特拉比宗作为从欧洲前往亚洲内陆的重要中转站，商贸活动繁荣不衰。另一方面，土耳其人失败后，他们对特拉比宗帝国的领土威胁也随之解除，边境线安稳了一段时间。

曼努埃尔三世治下的特拉比宗帝国最西部领地也在收缩，退至蒂雷博卢，凯拉苏斯因此脱离了科穆宁家族的控制。克拉维约记称：“至晚九时，抵凯拉苏斯（吉里松），其城殊小，滨海的建筑，好像是从城内到海边的一条走廊。次日，由海面上望见岸上一座大城，名迪里波利（蒂雷博卢）。自此城起，即入特拉比宗王国的境域。”②一位曾为帖木儿效力的德意志人约翰·希尔特博格（Johann Schiltberger，1380—约1440年）也记述了前往中亚的沿途地理，他提到“有一个特拉比宗王国，这是一个小小的、防御十分坚固的国家，有许多葡萄园，位于黑海之滨，距离希腊人称为凯拉苏斯（Kereson）的城市不远”③。根据上述两位亲历者的记载看，此时凯拉苏斯已经不属于特拉比宗帝国。米勒认为希尔特博格的记载说明凯拉苏斯此时仍然隶属特拉比宗帝国，“凯拉苏斯属于上述提到的王国（特拉比宗王国），该国叫作拉西亚（Lasia），这里生活着希腊人，而且到处是葡萄园”④。

---

① 罗·哥泽来滋·克拉维约：《克拉维约东使记》，第60、70—71、73—75页。

② 罗·哥泽来滋·克拉维约：《克拉维约东使记》，第58页。

③ R. N. J. Buchan Telfer trans. & ed., *The Bondage and Travels of Johann Schiltberger, A Native of Bavaria, in Europe, Asia, and Africa, 1396–1427*, London: Printed for the Halkuyt Society, 1874, p. 41.

④ 见 W. Miller, *Trebizond : The Last Greek Empire of the Byzantine Era, 1204–1461*, p. 72. 但1874年出版的英译版中将这段译为“所以我们前去了一座名叫凯拉苏斯的城镇。还有一个叫拉西亚（Lasia）的地方，那里到处是葡萄园，生活着希腊人。”文后布鲁恩（Bruun）对各地方做注时也认为凯拉苏斯位于萨姆松和特拉比宗之间，而隶属于特拉比宗帝国的是拉西亚，即特拉比宗帝国东部的拉齐卡地区。*The Bondage and Travels of Johann Schiltberger, A Native of Bavaria, in Europe, Asia, and Africa, 1396–1427*, p. 43, 148 and 150.

至于在阿莱克修斯三世时还由帝国控制的凯拉苏斯以西之利姆尼亚和云耶等地,此时也由当地领主占据,米勒认为领有该地的是希腊贵族梅里塞诺斯(Melissenos)家族,他们直接向帖木儿称臣。① 而凯拉苏斯及周边地区,在舒库罗夫看来仍然隶属特拉比宗,凯拉苏斯附近的哈利比亚地区在阿莱克修斯三世统治初期属于哈利比亚贝伊政权,1380年代时,后者先后投靠锡瓦斯的苏丹卡迪以及奥斯曼苏丹拜齐德,与特拉比宗帝国敌对,双方曾在1400年前后围绕着凯拉苏斯的所有权发生战争。在奥斯曼土耳其人大败于安卡拉战役并陷入内乱后,哈利比亚贝伊政权似乎也不复存在了,曼努埃尔三世可能此时已夺回凯拉苏斯。② 克拉维约与希尔特博格认为,它并不隶属特拉比宗,可能是因为那里的领主具有相当大的自主权,就像南部哈利迪亚的卡瓦西提斯家族一样。

特拉比宗帝国的东部边境位于叙尔梅内(Sürmene),当克拉维约带领使团于1405年从撒马尔罕返回时,因黑羊部在埃尔津詹及埃尔泽乌姆等地叛乱,不得不从格鲁吉亚向西穿越山区,于9月17日抵达特拉比宗。他在记载中提到了叙尔梅内,说此地"隶属特拉比宗,港口位于山林围绕之处,居民散住于乡野之石堡内。此类碉堡,散见各处,我们途中经过之道路,要以此段为最恶劣。所用以驮载什物的牲畜,皆死亡于这一路段上"③。

特拉比宗帝国的南部边界在比克希特堡(Biksit)附近,当克拉维约使团离开特拉比宗后,皇帝派遣的向导将他们送到此处就返回了都城,因为"再向前行,即入他国境内"。然而,他们随后经过的帕里马堡也"隶属特拉比宗国王",再往南的泽岗堡(Zigon)、卡巴卡堡(Kavaka)、奥里拉堡(Orila)等一些城堡由"希腊贵族出身的国王卡瓦西卡(Kabasika)"派人防御。④ 每到一处都需要缴纳过城税,特别是在奥里拉堡遇到领主卡瓦西卡本人,帖木儿的使臣也向他表明自己身份,并称"特拉比宗国王尚且向帖木儿称臣纳贡,因此(卡瓦西卡)对于过往此间之使节,不应加以留难"。然而,即便卡瓦西卡认为这一解释十分合理,仍然以时局艰难、

---

① W. Miller, *Trebizond: The Last Greek Empire of the Byzantine Era, 1204–1461*, p. 75.

② R. Shukurov, "Between Peace and Hostility: Trebizond and the Pontic Turkish Periphery in the Fourteenth Century," p. 45.

③ 罗·哥泽来滋·克拉维约:《克拉维约东使记》,第188页。

④ 此人当为卡瓦西提斯(Kabasites)家族成员。

生活困苦为由索要高额过关税。[1] 这说明比克希特堡以南的哈利迪亚地区均在卡瓦西提斯家族控制之下，这里生活着希腊人，名义上为特拉比宗帝国领地，但实际由卡瓦西提斯家族掌控，该家族也被看作曼努埃尔三世的封臣。[2]

至于曼努埃尔三世的家庭情况也需说明。曼努埃尔三世即位时已经26岁，他的第一次婚姻由父亲阿莱克修斯三世安排，娶的是格鲁吉亚公主库尔坎。对此，帕纳雷托斯有很详细的记载：“（安德罗尼库斯去世后），他与格鲁吉亚公主、第比利斯国王戴维之女，也是阿赫普加（Ἀχπουγᾶς）妹妹的女儿的联姻顺延到我们皇帝的合法婚生子、年轻的皇帝曼努埃尔三世·大科穆宁身上。当快到约定的婚礼时间时，皇帝带着我们在1377年5月10日、小纪第15年出发。我们来到拉齐卡，整个夏天都待在那里的马克莱亚鲁斯（Μακαριγιαλοῦς），直到8月15日。就在那一天，公主从哥尼亚（Gonia）来到马克莱亚鲁斯，我们于次日启程，8月30日周日返抵特拉比宗。同年（1377年）9月5日周六，小纪第1年，她在皇室礼台上加冕为皇后，称尤多奇亚〔她原先叫作库尔坎（Κουλκάνχαν）〕。第2天，9月6日，周日，婚礼正式举行，庆典一直持续了一个多星期。特拉比宗都主教塞奥多西为他们主持婚礼，皇帝、曼努埃尔的父亲亲自为他们加冠。”[3]1377年举行婚礼时，曼努埃尔三世还不足13岁，尤多奇亚应当比他年长。除他的庶长兄安德罗尼库斯外，他还有一位兄长，即生于1358年的瓦西里，瓦西里可能早逝，曼努埃尔作为唯一在世的皇子继承了这一婚约。

曼努埃尔三世与皇后尤多奇亚的子女情况不详，唯一留下文献的是，有关1382年尤多奇亚生下瓦西里，帕纳雷托斯记载：“6月19日，小纪第5年，阿莱克修斯皇帝之子曼努埃尔的妻子来自伊比利亚的尤多奇亚生了儿子，作为爷爷的阿莱克修斯为他洗礼，作为太祖母的太后伊琳妮和都主教塞奥多西为他祈福。他们

---

① 罗·哥泽来滋·克拉维约：《克拉维约东使记》，第63—65页。

② W. Miller, *Trebizond : The Last Greek Empire of the Byzantine Era, 1204 - 1461*, pp. 75 - 76.

③ “Panareti chronicon Trapezuntinum,” 48. 13 - 33, p. 369. 亦见 Michael Panaretos & Bessarion, *Two Works on Trebizond*, 99, p. 49。

将其曾祖父之名赋予他,叫瓦西里。"①克拉维约抵达特拉比宗时,见到阿莱克修斯四世时,称其"年事尚轻,不过 25 岁左右"②,故而有学者认为,1382 年出生的阿莱克修斯那时应为 22 岁,而 1382 年 6 月 19 日出生的可能是曼努埃尔的次子,名为瓦西里。③ 但克拉维约并没有肯定阿莱克修斯四世的年龄,只是从外表判断其当时 25 岁。事实上,22 岁与 25 岁的外表差别不大。更重要的是,帕纳雷托斯的记载虽然十分简短,但对皇室发生事件都记载在案,特别是对于其所在的阿莱克修斯三世时期的事件记载的比较详细,对阿莱克修斯三世的庶长子安德罗尼库斯的出生与死亡均有记载,故而倘若瓦西里之前曼努埃尔三世还有一位子嗣,那么即便不是皇后所生,也不会被忽略。因此,这位瓦西里可能就是曼努埃尔三世的长子,后来加冕时称阿莱克修斯四世。④

1395 年 5 月 2 日,皇后尤多奇亚去世。曼努埃尔三世迎娶了第二任妻子、君士坦丁堡贵族世家费兰塞罗佩诺斯家族的安娜。⑤ 皇后安娜为曼努埃尔三世生育了两个女儿。⑥ 安娜皇后后来的经历以及两位公主的名字和生平不详。

曼努埃尔三世于 1412 年 3 月 5 日去世,葬于特拉比宗的金首教堂。⑦

曼努埃尔一生经历,特别是其统治特拉比宗帝国的历史清楚地表明,此时的拜占庭帝国,包括以君士坦丁堡为首都的正统王朝和以特拉比宗为中心的边缘政权,都沦落为该地区强大国家的附庸,与当地其他部落并无本质区别,也许他们还力图保持昔日大帝国的传统,还怀抱着"罗马帝国"光荣回忆的美梦,但已经成为众多当地小政权实体中的一个,对小亚细亚和巴尔干半岛地区形势的发展难以发挥任何重要作用。他们勉励维系的只不过是各自的艰难生存,而且早就失去了对

---

① "Panareti chronicon Trapezuntinum," 50. 76 – 80, p. 369. Also see Michael Panaretos & Bessarion, *Two Works on Trebizond*, 102, p. 53.

② 罗·哥泽来滋·克拉维约:《克拉维约东使记》,第 60 页。

③ K. J. Williams, "A Genealogy of the Grand Komnenoi of Trebizond," p. 181.

④ M. Kuršanskis, "Relations Matrimoniales entre Grands Comnènes Princes Géorgiens," *Bedi Kartlisa*, 1976, 36: 119, from K. J. Williams, "A Genealogy of the Grand Komnenoi of Trebizond," p. 181.

⑤ "Panareti chronicon Trapezuntinum," 54. 25 – 27, 55, 46 – 57, p. 370. Also see Michael Panaretos & Bessarion, *Two Works on Trebizond, 108 – 109*, p. 55 – 57.

⑥ 罗·哥泽来滋·克拉维约:《克拉维约东使记》,第 60 页。

⑦ "Panareti chronicon Trapezuntinum," 54. 21 – 24, p. 370. Also see Michael Panaretos & Bessarion, *Two Works on Trebizond*, 107, p. 55.

其命运把握的能力，或者充当大国强权争斗的棋子和牺牲品，最终被新兴国家灭亡。

第十六节

阿莱克修斯四世·大科穆宁（Alexios Ⅳ Megas Komnenos）

1417—1429年在位

阿莱克修斯四世（Alexios Ⅳ Megas Komnenos，Αλέξιος Δ' Μέγας Κομνηνός，生于1382年6月19日，卒于1429年10月，享年47岁）是特拉比宗帝国的第十七任皇帝，1417年3月5日至1429年10月在位超过十二年半。

阿莱克修斯是曼努埃尔三世与皇后尤多奇亚所生之子，出生时名为瓦西里，加冕后称为阿莱克修斯四世。① 虽然他从1417年3月5日独立执政，但早在其父在位期间，阿莱克修斯四世就作为共治皇帝参与政事管理。对此，克拉维约记载："国王名马纳额勒（Marncel，即曼努埃尔），太子名赖克希玉斯（Leksiüs，即阿莱克修斯），现已拥有王号。依此间之习惯，凡国王将王位传于子嗣，但其本身之王号，终身保有，并不因传位而失去。"②

阿莱克修斯与其父亲关系并不太好，曾在1404年之前因曼努埃尔三世过度宠信布拉瓦斯而发动劝谏政变，对峙数月后和解，曼努埃尔三世可能做出些许让步，但布拉瓦斯继续负责内库。1417年3月5日曼努埃尔三世去世后，阿莱克修斯四世开始独立执政。

文献描述的阿莱克修斯四世品性不端。虽然阿莱克修斯四世独立统治时间长达12年有余，但关于这段时间的文献记载却非常少，只能通过与之有关的些许

① 关于“阿莱克修斯”与“瓦西里”的关系，见第十五节“曼努埃尔三世”。K. J. Williams, “A Genealogy of the Grand Komnenoi of Trebizond,” p. 181.
② 罗·哥泽来滋·克拉维约：《克拉维约东使记》，第60页。

资料尽力勾勒其人其事。现有史料表明,与阿莱克修斯四世有关的重要政治事件有二:一是他发动政变反对父亲对布拉瓦斯的宠信,二是他的儿子约翰两次发动政变推翻他的统治,而他本人在第二次政变中被杀。由此,芬利认为阿莱克修斯四世其人“与其父亲相比,更为软弱、更为拙劣”①。

阿莱克修斯四世的软弱在他反对其父的政变中已有显露。根据克拉维约的简短记述,曼努埃尔三世对布拉瓦斯的宠信招致天怒人怨。即便克拉维约等人抵达特拉比宗时,布拉瓦斯仍身居首席配剑贵族之高位,使者们也能道听途说了解其劣迹。传言说皇帝对其“言听计从、事不经其同意者,即无法进行;论其人品,则甚低微,系一面包师之子,本无位居人上之资格;其所以能据高位者,只因其长于星相之术耳”。可见特拉比宗各界已极度厌恶布拉瓦斯,这种厌恶表现为阿莱克修斯四世发动的政变得到特拉比宗贵族的广泛支持,“朝中大臣亦同意幼王此举”。在这种民心所向下发动的政变也顺利地取得了成功。然而,此后的阿莱克修斯四世却表现得优柔寡断,“当时围困宫闱,将老王幽禁在内,双方相持达三月之久,迄无结果。最后由侍卫大臣出面,调解于父子之间,方以和平方式结束。为维护老王之尊严计,这位首席配剑贵族依然保留在原位上”②。在这场政变中,阿莱克修斯四世犯了几个错误。一是他自己没有明确的政变目的,倘若目标明确,不会发生老皇帝被困三月而无决定的情况。二是他缺乏决断力,当曼努埃尔三世不接受政变者解除布拉瓦斯的诉求,且其本人已失去行动自由时,阿莱克修斯四世没有当机立断处死布拉瓦斯或将曼努埃尔三世送去修道院。三是他易妥协、放弃,在长达三个月围困未达目的时,作为优势一方的阿莱克修斯四世竟然接受调解,释放老皇帝,甚至让布拉瓦斯官复原职,退回到政变前的局面。因此,阿莱克修斯四世这种轻率妥协的性格直接导致此次政变虎头蛇尾,无果而终,也暴露了他缺乏政治领袖的基本素养,做事没有筹谋,遇事缺乏决断,行事易于妥协。

在阿莱克修斯四世独立统治期间,这一品性引发了更加严重的政治纠纷,即其长子约翰两次发动政变反对阿莱克修斯四世。对此,晚期拜占庭史家乔尔克堪

---

① G. Finlay, *The Empire of Trebizond*, p. 460.

② 罗·哥泽来滋·克拉维约:《克拉维约东使记》,第60页。

代勒斯(Laonikos Chalkokondyles)的记录最为详细,[①]“下面的事情据说真实发生过。皇帝约翰(四世)怀疑他的母亲——出身坎塔库震努斯家族——与首席配剑贵族有染,在激怒下杀死首席配剑贵族,将他的母亲与父亲一起囚于密室,甚至意欲杀死母亲。但城中贵族们恳请约翰不要如此,他们将他送往伊比利亚(格鲁吉亚),视其为令人厌恶之人。由于约翰的恶行,皇帝阿莱克修斯于是选次子斯坎塔里奥斯(Σκαντάριος)为继承人,为他迎娶米蒂里尼统治者加提卢西奥(Gattilusio, Γαταλιούζου,1428—1455年在位)之女为妻,并将他送往米蒂里尼……(约翰从热那亚人控制的卡法借兵前来攻打特拉比宗)鉴于当时皇帝(阿莱克修斯)正带着战车和装备前来迎战约翰,并于郊外的亚罕托斯('Αχαντός)扎营歇息,深受信任的卡瓦西塔纳斯家族受命负责该地的警戒与安全。卡瓦西塔纳斯(手下的守卫们)让(约翰的人马)接近阿莱克修斯,于是老皇帝在毫无防备之下被捕,并在午夜时分被杀害。”[②]

根据这一记录,阿莱克修斯四世与长子约翰的对抗共有两次,但均未明确时间。一次是约翰在特拉比宗发动宫廷政变,杀死母亲的情夫,阿莱克修斯四世也与皇后一起被囚禁。另一次是约翰流亡之后,从黑海北岸的卡法借到一艘大船前来攻打特拉比宗,阿莱克修斯四世率兵迎击,遭遇臣下背叛,随后被俘、被杀。这两次冲突及至其死亡充分显示出阿莱克修斯四世的软弱与无能。第一,当约翰凭借借来的一艘船只及随船物资与人员,前来攻击特拉比宗时,阿莱克修斯四世显然没有认真考虑敌我双方的优劣之处。他在率军前去迎击时,将安全委托于卡瓦西塔纳斯家族,对该家族的异心毫无觉察,导致约翰仅凭一艘船只就能夺取特拉比宗的皇权,其缺乏政治谋略策划之力可见一斑。第二,当其长子约翰因皇后塞奥多拉·坎塔库震努斯与首席配剑贵族的私情而愤怒并发动宫变时,同样作为该婚外情受害者的阿莱克修斯四世却站在皇后一方,落入被约翰囚禁的境地。因资料有限,关于阿莱克修斯四世与皇后所代表的拜占庭坎塔库震努斯家族是否有政

---

① 在乔尔克堪代勒斯的《历史》中,会有一些内容插入在正文之中,一般认为这是伪托乔尔克堪代勒斯的部分。《历史》中关于特拉比宗帝国的大部分描述都是伪托之作。

② Laonikos Chalkokondyles, *The Histories*, vol. 2, trans. A. Kaldellis, Cambridge, Massachusetts: Harvard University Press, 2014, 9. 28–29, pp. 307–309.

治利益纠葛,约翰发动政变的原因除皇后私情外,是否还有其他政治目的,均不得而知。但当约翰政变发生时,阿莱克修斯四世缺乏决断力,未能因势利导,将约翰收为自己的助力以强化皇权,反而连带成为皇后私情的受害者,其政治无能显露无遗。倘若没有特拉比宗贵族们的反对,在约翰的第一次宫廷政变中,阿莱克修斯四世就会被彻底囚禁,失去权力。第三,约翰在第一次政变中已经展现了其强硬的性格与较强的政治执行力,当约翰作为"不受欢迎的人"流亡格鲁吉亚时,阿莱克修斯四世既没有赶尽杀绝继续追杀约翰,也没有在时过境迁后与其和解,反而立次子为继承人,彻底断绝了约翰和平回国即位的可能,也断绝了与其和解的可能,最终逼迫约翰走上武力夺取特拉比宗皇位之路,也导致自己的死亡。

阿莱克修斯四世被捕、遇刺的时间在1429年10月,约翰可能在当天或不久之后,回到特拉比宗称帝,米勒认为具体称帝日期为28日,因为他看到的一份威尼斯文献提到这一天,称威尼斯领事要加固特拉比宗的威尼斯城堡,①这意味着当天有重大事件发生,可能是约翰的加冕日。

总之,与特拉比宗帝国的其他皇帝相比,阿莱克修斯四世统治时期是一个外部环境相对平静的时期,奥斯曼土耳其帝国因安卡拉战役以及拜齐德的被俘与死亡陷入内乱,帖木儿的蒙古帝国在帖木儿去世后也陷入内斗,特拉比宗帝国因此能够享有短暂安定,不必担心来自奥斯曼土耳其人的威胁,也没有来自东方的蒙古霸主的压力。就特拉比宗帝国内部政治而言,阿莱克修斯四世也没有遭遇太大内讧,作为其父可能唯一的男性子嗣,其皇位继承权没有遭遇其他人的威胁,年轻时就被立为皇帝。虽然在约翰反对父亲宠臣的政变中优柔寡断,但没有危害到他的皇位继承人地位,在政变以妥协方式结束后,他仍然继续作为共治皇帝,并在1417年后开始独立统治。阿莱克修斯四世至少有四个儿子,故而不必担心帝国未来的传承问题,其中约翰身为长子,能力最为突出,被立为共治皇帝后,在正常情况下,也可以顺利即位。在如此有利的情况下,阿莱克修斯四世的"软弱"与"无能"竟然造成帝国的政治纷争,将本应顺利即位的约翰逼迫为其死对头,人为引发帝国的政治内乱。可见,阿莱克修斯四世可称得上特拉比宗帝国18位男性

① W. Miller, *Trebizond : The Last Greek Empire of the Byzantine Era, 1204 - 1461*, p. 83.

君主中最软弱、最无能者。

阿莱克修斯四世与热那亚的关系越来越紧张。如前所述，在对外关系上，阿莱克修斯四世统治时期的特拉比宗帝国享受着难得的安定环境，只是偶尔与热那亚与黑羊帝国发生冲突。阿莱克修斯四世开始独立统治的1417年，正逢特拉比宗帝国与热那亚的冲突白热化之际。从1415年开始，热那亚人与特拉比宗帝国之间因商业利益的争执而不断发生新矛盾，1416年，热那亚人决定报复希腊人，其总督下令驻扎于克里米亚卡法的舰队攻击特拉比宗，[①]1417年3月，冲突持续升级。三艘作战用的热那亚大帆船击败特拉比宗海军，热那亚占领了一处修道院，作为军队的驻扎营地。1418年，战争结束后开始谈判，热那亚人要求软弱无能的阿莱克修斯四世为战争爆发负责，因此需向热那亚支付战争赔偿，还需要在此后的四年中为热那亚商人提供相当数量的葡萄酒和榛子。[②] 战争赔款高达95万阿斯普银币，阿莱克修斯四世被迫于1420年提前支付所有赔款，至于葡萄酒，他在1418年赔偿支付了2 500罐。榛子与葡萄酒一样，都是特拉比宗帝国对外出口的重要商品，但此次赔偿的具体数额未见明确记载。此时，葡萄酒的计量单位不同于现在常用的升或公升，而是以一种具有特定规格的、便于罐装和运输葡萄酒的容器为单位，根据布莱耶的分析，一大罐葡萄酒相当于53.88公升（约107升）。一罐葡萄酒价值很高，到1438年时，一罐葡萄酒可以换得一名年轻女奴。近代以来，随着黑海北岸开始种植葡萄、酿造葡萄酒，特拉比宗地区的葡萄酒出口数额锐减，榛子成为该地区对外出口的大宗货物。[③]

1418年之后，特拉比宗帝国与热那亚维持着表面上的和睦，但双方关系并未完全好转。主要原因在于，15世纪初以来，地区周边局势的变化，控制北方草原地带的蒙古强权走向瓦解，各方势力陷入纷乱内斗，原先畅通的商路不时被打断，商人们的人身与财产安全持续遭受威胁，在这种境遇下，原先经由黑海的贸易大

---

① S. P. Karpov, “New Documents on the Relations between the Latins and the Local Populations in the Black Sea Area (1392 - 1462),” p. 38.

② W. Miller, *Trebizond : The Last Greek Empire of the Byzantine Era, 1204 - 1461*, p. 79. Also see D. M. Nicol, *The Last Centuries of Byzantium, 1261 - 1453*, p. 404.

③ A. A. Bryer, “The Estates of the Empire of Trebizond, Evidence for Their Resources, Products, Agriculture, Ownership and Location,” (*Archeion Pontou* 35, Athens, 1979), in *The Empire of Trapezunt and the Pontus*, London: Variorum Reprints, 1980, pp. 377 - 378, 384 and 420.

幅度减少,热那亚商人不得不寻找新的商机。① 贸易环境的恶化使得生活于黑海地区的热那亚人一度陷入困苦生活,困境下的热那亚人更易于与周边族群发生冲突。例如1420—1421年间,卡法遭遇严重饥荒,当地的热那亚领事派遣数艘船只前往各地购粮,其中一位名叫乔瓦尼·迪·圣·多纳托(Giovanni di Santo Donato)的船主与卡法领事签订合同,带着钱款准备前往一个叫科帕(Coppa)的地方,不料乔瓦尼未前往预定目的地,反而直接驶往特拉比宗,没有返回卡法,事后乔瓦尼被卡法领事处以罚金,②而热那亚人与特拉比宗帝国本就不太融洽的关系进一步恶化。

1425年,热那亚人向阿莱克修斯四世提出要求称,鉴于位于特拉比宗的热那亚人居住的狮堡在此前骚乱中被毁,皇帝需要为热那亚人重建狮堡。对此,阿莱克修斯四世很是不满,抱怨热那亚人胡乱提出要求。于是卡法的热那亚领事决定对特拉比宗实行经济制裁,命令所有热那亚人离开特拉比宗,如果阿莱克修斯四世仍不妥协,那么就禁止特拉比宗人驶往热那亚人控制下的区域经商,停止与特拉比宗的所有贸易。③ 根据热那亚人的记载,阿莱克修斯四世很顽强,并没有妥协,甚至不顾可能会与热那亚人开战的威胁,与其在内政上表现得十分软弱、易于妥协的形象判若两人。然而,关于阿莱克修斯四世以及特拉比宗帝国的资料太少,以至于后人无法了解1420年代这场纷争的细节。关于特拉比宗帝国对热那亚的强硬态度是否就是阿莱克修斯四世坚持的结果,其原因是否是特拉比宗帝国贵族与民众的经济利益使然,均难以解释。根据米勒的研究推测确定,阿莱克修斯四世治下的特拉比宗帝国在与热那亚的对抗中比较强硬,而热那亚虽然对特拉比宗实行经济制裁,但仍尽量避免战争。后来听到消息称,阿莱克修斯四世其人总是“躲避”谈判,难以满足热那亚的要求,“他的习惯就是,无论说多好的话都不起作用”,于是热那亚人在1428年再派人前往特拉比宗要求阿莱克修斯四世履行

---

① M. B. Kizilov, “The Black Sea and the Slave Trade: The Role of Crimean Maritime Towns in the Trade in Slaves and Captives in the Fifteenth to Eighteenth Centuries,” *International Journal of Maritime History*, XVII, no. 1 (06, 2005), pp. 211 - 235.

② S. P. Karpov, “New Documents on the Relations between the Latins and the Local Populations in the Black Sea Area (1392 - 1462),” p. 35.

③ W. Miller, *Trebizond : The Last Greek Empire of the Byzantine Era, 1204 - 1461*, p. 79.

承诺。[①] 没有资料显示此次出使结果如何,可确定的是双方矛盾正在不断激化。

在此背景下,此前流亡于格鲁吉亚的约翰于 1427 年来到卡法,试图寻求热那亚人帮助他夺取特拉比宗皇权。不过,热那亚官方仍然不愿与阿莱克修斯四世开战。1427 年 11 月 8 日,热那亚政府听到流言称约翰抵达卡法,于是命令卡法领事和黑海地区的其他领事代表不要资助约翰,要保持与皇帝的友好关系。[②] 直到 1429 年,约翰才找到一个船主,后者接受约翰的任命,作为海军大将率领一艘战船进攻特拉比宗,随后特拉比宗帝国进入了约翰四世统治时代。

阿莱克修斯四世与土库曼政权的关系大体平稳。阿莱克修斯四世统治时期,奥斯曼帝国已经在穆罕默德一世统治下逐渐结束内乱,致力于巩固统治地位和对巴尔干领地的控制。及至穆拉德二世(Murad Ⅱ,1421—1444、1446—1451 年在位)统治初期,苏丹需要应对穆斯塔法(Mustafa)的叛乱以及与威尼斯的战争,故而对东部包括特拉比宗帝国在内的政权没有太多干涉。[③] 另一方面,东方的帖木儿帝国在帖木儿后裔治下出现内乱,也无暇顾及遥远的小亚细亚东部地区和伊朗高原西北地区。这样,小亚细亚东部地区和伊朗高原西北地区在 15 世纪前半期没有遭遇强大外敌威胁,只有两个土库曼政权——黑羊王朝与白羊王朝——对伊朗地区控制权的争斗成为此时这个地区的主要政治事件,他们的争夺也波及特拉比宗帝国及其周边地区。

对于特拉比宗帝国来说,从 1350 年代以来,白羊部一直是其坚定的盟友。此时,两国的联姻已经持续了两代,政治上的同盟与友好关系一直保持不断。14 世纪末和 15 世纪初时,他们面临奥斯曼土耳其军队和帖木儿率领的蒙古军队的威胁时,也采取同样立场,在政治上共进退。当黑羊王朝以反帖木儿政权的姿态出现时,白羊王朝作为帖木儿帝国在伊朗高原的坚定支持者,曾于 1420 年代到 1430 年代黑羊王朝与帖木儿帝国的三次战争时,始终配合帖木儿帝国的军事行动,并成功地从黑羊王朝控制下夺取了大片领地。[④] 相比于白羊王朝与黑羊王朝在伊

① W. Miller, *Trebizond : The Last Greek Empire of the Byzantine Era*, pp. 79 – 80.

② W. Miller, *Trebizond : The Last Greek Empire of the Byzantine Era*, p. 82.

③ 帕特里克·贝尔福:《奥斯曼帝国六百年:土耳其帝国的兴衰》,第 90—95 页。

④ R. Quiring-Zoche, “Aq Qoyunlū,” *Encyclopaedia Iranica*, updated 05/08/2011, 29/01/2019: http://www.iranicaonline.org/articles/aq-qoyunlu-confederation.

朗高原的争夺与对抗,小亚细亚东北部的特拉比宗帝国及其周边地区只是被这场博弈较量裹挟卷入的边缘地带。以特拉比宗以南的埃尔津詹为例,这里先是在1410—1420年间被黑羊王朝占据,被皮尔·欧麦尔(Pīr ʻUmar)掌控管辖,1425年到1435年,此地又被白羊王朝夺取。①

当埃尔津詹为黑羊王朝控制时,特拉比宗帝国不得不直面他们的军事威胁。然而,并没有明确的史料记载,此时黑羊王朝对特拉比宗采取了怎样的行动。但乔尔克堪代勒斯称,(特拉比宗的君主们)"与周围的蛮族联姻,包括所谓的白羊部、帖木儿的子孙以及居奇(Τζοκίεω 或 Juki,1402—1444年)②和卡拉·优素福的儿子,如此才免于遭受他们的劫掠"③。当然,这段记录并不完全准确,因为并没有其他材料能够证明特拉比宗帝国曾与帖木儿家族联姻。另外,乔尔克堪代勒斯在其《历史》中多次声称,卡拉·优素福的儿子贾罕·沙阿(Τζανισᾶς 或 Jahan Shah,后继任黑羊王朝统治者,约1434年—1467年在位)是居奇之女所生,故而居奇是贾罕·沙阿的外祖父。事实上,居奇只是贾罕·沙阿所臣服的领主,而且居奇与贾罕·沙阿年龄大体相当,因此不存在祖孙关系。④

不过,学者们传统上大多认可确实有特拉比宗的公主嫁到白羊部和黑羊部,其中一位嫁给黑羊王朝的贾罕·沙阿,另一位嫁给白羊部首领卡拉·奥斯曼·尤鲁克·贝格之子阿里·贝格(Ulu Beg,或 Ali Beg)。⑤ 威廉姆斯在《特拉比宗大科穆宁家族谱系》一文中列出三个与土库曼部落联姻的公主,其中一位嫁给白羊部首领卡拉·奥斯曼·尤里克,一位嫁给白羊部首领卡拉·奥斯曼·尤里克的儿子埃米尔阿里·伊本·卡拉·奥斯曼(ʻAlī ibn Qara ʻUthmān, Jalāl al-Dīn),一位嫁

① R. Shukurov, "Between Peace and Hostility: Trebizond and the Pontic Turkish Periphery in the Fourteenth Century," p. 41.

② 居奇全名穆罕默德·居奇(Muhammad Juki),是帖木儿之孙,是帖木儿第四子沙哈鲁(Shah Rukh Mirza, 1405—1447年在位)的第五子,沙哈鲁在帖木儿去世之后成功夺取皇帝位;1419年,居奇曾与其他兄长一起跟随沙哈鲁出访中国,事见[波斯]火者·盖耶速丁:《沙哈鲁遣使中国记》,何高济译,北京:中华书局2002年版。

③ Laonikos Chalkokondyles, *The Histories*, vol. 2, trans. A. Kaldellis, Cambridge, Massachusetts: Harvard University Press, 2014, 9. 27, pp. 304-307.

④ Laonikos Chalkokondyles, *The Histories*, vol. 1, 3. 72, pp. 274-275.

⑤ M. Kuršanskis, "La descendance D' Alexis Ⅳ Empereur de Trébizonde, Contribution à la prosopographie des Grands Comnènes," p. 239. K. J. Williams, "A Genealogy of the Grand Komnenoi of Trebizond," p. 183.

给黑羊部的贾罕·沙阿。不过一般认为卡拉·尤里克娶的是阿莱克修斯三世的女儿。对于这两桩婚姻,因原始记载语焉不详,学界一直有些疑问。首先,关于与白羊王朝的阿里·贝格的联姻,虽然学者们长期表示认同,并认为这位特拉比宗公主生了后来著名的白羊王朝国王尤祖恩·哈桑(Uzun Hassan,1453—1478年在位),但近年来研究指出尤祖恩·哈桑的母亲是萨拉哈吞(Sara Khatun),她是位亚美尼亚公主。[①] 另外,就与黑羊王朝的联姻而言,既没有十分可靠的证据,也没有其他材料能够提出质疑。库尔山斯基斯推测,可能是伪乔尔克堪代勒斯将描述对象弄错了,特拉比宗的公主所嫁的贾罕·沙阿,实为白羊部酋长卡拉·尤里克之子,而非黑羊部首领卡拉·优素福之子。[②] 这些说法都是假设,只有发现新的材料才能提出新的观点。

总之,阿莱克修斯四世时期,特别是在1420年代,当贾罕·沙阿对包括埃尔津詹在内的本都地区发动攻击时,特拉比宗帝国受到战争的波及。在面临这一危险时,皇帝继续采用大科穆宁王朝的传统外交手段,用美丽的公主换取政治上的和平。

阿莱克修斯四世的家庭关系不算复杂。皇后塞奥多拉为阿莱克修斯四世生育了至少三子一女。长子约翰也称“帅约翰”(Kalogiannis),生于1403年之前。[③] 由于听说其母塞奥多拉皇后与首席配剑贵族有私情,发动政变,政变失败后被流放到格鲁吉亚。关于这次政变的时间,库尔山斯基斯认为是1426年11月。[④] 约翰后来在1429年从热那亚人在卡法的殖民城市借到一艘船,带人进攻特拉比宗,他事先与负责警戒、守卫的侍卫首领勾结,成功捕获阿莱克修斯四世,将其废黜,自立为继任皇帝。

阿莱克修斯四世的次子为亚历山大,[⑤]生卒年不详。作家乔尔克堪代勒斯在

---

① A. A. Bryer, “Greek and Türkmens: The Pontic Exception,” p. 135, no. 79; Appendix Ⅱ, p. 149, no. 144.

② M. Kuršanskis, “La descendance D' Alexis Ⅳ Empereur de Trébizonde, Contribution à la prosopographie des Grands Comnènes,” p. 246.

③ K. J. Williams, “A Genealogy of the Grand Komnenoi of Trebizond,” p. 183.

④ M. Kuršanskis, “La descendance D' Alexis Ⅳ Empereur de Trébizonde, Contribution à la prosopographie des Grands Comnènes,” *Revue des études byzantines*, 37(1979), p. 239.

⑤ 尼克尔将阿莱克修斯四世三个儿子的顺序弄错,认为亚历山大为三子,戴维为次子。见 D. M. Nicol, *The Last Centuries of Byzantium, 1261 - 1453*, p. 404.

《历史》中称其为“斯堪塔里奥斯(Skantarios)”,这是亚历山大的突厥语转音。约翰逃往格鲁吉亚后,阿莱克修斯四世打算改立次子,并为亚历山大加冕,使其成为共治皇帝。根据乔尔克堪代勒斯的记载,阿莱克修斯四世还为亚历山大安排婚约,让他娶米蒂里尼领主加提卢西奥之女。[①] 早期的研究者认为,亚历山大成婚后继续留在特拉比宗,作为约翰四世的共治皇帝,直到1461年特拉比宗城陷时去世。[②] 然而,《历史》的记载表明,亚历山大似乎直接去了米蒂里尼,当西班牙人佩罗·塔弗尔(Pero Tafur,约1410—约1484年)于1437年游历特拉比宗时,在君士坦丁堡曾遇到他。他公开自称特拉比宗皇帝,不过当时其(皇帝)本人也已破产,与他的姐姐君士坦丁堡皇后一起从他的国家被流放,他还赐给塔弗尔一把弓和一些箭矢。塔弗尔快到特拉比宗时又想起他,称当时身在特拉比宗的皇帝的兄长“就是我曾在君士坦丁堡遇到的那位,此时流亡于君士坦丁堡,与他的妹妹——希腊人的皇后——在一起,据说他与妹妹的关系不一般”。见到特拉比宗的皇帝时,皇帝“还问我关于他妹妹——那位皇后——和流亡中的兄弟的情况。他这么做,是因为想知道他的兄弟是否与米蒂里尼领主的女儿订婚了。他还询问热那亚人和(拜占庭)皇帝是否为那位流亡的皇帝提供庞大的舰队准备来攻打特拉比宗。对此,我予以肯定答复,而他听说后有些沮丧,不过仍然答道,他有足够的力量对抗他们,甚至能对抗更多人……(1438年,在返程路过米蒂里尼时)我又遇到特拉比宗皇帝,正如我之前所说,他逃脱兄弟的追捕后,娶了这里统治者的女儿,希望能获得其帮助对抗自己的兄弟。他们向我询问特拉比宗的情况,我把事实告诉他们,特拉比宗面对强大的土耳其完全无能为力,既不能为自己谋利,也无法伤害敌人”[③]。

这样,乔尔克堪代勒斯的记载与塔弗尔的见闻便存在明显偏差。亚历山大的婚姻是他自己在流亡拜占庭君士坦丁堡期间缔结的,而且在去米蒂里尼之前,一直生活在拜占庭城。对此,库尔山斯基斯认为,乔尔克堪代勒斯关于1461年特拉

---

① Laonikos Chalkokondyles, *The Histories*, vol. 2, 9.28 - 29, pp. 306 - 309.

② K. J. Williams, “A Genealogy of the Grand Komnenoi of Trebizond,” p. 184.

③ Pero Tafur, *Travels and Adventures, 1435 - 1438*, trans., ed. and intro. by M. Letts, London: George Routledge & Sons, LTD., 1926, XIV, XV, XVI, XVIII, pp. 115 - 116, 130 - 131 and 150.

比宗城陷后关于在米蒂里尼出现皇后的记载是可靠的,“她是特拉比宗国王阿莱克修斯·科穆宁的妻子……她的丈夫已经先她于特拉比宗去世,她独自一人,是带着一个儿子的孀居夫人”①。他还认为这里的阿莱克修斯就是亚历山大,并指出亚历山大在米蒂里尼一直致力于寻求热那亚和君士坦丁堡的支持,希望得到他们的帮助,援助他回到特拉比宗夺取皇权,但其求助对象只是答应而没有行动。后来随着奥斯曼土耳其人的军事威胁日益严峻,他们连口头应允也不再能提供了,而是要求亚历山大寻求与约翰和解。大约在1440年代,亚历山大可能回到特拉比宗,也和约翰达成谅解,原因很可能是约翰没有儿子,亚历山大的儿子被选为继承人。直到1450年代时,亚历山大可能先于约翰去世。②

皇后塞奥多拉的三子戴维生于1407年到1409年之前,或者1429年之前,他因年幼,没有参与父母兄长们的冲突,1429年约翰四世登位后他也没有受到刁难。在约翰四世统治时期,戴维还作为外交官参与政事,曾多次作为使节前往意大利。1459年,约翰四世迫于奥斯曼土耳其军事威逼退位后,戴维登上帝位,成为特拉比宗帝国的末代皇帝。③

皇后塞奥多拉还育有一女,名叫玛利亚,嫁给拜占庭皇帝约翰八世·帕列奥列格(1392—1448年在位)。拜占庭史家对其有明确记载,“6935年(公元1427年)8月30日,阿莱克修斯·科穆宁君主之女,公主玛利亚·科穆宁从特拉比宗乘船来到君士坦丁堡;9月,玛利亚夫人嫁给我们的皇帝约翰……6948年(1439年)12月17日,来自特拉比宗的玛利亚皇后去世……在一场冬季暴雨中葬于潘托克拉特修院(Pantokrator)”④。著名学者约翰·欧根尼科斯(John Eugenikos)可能在1426年8月之后受约翰八世之命,前往特拉比宗求娶公主,并在特拉比宗为阿莱克修斯四世撰写一篇颂词。其后,因皇后塞奥多拉的去世,联姻事宜被推迟,

---

① Laonikos Chalkokondyles, *The Histories*, vol. 2, 10. 13, pp. 414 - 415.

② M. Kuršanskis, “La descendance D’ Alexis Ⅳ Empereur de Trébizonde, Contribution à la prosopographie des Grands Comnènes,” pp. 240 - 244.

③ K. J. Williams, “A Genealogy of the Grand Komnenoi of Trebizond,” p. 185.

④ George Sprantzes, *The Fall of The Byzantine Empire, a Chronicle XIV by George Spranthes, 1402 - 1477*, trans. Marios Philippides, Amherst: The University of Massachusetts Press, 1980, XIV. 3 - 4, p. 30. Georgios Sphrantzes, *Memorii 1401 - 1477*, ed. V. Grecu, [Scriptores Byzantini 5] Bucharest: Academie Republicii Socialiste România, 1966, TLG, No. 3143001.

一直到1427年才正式确定,他在8月份陪伴玛利亚从特拉比宗来到君士坦丁堡。[①] 关于这次联姻的原因,杜卡斯将其归结为特拉比宗公主们广为传唱的美貌,"现在,皇帝约翰向特拉比宗皇帝阿莱克修斯·科穆宁派出使者,请求娶其女儿玛利亚为妻,因为她面容姣好,行为举止高雅。(使者们)护送她来到君士坦丁堡,由牧首约瑟夫(Joseph)按照传统的圣婚仪式为他们举行婚礼,她成为罗马人的皇后。"[②]事实上,此时的拜占庭帝国在奥斯曼土耳其人的军事威胁之下,政治影响力早已衰弱,此次联姻并不能在政治上发挥多少影响,很可能就是出于约翰八世对于美貌的特拉比宗公主的追慕。约翰还可能希望借此机会得到特拉比宗帝国的财富,以解君士坦丁堡的财政危机。

除玛利亚之外,不同的研究著作中还提到,阿莱克修斯四世似乎另外还有四个女儿。前面已经提到,可能有两位分别嫁到白羊王朝和黑羊王朝,学界对此仍存有争议。另外两位特拉比宗公主分别嫁给爱琴海群岛公爵(Duke of Archipelago)之子尼科洛·克里斯珀(Niccolo Crispo,1392—1450年),以及塞尔维亚大公乔治·布兰科维奇(George Branković,1427—1456年在位)。[③] 爱琴海群岛公爵即是爱琴海上的群岛公国(Duchy of Archipelago),是第四次十字军攻占君士坦丁堡后由威尼斯人在爱琴海上的基克拉泽斯群岛(Cyclades)建立的政权,以纳克索斯岛(Náxos)与帕罗斯岛(Paros)为中心,从1383年开始,弗朗西斯科一世·克里斯珀(Francesco Ⅰ Crispo, 1383—1397年在位)成为群岛公爵,开始了克里斯珀家族长达百余年的统治。尼科洛·克里斯珀是弗兰西斯卡一世的第四子,生于1392年,在1420年时正式领受封地锡罗斯岛(Syros)。关于特拉比宗公主与尼科洛·克里斯珀的婚姻,最早的信息源于意大利学者乔瓦尼·巴蒂斯塔·拉姆西奥(G. B. Ramusio,1485—1557年),他在一封信中谈及自己出使白羊王朝的经历,称白羊王朝的王后塞奥多拉(约翰四世·大科穆宁之女,尤祖恩·哈桑(Uzun Hassan,

---

① Michael Panaretos & Bessarion, *Two Works on Trebizond*, 109, pp. xii - xiii, xxii no. 28 - 33.

② Doukas, *Decline and Fall of Byzantium to the Ottoman Turks*, an. & trans. H. J. Magoulias, Detroit: Wayne State University Press, 1975, xx. 7, p. 114. Ducas, *Istoria Turco-Bizantina (1341 - 1462)*, ed. V. Grecu, [Scriptores Byzantini 1] Bucharest: Academia Republicae Popularis Romanicae, 1958, TLG, No. 3146001.

③ W. Miller, *Trebizond : The Last Greek Empire of the Byzantine Era, 1204 - 1461*, p. 81. K. J. Williams, "A Genealogy of the Grand Komnenoi of Trebizond," pp. 182 - 183.

1453—1478年在位)之妻,有一个侄子是威尼斯人,也就是尼科洛·克里斯珀的妻子瓦伦扎(Valunza)之子,这表示瓦伦扎似乎是塞奥多拉的姐妹。库尔山斯基斯认为,这一说法的时间有误,且“瓦伦扎”也不像希腊人的名字。另外尼科洛·克里斯珀的妻子是热那亚人,不可能再娶一位特拉比宗公主。这一误解很可能是,拉姆西奥将热那亚地区的一处与特拉比宗名称接近的地区与特拉比宗混淆了,真实的历史中并没有一位特拉比宗公主嫁给尼科洛·克里斯珀。①

同样地,与塞尔维亚大公乔治·布兰科维奇的联姻可能也不存在。米勒在述及约翰四世与来自拜占庭的使臣乔治·斯弗兰基斯的谈话中引用该文献时,称斯弗兰基斯在致拜占庭皇帝君士坦丁十一世(Constantine Ⅺ, 1449—1453年在位)的信中提到,他听约翰四世说,苏丹穆拉德二世去世后(1450年),他的遗孀代尔威亚公主玛拉(Mara)返回塞尔维亚,她是塞尔维亚大公乔治·布兰科维奇的女儿,而乔治是约翰的妹夫。② 但斯弗兰基斯著作的英译版中称塞尔维亚公主是约翰的表妹,③,因为乔治·布兰科维奇的妻子是来自坎塔库震努斯家族的伊琳妮,应该是约翰四世母亲塞奥多拉·坎塔库震努斯的姐妹。④ 由此一来,关于阿莱克修斯四世子女的说法纷纷扰扰,除有名姓、生平可查的三子一女外,其他均模棱两可。或许有一两位公主与大科穆宁家族早年的其他公主一样,嫁去白羊王朝或黑羊王朝,通过婚姻维系特拉比宗帝国的生存。其他传言可信度较小。

在阿莱克修斯四世统治时期,特拉比宗帝国的社会经济状况与其父曼努埃尔三世时期相仿,整个黑海贸易的衰落不可避免地影响到特拉比宗,商业活动的规模有所下降,帝国政府发行的货币数量和质量均有贬损。此时发行的银币继续变小,重量降低到21谷左右,币面图案依然延续传统的圣尤金和皇帝正面骑马像,

---

① 见 M. Kuršanskis, “La descendance D' Alexis Ⅳ Empereur de Trébizonde, Contribution à la prosopographie des Grands Comnènes,” *Revue des études byzantines*, 37 (1979), p. 246。

② W. Miller, *Trebizond : The Last Greek Empire of the Byzantine Era, 1204 - 1461*, p. 86.

③ G. Sphrantzes, *The Fall of Byzantine Empire, A Chronicle by George Sphrantzes, 1401 - 1477*, XXXI. 3, p. 60.

④ D. M. Nicol, “the Byzantine Family of Kantakouzenos: Some Addenda and Corrigenda,” *Dumbarton Oaks Papers*, vol. 27(1973), pp. 309 - 315. 关于这一问题,布莱耶在《特拉比宗与塞尔维亚》(“Trebizond and Serbia,” *'Αρχεῖον Πόντου* 27, 1965, pp. 28 - 40.)一文中有详细论证,说明这一联姻并不存在。M. Kuršanskis, “La descendance D' Alexis Ⅳ Empereur de Trébizonde, Contribution à la prosopographie des Grands Comnènes,” p. 246.

至今尚未发现此时发行的铜币。①

阿莱克修斯四世虽然个性软弱、能力不足,但在生育子嗣方面成就突出,为特拉比宗帝国历代君主之首。他的妻子是来自君士坦丁堡的坎塔库震努斯家族的塞奥多拉,他们的婚礼在1395年与其父曼努埃尔三世迎娶第二任妻子一同举行。② 塞奥多拉皇后于1426年11月12日去世,"6935年(1426年)11月12日,周五,晚上3点,阿莱克修斯的皇后塞奥多拉·坎塔库震努斯·大科穆宁去世,葬于金首圣母教堂"③。阿莱克修斯四世本人则是在1429年其子约翰的兵变中被杀,虽然文献记载后者下令抓捕其父,但将士们未能严格执行命令,而是失手将皇帝杀死。

阿莱克修斯四世的生平与政绩一样平庸,恰如同时代的末代拜占庭帝国皇帝一样,衰亡中的特拉比宗帝国,其皇帝天性懦弱,智能低下,既无治国理政的能力,也无救亡图存的英雄气概。老迈的帝国气数已尽,其统治阶层难以培养和选择优秀人才充任皇帝。小国寡民,难出旷世奇才,勉强充数的皇帝们大多成为世人嘲讽的对象,最终和帝国一同从历史的舞台上消失。

第十七节

约翰四世·大科穆宁(John Ⅳ Megas Komnenos)

1429—1460年在位

约翰四世(John Ⅳ Megas Komnenos, Ιωάννης Δ' Μέγας Κομνηνός,生于1403年之前,卒于1460年4月,享年57岁)是特拉比宗帝国的第十八任皇帝,1429年10月至1460年4月在位共31年。

---

① W. Wroth, *Catalogue of the Coins of the Vandals, Ostrogoths and Lombards and of the Empires of Thessalonica, Nicaea and Trebizond in the British Museum*, pp. lxxxii – lxxxiii, 306 – 307.

② "Panareti chronicon Trapezuntinum," 54. 25 – 27, 55, 46 – 57, p. 370. Also see Michael Panaretos & Bessarion, *Two Works on Trebizond*, 108 – 109, p. 55 – 57.

③ "Panareti chronicon Trapezuntinum," 56. 58 – 64, p. 370.

约翰是阿莱克修斯四世与皇后塞奥多拉・坎塔库震努斯的长子。前文已经提到，1426年前后，约翰因母亲的私情而发动政变，在囚禁父母无果后，被特拉比宗的贵族阻止，后流亡格鲁吉亚。他约在1427年前往卡法寻求热那亚人的帮助并在进攻特拉比宗成功后夺取皇位。

伪乔尔克堪代勒斯对约翰在格鲁吉亚、卡法以及抓捕阿莱克修斯四世的过程有比较详细的描述。“约翰来到伊比利亚后，迎娶国王亚历山大（'Αλεξάνδρος，即Alexander Ⅰ the Great，1412—1442年在位）之女为妻……（阿莱克修斯四世立亚历山大为共治皇帝后）……约翰前往卡法，寻找有船能够带他前往特拉比宗、并帮助他与父亲阿莱克修斯打仗的人。他找到一名热那亚人，此人拥有一艘巨大船只，船只上配备各种武器，该船名为……约翰任命此人为大将军（πρωτοστράτορα，protostrator）。他们把所需的一切东西都安装在船上，前往特拉比宗，对抗他的父亲。他们在圣福卡斯修道院（St. Phokas）所在地的较为干燥地区登陆，并在修道院附近扎营，成功得到卡瓦西塔纳斯（Καβασιτάνας）家族的支持与秘密结盟，因为他们家族中有一些人决定要背叛皇帝……（阿莱克修斯四世被杀后）……尽管，约翰并没有下令他们可以杀死他父亲，只是要求保证父亲的生命，并带其来见他。但他们没有遵循这些指令，反而杀死了（老皇帝），甚至认为这么做还能赢得皇帝（约翰）的感激。后来，约翰刺瞎其中一人，并将另外一人砍头，因为他们违背了他的意愿与命令，未能将他父亲活着带到他面前。这样，约翰登上皇位，在葬礼上尽全力赋予其父以一切之尊荣。他将他葬于塞奥斯盖帕斯托斯（Theoskepastos）修道院，后来又将其遗骨带回特拉比宗。”[1]

目前并没有其他材料能够就约翰四世即位前的活动提供佐证，因此只能参考上述记载。从中能够看出约翰四世的决断力要胜过其父。首先，当他于格鲁吉亚流亡时，通过迎娶格鲁吉亚公主为自己争取政治支持。其次，当得知亚历山大被立为共治君主，而其岳父并不打算军事支持他返回特拉比宗时，他就转而前往黑海北岸的卡法，寻求与特拉比宗帝国关系不睦的热那亚人的支持。再者，卡法的热那亚官方拒绝他的请求，他只找到一艘船只愿意帮助他进攻特拉比宗，在此劣

① Laonikos Chalkokondyles, *The Histories*, vol. 2, 9. 28-29, pp. 306-309.

势下,他仍然成功策反阿莱克修斯四世的侍卫首领,夜袭成功,俘虏父亲阿莱克修斯四世。因此可以说约翰是具备一定政治能力的皇帝。

然而,约翰四世为时人诟病的是他要为父亲的死负责,他被视为弑父的罪人。尽管《历史》一再强调约翰只是命令他的手下活捉老皇帝,不许他们对其造成伤害,且事后还处罚杀害老皇帝的凶手(一死一瞎),并极为隆重地为阿莱克修斯四世举办葬礼,但他是政变的首领。这些弥补举动并不能掩盖政变的事实,也无法平息社会舆论,所以无论是乔尔克堪代勒斯还是西班牙人塔弗尔都将其称为"弑父者"。只是塔弗尔听到的信息似乎有偏差,他认为被杀的阿莱克修斯四世当年也曾政变杀死自己的父亲,说"那里的皇帝是基督徒,是希腊人,他们说这位皇帝的父亲当年为了剥夺他哥哥的继承权,前去寻求'伟大的土耳其人'(即奥斯曼帝国的苏丹)进行援助,请后者予以支持,还杀死了自己的父亲。而他本人有两个儿子,他被年幼的那个儿子杀死,正如福音书所言:'因为你用什么量器量给人,他也用什么量器量给你们'(路加福音,6:38)。"①这里,塔弗尔不仅将约翰与亚历山大的长幼顺序弄错,还误会了阿莱克修斯四世对曼努埃尔三世发动的政变,与克拉维约的记载相差甚远。塔弗尔很可能认为阿莱克修斯四世遭受的是政变的报应,误将约翰第二次政变的事件套用在阿莱克修斯四世发动的政变中。事实上,在特拉比宗帝国的历史上,背负着弑父罪名的只有约翰四世。

即位后的约翰四世也算不上安稳。根据塔弗尔的记载,他的弟弟亚历山大在流亡君士坦丁堡和米蒂里尼时,时刻想要夺回特拉比宗皇位,不仅向君士坦丁堡的皇帝求援,还通过与米蒂里尼领主之女的联姻,希冀获取热那亚人的支持。约翰四世也曾担心亚历山大的活动给自己带来威胁,因为如果塔弗尔的记载属实,那么他们的姐妹、拜占庭皇后玛利亚显然支持亚历山大。当塔弗尔抵达特拉比宗时,约翰曾仔细询问塔弗尔关于亚历山大以及玛利亚的情况,"他还问我关于他妹妹——拜占庭皇后——的事情,还有他被流亡的兄弟。他问这些人,是因为想从我这里了解他弟弟是否真的向米蒂里尼领主之女求婚,是否那位领主和热那亚人以及拜占庭皇帝给了他弟弟一支庞大舰队,让他率军向特拉比宗开战。我向他肯

---

① Pero Tafur, *Travels and Adventures, 1435 - 1438*, XV, p. 130.

定确有此事,他因此颇受打击,不过还是声称他自己足以对抗他们,甚至来更多人都没关系。"①但此时的拜占庭帝国显然没有能力来征讨特拉比宗帝国,皇帝约翰八世正前往意大利四处游说寻求援助以对抗奥斯曼帝国。② 热那亚也不愿意开战,因为就在 1434 年,热那亚人先后与克里米亚的哈吉·格来(Haji Ⅰ Giray,1397—1466 年)以及拜占庭人开战,均以失败告终。③ 即便在亚历山大以及塔弗尔等人看来,拜占庭以及热那亚都愿意为亚历山大提供支持,那也仅仅只是口头上的而已。

随着政治局势的不断恶化,拜占庭与热那亚对亚历山大的口头支持也不复存在,到 1440 年代后,他们要求亚历山大尽快与约翰和解,从最终结果来看,亚历山大与约翰确实和解了,因为他在特拉比宗去世了。无论是约翰因没有儿子而选择亚历山大及其子阿莱克修斯作为继承人,还是奥斯曼土耳其的军事扩张令特拉比宗朝不保夕,皇位之争都不得不让位于更严重的存亡压力,最终的结果是约翰与亚历山大的争端以和平收场。

约翰四世统治前期的帝国困扰与纷争不断。在约翰四世即位后的很长一段时间里,虽然奥斯曼土耳其帝国的势力不断扩张,但穆拉德二世的精力主要在东欧战场,以及小亚细亚东部的土库曼政权。这时,黑海附近的希腊基督教政权中,不仅拜占庭帝国因与穆拉德二世签署的和约侥幸继续维系,远在东方的特拉比宗帝国也继续享受着暴风雨到来之前的宁静。当 1437 年塔弗尔抵达特拉比宗时,他看到"特拉比宗有大约 4 000 人。它有着很好的防御工事,他们说这里盛产蔬果,每年提供大笔赋税"④。对于一个帝国首都来说,即便特拉比宗帝国很小,城里的居民也不会只有 4 000 多人,塔弗尔的数据可能与事实差别较大。也可能特拉比宗刚刚发生过瘟疫,病亡与逃亡使得城市人口锐减。布莱耶认为,这个帝国承载着 20 万—25 万人的生活,不过大部分居民主要散落在乡间,特拉比宗也主

---

① Pero Tafur, *Travels and Adventures, 1435 - 1438*, XVI, p. 131.

② Laonikos Chalkokondyles, *the Histories*, vol. 2, 6. 7 - 15, pp. 10 - 23.

③ Laonikos Chalkokondyles, *the Histories*, vol. 2, 6. 3 - 6, pp. 6 - 9. 哈吉·格来(Haji Ⅰ Giray)是在金帐汗国瓦解后控制克里米亚的领主,从 1428 年到 1441 年通过战争控制了克里米亚,建立了克里米亚汗国(1441—1783 年),他本人于 1466 年去世。

④ Pero Tafur, *Travels and Adventures, 1435 - 1438*, XVI, p. 131.

要依靠乡间的工事建设阻挡住了中部的土库曼人和突厥人的侵扰。①

另一方面,塔弗尔印象较深的是特拉比宗帝国的农业生产,这与此前到访特拉比宗的访客对繁荣市集印象颇深不同,14世纪末,途经这里的英格兰使臣曾大肆消费贵重商品,②15世纪初克拉维约不仅看到城郊繁盛的果林菜园,还有各地运来的特拉比宗货物在此销售。③ 此时,塔弗尔看到的却是每年为帝国提供大笔赋税的果蔬产品,这反映出黑海地区商业活动的变化,从14世纪末和15世纪初开始,东西方长途贸易逐渐转向叙利亚和埃及农副产品,特拉比宗的国际贸易大幅衰落,不再像以前那样是汇集东、西方各种商品的集散地。威尼斯和热那亚在城郊的两座要塞也已废弃,这里成为黑海地区重要的葡萄酒产地,④因此农副业生产在财政税收中的比重大幅增加。

总之,约翰四世统治时期的商业贸易并没有好转,此时发行的银币阿斯普或半阿斯普非常稀有,其样式与阿莱克修斯四世时期几乎一样。⑤ 对于此时的约翰四世来说,除了弟弟亚历山大在外的活动可能带来的威胁外,其主要困扰可能是洗刷掉身上背负的弑父罪名。

约翰四世治下的特拉比宗帝国面临的麻烦并不严重,伪乔尔克堪代勒斯的记述表明,约翰努力做了很多弥补,营造出阿莱克修斯四世之死属于意外事件,是士兵无视其命令失手造成的悲剧。他这么做似乎对特拉比宗民众起到了作用,因为约翰不仅为父亲举行了盛大的葬礼,而且特拉比宗都主教及特拉比宗教会没有借此事为难他,认可了其继承皇帝之位,还按照惯例为他提供各种宗教服务。即位之后,约翰四世仍然找机会为父亲祈福,为教会慷慨捐献。1432年,约翰四世以父亲阿莱克修斯四世的名义将位于霍洛威(Chorobe,Χωροβη)的一份地产的管理

---

① A. A. Bryer, "Greek and Türkmens: The Pontic Exception," p. 121.

② A. A. Bryer, "Greek and Türkmens: The Pontic Exception," p. 120.

③ 罗·哥泽来滋·克拉维约:《克拉维约东使记》,第61页。

④ A. A. Bryer, "The Estates of the Empire of Trebizond, Evidence for Their Resources, Products, Agriculture, Ownership and Location," pp. 377–378, 384 and 420.

⑤ W. Wroth, *Catalogue of the Coins of the Vandals, Ostrogoths and Lombards and of the Empires of Thessalonica, Nicaea and Trebizond in the British Museum*, pp. lxxxiii, 308.

权转赠给重建的法罗斯(Pharos)修道院,[①]这显然可以进一步缓解其弑父罪的恶名。霍洛威位于特拉比宗西部河谷的丰饶地带,最初属于皇室地产,后来被先后分封给特拉比宗的贵族世家多兰尼提斯家族和斯候拉里斯(Scholaris)家族,大约在1363—1364年,该地产被转赠给法罗斯修道院,之后,修道院陷入困境而关闭,该地产再次被授予多兰尼提斯家族。到约翰四世统治时,该地产又被皇帝收回,并在1432年赠予重建的法罗斯修道院。

令约翰四世感到困扰的,可能是君士坦丁堡普世教会的态度,他们能影响大部分东正教信徒对他的认可与态度。米勒分析了约翰四世与两位牧首格里高利三世(Gregory Ⅲ,1443—1450年在位)和根纳迪奥斯二世(Gennadios Ⅱ,1454—1464年在位)之间的联系与信件,发现约翰比较关注“和子”说(*filioque*)与圣灵的问题。他认为在1445年到1451年间,格里高利三世在信中为约翰四世解释“和子”说(*filioque*)的缘由是,他虽然犯有弑父罪行,但其世袭帝位源于上帝,源于他本人的渊博知识、成就和高贵的行为,源于他拥有王权最重要、最有价值的举措,即尽全力去维系、供养东正教教会,这么做将为皇帝带来最好的名声,带来健康长寿,带来胜利与荣耀,将使其臣民尊敬杰出的皇帝。另一位牧首根纳迪奥斯二世则把一篇文章送给约翰四世,内容是探讨拜占庭颇受争议的皇帝约翰六世(John Ⅵ Kantakouzenos,1347—1354年在位)的圣灵问题。[②]

由此可见,约翰四世统治末期,他本人很关注圣灵,特别是圣灵在具体个体身上的体现。在基督教东正教的信仰体系中,圣灵问题十分重要,关系着信徒能否获得救赎。约翰四世对圣灵的关注反映出,他担心弑父罪名会妨碍他的虔诚信仰,会使他最终无法得到救赎。而两位牧首的解释可以帮助约翰消除这一担心,用神学理论为约翰四世脱罪。不过,值得注意的是,牧首们的解释发生在1440—1450年代,这时拜占庭京都处于朝不保夕的最终陷落阶段,希腊人的东正教教会正在失去一直以来的神学庇护力量,他们急切地盼望特拉比宗的约翰四世能够承担起这一责任,庇护所有东正教教徒。

---

① A. A. Bryer, “The Estates of the Empire of Trebizond, Evidence for Their Resources, Products, Agriculture, Ownership and Location,” p. 422.

② W. Miller, *Trebizond : The Last Greek Empire of the Byzantine Era, 1204 - 1461*, pp. 94 - 95.

不过,君士坦丁堡教会的态度并非始终如一,当奥斯曼帝国的威胁不那么迫在眉睫、拜占庭皇帝凭借与土耳其人的和约享受相对平静时光时,他们对约翰四世的弑父罪行并不宽宏大量。塔弗尔在君士坦丁堡看到,亚历山大正在那里积极活动,希望得到支持,帮助他从约翰四世手中夺取皇帝之位,理由就是约翰四世杀死了自己的父亲,其皇位不合法。这种说法能在君士坦丁堡流传甚广,以至于塔弗尔这个外邦人都能知晓,因此当被问及君士坦丁堡以及热那亚人是否愿意帮助亚历山大进攻特拉比宗时,塔弗尔予以肯定答复。这说明拜占庭帝国教、俗上层均持有相同意见,他们可能也认为约翰四世的弑父罪使其难以胜任皇帝一职。然而,到 1450 年代时,当拜占庭帝国面临奥斯曼帝国的重兵压力、已岌岌可危时,普世教会牧首们终于选择原谅约翰四世,并一遍遍地通过对某些神学问题的阐释,说服约翰积极应对奥斯曼帝国扩张的威胁,承担起历史赋予的责任。同样在 1453 年之前,拜占庭官方也不再像 1430 年代时那样反对约翰,而是力劝亚历山大与约翰和解,共同抗击来自伊斯兰教的威胁。

约翰四世治下的特拉比宗帝国与拜占庭帝国关系微妙。早在约翰四世统治初期,特拉比宗帝国与拜占庭帝国都因奥斯曼帝国的军事征服而形势危急。相对而言,拜占庭帝国更加危险,当时穆拉德二世的军事行动主要集中在东欧,除拜占庭外的博斯普鲁斯海峡以西大部地区都已落入土耳其人手中。地处黑海东南角的特拉比宗的危机还不算最严重,他们的周边还有比较强大、能够与奥斯曼帝国相抗衡的力量,如与特拉比宗帝国关系友好的白羊王朝。故而,此时的两个希腊帝国并没有十分密切的往来。

就特拉比宗的大科穆宁家族与拜占庭的帕列奥列格家族而言,约翰四世与约翰八世之间似乎也没有直接往来,尽管他的妹妹玛利亚是后者的皇后。不过,约翰四世对拜占庭皇帝的活动颇为关注,关心约翰八世前往意大利向罗马教会及西欧封建政权求助的情况。当塔弗尔于 1437 年来到特拉比宗时,“登陆后前去拜见皇帝。皇帝向我询问君士坦丁堡皇帝的事情,他乘坐什么交通工具前往意大利,走的时候带了哪些人”①。这表明,或许约翰四世也希望拜占庭皇帝能够得到西

① Pero Tafur, *Travels and Adventures, 1435 - 1438*, XVI, p. 131.

欧人的支持。

拜占庭帝国君士坦丁十一世皇帝即位后，两个皇室曾有机会再度联姻。1449年10月14日，君士坦丁十一世需要一位能够给他带来丰厚嫁妆同时又能带来政治和军事支持的新娘，于是派他的好友兼重臣乔治·斯弗兰基斯（George Sphrantzes）率领使团前往格鲁吉亚王国及特拉比宗帝国，试图求娶一位公主。由于约翰四世在嫁妆问题上不太慷慨，而格鲁吉亚国王更为积极，因此，最后确定君士坦丁十一世与格鲁吉亚公主联姻，只是该婚约因1453年君士坦丁堡被围与失陷而终止。①

当斯弗兰基斯抵达特拉比宗时，恰逢苏丹穆拉德二世去世、穆罕默德二世继任苏丹的消息传来，约翰四世曾与斯弗兰基斯讨论此事。起初，约翰四世非常兴奋，他说：“大使先生，我有好消息要告诉您，您一定要恭喜我！”他自认之前与穆罕默德二世的关系较好，曾为后者提供过许多帮助，既然穆罕默德二世已经即位，那么特拉比宗就可以很快与苏丹再次缔结和约。然而，斯弗兰基斯对局势的认识更深刻，他极为沉痛地对约翰说，“陛下，这不是好事儿，而是非常悲惨的事儿……因为去世的那位苏丹很老了，以前曾打算夺取我们的王城但无功而返，此时他不想再像那样打一仗了，他只想维持和平。但现在的这位苏丹年纪轻轻，从孩提时期就以基督徒为敌，发誓一旦大权在握，条件适宜，就会摧毁希腊人和所有基督徒的统治。”紧接他提到君士坦丁堡的战略重要性对于穆罕默德二世的意义，以及令后者势在必得的必然结果，认为只有穆罕默德二世突然去世才是好事，那样奥斯曼帝国将因为没有继承人而陷入混乱，无暇顾及其他事务。在斯弗兰基斯的记录中，约翰四世听了他的分析后，意识到穆罕默德二世即位的危险，他说：“您是拜占庭宫廷最精明、最有经验的政治家，您比我更了解这些事情。无论如何，上帝，拥有绝对权力的上帝，会赐福我们的！”②

在讨论了国际局势后，约翰四世与斯弗兰基斯讨论了联姻事宜。按照斯弗兰

---

① G. Sphrantzes, *The Fall of Byzantine Empire, A Chronicle by George Sphrantzes, 1401 – 1477*, XXXI. 1–6, pp. 60–61. D. M. Nicol, *The Last Centuries of Byzantium, 1261 – 1453*, pp. 372 – 372.

② G. Sphrantzes, *The Fall of Byzantine Empire, A Chronicle by George Sphrantzes, 1401 – 1477*, XX1X. 1 – 6, pp. 58 – 59.

基斯的记载,特拉比宗不会为新娘准备丰厚的嫁妆,这一点无法为拜占庭带来足够丰厚的财产。斯弗兰基斯在其回忆录中,并没有细说他与约翰四世关于联姻的讨论。他比较关注的是另一个联姻对象,即塞尔维亚公主玛拉(Mara Branković,约1416—1487年),她原本嫁给了奥斯曼苏丹穆拉德二世,苏丹去世后,玛拉公主成功获准返回塞尔维亚。这位公主还是特拉比宗皇帝的表妹。因此,斯弗兰基斯建议君士坦丁十一世求娶这位孀居的公主。他认为这么做也算是与特拉比宗皇室联姻,此时正逢君士坦丁堡的普世教会内争,起因是皇帝主张与西方教会合并导致教会分裂。皇帝希望通过塞尔维亚公主与特拉比宗大科穆宁家族结成姻亲关系来缓和教会对皇帝的不满,所以皇室更易于认可该婚事。只是由于玛拉在回到塞尔维亚后就宣誓永不再婚,所以这一想法只能作罢。拜占庭皇帝最终与格鲁吉亚公主订立了婚约。①

从1452年3月开始,君士坦丁堡的境遇愈来愈糟。苏丹穆罕默德二世先是在海峡对岸修建要塞,6月开始围困君士坦丁堡,将近一年之后的1453年4月,苏丹亲临城外布阵,直到5月29日城市陷落,皇帝死亡。② 关于这段时期,没有任何资料记录约翰四世采取了何种应对措施。他的特拉比宗帝国实力弱小,对于君士坦丁堡的陷落,只能袖手旁观。斯弗兰基斯曾略有抱怨,称诸如特拉比宗的皇帝、瓦兰几亚的各位领主、格鲁吉亚国王等基督徒的首领,“有哪个可曾捐出一个铜板、派出一名士兵来援助我们,无论是公开抑或秘密的?”③尽管没有提供任何财力和军力上的帮助,约翰四世在君士坦丁堡陷落后还是接收了大量逃亡而来的希腊难民。④ 不过他很清楚,特拉比宗紧接着也将遭遇同样灭亡的命运。

约翰四世与土库曼政权的关系也非常复杂,以至于双方爆发了1456年的特拉比宗战役。15世纪前半期,白羊王朝与黑羊王朝在伊朗地区的争夺与战争对小亚细亚东部地区带来较大影响。1435年,白羊王朝的首领卡拉·奥斯曼在对黑羊王朝的战斗中阵亡,随后黑羊王朝与帖木儿帝国和解,贾罕·沙阿在大不里

---

① G. Sphrantzes, *The Fall of Byzantine Empire, A Chronicle by George Sphrantzes*, XXXI. 11 – XXXII. 1 – 9, pp. 60 – 64.

② G. Sphrantzes, *The Fall of Byzantine Empire, A Chronicle by George Sphrantzes*, XXXV. 1 – 9, pp. 69 – 70.

③ G. Sphrantzes, *The Fall of Byzantine Empire, A Chronicle by George Sphrantzes*, XXXVI. 1 – 9, p. 72.

④ D. M. Nicol, *The Last Centuries of Byzantium, 1261 – 1453*, p. 407.

士的统治得到帖木儿帝国苏丹沙哈鲁的承认。而白羊王朝则陷入内乱，阿里·贝格（1435—1438年在位）虽为指定继承人，但无力对抗他的兄弟们，最终被废、流亡埃及。这两位首领分别与约翰四世的两个妹妹联姻，因此与特拉比宗关系稳定。阿里·贝格的弟弟哈姆扎（Hamza bin Qara Yoluq Osman，1438—1444年在位）尚未平息内部纷争就突然去世，使得白羊家族内的王位争夺再次爆发战争，不仅影响了白羊王朝与帖木儿王朝的联盟，还给贾罕·沙阿继续扩张的机会，吞并了许多原先臣属白羊王朝的东部领地。[①] 此时白羊王朝收缩在以阿米德为中心的安纳托利亚东部地区，特拉比宗帝国以南本都山南麓的各重镇仍在白羊部控制之下。[②]

1452年，贾罕·沙阿率领的黑羊王朝大军取得对白羊王朝的胜利，时任白羊部首领的阿里·贝格之子贾罕吉尔（Jahāngīr bin Ali，1444—1452年在位）投降并签署和约，特拉比宗帝国南部的埃尔津詹、巴伊布尔特等地都成为黑羊王朝的臣属。但贾罕吉尔的弟弟尤祖恩·哈桑（1453—1478年在位）不承认该和约，并在1452年秋发动政变。[③] 在这个过程中，位于本都山区以南的这些重镇，如埃尔津詹、科尤尔希萨尔等，成为尤祖恩·哈桑与黑羊王朝以及贾罕吉尔争夺的对象，[④]直到1457年哈桑最终击败得到黑羊王朝支持的贾罕吉尔，成为白羊王朝的统治者。

因此，在约翰四世统治的大部分时间里，南部本都山区的各土库曼政权仍然主要在黑羊王朝与白羊王朝之间摇摆不定，而约翰四世的两个妹妹分别嫁给两个王朝的强权人物，似乎确保了外交上的平衡。但乱局之下难免有不受节制的地方政权会与特拉比宗发生冲突，因此布莱耶认为，约翰四世因要面对“来自包括土库曼人和奥斯曼人在内的突厥人持续不断的进攻，才公开呼吁与罗马教会结盟，以得到西方的帮助来对抗突厥人”[⑤]。不过，现存资料并没有特拉比宗帝国与白羊

---

① R. Quiring-Zoche, “Aq Qoyunlū,” *Encyclopaedia Iranica*, updated 05/08/2011, 29/01/2019: http://www.iranicaonline.org/articles/aq-qoyunlu-confederation.

② R. Shukurov, “The Campaign of Shaykh Djunayd Safawi against Trebizond (1456 AD/ 860 H),” p. 137.

③ R. Quiring-Zoche, “Aq Qoyunlū,” *Encyclopaedia Iranica*, updated 05/08/2011, 29/01/2019: http://www.iranicaonline.org/articles/aq-qoyunlu-confederation.

④ R. Shukurov, “The Campaign of Shaykh Djunayd Safawi against Trebizond (1456 AD/ 860 H),” p. 138.

⑤ A. A. Bryer, “Trebizond and Rome,” *‘Αρχεῖον Πόντου (Archeion Pontus)*, 26(1964), p. 305f.

王朝或黑羊王朝的土库曼人发生冲突的明确记载,只有伪乔尔克堪代勒斯记录过特拉比宗遭遇到的一次入侵。“数年后,一位名叫阿尔达比勒(Ardabil)的谢赫(Sheikh)进攻特拉比宗,他们集结了来自东部和南部各地——包括萨米翁(Samion)和许多城市的——军队,进攻特拉比宗,意图夺取并摧毁它。皇帝约翰也集结了一支包括海军和陆军在内的军队,来到科迪勒斯(Kordyles)的圣福卡斯修道院,随他一起前来的还有‘众人敬仰的’(pansebastos)将军率领的私家兵以及皇帝的军队。皇帝约翰率军迎战,意图让海军找到并攻击谢赫。谢赫·阿尔达比勒占领了一处叫做迈里阿瑞斯(Meliares)的关口,进而控制了该关口内名叫卡潘尼翁(Kapanion)的山口。此时,将军率领陆军赶来,发现谢赫已经先一步控制了卡潘尼翁关口。他们进军迎击谢赫,因为此前舰队可能得到将军的授意做好准备进行抵挡,因此他们作战时还等待着得到舰队的支援。但天气不利,海面上刮起暴风,使得水手们无法为陆军提供支援。强风来自各个方向,使得舰只无法出行……谢赫的军队取得大胜,打败了将军所率士兵,杀死了‘众人敬仰的’将军本人、他的儿子以及其余30多人。剩下的残兵败将有的逃往皇帝约翰所在之地,而皇帝本人已与其他人一起逃到船上,乘船返回特拉比宗。最后有人从陆地逃回,有些人从海路逃回。谢赫在皇帝先前扎营的圣福卡斯修道院扎营,还抓了许多俘虏。一些俘虏被杀,还有一个被活捉的名叫马夫罗科斯塔斯(Mavrokostas)的人,此人与皇帝十分亲密,且负责皇帝的开支。谢赫在特拉比宗城外将他杀死……谢赫在城外停留了三日后离开,因为要去征服‘众人敬仰的’将军下辖的中哈利迪亚地区。”伪乔尔克堪代勒斯记载的此人名叫阿尔达比勒,实际上是伊朗西北部、黑海西岸的地区名称,学者们普遍认为这是来自阿尔达比勒(也译为阿尔达比尔)的某位土库曼领主。萨米翁,指地中海东岸,即英语中的黎凡特(Levant),包括今叙利亚、巴勒斯坦甚至埃及在内的整个地区,在阿拉伯语中称为沙姆(al-Sham),意为“天堂”。科迪勒斯是圣福卡斯修道院所在地区的名称。“众人敬仰的”是特拉比宗帝国后期的一个高级军职,一般由卡瓦西提斯家族成员担任,其中sebastos一词源于希腊语的σεβαστός,本意“可敬的”,曾用于称呼皇帝。在拜占庭帝国时期,引申出一系列尊号,如“大贵族”(sebastokrator)、“首尊”(protosebastos)等,

pansebstos 表示“为所有人尊敬的”，是因卡瓦西提斯家族的地位而赋予的特殊尊号。①

这段记录留下许多问题：进攻特拉比宗的究竟是谁？战争究竟发生在何时？这位谢赫是萨法维教团（Safaviyya）的首领谢赫·朱奈德（Shaykh Cüneyd 或 Shaykh Junayd，卒于 1460 年）。② 专家研究认为，萨法维教团，或称萨法维耶教团，是由信奉苏菲主义的库尔德人谢赫·莎菲·丁（Shaikh Safi ad din Ardabili，1252—1334 年）在阿尔达比勒创建，是一个融合宗教—政治—军事性的组织，作为统治者的教团首领世袭继承。从 14 世纪后半期开始到 15 世纪前半期，萨法维教团在伊朗西北部黑羊王朝与白羊王朝治下逐渐发展壮大，到 16 世纪初建立萨法维王朝。③ 1430—1440 年代，阿尔达比勒地区处于黑羊王朝与白羊王朝争霸的旋涡之中。阿尔达比勒及附近的阿塞拜疆隶属黑羊王朝，黑羊王朝的首领贾罕·沙阿支持朱奈德的叔叔，这导致朱奈德被迫在 1447—1448 年间流亡小亚细亚和叙利亚等地。④ 他在小亚细亚南部的一些土库曼部落中拥有一些追随者，在叙利亚遭到抵制。流亡期间，他与白羊王朝的尤祖恩·哈桑结盟，娶了后者的妹妹为妻。⑤ 在此情形下，大约在 1456 年，朱奈德率领追随者对黑海之滨的特拉比宗帝国发动攻击。一些学者对此认为，在后来的萨法维王朝史家的记载中，朱奈德是为了稳定追随者的支持，为了其宣传的理念，而对特拉比宗帝国这一基督教政权发动的战争，并且在行动之前应该得到白羊王朝的尤祖恩·哈桑的默许。⑥ 舒库罗夫则认为，朱奈德此举主要是为了获得一块领地，其宗教意图并没有后世所宣

---

① Laonikos Chalkokondyles, *The Histories*, vol. 2, 9. 30 – 31, pp. 308 – 311, p. 512, no. 56 – 57, 9. 31, pp. 310 – 311. R. Shukurov, “The Campaign of Shaykh Djunayd Ṣafawī Against Trebizond (1456 AD/860 H),” *Byzantine and Modern Greek Studies*, 17 (1993), pp. 134 – 135.

② A. A. Bryer, “Greek and Türkmens: The Pontic Exception,” p. 1201. 也见 ì. Tellioğlu, “Selçuklulardan Osmanlılara Trabzon (Trebizond from Seljuks to the Ottomans),” *The Journal of Academic Social Science Studies*, 72(2018), p. 391。

③ 吕耀军：《伊朗苏非主义及其教团的历史演变》，《北方民族大学学报》2011 年第 2 期，第 105—110 页。穆宏燕：《苏非主义促进波斯细密画艺术繁荣鼎盛》，《回族研究》2017 年第 2 期，第 121—128 页。

④ K. Babayan, “Jonayd,” *Encyclopaedia Iranica*, updated 17/04/2012, 29/04/2019: http://www.iranicaonline.org/articles/jonayd.

⑤ R. Shukurov, “The Campaign of Shaykh Djunayd Safawi against Trebizond (1456 AD/ 860 H),” p. 131.

⑥ K. Babayan, “Jonayd,” *Encyclopaedia Iranica*, updated 17/04/2012, 29/04/2019: http://www.iranicaonline.org/articles/jonayd.

扬的那么强烈。朱奈德在流亡期间,曾试图于1449—1450年间,获得奥斯曼帝国的支持,他希望苏丹穆拉德二世能划给他一块容身之地,穆拉德二世虽然在金钱方面很慷慨,但还是拒绝了朱奈德的请求。因此舒库罗夫认为朱奈德寻找领地的欲望是其四处辗转的主要动力。虽然不能排除朱奈德的军事行动受到尤祖恩·哈桑的鼓动,但也没有证据证实这种猜测。①

由上可知,对于特拉比宗的约翰四世来说,谢赫·朱奈德及其所率的土库曼追随者并非他们所熟悉的临近部落,因此无法像以前那样通过政治联姻进行外交活动。朱奈德的入侵毫无征兆,非常突然。然而,这不能完全解释特拉比宗军队在面对朱奈德军队时的慌乱与失败。在舒库罗夫看来,14世纪时特拉比宗军队在南部边境上的要塞还发挥着有效的防御作用,能够抵抗来自各土库曼部的侵袭。约翰四世之所以如此不堪一击,源于长久以来通过外交联姻与各土库曼各部实现和平的惯例,特别是从埃尔津詹的穆塔哈坦政权开始,南部的土库曼盟友几乎为特拉比宗阻挡了所有来自内陆的侵袭。防卫需求不那么迫切,使得特拉比宗军队以及驻守中哈利迪亚地区的卡瓦西提斯家族武装的战斗力大幅降低,导致战场上的溃败。②

这种判断值得商榷。从伪乔尔克堪代勒斯的描述来看,特拉比宗军队失败的原因还包括偶然因素即黑海上变化莫测的暴风。如果没有发生风暴,海军能够及时为陆军提供支援,那么特拉比宗的军队也不会注定失败。事实上,这段记述与帕纳雷托斯关于1355年阿莱克修斯三世统治初期在哈利迪亚的战斗十分类似,并不能依据这一场失败就判断特拉比宗驻守南部要塞的军队已丧失战斗力。

特拉比宗帝国内部确实存在很大问题。一方面,前已述及塔弗尔见到的城市人口很少。另一方面,朱奈德围城期间,不仅证实了特拉比宗人口不多,同时也反映帝国政府在战争事务管理以及应急处理上的指挥混乱。就在土库曼领主包围特拉比宗之际,“一天夜里,一名亚美尼亚妇女害怕谢赫会攻陷特拉比宗外城,于

① R. Shukurov, “The Campaign of Shaykh Djunayd Safawi against Trebizond (1456 AD/ 860 H),” pp. 131 - 134 and 139.

② R. Shukurov, “The Campaign of Shaykh Djunayd Safawi against Trebizond (1456 AD/ 860 H),” pp. 139 - 140.

是打算将所有财产转移到特拉比宗城中较大的要塞以确保安全,她甚至连夜将所有财物送到那里。然而,她没注意到自己家(留在房子里)的绞纱线着了火,而她本人留在要塞中,对其毫不知情。她的房子燃起大火,迅速蔓延到附近的所有建筑,还是在午夜时分。城里居民以为有人叛国投降了谢赫打算里应外合,于是包括官员和普通百姓在内的许多人纷纷逃亡。只剩下皇帝约翰本人和寥寥数人留在城里,加起来约有50人。这一整晚,皇帝一直不停地巡视各处城墙和大门。”第二天清晨,谢赫见未能攻陷特拉比宗,带兵离开,“当谢赫离开后,逃走的人们返回特拉比宗,被皇帝痛加指责,被说成是娇气的懦夫、国家的叛徒”。伪乔尔克堪代勒斯称,特拉比宗城中最后仅剩50多人,按照常理来讲,即便朱奈德没有将特拉比宗围死,一夜之间,城中居民几乎全部逃亡也很难实现,故而芬利认为,朱奈德在从圣福卡斯修道院到特拉比宗城的路途上花费了许多时间,足够为城中居民留下逃亡时间。[①] 这一事件虽然没有影响特拉比宗的战局,朱奈德也没有大力攻城,皇帝约翰四世带领50多人依靠坚固的城墙保住了特拉比宗,但其混乱与虚弱已暴露无遗。

约翰四世时期,特拉比宗帝国与热那亚的关系仍然不太和谐。虽然约翰四世在1429年的政变得到卡法的一名热那亚船主支持,但卡法官方没有提供任何帮助,双方关系也未因此出现明显缓和。1431年,热那亚政府要求约翰重建他们在特拉比宗城外的殖民地——狮堡,还特别强调特拉比宗政府欠两名热那亚人的债务。[②] 虽然热那亚的态度看起来很强硬,但实际上他们在黑海的处境并不太好,随着他们在黑海贸易的衰落,其商业利润大幅衰减。从15世纪初以来,由于黑海北岸政治局势动荡,原先作为农业产区的克里米亚地区此时反而农业大幅减产,不得不从黑海其他地区进口谷物。[③] 而且,他们在15世纪30年代还同时与拜占庭帝国和克里米亚的蒙古公国发生冲突,被拜占庭军队击败后不得不签署和约。[④] 1430年代,热那亚人在黑海地区与拜占庭人的关系都不太好。1437年,约

---

① Laonikos Chalkokondyles, *The Histories*, vol. 2, 9.32 – 33, pp. 310 – 313.

② W. Miller, *Trebizond : the Last Greek Empire of the Byzantine Era, 1204 – 1461*, p. 91.

③ S. P. Karpov, “The Grain Trade in the Southern Blace Sea Region: The Thirteenth to the Fifteenth Century,” *Mediterranian Historical Review*, 8(993), pp. 55 – 71.

④ Laonikos Chalkokondyles, *the Histories*, vol. 2, 6.3 – 6, pp. 4 – 9.

翰四世曾下令劫掠一艘来自卡法的商船,而负责指挥特拉比宗海军舰队的是一位名叫吉罗拉莫·迪奈格罗(Girolamo di Negro)的热那亚人。① 当热那亚人意识到他们在黑海树敌过多时,也不得不采取改变得较为缓和,大约1438年,热那亚政府还主动要求米蒂里尼领主催促他的女婿亚历山大王子与约翰四世和解。②

1438年到1443年间,特拉比宗帝国与热那亚人保持相对和平。1441年之前,热那亚人似乎曾请求约翰四世帮助他们搜寻一艘热那亚商人的船只,该船四年前曾到过特拉比宗,但随后却杳无音讯。1443年,热那亚总督拉菲勒·阿多诺(Faffaele Adorno,1443—1447年在位)致信约翰,重提双方古老的友谊,却抱怨特拉比宗对热那亚人不公平。③ 1444年,热那亚人与特拉比宗帝国的矛盾再次凸显。这一年,约翰四世打算对出口到卡法的葡萄酒加征关税,于是热那亚人威胁对从卡法出口到特拉比宗的盐与咸鱼增税。④ 1446年,约翰四世派他的弟弟戴维率舰队攻击卡法,舰队包括13艘大帆船,还得到黑海地区其他政权的支持,如克里米亚西南角的希腊人塞奥多罗公国(Principality of Theodoro,14世纪初至1475年)允许舰队使用卡拉米塔港(Kalamita),允许特拉比宗舰队使用港口的还有西诺普和其他地区的统治者们。塞奥多罗公国是居住在克里米亚半岛西南端的希腊人建立的公国,原本隶属特拉比宗管辖,也是特拉比宗帝国建立后的辖区。蒙古人征服黑海北岸的钦察草原后,克里米亚岛也于1238年前后被蒙古人占领,当地的希腊人接受蒙古人的宗主权,每年缴纳贡赋,自行管理日常事务。14世纪初,资料中出现了克里米亚的"哥提亚公国"以及"哥提亚大公"的说法,说明这时已经出现了公国实体政权。14世纪末,该地也遭受到帖木儿西征的波及,塞奥多罗被劫掠毁坏。到15世纪前半期,塞奥多罗公国的影响力达到极盛,不久于1475年被奥斯曼帝国灭亡。卡拉米塔(Kalamita)是克里米亚塞瓦斯托波尔附近的海

---

① S. P. Karpov, "New Documents on the Relations between the Latins and the Local Populations in the Black Sea Area (1392 - 1462)," *Dumbarton Oaks Papers*, 49, Symposium on Byzantium and the Italians, 13th - 15th Centuries, 1995, p. 39.

② M. Kuršanskis, "La descendance D' Alexis Ⅳ Empereur de Trébizonde, Contribution à la prosopographie des Grands Comnènes," pp. 240 - 244.

③ W. Miller, *Trebizond : The Last Greek Empire of the Byzantine Era, 1204 - 1461*, p. 91.

④ A. A. Bryer, "The Estates of the Empire of Trebizond, Evidence for Their Resources, Products, Agriculture, Ownership and Location," p. 384.

湾，北邻叶夫帕托里亚（Yevpatoria）。最后，卡法的热那亚人不得不献出所有粮食储备，还拿出许多阿斯普银币作为献礼才免于战争。[①] 1447年，热那亚人指责约翰四世没有归还热那亚的货物违反了条约，没有为热那亚人的狮堡进行维修，还征收新的盐税、葡萄酒和其他产品的税，威胁皇帝如果不取消加增的关税，热那亚舰队就要开战，还要对特拉比宗商人征收高额税收，禁止特拉比宗葡萄酒销往卡法。[②]

从1444年开始，约翰四世及整个特拉比宗帝国与热那亚的关系一直麻烦不断，除1446年的冲突外，其他几次都只是争吵，并没有爆发直接对抗。1447年，热那亚并没有如其威胁的那样进攻特拉比宗，后来的数次威胁也仅限于口头。由于黑海地区的贸易日渐艰难，特别是1453年君士坦丁堡陷落后，进出黑海益发困难，热那亚在黑海的商业利益大减，其重要性自然有所降低。因此，尽管热那亚人经常因债务或叛乱者对约翰四世指责、威胁，但其官方还是要求各殖民地领事尽量不要与约翰发生武力冲突。[③] 究其原因，还是热那亚海上实力也在衰落，特别是在其强大的竞争对手威尼斯人打击下，加速萎缩。

相较而言，约翰四世治下的特拉比宗帝国继续与威尼斯保持比较友好的关系。例如在特拉比宗，约翰允许威尼斯商人购买当地出产的胡椒，而且威尼斯人自己想办法修复被破坏的城堡，而不像热那亚那样要求特拉比宗政府负责修缮。[④] 虽然在商业往来中，威尼斯与特拉比宗的利益难免发生冲突，但双方都会想办法化解，而没有激化。1440年，威尼斯元老院认为特拉比宗商人在塔纳销售的葡萄酒享有特权不合理，因为他们不用缴纳任何税费，于是干脆规定所有外来葡萄酒均享受免税。[⑤]

除热那亚人与威尼斯外，约翰四世还要应对来自勃艮第的军事威胁。1443年，拜占庭帝国的亲王君士坦丁（即后来的君士坦丁十一世）向西欧诸君主求援，

---

① E. Khvalkov, *The Colonies of Genoa in the Black Sea Region : Evolution and Transformation*, New York: Routledge: Taylor & Francis Group, 2017, p. 381.

② W. Miller, *Trebizond : the Last Greek Empire of the Byzantine Era, 1204 – 1461*, p. 92.

③ W. Miller, *Trebizond : the Last Greek Empire of the Byzantine Era*, p. 93.

④ W. Miller, *Trebizond : the Last Greek Empire of the Byzantine Era*, p. 94.

⑤ A. A. Bryer, "The Estates of the Empire of Trebizond, Evidence for Their Resources, Products, Agriculture, Ownership and Location," p. 377.

以助其对抗奥斯曼帝国,于是勃艮第公爵"好人"菲利普三世(Philip Ⅲ the Good, 1419—1467 年在位)在罗马教会的支持下,组织了一次十字军东征。[①] 其中一位名叫杰弗里·德·索万西(Geoffroi de Thoisy)的首领于 1445 年时在黑海南岸对土耳其人治下港口进行海盗式劫掠,烧毁此时已经被土耳其人占据的云耶港。随后,索万西的舰队来到特拉比宗进行补给,在港口等待期间,与约翰四世一道的索万西看到一艘前往黑海东岸巴统港(Bathys 或 Batumi)的商船,于是突发奇想要去征服那里。尽管约翰四世明确告知他,巴统港所在地的格鲁吉亚人也是基督徒,但索万西仍然以他们没有遵循罗马教会教义而径直向东进攻,结果在试图攻击巴统时,被巴统所在的古里亚大公玛米亚·古里埃利(Mamia Gurieli)捕获。古里亚(Guria)位于格鲁吉亚西部,濒临黑海,介于黑海与高加索山脉之间。14 世纪中后期,随着格鲁吉亚王权分崩离析,古里亚成为一个独立性较强的公国。不过,布莱耶认为这支勃艮第十字军在黑海时,被威尼斯船主控制,兵分两路,一支进攻热那亚人在卡法的殖民地,由杰弗里·德·索万西统领的舰队则在黑海南岸劫掠国王的热那亚商船,其对巴统的进攻,也是要袭击那里的热那亚商人。[②] 其后,约翰四世在勃艮第代表的请求下,亲自出面与玛米亚商谈,帮助索万西获得自由。[③] 在此次事件后,勃艮第人不得不退出黑海。

特拉比宗与奥斯曼帝国的关系就是地区霸主灭亡小国的关系。在约翰四世统治的大部分时间里,特别在 1453 年之前,奥斯曼土耳其人的主要精力集中于东欧,特拉比宗帝国暂时享有表面上的平静。但土耳其人的威胁已经近在咫尺。1445 年,索万西率领舰队在黑海南岸劫掠时,云耶就已经为土耳其人占据。[④] 关于 1453 年之前特拉比宗是否遭受土耳其人攻击一事,后人都不十分确定。尼克尔称"1442 年,穆拉德二世率军进攻特拉比宗,约翰四世英勇抵抗"[⑤],但他未注明资料来源。米勒认为,当穆拉德二世于 1442 年派遣舰队前往黑海北岸进攻克里

---

① R. Vaughan, *Philip the Good : The Apogee of Burgundy*, Woodbridge: the Boydell Press, 2002, p. 271.

② A. A. Bryer, "Ludovico da Bologna and the Georgian and Antolian Embassy of 1460 – 1461," (*Bedi Kartlisa XIX – XX*, Paris, 1965), in *The Empire of Trapezunt and the Pontus*, London: Variorum Reprints, 1980, p. 191.

③ C. Imber, *The Crusades of Varna, 1443 – 1445*, Aldershot: Ashgate, 2006, pp. 137 – 138.

④ A. A. Bryer, "Ludovico da Bologna and the Georgian and Antolian Embassy of 1460 – 1461," p. 191.

⑤ D. M. Nicol, *The Last Centuries of Byzantium, 1261 – 1453*, p. 406.

米亚时,可能途经特拉比宗并对该地加以劫掠。之后,穆拉德二世认为攻占特拉比宗的时机尚未成熟,故而未采取进一步行动。① 正是因为这种相对平静,才导致约翰四世在听闻穆拉德二世去世后,天真地认为年轻的、与他关系不错的穆罕默德二世即位是件“好事儿”。② 米勒在论及特拉比宗帝国与热那亚的冲突时,曾提到约翰四世在1446年对卡法发动袭击、双方签署和约后的第二年,也就是1447年,奥斯曼土耳其人对特拉比宗与热那亚发动攻击。但1447年的这场军事冲突并无史料证据,甚至米勒自己在述及奥斯曼帝国与特拉比宗关系时也没有提及此事。因此,这次冲突可能并不存在。

1453年君士坦丁堡被攻陷后,约翰四世与其他所有政权一样震惊,也被奥斯曼帝国的力量所震慑。这一年的夏季,穆罕默德二世在阿德里安堡的宫廷中接见来自周边各藩属政权的统治者或使臣,约翰四世亲自前来。杜卡斯称“基督徒统治者们站在那里颤抖,为将要遇到的未来感到惶恐”。其后,在公布各地君主缴纳贡赋的金额时,特拉比宗的皇帝与其他黑海周边的政权一样,需要每年献上礼物以及贡金,并表示臣服。③ 郎西曼称此次会见约定特拉比宗的年贡金额为2 000金币,但杜卡斯的文中并没有明确这一数目,乔尔克堪代勒斯记载的是1456年特拉比宗战役之后的年贡金额为2 000金币。④

然而,1453年君士坦丁堡的陷落不仅使得约翰四世治下的特拉比宗成为希腊难民们最后的逃难地,也让他意识到自己这个小小的帝国将会成为苏丹剿灭的下一个对象。1456年,特拉比宗帝国再次遭遇奥斯曼大军的入侵。关于这一事件,几位同时代的拜占庭史家都有记述。斯弗兰基斯没有详细说明这场战争的具体情形,但简单提及战争的背景与结果,他说“1456年,当穆罕默德二世围攻贝尔

---

① W. Miller, *Trebizond : the Last Greek Empire of the Byzantine Era, 1204 – 1461*, p. 84.

② G. Sphrantzes, *The Fall of Byzantine Empire, a Chronicle by George Sphrantzes, 1401 – 1477*, XXX. 1 – 6, pp. 58 – 59. 阿马西亚(Amaseia),今土耳其中部靠近黑海的内安纳托利亚山区为阿马西亚省,以阿马西亚城为首府。15世纪中期阿马西亚总督所辖地区可能会大于这个范围。

③ Kritovoulos, *History of Mehmed the Conqueror*, trans. C. T. Riggs, Princeton: Princeton University Press, 1954, 289 – 291, p. 85. Critobuli Imbriotae, *Historiae*, ed. D. R. Reinsch, [Corpus fontium historiae Byzantinae 22] Berlin: De Gruyter, 1983, TLG, No. 3147. Doukas, *Decline and Fall of Byzantium to the Ottoman Turks*, XLII. 5 – 6, p. 241.

④ [英]斯蒂文·郎西曼:《1453:君士坦丁堡的陷落》,马千译,北京:时代华文书局2014年版,第158、162页。

格莱德发时,阿马西亚(Ἀμασίας, Amaseia)的奥斯曼总督便包围特拉比宗,后者虽然没有攻下城市,但抓走了大量俘虏并要求皇帝支付大笔赎金。"①

乔尔克堪代勒斯对此事也有记载,在论及穆罕默德二世在欧洲的战事时,还提到:"与此同时,穆罕默德二世在亚洲还与科尔齐斯国王,也就是特拉比宗的皇帝发生战争。他派遣数艘三层桨战船从海陆两道同时发动进攻,指挥官是阿马西亚总督希齐尔(Χιτήρης)。"②接着,他又专门描述特拉比宗战役及战后约翰四世向奥斯曼帝国派遣使者签约纳贡的详情,"阿马西亚的统治者希齐尔突然出兵进攻特拉比宗,他在市集、城郊农田和城里抓获许多俘虏,共有2 000多人。此时,特拉比宗城已成空城,因为暴发了严重瘟疫以及人们担心城市陷落而纷纷逃亡。皇帝约翰在支付了大笔赎金后,与希齐尔谈判,答应特拉比宗以后向穆罕默德苏丹缴纳贡赋,并用钱赎回被希齐尔抓走的俘虏。他获得和平的代价是向苏丹缴纳2 000金币的年贡。后来(1458年),皇帝约翰派遣他的弟弟戴维去拜见苏丹,请他对和约进行确认,年贡增为3 000金币。"③

结合两位史家的记载可知,穆罕默德二世只是在进攻塞尔维亚的间隙派遣亚洲驻军前去作战,可见特拉比宗战役对他来说并不十分重要。希齐尔成功击败特拉比宗时,城里居民此前已经因瘟疫大量死亡,还有许多市民因担心城市陷落后遭到劫掠而提前逃亡。可能是因特拉比宗暴发瘟疫,奥斯曼土耳其军队才劫掠一番后选择撤离,而没有占领。特拉比宗向奥斯曼帝国缴纳的贡赋最初定为2 000金币,1458年当戴维出使时,贡赋金额提高到3 000金币。这表明,1458年时,穆罕默德二世还未打算直接消灭特拉比宗帝国。通过这种军事压服与政治威胁,穆罕默德二世事实上已经控制了整个黑海地区,正如杜卡斯所言,特拉比宗皇帝和所有其他生活在黑海地区的人每年带着礼物向苏丹纳贡。④

然而,约翰四世已经注意到危险的到来,贡赋从1456年的2 000金币涨到1458年的3 000金币,反映出苏丹的欲望在不断膨胀,而当其欲望难以满足时,就

---

① D. M. Nicol, *The Last Centuries of Byzantium, 1261 - 1453*, p. 406.

② Laonikos Chalkokondyles, *The Histories*, vol. 2, trans. A. Kaldellis, Cambridge, Massachusetts: Harvard University Press, 2014, 8. 46, p. 229.

③ Laonikos Chalkokondyles, *The Histories*, vol. 2, 9. 34, pp. 312 - 313.

④ Doukas, *Decline and Fall of Byzantium to the Ottoman Turks*, XLII. 6, p. 241.

是特拉比宗帝国亡国之日。鉴于这一情况,1458 年,约翰四世做出一项重大安排,他接受弟弟戴维的建议,将女儿塞奥多拉嫁给白羊王朝的苏丹尤祖恩・哈桑,并由戴维完成送嫁以及与尤祖恩・哈桑协商事宜。尤其值得一提的是,戴维向尤祖恩・哈桑建议,白羊王朝与穆罕默德二世商议,特拉比宗从此将本来给奥斯曼苏丹的贡赋转给尤祖恩・哈桑。最终,尤祖恩・哈桑也接受了这一建议,派遣使者去对穆罕默德二世说明此事,且态度相当傲慢。穆罕默德则是以武力报复来回应尤祖恩・哈桑的使者。[①] 对此,米勒认为这是约翰四世采取的自救策略,实际上他将特拉比宗帝国作为女儿塞奥多拉的嫁妆陪送给白羊王朝的尤祖恩・哈桑,这样,当它成为后者的财产时,自然不用再向奥斯曼苏丹缴纳贡赋。显然,穆罕默德二世不会为这样的诡计瞒骗,而他对此事的恼火也构成了在东方采取军事行动的直接原因。这也是关于约翰四世最后一次可靠的记载。最终,面对奥斯曼帝国大军压境,在特拉比宗帝国这艘船上沉没的是约翰的弟弟戴维,即特拉比宗帝国的末代皇帝。

关于约翰四世的去世时间,长期以来一直是学术界的一个谜团。一般认为,他的去世时间有两个年份:即 1458 年或 1460 年。[②] 乔尔克堪代勒斯在他的《历史》中只是提到塞奥多拉的婚约虽然约翰知情,但婚礼以及与尤祖恩・哈桑的协议均由戴维完成。另外,勃艮第公爵“好人”菲利普在 1459 年收到一封来自戴维的信,信件署名为特拉比宗皇帝,日期在 1459 年 4 月 22 日。[③] 这封信说明,1459 年时戴维已经称帝,故而一般认为在此前一年约翰去世,戴维即位。然而,一份日期为 1460 年 5 月 5 日来自热那亚殖民地的信件称:“特拉比宗的皇帝生病去世,他那杰出的兄弟成为皇帝;我们要努力与这位新皇帝打交道,和他的国家一道讨生活。”[④]从这封信可知,卡法的热那亚殖民官方确定,在 1460 年 4 月 19 日之前,约翰四世仍然在世。学者甘述还重新分析了勃艮第公爵收到的那封信,认为信的

① Laonikos Chalkokondyles, *The Histories*, vol. 2, 9. 70, pp. 352 - 353.

② W. Miller, *Trebizond : The Last Greek Empire of the Byzantine Era, 1204 - 1461*, p. 96.

③ A. A. Bryer, "Ludovico da Bologna and the Georgian ans Antolian Embassy of 1460 - 1461, Appendix," pp. 196 - 197.

④ T. Ganchou, "La date de la mort du Basileus Jean Ⅳ Komnènos de Trébizonde," *Byzantinische Zeitschrift*, 93 (2000), p. 121.

日期应是1460年4月22日,而非传统认为的1459年4月22日。故而,他认为约翰四世死于1460年4月19日,这与卡法热那亚人的认知相符。随后戴维登基,并以皇帝名义写了那信件。① 因此本书采用这一最新观点,以1460年4月为约翰四世去世的时间。

约翰有过两次婚姻,第一任妻子是他第一次政变失败后,于1425年流亡格鲁吉亚时娶的格鲁吉亚公主,她可能是国王亚历山大一世的第一任王后所生女儿,大约生于1411年或1412年,具体名字不详。② 这位皇后大约在1438年之前去世,因为当塔弗尔于1438年在特拉比宗时,曾提到约翰四世请他留下来,而塔弗尔以约翰的妻子是穆斯林突厥人而拒绝,"更重要的是,我不能留下来,因为他娶了一个土耳其人的女儿,而这一定会给他带来不幸。他答道,上帝将会宽恕他,因为他娶她是为了让她皈依成为基督徒。但我答道:'陛下,他们也要说他们把女儿嫁给你是为了让你变成摩尔人,因为你希望从她那里获取的东西超过她所想要从你这里得到的东西。'他让我装载所需食物,并请我一定再回特拉比宗。"③虽然大部分学者认为这里提到的两位妻子先后成为约翰四世的皇后,米勒还是认为后来嫁给尤祖恩·哈桑的塞奥多拉公主就是第二任皇后所生。④ 但布莱耶认为第一位皇后可能这时并没有去世,这位突厥夫人可能只是约翰四世的妾室。⑤

同样不甚清楚的问题,还有约翰四世的子嗣。米勒认为他有两女一子,两个女儿分别嫁给邻近的穆斯林领主,塞奥多拉就是其中一个。其儿子名叫阿莱克修斯,在1458年时只有4岁。⑥ 两个女儿中可确定的是塞奥多拉,米勒也没有提出明确的材料说明皇帝还有另一位女儿。塞奥多拉在1458年嫁给尤祖恩·哈桑后,虽然未能使特拉比宗帝国摆脱被奥斯曼帝国征服的命运,但她本人成功躲过

---

① Ibid, pp. 113 - 124.

② C. Toumanoff, "The Fifteenth-Century Bagratids and the Institution of Collegial Sovereignty in Georgia," *Traditio*, 7 (1049), p. 183.

③ Pero Tafur, *Travels and Adventures, 1435 - 1438*, XVI, p. 132.

④ W. Miller, *Trebizond : The Last Greek Empire of the Byzantine Era, 1204 - 1461*, p. 97.

⑤ A. A. Bryer, "Greek and Türkmens: The Pontic Exception," p. 135.

⑥ W. Miller, *Trebizond : The Last Greek Empire of the Byzantine Era, 1204 - 1461*, p. 97.

其后都城陷落被俘的劫难，大约于1478年到1507年之间去世，育有六名子女，[①]她的一位外孙即是伊朗萨法维王朝的创始人伊斯梅尔一世（Shah Ismail Ⅰ，1501—1524年在位）。

但约翰四世儿子们的情况却扑朔迷离。在同时代的史家中，斯弗兰基斯、杜卡斯与克里托布罗斯对约翰四世的男性子嗣都没有提及，只有乔尔克堪代勒斯在述及穆罕默德二世于1461年包围特拉比宗时，说到“（戴维的）兄长约翰皇帝去世后，留下一个孙子（即阿莱克修斯）”，而戴维的即位“剥夺了当年只有4岁的侄子的权利”[②]。这一记述本身存在矛盾，如果阿莱克修斯是约翰的孙子，那么他应该是戴维的侄孙，而非侄子，反之亦然。故而学者们对这一记载不完全认同，他们认为，这个孩子是指约翰的儿子，且1461年时只有4岁。库尔山斯基斯提出另一种解释，他认为阿莱克修斯并非约翰所生，而是约翰的弟弟亚历山大之子，因为约翰四世无子，故而大约在亚历山大有了儿子后，两兄弟和解，条件是亚历山大的儿子阿莱克修斯成为皇位继承人。[③] 这可以解释阿莱克修斯是戴维“侄子”的说法，但乔尔克堪代勒斯在同书的另一章节中明确提到了亚历山大的儿子，当穆罕默德二世占领米蒂里尼后，提及米蒂里尼统治者的妹妹当年在特拉比宗被俘，当时孀居的她与儿子住在一起，特拉比宗投降后，她曾被纳入到穆罕默德二世的后宫一段时间，而她的儿子“在高门政府中担任侍从，地位仅次于穆拉德（即拜占庭皇族中改信伊斯兰教的托马斯·帕列奥列格）的弟弟”[④]。而与戴维父子一起被关押的阿莱克修斯却在1463年11月1日被一同斩首，[⑤]这两种命运说明他们显然不是同一人，故而阿莱克修斯不是亚历山大之子。

那么，阿莱克修斯是否如大多数史家认为的那样，是约翰四世之子呢？1461年时，阿莱克修斯仅有4岁，应生于1457年。约翰四世大约生于1403年之前，到1425年他发动政变、流亡并娶了格鲁吉亚公主之时，已经成年，具备比较成熟的

---

① K. J. Williams, “A Genealogy of the Grand Komnenoi of Trebizond,” p. 184.

② Laonikos Chalkokondyles, *The Histories*, vol. 2, 9. 73, p. 357.

③ M. Kuršanskis, “La descendance D' Alexis Ⅳ Empereur de Trébizonde, Contribution à la prosopographie des Grands Comnènes,” p. 246.

④ Laonikos Chalkokondyles, *The Histories*, vol. 2, 10. 13, pp. 415 – 417.

⑤ Laonikos Chalkokondyles, *The Histories*, vol. 2, 9. 80, p. 367.

政治经验。到1457年时,约翰已经至少54岁,他的第一任妻子在1438年之前就已去世,与第二任妻子结婚的时间不晚于1438年,而阿莱克修斯出现的时间太晚,1461年刚刚4岁,不太可能是约翰的婚生子。虽然史籍没有明确说明约翰四世在1457年之前是否有子嗣,但也没有明确否认,那么按照正常的逻辑推理,约翰四世的子嗣应该生于1420—1430年代,如公主塞奥多拉在1450年前后至少有十多岁,才会成为斯弗兰基斯考虑的皇后人选之一。那么如果约翰曾有儿子,到1450年代末时也应该早已成年,并且结婚生子,而阿莱克修斯的年龄恰恰符合作为约翰四世孙子的可能。那么乔尔克堪代勒斯的记载也可以解读为,阿莱克修斯是约翰四世的孙子,戴维的侄孙,不过"侄孙"被误作"侄子"。阿莱克修斯的父亲——约翰四世的儿子——可能在1457年之后的某一年去世,使得到1460年时选择皇位候选人时出现争议,即在年幼的阿莱克修斯和更为成熟的戴维之间作出选择。

第十八节

戴维一世·大科穆宁(David Ⅰ Megas Komnenos)

1460—1461年在位

戴维一世(David Ⅰ Megas Komnenos, Δάυδος Α' Μέγας Κομνηνός,生于1407年或1409年,卒于1463年11月1日,享年约56岁)是特拉比宗帝国的第十九位、[①]也是最后一任皇帝,1460年4月至1461年8月15日在位,统治时间一年多。

戴维是阿莱克修斯四世的第三子,大约生于1407年或1409年,[②]1463年11月1日于君士坦丁堡被杀。戴维作为特拉比宗帝国历史上唯一以"戴维"为名的

① T. Ganchou, "La date de la mort du Basileus Jean Ⅳ Komnènos de Trébizonde," pp. 113-124.

② K. J. Williams, "A Genealogy of the Grand Komnenoi of Trebizond," p. 185.

皇帝，瓦西列夫认为这是源于大科穆宁家族与格鲁吉亚王室的血缘联系。[①] 关于戴维幼年的经历不得而知，作为特拉比宗帝国的皇子，他也会像其他皇家子弟一样接受很好的教育，在特拉比宗过着优渥的生活。1420 年代时，他的父亲与长兄约翰发生冲突，但作为年纪最小的幼子，戴维并未卷入其中。有些学者将阿莱克修斯一世的弟弟戴维・科穆宁也列入特拉比宗皇帝世系当中，使得男性皇帝达到19 名，称最后一任皇帝戴维为戴维二世。但在特拉比宗史家米哈伊尔・帕纳雷托斯的记述中，第一位戴维并没有成为皇帝，事实上，他甚至也未曾担任过特拉比宗的共治皇帝。因此，本书不将他计入皇帝系列，在特拉比宗帝国的男性皇帝中，这里的戴维是第一位，故称戴维一世。

戴维仅有一年多的皇帝生涯，其主要政治活动主要集中在约翰四世统治时期。作为阿莱克修斯四世的儿子，他并未参与到父兄们的矛盾与纷争当中，他在帝国衰亡时期，受封为专制君主，在外交上成为约翰四世的得力助手。他领兵打过仗，于 1446 年作为舰队司令，率领 13 艘大帆船越过黑海，进攻目标直指卡法的热那亚人。[②] 在此过程中，特拉比宗舰队得到克里米亚西南角的希腊人政权塞奥多罗公国的帮助，并且得以使用他们的港口。虽然塞奥多罗公国的希腊人过去曾经隶属特拉比宗帝国，塞奥多罗公国也与特拉比宗帝国保持友好关系，但戴维本人善于交际的外交才能也发挥了一定作用。

1456 年，特拉比宗战役兵败两年后，戴维于 1458 年作为使者来到阿德里安堡穆罕默德二世的宫廷向苏丹纳贡，履行约定中的藩属义务。但戴维还肩负与苏丹协商签署正式和约的任务，只有签订和约，才能保证穆罕默德二世对特拉比宗帝国不加以吞并，从而确保一时的和平。具体的商谈过程不得而知，但显然有些艰难，最终他将年贡提升到 3 000 金币后，才成功签署和约。[③] 由此可见，戴维的外交才能确实出众。1458 年的这次出使令戴维愈发认清奥斯曼土耳其苏丹的扩张野心，或者特拉比宗的皇帝和大公在更早之前就已经意识到这一点了。于是，这

---

① A. A. Vasiliev, “The Foundation of the Empire of Trebizond (1204 – 1222),” p. 6.

② E. Khvalkov, *The Colonies of Genoa in the Black Sea Region : Evolution and Transformation*, New York: Routledge: Taylor & Francis Group, 2017, p. 381.

③ Laonikos Chalkokondyles, *The Histories*, vol. 2, 9. 34, pp. 312 – 313.

一年,戴维向约翰提出一个摆脱困境的方法。由于他本人与白羊王朝的苏丹尤祖恩·哈桑关系密切,故而建议约翰四世将女儿塞奥多拉公主嫁给尤祖恩·哈桑,从而借助后者的力量来对抗奥斯曼帝国。乔尔克堪代勒斯明确说,这一建议被约翰四世采纳,随后戴维负责亲自安排联姻事宜,“戴维(皇帝)还要求哈桑与苏丹穆罕默德商议,是否答应他不再将特拉比宗的贡赋交到穆罕默德那里,询问穆罕默德是否愿意将特拉比宗的贡赋转赠于哈桑”①。尽管尤祖恩·哈桑派出的使者并没有得到穆罕默德二世的积极回应,但从特拉比宗帝国角度来看,这一策略成功地确定了白羊王朝作为他们的支持力量,也就是得到能够消除奥斯曼威胁的援助。

虽然特拉比宗的希腊人从14世纪中期就开始与白羊王朝保持长期的联盟,但白羊王朝经过之前数十年的内乱后,与特拉比宗帝国的联系已经减弱。在戴维斡旋下达成的这次联姻,不仅巩固了特拉比宗帝国与白羊王朝的传统友谊,还成功说服尤祖恩·哈桑愿意承担特拉比宗帝国保护者的角色,故而后者才会派遣使者向穆罕默德二世协商特拉比宗帝国的宗主权。对于特拉比宗帝国来说,这一策略虽然成功,但最终未能改变被灭亡的局势。

1460年,约翰四世去世。在这风雨飘摇的时刻,对于特拉比宗帝国来说是不小的打击,因为作为继承人的阿莱克修斯年仅3岁。无论阿莱克修斯是约翰四世的儿子还是孙子,仅从他的名字上就显现出人们对于他将来继承特拉比宗皇位的期许。但最后的结果是戴维继承了皇位。乔尔克堪代勒斯明确指责戴维获取皇位的不正当性,“当他的兄长约翰皇帝去世后,后者留下一个孙子,但是,戴维得到特拉比宗临近的中哈利迪亚地区的卡瓦西提斯家族的支持,夺取了皇位,开始统治,这样就剥夺了当年只有4岁的侄子的权利。”②芬利就此评析戴维是一个“软弱的懦夫,他发动政变夺取侄子的皇位仅仅是出于骄傲与空虚,而非高贵或爱国”③。然而米勒和朗西曼都不怀疑戴维,因为此时的帝国更需要一位成年的、富

① Laonikos Chalkokondyles, *The Histories*, 9. 70, pp. 352-353.

② Laonikos Chalkokondyles, *The Histories*, vol. 2, 9. 74, p. 359.

③ G. Finlay, *The Empire of Trebizond*, p. 480.

于政治经验与能力的统治者，而非一个尚未成年的幼童。[①] 1461 年特拉比宗帝国投降后，阿莱克修斯也在被俘名单之中，这也说明戴维的即位没有危及阿莱克修斯的生命，帝国皇帝权力的交接并没有经过严重的内斗。

戴维即位之后，应对来自奥斯曼帝国威胁的重担就主要落在他的肩上。在此期间，一封据说是戴维致勃艮第公爵的求援信引起后世学界的广泛关注。这封信据说是一位戴维的使者、一个名叫迈克尔·阿利吉耶里(Michael Alighiery)的人带来的，信件落款为“特拉比宗皇帝戴维”，学界普遍认为信件的写作时间为 1459 年 4 月 22 日，内容为戴维提议勃艮第公爵发兵东征，因为他已经与黑海周边的数个政权建立了联盟关系，并明确列出各盟国已经做出何种准备，筹集了多少军队，以对抗奥斯曼帝国的扩张。这封信向来被看作戴维积极应对危局、寻求西欧援助的明确证据。[②]

拜占庭与特拉比宗历史的研究者们对这封信深信不疑，因为信中关于特拉比宗帝国以及周边政权的情况超出当时西欧君主们的了解。远在西欧的封建君主们的印象中，特拉比宗的皇帝还是约翰四世，但这封信以戴维皇帝的名义发出，及时反映出特拉比宗帝国皇位更迭的新情况，为这封信以及使者身份的真实性提供了有力证明。米勒在述及戴维皇帝时，曾大篇幅引用这封信，列举与戴维已经结盟的各政权名称，包括尤祖恩·哈桑的白羊王朝、格鲁吉亚国王、格鲁吉亚王国下属的明格列利亚(Mingrelia)大公和车尔车利(Cherchere)公爵、亚美尼亚的阿布哈奇亚大公、黑海北岸的哥特人(Goths)和阿兰人(Alani)以及卡拉曼(Karaman)的统治者等等，他们分别承诺提供 10 000 到 60 000 不等的人马，既有舰队，又有骑兵。这封信渲染出一幅声势极大的黑海地区反奥斯曼帝国联盟的图景。戴维还在信中希望勃艮第公爵能够陈兵匈牙利，与联盟形成东西夹击之势，而勃艮第公爵将要得到的回报是联盟将助其夺取耶路撒冷，使其成为耶路撒冷之王。[③] 这里提到的明格列利亚是一个历史名词，表示明格利尔人(Mingrelians)生活的地区，

---

① W. Miller, *Trebizond : the Last Greek Empire of the Byzantine Era, 1204 - 1461*, p. 97. 斯蒂文·朗西曼：《1453：君士坦丁堡的陷落》，第 174 页。

② G. Finlay, *The Empire of Trebizond*, p. 482. W. Miller, *Trebizond : the Last Greek Empire of the Byzantine Era, 1204 - 1461*, pp. 98 - 99. D. M. Nicol, *The Last Centuries of Byzantium, 1261 - 1453*, p. 407.

③ W. Miller, *Trebizond : The Last Greek Empire of the Byzantine Era, 1204 - 1461*, p. 98.

今格鲁吉亚西部的萨梅格列罗(Samegrelo)。这里位于高加索以南,西临黑海,西北部为阿布哈兹,南部为古里亚。从13世纪80年代起,达迪家族被封为明格列利亚公爵,成为当地最有权势的家族,随着格鲁吉亚王权的衰弱,各地的分离倾向益发严重,到15世纪时,明格列利亚公国已经实现半自治,1542年后正式摆脱格鲁吉亚王国独立。其南部的古里亚公国以及15世纪格鲁吉亚王国分裂后,这里为明格列利亚公国。

对该信的真实性确信无疑的拜占庭史学家们,认为戴维的做法十分愚蠢。芬利说戴维的行为似乎把勃艮第公爵当孩子耍,倘若公爵有足够的力量去攻占耶路撒冷,又如何会希望得到黑海像特拉比宗帝国这样的小国的帮助?倘若公爵接受请求,屯兵匈牙利对抗奥斯曼帝国,又如何能轻易地从那里前往耶路撒冷?① 因此,这封信并没有得到勃艮第公爵的积极回应,他与教宗都怀疑该信的真实性,②最终西方并没有组建新的十字军帮助黑海沿岸基督徒对抗奥斯曼帝国,这背后的原因很复杂,但其中一条在于他们对于这封信件的真实性存有疑问。这之后的西欧学者大多不信任其真实性。③ 不久之后,奥斯曼帝国的苏丹穆罕默德二世对这一"联盟"中的主要成员白羊王朝和特拉比宗帝国发动进攻,战争的进程也证明了这一"联盟"的虚妄。

那么,约翰四世统治时期长期浸淫外交领域、颇具政治经验和手腕的戴维,会写出这样一封漏洞百出的信吗?英国学者布莱耶对于这封信以及与该信有关的卢多维科使团仔细分析后,提出了新的解释,令人们得到答案。他认为卢多维科(Ludovico de Bologna)是一名方济各会修士,他在1440—1450年代十分活跃,曾得到数位教宗信任,先后出使埃及和黑海地区。1458年10月,他接受教宗庇护二世(Pius Ⅱ,1458—1464年在任)委托出访黑海地区的希腊人,并承诺带回各国代表以共商讨伐土耳其人事宜。卢多维科的使团大约于1460年1月出发,到过格鲁吉亚地区,很快在1460年10月重新现身于西欧各地。他带着两名代表,一名波斯人、一名格鲁吉亚人来到神圣罗马帝国皇帝弗雷德里克三世(Frederick Ⅲ,

---

① G. Finlay, *The Empire of Trebizond*, p. 483.

② G. Finlay, *The Empire of Trebizond*, p. 482.

③ A. A. Bryer, "Ludovico da Bologna and the Georgian and Antolian Embassy of 1460 - 1461," p. 178.

1452—1493年在位)的宫廷,但遭到婉拒。到1460年12月他又出现在威尼斯,其队伍中多了一名使者,即佛罗伦萨人迈克尔·阿利吉耶里(Michael Alighiery),自称是代表特拉比宗皇帝戴维的使臣。这位阿利吉耶里据说来自但丁的家族,身份高贵,颇有学识,其所言比之另两位“使者”也更有说服力,也是他拿出了那封著名的戴维来信。但在布莱耶看来,这位迈克尔·阿利吉耶里只是一位曾经在特拉比宗生活过一段时间的佛罗伦萨商人,并且与大卫有过往来。他可能只是承接了一些戴维指派的商业使命,有带戴维印鉴的文件。当他与卢多维科相遇后,就伪造了戴维的信件,以使者身份四处招摇撞骗。①

这样,所谓戴维信件只是西欧商人和卢多维科使团伪造出来的,虽然其中关于特拉比宗帝国皇帝的信息比较真实,但其主体内容反映的是西欧人对于东方的想象与误解,同时又迎合了他们的宗教欲望,但与黑海地区的政治形势相去甚远。这封信与这位使臣没有为特拉比宗帝国及黑海的其他基督教政权找到西欧的军事援助,唯一的成果是阿利吉耶里成功代表特拉比宗帝国与佛罗伦萨共和国签约,得到允许在特拉比宗设立大使馆,和佛罗伦萨商人可以在特拉比宗经商的认可,享有与热那亚人、威尼斯人的同等特权。②

确定这封信不是戴维本人所写的意义在于,人们需要了解戴维在1460年4月即位到1461年7月间,即奥斯曼帝国军队包围特拉比宗的这段时间中有何作为。由于缺乏以特拉比宗帝国为视角的历史文献,因此这个问题难以解答。不过,从一些其他记载中,后人大体能勾勒出事情的轮廓。在约翰四世统治时期,戴维在政治上就十分积极,特别是1458年由他亲自策划、安排的塞奥多拉与尤祖恩·哈桑的联姻,将特拉比宗帝国这艘即将沉没的舰船与白羊王朝紧紧挂靠,说明他在明了奥斯曼帝国的军事征服不可避免时,虽然表面上臣服,仍然试图通过各种办法来挽救帝国。

阿利吉耶里的使者身份和书信虽属伪造,但他一定与戴维有过亲密接触,对戴维以及特拉比宗帝国的局势十分了解。书信中提及的各政权之间并没有结成稳固的联盟,各地所提供军队的数量也不可信,不过可确定是戴维确与这些政权

---

① A. A. Bryer, “Ludovico da Bologna and the Georgian and Antolian Embassy of 1460 - 1461,” pp. 178 - 198.

② A. A. Bryer, “Ludovico da Bologna and the Georgian and Antolian Embassy of 1460 - 1461,” p. 186.

往来频繁,甚至试图连横结盟对抗奥斯曼土耳其人。例如阿利吉耶里在伪造的书信中,以塞奥多拉与尤祖恩·哈桑的联姻来强调特拉比宗与白羊王朝间盟约的牢不可破,他还提到格鲁吉亚王国以及虽隶属格鲁吉亚王国但保持相对独立的明格列利亚公国等等,特拉比宗帝国与格鲁吉亚王国有很深的渊源,而戴维时期则与明格列利亚公国联系颇多。

另一方面,阿利吉耶里是来自佛罗伦萨的商人,他之所以能够准确描述皇帝戴维的情况,并可能在其授意下返回意大利处理一些商业事务,说明当黑海贸易日趋衰落,热那亚和威尼斯在黑海地区投入的财力和精力明显收缩时,致力于开拓新市场的佛罗伦萨给戴维带来新的希望,他看重佛罗伦萨的阿利吉耶里,后者能够代表特拉比宗帝国与佛罗伦萨签署商业条约,反映出戴维力图推动特拉比宗地区商业发展的努力和期望。戴维的这些做法并不隐秘,当这些行为被奥斯曼苏丹了解后,自然令其十分不满。克里托布罗斯就将穆罕默德二世对特拉比宗的攻击解释为“解放”,他认为其统治者无道,错误地反抗土耳其人的统治,其倒行逆施导致内部冲突严重。他甚至从特拉比宗帝国建立说到衰亡,首先描绘特拉比宗帝国早期的美好生活,接着述及特拉比宗的国内冲突以及与邻国之间的纷争,①以此说明该国人民的生活如何艰难,将穆罕默德二世打造为解放者的形象,同时也略微概述了苏丹远征之前特拉比宗的情况。“这座城市和其他(城市)一样衰落了,变得顺服,她的国王们向苏丹投降,缴纳贡赋。只要那些王公在自己地盘上遵纪守法,彼此和平,缴纳贡赋,不阴谋叛乱,他们就可以与苏丹和平共处。但当他们互相争斗,缴纳贡赋十分不情愿,甚至还与邻近地区迪亚巴克尔(Tigranocerta)联姻,与米底人联姻,与帖木儿的儿子哈桑联姻,与伊比利亚人(格鲁吉亚人)联姻,似乎正在阴谋叛乱,试图打破与苏丹订立的条约(因为他们无法掩盖这些行为),最终导致苏丹愤怒。苏丹发动这次远征,要在他们叛乱之前完全掌控他们。”②克里托布罗斯在文中称为 Tigranocerta 的国家,或称底格兰诺克塔(Tigranocerta),也称底格兰纳克特(Tigranakert),意为“底格兰所建之城”,是古代亚美尼亚王国(公元前 321 年—428 年)的一座城市,位于凡城以西,公元前 77

① Kritovoulos, *History of Mehmed the Conqueror*, Ⅳ. 5-7, p. 163-164.
② Kritovoulos, *History of Mehmed the Conqueror*, Ⅳ. 8-9, pp. 164-165.

年—公元前69年时曾为王国首都。一般认为该地是今土耳其东部城市锡尔万(Silvan)。该城位于迪亚巴克尔以东,相距约60千米。中古晚期时,亚美尼亚人一般将迪亚巴尔克称为底格兰纳克特。因此,这里克里托布罗斯说的是迪亚巴克尔,以及以迪亚巴克尔为政治中心的白羊王朝。

克里托布罗斯这一段记载并不准确,特拉比宗除了与白羊王朝外,并没有与帖木儿之子以及伊朗高原的其他政权联姻。至于格鲁吉亚王国,虽双方关系较好,但在1461年前的几十年间并没有再次联姻。这不过是克里托布罗斯为了抬高穆罕默德二世征伐的正当性,将特拉比宗帝国历史上的联姻关系都拿来说事。戴维除了与白羊王朝合作结盟外,虽然期望与其他政权合作、扩大联盟阵营以对抗奥斯曼土耳其人,但实际上并未成功,反而为穆罕默德二世东征提供了借口。

特拉比宗与白羊王朝的联姻与结盟就足以令苏丹愤怒。在1458年联姻完成后,戴维还建议尤祖恩·哈桑派人与穆罕默德二世商议,将特拉比宗本来缴纳给奥斯曼苏丹的贡赋转给尤祖恩·哈桑。而尤祖恩·哈桑派出使者狂妄傲慢,所提要求也不切实际,令穆罕默德二世十分恼怒。事实上,奥斯曼苏丹长期拖欠白羊王朝贡赋超过60年,共包括每年1 000件马鞍褥、1 000包饲料、1 000份女用头巾,这是穆罕默德二世的祖父曾向尤祖恩·哈桑的祖父所承诺过的。① 不仅如此,哈桑“他们还提出,科尔齐斯地区缴纳的贡赋能够转给他们。苏丹打发他们离开并且威胁道:不久之后他们就知道应该希望从他这里得到些什么了”②。显然,哈桑的行为具有挑衅意味,自然引起苏丹愤怒。

学界长期认为,戴维在1458年即位,塞奥多拉的出嫁事宜以及与白羊王朝的斡旋、协定均是戴维以皇帝身份做出,那么这次哈桑使臣事件也被归咎于戴维。事实并非如此。尼克尔与朗西曼认为,奥斯曼帝国原本忌惮白羊王朝,在特拉比宗与后者结盟后,也并无动作,而戴维“却主动挑起事端,他通过哈桑派往君士坦丁堡的使节,向苏丹转达了免除其兄长(即约翰四世)允诺的年贡的要求”③。仅

---

① Doukas, *Decline and Fall of Byzantium to the Ottoman Turks*, xlv. 10, p. 257.

② Laonikos Chalkokondyles, *the Histories*, vol. 2, 9. 70, pp. 352 - 353.

③ D. M. Nicol, *The Last Centuries of Byzantium, 1261 - 1453*, p. 407. 斯蒂文·朗西曼:《1453:君士坦丁堡的陷落》,第162页。

就此事而言,当时戴维尚未即位,在位的皇帝仍是约翰四世。另一方面,这一计策由戴维提出并负责推动,只反映出他本人的战略选择。当特拉比宗以自身为筹码换取白羊王朝的支持,那么再由白羊王朝出面说服苏丹,使戴维摆脱奥斯曼帝国臣属的身份,这一选择没有错。倘若白羊王朝足够强大,能够对奥斯曼帝国形成对抗,也许穆罕默德二世只能无奈接受。再者,如果哈桑的使者更为睿智,在谈判中更为智慧,让穆罕默德二世心甘情愿地把特拉比宗的宗主权转交白羊王朝,那么这一策略无疑会取得成功。然而,戴维与特拉比宗高估了白羊王朝的实力,尤祖恩·哈桑也高估了使臣的智慧,这件事反而加剧了特拉比宗面临的危险。

1461年,穆罕默德二世对包括特拉比宗在内的东方政权的东征正式拉开序幕。这并非阿利吉耶里的伪造信件导致苏丹提前警觉。[①] 从时间节点看,1460年时,希腊各地的反抗势力均被镇压下去,局势渐趋平稳,于是穆罕默德二世回到君士坦丁堡修养一段时间,随后在1460年冬季为东征做准备,并在1461年春开始调配军队、准备出发。[②] 阿利吉耶里却是在1460年12月才加入卢多维科的队伍,他们四处招摇撞骗。在那段短短的时间间隙中,那封信的内容来不及在1460年冬传到伊斯坦布尔。因此苏丹不可能因为这封信发兵。

实际上,正如1451年斯弗兰基斯在特拉比宗时对约翰四世说的那样,年轻富于活力的穆罕默德二世有着极大的抱负,他要用君士坦丁堡这颗明珠来装点自己的王冠,也要四方归服来彰显自己的武功。当欧洲部分大局已定、各地的叛乱也基本平息后,穆罕默德二世自然要转向东方,解决白羊王朝这一威胁,彻底消除小亚细亚的不安定因素,特别是他要除掉特拉比宗,消灭“所有可能称王的拜占庭希腊人”。[③] 1460年冬到1461年初,向东发兵的时机成熟了。穆罕默德二世的东征大军包括海陆两路,海军包括300艘战舰,战舰类型有加长三层桨战舰、50桨手战舰、装甲舰、运输船、装载加农炮的攻击舰和以其他用途的船只,以及商船,准备的装备从盔甲、盾牌、枪矛、弓箭等应有尽有,每种刀剑还分为不同的型号。船上不仅有斗志高昂的水手,还有具备各种专业技能的人员。陆军由欧洲军团和亚洲军

---

① A. A. Bryer, “Ludovico da Bologna and the Georgian and Antolian Embassy of 1460 - 1461,” p. 178.

② Kritovoulos, *History of Mehmed the Conqueror,* Ⅳ. 1, 10, pp. 163 and 165.

③ 帕特里克·贝尔福:《奥斯曼帝国六百年》,第146页。

团组成，据说骑兵有60 000人，步兵不少于80 000人，还有难以计数的辎重和其他后勤人员。①

舰队从伊斯坦布尔出发后进入黑海，沿着海岸线向东直指西诺普。苏丹穆罕默德二世亲率陆军，先在布尔萨（Bursa）与亚洲军团汇合，做出必要准备后，向西诺普进发。经过一段时间围城后，西诺普的伊斯兰统治者投降。② 随后舰队继续向东南前往特拉比宗，苏丹则从陆路向东南进入山区，来到与白羊王朝交界的科尤尔希萨尔。在双方对峙的情况下，尤祖恩·哈桑的母亲萨拉哈吞（Sara Hatun）来到苏丹的营帐斡旋，劝说对方放弃武力。经过一番交涉后，穆罕默德二世与白羊王朝暂时和解，条件是后者放弃对特拉比宗的庇护。③

对于特拉比宗与戴维来说，西诺普领主的投降以及白羊王朝的弃盟断绝了他们的最后一丝希望。西诺普与特拉比宗一样同为奥斯曼苏丹的藩属，但他们都与白羊王朝交好，西诺普的投降意味着特拉比宗以西再也没有强大的势力能吸引奥斯曼苏丹的注意力，减缓其对特拉比宗的关注。克里托布罗斯还指出，土耳其人占领西诺普的目的还在于这里的港口得天独厚，不仅有巨额商业利益，而且也可作为进攻特拉比宗的后勤物资集散地。④ 而白羊王朝的弃盟则标志着1458年以来特拉比宗帝国所有外交筹划努力的彻底失败，当奥斯曼帝国的海陆两路大军兵临特拉比宗城下时，他们将再也没有任何外援能够指望了。

1461年8月15日，苏丹穆罕默德二世来到特拉比宗城外的奥斯曼军队大营，城中的戴维、整个皇室及贵族开城出降。而在此之前，特拉比宗遭到长达一个多月的围城。此时的特拉比宗城，经过历代皇帝们的修建，拥有十分坚固的防御堡垒，易守难攻。它坐落于一处高地，地势从南向北缓缓而下，直接与港口相连。有上城与下城之分，城市东、西两侧筑有两道城墙，上城的第二道城墙外是深深的沟壑，下城则通过加宽城墙来增强防御能力。特拉比宗的东郊还有一处更大的港口，这里过去是商船往来停泊之所，威尼斯人与热那亚人居住的堡垒就在附近。

---

① Kritovoulos, *History of Mehmed the Conqueror*, Ⅳ. 10－15, pp. 163, 165.

② Laonikos Chalkokondyles, *The Histories*, vol. 2, 9. 63－69, pp. 345－353. Kritovoulos, *History of Mehmed the Conqueror*, Ⅳ. 16－24, pp. 166－168.

③ Laonikos Chalkokondyles, *The Histories*, vol. 2, 9. 72－73, pp. 355－359.

④ Kritovoulos, *History of Mehmed the Conqueror*, Ⅳ. 23, p. 168.

1461年7月12日前后,奥斯曼帝国的舰队先期抵达特拉比宗海岸,"舰队驶往特拉比宗,在诸港口停靠。登陆后,他们与从城中出来的特拉比宗人交战,打得对方逃入城中,他们发动猛攻,只促使对手紧闭城门。士兵们控制了整个郊区,还封锁前往城中的所有陆路与海路通道,严格监控,不允许任何人进出。如此度过了28天。在这期间,城中守军也发动了数次突围,但只证明了他们的战斗力远逊于围城军队。由于他们人少,又遭遇数量远高于他们的军队的猛烈攻击,只能迅速击退敌人后退守城中。"①杜卡斯称围城期间主动发动进攻的是奥斯曼军队而非城中守军,"舰队在许多天前已经从西诺普抵达特拉比宗,尽管他们每天也发动一些进攻,但在苏丹到来之前,并没有取得进展"。② 乔尔克堪代勒斯未详细介绍围城经过,只是提到奥斯曼海军"放火烧掉郊区,包围了特拉比宗32天"。③ 这里乔尔克堪代勒斯与克里托布罗斯的记载出现分歧,前者说围城长达28天,后者称32天。学者们借鉴前者关于奥斯曼海军士兵对特拉比宗城郊的劫掠与围城的记述,但采用后者记录的32天时间,④本书沿用32天的说法。

需要指出的是,特拉比宗可能在奥斯曼海军抵达之前,派出一支使团,在皇后海伦娜·坎塔库震努斯(Helena Kantakouzene)的率领下,向东前往古里亚公国求援,古里亚大公玛米亚是她的姻亲。⑤ 皇后出行的原因不明,布莱耶认为她可能是为躲避奥斯曼军队的攻击而避难,⑥但她却没有带任何一名子女,因此避难的解释并没有说服力。朗西曼认为,她的目的是"在格鲁吉亚乞求其女婿(格鲁吉亚国王)的援助"⑦,这更缺乏证据,古里亚公国不是格鲁吉亚王国,也没有任何证

---

① Kritovoulos, *History of Mehmed the Conqueror*, Ⅳ. 39-40, p. 173.

② Doukas, *Decline and Fall of Byzantium to the Ottoman Turks*, xlv. 19, p. 259.

③ Laonikos Chalkokondyles, *The Histories*, vol. 2, 9. 74, p. 359.

④ G. Finlay, *the Empire of Tebizond*, p. 489. W. Miller, *Trebizond : The Last Greek Empire of the Byzantine Era, 1204-1461*, p. 102. D. M. Nicol, *The Last Centuries of Byzantium, 1261-1453*, p. 408. 朗西曼对围城时间加以模糊化处理,称舰队在7月初抵达特拉比宗,8月初,陆军前锋抵达。见斯蒂文·朗西曼:《1453:君士坦丁堡的陷落》,第163页。

⑤ Laonikos Chalkokondyles, *The Histories*, vol. 2, 9. 76, p. 363. 图曼诺夫认为玛米亚可能娶了一位格鲁吉亚公主,但并没有其他佐证。C. Toumanoff, "The Fifteenth-Century Bagratids and the Institution of Collegial Sovereignty in Georgia," p. 187. 杜卡斯的《历史》提到在1461年8月15日的投降队伍中包括皇后,与乔尔克堪代勒斯的记载存在分歧。Doukas, *Decline and Fall of Byzantium to the Ottoman Turks*, xlv. 19, p. 259.

⑥ A. A. Bryer, "Ludovico da Bologna and the Georgian and Antolian Embassy of 1460-1461," p. 182.

⑦ 斯蒂文·朗西曼:《1453:君士坦丁堡的陷落》,第163页。

据说明戴维曾有一个女儿嫁给了格鲁吉亚国王或古里亚大公。

8月14日，陆军前锋在大维齐尔马茂德（Mahmud）的率领下抵达特拉比宗，①并在距离城堡不远的斯凯洛利姆尼（Skylolimne）扎营。这个马茂德并非土耳其人，其全名马茂德·帕夏·安哲洛维奇（Mahmud Pasha Angelovic），1454—1468年和1472—1473年间担任大维齐尔、苏丹的宰相、欧洲将军。此人的母亲是塞尔维亚人，父亲是希腊人。他年幼时随母亲来到斯梅代雷沃（Smederevo），成人后参加了苏丹的骑兵团，取得一系列战功。从姓氏看，他可能是一位拜占庭血统的塞尔维亚贵族，其姓氏安哲洛维奇（Angelosvic）源于在塞尔维亚寻求避难的安杰洛·费兰塞罗佩诺斯（Angeloi Philanthropenoi）家族。朗西曼称其父亲是塞尔维亚王子，母亲是特拉比宗贵妇，这个说法也没有证据加以佐证。马茂德随后派遣了一名叫托马斯（Thomas, son of Katabolenus）的信使向城中传信，信息传给和马茂德有亲属关系的特拉比宗重臣乔治·阿梅霍兹（George Amiroutzes，1400—1470年），由他转达皇帝戴维。这个乔治·阿梅霍兹是一位颇具争议的人物，他曾是特拉比宗帝国末期的一名重臣，任“首席配剑贵族”，也是一位著名学者，他在神学、哲学、自然科学、医学、修辞和诗歌方面都颇有成就，在文艺复兴时期颇具名望。据说他是马茂德·帕夏的侄子或外甥，但究竟根据是什么却不得而知。特拉比宗陷落后，苏丹因其名望而派人找到他，并为其安排了合适的职位，经常向他请教哲学问题，并给予其应得的尊荣。② 最后通牒的内容包括两种选择，一是主动投降，可保有财产，另赐封地，安享余生；二是冥顽不化、坚决抵抗，则城灭身死。大卫没有多做抵抗，向信使表示：苏丹一抵达，他就会投降，不过希望能给他足够优待，即另赐封地和与特拉比宗有同等价值的地产，同时不要劫掠城市，苏丹可以娶他的女儿为妻。③

1461年8月15日，苏丹穆罕默德二世率领的陆军主力抵达斯凯洛利姆尼大营。④ 起初，苏丹有些恼怒，一方面是因为大卫竟然还敢提条件，另一方面是因为

---

① Laonikos Chalkokondyles, *The Histories*, vol. 2, 8.71, p. 261 and 508, no. 115. 斯蒂文·朗西曼：《1453：君士坦丁堡的陷落》，第163页。

② Kritovoulos, *History of Mehmed the Conqueror*, Ⅳ. 54 - 55, p. 177.

③ Kritovoulos, *History of Mehmed the Conqueror*, Ⅳ. 41 - 45, pp. 173 - 174. Laonikos Chalkokondyles, *The Histories*, vol. 2, 9.74 - 75, pp. 359 - 361. Doukas, *Decline and Fall of Byzantium to the Ottoman Turks*, xlv. 19, p. 259.

④ W. Miller, *Trebizond: the Last Greek Empire of the Byzantine Era, 1204 - 1461*, pp. 100 - 105.

皇后离开特拉比宗前往古里亚公国。但他心情平复后,同意大卫等人投降,但对方的条件并没有明确应允。于是这一天,特拉比宗帝国的最后一位皇帝带着他的子女、随从、贵族、大臣等众人出城投降,①延绵257年共九代人19位皇帝(另有叛乱皇帝3人)治下的特拉比宗帝国就此终结。

戴维及特拉比宗帝国诸官员投降后,苏丹率众进驻特拉比宗城,并安排后续事宜。在此之前,他已经命令新军(janissaries)接管特拉比宗防务。进城之后,他四处巡视,考察特拉比宗城的地理地势、城防设置、城内建筑、居民生活以及上城的要塞与皇宫,很是赞叹了一番。接着,他任命加利波利总督卡西姆管理特拉比宗,任命阿马西亚总督希齐尔负责攻克盘踞在特拉比宗南部中查尔迪亚的卡瓦西提斯家族。加利波利半岛位于达达尼尔海峡的欧洲一侧,南侧为爱琴海,北侧为马尔马拉海,古希腊人称之为色雷斯半岛,1376年,该岛最终为奥斯曼土耳其人占据。此次率领舰队参与东征的是加利波利半岛的总督卡西姆(Kasim),土军占领特拉比宗后,他受命负责管理当地事务。安排好这些事务的同时,苏丹将大卫、其子女和亲属以及许多贵族送到船上,经海路押往君士坦丁堡。②

特拉比宗的不战而降,并没有完全免除城中男孩、女孩被掳走的命运。与1453年君士坦丁堡城中许多年轻人的遭遇相仿,特拉比宗城内以及郊区的年轻人中有1 500人被挑出来一并带到君士坦丁堡。他们被苏丹分为三部分,其中一些留下来充入他的后宫,有些被他转赠其他王公贵族,还有800名男孩被选出来编入新军。③

相比而言,戴维及其子女最初得到苏丹所承诺的优待。他们在君士坦丁堡停留一段时间后,被送往阿德里安堡。苏丹赐给戴维一块领地,这块领地靠近斯特雷蒙河④,

---

① Kritovoulos, *History of Mehmed the Conqueror*, Ⅳ. 45 - 46, pp. 174 - 175. Laonikos Chalkokondyles, *the Histories*, vol. 2, 9.76 - 77, pp. 361 - 363. Doukas, *Decline and Fall of Byzantium to the Ottoman Turks*, xlv. 19, p. 259.

② Kritovoulos, *History of Mehmed the Conqueror*, Ⅳ. 47 - 48, 50, pp. 175 - 176. Laonikos Chalkokondyles, *The Histories*, vol. 2, 9.76 - 77, p. 363.

③ Kritovoulos, *History of Mehmed the Conqueror*, Ⅳ. 49, p. 175 - 176. Laonikos Chalkokondyles, *The Histories*, vol. 2, 9.79 - 81, pp. 365 - 367.

④ 斯特雷蒙河,今希腊与保加利亚的界河,希腊语称斯特雷蒙河(Strymonas),保加利亚语称斯特鲁马河(Struma)。斯弗兰基斯称戴维的封地在黑山附近,G. Sphrantzes, *The Fall of Byzantine Empire, a Chronicle by George Sphrantzes, 1401 - 1477*, XLII. 2, p. 85.

当地每年出产 30 万枚银币，足够供养他的家庭与随从。[①] 然而，这种安稳宁静的生活对于曾经的特拉比宗皇帝戴维来说太过奢侈。在君士坦丁堡陷落后的一段时间中，特拉比宗的希腊皇帝被视为东正教希腊人的旗帜和希望。此时特拉比宗虽陷落，但皇帝仍在。科穆宁皇室血统的家族在特拉比宗被尊崇了两个半世纪后，仍旧延续着古老伟大的血统，仍有数名男性子嗣，其中有人不愿意如此轻易地放弃这份荣耀。戴维的侄女、尤祖恩·哈桑的哈吞塞奥多拉写信，建议他将某个儿子或侄子送到迪亚巴克尔，可能是为了保护科穆宁家族的血缘传承。戴维对此并无异议，似乎正在思考送哪个儿子前去。就在这时出了差错，这些信件被呈送到苏丹面前。

将戴维的信件呈送给苏丹的是著名的哲学家、戴维宫廷的前高官乔治·阿梅霍兹。在乔尔克堪代勒斯的《历史》中有一段关于乔治的心理描写，这封信是首席配剑贵族乔治揭发出来的，他可能本是出于好意，希望苏丹能够宽宏大量，对乔治放下戒心，也就不会有人说首席配剑贵族曾隐过此事，因为他十分害怕苏丹和马茂德帕夏，才将这些信件交给了“伟大的陛下”。[②] 这些内容并非乔尔克堪代勒斯杜撰，学者猜测可能是最早抄录该书的德米特里·安苴鲁斯所做的补充。也有人认为是乔治·阿梅霍兹本人补充的。[③] 无论是哪一位补充了这些内容，似乎都在努力为乔治澄清洗白，认为他只是想要向苏丹表达自己的忠心，也许他以为其代价不过只是导致科穆宁的王子无法顺利出行。但他没料到这些信不仅令苏丹火冒三丈，而且完全放弃了对戴维等人的信任，对他们处以极刑。

1463 年 3 月 26 日周六下午 3 点，戴维和他的儿子们及侄子被捕后，全部囚禁在阿德里安堡的一处塔楼数月，而后被送到君士坦丁堡，于 11 月 1 日周四的凌晨 4 点被杀，一同遇难的还有他的三个儿子和侄子阿莱克修斯。[④] 他的女儿被带到

---

① Kritovoulos, *History of Mehmed the Conqueror*, Ⅳ. 53, p. 176.

② Laonikos Chalkokondyles, *The Histories*, vol. 2, 9. 80, p. 365.

③ Laonikos Chalkokondyles, *The Histories*, vol. 2, p. 517, no. 133.

④ W. Miller, *Trebizond : the Last Greek Empire of the Byzantine Era, 1204－1461*, p. 109. 在哈基岛(Halki)的塞奥托科斯修道院(Theotokos)收藏的一份记录福音书的羊皮卷上，有两段铭文，分别记录着大卫等人被捕、被杀的确切时间。“Saint David, the Great Komnenos and Last Emperor of Trebizond, and His Martyrdom for Christ,” *Mystagogy Resouce Center*, 11/01/2013, 06/03/2019: https://www.johnsanidopoulos.com/search?q=david+komnenos.

后宫侍寝,但没有正式算作苏丹的女人,不久被转赠他人。[①] 这样,戴维原本希望以主动投降来换取的家人平安、生活平稳最终成为泡影,他的家庭和他的帝国一样烟消云散。

戴维曾有过两段婚姻,第一位妻子是来自黑海北岸塞奥多罗公国的公主玛利亚,其父亲名为阿莱克修斯,有时也被称为是葛提亚的阿莱克修斯。[②] 这位公主的子嗣情况、去世时间均不详。第二位妻子是来自拜占庭坎塔库震努斯家族的海伦娜,1461 年,就在特拉比宗被奥斯曼海军封锁之前,她前往古里亚公国,但所求不详。她去阿德里安堡与戴维及儿子们汇合的具体时间也不清楚。1463 年时,她虽然没有遭到极刑的处罚,但其痛苦丝毫不亚于被杀死,据说苏丹下令不得为其丈夫和儿子们收尸,皇后海伦娜徒手为他们挖掘了墓坑,亲手将他们埋葬。之后,苏丹还要求她在三天内缴纳 15 000 枚金币,否则也会被砍头,尽管她的家臣一天就为她凑够这笔款项,但伤心欲绝的皇后穿上麻衣,在茅草屋中绝食而死。[③]

从目前已知的资料看,戴维至少有四个儿子一个女儿。在 1463 年 3 月 26 日,与他一同被杀的除侄子阿莱克修斯外,还有他的三个年纪稍长的儿子:瓦西里、乔治与曼努埃尔,他们各自的年龄不得而知。据说戴维还有一位幼子,名叫乔治,他被带到苏丹宫廷,可能在改信伊斯兰教后顺利长大。[④] 米勒根据一份自称是皇后家族后裔的文件,指出戴维可能有八个儿子,但其他四个儿子的身份没有材料予以佐证,而那位改信伊斯兰教的乔治王子后来成功逃走,来到格鲁吉亚王国,娶了公主,得以安度余生。[⑤] 戴维的女儿名叫安娜,在穆罕默德二世后宫待了一段时间后,被嫁给后来的下马其顿总督扎格努斯(Zaganos),在那之前,该总督负责管理伯罗奔尼撒。但这位安娜公主后来又被苏丹追回,并且被迫改信伊斯兰

① Laonikos Chalkokondyles, *The Histories*, vol. 2, 9. 81, pp. 367 and 517, no. 141. 米勒指出大卫等人被杀的确切时间在 1463 年 11 月 1 日周日的午夜 4 点。W. Miller, *Trebizond : the Last Greek Empire of the Byzantine Era, 1204 - 1461*, p. 109.

② K. J. Williams, "A Genealogy of the Grand Komnenoi of Trebizond," p. 185.

③ K. J. Williams, "A Genealogy of the Grand Komnenoi of Trebizond," p. 110. Doukas, *Decline and Fall of Byzantium to the Ottoman Turks*, xlv. 19, p. 322, no. 321.

④ Laonikos Chalkokondyles, *The Histories*, vol. 2, p. 517, no. 141.

⑤ K. J. Williams, "A Genealogy of the Grand Komnenoi of Trebizond," pp. 109 - 110.

教。[1] 另一传言称安娜公主被送给苏丹的一位神学导师，公主还与这位导师就教义进行辩论。后来她被送往特拉比宗南部的一个村庄，那里称其为“安娜夫人”，由此她能够比较安稳地生活。[2]

除戴维一家与阿莱克修斯外，科穆宁家族中还有两名成员，即戴维二哥亚历山大的遗孀和儿子。亚历山大的妻子是来自米蒂里尼的玛利亚·加提卢西奥(Maria Gattilusio)，是当时米蒂里尼统治者的姐妹。玛利亚在特拉比宗城被攻陷时一起被俘，因其超越常人的美貌曾被收入苏丹后宫，不过后来成功逃离。她的儿子姓名不详，后来与特拉比宗的其他年轻人一起在政府中担任侍从，地位相当高。[3] 至此，科穆宁家族在戴维等人去世后，其他成员要么改信基督教，要么继续沉寂，消失在人海中。唯一声望较高的是尤祖恩·哈桑的妻子塞奥多拉·科穆宁，她育有六名子女，其中一个女儿嫁给萨法维教团的领袖，其后他们的儿子伊斯梅尔开创了伊朗高原上的萨法维王朝。

戴维的统治为特拉比宗帝国画上了句号。而同样作为末代君主，戴维总是被拿来与拜占庭皇帝君士坦丁十一世做比较。后者在面对苏丹提供的两个选项时选择了战斗至死，而戴维选择了不战而降。在贝尔福看来，戴维算不得一位战士，当奥斯曼帝国的陆军出现在特拉比宗时，“没有携带任何攻城武器，几乎也没有什么骑兵，补给线也十分不稳定……但戴维在被他最强大的盟友抛弃之后，不像他那位更有英雄气概的亲戚君士坦丁皇帝一样在废墟中结束自己的生命。戴维想要和平，更想要活下来，他随时准备接受马茂德派来希腊的达官贵人或是别的什么贵族提出的议和条款。”[4]然而，懦夫般的投降并没能换回安全，1463 年戴维等人的被杀以及他的小儿子乔治和侄子皈依伊斯兰教，意味着这一支科穆宁家族的终结。

然而，戴维的悲剧不在于其是否有勇气与奥斯曼土耳其大军对战，而是在事前做出最大的努力，扩大特拉比宗帝国生存的空间，当一切外交手段都不再适用时，他只能接受现实，以投降换取城中居民及他们自己的生命安全和利益不受过

---

① Laonikos Chalkokondyles, *The Histories*, vol. 2, 10.13, pp. 415 - 417.

② K. J. Williams, “A Genealogy of the Grand Komnenoi of Trebizond,” p. 110.

③ Laonikos Chalkokondyles, *The Histories*, vol. 2, 10.13, pp. 415 - 417.

④ 帕特里克·贝尔福：《奥斯曼帝国六百年》，第 148 页。

度侵害,体现出识时务的优点。此后的数百年中,戴维经常被讽为懦夫。直到2013年8月15日,特拉比宗城陷落纪念日,人们才为戴维及瓦西里、乔治、曼努埃尔以及阿莱克修斯封圣,每年的11月1日为其纪念日,[①]正式为戴维正名,重新理解其投降是维护信仰和百姓利益的行为。

① "Saint David, the Great Komnenos, the Last Emperor of Trebizond, is Canonized", *Mystagogy Resouce Center*, 8/15/2013, 06/03/2019: https://www. johnsanidopoulos. com/2013/08/david-great-komnenos-last-emperor-of. html.

第四章

莫利亚君主国

(1349—1460 年)

莫利亚君主国是拜占庭帝国分封建立起来的第四个王朝,因其所在地得名。该王朝最初是由坎塔库震努斯家族建立的,后来被皇族帕列奥列格家族占有,先后有八个君主在任,他们是曼努埃尔·坎塔库震努斯(Manuel Cantacuzenus,1349—1380 年在位)、马修·坎塔库震努斯(Matthew Cantacuzenus,1380—1383 年在位)、迪米特里·坎塔库震努斯(Demetrius Cantacuzenus,1383—1384 年在位)、塞奥多利一世·帕列奥列格(Theodore Ⅰ Palaeologus,1383—1407 年在位)、塞奥多利二世·帕列奥列格(Theodore Ⅱ Palaeologus,1407—1443 年在位)、君士坦丁·帕列奥列格(Constantine Palaeologus,1428—1443 年在位)、托马斯·帕列奥列格(Thomas Palaeologus,1443—1460 年在位)、迪米特里·帕列奥列格(Demetrius Palaeologus,1449—1460 年在位)。

莫利亚君主国开始于坎塔库震努斯家族的曼努埃尔,结束于帕列奥列格家族的迪米特里。曼努埃尔·坎塔库震努斯是皇帝约翰六世·坎塔库震努斯和皇后伊琳妮·阿萨妮娜的次子,其父是当时著名的希腊贵族、政治家和将军,也是皇帝安德罗尼库斯三世的密友,后成为皇帝。莫利亚早在第四次十字军东征之前就处于坎塔库震努斯家族的势力范围,1285 年,该家族便担任该地总督(后更名为行政长官)。1349 年,约翰六世指派其次子曼努埃尔担任莫利亚地区行政长官(κεφαλή),同时授予他“君主”头衔,从而使他成为莫利亚君主国的第一位君主。

由于该君主国并非严格按照拜占庭帝国皇帝继承制度传承最高权力,因此君主权位的传承并非按照父死子继的原则进行,曼努埃尔之后是他的大哥马修·坎塔库震努斯和马修之子迪米特里。对于坎塔库震努斯家族的这块领地,帝国末代王朝皇帝十分在意,因此,1376 年,皇帝约翰五世的长子安德罗尼库斯叛乱失败后,皇帝为了褒奖救驾有功的小儿子塞奥多利一世,将莫利亚封给后者。在这家族利益冲突的关键时刻,代表坎塔库震努斯家族的迪米特里·坎塔库震努斯发动叛乱,他坚持认为按照父子继承的惯例,其父马修死后,继承人应是他而非皇帝约翰五世指派的塞奥多利·帕列奥列格。最终的结果是迪米特里失败,从此莫利亚君主便由皇族帕列奥列格家族成员出任。他们都是在首都坐上皇帝宝座的兄长的亲弟弟们,实际上,莫利亚成为皇家王爷的封地,或者是皇储的暂住地,譬如拜占庭帝国末代皇帝君士坦丁十一世就是从这里出发去首都登基的。

这个时期,拜占庭帝国早已经名存实亡,多数军事贵族家族已经衰败,一度声名远震的坎塔库震努斯家族也走向了没落,约翰六世的子孙们大多与欧洲和西亚王族结亲,他的长子马修和幼女海伦娜分别成为帕列奥列格皇族的女婿和妻子,他本人也是凭借海伦娜的皇后身份成为皇族国丈并称帝,他的其他女儿和孙女们不是嫁入拜占庭仅存的几个大贵族家如拉斯卡利斯家、伊庇鲁斯的杜卡斯家和特拉比宗的大科穆宁家,就是嫁入奥斯曼土耳其苏丹家(嫁给奥尔汗 Orhan)、格鲁吉亚国王家和塞尔维亚国王家(嫁给乔治·布兰科维奇 George Brankovic)。

莫利亚君主国是晚期拜占庭帝国衰落的产物,是行将就木的帝国的一个缩影。唯一值得后人注意的是,在帝国衰亡的最后岁月里,这里的首府米斯特拉成为拜占庭文化最后的据点,也是末代拜占庭知识分子们逃往意大利的中转站,他们随身带着古代的文献和文物前往意大利,将文化救国的希望寄托于投身文艺复兴运动早期的发展,用拜占庭人守护的古典希腊文明和学问点燃起新时代文明的曙光。

第一节

曼努埃尔·坎塔库震努斯(Manuel Kantakouzenos)

1349—1380 年在位

曼努埃尔·坎塔库震努斯(Manuel Kantakouzenos or Cantacuzenus,Μανουήλ Καντακουζηνός,生于 1326 年,卒于 1380 年 4 月 10 日,享年 54 岁)是莫利亚君主国(Despotate of Morea)的第一任君主,1349 年 10 月 25 日至 1380 年 4 月 10 日在位近 31 年。

曼努埃尔的父亲是安德罗尼库斯三世的密友。在后者赢得了与其祖父安德罗尼库斯二世间的内战后,约翰·坎塔库震努斯成了掌控帝国最高权力的实际统治者,[①]因为他担任帝国宰相和军队总司令,其军事素养和政治家及外交家的才能得到充分发挥,在内政和外交方面都取得重要成就,后代学者将其评价为“帕列奥列格王朝统治时期最杰出的政治家”[②]。曼努埃尔·坎塔库震努斯深受其父亲的影响,不仅接受了良好的贵族教育,而且自年轻时代就效仿父亲致力于参与帝国政治活动。据说,安德罗尼库斯三世临终前曾希望约翰·坎塔库震努斯继承皇位,但他坚决不受,发誓全力扶助小皇帝约翰五世。无奈皇后安娜和大教长约翰·卡莱卡斯(John Kalekas)设计陷害于他,迫使他起兵反叛,以武力驱逐了反对派贵族,重新夺回摄政王地位,并自立为共治皇帝。曼努埃尔也因此成为皇太子,

---

① D. M. Nicol, *The Last Centuries of Byzantium, 1261 - 1453*, Cambridge, UK: Cambridge University Press, 1993, p. 195.

② L. Brehier, *The Life and Death of Byzantium*, Amsterdam, 1977, p. 306. D. M. Nicol, *The Byzantine Family of Kantakouzenos (Cantacuzenus) ca. 1100 - 1460: a Genealogical and Prosopographical Study*, pp. 147 - 148.

而且是其父亲最为赏识的皇太子。

早在安德罗尼库斯二世时期,约翰·坎塔库震努斯就曾被任命为莫利亚行省的总督。① 这样的政治安排首先缘于其卓越的政治才华。更重要的是,这个行省早在第四次十字军战争之前就是坎塔库震努斯家族的势力范围。有史料记载,该家族的祖辈直到1264年仍任职和管理伯罗奔尼撒地区,在同法兰克人作战中献出了生命,赢得了民众乃至对手的尊敬。② 至1285年,光复首都的拜占庭朝廷扩大了莫利亚行省总督的职权,改"总督"为更高级的"行政长官(Επιτροπος)",从而给莫利亚地区以更大的自主权。③

有趣的是,年轻时期的约翰·坎塔库震努斯并未接受这项任命。他借口称,因其父死于这片土地,母亲到现在对莫利亚地区仍保有太多悲伤的回忆,有碍身体健康,所以自己也无法前往。④ 后世学者认为,这个借口是出自约翰之母的政治决断,因为这位女性一直精力充沛、野心勃勃,颇具政治头脑。⑤ 她认为莫利亚地区远离政治中心君士坦丁堡,不利于约翰的政治前途,因此才为约翰想出来这样一个颇具人情味的说辞。这一观点的有力证据是,约翰不久后便接受了塞萨利的总督职位,在这个距离首都政治中心更近的地方,他掌握了更多的军队和充足的资源。⑥ 父辈的精心安排也为曼努埃尔日后的发展打下了坚实的基础。

尽管推辞了莫利亚总督之职,约翰·坎塔库震努斯依然不能隔断同莫利亚地区产生难以割舍的联系。1341年,一个法兰克贵族代表团觐见了时任首相的约翰,他们的政治诉求是希望自己能够接受莫利亚行省的领导。不过,约翰此时正同皇后安娜一派进行内战,尚未腾出手来打理莫利亚行省的政务。夺取皇位后,约翰六世立即于1349年指派自己的次子曼努埃尔担任莫利亚地区的行政长官⑦,同时授予他掌握该地区最高权力的"君主"头衔,从而恢复了坎塔库震努斯家族

① D. M. Nicol, *The Last Centuries of Byzantium, 1261 - 1453*, p. 118.

② Teresa Shawcross, *The Chronicle of Morea : Historiography in Crusader Greece*, New York: Oxford University Press, 2009, p. 242. S. Runciman, *Lost Capital of Byzantium : The History of Mistra and the Peloponnese*, New York: Tauris Parke Paperbacks, 2009, p. 46.

③ S. Runciman, *Lost Capital of Byzantium : The History of Mistra and the Peloponnese*, p. 47.

④ D. M. Nicol, *The Last Centuries of Byzantium, 1261 - 1453*, p. 115.

⑤ S. Runciman, *Lost Capital of Byzantium : the History of Mistra and the Peloponnese*, p. 47.

⑥ S. Runciman, *Lost Capital of Byzantium : the History of Mistra and the Peloponnese*, p. 48.

⑦ 即 *kephale*,希腊文译为"首领",指代拜占庭末期统治地方行省的执政官。

对该地区的掌控。[①]

史料中第一次出现曼努埃尔・坎塔库震努斯的记载,是记录他同长兄马修・坎塔库震努斯(Matthew Kantakouzenos)于1342年3月,一起陪同父亲约翰・坎塔库震努斯从狄迪蒙特乔来到塞萨洛尼基就职。这个事件之后的次年4月,参与拜占庭帝国内战的约翰・坎塔库震努斯在斯蒂芬・杜尚(Stephen Dushan)的武力协助下,进入希腊北部地区维洛亚(Veria),并任命曼努埃尔为该城总督。[②]

1345年6月,约翰六世的支持者控制了拜占庭第二大城市塞萨洛尼基,并向曼努埃尔求助。然而,他派来的救兵来得太晚,以至于无法挽救局势。1347年,塞尔维亚国王斯蒂芬・杜尚从曼努埃尔手中夺取了维洛亚,迫使曼努埃尔向他在塞萨利的叔叔约翰・科穆宁・杜卡斯寻求庇护。约翰六世于1347年5月在内战中取胜、控制君士坦丁堡后,派曼努埃尔到君士坦丁堡,并于次年任命曼努埃尔为君士坦丁堡市长,管理该城。曼努埃尔在1348—1349年的战争中领导民众抵抗热那亚人。[③]

可以说,在曼努埃尔担任莫利亚君主之前,就已经积累了一定的政治和军事经验,这为他后来的执政提供了管理经验和行动原则。因此,尽管担任君主时,曼努埃尔只有20岁出头,却已经是经验丰富、成熟老到的政治家了。

拜占庭文献中存在"伯罗奔尼撒君主"或"莫利亚君主"这种称谓,但原则上,曼努埃尔并没有被授予任何特殊的行政权力。因此,莫利亚行省并不是他的封地,而是属于国家行政体系的一个行政区。在曼努埃尔的任期内,莫利亚地区与君士坦丁堡的通信经常中断,时常处于封闭状态。曼努埃尔利用这一条件推行自己的政策,几乎从未将帝国政府放在眼里。这种类似于脱离帝国政府的管理模式可视为他因皇子的崇高身份而享有的政治特权。就曼努埃尔而言,他确定自己一生都将是莫利亚君主。从这个意义上讲,莫利亚行省因此便有了一些自治的

---

① D. M. Nicol, *The Byzantine Family of Kantakouzenos (Cantacuzenus) ca. 1100－1460: a Genealogical and Prosopographical Study*, p. 122.

② D. M. Nicol, *The Byzantine Family of Kantakouzenos (Cantacuzenus) ca. 1100－1460: a Genealogical and Prosopographical Study*, p. 105.

③ D. M. Nicol, *The Byzantine Family of Kantakouzenos (Cantacuzenus) ca. 1100－1460: a Genealogical and Prosopographical Study*, p. 123.

味道。

曼努埃尔上任后,很快就表现出了其过人的政治才华。在其执政过程中,他的婚姻给予他许多有利的影响。在离开君士坦丁堡前不久,他娶了一位有拉丁血统的新娘,她是塞浦路斯王子吕西尼昂的居伊(Guy of Lusignan)之女。[①] 居伊年轻时大部分时间都在君士坦丁堡度过,结过两次婚,每次娶的都是拜占庭新娘。[②] 因为他母亲是亚美尼亚赫索姆王朝(Hethoumian dynasty)公主的缘故,居伊最终继承了西里西亚(Cilicia)的亚美尼亚王朝王位。[③] 西里西亚也被称作小亚美尼亚,位于今土耳其东南部的小亚细亚半岛,塞浦路斯以北,东至旁非利亚,北至托罗斯山脉,处于前往地中海的通道上。该地曾经是罗马帝国贸易非常繁盛的地区。基督徒使徒保罗出生于当时西里西亚首府塔尔苏斯。拜占庭帝国时期,此处建立了西里西亚的亚美尼亚王国。两年后的1344年,居伊遇刺身亡。

曼努埃尔的妻子有几个名字,米斯特拉的碑文称她为"Zampea nte Lezinao",拉科尼亚(Laconia)隆尼亚尼科斯(Longanikos)的碑文称她为"玛丽亚",而她在塞浦路斯的资料中以"玛格丽特(Margaret)"的名字出现。出现不同称谓的原因,很大程度上缘于在后来的生活中,她最终皈依了东正教,并重新受洗,取名为玛丽亚。然而,这无法改变她内心的喜好,她的内心深处,更青睐和支持拉丁人。例如,她在日常生活中,与基督教东部的拉丁亲属保持着紧密联系。

受到妻子的影响,曼努埃尔在制定政策时有意与莫利亚地区的拉丁人保持友好关系。在当地拉丁贵族的帮助下,他降服了不听话的当地希腊贵族。曼努埃尔还更进一步促进与拉丁教会保持的良好关系。据史料记载,他与教皇格里高利九世进行过友好的通信,后者似乎对他归顺罗马教廷抱有希望。[④] 曼努埃尔还消除了东正教和拉丁教会等级之间的地方摩擦,这使得拉丁贵族,如加第基(Gardiki)总督希里亚尼斯·吉洛普洛斯(Syryannis Gilopoulos)或贾尔斯之子约翰爵士,更

---

① D. M. Nicol, *The Byzantine Family of Kantakouzenos (Cantacuzenus) ca. 1100–1460: a Genealogical and Prosopographical Study*, p. 241.

② 曼努埃尔妻子的母亲似乎是居伊的第二任妻子,与帕列奥列格王朝有些血缘关系。

③ I. E. S. Edwards ed., *The Cambridge Ancient History: History of the Middle East and the Aegean Region c. 1380–1000 B. C.*, Cambridge: Cambridge University Press, 2006, p. 364.

④ S. Runciman, *Lost Capital of Byzantium: the History of Mistra and the Peloponnese*, p. 50.

容易接受他所代表的拜占庭帝国统治。[1] 至14世纪末，伯罗奔尼撒半岛上许多著名的希腊家族都带上了拉丁血统的名字，如弗朗哥波洛斯（Phrangopoulos）、弗兰克（Frank）、拉乌尔（Raoul）、法兰奇斯（Phrantzes）或斯弗兰基斯（Sphrantzes）之子，这些名字都是从法兰西斯（Francis）或佩特罗布（Petrobua）这些拉丁语词源演变而来的。

除了处理好与莫利亚地区拉丁人的关系，他还联合西欧的拉丁人共同抵制突厥人。在他统治的大部分时间里，曼努埃尔与拉丁邻国保持着和平关系，从而为莫利亚地区带来了长期的繁荣。阿拉贡版本的《莫利亚编年史》中记载，约在1358年，曼努埃尔与亚细亚的拉丁总督以及威尼斯人结盟，向突厥人发动攻势。盟军在迈加拉海岸（the coast of Megara）取得胜利，35艘土耳其船只遭到摧毁。[2] 不过，土耳其人随即获得加泰罗尼亚佣兵团（Catalan Company）的支持，[3]该部雇佣兵队长是年轻的罗杰·德卢里亚（Roger de Lluria）。由罗杰·德卢里亚统领的加泰罗尼亚佣兵团不仅有加泰罗尼亚人，也有伊比利亚其他地区的战士，甚至还有一些法兰克人和意大利人。除了职业雇佣兵近6 000人之外，罗杰又雇用了数量可观的军仆。1303年1月，罗杰和他的佣兵团集体转移到君士坦丁堡，他在那里受雇于拜占庭皇帝安德罗尼库斯二世，并娶了皇帝的外甥女，还获得“大公爵”的称号，成为拜占庭皇帝的驸马，双方在联姻的基础上缔结了军事雇佣关系。正是为了阻止他们，曼努埃尔盟军又不得不进行第二次远征。在此后接下来的几年里，突厥人的袭击不再那么频繁了。

曼努埃尔还对干涉法兰克人的内政十分感兴趣。1364年，塔兰托（Taranto）的罗伯特（Robert）亲王非正常死亡后，他的遗孀波旁（Bourbon）的玛丽（Marie）试图借助她首任丈夫吕西尼昂的休（Hugh）之力保护她儿子的公国。休作为加利利公爵（Prince of Galilee），在之后争夺塞浦路斯王位继承权的道路上并未取得成

---

① D. M. Nicol, *The Last Centuries of Byzantium, 1261 – 1453*, p. 129.

② Teresa Shawcross, *The Chronicle of Morea : Historiography in Crusader Greece*, New York: Oxford University Press, p. 39.

③ 全名加泰罗尼亚东方佣兵团（Catalan Company of the East），又称“大佣兵团”（Grand Company），被认为是西欧中世纪最早出现的正规雇佣兵组织。最初创建于1281年，初始成员包括1 500名骑士和4 000名西班牙轻步兵（Almogavars），主要作为阿拉贡王国军队的一部分在西西里一带与安茹王朝作战。

功,此时听到塔兰托这边的消息,很希望能够尽一份力。曼努埃尔作为休的表妹夫,支持休取代波旁的玛丽之子,成为真正的塔兰托亲王。最后,休又放弃了这次王位之争,但获得了一大笔退位金。他将其中很大一部分分给了曼努埃尔,作为对其支持的报酬。在支持休争夺王位之战中,曼努埃尔趁机夺取了莫利亚邻近的几个村庄和堡垒。① 不过,好景不长。1375 年,当那不勒斯的乔安娜女王接管了公国后,她派驻当地的官员巴伊圣塞韦里诺的法兰西斯(Francis of Sanseverino)袭击并占领了加第基(Gardik),并试图围攻当地的大城堡。曼努埃尔率领一支军队前去救援,结果被彻底击败。但后来法兰西斯发现城堡难以攻克,也很快放弃了围攻。②

除了这些文献记载的大事外,其实还有更多麻烦需要曼努埃尔处理。他刚抵达伯罗奔尼撒之时,就意识到必须建立一支小型舰队,而所需费用应由当地领主承担。拉普底乌斯(Lampoudius)的一个儿子答应筹集这笔款子。但最后的结果却是,他不仅没有完成这项任务,反而煽动当地贵族反抗曼努埃尔,显然,他自知有违上令,罪责难逃,索性反叛。就这样,一群叛军向莫利亚重镇米斯特拉进军。幸亏这是一群乌合之众,毫无纪律性可言,且妒忌成性,故曼努埃尔派出 300 人就打败了他们。③

曼努埃尔更加难以处理的是与其家人之间的难题。1354 年 12 月,约翰六世战败退位,让位给女婿、皇帝安德罗尼库斯三世之子、帕列奥列格王朝正统皇位继承人约翰五世・帕列奥列格,并削发为僧,隐居在修道院里。但之前被父皇任命为共治皇帝的长子马修不甘心失去问鼎皇位的机会,拒绝服从约翰五世的统治,在阿德里安堡独立统治了几个月。为调和二者之间的矛盾,约翰六世于 1355 年夏安排马修和约翰五世签署和平协议。④ 根据协议,马修将接管伯罗奔尼撒半岛,曼努埃尔则获得政府赠予的利姆诺斯岛(Lemnos)作为替换补偿,他们都将承

---

① D. M. Nicol, *The Last Centuries of Byzantium, 1261 – 1453*, p. 129.
② D. M. Nicol, *The Last Centuries of Byzantium, 1261 – 1453*, p. 131.
③ D. M. Nicol, *The Last Centuries of Byzantium, 1261 – 1453*, p. 132.
④ D. M. Nicol, *The Last Centuries of Byzantium, 1261 – 1453*, p. 132.

认约翰六世的宗主地位。[①] 曼努埃尔在调和协议出台之前毫不知情，而协议是以牺牲他的根本利益为代价换取和平，因此听闻此事后坚决反对。但还没等曼努埃尔做出激烈反应，马修与约翰五世之间就爆发了内战，协议因此未能生效。随后，马修失败，被捕入狱。1357 年 12 月，双方最终达成和平协议，马修放弃了共治皇帝头衔，获得了约翰五世和其继承人之后继承皇位的优先权。[②] 然而，后来所有这些和平条件中，并没有再涉及曼努埃尔控制下的伯罗奔尼撒半岛的归属权。

马修战败，丧失掉了登上皇位的机会，也失去了掌控莫利亚的可能，但皇帝约翰五世却觊觎这个半岛。他决心用自己两个更顺从的表兄弟迈克尔·亚森（Michael Asen）和安德鲁·亚森（Andrew Asen）来取代其大舅哥曼努埃尔。1355 年下半年，他们组团抵达伯罗奔尼撒半岛，企图改组当地政府。[③] 当地的希腊贵族还在为拉普底乌斯的反叛失败而痛心，看到新统治者后便立刻对他们表示欢迎，以至于有一段时间，曼努埃尔的权威受到极大损害，其政令不能超出莫利亚首府米斯特拉的范围。但总的来说，厌恶大贵族和战乱的民众还是更支持曾带来长期和平的曼努埃尔的统治。此外，由于亚森兄弟侵犯了伯罗奔尼撒半岛内威尼斯人的领地，曼努埃尔获得威尼斯人有力的帮助，这也大大超出了曼努埃尔的预料。威尼斯人向君士坦丁堡表明，他们反对亚森兄弟的新政权。[④] 几个月后，亚森兄弟发现自己手下人毫无建树，便辞退了他们返回君士坦丁堡。皇帝约翰五世可能对曼努埃尔也不敢再下黑手，逐渐开始重新接受他在伯罗奔尼撒的统治。

1361 年，约翰六世和马修·坎塔库震努斯这两位昔日的共治皇帝来到伯罗奔尼撒岛看望曼努埃尔。随后，马修决定在米斯特拉定居。除了做修女的长女还留在君士坦丁堡，马修的妻子和其他的孩子们都来到米斯特拉与他汇合。次女海伦娜于 1366 年与希腊北部萨罗纳的阿拉贡伯爵（Aragonese Count of Salona）结婚。幼女玛丽亚与一位拜占庭贵族结婚，这位贵族与塞浦路斯人有联系，并在宗教上

---

① Donald M. Nicol, *The Byzantine Family of Kantakouzenos (Cantacuzenus) ca. 1100 - 1460: a Genealogical and Prosopographical Study*, p. 295.

② D. M. Nicol, *The Byzantine Family of Kantakouzenos (Cantacuzenus) ca. 1100 - 1460*, p. 295.

③ D. M. Nicol, *The Byzantine Family of Kantakouzenos (Cantacuzenus) ca. 1100 - 1460*, p. 302.

④ D. M. Nicol, *Byzantium and Venice: a Study in Diplomatic and Cultural Relations*, Cambridge, UK: Cambridge University Press, 1992, p. 174.

同情和倾向于罗马教廷。文献史料没有提供马修的儿子们此后所扮演的角色,根据间接证据,其长子约翰可能拥有君主头衔,但规定他不参加公共事务,而只能致力于慈善工作,年轻的次子、拥有至尊贵族(Sebastocrator)①头衔的迪米特里则似乎更有野心,但后来在拜占庭历史上也无所作为。

作为长兄和前共治皇帝,马修期望曼努埃尔将总督之权移交给他。但曼努埃尔既不愿意也没有理由接受这个提议。于是,二人商定了协议,曼努埃尔同意马修将在管理中协助他,但曼努埃尔本人仍居最高席位。② 马修对这种安排表示满意,毕竟他在米斯特拉能够定居,寄人篱下,还要时不时回君士坦丁堡小住。于是,马修没有再干涉曼努埃尔的统治,而将自己的精力倾注于学术研究,撰写了一些与哲学和宗教有关的著述。他们的父亲,前皇帝约翰六世,偶尔访问米斯特拉,以确保家族内部关系一切顺利。兄弟俩的妻子似乎同样友好。马修的妻子伊琳妮·帕列奥列格(Irene Palaeologaena)温柔而谦逊,曼努埃尔的妻子吕西尼昂的伊莎贝拉-玛利亚(Isabella-Maria)则担任该省的首席夫人。1371 年,当玛利亚的表兄、塞浦路斯国王彼得一世访问米斯特拉时,她还以女主人身份盛情款待了他。不久之后,她也对塞浦路斯进行了长时间的访问。她没有为曼努埃尔诞下子嗣,这使得下一代的表亲之间没有发生争权夺利的竞争。③ 马修和曼努埃尔热爱文学的共同品位使他们能分享学习和艺术成果,他们都是杰出的哲学家兼历史学家尼基弗鲁斯·格里高拉斯(Nicephorus Gregoras)钦佩和表彰的人物。

曼努埃尔于 1380 年逝世。他死后,权力移交给长兄马修。由于他为人和蔼,统治有方,深得众人爱戴,因此得到很多人的悼念。无论是当时人还是后人都高度评价曼努埃尔,认为他是伯罗奔尼撒半岛上最有能力、最有魅力的君主。纵观曼努埃尔的一生,他虽然生逢乱世,但养在贵族之家,自幼受到良好的教育,特别是深得其父亲约翰六世的喜爱。从他跟随父亲转战南北、参与宫廷政治博弈,到最终为政一方、统治莫利亚,曼努埃尔比较好地展示了他的优秀禀赋,可以被视为晚期拜占庭帝国与皇族有关系的成员中特别突出的人物。约翰六世之所以器重

---

① 又称 σεβαστοκράτω,为拜占庭末期的尊贵头衔,由“贵族”(sebastos)和“统治者”(cator)两个词组构成。

② D. M. Nicol, *The Byzantine Family of Kantakouzenos (Cantacuzenus) ca. 1100 - 1460*, p. 310.

③ S. Runciman, *Lost Capital of Byzantium : the History of Mistra and the Peloponnese*, p. 50.

他是因为他处事老练,总是能够辅助自己在凶险的皇家是非漩涡中达到自身利益的最大化。他治理下的莫利亚专制君主国安定祥和,奠定了伯罗奔尼撒半岛此后发展的基础,既成为坎塔库震努斯家族的大本营和根据地,也成为衰落时代拜占庭帝国最安定的乐土,以至于这里成为拜占庭文化最后的堡垒,和文化救国无望的拜占庭知识分子最后的避风港和逃往意大利的中转站。衰亡时期的拜占庭帝国缺乏治国理政的人才是人所共知的事实,但是在皇族和贵族中还是有个别杰出的人物,只是他们在已经衰败的帝国政治中难有作为,也没有其施展抱负的平台和机会。即便他们有幸跻身于帝国最高政治中心,也会在腐败老迈的制度中堕落变质,譬如约翰六世空有济世之才却深陷皇家争权夺利的内斗,最终落得一世骂名。曼努埃尔没有完全卷入腐朽的末代王朝内讧和内战,把莫利亚一方水土治理的井井有条,也是机缘巧合。由此可见末代王朝统治下的拜占庭帝国衰败命运之一斑。

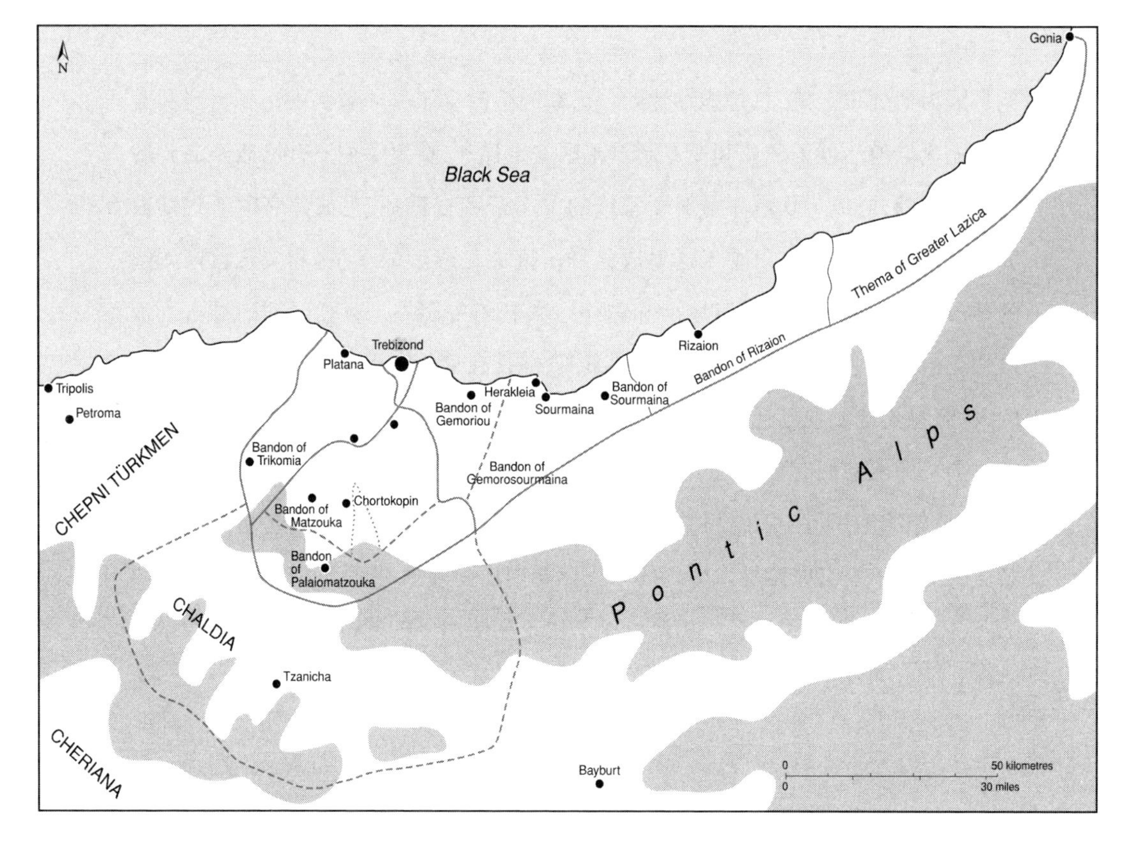

图3 特拉比宗帝国地图

- Black Sea 黑海
- Tripolis 特利波利斯
- Petroma 彼得洛马
- CHEPNI TÜRKMEN 切普尼土库曼人
- CHERIANA 切里亚纳
- CHALDIA 查尔迪亚
- Tzanicha 扎尼哈
- Bandon of Palaiomatzouka 老马祖卡班屯●［Bandon，意为军旗，指小支军队，译为“班屯”，其指挥官称为komes。Bandon是拜占庭帝国中期基本的军事和行政单位，在特拉比宗帝国继续沿用。下同。参见Ian Heath, *Byzantine Armies 886-1118*, Oxford: Osprey Publications, 1979, pp.4-5, p.13. Alexander P. Kazhdan (editor in chief), *The Oxford Dictionary of Byzantium*, 3 vols., New York: Oxford University Press, 1991, p.250.］
- Bandon of Matzouka 马祖卡班屯
- Chortokopin 乔托科佩昂
- Bandon of Trikomia 特里科米亚班屯
- Platana 普拉塔纳
- Trebizond 特拉比宗
- Bandon of Gemoriou 日莫里欧班屯
- Herakleia 希拉克利亚●［拜占庭时代称为Herakleia的城市有三座，此图中的Herakleia位于色雷斯，马尔马拉海北岸。关于这座城市，参见Alexander P. Kazhdan (editor in chief), *The Oxford Dictionary of Byzantium*, 3 vols., New York: Oxford University Press, 1991, p.915.］
- Sourmaina 苏尔迈纳
- Bandon of Sourmaina 苏尔迈纳班屯
- Bandon of Gemorosourmaina 日莫洛苏尔迈纳班屯
- Bayburt 巴伊布尔特
- Pontic Alps 蓬托斯阿尔卑斯山
- Bandon of Rizaion 里寨翁班屯
- Rizaion 里寨翁
- Thema of Greater Lazica 大拉齐卡军区
- Gonia 哥尼亚

第二节

马修·坎塔库震努斯（Matthew Kantakouzenos）

1380—1383年在位

马修·坎塔库震努斯（Matthew Kantakouzenos，Ματθαίος Καντακουζηνός，生于1325年，卒于1383年6月24日，享年58岁）是莫利亚君主国第二任君主，他是首任君主曼努埃尔·坎塔库震努斯的长兄，1380年曼努埃尔逝世后，马修短暂接替弟弟的皇权，但始终未获皇帝钦定，1383年6月24日去世，共在位三年。

马修·坎塔库震努斯是约翰六世·坎塔库震努斯和伊琳妮·阿萨妮娜（Irene Asanina）的长子，有学者考证他生于1325年前后。① 史料中第一次出现马修·坎塔库震努斯的记载是他参加父亲的就职仪式。文献记载，他同弟弟曼努埃尔于1342年3月一起陪同父亲约翰从狄迪蒙特乔抵达塞萨洛尼基就职。② 后来，马修在其父与其妹夫，也就是约翰五世·帕列奥列格的斗争期间因支持父亲有功，故其父约翰六世于1347年将色雷斯的一部分土地赏给他作为封地。1353年，马修又被约翰六世任命为共治皇帝。③

在担任色雷斯君主期间，马修将格拉齐亚努斯（Gratzianous）定为都城，并领导了几次反对塞尔维亚人的战争。在1350年的一次进攻中，马修因突厥辅助团的叛离而遭失败。后来他又组织了5 000人的突厥盟军进攻塞尔维亚人，试图重新划分自己封地与塞尔维亚的边界线，但该计划并未成功。④ 1354年12月，约翰六世退位，最终将皇位让给女婿约翰五世，并削发为僧。但此时仍任共治皇帝的马修拒绝承认约翰五世的权力。两个姻亲之间剑拔弩张，紧张的气氛一触即发。为调和二者的矛盾，1355年夏，已退位的约翰六世安排马修和约翰五世签署和平

① D. M. Nicol, *The Byzantine Family of Kantakouzenos (Cantacuzenus) ca. 1100 - 1460: a Genealogical and Prosopographical Study*, Washington, DC: Dumbarton Oaks, 1968, p. 122.

② D. M. Nicol, *The Byzantine Family of Kantakouzenos (Cantacuzenus) ca. 1100 - 1460*, p. 105.

③ D. M. Nicol, *The Reluctant Emperor: a Biography of John Cantacuzene, Byzantine Emperor and Monk, c. 1295 - 1383*, Cambridge: Cambridge University Press, 1996, p. 135.

④ D. M. Nicol, *The Byzantine Family of Kantakouzenos (Cantacuzenus) ca. 1100 - 1460*, p. 157.

协议。[①] 根据协议,马修接管伯罗奔尼撒半岛(即莫利亚地区),其弟曼努埃尔将获得中央朝廷赠予的利姆诺斯小岛(Lemnos)作为补偿。[②] 毫不知情的曼努埃尔听闻此事后坚决反对,但还没等他做出激烈反应,马修与约翰五世便动手开打,发生了激烈的冲突。

对马修来说雪上加霜的是,1356年末(一说是1357年初),他又在色雷斯封地的防御要塞附近败于塞尔维亚军队,并遭俘虏。该军队由兹拉马(Dráma)领主沃伊沃达·沃伊赫纳(Vojvoda Vojihna)所率领。马修与沃伊赫纳达成协议,欲用巨额赎金换回自由。不过,对约翰五世来说,马修的被俘简直是铲除敌对势力的良机。于是,约翰五世即刻插手,向沃伊赫纳提供了更丰厚的酬金,将马修变为自己的阶下囚。[③]

此后,约翰五世先是将马修囚禁在特奈多斯(Tenedos),而后又换至莱斯沃斯岛(Lesbos),让弗朗西斯科一世·加提卢西奥负责监视。[④] 长期的囚禁令马修失去了斗志,并最终屈服。1357年12月,马修与约翰五世达成最终共识:马修宣布放弃共治皇帝的头衔,承认皇帝的权威。[⑤] 约翰五世对此十分满意,于是将马修放回莫利亚。

政治上的失意让马修有了出家归隐的念头。因此来到莫利亚后,马修决定长久居住于此。除了做修女的长女塞奥多拉还留在君士坦丁堡,马修的妻子和其他的孩子们都来到米斯特拉与他汇合。次女海伦娜于1366年与希腊北部萨罗纳的阿拉贡伯爵路易斯·法德里克(Louis Fadrique)结婚。小女儿玛丽亚(Maria Kantakouzene)与拜占庭贵族约翰·拉斯卡利斯·卡洛菲罗斯(John Laskaris Kalopheros)结婚,这位贵族与塞浦路斯人有联系,并在宗教上同情和倾向于罗马教廷。马修的儿子们所扮演的角色还没有可靠的记载。其中,长子约翰(John Kantakouzenos)可能拥有君主头衔,但他不参加公共生活,而是致力于善工。年轻的至尊贵

---

① D. M. Nicol, *The Last Centuries of Byzantium, 1261-1453*, p. 132.

② D. M. Nicol, *The Byzantine Family of Kantakouzenos (Cantacuzenus) ca. 1100-1460*, p. 295.

③ D. M. Nicol, *The Byzantine Family of Kantakouzenos (Cantacuzenus) ca. 1100-1460*, p. 158.

④ D. M. Nicol, *The Byzantine Family of Kantakouzenos (Cantacuzenus) ca. 1100-1460*, p. 161.

⑤ 协议中,马修获得了继约翰五世和其继承人之后的皇位继承优先权。见D. M. Nicol, *The Byzantine Family of Kantakouzenos (Cantacuzenus) ca. 1100-1460*, p. 295.

族迪米特里则似乎更有野心。

此时的莫利亚由曼努埃尔·坎塔库震努斯治理，马修的到来对曼努埃尔的治理工作多少有一定的冲击。因为作为长兄和前共治皇帝，马修内心期待的是，让弟弟将莫利亚地区的大权移交给他，但曼努埃尔没有理由非这样做不可。为了解决潜在的矛盾，二人达成协议：曼努埃尔同意马修在管理中协助他，但他自己仍居领导地位。① 马修对此做出让步和支持，毕竟他虽然决定定居在米斯特拉，但仍要不时回君士坦丁堡小住。

于是，马修没有再干涉曼努埃尔的统治，而将自己的精力倾注于学术研究，创作了一些与哲学和宗教有关的著述。他们的父亲、退位皇帝约翰六世，也会偶尔访问米斯特拉，以确保兄弟二人相处得和谐友善。在兄弟二人的示范下，两家的妻子似乎同样友好。马修的妻子伊琳妮·帕列奥列格温柔而谦逊，曼努埃尔的妻子吕西尼昂的伊莎贝拉-玛利亚则担任该省的首席夫人。马修和曼努埃尔共同分享学习和艺术的成果，他们都得到杰出的哲学家兼历史学家尼基弗鲁斯·格里高拉斯的高度赞赏、喜爱和钦佩。②

1380年，曼努埃尔去世。他死后，莫利亚君主的权力移交给马修。然而，此时的马修早已失去了对权力的兴趣，他做好了接受皇帝约翰五世调遣的心理准备。不过，约翰五世此时正被其他事情分神，在过去的四年里，他一直在与自己的长子安德罗尼库斯四世进行内战，后者曾夺得皇位并将约翰五世连同他的两个忠心耿耿的儿子曼努埃尔和塞奥多利一起投入监狱。后来，约翰五世越狱并重新占领了君士坦丁堡。直到1381年，在前皇帝约翰六世的调停下，约翰五世的家庭关系才得到修复。经协商，约翰五世仍担任地位最高的皇帝，长子安德罗尼库斯获得了位于色雷斯地区的一片封地，并保留了共治皇帝的头衔；次子曼努埃尔也被封为共治皇帝，获得了塞萨洛尼基和拜占庭马其顿（Macedonia）地区；小儿子塞奥多利前往伯罗奔尼撒半岛，担任莫利亚君主一职。

随后，约翰六世前往米斯特拉，告知马修这个最终决定。在塞奥多利抵达莫

① D. M. Nicol, *The Byzantine Family of Kantakouzenos (Cantacuzenus) ca. 1100 - 1460*, p. 310.
② D. M. Nicol, *The Byzantine Family of Kantakouzenos (Cantacuzenus) ca. 1100 - 1460*, p. 163.

利亚之前,由马修继续统治该地区,约翰六世则担任他的首席顾问。① 此时的马修被人视为莱克尔加斯(Lycurgus)再世。这位公元前9世纪斯巴达的政治家,通过制定斯巴达宪法,公正合理地治理古斯巴达,用正义和智慧统治拉斯第孟(Lacedaemon)。马修从他受人尊敬的父亲的建议中获益匪浅。这些都可以从马修与一位名叫迪米特里·塞多尼斯(Demetrius Cydones)的学者往来的书信中找到证据。

不过,顺心遂愿的事情之中总是不期然有一些插曲。马修的儿子迪米特里早就期望自己接替父亲,成为莫利亚君主。因此,他不满于约翰五世的最终决定,开始起兵反抗。② 这场反叛不仅得到了一直对米斯特拉政府感到愤慨的当地希腊贵族的支持,也得到了一些突厥海盗和劫掠者的支持。当塞奥多利于1382年12月抵达伯罗奔尼撒半岛时,该省的大部分地区都在迪米特里的掌握中,塞奥多利对此毫无办法。好在1383年末或1384年初,迪米特里逝世了,这场叛乱最终也成了梦中花。

由此,塞奥多利终于在该地确立了自己的统治。此时的马修和他年迈的父亲也都退出了政治舞台。几个月后的1383年6月15日,约翰六世在当地的一座修道院逝世。九天后,马修去世。坎塔库震努斯家族从此消失于末代拜占庭历史文献中。

---

① S. Runciman, *Lost Capital of Byzantium : The History of Mistra and the Peloponnese*, p. 55.

② S. Runciman, *Lost Capital of Byzantium : The History of Mistra and the Peloponnese*, p. 56.

第三节

塞奥多利一世·帕列奥列格（Theodore Ⅰ Palaeologus）和迪米特里·坎塔库震努斯（Demetrius Kantakouzenos）

1383—1407 年在位；1383—1384 年在位

塞奥多利一世·帕列奥列格（Theodore Ⅰ Palaiologos, Θεόδωρος Α′ Παλαιολόγος,生于1350年代,卒于1407年6月24日,享年约55岁)是莫利亚专制君主国第三位君主,1383年6月至1407年在位24年。迪米特里·坎塔库震努斯为马修·坎塔库震努斯之子,他反对皇帝约翰五世指派其家族的塞奥多利·帕列奥列格为莫利亚君主,坚持自己的君主权,并起兵反叛,其间充任君主一年。

塞奥多利一世是约翰五世·帕列奥列格和约翰六世的女儿海伦娜·坎塔库震努斯的第三个儿子。塞奥多利一世执政前,莫利亚君主国还另有一位君主,即曼努埃尔的长兄马修·坎塔库震努斯。但马修的执政合法性有较为复杂的历史背景。本质上,马修并非皇帝亲任的莫利亚君主,他能够统治莫利亚君主国,全是因与曼努埃尔的亲缘关系。由于坎塔库震努斯家族私下商定莫利亚君主的继承顺序,当朝皇帝约翰五世并未同意此事,却也没有明确表示反对。据说,皇帝当时深陷与其长子安德罗尼库斯四世的内战中,无暇顾及此问题。① 马修在曼努埃尔之后担任了几年莫利亚君主。马修逝世后,恰逢约翰五世取得内战胜利,因此皇帝有精力重拾对莫利亚君主国的管理。他立即指派自己最赏识的小儿子塞奥多利一世赴任莫利亚君主一职。因此,继曼努埃尔之后,塞奥多利一世应该是第三任莫利亚君主,却是第二位得到当朝皇帝正式认可的莫利亚君主。

塞奥多利一世是约翰五世·帕列奥列格的第三个儿子,虽然得到父亲的厚爱,但也深受父亲的影响。其父约翰五世的统治之路坎坷崎岖。幼年时期,约翰五世就承受着外戚势力与大贵族集团激烈斗争的动乱,其母萨伏依的安娜和当朝宰相约

---

① D. M. Nicol, *The Byzantine Family of Kantakouzenos (Cantacuzenus) ca. 1100-1460*, p. 259.

翰·坎塔库震努斯为争夺摄政权力发生严重冲突。安娜皇后勾结牧首约翰·卡莱卡斯,先于1341年11月为年仅9岁的约翰五世加冕,随后设计陷害宰相约翰,迫使先前对老皇帝发誓忠心辅佐幼帝的约翰起兵反叛。帕列奥列格王朝中漫长的第二次内战突然爆发。[①] 在这一过程中,自立为帝的宰相约翰先后勾结塞尔维亚人和奥斯曼土耳其人,以拜占庭帝国在巴尔干北部地区之敌塞尔维亚人和东部之敌奥斯曼土耳其人为雇佣兵,渗透到拜占庭帝国的核心区域。[②] 1354年,约翰五世把妹妹嫁给爱琴海的海盗,联合后者攻入君士坦丁堡,帮助约翰五世废黜了约翰六世。约翰五世取得胜利后,顺理成章地成为帝国唯一的皇帝。但内战造成的混乱局面十分严重,拜占庭帝国遭到外部势力持续蚕食。[③]

约翰五世意识到,如果不寻求强大的援助,帝国迟早要灭亡。于是,皇帝于1355年,以同意帝国东部和西部两大教会合并为条件向罗马教宗求援。但教宗英诺森六世没有给予重视,而是提出先合并再救援的建议。[④] 约翰五世无法在援兵到来前说服民众,因此求助努力无果而终。随后,约翰五世开始寻求匈牙利兼波兰国王的拉约什一世大王的帮助,再度碰壁。之后,约翰五世辗转前往威尼斯寻求帮助,不仅未获成功,反而被共和国议会下令扣押,理由是皇帝拖欠威尼斯的债务,逾期不还。他的摄政、长子安德罗尼库斯当时在君士坦丁堡代理皇帝统治,却拒绝为父亲赎身,只有次子曼努埃尔和小儿子塞奥多利努力帮助危难中的父亲。[⑤] 1371年,身心疲惫、饱尝屈辱的约翰五世两手空空回到首都。然而,约翰五世的磨难并没有结束。1376年,热那亚共和国为了和威尼斯共和国争夺东地中海商业霸权,扶植其长子安德罗尼库斯篡夺皇位。他们的联军攻入君士坦丁堡,并将约翰五世和曼努埃尔及塞奥多利这两个效忠父亲的亲弟弟关入监狱。后来,

---

① 该王朝的首次内战是两安德罗尼库斯之战,即安德罗尼库斯二世同安德罗尼库斯三世之间的祖孙内战。

② 从第二次内战开始,塞尔维亚在斯蒂芬·杜尚的带领下占领了大半个巴尔干半岛,范围可从北方的多瑙河到希腊的科林斯。

③ D. M. Nicol, *The Last Centuries of Byzantium, 1261 - 1453*, Cambridge, UK: Cambridge University Press, 1993, p. 255.

④ Doukas, *Doukas : Decline and Fall of Byzatnium to the Ottoman Turks*, trans. H. J. Magoulias, Detroit, 1975, p. 156. Ducas, *Istoria Turco-Bizantina (1341 - 1462)*, ed. V. Grecu, [Scriptores Byzantini 1] Bucharest: Academia Republicae Popularis Romanicae, 1958, TLG, No. 3146001.

⑤ D. M. Nicol, *Byzantium and Venice : a Study in Diplomatic and Cultural Relations*, Cambridge, UK: Cambridge University Press, 1992, p. 201.

约翰五世在威尼斯人的帮助下从狱中逃出，在塞萨洛尼基重新聚集起一支军队，又在土耳其人的帮助下夺回皇位。①

经过激烈的内战，塞奥多利的忠诚和出色的能力令约翰五世倍感欣慰。也有学者认为，促使塞奥多利支持父亲约翰五世的原因，似乎不在于他对父亲的孝顺，而在于他对于二哥曼努埃尔的敬仰之情。有鉴于帕列奥列格家族内部频频发生至亲间的内讧，塞奥多利与二哥曼努埃尔的这份亲情和他追随兄长的忠实很是罕见，他也深受父皇的赏识。② 重登皇位后，约翰五世即刻指派塞奥多利前往伯罗奔尼撒半岛，接替其舅父曼努埃尔的莫利亚君主职位。

塞奥多利一世到达莫利亚君主国首府米斯特拉时约30岁。鉴于他亲眼看见自己的兄长背叛父皇、亲身经历了牢狱之灾，当他离开动荡不安的首都前往米斯特拉时，一定如释重负。这种释然的心情可从其在莫利亚执行的方针政策中管窥一二。正是在那里，他的所作所为完全无视帝国中央朝廷的存在，始终坚持莫利亚独立统治和治理。直到1391年，塞奥多利所敬仰的二哥曼努埃尔登上皇位后，米斯特拉和君士坦丁堡的关系才重新变得亲密起来。③ 由此可见，拜占庭帝国中央政府与地方省区之间的关系已经失去了早期帝国中央集权制的行政关系，而蜕变为家族成员之间的亲疏关系，帝国之名存实亡由此可见一斑。

塞奥多利执政后的首要任务便是镇压由他的堂兄迪米特里·坎塔库震努斯领导的希腊贵族叛乱。迪米特里·坎塔库震努斯为马修·坎塔库震努斯之子，他坚持认为莫利亚君主职位应该实行父子继承的规矩，因此其父亲死后的继承人应是他本人，而非约翰五世指派的塞奥多利·帕列奥列格，故起兵反叛。这些叛乱者中最令人敬畏的是马莫纳斯(Mamonas)家族，他们在莫奈姆瓦夏(Monemvasia)和周边的大部分地区拥有大片地产，因此希望维持坎塔库震努斯家族统治下的既得利益，而担心皇帝安插的势力将改变现状。伯罗奔尼撒半岛被入侵和占领的历史记录在中世纪的《莫奈姆瓦夏编年史》(*Chronicle of Monemvasia*)中。该地现为希腊拉科尼亚州的一个城市，位于伯罗奔尼撒半岛东海岸的一个小半岛上。这个

① D. M. Nicol, *The Last Centuries of Byzantium, 1261–1453*, p. 259.

② D. A. Zakythinos, *Le Despotat grec de Morée*, Paris, 1932, p. 314.

③ D. M. Nicol, *The Last Centuries of Byzantium, 1261–1453*, p. 298.

半岛宽300米,长1千米,通过200米长的短堤与大陆相连。该城修建在岩石山丘的斜坡上,俯瞰海湾。岛上的中世纪城墙和许多拜占庭教堂保存至今。该城和堡垒兴建于583年,建设者是因斯拉夫人和阿瓦尔人入侵希腊而来此寻求避难的人。自10世纪起,该城发展成为重要的海上贸易中心,1147年经受了阿拉伯人和诺曼人的入侵。1248年阿哈伊亚侯国的威廉二世围城三年后将其夺取;1259年拜占庭皇帝米哈伊尔八世的军队俘虏了威廉,1262年,该城作为威廉的赎金的一部分割让给拜占庭。在1460年之前,它一直属于拜占庭帝国。① 1384年,马莫纳斯写信给居住在君士坦丁堡的威尼斯驻拜占庭帝国全权代表"巴伊",提议将莫奈姆瓦夏割让给威尼斯。后世研究推测,促使他做出这一决定的原因,是他对拜占庭帝国内部叛变频繁多发倍感绝望,或是他欠了威尼斯共和国的债务,想以割让部分领地的方式偿还。②

消息一经传出,对塞奥多利和当地民众不啻为晴天霹雳,就连马莫纳斯家族内部很多人都不同意该提议。他们和莫奈姆瓦夏市民坚决拒绝接受威尼斯人统治。迫于民众的压力,马莫纳斯不得不撤回该提议。③ 不久后,叛军首领迪米特里·坎塔库震努斯病亡,马莫纳斯不得不暂时屈服于塞奥多利的统治。莫奈姆瓦夏未经分离便归顺塞奥多利,既是塞奥多利的幸运,也是莫奈姆瓦夏和拜占庭帝国的幸运。

此次叛乱被平息后,塞奥多利对内的统治基本稳定。与首任君主曼努埃尔·坎塔库震努斯尽可能地与周边邻国保持和平的风格不同,塞奥多利·帕列奥列格是一位野心勃勃、急欲扩大统治权和统治区域的君主。为了实现这一目标,他广泛结交盟友,其最主要的盟友是来自佛罗伦萨银行业家族的内里奥·阿恰约利(Nerio Acciajuoli)。④ 内里奥曾接管了他表弟尼科洛(Niccolò)在伯罗奔尼撒半岛的大片领地,主要包括科林斯的城镇和要塞。1374年,他占领了迈加拉⑤,1383年又占领了雅典低地,至1388年,他已占领雅典卫城,在希腊的势力日益扩大,实力非同一般。⑥

---

① D. M. Nicol, "Symbiosis and Integration: Some Greco-Latin Families in Byzantium in the 11th to 13th Centuries," *Byzantinische Forschungen* Ⅶ, Amsterdam, 1979, p. 121.

② D. A. Zakythinos, *Le Despotat grec de Morée*, Paris, 1932, p. 367.

③ D. M. Nicol, *Byzantium and Venice: a Study in Diplomatic and Cultural Relations*, p. 247.

④ D. A. Zakythinos, *Le Despotat grec de Morée*, 374.

⑤ 一译"墨伽拉",希腊城市。在阿提卡和科林斯之间,临萨罗尼科斯湾。

⑥ D. A. Zakythinos, *Le Despotat grec de Morée*, 374.

塞奥多利为了加强与这位实力派盟友的关系,于1385年迎娶内里奥的大女儿巴托洛梅(Bartolomea)。这位新娘不仅被认为是当时最可爱的女人,而且由于内里奥没有儿子,她很可能成为这片领地的女继承人。[①] 内里奥也曾公开许诺,他死后将由这个女儿继承其科林斯(Corinth)地产。[②] 后人除了她的美貌之外,对这位君主夫人知之甚少。她没有生育,似乎知道塞奥多利至少有一个私生子,但她并不计较这些事情,始终忠贞不渝地支持她的丈夫,生活得很幸福。

与内里奥的结盟对塞奥多利非常重要,使他可以借助这个岳父的力量。塞奥多利开始觊觎纳瓦拉佣兵团(Navarrese Company)占据的地盘,并对他们发起攻击。事实上,自1380年十字军定居伯罗奔尼撒半岛以来,当地政局就十分混乱,法兰克人于十字军东征时建立了阿哈伊亚侯国(Frankish Principality of Achaea),其残余地盘一直被纳瓦拉佣兵团所掌控。位于伯罗奔尼撒半岛东北的科林斯临近科林斯地峡,是希腊本土和伯罗奔尼撒半岛的连接点,同时又是穿过萨罗尼科斯水道和科林西亚湾通向伊奥尼亚海的航海要道。这里不仅是贸易和交通要地,同时又是战略枢纽。1204年,第四次十字军战争的骑士指挥官之一威列哈督因的杰弗里一世,即同名著名历史学家的侄子,在君士坦丁堡被骑士攻克后分到了科林斯城,并被任命为阿哈伊亚大公。1205—1208年间,科林斯人在希腊将军利奥·斯古罗斯(Leo Sgouros)的带领下占据科林斯卫城、顽强地反抗法兰克人的统治。法兰克骑士尚普利特的威廉领导的十字军部队长期不能取胜。1208年列奥·斯古罗斯从城墙上意外摔下而死,但科林斯人继续抵抗敌军到1210年。抵抗运动被镇压后,科林斯作为完整公国的一部分,由威列哈督因王朝位于埃利斯(Elis)地区的首都安德拉韦达(Andravida)统辖。他们一开始是博克斯(Les Baux)有名无实的詹姆斯侯爵的所有权代理者,后来他们另立自己的头目为侯爵,成为该地区实际的占有者。

1380年代后期,塞奥多利与他们进行了长期的交战,最终夺取了这个地区。[③] 在这期间,他公开正式支持萨伏依伯爵(Count of Savoy)对纳瓦拉佣兵团作

① D. A. Zakythinos, *Le Despotat grec de Morée*, 374.

② 科林斯是阿哈伊亚北端与另一个十字军国家雅典公爵领边界上最重要的城市。

③ Doukas, *Doukas : Decline and Fall of Byzatnium to the Ottoman Turks*, p. 198.

战,萨伏依伯爵则很高兴得到塞奥多利的支持,而萨伏依伯爵并没有前往希腊收复失地的打算。所以,塞奥多利一世成了这片阿哈伊亚残存领地的实际主人。① 此后,那不勒斯的乔安娜女王(Queen Joanna of Naples)于1377年将该地区以五年之期租给医院骑士团(The Knights Hospitaller)。该骑士团全称"耶路撒冷圣约翰医院骑士团",又被称为圣若翰骑士团,是著名的三大骑士团之一,成立于1099年,最初是由勃艮第公国贵族(Blessed Gerard)及其同伴在耶路撒冷的圣若翰洗者教堂附近的医院里成立,主要目的是照料伤兵和朝圣的病人。朝圣者慷慨的捐赠使医院修会迅速发展。从1110年起,修会同意将分散在耶路撒冷的领土和财产交给医院骑士团管理。1113年,教廷承认他们是独立的修会,并赐予他们一系列的经济、政治特权,如无需缴纳什一税,无需接受任何政权的领导,只受教宗节制。医院骑士团会规的制定以奥思定会会规为基础。骑士团的成员分为教士、骑士和士官,以及会友或受赠者。骑士团由一位大团长(Grand Master)统治,并有教士会议和八位法官协助。其组织和圣殿骑士团十分相似,但在慈善事业上表现得更为突出。耶路撒冷圣约翰医院骑士团成立时只是一个行善的组织,从1120年开始发展成为一个军事修会,其活动以武力保护朝圣者免受异教徒攻击为主,并发展成为耶路撒冷王国的一支重要军事力量,对耶路撒冷的政局也有很大的影响力。对于希腊地区,骑士团没有更多精力过问,也没有延长租约的打算。因此,塞奥多利依然稳固地掌握着这片领地。

有了岳父的支持,塞奥多利甚至敢于无视威尼斯人,并野心勃勃地计划一场"空手套白狼"的外交行动。1388年,阿尔戈斯(Argos)②和纳夫普利亚(Nauplia)③两个城市的继承人、昂吉安(Enghien)的玛利亚家里出事了,她的丈夫突然去世,这位寡妇感到无力管理领地,便决定将她的财产以高价卖给威尼斯政府。④ 塞奥多利

---

① S. Runciman, *Lost Capital of Byzantium : the History of Mistra and the Peloponnese*, New York: Tauris Parke Paperbacks, 2009, p. 62.

② 现为希腊阿尔戈利斯州(Argolís)最大的城市。该市古迹众多,西北侧有古希腊卫城、神庙和古墓。市西南有古代的半圆形剧场。希腊独立战争期间,在此举行过两次国民会议(1821年和1829年)。

③ 纳夫普利翁的旧称。该地位于希腊阿尔戈利斯州南部港湾,在伯罗奔尼撒半岛东部顶端,阿尔戈斯湾北岸。公元前625年归属阿尔戈斯,后历经拜占庭帝国、法兰克、威尼斯和土耳其人统治,1540年为莫利亚区的首府。1822年在希腊独立战争中,被希腊收回。1829—1834年一度为希腊首都所在地,现为阿尔戈利斯州和纳夫普利翁省的首府。镇中有法兰克和威尼斯要塞,有浓郁的中世纪风格。

④ D. M. Nicol, *Byzantium and Venice : a Study in Diplomatic and Cultural Relations*, p. 258.

和内里奥立即感到这一机会难得，立即赶在威尼斯总督到来前出兵入侵了这个地区，塞奥多利占领了阿尔戈斯和位于城镇北方的拉里萨，[①]内里奥则占领了纳夫普利亚及邻近的城堡“希腊”和“法兰克”。[②] 当威尼斯人稍晚抵达时，只能夺回纳夫普利亚，却无法将莫利亚军队从阿尔戈斯和附近地区逐出。这令威尼斯人大为恼火。

塞奥多利本以为这件事就此结束，自己不久后将正式接管阿尔戈斯，不料天有不测风云。他的手下败将纳瓦拉雇佣兵团不甘心失败，暗地里同威尼斯人结盟，并于1389年9月俘虏了塞奥多利的岳父内里奥。据说，此时内里奥正在雇佣兵团所在地同该团的领导人就和平事宜进行谈判，毫无信誉的雇佣兵团为了报以前的怨仇，不由分说便将内里奥抓住。对于内里奥而言，这种被俘方式也让他颜面尽失。[③] 雇佣兵团向塞奥多利提出要求，释放内里奥的条件是，塞奥多利将阿尔戈斯移交给威尼斯。塞奥多利不愿意为岳父的愚蠢过失行为承担责任和代价，因此没有同意该条件，并坚守住了阿尔戈斯。1391年，内里奥用自己的城市迈加拉作为换取自由的交换条件，同意把该城交给威尼斯人占领，直至以后他们换回阿尔戈斯。[④] 这个事件严重损害了翁婿俩的关系，塞奥多利坚持不交出阿尔戈斯，同时，他和内里奥的关系也越发变得冷淡起来。

但内里奥还对这个女婿寄予希望，希望塞奥多利帮助他打败纳瓦拉雇佣兵团，因为他无法原谅他们对自己的背叛。经过内里奥从中调解，塞奥多利于1394年5月最终和威尼斯人签订了协议。塞奥多利放弃阿尔戈斯和邻近的领土，只提出两点要求；第一，必须允许希腊人在此处购置任何土地或动产。他已分配给希腊人的那些土地保持现状，不可再被没收充公。第二，在他离开此地后，威尼斯人必须为他和家人提供安全的避难所。[⑤] 这样，本应该是有利于莫利亚人的一场突

---

① 是希腊中东部城市，位于塞萨利平原中部，皮尼奥斯河畔。该地农业发达、交通便捷，所产的茴香酒和丝绸最为著名。

② S. Runciman, *Lost Capital of Byzantium : the History of Mistra and the Peloponnese*, p. 64.

③ Doukas, *Doukas : Decline and Fall of Byzatnium to the Ottoman Turks*, p. 226.

④ J. V. A. Fine, *The Late Medieval Balkans : a Critical Survey from the Late Twelfth Century to the Ottoman Conquest*, Ann Arbor: University of Michigan Press, 1987, p. 245.

⑤ J. V. A. Fine, *The Late Medieval Balkans : a Critical Survey from the Late Twelfth Century to the Ottoman Conquest*, p. 246.

然而巧妙的外交行动变得狼狈不堪。

从长远来看,塞奥多利将阿尔戈斯归还威尼斯是顾全大局的选择。因为,当时存在着比威尼斯人更危险的敌人,他们正在悄悄靠近莫利亚君主国。1389 年,奥斯曼土耳其人在科索沃战役中战胜塞尔维亚人。随后,他们把注意力转向希腊半岛。在接下来的两年里,苏丹拜齐德(Bayazet)手下的最高将领埃夫雷诺斯·贝伊(Evrenos Bey)占领了塞萨利。苏丹随即将该地封赏给他,并准备进一步占领希腊。①

塞奥多利的老对手纳瓦拉雇佣兵团认为土耳其人是他们更有用的朋友。于是雇佣兵团团长圣萨佩冉的佩德罗(Peter of San Superan)于 1394 年初,前往苏丹的宫廷寻求帮助。在那里,他遇到了莫奈姆瓦夏的领主马莫纳斯。这位领主策划再一次反抗塞奥多利,他在提议把自己的城市献给威尼斯人遭到拒绝后,又想把它献给土耳其人,其真实意图就是寻找更强大的靠山。同年 4 月,苏丹拜齐德统帅大军抵达马其顿,在占领了塞萨洛尼基后,主动邀请拜占庭帝国曼努埃尔皇帝和莫利亚的塞奥多利君主前往色雷斯。他们明知道此行凶多吉少,在会面中遭到苏丹有意的无礼对待也未敢深究。这是令东方基督教世界倍感恐惧的时刻,因为他们非常担心苏丹会利用这个机会将帕列奥列格家族的重要成员除掉,以消除灭亡帝国的后患。曼努埃尔也在一部作品中引用苏丹的话说,“在这块土地上清除各邦君主后,通过这种手段,他向我们(即向基督教徒)表示,他的儿子们将可能在基督教的土地上跳舞,而不担心划破他们的脚”。后来,帕列奥列格家族的这两个兄弟被赦免了,拜占庭人如释重负。② 苏丹还明确向塞奥多利提出,立即恢复马莫纳斯的职务,同时强令莫利亚人接受纳瓦拉雇佣兵团的要求,交出阿尔戈斯。苏丹的威胁暗示着,他拥有能够消灭两兄弟的强大实力。

面对苏丹的威胁,塞奥多利只能忍气吞声,希望仰仗威尼斯人的力量维系帝国生存。为此,他将阿尔戈斯还给威尼斯,并向威尼斯人做出各种经济上的妥协。

---

① G. T. Zoras ed., *Chronicle of the Turkish Sultans*, Athens, 1958, p. 189.

② Michael Palaeologus, *De vita sua opusculum*, Greek text and Russian translation in *Christianskoe Ctenie*, II, St. Petersburg, 1885, CLVI, 225,转引自[美]A. A. 瓦西列夫:《拜占庭帝国史》,徐家玲译,北京:商务印书馆 2019 年版,第 961 页,注释 146。

威尼斯人则落井下石，乘机提出禁止莫利亚君主国继续仿造威尼斯金币。在弱肉强食的较量中，强者通吃的现象并不令人费解。[①] 这些威尼斯金币已经取代了拜占庭金币的国际地位，通行于地中海世界，似乎莫利亚君主国内也以之作为流通的主要货币，因为它比拜占庭金币更有信誉，流通范围更广泛。然而，塞奥多利做出的各种让步并没有取得任何好处，威尼斯人也没有真的帮助他有效对抗奥斯曼土耳其人，因为威尼斯人只在意商贸利益，不想公开激起土耳其人的敌意。

对塞奥多利而言更糟的是，他最主要的盟友遭遇不测。内里奥于1394年9月在雅典逝世。他在遗嘱中，将雅典这座城市献给了圣女教堂（Church of the Holy Virgin）即古代的帕台农神庙，把底比斯遗赠给他的私生子安东尼奥（Antonio），尽管这位安东尼奥对该城的控制十分脆弱。最具有戏剧性的是，内里奥还将其余所有的财产，包括科林斯和伯罗奔尼撒在内的领地，都留给了他的小女儿弗朗西斯卡（Francesca），她是塞法洛尼亚和卢卡斯的公爵卡洛·托科（Carlo Tocco）之妻。[②] 这位托科公爵在得到这份遗产后，显然成了希腊最有权势的拉丁贵族。最后，内里奥只给他的大女儿巴托洛梅留下了9 700枚金币，这笔钱原是她丈夫塞奥多利借给他偿还威尼斯人债务用的，现在则原数奉还，但名义上成为其女儿的遗产。[③] 遗产公布后，塞奥多利和巴托洛梅怒不可遏，他们感觉遭到可耻的欺骗和背叛，因为内里奥在他们结婚时承诺，会将科林斯留给他们。于是，他们认为这份遗嘱非常不公平，决心用武力夺取本应属于他们的东西。

家族内战因为巴尔干半岛局势突变而延迟，为了应对奥斯曼土耳其军队的进攻，基督教世界再次发动联合抵抗。此时，奥斯曼土耳其军队突然大举入侵巴尔干半岛，其借口是塞奥多利在没有得到苏丹许可的情况下擅自逃离奥斯曼土耳其人驻扎在塞利斯的军营，苏丹要求他必须接受惩罚。[④] 塞利斯位于斯特里蒙河平原东侧，距塞萨洛尼基100千米，该城历史悠久，起源可以上溯到公元前7世纪，但在拜占庭帝国时期，在此筑起城垣要塞，以防御保加利亚人的入侵。1345—

① D. M. Nicol, *Byzantium and Venice : a Study in Diplomatic and Cultural Relations*, p. 261.
② S. Runciman, *Lost Capital of Byzantium : the History of Mistra and the Peloponnese*, p. 68.
③ S. Runciman, *Lost Capital of Byzantium : the History of Mistra and the Peloponnese*, p. 68.
④ G. T. Zoras ed., *Chronicle of the Turkish Sultans*, Athens, 1958, p. 192.

1371年间,一度被塞尔维亚人占领,后被拜占庭人收复,此后由土耳其人占领了500多年,战略地位十分重要。1395年春,土耳其军队穿过科林斯地峡(Isthmus of Corinth),洗劫了阿卡迪亚(Arcadia)。不过,土耳其人随后被匈牙利国王西吉斯孟德(King Sigismund)策划的十字军抵抗战争分散了注意力。① 匈牙利国王西吉斯孟德组织十字军并非只是为了帮助拜占庭人,而是阻击土耳其人在巴尔干半岛的入侵。当时保加利亚和几乎整个塞尔维亚都被土耳其人征服,其兵锋直抵匈牙利边界,匈牙利国王感到只依靠自己的军队无法对抗土耳其人的威胁,于是才呼吁各基督教国家的统治者组成新十字军进行联合抵抗,但是最终抵抗遭到失败。这样,对塞奥多利的惩罚来得快,去得也快,不仅米斯特拉和斯巴达地区幸免于难,而且塞奥多利随后趁机着手收复科林斯,还收编了一些土耳其雇佣兵,加强了他的军队作战力。这些土耳其雇佣兵是游荡在希腊南部、尚未被纳瓦拉雇佣兵团收编的兵匪。

此后,塞奥多利就集中全部精力于遗产分配不公导致的内战上了。这场内战如同帕列奥列格家族的其他内战一样,声势浩大且战斗惨烈。战斗打响后,塞奥多利和他的军队在科林斯城外被卡罗·托科的盟军击败。随后,塞奥多利的将军迪米特里·拉乌尔(Demetrius Raoul)在今阿卡迪亚州南部地区的莱翁达里昂(Leontarion)附近打败纳瓦拉雇佣兵团,俘虏了该团团长圣萨佩冉的佩德罗,迫使后者归顺。② 两个老对手由此结成临时性的同盟。塞奥多利军队在纳瓦拉雇佣兵团的帮助下,成功撤离科林斯地峡,摆脱了卡罗·托科军队的追捕。

双方交战期间,一位意大利公证人在从雅典回家的路上偶遇其中一场战斗,作为亲历者,他描述了1395年秋当地农村的可怕状况。③ 他发现迈加拉为严防塞奥多利君主的间谍混入城中,大门紧闭,禁止任何旅行者通行。通往科林斯的道路到处是沦落为强盗的土耳其兵匪。在科林斯地峡附近,这位公证人设法避开了君主夫人巴托洛梅为伏击她那可恶的妹妹而设下的埋伏,而她的妹妹则想方设法

---

① S. Runciman, *Lost Capital of Byzantium : the History of Mistra and the Peloponnese*, p. 68.

② J. V. A. Fine, *The Late Medieval Balkans : a Critical Survey from the Late Twelfth Century to the Ottoman Conquest*, p. 271.

③ S. Runciman, *Lost Capital of Byzantium : the History of Mistra and the Peloponnese*, p. 69.

从迈加拉乘船通过科林斯地峡前往凯法利尼亚岛。该岛又称 Kefallinia，位于帕特雷湾西岸，为伊奥尼亚群岛中最大的岛屿。岛上多山，有美丽的海滩和千奇百怪的石洞，盛产橄榄、葡萄、谷物、棉花及无核葡萄干。如此美好的地方，当然格外引人关注。

内战对双方的损耗都很大，卡罗・托科最先做出了让步。他决定将科林斯连同阿克罗科林斯（Acrocorinth）要塞割让给塞奥多利，因为他觉得这块地方不值得花费那么多精力去看管。1395 年 12 月，内战终于结束。[①] 约在同一时间，老谋深算的威尼斯人用 50 000 枚金币作为交换条件，换取塞奥多利批准释放圣萨佩冉的佩德罗，目的是为保留纳瓦拉雇佣兵团的实力，以便日后参与牵制希腊人的行动。[②] 威尼斯人坚信塞奥多利绝不会放过这个补充国库的好机会，一定会同意该条件。事实也是如此，同年 12 月，塞奥多利如约释放了佩德罗。

1396 年 9 月，苏丹拜齐德在巴尔干半岛西部、位于今希腊普雷韦扎州（Préveza）南部的尼科波利斯（Nicopolis）战役中击败了匈牙利西吉斯孟德国王和他召集的十字军，并再次将攻击力转回希腊。[③] 面对来势汹汹的敌人，塞奥多利再次向威尼斯人求援，希望他们帮助自己保卫伯罗奔尼撒半岛。他的特使迪米特里・索菲亚纳斯（Demetrius Sophianus）被授权用科林斯换取威尼斯陆军和海军的帮助。[④] 然而这一切努力徒劳无功，威尼斯元老院决意不冒险与苏丹公开决裂。因此，当两支土耳其大军开赴科林斯海峡时，莫利亚特使仍在威尼斯苦苦相求。尽管塞奥多利曾修复了横贯科林斯地峡的长城（Hexamilion），却难以抵抗住土耳其五万大军的进攻。如今此地分布的众多塔楼城墙留下了遗迹，供人参观。

事实证明，威尼斯人将遭到绥靖政策的惩罚。一支由雅库布・帕夏（Yakub Pasha）率领的土耳其军队迅速向威尼斯人掌管的阿尔戈斯进发。威尼斯人从未见过这样的场面，一时慌乱无措，威尼斯总督下令固守在拉里萨城堡里。[⑤] 此时，

---

① J. V. A. Fine, *The Late Medieval Balkans : a Critical Survey from the Late Twelfth Century to the Ottoman Conquest*, p. 272.

② D. M. Nicol, *Byzantium and Venice : a Study in Diplomatic and Cultural Relations*, p. 261.

③ G. T. Zoras ed., *Chronicle of the Turkish Sultans*, p. 233.

④ D. M. Nicol, *Byzantium and Venice : a Study in Diplomatic and Cultural Relations*, p. 261.

⑤ G. T. Zoras ed., *Chronicle of the Turkish Sultans*, p. 235.

阿尔戈斯民众挺身而出,勇敢地保卫着他们的城墙。只是这一切都只是以卵击石。几天后,土耳其人突破了城墙防线,整座城市被洗劫一空,成千上万的人遭到了俘虏和屠杀。按照土军的习惯,有 30 000 人被俘虏押解走,跟随雅库伯·帕夏的军队向北返回,并在安纳托利亚被卖为奴隶。①

此外,第二支土耳其军队由埃夫雷诺斯·贝伊(Evrenos Bey)指挥,他们兵临阿卡迪亚城。埃夫雷诺斯·贝伊横扫科罗内(Corone)和马沙尼(Methone)的威尼斯要塞,并沿途摧毁了威尼斯殖民者拥有的农场和果园。塞奥多利企图在莱翁达里昂截击这支土耳其军队,但遭到了惨败。② 一路凯歌的土耳其军队并未留下任何驻军,而是带着劫掠的战利品和俘虏回到塞萨利。

在这次战斗中,斯巴达地区再一次幸免于难。但塞奥多利并不感到轻松。首先,他对莫利亚能否还有这样的好运气感到担忧。其次,也是更重要的是,他因家事深受打击。他心爱的妻子去世了,他的内心倍受折磨。除了一个私生女,塞奥多利再没有其他至亲留在世上。然而,这个私生女当时不在身边,因为她一直是在君士坦丁堡被抚养长大的。

塞奥多利在绝望中,再次派其特使前往威尼斯。令人意想不到的是,威尼斯此时正派人在苏丹的宫廷里进行和平谈判,双方计划于 1399 年 7 月签署一项互不侵犯条约。③ 这样,威尼斯元老院再一次无视塞奥多利提出的以科林斯城为代价换取威尼斯出兵的提议。

就在此时,医院骑士团团长从罗得岛总部派来的特使抵达米斯特拉,提议塞奥多利将科林斯卖给该教团(the Order)。塞奥多利对此犹豫不决。如果接受这个提议,就留下了丢城失地的恶名;如果不接受,莫利亚公国缺乏守卫此地的军事力量,早晚也难守住。恰在此时,他的二哥曼努埃尔二世要经过伯罗奔尼撒半岛,向西方各国封建君主请求支援。他把君士坦丁堡暂时委托其侄子约翰七世管理,却并不十分信任后者。为此,他把妻子海伦娜皇后和两个儿子带到米斯特拉,请

---

① G. T. Zoras ed., *Chronicle of the Turkish Sultans*, p. 235.

② S. Runciman, *Lost Capital of Byzantium : the History of Mistra and the Peloponnese*, p. 70.

③ G. T. Zoras ed., *Chronicle of the Turkish Sultans*, p. 237. Doukas, *Doukas : Decline and Fall of Byzatnium to the Ottoman Turks*, p. 217.

更加忠心的塞奥多利照料。[1] 塞奥多利正好就医院骑士团的提议咨询兄嫂，海伦娜皇后建议他接受这个提议。这样，曼努埃尔二世便决心同意这个提议。[2] 他们商议后一致认为，与其白白丧失此地，不如接受医院骑士团的建议，既可以从中获利，又可以结交骑士团这样的军事力量。就这样，科林斯于1400年春被卖给了医院骑士团。

该教团在科林斯设立分部后，迫切希望扩大其在伯罗奔尼撒半岛的地盘。于是，它于1400年晚春又派大使前往米斯特拉，建议塞奥多利把米斯特拉和位于半岛北部的卡拉夫里塔(Kalavryta)一同卖给它，并提出教团将接管整个阿尔卡迪亚和斯巴达山谷的建议。此地位于希腊阿哈伊亚州中东部，是一座具有丰富历史遗产的优美城镇，其悠久的历史始于776年，当时城镇还保留着Kynaitha的名称。由于当地人对狩猎的挚爱之情，其原貌未受到破坏。早在法兰克人攻占伯罗奔尼撒的13世纪初期，卡拉夫里塔被移交给奥顿・德・图尔奈(Baron Othon de Tournay)男爵接管，因此而得名的城堡也被修建成看守柴尔莫斯关口的军事建筑，也使它成了伯罗奔尼撒地区最重要的中世纪城堡之一。由于卡拉夫里塔男爵膝下无子，后将领地世袭给了德・拉特雷姆瓦家族，直到1330年才由拜占庭米斯特拉统帅占领，并一直由拜占庭人控制到1460年。在拜占庭帝国时期，961年和1360年，修建了意义非凡的修道院阿吉亚・拉夫拉修道院(Monastery of Agia Lavra)和大斯皮莱欧修道院(Mega Spilaio)修道院，距离卡拉夫里塔城5千米和12千米的地方。塞奥多利认为，自己无力保护此地，虽然一再犹豫不决，最终还是阴差阳错地同意了这笔交易。当时，他身边没有亲属可提供咨询建议了，因为曼努埃尔二世远在西欧，海伦娜皇后也返回了君士坦丁堡，多病虚弱的塞奥多利则一心打算退隐莫奈姆瓦夏，因此做出这样的决定。[3] 很显然，末代拜占庭帝国的国家体制完全瓦解，国土任由地方贵族随意处置事务。

但后来的事实证明，塞奥多利的这个决定是十分错误的，它令莫利亚的子民

---

① G. T. Dennis ed., *The Letters of Manuel II Palaeologus*, Washington, D. C.: the Dumbarton Oaks Research Library and Collection, 1977, p. 31.

② J. W. Barker, *Manuel II Palaeologus (1391 - 1425): a Study in Late Byzantine Statesmanship*, New Jersey: Rutgers University Press, 1969, p. 85.

③ D. M. Nicol, *The Last Centuries of Byzantium, 1261 - 1453*, p. 301.

非常不满。1400年5月底,教团骑士进入卡拉夫里塔,遭到当地居民的强烈抵抗。[1] 在米斯特拉,加入暴乱的人数急剧增加。骑士团试图派人安抚暴乱者,但起义民众的势力之大出乎他们的预料,愤怒的民众动用私刑,不加审判便处死骑士代理人。在这种情形下,起义民众连塞奥多利也没放过,他们认为就是他出卖了莫利亚的领土。正在前往莫奈姆瓦夏途中的塞奥多利不得不答应起义民众的要求,拒绝与骑士团的交易,最后才安全地返回米斯特拉。除了起义民众之外,奥斯曼土耳其人也试图控制丧失了思考能力的塞奥多利。拜齐德苏丹紧急通知塞奥多利,如果他想要获得苏丹的友谊,就必须将骑士团逐出半岛。

1401年,骑士团同塞奥多利展开了多轮谈判。他们认为塞奥多利思维混乱,令人失望透顶。就在塞奥多利不知所措之时,亚洲地区的政治形势发生了巨大变化。不可一世的拜齐德苏丹遭到了来自东方征服者帖木儿的攻击。1402年夏天,拜齐德在著名的安卡拉战役中惨遭失败,父子双双被帖木儿俘虏后杀害。苏丹的突然去世令他的儿子们为苏丹大位的继承权问题争吵不休,而苏丹的主力军被消灭也似乎预示奥斯曼帝国就要崩溃了。[2]

尽管从长远看,奥斯曼帝国在安卡拉遭受的灾难对拜占庭帝国并没有任何帮助。因为帖木儿无意侵略土耳其在巴尔干半岛的领地,而且他于1405年死后,庞大的蒙古帝国也开始瓦解。与此同时,越来越多的土耳其人为逃避鞑靼人的统治,越过海峡到欧洲地区定居。塞奥多利很难阻止大批难民和移民进入希腊,特别是他们原先的势力还在进一步扩张。不过,蒙古大军震慑土耳其人确实起到立竿见影的效果。拜占庭人趁机收复了塞萨洛尼基(帖撒罗尼迦)和色雷斯地区的一些沿海城镇,同时土耳其人对希腊半岛的压力也有所减轻。

东地中海局势的变动也触发了塞奥多利的变化,他开始发自内心地后悔与医院骑士团的交易。于是,他立即向二哥曼努埃尔二世寻求外交帮助。此时的皇帝听闻苏丹战败的消息,也急忙从西欧赶回来。[3] 1404年,在曼努埃尔二世的指导

---

① J. V. A. Fine, *The Late Medieval Balkans : a Critical Survey from the Late Twelfth Century to the Ottoman Conquest*, p. 279.

② G. T. Zoras ed., *Chronicle of the Turkish Sultans*, p. 251.

③ J. W. Barker, *Manuel II Palaeologus (1391 - 1425): a Study in Late Byzantine Statesmanship*, p. 92.

下，一项新的条约得以签订：塞奥多利以科斯林湾北岸不远处的萨罗纳（Salona）要塞换回科林斯，同时给医院骑士团一定的补偿。[①] 根据协议，骑士团将卡拉夫里塔和米斯特拉还给塞奥多利，后者则支付他们一大笔赎金和一笔额外的款项以补偿他们所遭受的损失。[②] 在此后的交接过程中，双方因在财务细节上有许多争议，产生了更大的敌意。这些敌意加上之前引发的民众愤怒情绪，令骑士团从心底里惧怕莫利亚这片土地。因此，放弃科林斯、卡拉夫里塔和米斯特拉对他们来说也是可以接受的事情。这个时期，他们在希腊属地萨罗纳地区也没有得到当地民众什么好的待遇，因为希腊人拒绝与他们合作共同对抗土耳其人。大约 12 年后，萨罗纳再度被土耳其人占领。总之，塞奥多利与医院骑士团的纠纷最终宣告结束，拜占庭人没有获得预料的利益。希腊民众与颓废的拜占庭贵族形成鲜明对照，他们奋起抗争，维护自身利益和尊严，并从收复卡拉夫里塔的经验中得到鼓舞。1460 年代，虽然捍卫者进行了勇敢无畏的抵抗，卡拉夫里塔最终还是被奥斯曼帝国大军镇压占领。1687 年小镇落入威尼斯人手中，1715 年再次陷落，被奥斯曼土耳其人统治，直到 1821 年。老佩特雷地区的大主教杰尔马努斯三世于 1821 年 3 月 25 日在奥斯曼帝国统治下的阿吉亚・拉夫拉修道院，举起了希腊独立战争的起义大旗，从卡拉夫里塔这个星星之火发源地兴起遍及整个希腊的争取自由的民族独立战争。

保留住莫利亚的这些领土是外交上的重大胜利，但必须归功于曼努埃尔二世。此时的塞奥多利已经是一个垂死之人了。1407 年，在临终前的几日，他住进了修道院。几天之后，他在那里逝世。随后，他被葬在米斯特拉的勃朗托钦教堂（Church of the Brontochion），墓上的碑文称他为“我们神圣皇帝的兄弟，僧侣塞奥多利特（Theodoret）”。[③]

皇帝曼努埃尔二世为他的弟弟塞奥多利发表了一篇葬礼演说，在高雅、严谨

---

① 自 1393 年起，土耳其人就一直控制着该地。其最后的基督教主人是塞奥多利的表妹海伦娜・坎塔库震努斯伯爵夫人（Dowager Countess Helena Cantacuzene）和她年幼的女儿。两位夫人皆因土耳其人的俘虏致死，塞奥多利声称自己是她们之后的唯一继承人。

② J. W. Barker, *Manuel II Palaeologus (1391 – 1425): A Study in Late Byzantine Statesmanship*, p. 93.

③ J. Chrisostomides ed., *Manuel II Palaeologus Funeral Oration on His Brother Theodore*, Thessalonike: Association for Byzantine Research, 1985, p. 68.

的文风和众多典故的背后,表达了一种真挚的情感。他赞扬塞奥多利年轻时的精力充沛,同情塞奥多利晚年的健康状况,并解释了这位可亲的弟弟与威尼斯人和医院骑士团之间那些令人绝望的、以失败告终的交易。[①] 这些交易源于一种真诚的愿望,即从事任何对整个基督教世界最有利的事情。[②]

尽管有这一兄弟深情的悼词,塞奥多利仍留给后人一个模糊的形象。作为莫利亚的君主,他一直精力充沛、勇敢无畏,直到疾病消磨了他的意志,令他走向思维混乱和心理绝望。他从来都不是一个很受欢迎的皇子,但他的统治充满了战争、掠夺和破坏,这些并不全都是他的错。因为他统治的那个时期,拜占庭人难以奉行和平政策。他和他的家人一样,热爱和资助艺术,并在美化米斯特拉方面发挥了巨大作用。[③] 他不像曼努埃尔二世那样是位伟大的学者型皇帝,但他喜欢有学者做伴。他似乎是一个忠诚的丈夫,或许如时人所说,他的死更多是由于其爱妻的早亡令他忧思成疾。无论他有什么缺点,他都忠于皇帝,并将兄弟之情同对皇帝的忠诚结合在一起,这在晚期拜占庭历史上是极为罕见的情谊。

塞奥多利任职君主期间的最大作用是从此改变了控制伯罗奔尼撒半岛的家族,将坎塔库震努斯家族的天下变为帕列奥列格家族主宰的地盘,同时也标志着拜占庭末代王朝统治之初呼风唤雨的坎塔库震努斯家族势力就此瓦解,逐渐退出了历史舞台。但是,拜占庭帝国晚期历史中大贵族势力的相互缠斗还将继续,只不过是斗争的角色变换了。

---

① J. Chrisostomides ed., *Manuel II Palaeologus Funeral Oration on His Brother Theodore*, p. 71.

② F. Masai, *Plethon et le Platonisme de Mistra*, Paris: Les Belles Lettres, 1956, p. 103.

③ G. Millet, *Monuments Byzantins de Mistra*, Paris: E. Leroux, 1910, pp. 62 - 89.

第四节

塞奥多利二世·帕列奥列格（Theodore II Palaeologus）

1407—1443 年在位

塞奥多利二世·帕列奥列格（Theodore Ⅱ Palaiologos, Θεόδωρος Β′ Παλαιολόγος,生于 1395 年,卒于 1448 年 6 月 26 日,享年 53 岁）是继塞奥多利一世·帕列奥列格之后第四位莫利亚君主,1407 年至 1443 年在位。

塞奥多利二世是皇帝曼努埃尔二世和妻子海伦娜的次子。这位海伦娜是斯拉夫人,其父为塞尔维亚国王、北马其顿的统治者君士坦丁·德拉加什（Constantine Dragaš）。有学者因此称她为"唯一成为拜占庭皇后的塞尔维亚人"①。她生有六个儿子,其中两个后来成为拜占庭帝国末代皇帝约翰八世和君士坦丁十一世。此外还有后来成为莫利亚君主的迪米特里、托马斯和塞萨洛尼基的君主安德罗尼库斯。诸兄弟间的长幼顺序如下:约翰为长子,塞奥多利为次子,三子是安德罗尼库斯,他们均出生于 1399 年曼努埃尔二世西行之前,其余三子,即君士坦丁、迪米特里和托马斯,则生于 1402 年曼努埃尔二世西行归来之后。② 1453 年君士坦丁十一世战死沙场后,苏丹穆罕默德二世俘虏了迪米特里,并强迫娶走了他的女儿。迪米特里此后成了一名修士,以戴维的教名死于阿德里安堡。托马斯则依靠罗马教宗,梦想组织反对土耳其人的十字军战争,但最后死在意大利。③

曼努埃尔二世时期,奥斯曼土耳其人是拜占庭帝国面临的最危险且强大的敌人。曼努埃尔二世还是皇子期间,就曾作为人质被押解在苏丹的宫廷中,还曾被迫加入土耳其人远征军。④ 曼努埃尔二世加冕后,苏丹拜齐德派出使者前往君士

---

① M. Silberschmidt, *Das orientalische Problem zur Zeit der Entstehung des Türkischen Reiches*, Leipzig and Berlin: Teubner, 1923, pp. 66－68.

② J. W. Barker, *Manuel II Palaeologus (1391－1425): a Study in Late Byzantine Statesmanship*, New Jersey: Rutgers University Press, 1969, p. 12.

③ S. Runciman, *Lost Capital of Byzantium*, p. 60.

④ J. W. Barker, *Manuel II Palaeologus (1391－1425): a Study in Late Byzantine Statesmanship*, p. 15.

坦丁堡觐见他,传话说:“如果你愿意执行我的命令,就把城门关上,在城内进行统治;但城外的一切均属于我。”①此后,君士坦丁堡事实上已经处于包围中。拜占庭首都能够幸免于难的唯一原因在于土耳其舰队还不那么成熟,因此无法切断它通过海峡与外界的联系。

尽管曼努埃尔二世将求助的目光转向西方,并曾用长达五年的时间奔走于西欧各地,呼吁他们组织军队支援拜占庭帝国,但收效甚微。在这期间,1402年爆发了著名的安卡拉战役,帖木儿击败拜齐德,为拜占庭帝国在最后岁月中对抗土耳其人注入些许信心。② 然而从长远来看,奥斯曼帝国在安卡拉遭受的灾难对拜占庭方面并没有任何帮助。帖木儿无意侵略土耳其的欧洲各领地,而且1405年他死后,整个蒙古帝国也开始瓦解。与此同时,越来越多的土耳其人为了避免鞑靼人的统治,越过海峡到欧洲地区定居。因此,拜占庭人很难阻止这些土耳其移民在希腊地区的进一步扩张。

在这种大背景下,拜占庭帝国最后的核心区逐步转移到莫利亚地区,其战略地位也得到快速提升。为了保住这片区域,在塞奥多利年仅十岁时,曼努埃尔二世便于1407年任命他为莫利亚君主,派他前往米斯特拉接替他过世的叔叔任君主职务。曼努埃尔二世还派贵族尼古拉·尤戴莫诺安尼斯(Nicholas Eudaimonoioannes)担任他成人前的导师兼摄政王,作为辅佐他的指导老师。③ 这个贵族的希腊名字为Νικόλαος Εὐδαιμονοϊωάννης,是15世纪早期拜占庭帝国的一位重要官员,曾作为牧首的特使参加了1414—1418年举行的康斯坦茨公会议(The Council of Constance),并多次前往威尼斯共和国。④

不过,塞奥多利一世刚过世,莫利亚政局便出现了些许混乱。曾在塞奥多利一世时期担任威尼斯大使的当地大家族首领、大将军曼努埃尔·弗朗哥波洛斯(Manuel Phrangopoulos)私自借用塞奥多利二世的名义建立了临时政府。这个军

---

① Michael Ducas, *Historia Byzantina*, Ⅰ. Bekker ed., *Corpus Scriptorum Historiae Byzantinae*, Bonn: Weber, 1834, p. 49.

② G. T. Zoras ed., *Chronicle of the Turkish Sultans*, Athens, 1958, p. 211.

③ J. W. Barker, *Manuel Ⅱ Palaeologus (1391－1425): a Study in Late Byzantine Statesmanship*, p. 47.

④ A. Tihon, "Nicolas Eudaimonoioannes, réviseur de l'Almageste?" *Byzantion* (in French), No. 73 (2003), pp. 151－161.

职希腊文为 πρωτοστράτωρ,乃拜占庭宫廷高官,在拜占庭末期属于军队体制内最高层官职之一。若不是皇帝曼努埃尔二世及时赶到,塞奥多利二世很难在米斯特拉立足。[①] 因此,为确保塞奥多利二世手下的官员们能各司其职,曼努埃尔二世在很长一段时间里也滞留于岛上,从而威慑住了那些妄图不遵守政府法令的、蠢蠢欲动的当地贵族。在这期间,曼努埃尔二世又着手重修了横跨科林斯地峡、分布有众多塔楼的城墙“长城”(Hexamilion wall)。

与此同时,奥斯曼帝国还未从安卡拉战役后的混乱中恢复过来。对拜占庭人而言更有利的是,掌管全部欧洲行省的埃米尔(Amīr)是拜齐德的长子苏莱曼(Suleiman),他是一个热爱希腊文化的人。埃米尔又译“艾米尔”,旧译“异密”,是伊斯兰国家对王公贵族、酋长或地方长官的称谓,阿拉伯语原意为“统帅”“长官”,多用于中东地区和北非的阿拉伯国家,突厥人在历史上亦曾沿用过这个称谓。为了感谢曼努埃尔二世一直以来对他的帮助,苏莱曼欣然将塞萨洛尼基和其他几个沿海城镇交还给皇帝。他还于 1404 年迎娶了前任莫利亚君主塞奥多利一世的私生女为新娘,成为拜占庭帝国皇家的女婿。[②] 因此,只要他仍在掌权,拜占庭帝国就没有什么迫在眉睫的危险。在接下来几年的时间里,莫利亚的居民享受着难得的安宁。因为只要埃米尔苏莱曼仍统治着土耳其的欧洲区域,他们就能与希腊人保持和平共处。从岛内情况来看,阿哈伊亚侯国的新侯爵逊邱伦·扎卡里亚(Centrione Zaccaria)尚不知本国军事实力的强弱,因此不敢冒险与莫利亚君主国开战。帕列奥列格王朝重新占有君士坦丁堡后,阿哈伊亚侯国在伯罗奔尼撒半岛尚有一处残余地盘。此地的所有者为博克斯(Les Baux)有名无实的詹姆斯侯爵,但该侯爵将所有权交给了纳瓦拉雇佣兵团代理。该团后来另立自己的头目为侯爵,成为该地区实际的占有者。塞奥多利一世时期,该君主公开、正式地支持萨伏依伯爵(Count of Savoy)对此地的所有权,并帮助伯爵对抗纳瓦拉雇佣兵团。历经多次战斗,塞奥多利一世终于收复此地。萨伏依伯爵很高兴得到塞奥多利的支持,因此在塞奥多利一世夺得此地后并没有进攻希腊收复失地的打算。于是,塞奥多利一世成为这片残存领地的实际主人。塞奥多利一世逝世后,该地的所有权

---

① S. Runciman, *Lost Capital of Byzantium : the History of Mistra and the Peloponnese*, p. 62.

② G. T. Zoras ed., *Chronicle of the Turkish Sultans*, p. 236.

恢复到阿哈伊亚侯爵手中,即这里提到的逊邱伦·扎卡里亚。威尼斯人更是不会用任何方法妨碍他们的贸易行动。[①] 总体而言,此时莫利亚君主国所处的国际环境十分好。

1410年,良好的国际环境出现了紧张的局势,原因在于苏莱曼被他的一位掌管小亚细亚地区城市布鲁萨(Brusa)的埃米尔兄弟穆萨(Musa)击败。[②] 穆萨生性好斗,与兄弟的战斗刚一结束,便立即要求拜占庭帝国归还苏莱曼曾交还给拜占庭人的土地。当发现拜占庭方面没有回应时,他立刻兵分两路:一路前去攻击塞萨洛尼基,另一路由自己亲自率领,前去攻击君士坦丁堡。[③] 此时的拜占庭首都面临再一次被围攻的危险。

但幸运的是,穆萨同拜占庭人交战时没有占到任何便宜,尽管他进军沿途毁坏了许多村庄,但在两座城市坚固的城墙下,无计可施,只得退兵。与此同时,他的舰队也被拜占庭人摧毁。曼努埃尔二世利用拜占庭人惯用的外交手段,同拜齐德的小儿子穆罕默德结成同盟。[④] 这位穆罕默德手握重权,是阿马西亚和安纳托利亚中部的埃米尔,与穆萨反目成仇,发生对抗。曼努埃尔二世邀请穆罕默德前往君士坦丁堡,穆罕默德以他父亲的名义向皇帝行礼,并表示愿意为两国邦交关系向穆萨宣战。此后,尽管他与穆萨的战斗有过失利,但1413年他取得了决定性的胜利,穆萨被击溃活捉,并被勒死,穆罕默德成为统一奥斯曼领土的苏丹。[⑤] 上位后,他延续了同拜占庭的同盟关系,并声称只要他活着,和平就会持续下去。

经过几年的成长,塞奥多利二世已可以亲自执政,曼努埃尔遂决定亲自到米斯特拉为他举行成人礼,以展示作为父亲的支持。[⑥] 1414年7月底,皇帝曼努埃尔离开君士坦丁堡,将国家大权交给了刚刚被加冕为共治皇帝的儿子约翰。途经

---

① D. M. Nicol, *Byzantium and Venice : a Study in Diplomatic and Cultural Relations*, Cambridge, UK: Cambridge University Press, 1992, p. 318.

② 布尔萨的旧称。布尔萨(Bursa)是土耳其西北部城市、布尔萨省的省会,位于乌卢山北麓。在拜占庭帝国统治时,该地便为重要的军事基地。14世纪,该地成为当时宗教和文化中心。17世纪,它是奥斯曼帝国的三京之一,是仅次于伊斯坦布尔的第二大城市。

③ G. T. Zoras ed., *Chronicle of the Turkish Sultans*, pp. 237–238.

④ J. W. Barker, *Manuel II Palaeologus (1391–1425): a Study in Late Byzantine Statesmanship*, p. 202.

⑤ G. T. Zoras ed., *Chronicle of the Turkish Sultans*, p. 239.

⑥ G. T. Dennis ed., *The Letters of Manuel II Palaeologus*, Washington, D. C.: The Dumbarton Oaks Research Library and Collection, 1977, p. 95.

塞萨洛尼基时，曼努埃尔二世因冬季寒冷而在此城度过秋冬，并安排他的三子安德罗尼库斯任该地总督。[1] 1415 年 3 月，曼努埃尔二世抵达科林斯，照例巡视科林斯地峡防御工事，皇帝意识到重修的长城依然十分脆弱，必须沿着长城线再修建一座高墙，两侧间隔分布防御的塔楼和堡垒。迫于形势紧张，皇帝给这样庞大的工程只安排了 25 天的工期。[2] 因此，无论是建材还是劳动力，城防工事都不得不花费昂贵的金钱才得以完工。

有鉴于此，曼努埃尔二世希望威尼斯人能够帮忙支付费用，毕竟这道防御墙有助于保护他们在伯罗奔尼撒半岛的财产。不过，威尼斯共和国从塞奥多利一世统治时期就开始离心离德，难以依靠。果不其然，共和国并没有准备在这个项目上花钱，因为他们认为该项目可能会冒犯土耳其人，而他们早在 1407 年就同土耳其人签署了和平协议。为了安抚曼努埃尔二世，威尼斯共和国允许皇帝继承他已故的弟妹代斯波妮亚·巴托洛梅(Despoena Bartolomea)在威尼斯银行数额可观的存款。[3] 从这个角度而言，威尼斯人觉得自己已经足够通情达理了。

但这些钱远不够支付这个庞大的工程。在无处筹集资金的情况下，曼努埃尔二世只能在抵达米斯特拉后，向伯罗奔尼撒的富人征收特别税。[4] 这一随意加税的行为导致当地贵族的不满，他们再度起义。曼努埃尔二世很快就在卡拉马塔(Kalamáta)附近的战斗中击溃了叛军，强令继续征收特别税，工程方能继续进行，皇帝的声望也因此达至顶峰。1415 年秋，阿哈伊亚公爵逊邱伦·扎卡里亚(Centurione Zaccaria)前往米斯特拉向他表示臣服。[5] 学者任西曼认为，这场起义反映出当地希腊贵族的短视，以及对中央政府和皇帝的仇视心理。事实上还不仅如此，当地贵族的反抗也说明，拜占庭帝国社会早已失去对统一帝国的认同感。[6]

苏丹穆罕默德一世(Sultan Mehmet Ⅰ)在位期间，土耳其与拜占庭之间的和平尚能维系。但是，曼努埃尔担忧难以把握未来，他极度渴望建立一个稳固的基

---

① J. W. Barker, *Manuel Ⅱ Palaeologus (1391 - 1425): a Study in Late Byzantine Statesmanship*, p. 203.
② J. W. Barker, *Manuel Ⅱ Palaeologus (1391 - 1425): a Study in Late Byzantine Statesmanship*, p. 203.
③ D. M. Nicol, *Byzantium and Venice: a Study in Diplomatic and Cultural Relations*, p. 320.
④ J. W. Barker, *Manuel Ⅱ Palaeologus (1391 - 1425): a Study in Late Byzantine Statesmanship*, p. 204.
⑤ J. W. Barker, *Manuel Ⅱ Palaeologus (1391 - 1425): a Study in Late Byzantine Statesmanship*, p. 204.
⑥ S. Runciman, *Lost Capital of Byzantium: the History of Mistra and the Peloponnese*, p. 63.

督教战线来对抗伊斯兰世界,可是东、西基督教会的分裂却成为这一理想的最大阻碍。曼努埃尔本人对君士坦丁堡教会绝对信赖有加,而且他知道,他的臣民永远不会心甘情愿地屈服于罗马教廷的统治,因为他们对第四次十字军战征后拉丁帝国对拜占庭人的迫害还都记忆犹新。在拉丁人统治下,他们的礼拜仪式遭到禁止,他们的传统被极度蔑视,他们的生存遭到威胁。因此,"说服拜占庭人通过臣服于罗马教廷来建立稳固的基督教阵营"这个想法,毫无群众基础。

而对西欧教会而言,他们认为根本没有理由帮助那些思想偏激、蓄意分裂的东正教徒。不过,随后发生的罗马教廷内部分裂以及由此引起质疑教宗最高权威的教会内部运动(conciliar movement)似乎为东、西教会的和解提供了些许妥协的机会。1414 年底,当康斯坦茨公会议试图解决教宗问题时,曼努埃尔派了一位名叫曼努埃尔·赫里索洛拉斯(Manuel Chrysoloras)的学者作为观察员一同出席公会议。赫里索洛拉斯是 14 世纪伟大的拜占庭人文主义者,对意大利文艺复兴时代年轻的人文主义者影响深远。他大约在 14 世纪中叶出生于君士坦丁堡,并在其家乡以杰出的教师、雄辩家和思想家闻名。他精通希腊语和拉丁语,庄重而温和,虔诚而节俭,熟悉最先进的科学和哲学成就,是一位大学问家。他对意大利人文主义学者的影响是巨大的,他们倾心给予这位拜占庭学者最高赞誉和最真挚的热情。意大利各地人文主义中心竞相热切地向这位拜占庭学者发出邀请。所以,他分别在佛罗伦萨大学和帕维亚教过书,有许多人文主义者聆听他的课。意大利人文主义者瓜里诺(Guarino)早年不仅亲自远赴君士坦丁堡跟随他学习并研究希腊古典作家,而且还将他比作"照耀了陷于黑暗蒙昧之中的意大利的太阳",并希望心怀敬意的意大利人应该在他经过的地方竖立一座凯旋门。这样无与伦比的文化成就令他深受西欧人的认可与爱戴。为此,他也为皇帝曼努埃尔二世肩负起了加强东、西方教会情谊的重要政治与宗教任务。他不仅出席此次康斯坦茨公会议,还曾作为皇帝曼努埃尔二世的使节访问过英国、法国、西班牙,并与罗马教宗和教廷有着密切的接触。① 他曾在意大利长期担任希腊语教授,也倾向于支持罗马的拉丁教会。他给出席会议的其他人留下了极好的印象,还被选举为教宗候选

---

① A. A. 瓦西列夫:《拜占庭帝国史》,第 1104—1105 页。J. Gill, *Byzantium and the Papacy: 1198-1400*, New Brunswick: Rutgers University Press, 1979, p. 387.

人。不过,他在公会议期间不幸逝世,而最终于1418年被选为教宗的是马丁五世(Martin V)。马丁教宗在上任后表现出对希腊人的极大好感。例如,他对那些帮助或曾经帮助拜占庭人修建科林斯长城的拉丁人表现出极大的宽容,他还答应曼努埃尔的请求,即曼努埃尔的六个儿子将被允许依年龄顺序依次迎娶天主教信仰的新娘,并且规定这些新娘都不需改变信仰成为东正教徒。①

伯罗奔尼撒的宗教冲突并不尖锐,因为在逐渐缩小的阿哈伊亚公国,拉丁人所剩无几,境内几乎所有居民,甚至那些拥有纯正拉丁血统的人,都已与当地东正教徒融合在了一起。威尼斯人在他们管辖的科罗内、马沙尼、纳夫普利亚和阿尔戈斯四个城市中保留了拉丁派主教,但这并不意味着他们过多干涉当地东正教的活动。只有帕特拉(Patras)大主教尚属激进的天主教徒,因为他只承认教宗为宗主。只是这并不构成宗教问题,因为曼努埃尔二世恪守同教宗的约定,积极促进与附近各天主教王朝友好相处,并为自己两个年龄较长的儿子挑选了天主教新娘。② 1416年,长子约翰八世被派往米斯特拉,既帮助塞奥多利二世管理当地政务,又参政积累统治经验。两年后,当约翰八世回到君士坦丁堡时,他父亲之前为他选择的妻子莫斯科大公迪米特里耶维奇·瓦西里一世的女儿安娜公主不幸逝世。安娜公主的父亲瓦西里一世在当时欧洲最有权势的统治者之一,此次联姻可以帮助曼努埃尔二世实现向多方求援的政治谋划,具有十分重要的政治意义。安娜公主本人在君士坦丁堡仅住了短暂的三年时光,深受首都市民的欢迎,可惜后来死于瘟疫。于是在父亲的安排下,约翰八世选择了年纪更轻的蒙费拉的索菲亚(Sophia of Montferrat),她是帕维亚的斯福查伯爵(Sforza Count of Pavia)的遗孀。③ 这位新娘出身名门,其外祖母是法国国王的女儿,她的家族还是帕列奥列格家族的远房亲戚。因此,皇帝曼努埃尔对这门婚事特别满意。

至于塞奥多利二世的新娘,则是由教宗马丁五世帮助挑选的,即克里奥帕·马拉泰斯塔(Cleope Malatesta),她是佩萨罗(Pesaro)和法诺(Fano)的领主马拉泰

---

① J. Gill, *Byzantium and the Papacy : 1198 - 1400*, p. 387.

② J. W. Barker, *Manuel II Palaeologus (1391 - 1425): a Study in Late Byzantine Statesmanship*, p. 166.

③ J. W. Barker, *Manuel II Palaeologus (1391 - 1425): a Study in Late Byzantine Statesmanship*, p. 166.

斯塔·马拉泰蒂(Malatesta dei Malateti)的女儿。① 同蒙费拉的索菲亚相比,这位新娘的出身并不显赫,因为她的父亲只是统治里米尼(Rimini)的大家族一个小分支的族长。不过,她有两个优点,一是她父亲与威尼斯政府关系很好,并在威尼斯有一处房产,二是透过她母亲的关系,这位新娘和罗马科隆纳宫的教宗马丁五世关系密切。也正因这桩婚事,教宗马丁五世同塞奥多利二世的关系十分亲密,一度成为后者坚定的同盟者。在曼努埃尔二世逝世的那段日子里,马丁五世曾在一封信中称塞奥多利二世为"皇帝"②,尽管那时曼努埃尔二世早已将皇位传给了塞奥多利的长兄约翰八世。

1420年8月底,这两位候选新娘乘坐一艘威尼斯小船从威尼斯附近的基奥贾启航,前往拜占庭首都。1421年1月19日,约翰同索菲亚在君士坦丁堡举行了盛大的婚礼,据史家杜卡斯的记载,塞奥多利同克里奥帕的婚礼是在同一天举行的,只不过这对新人是在米斯特拉完婚的。③

索菲亚的不幸婚姻从一开始就是一场灾难。虽然她是个品德极为高尚的女士,但是外表却毫无吸引力。杜卡斯曾以他那个时代流行的谚语来描述她的外貌:"前看是大斋节,后看是复活节"(Lent in front and Easter behind),即背影远比面容好看之意。④ 约翰对她极为厌恶,从不见她,甚至为了羞辱她而把她藏在宫殿的最里层。经过四年屈辱又痛苦的生活,索菲亚在加拉塔特区热那亚人的帮助下最终逃回意大利,这场婚姻也宣告无效。不久之后,约翰娶了特拉比宗的一位公主玛丽亚,她出身于以盛产美貌女儿闻名天下的大家族。

克里奥帕的婚姻起初也不顺利,因为成人后的塞奥多利二世是个古怪而神经质的年轻人,他被认为是那个时代最有名的数学家之一,以具有敏锐的头脑和杰出的逻辑思维而著称。他对权力和眼前的日常生活丝毫不感兴趣,渴望隐居到修道院里去冥思苦想。因此,他讨厌这段并非你情我愿的婚姻,至少有两三年时间

---

① J. W. Barker, *Manuel II Palaeologus (1391-1425): a Study in Late Byzantine Statesmanship*, p. 166.

② 称呼如下:*ad Theodorum imperatorem constantinopoptanum*。即"君士坦丁堡的皇帝塞奥多利"(the Emperor Theodore of Constantinople)。A. Orlandos, *Palaces and Houses in Mistra*, Athens, 1937, p. 265.

③ Doukas, *Doukas: Decline and Fall of Byzatnium to the Ottoman Turks*, trans. H. J. Magoulias, Detroit, 1975, p. 196.

④ A. A. 瓦西列夫:《拜占庭帝国史》,第897页,注释24。

与其妻子形同陌路。① 事情的转机是后来两人找到了共同爱好，克里奥帕是一位秀外慧中的女性，她和塞奥多利二世有着相同的智力品位，这让聚集在宫廷里的学者们都对她怀有一种由衷的崇敬之情。这种感情潜移默化地感染了塞奥多利二世，使得他对这位妻子逐渐另眼相待，两人间的气氛也慢慢融洽起来。② 在塞奥多利二世和克里奥帕的统治下，米斯特拉逐渐成为拜占庭世界最重要的知识文化中心，成为传播希腊知识的人士心中的殿堂。

塞奥多利与克里奥帕唯一的孩子是个女儿，名叫海伦娜，约出生于 1428 年。1442 年，塞奥多利将其嫁给了塞浦路斯国王约翰二世（King John Ⅱ of Cyprus）。她继承了父母的天赋，个性乖戾且神经质，从小体弱多病。直到 1458 年去世之前，她的主要任务是牺牲罗马教会的利益，以推动塞浦路斯东正教的发展。③

克里奥帕全心全意地热爱自己的第二故乡，她对东正教表现出发自内心的热爱和虔诚的信仰。在结婚前，塞奥多利表现出他对克里奥帕信仰的尊重，曾发行过一种银质公牛币，以此向克里奥帕保证，她和她的天主教神职人员及侍从享有完全的礼拜自由。大约在 1425 年，教宗马丁收到了一封令人不安的来信，写信人是克里奥帕的表姐兼贴身侍女巴蒂斯塔·马拉泰斯塔（Battista Malatesta）。④ 她在信中说，她的女主人正遭受着希腊教会的强大压力。在此期间，克里奥帕坚守着自己的天主教信仰，但是却饱受战乱和内乱的侵扰。教宗被这封来信抱怨的事情所激怒，他立刻向塞奥多利二世和克里奥帕分别致信。⑤ 马丁给塞奥多利的信中写道，塞奥多利必须全力支持自己的妻子，“她是我们亲属中最重要的人”，因此必须保证她始终对天主教会忠心耿耿。只有这样，才能实现曼努埃尔二世渴望建立稳固的基督教同盟的心愿。⑥ 事实上，马丁高估了塞奥多利二世想要实现曼努埃尔心愿的热情。

---

① S. Runciman, *Lost Capital of Byzantium : the History of Mistra and the Peloponnese*, p. 69.

② S. Runciman, *Lost Capital of Byzantium : the History of Mistra and the Peloponnese*, p. 69.

③ Doukas, *Doukas : Decline and Fall of Byzatnium to the Ottoman Turks*, p. 179.

④ J. Gill, *Collected Studies : Church Union: Rome and Byzantium, 1204 - 1453*, London: Varrorum, 1979, p. 221.

⑤ J. Gill, *Collected Studies : Church Union: Rome and Byzantium, 1204 - 1453*, pp. 221 - 222.

⑥ J. Gill, *Collected Studies : Church Union: Rome and Byzantium, 1204 - 1453*, p. 223.

马丁给克里奥帕的信中,语气强硬地威胁说,如果她不信天主教,就会被逐出教会并遭到诅咒。有学者因此认为,教宗马丁似乎并没有完全相信巴蒂斯塔·马拉泰斯塔说的话,他可能认为克里奥帕不是正饱受着希腊教会的强大压力,而是早已臣服于他们的压力了。[①] 马丁在这两封信中都宣布,他将派一位信奉奥古斯丁教义的托钵修会修士前往米斯特拉,以便为克里奥帕提供精神信仰层面的建议。不过事实证明,马丁的努力并未奏效,因为当克里奥帕逝世后,她的老友兼崇拜者乔治·杰米斯塔斯·普里松(George Gemistus Plethon)创作了一首感人的挽歌,歌中唱道:“她遵循了我们的礼仪……她抛弃了意大利人软弱而颓废的坏习惯,积极地学习我们礼仪中简单的谦逊,我们中的任何一位女同胞都没能超过她。”[②]可见,克里奥帕确实改宗皈依了东正教,并顶住了教宗马丁施加的压力,以东正教信仰为荣,最终赢得了拜占庭人发自内心的尊重与热爱。

对教宗马丁而言,他对塞奥多利与克里奥帕的联姻失望至极,因为此次联姻没有起到联合东西方教会进而结成基督教同盟的重要作用。令教宗更加错愕的是,这场联姻不仅在宗教方面一无所获,而且在政治方面也丝毫没有亲上加亲的成效。1424 年,帕特拉的拉丁大主教逝世。随后,教宗任命他的表弟、克里奥帕的亲哥哥潘多尔弗·马拉泰斯塔为大主教。这对塞奥多利二世来说本应是一件大喜事,由有血缘关系的亲戚担任教会重要职务,将会使伯罗奔尼撒地区的宗教摩擦降低到最小程度。但令人大跌眼镜的是,与毫无血缘关系的前任大主教关系友好的塞奥多利却对自己姐夫的上任漠不关心。这就导致 1428 年的事件,他的四弟君士坦丁袭击了帕特拉。[③] 潘多尔弗大主教为了保护自己的教区,立刻动身前往意大利寻求帮助。所幸皇子们的进攻并不猛烈,他们在收到该市民众上缴的贡品后便收兵撤退了。

最为恼火的还有威尼斯人,他们本以为会从这场联姻中获取最大利益,结果事与愿违,因此开始担心同莫利亚的关系很可能会走下坡路。果然,1429 年,科罗内和马沙尼与邻近乡村爆发了有关威尼斯公民权益问题的争端,威尼斯共和国

---

① S. Runciman, *Lost Capital of Byzantium : the History of Mistra and the Peloponnese*, p. 66.

② S. Runciman, *Lost Capital of Byzantium : the History of Mistra and the Peloponnese*, p. 66.

③ J. Gill, *Byzantium and the Papacy : 1198 - 1400*, p. 392.

派克里奥帕的父亲马拉泰斯塔和他的表兄曼图亚勋爵(lord of Mantua)为大使前往米斯特拉,后者的母亲也是马拉泰斯塔家族的人。[①] 可是,即便有他们到场事情似乎也没有进展,米斯特拉大使馆对此毫无作为,束手无策。

这些事情仿佛是泼了天主教教会一头冷水。西方教会原本热爱希腊、支持东正教徒的人就不多,难得出现一位像教宗马丁五世这样的教会高层人物积极推动东西方教会的联合事宜,以帮助拜占庭帝国得到援助、对抗突厥人,但作为东、西方教会连结纽带的两场联姻均未发挥其应有的效能,反倒是接连让西方教会心寒。因此,建立基督教同盟的构想成了一场空想。更重要的是,此后几乎再难有天主教教会人士对联合东西方教会、帮助拜占庭人的事情感兴趣了。在这场争执中,莫利亚地区继续扮演着青睐意大利的角色。

1421 年,年过七旬的曼努埃尔二世老态龙钟,其长子约翰八世正式接替了皇位。同年,曼努埃尔的好友苏丹穆罕穆德一世与世长辞,将权力移交给儿子穆拉德二世(Murad Ⅱ)。在政权交接的重要年份,两国君主本应小心谨慎,以免惹出事端、打破和平。但缺乏治国经验的约翰八世却不顾父亲的劝阻,不计后果地支持了一位觊觎苏丹穆拉德权力的竞争者穆斯塔法(Mustafa)。[②] 这惹怒了穆拉德,他愤然于 1422 年开始围攻君士坦丁堡,并封锁了塞萨洛尼基。最终,高举城市保护神圣母旗帜的年轻皇帝英勇抵抗,固守君士坦丁堡。当时人约翰·卡纳苏斯(John Canasua)专门撰写了一部记载这次粉碎围攻战的作品,标题是“6930(公元1422)年君士坦丁堡战争的故事,当穆拉德-贝伊率大军进攻这座城市打算占领它时,遭遇了圣母的阻止”[③]。实际上,是曼努埃尔二世在安纳托利亚地区施展的外交诡计转移了苏丹的注意力,迫使他不得不停止对首都的围攻。[④] 莫利亚在变局中仍能独善其身。

然而,塞萨洛尼基仍处于危险之中。陆上通道已被苏丹军队封锁,拜占庭人

---

① D. M. Nicol, *Byzantium and Venice : a Study in Diplomatic and Cultural Relations*, p. 342.

② D. M. Nicol, *The Last Centuries of Byzantium, 1261 – 1453*, p. 341.

③ John Cananus, *De Constantinopoli anno 1422 oppugnata narratio*, Bekkker ed., *Corpus Scriptorum Historiae Byzantinae*, I, Bonn, 1838, p. 457. Giovanni Cananos, *L'assedio di Costantinopoli*, ed. E. Pinto, Messina: EDAS, 1977, TLG, No. 3144001.

④ J. W. Barker, *Manuel Ⅱ Palaeologus (1391 – 1425): a Study in Late Byzantine Statesmanship*, p. 362.

只能从海上与该城取得联系。该地的君主是曼努埃尔二世的第三子安德罗尼库斯。尽管他此时才20岁出头,却患有一种由丝虫引起的人体寄生虫的致命的象皮病。在其家人和市政当局的同意下,他不得不将塞萨洛尼基献给了威尼斯人,只提出要求新统治者尊重市民的行政和宗教权利的请求。① 威尼斯共和国欣然接受了该提议,并于1423年接管了这个令他们垂涎已久的重要商业据点。据米哈伊尔·杜卡斯记载,威尼斯人曾发誓"要保护和支持它,使它更加繁荣,并成为第二个威尼斯"②。但已经占领了该城周围地区的土耳其人无法容忍威尼斯在这里立足。七年后的1430年3月,在苏丹穆拉德的亲自指挥下,土耳其人彻底围困住塞萨洛尼基,最终以摧枯拉朽之势占领了这个城市。这次行动的过程和最后结局被一位同代作家约翰·阿纳格诺斯特斯(John Anagnostes)详细记载于他的专著《论塞萨洛尼基的最后陷落》中。③ 城市被攻破后,城中的老幼妇孺皆遭俘虏,送往奴隶市场,基督教堂大多被改为清真寺。这个灾难事件强烈震撼了威尼斯和西欧君主,君士坦丁堡也因此感受到帝国灭亡的最后时刻即将来临。

塞萨洛尼基被割让给威尼斯人后不久,皇帝约翰八世便前往威尼斯和匈牙利寻求援助。可想而知,此行必是无功而返。这期间,他让年迈的父亲掌管君士坦丁堡的政务。尽管年迈的曼努埃尔前不久患了中风,但他仍在政界发挥重要作用。例如,他顺利地与苏丹达成了休战协议,并迫使苏丹保证未来几年内都不再进犯君士坦丁堡。1424年年末,当约翰八世结束了他的旅行无功而返后,曼努埃尔正式隐居至修道院。④ 莫利亚此后勉强维持自治,随时有被土耳其军队占领的危险。

1425年7月,曼努埃尔二世在修道院中去世,享年75岁。首都大批民众前往送葬,怀着深深的哀悼之情伴随着灵车。此前,在任何一位皇帝的葬礼上都未曾

---

① S. Runciman, *Lost Capital of Byzantium : the History of Mistra and the Peloponnese*, p. 69.

② Michael Ducas, *Historia Byzantina*, p. 197.

③ John Anagnostes, *De extremo Thessalonicensi excidio*, Bonn, pp. 481–528,转引自A. A. 瓦西列夫:《拜占庭帝国史》,第981页,注释188。Ἰωάννου Ἀναγνώστου, *Διήγησις περὶ τῆς τελευταίας ἁλώσεως τῆς Θεσσαλονίκης, Μονῳδία ἐπὶ τῇ ἁλώσει τῆς Θεσσαλονίκης*, ed. G. Tsaras, Thessalonica: Tsaras, 1958, TLG, No. 3145001.

④ J. W. Barker, *Manuel II Palaeologus (1391–1425): a Study in Late Byzantine Statesmanship*, p. 384.

见过如此大批的致哀人群。后世学者评价道，曼努埃尔是晚期拜占庭历史上最受尊敬的一位皇帝。贝格尔·德西弗里（Berger de Xivery）写道："对任何一位记得这位君主如何与其臣民共赴国难，如何尽力帮助他们，总是对他们怀有深深的同情并与他们有着共同感受的人而言，这种感情似乎都是真挚的。"①

就在穆拉德严密封锁塞萨洛尼基之时，伯罗奔尼撒人也未能从穆拉德大军的铁蹄下幸免。1423年，穆拉德最喜爱的将军图拉罕·贝伊（Turakhan Bey）率领一支土耳其大军向科林斯地峡进发。莫利亚君主塞奥多利二世曾试图在长城地区驻扎充足的兵力进行抵抗，但这一切都是徒劳。士兵们听闻土耳其军队南下，没有一个人愿意再留守等死。于是，土耳其人轻而易举地穿过了无人看守的防御区，向南部长驱直入。这一次，曾在塞奥多利一世时期免受侵袭的斯巴达山谷也惨遭蹂躏。土耳其人从四面八方扑向米斯特拉的城墙。万幸的是，这只是土耳其人的一次突然袭击，并非长期围困。因此，来势汹汹的土耳其军队就像暴风雨一样，转瞬即逝。几天后，图拉罕撤退了，给伯罗奔尼撒留下了一片废墟。1431年，又有一支土耳其军队突袭该半岛，但其目的性很强，只侵略了阿卡迪亚和西南地区属于威尼斯人的领地，其他地区躲过一劫。

不过，就算没有土耳其人的入侵，这些年来伯罗奔尼撒半岛也没多少安宁时日。塞奥多利二世不得不时常卷入与阿哈伊亚的逊邱伦·扎卡里亚（Centurione Zaccaria of Achaea）和纳瓦拉雇佣兵团（Navarrese Company）的争斗中。在这些小规模战争中，拜占庭人始终保持着优势地位。只是在1423—1424年间，他们遇到点麻烦。这期间，雅典人安东尼奥·阿恰约利（Antonio Acciajuoli of Athens）试图占领科林斯。② 更麻烦的是，塞奥多利一世的连襟、塞法洛尼亚和卢卡斯的公爵卡洛·托科在占领了伊奥尼亚群岛和伊庇鲁斯失去控制的地区之后，还想维护其妻子在伯罗奔尼撒的主权。③ 同时，他还从一位意大利冒险家手中买下了克拉伦

---

① A. A. 瓦西列夫：《拜占庭帝国史》，第979页，注释186。

② D. M. Nicol, "Greece and Byzantium," *The Twelfth Stephen J. Brademas, Sr., Lecture*, Brook line, Mass.: Hellenic College Press, 1983, pp. 1 - 18.

③ 这件事与塞奥多利一世时期一桩遗产案有关。塞奥多利一世的岳父佛罗伦萨银行业家族的内里奥·阿恰约利（Nerio Acciajuoli）曾在塞奥多利与其女巴托洛梅（Bartolomea）的婚礼上许诺，他死后将由塞奥多利与巴托洛梅继承科林斯。但遗嘱最终留给他们的只有9 700枚金币，其余的全部遗产都留给了塞奥多利的连襟卡罗·托科。为此，塞奥多利怒不可遏，开始同卡罗·托科展开了长期的战争。

萨港(the port of Clarenza),从西部海上威胁着伯罗奔尼撒半岛的安宁。

这些麻烦最终因约翰八世的出面而得以解决。1423年,约翰八世在前往威尼斯的途中,在伯罗奔尼撒半岛逗留了数日。这期间,他率领一支远征队成功逼迫了托科撤退,退入克拉伦萨内墙坚守不出。[①] 不久之后,一支希腊海军舰队在海军上将莱昂塔里奥斯(Leontarios)的率领下,在帕特拉海湾口击败了驻扎在埃奇纳德群岛(the Echinades Islands)附近的托科舰队。

莫利亚君主国从之前一个较为独立的君主国逐渐变成了皇子们搜寻财富和避难的理想场所,因为伯罗奔尼撒虽然具有重要的战略地位,但外敌时常的骚扰,战乱不断,他们可以火中取栗。例如,曼努埃尔二世最小的儿子托马斯,从十岁起便生活在米斯特拉。[②] 他在那里长大,起初与塞奥多利关系很好,成人后得到了莫利亚地区下属的卡拉夫里塔(Kalavryta)附近的小封地。第三子安德罗尼库斯在将塞萨洛尼基献给威尼斯人后,也来到米斯特拉避难。只不过此时他已经病重,抵达米斯特拉之后便立刻隐居到一个修道院中,四年后死在那里。

这些皇室贵族的频频到来,实际上给塞奥多利二世带来很大的执政压力。尤其是四弟君士坦丁的到来,更是让这种压力显露无遗。1423年,就在约翰八世逗留在伯罗奔尼撒期间,塞奥多利二世仍处于对自己的婚姻耿耿于怀的情绪之中,一度想隐居到修道院。见此情形,约翰八世在回到君士坦丁堡后,即刻命令四弟君士坦丁放弃统治黑海沿岸的梅塞姆夫里亚(Mesemvria)和安奇亚洛斯(Anchialos),转而代替塞奥多利二世掌管米斯特拉。[③] 因为黑海沿岸受到苏丹的严密控制,统治得再好对帝国也没有用。这本是一次不错的人事安排,但坏就坏在君士坦丁动身前往米斯特拉的时机太晚。直到1427年,君士坦丁才抵达伯罗奔尼撒,而此时的塞奥多利不再抱怨他的婚姻,已经与克里奥帕两情相悦,两人正享受着曼努埃尔二世赋予他们的世俗权力和美好生活。君士坦丁的到来令兄弟两人的关系十分紧张。最终,塞奥多利二世同意将一部分地区划分出来由四弟管辖,即把希腊在麦西尼亚(Messenia)和马尼(Mani)的领地以及位于半岛北岸的沃斯蒂

---

① D. M. Nicol, *The Last Centuries of Byzantium, 1261-1453*, p. 362.

② S. Runciman, *Lost Capital of Byzantium: the History of Mistra and the Peloponnese*, p. 71.

③ D. M. Nicol, *The Last Centuries of Byzantium, 1261-1453*, p. 346.

察(Vostitsa)移交给君士坦丁。[1] 疆域的划分由皇帝约翰八世监督进行,为此他特意从君士坦丁堡赶到米斯特拉,见证他最喜爱的四弟得到如此有价值的封地。恰在此时,在海上失利的卡罗·托科愿意将自己的侄女玛格达莱娜·托科(Magdalena Tocco)嫁给君士坦丁,将她的名字改为东正教常见的名字"塞奥多拉",同时将自己的克拉伦萨城和伯罗奔尼撒的主权当作其丰厚的嫁妆。[2]

在曼努埃尔的六个儿子中,君士坦丁是精力最为旺盛的一个。正直、仁慈、有活力、勇敢且热爱祖国,这是后人概括的君士坦丁极富魅力的性格特征。他的魅力俘获了他的好友兼史家乔治·斯弗兰基斯(George Sphrantzes),后者记载君士坦丁的勇气则将会在1453年那场悲壮的君士坦丁堡战役中得以展现。但有些作者认为君士坦丁虽有优点,可是他的政治头脑却不太灵光,还有点"娘娘腔"。

首先,君士坦丁怂恿塞奥多利二世一起袭击帕特拉就没有任何意义,反倒是打击了西方教会意欲联合东方教会以援助拜占庭的热情,无端地为莫利亚君主国树立敌人。其次,他没有反省到攻击帕特拉所带来的种种政治压力,反倒是反复提出要再次攻打此地的计划。这种盲目冲动的行为激起了威尼斯人和土耳其人的警觉,使他们误认为君士坦丁代表的是一种类似拜占庭人复兴的力量。威尼斯人后悔让莫利亚君主国统治着那么多伯罗奔尼撒的良港,而苏丹也选择敬重帕特拉人,并下决心令整个希腊地区都臣服于他的统治之下。[3]

国际形势出现的这种变化是塞奥多利二世所不愿见到的,因为他的外交政策相对温和且倾向于西方,他还是希望继续同威尼斯人和苏丹保持良好的关系。只不过这种温和政策被亲君士坦丁的史家斯弗兰基斯误认为是对君士坦丁才华的嫉妒。所以,君士坦丁根本不愿听从塞奥多利二世的劝说。1429年6月,他果然出兵帕特拉。幸运的是,威尼斯人虽表现出仇视情绪,但对此事并未干预。在君士坦丁出兵之时,斯弗兰基斯便充当大使匆匆赶到苏丹的宫廷,请求获得苏丹对征服帕特拉的同意。苏丹接受了请求,因为他已经暗地里将君士坦丁确认为日后

---

① M. Philippides, *Constantine XI Dragas Palaeologus (1404 - 1453): the Last Emperor of Byzantium*, Abingdon: Routledge, 2019, p. 29.

② S. Runciman, *Lost Capital of Byzantium: the History of Mistra and the Peloponnese*, p. 72.

③ G. T. Zoras ed., *Chronicle of the Turkish Sultans*, p. 252.

的重要隐患。

战斗的结果显示,君士坦丁并没有占到任何便宜。潘多尔弗大主教雇用了一个加泰罗尼亚雇佣兵团,他们突袭并占领了君士坦丁领地的首府克拉伦萨,直至得到了6 000金币的佣金后才离开。[1] 就这样,浮夸招摇的君士坦丁不仅为自己树立了敌人,而且还损失了价格不菲的金币,实属得不偿失。特别是在他成为皇帝以后,拉丁人更是出于对他的成见而迟迟不愿出兵援助。

就在君士坦丁进攻帕特拉时,他的弟弟托马斯也仿照君士坦丁的模样,攻击了体弱多病的阿哈伊亚公爵逊邱伦·扎卡里亚和他那兵员不断减少的纳瓦拉雇佣兵团。扎卡里亚向威尼斯求助,无果后放弃了抵抗。他只有一个合法子嗣,就是他的女儿凯瑟琳(Catherine)。为了求和,他将女儿嫁给了托马斯,并将除了阿卡迪亚领地和塞帕里塞亚(Kyparissia)之外的其余全部财产都当作了她的嫁妆。[2] 该条约于1429年9月签署。次年春天,托马斯和凯瑟琳在米斯特拉完婚。1432年,扎卡里亚逝世。背信弃义的托马斯立刻攻入塞帕里塞亚,并将其岳母投入监狱,她在那里度过了余生。

至此,除了威尼斯掌管的科罗内、马沙尼、纳夫普利亚和阿尔戈斯这四个城市外,整个伯罗奔尼撒半岛终于尽数掌握在拜占庭人手中。[3] 但是如前所述,它不再由塞奥多利二世一人掌管,而是分别由塞奥多利二世、君士坦丁和托马斯三兄弟分而治之。1432年,三人对所辖领土做出了重新调整与分配:1430年被追封为"君主"头衔的托马斯,用他的首府卡拉夫里塔换取了君士坦丁的首府克拉伦萨,并占领了君士坦丁所有的西南部领地,因为这些地方是他从岳父扎卡里亚那里继承过来的。君士坦丁则从塞奥多利手中接管了科林斯,从而得到了整个半岛的北部地区。这似乎很合他的胃口,因为他雄心勃勃地想把他的领地扩展到科林斯地峡的另一边。塞奥多利则保留了东南部、斯巴达山谷和中部的大部分地区。[4] 塞奥多利虽依然被尊称为君主,但只是名义上的称号,实际上他无权约束他的两个

---

① J. Gill, *Collected Studies : Church Union : Rome and Byzantium, 1204 - 1453*, p. 230.

② S. Runciman, *Lost Capital of Byzantium : the History of Mistra and the Peloponnese*, p. 69.

③ S. Runciman, *Lost Capital of Byzantium : the History of Mistra and the Peloponnese*, p. 72.

④ J. V. A. Fine, *The Late Medieval Balkans : a Critical Survey from the Late Twelfth Century to the Ottoman Conquest*, p. 427.

弟弟。同样，米斯特拉也依然是莫利亚君主国的首都，这个名义上的尊贵地位并未改变。希腊世界的学者们聚集在米斯特拉，享受着热爱古典希腊文化的塞奥多利和克里奥帕的资助。

如果不算1431年土耳其的入侵，伯罗奔尼撒半岛可以说是进入了一个和平时期。三位君主虽然在政策上存在分歧，而且他们之间几乎毫无合作可言，但三者倒也没有因争权夺利的事情而兄弟相互厮杀。在这期间，克里奥帕起到了至关重要的调解作用。1433年，她便英年早逝，享年只有20余岁。当时，所有的希腊学者都为她哀悼，她的丈夫塞奥多利更是倍感悲痛。在这一打击下，塞奥多利的神经症加重了，他与兄弟之间的关系迅速恶化。

至1435年，埋藏已久的帝国继承权问题终于浮出水面。约翰八世与其皇后特拉比宗公主结婚已经六年，虽然生活幸福，却没有诞下子嗣。塞奥多利排行第二，按拜占庭皇位继承原则，他自认为是继承皇位的不二人选。但正如前文所述，约翰八世更偏爱四弟君士坦丁，因此有意让这位弟弟继承皇位，况且，精力充沛的君士坦丁也雄心勃勃地想要成为继任者。于是，1435年秋，君士坦丁前往君士坦丁堡，以获取皇位继承人的官方认可。[①] 与此同时，他派遣自己忠实的友人兼秘书斯弗兰基斯前往苏丹宫廷，试图获得苏丹的支持。但由于苏丹早已对君士坦丁有所防备，所以斯弗兰基斯未能如愿，悻悻而返。

1436年春，塞奥多利来到君士坦丁堡，想知道发生了什么事情。看到君士坦丁的僭越行为，塞奥多利怒火中烧，兄弟间发生了激烈的争吵。怒不可遏的塞奥多利决心为他的权利而战。两兄弟各自回到伯罗奔尼撒半岛进行战斗准备，准备大打出手。约翰八世不得不出面调停，并派遣一支和平使团前往伯罗奔尼撒半岛调和双方关系。[②] 然而，和平使团抵达半岛时，塞奥多利与君士坦丁的军队之间已经爆发了小规模冲突，场面十分紧张。约翰八世只能提出一个临时的妥协方案，即在约翰八世前往意大利参加君士坦丁堡和罗马教会联合会议期间，由君士坦丁前往君士坦丁堡担任摄政王，塞奥多利则将管理君士坦丁在伯罗奔尼撒半岛

---

① M. Philippides, *Constantine XI Dragas Palaeologus (1404－1453): the Last Emperor of Byzantium*, p. 33.

② D. M. Nicol, *The Last Centuries of Byzantium, 1261－1453*, p. 363.

的领地。[①]

1437年9月,君士坦丁前往君士坦丁堡开始摄政,两个月后,约翰和五弟迪米特里前往意大利。约翰八世带五弟迪米特里前往意大利参加会议另含深意,因为二者对罗马教廷的态度大相径庭:前者认为必须接受罗马教廷的权威,从而促成东西方教会的同盟;后者则坚定地反对罗马教廷权威以及成立该同盟。为确保这个弟弟不会在自己出行期间叛变,约翰八世决定带他一同出席会议,以监督他的一举一动。[②] 塞奥多利和托马斯则在伯罗奔尼撒半岛和平相处。1440年初,约翰八世回到君士坦丁堡。他将马莫拉海(Sea of Marmora)的塞林布里亚(Selymbria)封给迪米特里作为其封地,此地即今土耳其伊斯坦布尔行省的锡利夫里(Silivri),是古希腊人建立的一个殖民城市,其建城时间甚至早于古城拜占庭。由于其地理位置十分优越,位于色雷斯平原、马尔马拉海北岸地区,因此具有重要的军事战略地位,其最早的城防始建于查士丁尼一世时期,这位皇帝还在此处修建了长城。至14世纪中期的内战期间,这座城市承载了特殊的历史意义。约翰六世·坎塔库震努斯曾在此重建了其防御工事。1345年,约翰五世的女儿与奥斯曼帝国苏丹的婚礼也在这里举行。[③] 这一安排,有效防止了迪米特里进入首都。[④] 过了一年半的时间,即直到1441年夏,君士坦丁才离开君士坦丁堡,回到伯罗奔尼撒。从离开首都的时间可以看出,约翰八世对摄政的君士坦丁十分器重。此时的约翰八世已年过50岁,精力和体力都大不如前。更重要的是,东、西教会联合事宜的进展很不顺利,他的臣民都不支持联合动议,因此皇帝迫切需要君士坦丁的协助,约翰八世暗自内定这个弟弟为皇位继承人。

在君士坦丁返回伯罗奔尼撒的途中,他迎娶了热那亚王朝的公主凯瑟琳·加提卢西奥(Catherine Gattilusi)。[⑤] 热那亚王朝是一个希腊化的王朝,统治莱斯沃

---

① D. M. Nicol, *The Last Centuries of Byzantium, 1261 - 1453*, p. 363.

② S. Runciman, *Lost Capital of Byzantium : the History of Mistra and the Peloponnese*, p. 71.

③ 据普罗科皮乌斯和塞奥法尼斯的记载,查士丁尼特别重视这个地方。1453年,该城有效地抵抗了土耳其军队的袭击,并在君士坦丁堡沦陷后投降。

④ J. V. A. Fine, *The Late Medieval Balkans : a Critical Survey from the Late Twelfth Century to the Ottoman Conquest*, p. 432.

⑤ M. Philippides, *Constantine XI Dragas Palaeologus (1404 - 1453): The Last Emperor of Byzantium*, p. 26.

斯岛(Lesbos)长达一个多世纪。君士坦丁的归来令半岛局势稍显紧张,但并未扰乱和平的局面。此后很长一段时间里,伯罗奔尼撒又获得了一段难得的平静岁月。不过,此后一年,君士坦丁便被约翰八世紧急召回君士坦丁堡。原因是皇帝此时确信他们的五弟迪米特里正秘密勾结苏丹,准备攻打君士坦丁堡。[①] 君士坦丁在途中前往莱斯沃斯岛,试图从那里击退土耳其人的海上进攻,战争获得极大的胜利。君士坦丁顺势向约翰八世请求,将迪米特里的封地收归己有。[②] 从此,君士坦丁在兄弟们的权力争夺中处于有利地位。但令他失意的是,他新婚一年的妻子在来探望他的途中突然辞世,使他再度成了没有子嗣的鳏夫。这个打击令他对生活的艰辛感到沮丧和幻灭,他对皇位的渴求也没有那么强烈了。

1443 年夏,塞奥多利派特使前往君士坦丁堡,申请用米斯特拉换取塞林布里亚。这个提议首先得到了皇太后海伦娜的赞同,她认为塞奥多利能比君士坦丁更机智地处理宗教问题。[③] 由于皇太后深得儿子们的敬重,所以约翰八世和君士坦丁便接受了这个请求。1443 年底,君士坦丁前往米斯特拉,塞奥多利前往塞林布里亚。

至此,塞奥多利二世在莫利亚君主国的统治便结束了。从最初被派遣到米斯特拉至离开此地,他共统治了 36 年。这是一段艰辛的岁月。早年时期,他不得不对付那些当地不守规矩的贵族,应对那些频频发生的边境战争。在父皇曼努埃尔二世的帮助下,当地贵族得以驯服。此后,在兄弟们的帮衬下,半岛内部的拉丁人逐渐被肃清。就他自己而言,他对君主国的主要贡献表现在外交领域。正是他机智温和的外交政策,才令威尼斯和土耳其始终没有同莫利亚君主国发生正面的激烈冲突。在他的管理下,君主国的农业和商业都十分繁荣。虽然他生性古怪,喜怒无常,且与妻子最初相处的日子并不友好,但是他笃信宗教,热爱文化事业,并最终与妻子恩爱有加。他与妻子杰出的文化才能受到当时希腊大学者们的钦佩与爱戴。正是在他的赞助下,米斯特拉的哲学和文学兴盛繁荣,奏响了拜占庭帝国最后一次文化复兴的凯歌。总之,他还算得上是一个有为的君主。

---

① D. M. Nicol, *The Last Centuries of Byzantium, 1261 - 1453*, p. 364.

② M. Philippides, *Constantine XI Dragas Palaeologus (1404 - 1453): the Last Emperor of Byzantium*, p. 26.

③ S. Runciman, *Lost Capital of Byzantium: the History of Mistra and the Peloponnese*, p. 72.

然而,他却一直遭受到历史作家的不公平对待。其中最主要的是他遭到该时期伟大史学家乔治·斯弗兰基斯的误解与贬低。由于斯弗兰基斯是塞奥多利四弟君士坦丁忠心耿耿的朋友兼秘书,因此他不喜欢任何与君士坦丁意见相左的人。他将个人情感代入到历史写作中,自然会贬低塞奥多利的历史功绩,加上这位史家出色的写作才华,后世普遍接受了他的偏见,令塞奥多利蒙受冤屈。塞奥多利从来没有合适的机会来证明其才干,他在塞林布里亚默默等候了将近五年,期待着通知他加冕皇帝的那一天。但1448年,他的健康状况开始恶化,并最终于当年6月去世,皇位最终还是留给了君士坦丁。

塞奥多利个人的秉性、旨趣在那个时代属于高尚典雅的层次,其治理莫利亚君主国的能力和对外部事务的处理也比较得当。但是,他所处的时代已经进入拜占庭帝国的衰亡阶段,不论当时地中海世界的大环境还是拜占庭帝国有限资源的小环境都不可能使他的才能得到展示,其追求也不可能实现。1204年开始的君士坦丁堡拉丁王朝彻底摧毁了拜占庭帝国原有的政治经济基础,西欧地区盛行的各级领主封土建国体制也开始逐步扎根在这个原本实行中央集权制的国家。莫利亚公国的出现,以及此后伯罗奔尼撒半岛多头封建君主掌控的局面就是拜占庭皇帝集权专制制度瓦解的重要政治表现。在周边国家特别是奥斯曼土耳其集权制度不断发展完善的同时,莫利亚君主国,特别是拜占庭帝国的中央集权却不断瓦解,衰落中的拜占庭人资源被不断分割,各种势力不仅不能重新统一,而且相互对立,甚至对抗,血亲世袭的皇权继承制度遭到彻底破坏,封建君主实体之间的争权夺利将末代王朝的血腥内战扩展到社会的各个层面。塞奥多利统治莫利亚君主国的后半期尤其是末期不断退缩,表现得心灰意冷,实际上是作为头脑尚属清醒的君主对现状和前途感到绝望的标志,因此他将注意力转向了古典文化,代表着衰亡阶段拜占庭知识分子中文化救国的思潮,反映出拜占庭知识界对未来复兴的期许和寄托。后人常言"弱国无外交,弱国无人才",也是指衰败的环境没有人才施展抱负的条件。塞奥多利的一生充分证明了这个说法的合理性。

第五节

君士坦丁·帕列奥列格（Constantine Palaeologus）

1443—1449年在位

君士坦丁·帕列奥列格（Constantine Dragases Palaiologos，Κωνσταντῖνος Δραγάσης Παλαιολόγος，生于1404年2月9日，卒于1453年5月29日，享年49岁）是第四位莫利亚君主，1427年起担任莫利亚共治君主，1443年10月至1449年3月12日独为莫利亚君主。

君士坦丁于1404年出生于君士坦丁堡，是曼努埃尔二世和妻子海伦娜·德拉加什的第四子。他天生精力充沛，活泼好动，深得父母的喜爱。母亲海伦娜甚至还将自己的母姓赐给他，以表达对他的疼爱。[①] 在父母的保护下，他在君士坦丁堡度过了幸福的童年。

君士坦丁作为莫利亚君主的时间可提前至1427年，当时他并非独立执政，而是同二哥塞奥多利二世和六弟托马斯共同被封为莫利亚君主。这是前几任莫利亚君主就任时从未发生过的事情。该现象反映出塞奥多利二世统治后期，莫利亚君主的任命呈现出了复杂化趋势。这种复杂性一方面源于帕列奥列格王朝逐渐兴起了封授所有皇子独立封地的政治现象，另一方面源于塞奥多利二世自幼表现出的软弱的性格问题，还有一方面源于皇帝约翰八世打破君主继承惯例，而按照自己主观好恶处理政治事务的不明智之举。

根据拜占庭帝国以往的惯例，皇位一般由嫡长子继承，其他儿子要么担任君士坦丁堡牧首，要么不问政事做寓公。[②] 但在帕列奥列格王朝时期，受到拉丁骑士移植来的西欧封土建国制度的影响，拜占庭帝国未掌权的皇子们开始要求获得一块属于自己的封地。奥斯特洛格尔斯基曾在书中提到，安德罗尼库斯二世的第二任妻子，来自北意大利的蒙费拉侯爵的妹妹维尔兰塔-伊琳娜因不满皇位只有

① M. Philippides, *Constantine XI Dragas Palaeologus (1404 - 1453): The Last Emperor of Byzantium*, Abingdon: Routledge, 2019, p. 19.

② 陈志强:《拜占廷皇帝继承制特点研究》,《中国社会科学》1999年第1期。

一个继承人的现实,而鼓动丈夫为自己的儿子们分领封地。[1] 这种封建制在皇帝曼努埃尔二世之后表现得格外显著,以至于严重影响了莫利亚君主权力的交接。1427年,塞奥多利二世在皇帝的压力下不得不将莫利亚的部分地区分给四弟君士坦丁和六弟托马斯作为他们的封地。塞奥多利二世将希腊在麦西尼亚和马尼的领地以及位于半岛北岸的沃斯蒂察移交给君士坦丁,将卡拉夫里塔分给托马斯。至此,莫利亚君主国便拥有三位君主,明显削弱了单一独立君主的权力。塞奥多利二世在三人中虽被尊为最大的君主,但他对两位弟弟并没有管教约束的实际权力。

塞奥多利二世成年后越来越洞悉帝国前途黯淡,对现世生活冷漠,被外人视为一个性格古怪、孤僻的年轻人。但他热爱文化事业,热衷于古典希腊学术,是当时杰出的数学家。因此,他与其他兄弟不同,对政治权力并不感兴趣,还曾一度向往修道院的隐居生活。他一度对父皇曼努埃尔二世和罗马教宗马丁五世为其安排的婚事很不满意,因而长期未同妻子谋面,夫妻关系曾经十分紧张。这些事情被恰巧逗留在莫利亚的约翰八世看在眼里,[2]他认为,如果塞奥多利始终处在这种消极情绪里的话,莫利亚君主国的政务很可能会受到牵连。而莫利亚君主国既是拜占庭的战略要地,也是皇家的根据地,必须保证该地的稳固与安全。因此,他命令四弟君士坦丁前往米斯特拉,接替塞奥多利的职位。但命运弄人的是,直到1427年,君士坦丁才抵达伯罗奔尼撒,而此时塞奥多利二世已经与妻子尽释前嫌,他们找到了古典文化的共同爱好,因此对世俗权力也产生了渴望与激情。换句话说,塞奥多利此时十分热爱君主的职位,不愿被取代了。塞奥多利的改变打乱了约翰八世为平衡几个弟弟封地的计划,已经放弃了之前封地的君士坦丁必须在莫利亚取得封地才会善罢甘休。这样,莫利亚的君主问题开始复杂化。

约翰八世没有能力和资源妥善处理新近出现的莫利亚君主问题,只能听任自己偏爱的四弟君士坦丁与自己不太喜欢的二弟塞奥多利争夺封地。当君士坦丁

---

① 乔治·奥斯特洛格尔斯基:《拜占庭帝国》,第312页。

② D. M. Nicol, *The Last Centuries of Byzantium, 1261 – 1453*, Cambridge, UK: Cambridge University Press, 1993, p. 346.

姗姗来迟且塞奥多利二世不甘心割让莫利亚土地时，约翰八世没有当机立断地支持塞奥多利二世的合法主张，而是表态支持君士坦丁，督促塞奥多利为君士坦丁划分一块领地。[①] 当塞奥多利决定将希腊在麦西尼亚和马尼的领地以及位于半岛北岸的沃斯蒂察划分给君士坦丁时，矛盾才得以缓解。为防止发生意外冲突，移交程序是在约翰八世的亲自监督下举行的。皇帝为此特意从君士坦丁堡赶到米斯特拉，以见证自己最喜爱的四弟得到如此有价值的封地。这种偏袒之心加重了君主权力问题的复杂性，并为此后兄弟之间围绕拜占庭皇权和莫利亚领土权的斗争埋下了伏笔。

1443 年夏，塞奥多利二世派特使前往君士坦丁堡，要求用米斯特拉换取君士坦丁后来获取的一块封地塞林布里亚。这一要求获得皇帝同意，于是在 1443 年底，君士坦丁前往米斯特拉，接替塞奥多利二世成为第四位莫利亚君主。在此期间，第三位君主托马斯依然健在。但由于两位正式的君主占据了莫利亚的大部分土地，特别是统治莫利亚首府米斯特拉的君主君士坦丁，因此是地位最高的君主，正如塞奥多利二世长期掌握米斯特拉时期一样，托马斯为地位较低的君主。

在君士坦丁统治莫利亚君主国期间，伯罗奔尼撒半岛的希腊人享有着属于他们最后荣耀的岁月。1443 年底，君士坦丁抵达米斯特拉后，立即着手重组他的政府。首先，他维系好同六弟托马斯的关系，并重新调整了两人管辖的边界：君士坦丁将半岛的中心地区分给托马斯，托马斯欣然接受，并将自己的领地首府迁至阿卡迪亚山脉南部的莱翁达里昂，以保持同米斯特拉的密切联系。[②] 其次，君士坦丁从能干而忠诚的朋友当中挑选出几位，任命他们为担任具有重要地位的城市长官。再其次，他恢复了当地贵族的许多权力和特权，这些都是前任君主们从他们手中夺走的。[③] 有人认为这是一项危险的政策，因为当地贵族一向不服政府管理，这样的放权很可能会加剧他们的分裂主义。但就当时和后来的情况看，放权政策能够安抚贵族的情绪，更便于从他们手中筹措资金。这笔资金用来修复

---

① D. M. Nicol, *The Last Centuries of Byzantium, 1261 – 1453*, p. 347.

② M. Philippides, *Constantine XI Dragas Palaeologus (1404 – 1453): the Last Emperor of Byzantium*, p. 32.

③ M. Philippides, *Constantine XI Dragas Palaeologus (1404 – 1453): the Last Emperor of Byzantium*, p. 33.

1423年被土耳其军队摧毁的长城。[1] 对君士坦丁而言,这是他亲自指挥的第一项重大防御任务。

随着半岛防御得到修复,将军事荣耀看得比日常管理更重要的君士坦丁准备将权力扩展到整个希腊大陆。此时整个环境有利于他,一方面,他一直与罗马保持频繁联系,得知教宗尤金四世(Eugenius Ⅳ)计划组织一次十字军战争,作为对拜占庭人同意屈服于罗马教会,加入东、西教会(佛罗伦萨会议决议)合并的嘉奖。[2] 另一方面,他得知老对手苏丹穆拉德计划让位,以专心致志地投入宗教神学冥想的生活中。1444年春,在匈牙利国王弗拉迪斯拉夫(Vladislav)和他的总司令约翰·洪约迪(John Hunyadi)的带领下,巴尔干半岛君主们联合发起的基督教十字军出发了。[3] 途中,苏丹的封臣、塞尔维亚王子乔治·布兰科维奇(George Brankkovic),以及阿尔巴尼亚酋长乔治·卡斯特里奥特(George Castriota),即著名的阿尔巴尼亚民族英雄斯坎德贝格(Scanderbeg)[4],都积极加入此次抵抗土耳其人的十字军。当他们向巴尔干半岛南部挺进、分散土耳其人的注意力时,君士坦丁则穿越地峡进入阿提卡,攻占雅典和底比斯,迫使雅典公爵内里奥二世·阿恰约利(Nerio II Acciajuoli)臣服于他,成为他的封臣。[5] 在此期间,内里奥向他的前封君求救,但是没有得到重视。

不过,就在君士坦丁势如破竹横扫伯罗奔尼撒半岛的时候,匈牙利国王率领的十字军突然停下脚步,因为国王发现,教宗分派给枢机主教塞萨里尼(Cardinal Cesarini)的参战部队人数少于他的预期,这使得他麾下军力不及苏丹为对抗基督教十字军战争而召集的军队强大。[6] 此时,苏丹和匈牙利国王都不想进行激烈的正面对抗。于是,双方于1444年6月签署了一项为期十年的停战协议。协

---

① 即布有众多塔楼的城墙。

② J. Gill, *Byzantium and the Papacy : 1198 – 1400*, New Brunswick, 1979, p. 397.

③ J. Gill, *Byzantium and the Papacy : 1198 – 1400*, New Brunswick, 1979, p. 399.

④ 斯坎德贝格,1404—1468年在世,是阿尔巴尼亚的民族英雄。他领导抗击土耳其侵略者的起义,于1444—1466年间击退了土耳其人的多次入侵。

⑤ M. Philippides, *Constantine XI Dragas Palaeologus (1404 – 1453): the Last Emperor of Byzantium*, p. 56.

⑥ J. Gill, *Collected Studies : Church Union : Rome and Byzantium, 1204 – 1453*, p. 253.

议规定，以多瑙河为界，双方不得越界，并必须严格坚守此约定。[①] 事实上，包括拜占庭人在内的巴尔干地区各国君主均未能洞悉西欧局势的深刻变化，即罗马教宗早已从神圣的最高地位跌落下来，也早已失去了昔日的号召力。同时，西欧各国君主都忙于加强各自的王权，在封建时代形成的疆域内建立各自的中央集权。巴尔干地区各国君主执迷于西欧君主的救援而不悟，只能遭遇失败和失落的结局。

此后，苏丹穆拉德便回撤军队，准备退位了。枢机主教对基督教领袖们擅自停战感到愤怒，他努力劝说匈牙利国王，确认同异教徒的约定不算约定，是可以销毁的。同时，他指使人散布"穆拉德率领军队穿越亚洲"的消息，最终督促十字军再度发兵进军。匈牙利国王临阵却战的行为扰乱了十字军的军心，乔治·布兰科维奇和斯坎德贝格拒绝宽恕匈牙利国王的背信弃义行为，愤怒地撤出了各自的军队，使得国王指挥的兵力规模较之前小了很多。君士坦丁堡的皇帝约翰八世听闻此事，也表达了他的震惊。而穆拉德听闻十字军背信弃义、再度起兵的行为后，大发雷霆，他迅速组织了一支远大于十字军规模的军队重返欧洲。11 月，十字军抵达黑海的瓦尔纳，但早已等待在那里的土耳其军队袭击了他们，并获得胜利。匈牙利将领和枢机主教阵亡，十字军大部被击溃，只有洪约迪和少数匈牙利人逃脱了。[②] 不久之后，土耳其人便重返多瑙河沿线。

君士坦丁对于自己在莫利亚的胜利也感到高兴，乘着土耳其人在瓦尔纳还没有取得胜利、无暇顾及伯罗奔尼撒半岛，他准备采取更大的行动。他估计土耳其人最快也只能等到来年春天才能进军希腊。当春天来临时，穆拉德已经退位，前往伊斯兰教密宗的隐居者小屋中修行。接替苏丹职位的是他 12 岁的儿子，一个早熟且自以为是的男孩。他总是与其父亲的大臣们争吵，并且因其冲动的性格被军队将领所厌恶。[③] 在巴尔干地区，斯坎德贝格在洪约迪的帮助下将土耳其人驱逐出伊庇鲁斯山区。君士坦丁更加自信莫利亚的处境十分安全，故而继续推进其

---

① J. V. A. Fine, *The Late Medieval Balkans : a Critical Survey from the Late Twelfth Century to the Ottoman Conquest*, p. 548.

② M. Philippides, *Constantine XI Dragas Palaeologus (1404 – 1453): the Last Emperor of Byzantium*, p. 58.

③ G. T. Zoras ed., *Chronicle of the Turkish Sultans*, p. 283.

军事扩张。1445年春,在教宗的建议下,勃艮第公爵派出了一支装备精良的部队来协助君士坦丁。自信满满的君士坦丁再次越过科林斯地峡,在确认了其对雅典和底比斯的控制后,他穿过福基斯(Phocis)进入品都斯山脉(Pindus range)。进军途中,他击溃了众多土耳其小股驻军力量,劫掠土耳其人控制下的村庄,极大损害了当地希腊居民的利益。这样,品都斯山脉南部的弗拉希(Vlach)部落被迫归顺于他,并将该地长官的任命权交给他。随后,他进兵到科林斯湾,沿着北岸前进,将威尼斯统治者赶出了富饶繁华的维特里尼察港(port of Vitrinitsa)。[1] 当他胜利地回到地峡时,他的将军约翰·坎塔库震努斯继续代替他,指挥在福基斯作战。

然而,君士坦丁的胜利是短暂的。1446年夏末,穆拉德在大臣们的劝说下,从隐居地再度出山,重新执政。[2] 他将惩罚君士坦丁作为打击基督教敌人的首要任务。11月,尽管天气趋于寒冷,他依然前往希腊地区指挥军队作战。君士坦丁刚刚占领的土地旋即便被穆拉德夺了回去,雅典公爵因此将穆拉德视为拯救者。

君士坦丁没料到穆拉德的复出,而整个局面表明他被彻底孤立了。因为被他劫掠了财产的威尼斯人不可能愿意帮助他对抗土耳其人,当地的希腊人也因为他的进兵遭受了巨大损失,因此也不愿意对君士坦丁施以援手。当土耳其人接近长城时,君士坦丁即刻派年轻的历史学家劳尼科斯·乔尔克堪代勒斯(Laonicus Chalcocondyles)任大使,向穆拉德提出签署和平协议。穆拉德则强硬要求摧毁科林斯长城,并在其提议遭到拒绝后,立刻把大使扔进了监狱。君士坦丁见状,决心与六弟托马斯坚决守住长城。[3] 他们全面部署防御力量,君士坦丁调集了几乎所有部队大约20 000人。只是他的部队大多是由以不可靠闻名的阿尔巴尼亚人组成,他们很可能在某个危机时刻叛变逃离。因此,君士坦丁的鲁莽行动将自己置于极其危险的境地。

土耳其人不仅军队数量占优,而且兵器精良,他们带着大炮轰击摧毁长城。多亏了新修建的城墙很坚固,且土耳其新近使用的火炮射击精度不高,君士坦丁勉强顶住一轮轮的攻击,防御者在火炮轰击下只能保持俯卧的姿势,无法站立,顽

---

① M. Philippides, *Constantine XI Dragas Palaeologus (1404 – 1453): the Last Emperor of Byzantium*, p. 61.
② M. Philippides, *Constantine XI Dragas Palaeologus (1404 – 1453): the Last Emperor of Byzantium*, p. 63.
③ M. Philippides, *Constantine XI Dragas Palaeologus (1404 – 1453): the Last Emperor of Byzantium*, p. 61.

强抵抗了两个星期。12月10日，土耳其人火炮的威力打开了城墙缺口，他们奋力扑向城墙，伤痕累累的城墙已经禁不住众人的拥搡，终于坍塌。[①] 君主国军队土崩瓦解，全面溃败，他们几乎没人能逃离出土军疯狂的大屠杀。

穆拉德在摧毁长城后，率领土耳其主力部队穿过科林斯地峡，经过锡克永(Sikyon)和沃斯蒂察前往帕特拉斯(Patras)，沿途烧毁了所有的村庄。穆拉德抵达帕特拉斯时，发现该城已经被遗弃，人去城空，当地居民从海湾逃往纳夫帕克托斯(Naupaktos)。穆拉德没有进一步追击，为减少自己的麻烦，不再特意攻击人群逃亡的地方，而是直接进军克拉伦萨。与此同时，土耳其大将图拉罕·贝伊(Turakhan Bey)率领的第二支军队向米斯特拉进军。[②] 这一年寒冷的天气成了他们穿越山脉的最大阻碍，因此，他们并没有抵达斯巴达山谷，最终转向西部，与苏丹在克拉伦萨会师。在这一年的最后几天里，土耳其大军缓慢移动，所到之处城市乡村皆化为废墟，当地居民几乎都成为俘虏，包括希腊人和意大利人在内约有60 000人被俘，他们都被押解到东方的奴隶市场贱卖了。

君士坦丁的急躁冒进让他自食恶果，惨烈的失败打击了他的狂热，也让他尝到了土耳其军队的血腥残暴。1447年，他偃旗息鼓，寻找修复创伤的机会。万幸的是土耳其大军的入侵发生在冬天，因此，虽然建筑物被摧毁，居民无家可归，但农田和农作物没有受到损害。1447年夏，安科纳(Ancona)的旅行者西里亚库斯(Cyriacus)在穿过伯罗奔尼撒时，详细记载了他所见到的丰收景象。[③] 从这个角度来看，莫利亚地区恢复元气只是时间问题。在此期间，君士坦丁和托马斯不得不卑微地向苏丹表示臣服，还答应后者强迫他们缴纳每年一大笔贡金，同时不再修缮被摧毁的长城。

1448年春，塞奥多利二世去世的消息传到米斯特拉。君士坦丁因此更为自信能够名正言顺地继承皇位了。同时，由于他在伯罗奔尼撒地区的军事活动并没有为其带来任何收获，苏丹的严密苛刻要求使他对该地不再抱希望与梦想，一心为继承皇位做着准备。1448年10月31日，约翰八世逝世。临终前，他委任君士

① S. Runciman, *Lost Capital of Byzantium : the History of Mistra and the Peloponnese*, p. 75.

② G. T. Zoras ed., *Chronicle of the Turkish Sultans*, p. 285.

③ S. Runciman, *Lost Capital of Byzantium : the History of Mistra and the Peloponnese*, p. 76.

坦丁接替他的皇位。[1] 然而,莫利亚的问题尚未完全解决,米斯特拉与君士坦丁堡距离较远,如果他前往首都就一时难以返回,要求继承皇位的小弟迪米特里成了他主要担忧的对象。后者继承了塞奥多利二世的领地塞林布里亚,并坚决反对东、西方教会合并,因而受到君士坦丁堡民众的喜爱。作为皇位的另一个合法继承者,迪米特里打算借助这些优势,前往君士坦丁堡争夺皇位。[2] 为夺取皇位的两兄弟之间即将再度爆发内战。

在这个关键时刻,年迈的皇太后海伦娜利用"在没有加冕皇帝的情况下,加冕皇(太)后拥有继承和传递皇位的最高权威"的政治传统,出面摆平了这场潜在的政治风波。[3] 在她看来,君士坦丁是她仍健在的儿子中最年长的一位,这是他继承皇位的第一个优势。而且他似乎是兄弟中间最有能力的一位,这也成为他继承皇位的第二个优势。尽管海伦娜不赞成君士坦丁的宗教政策,但他是皇太后最疼爱的孩子,为此她还将自己的母姓赐给他。因此,这份宠爱是君士坦丁继承皇位的第三个优势。巧合的是,君士坦丁的秘书兼好友乔治・斯弗兰基斯(George Sphrantzes)恰巧在君士坦丁堡探望君士坦丁生病的儿子。因此,皇太后海伦娜当机立断,即刻让斯弗兰基斯前往苏丹宫廷,以获取苏丹对君士坦丁继任的支持。另有巧合的是,托马斯君主在约翰八世临终之际已经抵达了君士坦丁堡,他完全听从皇太后的这一安排。这样,君士坦丁继任为皇帝似乎获得了天时、地利、人和的条件,而迪米特里也意识到自己大势已去,深知自己在皇位争夺斗争中已经败北。于是,他转而支持母亲和弟弟托马斯的决定,同意推举君士坦丁为帝。

君士坦丁立即行动,防止夜长梦多,首先迅速举行加冕仪式。皇太后打破了所有的先例,命令两位高级官员阿莱克修斯・拉斯卡利斯・费兰斯罗比诺斯(Alexius Lascaris Philanthropenus)和曼努埃尔・帕列奥列格・亚格鲁斯(Manuel Palaeologus Iagrus)带着皇冠动身前往米斯特拉,为君士坦丁加冕。[4] 1449年1月6日,拉克迪蒙尼亚(Lacedemonia)的都主教将皇冠戴在君士坦丁的头上。

---

① D. M. Nicol, *The Last Centuries of Byzantium, 1261 - 1453*, p. 368.

② D. M. Nicol, *The Last Centuries of Byzantium, 1261 - 1453*, p. 370.

③ M. Philippides, *Constantine XI Dragas Palaeologus (1404 - 1453): the Last Emperor of Byzantium*, p. 219.

④ D. M. Nicol, *The Last Centuries of Byzantium, 1261 - 1453*, p. 342.

按照拜占庭帝国以往惯例，皇帝的加冕仪式是举国欢庆和见证新皇帝登基的大事件，但此次加冕仪式却出现了种种怪异现象。首先仪式举行的地点至今仍不确定在哪里，有人记载说是在拥有一栋小楼那么大空间的圣迪米特里都主教大教堂(the Metropolitan Church of St Demetrius)举行的，还有人说是在更小的宫殿教堂圣索菲亚教堂里。后人至今都不能确定。不过毫无疑问的是，伯罗奔尼撒的知名人物、君主的驻军和城市的公民都分别扮演了参议院、军队和君士坦丁堡市民的角色，共同欢呼拥戴君士坦丁称帝。这真的是米斯特拉最具有历史意义的时刻，它既见证了新皇帝的登基，但同时也见证了末代皇帝奇异的登基，因为新皇帝将他的臣民留在伯罗奔尼撒，而去统治一个注定失败的帝国。

尽管多数人都拥护君士坦丁为帝，但依然有些人怀疑其加冕仪式的合法性。[①] 毕竟，按照东正教规定，应该由君士坦丁堡牧首为皇帝加冕。但是，如果在君士坦丁堡由牧首举行加冕仪式的话，一定会节外生枝麻烦重重。因为支持东、西教会合并的牧首遭到其大多数属下和信众的冷落，双方关系十分紧张。所以如果牧首想要主持加冕仪式的话，他将受到信徒阻碍，甚至连圣索菲亚大教堂的门都进不去。从这个角度考虑，加冕仪式将会是灾难性的仪式，但在拉克迪蒙尼亚的都主教区就不会有这样的困扰，这也是皇太后打破常规在首都以外为皇帝加冕的重要考虑。

加冕仪式举行完毕的几周后，君士坦丁十一世便离开了米斯特拉，从此一去不再回返。他乘坐一艘加泰罗尼亚雇佣兵的船只驶向君士坦丁堡，并于 1449 年 3 月 12 日抵达帝国京都。[②] 上任后，他仍心系伯罗奔尼撒半岛，对自己的领地牵挂万分，并将登基后的首要任务确定为安排半岛的未来。经过一系列皇族内部讨论后，君士坦丁十一世决定让迪米特里和托马斯共同掌管莫利亚君主国，他们之间的领地分界线划定在连接半岛东北至西南的直线。托马斯因此获得了半岛的西北部，包括锡克永、帕特拉斯、卡拉夫里塔、克拉伦萨以及阿哈伊亚平原、麦西尼亚湾和卡拉马塔。迪米特里获得了其他土地，包括米斯特拉、北部的科林斯、中部的

---

① D. M. Nicol, *The Last Centuries of Byzantium, 1261 – 1453*, p. 354.

② S. Runciman, *Lost Capital of Byzantium : the History of Mistra and the Peloponnese*, p. 78.

卡雷泰纳(karytaina)和南部的马尼。[①] 两兄弟在皇帝和皇太后面前出席了任命仪式,宣誓效忠于皇帝,并发誓彼此将永保和平。该解决方案得到了苏丹的支持,他向君士坦丁三兄弟做出保证,要对他们仁慈为怀。此后,托马斯于8月回到其领地,迪米特里则在三周后抵达伯罗奔尼撒半岛首府米斯特拉。

然而,君士坦丁指望迪米特里和托马斯能长期友好地相处这个想法实在只是个一厢情愿的美好愿望,因为这两个亲兄弟自幼就从未一起生活过,托马斯从童年时期就一直住在伯罗奔尼撒半岛,而迪米特里则始终住在首都,两人如同素不相识的陌生人,他们之间毫无亲情可言。他们在宗教上的态度和见解也几乎毫无一致的地方,对东、西教会合并的看法完全对立。因此,他们从一开始就拒绝合作,也不太认同皇太后和君士坦丁的安排。这导致莫利亚君主国由此出现潜在的分裂倾向。当威尼斯人向君主们投诉阿尔巴尼亚士兵不断侵扰威尼斯城市周围的土地时,两位君主各自分别向威尼斯共和国派出单独的使团。[②] 连威尼斯人都对此感到惊讶,因此尽量小心不卷入二人的争斗博弈之中。

平衡还是被打破了,最先打破和平的是托马斯,他出兵占领了阿卡迪亚中心区域的斯科塔平原(plain of Scorta),这里是迪米特里管辖下的重要区域,因此为了恢复实力的平衡,后者不得不向苏丹求援。苏丹派出自己的大将图拉罕·贝伊来处理这一争端。由于托马斯拒绝放弃斯科塔平原,因此图拉罕·贝伊强硬要求他必须交出卡拉马塔和麦西尼亚,作为对迪米特里的赔偿。[③] 托马斯被迫同意调换,从而避免了两兄弟间的战争,但二人的关系陡然紧张起来。

苏丹穆拉德于1451年2月去世,他的儿子穆罕默德二世登上王位。他延续了父亲对拜占庭皇帝和莫利亚君主的和平协定,对他们表达了自己良好的祝愿。但是,君士坦丁十一世对这个新登基的十几岁年轻人太过轻敌了,他始终认为这个新人还是六年前那个自以为是、骄傲自满的小男孩。[④] 但他没有认识到,这个小孩在奥斯曼土耳其帝国宫廷系统的文武教育训练下突飞猛进的成长。此时,他

---

① S. Runciman, *Lost Capital of Byzantium : the History of Mistra and the Peloponnese*, p. 78.

② D. M. Nicol, *Byzantium and Venice : a Study in Diplomatic and Cultural Relations*, p. 399.

③ S. Vryonis, *The Decline of Medieval Hellenism in Asia Minor and the Process of Islamization from the Eleventh through the Fifteenth Century*, Los Angeles: University of California Press, 1971, p. 235.

④ M. Philippides, *Constantine XI Dragas Palaeologus (1404 - 1453): the Last Emperor of Byzantium*, p. 275.

已成为雄心勃勃、精明干练的君王。他的目标很明确，就是征服君士坦丁堡，这是他从小就有的梦想。米哈伊尔·杜卡斯记载道："无论在宫里还是宫外，在起床时还是在睡梦中，他朝朝暮暮反复思考着可能采用的占领君士坦丁堡的军事策略和手段。"他度过了无数不眠之夜，在地图上画出君士坦丁堡的城区以及它的防御工事，找出它最易被攻击的地方。[①] 君士坦丁十一世对此却一无所知，他认为穆罕默德无法突破坚固的城防工事，因此对年轻的苏丹不屑一顾，还傲慢地向他抱怨，不痛不痒地指责土耳其军队入侵拜占庭领土的行为。[②] 穆罕默德好像毫无回应，但有条不紊地切断了同君士坦丁十一世的外交关系，并积极准备攻城战，公开表露出自己围攻君士坦丁堡的决心。

1453年5月底，君士坦丁堡沦陷，直到此时，莫利亚君主国也没有派出一兵一卒援助孤立无援的君士坦丁十一世。欧洲基督教世界因此沉浸在惊恐不安和惋惜哀悼的气氛中，米斯特拉的市民尤其感伤，他们悲痛地怀念君士坦丁这位高贵的皇帝，不仅因为听说他在战役中英勇奋战，牺牲在城头，更因为在他治理下的莫利亚一度闪耀着拜占庭帝国最后的荣光。不过更令他们感到忧心忡忡的是伯罗奔尼撒半岛的未来，因为虎视眈眈的苏丹绝不会放过这块富庶的土地。

纵观君士坦丁十一世的一生，除了最后几年在拜占庭首都勉力维持帝国的存在外，其大部分时间和精力是忙于皇家内部争权夺利的较量，特别是对莫利亚君主国的控制权。作为末代皇帝，君士坦丁在莫利亚的统治已经演习了整个帝国灭亡的过程。他缺乏远见，对拜占庭帝国即将到来的灭亡毫无洞察力。如果说他在几个兄弟中常常表现得野心勃勃且异常活跃的话，也只不过是其个人好大喜功的冲动和几近神经质的性格，他不计后果的军事行动换来的只有灾难，表现出他在重大事情的处理上似乎未加深思熟虑。他在伯罗奔尼撒半岛不时用兵和对家族事务的解决办法都显示其能力有限、做事鲁莽、遇事慌乱的一面，难怪当时非拜占庭文献史料对他近乎指责的描写，说他不明是非，赏罚无度，用人失当，每遇危难便手足无措，只知痛哭流涕和向上帝祈祷。这样的帝王确实比较准确地代表了衰

---

① Michael Ducas, *Historia Byzantina*, Ⅰ. ed. Bekker., *Corpus Scriptorum Historiae Byzantinae*, Bonn: Weber, 1834, pp. 249 and 252.

② M. Philippides, *Constantine XI Dragas Palaeologus (1404－1453): the Last Emperor of Byzantium*, p. 275.

亡中的拜占庭帝国。

第六节

托马斯·帕列奥列格(Thomas Palaeologus)和迪米特里·帕列奥列格(Demetrius Palaeologus)

1428—1460年在位；1449—1460年在位

托马斯·帕列奥列格(Thomas Palaeologus,生于1409年,卒于1465年5月12日,享年56岁)和迪米特里·帕列奥列格(Demetrius Palaeologus,约生于1407年,卒于1470年,享年63岁)分别为莫利亚君主国第五和第六位君主,也是末代君主,前者于1428年至1460年在位32年,后者于1449年至1460年在位11年。

托马斯·帕列奥列格于1409年生于君士坦丁堡皇家宫殿,1465年5月12日死于罗马。在莫利亚君主国复杂的政局中,他先与兄长塞奥多利二世和君士坦丁于1428—1443年共同担任君主,后于1443—1449年与君士坦丁分享君主权力,最终与迪米特里于1449—1460年共任君主。迪米特里·帕列奥列格于1407年前后生于君士坦丁堡,1470年在阿德里安堡的一所修道院去世。他们分别是老皇帝曼努埃尔的第六和第五个儿子。托马斯9岁时便被送往莫利亚君主国学习训练,为日后接任君主做准备。

1449年,君士坦丁十一世离开米斯特拉到首都上任后,从此再也没有返回莫利亚君主国。虽然他成为皇帝后仍念念不忘伯罗奔尼撒半岛的皇族根据地,并在皇太后的支持下,确定了莫利亚君主的人选,即安排迪米特里和托马斯共同担任莫利亚君主,但十分担忧两个弟弟之间的冲突。根据皇帝的最新安排,托马斯控制半岛西北方向半壁江山,迪米特里则控制东南方向半壁江山。[①] 虽然两兄弟向皇帝和皇太后宣誓效忠皇帝并保持兄弟间友好,但他们返回半岛后,便开始明争

① S. Runciman, *Lost Capital of Byzantium: the History of Mistra and the Peloponnese*, p. 78.

暗斗,皇帝也无法调解好他们的关系,在拜占庭帝国最后的岁月里,两兄弟一直兵戎相见,无暇顾及首都连续发来的告急文书,也没有向他们的兄长君士坦丁十一世派出援助部队。

两兄弟之所以为争夺土地财产而大动干戈,一方面是现实利益的冲突,另一方面是他们之间毫无兄弟情义。据记载,托马斯很小的时候就被送往伯罗奔尼撒半岛,与长期生活在君士坦丁堡的迪米特里没有任何亲情和友谊,也许他们之间的关系还不如普通朋友。特别是随着年龄的增长,两兄弟深受各自生活环境和贵族圈的影响,在东正教是否应该坚持古老的信条,特别是是否要与罗马天主教合并等问题形成不同见解,观点相互对立。他们对皇帝登基各有独立看法,也不甘心接受君士坦丁就莫利亚问题的决定。深刻的家族矛盾和对立的现实利益冲突加剧了莫利亚君主国的分裂倾向。最终,双方进行武力较量,并分别向域外势力寻求靠山和军事援助。

托马斯首先出兵抢占了斯科塔平原,完全不顾这个地区划分给迪米特里管辖的协议。迪米特里也置拜占庭帝国利益于不顾,向奥斯曼土耳其苏丹发出支援请求。此次争端最终的解决,还是由苏丹出面,派出军队强令托马斯交出斯科塔平原,否则就必须以卡拉马塔和麦西尼亚作为交换,补偿迪米特里的损失。[①] 奥斯曼军队兵临城下的压力迫使托马斯接受了苏丹的调解,按照苏丹的方案结束了争端。

1452年10月,苏丹穆罕默德二世有条不紊地开始进行进攻君士坦丁堡的作战准备,为切断莫利亚君主可能对君士坦丁堡的增援,他命令经验老到的将军图拉罕·贝伊与其两个儿子奥马尔和艾哈迈德举兵入侵伯罗奔尼撒。[②] 弱不禁风的莫利亚人面对土耳其军队溃不成军,早就破败不堪的科林斯长城也阻挡不了土耳其人的进军步伐。在整个冬季,土耳其军队蹂躏村庄和城镇,并将奈奥卡斯托恩(Neocastron)据为己有。除此之外,他们并没有围困其他大城镇,或者抢劫一番

① S. Vryonis, *The Decline of Medieval Hellenism in Asia Minor and the Process of Islamization from the Eleventh through the Fifteenth Century*, p. 235.

② D. Nicolle, J. Haldon etc., *The Fall of Constantinople: The Ottoman Conquest of Byzantium*, Oxford: Osprey Publishing Ltd., 2007, p. 180.

而去。锡德罗卡斯托(Siderokastro)还成功抵御住了他们的进攻。这场成功防御是在拜占庭末代王朝最杰出的将军马修·亚森(Matthew Asen)的指挥下进行的,他的妹妹塞奥多拉是迪米特里的妻子。马修成功引诱艾哈迈德·贝伊指挥的部分土耳其军队进入一个狭窄的隘道,借助地利一举将他们击溃,并俘虏了艾哈迈德。① 此次失败后,土耳其人撤军了。但他们已经成功达成了战略牵制的目的,直到君士坦丁堡失陷,莫利亚人也没有发兵支援皇帝。

1453年5月,君士坦丁堡的沦陷令欧洲基督教世界沉浸在惊恐不安和惋惜哀悼之中。米斯特拉的市民尤其感伤,他们悲痛地怀念君士坦丁这位高贵的皇帝,不仅因为听说他在战役中英勇奋战,牺牲在城头,更因为在他治理下的莫利亚还闪耀着拜占庭帝国最后的荣光。不过更令他们感到忧心忡忡的是伯罗奔尼撒半岛的未来。

一个多世纪以来,伯罗奔尼撒半岛迁入了大量土耳其人和阿尔巴尼亚人。前两任莫利亚君主曼努埃尔·坎塔库震努斯和塞奥多利一世·帕列奥列格欢迎他们的到来,以解决劳力和兵源不足问题。他们不仅是开垦荒地勤劳耕作的农民,更是勇猛尚武、战时不可或缺的军队力量,因此构成了莫利亚君主国军队的主力。由于他们无法迅速地同当地人混住在一起,而是在一个相对隔绝的地方定居生活,所以加深了当地居民对他们的偏见。这也导致他们对半岛没有归属感,只是向青睐他们的君主怀有忠诚和敬意而已。② 由于莫利亚最后两位君主迪米特里和托马斯缺乏远见的统治,都没有赢得他们的忠诚,因此,在首都沦陷、半岛陷入危险困境时,他们率先反叛,以图自保。在托马斯的领地内,领导叛乱的首领是阿哈伊亚公国最后一位拉丁公爵的私生子约翰·亚森·逊邱伦(John Asan Centurione),他早几年前就尝试过发动叛乱,但被托马斯俘虏并监禁,后来他在一个聪明伶俐的希腊人尼基弗鲁斯·洛卡尼斯(Nicephorus Loukanis)帮助下,成功逃离监狱,并将这位希腊人选为自己的首席顾问。③

---

① J. V. A. Fine, *The Late Medieval Balkans: a Critical Survey from the Late Twelfth Century to the Ottoman Conquest*, p. 551.

② J. V. A. Fine, *The Late Medieval Balkans: a Critical Survey from the Late Twelfth Century to the Ottoman Conquest*, p. 551.

③ Doukas, *Doukas: Decline and Fall of Byzantium to the Ottoman Turks*, 1975, p. 234.

在迪米特里的领地内，领导叛乱的首领是曼努埃尔・坎塔库震努斯，他是首任莫利亚君主曼努埃尔・坎塔库震努斯的长兄马修君主的孙子。事实上，米斯特拉一直是坎塔库震努斯家族的领地，直到约翰六世退位后，帕列奥列格王朝乘势夺取了莫利亚领地，莫利亚君主也改由末代王朝的家族成员担任。坎塔库震努斯家族对此大为不满，积怨甚深。年轻的曼努埃尔曾担任麦纳地区（Maina）的行政长官，结交广泛，在当地希腊贵族中有许多志同道合的朋友，这批人迅速加入到曼努埃尔起义的阵营中。①

当叛军已经在帕特拉围攻托马斯时，另一支起义军则在米斯特拉城下安营扎寨。两位君主同时陷入绝望，不约而同地派特使前往苏丹那里寻求帮助。苏丹穆罕默德二世不希望看到伯罗奔尼撒半岛上建成一个好战的基督教国家，也不希望那里的战事为西欧人提供任何干预希腊事务的机会。因此，苏丹立即同意帮助两位君主，再次起用老将军图拉罕・贝伊。图拉罕将军命令他的儿子奥马尔・贝伊（Omar Bey）于1543年12月率先领军出征，他们成功地击退了叛军的进攻，但并没有彻底击溃叛军力量。1454年夏，图拉罕也抵达该岛，叛军力量被彻底清除。② 约翰・亚森・逊邱伦逃亡到威尼斯掌管的领地上，最终在意大利度过余生。他的首席顾问洛卡尼斯最后投奔迪米特里的姻亲哥哥马修・亚森，终于逃过一劫。而被阿尔巴尼亚人称为“吉恩（Ghin）”的曼努埃尔・坎塔库震努斯则逃亡至拉古萨（Ragusa），最终客死在匈牙利。

两位君主虽然保住了自己的君主地位，但这种投靠奥斯曼土耳其人的卖国求荣的做法带来诸多恶果：第一，两位君主必须每年分别向苏丹上缴10 000到12 000杜卡特③贡金，以表示对苏丹的臣服。第二，伯罗奔尼撒当地贵族直接向穆罕穆德二世陈情，希望由他来领导半岛，他们愿意听命于他。苏丹毫不犹豫地答应了这个请求，顺理成章地占领了半岛。④ 因此，两位君主无法再像从前那样对当地贵族征收任何赋税。从这个意义上说，两位君主形同虚设，苏丹几乎掌握了

① Doukas, *Doukas: Decline and Fall of Byzantium to the Ottoman Turks*, p. 234.

② Doukas, *Doukas: Decline and Fall of Byzantium to the Ottoman Turks*, p. 235.

③ ducats，欧洲多国通用的威尼斯金币或银币名。

④ J. V. A. Fine, *The Late Medieval Balkans: a Critical Survey from the Late Twelfth Century to the Ottoman Conquest*, p. 561.

半岛实权,控制了半岛的局势。希腊人的内部斗争再次上演了引狼入室的悲剧,这成为帕列奥列格王朝最终的结局。

尽管半岛地区不时爆发战乱和武装袭击,但是半岛部分地区仍然存在活跃的商贸手工业活动,阿哈伊亚地区保留了热销的传统丝绸业,并且还在斯巴达山谷中成功兴建起另一个分部。只是它们所创造的收入还远不能满足两个君主的日常花销,特别是无法满足支付给苏丹的贡金。两位君主继续进行争权夺利的斗争,托马斯仍然对西方的援兵抱有幻想,以为他们能够对半岛事务进行干预,帮助希腊人东山再起。相比之下,迪米特里对土耳其人更为驯服,他认为最好是保留自治权,因此臣服于土耳其统治。

1458 年,穷困潦倒的莫利亚君主难以完成交给苏丹的贡金,苏丹对他们拖欠贡金长达三年,深表不满。同时,苏丹对托马斯图谋串通西方国家的阴谋感到恼火。[①] 当他得知威尼斯曾考虑要援助阿尔巴尼亚叛军时,深感震惊,因为他绝不希望任何西方势力插手伯罗奔尼撒半岛事务。深谋远略的苏丹还计划将该地区作为自己进攻西方的基地,进而实现其称霸地中海的野心。因此,苏丹认为有必要严惩这位不识时务的希腊人君主托马斯。

1458 年 5 月,穆罕默德二世亲率大军横跨长城向科林斯进军。[②] 科林斯是迪米特里的领地,其执政长官为他的姻亲表哥马修·亚森。入侵开始时,马修正在拜访迪米特里,不在此地。尽管他缺席,却并未影响当地居民抵抗的决心。因为躲避战乱而蜷居在阿克罗科林斯这座岩石堡垒的军民早就怒火万丈,众志成城,抵御住土耳其军队的第一波进攻。几天后,马修带着 70 多个属下成功穿过土耳其军队的防线,攀爬上堡垒的城壁,给大家带回了补给和粮食。阿克罗科林斯防御战有效地牵制住了穆罕默德的大部分兵力,阻止迪米特里的其他领地落入敌人的手里。

穆罕默德不敢久留,指派大批军队继续攻城,自己带着其他兵力前去进攻托马斯的领地,攻击阿卡迪亚-麦西尼亚方向。托马斯防备不足,和家人一起仓皇逃

---

① J. V. A. Fine, *The Late Medieval Balkans: a Critical Survey from the Late Twelfth Century to the Ottoman Conquest*, p. 567.

② G. T. Zoras ed., *Chronicle of the Turkish Sultans*, p. 411.

到卡拉马塔以南的麦提尼亚(Mantinea)小港,准备好船只,打算随时启航逃往意大利,与此同时,迪米特里则退守至莫奈姆瓦夏。穆罕默德早就听说过莫奈姆瓦夏城防坚不可摧,因此他极度渴望攻占它,一方面为了以胜利立威,另一方面为了扫清拜占庭人残余势力。① 为了保险起见,他选择北上的进军路线,而放弃相对轻松的拉科尼亚路线。进军途中,他攻击泰赫阿(Tegea)附近的堡垒城镇穆锲(Mouchli),遇到抵抗。当地的行政长官是迪米特里的另一位姻亲表兄迪米特里·亚森(Demetruis Asen)。将士们在防御战中也表现出极大的英勇,但可惜的是,在苏丹切断其供水系统后,他们最终放弃了抵抗。穆罕穆德没有屠城,而是留下一小股驻军后,再度进发,先后攻占了卡拉夫里塔、沃斯蒂察和帕特拉斯,并分别派驻军把守。

穆罕默德取得了一系列胜利后,返回科林斯。此时,守军将领马修·亚森仍然坚守在阿克罗科林斯,只是军民的补给已经非常短缺。8月底,都主教不忍心看到基督子民忍饥挨饿,于是劝说马修投降。② 苏丹允许当地驻军保持尊严,安全离开防御堡垒,并请马修为两位逃亡的君主带去苏丹的和平协议。协议规定:一是迪米特里须割让科林斯,托马斯须交出自己领地的三分之一,包括帕特拉斯、沃斯蒂察和卡拉夫里塔。二是他们每年要支付3 000金币的贡金。两位君主别无选择,只能屈服,接受这些条款。于是,苏丹于10月份指示图拉罕·贝伊的儿子奥马尔·贝伊留在伯罗奔尼撒担任行政长官,首府建于科林斯,自己则率领军队得胜还朝,同时带走了数千名俘虏,其中包括成人和儿童。③ 苏丹决定将他们带到君士坦丁堡,充实人口,重修废都,以便自己随后入住。

迪米特里感谢苏丹没有彻底占领米斯特拉,同时迫于压力,准备遵守和平协议。但是托马斯仍然期望来自西方的援助。为此,教宗庇护二世于1459年6月1日在曼图亚(Mantua)举行专门委员会讨论此事。会上,希腊籍枢机主教贝萨利翁(Bessarion)代表伯罗奔尼撒人民提出一项慷慨激昂的援助请求。④ 讲演十分成

---

① J. V. A. Fine, *The Late Medieval Balkans: a Critical Survey from the Late Twelfth Century to the Ottoman Conquest*, p. 595.

② Doukas, *Doukas: Decline and Fall of Byzatnium to the Ottoman Turks*, p. 256.

③ Doukas, *Doukas: Decline and Fall of Byzatnium to the Ottoman Turks*, p. 257.

④ J. Gill, *Collected Studies: Church Union: Rome and Byzantium, 1204 – 1453*, p. 297.

功,人们被这份热情所点燃,却没有真正地行动,可谓雷声大雨点小。教宗虽然表示失望,但对此并没有放弃,他带着枢机主教一起前往德意志招募十字军。只是,他们的努力收效甚微,教宗本人仅仅雇到200名士兵,他无奈地给他们配备些精良的武器算作成果。米兰公爵夫人彼安卡·玛丽亚·斯福查(Bianca Maria Sforza)出于虔诚的信仰,为他们增加了100人的兵力。[①]

当托马斯接待了这队人马后,愚蠢地以为兵力足够强大,因此立刻率领他们与自己的军队汇合,进攻帕特拉斯。但攻击并未成功,托马斯最终只是夺回了卡拉夫里塔。正当托马斯志得意满之时,这群意大利雇佣兵却因思乡心切突然启程回家。托马斯害怕自己缺乏兵力后可能会遭到报复,又担心自己的哥哥会乘虚而入,于是头脑发热打算袭击迪米特里,因为他以为此时入侵哥哥的领地一定会有利可图。[②] 迪米特里为托马斯的行动感到惊愕,他的臣民也没有对此做好迎战准备。正忙于北部边境战事的苏丹听闻此事,立即命令一支小分队加入奥马尔的驻军,力图摆平此事。但是这个小分队被疾病所误,迟迟难以出兵。这样一来,奥马尔无法及时发兵出征。此时的马修·亚森也没有足够的能力来调和此事。最终,在拉克迪蒙尼亚的都主教的协调下,两位君主于同年秋季在卡斯特里萨(kastritsa)进行会谈,发誓彼此和平相处。兄弟间的言而无信早就成为末代王朝的惯例,托马斯拒绝履行协议,坚持不归还其攻下的城池给迪米特里,因此后者便如法炮制地袭击了前者,两兄弟的混乱战斗持续了整个冬季。

1460年春,处理好各项重要事务的苏丹无法再忍受两位希腊君主的争斗,决定一劳永逸地平定伯罗奔尼撒半岛,因此亲率一支大军于5月中旬抵达科林斯。[③] 迪米特里被传召前来觐见,但是他却迟迟不愿动身。因为一年半以前他就被通知,苏丹相中他的女儿海伦娜,准备将其选入后宫。海伦娜是迪米特里唯一的孩子,他绝不希望她遭受如此凄惨的命运。他为她选定的理想女婿是卡拉布里亚公爵(Duke of Calábria)的继承人阿拉贡亲王(Aragonese prince),只是由于1458

---

① J. Gill, *Collected Studies: Church Union: Rome and Byzantium, 1204 - 1453*, p. 299.

② J. V. A. Fine, *The Late Medieval Balkans: a Critical Survey from the Late Twelfth Century to the Ottoman Conquest*, p. 598.

③ J. V. A. Fine, *The Late Medieval Balkans: a Critical Survey from the Late Twelfth Century to the Ottoman Conquest*, p. 602.

年这位乘龙快婿的叔叔、那不勒斯国王阿方索(King Alfonso of Naples)的逝世,婚事被搁置了。但他无法违背苏丹要求他觐见的命令,因此便劝说妻子和女儿在他动身之前去莫奈姆瓦夏避难。[①] 同时,他极力拖延时日,没有直接去见苏丹,而是带着丰厚的礼物先去拜见了他的姻亲表哥马修・亚森,他认为这位表兄深受苏丹敬重,希望他能替自己在苏丹面前求情。穆罕默德非但没有听从马修的求情,反而立刻逮捕了马修,并派一支土耳其军队直接向米斯特拉进军。

1460年5月29日,即君士坦丁堡沦陷的七年后,米斯特拉市民眼睁睁地看着土耳其大军沿着帕尔农山(slopes of Párnon)向自己扑来。第二天一早,土耳其大军已经在城外安营扎寨。[②] 苏丹派自己的希腊秘书托马斯・卡塔沃诺斯(Thomas Katavolenos)来说服迪米特里无条件投降,并奉劝他不要试图逃往莫奈姆瓦夏。5月31日,苏丹亲自来到米斯特拉,并将迪米特里请进他的帐篷里。当迪米特里进入帐篷后,穆罕默德特意从座位上站起来,请他坐到自己身旁的椅子上。迪米特里被这一举动吓坏了,但苏丹却温和地与他交谈,并向他保证将给他一片位于色雷斯的封地,以弥补他失去君主国的损失。不过,这一切的前提是他必须把自己的妻子和女儿从莫奈姆瓦夏召过来。[③] 吓破胆的迪米特里被迫听命。两位女士抵达米斯特拉后,直接就被送到了苏丹的太监手中。苏丹也在逗留米斯特拉的第五天,开始征服半岛其余部分。

征服活动进展得很顺利。当苏丹对威尼斯辖下的马沙尼和科罗内进行访问时,他的主力部队在希腊叛徒扎格努斯・帕夏(Zaganos Pasha)的率领下占领了拉科尼亚和阿卡迪亚。迪米特里领地内的两座防御城市卡迪萨(Karditsa)和加第基曾试图抵抗,但很快失败,土耳其军队对被占领地区的男性居民进行了大屠杀,并监禁了妇女和儿童,准备投入苏丹后宫。苏丹在征服过程中,并未遵守伊斯兰教要求穆斯林"禁止对自愿投降的人进行屠杀或监禁"的律法。因此其征服行动激起希腊人民更强烈的反抗。许多城镇的人民宁可战死,也不愿意屈服于他的野蛮行径。在沃斯蒂察和帕特拉斯之间的小城萨尔门尼科(Salmenikon),一度成功抵

① S. Runciman, *Lost Capital of Byzantium: the History of Mistra and the Peloponnese*, p. 83.
② S. Runciman, *Lost Capital of Byzantium: the History of Mistra and the Peloponnese*, p. 83.
③ G. T. Zoras ed., *Chronicle of the Turkish Sultans*, p. 423.

御了土耳其人的入侵,该城执政官君士坦丁·帕列奥列格·格雷塞扎斯(Constantine Palaeologus Graitzas)坚守阵地直到1461年7月,最后投降。[①] 对此,穆罕默德·帕夏称格雷塞扎斯是他在伯罗奔尼撒半岛遇到的唯一真正的男人。为了推行以夷制夷的统治政策,苏丹起用伯罗奔尼撒的希腊叛徒穆罕默德·帕夏(Mehmed Pasha)换掉了扎格努斯。[②] 穆罕默德·帕夏是托马斯君主之子,前者似乎表现出了一些对被征服者的同情。

托马斯君主和他的西方盟友无可奈何地目睹萨尔门尼科被攻占,没有伸出援手。就在迪米特里跟着苏丹悲惨地离开时,托马斯和他的家庭成员带着从帕特拉斯的圣安德鲁教堂携带出来的圣物,怯懦地蜷缩在马沙尼的小镇波尔图隆戈(Porto Longo)。1460年7月,他们启航前往科孚岛。之后,公主和她的孩子留在了那里,而托马斯带着他的珍贵圣物去了意大利。他把圣物献给教宗,换取了自己的养老金。1465年,他在罗马逝世。[③]

托马斯有三个儿子,幼子早夭,次子曼努埃尔改宗成为穆斯林。曼努埃尔本随着父亲一起来到意大利,但是后来却从罗马逃回君士坦丁堡,只因苏丹给他的养老金比教宗给的更丰厚。改宗后,他的伊斯兰教名字为穆罕默德·帕夏。长子安德烈阿斯(Andreas)依然留在罗马,因为他获得的养老金比弟弟更加丰厚,所以他感到生活还是很惬意的,这从他自称"君士坦丁堡的皇帝"中可以证明。他心中的那份骄傲没能保留多久,因贸然地与一位街头妓女结婚而惹怒了教宗,日子便过得艰难起来。为了度日,他将自己对君士坦丁堡和特拉比宗原有的权利先后卖给了法兰西的查理八世(Charles Ⅷ)、西班牙的斐迪南(Ferdinand)与伊莎贝拉(Isabella)。[④] 据传言,他留下了一个名叫君士坦丁的儿子,此人曾一度担任教宗卫队长,最后也默默无闻地死去。

托马斯有两个女儿,长女海伦娜早就嫁给塞尔维亚亲王拉撒尔三世·布兰科维奇(Lazar Ⅲ Brankovic),在丈夫去世后一直寡居。她留有三个女儿,一个从小

---

① J. V. A. Fine, *The Late Medieval Balkans: a Critical Survey from the Late Twelfth Century to the Ottoman Conquest*, p. 604.

② G. T. Zoras ed., *Chronicle of the Turkish Sultans*, p. 425.

③ S. Runciman, *Lost Capital of Byzantium: the History of Mistra and the Peloponnese*, p. 84.

④ C. J. Hogarth, *A History of Russia*, Ⅱ, p. 150.

就嫁给了波斯尼亚国王(King of Bosnia),后来当她的第二故乡被苏丹占领后,便被苏丹收为妃子。另一个女儿嫁给凯法利尼亚领主,但新婚几个月后便逝世了。还有一女嫁给了阿尔巴尼亚酋长斯坎德贝格(Scanderbeg)的儿子。①

托马斯的次女邹伊在其父亲去世后成长于教宗的宫廷,10岁时嫁给卡拉乔洛的一个亲王,但此人很快便逝世了。1472年,当她16岁时,教宗又为她安排了一桩婚事,嫁给莫斯科沙皇伊凡三世(Ivan Ⅲ),教宗希冀通过这一婚姻将俄罗斯转变为天主教领地。伊凡三世先是答应皈依天主教,带着新娘回到莫斯科后便重新归信东正教,邹伊也在婚后为自己重起了"索菲亚"这个东正教的教名,并转变为东正教的热心支持者。她在俄罗斯随着丈夫大张旗鼓地强化沙皇专制,以"第二罗马帝国"的正宗继承者自居,高举起"第三罗马帝国"的大旗,度过了风雨飘摇的一生,逝于1503年。② 她生有六个儿子、一个女儿。女儿最后成为波兰女王,沙皇伊凡雷帝(Tsar Ivan the Terrible)是她的外孙。

苏丹后来给迪米特里一片封地,内含因布罗斯(Imbros)、利姆诺斯岛(Lemnos)、萨索斯(Thásos)、色雷斯的伊诺斯(Enos)以及萨莫色雷斯(Samothráki)的部分地区。迪米特里和妻子与姻亲表兄马修·亚森在伊诺斯生活了七年,生活还算富裕,他们将大部分收入都捐给了教会。③

然而,平静的生活再度被苏丹打破。据乔治·斯弗兰基斯的记载,当时负责掌管苏丹垄断的盐业的马修,为了增加自己的收入,允许他的下属作假欺骗苏丹。④ 苏丹发现了此事,异常愤怒。他勒令马修和迪米特里一家搬去贫困的狄迪蒙特乔(Didymoteicho)。在迁移的过程中,马修不幸逝世。随后,苏丹又对迪米特里一家表现出了仁慈,将他们安置在阿德里安堡的一处住宅里,这是他们的女儿

---

① Doukas, *Doukas: Decline and Fall of Byzatnium to the Ottoman Turks*, p. 186.

② J. V. A. Fine, *The Late Medieval Balkans: a Critical Survey from the Late Twelfth Century to the Ottoman Conquest*, p. 606.

③ J. V. A. Fine, *The Late Medieval Balkans: a Critical Survey from the Late Twelfth Century to the Ottoman Conquest*, p. 606.

④ 乔治·斯佩朗兹的记载固然珍贵,但是对于他的评价要谨慎对待。此人是君士坦丁十一世的忠实好友兼秘书,在写史时时常出现史实被个人的主观色彩歪曲的情况,例如在记述塞奥多利二世的统治时,就刻意贬低了其政绩突出的一面,只因塞奥多利二世在世时常与君士坦丁意见相左。在此处,斯佩朗兹也很不喜欢马修·亚森,因此苏丹到底是因为什么原因惩罚马修和迪米特里一家,还有待继续考证,不可偏信一家之言。

海伦娜居住的地方。实际上,苏丹把海伦娜抢走后并没有直接带进自己的后宫。因为他风闻该女子性格刚烈,如果强制她的话很可能会被她毒害。于是,苏丹将她软禁在阿德里安堡。海伦娜大概在1469年去世,终年二十多岁,临终前将自己的所有财产都捐给了君士坦丁堡牧首。迪米特里夫妇在唯一的女儿逝世后,悲痛欲绝,厌倦了悲惨的世俗生活,于是先后隐居在修道院里。1470年,二人先后逝世。①

拜占庭皇族还有一人,她就是出生于米斯特拉的皇室贵族、塞奥多利二世的独生女,也叫海伦娜。这位公主从小就性格古怪,但对东正教极其虔诚,后嫁到塞浦路斯,为当地东正教发展做出了很大贡献。她在故乡被苏丹侵占前的1458年辞世。

至1461年仲夏,除威尼斯管辖下的科罗内、马沙尼、纳夫普利亚和阿尔戈斯这四座城市外的整个伯罗奔尼撒半岛都落入土耳其人之手。半岛上的希腊人民时常起义反对土耳其人的统治。其中,莫奈姆瓦夏于1464年将自己的城市主权出让给威尼斯共和国,以表明坚决抵抗土耳其人的决心。但是面对苏丹的军事征服,威尼斯人也无力回天。他们不仅无法帮助希腊人夺回半岛主权,就连自己管辖的城市也接连失守。1462年,阿尔戈斯被土耳其人攻陷。1500年,科罗内和马沙尼失守。1540年,威尼斯人在被打得惨败的情况下,主动将最后管辖的两座城市纳夫普利亚和莫奈姆瓦夏献给了苏丹。②

就这样,伯罗奔尼撒半岛被彻底征服,纳入到土耳其人的行政管辖范围内。希腊人的大小起义最终均以失败告终,西方世界此时正当王权集中的过程中,各国自顾不暇,他们一直没有派出任何形式和成规模的援军。拜占庭帝国最后一片领土就这样被征服了,米斯特拉虽然依旧在有序地运转,只不过住在君主宫殿里的再不是希腊人而是土耳其人了。

末代莫利亚君主的经历只是拜占庭帝国衰亡的缩影,真实地反映出拜占庭帝国悲惨凄凉且无可奈何的痛苦过程。强敌压境,内乱不止,有限的资源一点点耗尽,在强大的奥斯曼土耳其帝国压迫下,只能任人宰割、苟延残喘,被周边邻国欺

---

① S. Runciman, *Lost Capital of Byzantium: the History of Mistra and the Peloponnese*, p. 84.

② D. M. Nicol, *Byzantium and Venice: a Study in Diplomatic and Cultural Relations*, pp. 415 - 416.

凌,为基督教世界各种势力所抛弃,内部分崩离析,外部陷入孤立,唯有祈求奇迹,等待最终的灭亡。莫利亚君主国虽然在君士坦丁堡陷落后又存在了将近十年,但也不过是残余势力的余晖逐渐泯灭的过程,而不是顽强抵抗的挣扎,充分说明拜占庭帝国这个老迈的国家气数已尽。其在历史发展中发挥的最后一点积极作用,是维持了拜占庭文化和古典希腊文明活动的平台,成为拜占庭知识分子携带古代文献与文物流亡到意大利的通道。

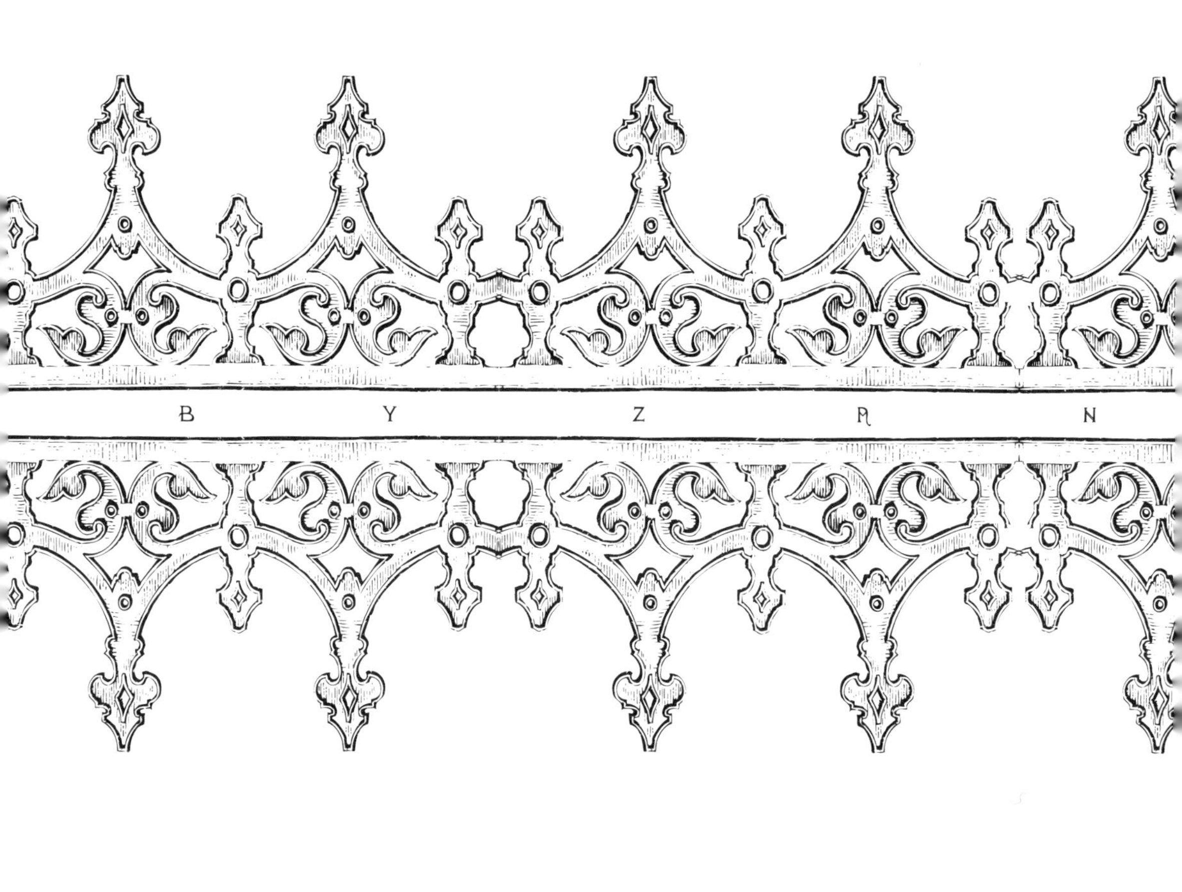
B Y Z A N

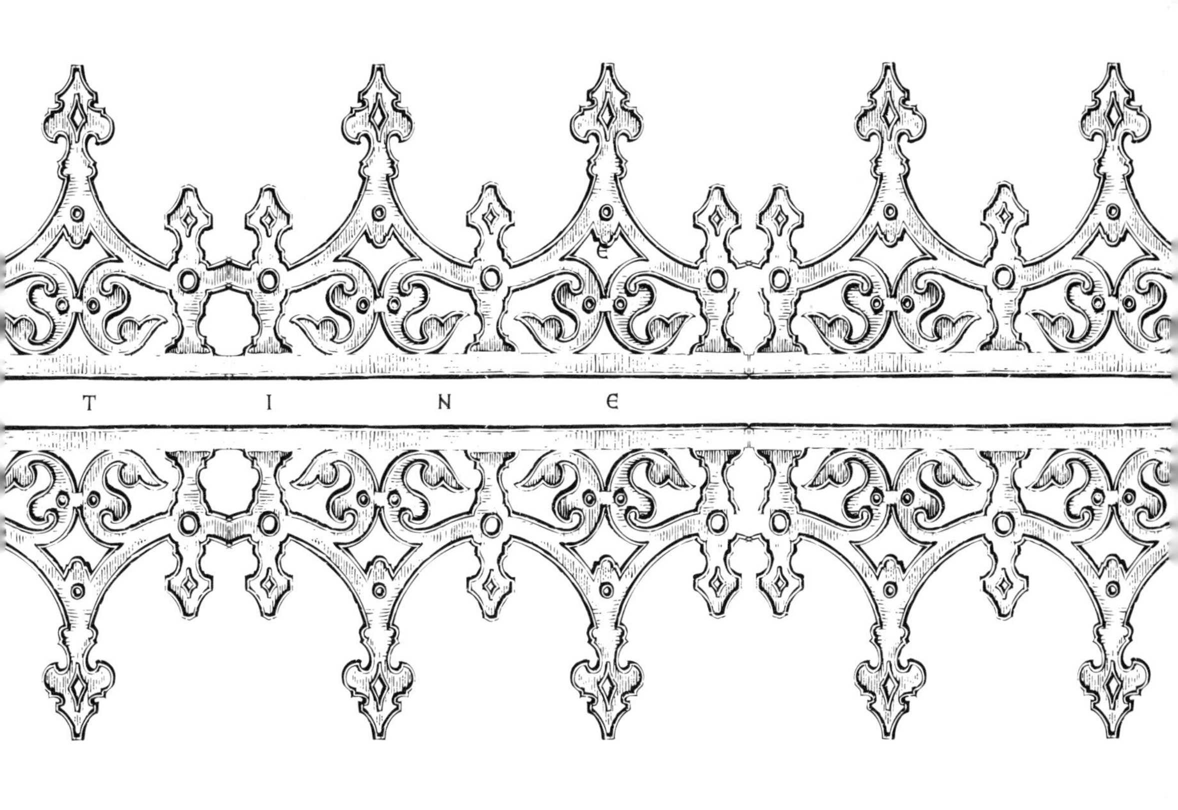
T I N E

BYZANTINE

拜占庭帝国大通史

吐鲁番巴达木墓葬群出土
04TBM103：1正面

吐鲁番阿斯塔纳墓群出土
68TAM191：83 正面

吐鲁番阿斯塔纳墓群出土
68TAM191：83 背面

固原史诃耽墓出土金片

固原史索岩墓出土金片

BYZAN

吐鲁番木纳尔墓群出土
04TMNM102：11正面

吐鲁番巴达木墓群出土
04TBM238：5

吐鲁番木纳尔墓群出土
05TMNM302：1正面

吐鲁番采坎墓群出土
75TKM105：6

吐鲁番阿斯塔那墓群出土
73TAM214：107

吐鲁番阿斯塔那墓群出土
73TAM222：21

蒙古巴彦诺尔突厥贵族墓出土
金币 no. 278

TINE

拜占庭帝国大通史

亚历山大的金币
斯塔特Price 164

腓力二世的金币
斯塔特Le Rider223b

腓力二世的金币
斯塔特Le Rider372

塞奥多西一世
泰米赛斯

塞奥多西二世
索里达

宁夏固原田弘墓（葬于575年）出土
利奥一世金币索里达

印度发现的拜占庭金币
疑似仿制金币

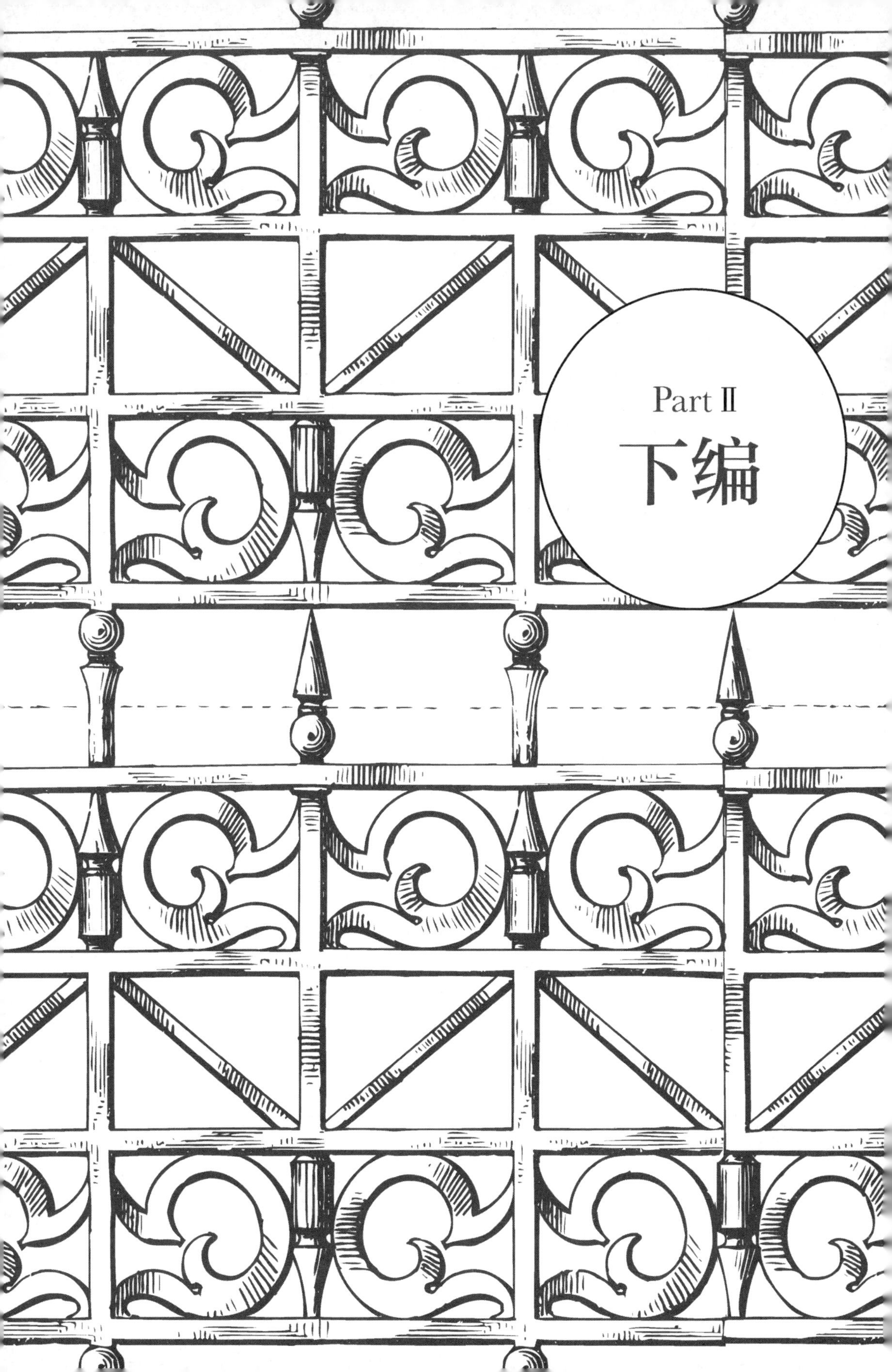

Part Ⅱ

下编

下编各章作者：

拜占庭钱币与中国发现的拜占庭金币　（郭云艳）

拜占庭文化的影响　（张俊芳）

拜占庭帝国科技遗产　（邹薇）

拜占庭史学与史学编纂　（李强、刘宇方、赵法欣）

拜占庭东正教神学遗产　（吴舒屏、陈志强）

郭云艳　河北大学历史学院副教授，南开大学博士

张俊芳　天津医科大学马克思主义学院副教授，南开大学博士

邹薇　四川大学历史文化学院副教授，南开大学博士

李强　东北师范大学历史文化学院副教授，希腊约阿尼纳大学博士

刘宇方　天津师范大学欧洲文明研究院讲师，南开大学博士

赵法欣　西南民族大学旅游与历史文化学院副教授，南开大学博士

吴舒屏　辽宁师范大学历史文化旅游学院教授，南开大学博士

陈志强　南开大学历史学院教授，希腊亚里士多德大学博士

下编

拜占庭帝国的文化遗产

The Cultural Heritage of Byzantine Empire

第一章

拜占庭钱币与中国发现的拜占庭金币

人们今天所谓拜占庭文化,多指拜占庭帝国统治期间,当地人民生活所涉及的物质文化和精神文化。其内容丰富,特点鲜明,国际拜占庭学界对此展开了长达数百年的研究,关于拜占庭文化的研究甚至早于关于拜占庭历史的研究。在意大利文艺复兴运动开始以前,对拜占庭古代文物和古代文献的搜寻就已经形成了热潮,人文主义者的热情自不待言,就连投机取巧的商贾也看到了商机,学术研究与市场扩展同时进行,都取得了不菲的收获。数百年来的研究工作积累了丰富多彩的成果,给后人以目不暇接的感觉。本书作者深知,以本研究团队现有的力量,在一部文字有限的通史中,全面展示拜占庭帝国的文化遗产,几乎是不可能完成的任务。为此,本书选择了拜占庭帝国文化遗产中最有特色的部分展开论述,以此作为管窥其博大精深文化的观察点。

拜占庭帝国最为自豪且最为人称道的是其“富庶”,作为富庶标志的是赫赫有名的拜占庭金币。自从19世纪末在新疆和田发现拜占庭金币的仿制品以来,在中国境内多地出土拜占庭金币以及以金币为原型的仿制品。这些金币的入葬时间为公元6世纪初到8世纪,而从形制判断的金币制造时间和仿制品原型的制造时间集中在公元5世纪到8世纪。这些发现构成了考察5—8世纪中国与拜占庭帝国之间横跨欧亚大陆的政治、经济、文化交流的重要证据。

本章将分为五节。第一节概要说明拜占庭钱币发展演变的概况,从而为后文关于中国所发现拜占庭金币的信息梳理和研究提供必要的背景资料。第二节是按照拜占庭金币、仿制金币、仿制金片三种类型,按照制作时间,逐一分析其形制,这是相关拜占庭经济史研究的基础。第三节在对金币和金片研究成果归纳的基础上,就关于金币和金片的文物考察与历史分析提出一些新问题。第四节通过对金币上常见的带翼胜利神祇的形制进行考察,具体分析这种形制在从希腊化时期、罗马共和国、罗马帝国前期向拜占庭帝国前期过渡的过程中,其形制和寓意的演变。第五节则是通过对中亚地区货币政策的考察及其与东西两地的联系,分析拜占庭金币为什么会在5—8世纪时从拜占庭帝国逐渐向东传入中国等东亚地区。

第一节

拜占庭钱币概述

在拜占庭帝国千余年的历史中,与政治兴衰密切相关的钱币同样经历无数次变革,包括币种(金币、银币、铜币)、外观、重量、金属含量、形制(图案与铭文)等在内的所有因素,均在不断变化中。到1453年拜占庭帝国灭亡时,社会上的通用钱币与帝国早期和中期的货币已大相径庭,甚至与同为晚期的11世纪钱币相比,差别也极为明显。但正如拜占庭帝国在千余年中虽变化不断、但帝祚传承始终延续一样,拜占庭钱币在不同时期的变化背后也存在着有迹可循的规律,即帝国千余年中发展演变的脉络。纵观拜占庭帝国的钱币史,这一脉络清晰可见,因此钱币史也是拜占庭文化研究中的重要组成部分。

在说明拜占庭钱币基本特征之前,需明确两个基本概念:"钱币(coins)"与"货币(money)"。"钱币"一般指金属币,钱币史的研究对象是钱币本身的形制演变以及与之相关的钱币生产与管理,重点关注钱币本身的单位、重量、大小、金属含量,尤其是币面上图案的发展变化等等。"货币"范围更广,包括"实物货币、称量货币和信用货币"[①],在钱币为通用货币的社会中,货币史的研究对象虽然也是钱币,也关注钱币的生产与形制变化,但主要考察的是作为该社会经济发展中重要组成部分的金融制度,如钱币的管理、生产与发行,不同材质钱币的使用范围,钱币与税收、军事、外交政策的关系等。相比于钱币史,货币史的研究范围更宽,涉及拜占庭帝国经济制度、金融管理、外交政策等问题,远远超出本章的研究范围。因此本节将主要从钱币史角度概括说明拜占庭钱币的构成及特征。

一 拜占庭钱币史的起始时间与历史分期

考察拜占庭帝国的钱币必然涉及年代问题。国际拜占庭钱币学界对拜占庭钱币史的上限有三个选择:1. 以395年东西帝国分治为节点,将阿卡狄乌斯(Arcadius,395—408年在位)作为拜占庭钱币史的开端;[②]2. 以498年阿纳斯塔修斯一世(Anastasius Ⅰ,491—518年在位)的货币改革为起点;[③]3. 以戴克里先(Diocletian,284—305年在位)或君士坦丁一世(Constantine Ⅰ,306—337年在位)的货币改革为起点。[④]

① 马飞海:《代序:一个敢于开拓中国钱币学新局面的学者——纪念彭信威先生和〈中国货币史〉出版40周年》,收录于彭信威:《中国货币史》,上海:上海人民出版社2015年版,第4页。

② J. Sabatier, *Description générale des monnaies byzantines frappées sous les empereurs d'Orient depius Arcadius jusqu'à la prise de Constantinople par Mahomet Ⅱ*, vols. 1-2, Paris: Rollin et Feuardent, 1862.

③ W. Wroth, *Catalogue of the Imperial Byzantine Coins in the British Museum*, vols. 1-2, London: Longmans & CO., 1908.

④ M. F. Hendy, *Studies in the Byzantine Monetary Economy, c. 300-1450*, Cambridge: Cambridge University Press, 1985.

第一种意见在19世纪20世纪初较为流行,因当时学界多以395年作为晚期罗马帝国的开端,①塞巴提耶在编撰钱币目录时,既是因循史学界的做法,也是为与科恩(H. Cohen)的《关于罗马帝国钱币的历史叙述》衔接,后者虽然对西部帝国的钱币叙述一直延续到罗慕洛(Romulus Augustulus,475—476年在位)退位,但东部帝国的钱币记录却截止在阿卡狄乌斯之前。②

这种意见在进入20世纪后被放弃,罗思(W. Wroth)认为,从阿卡狄乌斯到罗慕洛时的帝国虽分东西两部,但其钱币在风格、类型和材质上是同质的;③格里尔森则称虽然阿卡狄乌斯首次在金币索里达上引入3/4正面微侧胸像,似乎在形制上与罗马帝国前期形成差别,④但鉴于其发行的金币索里达仍以侧面胸像为主,3/4正面微侧胸像只是偶尔为之,似乎也构不成钱币史的重要分期根据。

第二种意见自罗思在《大英博物馆拜占庭帝国钱币目录》中首次采用后,一直为现今罗马—拜占庭钱币学界沿用。其理由在于,真正令罗马帝国东西两部的差别完全显现的是476年罗慕洛退位,但此时东部皇帝芝诺(Zeno,474—491年在位)的钱币尚不构成分水岭,而其后阿纳斯塔修斯一世进行货币改革,发行新铜币弗里斯(*follis*, *-es*)⑤,因此,阿纳斯塔修斯一世的即位更适宜作为晚期罗马帝国钱币史的开端。⑥ 罗思的著作与分期方法对此后罗马—拜占庭钱币学的研究影响如此之大,以至于各博物馆在收集、整理、编目时均以此为据,当各国将各自馆藏的钱币整理出版时,自然因循这一做法。具体表现为罗马帝国钱币史均以芝诺皇

---

① J. B. Bury, *History of Later Roman Empire*, from Arcadius to Irene (A. D. 395 - 800), vols. 1 - 2, London: MacMillan and Co., 1899.

② H. Cohen, *Description historique des monnaies frappées sous l' empire Roman*, vols. 1 - 7, Paris: Rollin et Feuardent, 1859 - 1868.

③ W. Wroth, *Catalogue of the Imperial Byzantine Coins in the British Museum*, p. xi.

④ P. Grierson, *Byzantine Coins*, London: Methuen & CO LTD, 1982, p. 2. 中译本见:[英]菲利普·格里尔森:《拜占庭货币史》,武宝成译,北京:法律出版社2018年版,第3页。

⑤ 全文中相关钱币单位首次出现时,会在括号中注明其拉丁语或希腊语名称,如此处的(*follis*, *-es*)表示"弗里斯"的拉丁语名称单数形式为*follis*,复数形式为*folles*;后面的(*nummus*, *-i*)则表示"努姆斯"单数形式为*nummus*,复数形式为*nummi*,其中"*-es*""*-i*"表示代替单数名称尾缀的复数尾缀,即"*-is*"改为"*-es*"、"*-us*"改成"*-i*"。后文出现的希腊语钱币单位名称同样如此,本文所有钱币单位的中译名("六克钱"除外,见后文)据单数形式进行音译。

⑥ W. Wroth, *Catalogue of the Imperial Byzantine Coins in the British Museum*, pp. xi - xii.

帝为下限，如十卷本的《罗马帝国钱币》①，瓦吉的两卷本《罗马帝国钱币与历史》。② 拜占庭时期的钱币从491年开始，如顿巴登橡树园编撰的5卷9册的《顿巴登橡树园和怀特莫尔古物收藏中的拜占庭钱币目录》③，哈恩（W. Hahn）的《拜占庭帝国钱币》④以及莫里森的《法国国家图书馆拜占庭钱币目录》。⑤

由于这种做法很普遍，学者们在使用时也归纳出其他差异来论证这种分期方法的合理性，格里尔森称，进入6世纪后，西部帝国完全陷入日耳曼王国的影响，货币发行制度已不复存在，而东部帝国自阿纳斯塔修斯后钱币上的早期帝国传统不仅十分有限，且很快发展为一个全新货币体系。⑥ 然而，这种对阿纳斯塔修斯一世货币改革的评价显然过于夸大。事实上，这次改革与此前货币制度的承继特征十分明显：一方面，金币的索里达体系未受影响，甚至形制也没有发生明显变化；另一方面，此时新发行的铜币弗里斯与戴克里先创立的铜币努姆斯（*nummus*, -*i*）关系密切，1弗里斯 = 40努姆斯，且此后努姆斯在计量铜币时也一直存在。因此以491年为区分罗马帝国钱币和拜占庭钱币的界限，虽普遍采用，但并不能反映罗马—拜占庭帝国钱币制度的划时代变革。

第三种意见是亨迪在《300—1453年的拜占庭货币经济研究》一书中所采用，他明确指出，阿纳斯塔修斯一世在498年进行的货币改革并没有从本质上改变帝国的货币制度与结构；真正奠定拜占庭时期货币结构基础的是戴克里先和君士坦丁一世的两次货币改革，因此谈论拜占庭货币的合适起点应当为4世纪初。⑦ 这一观点也得到其他钱币学家的认可，莫里森在为《拜占庭经济史》撰写"拜占庭货

---

① J. P. C. Kent, *The Roman Imperial Coinage*, vol. x, *The Divided Empire and The Fall of the Western Parts, AD 395 - 491 (RIC X)*, London: Spink and Son LTD., 1994.

② D. L. Vagi, *Coinage and History of the Roman Empire, c. 82 B. C. - A. D. 480*, Chicago: Fitzroy Dearborn Publishers, 1999.

③ A. R. Bellinger and P. Grierson, *Catalogue of the Byzantine Coins in the Dumbarton Oaks Collection and in the Whittemore Collection*, vol. 1 - 5 (DOC), Washington, D. C.: Dumbarton Oaks Research Library and Collection, 1966—1968—1999.

④ W. Hähn, *Moneta Imperii Byzantini, Rekonstruktion des Prägeaufbaues auf synoptisch-tabellarischer Grundlage*, band 1 - 3 (MIB), Wien: Österreishische Akademie der Wissenschaften, 1973, 1981.

⑤ C. Morrison, *Catalogue des monnaies byzantines de la Bibliothèque nationale*, Tome 1 - 2, Paris: Bibliothèque nationale, 1970.

⑥ P. Grierson, *Byzantine Coins*, p. 3.

⑦ M. F. Hendy, *Studies in the Byzantine Monetary Economy, c. 300 - 1450*, pp. 16 - 17.

币”章节时,虽然其计划书写的是7世纪之后的货币发展,但数次强调拜占庭的货币制度从君士坦丁开始,到1453年绵延千余年。①

上面三种观点中,影响力最大的是第二种,但从拜占庭学研究角度看,第三种无疑更具说服力。根据前面的介绍,可知学者们选用前两种方法时虽列出一定理由,但更多的是源于对接罗马帝国前期钱币研究的需求。西欧的钱币学家们主要关注西部地区、特别是476年之前的钱币与数据;对帝国东部钱币形制与发展的关注是前者的延续与补充,塞巴提耶以395年为始的看法主要是弥补科恩对阿卡狄乌斯以后帝国东部钱币的忽略。“491年”论者则是这一倾向的延续与完善,他们认为,一方面,关于早期罗马帝国钱币史的研究逐渐弥补了对阿卡狄乌斯之后东部钱币的忽略,另一方面,“罗马帝国钱币史”的下限为476年,作为拜占庭钱币史开端的年份不宜早于这一年,因此,恰逢此后的498年有一次货币改革,于是阿纳斯塔修斯一世的统治就成为“罗马帝国钱币”与“拜占庭钱币”的分界线。可以说,这两种观点均是“西欧中心论”影响下的产物,不符合罗马—拜占庭帝国货币制度发展演进的历史规律。从拜占庭钱币的收藏与研究来看,491年前后的钱币既无法完全分割,罗马帝国钱币史的研究在涉及4—5世纪的钱币时,往往偏重西部,而对东部钱币发展演变的叙述不够清晰,②因此,顿巴登橡树园在编撰了5卷《拜占庭钱币目录》之余,还出版了《晚期罗马钱币目录》③,涵盖从阿卡狄乌斯到阿纳斯塔修斯的钱币,以补充该时段帝国东部地区钱币的发展与形制变化。

相较而言,以4世纪初为起点探讨拜占庭时期帝国的货币经济更为合理。一方面,3世纪大危机期间帝国原有的货币制度和钱币结构已经崩溃,从3世纪后半期开始,数位皇帝着手改革币值,整治金融秩序,其中戴克里先的改革略有成效,直到君士坦丁一世的再次改革才最终成功,开启了帝国货币的新秩序。另一

① C. Morrisson, “Byzantine Money: Its Production and Circulation,” ed A. E. Laiou, *The Economic History of Byzantium, from the Seventh through the Fifteenth Century (EHB)*, vol. 3, Wanshington, D. C.: Dumbarton Oaks Research Library and Collection, 2002, pp. 909 - 966. 该文隶属《拜占庭经济史:从7世纪到15世纪》,考察的主要是7世纪之后拜占庭货币的生产、使用与传播等情况,但文中作者明确支持拜占庭钱币体系从君士坦丁一直延续到1453年,因为钱币的生产、管理、形制基本延续。

② 见 *RIC X*。

③ P. Grierson and M. Mays, *Catalogue of Later Roman Coins in the Dumbarton Oaks Collection and in the Whittemore Collection, from Arcadius and Honorius to the Accession of Anastasius (DOC Later Roman)*, Washington, D. C.: Dumbarton Oaks Research Library and Collection, 1992.

方面,君士坦丁一世改良后的金币索里达十分成功,此后数百年间在币形、纯度和重量方面保持着惊人的稳定性,成为拜占庭帝国的财富标志和对外象征。因此,考察拜占庭钱币当从4世纪初开始。

从4世纪初到1453年,拜占庭钱币的类型、外观、形制经历了许多变化,要说明这千余年中它们发展演变的特征,就需要按照一定方法加以分类和归纳。在实践中,学者们选用的编排方法可归为两类:一是横向考察,就与钱币有关的生产管理、形制演变等分别概括总结。如塞勒斯(W. G. Sayles)在介绍拜占庭货币文化时,从包括形状、图案、铭文在内的外观特征、钱币的铸造地区和地区特征等角度来说明;[①]再如莫里森为《拜占庭经济史》撰写的《拜占庭货币》,分别从钱币的金属纯度(尤其是金币)、钱币的生产制作、生产钱币的金属供应、钱币的结构变化、钱币在国内的使用范围以及在境外的传播等方面来阐述。[②] 二是按时间先后纵向说明不同时期钱币在生产管理、形制变化等方面的发展特征。这种方法十分普遍,特别适用于需要详细说明钱币的形制特征、变化细节的钱币目录。各国出版的大部头钱币目录均按照皇帝世系表来逐一说明,再根据篇幅划分卷册。如罗思的两卷本《大英博物馆拜占庭帝国钱币目录》涵盖从491年到1453年拜占庭帝国所有皇帝发行的钱币,第二卷从668年的君士坦丁四世开始。哈恩的《拜占庭帝国钱币》从491年到720年,以565年和610年为节点分为三卷。美国顿巴登橡树园编撰的钱币目录内容更为丰富,在分卷册时首先按照从491年到1453年的政治史变化,以602年、717年、1081年、1261年节点分为五卷,除第一卷外,其他每卷又分为两册。

不仅大部头的钱币目录在分卷时有较强的随机性,关于拜占庭钱币的专著也缺乏一致的分期。希尔(D. R. Sear)在《拜占庭钱币与价值》中没有进行分期,直接按照皇帝世系分别选取数枚钱币说明该时期的钱币特征。[③] 怀丁(P. D. Whitting)和格里尔森按照王朝的更迭,分别从六个时期和八个时期来说明钱币的发展变化。怀丁设置的六个时期为:1. 阿纳斯塔修斯一世与查士丁尼一世(491—602

---

① W. G. Sayles, *Ancient Coin Collecting V. The Romaion/Byzantine Culture*, Iola: Krause Publications, 1998.

② C. Morrisson, "Byzantine Money: Its Production and Circulation," pp. 909 - 966.

③ D. R. Sear, *Byzantine Coins and Their Values*, London: Seaby Audley House, 1974.

年);2. 从福卡斯到君士坦丁四世(602—685 年);3. 查士丁尼二世和毁坏圣像运动(685—767 年);4. 马其顿王朝与科穆宁王朝(867—1204 年);5. 拉丁征服与流亡帝国(1204—1261 年);6. 帕列奥列格王朝(1261—1453 年)。① 格里尔森设置的八个时期为:1. 6 世纪(491—610 年);2. 伊拉克略王朝及其继承者(610—717 年);3. 伊苏里亚王朝及其继承者(717—820 年);4. 阿莫利亚王朝与马其顿王朝早期(820—969 年);5. 马其顿王朝晚期及其继承者(969—1081 年);6. 科穆宁王朝与安苴鲁斯王朝(1081—1204 年);7. 流亡帝国时期(1204—1261 年);8. 帕列奥列格王朝(1261—1453 年)。② 与上述按照皇帝世系或王朝更迭的政治变动为分期标准不同,亨迪在分期时更注重拜占庭货币史的发展变化,他以四次大规模货币改革为节点将拜占庭货币史分为五个阶段:1. 戴克里先到芝诺(284—491 年);2. 阿纳斯塔修斯一世到塞奥多西三世(491—717 年);3. 利奥三世到尼基弗鲁斯三世(717—1081 年);4. 阿莱克修斯一世到安德罗尼库斯三世(1081—1341 年);5. 约翰五世到君士坦丁十一世(1341—1453 年)。

由上可知,关于拜占庭货币史或钱币史的研究缺乏统一的分期方法。这是因为即便从货币史角度看,帝国自 4 世纪初以来有过五次大规模货币改革(除上述四次外,还有戴克里先和君士坦丁时期的货币改革),但这些改革有时涉及所有币种,有时仅涉及个别币种,且钱币的重量与形制在其他时间也会发生调整。也就是说,钱币本身的变化与货币改革并不一一对应,拜占庭钱币体系中的每一种钱币、每一种币值都有各自的发展变化轨迹,因此“很难细分出拜占庭货币的发展阶段”③,自然没有被学界广为接受的历史分期。

本书旨在简要概述拜占庭帝国钱币的构成以及在帝国内各自的生产、管理和适用范围,以便为认识后面中国发现拜占庭金币及仿制品提供相应背景。亨迪的分法有助于认识拜占庭帝国金融领域的几次重大变革,却不能说明钱币本身的特征,而按照王朝更迭或皇帝世系来说明又显得冗长,无法突出重点。鉴于拜占庭钱币包含三种材质,每种材质的钱币在生产、用途、形制以及外部影响方面均不相

---

① P. D. Whitting, *Byzantine Coins*, London: Barrie & Jenkins, 1973.

② P. Grierson, *Byzantine Coins*, 1982.

③ P. Grierson, *Byzantine Coins*, p. 3.

同,因此本书将横向地从四部分来说明拜占庭钱币的特征,在简要说明拜占庭钱币的结构与生产管理后,再从金币、银币、铜币三个方面阐述每种钱币的形制、单位在整个拜占庭历史时期的发展演变。

二　拜占庭钱币结构与生产管理

总的说来,在拜占庭时期,帝国仍沿循自希腊化以及罗马时期的币制结构,金、银、铜三种钱币并行。只是帝国前期以银币第纳里(*denarius*)为主、金币和铜币为辅的钱币体系在3世纪大危机中彻底崩溃,由戴克里先和君士坦丁的货币改革确立起的新币制,与前期相比有一明显变化,即金币取代银币成为帝国金融体系的核心。

金、银、铜三种金属币制是希腊罗马世界的传统,最早可上溯至马其顿王国。与古典时期希腊诸城邦各自或以银币、或以铜币为主不同,腓力二世(Philip Ⅱ,前359—前336年在位)同时生产金币、银币和铜币。之后,因亚历山大(Alexander Ⅲ,前336—前323年在位)的军事征服和重要影响,三种金属币制广为传播。即使有些地区缺乏某一种金属,也会勉力生产一些以维持三种金属币制。如埃及属于缺银地区,托勒密王朝仍将从外地流入的银币重新铸造为本朝银币,①以完善其金属币制。及至罗马,在共和国初期,罗马人在坚持使用铜块、铜币的钱币传统基础上,分别在公元前3世纪初和3世纪末开始发行银币和金币,虽然不同时期金币数量多寡不同,但三种金属币制的影响已然广泛传播。共和国末期,由于铜币贬值严重而退出市场,罗马一度实行金银双币制。奥古斯都掌权后,重新发行铜币,金、银、铜三种金属币制再次确立,成为罗马帝国前期钱币结构的基本形态。不过,从希腊化时期至罗马帝国前期,虽然金币的生产几乎没有断绝,但钱币体系中银币的地位最为重要,金币一直不是钱币体系的主币。

之所以公元3世纪末4世纪初的货币改革能够使得金币取代银币成为钱币体系的核心,根源在于3世纪大危机中银币体系的崩溃。3世纪时,银币崩溃的

---

① O. Morkholm, *Early Hellenistic Coinage, from the Accession of Alexander to the Peace of Apamea (336 – 188 B. C.)*, Cambridge: Cambridge University Press, 1991, p. 4.

重要标志在于银币纯度大幅降低,银币的含银量甚至跌至1%—2%。银币的纯度降低并未引发经济大问题,也不是3世纪才出现,从共和国时期发行银币以来,银币的纯度一直在缓慢下降。从最初接近纯银的含银度,到奥古斯都时纯度为98%左右,其后尼禄(Nero,37—68年在位)时降至93.5%,到马可·奥勒留(Marcus Aurelius,161—180年在位)时,银币纯度为80%。[①] 之所以降低纯度,目的是用等量的白银制作更多的钱币来满足增长的开支,其中军费是大头。在纯度下降幅度不明显时,这不失为货币管理的有效手段。然而进入3世纪后,银币贬值步伐加快。塞维鲁(Septimius Severus,193—211年在位)时,银币纯度骤降至不足50%,215年卡拉卡拉(Caracalla,211—217年在位)发行的安东尼钱(*antoninianus*, *-i*)在含银量上与塞维鲁时期的第纳里相差无几。[②] 但安东尼钱并没有阻挡住银币的贬值趋势,图拉真(Trajan Decius,249—251年在位)时,银币纯度降至40%左右,[③]从瓦勒良(Valerian Ⅰ,253—260年在位)末期开始,银币纯度再次大幅降低,到奥勒良(Aurelian,270—275年在位)时,号称银币的安东尼钱中已经完全不含银,只是用铜币外面镀银,勉强保持银色。[④]

戴克里先即位时,帝国的银币以及钱币总体状况十分混乱:安东尼钱的含银量几乎可忽略不计,而奥勒良对安东尼钱进行改革后发行的奥勒良钱(*aureliania-nus*,*-i*)含银量虽然恢复到卡拉卡拉时的50%左右,[⑤]但仅限于帝国东部地区,混乱的西部地区仍沿用原来的安东尼钱。更糟糕的是,由于银币的快速贬值,相对稳定的金币被挤出市场,多被窖藏起来,[⑥]与贬值后银币价值相当的铜币也被排

---

① C. Katasri, *The Roman Monetary System, the Eastern Provinces from the First to the Third Century AD*, Cambridge: Cambridge University Press, 2011, p.78.

② 安东尼钱是公元214—215年卡拉卡拉引入的一种含有一定量白银的合金币,但文献中没有明确的钱币名称,学界从《罗马帝王记》(*Scriptores Historiae Augustae*)借用了这一意义含混的名称来表明这类钱币。H. Mattingly and E. A. Sydenham, *The Roman Imperial Coinage, vol. Ⅳ, Pertinax to Geta*, London: Spink & Son, Ltd, 1936, pp. v-vi.

③ E. R. Caley & H. D. McBride, "Chemical Composition of Antoniniani of Trajan Decius, Trebonianus Gallus and Velertian," *The Ohio Journal of Science*, vol.56 (1956), pp.285-289.

④ P. H. Webb, *The Roman Imperial Coinage, vol.* Ⅴ., *Varelian I—Interregum (RIB V)*, London: Spink & Son Ltd., 1968, pp.7-8.

⑤ P. H. Webb, *The Roman Imperial Coinage*, p.9.

⑥ M. F. Hendy, *Studies in the Byzantine Monetary Economy, c. 300-1450*, p.448.

挤出去。[①] 原有的三种金属币制完全崩溃。

在此背景下,戴克里先和君士坦丁先后进行货币改革,重新规定三种金属的单位、重量与纯度,重建三种金属币制。戴克里先的钱币结构中包括金币(索里达,*solidus*, *-i*)[②],银币(*argenteus*,*-i*)和含有一定白银的铜币(努姆斯,*nummus*,*-i*)以及两种铜币辅币。然而,这次货币改革不太成功,金币仅偶尔发行,且多被窖藏,几乎未进入市场。银币的纯度很高,几乎为纯银,但因3世纪以来钱币环境的恶化,人们过于珍惜这种纯银币,导致它难以进入日常交易,努姆斯和铜币辅币成为市场流通主币。[③] 君士坦丁在高卢称帝后,于309年对货币进行改革,按照1磅制作72枚金币的标准生产索里达,发行两种银币西里夸(*siliqua*, *-ae*)和米利兰西翁(*miliaresion*, *-a*),同时又将努姆斯改为铜币,且下调其重量,从而重建了三种金属币制。然而,百年来银币的贬值趋势并未停止,随着银币的再次贬值,皇帝们发布法令规定金银币的兑换价值,并严厉打击熔铸金币的行为。[④] 这些法令不仅在4世纪时稳定了货币体系,而且还在此后一直得到贯彻,从而建立起拜占庭帝国的稳定货币体系,帝国在14世纪中期之前一直发行、使用金币为通货,形成了金本位传统。从4世纪开始,在几乎整个拜占庭帝国的历史进程中,无论银币和铜币如何贬值、如何改革,金币在大部分时期均保持稳定,成为其象征,进而成为中古世界信誉度最高的国际货币。

关于拜占庭时期的三种金属币制,还需要说明其生产与管理模式。总体上,所有材质的钱币,均有着比较严密的组织、生产和发行程序,虽然管理部门的名称在不同时期有所变化,但基本程序差别不大。首先,铸币厂从政府获得铸币所用金属后,按照皇帝规定的纯度、重量和形制,对金属进行加工、提纯、熔铸和打压,制作成合格的钱币。金属来源包括矿藏和回收旧钱币两种途径。一方面,在拜占

---

① *RIB V.*, p. 8.

② 戴克里先发行的金币重约5.4克,1罗马磅黄金制作60枚;君士坦丁发行的金币重约4.5克,1罗马磅黄金制作72枚。根据在石刻上发现的301年戴克里先颁布的《价格敕令》(*edictum de Prettis Venalium Rerum*),当时的金币也称索里达(*solidus*)。M. F. Hendy, *Studies in the Byzantine Monetary Economy, c. 300–1450*, p. 449.

③ A. Kropff, "Diocletian's Currency System after 1 September 301: an Inquiry into Values," *Revue Belge de Numsmatique et de Sigiliographie*, 158(2017), pp. 167–187.

④ C. Katasri, *The Roman Monetary System, the Eastern Provinces from the First to the Third Century AD*, p. 102.

庭时期帝国的疆域虽不断收缩,但在有限的领土上总是会偶尔发现一些新矿,在一定时期内使得钱币发行更为稳定,只是这种情况偶然性较大,可以补充钱币生产所需的金属供应,却不能过度依赖。另一方面,旧钱币的回收是钱币管理的重要内容,每年通过税收从民间收上来的钱币将定期送往铸币厂重铸,由于旧钱币只有部分能够回收,当回收旧币难以充分满足生产新币的需求时,则需通过其他方式扩大金属的来源,如熔铸其他金属器物,从教会、私人手中夺取相应财物,甚至向外国商人贷款等。①

其次,当铸币厂获得不同种类的金属矿石以及旧钱币或其他金属器物后,他们需要先对金属进行加工。例如,金属矿石需要冶炼、提纯,即便是旧币和金属器物也需要冶炼、提纯,获得符合标准纯度的金属后,再熔铸成规定大小的圆形块状坯子,如金币索里达的规格是 24 克拉,所以要将 1 罗马磅黄金分成 72 块圆型金坯。② 随后,这些圆形金属坯子分发到各个作坊,工人们用规定好的模具趁其未完全冷却时打制成具有双面图案的钱币。在拜占庭时期,每位皇帝即位后都要重新发布钱币形制,尽管此时钱币上的皇帝肖像已经不像早期那样强调在位皇帝的五官特征,但包含皇帝名号的铭文必须更改。因此,每位皇帝即位后都要先在首都制作新印模,之后将复制品送往各铸币局以及其他省区的铸币厂,以确保钱币的铭文与形制得以及时更新。当钱币制作完成后,还有专门的监察官员,负责审核钱币的重量与质量是否符合标准,③不合格者将回炉重造。

用印模打制贵金属钱币是源于古代希腊的传统,罗马人最初用模具浇铸制作铜锭和铜币,后来学习希腊制作金银币时也将打制钱币的技术逐渐运用到所有金属货币的制作中。印模包括上下两个,下方的刻印着正面形制,被固定于基座上,当热度尚存的坯子放上去后,工人将有背面形制的印模放在坯子上,用力击打,将印模上反刻的形制打印在钱币上。④ 由于贵金属和低价金属的材质不同,打制贵

---

① C. Morrisson, "Byzantine Money: Its Production and Circulation," p. 942.

② 1 罗马磅为罗马社会的重量标准,由于其在罗马不同时期的标准似乎也不完全一致,根据文献记载研究,一般认为公元 3—4 世纪时,1 罗马磅相当于约 322 克,因此重量为 1/72 罗马磅的索里达标准重量约为 4.47 克。

③ C. Morrisson, "Byzantine Money: Its Production and Circulation," p. 913.

④ C. H. V. Sutherland, *The Roman Imperial Coinage, vol. 1, from 31 BC to AD 69 (RIB I)*, London: Spink and Son Ltd., 1984, p. 10.

金属的印模通常用青铜制作,打制铜币或合金币的印模用铁制作。[1] 由于正面印模被固定好,而背面印模拿在工人手中,若打制前不特别摆放位置,则正背面形制会发生同心转向。在希腊化时期,钱币打制逐步规范,正背面形制经常呈现为朝向完全一致的12点钟方向,或上下颠倒的6点钟方向。[2] 这一做法被罗马人承继下来,进入到罗马帝国时代后,钱币上正背面图案的角度严格遵循上下颠倒的6点钟方向,或者说“印模相对倒置”。[3] 直到进入拜占庭时期后,钱币上的形制不再像早期那么严格要求,正背面图案的角度依然是上下颠倒,但有时或略微偏一些,不是严格的6点钟方向。

由上下两个印模打压在钱币上形成的图案,是辨识钱币的主要依据。钱币的形制通常包括直径、重量以及币面上的图案与铭文,而在一段时期内,钱币的规格相对不变,故而钱币的形制研究主要就是对币面上图案与铭文的辨识。后文提到的形制主要指钱币的图案与铭文。既然钱币以国家名义发放,其形制自然传达着皇帝希望民众了解的信息,包括皇帝的肖像、皇帝的帝号与尊号,帝国的权威、神的庇护等等。只是拜占庭帝国在千余年的历史演变中,政治、思想、文化发展造成的差异较大,且三种材质钱币因承担功能不同,发放对象不同,形制的特征与演变并不同步,因此关于它们各自的形制特征将在后文分别介绍。

当钱币的重量、形制通过监察官审核后,就需投放市场。贵金属钱币主要用于政府向各级官员和将军发放薪俸,[4]铜币主要用于向普通士兵以及各地低级官吏发放,因此前者管理更为严格,仅个别铸币厂被授权制作金币。在拜占庭时期,君士坦丁堡铸币厂最为重要,帝国所需贵金属钱币主要由它供应,其他铸币厂则需特别授权才能生产金币。在东部帝国,除君士坦丁堡铸币厂外,只有塞萨洛尼基铸币厂有时能获此殊荣。拜占庭帝国早期时还有些例外,如查士丁尼西征成功

---

① M. H. Crawford, *Roman Republican Coinage*, vol. 2, London: Cambridge University Press, 1975, p. 576.

② O. Morkholm, *Early Hellenistic Coinage, from the Accession of Alexander to the Peace of Apamea (336 – 188 B. C.)*, pp. 16 – 17.

③ 陈志强:《我国所见拜占廷铸币相关问题研究》,《考古学报》2004年第3期,第309页;夏鼐:《赞皇李希宗墓出土的拜占廷金币》,《考古》1977年第6期,第404页。

④ C. Morrisson & J.-C. Cheynet, “Prices and Wages in the Byzantine World,” *EHB*, pp. 859 – 869.

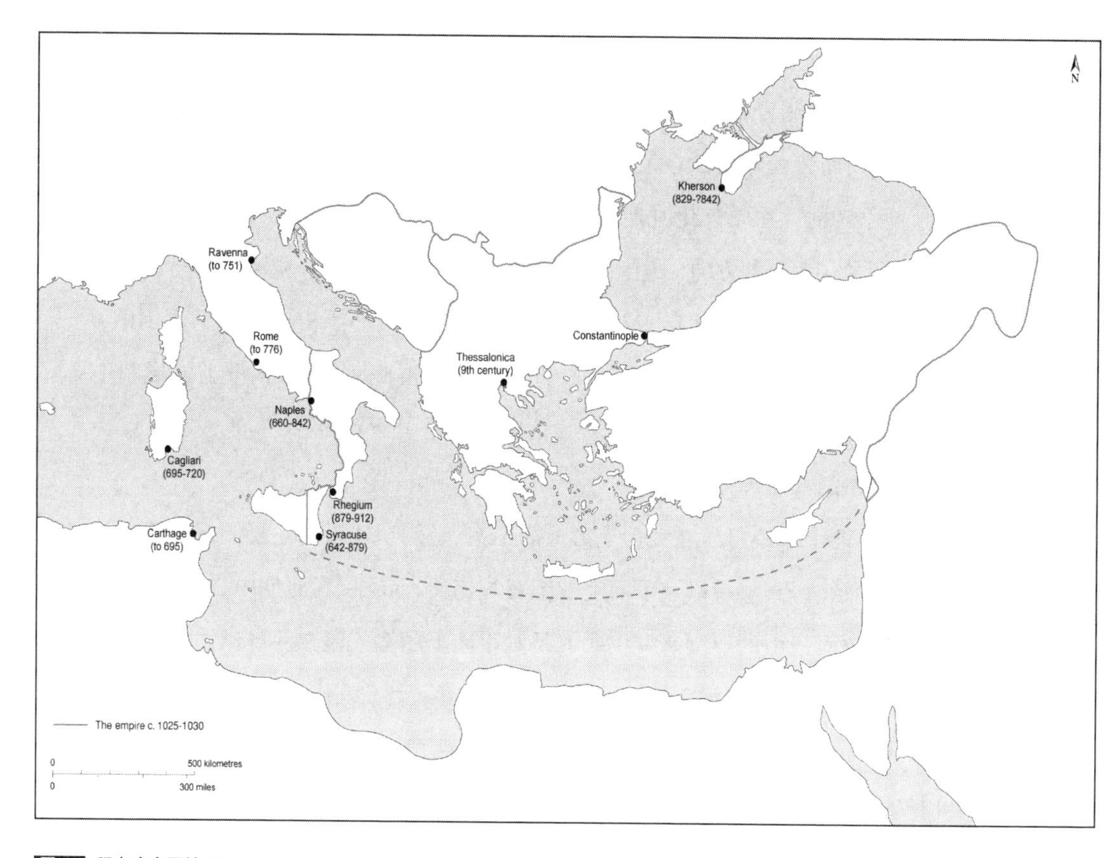

图4 拜占庭帝国铸币厂

- Ravenna (to 751) 拉韦纳（至751年）
- Rome (to 776) 罗马（至776年）
- Naples (660-842) 那不勒斯（660—842年）
- Cagliari (695-720) 卡利亚里（695—720年）
- Rhegium (879-912) 雷焦●[现代雷焦迪卡拉布里亚（Reggio di Calabria）的古名。参见 Simon Homblower and Anthony Spawforth eds., *The Oxford classical dictionary*, Oxford University Press, 1999 (3rd edition), p.1312. https://www.britannica.com/place/Reggio-di-Calabria-Italy.]（879-912年）
- Syracuse (642—879) 叙拉古（642—879年）
- Carthage (to 695) 迦太基（至695年）
- Thessalonica (9th century) 塞萨洛尼基（9世纪）
- Constantinople 君士坦丁堡
- Kherson (829—?842) 克尔松（829—?842年）

后，迦太基、拉韦纳等地的铸币厂也曾生产金币，[①]但这些金币的纯度偏低，且持续时间较短。与贵金属钱币不同，价值较低的铜币主要用于日常交易所需，需求量大且主要服务当地市场，如君士坦丁堡铸币厂生产的铜币主要供应首都周围及小亚细亚西部地区，而地方上的需求则由各省区首府所在地的铸币厂来满足。

总体上，拜占庭时期的货币结构虽经常变动，多数钱币都经历了周期性的贬值、改革与重建，但大体上仍维持着金、银、铜三种金属币制的相对稳定，直到14世纪中期，随着帝国实力的严重削弱以及国际政治、金融结构的重组，拜占庭才不得不放弃金币，改为以银币为主的币制。

三　拜占庭金币的发展与变化

拜占庭时期，三种不同材质钱币在形制、单位方面的发展不仅与历次货币改革不完全同步，互相之间也不相符，因此这里首先介绍金币的演变。

从君士坦丁一世在309年正式发行重24克拉的金币索里达开始，到14世纪中期金币完全退出历史舞台，拜占庭帝国使用金币的历史长达1 000多年。在这千年中，虽然金币以超级稳定著称，但它们仍然经历了贬值、改革、重建、再次衰落的过程。根据不同时期金币在币制、发展趋势的差异，可将其演变过程分为三个阶段：309—963年间的金币长期稳定期；963—1081年的金币币值调整期，11世纪出现贬值，最终不得不进行改革；1081年—14世纪中期的金币改革和重新稳定期，但不久金币再次贬值，逐渐退出市场。

在具体说明不同时期的金币的特征之前，还需澄清几个概念。君士坦丁时金币的拉丁语名称为索里达（*solidus*, *-i*），希腊语为诺米斯玛（*nomisma*, *-mata* 或 *το νόμισμα*, *-ματα*），由于拜占庭帝国早期官方语言为拉丁语，因此文献中索里达出现较多。随着希腊语逐渐成为官方用语，文献中也更多地记录为诺米斯玛。到963年时，金币开始贬值，市面上的金币被分为足重的西斯塔麦农（*histmenon*, *-a* 或 *τὸ σταμενον*, *-α*）和轻重的泰塔泰隆（*tetrateron*, *-a* 或 *τὸτεταρτηρὸν*, *-ά*）两种，

① C. Morrisson, “Byzantine Money: Its Production and Circulation,” p. 957.

均属诺米斯玛。此时,诺米斯玛不再特指某金币单位,而是金币的统称,也泛指所有钱币。所以10世纪以后出现的所有钱币都属于诺米斯玛。有些钱币学家在编写目录时,因文献记载和习惯的影响,将963年之前的标准金币称为索里达,而有些学者则使用诺米斯玛;963年之后各种不同类型的金币则分别用特定名称,①如西斯塔麦农、泰塔泰隆以及11世纪之后的希帕皮隆(*hyperpyron*, *-a*)等。下面还是沿用拜占庭钱币学的习惯用法,将963年之前的主要金币称为索里达。

首先,在从309年到963年的第一阶段,拜占庭帝国的金币在纯度、重量方面长期保持稳定。这种稳定并不意味它们完全没变化。事实上,如前所述,金币纯度缓慢下降,到7世纪时平均为96%,②重量从4.5克左右降至4.4克左右。不过,这个缓慢的过程在数百年中被稀释,没有影响金币正常使用,也没有引发社会动荡。之所以会出现这种变化,钱币学家们认为是统治者有意为之,即在不动摇金币质量和稳定的前提下尽量节省黄金。显然,皇帝们的目的实现了。金币在六个半世纪中长期稳定,不仅成为拜占庭帝国国内金融秩序安全的基石,还在帝国以外赢得极大声誉,在西欧、北欧、中亚等地被广为仿制,被当代学者赞为"中世纪的美元"③。

由于金币的纯度和重量保持稳定,因此数百年中金币的外观(主要是形状、尺寸和色泽)差别不大,直径一直保持在19—23毫米之间;但当近距离仔细观察,就会发现金币币面上的图案和铭文还是经历了一些变化。钱币学上将它们合称为"形制",而金币形制极为重要,因为它承担着帝国政治宣传的重任。金币上的皇帝肖像以及铭文中的皇帝帝号与尊号,随着金币的分发与流通,向帝国内外民众传播和宣告帝国掌控者的身份与权柄。币面上图案和铭文的每一次改变都意味着帝国宣传内容的转变,反映出当时帝国意识形态层面的调整,因此,每个时期的金币形制均有那个时代的特色。

---

① P. Grierson, *Catalogue of the Byzantine Coins in the Dumbarton Oaks Collection and in the Whittermore Collection, vol. 3. part 2, Basil I to Nicephorus Ⅲ, 867 - 1081 (DOC III. 2)*, Washingtong, D. C.: Dumbarton Oaks Research Library and Collection, 1973, p. 581.

② C. Morrisson, "Byzantine Money: Its Production and Circulation," p. 928.

③ R. S. Lopez, "The Dollar of the Middle Ages," *The Journal of Economic History*, vol. 2, No. 3 (1951), pp. 209 - 234.

具体说来,4 世纪时,索里达的正背面形制因循罗马帝国早期传统,正面为皇帝着戎装侧面头像,背面形制变化频率很高。从 5 世纪初开始,正面的皇帝像逐渐固化为 3/4 正面微侧胸像,背面形制则从该世纪中期后固化为手持长柄十字架、侧身向右前行的女性胜利神祇形象。从 6 世纪开始,金币上的肖像全部变为正面,包括正面胸像、正面立像等。同时,随着查士丁尼一世对古典的多神教残余文化因素的清除,金币上的胜利神祇、君士坦丁堡等拟人化形象在 8 世纪之后也彻底消失,此后表现基督教信仰的元素也完全通过十字架或耶稣、圣母的肖像来表现。从 7 世纪开始,金币上的肖像负担起宣告皇位继承人的作用,在位皇帝不仅将儿子们立为共治皇帝,还将其肖像印在金币的正面或背面。① 同时,金币铭文中的希腊语成分益发突出。从 9 世纪中期开始,金币的形制发生重要变革:843 年米哈伊尔三世(Michael Ⅲ,842—867 年在位)在结束毁坏圣像运动后,为彰显对圣像的尊崇,金币正面开始采用耶稣半身像,②并成为此后钱币形制的标准;此时金币上的铭文已几乎全部采用希腊语或希腊字母缩写。

拜占庭金币中除索里达外,还有其他单位。这其中有只用于庆祝场合的纪念章(*medallion*)或重量为 1/60 镑的奥里斯(*aureus*, *-i*),但这些纪念章数量很少,不属于通用货币。除此之外,还发行了有流通功能的金币辅币。4—9 世纪期间,金币索里达有两个辅币单位,分别是价值相当于索里达 1/2 的塞米西斯(*semis*, 或 *semissis*, *-es*)和 1/3 的泰米赛斯(*tremis*, 或 *tremissis*, *-es*),分别重约 2. 23 克和约 1. 5 克。这两种辅币在不同时期的发行量不同,有时发行过少,仅用于庆典时刻;有时发行量大,则可能用于市场流通。7 世纪之前,塞米西斯和泰米赛斯的形制几乎没有变化,正面为皇帝侧面胸像,背面为胜利女神右手持花环、左手持十字架圆球。这是 4 世纪时比较流行的式样,虽然索里达上胜利女神形制几经变化,但并未延伸到辅币上。例如查士丁一世的索里达背面的侧面前行胜利女神改为正

① 拜占庭金币两位或多位皇帝并坐或并立的图像十分常见,最早出现在塞奥多西二世(Theodosius Ⅱ,402—450 年在位)的金币上,其后在拜占庭早期也多次出现。陈志强:《我国所见拜占廷铸币相关问题研究》,第 309 页。但进入 7 世纪以后这种皇帝共同出现的现象随着继承制度的发展,其意图和功能有了变化,成为这一时期的特色。

② P. Grierson, *Byzantine Coins*, p. 178. 首次在金币正面采用耶稣正面胸像的是查士丁尼二世(Justinian Ⅱ,685—695 年,705—711 年在位)复位之后,但并没有传承下来。随着毁坏圣像运动的结束,米哈伊尔三世重新启用这种做法,并且成为此后拜占庭钱币的标准式样,即:正面为耶稣像,背面为皇帝像。

面站立的男性形象,而塞米西斯和泰米赛斯仍沿用旧形制。直到7世纪从伊拉克略一世开始,辅币的形制才与索里达一致,正面改为皇帝正面胸像,背面为台阶十字架。①

6—7世纪时还有一种金币叫减重索里达,其形制与索里达几乎相同,但纯度略低,不是24克拉,而是22克拉,或20克拉,由于它不是足金,因此金币背面下方没有标准索里达的足金标记"OB"②,而是在"CON"之后加了其他符号,如"∗+∗"表示22克拉,"××"表示20克拉。由于减重索里达添加了别的金属,因此重量比索里达要低,例如22克拉的减重索里达重约4.07克左右,20克拉的减重索里达重约3.7克。还有一种23克拉的减重索里达,重约2.35克,由于其接近足金,所以背面保留了"CONOB",但正面和背面均有一颗星星来做标记。③

其次,钱币学家将963年作为拜占庭金币发展史的转折点。之所以有这种判断,是因为这一年拜占庭帝国开始发行一种略轻的金币,并与足重金币形成差别,由此进入到西斯塔麦农和泰塔泰隆时代。西斯塔麦农是当时人们对足重金币的称呼,意为"标准金币",也就是"已经确立起来的"[*histamena* (ἱσταμενα)一词源于"ἵστημι"];重量略轻的称为泰塔泰隆,因为一枚足重的24克拉金币被分为四等份,每份又分成三成,这种新金币为了降低含金量,将其中一份黄金降低1/3,导致其比标准金币西斯塔麦农少1/12,④因此被称为"四分金币",音译为泰塔泰隆。其复杂的制作过程至今令学者们大惑不解。

在钱币学领域,早期一直将尼基弗鲁斯二世(Nicephorus Ⅱ Phocas,963—969年在位)引入泰塔泰隆看作金币贬值的开始。⑤ 因为,虽然此前在6—7世纪时曾出现过减重索里达,但它们并没有对索里达产生冲击,因为这些减重索里达上有明确的标记,使用者能够有效区分;但泰塔泰隆在外观上与足重的索里达一模一样,仅重量不同,前者重约4.0—4.1克,后者重约4.3克,在使用时容易引发混

① *DOC II*. 1, pp. 264-267.

② 索里达背面下方的铭文"CONOB",表示君士坦丁堡足金,Constantinople obryzum,相关内容参见陈志强:《我国所见拜占廷铸币相关问题研究》,第308—309页;《赞皇李希宗墓出土的拜占廷金币》,《考古》1977年第6期,第404页。

③ *DOC I*, pp. 263.

④ M. F. Hendy, *Studies in the Byzantine Monetary Economy, c. 300-1450*, p. 507.

⑤ *DOC III*. 1, p. 28.

乱。史家约翰·仲纳拉斯(John Zonaras)称皇帝发行这种泰塔泰隆后,支付时使用泰塔泰隆,而收税却要求缴纳足重的索里达;①而且从尼基弗鲁斯二世以后,泰塔泰隆的发行量越来越多,直至最后贬值成灾。② 但亨迪对此有不同看法,他首先质疑约翰·仲纳拉斯对两种金币用法的记载,因为这种做法必然导致泰塔泰隆取代西斯塔麦农,而两种金币共存的情况说清事实并非如此。而后,亨迪根据“四分金币”名称的由来指出这种金币与6—7世纪的减重索里达类似,重量为22克拉,从而认为其功能与早期的减重索里达类似,③应当属于辅币。

在泰塔泰隆出现的半个多世纪后,政府开始有意识地贬值金币。格里尔森和亨迪都认为在米哈伊尔四世(Michael Ⅳ,1034—1041年在位)统治下金币开始明显贬值,有些已经降至19.5克拉。④ 到11世纪五六十年代,金币平均为18克拉;在之后的十几年间,金币再从16克拉、12克拉,直至1081年之前仅为8克拉左右;且泰塔泰隆的贬值情况比西斯塔麦农还要严重。⑤ 至此,拜占庭帝国的金币体系第一次崩溃。

相比于单位和含金量方面的变化,这一阶段金币上的形制和铭文继续反映着时代特征,与此前的9世纪变化不大,依然是正面为耶稣像,背面为皇帝像。但在外观上,这一阶段的金币出现了重要变化。从君士坦丁八世(Constantine Ⅷ,1025—1028年在位)开始,金币在重量保持不变的情况,足重的西斯塔麦农直径从原来的20—22毫米改为26—27毫米,泰塔泰隆还维持在20毫米左右不变。⑥ 到君士坦丁九世(Constantine Ⅸ,1042—1055年在位)时,为了进一步区分西斯塔麦农和泰塔泰隆,将前者的直径增加到28—30毫米,而且还把币面做成凹状的碗形(concave)。⑦ 这种碗形金币被其继任者继承。在1081年钱币改革后,

---

① John Zonaras, *Annales (Epitomae Historiarvm)*, t. III, Bonnae: Impensisi Ed., Weberi, 1897, p. 507. Ioannis Zonarae, *Epitome Historiarum*, ed. L. Dindorf, 3 vols., Leipzig: Teubner, 1868, 1869, 1870, TLG, No. 3135001 and 3135003; Ioannis Zonarae, *Epitomae Historiarum*, libri xviii, ed. T. Büttner-Wobst, vol. 3, [Corpus scriptorum historiae Byzantinae] Bonn: Weber, 1897, TLG, No. 3135002.

② *DOC III*. 2, pp. 581, *DOC* III. 1, pp. 28 - 29.

③ M. F. Hendy, *Studies in the Byzantine Monetary Economy, c. 300 - 1450*, p. 507.

④ M. F. Hendy, *Studies in the Byzantine Monetary Economy*, p. 509.

⑤ M. F. Hendy, *Studies in the Byzantine Monetary Economy*, p. 509.

⑥ *DOC III*. 2, pp. 708 - 710.

⑦ *DOC III*. 2, pp. 738 - 742.

所有碗形钱币均称西斯塔麦农,平面圆形的则叫泰塔泰隆。

最后,从1092年到1353年,拜占庭帝国的金币经历了最后的重组并走向终结。

1092年,阿莱克修斯一世进行钱币改革,他几乎重建了一套钱币体系,所有钱币均采用合金,只是不同单位的金属比例不同。其中金币被称为"希帕皮隆(*τὸ ὑπερπῦρον*, -*α*)",由表示"上(ὑπὲρ)"和"火(πῦρ)"的两个词组成,意指其纯度高。但实际上它含有一些白银,仅约21克拉。由于这相当于米哈伊尔四世贬值前金币的重量,因此意大利文献中称其为"米哈伊尔钱(*michaelaton*, -*i*)"①。阿莱克修斯一世的钱币改革涵盖所有材质,除希帕皮隆外,还有其他含有黄金的钱币单位,但那些钱币是金银合金钱,白银含量更高,因此在后面介绍银币时再述及。

在形制方面,这个时期的金币有一些变化值得注意:第一,从11世纪开始,金币铭文中除了皇帝的尊号、帝号缩写外,还出现了其家族姓氏缩写,②反映出拜占庭政治中家族影响益发突出;第二,同样在11世纪以后,金币上很少再出现共治皇帝的尊号,常见的肖像为耶稣、圣母以及在位皇帝,③反映出此时拜占庭皇位继承权制度的演变。

希帕皮隆金币在1204年之前比较稳定,但在流亡的尼西亚帝国时期到帕列奥列格王朝初期,金币重新开始贬值。在1230—1260年间,金币希帕皮隆平均为17克拉,到14世纪初下降到11克拉左右;从1325年之后,金币的发行量骤降,直至1353年停产。

这一阶段金币的贬值与衰落的原因与第二阶段有所不同,如果说前次衰落主要原因在于帝国内乱以及政府未能有效进行管理,那么此时的原因则更为复杂。除了依然难以根绝的政治内斗外,格里尔森总结出三个原因:一是国土面积狭小,难以有效地将钱币投入流通,形成商业交换网络;二是当时东地中海地区其他钱币的商业竞争,如威尼斯的金币杜卡特(*ducat*)和银币格罗索(*grosso*),塞尔维亚

① P. Grierson, *Byzantine Coins*, p. 217. 莫里森认为之所以会出现这种纯度,不是那个时期的这种金币声誉较高,而是用于制作这种新金币的材料主要是回收到的那个时期的金币。C. Morrisson, "Byzantine Money: Its Production and Circulation," p. 933.

② *DOC III*. 1, pp. 180.

③ P. Grierson, *Byzantine Coins*, p. 215.

仿制的银币格罗索等,拜占庭金币在与这些钱币的竞争中败下阵来;三是从13世纪中期开始,西欧多数国家开始发行金币,国际市场金价上涨,①拜占庭逐渐放弃金币,并在最后的100年中主要使用银币。

四　拜占庭银币的发展与变化

在14世纪之前,拜占庭帝国发行的银币一直不太稳定,贬值速度很快,无法用于流通,在早期、中期的相当长时间里,钱币体系中银币不仅地位不高,还经常缺席。按照银币单位以及市场地位的变化,可将其历史分为三个阶段:即帝国早期的西里夸时期;帝国中期的米利兰西翁时期;帝国晚期的特拉齐(*trachy*)和末期银币主导时期。

首先,在帝国早期,从4世纪初到6世纪末,银币在整个钱币体系中影响较小。这是因为每次发行的新银币总是很快就会降低重量,其不稳定的价值无法发挥稳定,充当金币与铜币之间中间货币的作用。

具体说来,4世纪期间,包括君士坦丁一世在内的数位皇帝均发行过新的银币,这些银币的重量不一,分别在3.3克、4.5克、5.4克、2.25克以及1.5克左右。这么多银币单位并非同时存在,有时仅有一种,有时为两种,有时甚至四种并存;但总体上每种银币的寿命均不长久。这是由于银币并非严格按照重量使用的货币,它具有信托货币的部分特征。与金币的价值和任何形式的金块、金线、金锭纯度相对一致不同的是,银币的价值与同等纯度和重量的银块之间存在差异,这一差异导致银币发行时规定的与金币索里达的兑换价格,总是会由于市场上金银比率的变动而一再变动,因此每次新发行的银币总是很快失去信誉,退出流通,迫使新任皇帝调整银币重量。

进入5世纪后,皇帝们停止不断改变银币重量以适应钱币体系的做法,金币和铜币之间中间货币的缺失在一定程度上由金币辅币塞米西斯和泰米赛斯填补,银币的发行量减少,只有在一些特殊场合或为某种特殊目的才会制作某种特定重

① P. Grierson, *Byzantine Coins*, p. 277.

量的银币,此时的银币更像是纪念币。如利奥一世发行的银币有重约1克的西里夸,有重约12.41克的大型奖章类银币,重约5.2克的重米利兰西斯(*miliarensis*, *-es*)以及重约4.4克的轻米利兰西斯;而其后的芝诺则发行重量在1克到1.3克不等的西里夸。①

497年,阿纳斯塔修斯一世的货币改革并没有直接调整银币的发行与重量,所以在那之后,还是偶尔生产银币,一般为两倍西里夸或西里夸。但阿纳斯塔修斯一世对塞米西斯和泰米赛斯的调整,一定程度上强化了它们对索里达与低价的铜币之间联系空档的补充作用,使得银币的象征地位更为突出。② 例如查士丁二世时,除像前任皇帝们那样制作重量在4.4克左右的"两倍西里夸"以及2—2.5克不等的"西里夸"外,还发行过一种重4克左右的纪念章。③ 查士丁二世的纪念章银币可能是西突厥使团到达君士坦丁堡后特意生产的,之后,随着西突厥使者的行动而在中亚以及东亚传播,2003年西安一井内发现的五枚查士丁二世银币就属于这一类型的纪念章,不过是塞萨洛尼基铸币厂制作的。④

这个时期银币的形制有一明显变化,即从4世纪直到6世纪中后期之前,银币正面均采用皇帝侧身胸像,在提比略二世(Tiberius Ⅱ,578—582年在位)时改为正面胸像。

在结束对这一阶段银币的说明之前,还需要解释两个概念:西里夸和米利兰西斯。钱币学家们用这两个词语来称呼银币,源于历史文献中曾出现过使用银币若干"西里夸"或"米利兰西斯",但目前尚未找到证据确认它们就是某种或某类银币的单位名称。事实上,西里夸是一个重量单位,1西里夸=1/1 728镑,在称量黄金时等同于另一重量单位克拉(*karat*),因此1西里夸黄金就等于1索里达的1/24,也可以说1索里达金币为24克拉或24西里夸。故而,亨迪认为西里夸在文献中与银币共同出现,可能是因为一些银币的总重相当于若干西里夸黄金,若按照当时金银1∶14的比率来算,价值为1西里夸黄金的银币应该重约2.6克,

---

① *DOC later Roman*, pp. 163 - 164 and 183.

② M. F. Hendy, *Studies in the Byzantine Monetary Economy, c. 300 - 1450*, p. 475.

③ *DOC I*, pp. 202 - 210.

④ 李铁生、霍利峰、夏润峰:《中国首次发现拜占庭银币》,《中国钱币》2006年第2期,第63—65页。

因此,也不是不存在它特指某一种银币的可能。然而,在实践中,钱币学家却用它来称呼多数早期银币。米利兰西斯确定为某一种银币的称呼,但后来所指代的银币也必然发生变化,成为数种银币的名称。亨迪认为,米利兰西斯可能最初表示价值相当于1磅黄金的1/1 000、正好与索里达等重(约4.47克)的银币,①而且8世纪后的银币还采用一个相似的名称米利兰西翁,两者之间必然存在一定联系。

总体上,拜占庭帝国早期的银币体系比较杂乱,因与金币兑换存在问题,故而发行量较少,且多数银币属于西里夸系列,米利兰西斯更为少见,因此,4世纪初到6世纪末的银币为存在感很弱的西里夸时代。

其次,从7世纪进入中期后,拜占庭帝国数次发行新银币,钱币学家均称呼它们为米利兰西翁,与拜占庭帝国早期相比,此时银币在发行量和市场占有率方面有了很大提升。关于伊拉克略王朝时期的银币是否当时就叫米利兰西翁仍然存疑,之所以这样命名,是由于忏悔者塞奥法尼斯(Theophanes the confessor)的《编年史》提到621/622年时,伊拉克略将从教会得到的贵重器物做成金币和银币,其中银币的称呼是米利兰西翁。问题在于,塞奥法尼斯生活在8世纪中期,由于717年利奥三世引入一种新银币,该银币名称为米利兰西翁,因此他可能用8世纪时银币的名称来称呼7世纪初伊拉克略引入的银币,是一种误称。且伊拉克略王朝时,除六克钱(*hexagram*,*-mata*)外,还发行其他银币,因此本书将7世纪也纳入到米利兰西翁银币时代。②

最早出现的是一种615年的重达6.5克左右的六克钱,这个称呼源于其重量为6格拉玛(*γράμμα*, *-ματα*),相当于1/48磅。这种银币与其他特殊场合发行的纪念银币不同,要用于帝国货币流通,③而且按照当时金银1∶18的比率,1索里达相当于12六克钱。④ 这种银币发行量较大,其出现原因或与当时各种外来军事

① M. F. Hendy, *Studies in the Byzantine Monetary Economy, c. 300－1450*, p.467.

② C. Mango and R. Scott trans., intro., and com., *The Chronicle of Theophanes Confessor, Byzantine and Near Eastern History AD 284－813*, Oxford: Clarendon Press, 1997, p.435. Theophanis, *Chronographia*, ed. C. de Boor, Leipzig: Teubner, 1883 (repr. Hildesheim: Olms, 1963), TLG, No.4046001.

③ M. Whitby and M. Whitby trans., notes, and intro., *Chronicon Paschale 284－628 AD*, Liverpool: Liverpool University Press, 1989, pp.158－159, no.441. *Chronicon Paschale*, ed. L. Dindorf, [Corpus Scriptorum Historiae Byzantinae] Bonn: Weber, 1832, TLG, No.2371001.

④ M. F. Hendy, *Studies in the Byzantine Monetary Economy, c. 300－1450*, p.494.

威胁有关,可能用于向士兵发放军饷。[①] 不过,它后来一直延续下来,直到681年停止生产。

银币在8世纪初又有新发展,720年,利奥三世进行货币改革,开始发行新银币米利兰西翁。这种银币重约2克,直径22—25毫米,所以厚度偏薄,外观与当时倭马亚王朝的银币相似。这是拜占庭历史上寿命最为长久的银币,一直到11世纪才与其他钱币一起消失。

需要注意的是,米利兰西翁银币的形制在这300多年的发展与当时帝国内外政治、思想环境的变化有关。最初,利奥三世发行的银币米利兰西翁的正面为三圈联珠纹包裹着中间的五行铭文,铭文为两位共治皇帝的帝号与尊号,背面为三圈联珠纹包裹着台阶十字架,一周铭文为"耶稣基督的胜利(IhSUS XRISTUS NICA)"[②]。这种与伊斯兰世界通行银币较为类似的形制显然是要与穆斯林竞争,并以基督的信仰对抗安拉;同时放弃肖像也与后来皇帝正式颁布《禁止崇拜偶像法令》(726年)有关,因为此后开始毁坏圣像运动,显然,两者有着同样的思想渊源。此后,银币正面的铭文因表达信息越来越丰富,开始出现六行、七行铭文的情况;到843年毁坏圣像运动结束,银币的形制依然继续。但931年时罗曼努斯一世(Romanus Ⅰ,920—944年在位)曾发行过一种正面为其胸像的银币,[③]只是并未被后继者沿用,直到30年后的瓦西里二世(Basil Ⅱ Bulgaroctonos,976—1025年在位)时期才出现变化:先是一些银币背面的十字架两边出现两个胸像;后来十字架被圣母或耶稣的圣像取代;到11世纪时,有的银币正面为圣母抱圣婴立像,背面为皇帝立像。[④] 这些变化反映出毁坏圣像运动结束后,圣像画在社会中的巨大影响。

11世纪,银币米利兰西翁的崩溃与金币崩溃有关,由于金币贬值是通过添加白银实现的,因此导致白银紧张,银币的产量和纯度都受到严重影响,因此,在1092年的改革之前,银币米利兰西翁已然崩溃。

---

① M. Whitby and M. Whitby trans., notes, and intro., *Chronicon Paschale 284 - 628 AD*, pp. 158 - 159, no. 441.

② *DOC III*. 1, pp. 251 - 252.

③ P. Grierson, *Byzantine Coins*, p. 181.

④ P. Grierson, *Byzantine Coins*, pp. 201 - 203.

最后,帝国晚期银币发展较为复杂,在币名多次变化的同时,其在钱币体系中的地位也从可有可无变为主要货币。根据币名的变化,可分为三个时段:一是从1092年到帕列奥列格王朝初期的合金币时期,二是14世纪中前期的巴西里肯(*basilicon*, *-a*)时期,三是14世纪中期以后的斯塔夫拉盾(*stavraton*, *-a*)时期。

前面已经提到,在阿莱克修斯一世改革后的钱币体系中没有纯银的银币,只有两种含银合金币:一种是金银合金币,另一种是银铜合金币。金银合金币的价值相当于1/3希帕皮隆,金银含量约1∶12,黄金重约5—7克拉。这种钱称为阿斯普隆·特拉齐(τὸ τραχύἄσπρον νόμισμα),意为“白色、表面粗糙的钱币”。在科穆宁王朝时期,金银合金的特拉齐钱一直稳定发行,到12世纪末其金含量开始降低,直至13世纪开始时成为纯银钱币。[①] 银铜合金币的银含量最初为6%,价值相当于希帕皮隆的1/48。[②] 由于在文献中它也被称为阿斯普隆·特拉齐(*τὸ τραχύἄσπρον*),因此可称其为银铜合金特拉齐钱。同样,从12世纪末开始银含量降低,到13世纪初已经完全不含银。[③] 在尼西亚帝国时期和帕列奥列格王朝初期,皇帝们继续发行纯银的特拉齐和纯铜的特拉齐,直到14世纪初安德罗尼库斯二世(Andronikos Ⅱ Palaiologos,1282—1328年在位)开始发行另一种样式的银币。

这两种特拉齐钱币均采用与金币希帕皮隆一样的凹状碗形币式,凸起面为正面,通常为耶稣基督像,凹面为皇帝肖像。到13世纪以后,因两种合金币逐渐变成纯银币和纯铜币,金属质地的延展性略差,制作更为粗糙,币形逐渐趋于扁平,碗形的痕迹越来越少。从13世纪中期开始,银币特拉齐已经接近于此前的圆形平面币形。

虽然金币希帕皮隆在1353年才彻底停产,但早在13世纪末,它在市面上已经逐渐消失。在此背景下,此时出现的新银币实际上是拜占庭帝国钱币体系的主币。第一种主币是1304年出现的银币巴西里肯(*τὸ βασιλικὸν*, *-α*),其名称表示“皇帝的钱”。它是仿造威尼斯的格罗索银币,叫巴西里肯是为特别强调它由皇

---

① *DOC IV*. 1, pp. 43 - 44.
② *DOC IV*. 1, pp. 44 - 45.
③ P. Grierson, *Byzantine Coins*, p. 218.

帝发行。其重约 2.2—1.5 克,正面为坐在高腿王座的耶稣基督,此与威尼斯的格罗索正面几乎一致,后来改为拜占庭式的矮王座。[1] 巴西里肯与一些合金币辅币共同构成 14 世纪前半期的主要钱币,只是此时金币依然偶尔发行,因此巴西里肯还需与金币相适应。第二种核心币是 1367 年开始制作的斯塔夫拉盾(*τὸ σταυρ ἀτον, -α*),其重量高达 8.5 克。这种银币及其辅币的设置也是受威尼斯钱币的影响,其纯度与格罗索相当。此时,斯塔夫拉盾作为帝国价值最高的钱币,还有两种辅币,分别是重 4 克和 1 克的银币,每种银币均正面为耶稣基督,背面为皇帝。这套银币体系在 1453 年帝国灭亡前保持稳定,甚至银币纯度还维持着最初发行时的标准。[2]

综上所述,拜占庭帝国的银币经历了三个阶段,在早期,由于市场金银比率的变动,银币一直难以维系与索里达的规定比率,在不断更改银币重量标准的情况下,逐渐退出流通,成为偶尔发行的纪念币。在中期,从伊拉克略王朝的六克钱到伊苏利亚王朝的米利兰西翁,银币虽仍是金币的从属钱币,但发行量增大,在市场上的流通比例增加。到帝国晚期,银币先是以金银合金特拉齐钱的形式出现,继续充当金币的辅助货币。但随着 1204 年首都陷落后,帝国在疆域、实力、商业影响方面大幅衰退,再加上国际上贵金属市场的变动,金币逐渐退出帝国的经济舞台,银币的地位渐渐上升。在经过巴西里肯银币的过渡后,斯塔夫拉盾银币体系最终在最后近百年间成为帝国钱币体系的主币。

五　拜占庭铜币的发展与变化

与金币、银币相比,铜币虽属于低价钱币,却是人们日常生活的必需品,其对社会稳定以及正常经济秩序的展开,有着至关重要的作用。因此,拜占庭帝国货币史上几次重要改革的核心内容之一就是重新确立铜币体系。不过,这里需要根据铜币名称的变化,从三个阶段来简单概述铜币的发展:一是 3 世纪初到 491 年的努姆斯时期,二是 491—1081 年的弗里斯时期,三是 1092 年之后的泰塔泰隆铜

---

① *DOC V.* 1, p. 142.

② C. Morrisson, "Byzantine Money: Its Production and Circulation," p. 934.

币及帝国晚期的铜币时期。

首先，从3世纪末开始，努姆斯成为日常交易的主要媒介，但早在4世纪初努姆斯的重量和价值就不断减低，信誉极差，导致使用十分不便。

努姆斯出现在294年，在改革后的戴克里先钱币体系中，除金币和银币外，努姆斯价值最高。当时，它作为银铜合金币，含银量在3%—3.5%，重量为1/32磅，也就是约10.1克；另外还有两种铜币作为辅币。① 但君士坦丁从306年之后就不断调整努姆斯的标准，到337年时，努姆斯不仅成为纯粹的铜币，重量也降至1.5克左右。由于努姆斯的购买力不断降低，在君士坦丁以后，4世纪的数位皇帝均通过发行新的不同规格合金币、铜币来重建低价钱币体系，但均告失败。② 到5世纪中期，社会上的努姆斯普遍为十分粗糙、1克左右的小铜币，这时的铜币很可能是以实际金属价格来兑换商品。

需说明的是，与金币、银币不同，铜币一直是信用货币，即其本身的金属价值与作为钱币所代表的交换价值不符，交换价值较高，并以国家政府的信誉为其提供支撑。例如努姆斯钱在戴克里先时重达10克，按照301年《最高价格敕令》（*Edictum de pretiis rerum venalium*）的规定，1努姆斯 = 25第纳里③；但君士坦丁将其重量和含量都降低时，币面上出现了币值标记CI|$^{H}_{S}$，表示其价值为100塞斯特提乌斯（*sestertius*, *-i*）④，也就是25第纳里，⑤说明无论努姆斯铜钱的重量如何变化，它的交易价值没有发生变化。类似的情况也适用于后来的铜币。如阿纳斯塔修斯一世发行的铜币前后重量不一，重量在翻倍后，背面的币值符号仍保持不变，就是由于铜币是信用货币，其币面价值与实际金属价值不一致。

其次，498年，阿纳斯塔修斯一世货币改革的突出影响在于确立起弗里斯铜

---

① Antony Kropff, "Diocletian's Currency System after 1 September 301: an Inquiry into Values," pp. 168 - 187.

② M. F. Hendy, *Studies in the Byzantine Monetary Economy, c. 300 - 1450*, pp. 463 - 465.

③ 此处，第纳里仅表示物价标识的最小单位，而非共和国和帝国早期的银币第纳里，301年后1个银币的价值为100第纳里。A. Kropff, "Diocletian's Currency System after 1 September 301: an Inquiry into Values," p. 171.

④ 塞斯特提乌斯是罗马共和国和帝国初期的一种钱币单位，早期是银币，后来为铜币。在共和国时期的币制中，铜币阿斯（*as* 或 *ass*, *-es*）为基准货币，1第纳里银币 = 10阿斯，1塞斯特提乌斯 = 2.5阿斯，因此100塞斯特提乌斯 = 25第纳里。其中塞斯特提乌斯的币值符号是"IIS"，即2[illegible]，有时异化为"HS"。

⑤ M. F. Hendy, *Studies in the Byzantine Monetary Economy, c. 300 - 1450*, pp. 462 - 465.

币系列,弗里斯在此后长期是拜占庭帝国铜币的基本单位。

弗里斯一词并非阿纳斯塔修斯一世创造,在改革前就已存在。芝诺时,针对小铜币的麻烦已经提出了一种解决方案:罗马铸币厂生产一种重量为17克、价值40努姆斯的铜币,也就是最早的弗里斯铜钱。① 阿纳斯塔修斯在498年将罗马铸币厂的这一做法推广到整个帝国,以弗里斯为中心构建起一整套铜币体系,并将每种铜币的币面价值标注在背面。起初发行铜币重量偏低,后来将整个铜币体系的重量翻倍。关于此时铜币体系的单位、面值、重量见下表。

阿纳斯塔修斯一世货币改革的铜币单位与价值②

铜币单位	弗里斯 (*follis*)		半弗里斯 (*half follis*)		10 努姆斯 (*decanummium*)		5 努姆斯 (*pentanummium*)	
	调整前	调整后	调整前	调整后	调整前	调整后	调整前	调整后
币值符号	M	M	K	K	I	I	—	E
重量(克)	9—10	17—20	4—5	8—10	2	4	—	2
兑换价格(努姆斯)	40	40	20	20	10	10	—	5

钱币发行后,政府还立法规定不同材质钱币的兑换价格,铜币与金币的兑换价格为:1索里达=288弗里斯,其他单位依此类推。③ 由于铜币是信用货币,无论制作弗里斯以及其他单位的金属实际价值如何变动,这一由政府立法规定的兑换价格恒定不变。

弗里斯铜币系列极大地稳定了拜占庭帝国的低价钱币体系,在此后的数百年中,铜币在重量和形制上也经历了多次变化。有时,或因与索里达等贵金属钱币的兑换需求,或因整个社会的意识形态调整,铜币的重量和形制会发生变化。如539年查士丁尼一世对钱币进行调整,弗里斯的重量上升到22克左右,铜币正面由一直以来的皇帝侧面胸像改为正面胸像,而且背面除币值的标记符号外,还用拉丁数字标注上皇帝的统治年限,如559年或560年发行的铜币背面标记为X X

---

① *RIC X*, p. 448; *DOC later Roman*, p. 186.

② *DOC I*, pp. 12 - 33.

③ P. Grierson, *Byzantine Coins*, p. 16.

XⅢ(33)。[①] 由此一来,研究者可以为铜币建立起年代序列。再如塞奥菲鲁斯(Theophilos,829—842 年在位)时放弃铜币背面标注币值符号的传统,改用四行横排的铭文。[②] 还有在马其顿王朝后期出现了一种未标注皇帝帝号的铜币,这是以耶稣基督之名发行的铜币,[③]显然是要表现皇帝对于基督的尊崇与信仰虔诚。

有时因为铜币体系出现问题而进行较大规模的货币改革,重新确立新的弗里斯铜币体系。如伊拉克略王朝的铜币普遍粗糙,且重量不断降低,故而 720 年利奥三世货币改革的主要内容就是规范新标准,弗里斯重量在 10 克左右,半弗里斯重约 5—6 克,10 努姆斯重约 2 克;除标准重量外,每种铜币还有大、中、小尺寸,重量也相差较大,1 枚小尺寸的半弗里斯也就 2 克多;在形制上,铜币正面依然采用皇帝正面胸像,而背面表示皇帝统治年限的铭文或消失不见,或不再表示具体意义,只作为装饰。[④]

就第二阶段而言,自 498 年,铜币的重量、面值、形制虽然几经变化,但始终维持着弗里斯的体系。但在 10 世纪末到 11 世纪,包括金币、银币、铜币在内的所有钱币均遭贬值,因此在 1092 年的货币改革中它们全部被新的钱币体系取代。

最后,在 1092 年货币改革后,铜币的发展与此前有了极大差别。由于银币系列的重组和地位上升,原先在以金币为中心的钱币体系中构成日常交易主要媒介的铜币,逐渐成为银币的辅币,失去自身的完整体系。到 14 世纪后半期,随着银币斯塔夫拉盾系列的确立,铜币的地位也进一步下降,直至帝国终结。

在阿莱克修斯一世货币改革的体系中,除前面提到的银铜合金特拉齐钱外,还有铜币泰塔泰隆及半泰塔泰隆。尽管它被称为铜币,实际上除铜外,还含有铅,君士坦丁堡铸币厂的泰塔泰隆甚至还有 3%左右的银,[⑤]故而也是一种合金币。它之所以叫泰塔泰隆,是因为其直径在 20 毫米左右,重约 4 克,与 11—12 世纪的金币泰塔泰隆相仿,也是从此时开始,泰塔泰隆成为铜币的名称。这种铜币与金

---

① *DOC I*, pp. 83 - 104.

② P. Grierson, *Byzantine Coins*, p. 182.

③ P. Grierson, *Byzantine Coins*, p. 204.

④ *DOC III. 1*, pp. 255 - 263.

⑤ *DOC IV. 1*, pp. 49 and 197.

币的兑换价格同样继承了弗里斯与索里达的旧例,1 希帕皮隆 = 288 泰塔泰隆。由此,在科穆宁王朝,由银铜合金特拉齐钱和泰塔泰隆铜币系列共同构成了日常交易的主要媒介。在 1204 年之后,尼西亚帝国发行的银铜合金特拉齐钱彻底成为铜币,与泰塔泰隆同时存在。

拜占庭帝国最后 150 年间出现的铜币单位主要有三种。13 世纪前半期的阿萨利亚(*assaria*, *-ae*)铜币,直径约 20 毫米,其重量变化多样。① 14 世纪中期后出现两种铜币,一是托内西(*tornesi*),一是弗拉利(*follari*),前者直径 17—19 毫米,重量从 2—3 克逐渐降至 1.5 克;后者直径约 14 毫米,重量在 0.6 克左右。② 尽管此时铜币仍然存在,但在银币居主导地位的背景下,铜币的发行量已大幅降低,其流通史也对应着帝国的终结而结束。

综上所述,拜占庭帝国的钱币史,从 4 世纪初君士坦丁一世的货币改革延续到 1453 年君士坦丁堡陷落。在这 11 个半世纪中,基本维持着金、银、铜的三种金属币制。其中贵金属钱币(金币或银币)主要用于向高级官员和将军发放薪俸,铜币主要用于向低级官吏和士兵发放薪俸。在不同时期,在帝国经济中居于主导地位的钱币不尽相同。总体上,在拜占庭历史上,金币最为重要,其主导地位从 4 世纪初延续到 14 世纪,直到 14 世纪中才被银币取代。铜币作为日常交易的主要媒介,在金币占主导地位的 1 000 年中也发挥重要作用,但在 14 世纪中期以后,其发行量和作用大减。银币作为金币和铜币之间的中间货币,经常因不断贬值而退出流通,多数时候以纪念币的形式存在,只是在最后百年中,随着帝国国力衰落、外部政治、商业环境变化,银币一度成为主要货币。

---

① *DOC V. 1*, p. 149.

② *DOC V. 1*, p. 54.

第二节

中国发现的拜占庭金币和金片

对于中国读者以及拜占庭史的研究者来说，中国境内发现的拜占庭金币以及其他具有拜占庭钱币特征的器物极具吸引力。它们反映出特定时期内，中国与拜占庭帝国之间的经济、文化联系方式以及深度。不过，首先我们要梳理中国境内发现的拜占庭金币和仿制品究竟有哪些，在整个拜占庭钱币的大家庭中，它们属于哪个时期、哪种材质，进而通过这些金币和仿制币来解读拜占庭的钱币文化，以及其背后的历史演变，还要寻找为什么是这些金币在东方被仿制且能够传到东方的答案。

中国境内拜占庭金币出土的最新记录是 2017 年。这年 3 月，陕西考古工作者在西安西咸新区秦汉新城窑店镇摆旗寨的西魏墓葬中发现两枚拜占庭金币。[①] 公开发表我国境内发现拜占庭金币的最早报告来自 19 世纪末的西方探险家。当年，他们在新疆地区首次发现具有拜占庭货币特征的金币后，这种类型的货币及相似制品就受到学界和民间的高度关注。新中国成立后随着我国考古工作的系统而有序展开，从 1953 年陕西咸阳独孤罗墓发现查士丁二世（Justin Ⅱ，565—578 年在位）金币索里达开始，越来越多具有拜占庭货币特征的金币或金片被发现。它们作为研究丝绸之路、特别是古代中国与拜占庭帝国间经济文化交流的重要证据，受到研究者的密切关注。

一　研究概况

随着金币数量的增多，到 20 世纪末和 21 世纪初，国内外许多学者纷纷对此撰文论述。起初，因资料比较零散，金币数量不多，研究多为对资料的收集整理，

① 《西咸新区发现西魏墓葬》，《华商报》2017 年 7 月 11 日。

按照时间先后列举中国各地拜占庭金币和仿制品的发现情况和数量。宿白(1986)总结拜占庭金币和仿制品的数量为21枚[①],徐苹芳(1995)计22枚[②],罗丰(1996)计33枚[③];至2004年最新的统计数字为48枚[④],康柳硕(2001)计36枚[⑤],法国学者F.蒂埃里与C.莫里森(1994)统计为27枚;后该文经苏州大学郁军(2001)翻译修正后,共计为36枚。[⑥] 陈志强、郭云艳(2001)统计的包括两枚银币与一枚铜币在内的拜占庭钱币共计40枚[⑦],到陈志强(2004)上升为56枚[⑧],张绪山(2003)计42枚[⑨],林英(2004)参考罗丰之统计数据也为46枚[⑩],金德平(2005)除介绍中国钱币博物馆收藏之17枚金币和5枚仿制品外,对此前的报道梳理后总结为40枚左右[⑪],李一全(2005)统计为29枚。[⑫] 本书同时将一些在论坛上看到的拜占庭金币一并计入,共计为97枚。[⑬] 此后,其他学者继续计入新的发现,2012年张绪山在新文中将数据更新为54枚。[⑭] 此外,由于博物馆藏的金币和金片有相当部分为外地流入,大多未发表,发表的也多难以明确出土信息,因此只能估算总数不少于100枚,不过不在我们的研究范围之内。

考古工作的推进不断带来新的发现,目前可确定为中国境内出土的拜占庭金币、金片总数超过100枚。在此情形下,若还依据发现时间来排列整理则过于冗

---

① 宿白:《中国境内发现的东罗马遗物》,收录于姜椿芳总编:《中国大百科全书·考古学卷》,北京:中国大百科全书出版社1986年版,第676—677页。

② 徐苹芳:《考古学上所见中国境内的丝绸之路》,《燕京学报》1995年新一期,第291—344页。

③ 罗丰:《固原南郊隋唐墓地》,北京:文物出版社1996年版,第37、59—61、92页。

④ 罗丰:《中国境内发现的东罗马金币》,刊于荣新江、李孝聪主编:《中外关系史:新史料与新问题》,北京:科学出版社2004年版,第49—78页。

⑤ 康柳硕:《中国境内出土发现的拜占庭金币综述》,《中国钱币》2001年第4期,第3—9页。

⑥ Thierry, F. & Morrison, C., "*Sur les monnaies byzantines trouvées en Chine,*" *Revue Numismatique,* 6th series, 36 (1994), pp. 109-145. 中译版:郁军:《简述在中国发现的拜占庭帝国金币及其仿制品》,《中国钱币》2001年第4期,第10—13页。

⑦ 陈志强、郭云艳:《我国发现的拜占廷金币考略》,《南开学报》2001年增刊,第12—16页。

⑧ 陈志强:《我国所见拜占廷铸币相关问题研究》,《考古学报》2004年第3期,第295—316页。

⑨ 张绪山:《我国境内发现的拜占庭金币及其相关问题》,《西学研究》第一辑,北京:商务印书馆2003年版,第57—59页。

⑩ 林英:《金钱之旅——从君士坦丁堡到长安》,北京:人民美术出版社2004年版,第82—85页。

⑪ 金德平:《考说在中国发现的罗马金币——兼谈中国钱币博物馆17枚馆藏罗马金币》,《中国钱币》2005年第1期,第36—44页。

⑫ 李一全:《略谈我国出土的东罗马金币》,《考古与文物》2005年第1期,第54—69页。

⑬ 郭云艳:《中国发现的拜占廷金币及其仿制品研究》,南开大学博士论文2006年。

⑭ 张绪山:《中国与拜占庭帝国关系研究》,北京:中华书局2012年版,第202—240页。

长。再者,随着此类发现数量的增多,这些金币与金片的类型需要更为细致的分析,不能再以外观来简单分为“金币”和“仿制品”,因为金币当中还分为拜占庭官方发行的金币以及拜占庭帝国以外地区制作的仿制金币,仿制品中还包括那些带有拜占庭钱币的形制、但极薄的金片。由此一来,就有必要在过去研究的基础上,对已出土金币与金片按类别加以整理归纳。一方面,新发现的金币与金片将充实和壮大现有资料,为相关研究提供更为全面可靠的资料,另一方面,随着研究的深入,对于金币与金片的具体辨别也需要厘清,为深入研究提供扎实的基础。因此,本章意欲在此前研究成果的基础上,整理我国出土与拜占庭帝国相关的金币和金片,按照其类别与金币形制的时间先后进行编目,以便为此后的分类研究提供基础。

二 编目与类型

按照钱币学界的研究惯例,货币编目一般以时间与类型为序。具体到我国境内出土的拜占庭金币与金片,类型与时间需特别说明。

首先关于类型。拜占庭帝国的货币按照材质分为金币、银币和铜币,每种货币又分为不同单位,拜占庭的古币大全往往按照金、银、铜进行分类。然而中国境内出土的与拜占庭有关的主要是金币和金片,其他货币很少,有据可查的仅有数枚银币,因此可根据金币、金片的情况,分为拜占庭金币、仿制金币和金片三种。

具体说来,拜占庭金币指的是那些可以确定为拜占庭帝国官方铸币厂制作或尚没有依据判断其为仿制币的金币。[1] 仿制品指的是具有双面形制,图案或精美,或不太精美,重量较大,具有拜占庭货币图案或铭文的金币,它们的产地、制作原因不尽相同,形制差别较大。金片总体上很薄很轻,大多不足1克,有的单面,有的双面,图案为拜占庭钱币的正面或背面形制,其产地、制作原因同样不尽相同,难以追踪。

---

① 目前的判断主要依据发掘报告刊发的图片和信息,大多数金币的图片比较清晰,因此可大致根据形制判断是否仿制,然而对于一些形制准确、制作精美的仿制金币,仅从肉眼观察图片无法判断,倘若对金币的金属成分加以测量,可以获得更为准确的信息来辨别是否为仿制。

需要指出的是,无论是辨别金币和仿制金币,还是区分仿制金币和金片,都无法用统一标准来衡量。一方面,区别金币和仿制金币时,有些仿制币的外观比较明显,其压痕较浅、线条略有扭曲。但有的仿制币十分精美,其正背面形制却不恰当地同时出现在一枚货币上,这就需查阅拜占庭古币大全方能判断。还有些从正背面形制也难以辨别,只能根据经验,从货币图案的线条、肖像的制作手法来判别。另一方面,绝大多数金片特征明显,重量极轻,不足1克,图案单面打压,因此易于判断。但有些金片虽然只是单面打压,重量却高于其他金片,超过1.5克,还有些具有两种形制的金币也仅有1.5克左右,且币面上的图案刻印痕迹比较粗糙,它们介于仿制金币和金片之间,归类较为困难。这里暂时根据重量来划分,一般情况下,重量超过1.5克、具有双面形制者为仿制金币,低于1.5克者为金片。

其次关于时间。拜占庭帝国时期的货币因循希腊化、罗马共和国末期及至帝国时代的传统,将统治者的形象刻印在货币上,每次皇位更迭都要重铸钱币,因此,根据货币上的帝王形象可以判断其发行年代。罗马帝国初期,同一位皇帝在位期间发行的钱币形制多样,且正面的皇帝肖像具有皇帝本人的五官特征。及至4世纪后半期到5世纪初,随着基督教影响的增强,货币上的皇帝形象越来越程式化,每个肖像个体特征逐渐消失,钱币形制的种类不断减少。从5世纪初到6世纪前半期,金币索里达的正面均采用皇帝着戎装的3/4正面微侧胸像,皇帝五官的个性特征完全消失,图案的构成要素完全一致,只能通过铭文确定年代归属。皇帝们偶尔会进行货币改革,对货币的正背面形制做出调整,这些做法大多数没有文字记载,故而钱币学家们根据窖藏货币以及关于铸币厂遗址的考古分析,判断这些形制变化的具体时间,从而将发行时间细化。以金币为例纵观整个拜占庭钱币的发展演变,从5世纪开始,拜占庭钱币上的皇帝肖像经历了3/4正面微侧胸像、正面胸像、正面半身像、正面全身像等变化,故而在缺失铭文的情况下,也可大致判断形制流行的时间。这样,拜占庭帝国官方发行的货币可根据货币形制(图案与铭文)反映出的发行时间加以编目。

仿制金币的情况略微复杂些。它们不是拜占庭帝国官方铸币厂发行的,且多数难以辨别仿制者的身份,通过形制可判断其所仿原型的发行时间,通过考古信息可知其随主人入葬的时间。相对而言,入葬时间与何人、何时仿制金币的问题关系模糊,因此,这些仿制金币可根据原型的发行时间单独编目。

与中国境内出土的拜占庭金币和仿制金币相比,金片的出土地域更为集中,时间只能估算为6—8世纪,无法明确区分先后,只能根据其所仿金币原型的发行时间进行编目。但与仿制金币相比,金片数量更多、且发掘报告中所提供的信息更为有限、更为模糊,只能依据所能够找到的图片和有限的文字说明,将其中一些金片加以简单分类,更详细的金片说明还需更多信息披露才能完成。

三 金币、仿制金币和金片总目

1. 拜占庭索里达37枚[①]

拜占庭帝国早期的货币体系以金币索里达为基本货币,不同时期分别发行不同币值的金币作为辅币。索里达以重量计,直径并不完全相同,厚度大多在2.0—2.1毫米左右,重量约4.55克。关于拜占庭钱币方面可参考的权威著作以及货币币值,此前的研究已详细说明,[②]这里不再赘述。我国目前考古发现的金币全部为索里达,仿制金币及金片所仿原型也均为索里达,因此下面叙述中金币即指索里达。

塞奥多西二世(Theodosius Ⅱ, 408—450年在位)索里达1枚

目前中国境内出土的金币中发行时间最早的是塞奥多西二世索里达。根据正背面形制判断,唯有1976年河北赞皇李希宗妻子崔幼妃墓出土的金币为拜占庭官方发行,[③]制作时间在423—424年间。该索里达正面为3/4正面微侧胸像,头戴冠盔,盔顶饰有羽毛;王冠冠带露于左侧脑后,身着束腰外衣,外罩胸甲;右手

① 中国境内发现的拜占庭金币中除特别注明外,均为君士坦丁堡铸币厂制作。

② 关于拜占庭古币学的权威著作,见陈志强:《我国所见拜占廷铸币相关问题研究》,第302—303页;关于拜占庭帝国的币制演变及相关皇帝的简介,见该文第303—307页;亦见郭云艳:《中国发现的拜占廷金币及其仿制品研究》,第35—73页。

③ 夏鼐:《赞皇李希宗墓出土的拜占廷金币》,《考古》1977年第6期,第403—404页。

持矛,矛头从左侧脑后露出,左肩处为盾牌,盾面图案为骑士持矛刺倒敌人像;背面为带翼胜利女神向左前进像,手持镶满珠宝的长柄十字架,左侧上部有一颗星。金币的其他信息为:

金币 1。制作时间为423—424 年,类型为 RIC X. 225①,正背面印模角度为180°,含金量不详。直径 21 毫米,重 3. 6 克。正面铭文:DNTHEODO-[SI] VS PF AVG;背面铭文:VOT XX-MVLT XXXΘ;底部铭文 CON[O] B,铸币局号为 Θ。现藏河北省考古研究院。该币顶部从正到背穿两孔。

利奥一世(Leo Ⅰ,457—475 年在位)索里达 2 枚

1996 年宁夏固原田弘墓(葬于 575 年)出土五枚金币中的一枚为利奥一世时期发行。② 这一时期发行的索里达形制变化不多,共有三种形制:前两者均为皇帝 3/4 正面微侧胸像,只是细节处略有变化;第三种为利奥一世与其孙利奥二世共治像。③ 前面两种较为常见,固原的这枚金币当属此类,图案与前述塞奥多西二世索里达一致,均为 3/4 正面微侧胸像+带翼胜利女神向左前进、手持长柄十字架像。其他信息为:

金币 2。制作时间为 457—468 年,类型为 RIC X. 605,正背面印模角度为180°,含金量不详。直径 15. 4 毫米,重 2. 6 克。正面铭文:DNLEOPE-RPET AVG,表现"G"的"C"左侧角度明显,矛头指向"P"与"E"之间;④背面铭文 VICTORI-AAVGGG[I? Γ?];底部铭文[C] ON[OB],铸币局号:不详。现藏宁夏固原博物馆。该币严重剪边,磨损严重,从背面到正面上下左右四角各穿一孔。

另一枚金币于 1981 年在内蒙古呼和浩特附近乌兰不浪乡的河道中淘金时发现,报告者称其为塞奥多西二世金币。由于报告所配金币黑白图极度模糊,只能从其文字描述寻找线索,该金币图案"与 1976 年河北赞皇东魏李希宗出土的 1 号金币……基本相同",铭文"铸于周边,多可辨认,DNDEOEEOVRPETAVC 共 16 个

---

① RIC X 225 表示该币的形制属于《罗马帝国货币》第 10 卷附第 225 号金币的形制。

② 原州联合考古队编著:《北周田弘墓》,北京:文物出版社 2009 年版,第 198—199、彩版三〇页。

③ *RIC X*, pp. 100 - 104.

④ *RIC X*, p. 102.

字母”[1]。如果正面的肖像是3/4正面微侧胸像,那它可能属于420年到518年期间发行;报告者关于铭文的释读有几处明显失误,除去前后表示“我们主上”的“DN”以及表示“皇帝”的“AVC”外,中间的铭文应该是皇帝的帝号与表示“虔诚的”,PF或表示“永恒的”的PP或PERT,而报告描述的铭文中间部分“DEO-EEOVRPET”显然有误。不过铭文中“EO”表明皇帝帝号中应包含这两个字母,这段时间在位的皇帝帝号中包含它们的只有塞奥多西、利奥或芝诺,由于“EO”前仅有一个字母,因此这很有可能表示“LEO”,而非“THEODOSIVS”或“ZENO”。由于“LEO”包含字母较少,其后的祝愿词常用“永恒的”全称“PERPET”而非缩写,如金币2那样为“DNLEOPE-RPET AVG”,但仍然不足16个字母。在5世纪时,铭文为16个字母的只发生在利奥二世(Leo Ⅱ,474年1—11月)时,即DN LEO ET ZENO PP AVG,利奥二世的皇位承继自外祖父利奥一世,年仅7岁,因此与其父芝诺共治。但报告描述的铭文后半部分无法与此铭文对应,故而暂且将其归为利奥一世,待有机会见到金币或金币清晰图片后再做判断。该金币的其他情况为:

金币3。制作时间可能为457—475年,正背角度与含金量不详。直径12毫米,重2.3克。无穿孔。

芝诺(Zeno,475—476年,476—491年在位)索里达2枚

可判断为芝诺时期发行的索里达2枚,分别是1998年陕西定边一位农民在农田中发现,[2]以及2002年青海都兰一吐谷浑墓葬出土。[3] 陕西定边的金币最初发表时,作者称其为利奥一世金币,后经羽离子辨识后,指出其为芝诺金币;[4]青海都兰的金币最初被称为塞奥多西二世金币,后经罗丰辨识为芝诺金币。[5]

两枚金币的正背面图案与前述索里达一致,均为3/4正面微侧胸像带翼胜利

---

① 内蒙古呼和浩特文物事业管理处:《呼和浩特作为草原丝绸之路的中转站——毕克旗水磨沟发现一枚东罗马金币》,《内蒙古金融》1987年第8期,第180—182页。而呼和浩特乌兰不浪乡河道中发现的这一枚报告中的图片模糊难辨,从文字描述的铭文看也不是塞奥多西二世的钱币,更接近于利奥一世或利奥二世的金币索里达,但限于资料所限,无法明确辨识,暂且将其归为利奥一世。

② 李生程:《陕西定边县发现东罗马金币》,《中国钱币》2000年第2期,第44页。

③《青海都兰发现的拜占廷金币》,《中国文物报》2002年7月24日。

④ 羽离子:《陕西新现的东罗马金币及其折射的中外交流》,《中国钱币》2001年第4期,第15—18页。

⑤ 罗丰:《中国境内发现的东罗马金币》,第59页。

女神向左前进、手持长柄十字架像。其他信息为:

金币 4。制作时间为 476—491 年,类型为 RIC X. 905,正背面印模角度为 180°,含金量不详。直径 15.4 毫米,重 3.25 克。正面铭文前半部分模糊不清,可能为[DNZENO]-PERPAVG;背面铭文:VICTO[RI]-AAVGGG?;底部铭文:CONO[B];铸币局号不详。现为私人收藏家所有。该币币面磨损较重,正面顶部镶一环,正面底部有一从正面向背面的穿孔。

金币 5。制作时间为 476—491 年,类型为 RIC X. 905,正背面印模角度为 180°,含金量不详。直径 14.5 毫米,重 2.36 克。正面铭文 DNZENO-PERPAVG;背面铭文 VICT[ORI]-AAVGGG[I];底部铭文为[C]ON[OB],铸币局号:I。现藏青海都兰博物馆。该币同样严重剪边,磨损严重,上下各有一个从正面到背面的穿孔。

阿纳斯塔修斯一世(Anastasius Ⅰ, 491—518 年在位)索里达 10 枚

中国出土的拜占庭金币及仿制金币中,阿纳斯塔修斯一世的索里达或以之为原型的仿制索里达数量最多。这时的索里达正面图案均为皇帝 3/4 着戎装正面胸像,头上冠带顶部有时镶嵌三叶草,有时为十字架;背面图案为带翼胜利女神向左前进像;但在 498 年货币改革后钱币形制的细节处发生调整,由此可将这个时期的索里达分为两类:a. 正面的皇帝头部后方有两条冠带露出,背面的胜利女神所持之物为镶满珠宝的粗柄十字架;b. 正面的皇帝头部后方没有冠带,背面的胜利女神所持之物为顶部为⳨或☧的细柄十字架。[①]

a 类索里达 3 枚,具体信息为:

金币 6。2012 年河南洛阳北魏节闵帝元恭墓(葬于 532 年)出土的金币,[②]制作时间为 491—498 年,类型为 DOC I. 3b,正背面角度为 180°,含金量不详。直径与重量不详。正面冠顶无饰物,铭文为 DNANASTA-SIVSPPAVG;背面铭文:VICTORI-AAVGGGI;底部铭文:CONOB;铸币局号:I。现藏洛阳博物馆。该币十分完整,几无磨损。

---

① *DOC I*, pp. 4 - 8.

② 崔志坚:《洛阳疑现北魏节闵帝元恭墓》,《光明日报》2013 年 10 月 29 日。

金币 7。1959 年发现于内蒙古呼和浩特水磨沟一尸体身侧的瓷瓶中，一起发现的还有指环和其他物品。① 制作时间为 491—498 年，类型为 DOC I. 3e，正背面角度为 180°，含金量不详。直径 14 毫米，重 2.0 克。正面冠顶无饰物，正背面铭文无法辨认。现藏内蒙古自治区博物馆。该币严重剪边，铭文仅余一点痕迹，略有磨损。

金币 8。1998 年宁夏固原一位农民从农田里发现一枚金币。② 制作时间为 491—498 年，类型为 DOC I. 4a，正背面角度为 180°，含金量 99.2%。直径 17.6 毫米，重 3.1 克。正面铭文：DNANASTA-SIVSPPAVG；背面铭文：VICTORI-AAVGGG?；底部铭文：CONOB；铸币局号不详。现藏于私人收藏家手中。该币严重剪边，磨损。

b 类索里达有 7 枚，具体信息为：

金币 9。1978 年河北磁县茹茹公主墓（葬于 550 年）出土两枚金币之一，③制作时间为 498—518 年，类型为 DOC I. 7g2，正背面角度为 180°，含金量不详。直径 16 毫米，重 2.7 克。正面冠顶饰三叶草，铭文为 DNANASTA-SIVSPPAVG；背面铭文：VICTORI-AAVGG[G?]；底部铭文：[CO]N[O]；铸币局号不详；十字架顶部为☧。现藏邯郸博物馆。该币几无磨损，严重剪边。

金币 10。出于河南洛阳北郊唐墓，发掘时间不详，④制作时间为 498—518 年，类型为 DOC I. 7e，正背面角度为 180°，含金量不详。直径 16.8 毫米，重 2.7 克。正面冠顶似为三叶草，铭文为 DNANASTA-SIVSPPAVG；背面铭文：VICTORI-AAVGGGH；底部铭文：CONOB；铸币局号：H；十字架顶部为⳨。现藏洛阳博物馆。该币几无磨损，严重剪边。

金币 11。1997 年出于河南洛阳东郊唐墓，⑤正背面角度为 180°，含金量不详。直径 16.6 毫米，重 2.78 克。报告所附图片十分模糊，难以辨识铭文与图案

① 内蒙古考古队与内蒙古博物馆：《呼和浩特市附近出土的外国金银币》，《考古》1975 年第 3 期，第 182—185 页。

② 樊军：《宁夏固原发现东罗马金币》，《中国钱币》2000 年第 1 期，第 58 页。

③ 磁县文化馆：《河北磁县东魏茹茹公主墓发掘简报》，《文物》1984 年第 4 期，第 6—7 页。

④ 洛阳市文物管理局编著：《洛阳出土丝绸之路文物》，郑州：河南美术出版社 2011 年版，第 181—186 页。

⑤ 于倩：《简述洛阳丝绸之路贸易与出土丝绸之路货币》，《新疆钱币》2004 年第 3 期，第 155—159 页。

细节。现藏洛阳博物馆。该币磨损,严重剪边。

金币 12。工人们在修建西安西郊机场时发现,具体年代不详,①制作时间为 498—518 年,类型为 DOC I. 7a,正背面角度为 180°,含金量不详。直径 18 毫米,重 2.3 克。正面冠顶为三叶草,铭文为 DNANASTA-SIVSPPAVG;背面铭文:VICTORI-AAVGGGA;底部铭文:CONO[B];铸币局号:A;十字架顶部为⳨。现藏西安文物保护考古研究院。该币明显磨损,略有剪边,顶部有一缺损。

金币 13。陕西西安文管所征集,②制作时间为 498—518 年,类型为 DOC I. 7h2,正背面角度为 160°,含金量不详。直径 17 毫米,重 2.4 克。正面冠顶为三叶草,铭文被剪得只剩一半:[DNANASTA-SIVSPPAVG];背面铭文:VIC TORI-AAVGGGZ;底部铭文:CONO[B];铸币局号:Z;十字架顶部为⳨。现藏西安文物保护考古研究院。该币明显磨损,严重剪边。

金币 14。2017 年西安西咸新区西魏陆丑墓(葬于 538 年)发现的两枚金币之一,③制作时间为 498—518 年,类型为 DOC I. 7h2,正背面角度为 180°,含金量不详。直径 17 毫米,重 3.1 克。正面铭文:DNANASTA-SIVSPPAVG;背面铭文:VIC TORI-AAVGGGS;底部铭文:CONO;铸币局号:S;十字架顶部为⳨。现藏陕西省考古研究院。该币略有剪边。

金币 15。2000 年左右出于陕西西安北郊北朝墓葬,④制作时间为 498—518 年,类型为 DOC I. 7e,正背面角度为 180°,含金量 94.88%。直径 14—15.2 毫米,重 1.6 克。该币被剪边,正面铭文大致可辨,[DNANASTA]-[SIVS]PPAVG;背面铭文完全消失,十字架顶部符号也被剪去:VIC TORI-AAVGGGZ;底部铭文:CONO[B];铸币局号:Z;十字架顶部为⳨。现藏陕西考古研究院。该币明显磨损,严重剪边。

查士丁一世(Justin Ⅰ, 518—527 年在位)索里达 5 枚

中国出土的拜占庭金币中属于查士丁一世时期发行的有 5 枚,根据形制的差

---

① 王长启、高曼:《西安新发现的东罗马金币》,《文博》1991 年第 1 期,第 38—39 页。

② 王长启、高曼:《西安新发现的东罗马金币》,第 38—39 页。

③《西咸新区发现西魏墓葬》,《华商报》,2017-7-11。

④ 杨忙忙:《隋唐墓出土金银币的分析与工艺研究》,《全国考古与文物保护化学学术研讨会》2008 年,第 73—78 页。

异分为两类。两类索里达的正面形制完全相同，继续阿纳斯塔修斯一世的第二种形制，即皇帝 3/4 正面微侧胸像，脑后无冠带，皇冠顶部有装饰物；差别在于背面的带翼胜利女神形象被正面站立的男性天使取代。具体说来，男性带翼天使正面站立，身着束腰外衣和大披风。右手持细长柄十字架，左手托一十字架圆球，球下方有一颗星。

胜利女神的索里达 1 枚：

金币 16。1996 年宁夏固原田弘墓（葬于 575 年）出土 5 枚金币中的一枚，[①]制作时间为 518—519 年，类型为 DOC I. 1h2，正背面角度为 160°，含金量不详。直径 18 毫米，重 2.3 克。剪边后该币正面铭文仅见：DNIVS[TI]；背面铭文：VICTO[RI]-AAVGGGI；底部铭文：CO[NO]；铸币局号：I。正面皇帝冠顶无饰物，背面胜利所持十字架顶部为⳨。现藏固原博物馆。该币磨损，剪边严重，币面的上、左、右三个方向穿有三个小孔。

正面男性天使的索里达 4 枚：

金币 17。1978 年河北磁县茹茹公主墓（葬于 550 年）出土的两枚金币之一，[②]制作时间为 519—527 年，类型为 DOC I. 2g，正背面角度为 180°，含金量不详。直径 18 毫米，重 3.2 克。正面冠顶为三叶草，铭文为 DNIVSTI-NVSPPAVG；背面铭文：VICTORI-AAVGGGΓ；底部铭文：CONOB；铸币局号：Γ。现藏邯郸博物馆。该币磨损，略有剪边。

金币 18。1988 年陕西咸阳贺若厥（独孤罗妻子，葬于 621 年）墓出土，[③]制作时间为 519—527 年，类型为 DOC I. 2g，正背面角度为 160°，含金量不详。直径 20 毫米，重 4.1 克。正面冠顶为三叶草，铭文作 DNIVSTI-NVSPPAVG；背面铭文：VICTORI-AAVGGGΘ；底部铭文：CONOB；铸币局号：Θ。现藏陕西历史博物馆。该币完整，边缘较厚，左右两侧各有一从正面向背面的穿孔。

金币 19。2004 年出于宁夏固原九龙山 4 号墓。[④] 制作时间为 519—527 年，

① 原州联合考古队编著：《北周田弘墓》，第 198—199、彩版三〇页。

② 磁县文化馆：《河北磁县东魏茹茹公主墓发掘简报》，《文物》1984 年第 4 期，第 6—7 页。

③ 负安志：《陕西长安县南里王村与咸阳飞机场出土大量隋唐珍贵文物》，《考古与文物》1993 年第 6 期，第 45—52 页。

④ 宁夏文物考古研究所：《宁夏固原九龙山隋墓发掘简报》，《文物》2012 年第 10 期，第 58—65 页。

类型为 DOC I. 2i,正背面角度为160°,含金量不详。直径16毫米,重2克。该币剪边后正面铭文被剪掉,冠顶无饰物;背面铭文可见后半部分:AA[V]GGGΘ;底部铭文:[CONO]B;铸币局号:Θ。现藏固原博物馆。币面磨损,严重剪边,左右两侧从正面到背面各有一穿孔。

金币20。1997年于甘肃天水造纸厂附近的悬崖崖壁处发现。① 此枚金币仅剩一半,从发表的不太清晰的图片大致判断为查士丁一世索里达。制作时间可能为519—527年,含金量为99.88%。直径16毫米,重1.2克。正面铭文仅剩-VSP-PAVG;背面铭文仅见[A]AVGGGI;底部铭文不可见,铸币局号:I。现藏不详。该币严重剪边,背面铭文的第一个"G"处似乎有穿孔。

查士丁一世与查士丁尼一世共治索里达4枚

两位皇帝的共治时间很短(527年4月4日—8月1日),不到四个月,因此金币索里达的发行总量很少,留存至今的数量更少,而我国境内出土的索里达中有4枚此类金币,反映当时中国与拜占庭帝国间文化、经济联系的频繁。

查士丁一世与查士丁尼一世共治索里达的形制容易辨认,其正面图案为两皇帝正面坐像:查士丁一世居左,查士丁尼一世居右,头部后面有头光,皇冠顶部有三叶草装饰,均手抚胸口,两人头部之间有十字架。背面因循带翼正面男天使立像的形制。但不同铸币厂、不同批次的正面图案略有差异,有的两位皇帝身后有一个大方框,表示王座,有的没有方框。我国发现的4枚此类索里达的具体情况如下:

金币21—22。1977年河北赞皇李希宗妻崔幼妃墓②出土的3枚金币中有两枚为此类金币;制作时间为527年4月4日至8月1日。21号的类型为 DOC I. 5b,正背面角度为180°,含金量不详。直径18毫米,重2.3克。正面铭文:DNIVSTINETIVSTINANPPAVG,底部有铭文 CONOB;两人身后没有王座;背面铭文:VICTO[RI]-AAVGGGΔ;底部铭文:CONO[B];铸币局号:Δ。该币磨损,严重剪边。22号的类型为 DOC I. 3,正背面角度为180°,含金量不详。直径17毫米,

① 羽离子:《对中国西北地区新出土三枚东罗马金币的考释》,《考古》2006年第2期,第73—80页。

② 夏鼐:《赞皇李希宗墓出土的拜占廷金币》,《考古》1977年第6期,第403—404页。

重2.6克。正面铭文:DNIVSTINET［IVSTINANPP］AVG,底部有铭文CONOB;两人身后有王座;背面铭文:VICTO［RI］-AAVGGGΔ;底部铭文:CONO［B］;铸币局号:Δ。该币磨损,严重剪边。两枚索里达现藏河北考古研究院。

金币23—24。1996年宁夏固原田弘墓(葬于575年)出土5枚金币中有两枚为此类金币,[1]制作时间为527年4月4日至8月1日,两者类型均为DOC I. 3。23号索里达正背角度为170°,含金量不详。直径16.2毫米,重2.6克。正面铭文:DNIVS［TINETIVSTINI］ANPPAVG,底部有铭文CONOB;身后有王座;背面铭文:VICTO［RI］-AAVGGGI;底部铭文:CONO［B］;铸币局号:I。该币磨损,严重剪边,左右两侧各有两个从正面向背面的孔。24号索里达正背面角度为180°,含金量不详。直径16.2毫米,重3.3克。正面铭文:［DNIVST］IVETIVSTIN ANPPAVG,底部有铭文CONOB;身后有王座;背面铭文:VICT［ORI］-AAVGG［G］Γ;底部铭文:CONOB;铸币局号:Γ。该币磨损,略有剪边,上、左、右三个方向分别有一小孔。两枚索里达现藏固原博物馆。

查士丁尼一世(Justinian Ⅰ, 527—565年在位)索里达7枚

查士丁尼一世发行的索里达是中国出土拜占庭金币中数量仅次于阿纳斯塔修斯一世的类型,据报道称共有7枚,目前仅见5枚金币的图片,其余两枚的确定属性仍需图片或实物的印证。我国境内出现的查士丁尼一世索里达分为两大类,正面形制从3/4正面微侧胸像变为完全正面的胸像。a. 正面为皇帝着戎装3/4正面微侧胸像,脑后无冠带,时间为527—538年。b. 正面为皇帝着戎装正面胸像,即:头戴冠盔,皇冠顶部饰有三叶草,身着铠甲;右手持十字架圆球,左手持盾,盾面为骑士刺敌像。但是b类索里达的背面形制在545年发生变化,此前天使右手持十字架,545年之后十字架顶部改为☧。

a类索里达1枚:

金币25。2003年陕西西安康业墓(葬于571年)墓出土,[2]制作时间为527—538年,类型为DOC I. 3ig,正背面角度为180°,含金量不详。直径18.1毫米,重

[1] 原州联合考古队编著:《北周田弘墓》,第198—199、彩版三〇页。

[2] 磁县文化馆:《河北磁县东魏茹茹公主墓发掘简报》,《文物》1984年第4期。

2.1 克。正面冠顶为三叶草,铭文为 DNIVSTIN-ANVSPPAVG;背面铭文:VICTORI-AAVGGGZ;底部铭文:CONOB;铸币局号:Z。现藏西安考古研究院。该币剪边。

b 类索里达 6 枚,具体信息为:

金币 26。1996 年宁夏固原田弘墓(葬于 575 年)出土 5 枚金币中的一枚,①制作时间为 538—565 年,类型似为 DOC I. 9b,正背面角度为 180°,含金量不详。直径 16.2 毫米,重 3.3 克。正面冠顶为三叶草,铭文作 DNIVSTINI-ANVSPPAVG;背面铭文:[VICTORI]-AAVGGGA;底部铭文:CONOB;铸币局号:A。现藏固原博物馆。该币磨损,严重剪边,背面天使所持十字架顶部被剪,无法判断。

金币 27。2002 年青海乌兰一吐谷浑祭祀遗址处发现。② 制作时间为 538—565 年,类型似为 DOC I. 9d,正背面角度为 180°,含金量不详。直径 12 毫米,重 2.31 克。正面冠顶为三叶草,铭文:[DNIVSTI]-ANVSPPAVG;背面铭文:[VICTORI]-AAVGGGΘ;底部铭文:CONOB;铸币局号:Θ。该币磨损,严重剪边,背面天使所持十字架顶部因磨损和剪边无法辨识。

金币 28。河南洛阳郊区唐墓出土,出土年份不详。③ 制作时间为 545—565 年,类型为 DOC I. 9b,正背面角度为 180°,含金量不详。直径 20.9 毫米,重 4.2 克。正面冠顶为三叶草,铭文:DNIVSTI-ANVSPPAVG;背面铭文:VICTORI-AAVGGGΓ;底部铭文:CONOB;铸币局号:Γ;天使右手所持十字架顶部为☧。现藏洛阳博物馆。该币图像不太清楚,细节难以辨认;上下各有一从正面向背面的穿孔。

金币 29。2004 年于宁夏固原九龙山 33 号墓出土。④ 制作时间为 538—565 年,类型为 DOC I. 200,正背面角度为 180°,含金量不详。直径 18 毫米,重 3 克。正面冠顶为三叶草,铭文:DNIVSTIN[I]-ANVSPPAVG;背面铭文:VICTORI-AAVGGGΘS;底部铭文:[CO]NOB;铸币局号:ΘS。现藏固原博物馆。该币略有剪边,上方有一穿孔,天使手持十字架。

---

① 原州联合考古队编著:《北周田弘墓》,第 198—199、彩版三一页。

② 阎璘:《青海乌兰县出土东罗马金币》,《中国钱币》2001 年第 4 期,第 40 页。

③ 洛阳市文物管理局编著:《洛阳出土丝绸之路文物》,第 181—186 页。

④ 宁夏文物考古研究所:《宁夏固原九龙山隋墓发掘简报》,《文物》2012 年第 10 期,第 58—65 页。

金币30。2005年陕西西安西郊北周李诞墓(葬于564年)出土,[①]墓主李诞为来自罽宾的婆罗门,可惜报告仅称其为查士丁尼一世金币,但未刊图片,亦缺乏文字描述。

金币31。2012年陕西西安北周张政墓(葬于572年)出土,[②]墓主张政为北周官员。直径16.7毫米,重3克。报告称其为查士丁尼一世金币,亦未刊图片,无文字描述,从直径与重量判断该币剪边。

查士丁二世(Justin Ⅱ,565—578年在位)索里达1枚

中国境内出土的金币中,可判断为查士丁二世索里达的仅有一枚。查士丁二世索里达的正面形制与此前查士丁尼一世索里达的正面形制类似,均为皇帝着戎装正面胸像,变化在于皇帝蓄短须,右手持带翼胜利女神像,她正为皇帝加冕。背面为女性形象的君士坦丁堡坐像,头部向右,头戴盔甲,身着束腰外衣和斗篷;右肩有羊皮盾,右手倚靠一柄长矛;左手托十字架圆球。此枚金币的具体情况为:

金币32。1953年于陕西咸阳底张湾隋独孤罗墓(贺若厥之夫,葬于600年)出土。[③] 制作时间为565—578年,类型为DOC I. 4g,正背面角度为180°,含金量不详。直径21毫米,重4.4克。正面冠顶为三叶草,铭文:DNIVSTI-NVSPPAVG;背面铭文:VICTORI-AAVGGGE;底部铭文:CON[O]B;铸币局号:E。现藏国家历史博物馆。顶部有一从正面到背面的穿孔。

除金币外,我国境内还出土过查士丁二世时期的银币。2003年在西安郊区的一口井中发现一袋钱币,其中5枚为塞萨洛尼基铸币厂制作的银币“纪念章”,一起发现的还有6枚萨珊波斯银币和隋五铢钱。[④] 现为私人收藏家收藏。

这5枚银币形制相同,均为DOC I. 16,属塞萨洛尼基铸币厂制作的纪念章。正面为皇帝戴头盔、着戎装右侧胸像,边缘有一圈联珠纹,铭文作DNIVSTI? NV? PPAVI;背面为皇帝着戎装正面立像,头朝右侧,脑后有头光,左手持十字架圆球,

---

① 程林泉、张小丽、张翔宇、李书镇:《陕西西安发现北周婆罗门后裔墓葬》,《中国文物报》2005年10月21日第1版。

② 杨军凯、辛龙、郭永淇:《西安北周张氏家族墓清理发掘收获》,《中国文物报》2013年8月2日。

③ 夏鼐:《咸阳底张湾隋墓出土东罗马金币》,《考古学报》1959年第3期,第65—71页。

④ 李铁生、霍利峰、夏润峰:《中国首次发现拜占庭银币》,《中国钱币》2006年第2期,第63—65页。

身体倚靠长矛,右侧空白处有一颗星,边缘处一圈较大联珠纹,铭文为? LORIA??? N??;底部铭文:TP(两枚看起来像 ΓP)。它们的直径与重量略有不同,分别是:

银币 1。直径 23—25 毫米,重 4.5 克;

银币 2。直径 24 毫米,重 4.1 克;

银币 3。直径 24 毫米,重 4.0 克;

银币 4。直径 25 毫米,重 4.0 克;

银币 5。直径 25 毫米,重 4.07 克。

福卡斯(Focas,602—610 年在位)索里达 4 枚

中国境内出土的拜占庭金币从查士丁二世时期开始数量明显减少,6 世纪晚期当政的两位皇帝统治期间发行的索里达目前仍未有出土记录。经过这一段的空当后,7 世纪发行的索里达数量骤然上升,目前已发现福卡斯索里达 4 枚。

福卡斯发行的索里达金币依然因循先前传统,正面为皇帝正面胸像,背面为男性天使正面立像,天使右手持顶部为☧的长柄十字架。不过,一些细节有所变化,使其十分易于辨识:皇帝皇冠的装饰物改为十字架,且十字架体积颇大;右手持十字架圆球,但圆球很小,似乎只是握紧十字架柄的拳头;皇帝身上的铠甲外罩斗篷,右肩处有斗篷搭扣;福卡斯的脸型呈倒三角,蓄络腮须。①

金币的具体情况如下:

金币 33。1989 年甘肃天水一农民在农田中发现。② 制作时间为 603—607 年,类型为 DOC II. 5a. 1,正背面角度为 180°,含金量 99.88%。直径 21 毫米,重 4.5 克。正面铭文:ONFOCAS-PERPAVG;背面铭文:VICTORIA-AVGGGE;底部铭文:CONOB;铸币局号:E。现为私人收藏家收藏。该币较为完整。

金币 34。同样是 1989 年甘肃天水一位农民在农田中发现。③ 制作时间为

---

① *DOC II. 2*, pp. 133 - 134.

② 刘大有:《甘肃天水新发现一枚东罗马福卡斯金币》,第三次丝绸之路与少数民族货币研讨会论文,兰州:1994 年,第 1—5 页。

③ 羽离子:《对中国西北地区新出土三枚东罗马金币的考释》,《考古》2006 年第 2 期,第 73—80 页。

603—607年,类型为DOC II. 5a,正背面角度为180°,含金量98%。直径21毫米,重4.5克。正面铭文:ONFOCAS-PERPAVG;背面铭文:VICTORIA-AVGGGI;底部铭文:CONOB;铸币局号:I。现为私人收藏家收藏。该币似乎上下各有一穿孔。

金币35—36。2004年河南洛阳唐墓出土的两枚金币。[①] 两枚金币的制作时间为603—607年,类型均为DOC II. 5a,正背面角度为180°,含金量不详。35号金币直径19.8毫米,重4.64克。正面铭文:? HFOCAS-PERPAVG;背面铭文:[VI]CTORIA-AVGGGE;底部铭文:CONOB;铸币局号:E。36号金币直径19.6毫米,重4.27克。正面铭文:? HFOCAS-PERPAVG;背面铭文:[VI]CTORIA-AVGGG?;底部铭文:CONOB;铸币局号不详。两枚金币均藏于洛阳博物馆。图片不清,两币似乎都略有磨损。

伊拉克略一世(Heraclius Ⅰ, 610—641年在位)索里达1枚

中国境内出现的金币中有数枚属于伊拉克略一世索里达范畴,但绝大部分为仿制金币,仅有一枚为拜占庭帝国官方发行的索里达。

一般说来,伊拉克略一世时发行的索里达也极易辨识。与其他拜占庭皇帝发行的货币相比,这种索里达上的皇帝肖像表现出十分难得的现实主义,即皇帝的肖像随着年龄的增长而变化,从壮年逐渐变成老年。这种现实主义在希腊化时期就十分少见,[②]在继承希腊化货币文化的罗马帝国时期也未尝出现。虽然早期拜占庭帝国的皇帝肖像带有各自的五官特征,通过肖像就能判断钱币的发行时代,但这些肖像始终是强有力的壮年形象。由此一来,伊拉克略一世发行的索里达形制就成为拜占庭货币中最具特色的一部分。

伊拉克略一世的索里达按照正面形制上的肖像数量可分为三类。a. 皇帝正面胸像,身着披风,右肩有搭扣,皇帝脸型较宽、留络腮胡,时间在610—613年。b. 皇帝与长子伊拉克略·君士坦丁的并排胸像,前者居左,留络腮胡,后者较小,

---

① 于倩:《简述洛阳丝绸之路贸易与出土丝绸之路货币》,《新疆钱币》2004年第3期,第155—159页。

② O. Morkholm, *Early Hellenistic Coinage, from the Accession of Alexander to the Peace of Apamea (336 - 188 B. C.)*, pp. 25 - 26.

时间在613—631年;这种类型的索里达上伊拉克略·君士坦丁的形象从很小逐渐变大,直至与父亲肖像等高。c. 皇帝与其两子的并排立像,前者居中,两个儿子分居左右,时间在631—641年。[①] 背面形制为十字架台阶,即一个三级台阶上放置一枚大十字架,这种十字架一般呈方形,上、下、左、右各端均有一横杆,周围铭文仍然是VICTORIAAVGG。

我国境内出现的伊拉克略一世索里达属b类,具体情况为:

金币37。1992年辽宁朝阳唐墓出土。[②] 制作时间为616—625年,类型均为DOC II. 20e. 1,正背面角度为180°,含金量不详。直径20毫米,重4.4克。正面图案中右侧的伊拉克略·君士坦丁较小,铭文为[ddNNh]ERACLIUS ET hERACONSTPPAVG;背面铭文:VICTORIA-AVςЧAΘ;底部铭文:CONOB;铸币局号:Θ。该币在正面底部有一从背面向正面的穿孔。

2. 以索里达为原型的仿制金币15枚

仿制金币以拜占庭索里达为原型,不仅仿照其正背面形制,直径和重量也以其为标准。但由于制作者对拜占庭货币文化乃至拜占庭文化了解存在差异,制作模具的技艺水平不尽相同,各地黄金的含量和成分也各有特色。因此考察仿制金币时,不仅要测量直径与重量,黄金的含量与成分也至关重要;此外,还需要观察形制细节,总结其与原型币形制的异同。

塞奥多西二世索里达的仿制金币1枚

我国境内出土的金币中有一枚塞奥多西二世索里达的仿制金币,1998年甘肃陇西南郊原华光寺遗址出土。[③] 表面看,这枚金币的正面为皇帝着戎装3/4正面微侧胸像,背面为带翼女性胜利向左前进像,手持镶满珠宝的长柄十字架;铭文也很准确,能够轻易辨识。但塞奥多西二世发行的索里达没有出现过背面铭文VICTORI AVGGG,与他发行的带翼胜利女神前进像相匹配的铭文是VOT…MV-

---

① *DOC II. 2*, p. 217.

② 辽宁省文物考古研究所等:《朝阳双塔区唐墓》,《文物》1997年第11期,第51—56页。

③ 牟世雄:《甘肃陇西发现的波斯银币》,《中国钱币》2002年第1期,第49—50页。

LT…,因此那些背面形制中同时包含带翼胜利女神+VICTORI的塞奥多西二世索里达,为稍晚些时候拜占庭帝国或邻近地区的仿制金币,①用途与拜占庭官方发行金币毫无二致。其具体情况为:

仿制金币1。制作时间不详,正背面角度为180°,含金量不详。18毫米,重2.3克。正面铭文:DNTHEODO-SIVSPFAVG;背面铭文:VICTORI-AAVGGG?,底部铭文和铸币局号因图片不清无法辨识。该币剪边,无穿孔。

5世纪后半期发行索里达的仿制金币5枚

我国境内出现的拜占庭索里达主要集中在5—7世纪;而5世纪皇帝们发行的索里达所采用的形制基本没有变化。辨别拜占庭索里达的年代主要依靠铭文以及钱币学家总结的细节变化和风格特征。然而,这些依据在考察仿制金币时毫无用处。这是因为仿制金币的制作成品差别较大,有的制作工艺相当精湛,与索里达毫无二致,有的图案明显变形,皇帝肖像中许多细节未能呈现。同样,铭文也未能准确刻印,只能判断出它们仿自5世纪的索里达。归为此类的5枚仿制金币正面均为皇帝3/4着戎装正面胸像,详情如下:

仿制金币2。1996年陕西西安何家村附近出土。② 此币形制比较清楚,铭文可辨,为阿纳斯塔修斯一世索里达的仿制金币。该币正背面角度为180°,含金量不详;直径18毫米,重2.3克。正面为3/4正面微侧胸像,铭文为DNANASTA-SIVSPPAVG;背面却是男性天使正面立像,铭文为VICTORI-AAVGGG?,底部铭文和铸币局号因图片不清无法辨识。③ 现藏西安文物保护考古研究院。该币剪边,无穿孔。

仿制金币3。1982年宁夏固原史道德墓(葬于678年)出土。④ 此币正背面角度为180°,含金量不详;直径20毫米,重4克。其正面为皇帝3/4正面微侧胸

① *RIC X*, p. 81. 详情见郭云艳:《两枚拜占廷金币仿制品辨析》,《考古与文物》2008年第3期,第87—89页。

② 王长启、高曼:《西安新发现的东罗马金币》,第38—39页。

③ 郭云艳:《两枚拜占廷金币仿制品辨析》,第87—91页。

④ 罗丰:《固原南郊隋唐墓地》,第59—61页;宁夏固原博物馆:《宁夏固原唐史道德墓清理简报》,《文物》1985年第11期,第24页;罗丰:《关于西安所出东罗马金币仿制品的讨论》,《中国钱币》1993年第4期,第17—19页。

像,脑后有冠带,铭文仅能辨识:?? E? NO? KI-?? DN;背面为男性天使正面立像,右手持长柄十字架,左手托十字架圆球,铭文无法释读。现藏固原博物馆。该币图案线条很浅,仿制痕迹明显;顶部有一穿孔。

仿制金币 4。2017 年西安西咸新区西魏陆丑墓(葬于 538 年)出土。[①] 此币正背面角度为 180°,含金量不详;直径 17 毫米,重 3.1 克。正面为皇帝 3/4 正面微侧胸像,脑后有冠带,铭文为数个符号,难以辨识。背面为带翼胜利向左前进,手持镶满珠宝的十字架,十字架纤细、变形,铭文也难以辨识。现藏陕西省考古研究院。该币略有剪边。

仿制金币 5。1993 年陕西商洛唐墓出土。[②] 此币正背面角度约为 100°,含金量不详;直径 18 毫米,重 2.8 克。正面为皇帝 3/4 正面微侧胸像,脑后无冠带,铭文为 N..OVVGG?;因图片模糊,背面图案与铭文难以辨认。其他信息不详。

仿制金币 6。1896 年,斯文·赫定从新疆和田的当地人手中购入。[③] 该币仅见正面图片,其他信息不详。此币正面为皇帝 3/4 正面微侧胸像,脑后无冠带;周围有铭文,图片不清,但隐约看来有些变形。

6 世纪发行索里达的仿制金币 3 枚

拜占庭索里达正面形制从 538 年之后改为皇帝的正面胸像,身着铠甲,头戴皇冠,两耳处有垂饰,右手所持之物略有变化,多数时候为十字架圆球,查士丁二世索里达的正面是为皇帝加冕的胜利女神,提比略二世(Tiberius Ⅱ Constantine,578—582 年在位)索里达的正面皇帝手握玛帕(mappa)[④]。因此,大部分以这个时期索里达为原型的仿制金币难以确定具体时间,只有个别可通过图案的细节大致判断。此类仿制金币的具体情况为:

仿制金币 7。1897 年一位印度的英国上尉从新疆和田的当地人手中购得,据

---

① 《西咸新区发现西魏墓葬》,《华商报》2017 年 7 月 11 日。

② 王昌富:《商州市北周、隋代墓葬清理简报》,《考古与文物》1997 年第 4 期,第 3—7 页。

③ M., Gösta, "Sven Hedin's Archaeological Collections from Khotan," part Ⅱ, *Bulletin of the Museum of Far Eastern Antiquities*, Ⅹ (1938), pp. 94-95, 112 and Pl. Ⅶ.

④ 玛帕,是拜占庭皇帝们用以表现皇帝权威的权杖,到 7 世纪以后,大量出现在货币上,是一种用布卷着的松软物,经常与皇帝身穿的长袍一起使用,被举在肩膀上。

称该金币和一些印章在沙漠中一起发现。[①] 此币从图片无法判断正背面角度，其他物理信息不详。此币磨损较重，正面为皇帝着铠甲正面胸像，两耳处有垂饰，冠顶有十字架，右手持十字架圆球，周围铭文不太像拉丁字符；背面仅能看出轮廓为正面坐像，右手似乎持长柄十字架，但顶部十字架部分无法判断，左手托十字架圆球，铭文为 VICTORI-AAVGGG?；底部铭文：CONO。背面形制应仿自查士丁二世的索里达，正面形制可能为其他皇帝发行的索里达。

仿制金币 8。1896 年，斯文·赫定从新疆和田的当地人手中购入。[②] 该币仅见正面图片，其他信息不详。从图片看，正面为皇帝着铠甲正面胸像，冠顶为三叶草，两耳处有垂饰，右手持十字架圆球，周遭铭文读作 DNIVSTINII-VS???。现藏瑞典斯德哥尔摩博物馆。该币略有剪边，顶部镶环。

仿制金币 9。1995 年宁夏固原史道洛墓（葬于 658 年）出土，含于墓主口中。[③] 此币正背面角度为 160°，含金量不详；直径 21 毫米，重 4.6 克。正面为皇帝右手持矛，胜利女神为皇帝加冕像，左手持盾；币面左侧铭文磨损，右侧铭文隐约为 NVSPPAVC；背面为君士坦丁堡的拟人形象坐像，头朝左（币面右方）看，左手持长柄十字架，右手托十字架圆球，底部没有铭文，币面左侧铭文磨损，右侧铭文隐约为?? -VG? H。现藏固原博物馆。该币线条很浅，仿制痕迹明显，上下从正向背各穿一孔，孔径 2 毫米。

福卡斯索里达仿制金币 1 枚

福卡斯时期发行的索里达因其标志性的胡须而易于辨识。

仿制金币 10。1982 年洛阳安菩墓（葬于 709 年）出土。[④] 此币含金量不详，正背面角度无法确定；直径 22 毫米，重 4.3 克。正面的图案为典型的福卡斯正面胸像，留着标志性胡须，但铭文难以释读，隐约可辨为:?? ㅌ OCAS-? ER???。背面

---

① A. H. R. Höernle, “A Collection of Antiquities from Central Asia,” *Journal of the Asiatic Society of Bengal*, vol. 68, part 1 (1899), pp. vii－viii and plate Ⅲ.

② M., Gösta, “Sven Hedin’s Archaeological Collections from Khotan,” pp. 94－95, 112 and Pl. Ⅶ.

③ 罗丰：《中国境内发现的东罗马金币》，第 49—78 页；原州联合考古队编著：《唐史道洛墓》，北京：文物出版社 2014 年版，第 136—138 页。

④ 洛阳文物考古队：《洛阳安菩夫妇墓》，《中原文物》1982 年第 3 期，第 24—29 页。

为天使手持卡的十字架,左手托十字架圆球;周遭铭文难以辨识,底部铭文为 CONO。现藏洛阳博物馆。该币磨损较重。

伊拉克略一世索里达仿制金币 4 枚

出现在中国境内的伊拉克略一世索里达仿制金币均为伊拉克略父子二人左大右小的并排胸像,背面为十字架台阶。总体上,这些仿制金币上的图案不够细致,用粗略的线条勾勒出皇帝们头上的皇冠、冠顶十字架、两人头部间的十字架以及身上披风的搭扣等;背面的十字架台阶比较清楚,空白处经常出现其他符号。正背面的铭文难以识别,有的金币则完全没有铭文。经过仔细辨别,我国境内发现的伊拉克略一世金币大多为仿制金币,具体包括:

仿制金币 11。1970 年西安何家村窖藏出土。① 此币形制直径 20 毫米,重 4.1 克,所仿原型接近 DOC II. II. B。正面图案中左侧的伊拉克略较大,留短须;伊拉克略·君士坦丁较小,铭文无法识别;背面的十字架台阶周边空白处无其他图案,周遭铭文为 uBV-HnAVI,底部铭文作 OV? I。现藏陕西省历史研究院。该币图案被一圈鱼骨状线圈包围,该线圈应从联珠纹圈演化而来。

仿制金币 12。1956 年西安土门村唐墓出土。② 此币直径 21.5 毫米,重 4.1 克,所仿原型接近 DOC II. II. C。正面图案中右侧的伊拉克略·君士坦丁只比左侧伊拉克略略小一点儿,铭文难以辨识;背面的左侧空白处有一枚十字架,右侧空白处有一颗八芒星,铭文为 ILΔIOEI-ΠOVΛIIYΛ。

仿制金币 13。2001 年山西太原郊区唐墓出土。③ 此币直径 20 毫米,重量不详,所仿原型接近 DOC II. II. C。正面右侧的伊拉克略·君士坦丁略大,铭文难以识别;背面 3/4 正面微侧胸像,脑后有冠带,铭文为数个符号,难以辨识。背面左右两侧空白处分别为一个由五个圆点组成的十字架,一周铭文作 OC <? VШΛAVΛ??;底部铭文为 VOHP。

---

① 陕西省博物馆、文管会:《西安南郊何家村发现唐代窖藏文物》,《文物》1972 年第 1 期,第 30—42 页。

② 夏鼐:《西安土门村唐墓出土的拜占廷式金币》,《考古》1961 年第 8 期,第 446—447 页。

③ 太原市文物考古研究所:《晋阳古城》,北京:文物出版社 2005 年版,图 9。

仿制金币 14。洛阳市郊唐墓出土,出土年份不详。① 根据该币镶环的位置,可知其正背面角度为 90°;直径 23 毫米,重 3.2 克,所仿原型接近 DOC II. II. B。正面右侧的伊拉克略·君士坦丁比较小,铭文无法释读;背面空白处没有其他符号,铭文为 VICTORV-AvςЧ C;底部铭文作 COHOB。现藏洛阳博物馆。该币正面顶部镶一环。

君士坦丁四世索里达仿制金币 1 枚

与君士坦丁四世有关的金币目前仅见一枚,2002 年西安南郊唐墓出土。② 君士坦丁四世发行的索里达与其同时代其他皇帝的索里达差别较大,他突然启用 5 世纪流行的皇帝着戎装 3/4 正面微侧胸像,头戴冠盔,但左右两耳处仍有较短垂饰,右手持矛,锚头从脑后左侧露出,左手持盾牌;背面继续沿用 7 世纪流行的十字架台阶,但在台阶左右两侧添加了其两子的正面立像。西安的仿制金币详情为:

仿制金币 15。根据穿孔的位置,可知该币正背面角度为 180°,含金量为 84.29%;直径 18.8 毫米,重 2.2 克。该币正背面周边均有一些符号,但难以辨识,背面底部的铭文似乎为? OHO。现藏陕西省考古研究院。该币略有剪边,金币正面的肖像脸部穿有一孔。

3. 具有拜占庭钱币形制特征的金片

我国境内发现的具有拜占庭钱币形制特征的金片,主要集中出土于吐鲁番、和田、固原、西安、洛阳等地。与仿制金币相比,金片的仿制效果差别更大:有的图案十分精致,铭文可识别;大多数金片的图案扭曲变形,铭文要么没有,要么变形无法释读。因此,对金片的分类编目也须根据图案中肖像的类型,分为 3/4 正面微侧胸像、正面胸像、侧像、背面形制。

---

① 洛阳市文物管理局编著:《洛阳出土丝绸之路文物》,第 181—186 页。

② 杨忙忙:《隋唐墓出土金银币的分析与工艺研究》,《全国考古与文物保护化学学术研讨会》,2008 年,第 73—78 页;邵安定、杨忙忙、刘呆运、李明:《西安南郊出土一枚拜占廷金币的科学分析与制作工艺研究》,《考古与文物》2013 年第 5 期,第 124—128 页。另见张绪山:《拜占庭金币在我国的历次发现》,《中国与拜占庭帝国关系研究》,第 213 页。

图案为 3/4 正面微侧胸像的金片 20 枚

前已提及,以 498 年阿纳斯塔修斯一世货币改革为节点,皇帝 3/4 正面微侧胸像的正面形制分为两类:一是脑后有冠带,二是脑后无冠带。由于这一形制索里达在东方的传布较广,以其为原型而制作的仿制金片数量也较多,因此我国境内发现的金片可根据皇帝脑后有无冠带再分为两类:

(1) 脑后有飘带的金片 12 枚

金片 1。73TAM116:30①,直径 15 毫米,重 0.35 克,顶部穿一孔。图案十分模糊,细节无法判断。墓主为张元子妻范氏(葬于 614 年)。② 现藏新疆自治区博物馆。

金片 2。73TAM191:83,直径 17 毫米,重 1.4 克。该金片双面,正面的铭文似为 OIΛIIΛ—? ΛO???;背面为带翼胜利女神向左前行,持长十字架,铭文似为 VΛIII? -T-IVU??? O。入葬时间约在 680 年以后。③ 现藏新疆自治区博物馆。

金片 3。73TAM222:21,直径 20 毫米,重 1.55 克。右侧有一三角形缺口。入葬时间在 671 年以后。④ 现藏新疆自治区博物馆。

金片 4。Ast. i. 6. 03,直径 16 毫米,重 0.85 克。图案上铭文隐约可辨为 XΠ? -X X GG (X 似为小十字架 +)。⑤ 现藏大英博物馆。

金片 5。04TBM238:5,直径 17 毫米,重 0.7 克。图案与金片 4 完全相同,铭文也为 XΠ? -X X GG (X 似为小十字架 +)。⑥ 现藏吐鲁番博物馆。

---

① 吐鲁番地区的墓葬群采用原始报告中的缩写,字母前面的数字(如“73”)表示年份,即 1973 年发掘,其后的数字(如“116:30”)分别为墓号以及金片的编号,“73TAM116:30”表示“1973 年清理的阿斯塔那墓群第 116 号墓葬的第 30 号文物”。TAM 表示吐鲁番阿斯塔那墓群墓群;TKM 表示吐鲁番城西哈拉和卓墓群;TCM 表示吐鲁番交河故城以南采坎墓群;TBM 表示吐鲁番巴达木墓群;TMNM 表示吐鲁番木纳尔墓群,TYGXM 表示吐鲁番交河故城墓群。

② 新疆文物考古研究所:《阿斯塔那古墓群第十一次发掘简报》,《新疆文物》2000 年第 3—4 期,第 199 页;伊斯拉菲尔·玉苏甫、安瓦尼尔·哈斯木:《新疆博物馆馆藏古钱币述略(续)》,《新疆钱币》2008 年第 1 期,第 5 页。

③ 新疆文物考古研究所:《阿斯塔那古墓群第十一次发掘简报》,第 200 页。

④ 新疆文物考古研究所:《阿斯塔那古墓群第十一次发掘简报》,第 207 页。

⑤ Ast. i. 6. 03,表示阿斯塔那墓群 6 区 3 号墓葬,这是斯坦因在 1913 年发掘时的编号。M. A. Stein, *Innermost Asia: detailed report of exploration in Central Asia, Kansu and Eastern Iran,* 4 vols. Oxford: Clarendon Press, 1928, p. 646; vol. Ⅲ, p. 995, Pl. CXX, 15 - 17. Helen Wang, *Money on Silk Road,* London: British Museum Press, 2004, p. 239.

⑥ 吐鲁番市文物局、吐鲁番学研究院、吐鲁番博物馆:《吐鲁番晋唐墓地——交河沟西、木纳尔、巴 (转下页)

金片6。04TBM 103:1,直径17毫米,重量0.5克。此枚金片的图案与拜占庭官方发行的索里达毫无二致,铭文为DNANASTA-SIVSPPAVG。① 现藏吐鲁番博物馆。

金片7。04TBM234:5,直径16毫米,重0.38克。此枚金片铭文隐约可辨为∽⊃-ΔI-??,上方穿一孔。② 现藏吐鲁番博物馆。

金片8。05TBM304:5,直径17毫米,重0.4克。图片不清楚无法辨别细节,上下各穿一小孔。③ 现藏吐鲁番博物馆。

金片9。04TMNM103:3－1,直径17毫米,重0.43克。图片不清楚,上方穿一小孔。④ 现藏吐鲁番博物馆。

金片10。04TMNM103:3－2,直径18毫米,重0.4克。铭文似为?? -VVI?,上方穿两孔,下方穿一孔。墓主人为宋佛住妻张氏(632年入葬)。现藏吐鲁番博物馆。

金片11。05TYGXM11:6,直径17毫米,重0.2克。外缘宽约1毫米。墓主为康? 香,入葬时间为640年。⑤ 现藏吐鲁番博物馆。

金片12。1981年西安西郊唐墓出土,直径20毫米,重0.8克。⑥ 铭文似为??ΠΛΠΛ??。外缘宽约1毫米。

(2) 脑后无飘带的金片8枚

(接上页)达木发掘报告》,北京:文物出版社2019年版,第273页,彩版四二·1。巴达木墓地以及同期在吐鲁番发掘的交河沟西墓地、木纳尔墓地的最初报告以及出土钱币信息见吐鲁番地区文物局:《新疆吐鲁番地区巴达木墓地发掘简报》,《考古》2006年第12期,第47—72页;《新疆吐鲁番地区交河故城沟西墓地康氏家族墓》,《考古》2006年第12期,第12—26页;《新疆吐鲁番地区木纳尔墓地的发掘》,《考古》2006年第12期,第27—46页;储怀贞、李肖、黄宪:《吐鲁番巴达木墓地出土的古钱币》,《新疆钱币》2008年第3期,第49—52页。不过后两者信息不全,以下关于巴达木墓地的信息主要参考《吐鲁番晋唐墓地》。

① 吐鲁番市文物局等编著:《吐鲁番晋唐墓地》,第151页,彩版四一·1。

② 吐鲁番市文物局等编著:《吐鲁番晋唐墓地》,第262—263页,彩版四一·3。

③ 吐鲁番市文物局等编著:《吐鲁番晋唐墓地》,第324页,彩版四二·4。

④ 9、10号金片同出一座墓葬,来源一致,见吐鲁番市文物局等编著:《吐鲁番晋唐墓地》,第76页,彩版一四·2－3。

⑤ 吐鲁番市文物局等编著:《吐鲁番晋唐墓地》,第37页,彩版七·1。

⑥ 张全民、王自力:《西安东郊清理的两座唐墓》,《考古与文物》1992年第5期,第51—57页。关于此枚金片的辨识,亦见罗丰:《西安唐墓出土的东罗马金币仿制品》,收录于罗丰:《胡汉之间——"丝绸之路"与西北历史考古》,北京:文物出版社2004年版,第161页。

金片 13—14。1982—1985 年宁夏固原南郊史氏墓群中出土,其中 13 号出于史索岩墓(葬于 664 年),14 号出于史诃耽墓(葬于 670 年)。① 13 号金片直径 19 毫米,重 0.8 克;铭文似为 I∪I 一?? VV?,外缘较大,宽约 3 毫米。14 号金片直径 23 毫米,重 2 克;铭文似为 OIIY? -II? VIC;有轻微折痕,上下各穿一小孔。现藏固原博物馆。

金片 15。04TMNM102:11,直径 18 毫米,重 1.02 克。金片顶部镶环,铭文为 OVVI-VNPVI。墓主为武欢,入葬时间为 656 年。② 现藏吐鲁番博物馆。

金片 16。75TKM105:6,直径 17 毫米,重 0.58 克。金片顶部穿一孔,铭文为 OVVI-VNPVI,与金片 15 的图案十分接近。墓主为武欢,入葬时间为 656 年。③ 现藏新疆自治区博物馆。

金片 17。67TAM92:?,直径与重量不详,外缘宽约 2 毫米。④ 现藏新疆自治区博物馆。

金片 18—19。分别为 Ast. i. 3 与 Ast. i. 5。⑤ 18 号金片直径 11 毫米,重 0.48 克。铭文难以辨识,金片顶部穿一孔。19 号金片直径 16.5 毫米,重 0.59 克;金片有两面,正背角度为 180°;正面为皇帝 3/4 正面微侧胸像,脑后无冠盔,铭文难辨;背面为天使正面立像,右手持长柄十字架,右手托十字架圆球,铭文难辨;正面皇帝头像的右后方穿一小孔。两枚金片现藏大英博物馆。

金片 20。05TBM301:1,直径 15.5 毫米,重 1 克,顶部有一圆形缺口,底部穿一小孔。⑥ 现藏吐鲁番博物馆。

图案为 6 世纪索里达图案中正面胸像的金片 6 枚

金片 21。69TAM138:?,直径 17 毫米,重 0.35 克。铭文似为 D? ΛΗΛΗ-???。

---

① 罗丰:《固原隋唐墓中出土的外国金银币》,见《胡汉之间——“丝绸之路”与西北历史考古》,第 168—170 页。

② 吐鲁番市文物局等编著:《吐鲁番晋唐墓地》,第 66—67 页,彩版一四·1。

③ 新疆文物考古研究所:《吐鲁番阿斯塔那—哈拉和卓墓地》,北京:文物出版社 2018 年版,第 221 页。

④ 新疆维吾尔自治区博物馆:《吐鲁番县阿斯塔那—哈拉和卓古墓群清理简报》,《文物》1972 年第 1 期,第 11 页。

⑤ M. A. Stein, *Innermost Asia*, p. 646; vol. Ⅲ, pp. 995, Pl. CXX, 15-17. Helen Wang, *Money on Silk Road*, p. 239.

⑥ 吐鲁番市文物局等编著:《吐鲁番晋唐墓地》,第 319 页,彩版四二·3。

顶部穿一小孔。① 现藏新疆自治区博物馆。

金片 22。04TBM235:1,直径 18 毫米,重 0.67 克。铭文似为 I? ΛI-IPINΛI。左上穿一小孔。② 现藏吐鲁番博物馆。

金片 23。05TMNM214:1,直径 17 毫米,重 0.8 克。金片有三道折痕。③ 现藏吐鲁番博物馆。

金片 24。05TMNM203:33,直径 16 毫米,重 0.6 克。该金片包括正反两面,正面为皇帝正面胸像,背面为一个手持长柄十字架、向左侧前行的立像,一周铭文难辨。④ 现藏吐鲁番博物馆。

金片 25。04TBM252:22,直径 17 毫米,重 0.4 克。金片有多道折痕,较为残破,从较为清晰的一侧看,图案为正面胸像,该面左侧有一较大穿孔,右下角还有一小孔。⑤ 现藏吐鲁番博物馆。

金片 26。此为 1981 年于西安曹家堡唐墓出土,报告者称其为"金饰片"。⑥ 直径 20 毫米,重 0.97 克。金片图案为深目高鼻、高颧骨、大胡子的胡人头像,额上有一圈联珠纹。

福卡斯索里达正面金片 1 枚

金片 27。出于 73TAM213:47,直径 21.5 毫米,重 1 克。金片图案中仅有福卡斯的形象,没有铭文,外缘较宽。入葬年代在 640 年以后。⑦ 现藏新疆自治区博物馆。

伊拉克略一世索里达正面金片 2 枚

金片 28。出于 73TAM214:107,直径 17 毫米,重 0.5 克。金片图案为一大一

---

① 新疆维吾尔自治区博物馆:《吐鲁番县阿斯塔那—哈拉和卓古墓群清理简报》,第 11 页。
② 吐鲁番市文物局等编著:《吐鲁番晋唐墓地》,第 264—266 页,彩版四一·4。
③ 吐鲁番市文物局等编著:《吐鲁番晋唐墓地》,第 94—96 页,彩版一五·2。
④ 吐鲁番市文物局等编著:《吐鲁番晋唐墓地》,第 81、84—85 页,彩版一五·1。
⑤ 吐鲁番市文物局等编著:《吐鲁番晋唐墓地》,第 305 页,彩版四二·2。
⑥ 张海云、廖彩梁、张铭惠:《西安市西郊曹家堡唐墓清理简报》,《考古与文物》1986 年第 2 期,第 22—26 页。
⑦ 新疆文物考古研究所:《阿斯塔那古墓群第十一次发掘简报》,第 205 页。

小两并立胸像,右侧像币左侧像略大。墓主为麴胜(葬于660年)。[①] 现藏新疆自治区博物馆。

金片29。出于05TMNM302:1,直径21毫米,重1.22克。金片的图案很好地仿制了伊拉克略一世索里达的索里达图案,铭文难以辨识。[②] 现藏吐鲁番博物馆。

索里达背面形制金片2枚

金片30。1896年斯文·赫定从新疆和田的当地人手中购入,[③]直径19毫米。仅见正面图片,金片有明显的十字折痕。图案为带翼胜利女神向左前行。现藏瑞典斯德哥尔摩博物馆。该币略有剪边。

金片31。2003年西安西郊史君墓(葬于579年)出土,含于口中,[④]直径17.5毫米,重1.75克。这是一枚具有双面图案的较重金片,从发现以来,一直被作为仿制金币;根据其形制特征,币面较薄,为0.5毫米,虽然其重量略重,但更接近于金片,因此暂且归为此类。这枚金片的两面分别仿自不同时期拜占庭索里达的背面图案:A面为胜利女神坐像,头转向右,右手持十字架圆球,铭文隐约为VOT??? -MVL? X? XX,底部铭文ONOB,这属于塞奥多西二世索里达的背面形制;B面为胜利女神向左前行立像,手持顶部为☧的十字架,铭文似为VI?? -?? VGGG,这属于498—519年的索里达背面形制。现藏西安考古研究院。这枚金片的压痕很浅,图案十分模糊。

图案为左侧或右侧胸像的金片2枚

中国境内出土的金片当中还有一些图案为侧面胸像,目前尚无法确定这些图案的来源,因其经常被归到金币中,故而在此列出。

---

① 新疆文物考古研究所:《阿斯塔那古墓群第十一次发掘简报》,第206页。

② 吐鲁番市文物局等编著:《吐鲁番晋唐墓地》,第112—113页,彩版一五·3。

③ Montell, Gösta, "Sven Hedin's Archaeological Collections from Khotan," pp. 94-95, 112, Pl. VII.

④ 西安市文物保护考古所:《西安北周凉州萨保史君墓发掘简报》,《文物》2005年第3期,第4—33页;罗丰:《北周史君墓出土的拜占庭金币仿制品析》,《文物》2005年第1期;郭云艳、曹琳:《关于西安北周史君墓出土金币仿制品的一点补充》,《文博》2008年第6期,第43—46页。

这2枚金片上的侧面胸像差别很大,有的接近早期罗马帝国钱币上的形象,有的中亚特色十分明显。事实上,在希腊化时代的影响下,从地中海地区向东及至中亚地区通行的货币大多采用侧面头像或侧面胸像,其后各地又结合当地的文化特色发展演变,因此这几枚金片很难找到源头。只能将这些信息慢慢积累,为以后的研究提供便利。

金片32。1931年一位传教士在洛阳从当地农民手中购得,[①]直径与重量不详。该金片双面,一面为左侧胸像,一面为右侧胸像。现藏加拿大皇家安大略博物馆。

金片33。出于04TBM106:1,直径21.5毫米,重0.43克。此枚金片的图案为一右侧胸像,其头部变形,留着络腮胡,头部后方有一卍字符。[②] 现藏吐鲁番博物馆。

其他未能明确墓葬号或未见图片的金片出土情况

由于吐鲁番地区各墓群的墓葬数量极多,发掘与整理耗时甚久,不同时期的发掘报告与研究文章对金片的记载存在出入;再加上一些金片在发现时已经残破,其后的整理研究未将其包含在内。这样,导致一些金片曾被报道,其后并无补充描述或图片报道。因此,下面将曾经在不同文章中提到的吐鲁番地区发掘的金币信息列出,虽不排除个别文章对某些金片的记载存在重复的可能,但以作参考:

金片34。出于66TAM48,同墓出伏羲女娲图和萨珊银币;[③]

金片35。出于69TAM118;[④]

金片36。72TAM150:19,直径17毫米,重1.9克,入葬时间晚于645年;[⑤]

金片37。72TAM153:8,直径18毫米,重0.28克,入葬时间在640年之前;[⑥]

---

① W. C. White, "Byzantine Coins in China," *Bulletin of the Royal Ontario Museum of Archaeology*, No. 10 (1931), pp. 9-11.

② 吐鲁番市文物局等编著:《吐鲁番晋唐墓地》,第158—161页,彩版四一·2。

③ 鲁礼鹏:《吐鲁番阿斯塔那古墓葬群发掘墓葬登记表》,第222页;罗丰:《北周史君墓出土的拜占庭金币仿制品析》,《文物》2005年第3期,第61—62页。

④ 罗丰:《北周史君墓出土的拜占庭金币仿制品析》,第61—62页。

⑤ 新疆文物考古研究所:《阿斯塔那古墓群第十次发掘简报》,《新疆文物》2000年第3/4期,第125页。

⑥ 新疆文物考古研究所:《阿斯塔那古墓群第十次发掘简报》,第97页。

金片 38。72TAM188:40,直径 21 毫米,重 0.38 克;[1]

金片 39。出于 73TAM530;[2]

金片 40。出于 69TKM36,《墓葬出土文物登记表》中记录有金片,文物整理后未见;[3]

金片 41。75TKM87:7,金片破损,葬于 671 年;[4]

金片 42。76TCM3:19,直径 17 毫米;[5]

金片 43。76TCM1:19;[6]

金片 44。05TYGXM20:11,仅余三分之一残片,直径 13.4 毫米,重 0.15 克。[7]

四 补遗

以上是按照不同类型,对各拜占庭金币、仿制金币和金片的出土信息与形制特征所做的整理。这些均为已公开发表、且有依据确定为中国境内出土的金币和金片,其他尚未发表、或发表却无法明确来源的未收录在内。

总的说来,无论是中国境内出土还是境外流入的拜占庭金币都具有研究价值。若从历史研究角度而言,前者的意义更为重要,这些金币和金片携带着鲜明的拜占庭文化特征,它们的出土以及相关信息是研究东西方经济文化交流的重要资料。过去的研究工作大多集中于资料整理以及个别金币和历史问题的考察,随着金币出土数量日益增多,各种类型金币在细节方面的差异也逐渐显现,过去的解读已无法完全反映其信息,因此需要对金币、金片的辨识进一步细化,才能有效地推进相关研究的深入开展。

---

① 新疆文物考古研究所:《阿斯塔那古墓群第十次发掘简报》,第 125 页。
② 鲁礼鹏:《吐鲁番阿斯塔那古墓群发掘墓葬登记表》,第 237 页。
③ 新疆文物考古研究所:《吐鲁番阿斯塔那—哈拉和卓墓地》,第 51 页。
④ 新疆文物考古研究所:《吐鲁番阿斯塔那—哈拉和卓墓地》,第 127 页。
⑤ 吐鲁番文管所:《吐鲁番采坎墓地发掘简报》,第 5 页。
⑥ 吐鲁番文管所:《吐鲁番采坎墓地发掘简报》,第 2 页。
⑦ 吐鲁番市文物局等编著:《吐鲁番晋唐墓地》,第 37 页。

第三节

中国发现的
拜占庭钱币研究新趋势

中国所发现的拜占庭式金币及其仿制品之所以重要,因为它们是中古时期拜占庭帝国与古代中国之间经济、文化联系的直接证据。在上一节中,按照外观与重量,它们被分为三类:金币、仿制金币和仿制金片。这种对数据的整理和分类并不是结果,分类的目的也不是要将金币和金片的价值分为不同等级,而是为了方便归纳与之相关的考古信息,钩沉那些被隐藏的线索,从而将研究进一步向深入、细微处推进。

2004 年陈志强在《我国所见拜占廷铸币相关问题研究》中对于 2002 年 7 月之前的金币辨识与研究提出一些背景性、技术性以及研究方法上的问题。背景性问题指的是中国所现金币只是拜占庭钱币体系中的一小部分。事实上,拜占庭帝国长期使用金、银、铜三种金属币制,且变化多样,传入中国的主要是 5—7 世纪的金币。我们只有对此有所了解,才能定位传入中国的金币的时代属性,从而准确认识与之有关的中西经济文化交流。技术性问题指的是对拜占庭钱币工艺、规格、图案与铭文意义的正确解读。如币面上皇帝的数量问题、铭文中拉丁语向希腊语的转变以及正背面印模的角度问题。由此延伸开去,只有准确认识拜占庭金币的制作标准和形制变化及其意义,才能有效区分何为真币,何为仿制品。在研究方法上,陈志强指出拜占庭金币在中国发现的历史学意义尤为重要,这就要求在考察其用途(流通、随葬)方面需要更为谨慎,研究更加细致。[1] 该文既是对此前关于金币辨识及研究的总结,也为后来研究提供了方向。在之后的十几年间,一些新发现的金币和仿制品提供了十分宝贵的新资料,各位学者从不同角度所作的分析也纷纷发表。这些成果丰富了关于中国所发现的拜占庭金币和仿制品的研究,将一些问题向更深领域推进,同时也提出了新问题。因此本节要基于此前

---

① 陈志强:《我国所见拜占廷铸币相关问题研究》,《考古学报》2004 年第 3 期,第 295—316 页。

研究的成果以及新发现金币与仿制品提供的线索,结合这些年研究心得,提出与中国所发现拜占庭金币、仿制金币和仿制金片的一些新问题。

一 研究概况

金币和金片的分类不仅体现在外观和重量上,在研究方面也是如此。金片在出土地域和数量方面表现出鲜明的集中性,主要发现于新疆,特别是吐鲁番自高昌到隋唐的墓群,同时关于金币的考古信息又相当有限,因此研究难度较大。这导致过去关于拜占庭金币的历史学考察和钱币学分析多集中在金币和仿制金币。因此概述研究状况时也要将金币、仿制金币和金片区别论述。

学界过去对拜占庭金币及仿制金币的研究主要集中在两个方面:文物考察和历史分析。在文物考察方面又可归为三类:金币辨识、形制解析以及成分测量。关于金币辨识方面的研究较多,早期主要为报告相关墓葬的发掘情况,和对所出金币进行辨识与解释,突出代表是夏鼐先生,以及他对咸阳独孤罗墓所出查士丁二世金币、西安土门村所出仿制金币以及赞皇李希宗妻崔幼妃墓所出三枚金币的辨识,①其后罗丰与羽离子也在介绍金币的出土情况时对金币本身做出比较详细的解析。② 鉴于一些报告者对金币的辨识有误,罗丰、羽离子以及作者均曾撰文予以纠正。③ 在2005年之前发现的大多数金币的形制特征,作者均在博士论文中逐一辨识,可为读者提供参考。④ 形制解析主要指对币面上具体图案和铭文的意义与来源进行阐释,因为这些图案和铭文是拜占庭文化及思想文化元素的具化呈现,是正确认识、解读金币的基础。此前关于金币辨识的文章也曾提及一些,但未

① 夏鼐:《咸阳底张湾隋墓出土的东罗马金币》,《考古学报》1959年第3期,第67—73页;夏鼐:《西安土门村唐墓出土的拜占廷式金币》,《考古》1961年第8期,第446—447页;夏鼐:《赞皇李希宗墓出土的拜占廷金币》,《考古》1977年第6期,第403—404页。

② 罗丰:《北周史君墓出土的拜占庭金币仿制品析》,《文物》2005年第3期,第57—65页;羽离子:《陕西新现的东罗马金币及其折射的中外交流》,《中国钱币》2001年第4期,第15—18页。

③ 罗丰:《中国境内发现的东罗马金币》,刊于荣新江、李孝聪主编:《中外关系史:新史料与新问题》,第49—78页;羽离子:《对中国西北地区新出土三枚东罗马金币的考释》,《考古》2006年第2期,第73—80页;郭云艳:《两枚拜占廷金币仿制品辨析》,《考古与文物》2008年第3期,第87—91页;郭云艳、曹琳:《关于西安北周史君墓出土金币仿制品的一点补充》,《文博》2007年第6期,第41—44页。

④ 郭云艳:《中国发现的拜占廷金币及其仿制品研究》,2006年南开大学博士论文。

展开。陈志强曾以1953年咸阳独孤罗墓所出金币为例,对该币背面的君士坦丁堡城标安淑莎(Anthousa)以及下方铭文CONOB的准确释义做出详细阐释。[①] 成分测量主要指对金币的金属成分进行检测,从而分析不同金币含量的差别,有关研究结果不仅可为金币和仿制金币的辨识提供确切证据,还可根据仿制金币的金属成分大致判断其仿制地区,因此该项工作十分重要且必要。目前国内仅陕西省考古研究院做过一次尝试,对其收藏的两枚金币进行过测量,[②]具有积极意义。

关于金币的历史分析主要是根据其考古信息所透露出的线索,结合历史、地理资料和研究成果,对金币的传播、分布以及中西经济文化交流进行综合性考察。此类研究也可分为三类:一是考察在拜占庭金币向东传入中国的过程中,不同国家或族群所发挥的影响;二是对中国所发现拜占庭金币和波斯银币的对比分析;三是集中考察某一地区或某一种金币的特征。

影响拜占庭金币东传的因素很多,过去研究者关注到的包括粟特商胡、萨珊波斯帝国、西突厥汗国以及柔然的作用。粟特商胡的作用比较复杂,林英曾指出他们与仿制金币和金片有关。[③] 西突厥汗国因与拜占庭帝国的直接通使,常常将其与金币东传联系起来,由于早期金币发现的数量和时间信息的限制,曾经一度将其东传到中国的时间限定在隋唐时期,因此林英和张绪山老师均撰文指出,西突厥汗国在拜占庭金币东传中国中的重要作用。[④] 本书认为,萨珊波斯帝国作为拜占庭帝国的东邻,其经济政策及其变动对金币大规模进入东方有直接影响,因此曾撰文分析其作用。[⑤] 张绪山在论及萨珊波斯帝国在中国与拜占庭之间文化交流时,也曾提到其对金币传播的影响。[⑥] 柔然在中西政治、经济、文化往来中的

---

① 陈志强:《咸阳隋独孤罗墓出土拜占廷金币的两个问题》,《考古》1996年第6期,第78—80页。

② 邵安定、杨忙忙、刘呆运、李明:《西安南郊出土一枚拜占廷金币的科学分析与制作工艺研究》,《考古与文物》2013年第5期。

③ 林英:《九姓胡与唐代中原地区的拜占庭金币仿制品》,收录于《唐代拂菻丛考》,北京:中华书局2006年版,第75—144页。

④ 张绪山:《6—7世纪拜占庭帝国与西突厥汗国的交往》,《世界历史》2002年第1期;林英:《西突厥与拜占廷金币的东来》,收录于《唐代拂菻丛考》,第21—74页。

⑤ 郭云艳:《萨珊波斯帝国在拜占廷金币传入过程中的影响》,《安徽史学》2008年第4期,第5—12页。对于金币东传中西突厥以及粟特商胡的作用评析,亦见郭云艳:《中国发现的拜占廷金币及其仿制品研究》,2006年南开大学博士论文。

⑥ 张绪山:《萨珊波斯帝国与中国——拜占庭文化交流》,《全球史评论》2010年第1期,第93—110页。

重要作用是客观存在的事实,但由于有关柔然的资料极少,这个领域难度极大。林英从出土两枚金币的磁县茹茹公主墓出发,结合各种文献中关于柔然、“金钱”等记载,钩沉北魏及至北朝末年“金钱”的来源与柔然的关系。①

中国境内发现的拜占庭金币和萨珊波斯银币,大体属于同一时期,据现有考古信息可知,两者在传播时间、人群、分布地域,甚至传播途径上相关性极大,且银币数量在数千枚以上,它们所呈现出的信息更为丰富。因此,对两者进行比较研究十分必要,在这方面做出尝试的是王义康。他虽将金币和银币放到一起考察,结合《隋书·食货志》的记载,认定两者为流通货币后,分析其流通范围,并提出它们在中国境内因葬俗与佩戴需求而被仿制,②只是他并没有对金银币的制作时间、地域分布等进行比较。

由于传入中国的金币多为5世纪初到7世纪的索里达,不同时期拜占庭帝国的政治经济状况,以及丝绸之路沿线政权和金融政策的变动,都会导致特定时期金币东传数量的有多有少。再者,在6—8世纪(金币的入葬时间)的中国,多地由不同政权掌控,各地货币使用状况差别极大,导致传入的外来金币和银币数量可能存在差别,用途也会不一。因此就某一地区金币的数量与分布,或某一种金币的分布与数量进行考察,是有意义的。在这方面做出尝试的有金德平与张曦。前者结合《隋书·食货志》的记载,对中国钱币博物馆征集到的两枚查士丁尼一世金币以及独孤罗夫妇墓中的查士丁二世金币和查士丁一世金币(作者误以之为查士丁二世金币)的解说,说明拜占庭金币就是当时北周时期在河西地区使用的金币。③ 张曦则是以河北地区为界,考察赞皇李希宗妻崔幼妃墓中的三枚金币以及茹茹公主墓中的两枚金币,对它们币面形制描述并概述其所反映的拜占庭文化影响。④ 这些研究显然提供了非常好的尝试。

与学界普遍关注金币和仿制金币的情况相比,对金片的文物学考察较少。受

---

① 林英:《磁县东魏茹茹公主墓出土的拜占庭金币和南北朝史料中的“金钱”》,《中国钱币》2009年第3期,第58—61页。

② 王义康:《中国境内东罗马金币、波斯萨珊银币相关问题研究》,《中国历史文物》2006年第4期,第41—50页。

③ 金德平:《略谈北周河西地区使用的金币——兼说新见的两枚东罗马金币》,《钱币博览》2004年第4期,第3—5页。

④ 张曦:《河北出土的拜占庭金币及相关问题探讨》,《中国历史文物》2007年第3期,第15—18页。

关注度最高的是2003年西安史君墓所出的金片。它的双面均仿自金币索里达的背面形制，重量为1.75克。[①] 除此之外，罗丰曾对西安东郊唐墓所出金片做出分析，也指出其仿制者可能为粟特商团。[②] 同样，金片的历史学意义更为重要，在这方面的研究也要更加丰富。金片揭示出丝绸之路沿线地区各民族的风俗习惯。例如吐鲁番地区的金片出土时大多含于墓主口中，固原的三枚金片出于身为粟特后裔的史氏家族墓群。[③] 前者反映出吐鲁番地区的口含币葬俗，是研究该葬俗的传播与演变的重要证据，[④]若将该地区墓葬出土的金片与萨珊波斯银币结合起来考察，则有助于了解金银两种贵金属在人们生活中的地位差异。固原的金片表明粟特后裔或粟特人与金币的出现与传布有一定联系，林英结合文献中关于粟特"金钱"的记载，指出粟特人可能就是这种金片的制作者。[⑤]

总体上，最近20年来关于中国所发现拜占庭金币和金片的考察，取得了一定成果，这些均构成继续深入研究的重要基础。

二 金币研究的新问题

结合上述关于拜占庭金币及仿制品的研究成果，对比陈志强在2004年提出的三个问题，会发现这些建议依然适用。

第一，在背景性问题方面，过去我们关注中国境内所发现拜占庭金币的辨识、分类等，但一直未概述整个拜占庭帝国钱币史的构成与演变，直到本书，这一任务

---

① 罗丰：《北周史君墓出土的拜占庭金币仿制品析》，《文物》2005年第1期；郭云艳、曹琳：《关于西安北周史君墓出土金币仿制品的一点补充》，《文博》2008年第6期，第43—46页。从重量和外观上看称其为金币也可以，但鉴于做成这种样式其目的显然不是将其作为钱币使用，因此暂且归为金片一类。

② 罗丰：《关于西安所出东罗马金币仿制品的讨论》，《中国钱币》1993年第4期，第17—19页。

③ 罗丰：《中国境内发现的东罗马金币》，第49—78页。

④ 关于死者口含币葬俗的研究，见小谷仲男：《关于死者口中含币的习俗——汉唐墓葬中的西方因素（一、二）》，王维坤、刘勇译，《人文杂志》1991年第5期，第129—138页，1993年第1期，第81—100页；李朝全：《口含物习俗研究》，《考古》1995年第8期，第54—60页；王维坤：《隋唐墓葬出土的死者口中含币习俗溯源》，《考古与文物》2001年第5期，第76—88页；王维坤：《丝绸之路沿线发现的死者口中含币习俗研究》，《考古学报》2003年第2期，第61—82页；余欣：《冥币新考：以新疆吐鲁番考古资料为中心》，《世界宗教研究》2012年第1期，第176—185页；郭云艳：《吐鲁番地区出土的口含币葬俗源起分析》，《吐鲁番学研究》（古代钱币与丝绸高峰论坛暨第四节吐鲁番学国际学术研讨会），上海：上海古籍出版社2015年版，第63—72页。

⑤ 林英：《九姓胡与唐代中原地区的拜占庭金币仿制品》，第75—144页。

才初步完成。

然而,这些拜占庭金币向东传播的过程还涉及其他因素。如拜占庭帝国对贵金属的控制以及贵金属外流的途径、拜占庭以东各地区、各政权的金融政策,特别是对贵金属的管控措施等。作者在2006年的博士论文中,曾结合拜占庭帝国的史书记录、法律规定以及现代学者的研究,总结出包括金币在内的贵金属外流的几种途径:战争赔款、战俘赎回、贡赋馈赠、战争中的劫掠以及边境上的特许商站由国家实施的经济活动。即拜占庭金币外流的主要途径是帝国与周边地区的政治军事往来,以及由国家控制的跨境贸易,而非普通商人的日常贸易。

当金币进入拜占庭帝国境外地区时,它们要继续向东传播直至来到中国,还需经过萨珊波斯帝国、中亚各民族和政权(粟特、嚈哒、西突厥)治下地区,以及西域地区的各绿洲国家。过去研究者关注的主要是他们与拜占庭帝国以及中国的政治、经济、文化联系,从而构建出金币向东传播的背景与可能通道。然而,即便这些联系存在,仍然需要考量各地不同的金融政策与钱币体系。如萨珊波斯帝国从3世纪初立国后,与拜占庭帝国长期比邻而居,自从4世纪初金币索里达开始发行以来,他们通过赔款、战争掠夺、边境贸易等途径,能够长期获得这种金币,但截至目前伊朗境内发现的拜占庭金币数量并不比中亚其他地区多,且中亚及以东地区发现的同类金币也主要集中在5—7世纪。而萨珊波斯帝国本身使用银币,偶尔发行金币,国内有着严密的钱币生产和管理制度。波斯银币上刻印着国王的肖像以及琐罗亚斯德教的火焰祭坛,其图案和铭文也是波斯国王进行政治宣传的重要途径,因此正常情况下,传入萨珊波斯帝国境内的拜占庭金币不会自由地流入市场,很可能会被熔铸成其他器物。5世纪之后,拜占庭金币大量出现在中亚则是该地区其他政治变动的结果。同样,中亚地区的货币制度也是后人要考虑的背景性因素。自从希腊化时期巴克特里亚王国生产使用金银币以来,中亚地区一直保持着使用贵金属货币以及低价铜币的习惯,且到4—5世纪时,仍然制作带有统治者肖像的钱币,而5世纪之前中亚地区大量存在的金银币却并未大量传入中国,说明5世纪前后中亚地区不仅发生了政权更迭,其金融货币政策也发生了转变,正是这种转变构成了拜占庭金币以及仿制金币东传中国的基础。因此,考察中国所发现的拜占庭金币,不仅要了解拜占庭帝国的钱币发展历程,了解其对贵金属外流的规定，还须了解萨珊波斯、中亚各政权的货币政策。

第二，在技术性问题方面，目前关于拜占庭金币铭文的释读基本准确，特别是早期铭文主要采用拉丁语，结合钱币研究的工具书，大多可以完成对拉丁字母的认读与分析。然而，虽然此前的金币辨识以及形制分析文章对图案中的一些元素曾作出解释，但仍存在相当多误解。其原因一方面是由于拜占庭钱币上承希腊罗马的钱币文化，其形制中很多元素可向前追溯到不同时期的钱币；另一方面，4—6世纪正是帝国的思想意识形态从原有的多神教向基督教过渡的时期，此时多神教文化传统与新的基督教意识形态相结合产生出许多新元素，它们具有早期钱币形制的外形，但内涵已然发生变化。因此对于金币上的一些图案、特别是与宗教信仰有关的图案进行阐释，必须结合这两方面的因素。

以金币上的皇帝肖像为例，陈志强在《相关问题研究》中对金币正面的皇帝胸像、皇帝的盔甲与服饰以及多位皇帝共存像均有论述，还特别指出金币正面印模多位皇帝共存的现象并不罕见，在塞奥多西二世时就曾出现。① 但张曦将其归纳为“单个人物像向多个人物像发展”，甚至将此时图案发展总结出一些规律：“人物刻画细致向抽象发展”，塞奥多西二世金币上……皇帝像“十分细腻逼真，人物表情极为生动”，查士丁一世与查士丁尼一世并排坐像身上服饰以及脑后的头光反映出此时币面上“人物固定造型模式被打破”②。这些均是由于对拜占庭钱币形制的发展变化不了解而导致的误解。币面上皇帝的数量确实从4世纪中后期开始出现两人、三人，但这是拜占庭帝国皇位继承制发展的结果。这种变化是由于4世纪后皇位继承由拟制血亲制改为自然血亲继承，而450年之后的皇帝均无亲生子，故而为了保证皇位稳定传承，③就要在统治末期指定继承人，而金币上共治皇帝的出现则是向公众宣告下任皇帝的人选。因此币面上皇帝数量的增加不是趋势，而是皇位继承以及政治宣传的结果。再者，拜占庭钱币上的人物肖像确实比较僵化，没有真实反映出皇帝的五官特征。但这种趋势从4世纪中后期就已出现，也就是随着君士坦丁王朝基督教化的日益严重，早期钱币上对肖像细

---

① 陈志强：《我国所见拜占廷铸币相关问题研究》，第309页。

② 张曦：《河北出土的拜占庭金币及相关问题探讨》，第19页。

③ 武鹏：《450—584年“无皇子时期”的拜占廷皇位继承特点》，《历史教学》2014年第18期，第47—52页。

节的刻画被舍弃,币面上的肖像越来越程式化,单纯从肖像上完全无法辨识皇帝身份。这种情况在此后的拜占庭帝国一直持续。塞奥多西二世金币上的肖像也属于此种僵化模式,此后钱币上肖像的精致程度,则源于印模制作者的精心程度以及钱币监控官的要求,与时代没有关系。至于527年时查士丁一世与查士丁尼一世并排坐像以及其中细节与皇帝着戎装胸像之间的差别,也算不上“打破固定模式”。事实上,拜占庭金币的形制一般不存在“固定模式”,只是相比于帝国早期频繁变更的形制,拜占庭时期更为僵化,同一种形制在较长时间内持续使用,当有需要时,可以自由更改。而且即便这一时期,同一位皇帝发行的金币中,除这种着戎装3/4正面微侧胸像外,还有身着执政官袍服的纪念金币。而并排坐像的形制是照搬自早期需要表明共治皇帝的金币形制,如塞奥多西一世时有一种金币的背面印模为两个皇帝身着执政官长袍,并排坐于宝座之上,两人头部之间有正面的张开双翼的胜利女神为两人加冕。此后,塞奥多西二世、利奥二世时,这种共治形制慢慢变化,带翼胜利女神被十字架取代。因此527年的这种图案也传承自先前的金币形制,而非“打破固定模式”的创新。

此外,金币上还有多个图案的具体释义需要结合钱币传统与时代特征进行阐释,如4世纪末首次出现在金币上的3/4正面微侧胸像。本书之后将以金币上胜利神祇形象为线索,考察其形制与意义从希腊化、罗马帝国早期及至拜占庭帝国初期的演变。

最后,在对金币及其历史问题进行考察时,依然要保持谨慎态度,进行更为细致的分析。

对金币的信息整理与形制辨析是开展研究的基础,进行信息汇总与分类整理时一定要严谨与细致。此前我们在统计金币数据时,将国内公开发表以及网上提供的拜占庭金币信息均做统计,但在随后的研究中,因一些收藏家和博物馆馆藏金币不能说明来源,无法确定是否为中国境内出土,不能作为我们研究的对象,故而在第二节的目录中未被计入。因为金币来源直接关系其传入中国的方式,就像夏鼐在1959年文章中提到清末山西灵石出土的罗马铜币,但经核对,方知这可能是近代爱好古币收藏的西方人(可能是传教士)从欧洲带到山西。① 因此,对每一枚金币的来源与出处均须进行全面细致的严谨考察。同样,对于一些原先的习惯说法也要做出调整,如河北赞皇出土的3枚金币,虽然发掘报告和金币辨识时,文章标题均称其为“李希宗墓”,但考古报告明确指出发现金币的确切部位是李希宗之妻崔幼妃墓,而崔幼妃于北齐武平六年(575年)去世,李希宗则于东魏兴和二年(540年)去世,之间相差36年。这些金币有可能是在李希宗去世后崔氏才得到,因此依然称李希宗墓出土显然不合适,应当称“崔幼妃墓”或“李希宗妻崔氏墓”。如果说这些信息的纠正还可商榷,那么一些错误信息就一定要更正。如《中国大百科全书·考古学卷》中《中国境内发现的东罗马遗物》的统计数据有误,②其中除“邻和公主”墓所出两枚金币外,还额外提到磁县“闾氏”墓所出一枚金币,经核对后,方知磁县的茹茹公主墓共出土两枚金币,而她姓郁久闾氏(也称闾氏),尊号邻和公主,因其出身柔然(茹茹)遂称茹茹公主,大百科全书在“邻和公主墓”之外又增加了“闾氏墓”,显然是统计失误。到2004年之后这一错误信息已基本不再重复。③ 但张曦考察河北地区发现的5枚金币,不仅没有参考此前已发表文章对该条信息的转载情况,也没有加以核对信息,而是继续这一讹误,④显然其对金币数据缺乏足够严谨的考证。

对与金币有关历史问题的分析同样需要严谨与细致。正是基于这一考量,我们将金币和仿制品再细分为金币、仿制金币和仿制金片三类,并暂定“仿制金片”的为非钱币属性。这是因为就黄金的金属属性看,它们也有流通的可能,任何重量的黄金和白银均具有流通性是个常识,在罗马拜占庭帝国以及中亚地区,都曾出现过重量不足1克、仅0.6克左右的银币。钱币重量也不能作为如此定性的标准。理由在于,这些直径在15毫米以上、重量仅半克左右(有的在1.5克以上)的金制品,制作目的不是用于流通,而是装饰、佩戴,因此将其归为金片,但并不否认其可用于流通。同样,当将金币和仿制金币进行分类后,也可发现其所有者信息

---

① 夏鼐:《咸阳底张湾隋墓出土的东罗马金币》,第71—72页。

② 宿白:《中国境内发现的东罗马遗物》,第676—677页。

③ 陈志强:《我国所见拜占廷铸币相关问题研究》,第295—316页;金德平、于放:《考说在中国发现的罗马金币——兼谈中国钱币博物馆17枚馆藏罗马金币》,《中国钱币》2005年第1期,第38—46、81—83页。

④ 张曦:《河北出土的拜占庭金币及相关问题探讨》,第16页。

透露某些特点,如后者中粟特后裔所占比重明显较大,从而进一步确认了粟特商人与仿制金币间的联系。

关于金币和金片的仿制问题。从它们进入研究者视野之后,关于其仿制者为何人的猜测就持续不断。如土门村唐墓的伊拉克略一世仿制金币的来源,夏鼐先生认为可能是中亚人仿制的。① 林英在论述粟特人与仿制金币的关系时,钩沉文献中各处有关"金钱"以及粟特人习俗的记载,通过记载与考古发现的仔细对比,才做出推论。② 后者经过严谨的论证,观点具有相当说服力。然而,王义康在论及中国境内的萨珊波斯银币与拜占庭金币时,根据当时中国境内私铸钱币之风较盛的情况,推测仿制品是因"葬俗和时尚的需要在中国境内仿制的,是受胡风胡俗影响的结果"③。然而,这一推测缺少必要的支撑。这些仿制金币和银币均为印模打制,印模的制作、图案与铭文的刻画均需相当有经验的技工才能完成,而中国境内即便当时钱币管理不严密,也缺乏制作条件,且这个时期当地仍然流行浇铸铜币的制钱工艺。而且,仅根据拜占庭仿制的金币看,有些金币制作工艺十分精湛,图案和铭文与拜占庭官方制作金币几无二致,这需要对相关图案和语言十分熟悉,这样的工艺条件在当时的中国无法得到满足,当地工匠怎么可能如此大费周章地制作仿制品?故而,该推测的论证缺乏说服力。因此,对于金币有关历史问题的考察一定要深入细致、论证严谨,方能得出比较可信的结论。

总之,关于中国所发现的拜占庭金币的研究,除了过去存在的问题没有解决,又出现了一些新问题。可见只有不断钻研,才能更好认识这些金币所反映出的5—8世纪时中国与拜占庭帝国之间经由丝绸之路的经济、文化交流。

三　金片研究的新线索

具有拜占庭金币形制特征的金片同样揭示出一些新线索,这些线索也可以为相关历史问题提供新证据和新解释。

---

① 夏鼐:《西安土门村唐墓出土的拜占廷式金币》,第446页。

② 林英:《九姓胡与唐代中原地区的拜占庭金币仿制品》,第75—144页。

③ 王义康:《中国境内东罗马金币、波斯萨珊银币相关问题研究》,第292页。

目前,我国境内出土的类钱币式金片上的图案绝大多数仿自拜占庭金币,一枚仿自萨珊波斯银币,①还有3枚金片的图案难以断定仿制原型的归属,②这说明拜占庭金币的形制图案被仿制得比例较高。同样的结论也可以从中亚、蒙古发现的同类型金片得出。据不完全统计,中亚地区发现的金片样式更为多样,形制差别极大,但总体上仿自拜占庭金币的金片所占比重最大。③ 蒙古巴彦诺尔突厥贵族墓出土的28枚金片中,7枚仿自萨珊波斯银币,21枚仿自拜占庭金币。④ 当进一步分析仿自拜占庭金币的金片图案时,可知原型主要为5—7世纪前半期发行的拜占庭金币,这与各地发现的拜占庭金币和仿制金币的类型一致,反映出这一时期始终进行着频繁的东西往来。

由于金片上的图案并不完全相同,可按照其所仿形制的特征,分为三类:3/4正面微侧胸像、正面胸像和背面形制。根据第二节中不同类型的数量,可知5—6世纪初的3/4正面微侧胸像形制被仿制比例最高,说明这一类型的货币及货币文化在东西方经济文化交流中的影响较大。中国境内发现的图案为正面形制的金片虽然数量不多,但至少包含三种,说明这个时期的拜占庭货币及货币文化在东方也有相当影响。这也符合拜占庭帝国的政治经济发展的实际情况,即5世纪末到6世纪初,帝国货币稳定,经济繁荣,政治影响力较强。7世纪20年代因伊拉克略一世东征的胜利,帝国在东方的影响得以重新确立。

若更为仔细地观察这些金片图案,可知即使模仿同一种金币形制,金片的仿制效果也千差万别。有的金片图案十分精美,与原型几无差别,如"金片6"吐鲁番巴达木墓葬群出土的04TBM103:1,虽然它只是薄薄的单面金片,但其形制与正式发行的拜占庭金币毫无差异:皇帝的头盔、铠甲、盾牌的造型清晰准确,一周铭文DNANASTA-SIVSPPA可轻易辨识。

---

① 罗丰:《中国境内发现的东罗马金币》,第169—171页。

② White. W. C., "Byzantine Coins in China," pp. 9-11. 储怀贞、李肖、黄宪:《吐鲁番巴达木墓地出土的古钱币》,第49页。

③ Naymark, A. Sogdiana, *Its Christians and Byzantium: a Study of Artistic and Cultural Connections in Late Antiquity and Early Middle Ages*, Bloomington: Indiana University, 2001.

④ 郭云艳:《论蒙古国巴彦诺尔突厥壁画墓所出金银币的形制特征》,《草原文物》2016年第1期,第115—123页。A. Ochir, L. Erdenebold, *Archaeological Relics of Mongolia, Ⅶ: Cultural Monuments of Ancient Nomads*, Ulaanbaatar, 2017, pp. 219-232.

有的金片图案虽轮廓清晰,但线条、细节与原型差别明显,如“金片2”吐鲁番阿斯塔那墓群出土的73TAM191:83,虽然皇帝的头盔与胸甲用联珠纹清晰勾勒,但胸甲的前襟样式、皇帝脸部的些许畸形、明显前凸(上扬)的下巴均不符合拜占庭钱币的特征,而另一面的胜利女神左侧前行图与原型的差别就更为明显,她的发饰接近于6世纪普遍采用的正面站立的天使像,背后的双翼像是收起叠加在身体上,正背的铭文都难以释读。再如固原南郊史氏墓地中史索岩与史诃耽墓出土的两枚金片,均用实线线条勾勒出皇帝的头部,用一些曲线大致表示铠甲与盾牌。再如金片25和26,两枚虽同为伊拉克略一世金币的一大一小并排胸像,但05TMNM302:1的左侧皇帝脸型细长,以一圈弧形的圆点表示络腮胡;而73TAM214:107的左侧人像脸型方圆,没有络腮胡,而且明显过于年轻。

有的金片图案与原型形制差别极大。如“金片3”吐鲁番阿斯塔那墓群73TAM222:21,图中皇帝头部所戴冠盔比较怪异,不是通常的三层弧线表示的头盔与王冠,而是似乎用锯齿形表现出王冠,颈部为半圆形,说明其衣饰完全不同于拜占庭钱币上的皇帝铠甲。故而,这枚金片上的图案是在拜占庭式的3/4正面微侧胸像基础上做出改动后的结果:皇帝的冠盔与服饰均发生变化,甚至脸部轮廓也明显改动,较宽的脸颊似乎反映出东方人的特征,但脑后的两条冠带仍然保留。这类钱币式金片上图案风格表现得如此多样,反映出金片制作者、制作方法的多样性。

这种多样性并非孤例。蒙古巴彦诺尔突厥贵族墓出土的金片大多压痕极浅,线条杂乱,图案极难辨识,仅个别压痕清晰,图案易于识别。① 若参考“东方货币数据库”网站上提供的中亚地区发现的金片,②可知金片图案的种类更为多样,除了仿自拜占庭金币和萨珊波斯银币外,还会仿自中亚或印度北部地区曾发行过的货币。仿制效果更是千差万别,仅以3/4正面微侧胸像为例,仿制出的金片有的只是用一些小圆点勾勒出的大致图案,都不能称其为联珠纹,有的皇帝肖像变形

---

① A. Ochir, L. Erdenebold, *Archaeological Relics of Mongolia, Ⅶ: Cultural Monuments of Ancient Nomads*, pp. 219-232.

② “Gold imitations of Byzantine Style,” in ZENO. RU-Oriental Coins Database [EB/OL]. [2019/10/15]: https://www.zeno.ru/showgallery.php?cat=11184.

严重，冠盔明显过大，头部显得十分臃肿。

总体上，我国新疆以及蒙古、中亚等地出现的仿钱币式金片图案种类繁多，制作效果千差万别，它们的制作与传播是当时当地人们生产活动的结果。金片图案选材与制作的多样性说明，这些地区的社会生活与生产技术特征也呈现出多样性。

然而，在呈现总体上的多样性的同时，类钱币式金片的制作还表现为集中性。在吐鲁番地区发现的金片中，出现了金片形制几乎完全一致的现象。

首先，形制一样的两枚金片是第二节的金片 4 和金片 5，分别是 1915 年斯坦因在吐鲁番找到的 Ast. i. 6. 03[①] 和 2004 年在吐鲁番发现的 04TBM238：5[②]。Ast. i. 6. 03 仅有单面图案，直径 16 毫米，重 0. 85 克。TBM238：5 同样仅有单面图案，共三个穿孔，顶部一个，右上角一个较大，左上角有一个穿孔的痕迹，但并未穿透。直径 17 毫米，重 0. 7 克。

从图片上的形制看，这两枚金片完全相同，均为典型的 3/4 正面微侧胸像。皇帝的头盔、铠甲及右侧的盾牌都是由均匀的联珠线条构成，头部上方王冠位置由七个较大的均匀圆球表示。皇帝脸部的脸颊也都明显隆起，左侧的右手线条清晰，握手姿势表现准确，但难以找到矛柄。右耳后的冠带呈弯曲线垂直而下。只是 Ast. i. 6. 03 的图片更为清晰，可见身前左侧的盾牌上的图案为一名骑士，构图略微复杂，马头较为显眼。两枚金片上的一周铭文也完全相同，可分辨出"XΠ？-X X GG "（X 似为小十字架）。

事实上，还有一枚金片也是这种图案，中国钱币博物馆曾征集到一些拜占庭金币式金片，其中标号为 A 的仿制金片与上述两枚金片的图案完全相同，直径 18 毫米，重 0. 67 克，[③]惜其图片并未公开发表。其次，除上述三枚图案一致的金片外，在吐鲁番地区发现的金片中还有两枚也高度相仿，此即金片 15 和金片 16。

---

① 大英博物馆，Ast. i. 6. 03 金片［EB/OL］.［2016/7/14］：https：//research. britishmuseum. org/search_results. aspx？ searchText=byzantine+gold.

②《吐鲁番晋唐墓地——交河沟西、木纳尔、巴达木发掘报告》，彩版 42. 1。

③ 金德平、于放：《考说在中国发现的罗马金币——兼谈中国钱币博物馆 22 枚馆藏罗马金币》，《新疆钱币》（中国钱币学会丝绸之路货币研讨会专刊），2004 年第 3 期，第 53 页。

金片15为吐鲁番出土的04TMNM102:11[①],该金片顶部镶有一环,直径18毫米,重1.02克;金片16为吐鲁番出土的75TKM105:6[②],顶部穿有一孔,直径17毫米,重0.58克。从图片看,皇帝脸型均较为瘦削,冠盔、铠甲、盾牌均与拜占庭帝国正式发行的金币索里达相差无几,冠盔由四条弧线构成,最上面三条由较为密实的联珠纹线构成,头部上方有密实的大圆球,铠甲上部由斜线、弧线组成上襟,下方由数层实线夹两个圆球来表示。一周铭文所用符号读作"OVVI-VNPVI"。只是04TMNM102:11上的盾牌图案比较清晰,75TKM105:6上的盾牌图案仅隐约可见,但盾牌的形状均类似于80°三角形。

上述五枚金片表明金片存在集中制作的情况,同样的模具可制作出图案完全一致的金片。但金片制作出来后的境遇并不相同:直径有大有小,有的被穿孔,有的被镶环,有的看似完整未遭二次破坏。这反映出它们在成为不同主人的珍宝后,其主人以不同方式进行使用,或悬于首饰,或嵌于某些佩饰,最后又都作为墓主口含之物随葬。因此,金片制作存在批量生产现象,制作完成后被不同人群获得,具体用途略有差异,但最后的主人大体都为吐鲁番当地居民,并因当地口含葬俗而再次共同作为随葬品埋入地下。

四 金片与金币、仿制金币的关系

关于金片形制的考察还考虑其形制的来源,也即它们仿自何种金币。第三小节提到的5枚金片仿自两种形制,而这两者风格明显不同。其中04TMNM102:11和75TKM105:6的图案与拜占庭金币的形制似乎差别不大,而04TBM238:5的金片图案中的肖像有着突出的颧骨与较宽的脸颊,似乎表明该形制在中亚或东方某地被修改了。那么这样的现象是否确实存在?如果存在,是因何发生的呢?这样的疑问原本是无解的,直到蒙古突厥贵族墓出土的一枚仿制金币提供了新的线索,学者们似乎找到了答案。

---

① 《吐鲁番晋唐墓地——交河沟西、木纳尔、巴达木发掘报告》,彩版14.1。

② 新疆维吾尔自治区文物局:《丝路瑰宝:新疆馆藏文物精品图录》,乌鲁木齐:新疆人民出版社2011年版,第91页。

蒙古突厥贵族墓出土的 no. 278 号金币①,直径 23 毫米,重 2. 92 克。② 此枚金币保存较好,有明显外缘。正面为皇帝 3/4 正面微侧胸像,头戴帽子式冠盔,冠顶呈锯齿状,锯齿上方有一圈联珠纹,似表现头盔,脸的两侧均有垂饰垂下,垂饰样式很像早期的条状冠带的冠尾。皇帝身着铠甲,铠甲结构由联珠纹构成,左肩处隐约似盾牌,盾牌上图案可能为骑士骑马像,但难以辨识。铭文很小,似为ɔΠOΠc-OΠV。背面为三级台阶与十字架,十字架的下柄处有一圆形压痕,两侧的空白处各有一颗八芒星,铭文"□-ИOCΛHΛΓO",难以释读。下侧铭文隐约可辨为"COΠO?"。

此枚金币的形制比较特殊。3/4 正面微侧胸像为 5 世纪中期到 6 世纪初拜占庭金币索里达的常用形制,但这里的 3/4 正面微侧胸像却不同于拜占庭索里达的样式,最顶部的弧形联珠纹表现 5 世纪皇帝所戴头盔;头部两侧垂饰则类似于 6 世纪时普遍采用正面胸像时皇冠的垂饰,其锯齿形则完全不见于拜占庭金币,不知从哪里仿制而成。正面形制可以看作将 5 世纪与 6 世纪索里达正面印模中的皇帝肖像结合起来而制成的图案。背面形制中出现在十字架下柄处的圆点难以解释。通常下方的三阶台阶上方短横为十字架的组成部分,此枚金币上的十字架却与这一短横相距甚远,呈现出一枚十字架立于四级台阶之上。左右空白处同时出现两颗八芒星也比较罕见。因此,根据上述关于金币印模的分析,可知此枚金币是在 6 世纪拜占庭金币索里达的正面胸像基础上,融入了"3/4 正面微侧"像。

毫无疑问,这是一枚拜占庭式仿制金币,而且为金片的制作提供了确定的原型。以其为原型的金片就是前面提到的金片 3。这枚金片并不完整,右侧有三角状缺损,从图片看,这枚金片的图案为 3/4 正面微侧胸像,头戴帽子式冠盔,冠顶似呈锯齿状,锯齿上方隐约有联珠纹,脸的右侧有垂饰垂下,左侧恰好是缺损的三角区域。

若将这枚金片与上述仿制金币的正面进行对比,就会发现两者高度相似,特别是冠盔的式样、锯齿纹、锯齿纹上方的联珠弧线以及脸右侧似 90 度折下的垂

---

① 图片由蒙古科技大学额尔登宝力道教授(Erdenebold)提供。

② A. Ochir, L. Erdenebold, *Archaeological Relics of Mongolia*, Ⅶ: *Cultural Monuments of Ancient Nomads*, pp. 219 – 232.

饰,几乎如出一辙。显然,这枚金片是以与蒙古突厥贵族墓出土的 no. 278 同样的金币为模板仿制而成,略有差异:金币边缘的铭文在金片上完全缺失;除冠盔顶部的联珠纹外,铠甲以及冠盔其他由联珠纹构成的图案全部变成较粗的实线。因此,相较而言,金片的图案显得更加粗糙。

新疆吐鲁番发现的这枚金片证明在新疆或者中亚地区存在着与蒙古突厥贵族墓出土的 no. 278 金币同类型的仿制金币,而这类金币在各地的流传和再仿制说明它们具有较强的流通性,也就是说在中亚的某个地区会专门制作、使用这种具有双面不同印模,这种品质较高的金币,也就是从外观上具有拜占庭金币特征的仿制金币在当地可用于商贸交换。

因此,拜占庭金币的形制在东方确实存在着被改造的现象,且金片上的多种图案说明改造现象相当普遍。那么金片图案表现出的这种改造是否因金片模具制作而形成的呢? 或者说是否因模具制造者技艺不够精湛、依据拜占庭金币制作的金片模具不够准确,导致打压出的金片图案变形扭曲了呢? 对此,目前没有资料能够否认这种可能。金片 TAM222:21 与蒙古突厥贵族墓出土 no. 278 仿制金币的事例表明,金片模具的制作者中有的技艺精湛,能准确刻画出所仿金币的全部特征,完全呈现仿制原型。同时,TAM222:21 对仿制金币形制的模仿,揭示出金片仿制的对象不仅仅是拜占庭帝国官方发行的金币,还包括各式各样的拜占庭式仿制金币。这或者可以解释为在这些地区拜占庭式仿制金币与拜占庭金币具有同样的功能:一样用于流通,一样作为金片制作时的模板。

综上所述,丝绸之路沿途考古所发现的类钱币式金片是研究丝绸之路上的经济文化交流、研究丝绸之路货币的重要资料。它们不仅表明吐鲁番等金片发现地区在东西方经济文化交流中的地位,以及吐鲁番地区的口含币葬俗,还揭示出拜占庭帝国早期到 7 世纪前半期的社会经济与对外影响力的变迁,反映出丝绸之路沿线地区人们社会生活的多样性与货币文化的融合。因此,对类钱币式金片的研究,不仅拓宽丝绸之路钱币的范围,还呈现出东西方经济文化交流的深度。

第四节

金币印模“胜利”形象研究

中国境内出现的金币和仿制品主要属于拜占庭帝国早期，其中5世纪到6世纪初的金币索里达数量最多，背面图案为侧身向右前行的胜利女神，她背生双翼，手持长柄十字架。关于这一形象的解读，夏鼐先生在1959年发表的《咸阳底张湾隋墓出土的东罗马金币》提到，“背面的胸像，从前常采用带翅膀的胜利女神像。但是查士丁二世的金币的背面，铭文虽仍旧未改，但图像却改用不带翅膀的女像”，另一女像他描述为“戴盔胄的女神像”①。此前国内学者大多因循夏鼐先生的说法，将出现在5世纪金币的背面以及查士丁二世金币正面上的这种形象叫“胜利女神”。只有陈志强在1996年撰文指出：胜利女神作为古希腊神话中无往不胜的代表，其地位在4世纪期间“被基督教的天使取代”；查士丁二世金币背面的是“带有宗教神秘色彩”的君士坦丁堡城标安淑莎。②

虽然陈志强指出此时金币的带翼女性形象为基督教的天使，但在文章中仍受惯性影响称其为“女神”。③ 所以我们过去将她称为“胜利女神”，从严格学术意义上看似乎不妥，在5—6世纪基督教意识形态占主流的拜占庭帝国，具有强烈政治宣传功能的金币上不应该也不会出现古希腊的“女神”；她手中持有的十字架也说明其与基督教信仰的融合。然而，如果不将这一称谓固定化，而只是将女性胜利神祇称之为胜利女神，以区别于男神，也是合理的。关键问题在于，这个形象于数个世纪之前确实是胜利女神，那么为什么她能够融入基督教信仰呢？在基督教信仰体系下，即便她是“基督教的天使”，又该如何理解她的意义呢？基于这些疑问，我们基于5—6世纪拜占庭金币上的这一女性形象，上溯考察罗马帝国、罗马共和国乃至古希腊钱币上的胜利女神，以探究这种形象为何会在4—6世纪时融

① 夏鼐：《咸阳底张湾隋墓出土的东罗马金币》，第61—62页。

② 陈志强：《咸阳隋独孤罗墓出土拜占廷金币的两个问题》，第78—79页。

③ 陈志强：《我国所见拜占廷铸币相关问题研究》，第295—316页。

入基督教信仰。

一　胜利形象的早期模板：亚历山大式胜利形象

当顺着拜占庭、罗马帝国前期、罗马共和国以及希腊化、古希腊的钱币向前追寻时,可以发现,从外观上与5世纪金币背面的女性形象最为接近的是亚历山大金币背面上的胜利女神。[①] 因此我们可以从这种胜利女神形象切入,考察此前此后钱币上该形象和寓意的发展变化。

亚历山大所发行金币背面的胜利女神,可称为亚历山大式胜利。它具体表现为:胜利女神尼科(Nike)[②]的全身立像,她的双翼展开于身体两侧,头部朝向币面左侧,身体也因这个动作略微转向左侧,右臂向前伸出,掌上托一花环,左臂与翅膀处夹着一支长柄尖笔(*stylis*)。这个图案的要素是胜利女神单独出现,且其全身立像构成整个形制的主体。之所以将这种形制称为"亚历山大式胜利",是因为它在亚历山大即位后以"亚历山大(ΑΛΕΞΑΝΔΡΟΥ)"之名发行,与此前出现在马其顿钱币以及其他希腊城邦钱币上的胜利女神像相比,其形式与寓意都明显不同,还因亚历山大的军事胜利与巨大声望,在后亚历山大时代再次出现时,往往表示对这位君王的尊崇与效仿。

首先,亚历山大的胜利女神有着不同于此前马其顿钱币的形制与寓意,是属于他的创新。在马其顿王国钱币的形制史上,亚历山大的创新在于胜利女神的形式而非主题。事实上,在他父亲腓力二世之前,马其顿王国的钱币从没用过胜利女神,是腓力二世首次将她引入钱币。腓力二世在取得对希腊联军的胜利后,约在公元前345年发行金币。[③] 这套新币采用全新形制,其中金币斯塔特(*stater*)的正面为阿波罗头戴花冠右侧头像,背面为御者驾驶向右的二马马车。关于这一形制,贝林杰认为,正面的阿波罗寓意神的守护,背面的"马车与御者"源于奥林匹

① A. R. Bellinger, *Essays on the Coinage of Alexander the Great*, New York: American Numismatic Society, 1963, p. 3.

② 尼科(Nike,ἡΝἰκη)是胜利女神的希腊语名字,拉丁人将其称为维多利亚(Victoria)。

③ O. Morkholm, *Early Hellenistic Coinage, from the Accession of Alexander to the Peace of Apamea (336 - 188 B. C.)*, 1991, p. 41.

斯运动会上马车比赛的胜利,是表示“胜利”的主题,以此铭记腓力二世的成功。[①] 而默克霍姆认为,御者就是胜利女神尼科,[②]虽然胜利的典型形象是背生双翼,但在古希腊的造型艺术中、特别是钱币上,也出现过没有双翼的胜利神祇,如雅典卫城的“无翼胜利(Apteros Nike)”,再如意大利的特里纳(Terina)在公元前5世纪初发行的银币背面的无翼胜利神,[③]因此默克霍姆的判断也不是毫无道理。

古币学家之所以并没有普遍认同马车的御者即胜利女神,一方面是因为这位御者左手拉缰,右手持马鞭,并没有表现出任何与胜利女神或其他神祇有关的符号或事物,而此前马其顿人也没有对无翼胜利女神崇拜的先例。另一方面,当时的希腊钱币已经形成程式化的胜利女神形象,而且马其顿人对此也并不陌生。在腓力二世的一些金币斯塔特上,奔跑的马蹄下出现了非常典型的胜利女神:她背有双翼,飞翔在空中,身体呈水平状,双臂伸出,手捧花环,似乎要为什么人加冕。从形式上看,她是胜利女神无疑;但从所处位置来看,她与背面主题无关,因为易于遭到马蹄践踏的“胜利”显然不合情理。根据腓力二世的其他金币,出现在马蹄下方的符号或是城市象征,或是模具制作者的家族徽记,因此这里的胜利女神应当是模具制作匠人的标记,[④]不表示胜利之意。

如果金币背面的御者是胜利女神,可能表示腓力二世受到雅典无翼胜利之神的影响,采用该形象来表达自己的胜利;如果她不是胜利女神,那么腓力二世为表达胜利而选择的形式就是奔腾的马车。与之相比,亚历山大在庆祝“胜利”时,将胜利女神的形象放大、突出,形成比较强烈的视觉印象:她的全身微侧立像构成画面主体,背后双翼填充了币面的空白,水平前伸的右手和花环以及身侧几近垂直的长柄尖笔打破画面的僵硬,赋予其美感。这种钱币上表现胜利的不同方式反映出两人在政治军事上取得的成就差异,正如其钱币上的胜利女神形象,亚历山大

---

① A. R. Bellinger & M. A. Berlincourt, *Victory as a Coin Type*, New York: American Numismatic Society, 1962, 2020/3/19 from: http://numismatics.org/digitallibrary/ark:/53695/nnan62016.

② O. Morkholm, *Early Hellenistic Coinage*, p. 41.

③ F. S. Benson, *Ancient Greek Coins*, vol. 1. Ⅳ. “Terina,” Privately Printed, 1900, p. 6, Plate Ⅳ: 10-23. also see: R. S. Poole, “Athenian Coin-engravers in Italy,” *The Numismatic Chronicle*, vol. Ⅲ, 3 series, 1883, pp. 269-277.

④ A. R. Bellinger, *Victory as a Coin Type*, 2020/3/19 from: http://numismatics.org/digitallibrary/ark:/53695/nnan62016.

的成就是如此突出、如此醒目。

其次,亚历山大式胜利神的重要意义还在于对胜利女神寓意的推进,从古希腊钱币上她的寓意发展演变来看,正是亚历山大将之推至顶峰。胜利女神尼科在希腊神话体系中的地位并不高,她作为泰坦神帕拉斯(Palas)和海洋之女斯提克斯(Styx)的女儿,与她的父母和兄弟姐妹——表示"竞争"的女神泽洛斯(Zelos),以及表示"武力"的克拉托斯(Kratos)和"活力"的维亚(Vios)——在泰坦战争中加入奥林匹斯诸神的阵营。[①] 在古希腊的艺术形式中,尼科时而单独出现,时而与其他神祇一同出现:单独出现的尼科主要为双翼展开、正欲降落的形象,手中拿着胜利肩带(sash)、水瓶(oinochoe)和浅底碗(phiale)、里拉琴(Lyre)等物品,表示胜利降临;与她一同出现的神祇有宙斯、雅典娜、赫尔墨斯、狄奥尼修斯、马尔斯以及赫拉克勒斯,寓意他们的胜利,其中最常见的是宙斯或雅典娜。起初,胜利女神被看作是宙斯和雅典娜的属神,经常伴在他们身侧,或由他们将胜利赐予他人。

早期出现在希腊钱币上的胜利女神寓意运动场上的胜利。最早在钱币上采用胜利女神形象的是奥林匹亚,约在公元前5世纪末,当地发行背面为胜利女神的银币。目前发现数量较多的公元前5世纪前半期发行的胜利女神,双翼展开于身体侧后方,身体略向左侧,双腿呈向前奔跑状,左手在后,右手在前,持花环前送。[②] 此后奥林匹亚继续使用胜利女神,她的姿态也增加了走、坐、飞翔降落等,并且逐渐摆脱僵直,看上去更为舒适。在古币学家看来,奥林匹亚作为祭祀宙斯的圣地,这里的泛希腊运动会吸引来自不同地区的所有参赛者,这里发行钱币的受众也是他们,故而钱币上的胜利女神是对参赛者的期许和鼓励;她寓意运动场上的胜利,是参赛者通过自己的努力与拼搏得到宙斯所赐予的奖赏,是所有人的希望,[③]不属于某一个体或地区。

当奥林匹亚以外地区的钱币使用胜利女神时,其寓意有了明确的地域或个体

---

① 赫西俄德:《神谱》384—386,张竹明、蒋平译,北京:商务印书馆1998年版,第38页。Hesiod, *Theogony*, ed. M. L. West, Oxford: Clarendon Press, 1966, TLG, No. 0020001.

② R. Plant, *Greek Coin Types and Their Identification*, London: Seaby Publications Ltd., 1979, no. 103, p. 22. 银币图片参见奥林匹亚钱币,银斯塔特,约前450—前440年,序号:Seltman 60, BMC 9。

③ A. R. Bellinger, *Victory as a Coin Type*, 2020/3/19 from: http://numismatics.org/digitallibrary/ark:/53695/nnan62016.

指向。西西里的叙拉古于公元前 6 世纪末和 5 世纪初开始在钱币上采用胜利女神,比较常见的形制是:一名御者驾驶向右前行的二马马车,胜利女神向右飞翔于马的上方,正在将花冠加于马头,[①]有时是将花冠加到御者头上。由于叙拉古对于竞技、竞争的热情,他们不仅积极参与奥林匹亚的运动会,还鼓励叙拉古参赛者努力追求胜利,因此叙拉古的领导者们选择他们最喜爱的赛车比赛作为四德拉赫麦(*tetradrachm*)的形制,而这里胜利女神所带来的胜利属于叙拉古参赛者,尤其是赛车的参与者。[②] 此后,在叙拉古钱币形制的影响下,西西里和意大利大希腊区的一些城邦也开始在钱币上采用胜利女神,如墨西拿(Messana)、雷焦(Rhegium)、阿克拉伽斯(Acragas)等,[③]其后这种实践与寓意也影响到更远的那不勒斯等地。[④]

到公元前 5 世纪末前 4 世纪初,钱币上胜利女神形制的寓意从赛会胜利扩展到军事胜利。其中最典型的是叙拉古在前 413 年前后发行的银币,飞翔在上方的胜利女神左手拿着带有雕饰的翘起船尾(aphlaston),寓意海军的胜利,[⑤]正面底部的甲胄、盾牌、长矛特别是阿提卡头盔,则表明这是庆祝叙拉古对雅典的胜利。在叙拉古及西西里其他城邦外,其他地区钱币上的胜利女神也增添了军事胜利的寓意。如小亚细亚的基兹库斯在前 410 年发行的合金钱币上胜利女神手持船尾,以庆祝对斯巴达的胜利。[⑥] 至公元前 4 世纪前半期,钱币上胜利女神用来表示军事胜利的寓意已经确立,[⑦]腓力二世用奔腾马车庆祝自己对希腊联盟的胜利,正是这种形制寓意发展演变的结果。

在此背景下,亚历山大胜利女神的寓意有了飞跃性变化,她不再表示赛事胜

---

① R. Plant, *Greek Coin Types and Their Identification*, no. 102, p. 22. 银币图片参见叙拉古钱币,银四德拉赫麦,约前 485—前 466 年,序号:Boehringer series Ⅳ. 41; SNG ANS 7 - 8。

② A. R. Bellinger, *Victory as a Coin Type*, 2020/3/19 from: http://numismatics.org/digitallibrary/ark:/53695/nnan62016.

③ 今墨西拿位于西西里东北,与意大利半岛隔海相望,雷焦位于意大利半岛靠近西西里的海岸,与墨西拿隔海相望;阿克拉伽斯即今阿格里真托(Agrigento),位于西西里中南部海岸。

④ F. S. Benson, *Ancient Greek Coins*, Vol. 1. Ⅲ. "Magna Graeca," pp. 5, 13 and 15.

⑤ F. S. Benson, *Ancient Greek Coins*, Vol. 2. Ⅱ. "Syracuse 2," pp. 12 - 15.

⑥ W. Greenwood, *The Electrum Coinage of Cyzicus*, London: Rollin and Feuardent Collection cdl, 1887, p. 74.

⑦ A. R. Bellinger, *Victory as a Coin Type*, 2020/3/19 from: http://numismatics.org/digitallibrary/ark:/53695/nnan62016.

利或军事胜利,而是具备独立的抽象意义——胜利。[①] 此前"胜利"作为宙斯、雅典娜等神祇的特征,将其赋予那些通过坚持不懈的努力与拼搏在运动场或战场上获得成就的人,因此胜利也往往寄予某种形式,如奔跑、赛车等运动,或某一战事,如叙拉古对雅典的胜利、腓力二世对希腊联盟的胜利。而亚历山大的胜利不在于具体战争,或某一对手,而是恰如"胜利"之于宙斯和雅典娜,她被视为亚历山大的属性,寓意亚历山大在任何事上、任何地方都将获得胜利。

当亚历山大去世后,他的地位及其本人被神化,其成就被继任者膜拜以至于争相效仿。但其成就过高,难以企及,以至于在钱币上,希腊化时期除亚历山大之后的腓力三世(Philip Ⅲ,前323—前317年在位)外,只有个别统治者在亚历山大金币基础上做出改变,如公元前322—前314年昔兰尼加(Cyrenaica)发行金币时改为ΚΥΡΑΝΙΩΝ ΠΤΟΛΕΜΑΙΩ。[②] 那些继任者们要么在银币、铜币上复制亚历山大金币的形制[③],要么用发行货币时采用其他胜利形制来庆祝自己的胜利。[④] 故而,在希腊化世界无人能够像亚历山大用那种形制的胜利女神在金币上展现自己的胜利属性,它只属于亚历山大的胜利。

二 胜利形象的发展演化:君王的权柄

如果说亚历山大将钱币上这种胜利女神形象发展为自己胜利的标志,那么在希腊化和罗马时代,这种形象在钱币上成为君王权柄的象征。

在罗马共和国向帝国转变的过程中,军事将领们掌控着强大军团、不断为自己和罗马带来光荣的胜利,逐渐接受希腊化世界以亚历山大为标志的王权概念,并小心谨慎地将它引入到罗马社会。凯撒在前48—前47年发行的重量约8.6克的金币斯塔特,此时采用亚历山大时期的阿提卡标准,随后又马上改变,降至8.0

---

① A. R. Bellinger, *Victory as a Coin Type*, 2020/3/19 from: http://numismatics.org/digitallibrary/ark:/53695/nnan62016.

② O. Morkholm, *Early Hellenistic Coinage*, pp. 67-68.

③ R. Plant, *Greek Coin Types and Their Identification*, no. 54-103, pp. 21-22.

④ 公元前301年利西马库斯(Lysimachus)取得伊普苏斯(Ipsus)战役后,发行的金币背面形制为雅典娜向左坐于宝座,右手伸出小胜利女神,小胜利女神的花冠正位于利西马库斯名字的上方。

克,这就是凯撒的追随者将其比作亚历山大的短暂尝试。当屋大维以指挥官(Imperator)和奥古斯都(Augustus)之名开启元首时代后,以元首为代表的王权概念继续发展、深化,亚历山大式胜利形制的寓意与使用也进入新阶段。

在罗马帝国前期,钱币上的胜利形制与亚历山大时期相比已发生变化。第一,从姿态看,亚历山大的胜利女神虽面向左侧,但因其两翼分立左右,故而其身体只是略微朝左,不是完全侧身。在罗马帝国的钱币上,以全身立像出现的胜利女神多为完全侧身,有时朝左,有时朝右,双翼在身后,胜利神祇的姿态也分为站立、行进、飞翔、挺进等不同类型。第二,从构图看,除只有侧身胜利女神的形制外,还出现了胜利形象保持双翼微张,立于船首或踩在球上的式样。第三,从胜利之神所持物品看,它们的种类愈发多样,除亚历山大时先后出现的"花冠与长柄尖笔"和"花冠与棕榈枝"外,增加了盾牌、螺旋纹、战利品等等。第四,从动作看,持花冠时以斜递向前或单(双)手高举为主,盾牌分怀抱、手扶多种。这些形制的形式虽有不同,但均为亚历山大式胜利形制的演变结果。

胜利形制的这种变化在亚历山大去世后业已出现。他的继承者均以其继承人自居,因循其钱币形制,只是在特殊情况下才会根据理念或现实需求进行调整。例如,继任者们发行金币时,大多数沿用亚历山大时期的形制和铭文,只有个别有变化,如塞琉古一世(Seleukos Ⅰ Niketor,前321—前281年在位)在后期将金币背面的铭文改成"ΒΑΣΙΛΕΩΣ ΣΕΛΕΥΚΟΥ",[①]胜利女神尼科的姿势和铭文的位置均没有变化,只是将"ΑΛΕΞΑΝΔΡΟΥ"改为"ΣΕΛΕΥΚΟΥ"。与金币相比,希腊化时期的银币、铜币政治寓意稍弱,故而在因循亚历山大的钱币形制时修改幅度较大。例如公元前3世纪时,色雷斯的利西马其亚(Lysimachia)发行的铜币,背

① 相关钱币见"塞琉古一世",SC 115.2,"野风"网站,2020/04/20: http://www.wildwinds.com/coins/greece/seleucia/seleukos_I/SC_115@2.jpg。包括塞琉古一世在内亚历山大的部将们,均在努力模仿、接近亚历山大,这一特征也表现在钱币形制方面。尤其是在金币上,他们通过细节来强调自己的功勋以及作为亚历山大继承人的合法性。如色雷斯的利西马库斯在后期发明了一种新形制:雅典娜朝左坐像,右手持小尼科伸向前方,小尼科高举的花环正位于币面左侧的铭文上方。在亚历山大的金币背面,币面左侧铭文为"ΒΑΣΙΛΕΩΣ",币面右侧为亚历山大的名字;但在新的金币上,"ΒΑΣΙΛΕΩΣ"改在右侧,左侧铭文为ΛΥΣΙΜΑΧΟΥ,正是这段铭文恰好位于小尼科高举的花环下方,寓意雅典娜授意胜利女神尼科将"胜利"赋予利西马库斯,从而使其王权拥有合法性。

面采用亚历山大式胜利女神,但比较粗糙,左手的长柄尖笔已不可见。① 塞琉古王国的安条克一世(Antiochos Ⅰ Soter,前280—前261年在位)的铜币将尼科女神改成完全侧身向左,双翼位于身后的币面右侧,手持花环和棕榈枝,②这种也成为此后亚历山大式胜利女神的主要形式。此后,随着这一形制的扩散,其变化益发多样:有的是尼科侧身向右,有的是尼科高举花环。

由于罗马人与东地中海接触日益频繁,流行于希腊化世界的钱币形制出现在罗马共和国的钱币上,其中自然包括胜利女神。罗马人关于胜利女神的信仰来自于意大利南部的希腊城邦,③他们选用的胜利女神形制也来自这些地区。在公元前2—前1世纪,罗马钱币上比较频繁出现的胜利女神形象为驾驶马车或为战利品加冕。无论是胜利女神独自驾驶二轮马车,还是为驾驶马车的神祇加冕,都是对叙拉古经典形制的复制。至于后者,胜利女神站立为身侧战利品加冕,也是受到西西里的影响,且此前在色雷斯等地比较流行。对此,贝林杰认为,正是由于这些形制与胜利寓意紧密联系,更受罗马人欢迎,故而长期使用。④ 而此时希腊化世界比较普遍的亚历山大式胜利女神却很少出现在罗马官方发行的钱币上,因为该形制所寓意的王权并不符合罗马共和国的喜好,它属于希腊人。

罗马人直到公元前1世纪中期才开始接受希腊人关于胜利女神的特殊寓意,钱币上出现亚历山大式胜利形制。公元前52年罗马发行的银第纳里背面的胜利女神,雀跃地向右前进,肩扛棕榈枝,在其身体两侧的棕榈枝旁共有四个花环。⑤ 那一年,凯撒在阿莱西亚(Alesia)战役中决定性地击溃高卢叛军,罗马为此举行了20日的谢神祭,⑥这类银币当是庆祝这一伟大胜利而发行的。然而,这种

① "利西马其亚(Lysimacheia, Thrace),309 - 220 BC," Moushmov 5499. 2,"野风"网站,2020/05/20: http://www.wildwinds.com/coins/greece/thrace/lysimacheia/Moushmov_5499.2.jpg.

② 相关钱币见"安条克一世,309 - 220 BC," Hoover 145, SC 314 - 315, 452, SNGIs 233, Moushmov 5499. 2,"野风"网站,2020/05/20: http://www.wildwinds.com/coins/greece/seleucia/antiochos_I/t.html.

③ D. Miano, "How Roman was Victory? The Goddess Victoria in Republican Italy," *APEX Studi storico-religiosi in onore di Enrico Montanari*, in eds. L. Sacco e V. Severino, Roma: Edizioni Quasar, 2016, pp. 111 - 126.

④ A. R. Bellinger, *Victory as a Coin Type*, 2020/3/19 from: http://numismatics.org/digitallibrary/ark:/53695/nnan62016.

⑤ 相关钱币见"罗马共和国钱币"[Roman Republican Coinage (400 - 449, 450 - 499)], Cr. 449/4, 453/1, 460/4, BMC 3923, 2020/05/20 from http://davy.potdevin.free.fr/Site/crawford5.html; http://davy.potdevin.free.fr/Site/crawford5 - 2.html.

⑥ 凯撒:《高卢战记》,Ⅶ.90,任炳湘译,北京:商务印书馆1982年版,第207页。

不依托其他符号表现并庆祝的胜利，显然带有亚历山大式胜利女神的痕迹。即便它的出现与具体事件有关，其寓意可以解释为罗马的“胜利”，或“胜利”是罗马共和国的内在属性，但它必然与凯撒这一伟大的军事统帅密切相关，流行于东地中海的胜利寓意此时已然渗透至罗马社会。在公元前48年之后，罗马发行的银币上出现了这一形制的多种变体，如：胜利女神向右或向左前行，持墨丘利节杖（caduceus）、棕榈枝、圆盾、战利品；胜利女神侧像右侧，双翼张开，左手持棕榈枝，右手牵四匹马；胜利女神向左或向右坐像，手持花篮、棕榈枝、战利品等物；正面出现的胜利女神侧身胸像。[①] 这些发展变化在屋大维完全掌控罗马政权后得到确立，金币、银币、铜币上出现多种包含胜利女神的形制，除先前已有正常行进的胜利女神形制外，基于亚历山大式胜利女神还发展出以下形制：持花冠和棕榈枝的胜利女神降落在船首，或降落在一颗球上；坐在球上；或以不同姿势持有名誉盾牌（*clupeus Virtutis*，即上面记录奥古斯都成就的盾牌）。自此，钱币上的亚历山大式胜利为罗马社会所接受，并且被赋予新意义：奥古斯都的“胜利”来自其强大武力与美德的共同作用，[②]“胜利”构成了罗马皇帝与帝国的内在属性。

从形制看，在奥古斯都之后，罗马皇帝们并没有给钱币上的胜利形制增加新的样式，多为因循旧制。只是在因循旧有形制时，在不同时期会因具体情况出现对某些形制的偏好。例如在尤利乌斯王朝，屋大维之后的四位皇帝发行钱币时使用胜利形制的比例极低，种类也较少，仅有胜利女神侧身坐在球上或踩在球上、罗马（Roma）持小胜利女神等。[③] 这可以解释为这些皇帝们作为屋大维的继承者，因功绩无法与之媲美，故而仅发行一种或两种胜利形制的钱币，以表达“胜利”作为帝国本质属性的寓意，过多的胜利形制目的显然是凸显皇帝本人的胜利属性。事实上，在4世纪之前，每一任罗马皇帝都要发行至少一种背面为胜利形制的钱币，且均为亚历山大式胜利的变种，即单独出现的胜利女神侧身立像或坐像[④]，无论

---

① 相关钱币见“罗马共和国钱币”[Roman Republican Coinage (400－499)], Cr. 436/1, BMC 3923, 2020/05/20 from http://davy.potdevin.free.fr/Site/crawford5.html.

② A. R. Bellinger, *Victory as a Coin Type*, 2020/3/19 from: http://numismatics.org/digitallibrary/ark:/53695/nnan62016.

③ *RIC I*, pp. 93－187.

④ 相关信息见 *RIC I－VI*.

其统治时期的帝国是强是弱,无论罗马军队在战场上是胜是败。

这是因为这种形制表示的“胜利”寓意着权柄。胜利的亚历山大通过军事征服成为其广袤帝国的统治者,神赋予其“胜利”的属性,就意味着授予其统治世界的权柄。罗马人在继承这一形制与理念时加入美德的含义;凭借军事与美德方面的“胜利”,罗马及元首(后来称为皇帝)拥有了统治世界的权柄。故而,作为罗马的统帅,奥古斯都的继承人,每一任罗马皇帝都必然拥有这一权柄,发行这种形制的钱币即是向臣民公告其权柄。

至此,亚历山大式胜利形制作为寓意罗马和皇帝们胜利属性、合法权柄的表达方式,在帝国时期的钱币上不断重复,表现为对此传统的坚持。但在坚持的同时,胜利女神作为神祇的力量被削弱,特别是随着罗马皇帝的日益神化,钱币上由带翼女性形象与棕榈枝、花冠等象征物组成的形制,寓意从“胜利”属于皇帝、属于罗马,转变为“胜利”来自皇帝、来自罗马、来自军团。具象化的女性形象成为抽象“胜利”的外在表达,成为与罗马(Roma)、和平(Pax)、富饶(Abundantia)、命运(Fortuna)、协作(Concordia)等一样的拟人化形象。正是这一转变,表示“胜利”的带翼女性形象得以延续到基督教时代,并在5—6世纪完成转型。

三 胜利寓意的再发展:基督教的胜利

从公元4世纪初开始,罗马帝国逐渐进入到基督教国教时期,随着时间的流逝,这种转变在钱币上也逐渐显现出来。正是在这一背景下,“胜利”这一源于异教神祇的形象,从罗马帝国时期逐渐发展出的抽象“胜利”概念的拟人化女性形象,进入到基督教的表达体系。其标志是420年塞奥多西二世发行的金币索里达的背面形制:女性胜利形象向左前行,手持与其等高的巨大十字架。这种金币也是我国境内出土的拜占庭金币和仿制金币中占比最高的类型,即手持长柄十字架的带翼女性胜利形制。

这一结果无疑与4世纪以来基督教地位不断提升及其思想持续渗透有关,在钱币上主要表现为:以多神教神祇为主题的形制数量减少,同时形制中基督教符号的数量和种类不断增加。具体说来,直到3世纪末,钱币上仍经常出现诸如朱庇特、马尔斯、赫拉克勒斯、维纳斯、密涅瓦等神祇,但到君士坦丁王朝,除罗马的铸币厂在 361—364 年间采用以伊西斯(Isis)、阿努比斯(Anubis)等埃及神祇为主题的形制外,[1]传统神祇中只有朱庇特、马尔斯偶尔出现,到 4 世纪中后期就完全消失了。同一时期,钱币上与基督教有关的符号不断增加。君士坦丁时,与基督教有关的符号仅有两处,出现在军旗上方的☧,以及从天堂伸出的手;在其继承者时代,☧频繁出现在各种不同位置,例如手握、币面空白处、花环包围、旗帜图案等,⳨与十字架也多次出现;到 4 世纪后期,☧、⳨、十字架等基督教符号成为钱币形制中的主流元素。

与此同时,钱币上的基督教符号还与胜利形制紧密结合。以君士坦丁时期的两种图案为例:327 年君士坦丁堡铸币厂发行一种铜币,背面主体为一柄竖着的军旗,扎着一条蜿蜒的蟒蛇,军旗上方为☧,学者们认为蟒蛇指代李锡尼,该形制旨在纪念此前君士坦丁的胜利[2];在 328—329 年间,君士坦丁堡铸币厂还发行过一种重量高达 253.72 克的金奖章,背面为君士坦丁皇帝立于两子之间,接受来自天空的一只手加冕,左侧王子被士兵加冕,右侧王子被女性的胜利形象加冕。[3] 其寓意在于君士坦丁通过神的认可与帮助,获得胜利,获得帝国的权柄,因此其权柄来自于神。由于胜利的形象代表着帝国及皇帝权柄,因此钱币上基督教符号与胜利等符号的结合遂成必然。

及至 4 世纪中后期,钱币上基督与胜利形制的结合表现为:☧成为军旗图案(即拉伯兰军旗),有时为⳨或十字架;☧、十字架被花环包裹,或镶嵌在花环上;在以胜利形制为主体的印模上,经常在空白处出现☧、⳨、十字架等。比较常见的一种铜币背面形制是:胜利之神向左前行,肩扛战利品,拖拽俘虏,其身前空白处有☧。较为普遍的一种金币背面形制是:皇帝着戎装正面立像,其左手握顶上有胜利形象的圆球,右手持拉伯兰军旗,有时空白处还有十字架或⳨。不过这些只是两类符号被放在一起,还没有完全结合,距离 420 年胜利神祇持长柄十字架的形制还需要一步关键的变化。

---

① *RIC VIII*, pp. 302 – 305.

② *RIC* 19, See *RIC VII*, pp. 62 – 63 and 572.

③ Ibid. p. 576.

要追溯这一关键变化,需考察亚历山大式胜利形制的一个变种:立在球上的胜利之神,也就是本章开头提到的查士丁二世金币的正面形制中,皇帝右手持立在球上的胜利神,她朝向皇帝方向,双手高举似乎在为皇帝加冠。这种形制始于奥古斯都,此后频繁出现在钱币上;尼禄时该形制有所创新,被缩小后拿在手中,例如64—65年间的一种金银币背面为:尼禄头戴太阳冠,左手持立在球上的胜利之神,①此后仅偶有出现,直到3世纪末变得十分普遍。持这一符号的不仅有朱庇特、赫拉克勒斯等强大的神和英雄,还有罗马、和平等拟人化女性形象,以及皇帝们,表示他们掌握统治世界的权柄;有时皇帝从其他人那里获得该符号,如戴克里先从朱庇特接受立在球上的胜利之神②;君士坦丁从罗马(Roma)、太阳(Sol)、共和国(Reipublica)、和平(Pax),甚至士兵手中接过立在球上的胜利之神。③ 该符号作为一个整体来表示统治世界的权柄,胜利形制虽然具有拟人化形象,但已完全抽象。如324—325年间,在一些金币的背面,胜利形象坐于王座,面朝左,右手持胜利,或手持花环的胜利形象,或托顶部为胜利形象的圆球。由此,古币学家认为作为形制主体的胜利形象表示皇帝,④其手握的胜利形象或胜利像与球寓意权柄。因此,在查士丁二世金币的正面,皇帝右手所持之物,表示的是皇帝统治世界的权柄。

表示权柄的"立在球上的胜利"形制,在塞奥多西一世时出现关键变化——"十字架球"由此诞生。从383年开始,君士坦丁堡和米兰的铸币厂生产的金币泰米赛斯采用一种新形制,并且作为此类金币的固定模式,一直持续到塞奥多西二世时期。胜利像双翼展开于身后,向右前方行进,右手持花环,左手托顶部为十字架的圆球。⑤ 在当时出现在不同材质、不同币值的多种钱币印模中,这一变化似乎并不显得突兀,因为总体看,泰米赛斯的发行量不大,影响力有限;其寓意也没有发生剧烈更改,胜利像依然可视为皇帝的化身,"十字架圆球"亦理解为权柄,只是这权柄上添加了"基督",罗马帝国正在进入基督教国教时代。

---

① *RIC I*, pp. 45 – 46 and 153.

② See *RIC V, part 1 – 2*.

③ See *RIC VII*.

④ Ibid, pp. 383, 476, 514 and 612.

⑤ *RIC* IX. Constantinople. 75; *RIC* IX. Milan. 11, 23, 37. See: *RIC IX*, pp. 78, 81, 84 and 232.

当基督教符号在罗马帝国的钱币上不断蔓延时，过去数百年间恒定出现在每位皇帝发行钱币上的亚历山大式胜利仍然继续出现。胜利像或立、或行、或跑，其面朝方向时左时右，手中所持之物仍然以花环和棕榈枝为主，偶尔抱盾，盾面上主要以表示皇帝统治时间的铭文为主，后来☧、⳨、十字架等基督教符号也时有出现。由于4世纪时罗马帝国边境不宁，基督徒盼望军事胜利，因此钱币上的胜利主题还有新的发展，如前面提到的钱币背面胜利之神肩扛战利品、拖拽俘虏的形制。事实上，进入基督教时代后，帝国早期钱币上频繁出现的众多拟人化形象中，只有罗马（Roma）、君士坦丁堡（Constantinopolis）和胜利（Victory）形象长期保留，特别是后者，在钱币背面的形制中，其所占比例仅次于以皇帝为主题的图案。正是凭借其表示胜利的积极寓意，与权柄有关的抽象概念，特别是皇权神授理念，“胜利”与帝国的基督教信仰完美结合，为420年胜利像持长柄十字架形制的出现打好了基础。

具体到420年，该形制的诞生还有几分偶然。钱币学家认为，这种巨大、镶满珠宝的长柄十字架表示耶路撒冷的真十字架，因为在这一年，塞奥多西二世曾亲临耶路撒冷，亲手将其立在骷髅地遗址上。① 这一看似偶然的变化，却在此后带来很大影响。从420年开始，这种向左前进，手持长柄、镶满珠宝的长柄十字架的胜利女神，是5世纪索里达的标准形制；498年阿纳斯塔修斯一世对该形制做出细微调整，胜利之神所持之镶满珠宝的十字架，改为细长、顶部为⳨的十字架，作为“⳨”的变形，其寓意仍是十字架与基督符号的变化形制，这几乎成为帝国早期金币索里达的固定形制。

然而，从基督教自身的发展来看，拜占庭帝国早期将原先具有多神教特征的文化因素与基督信仰的结合显然只是权宜之计，有碍其信仰的普及。因此在7世纪的金币索里达上可以看到这种传统做法与纯净基督教信仰之间的争夺。起初，查士丁一世时，金币背面侧身向左的带翼女性胜利形象改为正面的带翼男性形象，这种形象更接近于基督教的大天使长，但依然保留的铭文VICTORIA无疑表明该形象具有的“胜利”意义，因此也可以理解为皇帝们试图通过放弃女性形象，

① *RIC X*, p. 55.

来与早期的多神教文化因素切割。536年时,查士丁尼将金币的正面形制改为完全正面的胸像,且右手持十字架圆球,则是这种趋势的进一步强化。但查士丁二世时期金币上重新在正面启用立在球上的胜利形象,在背面启用4世纪时常见的君士坦丁堡拟人化形象安淑莎,则是传统的回归;只是目前尚无关于查士丁二世这一变革的最合理解释。然而,提比略二世继任后将这种传统完全清除。他不仅将金币正面皇帝右手所握之物改回到十字架圆球,还将背面改为十字架台阶(即三级台阶上立着一枚大十字架)。在后来的莫里斯和福卡斯两位皇帝时期,虽然金币背面又换成查士丁尼时期的带翼正面男性形象,但从610年伊拉克略王朝以后,无论是立在球上的胜利形象,还是持十字架的女性带翼形象、男性带翼形象,以及君士坦丁堡城标(安淑莎)的形象,都没有再度出现。

虽然基督符号与胜利形象的结合在拜占庭帝国钱币形制史中消失了,但由于4—7世纪初拜占庭帝国的钱币与钱币文化经由丝绸之路大量传入中亚、乃至东亚,这种形制也在这些地区产生影响。当时能够接触到拜占庭金币的人们能够通过它们了解域外的文化;还有些人或群体以不同方式进行仿制,出现了如一些看起来比较精致、图像和铭文相当准确的仿制金币,[①]西安史君墓那种依两种拜占庭索里达金币背面形制做成的粗糙金片,[②]也有如新疆吐鲁番出土的、较准确复制拜占庭索里达金币的正背两面的金片。[③] 因此,通过金币以及仿制品上的胜利形象,既可以了解历史上不同时期该形制在寓意上的纵向演进,也可以通过它来观察4—7世纪欧亚大陆上经由钱币这一媒介完成的横向文化传递。

总之,从希腊化时代开始,由于亚历山大赋予的特殊意义,亚历山大所采用的胜利女神形制成为希腊化及至罗马—拜占庭帝国钱币上的重要部分。她从古希腊表示胜利的神祇,在希腊化时期与国王权柄建立联系,并被罗马人沿用;在罗马帝国前期,表示罗马及皇帝权柄的胜利形制成为传统,钱币上的"胜利"

---

① 我国境内发现的此类型仿制金币数量不少,例如1998年甘肃陇西出土的仿塞奥多斯二世索里达的金币,郭云艳:《两枚拜占廷金币仿制品辨析》,《考古与文物》2008年第3期,第87—89页。

② 西安市文物保护考古所:《西安北周凉州萨保史君墓发掘简报》,《文物》2005年第3期,第4—33页;罗丰:《北周史君墓出土的拜占庭金币仿制品析》,《文物》2005年第1期;郭云艳、曹琳:《关于西安北周史君墓出土金币仿制品的一点补充》,《文博》2008年第6期,第43—46页。

③ 新疆维吾尔自治区博物馆编:《吐鲁番阿斯塔那—哈拉和卓古墓群清理简报》,《文物》1972年第1期,第8—29页。

像从神祇变成寓意胜利和权柄的拟人化形象，及至完全抽象化；在罗马帝国步入基督教时代的过程中，皇权神授理念促使表示胜利与权柄等抽象化概念的拟人化胜利形象与基督教符号结合起来，构成了拜占庭帝国早期钱币形制中的主要内容，并借由欧亚大陆上的横向交流传到中亚和东亚，成为文化传播的重要内容。

第五节

拜占庭金币东传所经的中亚地区的作用研究

经过上一节的论述，可知在古希腊、罗马的钱币上，“胜利”形象经历了从神祇到拟人化形象的转变，并在6世纪之前演化为基督教世界普遍接受的形象。而这一形象经由5—6世纪的丝绸之路，以钱币或仿制币为载体，向东传入亚洲东端，出现在中亚的一些地区、蒙古以及中国，为考察中古初期欧亚大陆上的横向交流提供了重要证据。从地理位置看，拜占庭金币向亚洲东端的中国与蒙古传播过程中，中亚地区十分重要。本书将以中国、蒙古境内出土的拜占庭金币、仿制金币以及仿制金片为主，借助中亚各地钱币学研究的成果，深入分析该地区在这些钱币东传过程发挥的作用。

一　中亚还是印度

拜占庭帝国的钱币及以其为原型制作的仿制品，无疑是中古初期丝绸之路上经济文化传播的重要载体，而连接东西方的丝路根据纬度不同和环境差异，分为北方草原丝路、中间的绿洲丝路以及南方海上丝路三线。从地理位置看，中亚地区是草原丝路和绿洲丝路的必经地区，由此还可向南经由印度连通海上丝路。不过从地中海地区到东亚可以选择海路从红海经印度洋、马六甲海峡、南海抵达中国,从而完全避开中亚地区。故而理论上,中亚地区和印度都是拜占庭金币进入东亚的传播途径;只是根据目前东亚发现相关钱币的出土地点分布判断,拜占庭金币经由中亚地区向东传播的可能性更高。

首先,目前东亚地区已知考古发现的拜占庭金币主要出现在中国和蒙古。其中蒙古出土的金币和仿制品绝大多数来自布尔干省巴彦诺尔的突厥贵族墓,在其他地区曾有一两枚仿自拜占庭金币的金片出土,但不清楚具体出土地点,有待蒙古考古学家对其境内古墓进行系统挖掘,并进行深入研究、得出比较翔实的结论。而中国境内关于拜占庭金币及仿制品的发现从19世纪末开始,次数增多,出土地点也较为分散。出土地点的相对分散恰恰反映出中古初期拜占庭金币在中国境内的分布状况,可以帮助后人分析当时这些钱币的传入途径。通过统计和整理,可知中国境内的拜占庭金币及仿制品主要发现在新疆、甘肃、宁夏、陕西、河南、青海、内蒙古、山西、河北、辽宁等北方地区,且数量也大体呈现为越往东越少的特征,这说明拜占庭金币和仿制品主要经由陆路传入中国,可知中亚地区是它们东传至东亚的主要途径。

与拜占庭金币及仿制品同一时期大量出现在中国境内的还有萨珊波斯银币,一般认为,这些银币在传播途径和用途上与拜占庭金币密切相关。一方面,正史中关于一些西域国家和北周时河西地区食货情况的描述均"以金银钱为货"或"用西域金银之钱",说明金银和银钱共同用作通货;另一方面,中国境内多次同一墓葬同时出土金币和银币的现象进一步印证这一关联性,如吐鲁番墓葬中萨珊波斯银币和拜占庭金币的仿制金片常常同时出现,再如2017年3月西安西咸新区西魏陆丑墓同时出土金币和银币。① 与金币相比,中国境内发现的萨珊波斯银币数量更多且分布更为广泛,涵盖新疆、青海、甘肃、宁夏、陕西、河南、山西、内蒙、河北、辽宁,以及山东、江苏、湖北、广东、广西等地。

总体看,中国境内出土的萨珊波斯银币数量近2 000枚,其中绝大部分发现自新疆、陕西、河南等地,而江苏、湖北、广西、广东等地,每批次发现银币十几枚。虽然南方地区出土的银币说明它们来自海上丝绸之路,反映出南亚次大陆在其东传

① 《西咸新区发现西魏墓葬》,《华商报》2017年7月11日。

过程中的影响，但它们在种类和数量上逊于北方诸省的发现，如1959年在新疆乌恰县一深山石缝中发现的袋囊中有银币947枚，[①]青海西宁城隍庙街发现一批银币76枚，[②]河南洛阳伊川县一木制方盒中发现银币200多枚，[③]与此同时，蒙古境内出土的银币数量也高达数百枚，因此研究者认为，萨珊银币主要通过陆上丝绸之路向东传播。[④] 这与拜占庭金币在中国境内的分布大体相当，说明它们东传路线一致，中亚地区对于此类金银币传入中国发挥着重要作用。

由于中亚地区地理环境多样，历史上族群构成十分复杂，且当今中亚地区的政治局势影响，学界对于中亚地区考古发现的拜占庭金币和仿制品的信息收集、整理难度较大，无法通过将它们与中国和蒙古境内出土金币及仿制品进行对比分析，进而验证中亚地区在这些钱币东传过程中的具体作用。不过，近年来有学者对印度地区出土的拜占庭金币及仿制品情况作出详细的整理和考察，通过对比印度地区发现的拜占庭金币与中国境内拜占庭金币的异同，反证了中亚地区在拜占庭金币和萨珊波斯银币向东传播过程中的重要作用。

具体而言，在5—7世纪时出现在印度和中国的拜占庭金币和仿制金币，在时间分布和物理特征方面存在明显差别。第一，两地的拜占庭钱币类型不同。中国境内出土的拜占庭钱币主要是金币索里达和以其为原型的仿制品，银币和铜币偶有出现。出现在各种报道中的拜占庭银币和铜币大多为近代境外流入，只有2003年出现在西安的五枚查士丁二世银币可确定为中国境内出土。[⑤] 出现在印度（集中在印度中南部）的拜占庭钱币主要是金币和铜币，据英国学者丽贝卡·达利（Rebecca Darley）统计，金币有189枚，铜币有4 405枚。[⑥] 铜币与金银币相比价值较低，大宗国际贸易使用较少，主要用于日常交易，如此多铜币出现在印度，说明当时印度与拜占庭帝国间经由海路的直接商贸联系较为频繁，这些铜币应当是由拜占庭商人或水手为沿途使用方便携带至印度的。

---

① 李遇春：《新疆乌恰县发现金条和大批波斯银币》，《考古》1959年第9期，第32—33页。

② 夏鼐：《青海西宁出土的波斯萨珊朝银币》，《考古学报》1958年第1期，第109—144页。

③ 于倩、霍宏伟：《洛阳出土波斯银币探索》，《中国钱币》1995年第1期，第13—16页。

④ 孙莉：《萨珊银币在中国的分布及其功能》，《考古学报》2004年第1期，第42页。

⑤ 李铁生、霍利峰、夏润峰：《中国首次发现拜占庭银币》，《中国钱币》2006年第2期，第63—65页。

⑥ Rebecca R. Darley, *Indo-Byzantine Exchange, 4th to 7th Centuries: A Global History*, Ph. D. Dissertation of University of Birminghan, 2013, p. 248.

第二,两地发现的金币和仿制品在类型上存在差别。中国境内出土的金币及仿制品约100枚,根据对外观、含金量、形制风格、重量等因素的考辨可分为三类:即拜占庭帝国官方铸币厂生产的金币索里达,共37枚,以索里达为原型制作的仿制金币,大体上有15枚,以及带有拜占庭金币形制图案的金片,但较薄、大多仅有单面图案,数量约有40余枚。这种情况也发生在印度出土的金币上,在经过仔细辨别的62枚中,金币索里达有37枚,疑似为仿制金币的共21枚,仿制金币4枚。① 从比例来看,印度出现的单面仿制金片较少,它们在中亚、特别是粟特地区发现较多,②因此此类金片应是从中亚向东传入中国北方地区,或是从中亚和印度北部向南传入南印度。

第三,两地发现的金币在时间分布上也有不同。中国和印度的拜占庭金币及金币原型的生产时间集中在拜占庭帝国早期到中期,下限为7世纪中后期。若按照这段时期拜占庭皇帝的统治先后来统计金币数量,可勾勒出不同时期拜占庭金币传入中国以及印度境内的差异。

据图5可见,中国境内的金币索里达涉及从塞奥多西二世到伊拉克略一世的九位皇帝,以阿纳斯塔修斯一世时期的金币数量最多,其次为查士丁尼一世及伊拉克略一世时期,故而5世纪末到6世纪中前期是拜占庭金币传入中国的高峰,及至7世纪中前期又出现另一个小高峰。

对仿制金币形制进行分析,有些可辨别出其仿制原型。虽然确定仿制金币原型并不能直接判定仿制金币的制作时间,但某一时间段金币被复制的比重高低反映出该时期金币在相关地区影响力的强弱。目前中国境内仿制金币的原型有塞奥多西二世、福卡斯以及君士坦丁四世等皇帝的索里达,其他无法辨别归属的正面,或是皇帝带冠盔的3/4正面微侧胸像,或是戴冠盔的正面胸像,均为5世纪后半期到6世纪中期的索里达正面形制。故而5世纪末到6世纪中期以及7世纪中前期,是拜占庭金币向东传播至中国或在相关地区影响力最高的时期。

相较而言,印度的拜占庭金币和仿制金币涵盖从塞奥多西二世到查士丁尼一

---

① R. R. Darley, *Indo-Byzantine Exchange, 4th to 7th Centuries: a Global History*, p. 269 and Appendix 1.

② 耐马克教授(Alexandrie Naymark)在2017年6月于长春召开的“古代晚期世界中的拜占庭金币”研讨会上介绍了粟特地区发现的金片,数量有百余枚。

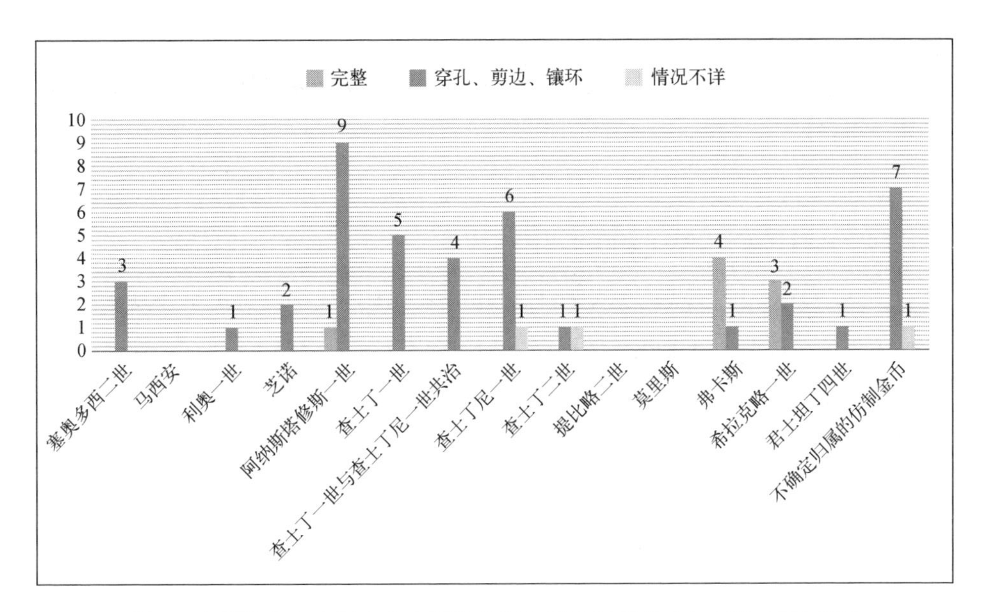

图 5　中国境内出土拜占庭金币及仿制金币的时间分布与剪边、穿孔情况

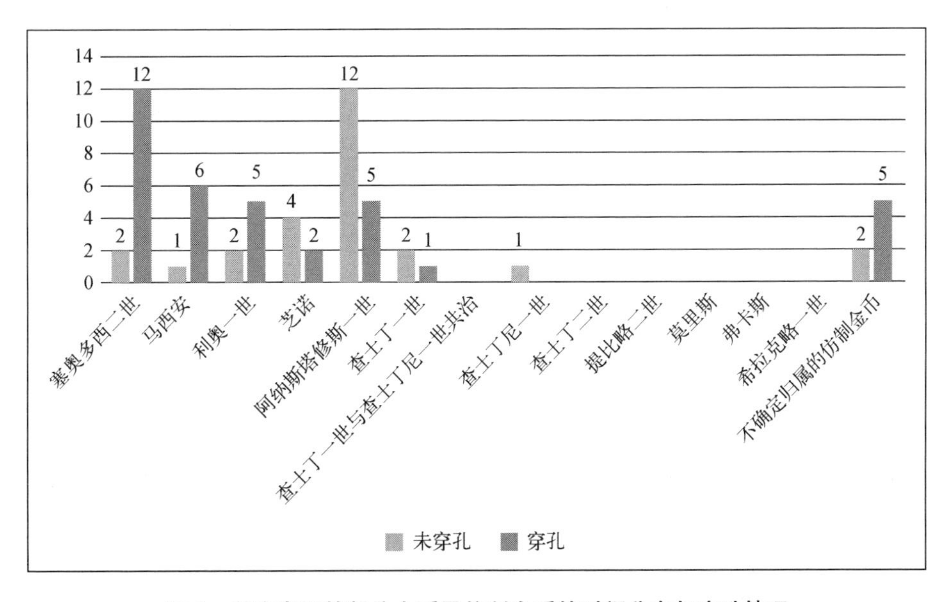

图 6　印度发现的部分金币及仿制金币的时间分布与穿孔情况

世的八位皇帝，其中数量较高的是塞奥多西二世和阿纳斯塔修斯一世时期，查士丁尼一世的金币仅有一枚，未见查士丁二世之后的索里达。在仿制金币中，可辨识原型的有阿纳斯塔修斯一世、查士丁一世、查士丁尼一世，其他不可辨者正面多为皇帝3/4正面微侧胸像。因此,传入印度以及在印度影响较强的主要是5世纪到6世纪初的拜占庭金币,与中国境内拜占庭金币及仿制金币所反映的情况相差约半个世纪。

第四,中国和印度发现的金币和仿制金币中存在不同程度的物理破坏,即被剪边和穿孔的现象,这使得金币可用作挂饰或镶嵌于其他饰物和衣物上。在图5中,每个时期的金币的完整抑或剪边、穿孔情况用不同色块呈现出来,由此可知,中国境内的金币剪边和穿孔比例很高,44枚中仅8枚未经剪边或穿孔,且这8枚中7枚属于7世纪之后,而查士丁二世及之前的金币中,仅1枚完整。这一情况说明拜占庭金币向东传播的社会条件,在6世纪中后期发生变化,此前的金币多被穿孔、剪边,说明它们被做成饰物带入东亚的比例较高;经过6世纪中后期的沉寂后,7世纪中前期的拜占庭金币再次大量出现在东亚,而且没有大量地被二次加工为饰物的现象,大多保持完整。同样,图6也把每个时期的金币分为未穿孔和穿孔两种,金币完整的比重从5世纪初到6世纪初不断提升,而穿孔的比例不断下降。这与中国境内金币的穿孔和剪边比例在5—6世纪中前期一直很高的情况完全不同。

具体到对金币二次加工的方式问题,两地也存在差异:中国境内的金币普遍被剪边,剪边后金币可以被镶嵌在挂饰或戒指上,而印度地区的金币几乎没有被剪边的情况;中国的金币穿孔情况多样,孔的数量不一,从一个到四个不等;孔的大小有异,有的比针孔略大,有的孔直径有5毫米,还有的是额外镶了一个环;孔的位置五花八门,两个孔有的是上下各一,有的是左右各一,还有一枚并列位于正面上方,三或四个孔的,孔分散于四周不同位置。在印度,金币上的穿孔数量、大小和位置比较统一,均为两个孔,并排位于金币正面上方。这些情况说明这些拜占庭金币是在传入印度后进行过二次加工,并且当地人以相似的方式对金币穿孔和悬挂;而金币传入中国前的经历比较复杂,它们在不同地区由不同人群使用,他们以各种不同的方式打孔、剪边、镶嵌。

总之,中国和印度境内发现的拜占庭金币及仿制品差异十分明显,印度地区的拜占庭金币和仿制品以5世纪初到6世纪中前期为主,且多为金币和仿制金币,仅有单面图案的薄金片十分稀少,且金币上的穿孔较为统一,显然是拜占庭金币传入印度后被当地人进行了二次加工。而中国境内的拜占庭金币和仿制品以5世纪末到6世纪中期为主,且在6世纪中后期短暂消失后于7世纪中前期再次大量出现,两者相差半个世纪,说明这些金币东传至东亚的社会条件与传至印度的完全不同,而其剪边和穿孔的庞杂性表明它们在进入东亚前,历经多个族群和地区。因此,传入中国境内的拜占庭金币和仿制品当主要来自中亚地区,而非印度。

二　流传的途径

拜占庭金币和仿制品若要经由中亚的陆上丝绸之路传入东亚,有两种可能:一是通过政治、商贸往来直接从拜占庭帝国被带到中国境内;二是通过不同地区间的政治、商贸联系间接地从萨珊波斯帝国、中亚地区、西域诸国等地传入中国。前者可能性较小,原因在于:第一,目前东西方文献中没有任何拜占庭帝国与中国之间存在直接政治联系的记录;第二,中文史籍中来华的“拂菻”(中国古代文献中对拜占庭帝国的指称)使节应当是民间商人,但这些记录集中在唐初,而多数拜占庭金币出土于北朝末期及隋时的墓葬,说明即使拜占庭商人确曾来到中国,却不是拜占庭金币来华的主要载体;第三,相当数量拜占庭式仿制金币的存在,意味着拜占庭金币在某个地区被大量仿制,并从那里传入东亚。由此,间接传播是主要途径,即拜占庭金币先是通过萨珊波斯、中亚地区与拜占庭帝国间的政治、经济往来传入这些地区,之后再被带到东亚。

由于4—7世纪时萨珊波斯帝国及中亚各地区与中国存在较为频繁的政治、经济联系,因此两者都可能是拜占庭金币向东传播的中转者。它们需要满足两个条件:一是当地能够获得大量拜占庭金币及仿制品,二是当地的政治和金融政策允许金银等贵金属货币向外传播。

萨珊波斯帝国与拜占庭帝国毗邻而居,从3世纪萨珊波斯帝国兴起后,双方之间政治、军事、经济、社会、商业、文化往来紧密,大量罗马—拜占庭帝国的贵金属货币流入到萨珊波斯帝国。其流入方式可总结为政治贡金、战俘赎金、交易货币、民间赠物等。① 这种情况在两大帝国存续期间一直存在,因此萨珊波斯帝国能够获得大量拜占庭金币。

中亚地区也可以满足该条件。这里与地中海世界一直保持密切联系,自亚历山大东征后,两地间往来更加频繁。此后数百年中,各地虽历经多次政治变动,但民间商贸交易未曾断绝,不时会有货币以及货币文化的跨地区传播。在公元初期,贵霜帝国早期的钱币曾受到罗马钱币的影响,例如丘就却(Kujula Kadphises,约50—90年在位)时发行的塔克西拉(Taxila)铜币,就是仿照罗马钱币的式样,其重量在3.5克,该系列正面为皇帝戴冠右侧头像,背面为身着游牧服饰、头戴高帽的国王右侧全身坐像,身下的椅子是一只罗马式的牙座(curule)。② 到阎膏珍(Wima Takto,约90—113年在位)时,巴克特里亚、喀布尔、犍陀罗、旁遮普等地的铜币上,正面的太阳神米罗(Mirro)头部散出一圈点状光线,研究者认为这是受提比略或尼禄发行钱币的影响。③ 在梅尔夫(Merv)曾发现约30多枚属于4—5世纪的拜占庭铜币。④ 同样,中亚地区的货币也向西传至欧洲,在今罗马尼亚、匈牙利、波兰等地曾发现4世纪时控制兴都库什山中南部区域的寄多罗(Kidarites)王朝发行的金币。⑤ 因此,在罗马帝国征服东方后,中亚与地中海、黑海地区商贸往来更加畅通,当拜占庭帝国将更东边的君士坦丁堡作为新首都后,帝国发行的钱币自然会传入中亚。

虽然目前缺乏中亚各地出土的拜占庭钱币的系统整理和数据,但中国境内出现的拜占庭金币和仿制品的时间分布为该地区此类金币数量的传布起伏情况提供了旁证。据图5可知,出现在中国的拜占庭金币主要属于5—7世纪,其中尤以

---

① 郭云艳:《萨珊波斯帝国在拜占廷金币传入过程中的影响》,《安徽史学》2008年第4期,第5—12页;张绪山:《萨珊波斯帝国与中国—拜占庭文化交流》,《全球史评论》2010年第1期,第93—110页。

② D. Jongeward, J. Cribb and P. Donovan, *Kushan, Kushano-Sasanian, and Kidarite Coins: A Catalogue of Coins from the American Numismatic Society*, New York: the American Numismatic Society, 2015, pp. 5, 21 and 34 - 35.

③ D. Jongeward, J. Cribb and P. Donovan, *Kushan, Kushano-Sasanian, and Kidarite Coins: A Catalogue of Coins from the American Numismatic Society*, pp. 44 - 45.

④ N. Smirnova, "Some Questions Regarding the Numismatics of Pre-Islamic Merv," *Proceedings of the British Academy*, 133(2007), p. 387.

⑤ K. Vondrovec, *Coinage of the Iranian Huns and Their Successors from Bactria to Gandhara (4th to 8th century CE)*, eds. Michael Alram and Judith A. Lerner, Wien: Verlag der Österreichischen Akademie der Wissenschaften, 2014, p. 27.

5世纪末到6世纪初数量最多；再加上中亚也发现相当数量这一时期的拜占庭金币仿制品，基本可以确定，从5世纪开始，中亚的拜占庭金币数量急遽增多。从商业角度讲，这可以解释为，5世纪时拜占庭帝国与萨珊波斯帝国保持长期和平，波斯人要从东西方贸易中征收关税牟利，而拜占庭帝国利用东方贸易比较畅通获得更多商业利润，因此5世纪后传入中亚的金币数量较多。印度地区拜占庭钱币的数量变化也能提供旁证，由图6可知，那里的金币也是从5世纪初开始大幅增加。

然而，上述理由却无法解释为何中亚地区的拜占庭金币数量在5世纪末和6世纪初大幅增加，同时印度的拜占庭金币数量却明显下滑。事实上，5世纪末，拜占庭帝国与萨珊波斯帝国的矛盾趋于激化，双方都通过拉拢、支持阿拉伯半岛的部落来强化对该地区的控制并威胁对方，例如当491—492年波斯国王卡瓦德（Kabad，488—496年，498—531年在位）向拜占庭皇帝索要金钱以抗击边境上匈奴人（或称匈人，Huns）的威胁，遭到拒绝后，一些阿拉伯人对拜占庭人治下的黎巴嫩地区发动攻击，甚至向北打到埃梅萨（Emesa，今霍姆斯 Homs），498年后，又接二连三地遭亲波斯的阿拉伯部落袭击；①拜占庭皇帝阿纳斯塔修斯一世则拉拢亲拜占庭的阿拉伯部落进行回击，生活在罗马帝国境内的萨拉比特（Tha'labites）阿拉伯人在前往希拉赫（al-Hirah）时，遇到一支商队，直接将其消灭并抢走了骆驼和财物。② 此后，两大帝国在502—506年、527—561年发生数次战争，这种冲突影响到拜占庭帝国的东方贸易，特别是途经波斯湾的交易，③传入印度的金币数量自然减少。

至于拜占庭金币数量大幅增加的事实，则需要从中亚地区的政权演变、特别是它们与萨珊波斯帝国的关系来寻找原因。从5世纪中期开始，中亚地区崛起一支新的力量——嚈哒，根据拜占庭史家的记载，在波斯国王卑路斯（Peroz，459—484年在位）当政期间，波斯军队数次败于嚈哒，他本人则在484年的战争中阵亡，直接引发国内政治动荡。在此情形下，波斯人为解决内部纷争，向嚈哒求和，缴纳年贡，这些年贡主要以货币来支付，当时波斯政府能够用来支付的主要是萨

---

① F. K. Nicks, *The Reign of Anastasius I, 491 - 518*, Ph. D Dissertation of St. Hilda's College of Oxford, 1998, p. 76.

② Joshua of Stylite, *Chronicle of Joshua the Stylite,* trans. W. Wright, LVII, Cambridge: Cambridge University Press, 1882: p. 46.

③ Touraj Daryaee, "The Persian Gulf Trade in Late Antiquity," *Journal of World History*, 14(2003), p. 4.

珊波斯银币,或间有拜占庭金币。①

由此,在5世纪末到6世纪初期的欧亚政治格局中,嚈哒汗国凭借其较强的政治和军事实力,直接或间接地获得大量拜占庭金币。例如,拜占庭史家曾记载,一次嚈哒对波斯发动攻击,当波斯人质问其为何破坏盟约兵戎相向时,嚈哒人声称是由于拜占庭皇帝遣使承诺提供两倍贡赋,以换取嚈哒与萨珊波斯解除盟约。② 拜占庭金币通过政治争斗间接进入中亚的证据更多一些,如:约474年,卑路斯在对嚈哒战争中被俘,拜占庭皇帝芝诺提供资金将其赎回。③ 498年之后,由于波斯国王卡瓦德借助嚈哒之力重新夺回王位,因此足额支付先前约定的贡金就势在必行。为此,他再次以对抗边境地区匈奴人的名义要求阿纳斯塔修斯一世提供资金,④遭到拒绝后,才会导致叙利亚地区的亲波斯阿拉伯部落对拜占庭帝国发动数次袭击。更为典型的事例发生在502—506年,当时卡瓦德联合嚈哒一起对拜占庭帝国的边境城市——阿米达、哈兰(Halan)等地发动攻击,他们通过劫掠获得丰厚战利品,甚至在战争过程中,嚈哒军队的首领一度被俘,最终拜占庭一方送上1 500只羊和其他物品,将其礼送回营。⑤ 因此,5世纪末到6世纪初,中亚地区涌入的大量拜占庭金币,与嚈哒汗国的政治强大密不可分。

中亚的政治格局在6世纪中期发生变化,在波斯与新兴的突厥人的夹击下,嚈哒被灭,领地被瓜分,原先嚈哒治下的北部、东部区域为突厥占领。与嚈哒相比,西突厥汗国对萨珊波斯帝国在政治和军事上没有任何优势,甚至他们派往波

---

① 萨珊波斯帝国的货币主要是银币,在立国之初,曾偶尔发行金币,但数量十分有限。4世纪后,随着罗马帝国更改币制,金币索里达出现,萨珊波斯帝国通过和约、赎金、年贡等途径得到大量罗马金币。因此在5世纪中后期,当萨珊波斯人向嚈哒缴纳年贡时,其支付手段主要是银币,或有金币,而金币主要是拜占庭的金币。

② Zacharias of Mitylene, *The Syriac Chronicle* (*The Syriac Chronicle Known as that of Zachariah of Mitylene*), trans. F. J. Hamilton & E. W. Brooks, London: Methuen & CO., 1899, pp. 152 - 153.

③ Joshua of Stylite, *Chronicle of Joshua the Stylite*, trans. W. Wright, Cambridge: Cambridge University Press, 1882, pp. Ⅸ-Ⅹ, 18 - 19.

④ John Malalas, *The Chronicle of John Malalas*, book 13. 42, trans. E. Jeffreys, M. Jeffreys and R. Scott, Melbourne: Australian Assoc. for Byzantine Studies, 1986, pp. 263 - 364. Ioannis Malalae, *Chronographia*, ed. L. Dindorf, [Corpus Scriptorum Historiae Byzantinae] Bonn: Weber, 1831, TLG, No. 2871001. 关于阿纳斯塔修斯一世的记录,参见普罗柯比:《战史》,崔艳红译,陈志强审校注释,郑州:大象出版社2010年版,I. vii. 1 - 2,第49—51页。Procopii Caesariensis, *Opera Omnia*, vols. 1 - 2, ed. G. Wirth (post J. Haury), Leipzig: Teubner, 1962, 1963, TLG, No. 4029001.

⑤ Joshua of Stylite, *Chronicle of Joshua the Stylite,* LVII, pp. 150 and 154.

斯、希望前往拜占庭帝国经商的商团还遭阻挠和打击，丝绸被焚烧。不过，西突厥汗国的优势还在于对于北方草原地带的掌控，他们于568年派遣的使者从里海北岸向西，翻越高加索山脉，从特拉比宗乘船经黑海来到君士坦丁堡，开启了两国间的正式外交联系，并在6世纪中后期保持频繁往来。[①] 对此，张绪山与林英都认为，西突厥汗国与拜占庭帝国的外交联系，促使一些拜占庭帝国的钱币从草原丝路传入中亚，甚至再被突厥人带至中亚。[②]

不过，关于西突厥汗国在其中的中转作用还需要细分。在6世纪后半期，西突厥虽然与拜占庭帝国建交，但并没有促成金币的大量东传。因为拜占庭帝国并非向所有与之有外交联系的政权缴纳贡赋，据拜占庭史籍记载，得到拜占庭贡赋的除前面提到的萨珊波斯帝国和嚈哒汗国外，还有黑海周边的各匈奴部、阿瓦尔人、可萨人等，以及7世纪以后的阿拉伯帝国。这些均位于拜占庭帝国周边，对其生存与安全构成威胁，因此以金钱换取和平是有效的外交策略。而西突厥汗国与此不同，双方外交联系的建立出于商贸目的，其后双方在应对萨珊波斯上进行政治合作。这些合作是平等的，西突厥汗国本身并未直接威胁拜占庭帝国的生存，因此我们认为通过这一外交联系，未必有大量拜占庭金币经由西突厥汗国进入中亚乃至中国境内。事实上，在中国出现的拜占庭金币中，相比于7世纪初的金币以及金币仿制品的广泛存在，6世纪后期的皇帝提比略二世（Tiberius Ⅱ，578—582年在位）和莫里斯（Maurice，582—602年在位）发行的金币数量很少，说明西突厥汗国虽为拜占庭帝国与东方的联系搭建了渠道，但此时还没有金币由此大量向东传播。

在7世纪前半期，出现在东方的拜占庭金币再次大幅增加。据图5可知，中国境内较为常见的福卡斯金币和伊拉克略一世金币再次增加，且大多完整，几乎没有剪边的痕迹，说明在用途和传播方式上，与此前流通的金币不同。再者，蒙古巴彦诺尔突厥贵族墓中出土的4枚金币中，两枚为伊拉克略一世金币及其仿制金

---

① R. C. Blockley, *The History of Menander the Guardsman, Introductory Essay, Text, Translation and Historiographical Notes*, Liverpoorl: Francis Cairns Ltd, 1985, fragment 10.1 – 5, pp. 111 – 127.

② 张绪山：《6—7世纪拜占庭帝国与西突厥汗国的交往》，《世界历史》2002年第1期，第87页；林英：《唐代拂菻丛考》，第74页。

币,一枚为福卡斯金币,[1]而同墓出土的金片中近半数图案为伊拉克略一世金币的正面形制。这一结果当与622—628年伊拉克略一世远征波斯并取得重大胜利的事件有关,为了筹备远征所需军资,伊拉克略将从教会和民间征募来的珍宝熔制成金币。[2] 另外,他还邀请突厥可汗合击萨珊波斯,向他们"许诺无以计数的财富"[3]。由此可知,在伊拉克略一世东征波斯帝国期间,大量拜占庭金币涌入中亚,这也解释了中国和蒙古境内的伊拉克略一世金币、仿制金币以及金片的形制均为一大一小两个皇帝并排正面胸像的原因。因为此类金币为613—631年间金币索里达的主流样式,随着伊拉克略·君士坦丁(Heraclius Constantine,即后来的君士坦丁三世,613—641年5月在位)的成长,右侧人物不断变大。[4] 伊拉克略一世于622—628年出征,再加上前期的筹备事宜,故而此时传入东方的拜占庭金币主要以这种金币以及稍早前福卡斯金币为主。

通过对中古初期拜占庭帝国与中亚地区的商贸与政治往来中与金币传播有关的情况加以梳理,可知拜占庭金币从地中海地区传入中亚地区的途径主要有二:一是商贸往来,二是政治联系。商贸往来发挥作用主要从5世纪初开始,由于拜占庭帝国与萨珊波斯帝国的长期和平促进了商业繁荣,传入包括中亚、印度等东方的金币数量明显增多。政治联系发挥作用的时期在5世纪末到6世纪中期以及7世纪中前期,即分别与中亚地区嚈哒汗国的崛起,以及7世纪前期伊拉克略一世东征时与西突厥汗国的合作有关。通过这些方式,大量拜占庭金币传入中亚地区,为其进一步向东亚传播提供了基础。

三 金币流向

确定中亚在5—7世纪可通过不同途径获得拜占庭金币后,还需考虑这些金币

---

① Guo Yunyan, Chen Zhiqiang, "Four Byzantine Gold Coins From the Shoroon Bumbagar Mongolian Bayannuur," *Ancient Civilization, Supplements to the Journal of Ancient Civilization*, vol. 6 (2019), Changchun, pp. 123 - 136.

② A. A.瓦西列夫:《拜占庭帝国史》,第197页。

③ 林英:《唐代拂菻丛考》,第63页。

④ *DOC II*, p. 217.

如何继续向东传播。初步看,这些钱币当时经由中亚与东方各地间的政治、经济往来而传至西域、蒙古高原以及中原各地,尤其是中国境内金币已知的入葬时间多在6世纪到8世纪,即北朝末年及至盛唐,此时中亚与中原地区的往来极为频繁,故而上述判断看似毫无争议。然而,若细细考量,则会发现一些问题:中亚地区使用金银币的传统由来已久,中原地区与中亚政治、经济往来自张骞就已建立,且在汉纪兴盛一时,为何当时未见中亚金银币的传入?中原与中亚之间的丝路交通在两汉时与隋唐之际有何差别,究竟是哪些差异导致钱币传播的结果不同?这些问题与解释拜占庭金币为何在6—8世纪大量出现在中国、蒙古等地有关,因此需要结合当时从中亚到中原沿途地区的政治、金融、商贸、移民等因素来考量。

中亚地区使用金银币的传统由来已久。早在公元前3世纪初,摆脱塞琉古国王控制、实现独立的巴克特里亚王国就因循亚历山大大帝的做法,在巴克特里亚地区发行希腊式的金币、银币和铜币,其中银币为主要货币。当公元前2世纪大月氏人西迁至此,因张骞见“其地无丝漆,不知铸钱器”①,说明该地钱币发行曾一度停滞。及至公元初年,大月氏已经存在货币,当时的大月氏与安息、大宛等地均“以银为钱,文独为王面,幕为夫人面,王死辄更铸钱”,而大月氏以南的罽宾“以金银为钱,文为骑马,幕为人面”②。根据钱币学家的研究可知,在丘就却时期,大月氏人已经开始制作仿希腊化钱币的银币,包括四德拉赫麦(tetradrachm)、德拉赫麦(drachm)和奥博尔(obol)等币值。③ 及至国王威玛(Wima Kadphises,约113—127年在位)时贵霜开始发行高品质的金币,以金币和铜币为主要货币,满足社会所需,流通范围涵盖其辖下所有疆域。这一做法一直持续到贵霜崩溃后的萨珊波斯人统治时期(3世纪初—4世纪中后期),④4世纪时的寄多罗人吸收贵霜和萨珊波斯的钱币制度,同时发行金币、银币和铜币,⑤《魏书》也称该地“以金

① 《史记》卷一二三《大宛列传》,第3174页。

② 《汉书》卷九六上《西域传上》,第3884—3894页。

③ D. Jongeward, J. Cribb and P. Donovan, *Kushan, Kushano-Sasanian, and Kidarite Coins: a Catalogue of Coins from the American Numismatic Society*, New York: the American Numismatic Society, 2015, p. 27.

④ D. Jongeward, J. Cribb and P. Donovan, *Kushan, Kushano-Sasanian, and Kidarite Coins: A Catalogue of Coins from the American Numismatic Society*, pp. 53－56.

⑤ Klaus Vondrovec, *Coinage of the Iranian Huns and Their Successors from Bactria to Gandhara (4th to 8th century CE)*, eds. Michael Alram and Judith A. Lerner, p. 27.

银钱为货”①。

及至5世纪,中亚地区使用金银币的传统继续发展,因5世纪波斯对中亚部分地区的控制,巴克特里亚、犍陀罗等地银币比较普遍,有时银币上或有戳印,表示该地方的具体统治者,如巴克特里亚和犍陀罗地区有阿尔汉(Alkhan,alxano)铭文的金银币,巴克特里亚部分地区的银币上有戳记(eb);②粟特的撒马尔罕地区则是其特有的徽记(tamga)。③ 从5世纪开始,中亚各地以拜占庭金币为原型的仿制品数量也不断增多。虽然,中亚古币学家们还没有对相关金币和金片做出系统的阐释,但其大量存在毋庸置疑。使用金银币的状况在中亚持续到8世纪阿拉伯人到来之时④,且向东影响到西域和河西地区,不仅焉耆、高昌等地,连北朝末年的河西地区都用西域金银钱⑤。

中亚地区从希腊化以来一直有着使用金银币的传统,但对比两个时期,会发现中国境内未见4世纪之前中亚通行之金银币的报告,说明即便中亚地区普遍使用金银币,与中国交通畅达、往来频繁,也不意味着金银币必然传入中国,故而有必要从其他方面来寻找原因。

鉴于丝绸之路串起了沿途众多国家、民族,涉及内容非常庞杂,为了有效寻找原因,还需利用中国和蒙古发现的金币、仿制品以及银币的相关信息。图5展示的是中国所发现拜占庭金币或仿制金币原型的制作时间,还有些金币的考古信息反映出持有者的身份与入葬时间。第一,关于入葬时间,如目前已知最早的是2012年洛阳北邙山发掘的疑似北魏节闵帝元恭墓,于532年入葬;⑥其次为西安西咸新区发现的西魏陆丑墓,于538年入葬;⑦此后还有550年的东魏茹茹公主

---

① 《魏书》卷一〇二《西域传》,第3228页。

② Klaus Vondrovec, *Coinage of the Iranian Huns and Their Successors from Bactria to Gandhara (4th to 8th century CE)*.

③ M. Fedorov and A. Kuznetsov, “A Rare Anonymous Coin of Smarqandian Sogdia from the Vicinity of Afrasiyab,” *Iran*, XLL (2012), pp. 141 – 143.

④ 尼古拉·辛姆斯-威廉姆斯:《阿富汗北部的巴克特里亚文献》(上册),李鸣飞、李艳玲译,兰州:兰州大学出版社2014年版,第217—287页。

⑤ 《隋书》卷二四《食货志》,第691页。

⑥ 参见崔志坚:《洛阳疑现北魏节闵帝元恭墓》,《光明日报》2013年10月29日。

⑦ 《西咸新区发现西魏墓葬》,《华商报》2017年7月11日。

墓,[1]575年的北周田弘墓等。[2] 入葬时间最晚的应是出土一枚伊拉克略一世仿制金币的西安何家村窖藏。[3] 因此根据入葬时间,拜占庭金币的传入时间约在6世纪初到8世纪,即从北魏末年到盛唐。由此可获取第一个线索,6世纪初。考虑到钱币从制作、传播到随葬的过程,还可将时间延伸至5世纪末。

以5世纪末和6世纪初为线索,可知中亚地区出现的、对中西交通产生重要影响的变化是嚈哒的崛起。前一节已说明嚈哒崛起后凭借其强盛的政治和军事力量,从拜占庭帝国和萨珊波斯帝国获得大量金银币,且主要集中在波斯败于嚈哒后的5世纪中后期至6世纪初。那么,随着北魏灭北凉、克柔然,与西域乃至中亚、西亚国家的交通重启与发展,[4]广泛存在于嚈哒治下区域的金银币得以东传入中国。

种种迹象表明,元恭墓的这枚金币很可能与嚈哒有关。元恭在531年春被立为皇帝,532年4月被废,不久被杀,随后即以王礼下葬。[5] 观元恭生平,他为皇帝仅历时14个月,且当时北魏政局动荡,未见外国使节朝献的记录,身为傀儡皇帝,也难见其他西域商胡,那么此枚金币可能在其为帝之前获得。从513—528年,他担任过通直散骑常侍、给事黄门侍郎、散骑常侍等职,虽曾"称疾不起",但那时处于西方诸国使者来到洛阳的密集期,例如此间嚈哒共朝献六次,[6]513—514年,高徽奉命出使嚈哒,[7]519年,宋云等前往天竺时途经嚈哒,[8]故而此枚金币有可能从嚈哒处获得。

此外,河北定县塔基发现的北魏舍利函中的银币则证实嚈哒对金银币东传的作用。该舍利函是481年修建佛塔时由太后和皇帝放入,[9]函中41枚银币包括亚兹达吉尔德二世(Yazdgard Ⅱ,439—457年在位)4枚、卑路斯(459—484年在位)银币37枚,且卑路斯银币中有12枚标出制作年代(即国王在位的第几年),其中

---

① 磁县文化馆:《河北磁县东魏茹茹公主墓发掘简报》,《文物》1984年第4期。
② 原州联合考古队编著:《北周田弘墓》,北京:文物出版社2009年版,第198—199页。
③ 陕西省博物馆、文管会:《西安南郊何家村发现唐代窖藏文物》,《文物》1972年第1期,第30—42页。
④ 石云涛:《北魏中西交通的开展》,《社会科学辑刊》2007年第1期,第145—152页。
⑤《魏书》卷一一《前废帝纪》,第273页。
⑥《魏书》卷九《肃宗孝明帝纪》,第223—233页。
⑦《魏书》卷三二《高湖传》,第754页。
⑧ 杨衒之:《洛阳伽蓝记校笺》,北京:中华书局2006年版,第211页。
⑨ 河北省文化局文物工作队:《河北定县出土北魏石函》,《考古》1966年第5期,第252—259页。

有一枚为第14年,也就是473年制作。① 这批银币中有一枚(标本7:3)亚兹达吉尔德二世银币正面外缘有一行巴克特里亚语铭文,读作"alxano šaō",意为"阿尔汉国之王",说明这是进入嚈哒并被盖上嚈哒戳记的银币。② 对此,夏鼐先生曾提出疑问:"(这是)波斯使节将它混在波斯银币中带来的呢?还是原先由嚈哒国使臣带来,后来在皇室的贮藏库中混在一起呢?"③林梅村认为它是"与嚈哒使者于北魏太安二年(456年)十一月出访平城有关"④。对此,我们略有异议。因这批钱币时间接近,很可能一起被带到中国,前一节提到大约公元474年时,卑路斯被嚈哒俘虏,不得不缴纳大笔赎金。故而这41枚银币中的大部分可能是波斯赎回卑路斯时缴纳的赎金,在嚈哒国内与当地使用的带阿尔汉铭文的亚兹达吉尔德二世银币混在一起,并很快沿着丝绸之路传入洛阳,献给太后。

第二,根据图5,可知中国境内发现的金币中年代最晚的是以君士坦丁四世(668—685年)索里达为原型的仿制金币,且7世纪初的伊拉克略一世金币及仿制品数量最多。据金币的入葬时间,已知西安何家村(约8世纪中期)窖藏中的伊拉克略一世仿制金币时间最晚。由此,可得出第二个线索:7世纪中期及8世纪中期。"7世纪中期"意味着中亚地区在7世纪中后期不再拥有大量拜占庭金币或其仿制品;"8世纪中期"意味着之后中原很少见来自西域的金币。

就中亚而言,7世纪与5—6世纪的主要变化在于突厥崛起及李唐王朝在西

---

① 夏鼐:《河北定县塔基舍利函中波斯萨珊朝银币》,《考古》1966年第5期,第267—270页。夏鼐先生在文中称卑路斯在位时间为457—483年,此处有误,耶斯提泽德二世于457年去世,其后两年间他的两个儿子陷入王位争夺战,直到459年次子卑路斯即位。R. N. Frye, "The Political History of Iran under the Sasanians," *the Cambridge History of Iran, vol. 3, The Seleucid, Parthian and Sasanian Periods*, Ehsan Yarshater, Cambridge: Cambridge University Press, 1983, p. 147.

② 中亚的钱币学界仍对"阿尔汉(alxano)"是否为嚈哒存疑,在巴克特里亚地区发现的一些正面为卑路斯第三种王冠式样的银币上有铭文"ηβ(eb)",研究者认为这表示"ebodalo(Hephthalite)",有"ηβ(eb)"铭文的才是嚈哒钱币,且其仅出现在5世纪末的一些银币上,分布地点局限在巴克特里亚部分地区;而"alxano"钱的出现时间早于嚈哒钱,广泛分布在兴都库什山以南以及印度北部地区,故此提出阿尔汉国在嚈哒人之前从寄多罗人手中夺取该地区,其统治至少延续到6世纪中。这一判断与文献记载产生分歧,遂称阿尔汉也可能表示嚈哒。K. Vondrovec, *Coinage of the Iranian Huns and Their Successors from Bactria to Gandhara (4th to 8th century CE)*, eds., Michael Alram and Judith A. Lerner, pp. 143–144 and 399–411. 林梅村老师在分析该铭文时,认为alxano šaō为巴克特里亚字母写成的嚈哒语自称,意为"土地"或"王国",详见林梅村:《北魏太和五年舍利石函所藏嚈哒钱币考》,《中国钱币》1993年第4期,第3—8页。

③ 夏鼐:《河北定县塔基舍利函中波斯萨珊朝银币》,第270页。

④ 林梅村:《北魏太和五年舍利石函所藏嚈哒钱币考》,第6页。

域乃至中亚的经略。关于突厥、特别是西突厥汗国,张绪山和林英已撰文就其在金币东传的作用做出阐释。本书在上一节也分析西突厥汗国获得拜占庭金币的途径,总体上,突厥人发挥着与嚈哒类似的作用,一方面,他们凭借其政治影响获得大笔金币,另一方面,他们的货币政策较为宽松,允许治下各地继续制作和使用先前的钱币,这一传统确保中亚地区存在大量拜占庭金币及其仿制品。具体说来,6世纪中后期,突厥治下的中亚基本维持先前嚈哒时期的金银币政策,他们通过与拜占庭的直接联系,也能继续得到拜占庭新发行的钱币;进入7世纪,因伊拉克略一世远征波斯的需要,西突厥获得一批7世纪初的金币,这些新币更新了中亚金币的类型,使福卡斯与伊拉克略一世等索里达形制广为流传。

到7世纪中后期,西亚的政治变动已经影响到中亚,萨珊波斯帝国被灭,失去东部三大富庶行省的拜占庭帝国实力收缩,进入中亚的拜占庭金币必然大幅减少。同时,阿拉伯人向中亚的扩张已经影响到钱币制造,粟特地区出现了一些有阿拉伯印迹的铜币,铜币上有马匹以及阿拉伯语铭文。① 正是在此背景下,中亚地区的拜占庭金币数量愈来愈少。

与此同时,唐建立后对西域的经略不断加强,先是与突厥往来密切,其后灭西突厥汗国,基本控制了中亚。在此过程中,中原的货币文化逐渐产生影响:圆形方孔钱不仅传入西域,甚至影响到中亚,到8世纪初,粟特地区已经出现采用浇铸制作的开元通宝式铜钱。② 但唐朝在中亚的控制与影响和正在东扩的阿拉伯人相遇并产生冲突,及至8世纪中怛罗斯战役失败和安史之乱发生,唐朝放弃对中亚和西域的经营,西方金银币也渐渐淡出人们的生活。

第三,关于金币持有者的身份。可明确身份者中有北朝皇族,如元恭、茹茹公主;有位高权重的大将,如田弘;有世家大族成员,如步陆孤(陆丑)、独孤家族的独孤罗夫妇、③赵郡李氏的李希宗妻崔幼妃等;④有外来移民后裔,如

① M. Fedorov and A. Kuznetsov, "A Rare Anonymous Coin of Smarqandian Sogdia from the Vicinity of Afrasiyab," *Iran*, XLL (2012), p. 143.

② A. Kuznetsov and M. Fedorov, "A Rare Sogdian Coin from the Ming Tepe Hillfort," *Iran*, XLVIII (2010), pp. 163 - 165.

③ 夏鼐:《咸阳底张湾隋墓出土东罗马金币》,第65—71页;负安志:《陕西长安县南里王村与咸阳飞机场出土大量隋唐珍贵文物》,第45—52页。

④ 夏鼐:《赞皇李希宗墓出土的拜占廷金币》,第403—404页。

来自罽宾的婆罗门后裔李诞,[①]再如包括固原史氏家族、[②]西安的康业与史君、[③]洛阳安菩在内的入华粟特后裔以及其他身份。[④] 在这些人当中,如果说生活在中原的皇族、显贵、世族成员只能从其他人那里获得金币,那么像婆罗门后裔、粟特后裔则不能排除他们或祖先在徙入中原时将金币携带而来。故而,金币持有者的身份信息提供了第二个线索,即西域商胡或外来移民是西方金银钱传入中国的媒介之一。

粟特人是4世纪开始活跃于欧亚大陆的商业民族,其在东西方经济文化交流中的作用已被多方探讨。具体到其在金银币东传中的作用,林英认为粟特社会推崇拜占庭文明,以此类金币作为财富与身份的象征,生产制作仿制品,并将这些仿制品带到中国。[⑤] 荣新江则认为,3—8世纪时,粟特商人沿丝绸之路建立贸易网络,他们所使用的波斯银币称为丝路上的通货。[⑥] 从考古发现的结果看,粟特商胡与金银币东传密切相关,两位学者从不同角度阐释粟特人为何能够发挥重要作用。需要补充的是,粟特人很早就在丝路上铺开商业网络,但从新疆到中原发现的波斯银币主要集中在5—7世纪,与拜占庭金币的时间范围相当,只有在吐鲁番高昌古城遗址发现的窖藏银币属于4世纪(309—388年),这说明粟特商人所使用的货币会随时间而变。那么,之所以5—7世纪的拜占庭金币和萨珊波斯银币数量陡增,其原因在于当时统治中亚的嚈哒得到相当数量金银币,且几乎未做加工或只是在外缘印上戳记就直接投入流通使用,使得在其治下行商的粟特人开始大量使用甚至仿制此类货币,从而促成它们的大规模传播。

在粟特人之外,其他族群的迁徙活动可能同样促成金银币在东方的传播。由于从5世纪中期开始,中亚地区普遍使用萨珊波斯式银币与拜占庭式金币,那么

---

① 程林泉、张小丽、张翔宇、李书镇:《陕西西安发现北周婆罗门后裔墓葬》,《中国文物报》2005年10月21日第1版。

② 罗丰:《固原南郊隋唐墓地》,第37、59—61、92页;原州联合考古队编著:《唐史道洛墓》,第136—138页。

③ 西安市文物保护考古所:《西安北周凉州萨保史君墓发掘简报》,《文物》2005年第3期,第4—33页;西安市文物保护考古所:《西安北周康业墓发掘简报》,《文物》2008年第6期。

④ 洛阳文物考古队:《洛阳安菩夫妇墓》,第24—29页。

⑤ 林英:《唐代拂菻丛说》,第90页。

⑥ 荣新江:《丝路钱币与粟特商人》,收录于《丝绸之路与东西文化交流》,北京:北京大学出版社2015年版,第240—247页。

邻近地区或受其影响，开始使用此类金银币，如西域的焉耆、高昌等国，或即便自身货币经济不发达，也能够获得此类钱币把玩或收藏。那么，当这些人有的向中原地区迁徙移民时，就会将金银币带入中原。例如因和亲从柔然来到晋阳的茹茹公主，有可能从父兄处获得金币或用金币制成的佩饰，并随身带入东魏。另外作为婆罗门后裔的李诞，据墓志可知，其家族作为罽宾（今克什米尔）的婆罗门，在北魏正光年间（520—525年）迁徙而来，于564年卒于长安，时年59岁，①因此其墓中随葬金币可能早年迁徙时带来。此外，呼和浩特西水磨沟发现的墓葬中，除金币外，还有金饰片、印章等物，②从两枚印章与金饰片判断其人地位不低，而内蒙古文物考古所的萨仁毕力格指出，该金饰片可能为高车人佩戴的颈饰，因此其人可能为内迁中原或游牧途中的高车部首领。

以上通过与金币有关的三点线索，明确中亚地区的政治统治者——嚈哒与突厥——为金币东传提供了条件，而粟特人的商业活动以及包括粟特人在内的中亚和附近族群向中原的迁徙为金币东传提供了渠道。

众所周知，中亚地区是东西方交流的重要中间地带。本文以中国和蒙古境内出现的拜占庭金币为线索，探究中亚地区在其间具体发挥的作用。在比较中国境内拜占庭金币和萨珊波斯银币的出土地点分布、比较中国境内以及印度发现的拜占庭金币在时间分布上的异同后，可确定这些金币经由陆上丝绸之路传入中国，中亚即为不可或缺的转手环节。从5世纪初开始，拜占庭帝国与萨珊波斯帝国的长期和平，推动前者与东方的商贸迅猛发展，一些金币传入中亚和印度，但直到5世纪中后期，随着中亚出现嚈哒、突厥这样具有强大军事实力的中亚小政权，他们通过政治和军事手段获得大量拜占庭金币，这些金币和萨珊波斯银币一起成为5—7世纪中亚地区钱币的主体。

中亚地区的金银币之所以能够传入到中国和蒙古等地，存在如下三个原因：其一，嚈哒与突厥政治强盛，使中亚地区获得大量拜占庭金币；同时，他们货币政策宽松，不严格限定、不统一钱币式样，未禁贵金属出口，拜占庭金币和萨珊波斯

① 程林泉：《西安北周李诞墓的考古发现与研究》，《西部考古》（第一辑），2006年，第393—394页。

② 内蒙古文物工作队、内蒙古博物馆：《呼和浩特市附近出土的外国金银币》，《考古》1975年第3期，第182—185页。

银币及其仿制币因此可自由流通。其二,北魏统一中原后与西方各地的交通重启,频繁的商业活动与社会往来促成中亚的金银币东传,这些金银币借由粟特商胡、周边族群向中原的内徙被带入中国。其三,7 世纪中后期,阿拉伯人扩张导致进口的拜占庭金币数量锐减,萨珊波斯银币影响日微,而粟特部分地区受汉文化影响开始使用圆形方孔铜钱,这些因素导致中亚地区的金银币数量明显减少,拜占庭金币遂在中原渐渐消失。

第二章

拜占庭文化的影响

第一节

拜占庭文化与古希腊文化

一 拜占庭文化的内涵与特征

“文化”是一种社会现象，它是同一地域的人们长期创造形成的产物，同时它又是一种历史现象，是社会历史的积淀物。关于“文化”，学界很难得出一个统一的、严格的定义，最早提出“文化”概念的是19世纪末英国人类学家泰勒，他在《原始文化》中指出：“文化或文明是一个复杂的整体，它包括知识、信仰、艺术、伦理道德、法律、风俗和作为一个社会成员的人通过学习而获得的任何其他能力和习惯。”英国人类学家拉德克利夫-布朗认为，文化是一定的社会群体或社会阶级与他人的接触交往中习得的思想、感觉和活动的方式；文化是人们在相互交往中获得知识、技能、体验、观念、信仰和情操的过程。诸如此类的定义还有很多，学者们普遍认可的“文化”含义，是指人类在社会历史发展过程中所创造的物质财富和精神财富的总和，特指精神财富，如文学、艺术、教育、科学等。

“拜占庭”(Byzantium)原本是古希腊在博斯普鲁斯海峡西岸的一个殖民地的

名称,位于地中海和黑海、欧洲和小亚细亚之间的交通要冲。公元330年,君士坦丁大帝(Constantine the Great,324—337年在位)正式启用新都"新罗马",即古城"拜占庭",后被易名为君士坦丁堡。在此后长达1 000多年的时间里,君士坦丁堡一直是东罗马帝国的首都,东罗马帝国也因此被称为"拜占庭帝国",直至1453年奥斯曼土耳其攻陷君士坦丁堡,拜占庭帝国灭亡。①

所谓"拜占庭文化",是指拜占庭帝国存续期间,拜占庭人所创造出来的一切精神财富和物质财富的总和。千余年间,拜占庭帝国在政治、经济、军事、文化等方面都显示出了与西欧不同的发展特点,尤其是在文化方面,拜占庭以古希腊罗马文化为基础,博采早期基督教和古代东方多种文化之长,逐渐形成了独具特色的文化体系。拜占庭地处欧洲和亚洲、非洲三大洲的交汇处,扼守黑海至地中海的交通要道,首都君士坦丁堡是"东方与西方之间的一座金桥",独特的地理位置,不仅仅便于海上贸易,还有伴随而来的文化交流,在这里,叙利亚文化、阿拉伯文化与拉丁文化、基督教文化频繁碰撞和交融,东西方不同的文化相互影响,"希腊和东方文化在短期内的相互渗透,达到这样一种程度,于是出现了一个新文明"②。拜占庭首都君士坦丁堡汇聚了来自东西方各个地区、各个民族的众多优秀人才,在4—15世纪期间,君士坦丁堡一直是东地中海地区最重要的政治、经济、宗教和文化中心,就欧洲和西亚、北非地区而言,拜占庭文化发展的历史最为悠久,文明程度也最高,可以说,在意大利文艺复兴运动出现之前,拜占庭帝国的首都"君士坦丁堡始终是文明世界的中心"③。

关于拜占庭文化的特征和影响,已经有多位学者做过详细的论述,其中一些学者的观点最具代表性,他们认为拜占庭在继承古希腊罗马文化的同时,融合了早期基督教和古代西亚和远东民族文化等多种文化因素,并且加以改造和创新,形成了独特的文化体系,不仅对周边各个民族群体,特别是斯拉夫人产生了巨大

---

① 美国不列颠百科全书公司编著:《不列颠百科全书·国际中文版》第3卷,北京:中国大百科全书出版社1999年版,第285页。

② 爱德华·麦克诺尔·伯恩斯:《世界文明史》第1卷,罗经国等译,北京:商务印书馆1990年版,第230页。

③ S. Runciman, *Byzantine Civilisation*, London: Edward Arnold Ltd., 1959, p. 299.

而深刻的影响,而且对西欧的文艺复兴运动具有重要的推动作用。[①] 如果将拜占庭文化与中世纪的西欧文化进行对比分析,本书认为,拜占庭文化明显地具有以下两方面的特点:

首先是古典传统的连续性。从宏观上来看,拜占庭在从古代向中世纪过渡时期,并没有像西欧地区那样出现文化断裂现象,而是逐渐发生变化,并存在着明显的延续性。[②] 拜占庭帝国中心区域一直位于东地中海世界,这里是亚历山大大帝全面推行“希腊化”的源头地区,希腊语和希腊古典传统早已根深蒂固,6—7 世纪时,希腊语被认定为官方语言,拉丁语的地位减弱,此后一直到拜占庭帝国灭亡,希腊语成为拜占庭帝国官方和民间的通用语言。威尔· 杜兰曾经写道:“自赫勒克留以来,在东拜占庭,希腊语已经成为政治、文学、宗教仪式,以及日常生活的语言。”[③]希腊语成为传承希腊文化的重要载体。

拜占庭人重视对古典文化的收集、整理、研究和保存, 他们通过建立图书馆,开设高等学府,收集注释古典文献,学习古代希腊语和拉丁语,研究古典知识,君士坦丁堡、亚历山大、安条克、以弗所和雅典都是拜占庭帝国早期研究古典学术的重镇。历代拜占庭皇帝和社会上层人物中也不乏希腊文化的爱好者,国家官吏和法官都要接受系统的教育,特别是古典文化教育。在拜占庭学校教育中,古典知识是必修课,初等学校里即要求学生阅读和背诵《荷马史诗》,中等学校要求学习古典作品和语法,其中包括希腊语和拉丁语的语法和修辞等内容。在拜占庭,人们所受的启蒙教育常常是来自荷马史诗, 然后才是《圣经》。11 世纪著名的历史学家君士坦丁 · 普塞洛斯(Constantine Psellus,1018 —1080 年),曾先后侍奉过九

---

① 陈志强、徐家玲:《试论拜占庭文化在中世纪欧洲和东地中海文化发展中的地位和作用》,《历史教学》1986 年第 8 期;陈志强:《独特的拜占廷文明》,北京:中国青年出版社 1999 年版;陈志强:《盛世余辉——拜占廷文明探秘》,昆明:云南人民出版社 2001 年版;徐家玲:《走进拜占庭文明》,北京:民主与建设出版社 2001 年版;徐家玲:《拜占庭文明》,北京:人民出版社 2006 年版;张广翔、刘玉宝:《拜占庭文明的特征及对世界文化的影响——卡尔波夫教授吉林大学讲学综述》,《史学理论研究》2007 年第 3 期;刘建军:《拜占庭的历史文化特色与文学成就》,《外国文学研究》2009 年第 2 期;杨龙:《浅析拜占庭文明的特点和影响》,《内蒙古大学学报》(社科版)2010 年第 5 期;陈志强:《拜占庭文化的特征》,《外国问题研究》2016 年第 4 期。

② H. Hunger, “On the Imitation (mimēsis) of Antiquity in Byzantine Literature,” *Dumbarton Oaks Papers*, vol. 23/24 (1969 / 1970), p. 21.

③ 威尔 · 杜兰:《信仰的时代》,《世界文明史》第四卷,北京:东方出版社 1998 年版,第 350 页。

位拜占庭皇帝,据说他少年时代即可背诵《荷马史诗》。

拜占庭人崇尚古典传统,拜占庭文学、史学等都是在对古典作品的吸收和借鉴中发展起来的。拜占庭早期的诗歌作品使用了古代希腊的题材和手法,在创作内容上,拜占庭学者大量使用《荷马史诗》中的典故,这些典故,如同汉语中的成语,已经成为拜占庭语言文化中的组成部分。拜占庭史家在撰写史书时喜欢模仿古典作家的写作风格,其中希罗多德和修昔底德的作品对拜占庭的影响最为深远。普罗柯比是6世纪拜占庭最伟大的历史学家,他的多卷本《战史》,“有时抄袭希罗多德的方法和哲学,有时抄袭修昔底德的演说词和围城事记”①。值得注意的是,《战史》在描述公元542年暴发的查士丁尼瘟疫时,明显效仿了修昔底德对公元前430年雅典瘟疫的叙述。② 科穆宁王朝公主安娜撰写的《阿莱克修斯传》也带有明显的希罗多德的写作风格。③ 13世纪时,拜占庭学术界仍有使用希腊文言文写作的传统,这是一种非民间口语的、有些矫揉造作的古希腊语言。④

修昔底德的历史著作偏重于军事政治史,拜占庭帝国的史学家们继承了这一历史书写传统。丹麦古典学者佩德曾说过:“在拜占庭帝国时期,修昔底德的作品被希腊语学者与作家广泛阅读和使用,他也经常被提及和直接引用。”⑤在拜占庭帝国早期,军事政治史学家模仿和改写修昔底德笔下的“普拉提亚之围”“雅典瘟疫叙事”以及一些著名的演说词;学习和借鉴他的措辞与场景叙事。修辞学校的教材也将《伯罗奔尼撒战争史》列为学习内容之一。⑥ 拜占庭帝国中后期,修昔底德的作品仍被不断传播和学习,《伯罗奔尼撒战争史》的传抄也从未中断,现存最早的《伯罗奔尼撒战争史》手抄全本都出自这一时期的拜占庭抄写家之手。⑦

---

① 威尔·杜兰:《信仰的时代》,《世界文明史》第四卷,第101页。

② 白春晓:《苦难与真相:修昔底德“雅典瘟疫叙事”的修辞技艺》,《历史研究》2012年第4期。

③ Anna Comnena, *The Alesiad of Anna Comnena*, trans. E. R. A. Sewter, London: Penguin Books, 1969, Preface. Anna Comnène, *Alexiade*, ed. B. Leib, 3 vols., Paris: Les Belles Lettres, 1937, 1943, 1945, TLG, No. 2703001.

④ A. A. Vasiliev, *History of the Byzantine Empire 324 – 1453, Vol. II*, Wisconsin: the University of Wisconsin Press, 1958, p. 549.

⑤ M. Pade, “The Renaissance: Scholarship, Criticism, and Education,” *A Handbook to the Reception of Thucydides*, eds. Christine Lee and Neville Morley, Wiley-Blackwell, 2014, p. 26.

⑥ J. Carlos Iglesias-Zoido, “Thucydides in the School Rhetoric of the Imperial Period,” Greek, *Roman and Byzantine Studies*, vol. 52 (2012), pp. 401 – 406.

⑦ 白春晓:《修昔底德传统与拜占庭帝国的历史书写》,《世界历史》2019年第6期。

拜占庭希腊传统的保留与帝国皇帝的支持有直接关系，而拜占庭皇帝之所以愿意扶持希腊文化，是因为古希腊文化有助于提升皇帝形象，对于加强专制皇权有重要价值。古希腊时期，统治者被视为完美之神的复制品，这一理念被移植到了拜占庭帝国内。在拜占庭帝国第一位皇帝君士坦丁大帝统治时期，教会史学家尤西比乌斯运用这一理论，创造了皇帝崇拜的观念。古希腊文化不仅为皇帝崇拜提供了理论基础，而且提供了丰富的素材。借助于家喻户晓的故事和脍炙人口的修辞，皇室形象深入民心。正因为如此，拜占庭皇帝特意扶持古希腊文化，进行文学创作，用以歌颂当世皇帝的丰功伟绩。①

在9—10世纪，拜占庭帝国内出现了古希腊文化的全面复兴。拜占庭人在抄写、整理古希腊文献方面表现出前所未有的热情，最具代表性的事例是弗提乌斯编著的《群书辑要》(*Bibliotheca*)，君士坦丁堡牧首弗提乌斯(Photios)的《书目》(*Bibliotheca*)收录了多达99位作者、122种古希腊作品，许多古希腊文献正是经由《书目》才得以留存至今，给后人留下了极为珍贵的史料。②

第四次十字军战争客观上促使古希腊文化再次复兴。入侵的拉丁人对君士坦丁堡的洗劫，以及对侵占的拜占庭帝国领土的殖民统治，给拜占庭人带来了灾难。此后，拜占庭人不仅仇恨拉丁人，而且强烈地激发起一种“复兴”希腊人身份的民族文化意识。拜占庭帝国统治者和学者们发起了文化救亡运动，希望通过复兴希腊古典文化来重新构建拜占庭国家意识。他们继承和发扬古希腊文化，发展教育，加强民众的凝聚力，后来君士坦丁堡得以收复这也是重要因素之一。③

帕列奥列格王朝时期(1261—1453年)的拜占庭知识阶层，自觉地延续了尼西亚时期的文化构建工作，在帝国日趋衰败的形势下继续加强对希腊古典文化的收集整理和学术研究，展开了一场文化救亡运动。14世纪时，拜占庭皇帝约翰六世被废黜后，进入修道院开始写作历史，他记载1347年肆虐于拜占庭帝国的黑死病，仍是模仿修昔底德的写作模式。14—15世纪的拜占庭帝国学者对古希腊文

---

① 庞国庆:《古希腊文化与拜占庭帝国的塑造——以〈荷马史诗〉为例》,《世界历史》2019年第3期。
② R. 布朗宁:《拜占庭的学术》,第9页。
③ 孙丽芳、赵法欣:《浅议尼西亚帝国的教育发展》,《社会科学家》2014年第4期。

化的复兴有着显著的积极意义。在这一过程中,他们传承了古希腊人的学问,并直接影响到意大利的文艺复兴。①

拜占庭不仅保留了古希腊文化,他们还以正宗继承人的身份继承了古罗马文化,尤其是在政治制度、基督教神学、法律和大型工程技术等方面,他们忠实地模仿罗马模式,并有所发展和创新,影响近现代西方文明的进程。

拜占庭帝国不仅保持了罗马帝国的称号,而且在管理制度、统治方式、机构设置等方面,学习借鉴古罗马的政治模式和管理方式。"在国家管理方面,君士坦丁大帝和他的后继者们尽量保留了罗马帝国政治法律制度中一切可能保留的东西,如中央政府机构、元老院、法庭,而罗马法的作用依旧;地方管理的行省制度和军政分离的体系,以及城市库里亚(市议会)在管理城市方面的特别权力和职责也一概维持旧制。"②拜占庭继承和发展了罗马的政治制度,并向外传播给斯拉夫人和罗斯人。斯拉夫人早期的文化发展水平较低,在与拜占庭人的交往中,他们将拜占庭视为学习的榜样,完全仿制了拜占庭政治和法律制度,以及宫廷礼仪。保加利亚国王西蒙(892—927 年在位)统治时期,仿照拜占庭模式,建立中央集权制的官僚体制和政府机构,并确立起拜占庭式的税收制度。大公弗拉基米尔(980—1015 年在位)采取拜占庭式政府制度,广泛接受拜占庭文化。

基督教是古罗马帝国的文化遗产,拜占庭人摒弃了基督教中的非理性因素,将希腊哲学和犹太教哲学中的神秘主义与基督教精神融合起来,并将基督教与民族意识融为一体,形成了独具特色的东方基督教会。基督教在拜占庭始终被置于皇帝最高权力的控制之下,是国家机构的一部分,是拜占庭皇帝强化皇权统治和扩大拜占庭帝国影响的有力工具,奠定了保持至今的东正教世界的基础。

拜占庭的法律与古罗马的法律一脉相承,值得注意的是,拜占庭在承袭罗马传统的同时,还融入了自己的特色。起始于《十二铜表法》的罗马法,至查士丁尼时期的《民法大全》才真正达到完善的程度。编纂于 6 世纪的《民法大全》是欧洲

---

① L. D. Reynolds and N. G. Wilson, *Scribes and Scholars: a Guide to the Transmission of Greek and Latin Literature*, third edition, Oxford: Oxford University Press, 1991, pp. 146 - 152. 陈志强、张俊芳:《末代拜占廷知识分子对文艺复兴运动的影响》,《史学集刊》2016 年第 3 期。

② 徐家玲:《走进拜占庭文明》,第 63 页。

历史上第一部系统完备的法典,在世界法制史上占有重要地位,经《拿破仑法典》的发扬光大,它成为西方现代资本主义社会法律的基础和范本,因为它最大限度地保护了私有制,维护了个人利益,巩固了帝国统治,是以私有制为基础的法律的最完备形式。这是拜占庭文化对西方世界产生重大影响的又一具体表现。①

查士丁尼法典享有的重大声誉,更多地来自它对后世的影响。11 世纪后期,查士丁尼《学说汇纂》的遗稿在意大利城市阿马尔菲被偶然发现,后来这部遗稿被运送到比萨城。1406 年,佛罗伦萨占领了比萨城,这部手稿作为战利品于 1411 年被送到了佛罗伦萨,至今一直存放在该城。② 法典的遗稿问世后,立即引起人们的关注,许多人开始投身于法典的研究之中。意大利的博洛尼亚大学就是以其在罗马法研究方面的突出成就而闻名于欧洲的。博洛尼亚大学全盛时期有来自欧洲各国的学生上万人。③ 自 12 世纪开始,欧洲出现了一个所谓的"罗马法的复兴时期",博洛尼亚大学当之无愧地成为该运动的中心机构。以查士丁尼法典为核心内容的罗马法,经过意大利的传播,流向世界各地。查士丁尼法典逐渐发展成为除英国以外的大部分欧洲国家的法律基础,其影响直到今天。④

在建筑工程技术方面,拜占庭人更多地继承了古罗马的模式。君士坦丁堡从建城开始就在整体规划、建筑样式、内外装修和建筑材料等方面模仿古典希腊罗马建筑风格。⑤ 拜占庭建筑的突出特点是在平面十字形建筑物上方建造半球形穹顶,这种造型显然是在罗马半圆拱顶墙壁基础上发展出来的,而十字形平面建筑则是由罗马长方形大会堂(又称"瓦西里卡")的建筑形式演化而来。君士坦丁堡的圣索菲亚教堂是拜占庭建筑的代表作,它的墙体、门窗和内外柱廊都是典型的罗马建筑风格。此外,君士坦丁堡、塞萨洛尼基等拜占庭帝国的大城市中,广泛采用的引水渠道、地下排污管道、蓄水池等都沿袭了罗马城建筑的成功经验,皇宫中半自动升降的皇帝宝座和宫殿中各种机械动物,如金狮和小鸟,都是拜占庭工

① 张广翔、刘玉宝:《拜占庭文明的特征及对世界文化的影响——卡尔波夫教授吉林大学讲学综述》,《史学理论研究》2007 年第 3 期。

② 爱德华·吉本:《罗马帝国衰亡史》(第 4 卷),席代岳译,长春:吉林出版集团 2008 年版,第 252 页。

③ 戴东雄:《中世纪意大利法学与德国的继受罗马法》,北京:中国政法大学出版社 2003 年版,第 77 页。

④ 陈勇:《查士丁尼法典评析》,《历史教学问题》2010 年第 4 期。

⑤ Sir Banister Fletcher, *A History of Architecture*, revised by J. C. Palmes, London: University of London, The Athlonepress, 1975, pp. 371 - 402.

匠学习继承罗马人实用工程和机械技术的成果。[①] 拜占庭在模仿罗马建筑的同时,不断进行革新,形成了自己的建筑特色。教堂最能体现拜占庭建筑风格,随着东正教的传播,时至今日,人们仍能在世界各地的东正教教堂看到典型的拜占庭式的穹顶和五彩斑斓的镶嵌画。

中世纪西欧的思想文化都受到基督教会的控制,古典文化及其作用早已荡然无存。而拜占庭自兴起之初,即确定了皇权高于教权的基本原则,325 年召开的尼西亚基督教大会明确规定,皇帝是基督教教会的最高首脑,拥有对教会的最高领导权。君士坦丁一世确立的皇帝对教会的"至尊权"包括召集主教大会权、任免教会最高首脑权、仲裁教会争端权、教义解释权等。皇权高于教权的思想和制度虽然在拜占庭历史上多次受到教会的挑战,但是总体而言,教会权力始终服从于皇权。教会在拜占庭帝国只是作为国家的一个部门而存在,不能无限制地扩大权力,当教会势力可能对皇权构成威胁时,世俗君主就必然采取限制措施。拜占庭帝国强大的皇帝专制统治,也使得东正教始终未能发展成为天主教在西欧那样"万流归宗"的宗教。东正教教权始终屈从于国家政权,不像西欧基督教具有对社会一切事物绝对的垄断作用。因此,东正教教会文化不可能主宰世俗文化的发展。东正教文化对社会始终起到辅助作用,在拜占庭,文化没有被教会垄断,异教文化及异教信徒也没有遭到东正教文化的摧残。

拜占庭时期,基督教信仰代表宗教理念,古希腊文化代表世俗生活,拜占庭帝国采取的是"教俗共荣"的文化政策。宗教文化与世俗文化并行发展。基督教文化并不排斥古典文化,在拜占庭帝国早期,即使在基督教深入推进的过程中,古典学问也没有完全中断,反而得到延续和保留。在基督教神学教育普及的同时,抄写者仍在传抄古典作家的著作,修辞学校也仍在教授古典文化。拜占庭早期的文化中心城市,如雅典、亚历山大里亚、安条克以及以弗所等,并没有像西欧那样,由于基督教的独尊地位使古典文化遭到重大的破坏,相反,古典文学和艺术传统得到了很好的保留。

早期君士坦丁堡大学的课程设置非常世俗化,包括哲学、法律、文法、天文学、

---

① 陈志强:《古史新话——拜占庭研究的亮点》,北京:人民出版社 2019 年版,第 133—134 页。

几何学、数学、医学以及音乐等。其中不难看出希腊文化的影响。同时，希腊语在拜占庭，特别是东地中海各行省已经成为通用语言。可以这样说，如果不是拜占庭的保存和流传，柏拉图与亚里士多德、荷马与索福克勒斯的作品早就消失殆尽了。①

基督教会也承认古希腊文化在读书识字等初级教育方面的独特作用，因此，东正教对古希腊文化也是尽可能地为其所用。圣瓦西里(St. Basil the Great)的观点代表了教会的官方态度，他在《致青年人如何从古希腊文献中获益》中指出，"任何有助于我们进入天堂的，我们都必须热爱和追求；任何不能实现这一目标的，我们都必须摒弃""古希腊文化中存在大量有用的内容……青年学生应该要像蜜蜂一样，在各种文献之间穿梭，汲取其中的养分酿造蜂蜜"②。回顾整个拜占庭历史，希腊语一直是拜占庭帝国教会的官方语言，所有与宗教相关的事务，如宗教会议决议、圣徒传记、教会史等大多使用的都是希腊语。

东正教的学者在不同历史时代，并没有放弃对古典文化的研究，他们出版了许多关于希腊罗马的研究论文和用希腊哲学解释神学思想、建构神学体系的专著。"东正教在这段时期似乎不反对抄录异教的名著……君士坦丁堡大学忠实地把古代的名著保存至拜占庭帝国的末期。"③教士群体在传承古希腊文化方面做出了突出贡献，正是由于他们对古希腊文献的抄写、保存，甚至研究，我们才能在今天有幸目睹这些古希腊典籍。以《荷马史诗》为例，当代学者在研究这部伟大的史诗时，仍然无法绕开12世纪塞萨洛尼基的主教尤斯塔修斯所做的评注。

在拜占庭文化中，基督教信仰与古典希腊罗马文化是帝国意识形态的共同基础。东正教神学与古典文化不仅是皇室、军政贵族和高级教士所普遍学习的知识内容，而且也普及到平民阶层的知识分子。它们共同组成了拜占庭帝国文化的核心内容。基督教教义和神学与古典文化的修辞学、哲学完美地结合，使基督教文化系统化、理性化，可以被大众所接受，为帝国统治阶级所利用。

---

① 布林顿等：《西洋文化史》第二卷中古(上)，刘景辉译，台北：学生书局1973年版，第72—73页。

② R. J. H. Jenkins, "The Hellenistic Origins of Byzantine Literature," *Dumbarton Oaks Papers*, vol. 17 (1963), p. 40. C. Rapp, "Hellenic Identity, Romanitas, and Christianity in Byzantium," *Hellenisms, Culture, Identity, and Ethnicity from Antiquity to Modernity*, ed. Katerina Zacharia, Routledge, 2008, pp. 136-137.

③ 威尔·杜兰：《信仰的时代》，第100页。

拜占庭帝国教育明显是“一种古代与基督教文化融合的产物”。而拜占庭帝国文化在这一时期的摸索中得以确立,努力使古典文化和基督教信仰“两种原本对立的事物统一”起来。[①] 基督教神学和世俗知识均是不可缺少的教育内容,学生们既要学习圣经,也要背诵《荷马史诗》,哲学、算术、天文、法律、物理和神学课程均是高级教育的组成部分。国家政府官员和教会高级僧侣均被要求具有教俗两方面的文化修养,例如君士坦丁堡牧首尼基弗鲁斯(806—815年)即师从于世俗学者后就读于教会学院。普塞洛斯撰写的多卷本《编年史》既是研究拜占庭帝国历史的珍贵文献,也是了解同一时期教会历史的第一手资料。[②]

直到拜占庭帝国末期,名垂青史的大学者几乎都是精通教、俗文化的知识精英,只知神学不懂世俗文化的教士,或是对宗教问题一无所知的学者都难登大雅之堂,许多拜占庭皇帝、高官显贵和政治家也都是兼具教、俗文化知识的学者。由此可见,教、俗两大主流文化在拜占庭帝国不是作为对立物存在的,而是互相补充,共存共荣。

总之,拜占庭文化经历了产生、发展、繁荣和衰落四个阶段,拜占庭文化以其独特风格在东地中海地区屹立千余年,在意大利文艺复兴运动兴起之前,拜占庭首都君士坦丁堡一直是该地区的文化中心。拜占庭文化持续影响着周边诸民族文化的发展,尤其是相对落后的斯拉夫民族,在与拜占庭的文化交往中,他们仿照拜占庭的样式,发展出各自的民族文字,建立独立的教会,形成官僚制度等,逐渐走出落后蒙昧状态。在拜占庭帝国灭亡前后,拜占庭文化经由流亡学者之手,传播到意大利,进而影响和推动整个西欧地区文艺复兴运动的发展。[③] 正如19世纪前半叶俄国学者凯利伊维斯基(J. V. Kireyevsky)所说:“当君士坦丁堡陷落后,西方的思想者们可以更方便、更容易地呼吸到从东方吹向西方的希腊思想的新鲜、

---

① N. G. Wilson, *Scholars of Byzantium*, revised edition, Gerald Duckworth, 1996, pp. 18 - 27.

② Michael Psellos, *Fourteen Byzantine Rulers*, trans. E. R. Sewter, New York: Penguin, 1966, Preface. Michael Psellos, *Chronographie ou histoire d'un siècle de Byzance (976 - 1077)*, ed. É. Renauld, 2 vols., Paris: Les Belles Lettres, 1926, 1928, TLG, No. 2702001.

③ 关于拜占庭文化的历史地位问题,有多位学者做过深入研究,详见陈志强、徐家玲:《试论拜占庭文化在中世纪欧洲和东地中海文化发展中的地位和作用》,《历史教学》1986年第8期;陈志强:《独特的拜占廷文明》;陈志强:《盛世余辉——拜占廷文明探秘》;徐家玲:《拜占庭文明》;陈志强:《拜占庭文化的特征》,《外国问题研究》2016年第4期;张广翔、刘玉宝:《拜占庭文明的特征及对世界文化的影响——卡尔波夫教授吉林大学讲学综述》,《史学理论研究》2007年第3期。

纯净之风,经院哲学的整个结构立即倒塌了。”①

二 拜占庭教育中的希腊传统

希腊语是拜占庭帝国政府的官方语言,同时也是东正教会和教育界、学术界通用的语言,希腊语作为拜占庭人的日常用语,方便了拜占庭人欣赏和接受古希腊文化。拜占庭人不仅阅读、抄写拜占庭图书馆丰富的古典藏书,而且模仿古希腊著作的写作风格。更为重要的是,拜占庭社会上层和中层阶层中维系着较高的教育水平,他们很容易接触到希腊古典文化,所以希腊古典文化在拜占庭保持着一种活力。② 12世纪的拜占庭学者约翰·特茨特慈(John Tzetzes)阅读过希腊诗人里奥克利克、荷马、赫西奥德、品达的作品,欣赏过希腊戏剧家阿里斯托芬,历史学家希罗多德、普鲁塔克、哲学家亚里士多德、柏拉图和希腊讽刺家琉善(Lucian)、希腊演说家狄摩西尼、希腊地理学家和历史学家斯特拉波等人的著作。14世纪的学者塞奥多利·梅托契特斯(Theodore Metochites)的研究范围包括亚里士多德、柏拉图的哲学著作、色诺芬的《远征记》、普鲁塔克的《希腊、罗马名人传》、军事家约瑟弗(Josephus)的《犹太战争史》和天文学家托勒密的著作。③ 而拉丁语仍保存于法律文献和实用技术领域内,在拜占庭帝国唯一的拉丁语中心贝利图斯(Berytus)法律学校,使用的教材完全是拉丁语法学教材,授课还是采用希腊语,教师主要是介绍各派理论和观点,并在对比中作出评价,然后引导学生展开讨论。

拜占庭的文化和教育从未被教会垄断过,世俗教育中的古希腊、罗马传统也从未像中世纪西欧那样中断过。④ 即使在教会学校中,教育对象也不局限于教士,同样对世俗社会开放,教学内容不只包括神学知识,还包括古典文学、哲学、历史等。⑤ 东正教并不排斥古典文化,反而鼓励年轻的基督徒接受古典教育,早在4

---

① A. A. Vasiliev, *History of the Byzantine Empire 324 - 1453*, Vol. Ⅱ, p. 714.

② F. I. 芬利主编:《希腊的遗产》,张强、唐均等译,上海:上海人民出版社2004年版,第458页。

③ C. Diehl, *Byzantium: Greatness and Decline*, translated from the French by Naomi Walford, New Jersey: Rutgers University Press, 1957, pp. 232 - 233.

④ D. M. Nicol, *The End of the Byzantine Empire*, London: Cambridge University Press, 1979, p. 47.

⑤ R. Browning, "Byzantine Scholarship," *Past and Present*, vol. 28 (1964), pp. 5 - 6.

世纪时，圣瓦西里就劝说年轻人学习希腊诗歌、散文、哲学等希腊古典文化，他认为学习异教文化对基督教大有裨益。[①] 东正教会对古典文化的接受和利用，避免了异教文化与基督教文化之间潜在的冲突，古典文化因而在拜占庭得以长期流传，这与罗马教会敌视和排斥古典文化形成了强烈的对照。

拜占庭的学校教育非常普及，即使较小的城镇或乡村中也有教士开办的堂区学校，面向儿童，传授基本的读写知识和基督教的教义等内容。[②] 在拜占庭，各省的大城市中都设有高等学校，比较著名的有雅典的哲学院、亚历山大里亚的医学校和哲学学校、贝利图斯的法律学校等，其中规模最大、声望最高、持续时间最长的当数君士坦丁堡大学。君士坦丁堡大学位于宫廷附近，创办于 425 年，它的主要任务是为拜占庭帝国培养具有较高文化水平的官吏。为了吸引国内的著名学者到校讲学，拜占庭政府不仅支付高额的薪俸，而且免除他们的各项赋税。很快，君士坦丁堡大学学者云集，5 世纪时在该校任教的教授多达 30 人，他们分别主持 31 个教授席位，包括 10 个希腊文讲席，10 个拉丁文讲席，3 个罗马演说术讲席，还有几个法学和哲学讲席。[③] 通常，学生们在君士坦丁堡大学的学习期限为五年，除了学习“七艺”、哲学、法律之外，还研究古代作家的文集等。[④] 君士坦丁堡大学自创办之初到 14、15 世纪，经历过三起三落，不过，它始终保持着其地中海地区文化教育的中心地位，除了拜占庭各地的学生以外，阿拉伯国家和意大利的学生也前往君士坦丁堡大学求学。

拜占庭在教育内容方面一直保留着希腊化时代的传统，古典作家的名著，如荷马史诗等通常被当作拜占庭教育中普遍使用的教材。[⑤] 6 岁到 8 岁的拜占庭孩子接受初级教育，要到当地的初级学校学习语言，主要是训练学生的希腊语发音和拼写方法。10—12 岁时，学生们开始学习语法，目的是规范学生的希腊语知识，使之能够用标准希腊语进行演讲和写作，尤其要掌握古希腊语的思维。教学

① D. J. Geanakoplos ed., *Byzantium: Church, Society and Civilization Seen Through Contemporary Eyes*, Chicago: University of Chicago Press, 1984, p.393.

② 郭健:《拜占廷教育概述》,《河北大学学报》(哲社版)1997 年第 3 期。

③ J. Bowen, *A History of Western Education*, Vol.1, London: Methuen and Co. Ltd., 1981, p.295.

④ 曹孚、滕大春等编:《外国古代教育史》,北京:人民教育出版社 1981 年版,第 120 页。

⑤ D. J. Geanakoplos ed., *Byzantium: Church, Society and Civilization Seen Through Contemporary Eyes*, p.401.

内容不仅包括现代意义上的阅读、写作、分析词法和句子结构，还有翻译和注释古典著作的技巧，尤其是荷马史诗，更要认真学习。到了 14 岁，拜占庭人就要进入另一个阶段的学习，首先是修辞学，内容涉及正确的发音练习和对古希腊演说家如狄摩西尼(Demosthenes)和其他散文作家著作的学习，接下来要学习的是初级的哲学、算术、几何、音乐、天文学，还有法学、医学和物理学等内容。① 拜占庭的大学教育和基础教育内容相似，只是深浅程度不同。大学生需要接受高级修辞学和哲学以及“四艺”教育，即算术、几何、音乐、天文等知识。高等修辞课要求学生不仅要大量阅读古典著作，而且能够熟练地背诵古希腊文史作品，并按照古代写作规范和风格写论文或进行演讲。

拜占庭各类学校中普遍采用古希腊人的教学方法，以提问讨论为主，讲授为辅。通常学生们围坐在教师四周，或席地而坐，或坐在椅子上，把学习的教材放在自己膝盖上。教师就教材的内容提出问题，请学生们回答或者集体讨论。阅读和背诵是基础教育的主要方式，譬如在哲学课上，学生必须咏读亚里士多德、柏拉图和新柏拉图哲学家的著作，而高等教育的主要方式则是讨论。在现存的一份 11 世纪的教学材料上，有关于希腊语语法、修辞学、物理学、柏拉图和新柏拉图哲学等课程中的思考题目和答案。拜占庭的各个学校还设立有自己的图书馆，如君士坦丁堡大学图书馆的藏书多达 12 万册，数量仅次于亚历山大图书馆。②

在整个拜占庭帝国历史上，教育内容和方式几乎没有变化，9 世纪时学校教育中就强调希腊哲学和修辞学的学习，内容不仅包括我们现在所说的哲学、修辞学，还涉及语法、词典的编纂学以及对古典著作的评论。③ 拜占庭晚期，对古希腊文学、哲学、科学著作的研究较之以前更为深入和系统。拜占庭教会并不反对人们阅读古典文本，亚里士多德和柏拉图的注释者的著作被学者们认真地分析，古代历史学家、戏剧家、抒情诗人的作品也深受欢迎。晚期拜占庭的著名文人马克西姆斯·普拉努德斯(Maximos Planudes)对阿拉伯数字和文学同样感兴趣，他甚

---

① S. Runciman, *Byzantine Civilisation*, pp. 224 – 225.

② 陈志强：《拜占廷学研究》，北京：人民出版社 2001 年版，第 218—220 页。

③ C. Diehl, *Byzantium: Greatness and Decline*, p. 233.

至写过一本数学著作。①

13世纪到15世纪中期,希腊文化的各个方面,包括文学、修辞学、哲学、语言学和数学、自然科学等都在拜占庭人的学习和研究范围之内。从课程设置可以看出,拜占庭不仅强调修辞学,而且重视抽象哲学、神学、数学、自然科学,他们的目的是实现通才教育。

三 拜占庭的古典文献收藏

一个国家收藏的图书资料能反映出整个社会的文化水平,克鲁普斯娅说过:"伊里奇根据图书馆事业是否健全来判断文化水平,他认为图书馆事业的状况是整个文化的标志。"②通常,社会文化水平较高的地区,图书收藏都比较丰富。

拜占庭一直是中世纪东地中海地区的文化中心,这与拜占庭重视图书收藏有很大关系。早在建国初期,君士坦丁大帝就在君士坦丁堡建立了一座帝国图书馆,为了充实馆藏,他派人到处收集基督教图书和希腊文、拉丁文的世俗作品,到337年君士坦丁去世时,该馆藏有大约7 000卷纸草卷。塞奥多西二世在位时,对这座图书馆进行了扩充,使藏书多达10万卷。利奥一世统治时期,该馆藏书数量有所减少,但芝诺统治时期,重建和扩大了该馆,使得藏书量超过了10万册。后来由于圣像运动的破坏,帝国图书馆日益衰落,8世纪末,其藏书量仅为35 000卷左右。十字军东侵时期,帝国图书馆的受损情况最为严重,文化上相对落后的拉丁骑士将拜占庭藏书作为战利品大肆掠夺,甚至焚烧取暖。君士坦丁堡陷落后,散落各地的拜占庭学者到处搜集和抄写古代手稿,整理注释古代名著,他们汇集在尼西亚,使之成为13世纪的文化中心,为拜占庭复国后的文化重建奠定了基础。1261年,君士坦丁堡被收复后,拜占庭皇帝米哈伊尔·帕列奥列格在君士坦丁堡重建了帝国图书馆。③

5世纪时,拜占庭出现了大学图书馆。塞奥多西二世在君士坦丁堡创建了一

---

① D. J. Geanakoplos, *Constantinople and the West*, London: the University of Wisconsin Press, 1989, p. 7.

② 克鲁普斯娅:《论列宁》,哲夫译,北京:人民出版社1960年版,第383页。

③ M. H. 哈里斯:《西方图书馆史》,吴晞、靳萍译,北京:书目文献出版社1989年版,第77页。

座学院图书馆，或称哲学大学图书馆，查士丁尼一世统治时期，这所大学极为兴盛。8世纪毁坏圣像运动期间，大学图书馆遭到“反偶像崇拜者”的攻击，很多带有宗教插图的图书被焚毁。到了8世纪后期，学校被迫关闭。850年，君士坦丁堡大学重建，很快成为近东最有影响的学府，该校的图书馆也随之发展。①

拜占庭各地还建有规模不等的修道院图书馆和城镇图书馆。修道院图书馆收藏的多为宗教典籍，也有世俗书籍，因为有的修道院设有医院，甚至还要培养医生，因此修道院图书馆中收藏有医学和其他科学著作。君士坦丁堡的修道院建立之初就有君士坦丁大帝赠送的50卷精美的羊皮纸书籍。9世纪前半叶，君士坦丁堡附近的斯达迪尔(Studium)修道院制定了新的修道院法规，强调建立缮写室和图书馆的重要性，并列出了图书馆员的职责，此后每座修道院都鼓励自建图书馆。位于西奈山上的圣凯瑟琳(St. Catherine)修道院收藏的《西奈经书》(*Codex Sinaiticus*)是现存最早的圣经手抄本之一。② 希腊阿克拉半岛的阿索斯圣山各修道院图书馆藏书很丰富，至今还收藏着乐谱和大约11 000件手抄本。③ 拜占庭帝国的主要城镇如凯撒里亚、塞萨洛尼基、贝利图斯都设立有图书馆，只是随着帝国形势的变动，藏书数量和规模有所变化。从9世纪开始，知识分子开始建立私人图书馆，至12世纪，私人藏书在知识分子阶层中流行起来，学者们通常以拥有比较稀缺的私人收藏而自豪。

从不同时期的图书编纂可以看出拜占庭的图书收藏之丰富。虽然后人对拜占庭早期的藏书没有确切的概念，但是查士丁尼一世在位时编纂的《民法大全》可以提供一些参考，该书的研究范围包括历代罗马皇帝颁布的法令和元老院的决议，涉及近一千年来罗马的法律书籍共约2 000多卷。6世纪初，约翰·斯托贝伊司克编辑过一本诗文选集，包括500多位古代诗人、历史学家、演说家和哲学家的作品，这部选集成为拜占庭文化史上的重要史料来源，此后出现的许多民间谚语、学者名言、成语等都从该书引用资料。④ 9世纪时，拜占庭学者兼牧首弗提乌斯

① 杨威理：《西方图书馆史》，北京：商务印书馆1988年版，第43页。
② 陶静：《拜占廷文化和图书馆》，《皖西学院学报》2003年第6期。
③ 杨威理：《西方图书馆史》，第44页。
④ 解素蔚：《拜占廷文化及其对西欧文艺复兴的影响》，《江西师范大学学报》(哲社版)1987年第4期。

(Photios, 约 820—891 年)编著了一本文摘性的《书目》(*Bibliotheca*),书中摘录了近 300 部古代希腊、罗马的著作,内容不仅有神学,还有古代文学、传记、历史、地理、哲学、艺术和科学书籍。[①] 10 世纪时,弗提乌斯的追随者艾黎色(Arethas)的私人图书馆中藏有欧几里德、吕西安、阿里斯提德斯(Aristides)、亚里士多德、柏拉图等人的作品,牛津大学博德利图书馆(Bodleian Library)至今仍收藏有他的一卷藏书。同一时期的编纂家修达(Suidas),著有百科全书式的《词典》(*Lexikon*)一书,约翰·吉奥梅特雷斯(John Geometres)编辑了《十世纪诗词》和《当代散文》,他们的著作都参考了大量的古代图书。12 世纪时,塞萨洛尼基的主教尤斯塔修斯(Eustatius)的著作中引用他人的作品高达 400 余种。13 世纪,塞尔维亚(Serbia)女王伊丽莎白(Elizabeth)曾在君士坦丁堡获得一批希腊文献。14 世纪的摩尔达维亚(Moldavia)亲王瓦西里·拉普(Basil Lapu)的图书馆中藏有很多来自拜占庭的古希腊文献。[②]

由此可见,虽然由于国内外政局动荡,拜占庭国内的图书收藏几经兴衰,但是直到 1453 年奥斯曼土耳其占领君士坦丁堡之前,拜占庭帝国一直保存有大量古典文献,而这类文献在中世纪西欧大部分早已绝迹。由于希腊文是拜占庭的主要语言,所以拜占庭保存的古籍中,希腊文作品多于拉丁文作品,当今世界现存的希腊古代文献至少有 75%来自拜占庭人。[③] “自有历史记载以来,图书馆就是在时间、空间两方面传播知识的桥梁。”[④]这些古典文献为拜占庭的学术研究提供了重要保障,使拜占庭的古典文化传统得以维持。更重要的是这些古典文献早在 12 世纪已经开始自东向西流传,14、15 世纪达到鼎盛时期,它们流传到意大利后,引起了意大利人研究古典文化的兴趣,推动了意大利文艺复兴的发展。

四 拜占庭帝国晚期的希腊文化复兴

帕列奥列格王朝统治时期,拜占庭政治、经济实力日益衰退,在奥斯曼土耳其

---

① Robert Browning, *Byzantine Scholarship*, p. 9.

② M. H. 哈里斯:《西方图书馆史》,第 74—76 页。

③ M. H. 哈里斯:《西方图书馆史》,第 78 页。

④ M. H. Harris, *History of Libraries in the Western World*, Metuchen, N. J. and London, 1984, p. 13.

军队的不断侵袭下,帝国领土也缩减至君士坦丁堡周围和摩里亚半岛,为了挽救民族危机,众多拜占庭学者积极参与国家政治、宗教事务,投身古典文化研究,希望以文化复兴推动民族复兴,从而促使拜占庭末期出现前所未有的文化繁荣景象。

13 世纪末和 14 世纪初,一股强烈的人文主义潮流在拜占庭蔓延开来。古希腊文雅的写作方式受到拜占庭学者们的推崇,他们按照亚历山大学的风格写隽语诗①,模仿琉善②的风格写讽刺诗,他们的写作虽然有些墨守成规,却保留了古希腊的文风。在帕列奥列格文艺复兴中涌现出众多杰出的人物,正如一位现代学者所说,帕列奥列格王朝末期的学者都是些通才,语法、修辞、历史、哲学等所有的知识他们都学习和研究过。③

14 世纪的尼基弗鲁斯·格里高拉斯(Nicephorus Gregoras)是拜占庭最后两个世纪中最伟大的学者和作家,也是公认的末代拜占庭文化复兴中最杰出的代表人物。格里高拉斯受过很好的教育,精通古典文学、天文学,甚至想为皇帝编制新的历法,他的 37 本著作涉及神学、哲学、天文学、历史学、修辞学和文法等,几乎覆盖了拜占庭学术的各个方面。④ 他最重要的贡献在于记录了 1204 年至 1359 年间,尼西亚和拉丁帝国以及帕列奥列格王朝前期的历史。

迪米特里·塞多尼斯(Demetrius Cydones)出生于塞萨洛尼基,是 14 世纪最多产的作家,曾担任过几届拜占庭高级官职,他积极参与那个时代的宗教争论,反对静默派异端思想,支持拜占庭教会与罗马教会的合并。⑤ 他曾去米兰学习过拉丁语言和文学,并被授予威尼斯市民称号。他擅长利用西方学者的优秀成果,在其大量涉及神学、修辞学和哲学的著作中,处处体现出他超越同时代拜占庭学者的拉丁文化知识的优势。塞多尼斯还把很多拉丁著作翻译成希腊文,其中包括托马

① 亚历山大学派是公元前三个世纪集中于亚历山大城的学者,他们倡导希腊风格的文学、科学和哲学学派。隽语诗表示一个简单思想或观察的短小机智的诗。

② Lucian:希腊讽刺家,他的两部主要作品《众神的对话》和《死者的对话》讽刺了希腊的哲学和神学。

③ W. Treadgold, *A Concise History of Byzantium*, New York: Palgrave, 2001, p. 230.

④ A. A. Vasiliev, *History of the Byzantine Empire 324 – 1453*, Wisconsin: the University of Wisconsin Press, 1958, p. 690.

⑤ E. B. Fryde, *The Early Palaeologan Renaissance 1261 – 1360*, Leiden; Boston; Köln: Brill, 2000, pp. 381 – 382.

斯·阿奎那(Thomas Aquinas)的《神学大全》(*Summa Theologiae*)。他的演说词不仅为我们描绘了君士坦丁堡居民面临土耳其入侵时的沮丧情绪,还提到了拜占庭向西欧的移民运动,他呼吁希腊人和拉丁人为抵抗共同的敌人联合起来。塞多尼斯对14世纪文化史最大的贡献是他保留了约451封书信[①],其中包括32封拜占庭皇帝曼努埃尔二世、11封拜占庭大贵族约翰·坎塔库震努斯(John Cantacuzene)的信件,还有意大利人文主义者科卢乔·萨卢塔蒂(Coluccio Salutati)的一封热情洋溢的长信。这些书信不仅记载了晚期拜占庭社会的状况,而且反映了拜占庭与意大利文艺复兴的文化联系。

马克西姆斯·普拉努德斯(Maximus Planudes)是"帕列奥列格文化复兴"时期著名的语言学家,作为拜占庭的使节他去过威尼斯,写过一些语法方面的论文,从古希腊著作中摘录部分文章编辑成《希腊诗文集》一书,许多古希腊手稿能够流传后世正是得益于该书的收录和编辑[②],他还翻译过诸如西塞罗、奥维德、波埃修(Boethius)等人的许多拉丁文著作,这些译著使他名声远扬,意大利文艺复兴运动早期,他的译著常常被用作希腊语教学的阅读文本。曼努埃尔·莫斯科波洛斯(Manuel Moschopulus,1265—1316年)是马克西姆斯的学生和朋友,他也对古典文化的西传起到一定的作用,他的《语法问题》(*Grammatical Questions*)、《希腊词典》(*Greek Dictionary*)是倍受西方人欢迎的希腊语的教科书。[③]

东正教杰出的神秘主义者尼古拉·卡巴西拉斯(Nicholas Cabasilas)是14世纪最伟大的神学家之一,也是末代拜占庭最优秀的作家之一。他在14世纪拜占庭文化史上占有重要地位,但我们对他的了解很有限,不过有一点可以肯定的是,他和拜占庭的静默派运动以及西欧的神秘主义运动有关,其作品中的拜占庭神秘主义是西欧神秘主义的思想来源。

帕列奥列格文艺复兴的哲学成就以杰米斯塔斯·普里松(Gemistus Plethon)为代表。在中世纪西欧,亚里士多德哲学是天主教会的御用哲学,柏拉图哲学少有人注意,而拜占庭学术界对柏拉图的研究从未中断过。普里松的哲学著作向人

---

① D. M. Nicol, *The End of the Byzantine Empire*, p. 55.

② R. Browning, "Byzantine Scholarship," p. 18.

③ E. B. Fryde, *The Early Palaeologan Renaissance 1261 - 1360*, p. 226.

们展示了柏拉图哲学和亚里士多德哲学的同等重要性，为亚里士多德主义与柏拉图主义之间的哲学争论开辟了新的道路。他生活在帕列奥列格文化复兴的中心，是个真正的人文学者，他的影响和作用早已超出拜占庭，远至意大利。普里松在佛罗伦萨逗留期间正是古希腊文化向意大利西传的重要时期，普里松为意大利人文主义者带去了柏拉图哲学，加速了西方柏拉图哲学的复兴。

尼基弗鲁斯·库慕诺思（Nicephorus Chumnos）是个坚定的亚里士多德主义者，他写过大量神学、哲学和修辞学论文。他与那个时代的政治、宗教、文化领域内的所有精英几乎都有书信来往，现存的172封书信为我们提供了很好的说明。尽管他在智识、学识和原创性方面都不是很突出，但这并不影响他对拜占庭与意大利文艺复兴的重要性。“他对古典文化的狂热，虽然有些盲从，却向我们预告了意大利人文主义和西方文艺复兴的到来。”①

14世纪，塞萨洛尼基的法学家兼法官君士坦丁·哈蒙瑙普拉斯（Constantine Harmenopulus）编纂的《律法六书》（*Hexabiblos*）可能是拜占庭末期最重要的法学著作，这部著作共有六册，内容涉及民法和刑法。他在编纂过程中原封不动地使用了很多早期的法学著作，为后人研究拜占庭法学著作中的古典罗马法，以及查士丁尼法典提供了重要的资料。1453年拜占庭灭亡后，他的著作开始在西欧广为流传，激发起许多人文主义者的研究兴趣。

帕列奥列格文化复兴既为拜占庭也为欧洲文明留下了难以估量的精神财富。一位历史学家写道：“在拜占庭灭亡前夕，所有的希腊人重新聚集他们的全部才智迸发出最后的一抹光彩。”②“帕列奥列格文化复兴”反映出拜占庭在希腊研究方面取得了同一时期拉丁西方难以企及的成就。因此，当意大利人文主义者开始对古希腊文化感兴趣时，为了获得希腊著作原文和阅读这些著作所必需的希腊语言文化知识，他们不得不转向拜占庭人寻求帮助。因为在整个中世纪，拜占庭一直是东地中海地区和欧洲的文化中心。拜占庭首都君士坦丁堡和塞萨洛尼基是“帕列奥列格文化复兴”的两大中心，在拜占庭帝国被土耳其大军攻陷以前，君士坦丁堡的学校不仅吸引着来自遥远的希腊语地区的学生，还有来自意大利和西欧其他

① A. A. Vasiliev, *History of the Byzantine Empire 324 – 1453*, p. 700.
② A. A. Vasiliev, *History of the Byzantine Empire 324 – 1453*, p. 687.

国家的学生。很多意大利人文主义者,诸如维罗纳的瓜里诺(Guarino of Verona)、乔瓦尼·陶泰利(Giovanni Tortelli)、弗朗西斯科·菲勒尔佛(Francesco Filelfo)都曾经前往拜占庭求学,菲勒尔佛后来还做过拜占庭帕列奥列格皇帝约翰八世的翻译和秘书。埃涅阿斯·西尔维乌斯·皮科罗米尼(Aeneas Silvius Piccolomini),也就是后来的教宗庇护二世曾说过,在那个时代如果不到拜占庭去就不可能获得良好的教育。[①] 他的话可能有些夸张,但真实地反映了当时的文化现状。

第二节

拜占庭文化与罗马古典文化遗产

一 罗马帝国的政治遗产

罗马帝国的政治传统、基督教信仰和古希腊文化构成了拜占庭文化的三大基本特征。[②] 其中,罗马帝国的政治传统体现为皇权掌控的官僚制度、罗马帝国中央集权制、帝国法律体系,拜占庭帝国继承发展了这一政治传统,形成皇帝专制官僚制度。

拜占庭人一直自称"罗马人","拜占庭"这一称呼是近代西方学者的提法,中古欧洲的"拜占庭"专指君士坦丁堡,事实上,从330年建都开始直到1453年拜占庭帝国灭亡为止,拜占庭皇帝都自认为是罗马皇帝,是凯撒大帝的真正的继承人和接班人。尤其是公元476年西罗马帝国灭亡之后,拜占庭皇帝更是打着罗马帝国的旗号,以古代罗马帝国的正统继承者自居,每一任拜占庭皇帝都梦想着有朝一日能够重现罗马帝国的辉煌。除了在身份上认同罗马以外,拜占庭人在政治制度、基督教神学、法律和大型工程技术等方面,也都继承了古罗马的传统,尤其是

① 克鲁普斯娅:《论列宁》,第98页。
② G. Ostrogorsky, *History of the Byzantine State*, trans. J. Hussey, Oxford: Basil Blackwell, 1968, p. 25.

政治制度方面,他们不仅照搬古罗马帝国的模式,还有所发展和革新。他们清除了罗马帝国中央集权制度中民主制的残余和普通民众参与政治的因素,发展出拜占庭帝国皇帝专制官僚制度,其中皇帝制度成为帝国政治生活的核心。

与罗马帝国一样,拜占庭帝国也是一个多民族国家,在首都君士坦丁堡的鼎盛时期,“将近 100 万人口中,主要是亚洲人或斯拉夫人——包括亚美尼亚人、卡帕多西亚、叙利亚人、犹太人、保加人、半斯拉夫种的希腊人,以及来自斯堪的纳维亚、俄罗斯、意大利、回教地区的各色商人和士兵;在这些人之上则是一小撮希腊贵族”①。拜占庭帝国已经逐渐形成一个以基督教为信仰,以希腊语为共同语言,以罗马皇帝为核心的多民族融合体,而这正是拜占庭以绝对皇权为中心的皇帝专制制度的社会基础。在帝国建立初期,要想在复杂的国际形势下,保持国内的社会稳定,恢复经济发展,必须有强有力的国家机器,必须实行高度集权的皇帝专制制度。“从 4 世纪早期开始,人们(指拜占庭人——作者注)都希望皇权成为日常生活中的最高权力。”②

皇帝专制制度是由罗马元首政治发展而来的,古罗马的元首制,始于屋大维时期,元首的拉丁文 Principate 意为第一公民,由第一公民来领导国家的制度,被称为元首制。元首是终身执政官、终身保民官、大祭司长、首席法官和最高统帅,元首制下的皇权由元老院和人民授予,而非神授,皇帝必须受到法律的约束。戴克里先上台后,不断扩大皇权,实行君主专制,将元首制变为皇帝制。“皇帝的地位和概念在戴克里先及其继承者身上得到神圣化的解释。”③拜占庭政治的基本特征是专制皇权、集权政治和官僚机构。④ 拜占庭的官僚体制逐渐取代了罗马的官员制度,皇帝不再是第一首脑,而是独裁君主,整个国家都被控制在皇帝及其行政官吏手中。皇帝集政治、经济、军事、宗教、司法等多种权力于一身,是最高权力的代表,皇帝不仅是最高的军事指挥、大法官、立法者,还是教会和正统信仰的保

---

① 威尔·杜兰:《信仰的时代》,第 346 页。

② J. B. Bury, *The Cambridge Medieval History*, vol. 1, London and New York: Cambridge University Press, 1978, p. 1.

③ A. E. R. Boak, *The Master of the Offices in Later Roman and Byzantine Empire*, New York, London: Macmillan MicMilan, 1924, p. 18.

④ G. Ostrogorsky, *History of the Byzantine State*, trans. J. Hussey, Oxford: Blackwell, 1956, p. 31.

护者,其权势渗透到拜占庭社会各个方面。拜占庭帝国强大的皇帝专制统治,也使得东正教始终未能发展成为如同天主教在西欧那样“万流归宗”的宗教。在拜占庭,皇帝被神化为上帝在人间的代表,无论在军队、元老院,还是在公民中,他都受到顶礼膜拜。皇帝还拥有对教会的“至尊权”,不仅掌握着召集宗教大会和任免高级教士的权力,而且拥有对教义的解释权和对宗教争端的仲裁权。如果说拜占庭行政官僚制度像是一个金字塔的话,那么皇帝无疑处于金字塔的塔尖,其下有庞大的等级森严的官僚集团,社会最低层是广大的城乡劳动者。不只是中央政权,地方权力也被牢牢地控制在拜占庭皇帝手中,皇帝任命的各地省长、军区将军、法官、元老以及各大教区教会首脑也听命于皇帝。①

拜占庭帝国在强化皇权的过程中,大力削弱罗马帝国留下的元老院的大部分行政功能。甚至要求元老在晋见时必须五体投地,行“吻靴礼”,分别亲吻皇帝和皇后的脚,这种宫廷礼仪上的变化直接映射出元老院政治地位上的变化。元老院最初作为国家咨询机关,由主要家族的首脑人物组成,协助国王处理国事。② 共和国时期由前任国家长官及其他大奴隶主代表组成,拥有批准、认可法律,推选最高官吏,管理财政、外交、军事事务,以及实施重大宗教措施等实权。帝国时期,国家政权日益集中于皇帝,元老院失去原来的政治地位,但仍是贵族统治的政治支柱,至戴克里先推行君主专制,元老院退化成了皇帝的“咨询机构”,元老院不再是全国性的政治机构。尽管如此,罗马的元老院在拜占庭帝国初期仍作为立法咨询机构存在着。君士坦丁一世在君士坦丁堡建立了一个独立的元老院,在国家生活中发挥着重要的作用。在以后的几个世纪中,拜占庭的元老院只是拥有名义上的权力而非实权。元老头衔被划分为“杰出者”“显赫者”和“辉煌者”,4 世纪时,元老数量达 2 000 多人,6 世纪中期以后,“荣耀者”成为最高头衔,随着皇帝授予新头衔的数量不断增加,元老的政治地位日益降低。③ 君士坦丁堡的元老院“不再是统治者的反对力量”,仅通过它代表的土地贵族在经济上对帝国的政治发挥有限的影响,在皇位空缺的混乱时期“按照惯例起着摄政会议的作用”;其在皇帝

① 陈志强:《拜占廷封建政治形态研究》,《河南大学学报》(社科版)2002 年第 3 期。
② 李雅书、杨共乐:《古代罗马史》,北京:北京师范大学出版社 1994 年版。
③ 乔治·奥斯特洛格尔斯基:《拜占廷帝国》,陈志强译,西宁:青海人民出版社 2006 年版,第 29 页。

推选上的作用已经被军队所替代,"元老院仅作为向皇帝表达敬意的一种礼仪性的点缀而已"①。7世纪时,元老院的影响力得以重新恢复,在伊拉克略王朝统治时期,君士坦丁堡元老院担负着皇帝顾问和最高法院的职能。当幼帝登基时,元老院拥有监护权。马其顿王朝时期,利奥六世(886—912年在位)颁布法令宣告国家的全部权力由君主统一控制,所有的国家事务都置于帝国官僚机构的管理之下,同时废除了元老院的行政管理权和立法权,废除了城市自治和市政机关的一切选举办法,声称这些机关"不符合现存制度,而在现存制度下,皇帝自己能关照一切"②。随着皇帝的绝对权威的确立,皇帝集立法权和行政权于一身,元老院的权威最后被取消了。

拜占庭帝国早期实行的执事官制度同样来自古罗马,"执事官"一词的拉丁文是"magister officiorum",通常授予那些"睿智明理、责任心强,并拥有特殊监督权"的人。③ 戴克里先时期,最先开始设立执事官,起初该官职并未受到关注,也没有什么特殊地位。从君士坦丁王朝到查士丁尼王朝,执事官的职权范围日益扩大,逐渐成为拜占庭帝国文官中地位最显赫、影响力最大的朝廷重臣。执事官及其官僚体系是早期拜占庭最重要的官僚体系之一,它使专制统治深植人心,有力地推动皇权观念的深化。7世纪以后,执事官的影响力不断减弱,其把持的权力也逐渐转交到其他宫廷官员手中,只剩下一个空头衔,最后沦为宫廷礼仪中一个普通队列成员。执事官制度是拜占庭专制皇权统治的重要支柱,它的建立和发展标志着早期拜占庭以皇权专制主义为核心的官僚体制趋于成熟;它的衰退,也标志着拜占庭实现了皇权的高度集中,皇帝日益成为拜占庭政治生活的核心。④

拜占庭帝国的疆域辽阔,6世纪时,拜占庭的领土就包括意大利、希腊以及爱

---

① J. M. Hussey, *The Cambridge Medieval History*, Vol. Ⅳ, London and New York: Cambridge University Press, 1967, p. 21.

② 札查里:《希腊罗马法》第三卷,转引自列夫臣柯:《拜占廷》,葆煦译,北京:三联书店1962年版,第189页。

③ A. E. R. Boak, *The Master of the Offices in Later Roman and Byzantine Empire*, New York, London: Macmillan MicMilan, 1924, p. 5.

④ 黄良军:《早期拜占庭帝国执事官的政治地位及影响》,《东北师大学报》(哲社版)1998年第3期;同时见徐家玲:《早期拜占庭执事官职能探析》,《史学集刊》2003年第4期;陈志强:《古史新话——拜占庭研究的亮点》,第324—325页。

琴海诸岛、小亚细亚地区、北非和西班牙南部等地，地中海和黑海甚至成为拜占庭的内海。拜占庭帝国中后期，尽管版图面积不断缩小，但是意大利南部、整个爱琴海地区和小亚细亚等地区，仍然归属拜占庭帝国的管辖。为了加强皇帝继承人的继承权，拜占庭实行共治皇帝制度，而该制度也是从古罗马照搬过来的。早期罗马帝国时代就有四个皇帝共治的先例，到了晚期戴克里先(Diocletianus, 284—305年在位)执政时期，为了应对边境危机，他创建了"四帝共治"的制度，让马克西米安(Maximian，约250—约310年)驻守意大利北部的米兰，主管帝国西部地区；他本人则主管帝国东部，坐镇小亚细亚西部的尼科美底亚，戴克里先和马克西米安均称为奥古斯都，也就是皇帝，两位共治者各任命一位助手，称为凯撒，当一位皇帝退位后，副手凯撒可接替其权位，再重新选定新的凯撒，继续维持四帝共治，这样就形成"四帝共治"的制度，两位皇帝之间、皇帝与凯撒之间没有血缘关系，凯撒往往由品行和才能出众者担任。

君士坦丁大帝统一帝国后，为了保证家族对帝国的控制权，他放弃了戴克里先时期确立的"四帝共治"，将自己的子侄们封为凯撒，指派他们分别驻守高卢、意大利、伊利里亚和东方大政区，每位凯撒都由一位禁卫军长官(后称大区长官)相辅佐。[①] 由此创立了拜占庭皇位的血亲世袭继承制，但是共治皇帝制度一直保留下来，与古罗马不同的是，拜占庭时期任命的凯撒多是皇帝的直系血亲或姻亲，被称为"共治皇帝"。通常"共治皇帝"都是未来的皇位继承人，可以参与国家大事的管理，他的加冕仪式一般是由君士坦丁堡牧首主持，是拜占庭帝国政治生活中的重要仪式。

此后，直到拜占庭帝国末期帕列奥列格王朝，一直采用共治皇帝制度，皇帝与共治皇帝基本上都是父子或者祖孙关系的直系血亲。例如拜占庭帝国晚期安德罗尼库斯二世执政时期，先后加冕自己的儿子米哈伊尔九世、孙子安德罗尼库斯三世为共治皇帝，安德罗尼库斯二世坐镇首都君士坦丁堡，米哈伊尔九世驻守阿德里安堡。老皇帝提前册封自己的儿子或者孙子为共治皇帝，首先是为了确保皇位传给皇帝血亲后裔，同时也是为了让共治皇帝提前熟悉国家事务，积累管理经

---

① A. H. M. Jones, *The Decline of the Ancient World*, New York and London: Longman, 1980, p. 48.

验,为日后的顺利继位做准备。皇帝和共治皇帝分别管理帝国的某一区域,既可以保障皇位留在家族内部,不会外传,又能够避免皇室成员之间的内讧,更重要的是加强边境的防御。[①] 共治制度设置的初衷是为了缓解军阀割据造成的政治危机,虽然在暂时性地解决了帝国面临的内忧外患,但是其深刻的矛盾不能得到解决,为末代拜占庭皇室无休止的内战埋下了伏笔。拜占庭晚期历史上著名的"两安德罗尼库斯之战"就是老皇帝安德罗尼库斯二世与共治皇帝安德罗尼库斯三世之间为了争夺皇位进行的长达七年的内战。高度集权的皇帝制度与公共权力的分散性之间存在着不可调和的矛盾,共治皇帝制度也不能解决拜占庭帝国末期的政治混乱。

二　拜占庭的法律制度

拜占庭帝国是中世纪欧洲历史上延续时间最长的国家,拜占庭文化在人类文明史上占据着重要地位,在很多领域都为人类社会的进步与发展做出了卓越的贡献,其中比较突出的是在法典条文的制定方面。在古代世界各国法律体系中,罗马法对后世的影响最为深远,而罗马法集大成者非《民法大全》莫属。该法典是由拜占庭皇帝查士丁尼大帝组织编撰的,它最大限度地保护了私有制,维护了个人利益,巩固了帝国统治,是西方现代资本主义社会法律的基础和范本。事实上,拜占庭的立法活动贯穿于拜占庭帝国的全部历史,几乎每个历史时期都有法律文献问世,这是拜占庭帝国对世界法律文明的伟大贡献。拜占庭众多法典的制定既有高水平的法学教育作为支撑,还与历代拜占庭皇帝的支持和推动有直接关系。

拜占庭帝国历代皇帝素有重视法学教育的传统,如查士丁尼一世、利奥三世和瓦西里一世等都精通法学,还亲自参与了多部拜占庭法典的制定。拜占庭对法学教育的重视同样源于古罗马帝国的传统,拜占庭皇帝一直以罗马皇帝自居,对古罗马的所有优秀传统都尽可能地继承和保留。古罗马一贯重视法学教育。古罗马时期,不管是家庭教育阶段还是学校教育阶段,都有专门的法律课程,还有与

---

① 董晓佳:《浅析拜占庭帝国早期阶段皇位继承制度的发展》,《世界历史》2011 年第 2 期。

法律学习相配套的精读、辩论与演讲等课程,一系列的培养方式都严格遵循罗马法的精神和原则。制定于公元前5世纪中期的《十二铜表法》成为孩子们基础的法律教材,很多学童都能熟读这些法律条文,并能解释其含义。罗马人重视法律是其不断扩张领土的结果,为了有效管理多地区、多种族、多语言、多文化的被征服族群,就必须通过严格执行严谨的法律,达到天下统一的政治秩序。拜占庭人继承了民族、文化多元化的罗马传统,因此也沿袭罗马司法传统,特别是大一统的帝国需要统一立法。

西塞罗的教育思想受到古罗马人的大力推崇。西塞罗高度重视法律教育,他曾经说过"在我们祖先的诸多光辉思想中,学习和解释民法知识将会赢得高度的敬仰"①,因为人们将在法律学习中获得乐趣和成就。他认为法律知识在罗马人的生活占据着重要地位,对于雄辩家来说,法律知识的学习是必不可少的。在西塞罗的影响下,罗马的法律从师徒传授模式,提升为专业学科,法学教学也逐渐系统化和理论化。罗马逐渐成为法律教育的中心,许多希腊人慕名前来求学。

古罗马的法学教育传统和西塞罗的法学教育思想对拜占庭帝国产生了极大的影响。拜占庭历代皇帝都对法学教育极为重视,在帝国最高统治者的组织和推动下,拜占庭的法学教育蓬勃发展,不仅教学水平远远超过同时期其他国家,而且出现了几个声名远播的法学教育中心。② 拜占庭皇帝塞奥多西一世时期,曾颁布法令将法学教育全部收归国办,禁止在政府批准的学校以外进行法律教学。塞奥多西二世于425年正式创办了君士坦丁堡大学,由政府聘请教授,并提供教师的薪俸。有30多位教授在君士坦丁堡大学任教,"设有多个教席:包括十个希腊语文法和十个拉丁语文法、五个希腊修辞学和三个拉丁修辞学、两个法学和一个哲学"③。开设的课程包括法学、希腊语、拉丁语、修辞学等,教学方法以讨论为主,讲授为辅,君士坦丁堡大学很快成为拜占庭帝国最重要的学术中心。查士丁尼一世统治时期,更加注重推行法学教育,他要求所有的政府官员、法官和律师必须有

---

① T. E. Page, Litt. D. and W. H. D. Rouse, Litt. D., *Cicero De Officiis*, Book Ⅱ, New York: The Macmillan Co., 1921, p. 18.

② 王小波:《拜占庭帝国法学教育探析》,《华东政法大学学报》2008年第4期。

③ H. W. Haussig, *A History of Byzantine Civilization*, New York: Praeger Publishers, 1971, p. 81.

相关的法学教育学历才能获得任职资格。他还亲自为法律学校的教材《法学阶梯》撰写序言,“凯撒·弗拉维·查士丁尼皇帝……向有志学习法律的青年们致意。皇帝的威严光荣不但依靠兵器,而且须用法律来巩固……你们是这样的光荣,这样的幸运,以至于你们所学到的法律知识,从头至尾,都是你们皇帝亲口传授的”①。他同时规定君士坦丁堡、罗马和贝利图斯三大法律学校的修业年限均为五年,学习内容包括《法学阶梯》(*Institutes*)、《学说汇纂》(*Digest*)和《查士丁尼法典》(*Code*)。

9世纪中期君士坦丁堡大学重建时,法律专业仍是学校开设的主要科目之一。11世纪中期,君士坦丁九世针对当时人们法律知识的贫乏,下令重振法学教育。② “1045年,君士坦丁堡第三大学建立,其目的是培养国家急需的官吏和律师。”③同年,君士坦丁九世还指令,法律学校的图书馆要尽可能地收藏研习法律所必需的全部图书,同时,图书馆还要配备一位勤勉负责的馆长来主持馆务。各个法律学校先后建立了自己的图书馆,极大地推动了法学教育的发展,这也许是欧洲专职图书馆长之滥觞。

拜占庭帝国的学校起初只对出身于中上层社会的孩子开放,阿莱克修斯一世统治时期,学校对所有孩子们开放,不再区分国籍和社会等级,更多的学子们有机会接受法律教育。④ 法学教授待遇都比较高,其薪俸由国家拨付专款,学生也大多免缴学费。从拜占庭皇帝敕令和国家政策的倾斜和支持上,不难看出帝国对法学教育的重视程度。12—14世纪期间,拜占庭的法学教育虽然偶有中断,但是整体仍保持了高水平的发展。学校持续传授法律知识,为国家培养未来的政府官员,拜占庭皇帝仍在积极推动法律学校的建立和法学教育的发展。⑤

历代拜占庭皇帝对法学教育的重视,树立了法律至上的观念,推动了拜占庭法学教育的持续高水平发展,为帝国培养和储备了大量的法律专业人才,其中不

---

① 查士丁尼:《法学总论——法学阶梯》,张企泰译,北京:商务印书馆1989年版,第1页。

② S. Runciman, *Byzantine Civilisation*, p. 79.

③ T. T. Rice, *Everyday Life in Byzantium*, New York: Dorset Press, 1967, p. 200.

④ T. T. Rice, *Everyday Life in Byzantium*, p. 192.

⑤ P. Veyne, *A History of Private Life*, Cambridge: The Belknap Press of Harvard University Press, 1987, p. 558.

乏知名的法学家。而大批法律专业人才和著名法学家们的积极参与,为拜占庭帝国立法活动的顺利推开提供了有力保障,一系列的法学经典得以问世。

除了普及法学教育,拜占庭帝国的立法观念和法典的制定也完全沿袭了古罗马的传统,并随着时代的发展有所改进和创新。古罗马的法律制度是古代西方世界法律制度发展的顶峰,它是罗马文明对西方乃至全人类的杰出贡献,已经成为"当代世界文明的一个因素"。德国著名民法学家耶林认为:"罗马曾三次统一世界,第一次以武力,第二次以宗教,第三次以法律。而这第三次征服也许是其中最为平和、最为持久的征服。"[1]罗马历史上第一部成文法是制定于共和时代(公元前451—公元前450年)的《十二铜表法》,它开创了罗马成文法传统。《十二铜表法》内容广泛、条文明晰,使得审判和量刑皆有法可依,在一定程度上限制了贵族的特权,保护了平民的利益。《十二铜表法》的制定标志着罗马法的诞生,古罗马著名史学家李维称之为"全部罗马公法和私法的渊源"[2]。随着《十二铜表法》的出台,古罗马逐渐形成了崇尚法律的传统,罗马法中渗透的自然法思想,如理性、自由、平等、正义等原则得以确立并流传后世。学习和解释法律知识在当时赢得了高度的敬仰,古罗马开始出现了法学派别,法学教育中也开始编写法学教材,其中盖乌斯(Gaius,约130—180年)所著的《法学阶梯》是至今所知最早的、保存最完整的西方法学专著,后来,拜占庭皇帝查士丁尼组织编撰的同名著作《法学阶梯》就是以此为蓝本。可以说,罗马法始终构成了拜占庭的法律体系和立法观念的基础。

在查士丁尼法典之前,罗马帝国其实已经有过三次编纂法典的努力,出现了三部法典,即《格雷哥里安法典》《赫尔莫杰尼安法典》和《塞奥多西法典》。前两部法典都是私人的作品,内容主要包括自哈德良皇帝到君士坦丁大帝统治时期颁布的一系列法律条文。与前面两部法典不同,第三部法典是由拜占庭皇帝塞奥多西二世下令编纂的,属于第一部官方的法律汇编。《塞奥多西法典》于公元438年颁布,共计16卷,由多位法学家的共同努力编撰完成。它是查士丁尼的《民法大全》出现以前最重要的法律典籍,《塞奥多西法典》为拜占庭帝国的法律制度奠定

---

① 江平、米健:《罗马法基础》,北京:中国政法大学出版社1987年版,第43页。
② 曲可伸:《罗马法原理》,天津:南开大学出版社1988年版,第42页。

了坚实的基础,减少了由于缺乏官方法典作为参考而造成的错误。《塞奥多西法典》在罗马帝国东西部以塞奥多西和瓦伦提尼安两个皇帝的名义同时颁布,重新突出强调了帝国的统一。这部法典为百余年后查士丁尼法典的编制提供了基础。

《塞奥多西法典》颁布后,5 世纪中期,该法典在欧洲地中海世界各地普遍适用。原西罗马帝国疆域即西欧各地区被入侵后,纷纷接受了《塞奥多西法典》的原则,并结合各自原始立法,将其作为自己立法的依据。西哥特王国通行的法典《西哥特罗马法》就是一部《塞奥多西法典》的简缩本。除此之外,东哥特王国的立法也间接受到了《塞奥多西法典》的影响,中世纪早期的诸多日耳曼国家的立法同样受此影响。这部法典在中世纪的西欧各国影响很大,作为权威法典之一而被各国模仿,成为中世纪早期西欧各国认识和了解罗马法的重要文献。除西哥特王国之外,《塞奥多西法典》的原则还间接影响了保加利亚和克罗地亚的中世纪立法。据著名的克罗地亚学者波吉西斯研究,《西哥特罗马法》是在 866 年由罗马教宗尼古拉一世送给保加利亚王伯利斯的。尽管保加利亚人在此后不久就脱离了罗马教廷的控制,转向君士坦丁堡牧首麾下,但是作为罗马法重要法典之一的《塞奥多西法典》在 9 世纪以前,至少在罗马教会、在西欧有着广泛深刻的影响。

527 年,查士丁尼(483—565 年)被拥立为拜占庭帝国的皇帝。查士丁尼决心收复帝国的西部领土和古老的权利,提出了“一个国家、一部法典和一个教会”的治国方略。为此,他一方面重整军备,另一方面致力于编纂罗马法,试图以法制的力量加强国家的整合。查士丁尼统治初期,拜占庭帝国所承袭的罗马法体系已经发展了约 1 300 年,制定成形且具有约束效力的法律条款数量庞大,其中有些条文之间甚至互相矛盾,难免会出现一些滥用法律,以及腐败现象,随着形势的变化,很多条令已经不适合当时的社会背景,毕竟法律也是时代变动的产物。

执政第二年,皇帝查士丁尼特令成立了一个十人组成的罗马法编纂委员会,开始了法典的编订工程。为首的是原宫廷财务大臣特里波尼安,他是极干练的行政官和杰出的法学家。委员会审订自哈德良皇帝(117—138 年)以来 400 多年间罗马历代元老院的决议和皇帝诏令,删除其中已失效和互相矛盾的部分,于 529 年编成《查士丁尼法典》,共 10 卷,这是一部历代皇帝的敕令大全。这部法典的内容多涉公法,包括教会法、刑法、市政团体法以及有关国政、军事和财政的宪令。

《查士丁尼法典》的成功编订极大地鼓舞了查士丁尼皇帝和他的法学家们，他们决定着手编订法学家们的著作。530 年 12 月 15 日，特里波尼安受命组织了一个 16 人的委员会，著名的法律教师塞奥菲鲁斯和多罗西乌斯也在其中。该委员会把历代(尤其是 100—250 年之间)罗马著名法学家的著作及法律解答汇总整理，于 533 年编成《学说汇纂》。此项工作异常艰巨，查士丁尼原计划需要花费十年的时间方可完成这项工作，在优秀的法学家们的共同努力下，只花了三年的时间便提前完成了编纂工作。533 年 12 月，《学说汇纂》编辑完成。为了避免法律文献再次出现相互混淆的情况，在《学说汇纂》颁布之后，查士丁尼颁发谕令，规定不但禁止使用以前的法律，而且还禁止任何人对《学说汇纂》进行解释或摘编，只允许进行希腊文的字面翻译或通过援引书名和索引的方式使其效力得以体现。①

《学说汇纂》的编辑工作尚未完成，查士丁尼又下令编写新的法律教材，因为当时学校所使用的盖乌斯编纂的法学教材内容已经严重滞后，不再适合新形势下学校法学教育的需要。查士丁尼命令特里波尼安等人另外编辑一部教材，以取代盖乌斯的老教材。533 年 11 月，教材编写完成，命名为《法学阶梯》，其内容以阐明法学原理为主。与以往教材不同的是，《法学阶梯》不仅仅是一部学校使用的教科书，它同时也具有法律效力。②《法学阶梯》，又称《法学总论》。“按照查士丁尼皇帝的愿望，一本法律教材编写出之后要在所有的法律院校进行使用，君士坦丁堡大学法律院系的负责人则被授予法律监护人的头衔。”③为突出对这部教科书的重视，查士丁尼皇帝亲自写作序言。这部阐述罗马法原理的法律教科书精简扼要、条理清晰、内容翔实。除此之外，查士丁尼还通过改革法律学校来进一步加强帝国的立法工作。《法学阶梯》共 4 卷，颁于公元 533 年 12 月 21 日，与《学说汇纂》同一天生效。

查士丁尼皇帝死后，法学家们编辑整理了 534 年以后他颁布的法令，名为《新律》，作为《查士丁尼法典》的续编。但是，《新律》使用希腊语而不是拉丁语编写，

---

① 朱塞佩·格罗索:《罗马法史》，黄风译，北京:中国政法大学出版社 1996 年版，第 455 页。

② J. A. S. Evans, *The Age of Justinian: the circumstances of imperial power*, London and New York, 2000, p. 204.

③ T. T. Rice, *Everyday Life in Byzantium*, p. 96.

这是拜占庭帝国开始出现的官方语新变化。《查士丁尼法典》《学说汇纂》《法学阶梯》和《新律》合称为《查士丁尼国法大全》,亦称《查士丁尼罗马民法大全》。古典文化中强大的立法传统至此达到了顶峰,查士丁尼下令编纂的《民法大全》成为此后拜占庭法律的基础。"查士丁尼的胜利所获致的虚衔早已化为尘土,然而他作为立法者的名声却镌刻在一个公正而又持久的纪念物之上。"①

破坏圣像时期,拜占庭皇帝利奥三世和他的儿子君士坦丁五世主持编纂了《法律选编》,并于公元726年颁布。这部法典是用非常简单而且大众化的希腊文写成的,是在新形势下对查士丁尼法典和古罗马历代律令及民间习惯法的简缩、编译和补充。但与查士丁尼的法律不同的是,《法律选编》在很多方面引入了基督教观念。8—9世纪前后,拜占庭帝国出现了另外几部希腊文法典,其中最著名的是《士兵法》《航海法》和《农业法》。这三部重要法律同样在中世纪的拜占庭乃至周边国家发挥了重要作用。

马其顿王朝时期既是拜占庭帝国的黄金时代,又是一个编纂法律的时代。在皇帝瓦西里一世和利奥六世的亲自主持之下,这一时期先后有《法律手册》《法律要点重述》《帝国法典》和《市政官法》等重要法典的编纂。其中,《法律手册》与《法律要点重述》是适合帝国内部法律界实用的重要法律典籍,这两部法学著作体现了瓦西里试图以查士丁尼时代的立法原则、按照社会发展的客观形势恢复和修正古法的努力。《帝国法典》是对查士丁尼法典的改造,是一个经过了更新的法典,实现了瓦西里一世将查士丁尼法典进行希腊化修订的愿望。《市政官法》则是一部非常重要而实用的城市管理法规,其中有很多关于市政管理和商业行情的记载。

皇帝利奥六世统治时期编纂完成了希腊语版的《皇帝法典》,其内容更加系统也更加实用方便,因而很快便"几乎完全取代了《罗马民法大全》,将后者挤出实用领域,成为中世纪拜占庭帝国司法学的基础"②。有学者认为,罗马法第二个发展阶段中最好的希腊文作品就是利奥六世颁行的《皇帝法典》。③

罗曼努斯通过篡位获得皇权, 但是在拜占庭历史上,他的地位不亚于多位杰

---

① 爱德华·吉本:《罗马帝国衰亡史》(第4卷),第229页。
② 戴东雄:《中世纪意大利法学与德国的继受罗马法》,第203页。
③ 巴里·尼古拉:《罗马法概论》,黄风译,北京:法律出版社2000年版,第44页。

出皇帝。[①] 而他展现其高超的治国能力之处,就在于先后颁行了两条关于土地问题的新律以保护贫弱者。一条颁行于922年,另外一条颁行于934年。新律颁行前夕,帝国正和阿拉伯人在米尼特尼展开生死争夺。同时,帝国内部还发生了严重的饥荒和叛乱。有学者认为,罗曼努斯颁行的934年新律是在特殊社会背景下调适社会阶层关系的重要举措,"是土地法的里程碑",因为"它对'权贵'建立了法律上的界定类型,并且使得饥馑之年成为治理出售与转让财产的转折点"[②]。罗曼努斯颁行的新律既和旧法有一脉相承之处,又堵塞了旧法之漏洞,且影响着其继任者。新律对于缓和阶级矛盾,稳定社会秩序,巩固皇权,起到了明显的作用;同时,新律的实施对于打击非法所得,维护国家税收来源,也有一定的积极作用。[③]

拜占庭的立法传统贯穿整个拜占庭帝国历史,几乎每个历史时期都有法律文献问世,这是拜占庭帝国对世界法律文明的伟大贡献。早期拜占庭帝国的立法对同时代的欧洲以及后世的国家产生了不同程度的影响,成为后者立法时的主要模仿对象。

第三节

拜占庭文化与意大利文艺复兴

一 中世纪西欧古典文化的缺失

中世纪早期西方的教育几乎为教会所垄断,学校多由教会开办,教师由教士

---

① R. Jenkins, *Byzantium: The Imperial Centuries (AD 610 – 1071)*, Toronto, Buffalo & London: University of Toronto Press, 1966, p. 241.

② E. Mcgeer, *The Land Legislation of the Macedonian Emperor*, Toronto: Pontifical Institute of Mediaeval Studies, 2000, p. 53.

③ 尹忠海:《论罗曼努斯与934年新律》,《古代文明》2008年第4期。

充任或者由教会委任。[①] “教会学校一直存在了许多世纪……而且在后来的几个世纪里它继续保持了在教育方面的统治。”[②]教会学校的主要目的是培养神职人员，它的所有教学活动都是围绕着宗教宣传展开的。教会学校传授的主要是神学知识，以圣经为主，通行的教材是《教理问答》(*Catechism*)。当然，教会学校也教给学生基本的读、写、算和“七艺”，不过这不是为了在日常生活中使用，而是为以后阅读、抄写圣经和计算宗教节日做准备。所谓的“七艺”也都是为宗教活动服务的，譬如，学生们学习文法是为了更好地理解圣经，学习修辞学的目的在于提高宣传基督教教义的表达能力，学习几何是因为几何知识可以用来设计和绘制教堂建筑的图样。同样，学习音乐则是为了宗教仪式中的乐器演奏和赞美诗演唱等。难怪西方教育史专家拉什达尔声称，“教会学校的学生几乎无法学到真正的科学知识”[③]。

天主教会不仅垄断了教育，而且推行愚民政策。圣保罗曾经说过：“世俗的智慧只是愚昧，我们只颂扬受难的基督。”另一位颇具影响力的早期基督教作家德尔图良(Tertullian，约160—220年)也认为：“自从有了耶稣，我们不再需要好奇心；自从有了《福音书》，我们不再需要探求究竟，基督徒将在圣经中找到他们所需要的全部智慧。”[④]在这种政策的指导下，中世纪西欧世俗社会的文化知识极其贫乏，即使是社会的上层阶级，如骑士、国王等通常都很无知，目不识丁，有些骑士甚至不会签名，德意志皇帝亨利四世(1050—1106年)曾因为会阅读信件而倍受称赞。处于统治地位的社会上层的文化水平尚且如此，更不必说一般的下层民众，能够读、写拉丁文逐渐成为区分教士和俗人的重要标准。一位学者曾经描述过11世纪中叶西方的教育状况，“教师奇缺，以至于在乡村几乎找不到教师，在城市也很少碰到。即使偶尔能发现一两个，他们的知识也如此贫乏，甚至不能与现在

---

① W. 博伊德、A. 金：《西方教育史》，任宝详、吴元训译，北京：人民教育出版社1985年版，第99页。

② J. Oakland, *British Civilization, An Introduction*, fourth edition, London & New York: Routledge, 1998, p. 243.

③ Frances & Joseph Gies, *Daily Life in Medieval Times: A Vivid, Detaild Account of Brith Marriage and Death, Clothing and Housing, Love and Labour in Europe of the Middle Age*, New York: Black Dog & Leventhal Publishers, 1999, p. 310.

④ 约翰·巴克勒、贝内特·希尔、约翰·麦凯：《西方社会史》第一卷，霍文利等译，桂林：广西师范大学出版社2005年版，第305页。

的巡游学者相比。”[1]

中世纪西方的教育受教会控制,文化水平相对比较落后,但是拉丁古典文化在西欧从未中断过,拉丁语一直是中世纪西方宗教生活和世俗生活中通用的语言。在中世纪西方,法律文书的起草、政府文件的签署、商务档案的整理、账簿的记载、学校的教育、药方的处理等也普遍使用拉丁语。可以说,拉丁文既是宗教、外交、商业、文化教育中的通用文字,也是日常生活中普遍应用的文字,“拉丁文一直是处理公务或从事专业工作的一个必要的条件”。古典拉丁作品在修道院图书馆中或多或少仍可以看到。修道院作为中世纪西方主要的知识中心,自6世纪起,就形成了教士抄书的传统,此后历代以抄写手稿为生的大批教士们为修道院积累了一定数量的古代手稿,这使得修道院能够维持一个图书馆的存在。[2] 当时,修道院图书馆不仅藏有宗教典籍,还藏有世俗文化典籍,主要是拉丁文书籍,本尼狄克特修道院图书馆就藏有一些法学论著,以及维吉尔、特伦西、贺拉斯、奥维德等古罗马作家的古典著作。[3]

古典拉丁作家并没有完全被遗忘。中世纪西方人最熟悉的拉丁作家莫过于维吉尔,维吉尔被视为古典学问的代表、最伟大的诗人、文明的化身,但丁认为他是“曼图亚的谦恭的灵魂,只要世界存在,他的名声就存在”。就像圣经中的《诗篇》是学生们学习的第一本书那样,奥维德的作品是他们阅读的第一本古典著作。[4] 在所有的拉丁散文作家中,西塞罗最为中世纪西方人所推崇,他被称为“雄辩术之王”,不过,西塞罗的著作更多地被中世纪西欧人崇拜而不是阅读。塞内加被视为伦理学家和科学家的典范,他的《书信》(*Letters*)和《自然问题》(*Natural Questions*)经常被引用,他的谚语和箴言也流传甚广。昆体良(Quintilian)仍被视为修辞学教育的权威,普林尼的《自然史》(*Natural History*)也吸引着人们的注意力,流传至今的关于特伦西、贺拉斯作品的评注也说明中世纪西欧人对他们并不

---

① 菲利普·沃尔夫:《欧洲的觉醒》,郑宇建、顾犇译,北京:商务印书馆1990年版,第207页。

② 程德林:《西欧中世纪后期知识传播的途径》,见刘新成主编:《西欧中世纪社会史研究》,北京:人民出版社2006年版,第446页。

③ P. Wolff, *The Awakening of Europe*, Harmondsworth: Penguin Books, 1985, p. 155.

④ C. G. Crump & E. F. Jacob ed., *The Legacy of the Middlie Ages*, Oxford: Clarendon Press, 1926, p. 269.

陌生。①

中世纪西欧对古罗马文化的认识虽然不够全面,但总算有所了解。然而,对于希腊文化西欧人却知之甚少,除了说希腊语的南意大利和西西里地区以外,西欧各图书馆里几乎没有希腊文的书籍,懂希腊语的学者也很有限。12世纪前,西欧人几乎不懂希腊文,除了偶尔见到一个术语、一张字母表、一系列荣誉年号之外,中世纪西欧很少有希腊文的痕迹。希腊词语也变成毫无意义的符号,被中世纪西欧的抄写员删掉,仅用一个词汇“grecum”代替。即使是12世纪的知名学者对于古希腊著作也不是很熟悉,索尔兹伯里的约翰就从不引用任何一个希腊作家的著作,除非有拉丁文译本。②

中世纪早期,希腊著作很少被翻译成拉丁文,只是出于宗教目的,9世纪以后,个别古希腊著作的拉丁译本才开始出现。伪狄奥尼修斯(the Pseudo-Dionysius)的著作在9世纪时被译成拉丁文,11世纪时,又有一些圣徒传记文学的拉丁译本出现在阿马尔菲(Amalfi)和那不勒斯。12世纪时,一些希腊哲学、神学和医学著作被翻译成拉丁文,其中包括亚里士多德的《新逻辑》、瓦西里(Basil)、克里索斯托(Chrysostom)和大马士革的约翰(John of Damascus)等神学家的著作,还有古希腊医学家希波克拉底的《箴言论》(*Aphorisms*)和盖伦的著作。12世纪后半期,托勒密的《天文集》和亚里士多德的各种著作在西方重现,它们的拉丁译本由阿拉伯语译文转译而来。③

从整体上看,14世纪以前,希腊著作的拉丁文译本一方面是翻译质量不高,在文法和语言上存在很多问题,另一方面在内容上有很大的局限性,多集中于希腊神学、实用科技领域,在哲学方面仅限于于亚里士多德的著作,其他的古希腊哲学家的作品则很少出现,至于古希腊诗人、演说家、历史学家的作品更是被忽略不计。

由于不懂希腊语,缺乏接触古希腊著作的机会,所以直到文艺复兴早期,意大

---

① 查尔斯·霍默·哈斯金斯:《12世纪的文艺复兴》,夏继果译,第80—86页。

② C. H. Haskins, *The Renaissance of the Twelfth Century*, Cambridge, Mass: Harvard University Press, 1971, p. 280.

③ N. G. Wilson, *From Byzantium to Italy*, London: Duckworth, 1992, p. 1.

利人的古希腊文化知识仍相当缺乏。费拉拉的大公(Pace of Ferrara)(1299—1317在位)可能根本就没有学过希腊语,他竟然把荷马的《伊利亚特》(*Iliad*)和《奥德赛》(*Odyssey*)当作希腊戏剧家索福克勒斯(Sophocles)的作品。13世纪末14世纪初,帕多瓦的一位知名人士因为拥有一份普鲁塔克的《摩里亚》(*Moralia*)的手抄本而自豪,而这个抄本来自拜占庭,是由拜占庭帕列奥列格文化复兴时期著名学者马克西姆斯·普拉努德斯(Maximus Planudes)抄写的,1296年,普拉努德斯作为外交使节到过威尼斯。

11世纪时,中世纪大学应运而生,早期大学的科学研究刚刚起步,“学生求知的渴望甚于教师教学的渴望”[①],但是由于缺乏古典文化知识,西方人只能从现有的拉丁文著作和希腊文著作中获取诸如修辞、法律、逻辑和医学等专门学科的知识。[②] 此前,在11世纪中期到13世纪末的翻译运动期间,希腊哲学家亚里士多德、希腊数学家欧几里德和托勒密等、希腊医学家盖伦和希波克拉底[③]等人著作的拉丁译本已经重现于西方。但是,它们大多是从阿拉伯语转译而来,错误百出。因此,大学的“全部课程都依靠拉丁语译文的古典课本,主要的是亚里士多德的著作。在数学和天文学方面,学生们阅读欧几里德和托勒密的拉丁语译本。在医学方面,学生们阅读古代世界两位著名的医学家希波克拉底和盖伦的著作”[④]。

二　意大利文艺复兴的文化渊源

拜占庭文化通过拜占庭帝国在意大利的属地对西欧产生深远影响,也是拜占庭文化能够传续至今的重要因素。中古早期,意大利南部和东部长期处于拜占庭帝国的势力范围,6世纪,拜占庭军队征服东哥特王国后,拜占庭居民大量涌入南

---

① H. Rashdall, *The Universities of Europe in the Middle Ages*, Vol. 3, London: Oxford University Press, 1936, p. 452.

② R. R. Bolgar, *The Classical Heritage and Its Beneficiaries*, Cambridge: Cambridge University Press, 1958, p. 200.

③ Hippocrates:公元前469—前389年,希腊医学家,被西方医学界尊为“医学之祖”。

④ 马文·佩里主编:《西方文明史》,胡万里等译,北京:商务印书馆1993年版,第321页。

意大利,希腊语和拜占庭文化的各种因素也随之进入该地区。9世纪以后,在上述地区出现拜占庭文化传播的高潮,与西西里出现的阿拉伯人翻译古典文化作品的热潮相呼应,促进西欧人对古代光辉文化有了更多的了解。

总体上看,中世纪期间意大利人和拜占庭人的经济交往多于文化交流。① 十字军战争,尤其是第四次十字军战争虽然给拜占庭造成了严重破坏,阻碍了拜占庭帝国的发展,但是在客观上却加强了拜占庭与西欧(包括意大利)的文化交往。第四次十字军战争前后,拜占庭文化再次出现西传的高潮。意大利人目睹了拜占庭的高度繁荣,见证了拜占庭的文化魅力。“那些未曾见到过(君士坦丁堡)的人,难以相信世界上竟有如此富丽的城市。当他们看到高大的城墙和城楼,看到豪华的宫殿和高耸的教堂,看到城市的长度和宽度时,无不为之悚然惊骇;城墙和城楼用于围城;宫殿和教堂如此之多,若不是亲眼看见简直令人难以置信;城市的长度之长,宽度之宽是其他所有城市无法比拟的。毫不奇怪,他们都吓呆了;料想不到,自世界创造以来,人类竟从事过如此巨大的事业。”②

拜占庭的许多古代珍宝遭受十字军的洗劫和破坏,意大利人也趁机掠走了一些拜占庭的艺术品,装饰赛马场的古代雕刻被运往威尼斯,放置在玛尔卡教堂的大门外,拜占庭的玻璃制造工艺也于第四次十字军战争期间传至意大利,威尼斯的玻璃制造工艺由此开始兴盛。③ 1296年,拜占庭学者马克西姆斯·普拉努德斯(Maximus Planudes)作为拜占庭皇帝的大使出现在威尼斯。他对威尼斯产生了多大影响还不好估计,但后人知道他曾将包括奥维德(Ovid)、马克罗比乌斯(Macrobius)、奥古斯丁(Augustine)、波埃修(Boethius)等人在内的许多拉丁著作翻译成希腊语。④

尽管拜占庭与意大利的社会交往早已开始,但是,拜占庭文化对意大利更为

---

① D. Baker ed., *Relations between East and West in the Middle Ages*, New York: Routledge, 2017, p.90. 同时见詹姆斯·布赖斯:《神圣罗马帝国》,孙秉莹、谢德风、赵世瑜译,北京:商务印书馆2016年版,第296页。

② 考契、梅尔哈德·德·拉编:《瓦朗西安的维莱哈杜茵和亨利的编年史,征服君士坦丁堡》,第63—64页,转引自斯塔夫里阿诺斯:《全球通史——1500年以前的世界》,吴象婴、梁赤民译,上海:上海社会科学院出版社1999年版,第461页。

③ 解素蔚:《拜占庭文化及其对西欧文艺复兴的影响》,《江西师范大学学报》(哲社版)1987年第4期,第168页。

④ E. B. Fryde, *The Early Palaeologan Renaissance 1261 – 1360*, p.226.

深刻的影响却是在14世纪以后。[1] 14世纪时,拜占庭与意大利在政治、商业和文化等各个方面的联系都比较紧密。[2] 拜占庭文化西传的最后一次高潮出现在14世纪以后,这次高潮出现的原因是奥斯曼土耳其军队在巴尔干半岛的扩张引起地区性局势动荡,使大批拜占庭学者工匠移居西欧,直接促进拜占庭文化在西欧地区的传播,推动意大利崇尚古典文化热潮的形成。拜占庭文化对意大利文艺复兴的这种直接和间接的影响意义极为深远。当西欧早期资产阶级发动新文化运动时,拜占庭国家正遭到奥斯曼土耳其军队进攻走向灭亡,大批报国无望的知识分子不堪忍受异教的压迫和动乱形势的骚扰,纷纷逃亡到意大利,他们以深厚的古典文化功底和情趣影响着意大利人文主义者,推动文艺复兴运动的展开。[3]

1438—1439年召开的费拉拉—佛罗伦萨会议,不仅仅是一次东西方宗教大会,更是一场东西方文化交往的盛会,拜占庭和意大利学者都从中获益匪浅。当会议地址转向佛罗伦萨时,佛罗伦萨城一时间成为东西方两种不同语言文化的交汇地,年轻的佛罗伦萨学者们第一次看到来自拜占庭的学者,尽管他们对这些希腊人的长胡子和浓密的头发有些看不惯,但是不得不承认这是一群有智慧的希腊人,希腊人的确保留了古典学园讲学的传统。[4]

1439年出席佛罗伦萨会议的拜占庭代表,给西方的希腊学术发展以强有力的推动作用,直接影响了西方的柏拉图哲学和新柏拉图主义的复兴。在这次会议上,拜占庭学者普里松向佛罗伦萨人陈述了柏拉图的哲学思想,他的才学征服了当时的佛罗伦萨统治者科西莫·美第奇,美第奇称他为第二个柏拉图。意大利柏拉图学园的代表人物马尔西利奥·菲奇诺(Marsilio Ficino)多年以后谈及此事,还说"普里松热情、生动地讲解深深打动了科西莫·美第奇,那时候美第奇的头脑中已经有了重建柏拉图学园的想法"[5]。

---

① 徐家玲:《拜占庭与西方世界的文化联系》,《河南大学学报》(社科版)2001年第2期,第101页。

② A. E. Laiou, "Italy and the Italians in the Political Geography of the Byzantines 14th Century," *Dumbarton Oaks Papers*, vol. 49 (1995), p. 73.

③ 南开大学张俊芳博士的毕业论文《14—16世纪拜占庭学者与意大利文艺复兴关系研究》就深入探讨了相关问题,见"中国博士学位论文全文数据库"。

④ J. E. Sandys, *A History of Classical Scholarship*, vol. Ⅱ, Bristol: Thoemmes Press, 1998, p. 59.

⑤ P. O. Kristeller, "The Platonic Academy of Florence," *Renaissance News*, vol. 14, No. 3 (1961), p. 150.

意大利人从拜占庭学者那里知道了柏拉图哲学,而拜占庭学者则被意大利的文明程度所震惊。长期以来,拜占庭学者大多不了解拉丁文化,甚至有意忽视拉丁文化,他们认为拉丁文化劣于希腊文化,尤其是诗歌方面。[①] 塞奥多利・梅托契特斯(Theodore Metochites)和他的学生尼基弗鲁斯・格里高拉斯(Nikephoros Gregoras)是14世纪早期复兴希腊学问的两位拜占庭名家,他们和意大利"早期人文主义三杰"之一的但丁同时代,但从未听说过但丁,他们既不懂拉丁语,也不愿意学,认为完全没有必要。[②] 然而,这次大会之后不久,1444年曾是代表团成员的贝萨隆特地写信告诉拜占庭的年轻人,希望他们能够到意大利学习机械、轮船制造等西方先进技术。拜占庭法官乔治・斯科拉里奥斯(George Scholarios)也说过:"以前被我们看作野蛮人的意大利人,现在不仅把注意力转向了艺术而且还创造了新的知识体系。"[③]从这两位与会代表的言谈之中,我们不难看出拜占庭人对拉丁文化的态度发生了明显的转变。

更重要的是,由700人组成的拜占庭代表团在佛罗伦萨停留了一年半,其间,意大利人对会议代表的热情以及对拜占庭文化的欣赏,给代表团成员留下了深刻的印象。事实上,这也是以后许多拜占庭学者返回意大利永久定居的原因之一,1438—1439年费拉拉—佛罗伦萨宗教会议之后,西迁的拜占庭学者人数明显增多。既是会议代表,又返回意大利定居的拜占庭学者中最著名的当数贝萨隆,贝萨隆是新柏拉图主义者普里松(Gemistos Pletho)的学生,移居意大利后成为罗马教会的红衣主教。除了抓住一切机会劝说教宗尼古拉五世(Nicholas Ⅴ)拯救君士坦丁堡之外,他还积极推动意大利的古典文化复兴,庇护拜占庭流亡学者。在他和教宗尼古拉五世的共同扶持下,罗马的知识界首次出现希腊文化复兴的热潮。[④]

从15世纪初到拜占庭帝国末期甚至土耳其统治时期,前往君士坦丁堡和其他东部城市游学的意大利人文主义者络绎不绝,其中包括那个时代最杰出的希腊

① E. B. Fryde, *The Early Palaeologan Renaissance 1261 – 1360*, p. 389.
② D. Baker ed., *Relations Between East and West in the Middle Ages*, p. 8.
③ D. J. Geanakoplos, *Constantinople and the West*, p. 93.
④ Weiss, *Learning and Education in Western Europe*, vol. Ⅰ, p. 95.

学专家,如意大利商人兼学者奥利斯帕(Aurispa)、陶泰利(Tortelli)、弗朗西斯科·菲勒尔佛(Francesco Filelfo)等人。他们学成返乡时,不仅带回了大量重要的希腊手稿,而且将拜占庭的学术传统也带回了意大利。他们的拜占庭老师教给他们的不只是有别于口语的古典希腊语,还包括翻译古典文本的拜占庭传统方法,至于学生们需要阅读和学习哪些古典作家的作品,也是按照拜占庭学校教育的传统来选择和确定。这些拜占庭学术传统被意大利学生传递到西方的学校教育中,影响了文艺复兴时期意大利人文主义者的希腊研究甚至拉丁研究。

一些意大利人甚至利用在东方工作的机会学习希腊文化知识,其中最为典型的就是菲勒尔佛。1420年至1427年,他随威尼斯使团到达君士坦丁堡,其间做过拜占庭皇帝的秘书,娶了拜占庭妻子后,菲勒尔佛长期定居君士坦丁堡,至君士坦丁堡陷落时,他已在拜占庭居住了近30年。他对拜占庭的古典语言文化传统极为推崇,他说:"那些粗俗的语言受到人们的摈弃,也受到每天与城中居民混处的大批外国人和商人的污染。我们接受的是含义那样模糊、精神那样贫乏的亚里士多德和柏拉图式的拉丁语。但是希腊人摆脱了这种污染,他们才是值得我们效仿的对象。在他们的日常对话中,他们仍然使用阿里斯托芬和欧里庇德斯的语言,使用雅典历史学家和哲学家的语言;他们的写作风格也仍然更为精确和整洁。那些因为出身和职位关系与拜占庭宫廷有关系的人仍然保持着古代语言的高雅和纯正。"①

后来,菲勒尔佛成为少数几个能用古希腊文写作的意大利人文主义者之一,菲勒尔佛在希腊学问上日益增长的名望,促使威尼斯著名的贵斯亭尼安尼(Giustiniani)家族把他召回威尼斯。② 在威尼斯教了一段时间学生后,他又来到希腊研究的中心佛罗伦萨,在那里,他获得了赫里索洛拉斯曾担任过的希腊语教职。

与此同时,拜占庭学者也开始学习拉丁语以便能够翻译奥古斯丁(Augustine)、波埃修(Boethius)③、托马斯·阿奎那(Thomas Aquinas)等人的著作。拜占

① E. Gibbon, *The History of the Decline and Fall of the Rome Empire*, London: Methuen&Co., 1906, vol. Ⅶ, p. 115.

② P. O. Kristeller, *Renaissance Thought and Its Sources*, New York: Columbia University Press, 2010, p. 143.

③ 波埃修(480—524年),罗马神学家、政治家、哲学家和翻译家,在监狱中写成名著《哲学的慰藉》。详见谭载喜:《西方翻译简史》,北京:商务印书馆2004年版,第34页。

庭帝国晚期的一些学者经常到西欧游学，从帕列奥列格王朝时期著名学者卡那努斯和杜卡斯对西方民族和民俗的历史记载中，我们可以看出拜占庭学者对西方文化同样有兴趣。拜占庭的学者兼主教西蒙·阿图曼诺(Simon Atumano)1373年被授予威尼斯市民荣誉，当时，他已经开始编写那本三种文字对照的圣经。比西蒙影响更大的是他的朋友著名的拜占庭学者、宫廷政要迪米特里·塞多尼斯(Demetrius Cydones)，塞多尼斯曾翻译过大量拉丁文的神学著作，其中包括天主教神学家托马斯·阿奎那的作品。在威尼斯居住一年后，他也被授予威尼斯市民荣誉，这一称号标志着意大利人对外国人的高度尊敬。尽管他获得这一称号主要是出于政治需要，因为威尼斯希望和拜占庭政府搞好关系，但威尼斯对他的学术成就的肯定也占有很大因素。1397年，塞多尼斯作为赫里索洛拉斯的陪同人员再次来到威尼斯。尤为重要的是，塞多尼斯保存了大量与同时代杰出人物来往的书信，其中包括意大利人文主义者科卢乔·萨卢塔蒂(Coluccio Salutati)的来信。[①] 这些书信证实了拜占庭学者与意大利人文主义者之间的文化交往。

三　拜占庭学者的西迁

晚期拜占庭帝国最大的外部威胁来自东南方的奥斯曼土耳其人，他们从小亚细亚向巴尔干半岛逼近。[②] 奥斯曼王朝的祖先是土库曼卡依(Kayi)部落的首领苏莱曼·沙赫(Suleyman Sah)，12世纪晚期他们统治着伊朗东北部的马罕地区。13世纪早期，为了躲避蒙古人的西侵，土库曼卡依部落从中亚迁徙到小亚细亚。苏莱曼·沙赫的儿子埃尔托格鲁尔(Ertugrul)奠定了奥斯曼王朝的基础，他从塞尔柱突厥苏丹那里得到了位于安纳托利亚西部边境和弗里吉亚北部的小块土地，和拜占庭在小亚细亚的比提尼亚省相邻。[③] 埃尔托格鲁尔的儿子奥斯曼一世(Osman Ⅰ，1280—1324年在位)开创了奥斯曼王朝，并以他的名字命名他统治下

① A. A. Vasiliev, *History of the Byzantine Empire 324 – 1453*, Vol. Ⅱ, p. 696.

② N. Donald, *Church and Society in the Last Centuries of Byzantium*, Cambridge: Cambridge University Press, 1979, p. 16.

③ 黄维民：《中东国家通史·土耳其卷》，北京：商务印书馆2002年版，第49页。

的土耳其人,从那时起,他们被称为奥斯曼土耳其人。[①] 13世纪末,乘塞尔柱突厥人衰亡之际,奥斯曼一世占领了埃斯基谢希尔要塞和卡拉贾希萨尔要塞,控制了从安纳托利亚高原通向比提尼亚平原的要道,接着,奥斯曼一世开始了他的扩张活动,其首要攻击目标就是拜占庭在小亚细亚的领土。

拜占庭帝国内部的极度虚弱和军事防御体系的瓦解给奥斯曼土耳其人以可乘之机,拜占庭帝国自12世纪军区制瓦解之后,军事防御能力下降。14世纪初,奥斯曼土耳其人开始逐步征服小亚细亚的核心地区。1308年土耳其人占领了以弗所(Ephesus),1326年布尔萨(Bursa)失守,土耳其人在布尔萨建立了他们的第一个都城。占领布尔萨对奥斯曼土耳其人具有重要意义,他们确立了首都、边界,成为一个真正的国家,实现了从游牧生活向农耕生活的转变。土耳其人还制订了一套行政管理制度,组建了用于保卫和扩展领土的常备军,而后,他们的军队经常作为雇佣军前往君士坦丁堡和色雷斯地区。

拜占庭也曾试图阻止奥斯曼土耳其在小亚细亚地区的扩展,1329年,拜占庭皇帝安德罗尼库斯三世(Andronikos Ⅲ, 1328—1341年在位)派遣了一支2 000人的军队抗击土耳其人的进攻,结果无功而返,1331年,尼西亚(Nicaea)落入奥斯曼土耳其人的控制。[②]

到了1337年,拜占庭帝国在小亚细亚地区最重要的三个城市:尼西亚、布鲁萨(Brusa)和尼科美底亚全部落入土耳其人之手。1341年,当拜占庭皇帝安德罗尼库斯三世去世时,奥斯曼土耳其人已经控制了黑海、马尔马拉海和爱琴海沿岸的小亚细亚西北部地区,成为小亚细亚地区真正的主人。[③] 但是,土耳其人并不满足于征服小亚细亚大部分地区,他们企图继续侵占拜占庭的欧洲领土,即使在拜占庭首都君士坦丁堡也能感受到这种威胁。

自14世纪80年代起,拜占庭人已开始往克里特岛逃难。因为在这里他们不仅可以受到威尼斯的保护,而且可以在一个完全希腊化的环境中继续保持他们的

---

① 斯坦福·肖:《奥斯曼帝国》,第22页。

② 乔治·奥斯特洛格尔斯基:《拜占廷帝国》,第427页。

③ D. J. Geanakoplos, *Medieval Western Civilization and the Byzantine and Islamic Worlds*, Lexington, Mass: D. C. Heath, 1979, p. 376.

生活习惯。至君士坦丁堡陷落以后,逃难者数量更是急增,仅以逃亡艺术家为例,14世纪时,逃往克里特岛的拜占庭圣像画家有28人,到15世纪是128人,至16世纪达到160人。[①] 当时,克里特岛是土耳其控制之外的希腊语地区之一,拜占庭和前拜占庭地区的大量逃亡者的涌入使克里特岛成为旧拜占庭世界的希腊文化的中心。这些逃往克里特岛的拜占庭学者中,比较著名的有前面提到过的特拉比宗的乔治,他出生于克里特岛,其父母14世纪末逃到该岛。还有来自君士坦丁堡的米哈伊尔·阿堡斯陶利斯(Michael Apostolis),1453年后他逃到克里特岛成为一位抄写员。著名的雅鲁斯·拉斯卡利斯(Janus Lascaris)也在逃亡之列,他父亲塞奥多利(Theodore)于1453年从君士坦丁堡逃到克里特岛,受到了威尼斯长官托马斯·塞尔索(Thomas Celso)的热情款待,后来被贝萨隆召到威尼斯为年轻人讲授希腊语。[②]

拜占庭逃亡学者到达克里特岛后所能从事的职业,自然与文化教育有关,主要是教学和抄写手稿。由于逃难者的不断增多,加之,克里特岛缺乏高等教育机构,那些有才学、有抱负的拜占庭学者难以找到合适的职位,迫于生计,他们只能勉强做家庭教师或者沦为抄写员。

随着文艺复兴运动的发展,意大利对古典文化的渴求与日俱增,古代手稿交易成为一项有利可图的贸易。威尼斯贵族通常充当这些抄写员的赞助人,他们在克里特岛寻找抄写员,如乔治男爵在克里特岛出钱请人抄写修昔底德的手稿。著名的人文主义者弗朗西斯科·巴尔巴罗和马可·里堡曼诺(Marco Lipomano)、法学家坎迪亚的公爵(Duke of Candia)请人抄写琉善和亚里士多德的作品,[③]克里特岛逐渐成为古代手稿抄写和古物交易的中心,在全欧洲名声远播。但是,克里特岛的抄写员只是为了获取商业利益,他们的抄写通常杂乱无章,有的选自一个手稿,有的选自几个手稿。尽管如此,他们的抄写对于保存古代著作仍具有难以估量的价值。最著名的抄写员是出生于君士坦丁堡的米哈伊尔·阿堡斯陶利斯

---

① T. G. Peterson, "The Icon as Cultural Presence after 1453," *The Byzantine Tradition after the Fall of Constantinople*, ed. John J. Yiannias, Charlottesville and London: University Press of Virginia, 1991, pp. 154-155.

② D. J. Geanakoplos, *Greek Scholars In Venice*, Massachusetts: Harvard University Press, 1962, p. 49.

③ D. J. Geanakoplos, *Greek Scholars in Venice*, p. 50.

(Michael Apostolis),他在克里特岛的干地亚(Candia)创建了一所专门培养抄写员的学校,现存于欧洲各大图书馆的大量古代手稿上都有他的签名。[①] 相比而言,伯罗奔尼撒半岛西部的米斯特拉是更重要的文化中心,那里的拜占庭古籍文本质量更高,因为众多末代拜占庭文人学者集聚于此地的修道院,深入研究古代的学问。

鉴于克里特岛上生存环境的艰难,很多拜占庭流亡学者选择继续向西方迁徙,意大利成为他们的首选地。首先,因为克里特和米斯特拉与意大利地理位置较近;其次,拜占庭人对意大利相对比较熟悉,早在几个世纪之前,拜占庭就已与意大利展开贸易和文化交往;再其次,也是很现实的原因,即意大利为拜占庭流亡学者提供了很多教学谋生的机会,他们可以为富有的赞助人收集、抄写古代手稿,也可以在意大利的学校担任教师,还可以到意大利新开办的希腊语出版社中做编辑。

意大利的希腊文化复兴,吸引着越来越多来自克里特岛和其他地区的希腊学者。对拜占庭逃亡学者来说,做教师、翻译家或者编辑比抄写员更富有挑战性。另外,由于出版业的发展,古典文献的印刷版大量出现,并且印刷品的价格较之手抄本明显便宜很多,所以,意大利人对价格昂贵的手稿的需求随之降低。这样,原本在克里特岛依靠抄写为生的拜占庭流亡学者的生存环境更加恶劣,就业机会更加紧缺,因此,大批逃往克里特岛的拜占庭学者开始从威尼斯登陆意大利寻求新的发展机会。事实上,扎卡里亚·考里尔基斯(Zacharias Calliergis)在威尼斯建立的出版社雇用的员工都是来自克里特岛的拜占庭学者。

进入意大利以后,拜占庭流亡学者大多聚集在佛罗伦萨、罗马和威尼斯,这样,在意大利形成了拜占庭流亡学者的三个聚集地,在拜占庭流亡学者的推动下,这三个城市先后成为文艺复兴时期意大利的希腊文化研究中心,其中威尼斯最为突出。[②] 文艺复兴时期,移居意大利的拜占庭流亡学者总是直接或者间接地受到威尼斯的希腊侨居地的影响。威尼斯地处亚德里亚海顶端,位于地中海东西两半

① D. J. Geanakoplos, *Byzantine East and Latin West: Two Worlds of Christendom in Middle Ages and Renaissance*, New York: Harper Torchbooks, 1966, p. 143.

② 张俊芳:《试析意大利的拜占庭流亡学者聚集地》,《历史教学》2012年第22期。

之间，很早就起着拜占庭东方和拉丁西方之间的媒介作用。

威尼斯对外来文化具有很强的接纳、包容能力。早在9世纪就有拜占庭商人在威尼斯定居，到了12世纪，随着威尼斯人在拜占庭首都君士坦丁堡建立的商业殖民地的发展，拜占庭与威尼斯的交往日益频繁，两地居民之间经常通婚。威尼斯人不仅习惯于拜占庭人的穿着，还采用他们的称呼和仪式，在威尼斯方言中也出现了希腊词汇，很多拜占庭商人、技术工人和外交官也在威尼斯定居。第四次十字军战争以后，西迁的拜占庭人增多，但是拜占庭人向西方真正大规模地移民，始于君士坦丁堡陷落之前的半个世纪。起初，到达威尼斯的希腊侨民来自君士坦丁堡和莫利亚(Morea)地区，随后，由于克里特岛的生存压力过大，来自克里特岛的逃亡者逐渐增多。此外，还有来自威尼斯东方领地，如科孚岛、[①]爱琴海诸岛、塞浦路斯岛、伯罗奔尼撒等地的逃亡者。

逃往威尼斯的拜占庭人包括学者、商人、艺术家、水手、士兵、船主、裁缝、工匠等，通常学者们从事的都是翻译、教学、编辑等工作，而其他人大多是干一些体力活。从东方源源不断进入威尼斯的拜占庭逃亡者最终形成了一个希腊社区，所有逃亡的拜占庭人在威尼斯的希腊侨居地就像置身于他们自己的家乡，因为这里保持着东方的拜占庭生活习惯和宗教信仰，他们能够从中获得一种安全感、归属感，因此，他们把威尼斯视为自己的第二故乡。对于大多数拜占庭逃亡者来说，尤其是定居意大利的拜占庭逃亡者，威尼斯的希腊侨居地一直起着替代其家乡的作用。

希腊侨居地位于威尼斯的中心地带，分布在几个著名教堂的周围，如圣乔治教堂等。15世纪时，威尼斯的希腊侨民数量快速增加，1478年，希腊侨居地的人口总数为4 000多人，1509年，威尼斯的居民总数不超过11万人。随着土耳其人的不断扩张，和希腊人口的大量涌入，到1580年威尼斯的希腊侨民多达15 000人。[②]

宗教问题贯穿于威尼斯的希腊侨居地的发展之中。移居威尼斯的希腊侨民

---

① 科孚岛：位于伊奥尼亚海中的一个岛，自古就是希腊与意大利的交通要道。

② Th. G. Peterson, "The Icon as Cultural Presence after 1453," *The Byzantine Tradition after the Fall of Constantinople*, ed. John J. Yiannias, p. 155.

一直没有宗教自主权,然而,拜占庭帝国灭亡后,逃往意大利的拜占庭人把固守东正教信仰视为保持希腊民族传统的象征。为了获得宗教自由,希腊侨民进行了长期不懈的斗争。1494年11月28日,希腊侨民终于被获准建立"希腊人兄弟会"(Brotherhood of Greeks),尽管规定成员不准超过250人,并且不准妇人和儿童加入,但它还是标志着希腊侨民的第一个正式组织的确立,希腊侨民获得了威尼斯政府的认可,这一点十分重要。① 1539年,著名的圣乔治·德·葛力西(San Giorgio dei Greci)教堂在意大利动工,该教堂的建设费时34年,耗资15 000杜卡特。② 它凝聚了所有希腊侨民的心血,侨居地的希腊人不分男女老幼,或亲自参与工程建设,或贡献出从拜占庭带来的圣像等装饰品。圣乔治教堂不仅是西方最早的希腊教堂之一,更是拜占庭帝国灭亡后拜占庭人在西方保留希腊身份的重要象征。

如果说威尼斯的拉丁古典文化研究是由帕多瓦大学开始的,那么它的希腊古典文化研究兴趣则与存在于威尼斯的希腊侨居地有一定的关系。在与希腊侨民的长期交往中,威尼斯人亲身感受到希腊拜占庭文化的魅力,受其影响,威尼斯人最终把研究兴趣转向了希腊文化。著名的威尼斯红衣主教皮耶罗·本博(Pietro Bembo)在1539年发表的演讲中,特别强调了希腊侨居地对威尼斯的希腊文化研究的贡献,他说:"有些特殊的原因和最具有说服力的动机促使威尼斯人不断地努力复兴希腊文化的研究。你们有最便利地获取这一收获的途径;你们和希腊人像邻居一样生活在一起……你们不缺乏完成这一任务所需的大量教师和书籍。"③

威尼斯的希腊侨居地对拜占庭流亡学者具有强大的吸引力。拜占庭学者贝萨隆原是尼西亚主教,后来成为罗马教会的红衣主教,尽管他定居罗马多年,在佛罗伦萨也获得了很高的声誉,但他最终还是选择威尼斯作为他收藏的古代手稿的永久存放地。这些手稿包括大约500卷希腊著作,是文艺复兴时期最重要的希腊文献收藏。在1468年给威尼斯总督的信中,贝萨隆写道:"几乎全世界的人都聚

① D. J. Geanakoplos, *Greek Scholars in Venice*, p. 63.

② D. M. Nicol, *Byzantium and Venice: A Study in Diplomatic and Cultural Relations*, Cambridge: Cambridge University Press, 1989, pp. 416 - 417.

③ D. J. Geanakoplos, *Byzantine East and Latin West*, p. 125.

集到你们的城市,尤其是希腊人。他们坐船离开自己的家乡首先在威尼斯登陆,他们来到你们的城市,与你们生活在一起,那里仿佛是另一个拜占庭。鉴于此,我怎么能不把我的藏书捐赠给威尼斯呢? ……在希腊被征服之后,我为我的国家选择了威尼斯作为手稿的存放地。"①显然,贝萨隆选择威尼斯作为手稿的存放地是因为那里有希腊侨居地。

意大利著名的阿尔丁出版社之所以建在威尼斯,与它的希腊侨居地有直接的关系。当然,拜占庭学者贝萨隆捐赠给威尼斯的古代手稿是吸引阿尔丁出版社的因素之一,不过,更重要的是,威尼斯有一个庞大的希腊社区,它可以为出版社提供高水平的抄写员、打字员和希腊文编辑。除了威尼斯,阿尔丁出版社很难找到这么多能够胜任希腊语书籍出版工作的希腊人。

由于希腊侨居地的存在,威尼斯成为意大利各地和西欧其他地区致力于希腊研究的学者们心中的圣地。19 世纪的希腊历史学家维鲁多(Veludo)认为,在拜占庭帝国灭亡后,只有在威尼斯的希腊侨居地中,希腊传统得到了完好的保留。② 正是在希腊侨居地的鼎盛时期,威尼斯取代佛罗伦萨成为西欧希腊文化研究的领跑者。自 1397 年拜占庭学者曼努埃尔·赫里索洛拉斯(Manuel Chrysoloras)在佛罗伦萨大学讲授希腊语开始,佛罗伦萨一直是意大利的希腊研究中心,然而,随着希腊侨居地的不断扩大和发展,15 世纪末,威尼斯终于成为意大利又一个研究希腊文化的中心。

自 14 世纪末,拜占庭学者曼努埃尔·赫里索洛拉斯在佛罗伦萨大学讲授希腊语开始,佛罗伦萨便形成了希腊语教学的传统,许多拜占庭流亡学者从威尼斯登陆后,纷纷移居佛罗伦萨寻求发展。佛罗伦萨之所以成为众多拜占庭流亡学者的定居地,得益于良好的文化氛围和社会环境,其文化上的开放性特点使其容易接受不同种类的文化,③而统治者对人才的庇护政策又为此提供了重要的社会保障。

---

① L. Labowsky, "Manuscripts from Bessarion's Library Found in Milan," *Medieval and Renaissance Studies*, V, pp. 108 – 131. D. J. Geanakoplos, *Greek Scholars in Venice*, pp. 75 – 77.

② D. J. Geanakoplos, *Byzantine East and Latin West*, p. 137.

③ P. O. Kristeller, "The Platonic Academy of Florence," *Renaissance News*, vol. 14, No. 3 (1961), p. 147.

佛罗伦萨共和国政府一直重视文化发展。对才学出众者,佛罗伦萨采取多种奖掖形式。1300年,建筑家阿诺尔福·迪·坎比奥(Arnolfo di Cambio)因为在教堂建筑和其他城市建筑中的突出贡献被授予免税特权,150年后,人文主义者莱昂纳多·布鲁尼和波乔·布拉乔利尼也获得了免税权,“因为他们倾其全力于学术研究,他们不能按那些经商获利和做官得薪的市民们的税额纳税”①。一些有才之士被授予政府官职、大学教职或者委任艺术工程。1375年,人文主义者科卢乔·萨卢塔蒂被任命为佛罗伦萨共和国的文书长,其后的几位继任者如莱昂纳多·布鲁尼、波乔·布拉乔利尼、卡尔罗·马苏庇尼等也都是杰出的人文主义者,这使得人文主义者可以借助职务之便促进佛罗伦萨的古典文化复兴。

萨卢塔蒂本人的古典文化水平并不高,但他却是推动佛罗伦萨古典文化复兴的决定性人物。他担任文书长期间,佛罗伦萨的人文主义者在其庇护下经常集会讨论学术问题,他还慷慨地出借私人藏书,为人文主义者们提供接触古典书籍的机会。正是在他的提议下,佛罗伦萨政府决定聘请拜占庭著名学者曼努埃尔·赫里索洛拉斯担任佛罗伦萨大学的希腊语教师,这是佛罗伦萨也是整个意大利第一次正式邀请拜占庭学者任教,此后更多的拜占庭学者被意大利各个大学聘任,意大利人由此重新认识希腊古典文化。

15世纪中期以后,佛罗伦萨政府对文化的支持渐告衰微,而私人庇护主的作用却比以前具有更大的重要性。② 文艺复兴时期,意大利的文化赞助人不是大学而是君主或者极有权势的富商。③ 新兴资产阶级凭借强大的经济实力成为社会上层阶级,他们雇佣、聘请大批诗人、学者和艺术家,并通过这些人的艺术创作展现自己的理想与价值观念。

几乎每个佛罗伦萨显贵家族都有庇护文化的传统,美第奇家族也不例外。在科西莫·美第奇(Cosimo Medici, 1389—1464年)执政的30年间(1434—1464年),他庇护过很多抄写员、学者,资助过柏拉图著作的翻译。1469年,科西莫的孙子洛伦佐·美第奇(Lorenzo Medici, 1449—1492年)接任佛罗伦萨总督后,同样

---

① 坚尼·布鲁克尔:《文艺复兴时期的佛罗伦萨》,朱龙华译,上海:三联书店1985年版,第316—317页。

② 坚尼·布鲁克尔:《文艺复兴时期的佛罗伦萨》,第320页。

③ C. G. Crump & E. F. Jacob ed., *The Legacy of the Middlie Ages*, p. 282.

赞助佛罗伦萨的古典文化复兴活动。

在美第奇家族的资助下，柏拉图学院于 1 200 年后重新复兴。[1] 意大利人菲奇诺是佛罗伦萨的柏拉图学院的创办人，他 6 岁时，就被科西莫 · 美第奇选作未来柏拉图哲学的复兴者而接受全面的培养。学成后，科西莫又鼓励他翻译柏拉图哲学，科西莫去世前，菲奇诺翻译了十部柏拉图的对话集，至洛伦佐统治期间，柏拉图著作的翻译工作全部结束，1482 年佛罗伦萨出版了第一部柏拉图全集的拉丁文版本。

美第奇家族对于佛罗伦萨的古典图书收藏同样不遗余力。科西莫 · 美第奇创建了圣马可图书馆，为了收集古代手稿，他不惜人力、财力。他聘请著名的佛罗伦萨书商比斯提西专门为他收集、购买图书，而比斯提西又雇用了 45 名抄写员为其抄写手稿，很快，美第奇家族图书馆的藏书量大增。科西莫还购买了意大利著名的人文主义者尼科洛 · 尼科利的大量私人藏书，此举使美第奇家族图书馆新增了 800 卷左右的图书。同时，藏书的种类也有所增多，其中有圣经的多种手抄本、宗教注释文本、早期基督教教父著作，还有许多哲学、史学、诗歌和语法方面的古典书籍。科西莫去世后，洛伦佐 · 美第奇继续收集和购买古代手稿，并在圣洛伦佐教堂新建了一座图书馆，到 1495 年，这个图书馆的藏书量已经高达 1 017 册。[2] 美第奇家族图书馆也是较早向公众开放的图书馆之一，它率先允许学者到馆中借阅或者抄写古代手稿，因此它对于佛罗伦萨乃至意大利的古典文化研究都起到了积极推动的作用。

美第奇家族对于古典文化的庇护不仅吸引了西方学者，还有很多来自拜占庭的杰出学者也都聚集在佛罗伦萨城，包括出生于君士坦丁堡的诗人、洛伦佐的密友米哈伊尔 · 马拉卢斯 · 塔坎尼奥提斯（Michael Marullus Tarchaneiotes），他是著名的新柏拉图主义者，此时已经五十多岁。来自雅典的逃亡者迪米特里 · 乔尔克堪代勒斯（Demetrius Chalcondyles）于 1491 年以前，长期占据佛罗伦萨大学希腊语教师的职位。还有精通希腊语和拉丁语的君士坦丁堡人雅鲁斯 · 拉斯卡利斯（Janus Lascaris）等人，他们积极参与佛罗伦萨的希腊古典文化复兴。

---

① J. E. Sandys, *A History of Classical Scholarship*, vol. Ⅱ, p. 81.

② 杨威理：《西方图书馆史》，第 86—87 页。

其中对佛罗伦萨文化发展贡献最大的拜占庭流亡学者有四位,他们分别是约翰·阿吉罗普洛斯(John Argyropoulos)、安德罗尼库斯·卡利斯图斯(Andronicus Callistus)、迪米特里·乔尔克堪代勒斯(Demetrius Chalcondyles,1423—1511年)和雅鲁斯·拉斯卡利斯(Janus Lascaris,1445—1535年),他们都担任过佛罗伦萨大学的希腊语教师。卡利斯图斯是一位多产的抄写员,他曾在帕多瓦、波伦亚和罗马定居过,1471年他来到佛罗伦萨,四年后便离开了,他在佛罗伦萨期间做过关于希腊史诗的演讲,给佛罗伦萨观众留下了深刻的印象。和卡利斯图斯的短暂停留不同,乔尔克堪代勒斯和拉斯卡利斯在佛罗伦萨度过了较长的一段职业生涯。1475年到1491年间,乔尔克堪代勒斯一直定居佛罗伦萨,1488年,在他的指导下,荷马著作的第一个印刷版本在佛罗伦萨诞生,乔尔克堪代勒斯还为佛罗伦萨培养了很多优秀学生。拉斯卡利斯于1475年就已定居佛罗伦萨,直到乔尔克堪代勒斯离开后,他才于1492获得佛罗伦萨大学的教师职位。事实上,从15世纪90年代开始,拉斯卡利斯就为美第奇家族工作,他先后两次到原拜占庭地区搜集古代手稿。他为美第奇家族的图书馆增加了200卷古代手稿,其中有80卷是当时西欧人闻所未闻的,这些手稿直接影响了文艺复兴时期意大利柏拉图主义者菲奇诺的研究。

在拜占庭流亡学者和意大利人文主义者的共同努力下,15世纪的佛罗伦萨成为整个意大利复兴古典文化的中心。新柏拉图主义者马尔西利奥·菲奇诺(Marsilio Ficino)称赞道:"这是一个黄金时代,几乎所有以前原本消失的自由科目,如诗歌、雄辩术、绘画、建筑、雕塑、音乐等都复活了,所有这一切都是在佛罗伦萨完成的!"启蒙时代的伏尔泰在他的《路易14时代》中,也把美第奇时代的佛罗伦萨列为欧洲历史上四个文化最鼎盛的时代之一。①

15世纪后半叶,罗马成为意大利的古典文化中心,这和历任教宗的扶持有很大关系,尽管不是所有的教宗都对古典文化有同样的热忱,但是经过几任教宗的努力,古希腊文化传统还是在罗马保留了下来。早在15世纪初,教宗英诺森七世(Innocent Ⅶ)就大力支持古典文化复兴,他不仅拓宽了资助对象,而且

① 王挺之、徐波、刘耀春:《新世纪的曙光:文艺复兴》,北京:中国青年出版社1999年版,第168页。

试图重建罗马大学，设置的教师职位除了实用专业以外，还有语法、修辞学和希腊语等课程。因此，有学者认为英诺森七世应当被称作文艺复兴的第一位"人文主义教宗"①。

15世纪中期，文艺复兴精神已经在意大利文化界占据支配地位，教会的改革、基督教精神的复兴等议题不再是教宗关注的重心，而追逐文学、艺术成就以及修建宏伟的建筑成为教廷创造奢靡生活，显示政治权威的最好方式。② 由于受时代风气的影响，从15世纪中期直至宗教改革运动兴起前的历任教宗，大多接受过全面的人文主义教育，他们积极收集古代手稿，招揽东西方学者，保护和赞助古典文化研究，经过几任教宗的经营，罗马成为文艺复兴时期意大利的文化中心之一。

罗马的古典文化复兴在很大程度上得益于教宗尼古拉五世（1447—1455年在位）的庇护，尼古拉五世是意大利人，俗名托马索·帕莱恩图塞利（Tommaso Parentucelli，1397—1455年）。③ 他曾在佛罗伦萨生活多年，深受拜占庭学者、红衣主教贝萨隆的影响，对古典学术研究极富热情。担任教宗以后，他致力于罗马的古希腊文化复兴，在罗马创建了梵蒂冈图书馆，不仅收藏所有的拉丁文著作，还有大量希腊文著作。

在尼古拉五世的任期内，被招揽到罗马的拜占庭著名学者有贝萨隆、特拉比宗的乔治（George Trapezuntius）和塞奥多利·加沙（Theodore Gaza）等人。1443年后，贝萨隆离开佛罗伦萨到罗马定居，他的家成为学术研究中心，希腊著作在这里被译成拉丁文，柏拉图哲学和其他学问以亲密的对话形式进行讨论，先后出现在这里的拜占庭学者有塞奥多利·加沙、约翰·阿吉罗普洛斯（John Argyropoulos）、特拉比宗的乔治、雅鲁斯·拉斯卡利斯（Janus Lascaris）、迪米特里·乔尔克堪代勒斯（Demetrius Chalcondyles）、安德罗尼库斯·卡利斯图斯（Andronicos Callistos）等。除了拜占庭学者以外，还有很多博学的意大利人文主义者，如教宗的密友乔瓦尼·陶泰利（Giovanni Tortelli）、佛罗伦萨人文主义者波乔·布拉乔利尼（Poggio

---

① J. Hankins, *Plato in the Italian Renaissance*, vol. Ⅰ, New York: E. J. Brill, 1994, p. 49.

② A. 韦伯：《文化社会学视域中的文化史》，姚燕译，上海：上海人民出版社2006年版，第270页；王挺之、徐波、刘耀春：《新世纪的曙光：文艺复兴》，第70页。

③ J. H. Plumb, *The Italian Renaissance*, Newbury: New Word City Inc., 2017, p. 84.

Bracciolini)、贝萨隆的秘书尼古拉·佩罗蒂(Nicholas Perotti)、数学家雅各布·德·克雷莫纳(Jacopo da Cremona)、哲学家兼人文主义者洛伦佐·瓦拉(Lorenzo Valla)以及佩罗蒂(Perotti)、弗拉维奥·比昂多(Flavio Biondo)、巴托洛缪·普拉提那(Bartolomeo Platina)等。虽然这个学术中心既不是一个正式的机构,也没有固定的活动时间,但是直到1472年贝萨隆去世前,它对意大利学术界的影响都是毋庸置疑的。大量希腊文学、自然科学著作,尤其是亚里士多德和其他古希腊历史学家以及早期基督教教父的著作在这里有计划地、准确地被翻译成拉丁文,正是由于这个学术中心的存在,15世纪中后期,罗马才能一跃成为意大利乃至整个西欧希腊研究的最重要的中心。

从尼古拉五世到西克斯图斯四世(Sixtus Ⅳ,1471—1484年在位)的历任教宗都很重视早期基督教教父的遗著,受其影响,定居罗马的很多拜占庭流亡学者,都参与了早期基督教教父著作的翻译工作。尼古拉五世曾多次和拜占庭东方教会协商出版这部分著作,他还派人到君士坦丁堡抄写奥利金(Origens)[①]的著作。在佛罗伦萨宗教会议上,尼古拉五世遇到拜占庭学者特拉比宗的乔治,他鼓励乔治研究丢尼修(Dionysius)[②],在他的长期庇护下,乔治翻译了大量早期教父的译著,其中包括4世纪时卡帕多细亚(Cappadocian)[③]地区的希腊教父和君士坦丁堡牧首约翰·克里索斯托(J. Chrysostom)[④]的著作,还有亚历山大里亚的主教西里尔(Cyril of Alexandria)和主教尤西比乌斯(Eusebius)的一部分著作。[⑤] 尤西比乌斯的著作讨论了希腊哲学和基督教信仰之间的异同,在文艺复兴时期是非常热门的话题。对其著作的翻译对意大利15世纪后半叶的人文主义者产生了很大的影响。

拜占庭学者约翰·阿吉罗普洛斯(John Argyropoulos)于1471年来到罗马,六

---

① 奥利金(185? —253年):亚历山大初期基督教会的希腊教父、神学家,以其对旧约全书的解释而著称。

② 丢尼修:1世纪时的雅典人,因为受圣保罗的影响而改信基督教。

③ 卡帕多细亚:古代小亚细亚东部地区,位于今土耳其中东部,最初是赫梯族的中心,后来成为波斯帝国的一个总督管辖区,公元17年被罗马人吞并。

④ 约翰·克里索斯托:安条克裔的希腊教父,398年被任命为君士坦丁堡主教,因其巧妙地讽刺财富和权贵,博得了"金口"之名。

⑤ 尤西比乌斯(260? —340? 年):巴勒斯坦凯撒里亚的主教、历史学家、神学家,因著有《基督教教会史》一书,而被称为"教会史之父"。

年后离开,1481 年,他再次返回罗马,直到去世。在罗马期间,阿吉罗普洛斯翻译了圣瓦西里[①]的《创世六日注释》(*Commentary on the Hexaemeron*),这部著作用大量篇幅讨论了圣经对造物的说明,并反驳了异教关于宇宙起源的观点。到了教宗利奥十世(1513—1521 年在位)和克雷芒七世(1523—1534 年在位)统治时期,“罗马变成了——虽然略有不同——一个世纪以前的佛罗伦萨:意大利文明的心脏”[②]。

1513 年,来自佛罗伦萨美第奇家族的利奥当选为教宗,他把佛罗伦萨的人文主义研究兴趣也带到了罗马。佛罗伦萨是意大利最早的古典文化中心之一,利奥十世的祖父科西莫·美第奇曾在佛罗伦萨建立柏拉图学院,为了重现美第奇家族昔日的辉煌,利奥效仿他的祖父,在罗马建立了一个希腊语言学校。那个时代最著名的拜占庭流亡学者雅鲁斯·拉斯卡利斯(Janus Lascaris)被利奥十世任命为学校的负责人。拜占庭学者马科斯·姆修拉斯是拉斯卡利斯的学生,此时拉斯卡利斯担此重任,他也不能袖手旁观,很快就和拉斯卡利斯共同挑选了十几位年轻的希腊学专家,成立了希腊文化研究中心,从此罗马人可以直接汲取古希腊文化知识。1515 年,拜占庭学者扎卡里亚·考里尔基斯(Zacharias Calliergis)也被教宗利奥十世招揽到罗马,在一位富商的支持下,他开办了罗马的第一个希腊语出版社,出版了品达(Pindar)、里奥克里特斯(Theocritus)等古希腊作家的作品。[③]

16 世纪中期,意大利经济陷入困境和萧条,主要的希腊研究中心也开始衰落。然而,意大利的希腊学专家却出现饱和状态,一些移居意大利的拜占庭学者决定向更远的文化欠发达地区迁徙。因为同一时期北欧一些国家的人文主义发展远远落后于意大利,在法国和西班牙,还没有成立希腊语出版社,北欧的大学也在效仿意大利聘请希腊语教师,以迎合人们研究古典学术或者阅读希腊文版《新约》的需求。为了获得新的就业机会,通过克里特岛逃往意大利的拜占庭学者,又翻越阿尔卑斯山向北欧和伊比利亚半岛迁徙。

有一点可以肯定的是,向北欧和西欧各地迁徙的拜占庭流亡学者首先从威尼斯上岸,进入意大利,然后再向欧洲其他地区迁徙,他们登陆威尼斯之前大多经过

---

① 圣瓦西里(330? —379 年):早期基督教的教父、教会博士,曾制定希腊正教修道院的基本教规。

② 丹尼斯·哈伊:《意大利文艺复兴的历史背景》,李玉成译,上海:三联书店 1988 年版,第 161 页。

③ 品达:希腊田园诗诗人,尤以《颂歌集》最为著名。里奥克里特斯:写出所知最早集成诗的希腊诗人。

克里特岛,可以说,克里特岛是他们移居西方的必经之路。拜占庭帝国灭亡后,克里特岛成为整个希腊世界的避难中心,它为拜占庭东方和拉丁西方之间搭建了文化传播的桥梁,加速了西方现代文明的形成。

四 著名拜占庭学者的文化活动

意大利文艺复兴运动与拜占庭文化最为直接的关系,首先就直观地表现在拜占庭学者担负起培育一代意大利人文主义者尚古情怀的教育责任,正是末代拜占庭学者们亲自担任文艺复兴领军者的教师,并以其深厚的古典学问吸引新文化运动的进步学者,以其执著而痴迷于古典文明的热情感染了意大利学人,逐步打造出以"复古"为特征的文艺复兴运动人才队伍。可以毫不夸张地说,拜占庭导师们对于其亚平宁弟子们的培养是文艺复兴运动的一个决定性环节,没有这批青史留名且通古博今的文化"巨人",文艺复兴运动是不可想象的。[①]

文艺复兴时期,除了佛罗伦萨、罗马、帕多瓦这三个城市一直聘请希腊语教师以外,维罗纳、费拉拉、威尼斯、佩鲁贾、帕维亚和其他意大利城市也不时地招聘希腊语教职人员。[②] 14 世纪末,帕列奥列格文化复兴的晚期代表、拜占庭著名学者曼努埃尔·赫里索洛拉斯应邀到佛罗伦萨大学担任希腊语教师,这是意大利乃至整个西欧出现的第一位正式的希腊语教职。继赫里索洛拉斯之后,更多的拜占庭流亡学者来到意大利,担任各个大学的希腊语教师,其中比较突出的拜占庭学者有:在费拉拉教学的塞奥多利·加沙、在佛罗伦萨和罗马教学的约翰·阿吉罗普洛斯、先后在帕多瓦、佛罗伦萨和米兰教学的迪米特里·乔尔克堪代勒斯、在威尼斯和帕多瓦教学的马库斯·姆修拉斯。这些拜占庭学者在意大利的教学活动对于传播拜占庭文化和复兴意大利的希腊古典文化起到了至关重要的作用。[③]

赫里索洛拉斯激发起意大利人学习希腊语的热潮,令他的学生莱昂纳多·布

---

① 陈志强、张俊芳:《末代拜占廷知识分子对文艺复兴运动的影响》,《史学集刊》2016 年第 3 期。

② 雅各布·布克哈特:《意大利文艺复兴时期的文化》,何新译,北京:商务印书馆 1979 年版,第 192 页。

③ 张俊芳:《西欧大学中的首位拜占庭教师——拜占庭学者曼努埃尔·赫里索洛拉斯》,《内蒙古师范大学学报》(哲社版),2012 年第 4 期。

鲁尼大为吃惊,认为“这是意大利700年来有人第一次教授希腊语”,他激发起来的热潮空前绝后。[①] 他的说法毫不夸张,赫里索洛拉斯作为拜占庭帝国末代王朝的外交家、皇帝的代表和精通语言文学、修辞学、哲学、神学的大学者,[②]在积极努力拯救衰亡帝国的同时,更以民族复兴和传播希腊学问为己任,在他的教学活动中,寄托着对未来的希望。赫里索洛拉斯为人谦和,举止得体,才思敏捷,学识渊博,举手投足透射出大家风范。法国文艺复兴史家蒙尼尔(Monnier)称他是“一位真正的希腊人,他来自拜占庭,是个贵族,很博学,不仅朴素和善,而且认真谨慎,似乎是为美德和荣誉而生。他了解最新的科学和哲学成就,是通过在意大利的教学恢复古典传统的第一位希腊教师。”[③]这位导师身上具有的人格魅力本身就对众多弟子产生了强烈的吸引力,其地位很快便得到普遍承认。毫无疑问,像他这样的许多拜占庭学者是以其深厚的古典学问和修养征服了思想活跃的意大利人文主义者。

除了赫里索洛拉斯这样顶尖的大学者致力于古希腊传统教育外,还有许多拜占庭学者也终身为此奋斗。其中迪米特里·乔尔克堪代勒斯曾先后在佩鲁贾、帕多瓦、佛罗伦萨和米兰讲授希腊语,其丰富的学识和娴熟的希腊语教学将大批学生吸引到课堂。他的一个学生说,“我以狂喜的心情听他的课,因为首先他是个希腊人,其次他是个雅典人,第三因为他是乔尔克堪代勒斯。他看起来像是另一个柏拉图。”[④]作为西欧所有大学中第一个享有固定薪水的希腊语教师,他全身心投入教学工作,1466年完成的《希腊诗文集》不仅方便学生的学习,而且成为不可多得的古希腊诗集。[⑤] 又如塞奥多利·加沙,他是继赫里索洛拉斯之后又一位在教学中取得突出成绩的学者。他不仅讲授希腊语,而且告诉他的意大利学生们,古罗马人有丰富的希腊文化知识,因为希腊文化对于罗马人参与政治生活具有难以

---

① D. J. Geanakoplos, “The Discourse of Demetrius Chalcondyles on the Inauguration of Greek Studies at the University of Padua in 1463,” *Studies in the Renaissance*, vol. 21 (1974), pp. 118 – 119.

② D. Nicol, *A Biographical Dictionary of the Byzantine Empire*, London: Seaby, 1991, p. 24.

③ A. A. Vasiliev, *History of the Byzantine Empire 324 – 1453*, vol. Ⅱ, p. 719.

④ J. E. Sandys, *A History of Classical Scholarship*, vol. Ⅱ, p. 64.

⑤ 关于乔尔克堪代勒斯的教学经历,还有一种说法认为他出生于1424年,1463年至1471年在帕多瓦大学任教8年,1471年至1491年在佛罗伦萨大学任教20年,1492年佛罗伦萨统治者洛伦佐·美第奇去世后,乔尔克堪代勒斯也离开了佛罗伦萨,到米兰继续任教,直至1511年去世。J. E. Sandys, *A History of Classical Scholarship*, vol. Ⅱ, p. 64.

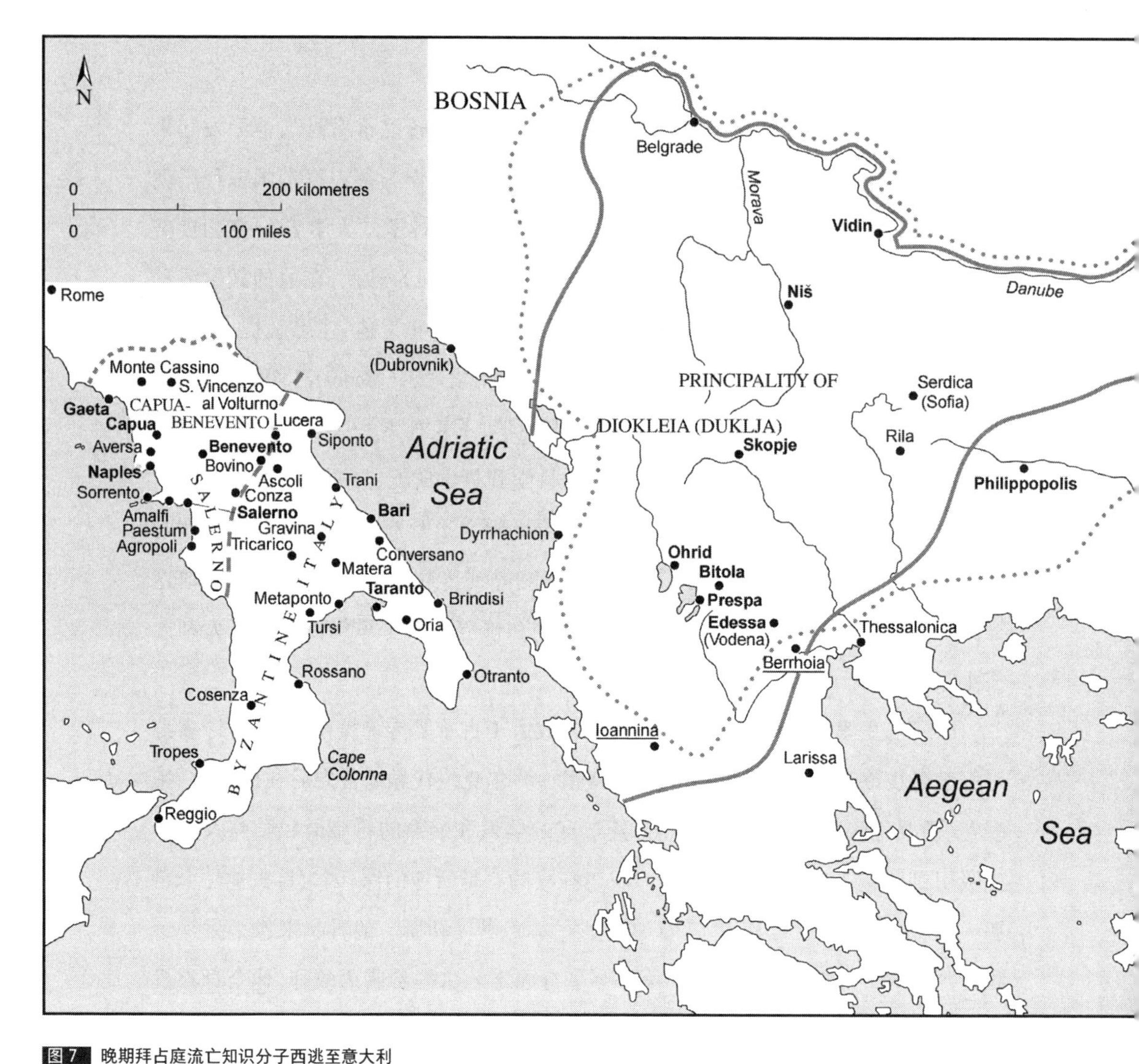

图 7 晚期拜占庭流亡知识分子西逃至意大利

· Rome 罗马
· Monte Cassino 卡西诺山
· S. Vincenzo al Volturno 圣温琴佐·阿尔·沃尔图诺
· Gaeta 加埃塔
· Capua 卡普亚
· CAPUA-BENEVENTO 卡普亚 - 贝内文托
· Lucera 卢切拉
· Siponto 西彭托
· Aversa 阿韦尔萨
· Naples 那不勒斯
· Benevento 贝内文托
· Bovino 波维诺
· Sorrento 索伦托
· Amalfi 阿马尔菲
· Salerno 萨勒诺
· Paestum 佩斯图姆
· Agropoli 阿格罗波利
· SALERNO 萨勒诺
· Ascoli 阿斯科利
· Conza 孔扎
· Gravina 格拉维纳
· Tricarico 特里卡里科
· Lucera 卢切拉
· Siponto 西彭托
· Trani 特拉尼
· BYZANTINE ITALY 拜占庭统治下的意大利

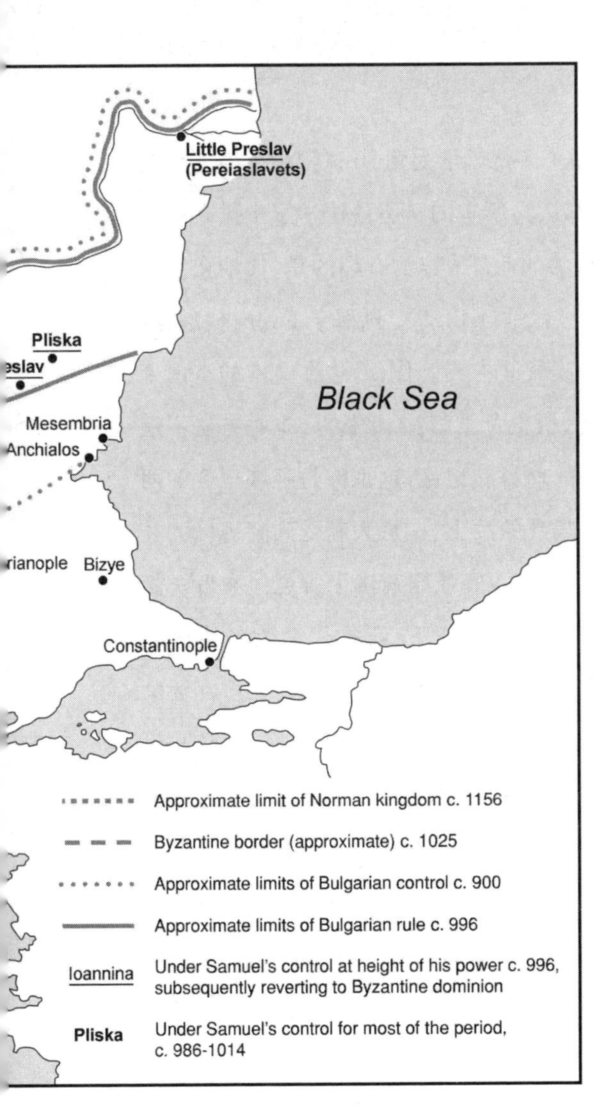

- Bari 巴里
- Conversano 孔韦尔萨诺
- Matera 马泰拉
- Taranto 塔兰托
- Brindisi 布林迪西
- Oria 奥里亚
- Otranto 奥特朗托
- Metaponto 梅塔蓬托
- Tursi 图尔西
- Rossano 罗萨诺
- Cosenza 科森扎
- Tropes 特洛普斯
- Reggio 里奇奥
- Cape Colonna 科隆纳角
- BOSNIA 波斯尼亚
- Ragusa(Dubrovnik) 拉古萨（杜布罗夫尼克）
- Adriatic Sea 亚得里亚海
- Dyrrhachion 迪拉基乌姆，又拼写为 Dyrrachium
- Belgrade 贝尔格莱德
- Morava 莫拉瓦河
- Niš 尼什
- PRINCIPALITY OF DIOKLEIA (DUKLJA) 戴奥克莱阿（杜克利亚）公国
- Skopje 斯科普里
- Ohrid 奥赫里德
- Bitola 比托拉
- Prespa 普雷斯帕
- Edessa(Vodena) 埃德萨（沃德纳）
- Berrhoia 维洛亚
- Ioannina 约阿尼纳
- Vidin 维丁
- Danube 多瑙河
- Little Preslav(Pereiaslavets) 小普雷斯拉夫（佩雷亚斯拉夫）
- Pliska 普利斯卡
- Preslav 普雷斯拉夫
- Serdica(Sofia) 塞迪卡（索非亚）
- Rila 里拉
- Mesembria 梅塞姆夫里亚
- Anchialos 安奇亚洛斯
- Philippopolis 菲利普波利斯
- Adrianople 哈德良堡，或译亚得里亚堡
- Bizye 比兹
- Constantinople 君士坦丁堡
- Thessalonica 塞萨洛尼基
- Larissa 拉里萨
- Aegean Sea 爱琴海
- Black Sea 黑海

- Approximate limit of Norman kingdom c. 1156 约 1156 年诺曼王国的大致边界
- Byzantine border (approximate) c. 1025 约 1025 年拜占庭帝国的大致边界
- Approximate limits of Bulgarian control c. 900 约 900 年保加利亚控制的大致范围
- Approximate limits of Bulgarian rule c. 996 约 996 年保加利亚统治的大致范围
- Ioannina: Under Samuel' s control at height of his power c. 996, subsequently reverting to Byzantine dominion 约阿尼纳：约 996 年在萨缪尔权势鼎盛时受其控制，此后重新处于拜占庭统治之下
- Pliska: Under Samuel' s control for most of the period, c. 986-1014 普利斯卡：约 986-1014 年期间大部分时间处于萨缪尔控制之下

估量的意义。他在费拉拉大学讲解的亚里士多德哲学受到16世纪最著名的荷兰人文主义者伊拉斯莫的高度评价:“大家都认为所有的希腊语法学家中排在第一位的应当是塞奥多利·加沙,我个人也认为如此。”[①]非常有趣的是,加沙在意大利讲授希腊文化时采用拜占庭教学方式,也就是自12世纪科穆宁王朝时代起,拜占庭学校教育中采用的一种教法:一边阅读背诵古典著作,一边在文本的空白处插入辅助性的注解,用以分析词句的词源、历史背景、句子结构等,这种方法不仅开阔了学生的视野,更加深了他们对文本的理解和记忆,这也许是延续至今的西方古典学的滥觞。当然,拜占庭学者远离战乱的故土、在意大利受到高规格的礼遇,他们也心存感激之心,诚如乔尔克堪代勒斯在其就职演讲中所说:“在罗马教宗的特使、最值得尊敬的红衣主教(贝萨隆)的请求下,我被任命为希腊语教师……我将尽全力回报这一厚爱。”[②]乔尔克堪代勒斯没有食言,他在帕多瓦大学教职任上全力推进该大学成为意大利的一流大学。正是在其发展的顶峰,该校无可争辩地成为欧洲希腊语教学的重要中心。后来,乔尔克堪代勒斯还分别在佛罗伦萨大学和米兰任教,所到之处,学生云集,使这些学校都成为名声显赫的学府。

如同曼努埃尔·赫里索洛拉斯、塞奥多利·加沙、贝萨隆、迪米特里·乔尔克堪代勒斯、马库斯·姆修拉斯、雅鲁斯·拉斯卡利斯等人一样,约翰·阿吉罗普洛斯(John Argyropoulos,1394—1487年)也是在文艺复兴时代具有广泛影响力的拜占庭学者。他对这场新文化运动的贡献不仅仅是向佛罗伦萨人传授希腊哲学知识,而且使佛罗伦萨人文主义者的兴趣由语言修辞学转向古希腊哲学。他通过担任佛罗伦萨大学希腊哲学教师的机会,向崇拜自己的意大利学生们长期讲授柏拉图哲学,其精彩的授课和学问受到广泛好评,促使当局将其年薪提升到400弗罗琳金币,这可能是当时教师最高的收入了。[③] 阿吉罗普洛斯的学生包括皮埃尔·菲利波(Pier Filippo)、潘多尔弗·德·基安诺佐·潘多尔菲尼(Pandolfo di Giannozzo Pandolfini)、巴托洛缪·德拉·丰特(Bartolommeo della Fonte)、多纳托·阿

① Erasmus, “On the Method of Study,” *Collected Works of Erasmus, Literary and Educational Writings*, ed. C. Thompson, vol. 2, Toronto, 1978, p. 667.

② D. J. Geanakoplos, *Byzantium: Church, Society and Civilization Seen Through Contemporary Eyes*, pp. 443 - 445.

③ D. J. Geanakoplos, *Constantinople and the West*, p. 104.

恰约利(Donato Acciaiuoli)和里努齐尼(Rinuccini)等一批新文化领军者。阿吉罗普洛斯的教学从语言到文史哲和神学,知识覆盖面非常广博,为了上好课他倾注全部身心和精力。也许是有感于文艺复兴运动领袖们的知遇之恩,他在教学中兢兢业业,广受好评。在其长达18年的教书生涯中,他和弟子们共同推动佛罗伦萨人文主义者将学术兴趣从语言修辞学转向柏拉图哲学,他所在的佛罗伦萨大学则成为意大利文艺复兴运动主流思想的中心。

16世纪,活跃在意大利的拜占庭学者马库斯·姆修拉斯是得到意大利文化界、出版界高度评价和认可的一位拜占庭流亡学者。他不仅因精通希腊语和拉丁语而闻名,而且在教书育人方面受到好评。他不参与围绕柏拉图和亚里士多德哲学命题的争论,而是在教学之余,投身于古代哲学作品的整理和翻译。1512年,马库斯·姆修拉斯放弃待遇优厚的帕多瓦大学教职前往威尼斯,边教学边进行柏拉图著作的编辑工作,因为威尼斯图书馆藏有贝萨隆捐献的大量古代手稿可供参考。① 姆修拉斯讲授的课程包括语法、诗歌、哲学,每天上午讲授古希腊语法,晚上则讲荷马、赫西奥德、里奥克利特斯等古希腊诗人的诗歌。他全身心投入教学工作,受到当地人民的高度赞扬,威尼斯元老院为表彰他的贡献于1508年决定将姆修拉斯的年薪由最初的100杜卡斯金币提高到140金币。② 同时代的阿尔德乌斯·马努提乌斯在1513年的信中这样说,这个时候的“威尼斯可以称作是第二雅典,因为来自各地的学生聚集到这个时代最博学的人——马库斯·姆修拉斯门下,跟随他学习希腊文化知识。”③显然,拜占庭学者在意大利弟子中享有极高的声誉。

值得注意的是,拜占庭学者的学生们都非常崇敬各自的导师,这些学者渊博的古典学问、高尚的道德情操、谦和的举止行为、严谨的治学风格和认真的教学态度都深深地感染了意大利学生们。无论他们的弟子日后取得了何等重要的成就,或者成为何等显赫的名人,都对其拜占庭导师高度肯定,赞赏有加。赫里索洛拉斯的学生布鲁尼这样谈论其导师:“因为我天性喜欢学习,曾努力学习过辩证法和

---

① N. G. Wilson, *From Byzantium to Italy*, p. 148.

② D. J. Geanakoplos, *Greek Scholars in Venice*, p. 139.

③ D. J. Geanakoplos, *Greek Scholars in Venice*, p. 144.

修辞学。当曼努埃尔·赫里索洛拉斯到来时,我的确犹豫过,因为我认为放弃法律学习是可耻的,同时我也认为错过这样一个学习希腊语的机会几乎等同于犯罪。于是,我常常问自己'当你有机会与荷马、柏拉图、狄摩西尼以及其他诗人、哲学家、演说家交流,向他们学习并获得知识时,你愿意让这个天赐良机溜走吗?要知道在意大利已经有700年无人能够阅读希腊文,并且我们都承认我们的一切知识都源于希腊文献。这门语言能够使你增长知识、获得名声、享受乐趣。民法教师则有很多,你总是能有机会学习它,但希腊语教师只有一位,如果他离开了,就没有其他任何人可以教你希腊语了!'经过这样一番辩论,我说服自己跟随曼努埃尔·赫里索洛拉斯学习。我学习的热情是那样炽热,以至于晚上入睡后,脑海中仍回顾白天所学的内容。"[①]他的另一位高足瓜里诺更是把赫里索洛拉斯比作"照亮意大利黑夜的一盏明灯"[②]。塞奥多利·加沙的学生阿尔德乌斯·马努提乌斯(Aldus Manutius)后来成为意大利著名的希腊文出版家,他是这样评论其拜占庭导师作品的:"请相信我,对于提高我们同胞的希腊语水平来说,没有一本希腊书籍能够超越塞奥多利·加沙的书,我们要感谢塞奥多利·加沙,意大利人埃尔莫劳·巴尔巴罗(Ermolao Barbaro)、皮科、希尔罗尼穆斯·多纳图斯(Hieronymus Donatus)和堡利西安(Politian)都是用他的语法书学会希腊语的。"这里提到的都是意大利名噪一时的人文主义学者。[③]

拜占庭学者在意大利的教学活动培养了一大批学有所成并多有建树的人文主义者,他们成为文艺复兴运动的主力和骨干力量。赫里索洛拉斯在佛罗伦萨和帕维亚的教学工作非常成功,教学效果超越了其他希腊语教师,佛罗伦萨市政当局为此不断为他加薪。[④] 他的成功主要表现在,其教学不仅为其意大利学生打下了坚实的希腊语言文学基础,而且培养了他们终生痴迷古典文化的热情。另外,赫里索洛拉斯以问答形式写成的希腊语法教材《语法》质量极高,其突出特点是简化复杂的古希腊语法,例如将古希腊语名词的种类由56种简化为10种,从而

---

① J. Hankins, *Plato in the Italian Renaissance*, vol. Ⅰ, p. 29.

② J. E. Sandys, *A History of Classical Scholarship*, vol. Ⅱ, p. 21.

③ N. G. Wilson, *From Byzantium to Italy*, p. 10.

④ N. G. Wilson, *From Byzantium to Italy*, pp. 8 - 9.

极大地方便了学生的学习。[①] 在君士坦丁·拉斯卡利斯(Constantine Lascaris)的《语法》公开发行以前,赫里索洛拉斯的《语法》一直是意大利唯一通用的希腊语法教材,直到16世纪这本教材还被广泛使用。[②] 赫里索洛拉斯在教学中强调的"记录""背诵""练习"等配套学习的方法后来得到广泛的模仿。[③] 名师出高徒。他的学生中人才辈出,很多都成为此后意大利文艺复兴时期复兴古典知识与学术传统的领军人物。比如佛罗伦萨的莱昂纳多·布鲁尼、尼科洛·尼科利、罗伯托·罗西、乌贝尔托·狄塞姆利奥、维罗纳的瓜里诺和帕拉·斯特罗齐、帕多瓦的皮耶尔·保罗·维吉里奥。这些成才的学生后来又把古典文化的影响推向整个意大利。加沙也是如此,大名鼎鼎的费拉拉人文主义学者圈中的领导人物卢多维科·卡本(Ludovico Carbone)和人文主义教育家维托里诺·达·费尔特(Vittorino da Feltre)都是他的弟子,威尼斯人文主义者埃尔莫劳·巴尔巴罗(Ermolao Barbaro)和洛伦佐·瓦拉也是加沙在罗马教过的学生,莱昂纳多·德·波伦亚(Leonardo da Bologna)、乔瓦尼·洛伦佐(Giovanni Lorenzi)和安东尼奥·帕诺米塔(Antonio Panormita)等人则是加沙在那不勒斯时的高足。

我们不可能详尽例举所有接受过拜占庭导师教育的人文主义者,也不可能展示这些出色弟子在文艺复兴运动中的所有贡献,仅能择其突出者说明问题。布鲁尼是赫里索洛拉斯的学生,他学成后即投入新文化运动,继佛罗伦萨共和国文书长萨卢塔蒂之后,成为佛罗伦萨政治和文化生活的中心人物。他不仅在共和国公共政治生活中风云一时,而且治学有方,在佛罗伦萨大学期间撰写了12卷的《佛罗伦萨人民史》,翻译了巴西里尔斯、色诺芬、柏拉图、埃斯琴斯、普鲁塔克、狄摩西尼和亚里士多德等古代作家的作品,其中他翻译的亚里士多德的《伦理学》《政治学》和《经济学》影响最大。瓜里诺是赫里索洛拉斯的另一位出色弟子,也是15世纪前20年威尼斯文化界最重要的人物,对威尼斯的古希腊文化复兴做出了重大的贡献。他是威尼斯创建第一个人文主义学校的希腊语言文学教师,培养了众

---

① N. G. Wilson, *From Byzantium to Italy*, p. 9.

② I. Thomson, "Manuel Chrysoloras and the Early Italian Renaissance," *Greek, Roman and Byzantine Studies*, vol. 7, No. 1, 1996, p. 74.

③ I. Thomson, "Manuel Chrysoloras and the Early Italian Renaissance," p. 67.

多人才,其中最出色的是政治家兼人文主义者弗朗西斯科·巴尔巴罗。瓜里诺的非正式学生费尔特(Vittorino da Feltre)后来成为人文主义教育家,开办了威尼斯贵族子弟学校,专门在上层社会传播希腊文化。[①] 乔尔克堪代勒斯在帕多瓦大学长达九年的教学也培养了众多优秀的学生,其中除了知名学者雅鲁斯·拉斯卡利斯(Janus Lascaris)外,后来成为意大利著名人文主义者的乔瓦尼· 洛伦佐、瓦里诺· 发沃里诺· 凯莫蒂(Varino Favorino Camerti)、列奥尼克·陶麦(Leonico Tomeo)、阿高斯体诺·堡迪诺(Agostino Baldino)等人,都在文艺复兴运动中发挥了积极的作用。他在佛罗伦萨和米兰教过的意大利学生还包括著名的人文主义者皮科(Pico)、诗人堡利西安和后来任教宗的利奥十世。此外,第一个教希腊语的英格兰人威廉·格罗辛(William Grocyn)、医学家兼古典学者托马斯·利纳克尔(Thomas Linacre)、德意志人约翰·赖希林(Johann Reuchlin)和哈特曼·舍德尔(Hartmann Schedel)等人,也是他在意大利任教时教过的学生,他们对于文艺复兴运动在整个欧洲的发展做出了巨大贡献。

拜占庭文化对意大利文艺复兴运动的重要影响还表现在拜占庭人传承大量珍贵的古典文献方面。在意大利学人搜寻古籍的热潮中,拜占庭学者自觉或不自觉地将古代手稿携带到意大利,或者通过其他途径传入亚平宁半岛。拜占庭知识分子具有的深厚学术功底和人文主义者渴望掌握的古代学问,都建立在对这些古代文史哲抄本文献的解读基础上,他们对搜集和掌握、翻译和整理这些古代典籍具有相同的爱好。而拜占庭学者无论在文本的保存还是在文献的解读方面都具有优势,因此他们责无旁贷地承担起了为新文化运动提供文化素材的历史重任。

拜占庭学者中对意大利文艺复兴运动贡献古籍文献最多的人首推贝萨隆,他不仅以其卓越的学问深刻地影响着整整一代意大利人文主义者,而且在古代文本贡献方面也首屈一指。[②] 贝萨隆原是尼西亚主教,他是当时的著名学者,一直喜好收藏古代典籍,后来前往意大利任罗马红衣主教时将其珍爱的典藏带在身边。他最终选择威尼斯作为其古代手稿的永久存放地。这些手稿总数 746 卷,其中 482 卷为珍贵的希腊典籍古代抄本,几乎囊括了古希腊所有最重要的作品。这些

---

① Sandys, *A History of Classical Scholarship*, vol. Ⅱ, p. 21.

② 张俊芳:《拜占庭学者贝萨隆及其对意大利文艺复兴的影响》,《历史教学》2007 年第 9 期。

古本成为文艺复兴时期意大利最重要的希腊文献收藏，至今仍是威尼斯图书馆的镇馆之宝。[①] 贝萨隆在1468年写给威尼斯总督的信中说，“几乎全世界的人都聚集到你们的城市，尤其是希腊人。他们坐船离开自己的家乡，首先在威尼斯登陆，来到你们的城市，与你们生活在一起，那里仿佛是另一个拜占庭。有鉴于此，我怎么能不把我的藏书捐赠给威尼斯呢……在希腊被征服之后，我为我的祖国选择了威尼斯作为手稿的存放地。”[②]研究认为，正是像贝萨隆这样一批拜占庭学者的贡献，使得现存于世的75%的古希腊文献以拜占庭手抄本的形式流入意大利。[③] 诚如恩格斯所说：“拜占庭灭亡时抢救出来的手抄本，罗马废墟中发掘出来的古代雕像，在惊讶的西方面前展示了一个新世界——希腊的古代；在它的光辉的形象面前，中世纪的幽灵消逝了；意大利出现了前所未见的艺术繁荣，这种艺术繁荣好象是古典古代的反照，以后就再也不曾达到了。”[④]

拜占庭学者们充分发挥其掌握古代希腊语言和拥有古籍文献的优势，在翻译整理古希腊典籍方面也做出了独特的贡献，对以复兴古典学问为特征的文艺复兴运动发挥了不可或缺的作用。比如前面提到的拜占庭学者赫里索洛拉斯曾在帕维亚任教期间翻译柏拉图的《理想国》，这个拉丁译本经过其弟子乌贝托·德塞姆布利奥（Uberto Decembrio）的修改成为当时最权威的版本。[⑤] 赫里索洛拉斯翻译整理的古希腊著作不仅忠实于原文，而且符合拉丁语的表达方法，可谓信达雅的典范，超越了前此的任何翻译家。他的学生森西奥·德·拉丝提锡（Cencio de Rustici）曾说过，赫里索洛拉斯经常教导他们，仅仅做到逐字逐句翻译的准确性还不够，要正确地表达才能真正杜绝曲解希腊原文。[⑥] 他提倡根据原文进行准确意译，并依此原则翻译了《理想国》和托勒密的《地理学》。他的高足布鲁尼也是按

① N. G. Wilson, *From Byzantium to Italy*, p. 62.

② L. Labowsky, “Manuscripts from Bessarion's Library Found in Milan,” *Medieval and Renaissance Studies*, Ⅴ, pp. 108 – 31; D. J. Geanakoplos, *Greek Scholars In Venice*, pp. 75 – 77. 贝萨隆的弟子阿堡斯陶利斯成为其保存古代典籍最好的帮手，修昔底德最权威的希腊文版本就是后者搜集的。J. E. Powell, “The Cretan Manuscripts of Thucydides,” *The Classical Quarterly*, vol. 32, No. 2 (1938), p. 103.

③ M. H. 哈里斯：《西方图书馆史》，第78页。

④ 恩格斯：《〈自然辩证法〉导言》，《马克思恩格斯选集》第三卷，中共中央马克思恩格斯列宁斯大林著作编译局编译，北京：人民出版社1972年版，第444—445页。

⑤ J. E. Sandys, *A History of Classical Scholarship*, vol. Ⅱ, pp. 20 – 21.

⑥ N. G. Wilson, *From Byzantium to Italy*, p. 11.

照老师的教导,成功翻译了柏拉图的《政治学》。布鲁尼还就此留下了一段广为流传的话,在赫里索洛拉斯应邀到佛罗伦萨讲学"这一时期,文学在意大利强有力地发展着,希腊语在中断了700年之后又复活了。拜占庭的赫里索洛拉斯这位出身高贵和精通希腊语的学者,给我们带来了希腊语的知识"①。赫里索洛拉斯另一位弟子奥利斯帕多次前往拜占庭各地搜寻古代手稿,仅第二次找到的珍稀古代手稿就有238卷,并为此而欣喜若狂,他还在意大利广泛推介古典文献,极大地推动了古代手抄本在意大利的商业化。②

意大利文艺复兴运动在15世纪渐入佳境,复兴古典文化的热潮方兴未艾。在众多的拜占庭流亡学者中,塞奥多利·加沙脱颖而出,他将自己对古希腊文学、哲学、数学的兴趣以办学的方式扩展开来,将其在君士坦丁堡开办高等学校的经验带到了意大利。③ 正是在教宗尼古拉五世的邀请和支持下,他的事业在罗马达到了顶峰,获得了广泛的社会声望。凭借精通希腊语和拉丁语,加沙很快成为当地希腊文化研究圈中的主要翻译家,他翻译的亚里士多德、西奥弗雷特、狄摩西尼,希腊教父如克里萨斯东、奥瑞强等人的著作成为最权威的版本。这些译著对于西方人文主义的发展具有难以估量的价值,因为它们不仅使天主教信徒和西欧知识界认识到从未听说过的大量希腊作家和拜占庭作家,而且使他们真正理解古典文化的精髓源自于希腊。此前,天主教经院神学家也通过阿拉伯人转译的文本翻译过亚里士多德、托勒密和希腊教父的著作,但他们的译本是多种语言转译的文本,漏洞百出,无法准确表达希腊文本的原意。加沙准确保留原著的风格和情感色彩,多采用意译的方法,将古代作品真实地展现于世。也是在罗马文化圈良好的氛围中,加沙参与了意大利第一家出版社的编辑工作,并编辑了奥卢斯·格利乌斯的《阿提喀之夜》拉丁文版本,学界认为这可能是意大利第一个拉丁文印刷物。次年,他们又合作出版了普林尼的《自然史》,加沙则依据柏拉图的《高尔

① 布鲁尼明确宣称自己使用的是赫里索洛拉斯的方法而非中世纪传统的莫贝克方法(Moerbeke),后者指中世纪神学家莫贝克的诸字直译古代文献的方法。王挺之、徐波、刘耀春:《新世纪的曙光:文艺复兴》,第151页。

② J. Lindsay, *Byzantium into Europe*, London: The Bodley Head, 1952, p. 449.

③ D. J. Geanakoplos, *Byzantium: Church, Society and Civilization Seen Through Contemporary Eyes*, pp. 402 – 403.

吉亚》原文，编辑出版了希腊文摘，该书后来成为意大利文艺复兴时期希腊语出版物的范例。[①] 加沙除了翻译整理出版古典文献外也有自己的研究，他撰写的关于古代雅典历法的论文依据各种古代资料，对古希腊的月份名称、时间长度和雅典人计算日期的方法做出细致考证，对雅典历法与罗马历法的不同之处也做了说明，这篇论文无论是对天文学家的研究，还是学习希腊文化的学生都很有帮助。

在翻译整理古代作家的拜占庭学者中还有一位值得一提，即前述阿吉罗普洛斯。他早在帕多瓦教学期间，便全文抄写过拜占庭作家评注的亚里士多德的《物理学》，其整理出版的著作，大部分是亚里士多德的著作。他对布鲁尼翻译的亚里士多德译著很不满意，并公开宣称："我决定完成一些亚里士多德著作的更优美的译著，因为这也是亚里士多德本人的意愿，如果他还在的话，他最终会看到他以他自己喜欢的方式展现在拉丁人面前。"[②]深受他影响的佛罗伦萨著名新柏拉图主义者马尔西利奥·菲奇诺(Marsilio Ficino)后来翻译了柏拉图的《对话集》，在翻译工作中菲奇诺直接请教过当时在佛罗伦萨大学讲授希腊哲学的阿吉罗普洛斯。[③]

如果我们仅仅将拜占庭学者视为传承古代文化的"二道贩子"，那就大错特错了。他们不仅在收集翻译整理出版古代典籍方面贡献颇多，而且还撰写了大量作品，其中以各种类型的工具书和教材为突出。例如乔尔克堪代勒斯于1466年编写的《希腊诗文集》就非常受欢迎，在佛罗伦萨一时出现"洛阳纸贵"的现象，该文本现存于佛罗伦萨图书馆。1476年，乔尔克堪代勒斯与人合作出版了拜占庭学者君士坦丁·拉斯卡利斯的希腊文《语法》，这本书一直被视为欧洲第一本完整的希腊文教材。[④] 乔尔克堪代勒斯还于1488年在佛罗伦萨编辑出版了《荷马史诗》，该书成为文艺复兴运动中第一本深受读者欢迎的希腊语史诗。后来他在

---

① M. Manoussakas and N. Stailos, *The Publishing Activity of the Greeks During the Italian Renaissance*, pp. 24 – 31.

② N. G. Wilson, *From Byzantium to Italy*, p. 87.

③ N. G. Wilson, *From Byzantium to Italy*, pp. 87 – 88.

④ 君士坦丁·拉斯卡利斯以精通希腊语著称。D. J. Geanakoplos, *Byzantium: Church, Society and Civilization Seen Through Contemporary Eyes*, pp. 443 – 445.

米兰定居期间,发行了精心撰写的一本有关伊索克拉底①思想的书,但是,他同年出版的作品希腊文《语法》一书更受欢迎,该书以浅显易懂一问一答的形式讲解希腊语法,深受人文主义者伊拉斯莫的推崇。他出版的《苏伊达地中海古代史辞书》原出自10世纪拜占庭作家,广受推崇,因为它更有助于读者的阅读和理解古文,该书增补的词汇和附录的参考文章学术性极高,获得广泛好评。② 乔尔克堪代勒斯在帕多瓦大学讲授希腊诗歌和演说词期间,不仅以希腊诗人赫西奥德的《田功农时》为主要内容,而且还编辑了相关教材,其具有的史学价值很高,有助于人文主义者研读古典作家③,同时也激发了他们新的兴趣,也许赫西奥德关注古代日常生活的观点和人文主义者对人本身的新认识产生了某些契合。

正是拜占庭学者培养的这代人文主义者掀起了文艺复兴运动翻译整理古代文献的热潮。前述布鲁尼曾在赫里索洛拉斯指导下刻苦学习多年,为他打开了通向古希腊文化宝库的大门,他不仅研读荷马、柏拉图、狄摩西尼等古希腊诗人、哲学家、演说家、历史学家的著作,而且效仿古代作家文风完成了多卷本历史著作《佛罗伦萨人民史》。特别值得一提的是布鲁尼以三十余年之功力翻译了多种古希腊著作,其中包括巴西里尔斯、色诺芬、柏拉图、埃斯琴斯、普鲁塔克、狄摩西尼和亚里士多德等人的作品。他根据自己终生翻译的经验于1426年发表了《论正确的翻译方法》,成为当时最有价值的作品,而他本人则被公认为意大利文艺复兴初期影响最大的翻译家。④ 加沙最出名的学生是人文主义哲学家洛伦佐·瓦拉,后者于1444年创作了著名的《评注》,这篇专题论文通常被视为现代西方圣经校勘学出现的标志。瓦拉之所以能够准确地理解希腊文和拉丁文版本的新约全书,深受其导师的影响。⑤ 维罗纳的瓜里诺(Guarino of Verona,1373—1460年)师从赫里索洛拉斯,后来长期从事古籍文献的翻译工作,他翻译的古希腊作家包括希

---

① 伊索克拉底(Isocrates,公元前436—338年),雅典雄辩家和修辞学家,他的信件和小册子是古希腊政治思想的宝贵文献。

② N. G. Wilson, *From Byzantium to Italy*, pp. 96 - 97.

③ 张广智:《西方史学史》(第二版),上海:复旦大学出版社2006年版,第9页。

④ 谭载喜:《西方翻译简史》,第43页。

⑤ 在标注日期为1449年的一封信中,提到瓦拉仍在寻求像塞奥多·加扎和里努乔·阿雷迪诺(Rinuccio Aretino)这样能够给他的这篇论文提供专业指导的人,转引自D. J. Geanakoplos, *Constantinople and the West*, p. 86。

腊传记作家普鲁塔克、希腊修辞学家鲁善、希腊戏剧家阿里斯托芬,还有其导师赫里索洛拉斯。[1] 佛罗伦萨最著名的人文主义者菲奇诺也是乔尔克堪代勒斯的弟子,这位翻译家曾夸赞他的老师说,"雅典人乔尔克堪代勒斯在哲学和修辞学方面不亚于其他任何一个阿提卡人"[2]。乔尔克堪代勒斯的另一位学生舍德尔(Hartmann Schedel)终生保持着对希腊文化的浓厚兴趣,曾于1467年整理注释了安德烈阿斯·朱利阿努斯(Andreas Julianus)的作品,他广泛收集的各类希腊文书籍,包括修士乔瓦尼·克拉斯托尼的《希腊-拉丁词汇》和拜占庭学者曼努埃尔·赫里索洛拉斯的《语法》、大马士革的约翰(John of Damacus)、耶路撒冷的科斯马斯(Cosmas of Jerusalem)、尼斯的圣格里高利等人的作品。[3]

以上这些突出的例证可以充分地表明,拜占庭知识分子对意大利文艺复兴运动复兴古典知识与学术做出的重要贡献,尤其在珍贵古典文献的搜寻推介、翻译注释、整理出版方面,他们发挥的作用和历史贡献是不可替代的。正当意大利进步知识分子掀起新文化运动而急需古希腊文化素材之际,拜占庭学者凭借他们在这方面的优势做出了积极的响应,不仅提供了大量古代手抄本,而且在翻译解读和整理出版工作中发挥了不可替代的作用,成为这场运动重要的组成部分。

五 柏拉图主义的兴起

中世纪西方以拉丁文化为主,对古希腊哲学不够重视。中世纪早期亚里士多德哲学并未引起人们的重视。中世纪西欧的世俗教育大多在修道院和教会学校中进行,学习的科目局限于基础的"七艺",即语法、修辞、辩证法、算术、几何、天文和音乐。这个课程表直到11世纪仍在使用,语法是其中最重要的课程,包括对拉丁诗歌的学习,而哲学仅被作为辩证法,也就是基本的逻辑来学习,依据的教材是5世纪罗马哲学家波埃修翻译的部分亚里士多德著作,至于古典哲学的丰富内

---

① N. G. Wilson, *From Byzantium to Italy*, p. 23.

② D. J. Geanakoplos, "The Discourse of Demetrius Chalcondyles on the Inauguration of Greek Studies at the University of Padua in 1463," *Studies in the Renaissance*, vol. 21 (1974), p. 127.

③ 萨瑟的格里高利(Gregory of Nyssa)是东正教神学家,在4世纪的三位一体争论中领导保守教派。

涵早已被西方人所忽视。①

自托马斯·阿奎那之后,亚里士多德哲学成为拉丁基督教的御用哲学。阿奎那建立了一个庞大的神学体系,以亚里士多德哲学为理论基础的托马斯主义逐步取代了以柏拉图哲学为理论基础的奥古斯丁主义,亚里士多德哲学由异端邪说转而成为中世纪哲学的最高权威。② 13世纪时,西欧的大学在讲授哲学原理,尤其是逻辑学和自然哲学时,常选用亚里士多德的作品为教材。15、16世纪时,西欧各地的大学在讲解哲学原理时仍旧依据亚里士多德的著作,大部分哲学教师在专业术语和研究方法的使用、哲学问题的探讨等方面都习惯采用亚里士多德传统,他们还专门撰写评论亚里士多德的论文。

12、13世纪时,也有少量柏拉图学派的著作被翻译成拉丁文,比如柏拉图的《美诺篇》(Meno)和《费多篇》(Phaedo),以及普罗克洛斯(Proclus)③的几部著作,前者是由西西里人亨利库斯·亚里斯提卜(Henricus Aristippus)完成的,后者是由佛兰德人莫贝克的道密尼肯·威廉(Dominican William of Moerbeke)翻译的。他们的译著对著名的天主教神学家托马斯·阿奎那的确产生了某些冲击,但是,整个中世纪后期在拉丁西方占主导地位的还是亚里士多德的著作。④

中世纪的文化传统影响了拉丁西方对柏拉图哲学的研究,事实上,直到文艺复兴早期,柏拉图哲学仍未引起西方学术界的重视,15世纪前,拉丁西方只有四篇柏拉图的对话和一篇关于对话《蒂迈欧》(*Timaeus*)的评注,其中有两篇对话残缺不全。⑤ 彼特拉克曾得到一些来自拜占庭的希腊手稿,包括柏拉图的部分对话,这可能是自古罗马以来拉丁西方人第一次看到柏拉图的手稿。⑥ 只有拜占庭学者到西方讲学,主要是在意大利讲授希腊文化以后,希腊文献才开始被大量翻

---

① P. O. Kristeller, *Renaissance Thought and Its Sources*, p. 37.

② 张志伟主编:《西方哲学史》,北京:中国人民大学出版社2010年,第140—141页。

③ 普罗克洛斯(412—485年):君士坦丁堡人,曾任柏拉图学院的校长,是新柏拉图主义雅典学派的主要代表,他的主要哲学贡献在于对柏拉图作品的注释,其中尤以对《蒂迈欧》篇的注释最为著名,流传至今的著作有《神学要旨》和《柏拉图神学》。

④ P. O. Kristeller, *Renaissance Thought and Its Sources*, p. 153.

⑤ J. Hankins, *Plato in the Italian Renaissance*, vol. Ⅰ, p. 5.

⑥ A. Pertusi, *Leonzio Pilato fra Petrarca e Boccaccio*, p. 18. 转引自P. O. Kristeller, *Renaissance Thought and Its Sources*, p. 154。

译和研究,西方人才得以熟悉希腊的科学著作和哲学著作,还有希腊诗歌、演说词、历史著作,柏拉图文集的拉丁译本也是随着这股热潮重现于意大利。

拜占庭的柏拉图思想和手稿原文来源于古希腊,千余年来拜占庭学者对柏拉图的研究从未中断,14—16 世纪期间,拜占庭学者将柏拉图思想传递到意大利,促进了意大利柏拉图哲学的复兴。意大利文艺复兴运动是欧洲中古晚期近代早期最重要的新文化运动,其突出特点是"破旧立新",亦即冲破天主教神学压抑信徒思想的精神桎梏,使在十字架下沉重叹息的人类精神获得解放。就是在这场破旧立新的文化运动中,拜占庭知识分子发挥了极其重要的作用,他们使拜占庭文化在帝国衰亡的时代绽放出灿烂夺目的光彩。他们促进人文主义者冲破"经院哲学"陈旧观念的思想牢笼,帮助整个意大利知识界更新思想认识,并以他们各自的风采激发起复兴古典文明的巨大热情。

以古典学术促进亚平宁半岛思想突破的是一批重量级的拜占庭学者,其中值得特别关注的是杰米斯塔斯·普里松(Gemistos Plethon, 1356—1450 年)。这位出生在帝国废都君士坦丁堡的拜占庭学者,在当时拜占庭文化的最后堡垒米斯特拉生活了将近一个世纪①,他热衷于古希腊文化,特别信奉柏拉图的学说,推崇柏拉图的哲学观点,并坚信"理想国"中的理念永恒不朽和灵魂不灭等客观唯心论思想,批评亚里士多德提倡的"中庸之道"原则。他赞赏 5 世纪新柏拉图主义者普罗克洛斯为代表的新柏拉图哲学,对古希腊的毕达哥拉斯学派和斯多葛学派、波斯的琐罗亚斯德教、埃及的神秘学说也很感兴趣,②但他最推崇的还是柏拉图哲学。1439 年,他以 83 岁高龄参加天主教和东正教和解的费拉拉—佛罗伦萨宗教会议,③并代表拜占庭教会做了长篇发言,阐明了柏拉图哲学思想的正确性。佛罗伦萨统治者科西莫·美第奇惊叹于他的学问,称他为"第二个柏拉图",并决定

---

① 也有一种说法认为他生活在 1360—1452 年间。P. O. Kristeller, *Renaissance Thought and Its Sources*, p. 156. 陈志强:《拜占廷学研究》,北京:人民出版社 2001 年版,第 269 页。

② 斯多葛学派是古希腊的哲学派别,创立于公元前 380 年前后,因创始人经常在画廊中讲学而得名,该学派存在时间长、影响广泛,曾经是罗马时期的官方哲学。毕达哥拉斯是早期希腊自然哲学的一个派别,该学派因创始人为古希腊著名哲学家、数学家毕达哥拉斯而得名,它是集政治活动、宗教信仰和学术研究为一体的学派,在古希腊影响范围较大,活动时间也比较长。琐罗亚斯德是波斯预言家、琐罗亚斯德教的创始人。

③ J. Lindsay, *Byzantium into Europe*, p. 451.

出资建立著名的佛罗伦萨柏拉图学院，柏拉图的思想由此在佛罗伦萨和整个西欧流行起来。[①] 当时，佛罗伦萨的著名学者马尔西利奥·菲奇诺也被他陈述的柏拉图哲学思想所震撼，他记载到，“普里松热情、生动的讲解深深打动了科西莫·美第奇，那时候美第奇的头脑中已经有了重建柏拉图学园的想法”[②]。佛罗伦萨文化知识界为何会产生巨大的思想震动呢？原来天主教神学一直在托马斯·阿奎那的影响下，古希腊亚里士多德哲学被改造成天主教的御用哲学，特别是在经院哲学盛行的年代，天主教思想家只重视亚里士多德研究，而对柏拉图的思想知之甚少。[③] 天主教神学青睐亚里士多德学说的现象并不奇怪，因为亚氏对外部世界给出的系统理论框架非常符合天主教强调的等级秩序思想，在这方面柏氏哲学就略逊一筹了。普里松的演讲和他的论文《论亚里士多德和柏拉图的区别》似乎打破了天主教神学掌控下的一潭死水，随即引发了那场两大哲学派别的论战，具有官方意识形态色彩的亚里士多德学说开始受到怀疑，长期禁锢天主教信徒的思想枷锁也因此被打开，而破旧立新的利器便是柏拉图主义。

如果说普里松揭幕了意大利的“疑古”时代，那么他的弟子贝萨隆则使柏拉图哲学在文艺复兴时代的意大利站稳了脚跟。贝萨隆之所以成为15世纪移居意大利的拜占庭学者享有崇高声望的大家是有原因的[④]，他天资聪颖，13岁时便到君士坦丁堡学习希腊文学和哲学，随后专研修辞学和神学，稍后又跟随大学者约翰尼·考塔蒙努斯(Johannes Chortasmenos)主教学习神学。1431—1433年间，贝萨隆到米斯特拉投奔著名的柏拉图主义者杰米斯塔斯·普里松为师，[⑤]正是从导师那里，贝萨隆认真钻研古代和拜占庭时代的柏拉图文本，从此成为柏拉图学说的忠实捍卫者。[⑥] 他的《驳柏拉图的诋毁者》是当时影响极大的哲学著作，因为它首次系统驳斥了自12世纪以来拉丁教会对柏拉图思想的批评，为人文主义者反

---

① P. O. Kristeller, “The Platonic Academy of Florence,” *Renaissance News*, vol. 14, No. 3 (1961), p. 150.

② J. E. Sandys, *A History of Classical Scholarship*, vol. Ⅱ, p. 60.

③ 研究认为，15世纪前的西欧只有4篇柏拉图的对话和1篇关于《蒂迈欧》(*Timaeus*)的评注。J. Hankins, *Plato in the Italian Renaissance*, vol. Ⅰ, p. 5.

④ J. Monfasani, *Byzantine Scholars in Renaissance Italy*, Hampshire & Vermont: Ashgate Publishing Company, 1995, p. 319.

⑤ A. G. Keller, “A Byzantine Admirer of ‘Western’ Progress: Cardinal Bessarion,” *Cambridge Historical Journal*, vol. 11, No. 3 (1955), pp. 343-344.

⑥ D. Nicol, *A Biographical Dictionary of the Byzantine Empire*, p. 20.

对经院神学提供了令人信服的证据。他有力地证明了柏拉图的思想比亚里士多德更接近基督教核心教义,更有利于基督教神学体系的完善。[①] 同时,他全面系统地阐明了柏拉图思想的主要特点,开拓了充满怀疑精神的人文主义者的视野,使他们得以正确理解柏拉图哲学。[②] 对于渴求新思想的人文主义者,贝萨隆工作的意义非凡,因为意大利人文主义者此前对柏拉图的观点几乎一无所知,直到15世纪前半叶,他们仍然笼罩在亚里士多德学说中,而对柏拉图持否定态度。贝萨隆利用拜占庭人注释的新柏拉图观点恢复了柏拉图学说的原貌,为强烈渴望突破经院主义思想牢笼的人文主义者提供了武器。可以毫不夸张地说,贝萨隆对于柏拉图哲学在西方的传播和复兴是个决定性的人物。诚如美国学者穆尔所说:"亚里士多德在一定的方式和程度上,在这样和那样的解释下,曾成为经院哲学家的最高权威……亚里士多德的宇宙观念成了基督教神学的组成部分。现在,柏拉图又以他的权威压倒了亚里士多德,伟大的经院哲学体系的基础开始动摇了。"[③]俄国学者凯利伊维斯基(J. V. Kireyevsky)也认为:"当君士坦丁堡陷落后,西方的思想家们可以更方便、更容易地呼吸到从东方吹向西方的希腊思想之风,清新纯正,经院哲学的整个结构立即倒塌了。"[④]正是在拜占庭学者的努力下,柏拉图哲学应时代发展的需要逐渐成为文艺复兴运动的主流思想。

值得注意的是,拜占庭学者对古希腊哲人的研究态度深刻地影响了文艺复兴的领军者们。他们虽然在学理的层面上对柏拉图学说更为青睐,但是并不排斥亚里士多德,因为他们认为两者都是古代最有智慧的人,其哲学都是宝贵的古代精神遗产。贝萨隆就此写道,"在比较柏拉图与亚里士多德两大哲学时,我们既不要有意抬高其中一个,也不要像我们的反对者特拉比宗的乔治那样侮辱、谩骂另一个,我们应当尊敬这两位哲人。"[⑤]另一位拜占庭学者塞奥多利·加沙也一再告诫意大利人文主义者,亚里士多德和柏拉图哲学在很多方面是可

---

① From Bessarion, *In Calumniatorem Platonis*, *Byzantium: Church, Society and Civilization Seen Through Contemporary Eyes*, ed. D. J. Geanakoplos, p. 400.

② N. G. Wilson, *From Byzantium to Italy*, p. 58.

③ 穆尔:《基督教简史》,福建师范大学外语系编译室译,北京:商务印书馆1981年版,第210页。

④ A. A. Vasiliev, *History of the Byzantine Empire 324 - 1453*, vol. Ⅱ, p. 714.

⑤ From Bessarion, *In Calumniatorem Platonis*, *Byzantium: Church, Society and Civilization Seen Through Contemporary Eyes*, ed. D. J. Geanakoplos, p. 399.

以调和的[1],他认为两位古希腊哲学家对基督教神学的融合是一致的,而非彼此对立。正因为如此,某些后世学者把加沙称作文艺复兴运动中真正的亚里士多德主义者。[2] 这种态度与天主教经院神学家那种非此即彼的思维模式形成鲜明对照,因为他们长期以来推崇亚里士多德哲学,并以此打压一切与教会正统思想不一致的学说,特别是任何有进步意义的思想,这种僵化的经院神学理论使开放性的亚里士多德哲学完全变了味儿。文艺复兴时期的人文主义者在寻求思想出路的过程中,必然对天主教官方意识形态提出挑战,因此很自然地把矛头指向了天主教的亚里士多德主义。拜占庭学者对柏拉图主义的宣传恰好为意大利人文主义者质疑和批判亚里士多德的权威提供了理论依据,并为他们的思想变革树立起一个旗鼓相当的古代哲人。在这种新旧思想的斗争中,拜占庭学者对古代先贤采取的更冷静的态度就凸显出他们更富有智慧、理性和思辨性的特点,深受文艺复兴运动进步学者的推崇。

拜占庭文化以古希腊罗马文化为基础,博采早期基督教文化和古代东方多种文化之长,形成了独具特色的文化体系,在拜占庭帝国长达11个世纪的统治期间,其首都"君士坦丁堡始终是文明世界的中心"[3]。拜占庭文化不仅对东欧斯拉夫民族,而且对西欧以及阿拉伯文化都产生了广泛、深远的影响。

拜占庭帝国的希腊古典文化传统从未中断过,拜占庭的学校教育中保持着希腊传统,拜占庭的图书馆中珍藏着希腊、罗马时代流传下来的古代手稿,拜占庭帝国晚期甚至出现了所谓的"帕列奥列格文化复兴"。14—16世纪,内忧外患的拜占庭帝国日益衰败,大批拜占庭流亡学者为躲避战乱移居意大利,他们以其丰富的古典文化素养,积极参与意大利的古希腊文化复兴,有力地推动了意大利文艺复兴运动的发展,掀起了拜占庭文化西传的高潮。法国最负盛名的拜占庭学专家查尔斯·迪尔(Charles Diehl)说过,"帕列奥列格时代伟大的教授们是恢复研究古希腊工作的开创者,他们为人文主义的伟大运动做了准备"[4]。美国学者德诺·

---

① D. J. Geanakoplos, *Constantinople and the West*, p. 83.

② Stein, "Der Humanist T. Gaza," pp. 427 – 429. 转引自 D. J. Geanakoplos, *Constantinople and the West*, p. 83。

③ S. Runciman, *Byzantine Civilisation*, p. 299.

④ J. B. Bury, *The Cambridge Medieval History*, London: Cambridge University Press, 1929, p. 777.

约翰·吉纳考普洛斯(Deno John Geanakoplos)也说过:"就拓宽西欧学者的眼界而言,在中世纪后期和文艺复兴时期,没有任何东西可以与古希腊文化的复兴相提并论,而在复兴过程中起重要作用的正是从拜占庭逃往意大利的希腊学者。"①

拜占庭人一直自称为罗马人,始终认为自己是罗马帝国的正统传承人,几乎所有的拜占庭皇帝都梦想着有朝一日能够重现罗马帝国的辉煌。在政治制度、官僚体制、法学教育、立法实践等方面,拜占庭帝国忠实地沿袭古罗马的传统,并有所发展和创新。拜占庭清除了罗马民主制的残余和普通民众参与政治的因素,确立了以绝对皇权为中心的皇帝专制制度。发源于罗马的基督教在拜占庭始终处于皇帝最高权力的控制之下,成为强化皇权统治和扩大拜占庭帝国影响的官方意识形态工具。在法律制定方面,拜占庭恪守古罗马立法传统,几乎每个历史时期都有重要的法律文献问世。尤其是查士丁尼一世在位期间下令编纂的《民法大全》,是欧洲历史上一套比较完备的法律体系,不仅奠定了此后数百年拜占庭帝国的法律基础,更是成为西方现代资本主义社会制定法律的范本,对中世纪欧洲以及近现代各国都产生了不同程度的影响。

---

① D. J. Geanakoplos, *Greek Scholars in Venice*, p. 1.

第三章

拜占庭帝国科技遗产

科技(Science and technology)是科学与技术的合称，科学与技术既联系密切又区别明显。科学重理论，探寻的是自然规律；技术重应用、重实践，主要是将科学理论运用到实践中，解决实际的问题。拜占庭科技史领域目前还不是一个研究热点。本章以医学这一兼具理论和实践的学科作为拜占庭科技的重点，共分为两大部分：第一部分为拜占庭科技史概论，从科学和技术两大领域对拜占庭重要的科学家、科研成果、技术的掌握、发明和创新进行简要论述；第二部分为拜占庭医学史，分别论述其历史分期、特点及其影响，以拜占庭医学为代表展示拜占庭帝国的科技遗产。

第一节

拜占庭科技概述

一　拜占庭科学

科学“science”英文一词源自于拉丁语的“知识”（scientia）①，是一个系统的、可检验的对宇宙和自然的认知和预测的知识体系，涵盖一般真理或一般法则的运用。② 广义上，科学包括自然科学、社会科学和形式科学③，将现有的科学知识用于工程和医学等实际目的的学科被称为应用科学。④ 拜占庭科学在本质上更接近古典科学而不是近代意义上的科学。在探讨拜占庭科学时一般限定在自然科学和应用科学的范畴内。

拜占庭科学自身发展的基础有二：其一为古代众多的科学研究成就，这些手稿的抄写、研读和评论在拜占庭的历史中几乎没有间断过，形成了亚历山大里亚、君士坦丁堡、雅典和叙利亚等地的研究中心，古希腊、罗马的科学研究是拜占庭科学发展的基础，被拜占庭学者奉若至宝；其二是来自拜占庭国外的研究成果，主要来自近东地区，另外还有拉丁地区的知识成果，它们在不同时间段影响了拜占庭科技的发展。

首先，拜占庭科学具有明显的继承性，同古希腊哲学密切相关，它继承了古典时期的科学遗产并发扬光大。4 至 5 世纪时，拜占庭科学研究中心集中在拜占庭治下的埃及亚历山大里亚，7 世纪拜占庭永久性地丧失埃及属地后，科研中心转

---

① D. Harper, *Online Etymology Dictionary*, https://www.etymonline.com/word/science, 2020-02-26.

② https://www.merriam-webster.com/dictionary/science, 2020-02-26.

③ 形式科学是指主要研究对象为抽象形态的科学，是研究与形式系统相关的形式语言学科的一门科学，包括逻辑、数学、计算理论、信息论、统计学等。形式科学通过提供有关自然科学和社会科学用来描述世界的结构的信息，以及可以对它们进行推断的方式，来辅助自然科学和社会科学。形式科学因不依赖经验证据而有时被排除出科学范畴。J. Franklin, “the formal sciences discover the philosophers' stone,” *Studies in History and Philosophy of Science*, vol. 25, no. 4 (1994), pp. 513-533.

④ Reem Rachel Abraham, “Clinically oriented physiology teaching: strategy for developing critical-thinking skills in undergraduate medical students,” *Advances in Physiology Education*, vol. 28, no. 3 (2004), pp. 102-104.

至首都君士坦丁堡。其次,拜占庭科学具有明显的包容性。其一,教俗科学界在总体上看并没有泾渭分明相互攻讦,而是齐头并进相互支持。尽管有拜占庭皇帝反对学习异教知识①,但具有古典知识背景的科学家或学者仍旧在教会中担任高级职务。亚历山大里亚和君士坦丁堡的世俗大学教材脱胎于古典著作。拜占庭神学院和修道院附属教育机构也提供了古代典籍的教学,教会手稿也转录了不少古典论著,主要涉及文学、基础科学和医学等领域。其二,拜占庭不少科学家具有犹太或是塞姆族血统。拜占庭不论出身,使这些所谓的异族科学家有较好的学习和科研环境,为拜占庭科技的发展做出了不可否认的贡献。最后,拜占庭科学具有一定的影响力,是古典知识向伊斯兰世界和西欧传播的桥梁和媒介,也在伊斯兰科学的发展和意大利文艺复兴时期科技的进步中发挥了重要作用。②

数学是科技的基础,目前没有一个公认的定义。③ 一般包括数量(数论)、结构(代数)、空间(几何)和变化(数学分析)。④ 数学(Mathematics)一词源自于希腊语"μαθημα",希腊语广义为"知识""学习",狭义为"数学研究"。毕达哥拉斯认为"万物皆数",由此奠定了古希腊数学繁盛的基础,也影响了古罗马人和拜占庭人。

5世纪以前的拜占庭重要数学家中有许多著名人士。如亚历山大里亚的塞昂(Θεωνὸ 'Αεξανδρεῦς,约335—405年),他是拜占庭早期的数学家。他编辑整理了欧几里得(Ευκλειδης,前325—前265年)的《几何原本》(Στοιχεια),并对欧几里得和托勒密(Κλαῦδιος Πτολεμαιος,约100—170年)的数学作品进行了评论。⑤ 在评论中,他试图缩短欧几里得的证明。塞昂详细描述了六进制的主要算术运算系统:加法、减法、乘法、除法、提取平方根、分数的乘法和除法以及

---

① 如529年,拜占庭皇帝查士丁尼关闭了在雅典传授古典文化的学院。

② G. Saliba, *Islamic Science and the Making of Renaissance Europe*, https://www.loc.gov/item/webcast-3883, 2020-02-27.

③ R. Mura, "Images of Mathematics Held by University Teachers of Mathematical Sciences," *Educational Studies in Mathematics*, vol. 25, no. 4 (1993), pp. 375-385.

④ G. T. Kneebone, *Mathematical Logic and the Foundations of Mathematics: An Introductory Survey*, Dover, 1963, p. 4. Donald R. LaTorre, John W. Kenelly, Sherry S. Biggers, Laurel R. Carpenter, Iris B. Reed, Cynthia R. Harris, *Calculus Concepts: An Informal Approach to the Mathematics of Change*, Cengage Learning, 2011, p. 2. Günter M. Ziegler, "What Is Mathematics?" *An Invitation to Mathematics: From Competitions to Research*, eds. D. Schleicher and M. Lackmann, Berlin: Springer, 2011, p. vii.

⑤ F. J. Swetz, *Learning Activities from the History of Mathematics*, Portland, Maine: Walch Publishing, 1993, p. 18.

比例内插。① 希帕提娅('Υπατια,生于约350—370年间,卒于415年)是拜占庭早期的一位女数学家,同时也是一位新柏拉图主义者和天文学家。希帕提娅活跃在拜占庭统治下的亚历山大里亚的学术界。希帕提娅是数学家亚历山大里亚的塞昂的女儿,她深得其父真传。希帕提娅评论了“代数之父”亚历山大里亚的丢番图(Διόφαντοςὁ 'Αεξανδρεύς,生于201—215年间,卒于285—299年之间)的《算术》('*Αριθμητικά*)。② 希帕提娅对丢番图的评论可能部分地保存了下来,被后世的抄写员插入丢番图的手稿原著中,并被翻译为阿拉伯语手稿。希帕提娅是已知的唯一一位对《算术》发表评论的古代数学家,由于她使用了六进制中的一个特殊除法算法(可能是长除法),因此她的评论很容易同丢番图的原文区别开来。③ 希帕提娅改进了长除法的算法,并运用到天文学领域。希帕提娅也对佩尔加的阿波罗尼奥斯('Απολλώνιος ὁ Περγαῖος,公元前3世纪晚期至公元前2世纪早期)的《圆锥曲线论》(*Conics*)中的圆锥截面和圆锥曲线进行了评论,该评论现已遗失。还有学者认为希帕提娅编辑整理了阿基米德('Αρχιμήδης,约前287—前212年)的著作。④

5世纪的拜占庭数学家中更是强手如云。例如普罗克洛斯(Πρόκλος,412—485年),他是新柏拉图主义者,也是最后一位拜占庭的古典哲学家之一,他促进了新柏拉图主义在整个拜占庭和伊斯兰世界的传播。普罗克洛斯热爱数学,更爱哲学。他著有《欧几里得〈几何原本〉第一卷评述》⑤,是一位欧几里得派的数学家。他对欧几里得《几何原本》的评论是古代数学史上最有价值的资料之一。⑥ 他对古希腊科学史家罗得岛的埃德穆斯(Eudemus)的《几何史》(*Geometry*

---

① Joseph Mogenet, *L'Introduction 'a l'Almageste*, M'emoires de l'Acad'emie Royale de Belgique, Cl. Lettres, 51, fasc. 2.

② 《算术》是约130个代数问题的集合。丢番图给出了一些方程和不定方程的解法,其中一些被称为丢番图方程。F. N. Magill ed., *Dictionary of World Biography*, vol. 1, Pasadena: Salem Press, 1998, p. 362.

③ M. E. Waithe, *Ancient Women Philosophers: 600 B. C. - 500 A. D.*, vol. 1, Dordrecht, 1987, p. 175.

④ W. Knorr, *Studies in Ancient and Medieval Geometry*, Boston: Birkhäuser, 1989, pp. 753 - 804.

⑤ J. Gow, *A Short History of Greek Mathematics*, 1884, https://archive.org/details/bub_gb_9d8DAAAAMAAJ, 2020 - 03 - 30.

⑥ Sir Thomas Little Heath ed., Proclus and His Sources, in Euclid, *The Thirteen Books of Euclid's Elements*, vol. 1, eds. T. L. Heath and J. L. Heiberg, Cambridge: Cambridge University Press, 1908, p. 29. Proclus, *Procli Diadochi in primum Euclidis elementorum librum commentarii*, ed. G. Friedlein, Leipzig: Teubner, 1873, TLG, No. 4036011.

History)也有较深入的了解。又如拉里萨的多姆尼努斯(Δομνῖνος,约420—约480年),他是拜占庭叙利亚地区的数学家,著有《算术入门手册》(Ἐγχειρίδιον ἀριθμητικῆς εἰσαγωγῆς)。该书对数论进行了简要概述,涵盖了数字、比例和方法,总体上是对古典时期的数学家尼科马修斯(Νικόμαχος,约60—120年)《算术概论》(Ἀριθμητικὴ εἰσαγωγή)的回应,并将拜占庭数学引回到欧几里得的概念中。他还著有《如何从比率中求出比值》(Πῶς ἔστι λόγον ἐκ λόγου ἀφελεῖν),主要研究如何将比率转换成其他形式。[①] 再如尼阿波利斯的马里诺斯(Μαρῖνος ὁ Νεαπολίτης,约440年—?),他出生于巴勒斯坦地区,可能是拜占庭撒马利亚人(Samaritans)或是拜占庭犹太人,新柏拉图主义者。他的著作一是为其师立传,即《普罗克洛斯传》(*Life of Proclus*)。另外,他引用或评注了欧几里得的《已知数》(Δεδομένα)。他非常热爱数学,曾说:"我希望一切都是数学。"[②]还有特拉勒斯的安泰米乌斯('Ανθέμιος ὁ Τραλλιανός,约474—533/558年),这位君士坦丁堡的数学家和建筑学家,著有《论燃烧的玻璃》(*On Burning Glasses*),其中描述了椭圆的弦结构,并假设了椭圆的性质,即从一个点绘制的两条切线在交点处所成的对角角度相同。[③] 他的著作首次提到了对抛物线的准线的应用:给定焦点和某个点的横纵坐标后,可以通过焦点和准线来获得抛物线上其他任意点的数值。[④] 其研究成果影响了阿拉伯数学家。据说,他的一个兄弟就是拜占庭著名的医学家特拉勒斯的亚历山大。不能不提到的还有阿什凯隆的尤托修斯(Eutocius of Ascalon,约480—540年),他是一位数学家,生平不详,著有《阿波罗尼乌斯〈圆锥曲线论〉前四书的评论》(*A Commentary on the first four books of the Conics of Apollonius*)、《关于阿基米德的〈球与圆柱〉的评论》(*Commentaries on the Sphere and Cylinder of Archimedes*)、《关于阿基米德的〈抛物线求积法〉的评论》(*Commentaries on the Quadrature of the Circle of Archimedes*)和《关于阿基米德的〈平面图形的平衡或其重心〉的评论》(*Commentar-*

① http://www-history.mcs.st-andrews.ac.uk/Biographies/Domninus.html, 2020-03-28.

② P. Elias, A. Busse ed., *Commentaria in Aristotelem Graeca* XVIII, Berlin, Typ. et Impensis G. Reimeri, 1902, pp. 28-29: εἴθε πάντα μαθήματα ἦν. Euclides, *Euclidis Opera Omnia*, ed. H. Menge, vol. 6, Leipzig: Teubner, 1896, TLG, No. 4075002.

③ C. B. Boyer, *A History of Mathematics*, Hoboken: Wiley, 1991, p. 193.

④ H. Chisholm ed., *Encyclopædia Britannica*, vol. 2, Cambridge: Cambridge University Press, 1911, p. 98.

ies on the Two Books on Equilibrium of Archimedes)。

6—9世纪的拜占庭数学似乎下滑，但能名列"大家"的也不少。如特拉勒斯的阿斯克勒庇俄斯('Ασκληπιός，卒于约560—570年)，他是哲学家和天文学家阿莫纽斯·赫米亚(Ammonius Hermiae)的学生，著有《关于尼科马修斯〈算术概论〉的评论》(*Commentary on Nicomachus' Introduction to Arithmetic*)。[①] 又如米利都的伊西多鲁斯(Ισίδωρος Ὁ Μιλήσιος，活跃于6世纪中叶)，这位圣索菲亚大教堂两位主要设计师之一的名人，也是一位数学家。他曾在亚历山大里亚大学和君士坦丁堡大学教授立体几何和物理学。他汇编了阿基米德的著作，使之能够流传于世；[②]欧几里得《几何原本》第伪十五卷也出自他手。[③] 再如塞维鲁·塞伯克(ܣܘܝܪܘܣ ܣܒܘܟܬ，575—667年)，他是叙利亚学者和神职人员，他可能是首位提及印度数字的拜占庭叙利亚人。他认为学习属于所有人，以印度教徒为例，称他们找到了一种用九个符号表示所有数字的方法。[④] 还有数学家利奥(Λεων Ὁ Μαθηματικός，约790—869年后)，他是拜占庭阿莫利王朝时期著名的数学家、哲学家、逻辑学家和学者，有时也被称为医生利奥(Leo the physician)。他被现代学者视为"真正的文艺复兴人"和"9世纪拜占庭最聪明的人"。[⑤] 利奥出生于塞萨利，是语法学家约翰(Ιωάννης Ζ Γραμματικός，？—867年前)的亲戚。[⑥] 青年时期，他在君士坦丁堡接受教育，之后前往安德罗斯(Ἄνδρος)[⑦]的一处修道院，在那里，他跟随一位年长的修士学习数学，并研读修道院中珍藏的各种手稿。[⑧] 他广泛学习了哲学、数学、医学、自然科学、文学、语言学、天文学和占星术等学科领域，之后，他返回首都君士坦丁堡成为教师。利奥名满天下以至于哈里发马蒙(Al-

---

① L. Tarán ed., *Asclepius of Tralles, Commentary to Nicomachus' Introduction to Arithmetic*, Transactions of the American Philosophical Society (n. s.), 59: 4, TLG, No. 4018002.

② Archimedes, *The Works of Archimedes: Volume 1, The Two Books on the Sphere and the Cylinder: Translation and Commentary*, ed. Reviel Netz, Cambridge: Cambridge University Press, 2004, p. 14.

③ C. B. Boyer, Euclid of Alexandria, *A History of Mathematics*, pp. 130 - 131.

④ http://www.tertullian.org/fathers/severus_sebokht_constellations_01_intro.htm, 2020 - 05 - 13.

⑤ M. L. Rautman, *Daily Life in the Byzantine Empire*, Westport: Greenwood Press, 2006, pp. 294 - 295.

⑥ 同时也是君士坦丁堡牧首约翰七世。

⑦ 安德罗斯(Andros)是希腊基克拉迪群岛最北端的岛屿，长近40千米，最大宽度为16千米，大部分是山区和山谷。

⑧ R. Browning, "Byzantine Scholarship," *Past and Present*, vol. 28 (1964), pp. 7 - 8.

Ma'mun,786—833 年)力图用巨额财富请他前往巴格达教授知识。[①] 但是,利奥传世的著作几乎散佚殆尽,我们无从得知他在数学领域的具体成就。可以确定的是他收藏了阿基米德和欧几里德等人的手稿。

拜占庭帝国的衰落也使其数学衰落,动荡时期的数学家寥寥无几。格里高利·侯尼雅迪斯(Γρηγόριος Χιονιάδης,约 1240—1320 年)可以算是一个。他还是拜占庭天文学家,曾前往波斯地区学习数学和天文学,[②]返回拜占庭后,在特拉比宗建立了一所天文学院,将在波斯游学所得的知识向学生倾囊相授。[③] 格里高利·侯尼雅迪斯翻译了大量的阿拉伯语和波斯语的数学和天文学典籍,其中包括他的老师赛典赤·赡思丁(سيد اجل شمس الدين عمر ,1211—1279 年)的天文表。[④] 他将伊斯兰世界的多项创新引入欧洲,例如通用星盘,但这种古代星盘与纬度无关,还有用希腊语介绍了图斯双圆(Tusi Couple),图斯双圆对哥白尼的日心说产生了影响。[⑤] 又如曼努埃尔·布里恩纽斯(Μανουήλ Βρυέννιος,约 1275—1340 年),他于 1300 年前后在君士坦丁堡教授数学、音乐和天文学等学科。[⑥] 他的乐理论文《和声》(Ἁρμονικά)中运用了托勒密和尼科马修斯等数学原理,[⑦]秉承了毕达哥拉斯将数学引入音乐、从而改变音乐的理念。再如伊萨克·阿吉洛斯(Ισαάκ Αργυρός,1312/1300—1375 年)这位拜占庭数学家和修道士,其数学上的成就主要包括计算非平方数的平方根,他研究了亚历山大里亚的赫罗(Ηρων ὁ

① 其阿拉伯全名为阿布·阿巴斯·伊本·阿卜杜拉哈伦·拉希德(أبو العباس عبد الله بن هارون الرشيد),阿拔斯王朝的第七位哈里发,伊斯兰黄金时代的统治者,统治年限从公元 813 年至 833 年去世,在位期间同拜占庭帝国发生了大规模战争。约瑟夫·耶尼修斯(Joseph Genesius)和《塞奥法尼斯编年史续编》(*Theophanes Continuatus*)认为该事件发生在公元 829 年至 833 年之间;伪西蒙则认为事件发生在哈里发穆塔西姆时期,是在公元 838 年秋天阿拉伯人征服了阿莫里乌姆之后发出的邀请。W. T. Treadgold, "the Chronological Accuracy of the Chronicle of Symeon the Logothete for the Years 813 - 845," *Dumbarton Oaks Papers*, vol. 33 (1979), pp. 162.

② N. J. Moutafakis, *Byzantine Philosophy*, Indianapolis: Hackett Publishing Company, 2003, p. 200.

③ A. M. Zehiroğlu, "Astronomy in the Trebizond Empire," trans. Paula Darwish, 2016, https://www.academia.edu/29570856/Astronomy_in_the_Trebizond_Empire, pp. 2 - 5.

④ T. Hockey at al., "Biographical Encyclopedia of astronomers," https://islamsci.mcgill.ca/RASI/BEA/Shams_al-Din_al-Bukhari_BEA.htm, 2020 - 05 - 17.

⑤ J. Leichter, "The Zij as-Sanjari of Gregory Chioniades: Text, Translation and Greek to Arabic Glossary," https://archive.org/details/TheZijAs-sanjariOfGregoryChioniades, 2020 - 05 - 17.

⑥ http://genealogy.math.ndsu.nodak.edu/extrema.php, 2020 - 05 - 15.

⑦ Roland Betancourt, *Sight, Touch, and Imagination in Byzantium*, Cambridge: Cambridge University Press, 2018, p. 85.

'Aλεξανδρεύς,10—70 年)的几何学,主要根据赫罗关于测量大地的论文。①

物理学(Physics)源自希腊语 φυσικη,意为"自然的知识"。② 该词源凸显了物理学是研究物质、物质在空间和时间中的运动形式和规律,以及能量和力等方面的自然科学。③ 物理学作为自然学科的基础学科之一,在古代属于自然哲学(Natural philosophy)的范畴,很少有拜占庭人称自己是独立的物理学家。拜占庭重视通识教育,学者更是要博学多才,因此,拜占庭物理学的研究成果很多是由拜占庭的神学家、数学家和建筑学家来完成的。

值得一提的拜占庭物理学者包括:亚历山大里亚的塞昂,他是古希腊光学(optics)的传承者,对现代物理学的重要分支光学有一定思想影响,因为他评论了欧几里得的五卷《光学》('Oπτικα),并由自己的学生编辑整理成书,还著有《反射光学》(*Kατοπτρικός*),涉及光的反射和通过反射镜形成的图像。④ 再如特拉勒斯的安泰米乌斯所著《论燃烧的玻璃》也涉及光学问题,该书旨在简化将光反射到单个点的表面的构造。还有约翰·菲洛波努斯(Ἰωαννης ὁ Φιλόπονος,约 490—约 570 年)这位神学家,他也是一位物理学家。他在对亚里士多德的《灵魂与物理学》的研读和评论中建立了自己的独立思想。他是最早提出"冲力说"的人之一,该理论类似于现代物理学中惯性的概念,但在当时,他的观点是反对亚里士多德的物理学理论的。⑤ 他明确提出亚氏理论的不足,"这是完全错误的,实际观察可能比任何口头辩论都更有效地证实了我们的观点。因为如果您让两个重物从相同的高度掉落,其中一个重物的重量是另一个重物的许多倍,那么运动所需的时间差并不取决于重物的比重,而是非常小的时间差值。因此,如果重量的差异不大,也就是说,哪怕其中一个是另一个的两倍,那么时间

---

① T. L. Heath, *A History of Greek Mathematics*, vol. 2, Cambridge: Cambridge University Press, 2013, p. 555. W. W. Rouse Ball, *A Short Account of the History of Mathematics*, North Chelmsford: Dover Publications, 2012, p. 118.

② *Online Etymology Dictionary*, https://web.archive.org/web/20161224173651/http://www.etymonline.com/index.php?term=physic&allowed_in_frame=0, 2020-07-25.

③ J. C. Maxwell, *Matter and Motion*, New York: D. Van Nostrand, 1878, p. 9.

④ J. Evans, *The History and Practice of Ancient Astronomy*, Oxford: Oxford University Press, 1998, p. 90.

⑤ *CAG* XVII, *Ioannis Philoponi in Aristotelis Physicorum Libros Quinque Posteriores Commentaria*, Berlin: Walter de Gruyter, 1888, p. 642, https://books.google.com/books?id=dVcqvVDiNVUC&source=gbs_navlinks_s, 2010-05-12.

上就不会有差异,或者说是不可察觉的差异,尽管一个物体的重量是另一个重量的两倍,这种差异是无法忽视的。”①他的观点对后世的伽利略影响颇深。② 鉴于菲洛波努斯是唯一一个正式提出此概念的古代人,而惯性原理的发现是 16 至 17 世纪出现的现代科学的标志性成就,因此有学者称其为“古代伟大的天才”和“现代科学的先驱”之一。③ 还有一位西里西亚的辛普利修斯(Σιμπλτκιος ὁ Κτλιξ,约 490—约 560 年),也是拜占庭最后一批新柏拉图主义者,擅长评论亚里士多德,著有《论亚里士多德〈物理学〉》(*On Aristotle, Physics*)。④

天文学(Astronomy)源自希腊语“ἀστρονομτα”,意为“天体的规律”或是“星星的文化”,是一门运用数学、物理和化学等研究宇宙天体和结构现象的自然学科。⑤ 拜占庭的天文学家仍以古希腊和希腊化时期的天文学家如托勒密为楷模,⑥同时吸收了来自阿拉伯、波斯、拉丁地区的天文学成果。在拜占庭帝国的早期,科学特别是天文学研究中心是在亚历山大里亚,基于该市是拜占庭的数学中心,以新柏拉图学派见长。

拜占庭重要的天文学家如同数学家一样,群英荟萃。如亚历山大里亚的塞昂,他编辑评注托勒密的《天文学大成》(*Almagestum*)全部 13 卷的内容,目前该书缺少第 5 卷大部分和全部的 11 卷。⑦ 塞昂同时也编辑评论了托勒密的《实用天文

---

① J. Philoponus, J. Philoponus, “Commentary on Aristotle's Physics,” https://web. archive. org/web/20160111105753/http://homepages. wmich. edu/~mcgrew/philfall. htm, 2020-07-25. Philoponi, *in Aristotelis physicorum libros octo commentaria*, ed. H. Vitelli, Ioannis 2 vols., Berlin: Reimer, 1887, 1888, TLG, No. 4015009.

② D. Lindberg, *The Beginnings of Western Science*, Chicago: University of Chicago Press, 1992, p. 162.

③ P. Duhem, *Le système du monde*, Paris: Hermann, 1913, p. 398, https://archive. org/stream/lesystmedumond01duhe#page/398/mode/2up, 2020-05-12.

④ *Simplicius: On Aristotle, Physics 1. 3-4*, trans. Pamela M. Huby and C. C. W. Taylor, London, 2011; *Simplicius: On Aristotle, Physics 1. 5-9*, trans. Han Baltussen, London, 2011; *Simplicius: On Aristotle, Physics 2*, trans. Barrie Fleet, London, 1997. Simplicii, *in Aristotelis physicorum libros octo commentaria*, ed. H. Diels, 2 vols., Berlin: Reimer, 1882, 1895, TLG, No. 4013004.

⑤ A. Unsöld, B. Baschek, *The New Cosmos: an Introduction to Astronomy and Astrophysics*, Berlin, New York: Springer, 2001, p. 1.

⑥ A. Tihon, L'astronomia matematica a Bizanzio, *Storia della Scienza*, vol. 4, Bologna: I lmulino, 1991, pp. 346-352.

⑦ Théon d' Alexandrie, *Commentaires de Pappus et de Théon d'Alexandrie sur l'Almageste*, Tome Ⅲ, ed. A. Rome, Rome, 1943. *Commentaires de Pappus et de Théon d'Alexandrie sur l'Almageste*, ed. A. Rome, vols. 2-3, Vatican City: Biblioteca Apostolica Vaticana, 1936, 1943, TLG, No. 2033001.

表》(*Handy Tables*),分为《大评论》(*Great Commentary*)和《小评论》(*Little Commentary*)。《大评论》现存第1—3卷和第4卷开头,阐述了如何使用托勒密的表格,并解释其计算过程。[①] 在《小评论》中,塞昂描述了古典占星家家关于岁差的理论,但他并不认可这些理论。岁差又称地轴进动(axial precession),有占星家认为岁差导致的恒星背景移动不是稳定的无休止的运动,而是每640年反转一次方向,而最后一次反转发生在公元前158年。[②] 另外,塞昂著有《论星盘》(*Treatise on the Astrolabe*),可惜该文没有保存下来。还有一篇著作是《论犬星的升起》(*On the Rising of the Dog*[-*Star*])。前文提到的希帕提娅也是位天文学家,许多现代学者认为,希帕提娅可能帮助其父塞昂编辑整理了托勒密的《天文学大成》(*Almagestum*)第3卷。希帕提娅解释了关于"由岁差导致的春分点(在恒星背景上)西移"的发现,即春分点在黄道上移动,进动率在一个世纪内不小于1°,换句话说,在不超过36 000年的时间内完成了一个完整的周期。[③] 她首次用到春分点进动(the precession of the equinoxes)一词。她还提出了天文学中"本轮"的理论。塞昂表示《天文学大成》第3卷"该版本由我的女儿哲学家希帕提娅编辑"[④]。希帕提娅很有可能对《天文学大成》进行了改进。[⑤] 希帕提娅改进了长除法(可简单理解为多位数除法)的算法,将其用于托勒密"地心说",后者在《天文学大成》中计算太阳绕地球公转的一天的度数。其父塞昂曾试图改进,但没能成功,最后是他的女儿希帕提娅完成了。希帕提娅还详细介绍了托勒密《实用天文表》中的表格方法。[⑥] 希帕提娅曾自制了星盘和比重计作为礼物赠送他人。[⑦] 星盘是一种用于根据恒星和行星的位置来计算日期和时间的天文仪器,也可以用来预测恒星和行星

---

① J. M. McMahon, Theon of Alexandria, Virginia Trimble, Thomas Williams, Katherine Bracher eds., *Biographical Encyclopedia of Astronomers*, New York: Springer, 2007, pp. 1133 - 1134.

② J. Evans, *The History and Practice of Ancient Astronomy*, p. 276.

③ Ptolemy, *Ptolemy's Almagest*, trans. G. J. Toomer, Princeton: Princeton University Press, 1998, pp. 131 - 141 and 321 - 340.

④ A. Rome, *Commentaires de Pappus et de Théon d'Alexandrie sur l'Almageste*, Tome Ⅲ, p. 807.

⑤ M. Dzielska, *Hypatia of Alexandria*, Cambridge: Harvard University Press, 1996, pp. 71 - 72.

⑥ M. Emmer, *Imagine Math: Between Culture and Mathematics*, New York: Springer, 2012, p. 76.

⑦ M. J. Bradley, *The Birth of Mathematics: Ancient Times to 1300*, New York: Chelsea House, 2006, p. 63.

在任何设定日期的位置。[①] 比重计(Hydrometer)在当时被称为验湿器(Hydroscope),用来确定液体的密度或比重。希帕提娅究竟是否发明这两种仪器,目前学界存疑。

除了塞昂父女外,拜占庭人尼阿波利斯的马里诺斯在其著作中介绍了两篇古典时期的天文学论文,其中探讨了银河系,如探讨银河系是否要受岁差的影响。他还反对公元前5世纪德谟克利特认为银河系是由许多昏暗的恒星组成的观点,他认为银河系是众多固定恒星球体的一部分,因此以与固定恒星相同的方式进行移动。[②] 另外他还评论了塞昂的《小评论》,纠正了塞昂在经度视差方向的部分法则。[③] 阿莫纽斯·赫米亚('Αμμώνιος ὁ Ἑρμεῖου,约440—约520年)也是一位成熟的天文学家,虽然其主要的成就在哲学领域,但是他就托勒密做过主题讲座,并写了一篇论星盘的论文。[④] 还有狄奥尼修斯·伊戈古斯(Dionysius Exiguus,约470—544年)这位6世纪的拜占庭修道士,他的成就主要体现在历法方面。他发明了基督纪年法,即基督诞生之前被视为公元前(Before Christ),简称BC,基督诞生之后为公元后(Anno Domini),简称AD。儒略历与格里高利历都采用了狄奥尼修斯·伊戈古斯的基督纪年法,并使用了他编制的复活节表(*Easter tables*)。

6—7世纪,拜占庭也出现了一些著名天文学家,如小奥林匹奥多鲁斯('Ολυμπιόδωρος ὁ Νεώτερος,约495—570年),他是拜占庭新柏拉图主义哲学家、天文学家和教育学家。他是亚历山大里亚哲学家阿莫纽斯·赫米亚的门徒,也是亚历山大里亚最后一位保留了柏拉图传统的古代信徒。他去世后,亚历山大里亚的学校被移交给基督教亚里士多德主义者,并最终迁至君士坦丁堡。他在对《关于亚里斯多德的〈气象学〉的评论》(*Είς τὸ πρῶτον τῶν Μετεωρολογικῶν Ἀριστοτέλους σχόλια*)中提到了当时出现的一颗彗星。另外他还评论了保卢斯·亚历山大里鲁斯(Paulus Alexandrinus)的占星学《概论》(*Introduction*)。又如

① M. A. B. Deakin, *Hypatia of Alexandria: Mathematician and Martyr*, Amherst: Prometheus, 2007, pp. 102-104.

② A Tihon, "Notes sur l'astronomie grecque au Ve siècle de notre ère Marinus de Naplouse-un commentaire au Petit commentaire de Théon," *Janus*, no. 63, issue. 1-3 (1976), pp. 167-184.

③ http://www-history.mcs.st-andrews.ac.uk/Biographies/Marinus.html, 2020-03-29.

④ Hugh Chisholm ed., *Encyclopædia Britannica*, vol. 1, p. 864.

俄勒特留斯(‘Ρητόριος,6—7世纪早期),他长期活动在埃及,是拜占庭最后一位重要的古典占星家。他用希腊语撰写了大量希腊化占星家的技术结论,也是古典时期雅典占星家安提阿古斯(Antiochus of Athens,1—2世纪)已散佚著作的保护者。[①] 俄勒特留斯证明了维提乌斯·瓦伦斯(Vettius Valens)占星术技术的存在,瓦伦斯的占星传统与托勒密的更为著名的方法有所不同。[②] 亚历山大里亚学派的最后一批代表性人物之一是斯特凡努斯(Στέφανος Αλεξανδρεύς,公元7世纪),他在阿拉伯人征服埃及前不久,被伊拉克略皇帝召回君士坦丁堡。他写了关于塞昂评论托勒密的天文学手册。在这份作品中,斯特凡努斯首次展示并记录了拜占庭人提出的纬度并列成表格。在该论文的结尾,他在皇帝的授意下加入了一些有关年代计算的章节和计算复活节日期的方法。[③]

在拜占庭意大利属地也有一些重要的天文学家,如西里西亚的辛普利修斯,他著有关于星盘和星座的作品。他的作品包含25个部分,以托勒密的成果为基础,提供了有关天体运动测量的详细解释,涉及恒星、星座、黄道、银河系,预测了日食和月食,推算古代统治者的年表。[④] 又如沙贝泰·东诺罗(שבתי דונולו,913—约982年),他是希腊—意大利的犹太医学作家和占星术师。他评论古希伯来文献《创世之书》(ספר יצירה)中所有关于占星术的内容。《创世之书》假托犹太人先祖亚伯拉罕所作,认为神以“32种奇妙的智慧方式”创造了世界,涉及宇宙的构造、天体、行星和黄道十二宫等。[⑤] 他在序言后附了一个表格,列举了第946个以禄月(Elul,אֱלוּל)中天体的位置。[⑥]

马其顿王朝是拜占庭帝国的黄金时代,也激发出天文学家的热情。像西蒙·希斯(Simeon Seth,约1035—约1110年)这样的拜占庭科学家、翻译家和拜占庭官

---

① Rhetorius the Egyptian, *Astrological Compendium*, trans. James Herschel Holden, Tempe: Amer Federation of Astrology, 2009.

② http://www.hellenisticastrology.com/astrologers/rhetorius-of-egypt/, 2020-05-12.

③ A. Tihon, “Le calcul de la date de Pâques de St'ephanos-H'eraclius,” Philomathestatos, *Studies in Greek Patristic and Byzantine Texts Presented to Jacques Noret*, B. Janssens, B. Roosen and P. van Deun ed., Leuven: Peeters, 2004, pp. 625-646.

④ http://www.hellenisticastrology.com/astrologers/rhetorius-of-egypt/, 2020-05-12.

⑤ I. Singer et al. eds., *The Jewish Encyclopedia*, New York, 1901-1906, http://www.jewishencyclopedia.com/articles/13386-sefer-yezirah, 2020-05-14.

⑥ I. Singer et al. eds., *The Jewish Encyclopedia*.

员就是个例子,他有可能是一位拜占庭犹太人。[①] 拜占庭公主安娜·科穆宁娜所著的《阿莱克修斯传》中称,西蒙是一位数学家(mathēmatikos)和占星术士,能够通过计算星象预测未来。[②] 据说他靠自己的天文学知识预言了罗伯特·吉斯卡尔(Robert Guiscard,约1015—1085年)在1085年7月17日的死。[③] 他也观测了1058年2月25日或1059年2月15日在埃及的日全食。他的著作《自然万物论》(*Σύνοψις τῶν φυσικῶν*)将自然科学分为五个部分,涉及地球、元素、天空和星辰、物质、自然和灵魂等方面的知识。他的天文学知识主要来自阿拉伯文献,但又属于亚里士多德流派。[④] 又如尼基弗鲁斯·格里高拉斯(Νικηφόρος Γρηγορᾶς,约1295—1360年),他是拜占庭天文学家、历史学家和神学家。他批评这样一个事实,在他的时代古典研究包括算术、几何、音乐和天文学等"四艺"(τετρακτύος)衰落了,为此他写道"没有人离得开我们希腊人"(οὐδαμῇ γε οὐδ ενα τῶν καθ' ημάς αφήκε Ελλήνων)。他对天文学特别感兴趣,这就是为什么他写《如何看待星盘》(*Πως δει κατασκευάζειν αστρολάβον*)的原因,该书涉及这种天文仪器的构造。他还对预测天文现象感兴趣,其中包括对1333年5月发生的月食的预测。[⑤]

拜占庭天文学发展甚至对近代欧洲天文学产生深远影响。譬如伊萨克·阿吉洛斯分析行星、其他天体的天文运动数据,其两篇论文评论托勒密的《天文学大成》[⑥],这些作品后来被17世纪学者约翰·阿夫拉米奥斯(John Avramios)复制和使用。[⑦] 他还另著有《复活节法则》(*An Easter Rule*),探讨关于确定复活节日期,

---

① R. Singerman, *Jewish Translation History: a Bibliography of Bibliographies and Studies*, Amsterdam: John Benjamins Pub, 2002, p. 69.

② Anna Comnena, *Annae Comnenae Alexias*, recensuerunt D. R. Reinsch et A. Kambylis, [CFHB 40: 1], Berolini: Walter De Gruyter, 2001, VI. 7. 1, p. 181. Anna Comnena, *Alexiade*, ed. B. Leib, 3 vols., Paris: Les Belles Lettres, 1937, 1943, 1945, TLG, No. 2703001.

③ 罗伯特·吉斯卡尔,诺曼人,意大利南部和西西里岛的征服者。E. van Houts ed. and trans., *The Normans in Europe*, Manchester & New York: Manchester University Press, 2000, p. 223.

④ A. Delatte, *Anecdota Atheniensia et alia*, vol. 2, Paris: E. Droz, 1939, pp. 1 – 89.

⑤ Σκλαβενίτη ʻΑννα, «Το διδασκαλείον του Νικηφόρου Γρηγορά», *Βυζαντινά Σύμμεικτα*, 28 (2018), σ. 141 – 167.

⑥ H. R. Luard, *A Catalogue of the Manuscripts Preserved in the Library of the University of Cambridge*, Cambridge: Cambridge University Press, 2014, p. 60.

⑦ A. P. Kazdan, *The Oxford Dictionary of Byzantium*, "Isaac Argyrus."

其论文和基于托勒密天文学的《新表:天文论文》(*New Tables*: *An Astronomical treatise*)的作品,介绍波斯地区天文学的《波斯法则的传统》(*Παρ αδοσις των περσικών κανόνων*)。① 在1360年代后期,他受拜占庭天文学前辈的启发,写了一篇有关星盘的论文。② 再如塞奥多利·梅利尼奥特(Θεόδωρος Μελιτηνιώτης,约1320—1393年),他是拜占庭晚期的天文学家。他这方面的论著是《三部曲》(*Tribiblos*),写于1352年。他在该书稿上的亲笔签名保存至今,现藏于梵蒂冈,手稿编号为Vaticanus gr. 792。塞奥多利·梅利尼奥特致力于各种天文问题和同天文相关的数学研究。在《三部曲》中他引用了拜占庭学者乔治·帕奇米尔斯(George Pachymeris,1242—约1310年)和塞奥多利·梅托契特斯(Theodoros Metochitis,1270—1332年)的观点。③ 其第二部著作专门介绍托勒密,他以亚历山大里亚塞昂的计算方式解释了托勒密。其第三部书涉及波斯天文学,主要从乔治·克里索科吉斯(Georgios Chrysokokkis,14世纪)的成果中汲取信息,他在著作中对许多内容进行了更正,主要是在占星学方面。与克里索科吉斯的著作和波斯传统相反,梅利尼奥特反对天文学和占星术的分离。④

拜占庭地理学也值得一提。地理学(Geography)源自希腊语γεωγραφτα,意为"对地球的描述",是一门研究地球的自然和人文现象和特征的学科。⑤ 拜占庭地理学受古典时期地理学、哲学和数学的影响,在自身发展过程中又受到拜占庭神学的影响,并试图通过地理学来参与神学辩论。前述塞昂也是地理学家,其失落的著作中包括一部《论尼罗河的泛滥》(*On the Inundation of the Nile*),涉及拜占

---

① A. Tihon, "The Astronomy of George Gemistus Plethon," *Journal for the History of Astronomy*, vol. 29 (1998), p. 109.

② http://www.encyclopedia.com/doc/1G2-2830905449.html, 2020-5-18.

③ 前者为其著作《四艺》(*Quadrivium*),包含算术、音乐、几何、天文,在中世纪音乐史和天文学史上具有一定价值。H. Chisholm ed., *Encyclopædia Britannica*, vol. 20, p. 433. 后者是拜占庭的政治家、作家、哲学家和艺术赞助人。著有介绍托勒密天文学研究成果的《天文科学中托勒密语法和困扰的介绍》(*Προεισαγωγή εις την του Πτολεμαίου Σύνταξιν κκαι ΣτοιΧείωσις επί τη αστρονομική επιστήμη*)等。B. Bydén, *Theodore Metochites' Stoicheiosis astronomike and the study of natural philosophy and mathematics in early Palaiologan Byzantium*, 2nd rev. ed., Göteborg: Acta Universitatis Gothoburgensis, Studia Graeca et Latina Gothoburgensia 66, 2003.

④ https://www.pemptousia.gr/2015/06/epb4/, 2020-05-18.

⑤ https://www.dictionary.com/browse/geography, 2020-07-26.

庭治下埃及地区的地理。① 印度航海者科斯马斯(Κοσμας Ινδικοπλεύστης,公元6世纪)更是大名鼎鼎的地理学家、拜占庭商人、僧侣和旅行家,在查士丁尼统治时期多次前往印度。公元522年,他航行到了印度南部的马拉巴尔海岸,还可能到过斯里兰卡。他也是第一个提到印度喀拉拉邦有来自叙利亚基督徒的拜占庭人,同时他还提到产于印度的辣椒。科斯马斯于550年前后著有《基督教国家风土志》(*Χριστιανική Τοπογραφία*),该书图例丰富,是拜占庭人以神学观念来指导地理学研究的典型。他反对托勒密的地圆说,认为大地是平坦的,天空则是带有幅度的盖子,整个世界是一个盒子的形状。② 尽管大多数基督徒认为地球是个球体,但是科斯马斯认为地球不是一个球体。③

前述西蒙·希斯支持地球是球形的学说,并为此提供了证据:"首先,太阳在东方升起然后在西方落下,因此波斯人口中的下午是我们口中的早晨。但是我们怎么知道存在时间差异?我们从日食月食中知道这一点:波斯人记录的日食是在下午,而我们是在早晨。其次,当我们在海上航行时,我们看到山顶首先出现在地平线上,就像我们首先看到向我们航行的船的桅杆顶部一样。第三,如果地球不是球形,可以同时从任何地方看到夜空中的所有星星,但是事实上一些星星在北部看不到,而在南部看得到,反之亦然。"④这种直观质朴的天文学观察方法在伊萨克·阿吉洛斯的作品中也可以看到,他撰写的关于托勒密的著作《地理学指南》(*Γεωγραφική Υφήγησις*)的评论《托勒密和塞昂的粗糙法则》(*Πτολεμαΐου και Θεώνος πρόχειροι κανόνες*)与西蒙的论证方法非常相似。⑤

称这一时期的拜占庭化学为炼金术更为妥当,炼金术(Alchemy)是当代化学

---

① http://www.stoa.org/sol-bin/search.pl?login=guest&enlogin=guest&db=REAL&field=adlerhw_gr&searchstr=theta, 205, 2020-03-27.

② J. B. Russell, "The Myth of the Flat Earth," *American Scientific Affiliation*, https://www.asa3.org/ASA/topics/history/1997Russell.html, 2020-03-30.

③ Cosmas Indicopleustes, *The Christian Topography of Cosmas, an Egyptian Monk: Translated from the Greek, and Edited with Notes and Introduction*, Cambridge: Cambridge University Press, 2010. Cosmas Indicopleustès, *Topographie Chrétienne*, ed. W. Wolska-Conus, 3 vols., Paris: Cerf, 1968, 1970, 1973, TLG, No. 4061002.

④ *Σύνοψις τῶν φυσικῶν* 1. 5, http://nautil.us/blog/the-hidden-science-and-tech-of-the-byzantine-empire, 2020-05-15.

⑤ http://www.encyclopedia.com/doc/1G2-2830905449.html, 2020-05-18.

在古代萌芽时期的表现形式。中世纪的炼金术士试图纯化和完善普通材料，将它们变为贵金属，尤其是黄金，并希望炼制出长生不老药，在西方被称为贤者之石，或是炼制能治愈各种疾病的万能药和各种万能溶剂。[①] 亚历山大里亚的斯特凡努斯是7世纪拜占庭的哲学家、天文学家和教师，他曾在柏拉图和亚里士多德，以及几何、算术、炼金术、天文学和音乐方面颇有建树。在现代化学诞生前，拜占庭的化学成果主要以他的炼金术为代表，他曾著有《论炼金》(*De Chrysopoeia*)[②]，目前保存在两部手稿中，分别是威尼斯手稿(Venice Cod. Marcianus 299)和巴黎手稿(Paris BNF 2327)，是采用诗歌体写作的。

拜占庭国家是以农为本的农业社会，因此农学有成果。如塞昂《论鸟和乌鸦声音的标志和观察》(*On Signs and Observation of Birds and the Sound of Crows*)就涉及农学问题。[③] 又如卡希亚努斯·巴苏斯(Cassianus Bassus，公元6世纪末—7世纪初)是从事农牧业研究的学者群体(Γεωπονικοι)中的一员，该群体一度被视为经济学家队伍的一个分支。古典时期的希腊农学家维多尼斯·安纳托利乌斯(Vindonius Anatolius，4世纪人)的作品《农业实践选集》(*Collection of agricultural practices*)为巴苏斯的著作《农业选集》(*Eclogae de re rustica*)提供了很多灵感和素材。卡希亚努斯·巴苏斯著作希腊文原文已经遗失，其中一些内容保存在950年前后完成的《农业志》(*Geoponica*)中，该书是献给皇帝君士坦丁七世的，其中有一部分被保存在7世纪波斯文手稿和8、9世纪的阿拉伯文翻译中。[④]

二 拜占庭技术

技术(technology)泛指人类在认识自然和改造自然的反复实践中积累起来的

---

① L. M. Principe, *The secrets of alchemy*, Chicago: University of Chicago Press, 2012, pp. 9 - 14.

② F. Sherwood Taylor, "The alchemical works of S. of Al.," *Ambix, the Journal of the Society for the study of alchemy and early chemistry*, vol. 1, London: Taylor & Francis, 1937, pp. 116 - 139; vol. 2, 1938, pp. 38 - 49.

③ http://www.stoa.org/sol-bin/search.pl?login=guest&enlogin=guest&db=REAL&field=adlerhw_gr&searchstr=theta, 205, 2020-03-27.

④ H. Chisholm ed., *Encyclopædia Britannica*, vol. 3, p. 498.

有关生产劳动的经验和知识,也指其他操作方面的技巧。① 技术与科学向来相辅相成密不可分,"technology"一词源自希腊语"技巧"(τεχνη)和"学问"(λογια),即关于技巧的一门学问。②

拜占庭工艺技术非常发达,在中古世界闻名遐迩,特别在丝织业和玻璃制造业等领域具有特点。工艺(craft)一般指将原材料或半成品加工成产品的工作、方法、技术。拜占庭丝织业继承罗马时代传统,他们通常是通过丝绸之路从中国购进丝绸。至5—6世纪,拜占庭皇帝查士丁尼一世筹谋布局,从古代中国获得了丝绸的秘密,丝绸的生产和销售成为拜占庭帝国的垄断性行业,帝国丝绸工厂生产加工后出售给有授权的代理商。③ 拜占庭首都君士坦丁堡、巴尔干地区的科林斯和底比斯、埃及的亚历山大里亚等地成为帝国的丝织业中心。在查士丁尼一世统治之前,地中海世界流行的是平纹(plain weave)织物,即经纱和纬纱一上一下织出的最基本的布纹,之后中国出产的越来越复杂的几何图案的织锦缎(damask)也进入拜占庭,织锦缎是一种纬三重纹丝织物,也是中国最著名的传统丝绸织物。织锦缎的地料是单色经纹缎料,以至少有三种彩丝做纬面缎纹起花,精致华丽的在制作时也使用斜纹辅助修饰。其英文名damask源自丝绸之路集散地之一的大马士革。④ 但是,这并不意味着此时拜占庭已经掌握了此种编织技术,因为他们缺乏原丝材料。7世纪,新型织机和编织技术对拜占庭丝织业发展发挥了作用,拜占庭在这一时期掌握了加强斜纹织法(twill)。在中国,斜纹织法最早大概出现在殷商时期,用该技术制作的丝绸被称为绫罗绸缎中的"绫"或是"绮"。斜纹织法是纺织三大基本技术之一,通过使纬纱在一个或多个经纱上穿过,然后在两个或多个经纱下穿过,依此类推,具有"阶梯"或偏移量以创建特征的对角线图案。⑤ 加强斜纹织法是在斜纹织法的

---

① 源自《现代汉语词典》网络版释义。

② H. G. Liddell, R. Scott, *A Greek-English Lexicon*, Oxford, Clarendon Press, 1980.

③ A. Laiou, "Exchange and Trade Archived at the Wayback Machine," *The Economic History of Byzantium: From the Seventh through the Fifteenth Century*, ed. Angeliki Laiou, Washington D. C.: Dumbarton Oaks, 2002, p. 703.

④ http://www.periodhomeandgarden.com/damask-fabric, 2020-07-23.

⑤ G. H. Oelsner, *A Handbook of Weaves*, New York: Macmillan, 1915, https://archive.org/details/bub_gb_NsTVAAAAMAAJ, 2020-07-23.

基础上添加经、纬组织点而成。拜占庭人在7世纪之后，多色复合斜纹织法（polychrome compound twills）发展成为拜占庭丝绸的标准织法。[①] 复合斜纹是由两条或两条以上粗细不同的同方向的斜纹纹路构成的纹样，其经线和纬线可以由不同颜色组成。在10世纪前后，拜占庭的丝织中心出现了单色的兰帕斯（lampas，源自希腊语 λαμπας），后来出现了多色的织物即彩花细锦缎，可以由此推定拜占庭人也掌握了缎纹织法（satin）。兰帕斯是一种豪华的丝织品，有底纹（ground weave），混合编织入金银线。兰帕斯也是一种编织法，用于生产具有豪华花纹的丝绸品，这种工艺结合了平纹、斜纹和（或）缎纹，将上述两种织法所织出的两个面合并复合在一起，形成一个立体空间，因此很容易在织物中加入坚硬的金属线形成自己的特色[②]，可以织绘出非常复杂的图案，如拜占庭双头鹰图案。有学者认为，兰帕斯可能源自中国或是波斯，盛行于拜占庭和阿拉伯工匠之中，后西传由法兰克人发扬光大。拜占庭丝织业还使用纬线复合斜纹织法织成萨米特（samite）织锦。萨米特源自中世纪拉丁语 samitum，samitum 是 examitum 的派生词，examitum 源自希腊语 ἑξαμιτον，即六股线，通常被认为是纺织中使用的六根经纬线。[③] 萨米特织锦使用豪华的金银线，以及纬线复合斜纹织法，将主经线在织物结构的两面，被织底上的浮丝和图案化纬线所隐藏，只有被纬线束缚在适当位置的经线可见。[④] 这种工艺在中国被称为提花，是织锦形成复杂的图案的关键技术之一。拜占庭人还掌握了刺绣技术，用于生产织锦或是编织挂毯。[⑤] 拜占庭用腓尼基紫（Tyrian purple，帝王紫）染色的丝织品用于拜占庭皇室和外交赠品。拜占庭民间丝绸作坊中使用的是其他染料，包括茜草（madder）、胭

---

① J. Peter Wild, "the later Roman and early Byzantine East, AD 300 – 1000," *The Cambridge History of Western Textiles*, ed. David Jenkins, Cambridge: Cambridge University Press, 2003, pp. 148 – 149. A. Muthesius, "Essential Processes, Looms, and Technical Aspects of the Production of Silk Textiles Archived at the Wayback Machine," *The Economic History of Byzantium: From the Seventh through the Fifteenth Century*, ed. Angeliki Laiou, pp. 152 – 154.

② https://www.sarajo.com/product/assamese-silk-lampas/, 2020 – 07 – 23.

③ L. Mannas, *Merchants, Princes and Painters: Silk Fabrics in Northern and Italian Paintings 1300 – 1550*, New Haven: Yale University Press, 2008, p. 297.

④ A. Muthesius, "Silk in the Medieval World," in *The Cambridge History of Western Textiles*, p. 343. Dorothy K. Burnham, *Warp and Weft, A Textile Terminology*, Toronto: Royal Ontario Museum, 1980, p. 180.

⑤ A. Muthesius, "Silk in the Medieval World," pp. 350 – 351.

脂虫粉(kermes)、靛蓝(indigo),黄木犀草(reseda luteola)和苏木(biancaea sappan)。[①] 拜占庭的丝织品和工艺影响了西方尤其是法兰克人,查理大帝的裹尸布就是一块来自拜占庭的丝绸,[②]同时也影响了伊斯兰世界。[③]

玻璃制造是一项复杂的技术。拜占庭的玻璃制造技术传承自古罗马,早期的拜占庭玻璃制品在原料、性质和功能上与罗马时期的基本一致。5世纪,拜占庭发展出自己的玻璃吹制术,在叙利亚和巴勒斯坦统治地区发展出独特的拜占庭风格。拜占庭玻璃原料和古罗马的一样,使用沙子(提供二氧化硅和石灰)、泡碱(natron,提供苏打成分)和单独的石灰等作为原材料。泡碱是一种矿物,内含十水碳酸钠($Na_2CO_3 \cdot 10H_2O$)和约17%的碳酸氢钠($NaHCO_3$)以及少量氯化钠和硫酸盐等,这种技术广泛分布在埃及地区并被埃及人熟练使用。罗马人从埃及人那里学习了泡碱的使用技巧,并被拜占庭人所继承,因此拜占庭人以泡碱为原料制作玻璃。这种技术同伊斯兰世界以盐土植物(halophyte)的草灰为原料作为苏打来源制作的玻璃不同,与欧洲西部和北部的以木灰和蕨类的草灰为苏打来源的森林玻璃(forest glass)区分开来,形成三足鼎立之势。[④] 森林玻璃(Waldglas)出现于中世纪中晚期,大约于公元1000—1700年在欧洲西北部和中部生产,使用木灰和沙子作为主要原料,并在森林地区的玻璃工厂中生产。它的特征是具有多种绿色和黄色,较早的产品通常设计粗糙且质量较差,并且主要用于日常器皿,之后越来越多地用于教堂的彩色玻璃窗。由于政治原因,罗马帝国和拜占庭帝国中断了对这些地区泡碱的供应,继承罗马玻璃制造技术的威尼斯玻璃制造商垄断了植物灰(草木灰)的贸易,迫使当地工匠不断实验

---

① A. Muthesius, "Essential Processes, Looms, and Technical Aspects of the Production of Silk Textiles Archived at the Wayback Machine," pp. 152 - 154.

② 查理大帝的裹尸布,8或9世纪,具有典型的拜占庭纹饰。

③ A. Muthesius, "Silk in the Medieval World," p. 327.

④ 据推测,9世纪初,埃及中断了泡碱的供应,从而迫使伊斯兰玻璃制造商寻找苏打的替代来源。O. Dussart, B. Velde, P. Blanc, J. Sodini, "Glass from Qal'at Sem'an (Northern Syria): The Reworking of Glass During the Transition from Roman to Islamic Compositions," *Journal of Glass Studies*, vol. 46 (2004), pp. 67 - 83. I. C. Freestone, "Composition and Affinities of Glass from the Furnaces on the Island Site, Tyre," *Journal of Glass Studies*, vol. 44 (2002), pp. 67 - 77. D. Whitehouse, "The Transition from Natron to Plant Ash in the Levant," *Journal of Glass Studies*, vol. 44 (2002), pp. 193 - 196.

探寻泡碱的替代品。[①] 拜占庭玻璃制造和罗马一样分为两个阶段。第一阶段是初级玻璃的制造,即把沙子和稳定剂转化为原玻璃。第二阶段是在单独的工坊将原玻璃重新加热,将其塑性,称之为二次玻璃制造。拜占庭文献和考古资料显示,拜占庭的玻璃制造中心为叙利亚的埃米萨、巴勒斯坦、埃及、北非的迦太基、欧洲多瑙河沿岸属地、希腊的科林斯、塞萨洛尼基和首都君士坦丁堡、小亚细亚一些地区。[②] 拜占庭的玻璃制造业没有官方垄断,独立制造商众多,工匠有男有女,亚美尼亚的一份拜占庭合同也提到了一位女性玻璃制造商。[③] 拜占庭玻璃器型一开始具有浓厚的罗马风,5—6 世纪受近东艺术影响,罗马时期流行的碗、平底杯、高脚杯,以及三叶唇形带足酒壶逐渐消失,[④]取而代之的是富有装饰感的底部和精致的 U 型流嘴。拜占庭人发明了玻璃灯取代了粘土灯,并在 5 世纪中叶迅速西传,玻璃灯的器型也逐渐增加到了 17 种之多。[⑤] 到拜占庭中期,玻璃工匠学习了阿拉伯的银染色技术(silver-staining,也称银染法)用于玻璃制品的上色。当阿拉伯人在 8 世纪末的埃及开始制造银染玻璃制品时,拜占庭的银染玻璃制品也随后出现在 9 世纪。拜占庭与西欧不同,偏好染银而不是镀银。银染法在玻璃制造工艺中,是将玻璃烧至软化点,将银通过黏土或赭石等载体混合到玻璃器物的表面来制造银染玻璃,这和后来的西欧镀银玻璃不同。[⑥] 拜占庭比较常见和著名的银染玻璃物品是玻璃手镯和玻璃碗。

---

① I. Freestone, "Theophilus and the composition of medieval glass," *Materials Issues in Art and Archaeology Ⅲ*, eds. P. Vandiver et al., Pittsburgh: Materials Research Society, 1992, pp. 739 - 745. A. Shortland, L. Schachner, I. Freestone, M. Tite, "Natron as a flux in the early vitreous materials industry: sources, beginnings and reasons for decline," *Journal of Archaeological Science*, vol. 33 (2006), pp. 521 - 530. K. H. Wedepohl, *The change in composition of medieval glass types occurring in excavated fragments from Germany*, Annales du 14e Congres de l'Association Internationale pour l'histoire du Verre, 1998, pp. 253 - 257.

② A. Antonaras, "The Production and Uses of Glass in Byzantine Thessaloniki," *New Light on Old Glass*, ed. Christopher Entwistle and Liz James, London: British Museum Press, 2013, pp. 189 - 198.

③ E. Marianne Stern, "Glass Producers in Late Antique and Byzantine Papyri", *New Light on Old Glass*, ed. Christopher Entwistle and Liz James, pp. 84 - 85.

④ E. Marianne Stern, *Roman Byzantine, and Early Medieval Glass 10 BCE - 700 CE: Ernesto Wolf Collection*, Ostfildern-Ruit: H. Cantz, 2001, pp. 261 - 263.

⑤ E. Marianne Stern, *Roman Byzantine, and Early Medieval Glass 10 BCE - 700 CE: Ernesto Wolf Collection*, p. 262.

⑥ L. Pilosi, D. Whitehouse, "Early Islamic and Byzantine Silver Stain," *New Light on Old Glass*, ed. Christopher Entwistle and Liz James, pp. 329 - 337.

与玻璃制造技术相应发展的是镶嵌画技术。按照音译,镶嵌画又被称为马赛克。拜占庭镶嵌画非常发达,几乎贯穿整个拜占庭史。马赛克镶嵌画可以说是拜占庭帝国最流行的和具有代表性的艺术形式。拜占庭马赛克技术是从早期的希腊和罗马时期技术演变而来。① 拜占庭式马赛克技术源于希腊修路的技术,因为希腊道路通常使用小鹅卵石拼制图案,后来这种拼制技巧运用到地板和墙壁装饰,在家庭和公共场所都很普遍。后来,随着罗马帝国的扩张,这一技术成为地中海和近东地区的艺术技巧。重要的是,拜占庭工匠取得了重要的技术进步,他们将马赛克技术扩展运用到石头以外,一开始包括玻璃、陶瓷或其他可以镶嵌的材料。② 之后,拜占庭工匠扩大了可以变成镶嵌物的材料,开始出现用金箔和宝石等材料制作镶嵌画。拜占庭工匠完善了镶嵌技法,在铺设镶嵌物之前,要先准备好一种细致的多层基面,上面铺一层碎石灰和砖粉磨粉碎之后的混合物。然后,艺术家在湿润的画底上绘制图像,用细线、圆规和卡尺等工具勾勒出镶嵌物的几何形状,然后根据事前设计好的颜色,将镶嵌物小心地固定在适当的位置上,创造出绚丽的图像。③ 拜占庭人将马赛克艺术发展成为独特而强大的个人和宗教表达形式,发挥了重要的艺术作用,并影响了东部接壤的伊斯兰艺术,甚至直至奥斯曼帝国时期也仿制这类绘画。④ 拜占庭镶嵌画技术还向西传播,深刻影响了西欧。随着东正教影响的扩大也影响了保加利亚、塞尔维亚、罗马尼亚和俄罗斯。⑤

拜占庭圣像崇拜中所使用的一些圣像是用蛋彩画技术制作的。蛋彩画(Egg Tempera)被认为盛行于文艺复兴时期,实际上它出现的时间可以追溯到古埃及早期的石棺装饰技术。古代典型的蛋彩画是将天然颜料粉混入蛋黄中,以着色的蛋黄为基本颜料。拜占庭的蛋彩画配料复杂,有时也会加入蛋清、亚麻籽油、冷水、薄荷油、白葡萄酒或醋汁等。拜占庭人有时会在蛋黄中加入朱砂、雄黄或铅白等

---

① K. Dunbabin, *Mosaics of the Greek and Roman World*, Cambridge and New York: Cambridge University Press, 1999, p. 5. http://www. iranchamber. com/art/articles/tile_history1. php, 2020-07-21.

② F. R. DiFederico, *The Mosaics of Saint Peter's Decorating the New Basilica*, University Park: Pennsylvania State University Press, 1983, pp. 3-26.

③ K. Dunbabin, *Mosaics of the Greek and Roman World*, p. 5.

④ K. Dunbabin, *Mosaics of the Greek and Roman World*, p. 5.

⑤ P. Capizzi, *Piazza Armerina: The Mosaics and Morgantina*, Bologna: International Specialized Book Service Inc., 1989.

有毒粉末制成颜料，也会在蛋彩中加入没药等香料，使得教堂的壁画弥漫着一种神秘的气息。工匠们首先将蛋彩画的画板用加热的兔子皮胶浸泡，并用结实的棉纱布覆盖，干燥24小时后涂上7—8层名为葛索（Gesso）的薄涂层。蛋彩如果运用到壁画中，会在墙壁上敷上石膏做的腻子，有时也被视为湿壁画的一种，因为蛋中的脂肪使其保湿的时间更长。由于蛋彩画颜料速干，因此绘画时使用十字型笔触（cross-hatching），少量而快速地一层一层作画，使得蛋彩画在干透之前颜色很浅，干透之后富有光泽，并具有层次感和透明感。[①]

与此相应，拜占庭的热蜡画技术也很发达。拜占庭圣像有时也会使用热蜡画（encaustic painting）的形式，被称为蜡染画。热蜡一词 encaustic 源自于希腊语"燃烧"（enkaustikos）。热蜡画是一种古老的绘画技术，它将颜料与加热的蜂蜡混合进行绘画，有时也加入亚麻籽油等其他材料。这种技术可以使颜料以液体或更浓缩的糊状形式散布在表面上。拜占庭人通常用木头，或帆布或其他材料。该技术于公元100—300年间出现在埃及的肖像画中，在古希腊和罗马绘画中是非常普遍的技术，之后，这一技术继续用于早期的拜占庭圣像画，但在毁坏圣像运动之后式微，也被同时期的西方教堂绘画所摈弃。现存最著名的拜占庭热蜡画圣像是埃及西奈圣凯瑟琳修道院（Saint Catherine's Monastery）的救世主基督像（Ο Χριστός Παντοκράτωρ）。[②] 这幅画中基督的眼睛明显继承了埃及热蜡肖像画的技法。此后，这种技术长期影响俄罗斯的圣像画。[③]

拜占庭建筑技术极富特色。圣索菲亚大教堂建筑成为拜占庭建筑艺术的代表作。圣索菲亚大教堂的名称 Αγια Σοφια，在希腊语中是"圣神智慧"的意思，是献给上帝圣智的教堂，而非纪念圣徒。圣索菲亚大教堂现存建筑是第三代教堂，前两代教堂因暴动和大火被毁。在532年2月23日第二代教堂被毁后数天，拜占庭皇帝查士丁尼一世决定在原址上建立一座更宏伟的教堂。于是，特拉勒斯的安泰米乌斯作为建筑师，奉查士丁尼一世之命，和米利都的伊西多鲁斯（Istidore of

---

① R. Mayer, *The Artist's Handbook of Materials and Techniques*, New York: Viking Press, 1985, pp. 119 and 215.

② http://campus.belmont.edu/honors/SinaiIcons/WIcons01.jpg, 2020-07-22.

③ K. Weitzmann, *The Icon: Images-Sixth to Fourteenth Century*, Rev. Edition, New York: Alfred A. Knopf, 1982, p. 55.

Miletus)一起设计了圣索菲亚大教堂。① 据说安泰米乌斯还修缮了达拉斯的防洪设施。②

圣索菲亚大教堂是圆顶巴西利卡式教堂,其圆顶直径达31.24米、高55.6米左右。为了实现这史无前例的穹顶,拜占庭设计师使用了亚历山大·里亚塞昂的数学原理,将π由无理数化为有理数,使穹顶在建造时其底座不是正圆形而是椭圆形,其直径介乎31.24米至30.86米之间,穹顶矩形的对角线刚好为140拜占庭尺(Byzantine feet),有利于穹顶的实际修建。③ 中心穹顶放置在一个立方体上,这需要很高的建筑技术,这一难题一直困扰着古代的建筑学家,无论是罗马还是拜占庭之前的建筑工艺,都无法承载如此巨大的穹顶,拜占庭人为此发明了帆拱(pendentive)建筑体。帆拱可以简单理解为:一个半球的立体图形,其顶部的小半球被切割掉,剩下的部分即为帆拱的空间。帆拱由四个拱券即直立的半圆形围成一个方形的空间,拜占庭人在帆拱上加装一个大穹顶,穹顶下方有基座,基座周长和被切割的小半球圆周相同。因其倒三角形的内角拱状如风帆,而得名帆拱。穹顶和帆拱建筑结构体系是拜占庭人在建筑技术中的创造性发明,它使得穹顶的自重完全由帆拱四个券拱下的柱墩承担。帆拱东西两端各建有两个半圆形穹顶,分担大穹顶的重量,每个半圆穹顶又将其压力进一步向下分散至三个较小的半圆穹顶上。帆拱和各个较小的穹顶自身向内和向上的曲线产生了视觉延伸的效果,使得圣索菲亚大教堂内部减少了不必要的承重柱和承重墙,内部空间不被分割,连为一体,视觉效果极为宏大。

穹顶和帆拱建筑结构体系使圣索菲亚大教堂拥有中古世界最大的穹顶。帆拱限制住圆顶的横向推力,并引导其重量向下传递。④ 在圣彼得大教堂建成之前,它是世界上最大的三角穹顶(pendentive dome),其高度比其他任何如此大直

---

① H. Chisholm ed., *Encyclopædia Britannica*, vol. 2, p. 98.

② http://www-groups.dcs.st-and.ac.uk/history/Biographies/Anthemius.html, 2020-03-27.

③ Gerda Henkel Stiftung, Die Hagia Sophia Justinians-Mathematischer Raum als Bühne des Kaisers, *L. I. S. A. Wissenschaftsportal Gerda Henkel Stiftung*, https://lisa.gerda-henkel-stiftung.de/die_hagia_sophia_justinians_mathematischer_raum_als_buehne_des_kaisers?nav_id=3486, 2020-07-19.

④ H. Gardner, F. S. Kleiner, C. J. Mamiya, *Gardner's Art Through the Ages*, Thomson / Wadsworth, 2005, p. 331.

径的穹顶都低,但特别稳固。最初的大穹顶毁于558年的地震,皇帝查士丁尼任命米利都的伊西多鲁斯的侄子小伊西多鲁斯于563年重建,新的穹顶就是目前所见的穹顶,拥有40个肋拱(rib),增加了高度达20英尺,以减小对墙壁的横向推力,目前肋拱幸存14条。① 穹顶及其下方一圈窗户造好之后,拜占庭历史学家普罗柯比称圣索菲亚大教堂"给人的印象是一块悬浮在地面上的天空"(... δίνει την εντύπωση ότι είναι ένα κομμάτι ουρανού που κρέμεται στη γη...)。总之,穹顶帆拱建筑结构成就了圣索菲亚大教堂的巨大穹顶,使其闻名于世,成为"改变了建筑史"的拜占庭式建筑典范,②是为奥斯曼帝国时期诸多清真寺如蓝色清真寺、苏莱曼尼耶清真寺等效仿的对象。③

尖拱桥兴盛于欧洲中世纪中后期的哥特式建筑,但它其实是由拜占庭人最早修建的。拜占庭建筑师创造性地将桥梁设计在古罗马的拱券之上,让尖拱将桥梁的重力传递至拱外,形成无需桥柱支撑的尖拱桥。同样跨径的尖拱与半圆拱相比,桥面更高,在向下作用力的驱使下,尖拱横向水平的推力变小,竖向压力增大,尖顶处分担了更多向下的压力,更易建造,壁厚减少,因此更省料。已知最早的尖拱桥是五六世纪拜占庭卡帕多西亚境内的卡拉玛加拉桥(Karamagara),意为黑石洞的桥。该桥为单拱桥,其尖拱长17米,横跨幼发拉底河岩石峡谷的悬崖之间。④ 从圣经引用的希腊文句子,沿其拱肋的一侧延伸镌刻,意为"[主]上帝,从现在开始一直守护着您的出入口,阿门,阿门,阿门"(Κύριος ὁ Θεὸς φυλ[ά]ξει τῶν εἴσοδ[όν] σου κε τῶν ἐ[ξ]οδόν σου ἀπὸ τοῦ νῦν καὶ ἕως τοῦ αἰῶνος, ἀμή[ν], ἀμ[ήν], ἀ[μήν])。⑤ 该桥如今因修建水库而被淹没。⑥ 卡拉玛加拉桥是较为罕见的早期建筑实例。这种尖拱技术不仅运用于教堂等建筑整体,而且被运用于古代的桥梁建筑,后来还深刻影响了早期伊斯兰建筑中的尖拱建筑。⑦

---

① R. J. Mainstone, *Hagia Sophia*, London, 2001, pp. 90 – 93.

② M. Simons, Center of Ottoman Power, *The New York Times*, 22 August 1993.

③ E. Heinle, Jörg Schlaich, *Kuppeln aller Zeiten, aller Kulturen*, Stuttgart, 1996, p. 32.

④ V. Galliazzo, *I ponti romani*, vol. 1, Treviso, 1995, p. 92.

⑤ F. Hild, "Das byzantinische Strassensystem in Kappadokin," p. 145.

⑥ V. Galliazzo, *I ponti romani*, vol. 1, p. 92.

⑦ J. Warren, "Creswell's Use of the Theory of Dating by the Acuteness of the Pointed Arches in Early Muslim Architecture," *Muqarnas*, vol. 8 (1991), pp. 61 – 63.

十字平面(cross in square)也被称为"方形内十字平面",这类教堂兴盛于9—12世纪,是拜占庭中期建筑艺术发展的独特形式,也是中期和晚期拜占庭教堂的主要建筑形式。十字平面教堂一般有一个长方形基座,内含一个正方形,该正方形是穹顶所在的基础建筑物,穹顶下方对应的正方形内含一个正十字。也可以理解为:一个穹顶下方有一个四臂等长的十字平面,圆心和十字平面中心重合,外墙将十字补全成一个正方形。方形内十字平面源自查士丁尼一世的穹顶基础建筑巴西利卡平面,后逐渐演变成十字穹顶平面(cross domed plan),最后逐渐诞生出方形内十字平面。方形内十字平面教堂的出现符合拜占庭东正教仪式注重列队进入教堂的规矩,需要缩短门厅到祭坛的距离,于是巴西利卡式教堂的矩形长边被不断压缩,最终成为正十字型。它的特点是正方形的中心为穹顶中心,内部结构呈十字形,顶部是圆顶。该形制的教堂被形容为"以自己的方式呈现完美的一种教堂"①,在东正教传播区域沿用至今。

拜占庭军事技术最重大的发明是希腊火。希腊火和赫利奥波利斯的卡利尼库斯(Callinicus of Heliopolis,活跃于约650年)具有密切联系。卡利尼库斯(Καλλίνικος)是一位建筑师和化学家,他最著名的事迹是发明了希腊火,为拜占庭军事技术发展增添了传奇式的武器。卡利尼库斯的家乡可能是叙利亚的赫利奥波利斯,或是埃及的赫利奥波利斯。拜占庭皇帝君士坦丁七世记载,卡利尼库斯是来自叙利亚的难民,在君士坦丁四世统治时期来到拜占庭帝国,带来了制作希腊火(Greek fire)的技术。② "希腊火"是西欧十字军对这种武器的称呼,阿拉伯人称其为"罗马火",拜占庭人自己则称之为"海洋之火"(πῦρ θαλάσσιον)或"液体火"(ὑγρὸν πῦρ)。③ 希腊火是一种液态的早期热兵器,其配方由于在拜占庭时期高度保密,没有文字配方记载,因此现在其确切配料和配方已失传。拜占庭文献对希腊火的描述也是语焉不详:"当时,来自赫利奥波利斯的工匠

---

① R. Ousterhout, "An Apologia for Byzantine Architecture," *Gesta*, vol. 35, no. 1 (1996), p. 25.

② P. J. Alexander, "The Strength of Empire and Capital as Seen through Byzantine Eyes," *Speculum*, vol. 37, no. 3 (1962), p. 347.

③ J. H. Pryor, E. M. Jeffreys, *The Age of the ΔΡΟΜΩΝ: The Byzantine Navy ca. 500 - 1204*, Leiden: Brill, 2006, pp. 608 - 609. R. J. Forbes, *More Studies in Early Petroleum History 1860 - 1880*, Leiden: Brill, 1959, p. 83.

卡利尼库斯逃向罗马人(拜占庭人)。他发明了'海洋之火',点燃了阿拉伯船只,并用双手将其焚毁。因此,罗马人带着海洋之火胜利归来。"[1]塞奥法尼斯认为希腊火使用虹吸装置进行发射,[2]12世纪的拜占庭公主安娜·科穆宁娜也提到,拜占庭战舰的兽头中放置了弯曲的虹吸管喷管,以便喷出希腊火。[3]另有一些文献提到希腊火是液体的,可以在水中点燃,只有用沙子、浓醋或尿液才可扑灭,[4]它可以在海面上燃烧,使用虹吸管,发射时有巨大的轰鸣声和浓烟。[5]现代学者对其成分进行了多种猜测,包括石油(石脑油)、沥青、松脂、生石灰、磷化钙、硫或硝石的各种组合。[6]希腊火后来演变出喷火器,即用加压喷嘴(siphōn)将液体喷射到敌人身上,还演变出手榴弹或是陶罐制成的燃烧弹,目前有相关考古实物出土。[7]

拜占庭烽火系统也值得一提。数学家利奥对拜占庭烽火系统(Byzantine beacon system)颇有心得,他被视为这个系统的发明者。在9世纪的拜占庭—阿拉伯战争期间,利奥发明了这个军事通信系统,以便将前线的军事信息从拜占庭和阿拉伯接壤的西里西亚边境及时传出,越过小亚细亚传递回拜占庭首都君士坦丁堡。但是,目前暂时没有史料可以确定该系统能将皇帝的指示从君士坦丁堡传至战场前线。拜占庭烽火系统长约720千米,由烽火台和灯塔等组成,它们彼此间隔56—97千米不等。根据当代科学家的实验,信息可以在一小时内完成传

---

① Theophanes, *The chronicle of Theophanes: an English translation of anni mundi 6095 - 6305 (A. D. 602 - 813)*, Harry Turtledove trans., Philadelphia: University of Philadelphia Press, 1982, p. 53. Theophanis, *Chronographia*, ed. C. de Boor, Leipzig: Teubner, 1883 (repr. Hildesheim: Olms, 1963), TLG, No. 4046001.

② Theophanes, *The chronicle of Theophanes: an English translation of anni mundi 6095 - 6305 (A. D. 602 - 813)*, p. 52.

③ J. H. Pryor, E. M. Jeffreys, *The Age of the ΔΡΟΜΩΝ: The Byzantine Navy ca. 500 - 1204*, p. 110.

④ A. Roland, Secrecy, "Technology, and War: Greek Fire and the Defense of Byzantium," *Technology and Culture*, vol. 33, no. 4 (1992), pp. 657 - 658. Nicholas D. Cheronis, "Chemical Warfare in the Middle Ages: Kallinikos' 'Prepared Fire'," *Journal of Chemical Education*, vol. 14, no. 8 (1937), pp. 362 - 363.

⑤ Leo VI, *Tactica*, XIX. 59, transl. in John H. Pryor, Elizabeth M. Jeffreys, *The Age of the ΔΡΟΜΩΝ: The Byzantine Navy ca. 500 - 1204*, p. 507.

⑥ H. M. Leicester, *The Historical Background of Chemistry*, New York: Dover, 1971, p. 75. Alfred W. Crosby, *Throwing Fire: Projectile Technology Through History*, Cambridge: Cambridge University Press, 2002, pp. 88 - 89.

⑦ J. R. Partington, *A History of Greek Fire and Gunpowder*, Baltimore: Johns Hopkins University Press, 1999, p. 14.

输。[①] 利奥在两个终点设置了同步水钟,以便给白天的12小时分配不同的消息传输节点,避免信息传递混乱。拜占庭人在特定小时的第一个烽火台上点燃篝火,标志着一个特定信息传递开始,并沿路线传输至君士坦丁堡。[②] 该系统在米哈伊尔三世时期逐渐荒废,可能与拜占庭和阿拉伯之间冲突的缓和有关,至曼努埃尔一世·科穆宁时期又得到部分恢复。[③]

第二节

拜占庭医学概述

拜占庭医学指公元330年至1453年拜占庭帝国预防、诊断和治疗疾病的科学知识体系与实践活动。拜占庭医学从属于欧洲古代医学体系,较为完整地继承了以古希腊希波克拉底(Hippocrates,约前460—前370年)和古罗马盖伦(Galen,129—约200/216年)为代表的古典医学。拜占庭医学一方面遵从古典医学经典的要义,继承了古典医学思想、医疗体系和诊治方法,另一方面结合拜占庭国情和文化特点予以发展,在病理机制、治疗方式、医学理念和药学研究等方面成果卓著,形成了不少颇有影响的医学著作。除了对古典医学的继承和发展外,拜占庭医学本身也获得了极大的发展,创立了医院并建立了发达的军事医学和医疗制度。拜占庭医学对周边地区和国家产生了积极影响,对中世纪西欧和阿拉伯医学影响颇深。

---

① A. Kazhdan ed., *The Oxford Dictionary of Byzantium*, pp. 273 - 274.

② A. Toynbee, *Constantine Porphyrogenitus and His World*, London and New York: Oxford University Press, 1973, p. 299.

③ A. Toynbee, *Constantine Porphyrogenitus and His World*, p. 299.

一 拜占庭医学研究综述[①]

长期以来,国际医学史领域对于拜占庭医学的贡献和成就的认识存在着诸多问题,一些有影响力的医学史专著的相关内容也不甚令人满意。医学史专业的学者们关于该问题的看法大致分为两类,一类是给予较为积极的评价,认为拜占庭医学尽管在某些方面不尽如人意,但仍领先于同时期的西方国家。该派以学者罗伊·波特为代表,但其主编的《剑桥插图医学史》中,拜占庭医学所占的篇幅极少。[②] 另一类医学史学者则认为,拜占庭医学没有出现任何进步甚至倒退了,因为它直接承袭自古典医学,而古希腊、罗马医学历经希波克拉底和盖伦等人,已形成了较为完整的医学体系,拜占庭医学对古典医学仅有继承之功。加布里埃尔等人在《军事医学史》中称,"拜占庭时期未出现任何的医学创新"[③],卡斯蒂廖尼在《医学史》中称拜占庭医学是"医学科学的衰颓"[④]。还有一些作品忽视甚至抹杀了拜占庭医学在医学史中的存在。玛格纳在《医学史》罗列了各大洲的医学发展史,重点介绍西欧医学,却没有拜占庭医学。[⑤] 凯利在《医学史话:中世纪 500—1450》中将拜占庭医学归入伊斯兰医学,视拜占庭医学文化为伊斯兰文化的一部分,这显然有悖于历史常识。[⑥] 贾曼的博士论文《近代早期英国医学中的盖伦:1618—1794 年的历史学、药理学和外科手术案例研究》,将整个拜占庭医学视为后盖伦的古代时期,全然没有拜占庭医学这一概念。贾曼尽管提到了欧利巴休斯、埃伊纳的保罗等拜占庭医学家,但是,他们并不具有拜占庭人的身份,仅仅简单视为盖伦之后的古代医学家。[⑦] 无论如何,这些医学史著作都没有给予拜占庭医学以客观、公允的评价。

国际拜占庭学界对拜占庭医学史的研究立足于原始材料和文物遗存,在文

---

① 邹薇:《拜占庭对古典医学的继承和发展》,《世界历史》2017 年第 3 期,第 109—111 页。

② 参见罗伊·波特主编:《剑桥插图医学史》,张大庆主译,济南:山东画报出版社 2007 年版。

③ 理查德·A. 加布里埃尔、凯伦·S. 梅兹:《军事医学史》,王松俊等译,北京:军事医学科学出版社 2011 年版,第 54 页。

④ 阿尔图罗·卡斯蒂廖尼:《医学史》(上册),程之范、甄橙主译,南京:译林出版社 2013 年版,第 241—255 页。

⑤ 洛伊斯·玛格纳:《医学史》,刘学礼主译,上海:上海人民出版社 2009 年版。

⑥ 凯特·凯利:《医学史话:中世纪 500—1450》,徐雯菲译,上海:上海科学技术文献出版社 2012 年版。

⑦ L. C. Jarman, *Galen in early modern English medicine : case-studies in history, pharmacology and surgery 1618 - 1794*, University of Exeter, Phd, 2013.

献整理方面成果斐然。拜占庭医学的原始文献来源有三:其一为医学著作,如被整理出版的4—14世纪拜占庭重要医学家的主要著作,包括欧利巴休斯的作品《欧利巴休斯作品集,多为未公开的希腊文文本手稿整理》、《药草存集》4卷、《皇帝的节食:欧利巴休斯〈医学汇编〉第1册和第4册的翻译、介绍和评论》等;①阿伊提乌斯的作品包括《公元6世纪的妇科和产科》和《安米达的阿伊提乌斯的眼科学》等;②首席佩剑官塞奥菲鲁斯的作品包括《论人体构造》;③埃伊纳的保罗的作品包括《埃伊纳的保罗医学作品集》和《埃伊纳的保罗的七卷》;④佩帕哥门诺思的作品有《论痛风》和《医生手册:首次刊登的文本》等;⑤米莱普索斯的作品有《有效的药物,在德国尚未见到的40个片段摘要》等;⑥阿克图阿里乌斯等人的作品有《作品》和《论尿七卷》。⑦ 其二为拜占庭史籍、军事作品和圣徒传记等,如普罗柯比的《秘史》、米哈伊尔·普塞洛斯的《编年史》、尼基塔斯·侯尼雅迪斯的《拜占庭城,尼基塔斯·侯尼雅迪斯的记事》和拜占庭皇帝莫里斯所著的《战略》等。⑧ 圣徒传记常常具有相当重要的史料价值,在

---

① Oribasius, *Oeuvres d'Oribase, Texte Grec, en Grande Partie Inédit, Collationnée sur les Manuscrits*, Paris: Impr. nationale, 1851 - 1876; Oribasius, *Collectionum Medicarum Reliquiae*, Lipsiae, In aedibus B. G. Teubneri, 1928 - 1933; Oribasius, *Dieting for an Emperor : A Translation of Books 1 and 4 of Oribasius' Medical Compilations with an Introduction and Commentary*, Mark Grant ed., Leiden: Brill, 1997. Oribasii, *Collectionum Medicarum Reliquiae*, vols. 1 - 4, ed. J. Raeder, Leipzig: Teubner, 1928, 1929, 1931, 1933, TLG, Nos. 0722001, 0722002, 0722003.

② Aëtius of Amida, *The Gynaecology and Obstetrics of the* Ⅵ*th* *Century, A. D.*, Philadelphia: Blakiston, 1950; Aetius of Amida, *The Ophthalmology of Aëtius of Amida*, Oostende, Belgium: J. P. Wayenborgh, 2000.

③ T. Protospatharios, *De Hominis Fabric*, Apud Guil. Morelium, 1555. *Theophili Protospatharii de corporis humani fabrica libri v.*, ed. G. A. Greenhill, Oxford: Oxford University Press, 1842, TLG, No. 0729005.

④ Paul of Aegina, *The Medical Works of Paulus Aegineta*, London: Welsh, Treuttel, Würtz, 1834; Aegineta Paulus, *The seven books of Paulus Ægineta*, London: Printed for the Sydenham Society, 1844 - 1847. Paulus Aegineta, *Epitomae medicae libri septem*, ed. J. L. Heiberg, 2 vols., Leipzig: Teubner, 1921, 1924, TLG, No. 0715001.

⑤ D. Pepagomenus, *Peri Podagras*, Parisiis: Apud Guil. Morelium, in Graecis typographum regium, MDLVIII, 1558; D. Pepagomenus, *Prontuario Medico : Testo Edito per la Prima Volta*, Napoli: Bibliopolis, 2003.

⑥ N. s Myrepsus, *Medicamentorum Opus, in Sectiones Quadragintaocto Digestum, Hactenus in Germania non Visum*, Basileae: Per Jo. Oporinum, 1549.

⑦ J. Actuarius, *Opera*, Parisiis: G. Morelius, 1556; *De Urinis Libri* Ⅶ, Trajecti ad Rhenum (Utrecht): Ex officina Gisberti a Zyll, 1670. *Physici et medici Graeci minores*, ed. J. L. Ideler, 2 vols., Berlin: Reimer, 1841 (repr. Amsterdam: Hakkert, 1963), TLG, No. 3188.

⑧ 如普罗柯比:《秘史》,吴舒屏等译,上海:三联书店2007年版;Procopii Caesariensis, *Opera Omnia*, ed. G. Wirth (post J. Haury), vol. 3., Leipzig: Teubner, 1963, TLG, No. 4029002. Michael Psellus, (转下页)

某些特定的时期,其重要性绝不亚于可靠的历史作品本身。[①] 其中有不少拜占庭医疗社会状况和军事医学的文字记载,圣徒传记和奇迹故事提供了有关通常无法治愈的疾病、圣徒治疗被疾病折磨病患的医学信息。其三为档案类的修道院奠基文献和拜占庭律法,修道院奠基文献主要涵盖了修道院所属的拜占庭医院的各种原始档案,其中包括拜占庭皇帝下旨修建医院的黄金诏书、敕令和规章制度等,如《拜占庭修道院奠基文献》便提供了相关信息。[②] 而拜占庭法律文书则规定了特定类型的疾病、残疾和致残等对家庭和社会关系的影响,如拜占庭利奥三世皇帝颁布的《法律选编》(*Ecloga*),就规定如果夫妻双方中任何一方患麻风病,健康的一方可获法律支持离婚,博格曼所编《法律选编:利奥三世和君士坦丁五世法典》提供了相关信息。[③]

在拜占庭学研究领域,学者们更多关注医学家个体及其著作或是围绕某个社会医学问题进行研讨,如古伦洛格鲁和其著作《埃伊纳的保罗:手术发展的标杆》,以及鲍德温的《欧利巴休斯的生涯》、[④]狄奥尼修斯·斯达塔科普洛斯的《罗马晚期和拜占庭帝国早期的饥荒与瘟疫》和约翰·斯卡伯勒的《古典时期的药店和药品知识:希腊、罗马和拜占庭》等。[⑤] 另有一些作品专门探讨拜占庭的某种疾

(接上页)*Fourteen Byzantine Rulers : The Chronographia of Michael Psellus*, Baltimore: Penguin Books, 1966; Michael Psellos, *Chronographie ou histoire d'un siècle de Byzance (976 – 1077)*, ed. É. Renauld, 2 vols., Paris: Les Belles Lettres, 1926, 1928, TLG, No. 2702001. Niketas Choniatēs, *O City of Byzantium, Annals of Niketas Choniatēs*, trans. Harry J. Magoulias, Detroit: Wayne State University Press, 1984. Nicetae Choniatae, *Historia*, ed. J. van Dieten [Corpus Fontium Historiae Byzantinae 11], Berlin: De Gruyter, 1975, TLG, No. 3094001. Maurice, *Maurice's Strategikon : Handbook of Byzantine Military Strategy*, Philadelphia: University of Pennsylvania Press, 1984. Mauricius, *Arta Militara*, ed. H. Mihaescu, [Scriptores Byzantini 6] Bucharest: Academie Republicii Socialiste România, 1970, TLG, No. 3075001.

① 乔治·奥斯特洛戈尔斯基:《拜占庭帝国》,第 19 页。

② J. Thomas and A. C. Hero edited, *Byzantine Monastic Foundation Documents : a Complete Translation of the Surviving Founders' Typika and Testaments*, Washington, D. C.: Dumbarton Oaks Research Library and Collection, 2000.

③ L. Burgmann edited, *Ecloga : das Gesetzbuch Leons Ⅲ und Konstantinos' V*, Frankfurt am Main: Löwenklau-Gesellschaft, 1983.

④ R. Raffi Gurunluoglu and Aslin Gurunluoglu, "Paul of Aegina: Landmark in Surgical Progress," *World Journal of Surgery*, vol. 27, no. 1(2003), pp. 18 – 25. B. Baldwin, "The Career of Oribasius, *Acta Classica*," vol. 18, no. 1(1975), pp. 85 – 98.

⑤ D. Ch. Stathakopoulos, *Famine and Pestilence in the Late Roman and Early Byzantine Empire*, Hants Aldershot: VT Burlington, 2004. John Scarborough, *Pharmacy and Drug Lore in Antiquity : Greece, Rome, Byzantium*, Farnham: Ashgate-variorum, 2010.

病及其诊疗层面的问题,如埃米莉·萨维奇-史密斯的《希腊化和拜占庭时期的眼科学:沙眼及其后遗症》和吉恩·塞奥多里迪斯的《拜占庭医学中的狂犬病》①,还有赫里斯托布鲁-阿莱特拉和帕帕弗拉米笃的《4—9世纪拜占庭作家关于"糖尿病"的描述:古希腊—罗马的影响》等。② 还有一些成果关注拜占庭的医疗设施和慈善机构,如米勒的《拜占庭帝国医院的诞生》、康斯坦迪洛斯的《拜占庭的慈善事业与社会福利》等,③以及拜占庭医学对后世的影响,如帕特里夏·安·克拉克的《拜占庭传统下的一个克里特岛医者手册:文本、翻译和评论》,该书主要研究20世纪的克里特医生尼古拉·君士坦提乌斯·塞奥多拉克斯著作的拜占庭源流。④ 但是,总体而言,目前学界缺乏关于拜占庭医学系统、宏观的整体性研究。

国内学术界已经有一些学者开始关注拜占庭医学问题,⑤在部分著作中对拜占庭医学的总体特征进行了高度概括,认为"拜占庭医学是在古典希腊医学基础上发展起来的,是一门在民众中普及的科学,拜占庭人注重养生和预防,重视医院的建设"⑥。还有部分学者开始关注个案研究,他们从生态环境史的角度分析查士丁尼瘟疫这一重要历史事件,令许多现有的结论得以在新的研究视野中得到重新探讨。⑦

纵观国内外学术界对拜占庭医学的研究,无论是从医学史的角度还是拜占庭史专

---

① E. Savage-Smith, "Hellenistic and Byzantine Ophthalmology: Trachoma and Sequelae," *Dumbarton Oaks Papers*, vol. 38, no. 1(1984), pp. 169 - 186. Jean Théodoridès, "Rabies in Byzantine Medicine," *Dumbarton Oaks papers*, vol. 38, no. 1(1984), pp. 149 - 158.

② H. Christopoulouletra and N. Papavramidou, "'Diabetes' as Described by Byzantine Writers from the Fourth to the Ninth Century AD: the Graeco-Roman Influence," *Diabetologia*, vol. 5, no. 5(2008), pp. 892 - 896.

③ T. S. Miller, *The Birth of the Hospital in the Byzantine Empire*, Baltimore: Johns Hopkins University Press, 1997. D. J. Constantelos, *Byzantine Philanthropy and Social Welfare*, New Brunswick: Rutgers University Press, 1968.

④ P. A. Clark, *A Cretan Healer's Handbook in the Byzantine Tradition*, Farnham, Surrey, England; Burlington, VT: Ashgate, 2011.

⑤ 邹薇:《拜占庭对古典医学的继承和发展》,《世界历史》2017年第3期;谷操、闵凡祥:《拜占庭医学发展特征初探》,《苏州科技学院学报》2016年第5期。

⑥ 陈志强:《拜占庭帝国通史》,上海:上海社会科学院出版社2013年版,第303—304页;陈志强:《拜占廷学研究》,第243—244页;陈志强:《独特的拜占廷文明》,第346—347页;徐家玲:《拜占庭文明》。

⑦ 陈志强:《公元6世纪地中海大瘟疫的应对策略》,《南开学报》2020年第4期;陈志强:《地中海世界首次鼠疫研究》,《历史研究》2008年第1期;陈志强:《"查士丁尼瘟疫"影响初探》,《世界历史》2008年第2期;陈志强:《"查士丁尼瘟疫"考辩》,《世界历史》2006年第1期;刘榕榕、董晓佳:《浅议"查士丁尼瘟疫"复发的特征及其影响》,《世界历史》2012年第2期;刘榕榕、董晓佳:《试论"查士丁尼瘟疫"对拜占廷帝国人口的影响》,《广西师范大学学报》2013年第2期;崔艳红:《查士丁尼大瘟疫述论》,《史学集刊》2003年第3期等。

业的角度衡量,都存在着一定的拓展空间。拜占庭医学不仅仅是古典医学的守成和运用,拜占庭医学在中世纪也不是衰退的、没有任何发展的,需要后人进行深入研究。

二 著名医生

拜占庭医学自公元330年延续至1453年,以711年为分界线,大致分为亚历山大里亚时期和君士坦丁堡时期两阶段,亚历山大里亚时期拜占庭医学的衰落可以以642年阿拉伯人占领亚历山大里亚为标志①,之后拜占庭医学的学术、教育和实践中心逐步转移至首都君士坦丁堡,至公元711年伊拉克略王朝被取代后,首都君士坦丁堡成为帝国无可争议的医学中心。

亚历山大里亚时期是以埃及亚历山大里亚为中心的时期,如今埃及第二大城市亚历山大港在早期拜占庭帝国是拜占庭的医学和文化中心。这个时期出现了十余位有迹可循的医学家、三位著名的兽医学家和一部无名氏编纂的《拜占庭马医学百科全书》。在亚历山大里亚时期拜占庭医学的主要代表性人物及其著作包括:4—5世纪的欧利巴休斯('Ορειβάσιος,约公元320—403年),他是拜占庭早期著名的医学家,用希腊语撰写医学著作。他在亚历山大里亚师从著名的希腊医学家塞浦路斯的芝诺(Zeno of Cyprus,?—340年)。塞浦路斯的芝诺活跃在4世纪前后,他是塞浦路斯土生土长的希腊医生,是伊奥尼库斯(Ionicus)、马格努斯(Magnus)和欧利巴休斯的导师。尤纳皮奥斯认为他“活到了辩士朱利安时代”,340年,芝诺在雅典去世。辩士朱利安即凯撒里亚的朱利安(Julian of Caesarea,?—309年),也被称为凯撒里亚的圣朱利安、凯撒里亚的殉道者,被教会封圣。他自愿加入圣潘菲洛斯(St. Pamphilus),和十位同伴一起在巴勒斯坦的凯撒里亚被罗马当局逮捕并被处以火刑。② 361年,欧利巴休斯有幸参加了拜占庭皇

① M. Neuburger, *Geschichte der Medizin*, II, Stuttgart: Enke, 1911, p. 97.

② Eunapius, *Vit. Philos*, in Wilmer Cave Wright, “Introduction,” in Julian, Emperor of Rome, *The Works of the Emperor Julian*, with an English translation by Wilmer Cave Wright, volume Ⅲ, Loeb Classical Library, London: W. Heinemann & New York: Macmillan, 1913; “St. Julian of Caesarea”, *Catholic Online*, https://www.catholic.org/saints/saint.php?saint_id=4112, 2019-9-25. Eunapii, *Vitae Sophistarum*, ed. J. Giangrande, Rome: Polygraphica, 1956, TLG, No. 205001.

帝“背教者”朱利安的加冕典礼,此后成为皇帝朱利安忠实的朋友和御医,直至朱利安于363年去世。在363年6月26日拜占庭皇帝朱利安遇刺事件中,欧利巴休斯在皇帝遇刺后全力救治,实施了名为“肠修复术”(gastrorrhaphy)的手术。[①] 欧利巴休斯在皇帝朱利安授意下撰写了多部医学著作,其中比较著名的有《医学汇编》(*Ἰατρικαὶ Συναγωγαί*)和《献给皇帝的食谱》(*Dieting for an Emperor*),主要是对古典医学成果的汇总和摘录,在古典医学基础之上有所发展。[②] 这个时期还有内梅西乌斯(Νεμέσιος,约350—约420年),他是拜占庭统治下叙利亚埃梅萨(῎Εμεσα)地区的主教,同时也是一名基督教哲学家。他试图从基督教哲学的角度来解释人体系统,对之后拜占庭、阿拉伯和西欧基督教医学家具有相当的影响力。据悉,他熟知盖伦的著作,而且很可能在亚历山大里亚接受过系统的医学训练。他最著名的著作是《论人的本质》(*Περὶ φύσεως ἀνθρώπου*)[③],其中包含了许多有关盖伦解剖学和生理学的内容。内梅西乌斯拒绝盖伦关于灵魂是源于人体体液的看法,他更赞同希波克拉底认为灵魂是大脑诞生的功能这一观点。[④]《论人的本质》以天意论(Divine Providence)而闻名,被视为“基督教人类学诞生的证明”。

6—7世纪的名医也很多,如安提莫斯(῎Ανθιμος,活跃于511—534年),他是拜占庭查士丁尼王朝时期的医生和营养学家,也是东哥特国王塞奥多里克一世(Theodoric the Great,454—526年)和法兰克国王塞乌德里克一世(Theuderic I,约487—533/534年)的御用医学顾问。安提莫斯著有《食物观察》(*De observatione ciborum*)一书,是晚期拉丁语言学、拜占庭营养学和养生学的宝贵资料。[⑤] 还有安米达的阿伊提乌斯(Ἀέτιος Ἀμιδηνός,约5世纪中期—6世纪中期),他出生在美

① 现代意义的肠修复术包含胃缝合术和胃修补术,在古代这一手术的含义更广,包括了对下胃肠道的修复。

② Oribasius, *Dieting for an Emperor : a Translation of Books 1 and 4 of Oribasius' Medical Compilations with an Introduction and Commentary*, ed. Mark Grant, 1997.

③ 其他书名还有 *Della natura dell'uomo*。

④ Nemesius, Bp. of Emesa. *Nemesii episcopi Premnon physicon*, a N. Alfano, archiepiscopo Salerni, in latinum translatus; recognovit Carolus Burkhard, Leipzig, 1917, https://archive.org/details/nemesiiepiscopip00nemeuoft, 2020-1-20. Nemesius of Emesa, *De natura hominis*, ed. B. Einarson, [Corpus medicorum Graecorum (in press)] TLG, No. 0743001.

⑤ Anthimus, *Anthimus: How to Cook an Early French Peacock : De Observatione Ciborum— Roman Food for a Frankish King*, trans. Jim Chevallier, Chez Jim Books, 2012.

索不达米亚的安米达('Άμιδα)。[①] 阿伊提乌斯曾在亚历山大里亚著名的医学院学习、游学并参观了塞浦路斯的索利(Soli)、巴勒斯坦名城耶利哥(Jericho)和死海(Dead Sea)的铜矿,[②]他考察铜矿皆因矿物质在当时可以入药。阿伊提乌斯精通外科、眼科、妇科和产科,著有《医学十六书》(*Βιβλία Ἰατρικά Ἑκκαίδεκα*)。其著作中痤疮(ἀκνή)一词是现代痤疮医用名词的来源。他同时研发了避孕药和人工流产药的新配方等。特拉勒斯的亚历山大('Αλέξανδρος ο Τραλλιανός,约525—约605年)也需要提及,他的父亲斯特凡努斯(Stephanus)也是一位医生,他的兄弟也很有名,包括圣索菲亚大教堂的设计师安泰米乌斯、迪奥斯库鲁斯(Dioscorus)、米特洛多鲁斯(Metrodorus)和奥林匹乌斯(Olympius)等。[③] 亚历山大在救治过程中特别喜欢使用咒文和护身符,主要著作是《医学十二卷》(*Twelve Books on Medicine*)。还有埃伊纳的保罗(Παῦλος Αἰγινήτης,约625—690年)这位7世纪拜占庭的医学家。他生活在伊拉克略王朝时期,著述涉及内科、外科、妇科和毒物学等领域,现有《医学概略七卷》(*Ἐπιτομῆς Ἰατρικῆς βιβλία ἑπτά*)传世。《医学概略七卷》约514章,是一部集大成的百科全书式的作品,以其完整性和准确性著称,它大量借鉴了盖伦和欧利巴休斯的作品。该书不仅是对拜占庭所继承的古典医学著作的汇编,也包含了当时几乎所有西方医学知识。埃伊纳的保罗因此被称为"早期医学著作之父",其著作被翻译成多种文字,享誉西欧和阿拉伯世界。这个时期最后一位医学家是"首席佩剑官"塞奥菲鲁斯(Θεόφιλος Πρωτοσπαθάριος),又名菲拉雷图斯(Philaretus)或是菲洛西奥斯(Philotheus),其生卒年代不详。他的头衔"首席佩剑官"(πρωτοσπαθάριος)是拜占庭中期官僚和贵族荣誉体系中的高级头衔之一,一般授予高级将领、高级法院官员以及盟国统治者等。Πρωτοσπαθάριος在印章中经常缩写为ἀσπαθάριος,"首席佩剑官"

---

① Ian Michael Plant, *Women Writers of Ancient Greece and Rome : An Anthology*, Oklahoma: University of Oklahoma Press, 2004, p. 229.

② C. Gates, Near Eastern, Egyptian, and Aegean Cities, *Ancient Cities : The Archaeology of Urban Life in the Ancient Near East and Egypt, Greece and Rome*, London: Routledge, 2003, p. 18.

③ Alexander of Tralles, iv. p. 198; xii. 1, p. 313. *Alexander von Tralles*, ed. T. Puschmann, Vienna: Braumüller, 1878 (repr. Amsterdam: Hakkert, 1963), TLG, Nos. 0744001 – 0744004; *Nachträge zu Alexander Trallianus*, ed. T. Puschmann, Berlin: Calvary, 1887 (repr. Amsterdam: Hakkert, 1963), TLG, No. 0744005.

一开始是拜占庭皇帝御前侍卫“佩剑者”(spatharioi)首领的头衔,后来,它成为最常见的高等法院官员的头衔,授予高级官员或是军事指挥官,再后来也授予元老院的成员。随着拜占庭皇帝对官僚体系和头衔的改革,“首席佩剑官”这一头衔也不断贬值。[①] 塞奥菲鲁斯现存作品有五部:其一为五卷本的《论人体构造》,这是塞奥菲鲁斯篇幅最长的著作,涉及生理学和解剖学,但是原创内容较少,多为盖伦《论人体各部器官功能》(*De Usu Partium Corporis Humani*)的删节版;其二为论文《论尿》(*Περὶ Οὔρων*);其三为短篇论文《论分区》(*Περὶ ΔιαΧωρημάτων*, *De Excrementis Alvinis*);其四为《评论》(*Commentary*),是关于希波克拉底名言警句的评论,包含了希波克拉底和盖伦的著作内容;[②]其五为短篇论文《论脉搏》(*Περὶ Σφυγμῶν*)。

总之,拜占庭医学的亚历山大里亚时期不仅诞生了上承古典医学下启拜占庭医学的欧利巴休斯、投身医学哲学的内梅西乌斯、犹太血统的阿达曼提俄斯、“御医之首”的雅克布斯·普希赫利斯图斯、热衷于食疗的安提莫斯、“最后的柏拉图”大马士休斯、来自安米达的博学多才的阿伊提乌斯以及亚历山大里亚医学流派的集大成者埃伊那的保罗。从拜占庭医学发展的角度来看,亚历山大里亚时期是一个具有强大医生团队的形成阶段。拜占庭医学在这一时期不仅仅简单重复着古典医学的内容,它还从希波克拉底和盖伦等人的古代医学作品中,创造了可以持续运作一千多年的治疗体系。尽管基督教在拜占庭帝国是国教,亚历山大里亚时期的拜占庭医学仍具有强烈的古典倾向。

君士坦丁堡时期开始于711年拜占庭帝国伊拉克略王朝结束,帝国永久性地丧失了包括亚历山大里亚在内的埃及和叙利亚等地区。随着医学中心亚历山大

---

① J. B. Bury, *The Imperial Administrative System of the Ninth Century : With a Revised Text of the Kletorologion of Philotheos*, London: Oxford University Press, 1911, p. 25. A. P. Kazhdan ed., *The Oxford Dictionary of Byzantium*, p. 1748. *Cletorologion*, sub auctore Philotheo, ed. J. J. Reiske, vol. 1, TLG, No. 3023X06.

② *Philothei medici praestantissimi commentaria in aphorismos Hippocratis nunc primum e graeco in latinum sermonem conversa*, first Latin translation by Luigi Corado (?), from Mantoua, 1581. *Physici et medici Graeci minores*, ed. J. L. Ideler, vol. 1. Berlin: Reimer, 1841 (repr. Amsterdam: Hakkert, 1963), TLG, Nos. 0729002, 0729003; *Anecdota medica Graeca*, ed. F. Z. Ermerins, Leiden: Luchtmans, 1840 (repr. Amsterdam: Hakkert, 1963), TLG, No. 0729004.

里亚的陷落,包括医学界在内的知识分子被迫在帝国首都君士坦丁堡重新组织生活。① 拜占庭医学中心随之迁至首都君士坦丁堡,开始了君士坦丁堡为中心的时期。在君士坦丁堡时期,诞生了近20位著名医学家、一部《药典》和一本医学实践手册《医学智慧》。

这个时期首先要提到数学家利奥,他博学多才,其对拜占庭医学的最大贡献是编撰了一部医学百科全书,遗憾的是,该书没有保存下来。其次要提到塞奥法尼斯·克里索瓦兰迪斯(Θεοφάνης Χρυσοβαλάντης or Χρυσοβαλαντίτης,活跃于约950年),他是拜占庭10世纪的医生,曾为皇子"出生于紫色寝宫的"君士坦丁(Constantine Porphyrogenitus),即后来的马其顿王朝皇帝"出生于紫色寝宫的"君士坦丁七世(Κωνσταντῖνος Ζʹ Πορφυρογέννητος,905—959年)撰写了医学大纲《治愈疾病的提要》(*Epitome on the Curing of Ailments*),包括高热和肿胀的疗法,该书希腊语书名是 *Πρὸς Κωνσταντῖνον τὸν πορφυρογέννητον βασιλέα σύνοψις ἰατρικῆς απάσης τέχνης*。

马其顿王朝是拜占庭帝国的黄金时代,名医也很多,如安条克的叶海亚(?—约1066年),他是11世纪拜占庭东仪天主教派(Melkite)的医生和历史学家,该教派又被称为默尔启派、圣安妮派等,是埃及、以色列和叙利亚等地坚持拜占庭仪式的阿拉伯语天主教徒。最初他们使用希腊语,在某种程度上使用基督教巴勒斯坦阿拉姆语(Aramaic)参加礼拜,但后来在礼拜仪式的一部分中加入了阿拉伯语。② 他大约生活在马其顿王朝时期,在埃及接受医学训练成为医生。不过让叶海亚名留青史的不是他的医术而是他的史学著作《历史》(*History*)③。大学者米哈伊尔·普塞洛斯(Μιχαὴλ Ψελλός,1018—1078/1092年)④是当时拜占庭最著

① R. Browning, *The Byzantine Empire*, Washington D. C.: Catholic University of America Press, 1992, pp. 43–69.

② I. Dick, *Melkites: Greek Orthodox and Greek Catholics of the Patriarchates of Antioch, Alexandria and Jerusalem*, Boston: Sophia Press, 2004, p. 9.

③ 叶赫亚的《历史》由克拉切科夫斯基和瓦西里耶夫整理出版,并辅以法文翻译,收录于"东方教父大全"系列,但是下限仅仅截至1013年。另外叶赫亚的《历史》还有意大利文译本,由皮罗内翻译完成。*Histoire de Yahya-ibn-Said d'Antioche*, incomplete ed. and French trans. I. Kratchkovsky and A. A. Vasiliev, *Patrologia Orientalis*, 18.5, 23.3, Paris: Firmin-Didot, 1924–1932. *Cronache dell'Egitto fatimide e dell' impero bizantino (937–1033)*, traduzione di B. Pirone, Milan: Jaca Book, 1998.

④ 该传记见赵法欣:《米哈伊尔·普塞洛斯〈编年史〉研究》,南开大学博士论文2011。

名的学者、史学家和养生家,著有长篇教学诗《论医学》(*De medicina*)。他在其中介绍讲解了医学的基础知识,尽管缺乏独创性,但它为非专业人士提供了基本的入门知识。[①] 他还著有《论食物的性质》(*Σύνταγμα κατὰ στοιχείων περὶ τροφῶν δυνάμεων*),[②]该书涉及了228种植物和动物,是对阿伊提乌斯著作的解释,其中大量材料引自古希腊狄奥斯库里迪斯的《药物论》(*Περὶ ὕλης ἰατρικῆς*)。11世纪的西蒙·希斯(Simeon Seth)修订了米哈伊尔·普塞洛斯的《论食物的性质》。[③]

西蒙·希斯是马其顿王朝和科穆宁王朝时期的科学家、翻译家,普遍认为他是一位拜占庭犹太人。[④] 他用希腊语撰写了四部作品,并翻译了一本阿拉伯著作。[⑤] 四部作品分别是《论食物的性质》(*Syntagma peri Trophōn Dynameōn*)、《论天体的效用》(*Peri Chreias tōn Ouraniōn Sōmatōn*)、《关于自然的探究概要》(*Synopsis tōn Physikōn*)和短文《驳斥盖伦》(*Antirrhētikos pros Galēnon*)。西蒙·希斯的《论食物的性质》涉及医学,而且有学者认为,此书是西蒙自己所著,并不是对普塞洛斯著作的修订。西蒙在该书中批评盖伦,强调了拜占庭医学的东方传统。[⑥] 学者奥西·特金(Owsei Temkin)认为"西蒙·希斯是拜占庭医学的伟大东方主义者……(他)选择最好的古籍,不仅从希腊语医学文本,而且还从波斯、阿拉伯和印度文献中进行选择"[⑦]。《论食物的性质》在拜占庭晚期和后拜占庭时期有手稿流传于

---

① L. G. Westerink, *Michaelis Pselli Poemata*, Leipzig: Teubner, 1992, pp. 190 - 233; Armin Hohlweg, "Medizinischer 'Enzyklopädismus' und das ΠΟΝΗΜΑ ΙΑΤΡΙΚΟΝ des Michael Psellos," *BZ*, vol. 81 (1988), pp. 39 - 49; Wolfram Hörandner, "The Byzantine Didactic Poem— A Neglected Literary Genre? A Survey with Special Reference to the Eleventh Century," *Poetry and its Contexts in Eleventh-century Byzantium*, eds. F. Bernard and K. Demoen, Farnham: Ashgate, 2012, p. 61.

②《论食物的性质》拉丁语为:*Syntagma de alimentorum facultatibus* 或是 *De cibarium facultate*,英语为:*On the Properties of Foods*。

③ P. Moore, *Iter Psellianum : a Detailed Listing of Manuscript Sources for All Works Attributed to Michael Psellos, Including a Comprehensive Bibliography*, Toronto: Pontifical Institute of Mediaeval Studies, 2005, p. 437. 也有学者持不同意见,认为西蒙的是自己写的。

④ R. Singerman, *Jewish Translation History : A Bibliography of Bibliographies and Studies*, Amsterdam: John Benjamins Pub, 2002, p. 69.

⑤ P. Bouras-Vallianatos, "Galen's Reception in Byzantium: Symeon Seth and his Refutation of Galenic Theories on Human Physiology," *Greek, Roman and Byzantine studies*, 55(2)(2015), pp. 436 - 442.

⑥ J. G. Howells, M. Livia Osborn, *A Reference Companion to the History of Abnormal Psychology*, Westport: Greenwosd Press, 1984.

⑦ O. Temkin, "Byzantine Medicine: Tradition and Empiricism," pp in *Dumbarton Oaks Papers*, vol. 16(1962), 95 - 115.

世,是拜占庭饮食文化研究的重要来源。

衰落时期的拜占庭帝国也有一些名医。例如基辅的多布洛蒂娅(Добродея,卒于1131年),她是基辅罗斯的公主,后嫁入拜占庭科穆宁王朝皇室,由于勤奋好学,在医学方面取得很大成就。她使用希腊语著有药学作品《药膏》(*Ointments*),记载了很多药膏配方并描述了它们的功效。有人认为这是拜占庭女性所写的第一本药学论文。该文手稿现收藏在佛罗伦萨的美第奇图书馆(Medici Library)。又如尼古拉·米莱普索斯(Νικόλαος Μυρεψός,约13世纪晚期)这位拜占庭帕列奥列格王朝著名的医学家,编辑并修订了不少古典医学著作,包括盖伦的名著,并撰写了他自己的医学纲要,名为《药典》(*Dynameron*)。《药典》共有48个部分,包含了古典时期至他那个时代的2 500余种方剂和偏方,有学者认为其确切数字是2 656种。他将药品按种类和成分排序编码。直到1651年,该书都是巴黎医学院主要的药品分检依据。① 他因发明了药剂“亚历山大里亚之金”(Aurea Alexandrina)而名满天下,该药品在古代世界近乎一种万能药,②当时的人们认为,它是预防和对抗绞痛和中风的最佳药物。③ 还有迪米特里·佩帕哥门诺思(Δημήτριος Πεπαγωμένος,1200—1300年),他是拉斯卡利斯王朝和帕列奥列格王朝时期的医学家、兽医学家和博物学家,④在13世纪时成为拜占庭皇帝米哈伊尔八世的御医。他以御医的身份参与了1433年克利奥菲·马拉泰斯塔·帕列奥列格(Cleofe Malatesta Palaiogina,活跃于1420—1433年)分娩的过程。⑤ 另外,迪米特里·佩帕哥门诺思奉旨著有《痛风原理》(*Σύνταγμα περὶ τῆς ποδάγρας*),其观点同现代医学关于痛风的结论类似,即痛风是因为身体代谢不良而导致的一种

① D. J. Geanakoplos, *Byzantine East and Latin West : Two Worlds of Christendom in Middle Ages and Renaissance*, p. 31.

② C. J. Duffin, R. T. J. Moody, C. Gardner-Thorpe, *A History of Geology and Medicine*, London: Geological Society of London, 2013, p. 176.

③ http://digicoll.library.wisc.edu/cgi-bin/HistSciTech/HistSciTech-idx?type=turn&entity=HistSciTech000900240219&isize=L, 2018-11-14.

④ G. Sarton, *Introduction to the History of Science*, vol. 2, II, Baltimore, Maryland: Williams & Wilkins, 1953, p. 1095.

⑤ G. Schmalzbauer, “Eine bisher unedierte monodie auf Kleope Palaiologina von Demetrios Pepagomenos,” *Jahrbuch der österreichischen Byzantinistik*, no. 20(1971), pp. 223-240.

疾病。[1] 佩帕哥门诺思也颇通兽医学,还著有喂养和护理鹰的著作《论鹰的喂养和治疗》(*Περὶ τῆς τῶν ἱεράκων ἀνατροφῆς τε καὶ θεραπείας*)。同时,他还写了一部关于犬类的护理和治疗的作品《犬》(*Cynosophion*)。[2] 迪米特里·佩帕哥门诺思的《马的等级》(*Hierakosophion*)则是一部专门论述马医学的著作,[3]受《拜占庭马医学百科全书》影响颇深。最后,需要提到约翰·扎卡里亚·阿克图阿里乌斯('Ιωάννης Ζαχαρίου 'Ακτουάριος,约 1275—1328 年),他是拜占庭帕列奥列格王朝治下君士坦丁堡的名医,阿克图阿里乌斯是他的头衔,意为"宫廷医生约翰"[4]。约翰·阿克图阿里乌斯在 1320 年至 1335 年之间写下了三本医学论文作品:《论精神气息和生活习惯的活力与痛苦》(*Περὶ ἐνεργειῶν καὶ παθῶν τοῦ ψυχικοῦ πνεύματος καὶ τῆς κατ' αὐτὸ διαίτης*)、《治疗方法》(*Θεραπευτικὴ μέθοδος*)和《尿液论》(*Περὶ οὔρων*)。[5]《尿液论》是 19 世纪西欧化学技术改进之前关于这一主题最完整和最系统的著作。

总之,拜占庭医学在其君士坦丁堡时期出现了诸如"首席佩剑官"塞奥菲鲁斯这样的医学家官员编纂医学百科全书的数学家利奥,犹太籍医学家沙贝塞·多诺洛,营养学家西蒙·希斯,医学讲师米哈伊尔·伊塔利科斯,嫁入拜占庭皇室的来自基辅的女药学家多布洛蒂娅,御医尼古拉·米莱普索斯,医学全才迪米特里·佩帕哥门诺思和最后一位青史留名的全科医生约翰·扎卡里亚·阿克图阿里乌斯等。君士坦丁堡时期的拜占庭医学更具有基督教色彩,这一时期更多是接受传统,完善体系,具有明显的实践性特征。

---

① E. B. Fryde, *The Early Palaeologan Renaissance (1261 – c. 1360)*, p. 354. René Taton, *History of Science: Ancient and Medieval Science*, New York: Basic Books, 1966, p. 450. John Bagnell Bury, Joan Mervyn Hussey, *The Cambridge Medieval History*, p. 291. Roy Porter, George Sebastian Rousseau, *Gout : The Patrician Malady*, New Haven: Yale University Press, 2000, p. 20.

② Dénes Karasszon, *A Concise History of Veterinary Medicine*, Budapest: Akadémiai Kiadó, 1988, p. 115.

③ *Ἄλλοι δὲ τῶν συνοίκων τε καὶ τετραπόδω ἐπιμελήσαντο, ἵππων τέ φημι καὶ βοῶν καὶ κυνῶν καὶ ἡμιόνων, καὶ τῶν πρὸς μελῳδίαν ἐπιτηδείων ὀρνέων*, Hercher ed., p. 335.

④ P. Prioreschi, A History of Medicine, vol. 4 in *Byzantine and Islamic Medicine*, P. Prioreschi, Omaka: Horatius Press, 2001, p. 91.

⑤ A. Hohlweg, "John Actuarius' 'De methodo medendi' —on the New Edition," *Dumbarton Oaks Papers*, vol. 38, pp. 124 – 129; cited from Anthony Kaldellis and Niketas Siniossoglou eds., *The Cambridge Intellectual History of Byzantium*, Cambridge: Cambridge University Press, 2017, p. 258.

第三节

拜占庭医学的特点

拜占庭医学在千余年医疗实践中不断获得发展,不仅基本满足了拜占庭人多方面的医疗要求,而且形成了内容丰富、体系完善的理论和鲜明特征。在其多种有别于欧洲地中海世界其他地区医学的特点中,对古典医学的继承性表现得最为突出,这也是其第一个特点。

从空间范围来看,拜占庭帝国的核心区域囊括了古希腊地区,同在一方水土,医疗背景相同,当然会继承古希腊的医学而非古印度等其他地区的医学。从时间的纵向角度分析,拜占庭帝国的历史同古罗马的历史传统息息相关、一脉相连,拜占庭医学对古罗马医学的继承是其历史发展的逻辑结果和延伸。[①]

拜占庭对古典医学的继承表现为对古希腊、罗马医学经典的保存、汇编、引用和评注。在中世纪西欧古代典籍大多绝迹的情况下,拜占庭医学家的这些活动直接或间接、完整或是片段地保存了古典医学著作,使它们不仅能对当时的医学发展提供有益的帮助,也能为后世所了解和研究。

拜占庭人直接保存了诸如希波克拉底和狄奥斯库里迪斯等人的多部古典医学手稿和著作。例如著名的《希波克拉底誓词》(*'Ορκος του Ιπποκράτη*)最古老的残片在拜占庭时期得到很好的保护,现存于伦敦惠康学院图书馆(Wellcome Institute Library)。[②] 现存最古老的完整版的《希波克拉底誓词》则保存在10—11世纪拜占庭的手稿中,现藏于梵蒂冈图书馆。[③] 还有一个版本保存在一部12世纪的拜占庭手稿中,文字呈十字型排列。[④] 此外,古希腊医学家和药学家狄奥斯库里

---

① 邹薇:《拜占庭对古典医学的继承和发展》,《世界历史》2017年第3期,第111页。

② L. I. Conrad et al. eds., *The Western Medical Tradition 800 BC to AD 1800*, Cambridge & New York: Cambridge University Press, 1995, Fig. 3, p. 21.

③ https://digi.vatlib.it/view/MSS_Urb.gr.64, 2017-5-3.

④ I. M. Rutkow, *Surgery: An Illustrated History*, St. Louis: Mosby, 1993, p. 27.

迪斯《药物论》(*Περὶὕλης ἰατρικῆς*)的希腊语手稿被拜占庭人完整保存在阿索斯圣山的修道院中。[①] 拜占庭人不仅保存了《药物论》的文本,也继承了《药物论》中的插图,揭示了拜占庭艺术自然主义的一面。[②] 古典医学家以弗所的索拉努斯(Σωρανός ο 'Εφέσιος,约1或2世纪)的论文《关于骨折的迹象和绷带》(*On Signs of Fractures and On Bandages*)和其著作《急性和慢性病》(*On Acute and Chronic Diseases*)也保留下来部分希腊语的片段。卡帕多细亚的阿雷塔乌斯(Aretaeus of Cappadocia,活跃于130—140年)撰写的《急性和慢性病》(*On Acute and Chronic Diseases*)几乎独立完整地保存在一份拜占庭手稿中。[③] 拜占庭人将古罗马盖伦的医学著作很好地保存了下来,除了《论眼》的一部分遗失外,其他部分都比较完整。[④] 盖伦的《致格劳孔的治疗学作品两卷》(*Τῶν πρὸς Γλαύκωνα θεραπευτικῶν βιβλία β'*)被各个时代的拜占庭抄写员不断进行复制,不同时期的抄写风格也不尽相同。[⑤] 此外,还有古典时期的医学家爱吉亚的狄奥尼修斯(Dionysios of Aegeae)、亚历山大里亚的塞昂和狄奥斯库里迪斯等人的作品。这些保留下来的珍贵医学文献,成为宝贵的人类文化遗产,不仅为拜占庭人汲取古典医学精华提供了珍贵文本,也使后人得以一窥古典医学的真实原貌。

拜占庭人不仅准确传抄古籍,而且对希波克拉底、盖伦、阿基吉尼斯、安提鲁斯等人的文稿进行整理汇编,使众多现已散佚的古希腊医学手稿在拜占庭文献中得以保存并传承至今。譬如,拜占庭早期亚历山大里亚的医学家对《希波克拉底文集》(*Corpus Hippocraticum*)进行了持续整理和汇编,最后形成了大约70余篇医学作品集。整部文集用伊奥尼亚希腊语写成,被亚历山大里亚的一名图书管理员归到希

① H. Selin ed., *Encyclopaedia of the History of Science, Technology, and Medicine in Non-Western Cultures*, Berlin and New York: Springer, 2008, p. 1077.

② Dioscorides, *De Materia Medica*, a New Indexed Version in Modern English by Ta Osbaldeston And Rpa Wood, Johannesburg: Ibidis, 2000, p. xxviii. Pedanii Dioscuridis, *Anazarbei de materia medica libri quinque*, ed. M. Wellmann, 3 vols. Berlin: Weidmann, 1906, 1907, 1914 (repr. 1958), TLG, No. 0656001.

③ A. Kaldellis and Niketas Siniossoglou eds., *The Cambridge Intellectual History of Byzantium*, p. 253.

④ E. Savage-Smith, "Hellenistic and Byzantine ophthalmology: trachoma and sequelae," pp. 168 - 186.

⑤ P. Bouras-Vallianatos and Sophia Xenophontos eds., *Greek Medical Literature and its Readers from Hippocrates to Islam and Byzantium*, London and New York: Routledge, 2018, p. 196.

波克拉底名下,事实上它不止有希波克拉底一位作者。[①] 欧利巴休斯不仅汇编了希腊医学家盖伦作品的全集,还将古典时期其他医学家如阿基吉尼斯、安提鲁斯和亚里士多德等人的医学著作汇编成册。[②] 埃伊纳的保罗在《医学概略七卷》中对盖伦文集进行了节选和缩编,他简化了盖伦原作的一些细节,并以他自己的话来进行论述。[③] 安米达的阿伊提乌斯从以弗所的鲁弗斯、阿基根尼斯(Archigenes)和其他著名的古典医生那里选出了几个部分进行汇编。[④] 由于阿伊提乌斯的大量收藏和汇编,保存至今的至少有140份手稿,因此他向后世的拜占庭医生提供了许多古代医学作家的成果。[⑤] 拜占庭人的整理汇编活动一直持续到帝国晚期。13世纪的尼古拉·米莱普索斯编修了众多古典医学手稿,包括盖伦等人的作品,他将这些手稿连同自己的著作编订在一起,称为《药典》(*Dynameron*)。[⑥] 拜占庭人对古典医学的汇编贯穿了帝国历史,成为其独特的医学特征。

拜占庭医学家还在自己的作品中大量引用诸如希波克拉底、盖伦、阿伊提乌斯和狄奥斯库里迪斯等人的古典医学著作。拜占庭医学家对希波克拉底和盖伦的引用最为普遍。雅典的斯特凡努斯在对希波克拉底和盖伦的评注中,使用了大量的古典医学著作,其中包括希波克拉底的《箴言论》(*Aphorisms*)、《预后论》(*Prognostic*)、《流行病论》(*Epidemics*)和《饮食论》(*On Nutriment*)。盖伦的《论混合物》(*On Mixtures*)、《论初学者的流派》(*On the Sects for Beginners*)、《治疗方法》(*Therapeutic Method*)、《论发烧的各种区别》(*On the Differences among Fevers*)等也

---

① F. Martí-Ibáñez, *A Prelude to Medical History*, New York: MD Publications Inc., 1961, pp. 86 – 87. Roberto Margotta, *The Story of Medicine*, New York: Golden Press, 1968, p. 64.

② E. Theodore Withington, *Medical History from the Earliest Times : A Popular History of the Healing Art*, London: The Scientifi Press, 1894, p. 129.

③ Paul of Aegina, *Epitome of Medicine*, 2. 59, Heiberg ed., 1921, I. 125. 8 – 126. 20, I. 2. 8 – 16.

④ Aetios of Amida, *Compendium of Medicine*, 13. 120, pp. 717 – 718; cited from Anthony Kaldellis and Niketas Siniossoglou eds., *The Cambridge Intellectual History of Byzantium*, p. 253.

⑤ A. Garzya, Problèmes relatifs à l'édition des livres IX – XVI du 'Tétrabiblon d'Aétios d'Amida', *Revue des études anciennes*, vol. 86, 1984, pp. 248 – 249; cited from Anthony Kaldellis and Niketas Siniossoglou eds., *The Cambridge Intellectual History of Byzantium*, p. 253.

⑥ D. J. Geanakoplos, *Byzantine East and Latin West : Two Worlds of Christendom in Middle Ages and Renaissance*, p. 31.

为当时的医生所关注。[①] 欧利巴休斯在《医学汇编》中有60%的内容都来自于盖伦。[②] 特拉勒斯的亚历山大也大量引用盖伦的作品。[③] 君士坦丁堡的日耳曼努斯(Germanos of Constantinople,约634—733/740年)在著作《论生命的预定条件》(*On Predestined Terms of Life*)中引用盖伦的《论(医学)派别》(*On Sects*)。他也被称为圣日耳曼努斯一世(Saint Germanus I),于715年至730年任君士坦丁堡牧首,被东正教和天主教视为圣徒,其节日为每年的5月12日。[④] 7世纪的"首席佩剑官"塞奥菲鲁斯在《论人体构造》中关于解剖和生理学部分大量引用希波克拉底和盖伦的作品。[⑤] 埃伊纳的保罗在其著作中引用了盖伦和欧利巴休斯的作品。[⑥] 西蒙·希斯《论食物的性质》引用了希波克拉底、佩达尼乌斯·狄奥斯库里迪斯和盖伦的作品。[⑦] 11世纪耶路撒冷的约翰·默库罗普洛斯(John Merkuropoulos of Jerusalem)也引用了盖伦。[⑧] 约翰·阿克图阿里乌斯在《论尿》中提及了盖伦的《论病危》(*On Crises*)和《论关键时刻》(*On Critical Days*)。[⑨] 拜占庭人对其他古典时期的医学作品也进行了大量的引用,包括被盖伦视为异端邪说的、经验学派的(Empiric school)以弗所索拉努斯的著作,古典希腊医学家菲路梅努斯著作的

---

① P. Bouras-Vallianatos and Sophia Xenophontos eds., *Greek Medical Literature and its Readers from Hippocrates to Islam and Byzantium*, p. 191.

② V. Nutton, "Galen in Byzantium," *Material Culture and Well-being in Byzantium*, eds. Michael Grünbart, Ewald Kislinger, Anna Muthesius, Dionysios Stathakopoulos, Wien: Verlag der Österreichischen Akademie der Wissenschaften, 2007, p. 171.

③ *Therapeutics* 5.4, Theodor Puschmann ed., *Alexander von Tralles I*, Vienna, 1878, 153.17 - 155.28.

④ W. Treadgold, *A History of the Byzantine State and Society*, Standford: Standford University Press, 1997, pp. 350 and 352 - 353. C. Mango, "Historical Introduction," *Iconoclasm*, eds. Bryer & Herrin, Birmingham, 1977, pp. 2 - 3. Germanos, *On predestined terms of life*, trans. C. Garton and L. G. Westerink, Buffalo, 1979, pp. 10 - 12.

⑤ Theophilus, *De Corporis Humani Fabrica*, Oxonii: E Typographeo Academico, 1842, vol. 11, capter 3. T. Protospatharius, *Commentarii in Hippocratis aphorismos, Scholia in Hippocratem et Galenum*, vol. 2, Hakkert, 1966, p. 531, lines 30 - 35; cited from G. Konstantina and G. Maria, "The Presence of Air Bubbles in Bodily Excrements as a Bad Prognostic Sign According to Ancient Greek and Byzantine Writings," Ⅳ *International Meeting on the History of Medicine RELAZIONI*, M. Pandolfie & P. Vanni, p. 54.

⑥ A. P. Kazhdan ed., *The Oxford Dictionary of Byzantium*, p. 1607.

⑦ E. G. *Syntagma* 1.1 - 5, 75.7 - 9, 88.21 - 3, and 103.18 - 20. French transl.: Brunet, Siméon Seth 40 - 119; cited from Petros Bouras-Vallianatos, "Galen's Reception in Byzantium: Symeon Seth and his Refutation of Galenic Theories on Human Physiology," p. 438.

⑧ V. Nutton, "Galen in Byzantium," p. 176.

⑨ *On Urines*, 6.10 (158.22 - 23), 7.2 (174.36 - 175.4), 7.16 (187.20 - 14) and 7.16 (188.8 - 10).

残章等。[①] 引用这一行为的意义在于，帮助后人在某些古典医学著作已经失传的情况下，能够从拜占庭医书中寻找到部分信息，同时将被传承的知识和拜占庭人创新的医学知识进行明确区分。

评注古典医学家的作品也是拜占庭医生的贡献之一。6—7 世纪的医学家帕拉第乌斯评注了希波克拉底的《骨折论》和《流行病论》以及盖伦的著作。[②] 梅莱蒂乌斯（Meletius）评论过希波克拉底的著作。[③] 雅典的斯特凡努斯对希波克拉底《预后论》（*Prognosticon*）、《箴言论》（*Aphorisms*）以及对盖伦的《治疗法》（即《致格劳孔的治疗学作品两卷》）和《论自然机能》（*On the Natural Capacities*）进行了述评。斯特凡努斯在解释希波克拉底关于年龄和身材之间的关系时，如此注释："如果您（学生）想确切地理解希波克拉底所说的话，请以我为例来说明：一个人在年轻时高大挺秀剑眉星目，但是到了老年，他会因年龄而弓腰驼背。"[④]盖伦的《致格劳孔的治疗学作品两卷》现藏在巴黎，其页边注释中的术语同六七世纪的拜占庭医学家斯特凡努斯和亚历山大里亚的约翰的医学评论有很多相似之处。另外，该手稿上其他评注似乎与 6 世纪学者约翰·菲洛波努斯和辛普利修斯（Simplicius，约 490—约 560 年）的著作有关联。后者又被称为西里西亚的辛普利修斯（Σιμπλίκιος ο Κίλιξ），他是拜占庭最后一位新柏拉图主义者，在 6 世纪初因拒绝皈依基督教而受查士丁尼皇帝的迫害，被迫前往波斯宫廷寻求庇护。他被认为是拜占庭早期最后一位伟大的异教徒哲学家。他的著作多是关于亚里士多德的，并有不少流传至今。[⑤] 这说明拜占庭学者的评注活动一直持续，成为一种传统，也成为一种特征。

---

① Oribasius, *Coll. Medic.*, viii. 45, p. 361; *Synops*, iii. pp. 45 and 49, viii. 6, 8, 11, 17, pp. 121 - 124.

② H. von Staden, "Hellenistic Reflections on the History of Medicine," *Ancient Histories of Medicine: Essays in Medical Doxography and Historiography in Classical Antiquity*, ed. P. J. van der Eijk, Lieden and Boston: Brill, 1999, p. 159.

③ H. Diels, *Die Handschriften der antiken Aerzte*, II, Berlin, Akademie der Wissenschaften, 1906, p. 63, cited from Owsei Temkin, "Byzantine Medicine: Tradition and Empiricism", p. 101.

④ Dietz, *op. cit.*, vol. 2, p. 343, note 4, from Stephanus' commentary on Hippocrates, *Aphorism* II, 54, cited from Owsei Temkin, "Byzantine Medicine: Tradition and Empiricism," p. 103.

⑤ I. Hadot, "Simplicius or Pricianus? On the Author of the Commentary on Aristotle's De Anima," *Mnemosyne*, vol. 55, no. 2 (2002), pp. 159 - 199. Francis E. Peters, *Greek Philosophical Terms : a Historical Lexicon*, New York: NYU Press, 1967, pp. 178. Petros Bouras-Vallianatos and Sophia Xenophontos eds., *Greek Medical Literature and its Readers from Hippocrates to Islam and Byzantium*, p. 192.

拜占庭医学的思想理论非常依赖于希波克拉底和盖伦的理论,就像他们的哲学研究离不开亚理士多德和柏拉图一样,这是拜占庭医学的第二个特点。拜占庭教师讲授哲学绕不开亚里士多德,同样医学教育也离不开盖伦。古典医学思想集中体现在《希波克拉底文集》以及2世纪盖伦的诸多著作中,他们共同奠定了拜占庭医学的写作和实践基础。①

古希腊"医学之父"希波克拉底是第一个认为很多疾病是自然原因导致而不是因为神祇或其他迷信因素造成的医生。拜占庭人接受希波克拉底的看法,认为多数"疾病不是因神的惩罚造成的,而是环境因素、饮食习惯和生活习惯的产物"②的理念。环境因素、饮食习惯和生活习惯是如何影响人体健康的呢?拜占庭人接受了古典医学的体液论,利用四种体液论为代表的生命四要素之间的平衡与相互作用,来解释生理学和病理学的健康与疾病。这四种体液分别是血液(haima)、黏液(ma)、黄胆液(chole)和黑胆液(melan chole)。健康意味着体液的平衡状态,表明体质健全。拜占庭人充分理解并接受希波克拉底认为的环境因素致病,尤其认识到水对身体所产生的影响,来自池沼和死水池的水非常容易致病。拜占庭史籍《记事》记载,曼努埃尔一世统治时期,塞尔柱突厥人"在小规模的战斗中现身,他们骑着马,毁掉道路两边的草,这样拜占庭人的马匹就没有了草料,同时他们还污染了水源,因此拜占庭人便没有了干净的水可以饮用。他们饱受某种肠道疾病的困扰,整个军队均难以幸免"③。可见,当时的拜占庭人知道某些肠道疾病是通过水传染的,洁净的饮用水相当重要。古典医学认为当外部因素破坏了体液平衡时,人就会出现病态,而体液的质量会反过来影响疾病的性质和特征。拜占庭史学家米哈伊尔·普塞洛斯在《编年史》中记载了君士坦丁九世皇帝患病的情况,描绘其体液不平衡的症状:"无疑君士坦丁(体液)的主要结构发生了重大变化,它们不断汇聚,破坏了先前的协调,体现在他的双脚、躯干关节和双手。

---

① H. Hunger, *Die hochsprachliche profane Literatur der Byzantiner*, Munich: Beck, 1978, p. 287. Anthony Kaldellis and Niketas Siniossoglou eds., *The Cambridge Intellectual History of Byzantium*, p. 252.

② Hippocrates, *Hippocrates Collected Works*, I, W. H. S. Jones ed., Cambridge (US): Harvard University Press, 1868, p. 11. Sherwin B. Nuland, *Doctors*, Knopf, 1988, pp. 8 – 9 and 93 – 94, 11. *Oeuvres complètes d'Hippocrate*, ed. É. Littré, Paris: Baillière, 1839 – 1861, TLG, No. 0627.

③ Niketas Choniatēs, *O City of Byzantium, Annals of Niketas Choniatēs*, p. 101.

随后严重影响到了肌肉本身和背部的骨骼,彻头彻尾地令他震颤摇晃,好似一艘于风平浪静之时满载货物出海的船遇到了海浪的袭击。”①可见古典医学体系对拜占庭医学影响之深。

拜占庭医学不仅接受先人的医学理论,而且对古典医学治疗观念也诚心接受,这种医学观念的理性是其又一个鲜明特征。拜占庭人认为,疾病既然不是神罚,那么治疗疾病的理念也是可以接受的,因此不能通过忏悔和祷告达到治愈的目的。

希波克拉底在特定历史条件下重视治疗的观念被拜占庭人所继承。以埃伊纳的保罗为例,在他著名的医学百科全书《医学概略七卷》中除了第1卷是总论性质的,从第2卷开始,除了介绍该病症的病因和预后,着重书写的是如何治疗。例如如何治疗发烧、大脑感染、癫痫、胸膜炎、肠梗阻、淋病、麻风、疱疹、坏疽、溃疡、烧伤、寄生虫,以及如何治疗铁杉、罂粟、曼德拉草、狼毒等植物中毒,和黄蜂、蜘蛛、蝎子等动物中毒,他着重讲述了被毒蛇咬伤后的处理措施,以及狂犬病的症状和应对。另外,外科方面包括如何进行眼科、神经外科、普通手术和矫形手术,他还论述了如何从体内取出残留的武器残片,如何治疗骨折等等。第2卷是药理学,也与治疗息息相关,因为希波克拉底记载了他所知的所有药物,药效叠加会产生何种影响,各种药膏、解药、催吐剂和泻药的配方和疗效等,②突出表现了拜占庭医学对古典医学治疗方法的继承,即认真贯彻和着手解决实际的问题,实用性很强。

希波克拉底治疗学的另一个重要概念是“危机”(κρίσις),即疾病发展中的某个关键点,疾病在该转折点时,要么将开始占据上风,进而导致患者死亡,或者发生相反的情况,疾病消退,患者康复。盖伦认为这种观念源于希波克拉底,尽管它可能早于希波克拉底就已经出现了。③ 埃伊纳的保罗等拜占庭医学家认可这种概念,不光是在治疗内科病症时,注意观察所谓的关键日的“危机”(κρίσις),在拜占庭外科手术中也接受并对此概念进行实践。保罗是第一个记载气管切开

① Michael Psellus, *Fourteen Byzantine Rulers : the Chronographia of Michael Psellus*, p. 222.

② W. Smith ed., *Dictionary of Greek and Roman Biography and Mythology*, vol. 3, pp. 152 - 153.

③ Hippocrates, *Hippocrates Collected Works*, I, pp. 46, 48 and 59.

术的拜占庭医学家,[①]他认为这个手术的“危机”便是打开气管之后那段容易窒息的时间。[②] 拜占庭医学家还继承了古典医学使用药物治疗病人的理念,而不是过多依赖患者自愈。特拉勒斯的亚历山大写下了600多种他尝试治愈疾病的药物,还举例说明了如何使用药物治疗所有类型的疾病,包括他所说的“忧郁症”,现代医生将其描述为抑郁症。[③] 拜占庭人继承古典医学重视临床观察的治疗理念,学习希波克拉底要求医师以非常清晰和客观的方式记录新发现和药物疗效,以便使这些记录可以被其他医师传承和使用。[④] 希波克拉底定期仔细记录症状,包括肤色、脉搏、体温、疼痛、运动和排泄。[⑤] 拜占庭医学家也非常重视临床观察,他们通过大量临床观察和研究,认为查士丁尼瘟疫是腹股沟淋巴结炎,[⑥]这种看法已经很接近现代医学对鼠疫症状的认识了。[⑦] 埃伊纳的保罗根据自己的临床观察区分出两种类型的麻风病:一种是严重的麻风病,它会毁坏手指和脚趾并最终导致死亡;另一种较温和的麻风病则常常毁坏受害者容貌,但不致死。拜占庭医生接受并执行古典医学重视临床观察的特点,为拜占庭医学实践发展奠定了基础。

拜占庭人还认为,既然绝大多数疾病不是因为神罚,那么疾病便是可以预防的,而预防疾病重在养生。拜占庭的养生观深受希波克拉底的影响,其养生知识不仅为专业医生所掌握,而且被拜占庭知识分子和大多数普通民众所了解。普塞洛斯援引盖伦的感慨,并暗示他对自然修复能力的称赞。拜占庭医学家对拜占庭民间非医学专业人士对盖伦的兴趣予以支持。拜占庭人的养生观深受希波克拉底的影响,认为预防疾病重在养生,而食疗某种程度上既可以预防疾病也可以治疗疾病。希波克拉底提到养生与健康的关系,包括要注重饮食健康,食量和食材

---

① L. Brandt and M. Goerig, *The history of tracheotomy*, in German, Anaesthesist, vol. 35, 1986, p. 279. J. Lascaratos, “Otorhinolaryngological diseases in Byzantium (AD 324 - 1453): information from non-medical literary sources,” *Journal of Laryngology and Otology*, vol. 110, no. 10(1996), p. 913.

② P. Aegineta, “On laryngotomy,” section 33 in *The Seven Books of Paulus Aegineta*, Book 6, vol. 2, London, pp. 301 - 302.

③ J. Scarborough, The Life and Times of Alexander of Tralles, *Penn Museum*, 1997, https://www.penn.museum/sites/expedition/the-life-and-times-of-alexander-of-tralles/, 2017 - 05 - 06.

④ R. Margotta, *The Story of Medicine*, p. 66.

⑤ F. H. Garrison, *History of Medicine*, p. 97.

⑥ 普罗柯比:《秘史》,吴舒屏等译,上海:上海三联书店2007年版,第17页。

⑦ F. Kudlien, “Aetius of Amida,” in Charles Coulston Gillispie editor-in-chief, *Dictionary of Scientific Biography*, I, pp. 68 - 69.

随季节转换而不同,他详细区分了食物的特性,讨论各种食物的功用,以及各种症状的食疗方法等等。[①] 拜占庭的《饮食历书》将一年四季分为干、湿、热、冷四个阶段,详细罗列了宜食和忌食名单。[②] 拜占庭人也同古希腊和古罗马人一样热衷温泉养生。从古代早期开始,水与治愈密不可分,许多因疗愈之神而建的庙宇和圣所拥有治疗特征的泉水和水源。在古代末期,水与健康之间密切联系的观念深入人心,在拜占庭和伊斯兰文化中以多种形态和形式得以长期发挥影响力,19 世纪还在西欧得到普及。[③] 希波克拉底提到养生与健康的关系,包括要注重运动,多沐浴,尤其是蒸气浴,需要根据季节的变换来调整饮食。拜占庭人似乎没有沐浴养生的习惯,但 6 世纪的拜占庭史学家乔代尼兹记载了安齐亚力城 12 英里外的一处温泉浴池,他认为“在世上无数的温泉中,它的疗效被奉为特别著名和有效的”[④]。在同期的西欧,由于罗马教会认为水可以通过皮肤将疾病传入人体,公共浴池使教徒道德沦丧,遂禁止民众沐浴。与之相比,愈发衬托出拜占庭人对古典养生理论知识的继承与热衷。

在治疗手段方面,由于拜占庭人接受大多数疾病是由于环境、饮食和生活习惯导致四种体液失去平衡而发病的理念,那么他们也接受治病首先就是让体液恢复平衡的医学方法。拜占庭人按照希波克拉底的实践经验,认为药物是治疗的首选。拜占庭早期的医学实践遵循古老传统,以养生与药物等手段来治疗疾病,[⑤]当养生方式无效时就需要使用药物。拜占庭人使用了很多古希腊人惯用的草药,例如藜芦用于催吐,而秋水仙用于治疗痛风。[⑥]

拜占庭人也接受放血疗法。当药物无效时,恢复体液平衡就需要各种手术,其中之一便是放血。希波克拉底认为有些患者可适时地放血,有些则不能。[⑦] 盖伦在

---

① Hippocrates, *Regimen* Ⅰ-Ⅲ, in *Hippocrates : Volume* Ⅳ, trans. W. H. S. Jones, Loeb Classical Library, London, 1923.

② 陈志强:《拜占庭帝国通史》,第 303 页。

③ M, Zytka, *Baths and Bathing in Late Antiquity*, Ph. D. thesis, 2013, p. 130.

④ Jordanes, *The Origin and Deeds of the Goths*, trans. Charles C. Mierow, Princeton: Princeton University Press, 1908, p. 35.

⑤ O. Temkin, “Byzantine Medicine Tradition and Empiricism,” *Dumbarton Oaks Papers*, vol. 16, no. 1(1962), p. 100.

⑥ O. Temkin, “Byzantine Medicine Tradition and Empiricism,” p. 100.

⑦ Hippocrates, *Humours*, in *Hippocrates*, translated by W. H. S. Jones, vol. 4, p. 95.

"四体液"学说的基础上大力提倡放血疗法,病情越严重,放血量越多。盖伦了解动脉与静脉的区别,他根据病人的年龄、体质、季节、天气、地点和发病器官等,构建了一套非常复杂的放血疗法体系。埃伊纳的保罗、欧利巴休斯和阿伊提乌斯等人在自己的医著中详细介绍了放血的适用病症和程序。[1] 如尼基塔斯·侯尼雅迪斯在《记事》中记载,阿莱克修斯三世在准备推翻伊萨克二世时,以放血为由拒绝了皇帝的邀请,"他伪称身体不适,已经准备放血"[2]。特别是当药物对溃疡无效或是收效甚微的时候,切开溃疡放脓。希波克拉底在《溃疡论》中认为如果溃疡肿胀,"糊剂用于脓肿发炎时,必须用在溃疡的周围,用毛蕊花、车轴草叶、岩生草叶和狭叶香科一起煎制成后敷用","应选择适当时机将溃疡面切开以便分泌物流出"[3]。当皇帝约翰二世的伤口开始溃烂时,医生"使用其他可以减轻伤口溃烂的药物,当这些药物被证明是无效时,医生考虑动手术,脓肿部分被切开"[4]。拜占庭医生也进行比较大型的外科手术。古典医学的外科手术十分发达,希波克拉底和盖伦在外科手术上颇有建树。拜占庭外科手术技术也很高超,开颅术的声名甚至远扬到中国。《通典》中记载,拜占庭外科医生"善医眼及痢……或开脑出虫"[5]。拜占庭人也像希波克拉底派医生那样,[6]将烧灼法视为最后一种治疗手段,在《记事》中,皇帝阿莱克修斯三世为了治疗已经溃烂化脓的腿疾,瞒着医生,私自采用了这一方法,"他深深按下烙铁,烙自己的腿"[7]。

拜占庭人对于古典医学的继承是全方位的,从典籍本身到其中所蕴含的医学思想、体系和治疗手段都予以接受并运用到医学实践中,拜占庭医学可以说是古典医学的忠实继承者。

---

① Paul of Aegina, *The Seven Books of Paulus Aegineta*, vol. 1, London, 1844, p. 547. W. Smith, *A Dictionary of Greek and Roman Antiquities*, vol. 1, Boston, 1870, pp. 644 and 991. N. Papavramidou and H. Christopoulou-Aletra, "Medicinal use of Leeches in the Texts of Ancient Greek, Roman and Early Byzantine Writers," *Internal Medicine Journal*, vol. 39, no. 9(2009), p. 626.

② Niketas Choniatēs, *O City of Byzantium, Annals of Niketas Choniatēs*, p. 247.

③ Hippocrates, *On Ulcers*, in *Hippocrates*, trans. P. Potter, vol. 8, London, 1995, pp. 5 – 6.

④ Niketas Choniatēs, *O City of Byzantium, Annals of Niketas Choniatēs*, pp. 23 – 24.

⑤ 杜佑:《通典》卷 193,《邊阬九》(西戎五·大秦),北京:中华书局 1988 年版,第 5266 页。

⑥ Hippocrates, *Nature of Women*, in *Hippocrates*, translated by P. Potter, vol. 10, Cambridge, Mass.: Harvard University Press, 2012, p. 201.

⑦ Niketas Choniatēs, *O City of Byzantium, Annals of Niketas Choniatēs*, p. 273.

当然,作为以经验为基础的拜占庭医学,医生们特别在药学方面下功夫,拜占庭人将古希腊药学理论精华用于日益庞杂的拜占庭药材中,以临床实践效果作为检验标准,他们吸收来自东部地区的埃及、巴勒斯坦和叙利亚等地的临床实践经验。

拜占庭药学的突出代表人物,如欧利巴休斯、阿伊提乌斯、特拉勒斯的亚历山大和埃伊纳的保罗等,似乎只是复制佩达尼乌斯·狄奥斯库里迪斯、盖伦和其他古典时代希腊、罗马医生关于药草、草本植物、药用矿物,以及用于制药的动物产品的方法,在其大量记载中,资料和命名法也沿袭古人。但事实上,拜占庭医学家和药学家在考量药物和药学时,除了向古典医学权威们认真学习外,还适当调整药学理论,其药材已经发生了变化,用于制药的动、植物和矿物的数量和种类都有所增加。

拜占庭药学的发展体现在药用动植物范围的扩展与整理、方剂的丰富与编码等方面。西蒙·希斯使用来自阿拉伯和印度等东方地区的草本药物,不仅挑选保留了很多古希腊的草药,更用到了来自帝国统治区域如原波斯和北非等地的药材。拜占庭史学家侯尼雅迪斯记载皇帝安德罗尼库斯一世"吃非常类似于鳄鱼的尼罗河里的动物来增强自己的性能力"①,也有人推测他说的是一种生活在非洲东部的药用蜥蜴。②

米哈伊尔·普塞洛斯在《论食物的性质》中强调了东方各国的动植物药用传统。与盖伦时期简洁明了的药物相比,拜占庭药学在药剂来源和配药方面明显更加丰富,显示出拜占庭医生对众多草药、动物制品药材和矿物类药材的熟悉程度,他们在近千种药材中挑选最适合的原材料,按药方剂量制作成药,突显出他们对药性的了解非常精确。埃伊纳的保罗记载了包括来自埃及纸莎草提到的药用香料配方,他的《医学概略七卷》最后一卷是专门记载药物和配药方法的,其中共记载了药用的 90 种矿物质和金属、600 种植物和 170 余种动物药材,③另外还有各种方剂的配法,如第 3 卷记载了 28 种香油膏的配方。④ 保罗的贡献在于将古希腊

---

① Niketas Choniatēs, *O City of Byzantium, Annals of Niketas Choniatēs*, p. 177.

② 在波恩版本中这种动物被称为小蜥蜴,N. Choniatae, *Nicetae Choniatae Historia*, ex recensione Immanuelis Bekkeri, Bonnae, 183, p. 17.

③ A. P. Kazhdan ed., *The Oxford Dictionary of Byzantium*, p. 1883.

④ Paul of Aegina, *The Seven Books of Paulus Aegineta*, vol. 3, pp. 599 - 600.

药学理论精华用于日益庞杂的拜占庭药材中,并以临床实践效果为标准,吸收埃及、巴勒斯坦和叙利亚等地的临床实践经验,这些地区曾经是拜占庭东部领土。他的作品不仅是早期拜占庭药学的收官之作,也为晚期拜占庭药学树立了范式。

在医学理论方面,拜占庭医学也广泛吸取了东方诸国的医学成果。拜占庭帝国地理位置处于东西方交通要道,为其医学吸取东方各国的医学成果提供了便利的条件。拜占庭医学界很多外族医生,除了希斯是犹太人外,13 世纪的医生亚伦·本·约瑟夫也是犹太人。同样著名的医生还有安条克的叶海亚,他出生于法蒂玛王朝的埃及地区,成为拜占庭的医生后,引入很多中东地区的医学知识。他们使得远东和阿拉伯医学传统也进入拜占庭人的视野。

拜占庭医学家在古典医学思想的基础上吸取了部分东方文化内涵,将二者融合在一起。基督教对拜占庭医学的影响可以追溯到早期基督教的希腊教父:"医学引起了诸如针对摩尼教徒论证之类的神学纠纷:动植物中存在的邪恶可以被人利用,而人有理智和医学可以帮助它们。"[①]拜占庭医学受到东方神秘主义和基督教神学的影响,因而重视灵魂、情绪、人体和疾病之间的关系研究。9 世纪的医学家利奥曾困惑于人本质的多种问题,什么是人性?何谓灵魂?何谓精神?他重视对身体、精神和灵魂三者关系的研究,认为疾病有时是因为身体的软弱,有时又是因为身体与灵魂的冲突,也因为精神和灵魂的衰弱。他开拓了医学哲学的实践范围,将继承的古典医学哲学带入拜占庭医学神学领域。

在药学方面,埃伊纳的保罗的《医学概略七卷》第 3 卷和第 7 卷记载了包括来自埃及古籍的医药配方。[②] 希斯则使用来自阿拉伯和印度等东方的草本药物,这跟希斯本人是犹太人且非常了解东方医学传统有关。其《论食物的性质》使用了来自波斯(Περσῶν)、阿拉伯(αγαρηνῶν)和印度(Ἰνδῶν)的文献和药材信息。[③] 人们可以在拜占庭医学文献中找到各种关于东方本草的参考文献,其中最

① H. J. Frings, *Medizin und Arzt bei den griechischen Kirchenvidtern bis Chrysostomos*, Diss. Bonn, 1959, p. 8, cited from Owsei Temkin, "Byzantine Medicine: Tradition and Empiricism," p. 109.

② J. Scarborough, "Early Byzantine Pharmacology," *Dumbarton Oaks Papers*, vol. 38, no. 1(1984), pp. 230 – 231.

③ E. G. *Syntagma* 1. 1 – 5, 75. 7 – 9, 88. 21 – 3 and 103. 18 – 20. French transl.: Brunet, Siméon Seth 40 – 119; cited from Petros Bouras-Vallianatos, "Galen's Reception in Byzantium: Symeon Seth and his Refutation of Galenic Theories on Human Physiology," p. 438.

早被提及的诸如枣(ζινζιφον, jujube)、大麻(κάναβος, hashish)和龙涎香(ἄμπαρ, ambergris)。[①] 西蒙还因引进了阿拉伯甜药酒朱丽普(julep)而闻名,这种草药饮料在拜占庭晚期广为流行,他还将这种甜药酒呈献(δοθέν)给皇帝米哈伊尔七世·杜卡斯。[②] 埃及传入拜占庭的配方中也有来自印度的肉桂。在拜占庭中期的马其顿史诗《混血的边境之王》中,主人公瓦西里说:"一位来自婆罗门地区的后裔,叫马克西莫的姑娘,用河水洗干净手之后,把灵验的药膏涂在自己的伤口上——我们总是习惯于把治伤的药物带到战场。"[③]普塞洛斯的《论食物的性质》也强调了东方等国的药用传统,展现出拜占庭医学家宽阔的视野。

除了对古典医学的继承和发展外,拜占庭医学实践也获得了极大的发展,他们创立医院,建立发达的军事医学和医疗制度。拜占庭医学对人类医学最重要的贡献在于公共卫生领域的创新,具体表现为医学史上第一所医院的建立,以及随着公共卫生水平的提高和军事斗争的需要而发展起来的军事医学和医疗制度。

拜占庭医学实用性在治疗理念上的表现主要是指拜占庭医生并没有固执地坚持希波克拉底的"反治法",也没有因为盖伦治疗学的基础思想是"相反疗法"而变得因循守旧。"反治法"或是"相反疗法",顾名思义,即用干来治疗湿引发的疾病,用热来治疗冷引起的病痛,血太多导致不平衡就放血。拜占庭医生对于各种病症不是采用单一反治法,而是重视实效,更侧重实用性和经验积累。

拜占庭医生对古典医学权威某些观点进行批判,打破固定医疗模式。埃伊纳的保罗称,希波克拉底是最伟大的医学权威,[④]在治疗骨折时几乎完全遵循希波克拉底的方法,但保罗个人经验丰富,在治疗鼻骨骨折时与希波克拉底并不完全一致。他首先肯定希波克拉底用皮带固定歪在一旁的鼻子,而后评论说"但是现在这种方法已经被证明不太适用了"[⑤]。可见拜占庭医生在长期医学实践的积累中更为注重疗效而非教条。西蒙·希斯则在修订的《论食物的性质》一书中批驳

① *Syntagma* 60.22 – 61.7, 40.9 – 18 and 26.1 – 14.

② *Ζουλάπιον*, 41.5 – 13.

③ 佚名:《狄吉尼斯·阿克里特:混血的边境之王》,刘建军译,北京:北京大学出版社2019年版,第152页。

④ Paul of Aegina, *The Medical Works of Paulus Aegineta*, vol. 1, p. 127.

⑤ Paul of Aegina, *The Seven Books of Paulus Aegineta*, vol. 2, pp. 443 – 444 and 466 – 467.

了盖伦的某些说法,[1]由于盖伦的著作是古代医学的标杆,在医学界的地位犹如亚里士多德在拉丁哲学领域的地位一样,既是权威也不容批评,因此,希斯对盖伦的错误大胆批判,凸显出拜占庭医学批判性继承的特性,尊重权威但不过于迷信权威。

同时,拜占庭解剖学并没有因为基督教信仰而停滞。更确切地说,尽管目前众多医学史家和普通读者坚持认为基督教反对人体解剖,尤其是西欧的基督教严禁解剖,但这一点在拜占庭医学史中并不适用。拜占庭东正教区域内,无论是基督教大公会议,还是日常神学辩论,甚至拜占庭皇帝相关的黄金诏书,都没有明确颁布不允许人体解剖的法令。因此,后人不能将对西欧的"印象"随意"移植"入拜占庭研究中,认为拜占庭基督教也反对人体解剖。恰恰相反,拜占庭解剖学并没有陷入停滞状态,而是始终缓慢地发展,教、俗两界都以自己的方式发展了拜占庭解剖学,其中代表性人物是9世纪的修道士梅莱蒂乌斯和"首席佩剑官"塞奥菲鲁斯。梅莱蒂乌斯同样也被称为医生哲学家,其《论人体构造》堪称欧洲第一部医疗解剖学著作。"首席佩剑官"塞奥菲鲁斯为了写《论人体构造》中关于解剖和生理学的部分描述动物解剖的细节,诸如解剖猿和熊等。兽医学也在动物解剖的基础上得到了发展。迪米特里·佩帕哥门诺思著有一部喂养和护理鹰特别是矛隼的兽医著作,同时他还写了一部关于犬的护理和治疗的医书。[2] 以上种种均显示出拜占庭医学的实用倾向。

由于拜占庭时代世界性人口流动频繁,加剧了物种交流的强度,因此拜占庭医学注重对新疾病的发现与研究、检测手段和治疗方法,并在长期实践中获得更丰富的经验,拜占庭医学绝非重理论轻实践。在疾病尤其是内科方面,盖伦等古典医生认为,糖尿病是一种罕见的疾病,[3]而欧利巴休斯等拜占庭医生则对该病非常熟悉,他们通过长期实践积累认为,其病因是肾脏和膀胱的病变,症状则是过

① A. P. Kazhdan ed., *The Oxford Dictionary of Byzantium*, p. 1883.

② D. Karasszon, *A Concise History of Veterinary Medicine*, Budapest: Akadémiai Kiadó, 1988, p. 115.

③ F. Henschen, "On the Term Diabetes in the Works of Aretaeus and Galen," *Medical History*, vol. 13, no. 2 (1969), pp. 190 - 192.

度口渴和尿频。[①] 阿伊提乌斯对痤疮新的认识受到文艺复兴时期医生的肯定。首次出现在历史文献中的鼠疫疫情"查士丁尼瘟疫"被拜占庭医生认为是腹股沟淋巴结炎。[②] 13 世纪的御医迪米特里·佩帕哥门诺思著有《痛风原理》(*Σύνταγμα περὶ τῆς ποδάγρας*),文中提出痛风是由排泄不畅所致的新观点,[③]被文艺复兴时期的医学界所接受。佩帕哥门诺思的观点同现代医学关于痛风的结论类似,即痛风同嘌呤代谢紊乱和(或)尿酸排泄减少直接相关。

在检测手段方面,14 世纪的拜占庭医生约翰·阿克图阿里乌斯对于尿液和验尿的研究取得了突破。他对尿液的观察和检测为该领域后来的研究奠定了基础,他的《论尿》成为从古典时代到 19 世纪化学改进之前关于这一主题最完整和最系统的著作。很多西欧医学家对他这本书逐字逐句抄写,不敢出现丝毫错误。在近代化学没有发展到一定程度之前,医学家对于其理论的基础研究,一直没有新的突破。

在治疗方法方面,拜占庭医学在糖尿病、导尿技术、假牙制作、癌症、疝气等方面也有超前性的发展。埃伊纳的保罗反对古希腊、罗马医生使用呕吐法来治疗糖尿病,他建议使用药酒、草药和水果来治疗糖尿病,常用的药物还包括玫瑰酒、蜂王浆酒、蜂王浆水、草药、菊苣、生菜、生活在岩石中的鱼、猪脚和猪的子宫、梨、苹果、石榴以及冷水。[④] 现代医药学实验证明,蜂王浆、菊苣、苹果、石榴等提取物对糖尿病具有一定功效。[⑤] 保罗还精确描述了用固体导管导尿时应当沿循尿道的

① H. Christopoulou-Aletra & N. Papavramidou, "'Diabetes' as Described by Byzantine Writers from the Fourth to the Ninth Century AD: the Graeco-Roman Influence," p. 894.

② 普罗柯比:《秘史》,第 17 页。

③ G. Sarton, *Introduction to the History of Science*, vol. 2, II, Baltimore, 1953, p. 1095.

④ Paul of Aegina, *The Seven Books of Paulus Aegineta*, vol. 1, pp. 224 - 225.

⑤ 结论见汪宁、朱荃等:《蜂王浆冻干粉对 HepG2 细胞葡萄糖消耗作用及对糖尿病小鼠降糖作用的实验研究》,《食品科学》2009 年第 9 期;S. Pourmoradian, R. Mahdavi et al., "Effects of Royal Jelly Supplementation on Body Weight and Dietary Intake in Type 2 Diabetic Females," *Health Promotion Perspectives*, vol. 2, no. 2 (2012), pp. 231 - 235;王喜民:《菊苣多糖对链脲菌素糖尿病肾病大鼠 ET - 1、CRP 的影响》,《黑龙江医学》2013 年第 3 期;冯伟伟:《苹果酸铬对 2 型糖尿病大鼠的降血糖活性、作用机制及安全性初探》,江苏大学博士学位论文 2015 年;刘慧、赵文恩、康保珊:《石榴抗糖尿病生物活性的研究进展》,《食品工业科技》2012 年第 23 期;S. R. Katz, R. A. Newman et al., "Punica Granatum: Heuristic Treatment for Diabetesmellitus," *Journal of Medicinal Food*, vol. 10, no. 2(2007), pp. 213 - 217.

曲线,随后应该注入各种药剂。[①] 在口腔治疗方面,拜占庭制作假牙的技术趋于成熟。侯尼雅迪斯在《记事》中讽刺那些"用假牙用力咀嚼咸肉"的人,[②]说明假牙已经用于医学实践。"给牙齿腐烂的人清洁口腔并敷上树脂"是12世纪拜占庭医生惯用的手法。[③] 癌症、疝气等手术也有超前性的发展。关于乳腺癌和子宫癌,埃伊纳的保罗有自己的见解,他认为这两种癌症是最常见的,并断言手术对子宫癌无效,因为它极易复发,而乳腺癌则不能采用传统的烧灼疗法,应该切除。[④] 保罗对腹股沟直疝和斜疝的手术也有非常详细的描述,[⑤]另外他对于睾丸切除术、女性生殖器湿疣和治疗先天阴道闭锁畸形的手术,关于肛门瘘、痔疮、肛门湿疣的手术与治疗都是在实践的基础上得出自己的新见解。他还首次提出使用减压法治疗脊柱创伤,即用手术取出压迫脊椎神经导致瘫痪的碎骨,[⑥]使患者能够站立。保罗的外科论著甚至包括一些整容手术,他是第一个描述男性乳房发育症及其手术治疗方法的人。[⑦]

拜占庭医生很可能实施了人类历史上有记录的最早一例连体双胞胎分离手术,并取得了一定程度上的成功。连体双胞胎分离术是拜占庭医疗手术技术的巅峰之作,也是拜占庭外科医学发展的典型。10世纪,拜占庭医生完成了有明确记载的第一例连体双胞胎的分离手术。根据现代医学专家的估计,连体双胞胎的发病率约为五万分之一,其中大多数是胸部连体联胎。[⑧] 该手术在君士坦丁七世成为帝国唯一的皇帝前不久进行。拜占庭多部史书都对945年进行的这一医学实践进行了记载:

在这些日子里(即945年),一对来自亚美尼亚的怪物出现在君士坦丁

---

① Paul of Aegina, *The Seven Books of Paulus Aegineta*, vol. 6, pp. 351 - 354.

② Niketas Choniatēs, *O City of Byzantium, Annals of Niketas Choniatēs*, p. 274.

③ Niketas Choniatēs, *O City of Byzantium, Annals of Niketas Choniatēs*, p. 137.

④ Paul of Aegina, *The Seven Books of Paulus Aegineta*, vol. 6, pp. 332 - 334.

⑤ R. Gurunluoglu & A. Gurunluoglu, "Paul of Aegina: Landmark in Surgical Progress," p. 22.

⑥ U. Er and S. Naderi, "Paulus Aegineta: Review of Spine-Related Chapters in '*Epitomoe Medicoe Libri Septem*'," *Spine*, vol. 38, no. 8(2013), p. 695.

⑦ P. Aegineta, "On male breasts resembling the female," section 46, *The Seven Books of Paulus Aegineta*, Book 6, pp. 334 - 335.

⑧ Denys Montandon, "The Unspeakable History of Thoracopagus Twins' Separation," *ISAPS News*, vol. 9, No. 3, 2015, p. 46.

堡。他们是两个男孩在一次怀孕中诞生,完全长大了,所有的器官都完成了,但是他们连在一起,从腋窝到下腹部,彼此面对面。他们在城里住了很长一段时间,因为猎奇而受到大家赞赏,也因为同样原因而被流放。人们认为他们是不祥之兆。过了一段时间,在皇帝君士坦丁统治期间,他们回来了。其中一个双胞胎死亡后,技术娴熟的医生巧妙地将他们分开,希望能救活剩下的那个,但是他在活了三天之后也死了。①

即使在现代,连体双胞胎分离手术的风险也是非常高的,目前已经有多次失败的案例。而在1 000年前,抗生素并未发明,这种大型手术在如何抗感染、如何抗凝血方面都需要非常多的经验和高超的技术。拜占庭这台连体双胞胎分离手术的亮点在于,患者成功下了手术台并存活了三天,在没有现代手术技术和设备、没有抗生素的千年前,这是不可想象的。

拜占庭医学实践在公共卫生领域和军事医学领域也取得了相当高的成就,主要表现在医院的建立、战时医护制度和长期医护系统的出现。首先要提到,370年前后,圣瓦西里在凯撒里亚建立起以提供医疗护理服务为主要目的最古老的医院。在长期实践中,拜占庭人所创立的医院制度是现代医院很多制度的滥觞,如综合性医院和专科医院、门诊和住院制度、医院分区制度、卫生清洁制度、轮值制度、护理制度和工作人员职责的规定等。

医学史中的医院是以提供医疗护理服务为主要目的医疗机构,从这个定义看,一般认为最古老的医院是370年左右圣瓦西里在凯撒里亚建立的。② 西欧中世纪早期所谓的"医院"以招待和收容患者为主,在1204年攻陷君士坦丁堡后,西欧人才仿效拜占庭医院,开始修建真正意义上的医院。至于医院最早源自波斯或是阿拉伯的说法还无确证,萨珊波斯的医院是受拜占庭人启发,于5—6世纪在君

---

① *Corpus scriptorium historiae byzantinae*, edited and amended by B. G. Niebuhr, 50 vols., Bonn, 1828 - 1897. References are in the volumes entitled a) Theophanes Continuatus, Symenon Magister and Georgus Monachus; p. 433 (Theophanes), p. 749 (Symeon), and p. 919 (Georguius); b) Leonis Grammatici, Chronographia, p. 326; c) Georgius Cedrenus Ioannis Scylitzae, 2: 320 and d) Michaelis Glycae, Annales, p. 560; cited from G. E. Pentogalos and John G. Lascaratos, "A Surgical Operation Performed on Siamese Twins During the Tenth Century in Byzantium," *Bulletin of the History of Medicine*, vol. 58(1984), p. 99.

② T. S. Miller, *The Birth of the Hospital in the Byzantine Empire*, pp. 85 - 88.

迪沙普尔建造,后来影响了阿拉伯医院的建立。[①]

医院首先出现在拜占庭帝国是同基督教神学有关。《圣经》中说:“你们中间有病了的呢,他就该请教会的长老来,他们可以奉主的名用油抹他,为他祷告。”[②]在基督教神学思想中,帮助病人具有重要的意义,《马太福音》中称,“我实在告诉你们:‘这些事你们既做在我这弟兄中一个最小的身上,就是做在我身上了。’”[③]这种互助理念后来逐渐发展为社会和个人都需要承担的一种宗教社会责任,这就为公共医院的诞生奠定了神学基础。拜占庭救世主基督医院章程42条“对医院工作人员的勉励”中,用《马太福音》里的这句话勉励医护人员,并指出“主”会根据他们的行为给予回报,[④]这从一个侧面印证了拜占庭神学对公共医学的促进作用。

医院首先诞生在拜占庭帝国而非同样信仰基督教的西欧地区是有原因的,这同拜占庭医生的培养体系有关,这种体系为拜占庭建立医院提供了大量的医务人员。训练医生的重要场所是帝国首都的君士坦丁堡大学和各行省的医学院。在帝国,医学是一门真正的学科,其毕业生被纳入到拜占庭公务员序列,医生的社会地位因此得到极大提高。到了12世纪,医生的地位已同官员和学者相当,受到世人的尊敬。稳定和严格的培养制度为帝国各地源源不断地输送医学人才,加之整个社会更重视身体健康而非灵魂救赎,[⑤]使得医院在被需求的情况下有较为充足的人力资源基础,得以在帝国各地建立起来。当医生数量不足时,便由私人医生加以补充,采取的措施是请私人医生去公立医院工作。6世纪的皇帝查士丁尼一世曾下旨补贴在公共部门工作的私家医生的薪俸。

拜占庭医院制度对多种现代医院制度产生深远影响,在很多制度创立方面具有独创性。拜占庭医疗机构首创综合性医院和专科医院的概念,并付诸实施。以

---

① G. M. Taylor, “The Physicians of Jundishapur,” *Sasanika*, no. 11(2010), p. 7.

② 中国基督教三自爱国运动委员会、中国基督教协会:《圣经》,《雅各书》5—14,2002年,第259页。

③ 中国基督教三自爱国运动委员会、中国基督教协会:《圣经》,《马太福音》25: 39-40。

④ John II Komnenos, “Typikon of Emperor John II Komnenos for the Monastery of Christ Pantokrator in Constantinople,” *Byzantine Monastic Foundation Documents: A Complete Translation of the Surviving Founders' Typika and Testaments*, eds. John Thomas and A. C. Hero, p. 758.

⑤ A. Kazhdan, “The Image of the Medical Doctor in Byzantine Literature of the Tenth to Twelfth Centuries,” *Dumbarton Oaks Papers*, vol. 38, no. 1(1984), p. 51.

君士坦丁堡的救世主基督医院为例,1112年皇帝约翰二世建立救世主基督修道院的同时兴建了附属的救世主基督医院,包含一所老人之家和数英里外的麻风病医院。救世主基督医院类似于现在的综合医院,而麻风病医院则是专科医院,[①]老人之家是含有医疗救助功能的公共慈善机构。另外拜占庭帝国在5世纪以后就成立了各种专科和慈善医疗机构,如旅客救济站、外来人员医院和孤儿院等。

拜占庭医院首创门诊和住院制度,通过门诊对患者病情分级分流,门诊患者经过治疗后可离开医疗机构,而住院患者则需要受到全天候的照护。这一制度有助于提高医院效率,避免医疗资源浪费和过度医疗,使病人得到最合适的医治。根据拜占庭修道院的章程,救世主基督医院设门诊部和住院部,这与现代医院是一样的。门诊部有两位医生坐诊,住院部有50张床位,还有5张机动床位,另配备医疗人员。

与门诊和住院制度相配合的是医院分区制度,这是拜占庭人的创造。分区制度根据部门科室的不同功用,在空间上予以区分,达到集中医疗资源、提高治病效率的目的。首先,门诊部和住院部分开,住院部为五个区,五个区是根据医疗科室的不同和患者性别进行区分的,如内科与外科分区,男性患者和女性患者住院区分开。根据救世主基督医院的章程,皇帝亲自规定住院部1区的"10张床位赐予那些有外伤与骨折的病人;2区8张床位给予那些患有眼疾、胃部疾病以及其他急性且痛苦疾病的患者;3区12张床仅收治女性患者;4区和5区分别有10张床收治男性普通患者"。可见不仅男女患者分开,特定科室的患者也集中起来治疗,具有很高的实用性和科学性。如果某病区没有患者而其他病区床位爆满,医院章程也对这种情况作了规定,使得床位可以灵活调用,非常合理。

拜占庭人也非常重视医院的卫生制度,并制定了严格的章程。救世主基督修道院第37条规定是关于"病人衣服和床上用品"的。按规定,医院每张床都要有一个垫子,床垫上必须有一个枕头和床单,冬天有两条山羊毛毯子。为了保持医

---

① 关于拜占庭麻风病院的修建历史见T. S. 米勒和J. W. 奈斯毕特:《行尸走肉:拜占庭和中世纪西方的麻风病》(T. S. Miller and John W. Nesbitt, *Walking Corpses: Leprosy in Byzantium and the Medieval West*, Ithaca & London: Cornell University Press, 2014),第四章。

院卫生,防止病人交叉感染,医院保持供应15至20件衬衣或是宽大外衣给穷苦病人,使他们上床前能更换病号服,自己的衣服则被医院清理后在出院时归还主人。医院每年都更换所有床上用品和不能继续使用的衣服,床垫和枕头的填充物每年都重新填充。① 另外,还设有一男一女两个厕所。病人可根据医嘱洗澡,一般是每周两次。② 医院卫生制度的健全既能减少交叉感染,也能保障病人早日康复,如此规定即使放在现在也不过时。

拜占庭医院详细规定了不同工作人员的职责,其目的也是节省人力、提高效率。首先是管理和监管体系的完备。管理人员由修道院院长和修道士组成,监管人员由医院管理人和医疗监督人员组成,监督人都是医学专家。其次是实行代理人采购制度。代理人负责食品和药物供应,拜占庭医生同古希腊、罗马医生不同,医生不会自己买卖药品,从而杜绝了药品回扣等腐败现象。再者是对医生职责的细化。拜占庭医院的医生同古典时代全科式的医生不同,他们皆有自己擅长和负责的项目。如主治医师2名主治内科;病房主管两名负责2区;医生10名,余下4个区各2名,另两名医生负责修道院修道士的医疗服务;外科医生2名;门诊医生2名。③

另外,拜占庭医院建立了轮值制度。例如在救世主基督医院,医生被分为两组,每月一轮,使医院持续工作。候补医生的轮值制度在拜占庭医院也广为实行。医院有候补医生,所有职位每月轮换一次,跟现代医学生所有科室轮流实习的制度类似,如此能为医疗后备人才提供实践机会,提高整体水平。拜占庭医院的护理制度也非常发达,护理人员是医院必备人员。救世主基督医院规则38条规定,每晚都会有4名男护士和1名女护士在病区守夜。男病房平时有3名护士、2名杂工、2名仆人;女病房另有1名女医生、4名女护士、2名女杂工和2名女仆;门诊

① 上述数字资料引自 John Ⅱ Komnenos, “Typikon of Emperor John Ⅱ Komnenos for the Monastery of Christ Pantokrator in Constantinople,” p. 757。

② John Ⅱ Komnenos, “Typikon of Emperor John Ⅱ Komnenos for the Monastery of Christ Pantokrator in Constantinople,” p. 759.

③ John Ⅱ Komnenos, “Typikon of Emperor John II Komnenos for the Monastery of Christ Pantokrator in Constantinople,” pp. 757 - 758.

有4名护士和4名杂工。①

拜占庭医院后勤支援也相当发达,由于非营利性质,医院所需的东西全部实行配给制。他们同现代医院一样提供病号饭,而且是免费供应。病人每天有定额的餐食,如面包、豆子和新鲜蔬菜等,还可以额外购买食物和酒,由病房主管监督。后勤人员配备上有4名药剂师,2名药剂师助手,1名门房,5名洗衣工,2名厨师,马夫、面包师、烧水工等若干。②

拜占庭军事医疗体系因内外战事频繁,发展也比较成熟,除了军队中医护人员的制度性配置,拜占庭军队还率先实行战时医护制度,医护人员使用特制的双马鞍和担架在战场上运送和抢救伤员。公共医院对公共卫生水平的提高直接促进了拜占庭军事医学的发展,军事医疗体系逐渐形成。军事医学源于医学科学的专业化发展和军队的组织管理。③ 拜占庭帝国能持续千年的一个重要原因是其强大的军事实力,有学者认为"拜占庭军队是当时世界上最为强大的军事机构",在很长一段时间内,拜占庭常备军约15万人,分为步兵和骑兵等兵种。庞大的军队需要专业的医护系统。拜占庭军队中除了跟随皇帝的御医,还有随军医生,负责士兵的医疗服务。拜占庭中期边塞诗《狄吉尼斯·阿卡里特斯》(*Digenes Akritas*)记载了军医的活动:在生命的鼎盛时期,主人公"混血的边境之王"瓦西里病倒了(疑似破伤风),他请爱人叫了一个军医(Tὸν ἰατρὸν τοῦ στρατοῦ)为他诊治。"折磨和压碎都没什么,我的灵魂呀,只是难以忍受疼痛从骨头里面往外冒,它撕裂了我的腰脊、肾脏和后背以及骨髓与关节,这些部位让我疼得难以煎熬。请你马上叫一个军医前来给我治疗。"次日,"军医匆匆赶到,摸了他的脉搏,从发烧症状中知道他的力气正在泯消,严重的疾病已经让他的体能完全耗掉。此后这医生只能暗自叹息垂泪把头摇。"④

拜占庭军队最早实行战时医护制度,这同帝国长期处于战争状态有一定关

① John Ⅱ Komnenos, "Typikon of Emperor John II Komnenos for the Monastery of Christ Pantokrator in Constantinople," p. 757.

② John Ⅱ Komnenos, "Typikon of Emperor John II Komnenos for the Monastery of Christ Pantokrator in Constantinople," p. 758 – 762.

③ 理查德·A. 加布里埃尔、凯伦·S. 梅兹:《军事医学史》,第3页。

④ 佚名:《狄吉尼斯·阿克里特:混血的边境之王》,第175页。

系。古希腊军队中没有固定的医疗服务队伍,即使有医生,其数量也很少,且多为高级军官服务。古罗马一个军团只配备一名医生。而拜占庭军队中除了跟随皇帝的御医,还有随军医生,负责士兵的医疗服务。6 世纪的拜占庭皇帝莫里斯规定,每营(tagma)须有 8—10 位医护兵组成医疗队(deputatoi),并对他们的服饰、装备和职责进行了详细的规定,[①]绑带和水瓶是医务人员的标准配置。后来,军队逐渐发展为 300—400 人的骑兵营配备一个医疗队,除医护兵外,另配有一名内科医生和一名外科医生,还有若干助手。医疗救护队的职责是在战场上收集伤者或丧失能力的人,并给予他们帮助。

莫里斯的《战略》规定:"各营应分派八至十名武艺不够精湛的士兵担任医疗兵,第一线部队尤其应该如此。医疗兵们必须头脑机警、反应迅速。他们应轻装上阵,不带武器。医疗兵应跟在自己所属的骑兵营后方一百尺距离上,收容并救援那些身负重伤、落马或因其他原因退出战斗的人员,以免他们被第二线部队踩踏,或是因伤口得不到救治而死亡。每救出一人,医疗兵都应从公共资金中受到一诺米斯玛的额外奖金。另外,当第二线通过之后,若敌军被击退,医疗兵也负责搜刮先前战斗中阵亡敌军身上的财产,并在战斗结束后将战利品上交给各自所属骑兵营的什长,也就是行长们,而他们自己也会从什长那里得到一份战利品作为奖励……为方便医疗兵和伤员上下马,医疗兵的战马应将两个马镫全部安装在马鞍左侧,其中靠前的一个安装在通常马鞍所在的位置,另一个则位于其后方。另外,医疗兵还必须携带水壶,以免伤兵因脱水而死。"[②]

君士坦丁一世于 4 世纪创建了退伍军人医院,皇帝查士丁二世建立了残疾军人医院,皇帝阿莱克修斯一世在 11 世纪建立起供士兵长期疗伤的医院。[③] 这是人类历史上最早的长期医护系统的出现,也是军事医学的重要进步之一。

拜占庭医学在古典的基础上持续发展,不仅编写出被文艺复兴和近代早期医学界奉为圭臬的著作,在医学各个领域也在长期实践中取得医疗实践的突破。更

---

① Maurice, *Maurice's Strategikon : Handbook of Byzantine Military Strategy*, p. 7 and 29.

② 莫里斯一世:《战略:拜占庭时代的战术、战法和将道》,王子午译,北京:台海出版社 2019 年版,第 21 页。

③ F. H. Garrison, *Notes on the History of Military Medicine*, Washington D. C.: Assoc. of Military Surgeons, 1922, p. 81. 理查德·A. 盖布里埃尔、凯伦·S. 梅兹:《军事医学史》,第 58 页。

为重要的是，他们在公共卫生领域的创造性建树，综合医院和专科医院的首次建立、设置与规章制度的完善，也恰好与频仍的军事冲突对接，由此衍生出军事医学的进步和对伤残军人的终身医疗照顾体系，这些都是拜占庭医学的独创性贡献。

第四节

拜占庭医学的影响

拜占庭对古典医学著作的整理、汇编和引用，使得古典医学在帝国境内被大量地保存下来。这些经拜占庭人护理的古代医学遗存传入近东地区后，对该地区的医学发展起到了推动作用，阿维森纳的《医典》就是在此基础之上汲取了大量古典医学的知识和理念。古典的医学传统因为拜占庭帝国得以保留，直接西传或是经阿拉伯人之手在日后回传西欧，起到了对古典医学承上启下的作用。

一　对伊斯兰医学的影响

拜占庭保存的古典医学著作对伊斯兰医学发展具有重要影响。叙利亚籍的雷沙纳的塞尔吉乌斯（Sergius of Reshaina，卒于536年），在6世纪时访问了拜占庭治下的亚历山大里亚，他将拜占庭保存的众多希腊文的医学和哲学著作译成叙利亚语，包括盖伦、亚里士多德等医学相关内容。他翻译的医学典籍在8世纪和9世纪后期由阿拔斯王朝的哈里发主持被转译成阿拉伯语。古希腊狄奥斯库里迪斯的《药物论》在拜占庭早期被传入叙利亚地区，从希腊语翻译成叙利亚语。基督徒斯特凡努斯于公元854年使用希腊语将狄奥斯库里迪斯的《药物论》翻译成阿拉伯文。叙利亚学者阿卜·法拉兹

(Abulpharagius,1226—1286年)于1250年再次翻译了《药物论》。[1] 9世纪的翻译家侯奈因·伊本·伊斯哈格将塞尔吉乌斯翻译的盖伦所撰写的26部医学文本进行了转译。盖伦作品的摘要出现在很多阿拉伯的手稿中。[2] 他坚持以合理的系统性方法对待医学,为伊斯兰医学奠定了模板,迅速传播到整个阿拉伯帝国。[3]

公元4世纪罗马皇帝朱利安的医师欧利巴休斯的作品广为人知,穆罕默德·本·扎卡里亚·拉齐(زکریای رازی ابو بکر محمّد)在自己的医学作品中经常对其进行引用。生活在公元4世纪伊庇鲁斯的费拉格里乌斯(Philagrius)的作品虽然失传了,但是也被阿拉伯作家所转引而幸存至今。拉齐还引用了拜占庭6世纪的医生特拉勒斯的亚历山大的著作,支持亚历山大对盖伦的批评。阿米达的阿伊提乌斯的作品被比鲁尼(بیرونی,973—1050年后)在他的《乌斯德纳书》(*Kitab as-Saidana*)中率先引用,并在10世纪由伊本·哈马(Ibn al-Hammar)翻译。[4] 埃伊纳的保罗在阿拉伯扩张时期居住在亚历山大里亚,他的作品似乎已被早期的伊斯兰医生用作重要参考,并经常被拉齐直至阿维森纳引用。埃伊纳的保罗还被认为是东西方医学之间的桥梁,因为他将古代的医学知识传达给了前面提到的伊斯兰作者。"首席执剑官"塞奥菲鲁斯的《论尿》是该领域的首部重要成果,不仅被后世拜占庭医学家所推崇,亦在中世纪其他地区受到称赞。塞奥法尼斯的《治愈疾病的提要》存在于十种不同的版本中,还有一种版本则来自14世纪的手稿,[5]对阿拉伯医学也产生了影响。10世纪的伊本·纳迪姆(ابن النديم,卒于995或998年)在书目类的百科全书《书籍目录》(*Kitāb al-Fihrist*)中"希腊人的兽医学"引用了《拜占庭马医学百科全书》的译文。[6] 拜占庭医学著作在中东地区的传播

---

① H. Chisholm ed., *Encyclopædia Britannica*, vol. 3, p. 400.

② H. Ritter and R. Walzer, "Arabische Übersetzungen griechischer Arzte in Stambuler Bibliotheken," *Sitzungsberichte d. Preuss. Akad. d. Wissensch.*, Phil.-Hist. Klasse, vol. 26(1934), pp. 801 - 846. R. Walzer, "Codex Princetonianus arabicus 1075," *Bulletin of the History of Medicine*, vol. 28(1954), pp. 550 - 552; cited from Owsei Temkin, "Byzantine Medicine: Tradition and Empiricism," p. 104.

③ http://www.cyberistan.org/islamic/Introl1.html, 2020 - 05 - 26.

④ F. Sezgin, *History of the Arabic literature Vol. Ⅲ: Medicine-Pharmacology-Veterinary Medicine*, pp. 20 - 171.

⑤ J. A. M. Sonderkamp, "Theophanes Nonnus: Medicine in the Circle of Constantine Porphyrogenitus," p. 30.

⑥ A. McCabe, *A Byzantine Encyclopaedia of Horse Medicine: The Sources, Compilation, and Transmission of the Hippiatrica*, Oxford and New York: Oxford University Press, 2007, p. 259.

也有利于当地人汲取古典医学著作的营养。拉齐对默默无闻的古希腊医学家菲路梅努斯的援引显然受到了拜占庭医学家欧利巴休斯、阿伊提乌斯和特拉勒斯的亚历山大等人的影响。[①]

阿拉伯医学巅峰时期的医学家们如拉齐、[②]阿里·伊本·阿巴斯·马居斯(ىمه جوس ع ب اس ب ن على,卒于982—994年间)、[③]宰赫拉威[④]和阿维森纳,[⑤]他们很多作品都引用了埃伊纳的保罗的观点和文字,受到了保罗的《医学概略七卷》的影响。保罗基于椎骨骨折部位而导致的不同神经功能缺损的定位原理影响了阿拉伯医学。阿拉伯医生宰赫拉威描述了颈椎骨折会导致手臂麻痹和失去知觉,而胸椎骨折涉及下肢麻痹和和失去知觉,以及肠和膀胱的功能障碍。[⑥] 拉齐引用了埃伊纳的保罗有关椎骨骨折的许多内容,他认为当最后一节颈椎受损时,手臂会麻木,在涉及坠马的事件中经常会出现这种损伤,他还指出,只要出现瘫痪,就必须检查椎骨。[⑦]

二 对西欧医学的影响

拜占庭对西欧医学的主要贡献是对古典文献的保护和传播以及对西欧医学的启示。

西欧将拜占庭传入的古典医学著作和拜占庭自己的医学著作进行了翻译。公元540年,拜占庭帝国的将军贝利撒留占领了拉韦纳。巧合的是,也正是在公元6世纪,希波克拉底的两篇论文首次在拉韦纳被抄写,目前收录在安布罗西亚

---

① Rhazes, *Cont.*, v. 1.

② R. A. Leonardo, *History of Surgery*, New York: Froben Press, 1943, pp. 86 - 87.

③ A. Castiglioni, *A History of Surgery*, trans. E. B. Krumbhaar, New York: Routledge, 1969, p. 270.

④ Albucasis, *De chirurgia: Arabica et Latine, Cura Johannis Channing*, trans. C. J. Channing, Oxford: Clarendon Press, 1778. F. H. Garrison, *History of Medicine*, pp. 115 - 116.

⑤ P. Aegineta, "Preface to the surgical part," section 1, *The Seven Books of Paulus Aegineta*, Book 6, pp. 247 - 248. R. A. Leonardo, *History of Surgery*, pp. 93 - 98.

⑥ Albucasis, *De Chirurgia : Arabica et Latine*, cited from Symeon Missios, Kimon Bekelis and David W. Roberts, "Neurosurgery in the Byzantine Empire: the contributions of Paul of Aegina (625 - 690 AD)," p. 248.

⑦ N. Souayah and J. I. Greenstein, "Insights into neurologic localization by Rhazez, a medieval Islamic physician," *Neurology*, vol. 65(2005), p. 125 - 128.

抄本希腊语编号108(Codex Ambrosianus G 108)中;同时也出现在巴黎抄本拉丁语编号7027(Codex Parisinus Latinus 7027)中,该版本是用意大利文抄写的;另外也出现在了现藏于博德梅尔(Bodmer)图书馆的富尔达手抄本(Fulda manuscript)中。[1] 6世纪的西欧还翻译了拜占庭医学家欧利巴休斯的《医学汇编》和特拉勒斯的亚历山大的著作,欧利巴休斯的著作还出现在8世纪末至9世纪初西欧的弗勒里手抄本(Fleury manuscript)中。[2] 埃伊纳的保罗的作品是中世纪西欧最重要的医学知识来源,其医学百科全书的第3卷于6世纪时在意大利北部被翻译为拉丁文。[3] 特拉勒斯的亚历山大的著作在中世纪早期被翻译成拉丁语,更名为《论脉搏和尿液》。[4] 迪米特里·佩帕哥门诺思的《痛风原理》于1517年在威尼斯翻译成拉丁文出版。

西欧也翻译了其他地区传入的拜占庭文献。非洲的君士坦丁(Constantine the African,卒于1098/1099年前)将拜占庭医学家的阿拉伯语作品转译为拉丁语。其中有拜占庭医学家"首席执剑官"塞奥菲鲁斯的优秀的泌尿生殖系统的纲要以及所谓的菲拉雷图斯(其实与塞奥菲鲁斯是同一个人)的简要手册。[5] 他还将诸多同拜占庭有千丝万缕联系的阿拉伯医学大师的著作译成拉丁语,包括拉齐、伊本·伊姆兰(Ibn Imran)、伊本·苏莱曼(Ibn Suleiman)和伊本·贾扎尔(Ibn al-Jazzar)等人。

西欧医学家会使用或引用拜占庭的医学著作。拜占庭内梅西乌斯《论人的本质》在11世纪80年代被萨勒诺主教阿尔法努斯翻译成拉丁文后,在12世纪,巴斯的阿德拉尔德(Adelard of Bath,约1080—约1152年)、孔什的威廉(William of Conches,约1090—卒于1154年后)和圣蒂埃里的威廉(William of St-Thierry,约1075/1080/1085—1148年)等学者在13世纪使用了这一翻译版本。以弗所的索

---

① G. Baader, "Early Medieval Latin Adaptations of Byzantine Medicine in Western Europe," *Dumbarton Oaks Papers*, vol. 38, (1984), p. 251.

② G. Baader, "Early Medieval Latin Adaptations of Byzantine Medicine in Western Europe," p. 252.

③ G. Baader, "Lo sviluppo del linguaggio medico nell'antichità e nel primo medioevo," p. 13; cited from Gerhard Baader, "Early Medieval Latin Adaptations of Byzantine Medicine in Western Europe," p. 252.

④ G. Baader, "Early Medieval Latin Adaptations of Byzantine Medicine in Western Europe," p. 253.

⑤ J. A. Pithis, *Die Schriften Περὶ σφυγμῶν des Philaretos : Text-Übersetzung-Kommentar*, Husun, 1983, pp. 187 - 194; cited from Gerhard Baader, "Early Medieval Latin Adaptations of Byzantine Medicine in Western Europe," p. 259.

拉努斯的《妇科学》是文艺复兴时期尤卡里乌斯·罗西林(Eucharius Rösslin,约1470—1526年)撰写妇产科著作《玫瑰园》(*Der Rosengarten*)的最重要资料来源。

西欧也部分接受拜占庭医学实践的经验和成果。阿伊提乌斯著作第8卷中对于痤疮的写法(将ἀκμή写作ἀκνή)成为现在英语痤疮(acne)的词源。[①] 斯蒂甘德的奥多(Odo of Stigand,1036—1062年)是诺曼骑士,他讲述了他如何去拜占庭学习希腊语,曾为皇帝伊萨克·科穆宁和君士坦丁·杜卡斯服务,并且"成了治疗人、马和鸟的专家"[②]。法兰克医生罗耶万里斯(Roevalis)通过"他曾经目睹过君士坦丁堡的医生那样的治疗"来实践,最终治愈了一个西欧的男孩。[③] 迪米特里·佩帕哥门诺思对痛风的研究成果即使是在文艺复兴时期也是治疗的标准。拜占庭验尿的方法和标准也成了西欧乃至近代的检测标杆。14世纪拜占庭皇帝的主治医师医生约翰·阿克图阿里乌斯的《论尿》7卷成为19世纪化学改进之前关于这一主题的最完整和最系统的著作,为这个领域的研究奠定了基础。在近代化学没有发展到一定程度之前,西欧在他基础上没有什么新的突破。很多西欧医学家对他这本书是逐字逐句抄写,不敢有丝毫谬误。[④]

西欧外科手术和解剖的工具清单具有明显的拜占庭的背景。[⑤] 古埃及伊里奥多洛斯的著作被拜占庭的欧利巴休斯引用,欧利巴休斯的著作在中世纪的西欧被翻译成拉丁语,拜占庭人使用和改进的医学器械被西欧人所认识,柳叶刀被用于放血疗法,放血术技巧在西欧传播并流行。[⑥] 西欧所谓第一个实施碎石手术的让·奇维亚勒描述了他在巴黎进行的创新性碎石术手术时,解释了他是如何首先将一条银色的直导管通过尿道插入膀胱。拜占庭9世纪圣塞奥法尼斯做手术的外科医生显然使用了类似的技术,但是拜占庭的这个技术要早1 000年。[⑦] 1507年意大利文艺复兴时期的天才莱奥纳多·达·芬奇(Leonardo da Vinci,1452—

---

① C. C. Gillispie ed., *Dictionary of Scientific Biography*, I, pp. 68 - 69.

② K. Ciggaar, "Byzantine Marginalia to the Norman Conquest," *Anglo-Norman Studies*, vol. 9(1987), pp. 43 - 63.

③ Gregory of Tours, *Historia Francorum*, X, 15, W. Arndt and Br. Krusch ed., Hannover, 1885, p. 426, cited from Owsei Temkin, "Byzantine Medicine: Tradition and Empiricism," p. 101.

④ 邹薇:《拜占庭对古典医学的继承和发展》,第115页。

⑤ G. Baader, "Early Medieval Latin Adaptations of Byzantine Medicine in Western Europe," p. 257.

⑥ G. Baader, "Early Medieval Latin Adaptations of Byzantine Medicine in Western Europe," p. 257.

⑦ J. Civiale, *De la lithotritie ou broiement de la pierre*, Paris, 1827, pp. 60 - 65; cited from Anthony Kaldellis and Niketas Siniossoglou eds., *The Cambridge Intellectual History of Byzantium*, p. 260.

1519年)对一个老人进行了尸检。1478年,达·芬奇列出了他曾遇到或希望见面的8位学者和艺术家的名单,其中一位就是拜占庭的约翰·阿吉罗普洛斯,他是1453年以前在君士坦丁堡实践和教授医学的医学家。[①]

拜占庭医学博大精深的博学,温和的竞争,对新治疗方法的追求以及崇高的道德水平塑造了拜占庭时代君士坦丁堡医学研究的理想氛围,这成了阿拉伯医学[②]和西方世界的光明典范。[③]

三 拜占庭医学的历史地位[④]

拜占庭医学从属于欧洲医学体系,较为完整地继承了以古希腊希波克拉底和古罗马盖伦为代表的欧洲古典医学。拜占庭医学一方面遵从古典医学经典的要义,继承了古典医学思想、医疗体系和诊治方法;另一方面结合拜占庭国情和文化特点予以发展,在病理机制、治疗方式、医学理念、药学研究以及解剖学和兽医学等方面成果卓著,形成了不少颇具影响的医学著作,起到了承前启后的作用。除了对古典医学的继承和发展外,拜占庭医学本身在公共卫生领域也获得了极大的发展,创立了医院、首创了多种医疗制度,建立了发达的医疗慈善体系,在军事医学和军事医疗体系方面成果斐然。拜占庭医学对周边地区和国家亦产生了积极影响,对西欧医学和近东医学影响颇深,亦是近东和西欧医学交流的桥梁和纽带。

拜占庭医学不仅仅是古典医学的看守者,拜占庭医学在中世纪也没有倒退,反而蓬勃发展,是整个欧洲医学的佼佼者。拜占庭医学在学术界没有得到公允的评价有多种因素,重要的一点在于年鉴学派以来的社会文化史研究更注重的是西欧,主流学派长期疏于对拜占庭医疗社会史的关注。如果说卡斯蒂廖

① C. Nicholl, *Leonardo da Vinci: The Flights of the Mind*, London: Allen Lane, 2004, pp. 148 - 149.

② S. J. Baloyannis, "Avicenna: The mysticism of the Greek medicine in the Arabian world," *Encephalos*, vol. 34 (1997), pp. 11 - 29.

③ L. R. Angeletti and B. Cavarra, "Influenze Byzantine nelle strutture sanitarie dei secoli Ⅴ-Ⅸ in Roma," *Medicina nei Secoli Arte e Scienza*, vol. 2(1993), pp. 279 - 297.

④ 邹薇:《拜占庭对古典医学的继承和发展》,第122页。

内、[①]加布里埃尔[②]等人可能受到了20世纪“唯科学主义”影响,忽视拜占庭医学发展的自身规律,仅仅以现代医学为衡量标杆,而不将其放入所处的历史时代和自然环境予以公正评价的话,那么21世纪的医学史家如凯特·凯利[③]和罗伊·波特[④]等人对拜占庭医学的偏见和忽略,就更是凸显了“西欧中心论”的趋向。在这种背景下,本章的补偏救弊、匡正偏颇就显得尤为重要了。

医学史乃至科技史研究一方面非常需要借鉴最新的医学研究成果,在传统医学宝库中发掘新的材料,同时还可以对原有史料进行再分析,对原有问题进行再论证,对原有结论进行再探索;另一方面,尊重历史发展规律,辩证且公正地看待古代各地区的传统医学,是历史研究者的学科优势,反过来也显示出了在诸如医学史、科技史等跨学科史研究中,研究者历史素养的重要性和历史研究者发声的迫切性。

---

① A. Castiglioni, *Storia della medicina*, Milano: Società editrice ‘Unitas’, 1927.

② R. A. Gabriel and K. S. Metz, *A History of Military Medicine*, New York: Greenwood Press, 1992.

③ K. Kelly, *The History of Medicine*, New York, 2009.

④ R. Porter ed., *The Cambridge History of Medicine*, Cambridge & New York: Cambridge University Press, 2006.

第四章

拜占庭史学与史学编纂

第一节

从君士坦丁到查士丁尼：多元文化并存

4—6世纪是由古典文化到中世纪文化的过渡时期。在这两个世纪中，基督教对垂死的“异教”赢得了彻底的胜利。但是，拜占庭人艺术创作的灵感并没有因基督教主宰一切而泯灭，非基督教著作家的创作活动一直是拜占庭文化艺术发展的一个特殊分支。这种世俗和宗教文化活动的并行发展构成了丰富多彩的画面，成为中世纪拜占庭文化发展的重要特点。即使是一向以基督教保护者自居的查士丁尼皇帝，也没有完全使非基督教的古典传统在拜占庭灭绝。

4—6世纪，基督教教会文学的迅速发展是一个引人注目的现象。基督教教会文学最早的代表人物是希腊教父的“台柱”们，包括卡帕多西亚的圣瓦西里（去世于379年）、纳齐昂的圣格里高利（去世于390年）、尼萨的圣格里高利（去世于394年）、圣金口约翰（去世于407年）、伊西多尔·贝鲁西奥特（去世于436年）、亚历山大里亚的西里尔（去世于447年）、居比路的塞奥多莱（去世于457年）等。他们强调，人在今生现世的生活是暂时的，必须经受世间的悲苦，经受多方面考验。他们的理论为东正教基督教神学体系的形成奠定了基础。①

基督教的正统派理论家们倾向于依照基督教的观点去重新审定和估价古典世界的文化遗产,并致力于使基督教神学和古典哲学,特别是柏拉图主义和新柏拉图主义哲学的原则相协调。但他们并不严格排斥古典时期的传统文化,上述几位基督教神学家都曾在雅典学园就读。4 世纪末的朱利安皇帝曾与卡帕多西亚的圣瓦西里和纳齐昂的圣格里高利有同窗之谊。圣金口约翰曾呼吁家长们使自己的子女接受基督教早期教育,但他并不否定对青少年进行传统文化启蒙教育的必要性。因此,早期拜占庭社会是相当开明、兼收并蓄的。近代拜占庭史料编纂学者克伦巴赫特别强调,早期拜占庭文明的典型特点是"基督教的主题不自觉地披上了异教的外衣"②。

但是,在如何接受古典文化传统问题上,基督教东方教父们的意见并不完全一致。卡帕多西亚的圣瓦西里、纳齐昂的圣格里高利和尼斯的圣格里高利代表着所谓的"新亚历山大里亚派"观点,尽力寻找基督教神学与古典哲学的契合点。圣金口约翰则代表安条克学派的观点,强调理解圣经文字本来的意义,反对人们对圣经进行任何超越文字本身的寓意上或寓言方面的诠释。这两派神学家的许多作品,包括讲演集、布道集和书信集等,都生动形象地描述了当时社会生活的真实场景。由于这些早期神学家和教父们的努力,正统基督教的精神原则逐渐取代了古代的世俗哲学,古代的科学和文学传统、诗歌、音乐、造型艺术成为教会的附属品,结合修道士生活而出现的有关修道院教规、法规、"圣者传记"或"圣著"、赞美诗等作品成为教会文学创作的主要组成部分。

著名的凯撒里亚主教尤西比乌斯是以一个教会历史学家的身份被写入史册的。他以目击者的身份,写了《君士坦丁大帝传》和《基督教会史》等历史作品,成为历史上写作基督教会史的第一人,后人称他为"基督教会史之父"。他在《基督教会史》中强调,自己所描写的不是战争和将军,而是"为了灵魂的安宁而进行的最平静的战争",他要告诉人们,应该"勇敢地为真理而战,而不是

① 徐家玲:《早期拜占庭和查士丁尼时代》,长春:东北师范大学出版社 1998 年版,第 122 页。
② A. A. 瓦西列夫:《拜占庭帝国史》,第 183 页。

为了国家而战",应该"为虔敬而战而不是为最亲密的朋友而战"[①]。但是,这本书的真正价值还在于,它完全摆脱了传统的描写狭隘的民族历史和国家、地区历史的传统,成为最早的一部记载基督教近东世界的史书,也是当时已知世界的所有民族的"世界史"。而且,它一反古典史书中强调人的作用的"人本"史学观,将"神"的意志视为历史发展的主要动力。它使人们更关注天与人的关系,有助于后来科学技术的发展。《君士坦丁大帝传》一书充斥着对君士坦丁其人过多的赞美和歌颂,失去了作为一部历史著作的严肃性和准确性,受到一些学者的非议。但由于作者比较熟悉君士坦丁其人和当时发生的历史事件,因此,该书有相当的历史价值。

继尤西比乌斯之后,君士坦丁堡的苏格拉底(Socrates,379—440年)和索佐门(Sozomen,约400—453年)、居比路主教塞奥多莱(Theodoret,393—466年)等,也相继成为5世纪重要的教会历史学家。其中,苏格拉底的《教会史》的记载涉及从戴克里先退位和君士坦丁一世上台直到439年的历史,共约139年,包含这一时期的军事、政治和宗教史。[②] 索佐门的《教会史》涉及323—443年地中海世界的军事、政治和宗教史,但涉及425—443年的内容业已散失。[③] 塞奥多莱的《教会史》涉及323—428年间的教会历史。因为塞奥多莱的教会人员身份,使得他的作品视角具有独特性。[④]

在拜占庭早期文化发展史上,亚历山大里亚城占有重要的历史地位。这里曾出现了不少早期基督教世界的神学家、哲学家、文学家和自然科学家。其中,与基督教神学论争和帝国政治生活有较密切关系的学者有托勒密的大主教、昔兰尼加的辛尼修斯(Synesius of Cyrene,370—413年)、亚历山大里亚的大主教亚大纳西(Atanasius,293—373年)及反聂斯脱利派的急先锋、亚历山大里亚的西里尔(Cy-

---

① A. A. 瓦西列夫:《拜占庭帝国史》,第187—188页。

② Socrates, *The Ecclesiastical History*, trans. A. C. Zenos, Grand Rapids, Michigan: Eerdmans, 1957. Socrates, *Ecclesiastical History*, ed. W. Bright, 2nd edn., Oxford: Clarendon Press, 1893, TLG, No. 2057001.

③ Sozomen, *The Ecclesiastical History*, trans. Chester D. Hartranft, Grand Rapids, Michigan, 1957. Sozomenus, *Kirchengeschichte*, ed. J. Bidez and G. C. Hansen, Berlin: Akademie-Verlag, 1960, TLG, No. 2048001.

④ Theodoret, *The Ecclesiastical History of Theodoret*, Translated with notes by the Rev. B. Jackson, New York, 1893. Theodoret, *Kirchengeschichte*, ed. L. Parmentier and F. Scheidweiler, 2nd edn., Berlin: Akademie-Verlag, 1954, TLG, No. 4089003.

ril,376—444年)等。其中,辛尼修斯题为"论王权"的演说词,[①]提出了在政府上层机构清除异族军人势力的主张,对于强化拜占庭皇权,消除异族威胁,正确把握帝国前途,都有着极其重要的影响。

基督教教会礼仪的日益健全和复杂化,促进了教会颂歌文学的繁荣。这是在大型宗教聚会中所唱的赞美歌,有别具风格的韵律。5—6世纪的罗曼努斯(Romanus the Melodist, 490—556年)是教会颂歌文学的著名作者。[②] 他是叙利亚人,其创作的高峰期是在查士丁尼时代。在阿纳斯塔修斯皇帝统治时期,他由叙利亚来到君士坦丁堡,做了教堂的执事。在自传中,他告诉人们,他成为天才的诗人是因为一次神迹的发生。[③] 他写的许多赞美诗在中世纪长期流传,有的诗篇在当今的欧洲基督教堂内,如在英国安立甘教会的赞美诗中,也还占有着相当高的地位。著名的拜占庭文献学家克伦巴赫赞美罗曼努斯是"韵体诗的品达",德意志拜占庭学者格尔泽认为罗曼努斯是"最伟大的宗教天才""新希腊的但丁"[④]。

5—6世纪,拜占庭修道之风的盛行,也使一些描写修道士和所谓圣者生活的作品问世。在这类作品中,对修道者禁欲苦行生活的描写,几乎达到了荒诞不经的程度:一些修道士模仿反刍动物所特有的方法进食,苦行者在马厩里钻到马粪里避寒,饮巡礼者的洗脚水,吃修道院厨房生了蛆的残肴等,读起来会使人们感受到自我毁灭的恐惧。但其中也不乏成功之作,约翰·克利马库斯(John Climacus, 579—649年)的《圣灵的阶梯》因语言优雅而被译成多种文字,[⑤]在今天的叙利亚、希腊、意大利、法国和西班牙乃至斯拉夫人地区广泛传播。巴勒斯坦人、斯基奥波利斯的西里尔(Cyril of Scythopolis,525—560年)对圣徒事迹的描述(圣

---

① Lacombrade, Garzya and Lamoureux eds., *Synésios de Cyrène*, Collection Budé, 6 vols., Paris: Belles letters, 1978 - 2008. Synesii Cyrenensis, *Opuscula*, ed. N. Terzaghi, Rome: Polygraphica, 1944, TLG, No. 2006002.

② Sarah Gador-Whyte, *Theology and Poetry in Early Byzantium : The Kontakia of Romanos the Melodist*, Cambridge UK: Cambridge University Press, 2017. Thomas Arentzen, *The Virgin in Song: Mary and the Poetry of Romanos the Melodist*, Philadelphia: University of Pennsylovania Press, 2017.

③ A. A. 瓦西列夫:《拜占庭帝国史》,第194页。

④ A. A. 瓦西列夫:《拜占庭帝国史》,第192—194页。

⑤ J. Climacus, *The Ladder of Divine Ascent*, New York: Paulist Press, 1982.

萨巴斯),成为研究早期拜占庭文化发展史的宝贵资料。另一个巴勒斯坦人约翰·莫斯库斯(John Moschus,540—550之间—619/634年)则游遍了几乎整个东地中海地区,以他的亲身经历,写了《圣灵的草地》一书。[①] 该书成为后人争相传阅的一部作品,直到俄罗斯十月革命之前,还是俄罗斯修道院教士们的必读书。[②]

早期拜占庭的学校也保存了浓厚的古典风格。君士坦丁堡高等学府自塞奥多西二世时期建立以后,一直是东方帝国进行高等教育的重要中心。学校里通用拉丁语和希腊语两种语言,但希腊语的地位显然已经超过了拉丁语。在塞奥多西时期论及君士坦丁堡高等学校教师配置数量的文件中,拉丁语文法和修辞学教师比希腊语的文法和修辞学教师少两名。这所学校附设的图书馆藏书达12万卷,但在476年被烧毁。除了君士坦丁堡外,拜占庭所属近东地区还拥有几所著名的法律学校,在安条克、在贝利图斯(即贝鲁特)、加沙、亚历山大里亚和雅典都有著名的高等学府。贝利图斯的学校以法学著称,加沙的学校以修辞学知名,雅典的学校以哲学的发达而名扬天下,[③]但雅典的学校在查士丁尼时代被关闭。而贝利图斯的法律学校,也因6世纪后期的一次破坏性地震而失去了其原有的地位。

虽然希腊文学在查士丁尼时代后期似乎已经在拜占庭文学界占有重要地位,但至少在君士坦丁时期和其后的相当时间里,拉丁文学创作仍然繁荣,著名的拉丁教父奥古斯丁(Augustine,354—430年)和拉克坦提乌斯(Lactantius,250—320年)都是这一时期拉丁文学作家的典型代表。

与基督教文学和神学、诗歌创作迅速发展的同时,早期拜占庭还有相当一部分古典风格的文学、哲学代表。其中,4世纪后半期帕菲拉哥尼亚的泰米斯蒂乌斯(Themistius of Paphilagonia,317—388年)写了《亚里士多德作品注释》,留传于世。著名演说家、安条克的利巴尼乌斯(Libanius,314—393年)培养了早期拜占庭教会著名的演说家,圣金口约翰、大瓦西里和纳齐昂的格里高利都曾师从于这位教师门下。"背教者"朱利安(Julian)也是一位杰出的文学家和天才的演说家,

---

① J. Moschos, *The Spiritual Meadow : By John Moschos*, Collegeville, MN, 1992.

② 列夫臣柯:《拜占庭》,葆煦译,北京:生活·读书·新知三联书店1962年版,第123页。

③ S. Runciman, *Byzantine Civilization*, London: Edward Arnold, 1933, pp. 224 - 225.

他在4世纪后期一度掌握了拜占庭皇权,并极力恢复传统的希腊罗马古典宗教。他的作品反映了基督教与传统宗教文化斗争时代帝国社会的现实生活。在史学领域,也有一些非基督教作家的作品传之于后世,在古代语言学研究领域,人们保持着传统的、严格的科学态度,他们将语言学分成语法学、辞汇学、修辞学和释义学等不同的学科。人们重视修辞学,将它视为诡辩家所具备的基本修养。也有相当一些学者致力于搜集和整理古典语言的语法和词汇,编写词典、词汇集之类的作品,为后人研究和学习当时的语言文字提供了丰富的资料。

这一时期的诗歌反映了基督教传统和古典传统并存的事实,诗人们不仅从古代的传说和神话中寻找自己创作的灵感,也借圣经的故事来说明自己的志向。他们既仿照古希腊诗人阿那克瑞翁和萨福的写作风格和创作意境,歌颂人间的爱情和欢愉的生活,也赞颂圣使徒和他们创造的神迹乃至他们的圣像,或赞颂皇帝们的文治武功。这些诗歌的主要特点是简短、优雅、韵律整齐(多采用六脚韵),诗体鲜明生动,内容轻快柔美。

经过近两个世纪的发展,一种全新的中世纪希腊化文化风格——基督教东方文化,在查士丁尼时代达到其顶峰,迎来了拜占庭文学艺术的第一个黄金时代。这一文化的典型特点是基督教文化与世俗传统文化同步发展,相互补充,尽管教会对“异教”和异端的排斥以及政府对非基督教教徒的镇压对这种世俗文化的存在和发展有很大的干扰,但是,却无法取代它的地位。

4世纪以后,基督教开始在帝国获得官方意识形态的主流地位,但是,反对基督教的“异教”作家和历史学家、教育学家仍然大有人在。因此,4—6世纪的拜占庭史学是沿着三条线索不断发展:一是传统的古典学家。他们写作历史作品完全保持了古典时代希罗多德和修昔底德等人的风格,使用的语言也自诩为纯粹的阿提卡方言。二是编年史作品,这些编年史一般由修道院的日记发展而来,执笔者多是修士,其使用的语言纯朴无华,比较接近现实。三是基督教史学,自尤西比乌斯开了基督教史学的先河之后,人们纷纷追随他的写作手法,从上帝创世开始写世界和人类的历史。因此,4—6世纪的拜占庭帝国统治下的地中海史学界呈现出一片异彩纷呈的景象。

这一时期,代表古典时期传统的作品有5世纪奉皇帝之命出使匈奴的色雷斯的普里斯库斯(Priscus)写的《拜占庭历史》(Ἱστορία Βυζαντιακή)。[1] 普里斯库斯的著作因为详细描写了匈奴人进入欧洲之后的生活习俗而有特别的价值。佐西莫斯(Zosimus)和阿米亚努斯·马尔切利努斯(Ammianus Marcellinus)也是这一时期享有盛誉的非基督教作家。佐西莫斯大约生活于5世纪后半叶的拜占庭帝国,他是传统宗教的捍卫者,更是这一时期典型的非基督教作家,他以希腊语创作了一部上起奥古斯都时代下至410年的罗马帝国史,被称为《罗马新史》(Ἱστορία Νέα)。[2] 佐西莫斯在书中围绕两个主要问题展开论述:罗马帝国衰落及其原因。针对后者,佐西莫斯明确表示,元首政治和因基督教取代传统祭祀而造成的传统信仰的衰弱,正是国家走向衰败的原因。虽然佐西莫斯大力抨击基督教,但是君士坦丁堡牧首弗提乌斯(Photius,810/820—893年)在编写的《书目》(*Bibliotheca* 或 *Myriobiblon*)时仍对它作出极高评价,称其"虽简洁洗练,但富有表现力;虽纯洁无瑕,但不失光彩"[3]。阿米亚努斯·马尔切利努斯在4世纪末用拉丁语撰写了一部《罗马史》(*Res Gestae*)。[4] 该书记载了自涅尔瓦继位至瓦伦斯去世时期(96—378年)的历史。目前,该书只有最后18卷保留下来,涉及353—378年间的历史。其作品是研究朱利安和瓦伦斯时期的重要史料,也是研究哥特人和早期匈奴人历史的重要资料。阿米亚努斯尽管不是一位基督徒,但是与佐西莫斯相比,则对基督教抱着宽容和理解的态度,当代史学家斯坦因(Stein)称他是"塔西佗和但丁之间,世界最伟大的文学天才",贝恩斯则称他为罗马最后一位伟大的历史学家。[5]

---

① 普里斯库斯的作品英译本:R. C. Blockley (ed.), *The fragmentary classicising historians of the later Roman Empire: Eunapius, Olympiodorus, Priscus and Malchus*, 2. Text, translation and historiographical Notes (ARCA: classical and medieval texts, papers and monographs, 10.), Liverpool, 1983, pp. 222 - 379. *Excerpta historica iussu imp. Constantini Porphyrogeniti confecta, vol. 1: excerpta de legationibus*, pts. 1 - 2, ed. C. de Boor, Berlin: Weidmann, 1903, TLG, No. 3023001.

② Zosimus, *New History*, trans. Ronald T. Ridley, Canberra: Australian Association for Byzantine Studies, 1982. 关于该书具体内容可见中译本:佐西莫斯:《罗马新史》,谢品巍译,上海:上海人民出版社2013年版。Zosime, *Histoire Nouvelle*, ed. F. Paschoud, Paris: Les Belles Lettres, 1971, 1979, 1986, 1989, TLG, No. 4084001.

③ J. H. Freese, *The Library of Photius*, vol. 1, New York: Macmillan Co., 1920, p. 190.

④ A. Marcellinus, *Ammianus Marcellinus: History*, 3 vols., Loeb Classical Library 300, 315, 331, Cambridge, Mass: Harvard University Press, 1935 - 1940.

⑤ A. A. 瓦西列夫:《拜占庭帝国史》,第196页。

第二节

查士丁尼时代的史学

查士丁尼时代是拜占庭帝国发展的第一个黄金时代，在法律、建筑等领域都取得了影响后世的卓然成就，与此同时，在史学领域也是一个发展的高峰时期，呈现出风格多样的特点。简而言之，这一时期拜占庭史学发展的特点可以概括如下：古典遗风尚存，基督教精神初现。应该说，这一特点与查士丁尼时代总体发展的特征是相互符合的。自20世纪70年代"古代晚期"(Late Antiquity)学派出现以来，包括拜占庭学者在内的越来越多的学者倾向于将查士丁尼时代之前的帝国历史都纳入到古代晚期的研究框架之中，因为这一长时段(3—8世纪)[①]是整个地中海面临着一种文化转型的重要时期，其中，罗马拜占庭帝国在维持原有的中央集权政治制度、法律体系和行政管理的同时，在军事外交、文化宗教等领域出现了新的特点。[②] 整体来看，查士丁尼时代的史学主要有三种类型：古典风格的世俗史著、通俗的编年史著述、兼具世俗与宗教内容的教会史。

一　最后的古典史家、史著及其特点

这一时期，世俗历史书写与其时代发展的特点相契合。世俗历史书写领域的基本特征是尚古，尤其是作家们追求古典风格。他们追溯先贤，自视为古典作家，但是同时，在帝国皇帝的支持下，基督教逐步确立，已经成为社会的主导思想，加之拉丁文化的逐步消逝，古典文化受到基督教思想的影响，这使得他们的著作中也隐含着基督教理念，由此形成了普罗柯比(Procopius)、阿伽提阿斯(Agathias)、

---

① 这是古代晚期学派创立者彼得·布朗设定的时间分期，见 Peter Brown, *The World of Late Antiquity*, London: Thames and Hudson, 1971。

② G. W. Bowersock, Peter Brown, Oleg Grabar eds., *Interpreting Late Antiquity : Essays on the Postclassical World*, London: Harvard University Press, 2001, p. ix. 陈志强：《古代晚期研究：早期拜占庭研究的超越》，《世界历史》2014年第4期，第15—19页。

保护者米南德(Menander the Protector)、塞奥菲拉克特·西摩卡塔(Theophylact Simocatta)等前后相继的"最后的古典作家"群体。

在这一群体中占据首位的是普罗柯比,他也是查士丁尼时代最重要的史家。[①] 普罗柯比于500年前后出生于凯撒里亚[②],他可能是来自当地的基督教徒上层家庭,由此使得他有机会在加沙接受了一般只有精英才有机会的古典学教育[③],之后,他在帝国传统的法学教育中心贝利图斯或君士坦丁堡接受了系统的法学教育,并在首都成为一名律师。[④] 自527年以后普罗柯比成为查士丁尼皇帝的大将贝利撒留的幕僚,担任法律顾问和秘书,并追随贝利撒留南征北战。在此期间,他有机会耳闻目睹了查士丁尼时代的对外战争和对内统治的情况,并接触当时宫廷内外最权威的官方资料。在此基础上,他撰写了以八卷本《战史》《秘史》和《建筑》为主要代表的大量著作,可以说,他的上述作品是查士丁尼统治时期的最主要史料,其内容真实反映了这个风云变幻的时代。在写作风格和语言上,普罗柯比极力模仿古代希腊学者希罗多德和修昔底德等人的文风,以生动形象、流畅的笔法展示古典文化传统在他身上的深厚积淀。他的上述三部作品有着完全不同的风格,《战史》和《建筑》以歌功颂德为主,全心全意地为查士丁尼和贝利撒留唱赞歌。而《秘史》则饱含作者的怨恨情绪,揭示上述两个风云人物及其身边人的人格和精神世界的另一个层面,及一些鲜为人知的宫廷内幕。《秘史》引得一些史学家对该作品是否出自普罗柯比一人之手表示怀疑,但其字里行间透露出来的时代气息和作者独特的写作风格,又让人们不能不相信这些都是普罗柯比的作品。它反映了作者面对查士丁尼统治后期的种种内忧外患感到失望、悲观

---

① 近年来,国际学界出现了新的研究普罗柯比的热潮,一大批作品先后问世,见 C. Lillington-Martin, E. Turquois eds., *Procopius of Caesarea: Literary and Historical Interpretations*, Milton Park, 2017; M. Meier ed., *Brill's Companion to Procopius*, Leiden: Brill, 2017. 加拿大学者杰弗里·格瑞特莱克斯(Geoffrey Greatrex)正在编著 *Work on Procopius outside the English-speaking World: A Survey*,该书于2019年完成,此外,他还在评注普罗柯比《战史》中的 Persian Wars I-II。

② Prokopios, *Wars of Justinian*, translated by H. B. Dewing, revised and modernized, with an Introduction and Notes, by Anthony Kaldellis, Indianapolis/Cambridge: Hackett Publishing Company Inc., 2014, p. viii. Procopii Caesariensis, *Opera Omnia*, vols. 1-2, ed. G. Wirth (post J. Haury), Leipzig: Teubner, 1962, 1963, TLG, No. 4029001.

③ 这为普罗柯比在其著作中模仿古典著作家的作品奠定了基础。

④ 传统古典认为普罗柯比在加沙接受了古典学教育,卡梅伦对这一点持怀疑态度。A. Cameron, *Procopius and the Sixth Century*, London and New York: Taylor & Francis, 2005, pp. 5-6.

的心理，以及对他的宗主查士丁尼及贝利撒留的不满情绪。他写作《秘史》时对查士丁尼内外政策的总评价，表明普罗柯比属于传统的古典贵族阶层的最后的代表。他对查士丁尼实行皇权专制、打击元老贵族势力、改革宫廷礼仪等政策的不满，恰恰表达了他对传统共和政体时期元老院的地位和作用十分留恋的怀旧心理。普罗柯比特别反对查士丁尼和塞奥多拉在宫廷礼节上所做的改变，因为这种改变使得元老必须行有损贵族尊严的跪拜礼，他认为这是奴隶式的、侮辱人格的礼节。他在《秘史》中强调，以前元老拜谒皇帝时，只需屈右膝，而作为元老首脑的皇帝必须一手抚胸，深深鞠躬还礼。可是在查士丁尼和塞奥多拉面前，元老们却要行跪拜礼，伏首亲吻皇帝和皇后的紫靴。对皇帝必须以谦恭的口吻称为陛下，而把自己称为最低贱的奴隶。这些都是普罗柯比所不能接受的。但上述立场并没有影响普罗柯比的写作，他以其全部的创作热忱和精湛的阿提卡希腊语修养将这三部著作写成伟大的传世之作。他的写作风格和他对历史学的认识影响了其后的几代人，几乎构成了拜占庭历史编纂学的基本模式。与他几乎同时代的阿伽提阿斯认为，普罗柯比是一位"学识渊博，洞悉全部历史"的优秀历史作者。他以他的全部热情投入历史著作的写作之中，以自己娴熟的笔调歌颂他那个时代"超乎一切，甚至超乎古代最惊人的奇迹"[①]，使之不至于被人遗忘。他是6世纪历史编纂学领域的优秀代表。[②] 只是他在《秘史》中的怨毒情绪的宣泄多少影响了其史料价值。

阿伽提阿斯在532年前后生于小亚细亚的米里纳（Myrina）的一个律师家庭。[③] 在君士坦丁堡度过童年并接受了一定的初等教育后，他前往亚历山大里亚的语法学校学习修辞和语法。完成那里的学业后，他于551年前后回到了君士坦丁堡继续学习法律，并且最后成为一名律师。他去世的时间大概在579—582年之间。[④] 阿伽提阿斯是6世纪仅次于普罗柯比的一位重要作家，他的作品内容丰

① A. A. 瓦西列夫：《拜占庭帝国史》第1卷，第180—182页。

② 徐家玲：《拜占庭文明》，第467—468页。

③ 埃夫里尔·卡梅伦的博士论文即是研究阿伽提阿斯，见其由博士论文修订而成的专著：A. Cameron, *Agathias*, Oxford: Clarendon Press, 1970.

④ 之所以如此判断，是因为579年是他历史著作中所记载的最后日期，而582年是因为他提到了582年登基的另一位拜占庭皇帝莫里斯，而再提及他的时候，没有用皇帝一词，而用了保罗的儿子莫里斯。

富,涵盖面广,而且由于他的职业和地位处于中等阶层,因此其著述具有一定的代表性,相较于居于社会上层的普罗柯比,其人其作更能反映拜占庭社会的变迁。作为史家,他的主要作品是一部五卷本的《历史》。① 成书时间在565年起直到582年之间,但是他未完成该书,便去世了。作者接续普罗柯比《战史》的记载②,继续记述了552—559年拜占庭对外征服和交往的历史细节。《历史》前两卷记载了查士丁尼手下的宦官大将纳尔泽斯在意大利与哥特人、法兰克人以及阿勒曼尼人的战争,第三卷记载了高加索地区拉齐卡王国的战争问题。第四卷继续讲述关于高加索地区的问题,同时对波斯的历史进行了回顾,第五卷涉及拜占庭对小亚东北地区和亚美尼亚地区的控制。

保护者米南德是在阿伽提阿斯之后的一位常住君士坦丁堡的史家。关于其家庭背景与生平的主要信息来自其著作和10世纪的苏达辞书(Souda)。米南德出身于君士坦丁堡贵族家庭,早年接受法学教育,后受到莫里斯皇帝的赏识,得以接触帝国高层事务,在此期间他撰写了一部记载该时期帝国对外交往历史的著作《历史》③,该书涉及的时间为558—582年,目前仅存残篇。虽然米南德在作品中提及,自己是阿伽提阿斯作品的续写者,在作品中引用并模仿阿伽提阿斯的著作,并且其著作的起点也是从阿伽提阿斯作品结束之时开始,但是其观点和判断与前者多有不同④,瓦西列夫认为,从这些残篇的内容可以证实,米南德是一位比阿伽提阿斯更加优秀的史家。⑤

查士丁尼时代最后一位具有明显古典写作风格的史家是塞奥菲拉克特·西摩卡塔。他生于埃及,于伊拉克略皇帝时期在君士坦丁堡居于高位。在此期间,

---

① Agathias, *The Histories*, trans. Josehph D. Frendo, Berlin, 1975. Agathiae Myrinaei, *Historiarum libri quinque*, ed. R. Keydell, [Corpus Fontium Historiae Byzantinae 2] Berlin: De Gruyter, 1967, TLG, No. 4024001.

② 《战史》的记载到552年结束。

③ Menander the Guardsman, *The History of Menander the Guardsman*, trans. R. C. Blockley, Liverpool: Francis Cairns, 1985. *Excerpta historica iussu imp. Constantini Porphyrogeniti confecta, vol. 1: excerpta de legationibus*, ed. C. de Boor, pt. 1-2, Berlin: Weidmann, 1903, TLG, Nos. 4076003 and 4076004; *Excerpta historica iussu imp. Constantini Porphyrogeniti confecta, vol. 4: excerpta de sententiis*, ed. U. P. Boissevain, Berlin: Weidmann, 1906, TLG, No. 4076005; F. Halkin ed., "Un nouvel extrait de l'historien byzantin Menandre?" in *Zetesis (Festschrift E. de Strycker)*, Antwerp: De Nederlandsche Boekhandel, 1973, TLG, No. 4076006.

④ Menander the Guardsman, *The History of Menander the Guardsman*, pp. 1-2.

⑤ A. A. 瓦西列夫:《拜占庭帝国史》,第283页。

他续写米南德作品之后的历史，撰写了一部关于莫里斯皇帝统治时期的历史。关于其作品的特色，德国著名的拜占庭文献学家克伦巴赫认为："与普罗柯比和阿伽提阿斯相比，塞奥菲拉克特是一个螺旋式上升的顶点，贝利撒留时期的历史学家尽管很夸张，但还是朴实自然的；诗人阿伽提阿斯则在表达其思想方面使用了大量诗一样的华丽辞藻，但是，他们两人在感染力方面却都不能与塞奥菲拉克特相比，塞奥菲拉克特在每一个转折时期，都以新的、牵强附会的想象、讽刺、格言和神话传说使读者惊诧不已。"①

查士丁尼时代的世俗作品古典化主要特点就是模仿(mimesis)古代先贤的历史书写。模仿是一种自古代就已经存在的现象，在拜占庭时期得到了继承。奥地利拜占庭学家鸿格(Herbert Hunger)曾专门撰文讨论拜占庭作家的"仿效"现象，该词指的就是在著述中对先前经典文献的模仿，在拜占庭时代，模仿的对象主要是古典时期的著作家。而这种模仿是多方面，包括体裁模仿、文本的直接引用、语言、场景的模仿以及意象的借用等等。② 阿提卡方言在古典希腊时代，是整个希腊世界通用语和文学写作的标准语，它与修昔底德等古典史家一起成为后世著作家的模仿对象。拜占庭帝国早期的世俗和教会作家都尽力模仿这种语言形式。瑞典学者斯塔凡·瓦尔格伦(Staffan Wahlgren)提到，在6世纪的拜占庭，以普罗柯比为首的一批作家都在以古典阿提卡化的语言来著述。③ 这种模仿甚至包括一些古典术语的使用。④ 例如离题话的使用，离题话方式是自荷马时代就已经使用的语言表达形式，至希罗多德、修昔底德等古典作家时则大量使用。普罗柯比、阿伽提阿斯等大量使用离题话。但是，这种离题话并不是生搬硬套。根据澳大利亚天主教大学学者萨拉·嘉德-怀特(Sarah Gador-Whyte)的分析，⑤离题话有机地构成了阿伽提阿斯《历史》的一部分，并且使得其《历史》成为一部带有古典特征、

---

① 克伦巴赫：《拜占庭文献史》，3，第249页。

② H. Hunger, "On the Imitation (ΜΙΜΗΣΙΣ) of Antiquity in Byzantine Literature," *Dumbarton Oaks Papers*, 23 - 24 (1969 - 1970), pp. 15 - 38. "Imitation," *Oxford Dictionary of Byzantium*, ed. A. P. Kazhdan, vol. 2, p. 998.

③ S. Wahlgren, "Byzantine Literature and the Classical Past," *A Companion to the Ancient Greek Language, Chichester*, ed. Egbert J. Bakker, West Sussex, 2010, p. 530.

④ A. Alexakis, *Ιστορίαι*, Athens, 2008, p. 28.

⑤ S. Gador-Whyte, "Digressions in the Histories of Agathias Scholasticus," *Journal of the Australian Early Medieval Association*, 3 (2007), pp. 141 - 58.

生动有趣的著作。根据卡梅伦的统计,萨拉对这些离题话进行了分类,发现这些离题话主要具有以下作用:实现不同叙述之间的过渡,预见或者提示后文书写的主题等等。

演说辞无疑是古代尤其是古典作家常用的方式,其历史可以追溯到荷马史诗的《伊利亚特》,希罗多德和修昔底德将之发扬光大。据统计,在修昔底德的《伯罗奔尼撒战争史》中,共有直接和间接的演说辞 141 篇,这占据了其全书的 1/4。[①] 演说辞无疑具有极强的代入感和现场感,能够使读者体会到该著作的生动和鲜活。在查士丁尼时代的世俗历史作品中,演说辞也是史家们常用的表述方式。在普罗柯比的追随者阿伽提阿斯那里,演说辞并没有占有如此之高的比重,他只使用了三次演说辞:卷 1,12. 3—10 中纳尔泽斯针对进攻法兰克人的激励演说;卷 2,12. 1—9 中纳尔泽斯对军队耽于享乐的忠告演说;卷 5,17. 1—8 中贝利撒留针对士兵激励的演说,这些无疑是其著作古典特征的体现。这些演说辞对于阿伽提阿斯文本的意义非常重要,在这些演说辞的帮助下,他所塑造的纳尔泽斯和贝利撒留的英勇形象跃然纸上。

此外,查士丁尼时代历史作品对古典作品的模仿还体现在前言、纪年方法上的转换,譬如修昔底德明确提出其撰史原则是按照冬季和夏季的方式纪年,这在仿古作家们的写作中都有突出的体现。[②] 对其他民族和地名的仿古化称呼也是一个重要表现。这些模仿方式共同构成了 6 世纪世俗历史作品的古典化特征。

6 世纪是一个承上启下的时期,因此,查士丁尼时代的世俗历史作品除了模仿古典史家与史著之外,也出现了一些新的特点和变化,适应时代的总体特征。首先要提到基督教观念的重要影响。关于阿伽提阿斯《历史》中的基督教元素问题一直是学者们争论的焦点,争论甚至发展到讨论他是否是一个基督徒的问题上。学者们各执一词。卡梅伦认为阿伽提阿斯是一位传统的基督教史家,在其文

---

① 李永明:《修昔底德〈伯罗奔尼撒战争史〉中的演说辞及其真实性问题研究》,《史学史研究》2019 年第 1 期,第 57—65 页。

② 修昔底德:《伯罗奔尼撒战争史》,卷 1,徐松岩译注,上海:上海人民出版社 2017 年版,第 5—6 页。Thucydidis, *Historiae*, ed. H. S. Jones and J. E. Powell, 2 vols., Oxford: Clarendon Press, 1942, TLG, No. 0003001. 杨共乐:《修昔底德撰史特点新探》,《北京师范大学学报》(社会科学版)2017 年第 4 期,第 90 页。

本中少量涉及基督教的话题，阿伽提阿斯还在法兰克人的行为、阿勒曼尼人的动物献祭以及波斯的宗教态度等问题上，体现出对基督教的尊重。她认为，虽然《历史》中有很多看似"异教"观念的问题，但非常明显的是他受到古典历史体裁的影响。[①] 而与她相对立的卡尔德利斯，虽然没有明确提出阿伽提阿斯是非基督教教徒，但是他认为，阿伽提阿斯不会是一个特别宽忍的基督徒，而是一个柏拉图主义的同情者。事实上，在6世纪这种多元宗教并存的情况下，除非作家本人明确提出自己的信仰，后人很难明确得知其信仰归属。毋庸置疑的是，阿伽提阿斯文本中存在基督教的元素，意大利学者卡陶德拉（M. R. Cataudella）指出，普罗柯比与阿伽提阿斯都在试图将异教和基督教元素融合起来。[②]

其次，基督教的影响表现在语言的混合方面。卡梅伦提出，在6世纪，希腊语俗语以及新的语言元素已经非常盛行，因此，口语与书面语言之间的差距非常明显。[③] 世俗史家们想用实现古典化希腊语的书写是非常困难的。纯正的阿提卡语言，在琉善和迪奥时代都已经消失了。查士丁尼时代世俗史家对古典语言的追求，所实现的结果就是借用一部分古典词语和句式，但他们同时深受6世纪的世俗化语言及一些术语的影响，如此形成了一种混合的语言类型。[④]

再者，文献体裁的多元化也反映出基督教的影响。早在20世纪70—80年代的时候，以卡梅伦为首的学者认为，包括6世纪在内的早期拜占庭文献著述有着特殊的体裁，如古典历史、诗歌、颂词等等。但是20世纪以来，这种"古典说"受到了质疑，甚至卡梅伦自己也开始修正其观点，她提出，6世纪的拜占庭著作家，如普罗柯比的三部著作，其体裁并非如此明晰，其中有相互混合的现象，作为普罗柯比的继承

---

① 执事利奥的作品是一部关于10世纪拜占庭对外军事征服的历史著作，见 Leo the Deacon, *The History of Leo the Deacon: Byzantine military expansion in the tenth century*, introd., trans., and annotations by Alice-Mary Talbot and Denis F. Sullivan, Washington D. C.: Dumbarton Oaks Research Library and Collection, 2005. Leonis diaconi, *Caloënsis Historiae Libri Decem*, ed. K. B. Hase, [Corpus Scriptorum Historiae Byzantinae] Bonn: Weber, 1828, TLG, No. 3069001.

② 在本文中，阿伽提阿斯使用了 to kleitton(mightiest) 和 to theion(devine) 这样的宗教上的术语，见 M. R. Cataudella, "Historiography in the East," *Greek and Roman Historiography in Late Antiquity*, ed. Gabriele Marasco, Leiden: Brill, 2003, p. 417。

③ 瓦尔格伦提到，同一时期有很多著述是用拜占庭通用希腊语写成的，如查士丁尼的立法、吕底亚人约翰的著述、约翰·马拉拉斯的《编年史》、莫里斯的《战略》等，见 S. Wahlgren, "Byzantine Literature and the Classical Past," p. 531。

④ A. Cameron, *Agathias*, p. 57.

者,阿伽提阿斯等更是如此。阿伽提阿斯在其作品前言中提到的,他认为历史与诗歌区别不大,后者的形式和风格有助于历史书籍的可读性和丰富多彩。①

通过对整个6世纪拜占庭历史状况的把握,以及对这一时期史家生平以及其著作特点的考察,可以得知,6世纪的基本特征是尚古,尤其是作家们追求古典风格。6世纪的学者或作家们以追溯先贤,自诩为古典作家而为荣,由此形成了普罗柯比、阿伽提阿斯、米南德、塞奥菲拉克特·西摩卡塔等具有代表性的人物,他们前后相继、模仿并继承古典风格,构成了记载6世纪全部历史的重要文献。他们著作的特点是使用模仿的阿提卡希腊语的形式写作,并模仿古典作品的写作形式和语言风格。但是,随着6世纪以前基督教的发展和拜占庭帝国官方意识形态的逐步确立,对人们思想和行为的渗透迅速加快,加之拉丁文化的逐步消逝,古典特征逐渐让位于希腊化及基督教的特征。这其中还有以查士丁尼为首的统治者上层对非基督教文化的严格限制,如529年位于雅典的古典学园的关闭。卡梅伦提出,从普罗柯比到伊拉克略登基这段时间是文化整合的过程,是艺术、文学以及帝国仪式围绕着基督教信仰和形象为核心的不断加强,而古典文化则默默地退到后台……那些曾经想要努力保持"古典"风格的帝国史家和诗人现在开始在圣经旧约的语言体系中写作。② 虽然如此,普罗柯比等作家仍旧在作品中大量使用希腊神话以及古典风格的写作范式,对其当代人物以及事件进行描述,显现出他们对古典风格的执着,和对时代变革的抵制。③ 但是,时代变革的大趋势无法改变,在6世纪末和7世纪初,古典风格已经从拜占庭世俗著作中逐渐消逝,基督教文化占据了绝对的主流地位。

整个6世纪,世俗学者们所呈现出来的古典和基督教二重性,是与这个时代的特征密不可分的,一是古典学校的教育,二是基督教在社会中的发展以及统治

---

① G. Greatrex, "Introduction," *Shifting Genres in Late Antiquity*, eds. Geoffrey Greatrex and Hugh Elton, London: Taylor & Francis, 2016, p. 3.

② A. Cameron, "Images of authority: élites and icons in late sixth-century Byzantium," *Byzantium and the Classical Tradition*, Birmingham: University of Birmingham, eds. M. Mullett and R. Scott, 1981, pp. 204 - 3.

③ A. Kaldellis, "Things Are Not What They Are: Agathias 'Mythistoricus' and the Last Laugh of Classical Culture," *the Classical Quarterly*, vol. 53, no. 1(2003), p. 300. 卡梅伦持不同观点,她认为,阿伽提阿斯认识到基督教风格的影响,也在努力往这方面靠近,但是他古典传统的风格对他有很深的影响,令他轻易无法脱离古典的范式,A. Cameron, "Images of authority: élites and icons in late sixth-century Byzantium," *Past & Present*, vol. 84, no. 1(1979), p. 225.

者的推动。这种二元性在7世纪之后就丧失了,古典学校大多被关闭,尤其是在阿拉伯人入侵之后更是如此。但是,古典传统并没有丧失,在9世纪的马其顿王朝时期得到复兴。那时,基督教思想已经深入人心,因此古典只能在历史书写中占有很小的比例。

二　编年史的发展

编年史的文体可以追溯到3世纪的朱里乌斯·阿非利加努斯(Julius Africanus,160—240年)。拜占庭帝国最早的编年史——尤西比乌斯的《编年史》受其影响很大。尤氏一书自亚当时代开始描述,终于3世纪末。拜占庭编年史作品多从上帝创世开始写起,一直到作者所处的时代为止。拜占庭编年史史料的重要性主要体现在两个方面:其一,作者在作品中高度关注当代史,一部编年史作品在涉及作者所处时代方面史料价值较高;其二,编年史作品严格按照年代顺序记载历史事件,从而对其他类型史料起到了时间定位的辅助作用。当然,编年史也有自身的缺陷,最明显的一点就是在谈及距离作者较远的历史时往往不够准确。[①] 因为大多数编年史是从圣经中选取写作资料,并且采取几乎相同的叙述风格。但是,编年史作者在涉及其所在时代历史事件时,常常给予更多的关注,这就使拜占庭编年史成为年代纪的补充和旁证。因此,后人对拜占庭编年史家及其作品给予更大的注意。

查士丁尼时代最重要的编年史家是约翰·马拉拉斯。他出生于于叙利亚,在当地文化重镇安条克接受系统教育,后成为当地官员,530年以后移居君士坦丁堡。其代表作品为18卷《编年史》[②],从上帝创造万物和亚当开始写起,一直到查士丁尼统治末期收笔。前14卷大量引用前人作品,并具体注明原作者的姓名,使许多遗失的古代文献得以保存。该书后三卷则仿效修昔底德的文风,大量引用演

---

① 武鹏:《奠基与转型时代:埃瓦格里乌斯〈教会史〉中的拜占庭帝国研究》,南开大学博士论文2009年,第17页。

② John Malalas, *The Chronicle of John Malalas*, trans. Elizabeth Jeffreys, Michael Jeffreys, Roger Scott, et al., Melbourne: Australion Assoc. for Byzantine Studies, 1986. Ioannis Malalae, *Chronographia*, ed. L. Dindorf, [Corpus Scriptorum Historiae Byzantinae] Bonn: Weber, 1831, TLG, No. 2871001.

讲词和布道词,并且涉及许多其本人经历的重大历史事件。最后一卷涉及作者所在的查士丁尼一世统治时期,特别对当时的宗教政策提出委婉的批评,表达了作者对被迫害的一性论信徒的同情。《编年史》一直写到查士丁尼一世统治结束,后经他人续写到574年。值得注意的是,该作品是以通俗希腊民间语写作的,在以阿提卡方言为主要语言的拜占庭文史作家圈内带来了清新的变化。尽管一些当代学者批评马拉拉斯在引用前人作品时不够准确,同时在记事时也常有夸张之嫌,但是马拉拉斯的作品,尤其是在讲述叙利亚历史的时候,依然有不可替代的价值。马拉拉斯的作品对其他民族的巨大影响是在它被翻译为其他语言后逐渐显现出来的,特别是对斯拉夫人和格鲁吉亚人的历史写作产生了深刻影响。

除了马拉拉斯,6世纪的拜占庭还有其他几部重要的编年史。518年,一部以“柱头修士”约书亚(Joshua the Stylite)之名完成的编年史问世。该作品记载了496—506年间阿纳斯塔修斯皇帝统治下的拜占庭帝国,尤其是东方各省的历史,其最大的价值在于详细叙述了502—505年间拜占庭与波斯之间的战争史实。[①] 继约书亚之后,另一部重要的编年史来自马尔切利努斯·科梅斯(Marcellinus Comes)。马尔切利努斯出生于伊利里亚,是一位拉丁人,但早年前往君士坦丁堡谋职,后成为查士丁尼的密友。查士丁尼称帝后,他成为帝国的贵族。其《编年史》涉及374—534年间的帝国历史。[②] 马尔切利努斯记事风格简略。由于他有机会接触帝国上层人士,因此其《编年史》所载内容对了解查士丁尼统治前期的历史具有重要价值。

三 教会史

教会史这一题材的特点是以教会的视角为中心,而且其内容也多以教会的发展史为主。教会史的开创者是4世纪著名的史家、凯撒里亚主教尤西比乌斯,他

① Joshua the Stylite, *The Chronicle of Joshua the Stylite*, trans. W. Wright, Cambridge: Cambridge University Press, 1882.

② Marcellinus Comes, *The Chronicle of Marcellinus*, trans. Brian Croke, Sydney: Australian Assoc. for Byzantine Studies, 1995.

因为首创教会史的文体,被尊为"教会史之父"。在该书中,尤西比乌斯记载了从1世纪的使徒时代,到他所生活的4世纪时期的基督教会的发展历程。该书被其后5世纪的苏格拉底、索佐门、塞奥多莱以及6世纪的埃瓦格里乌斯所续写,成为后世重要的历史文献体裁。

6世纪的拜占庭历史学家埃瓦格里乌斯,于535—537年前后出生于叙利亚地区的埃比法尼亚城,卒年不详,根据其著作内容,可判定是在593年或594年之后。作为安条克城的贵族基督教知识分子,他接受过良好的教育,并在安条克拥有较高的社会地位。他常年担任安条克主教格里高利的助手,曾被拜占庭皇帝授予过"前执政官"等荣誉头衔。他唯一传世的作品是六卷本的《教会史》,[①]该书涉及公元428年至593—594年间拜占庭重要的历史事件。此书虽名为《教会史》,但其内容不拘泥于教会事务,而是广泛涉及政治、经济、军事、文化乃至自然灾害等方面的内容,这部作品具有极高的史学价值,是研究5—6世纪拜占庭和基督教会史的重要参考资料。[②] 中期拜占庭著名史家弗提乌斯对《教会史》评价很高,他认为该书"尽管有一点冗长,但文风比较有感染力;在涉及信仰方面的记载上,他无疑比其他的历史学家更可靠"[③]。现代学者认为,埃瓦格里乌斯在一些方面与先前的教会史家苏格拉底以及索佐门一脉相承,但同时,他也有其特点,那就是他记录了更多世俗的历史,说明埃瓦格里乌斯认为基督教会史家应该担负起同时阐述教会和世俗事件两方面历史的责任。[④]

另外,有学者提出,古代晚期的教会史家具有共同的特性:第一,在年代学的视野中,教会史家不像世俗史家那样着重关注当代史,而是较多记录更久以前的历史;第二,在文学表现形式方面,教会史家不像古典史家那样经常在作品中使用

---

① Evagrius Scholasticus, *The Ecclesiastical History of Evagrius Scholasticus*, trans. Michael Whitby, Liverpool: Liverpool University Press, 2000. *The Ecclesiastical History of Evagrius with the Scholia*, ed. J. Bidez and L. Parmentier, London: Methuen, 1898, repr. New York: AMS Press, 1979, TLG, No. 2733001.

② 武鹏:《奠基与转型时代:埃瓦格里乌斯〈教会史〉中的拜占庭帝国研究》,第I页;武鹏:《埃瓦格里乌斯的〈教会史〉版本与资料来源研究》,《贵州师范大学》(社会科学版)2017年第2期,第112—113页。

③ Photius *Bibliotheca*, codices 1 - 165, trans. J. H. Freece, London, 1920, cod. 29. Photius, *Bibliothèque*, ed. R. Henry, 8 vols., Paris: Les Belles Lettres, 1959, 1960, 1962, 1965, 1967, 1971, 1974, 1977, TLG, No. 4040001.

④ G. Downey, "The Perspective of the Early Church Historians," *Greek, Roman and Byzantine Studies*, vol. 6, no. 1(1965), pp. 68 - 70.

演说辞,相反却喜欢全文引用一些档案和文件;最后也是最重要的一点,教会史作品在内容上经常表现为多主题性而非讲述单一主题。①

在6世纪,除了埃瓦格里乌斯的作品外,还有一部重要的教会史作品,这就是以弗所主教约翰以叙利亚文写就的《教会史》。② 约翰的《教会史》原有三部,其中第一部从凯撒时代写起,现已遗失,第二部记录了从塞奥多西二世到571年之间的历史,目前仅存第三部,记载了从571年至其去世前的重大历史事件。该书在时间上与埃瓦格里乌斯的作品多有重合,但是,他对于查士丁尼二世、提比略二世以及莫里斯时期教会事务都有详细的记载,可以弥补埃氏作品的不足,从而使得我们对该时期拜占庭帝国教会历史有更深入的理解和认识。

总体来看,查士丁尼时代的史学呈现出繁荣灿烂的景象,不仅作品众多,而且风格多样。在内容上,它们从政治、军事、文化等角度集中展示了该时期拜占庭帝国发展的内外环境和帝国的发展。从写作形式上,古典化的传统与基督教史学的共同发展,揭示了这一时期帝国文化处于延续与转型之中。查士丁尼时代丰富的史学遗产不仅保留了关于这一时期历史的珍贵史料,更从内容到形式,反映了早期帝国由传统的拉丁多神教文明向希腊基督教文明转型的趋势与特征。

查士丁尼时代是拜占庭帝国史上一个至关重要的时期,这不仅体现在其宏伟的再征服霸业,影响后世千余年的立法,还在于其辉煌的建筑。西里尔·曼戈提出,查士丁尼时代是早期拜占庭建筑技术发展的高峰,而且是拜占庭建筑中公认的第一个黄金时期,可与法国路易十四王朝相提并论。③ 查士丁尼时代的建筑活动可以分为两类:第一类是边疆城防设施,第二类是教堂建筑④,其中最能体现拜

---

① R. A. Markus, "Church History and the Early Church Historians," *Study in Church History*, vol. 11 (1975), pp. 2 - 5.

② John of Ephesus, *The Third Part of the Ecclesiastical History of John, Bishop of Ephesus*, trans. R. P. Smith, Oxford: Oxford University Press, 1860.

③ 西里尔·曼戈:《拜占庭建筑》,张本慎等译,北京:中国建筑工业出版社1999年版,第55页。瓦西列夫则称,查士丁尼时代在艺术领域是拜占庭艺术的"第一个黄金时代"。A. A. 瓦西列夫:《拜占庭帝国史》,第292页。

④ 以上内容都保留在查士丁尼的"御用"史家普罗柯比的《论建筑》之中。该书是由普罗柯比撰写的关于6世纪拜占庭帝国建筑的指南,成书的目的是赞美皇帝查士丁尼。在书中,普罗柯比详细记载了查士丁尼在位时期在帝国内部的建筑活动,包括教堂建筑、城防、桥梁等,从君士坦丁堡的圣索菲亚教堂一直到迦太基的城墙,目前权威的英译本是:Procopius, *De Aedificiis or Buildings*, with a English translation by H. B. Dewing, with the collaboration of Glanville Downey, Cambridge: Harvard University Press, 1996. (转下页)

占庭建筑特点、流传后世的便是教堂建筑。

在查士丁尼统治时期，他非常重视基督教，①不仅通过打击非基督教、召开宗教会议等手段，确立基督教官方正统教派的地位，而且大力鼓励并亲自下令建立教堂和修道院。据普罗柯比记载，查士丁尼时期君士坦丁堡的基督教堂超过50座，而塞奥多西二世时，该城市只有14座。② 如今人们能见到的早期拜占庭教堂和修道院建筑，基本来自查士丁尼时代，如伊斯坦布尔的圣索菲亚大教堂、意大利拉韦纳的圣维塔利教堂、西奈半岛的圣凯瑟琳修道院等等。查士丁尼时代最具代表性的教堂建筑，毫无疑问是圣索菲亚大教堂，或称圣智教堂。在拜占庭文献中，该教堂一般被称为大教堂，在帝国的千年历史中，这里一直是帝国宗教生活的中心和帝国重大宗教活动的场所。圣索菲亚教堂由于其建筑技术的难度以及辉煌的气势，代表了查士丁尼时代建筑的成就，同时也是拜占庭建筑中最杰出的代表，成为后世千余年世界各地东正教教堂竞相模仿的典范。最早的圣索菲亚大教堂于532年在尼卡暴动中被焚毁，著名建筑师特拉勒斯(Teralles)的安泰米乌斯(Anthemius)和米利都的伊西多鲁斯(Isidore)指挥工匠精心施工。527年12月27日，大教堂竣工。圣索菲亚大教堂的外观很简朴，老旧的红砖墙无任何修饰，其最为著名的穹顶似乎也显得圆弧不那么突出，但是在查士丁尼时代，这是君士坦丁堡最高的建筑，在城市的各个角落都可以看到大教堂的穹顶。教堂的平面是一个极大的长方形，中间有一个大型的中殿，中殿顶部则是大教堂最为突出的穹顶，其直径是30余米，自地面至顶部高达56米以上。③

查士丁尼时代大兴土木完成的不朽建筑不仅展现了帝国的昌盛，而且给史家们更多灵感，激发他们的写作热情。譬如普罗柯比在描写壮观的穹顶时写道："教

(接上页)Procopii Caesariensis, *Opera Omnia*, ed. G. Wirth (post J. Haury), vol. 4, Leipzig: Teubner, 1964, TLG, No. 4029003。

① 瓦西列夫称，建立一个教会是查士丁尼的理想之一，见A. A. 瓦西列夫：《拜占庭帝国史》，第231页。

② S. Bassett, *The Urban Image of Constantinople*, Cambridge, UK: Cambridge University Press, 2004, pp. 123-124.

③ https://www.hagiasophia.com/hagia-sophia-dome/，2020年8月16日。关于穹顶的高度，现行研究著作中记载并不一致，见Judith Herrin, *Byzantium: The Surprising Life of A Medieval Empire*: London: Allen Lane, 2006, p. 56；A. A. 瓦西列夫：《拜占庭帝国史》，第293页。西里尔·曼戈提到，现在的穹顶比最初的设计要高20英尺，也就是6米多，见西里尔·曼戈：《拜占庭建筑》，第62页。而今天的穹顶高度是55.6米，因此，最初的设计应该是50米左右。

堂顶部是一个巨大的球状圆顶,整座教堂看上去美轮美奂。圆顶似乎不是建在坚实的砖石之上,而像是由空中的一条金链吊着,悬在教堂顶部。"①穹顶基部有40扇大窗子,使得阳光整天洒遍整个教堂内部,普氏高度赞叹教堂充满了神秘感。② 根据当时作家的记述,查士丁尼初次见到完工的圣索菲亚大教堂时说道:"啊,所罗门,荣耀归于上帝,只有他相信我能够完成这样伟大的工作。啊,所罗门,我已经超越了你。"③

第三节

7—8世纪拜占庭史学发展及其特征

7—8世纪在拜占庭帝国的千年历史上,一般被称为"黑暗时代"④。之所以有此称呼,除了该时期帝国在内外部的压力下,面临的所谓的城市经济、军事实力以及统治疆域"衰退"之外⑤,主要是因为该时期留下来的文本资料过于稀少,使得后世无法一窥当时的历史境遇⑥,卡日丹在指出上述问题后,直接提出历史和编年史著作在该时期的沉寂。⑦ 但已有学者提出,该时期其实是神学成果异常丰硕的时期,鉴于此,我们应该放宽视野,以开放的态度来检视7—8世纪的拜占庭帝国历史。⑧

通览该时期的著述可以发现,写于拜占庭帝国境内,可以列入传统历史文献

---

① Procpopius, *On Buildings*, trans. H. B. Dewing, Cambridge, Mass.: Harvard University Press, 1940, p. 21.

② A. A. 瓦西列夫:《拜占庭帝国史》,第293页。

③ J. Herrin, *Byzantium: the Surprising Life of a Medieval Empire*, pp. 56-57.

④ 蒂莫西·E. 格里高利将6世纪晚期至7世纪称为拜占庭的"黑暗时代",见蒂莫西·E. 格里高利:《拜占庭简史》,刘智译,上海:华东师范大学出版社2019年版,第195页。瓦西列夫直接称610—717年为拜占庭学术和艺术的黑暗时代,见A. A. 瓦西列夫:《拜占庭帝国史》,第358页。

⑤ Michael J. Decker, *Byzantine Dark Ages*, London: Bloomsbury, 2016.

⑥ 奥斯特洛格尔斯基:《拜占廷帝国》,第75页。

⑦ Alexander Kazhdan, *A History of Byzantine Literature (650-850)*, Athens: The National Hellenic Research Foundation, Institute for Byzantine Research, 1999, p. 138.

⑧ 保罗·福拉克主编:《新编剑桥中世纪史》,第一卷,徐家玲等译,北京:中国社会科学出版社2020年版,第328页。W. Treadgold, *The Middle Byzantine Historians*, New York: Palgrave Macmillan, 2013, p. 1.

分类的仅有几部，塞奥菲拉克特·西摩卡塔《历史》与佚名的《复活节编年史》(*Pachal Chronicle*)。

塞奥菲拉克特·西摩卡塔(Theophylact Simocatta)是一位出生于埃及，在7世纪初活跃在君士坦丁堡宫廷的官员。其论著为7世纪30—40年代前后撰写而成的八卷本的《历史》(*History*)①，该书涵盖了自莫里斯皇帝至伊拉克略王朝初期的历史，书中提及最晚的时间是628年，其中对帝国与阿瓦尔人以及波斯帝国的战争有详细论述。西摩卡塔在该书的前言中提及，他的作品是对侍卫米南德论著的续写。因此，他的著作是6世纪中期以来拜占庭古典历史书写传统的继续，其中的阿提卡希腊语形式、演讲词以及对战争的记述等都体现了这一点，因此有学者将他视作最后一位古典史家。② 但是与众不同的是，其著作中的基督教思想及观点较之前的史家们，体现得尤为明显。③

《复活节编年史》是一部来自佚名史家的编年史作品。④ 该书涵盖自创世纪至公元628年的历史。目前所见到的文本是残本，因为史家在该书中提及，其记载的终点是630年。该书的标题也随着稿本的不全而不见于书，现名是后世学者根据该书内容以复活节日期为主要参考时间而定名的。全书内容以讨论教会礼仪时间的变动的复活节日期以及固定的节日为起始，在罗列时间的同时，记载了该年所发生的事件。对于晚近史家生活年代的事件记载尤为详细，且多涉及君士坦丁堡的政治和军事历史。该书所依据的史料主要以约翰·马拉拉斯的《编年史》为主，辅以圣经和尤西比乌斯的《教会史》。⑤

---

① 关于该书的成书年代尚有争议，见 Leonora Neville, *Guide to Byzantine Historical Writing*, New York: Cambridge University Press, 2018, p.48；校勘本见 Peter Wirth ed., *Historiae : Theophylactus Simocatta*, Bibliotheca Scriptorum Graecorum et Romanorum Teubneriana, Stuttgart: Teubner, 1972；英译本见 Mary Whitby and Michael Whitby trans., *The History of Theophylact Simocatta : an English Translation with Introduction*, Oxford: Oxford University Press, 1986. Theophylacti Simocattae, *Historiae*, ed. C. de Boor, Leipzig: Teubner, 1887, repr. Stuttgart, 1972, TLG, No.3130003。

② Mary Whitby and Michael Whitby trans., *The History of Theophylact Simocatta : an English Translation with Introduction*, p.xiii。

③ 主要内容参见 Leonora Neville, *Guide to Byzantine Historical Writing*, pp.47–48。

④ 新版校勘本正在整理中，目前所使用的校勘本是 Ludwig August Dindorf ed., *Chronicon Paschale*, Corpus Scriptorum Historiae Byzantinae 16–17, Bonn: Weber, 1832；英译本见 Mary Whitby and Michael Whitby trans., *Chronicon Paschale 284–628 AD*, Liverpool: Liverpool University Press, 1989; *Chronicon Paschale*, ed. L. Dindorf, [Corpus Scriptorum Historiae Byzantinae] Bonn: Weber, 1832, TLG, No.2371001.

⑤ Leonora Neville, *Guide to Byzantine Historical Writing*, pp.47–48.

尼基弗鲁斯的《简史》(*Short History*)可能成书于770—780年代,①该书涵盖了602—769年间的拜占庭历史,是仅有的两部涉及7、8世纪历史的希腊语历史著作。虽然有学者称该书不像是严谨的历史著作,但是鉴于记载该时代历史的著作异常稀少,因此该书所载史实的价值便体现得更加鲜明。② 该书对于伊拉克略王朝的统治、阿拉伯的征服、保加利亚王国的建立以及圣像破坏运动都有记载,虽然上述事件大多非作者亲历,但是作者依据的史料却是来自上述时期,因此虽然记载简略,却极为珍贵,希腊语文献中,唯有9世纪初的"坚信者"塞奥法尼斯的《编年史》可以与之互补。

除了上述历史作品外,皮西迪亚的乔治(George of Pisidia)的三部史诗成为了解伊拉克略王朝前期历史的重要文献。这三部史诗包括:《关于伊拉克略皇帝对波斯人的讨伐战争》(*On the Expedition of Emperor Heraclius against the Persians*)、《关于626年阿瓦尔人对君士坦丁堡的进攻,以及对圣母马利亚的祈祷使他们归于失败》(*On the Attack of the Avars on Constantinople in the Year 626, and their Defeat through the Intercession of the Holy Virgin*)和《伊拉克略》(*Heraclias*)。③ 这些作品是采用三音步抑扬格诗写成的,前两部记载了伊拉克略皇帝统治时期的最重要的事件,及拜占庭在622年与波斯的战争和626年抵抗阿瓦尔人进攻君士坦丁堡的战事,后一部则是在伊拉克略赢得对波斯人战争胜利之后的个人赞颂词。④

该时期来自东方的历史文献为研究这一时期的拜占庭历史提供了重要的参考。亚美尼亚主教塞贝奥斯(Sebeos)于660年代所撰写的《历史》(*History*)为人们提供了关于伊拉克略和库斯劳二世历史的记载,⑤该书一直记载到穆阿维耶于661年成为哈里发。埃及主教尼基乌的约翰(John of Nikiu)在7世纪末用科普特

---

① 英译本见 Nicephoros, *Nikephoros, Patriarch of Constantinople: Short History (Dumbarton Oaks Texts)*, trans. Cyril Mango, Washington, D. C.: Dumbarton Oaks Research Library and Collection, 1990; Nicephori archiepiscopi Constantinopolitani, *Opuscula Historica*, ed. C. de Boor, Leipzig: Teubner, 1880 (repr. New York: Arno, 1975), TLG, Nos. 3086001 and 3086002。

② James Howard-Johnston, *Witnesses to a World Crisis: Historians and Histories of the Middle East in the Seventh Century*, Oxford: Oxford University Press, 2010, pp. 237–267.

③ 关于乔治及其著作的价值和具体信息可见 James Howard-Johnston, *Witnesses to a World Crisis*, pp. 16–35。

④ 奥斯特洛格尔斯基:《拜占廷帝国》,第75页;蒂莫西·E.格里高利:《拜占庭简史》,第359页。

⑤ 英译本见 Sebeos, *The Armenian History Attributed to Sebeos*, trans. R. W. Thomson and James Howard-Johnston, Liverpool: Liverpool University Press, 2000.

语完成了一部编年史①，该书涵盖从亚当到阿拉伯征服的世界历史，其中为后人提供了关于伊拉克略统治初期的重要史实。②

此外，保留下来成书于683年前后的佚名的《迪米特里奇迹》(*The Miracles of St. Demetrius*)③，是希腊语的训道辞合集。该书虽然充满了基督教神秘色彩，但却为人们保留下来极为重要的史实，其中关于塞萨洛尼基城，尤其是斯拉夫人在6—7世纪入侵的内容是当时其他史料所不曾有的。奥伯林斯卡认为该作品的第一卷由该城大主教约翰创作于610—620年代，第二卷则创作于680年代。在对该书的评价中，他认为“在同时代的作品中，很难发现像该书一样对处于众多动荡时代中最激烈的时期的塞萨塞洛尼基城市军事组织以及地形有如此精确的记载”④。

在神学领域，由于7世纪激烈的宗教争论以及8世纪破坏圣像运动的影响，众多遭到打击的教派和教会人士的著述被毁掉，因此，第6次和第7次全基督教宗教会议的法令和“坚信者”马克西姆斯等人的著作便成为了解该时代社会思想和宗教争端的重要证据，因为它们在反驳对方的过程中引用了这些被毁掉的著作的片段。

其中，马克西姆斯是最著名的拜占庭神学家之一。⑤ 作为伊拉克略和康斯坦斯二世的同时代人，他在7世纪一意派辩论期间是东正教的坚定捍卫者。他的著作主要反映了三位著名教父即伟人亚大纳西、纳西昂的格里高利和尼斯的格里高利对他的影响，也有在中世纪广为流传的神秘主义观点的影响。在拜占庭神秘主义的发展中，马克西姆斯的著作特别重要。除了神学和神秘主义著作之外，马克

---

① 英译本见 John of Nikiu, *The Chronicle of John, Bishop of Nikiu: Translated from Zotenberg's Ethiopic Text (Christian Roman Empire)*, trans. R. H. Charles, Merchantville, NJ: Evolution Pub & Manufacturing, 2007。

② 乔治·奥斯特洛格尔斯基:《拜占廷帝国》，第77、239页。

③ 关于该著作成书时间的讨论见 W. Treadgold, *The Middle Byzantine Historians*, p. 7. 校勘本见 Paul Lemerle, *Les plus anciens recueils des miracles de saint Démétrius et la pénétration des Slaves dans les Balkans*, Paris: Éditions du Centre National de la Recherche Scientifique, 1979 - 1981.

④ Dimitri Obolensky, *Byzantium and the Slavs*, Crestwood, N. Y.: St. Vladimir's Seminary Press, 1994, p. 284.

⑤ 关于马克西姆斯的个人思想、著述以及对其研究现状可见 Pauline Allen, Bronwen Neil, *The Oxford Handbook of Maximus the Confessor*, New York: Oxford University Press, 2015。

西姆斯还留下大量的重要信件。①

简而言之,在拜占庭帝国史上被称为“黑暗时代”的7—8世纪,帝国经历了由查士丁尼时代后期的动荡以及阿拉伯人入侵带来的领土进一步缩小,但是经过对内政策的调整和对外坚决的抗争后,帝国得以存续、发展,并在随后的马其顿王朝再度走向强盛。在此期间,虽然由于种种原因,该时期没有创作出与该时代相匹配的历史著作,但是其他各类非历史性的作品为我们保留下来珍贵的史料,使得我们得以窥一斑而见全豹,对所谓的拜占庭“黑暗时代”做出符合历史的价值判断。

第四节

9—11世纪的拜占庭历史书写

拜占庭早期文化的繁盛在7世纪中叶戛然而止,文运与国运紧密相连。7世纪的拜占庭饱受战乱折磨,被迫卷入对东方的波斯人和随后兴起的阿拉伯人、北方的斯拉夫人、西方的异族各新兴势力的长期战争中。② 在交战期间,帝国五分之三的领土永久性丧失。为了尽力取得战争的胜利,拜占庭帝国开始逐渐军事化,军区制开始在全国范围逐步推行,成为新的地方组织形式,而传统的中央集权省区管理制度日益萎缩。在此基础上,人数众多的农民阶层在兴起,由“农兵”构成的军队也在不断形成。③ 以精致丰富的文学艺术形态为代表的城市生活虽然一直在延续,却已不再成为主流,军费支出挤占了文化消费。培养文人的教育系统被迫解散,就连曾经提供给高雅文化的资金也断供或削减。更糟糕的是,“没有哪个城市的编年史家会被东部边境上的一连串军事失败吸引,那些地区不断缩

① A. A. 瓦西列夫:《拜占庭帝国史》,第360—362页。
② 徐家玲:《拜占庭文明》,第68页。
③ 乔治·奥斯特洛格尔斯基:《拜占廷帝国》,第102页。

小……(史学)赞助人对讲述失败的尴尬故事毫无兴致”①。文化的衰落使这个时代显得暗淡无光,学者们通常将之称为史料的“黑暗时代”。在这种背景下,拜占庭历史书写自然进入一个前所未有的低谷期。直到780年,拜占庭文化才有了复苏的迹象。为方便起见,本节的记述直接从800年开始。

一　过渡时期

如前所述,拜占庭历史书写主要包括当代史、编年史、教会史和人物传记四种形式。② 其中,当代史作品多为承袭传统的古典作家写作风格。他们的写作风格几乎完全保持了古典时代希罗多德和修昔底德等人的著史特点,使用的语言也是较为优雅、华丽的阿提卡方言。编年史作品则一般由修道院的日记发展而来,执笔者多为修士,使用的语言简洁平实,淳朴无华。而教会史则是自尤西比乌斯首开基督教史学的先河后,人们纷纷追随他的榜样,从上帝创世开始写世界和人类的历史。③

塞奥多西二世(Theodosios Ⅱ,408—450年在位)后,随着基督教势力的不断壮大,被贴上“异教”标签的古典希腊罗马文化的影响力愈发衰弱。④ 至查士丁尼(Justinian Ⅰ,527—565年在位)时代,在这位笃信基督教的皇帝的统治下,拜占庭历史书写更是确定了基督教思想原则的有力指导,具有古典风格的当代史编纂风华不再,而编年史和教会史则愈发兴盛起来。这其中,编年史作为宗教论战的重要载体,在6世纪开始成为最成熟的历史书写形式。⑤

不仅如此,编年史还同天文学联系紧密。编年史最显著的特征就是采用准确

① M. Whitby, “Greek Historical Writing after Procopius: Variety and Vitality,” *The Byzantine and Early Islamic Near East, vol. I: Problems in the Literary Source Material*, eds. A. Cameron and L. I. Conrad, Princeton, 1992, pp. 25 - 79.

② 陈志强:《拜占庭史研究入门》,北京:北京大学出版社2012年版,第60页。

③ 徐家玲:《拜占庭文明》,第464页。

④ 刘宇方:《11世纪拜占庭帝国的历史书写转型探析——以邹伊和塞奥多拉的“紫衣女性”形象为例》,《世界历史》2018年第6期。

⑤ P. Varona, “Chronology and History in Byzantium,” *Greek, Roman, and Byzantine Studies*, No. 58 (2018), pp. 389 - 422.

的纪年法,按照时间顺序记录所发生的历史事件,而纪年法又是拜占庭历法中最为重要和复杂的部分,需要借助严谨的天文观测来修订。[①] 有证据显示,即便在"黑暗时代",拜占庭帝国的天文学仍在持续发展。由此可见,编年史能够成为拜占庭历史书写最主流的方式,有这样的条件。[②] 鉴于此,当9世纪文化得以恢复时,编年史是最先复兴的书写方式。

这一时期,有三位编年史家最负盛名,他们分别是乔治·辛塞鲁斯(George Sycellos)、忏悔者塞奥法尼斯(Theophanes Confessor)以及修士乔治(George the Monk)。

乔治·辛塞鲁斯的《年代纪选编》(*Selection of Chronography*)是一部500多页的大部头。可以说,它是截至当时规模最大的一部史学作品,耗费了作者多年的心血。作品上溯圣经创世纪,下至戴克里先统治时期(284年),其创作的主要目的是要将《旧约》与教会的历史浓缩在一个有精确日期的时间轴线上,因此,它展现出非常明显的编年史风格。[③] 为此,乔治自创了一条著史原则:所有发生的历史事件均从创世纪之时算起。例如,乔治颇具争议性地将道成肉身的时间定在创世纪元的5500年,并否认贝罗索斯(Berossos)说的"巴比伦存在于大洪水之前"的观点。在此基础上,乔治将古代埃及、巴比伦以及后来的希腊和罗马历史都纳入"圣经的年表"中,将它们看作一个整体。

这在当时颇具颠覆性的创新与乔治本人的生活经历是分不开的。乔治·辛塞鲁斯是拜占庭帝国由皇帝任命的极有名望的修士,地位仅次于大牧首,"辛塞鲁斯"是他的尊号。[④] 塞奥法尼斯在其作品的前言中赞颂乔治为"最受祝福的修道院长乔治,最神圣的牧首塔拉西乌斯(Tarasius)之前的圣贤"[⑤]。在教会中的极高地位给乔治的创新增加了权威感,有助于他著史风格的形成。同时,尊贵的地位

---

① 陈志强:《拜占廷学研究》,第275页。

② P. Magadalino, "L' orthodoxie des astrologues," *La science entre le dogme et la divination à Byzance*, Paris: Lethielleux, 2006, p. 37.

③ W. Treadgold, *The Middle Byzantine Historians*, p. 41.

④ W. Treadgold, *The Middle Byzantine Historians*, p. 39.

⑤ Theophanes Confessor, *The Chronicle of Theophanes Confessor, Byzantine and Near Eastern History, A. D. 284–813*, trans. C. Mango and Roger Scott, New York: Oxford University Press, 1997, p. 3. Theophanis, *Chronographia*, ed. C. de Boor, Leipzig: Teubner, 1883 (repr. Hildesheim: Olms, 1963), TLG, No. 4046001.

也拓展了他的生活阅历,他可以比普通人更频繁地前往圣城。在《年代纪选编》中,他曾不止一次地提到自己到过叙利亚,特别是巴勒斯坦地区。① 可以推断,他接触阿拉伯人的机会很多,这使得作品中对阿拉伯人的介绍和论述几乎全出于他的亲身观察,而非其他途径的转述。

此外,他能够十分清醒地认识到天文学和历法的重要性。在著史过程中,他十分倚重天文学成果,从而对哪怕是古典时代异教徒的天文学著述都抱有开明心态,曾引述过尤利乌斯·阿非利加努斯(Julius Africanus)和安尼阿诺斯(Annianos)等人的作品。② 而且,他对埃及、美索不达米亚、甚至更东部地区的天文学成果也颇感兴趣并加以研究。③ 结合他将这些地区都纳入到圣经年表中记载的角度来看,乔治著史的视野已经涵盖了地中海东部、小亚细亚等地域在内的近乎整个近东地区。

由此可见,乔治·辛塞鲁斯在时间和空间上开阔的视域范围是对7世纪及以前编年史书写方式的一种改进。有学者对此给予高度评价,认为这代表着拜占庭史家在历史的时空范围领域的先进性,因为"任何人都可以获得包括埃及、美索不达米亚、希腊和罗马在内的古代历史的概要和同步视图,而西方直到现代都无法做到这一点"④。这种改进进而促进了另一个明显的改变,即当用圣经年表的框架来记录同时代非基督教民族的历史时,圣经中那些具有神圣意义的历史便被通俗或世俗化了。换句话说,在圣经文本中具有神圣象征意味的圣经故事成了现实世界里发生过的历史事件。⑤ 这种改变反映出具有宗教性质的写作同传统的、古

① George Syncellus, *Selection of Chronography*, Alden Mosshammer ed., Leipzig, 1984, p. 122. 20 – 22. Georgius Syncellus, *Ecloga Chronographica*, ed. A. A. Mosshammer, Leipzig: Teubner, 1984, TLG, No. 3045001.

② 前者是罗马神学家,在217年第一次提出对世间时间的构想,他认为整个世界有七千年的寿命。A. Momigliano, "Time in Ancient Historiography," *History and Theory*, 5(3)(1966), p. 12. 孙逸凡、何平:《中世纪的时间观念与英国编年史的发展》,《甘肃社会科学》2016年第1期。关于后者,见W. Adler, *Time Immemorial: Archaic History and its Sources in Christian Chronography from Julis Africanus to George Syncellus*, Washington. D. C.: Dumbarton Oaks Research Library and Collectiony, 1990, ch. 5; George Synkellos, *The Chronography of George Synkellos: A Byzantine Chronicle of Universal History from the Creation*, trans. William Adler and Paul Tuffin, Oxford, 2002, pp. lx – lxxxiii.

③ P. Varona, "Chronology and History in Byzantium," p. 410.

④ C. Mango, "The Availability of Books in the Byzantine Empire," *Byzantine Books*, p. 35.

⑤ A. Kaldellis, "Byzantine Historical Writing, 500 – 920," *The Oxford History of Historical Writing*, vol. 2: 400 – 1400, eds. S. Foot and C. F. Robinson, Oxford, UK: Oxford University Press, 2012, p. 211.

典式的政治史发生融合,毫不夸张地说,这样的变化将成为此后两个世纪基督教文化与古典文化完成融合的重要契机。

乔治没有来得及完成他的《年代纪选编》便与世长辞了,他雄心勃勃的写作计划就此搁浅,整部作品在很多地方都有不完美之处。比如,原定计划写至 807 年的目标没有实现,序言也还没有写就,同时许多史料重复和逻辑不通的地方也没有来得及进行修改和润色。这不得不说是史学史上的遗憾。幸运的是,乔治未竟的事业由其挚友塞奥法尼斯接力完成。塞奥法尼斯的编年史始于乔治编年史的结尾处,即自戴克里先统治时期开始,一直写到米哈伊尔一世时期。

塞奥法尼斯于 759 年底(或 760 年初)出生于君士坦丁堡,他的双亲都是富有的贵族,父亲伊萨克在君士坦丁五世时被任命为海军将领。儿时的塞奥法尼斯酷爱骑马、打猎,因此家里人似乎想将其培养为军官,塞奥法尼斯所获得的教育都是比较基础性的,而非高等教育。[①] 至伊琳妮和君士坦丁六世上位后,塞奥法尼斯成为拥护新政权而宣誓出家的众多保护圣像派教徒之一。他放弃了自己的财富、地位和前途,进入马尔马拉海卡罗尼穆斯岛(island of Calonymus)的修道院修行,后又前往比提尼亚海岸附近的西格丽安山(Mount Sigriane),在那里建造了梅洛斯·阿戈斯(Megas Agros)修道院并担任院长一职。808 年,乔治·辛塞鲁斯被流放到这座修道院,与塞奥法尼斯结下了深厚的友谊。塞奥法尼斯十分敬仰乔治的学识,并十分欣赏他为之终生奋斗的事业。[②] 因此,当乔治意识到自己将不久于人世时,恳求塞奥法尼斯接替他的工作,塞奥法尼斯同意并遵守了这个承诺。

从塞奥法尼斯的经历可以得出以下两个结论。其一,塞奥法尼斯对著史的兴趣并非是自发的,而是受人之托。再加上他童年所受教育并非属于讲究修辞和文采的高等教育,因此他的写作风格一定是简明直白的。事实也确乎如此。塞奥法尼斯在序言中称自己"没有写下自己的作品,而是从古代史家那里挑选了一些……把每年的大事都放在适当的地方,安排得井井有条"[③]。从中可看出塞奥

① W. Treadgold, *The Byzantine Revival, 780 - 842*, Stanford: Stanford University Press, 1988, pp. 63 - 65.

② W. Treadgold, *The Middle Byzantine Historians*, p. 66.

③ C. Mango and R. Scott, *The Chronicle of Theophanes Confessor : Byzantine and Near Eastern History, AD 284 - 813*, Oxford: Oxford University Press, 1997, pp. xliii - c.

法尼斯谦逊的姿态。也幸亏有了他对更早时期资料的大量收录，后人才能在其作品中管窥这些绝大部分失传的史料。其二，塞奥法尼斯作为保护圣像而出家的教徒，放弃了其优渥的生活，从中可看出他本人对信仰的虔诚。这一点反映在著史上，作为毁坏圣像运动时期的同时代人，他比其他任何拜占庭编年史家都更多地记载了这一时期的事件。① 尽管他在分析历史事件和人物方面采用的全是正统观点，而且在叙述有关史实方面往往带有偏见，但正因为他敢于记录这类别人不敢记载的史实，令他的著作具有非常高的史料价值。

尽管塞奥法尼斯是仿照乔治·辛塞鲁斯的风格开始创作的，但最终的成果显示，他的作品还是比乔治的作品有了很大突破。这其中最重要的表现就是他开始使用统治者的统治年代作为纪年方法。统治者不仅包括从戴克里先（284 年）起直至米哈伊尔一世（813 年）止的世俗皇帝，还包括五大教区的牧首和主教，甚至还包括波斯或阿拉伯的领袖。② 由此，读者可以清晰了解不同统治者在不同年份中，帝国军事、宗教、政治、社会等不同领域分别发生了什么事情。

这种整合不仅延续了乔治创立的时间与空间上开阔的视域范围，而且第一次尝试将宗教史与世俗史结合起来写作，使得二者成为一个有机的整体。这是一次重大的尝试，对 10 世纪及以后的史学创作产生了深远影响。③ 毫不夸张地说，塞奥法尼斯的作品成为后来编年史家们最喜欢采用的资料。他的这一著作于 9 世纪下半期由罗马教宗的图书管理员阿纳斯塔修斯翻译成拉丁文，其对西欧中世纪编年史家的价值，与它在东方对于希腊编年史家的价值是等同的。④

当然，塞奥法尼斯的作品也难免会有一些错误，它们集中反映在年代计算的错误上。这或许是源于塞奥法尼斯并不像乔治那样精通天文学，也或许只是由于粗心或混乱而造成的。有学者认为，塞奥法尼斯的错误可能是有意为之，因为他

---

① C. Mango and R. Scott, *The Chronicle of Theophanes Confessor : Byzantine and Near Eastern History, AD 284 – 813*, p. lxxii.

② C. Mango and R. Scott, *The Chronicle of Theophanes Confessor : Byzantine and Near Eastern History, AD 284 – 813*, p. lxxii.

③ 10 世纪开始、11 世纪盛行的帝王传记型历史书写模式，就是在此基础上发展成熟的，并且带有了更多人文主义的色彩。

④ A. A. 瓦西列夫：《拜占庭帝国史》，第 453 页。

在序言中坦言,自己已经尽最大努力完成了这项不情愿接受的任务。[1] 有鉴于序言通常是最后才写就的,说明作者本人已经对文本进行了最终的校对。因此,这样的错误也可忽略不计。

第三位颇负盛名的编年史作家也是一个名叫乔治的人,通常被称为修士乔治(George the Monk),著有一部名为《简明编年史》(*Concise Chronicle*)的长篇作品。作品依然上溯至创世纪时代,截止于867年。与塞奥法尼斯不同,修士乔治在作品中对自己只字未提,因此后人对他的研究经常同乔治·辛塞鲁斯混淆。然而,在11世纪的一份手稿的标题中,《简明编年史》的作者被称为"全世界基督教的教师乔治",认为他在伊格纳提乌斯(Ignatius)创办的主教学校(Patriarchal School)中任职。[2] 因为这个标题与另一位作家的作品并没有明显混淆,这说明该乔治指的就是修士乔治。而这个称呼显示出,此乔治如果没有受过良好的教育,也应是博览群书的大儒,他具有广博的圣经和教父文本方面的知识,文笔流畅。

他的这种经历反映在著史上,体现在书中充满了对圣经、教父哲学和圣徒传记等内容的引用上。比如,除了对约翰·马拉拉斯(John Malalas)和塞奥法尼斯作品的概述之外,乔治还引述了约瑟夫(Josephus)、凯撒里亚的尤西比乌斯(Eusebius of Caesarea)、阿奎莱亚的鲁菲努斯(Rufinus of Aquileia)、居比路的塞奥多莱(Theodoret of Cyurrhus)、基兹库斯的格拉修(Gelasius of Cyzicus)、诵经员塞奥多利(Theodore the Lector)和主教尼基弗鲁斯(Nicephorus)等人撰写的具有宗教性质的历史。[3] 乔治还在圣经和教会历史的叙述中,适当地使用了各种各样的训诂和神学文本。在许多段落中,他显然借鉴了现在已经失传的原始文献。

此外,主教学校教师的经历也让其作品涉及当时拜占庭修道院中占主导地位的许多问题的争论,包括修道院生活的本质、毁坏圣像"异端邪说"的传播以及阿拉伯伊斯兰教信仰的传播等。它也生动地描述了9世纪拜占庭修道院生活所提

---

① W. Treadgold, *The Middle Byzantine Historians*, p. 76.

② George the Monk, *Georgii Monachi Chronicon*, C. de Boor and Peter Wirth eds., 2 vols. Stuttgart: Teubner, 1978, p. xx. Georgii monachi, *Chronicon*, ed. C. de Boor, 2 vols. Leipzig: Teubner, 1904 (repr. Stuttgart: 1978 (1st edn. corr. P. Wirth)), TLG, No. 3043001.

③ D. Afinogenov, "A Lost 8th - Century Pamphlet against Leo Ⅲ and Constantine V?" *Eranos*, vol. 100 (2002), p. 17.

倡的价值观和追求目标。有学者指出,修士乔治的编年史成为后来拜占庭世界史内容排序的依据,对斯拉夫人,尤其是俄罗斯的早期历史文献产生了巨大影响。①

尽管这部编年史篇幅很长,但是乔治却将其标注为“简明”,说明他这样称呼是有意为之。根据他的说法,在编纂史料的过程中,他排除了多余的世俗内容。因为这些世俗内容很多,留下来的自然属于简明的内容。总体而言,全书共九卷,分为三个部分。在第一部分中,乔治根据马拉拉斯的作品,用一卷的篇幅简要讲述了从亚当开始至亚历山大大帝为止的近东、希腊和罗马的历史。② 在第二部分中,乔治根据“七十子本”圣经,在第二至七卷里用七倍于第一卷的篇幅重述了自亚当开始的历史故事。③ 其中,第六至七卷单独记载了尼布甲尼撒至塞琉古王朝的诸王。第三部分占据了全书最长的篇幅,主要记述从尤利乌斯·恺撒至米哈伊尔三世之间的帝国历史。④

从史料的编排上可见,修士乔治在前几卷中并不关心同一时间段不同地区历史发展的联系,并且用超过一半的篇幅来讲述罗马史。不仅如此,他对书目的组织编排也别具一格,即不是用数字性的纪年法来排序,而是用按时间顺序排列好的个人条目进行纪年。个人条目选用的基本上是人们非常熟悉的名人,如圣经中记载的以色列 12 支派的始祖,以及罗马的皇帝。这种纪年方式可能在很大程度上是学习了塞奥法尼斯的风格,对此后人文主义作家在历史书写方面的发展起到进一步的促进作用。

当然,本书不是夸大这种人文主义精神。因为这样的介绍并不等同于个人传记,只能属于漫谈式的随笔。这种漫谈式、信手拈来的写法在书中随处可见。在每个条目内,一件事情会随机引出另一件事情。例如,在介绍古埃及的法老时,会扯几句天文学上的凤凰座(Phoenix),在介绍亚历山大时,又会对犹太祭司和印度婆罗门的服饰进行点评,还提到阿塔纳修斯(Athanasios)同塞奥多托斯(Theodoretos)有关“异教”和无神论的探讨。这些都被随意地放在旧约中一个次要人物塞

① A. A. 瓦西列夫:《拜占庭帝国史》,第 454 页。

② George the Monk, *Georgii Monachi Chronicon*, pp. 6 - 43.

③ 该文本属于圣经的原始文本。George the Monk, *Georgii Monachi Chronicon*, pp. 43 - 293.

④ George the Monk, *Georgii Monachi Chronicon*, pp. 293 - 803.

罗奇(Serouch)的条目里。还有,克劳迪乌斯一世的条目里谈论的是具有修道院风格的选集。这种天马行空式的漫谈写作特点被后人称为"意识流"①。

乔治的另一个显著的写作风格,是他在引用原始文献时,不太考虑上下文的衔接性以及年代或内容的准确性,但对一些能够启迪人们心智的奇闻逸事抱有浓厚的兴趣。其中,他特别喜欢引用与狗有关的故事。例如,他从马拉拉斯那里摘录了发生在行邪术的西蒙(Simon Magus)的神迹。② 西蒙有一只凶猛的看门狗,而圣彼得用人类的声音便能召唤西蒙,让他皈依基督教。③ 又如,乔治从马拉拉斯作品中摘录了一只瞎狗在查士丁尼一世统治时期被带到君士坦丁堡的有趣故事。④ 在讲到利奥四世时,乔治又讲了一个狗指认杀死主人凶手的故事,而且是借狗之口说出了凶手所在的地方。⑤

乔治认为,这些写作特点能够摒弃古典史学写作结构上和哲理上的学究气与精妙感,从而具备直击灵魂的魅力。但必须承认,这些夺人眼球的冒险故事令乔治更像是一个通俗作家,而非史家。⑥ 他的读者多半是带着猎奇与消遣的心态来阅读的,他们的目的只是为寻找奇闻轶事、奇妙莫测的神迹或恶人的斑斑劣迹。从这个角度说,乔治直击了他们的好奇心,或许并没有触及他们的灵魂。

除上述三位史家外,君士坦丁堡牧首尼基弗鲁斯也曾留下过史学作品。他编纂的《简史》(*The Short History*)涵盖了602—769年间的历史。有鉴于其牧首的身份,以及其在利奥五世统治时大胆地反对毁坏圣像运动而遭免职和放逐的经历,该作品更侧重对毁坏圣像运动的叙述。尼基弗鲁斯从保护圣像派的观点出发,带着对毁坏圣像的强烈憎恨撰写了这部历史。⑦ 他坚定地相信,保护圣像者的观点

① "意识流"(stream of consciousness)一词源于心理学领域,由美国机能主义心理学家先驱威廉·詹姆斯创造,用来表示意识的流动特性:个体的经验意识是一个统一的整体,但是意识的内容不是片段的衔接,而是不断变化的,从来不会静止不动。20世纪初,西方文学在此基础上产生一系列小说类作品,属于现代主义文学的重要分支。史学研究沿用了文学界的称谓,将修士乔治这种无逻辑的、听凭思想流动而写作的方式称作"意识流史学"。

②《圣经·使徒行传》(中文和合本)8:9-13。

③ George the Monk, *Georgii Monachi Chronicon*, pp. 364-365.

④ George the Monk, *Georgii Monachi Chronicon*, pp. 643-644.

⑤ George the Monk, *Georgii Monachi Chronicon*, pp. 765-766.

⑥ A. P. Kazhdan, *A History of Byzantine Literature*, vol. I, pp. 43-52.

⑦ C. Mango, *Nikephoros, Patriarch of Constantinople, Short History: Text, Translation, and Commentary*, Washington, D.C., 1990, pp. 11-12.

是正确的。与之相比，毁坏圣像运动之前的历史被尼基弗鲁斯一笔带过。例如，后查士丁尼时代的篡位皇帝福卡斯（602—610 年在位）和康斯坦斯二世（641—668 年在位）只用一句话进行叙述。① 需注意的是，书中对伊拉克略王朝的描写几乎完全是从世俗角度进行观察的，这是基督教题材的史学作品中难能可贵的一种融合。

该时期古典式的当代史写作也有恢复的迹象，只可惜其作品并未被直接或完整地保存下来。它们或存于后世史料的引注中，成为后世史料撰写的素材，或零星散落在不同文献里。例如，10 世纪的约瑟夫·耶尼修斯（Joseph Gensios）在其作品中大量使用 9 世纪的史料。② 又如，对斯拉夫人托马斯反抗米哈伊尔二世的叙述被执事官伊格纳提乌斯（Ignatios the Deacon）作成诗，写在了米哈伊尔二世送给虔诚者路易（Louis the Pious）的官方文件中。③

这些特点令 9 世纪的当代史史料碎片化，很难重组到一起，也很难分析其写作的真实性。例如，学者们曾认为两个 9 世纪的史料片段是出于同一个来源，但现在经过对两个片段的写作风格、写作目的和修辞方式的研究发现，它们并非来自同一出处。其中一个片段可能出自《关于尼基弗鲁斯皇帝以及他是如何丧生于保加利亚的》（*About the Emperor Nikephoros and How He Leaves His Bones in Bulgaria*），该作品又被称为《811 年编年史》，它叙述了尼基弗鲁斯一世在 811 年的败北。该作品对皇帝抱有敌意，但对将士们推崇有加。该书或成书于 865 年，因为它还记录了保加尔人的皈依。④ 另一个片段或可能出自《亚美尼亚人利奥的编年史》（*Scriptor Incertus de Leone* [Chronicle of Leon the Armenian]），该作品讲述了米哈伊尔一世和利奥五世的统治（811—820 年）。它同样也关注了帝国同保加尔人的关系与战争。⑤

① C. Mango, *Nikephoros, Patriarch of Constantinople, Short History: Text, Translation, and Commentary*, p. 99.

② A. P. Kazhdan, *A History of Byzantine Literature*, vol. Ⅱ, pp. 145 - 152.

③ 叛乱持续时间为 821—823 年。P. Lemerle, "Thomas le Slave," *Travaux et Mémoires*, Ⅰ, 1965, pp. 255 - 297.

④ 除非皈依这段内容属于插叙，而非顺叙。

⑤ P. Stephenson, "'About the Emperor Nikephoros and How He Leaves His Bones in Bulgaria': a Context for the Controversial 'Chronicle of 811'," *Dumbarton Oaks Papers*, vol. 60(2006), pp. 87 - 109, reviews the scholarship.

此外,古典式的当代史作品丧失了鲜明的古典风格。首先,尽管拜占庭人依然自称为“罗马人”,但在文本中却不见使用“罗马人”的字眼,取而代之的是“基督徒”的称呼。即使出现了“拜占庭人”的称谓,也指那些仅生活在君士坦丁堡城内的居民。其次,拜占庭人不再像希罗多德或修昔底德一样对某个统治时期或持续几年的战争进行详细记载,更失去了古物研究和民族志方面的信息,这是最令人惋惜的损失。例如,通过古希腊史家的记载,后人可以清楚地知道阿提拉的帐篷是什么样,匈奴人吃什么东西。但是,有关阿拉伯人的生活风俗和习惯却很难在9世纪的当代史作品中找到。

但有意思的是,该时段的当代史书写最终以一个不寻常的作品作为结束。该作品名为《塞萨洛尼基的陷落》(*The Capture of Thessalonike*)①,是由一位在秋天被俘的教士约翰·卡米尼亚特斯(Ioannes Kaminiates)所撰写。他后来与其他俘虏被带到了叙利亚,并最终在那里获救。有鉴于其特殊的个人经历,该作品的写作模式较之前的当代史作品有较大创新,即该书以书信和请愿的方式写作,是一个目击者、亲历者以第一人称对最近发生在各地的事情的详细叙述。它首先对塞萨洛尼基及其地理范围做了语言典雅的介绍,然后便开始讲述城市被包围和洗劫的故事,最后用自己坐着敌人的舰船穿越爱琴海的个人经历收尾。卡米尼亚特斯一直在向圣迪米特里(St. Demetrios)的神迹祈祷,但圣徒因为愠怒于该城居民身上深重的罪孽,并未对他们施以援手。②

由于《塞萨洛尼基的陷落》一书特有的修辞手法和小说风格,整部作品可提供的史料很有限。或者说,整部作品的历史感很少。这主要源自它没有遵循史书写作的基本原则,甚至几乎看不到完整的时间线索。尽管乔治·辛塞鲁斯和塞奥法尼斯曾做出了榜样,但他们颇具历史感的书写范式却未得到继承与模仿。究其原因,主要在于继塞奥法尼斯之后的修士乔治并未刻意模仿前辈的写作范式,而继修士乔治之后的卡米尼亚特斯也没有刻意模仿前辈的写作范式。

这一结论有趣地揭示出拜占庭历史书写的一种特色,即拜占庭历史书写风格

---

① 发生于904年,攻陷人为阿拉伯人。

② J. D. C. Frendo, “The Miracles of St. Demetrius and the Capture of Thessaloniki,” *Byzantinoslavica*, vol. 58 (1997), pp. 205-224.

的仿古性并不是对前辈的模仿,而是对古代传统做出回应并进行适度调整。这意味着两种新的结论:第一,任何类型的文本都可能在拜占庭任何不同的历史时期出现。只要该时期的史家对曾产生的某一类型的历史书写范式有所触动,那么他便可用模仿其风格作为对历史传统的回应。例如,从牧首弗条斯(Photios)在9世纪中叶编纂的《书目》(*Bibliotheca*)或《词典》(*Myriobiblon*)中可以看出,他对古代史家和当代史家的评论主要集中在学术性和文体性两个角度,目的就是帮助后继者们整理现有的历史书写范式,从而挑选自己喜爱的范式进行创作。[①] 第二,拜占庭作家对古典史学的传承并非机械式的传递,这中间或许会出现某些空白期,但并不妨碍后继者对古典文化的欣赏与喜爱。换句话说,拜占庭始终具有崇古风尚,特别是对古典文化有一种流淌在血液里的亲近感。尽管在6世纪后基督教文化逐渐占据上风,但人们对古典作品的欣赏并未消逝,反而在逐渐累积、叠加,在与新兴的基督教文化融合中,成为一种新的美感。从下一阶段可以看出,至11世纪,拜占庭形成了古典元素与基督教元素有机结合的独具拜占庭风格的新书写范式,创造了全面复兴古典文化的繁荣局面。

二 鼎盛时期

马其顿王朝较为稳定的统治为10世纪拜占庭史学的发展提供了良好的发展条件。只有在这样的政治环境中,才能出现拜占庭历史书写将世俗因素与教会因素进一步融合的特征。这种特征是一种古代宗教思想与基督教的新观念在宇宙知识发展和百科知识方面的和解。[②] 君士坦丁堡的高等学府在这一时期再度成为教育、学术、文学发展的中心,聚集了最高层次文人学者和文化力量。也是以此为前提,拜占庭史学进入大规模书写的时代。

大规模的含义,主要包括史学作品数量的增加和创作更具规范性这两个特点。首先,史学作品的数量急剧增加。在该时期内,史学作品多达15部。与之前

① W. Treadgold, "The Nature of the Bibliotheca of Photius," *Dumbarton Oaks Studies*, vol. 18, Washington D. C., 1980, pp. 16-36.

② A. A. 瓦西列夫:《拜占庭帝国史》,第558页。

史料匮乏的时代相比,该数字具有一定的分量。[①] 诚然,这一数字尚有不够精确之处,因为其中包含了一些写作范围重合的史学作品,但从另一角度来看,这种重合性也显示出该时期对历史书写的重视程度和史学作品的繁荣程度。[②]

其次,史学作品的规范性主要有两个表现。第一,作品标题的拟定日趋规范。该时期几乎所有的史学作品都用明确的词汇来体现其历史性,类似的词汇有"历史"(*historia*)、"纲要"(*syngraphe*)、"编年史"(*chronographia*)、"叙事"(*diegesis*)或简单的一个"书"(*biblos*)字。从用词的准确性和规范性可看出,当时人们对历史书写具有很高的热情,并把史书写作当作一种正式的职业来看待。第二,史家开始侧重强调史学作品的社会价值。例如,几乎每位史家都会在前言中强调他创作这部作品的原因,原因也都十分相似,基本上均为"历史是有用的、有益的","著史能够把过去人的事迹从遗忘中拯救出来,保存下来,作为后人的一个教训,后人会从这些例子中学习,取其精华,去其糟粕"[③]。

在此基础上,史家们还针对史学作品的写作风格做出了严肃的探讨。有鉴于史家的任务是清晰而翔实地记录真相,因此史学作品的写作风格既不能过度简洁,也不能过分冗长。其中,该时期的史家们认为"过分冗长"这个问题是最不能接受的。因为以夸张的语言、精心的演讲和描述为形式的文学性修饰不仅模糊了事实,而且极有可能用积极或消极的价值判断来歪曲事实。这种认识可以看作是历史书写繁荣的重要标志:即史学作品正在同文学作品分离,形成属于自己的创作体系与标准。

除此之外,史家也开始侧重强调自己的社会价值。他们认为,史家重要的社会价值在于客观、中立地记录事实,要避免出于个人动机的赞扬或责备,因为这种价值判断会掺杂在事实中,形成对后人的误导。例如,米哈伊尔·阿塔雷亚特斯

---

① A. A. 瓦西列夫:《拜占庭帝国史》,第 559—567 页。

② P. Magdalino, "Byzantine Historical Writing, 900 - 1400," *The Oxford History of Historical Writing*, vol. 2: *400 - 1400*, eds. S. Foot and C. F. Robinson, Oxford, UK: Oxford University Press, 2012, p. 218.

③ M. Attaleiates, *The History*, trans. A. Kaldellis and D. Krallis, New York: Harvard University Press, 2012, p. 3. Michaelis Attaliotae, *Historia*, ed. I. Bekker, [Corpus Scriptorum Historiae Byzantinae] Bonn: Weber, 1853, TLG, No. 3079001. Michael Psellus, *Chronographia*, trans. E. R. Sewter, London: Penguin Books, 1966, p. 6. Michel Psellos, *Chronographie ou histoire d'un siècle de Byzance (976 - 1077)*, ed. É. Renauld, 2 vols., Paris: Les Belles Lettres, 1926, 1928, TLG, No. 2702001.

特别强调:"(特定类型的)语言不应具有抨击性,因此它需要修辞方法,但(这种修辞方法)必须符合历史写作的规范。"①如何客观、中立地记录事实呢? 该时期的史家认为,对此的评价标准应为:如果写作内容为古代史,那么应当做大量研究,整理收集到的史料来源,并保留精华、去其糟粕。如果写作内容为当代史,那么必须亲眼看见这些事件,要么必须从值得信赖的观察者那里获得信息。

尽管史家对著史应客观中立的标准达成了共识,但在具体写作的过程中,如何落实这种标准却显得格外困难。饱受争议的问题便是,即便史家查阅了大量史料,或亲眼看见了事件的发生,又如何保证记录下来的内容不掺杂个人主观色彩呢? 关于这个问题,君士坦丁七世"创作"的传记作品《瓦西里一世的一生》(*Life of Basil I*)是一个典型案例,该书的完整名字为《对瓦西里生平和功绩的历史叙述:他的孙子、受上帝恩典的、伟大的罗马皇帝君士坦丁勤奋地从众多史料中收集而成,由作者撰稿》(*Historical Narrative of the Life and Deeds of Basil, the Glorious Emperor, Which His Grandson Constantine, Emperor of the Romans by the Grace of God, Having Studiously Collected It from Various Narrations, Contributed to the Author*),从该名字中可见,君士坦丁七世明确说明自己是收集资料者,但在撰写方面仅用"作者"一词来称呼。②

君士坦丁七世是10世纪帝国文化运动的杰出人物,他对拜占庭文化的发展作出巨大贡献。由于他的积极参与和对文化活动的大力支持,君士坦丁七世成为当时拜占庭文化和学术活动的中心人物。在《瓦西里一世的一生》序言中,君士坦丁声称创作该书的原因是,自己长时间以来一直想写一部"罗马人在拜占庭统治"的详细历史,即从324年君士坦丁堡开始创建至君士坦丁七世统治之时的历史。其中,他尤其想要详细阐释皇帝们及宫廷大臣们所有值得注意的言行。但由于缺乏必要的书籍和公务缠身等原因,他决定将这种写作目的通过专门撰写一个人的生平展现出来,这个写作对象就是他的祖父,也是王朝

① Michael Attaleiates, *Historia*, ed. and trans. Pérez Martin, Madrid: Consejo Superior de Investigaciones Cientificas, 2002, pp. 5 - 6.

② 有学者认为这不符合君士坦丁七世著述的个人风格,因此该作品或许并非由君士坦丁七世创作而成。W. Treadgold, *The Middle Byzantine Historians*, pp. 165 - 166.

创始人瓦西里一世。君士坦丁七世认为,瓦西里一世的生平事迹堪称典范,是后世学习的楷模。①

然而,如果君士坦丁七世在书中提供的史料都是事实,②这部作品的真实性和可靠性也要打些折扣。因为从君士坦丁七世的写作目的可以看出,他已认定自己的祖父是一个完美的皇帝,在这种指导思想下,他找出的史料必定具有片面性。因此有学者称,君士坦丁七世将自己的祖父写成了"一位圣徒"③。

类似受到主观情绪影响而著史的事情还有很多。例如,11 世纪晚期的史家约翰·斯基利齐斯(John Skylitzes)专门在自己作品的前言中针对该问题进行批判:"但是,(诸如米哈伊尔·普塞洛斯等人)用一种散漫的态度著史,并都缺乏记录史实的准确性。因为他们忽略了非常多更重要的事件,而且仅仅在列举皇帝,指明了谁在谁之后就职,仅此而已。因此对后世史学没有任何用途……每个(历史学家)都有自己的(研究)项目,一个人表达了对皇帝的赞美,另一个人是对牧首的赞美,还有一个人则盛赞自己的朋友……他们详细地记录了他们那个时代和不久前发生的事情:一个人的态度是充满同情的,另一个人的态度则充满敌意,还有一个人的态度则是寻求赞同,另外还有人被授命记录。每个人都在创作自己的历史,他们的叙述各不相同,这让听众感到眩晕和困惑。"④这里提到的历史学家包括保罗·玛格达林诺完整列举的史家,他们分别是:君士坦丁堡的塞奥多利·达帕诺帕特(the Constantinopolitans Theodore Daphnopates)、帕夫拉戈尼亚人尼基塔斯(Niketas the Paphlagonian)、约瑟夫·耶尼修斯和曼努埃尔(Joseph Genesios and Manuel);弗里吉亚的执事官尼基弗鲁斯(Nikephoros the Deacon from Phrygia),小亚细亚的利奥(Leo from [Western] Asia Minor),赛德的主教塞奥多利(Theodore

---

① Ihor Ševčenko ed. and trans. *Life of Basil*, Chronographiae quae Theophanis Continuati nomine fertur liber, quo vita Basilii imperatoris amplectitur. [Corpus Fontium Historiae Byzantinae], Berlin: De Gruyter, 2011, p. 1. I. Bekker ed., *Theophanes Continuatus, Ioannes Cameniata, Symeon Magister, Georgius Monachus*, ed. I. Bekker, [Corpus Scriptorum Historiae Byzantinae] Bonn: Weber, 1838, TLG, No. 4153001.

② 例如君士坦丁七世力求对祖父生平年表的准确叙述,而且对瓦西里一世指挥的东部战役的简述也很准确。

③ P. Magdalino, "Byzantine Historical Writing, 900 – 1400," p. 220.

④ John Skylitzes, *A Synopsis of Byzantine History, 811 – 1057*, trans. John Wortley, New York: Cambridge University Press, 2010, pp. 2 – 3. Ioannis Scylitzae, *Synopsis Historiarum*, ed. J. Thurn, [Corpus Fontium Historiae Byzantinae 5] Berlin: De Gruyter, 1973, TLG, No. 3063001.

the bishop of Side),此外还有基兹库斯的迪米特里主教(Demetrios bishop of Kyzikos)和修士约翰(the monk John)。[①] 从字里行间中随处可见斯基利齐斯对普塞洛斯等作家的不满情绪。因为在斯基利齐斯看来,这些人并没有客观公正地记载历史,而是在历史书写的掩护下实现自己在俗世中的利益与目标。

由此可见,客观中立的著史态度确实存在操作困难的情况。但如果换一个角度来探究10世纪拜占庭史家面临的著史困境,会发现一个有趣的结论,即这是拜占庭史家从宗教性著史走向人文性、世俗性著史所必经的两难处境。这种困境实际上是拜占庭历史书写领域发生的新的、可喜的转型。

首先,人物传记类型的历史书写呈现出这样一种史学转型,即将活生生的人逐渐从抽象、刻板的圣徒形象中剥离出来的尝试。[②] 更准确地说,对于人的关注开始逐渐从抽象的宗教和神学题材中转变和提炼出来。这有些类似于文艺复兴前期,人文主义者在圣像画的范畴内对人物进行生动形象的肖像描绘。

为了更准确地阐述该问题,有必要先对拜占庭圣像画做一些解释。"圣像"(εἰκών, icon)在《牛津基督教史》中被定义为:"指基督、圣母玛利亚、天使或众圣徒的某种肖像或形象化的体现。"[③]圣像崇拜者不仅把圣像看作是一种装饰品或个人心爱物,而且把它看成是真实表达基督教信仰的重要途径。这意味着在拜占庭的宗教观念中,尽管基督、圣母玛利亚抑或是众圣徒或是人的形态,但圣像并非写实的、自然主义的绘画。在画人物的面部轮廓时,圣像的标准属于"比现实更高级的非人间尺度"[④]。与之类似的是,自6世纪以后,基督教逐渐占据了主流文化的地位,拜占庭的史学观念发生了诸如圣像画领域的类似变化。他们认为,人是不可能独立于上帝而存在的,人需要强烈依赖上帝的神圣权威。所以,尽管编纂史书的过程中有对人的书写,但因为事件的发生属于上帝显灵,因而人缺乏对事件发展进程的有效影响力。从这个意义上而言,编年史成为当时历史书写的主流形式,史家将突出事件的时间顺序和发展脉络作为写作核心,而将人隐退到历史

---

① P. Magdalino, "Byzantine Historical Writing, 900 - 1400," p. 220.

② 能够展现人物传记类写作特色的另一个典型代表是科穆宁王朝的公主安娜·科穆宁创作的《阿莱克修斯传》,具体内容可见赵法欣在本专题中的《史学转型对帝国晚期文化的影响(12—15世纪中叶)》一部分。

③ 约翰·麦克曼勒斯主编,张景龙等译:《牛津基督教史》,贵阳:贵州人民出版社1995年版,第124页。

④ 约翰·麦克曼勒斯主编:《牛津基督教史》,第125页。

背景之中。[1]

但从君士坦丁七世开始,人处于史学编纂中从属地位的情况开始发生改变,史家可以用世俗性的个体人物作为写作对象。尽管此时的人物描写还脱离不开圣徒传记的框架,但是显然已经迈出了重要一步。在此基础上,史家们著史的社会价值观也前进了一大步。如上所述,6世纪开始,史家们逐渐形成了诸如"历史是用来展现上帝计划的途径"的观念,如许多编年史是以《创世记》作为编著史书的起点。又如,修士乔治对历史细节知之甚少,但引用了大量的布道和圣经的注释。对此,有学者笑称拜占庭史学"是(信仰)宣传或广告的一个分支"[2]。但从10世纪开始,史家著史有了更为世俗的目的,正如斯基利齐斯所批判的那样,史家著史或是表达对皇帝的赞美,或是表达对牧首的赞美,或是盛赞自己的朋友,这些想法无疑都具有世俗性质。从这个时候开始,著史不再仅仅是为了宣传信仰,更有了许多现实的考量。

其次,编年史的主流地位被削弱,古典式风格的当代史书写范式再次复兴。[3] 该书写形式的特点主要包括:其一,使用古希腊语中的阿提卡方言[4],讲究修辞的精美和典雅以及语法的繁复,这意味着他们接受过较好的古典式教育;其二,尽力模仿古典史家,经常引用典故,并注重在叙述中直接记录统治者演讲的片段;其三,多采用人物传记的结构,很少注重对时间的准确记载。在此基础上,时间更迭的基本计量单位多为在位者的统治时期;其四,强调所记录的事情是自己

---

① 刘宇方:《11世纪拜占庭帝国的历史书写转型探析——以邹伊和塞奥多拉的"紫衣女性"形象为例》,《世界历史》2018年第6期。

② R. Scott, "The Classical Tradition in Byzantine Historiography," *Byzantium and the Classical Tradition*, eds. Margaret Mullett and Scott, p. 71.

③ 陈志强:《拜占庭史研究入门》,第60—92页。随着史学的发展,教会史的书写形式逐渐没落,学界多认同于6世纪晚期的史家埃瓦格里乌斯(Evagrius)是教会史书写类型的最后作家。P. Magdalino, "Byzantine Historical Writing, 900 - 1400," p. 220.

④ 现代学者把希腊语的不同形式分为几种:伊奥尼亚—阿提卡语,阿尔卡迪亚—塞浦路斯方言,伊奥利亚语(包括莱斯沃斯岛、彼奥提亚和塞萨利),多利斯方言(包括拉哥尼亚方言、亚哥里斯方言等)和西北希腊语。因为希腊文化是以共同的血液、语言、习俗和宗教为基础的,因此,从公元前5世纪或更早开始,尽管缺乏一种标准的语言,但希腊人仍认为他们自己说的是一个共同的语言。至公元前3世纪早期,在希腊本地的碑铭文字里,伊奥尼亚—阿提卡方言成为普遍使用的语言,并给希腊人提供了一个从较晚的方言发展而来的标准语言。见国际中文版编辑部编译:《大不列颠百科全书》,北京:中国大百科全书出版社2007年版,第1卷,第265页。

的亲身经历,或是经过严谨证实的目击者证词。

从10世纪开始,有三位史家开始采用传统的历史书写形式,他们分别是耶尼修斯(Genesios)、《塞奥法尼斯编年史续》的作者(Theophanes Continuatus)和执事官利奥(Leo the Deacon)。至11世纪,两位著名史家米哈伊尔·普塞洛斯(Michael Psellos)和米哈伊尔·阿塔雷亚特斯(Michael Attaleiates)也加入到这个行列中,这极大增加了该书写形式的重要程度。12世纪以后,诸如安娜·科穆宁娜(Anna Komnene)、约翰·金纳莫斯(John Kinnamos)、尼基塔斯·侯尼雅迪斯(Niketas Choniates)、乔治·阿克罗颇立塔斯(George Akropolites)、乔治·帕奇米尔斯(George Pachymeres)、尼基弗鲁斯·格里高拉斯(Nikephoros Gregoras)和约翰·坎塔库震努斯(John Kantakouzenos)等一众作家均采用该书写形式著史。此外,还需要将约翰·卡梅尼亚特斯(John Kameniates)、尤斯塔修斯(Eustathios)和约翰·阿纳格诺斯特斯(John Anagnostes)计算在其中,因为他们分别于902年、1185年和1430年写的塞萨洛尼基(Thessalonica)被困记也属于传统的著史范围。

在此基础上,编年史的书写形式在某种程度上也逐渐与传统的、以记录当代史为主的历史书写相融合,出现了许多创新性的变化。当然,这种变化并非在10世纪就展现出来,而是经过近一个世纪的发展,逐渐在11世纪凸显。符合此特点的有两部重要史书,一部为米哈伊尔·普塞洛斯的《简明编年史》(*Concise History*),一部为约翰·斯基利齐斯的《拜占庭史概要:811—1057年》。

首先看普塞洛斯的《简明编年史》。从标题可见,该书应覆盖很长一段时间的历史。事实也正是如此,该书从公元前753年罗马建城开始,一直写到瓦西里二世统治时期,时间横跨近2 000年。从这一点上看,该书符合编年史的书写特点。但从内容分析,该书没有编年史记录时间的年代结构,而是完全以皇帝统治的先后顺序来展开叙述。更重要的是,它完全省略了圣经中编纂的历史,这极大破坏了编年史书写体例的传统。由此可见,该书仅在叙述的时长上符合编年史的特点,而在时间划分和叙述风格上,均偏向于传统的、以记述当代史为主的历史书写形式。

再看斯基利齐斯的《拜占庭史概要:811—1057年》。从标题可见,该书是一部编年史。斯基利齐斯在序言中也坦言,该书以乔治·辛塞鲁斯和塞奥法尼斯的著史风格为模板,并认为自己的作品是他们作品的延续。从修辞上分析,不同于阿提卡方言,它的语言风格较为简洁。同时,它有明确的编年史纪年方法,如使用税收年纪年法。[①] 但该书在写作内容上还是侧重于对人物的描写。换言之,不同于传统编年史"人隐退到历史背景之后"的写作原则,斯基利齐斯的著史风格明显突出了人物推动着事物发展的观点。可以说,这部作品的内核,还是古典式的历史作品。

这两部将编年史与传统古典式历史风格交融的史学作品展现出了拜占庭中期以后历史书写的一种发展趋势,即严格意义上的编年史将不复存在,取而代之的是有着编年史整体框架、同时其内核逐渐倾向于古典式历史书写模式的融合形态。如保留了813—948年期间主要原始资料的《执政官西蒙的编年史》(*Symeonis Magistri et Logothetae Chronicon*)和以记录阿莱克修斯一世执政期间主要原始资料的《约翰·仲纳拉斯的历史》(*the History of John Zonaras*),都属于这种复合形态的书写模式。

三 再度辉煌时期

11世纪期间,帝国将其全部注意力都投入了使帝国达到军事顶峰的战争中,因此对文化活动的关注度略有下降,特别是著名的"保加利亚人屠夫"瓦西里二世更是展现出了对知识分子的轻蔑之情。好在这种情况并没有持续多久,在生活典雅、鼓励科教发展的君士坦丁九世(Constantine Ⅸ,1042—1055年在位)的支持和倡导下,拜占庭的历史书写呈现出前所未有的新进展。[②]

首先,该时期的历史书写特别强调对人的关注。以普塞洛斯的《编年史》为例,全书共分七卷,其中第一至四卷分别以瓦西里二世、君士坦丁八世(Constantine Ⅷ,1025—1028年在位)、罗曼努斯三世(Romanos Ⅲ,1028—1034年在位)和米哈伊尔四世(Michael Ⅳ,1034—1041年)为中心,记述以皇帝为中心发

① 陈志强:《拜占廷学研究》,第281页。

② 刘宇方:《11世纪拜占庭帝国的历史书写转型探析——以邹伊和塞奥多拉的"紫衣女性"形象为例》,《世界历史》2018年第6期。

生的重要历史事件。第五卷包括米哈伊尔五世（Michael Ⅴ，1041—1042年）和塞奥多拉二人，第六卷涵盖邹伊与塞奥多拉、君士坦丁九世及塞奥多拉独立统治的内容，最后一卷记载了从米哈伊尔六世（Michael Ⅵ，1056—1057年在位）至米哈伊尔七世（Michael Ⅶ，1071—1078年在位）间的六位皇帝。

由此可见，虽然普塞洛斯基本上按时间顺序布局行文，但这15位统治者才是他书写的核心。这无疑是对修士乔治特点的极大改进。此外，在写作时，他没有任何明确的时间坐标，正常的时间先后顺序外还包含大量的插叙和倒叙，并未遵循纪年叙述法工整的时间逻辑。正如有学者指出，"尽管普塞洛斯将自己的作品称为《编年史》，却并没有严格遵循传统的编年体例，同'教会史之父'尤西比乌斯（Eusebius）的《编年史》中创立的大众化基督教世界编年史体例更是大不相同。可以说，普塞洛斯虽是一位虔诚的基督教徒，却写出了一部更具有古典主义气质的作品。"①

以统治者为书写核心并使用大量插叙和倒叙的写作方式在阿塔雷亚特斯的《历史》中也有明显体现。比如第三章描述米哈伊尔四世指挥的军事活动时，全文都在凸显米哈伊尔四世的英勇和睿智。第十二章述及伊萨克一世（Issac Ⅰ，1057—1059年在位）的统治时，全文以伊萨克皇帝为事件发展的核心，详细叙述了他实施经济改革的每个细节。比如他"成为历任掌管公共财产统治者中极为严厉的收税官"，是"第一位缩减各种职位定期生活津贴的皇帝"，"分割修道院和教会的财产"，等等。同时，文章还侧重描写了皇帝与君士坦丁堡牧首之间的个人矛盾，并生动展现出皇帝请求悔改的沮丧心情。② 第十六章详细记载了罗曼努斯四世（Romanos Ⅳ，1068—1071年在位）登基前的波折经历，展现出他对全体罗马人和国家满怀热爱之情的伟大情操。随后第十七至二十章以罗曼努斯四世为中心，事无巨细地记载了他指挥的三次十字军战争，并展现出他的勇气、冷静和某些时候的怯懦。此外，在第二十七至二十九章中，阿塔雷亚特斯运用倒叙手法追溯尼

---

① 唐纳德·R. 凯利：《多面的历史：从希罗多德到赫尔德的历史探询》，陈恒、宋立宏译，上海：上海三联书店2003年版，第124页。

② 伊萨克一世的改革见M. Attaleiates, *The History*, pp. 111-115. 伊萨克一世同君士坦丁堡大教长的矛盾见M. Attaleiates, *The History*, pp. 115-121。

基弗鲁斯三世的家族渊源,将最早的起源追溯到古罗马共和国时期的法比(Fabii)家族和公元961年尼基弗鲁斯二世(Nikephoros Ⅱ,963—969年在位)对克里特岛的征服。在文章许多地方,阿塔雷亚特斯还穿插了对尼基弗鲁斯三世的回忆与描述。比如第十六章讲述罗曼努斯在多瑙河流域对抗匈牙利人的战争时,阿塔雷亚特斯就借皇帝之口追溯了尼基弗鲁斯当时取得的军事成绩。①

同上述两部作品相比,斯基利齐斯的《拜占庭历史纲要》情况稍显复杂。一方面,这是一部以前代编年史作品为蓝本而创作的摘要性史学大纲。因此,它必定拥有很强的时间逻辑,不会沿用前两部作品插叙或倒叙的写作形式。从这点来看,它更像传统的编年史体例。但另一方面,它并非原创作品,而是对以往编年史的"重写"(Re-writing),即重新筛选、删减与组合。因此,它又具有极强的灵活与创新性。

首先,它从未系统地沿用传统编年史的纪年叙述法,表述年代的语言形式只是断断续续地出现在不同章节中,这是与传统编年史相比区别最大的地方。比如,直到第四章的后半部分,文中才首次出现税收年纪年法的表述。② 随后直至第十章开篇,这种表述形式才再度出现。③ 其次,与同时期另两位史家相仿,斯基利齐斯也是采用以统治者为核心的写作方式。以剑桥大学2010年版的《拜占庭历史纲要》为例,全书共23章,从尼基弗鲁斯一世逝世后开始记载,截止到米哈伊尔六世的统治,每章分别记录了一位皇帝的历史。而且,每章所记述的每件事情都围绕在位皇帝展开,几乎没有一件事情是脱离皇帝而记述的。因此,有学者总结斯基利齐斯书写的是"皇帝统治的历史(History of the Reigns)"④。这是同拜占庭传统编年史相比最根本的区别。

综上所述,11世纪拜占庭历史书写转型的第一个表现是极大地增加了对人的关注程度,重新将人作为叙事的主体和故事情节发展的核心,从而突破了传统编年史体例抬高事件的叙述价值、贬低人的叙述价值的局限。

---

① M. Attaleiates, *The History*, pp. 177 - 179.

② John Skylitzes, *A Synopsis of Byzantine History, 811 - 1057*, p. 75.

③ John Skylitzes, *A Synopsis of Byzantine History, 811 - 1057*, p. 206.

④ B. Flusin, "Re-writing history: John Skylitzes' Synopsis historion," p. xxiii.

该时期历史书写转型的另一个重要表现是对人物外貌的细腻描写和对人物情感及心理活动的敏锐捕捉。这打破了以往拜占庭历史书写刻画人物时采用的呆板、模式化和缺乏个体特征的写作手法。比如,约翰·马拉拉斯笔下几乎所有的男人都是"睿智的"(σοφός),所有的女人都是"美丽的"(εὐπρεπής),不同人物的情绪基本上被模式化成三种状态,即"被弄得心烦意乱"(ἀγαναΧτεῖν)、"被激怒"(ὀργίζειν)或"坠入爱河"。不仅如此,人物的情绪和行为之间也有模式化的程式,如当一个人被激怒后会去杀掉对手,男人爱上女人是因为她的美丽(ως ε ὐπρεπή),或一个人受到尊敬的原因是源于他的睿智(ως σοφός),诸如此类。[①] 这种模式化书写禁锢了人物本身独具的个性特征,令人物形象的描述失去了写实性。其实,上述君士坦丁七世的《瓦西里一世的一生》作品也存在类似问题。直到10世纪,在"执事官"利奥的努力下,这种情况才有所好转。利奥开始尝试对人物外貌进行比较细腻生动的描写,如他笔下的罗斯大公斯维亚托斯拉夫(Σβιατοσλαβος)拥有中等身材和短平鼻子,留着光头且只有一缕头发垂在头的一侧。[②] 不过他对人物形象的塑造依然存在较大局限性,比如他在塑造人物形象时有很强的目的性,主要是为了凸显人物在战场上的表现。[③] 因此,该时期的历史书写也没有完全摆脱以往模式化的写作方式。

比较而言,11世纪的历史书写成为这方面的集大成者,不仅突破了以往历史书写缺乏个体特征的写作手法,还进一步完善了利奥塑造人物形象的新尝试。以紫衣女性为例,她们不再性格千篇一律,而是展现出不同的思想与个性。比如斯基利齐斯记述米哈伊尔一世的皇后普罗科皮娅时,寥寥数语便勾勒出她勇敢、刚强和有主见的一面。在米哈伊尔一世准备懦弱地交出皇权时,她反对皇帝的决定,称"帝国是最好的裹尸布"。"裹尸布"一语颇有深意,此语出自查士丁尼的皇

---

① I. Ševčenko, "Two Varieties of Historical Writing," *History and Theory*, vol. 8, No. 3 (1969), pp. 332 – 345. E. Rohde, *Der griechische Roman und seine Vorläufer*, New York: Nabu Press, 2010, p. 151, note 1.

② Leo the Deacon, *The History of Leo the Deacon : Byzantine Military Expansion in the Tenth Century*, trans. A. M. Talbot and D. F. Sullivan, Washington, D. C.: Dumbarton Oaks Research Library and Collection, 2005, pp. 199 – 200. 赵法欣:《从〈历史〉中的人物样态看利奥的史学新思想》,《四川大学学报(哲学社会科学版)》2011年第3期。

③ 有关利奥塑造人物形象优劣势的研究,可见赵法欣、邹薇:《论利奥〈历史〉中人物形象的特点》,《西南大学学报(社会科学版)》2012年第1期。

后塞奥多拉在尼卡起义中劝说皇帝时的讲话,查士丁尼受此话的鼓舞,打消了逃跑的念头,激发起镇压暴动的斗志,并最终取得了胜利。① 在强大的压力下,她依然能够自嘲自己的名字并冷静地分析所处的现状。② 又如,斯基利齐斯在谈到利奥五世的皇后塞奥多西娅时,用一个“飞奔出闺房”的动作描写便将皇后风风火火的个性表现得淋漓尽致。③ 再如普塞洛斯笔下君士坦丁九世的情人斯科莱丽娜,她在君士坦丁被驱逐出首都后心甘情愿陪伴在他身边,极富牺牲精神。而当她与邹伊和塞奥多拉一同出现在人民面前并遭受到人民愤怒的谩骂时,她却依然保持微笑,仿佛什么都没有听见。直到庆典结束后她才找到骂人者并当面质问他们。④ 从中又可看出她的理智、修养和政治智慧。

在众多人物形象中,邹伊和塞奥多拉的“紫衣女性”形象最能体现该时期历史书写在人物形象描述方面所获得的巨大成就。首先,从外貌描写来看,该时期的历史书写能够有意识地观察两位女性身体外貌的独特之处,并有针对性地从身材、体形、眼睛、耳朵、鼻子、头发、皮肤等不同方面凸显她们的个性特征。如前所述,普塞洛斯在这方面的叙述最为细腻生动,令人称奇。他笔下的邹伊和塞奥多拉姿态各异,特点鲜明。例如,在描写邹伊时,普塞洛斯首先总括她的美,称她是“母仪天下、美到极致的化身”⑤。随后,普塞洛斯从远及近、从头到脚地对邹伊进行精准的白描:“她不高,身材显得更丰满些。她有一双大眼睛,眉距较宽,一双乌黑的弯眉令人过目不忘。她还有一个挺拔的鹰钩鼻,金色的头发映衬着她白皙的皮肤,使整个人显得光彩夺目、熠熠生辉。如果你不认识她而摸一下她的手臂,你会认为她只是一位少女,因为她的皮肤没有任何褶皱,是那样的紧致光滑。”⑥塞奥多拉在样貌上不及姐姐邹伊,普塞洛斯将其描述成:“她个头很高,体形更显纤

① John Skylitzes, *A Synopsis of Byzantine History, 811 - 1057*, p. 8. 普罗科皮娅引用此话意欲展现出同塞奥多拉皇后一般坚定的意志。J. B. Bury, *History of the Later Roman Empire from the Death of Theodosius I to the death of Justinian*, vol. 2, London: Dover Publications, p. 45.

② John Skylitzes, *A Synopsis of Byzantine History, 811 - 1057*, pp. 7 - 8.

③ John Skylitzes, *A Synopsis of Byzantine History, 811 - 1057*, p. 22.

④ Michael Psellus, *Chronographia*, p. 185.

⑤ Michael Psellus, *Chronographia*, p. 187.

⑥ Michael Psellus, *Chronographia*, p. 158. 君士坦丁堡圣索菲亚大教堂保存了一幅邹伊与其第三任丈夫君士坦丁九世的马赛克镶嵌画。画中邹伊的形象同普塞洛斯的描述竟丝毫不差,可见普塞洛斯的写实功力确实令人叹为观止。

瘦。脑袋看上去很小,似乎与整个身材不太相称,远看上去就像一根细长的蜡烛。她口齿伶俐,善于言辞,总是神采奕奕、面带微笑,不放过任何讲话的机会。"①由此可见,普塞洛斯描绘的两位女性不仅外貌不同,就连体态和气质也都独具特色。这种写实性手法极大展现出她们的真实形象,更为随后对两个人不同性格的描写做好了铺垫。

其次,在塑造人物性格时,普塞洛斯和斯基利齐斯特别注意将人物的性格同其行为方式结合起来,为此,性格描写便具备了直接描述和辅以行为方式的间接描述这两种形式。二者相互验证,相互补充。比如,普塞洛斯直接描写邹伊的性格特点为热情率真,浪漫感性,接受能力强,执行力和表达力差,兴趣广泛,为人慷慨,"邹伊领悟力比较强,但是却不善言辞……拥有广泛的爱好,并对性质相反的内容持有相同的热情——比如生和死。因此,她总是令我想到海浪,高高地将小船举起,又重重地将它拍打下去。……她是最为慷慨的女性,大手大脚,一天之内可以将一座金山挥霍光"②。这些性格特点可以在普塞洛斯对邹伊行为方式的描述中得到验证。比如,当孤儿院长约翰(John the Orphanotrophos)首次把自己的弟弟米哈伊尔引荐给邹伊时,邹伊率真感性的性格令她丝毫不掩饰对米哈伊尔的喜爱,"邹伊双眼因注视着这位俊美的年轻人而迸出火光,并立刻被他的魅力俘虏。她不知不觉对他产生了情愫。她对他丝毫不掩饰自己的欲望,常常唤来孤儿院长,并询问他弟弟的近况,还嘱咐他,让他弟弟不要害怕,多进宫来看望她"③。即使米哈伊尔登基后开始疏远并软禁她,带给她以无尽痛苦,但当邹伊得知他削发为僧后,依然无法控制对他的思念和热爱之情,"她不惜逃离被软禁的女子会馆,克服道路上的种种艰辛,长途跋涉地步行来看望他"。这些直白大胆、浪漫执着的事情是断然不会发生在塞奥多拉身上的。谈到邹伊广泛的兴趣,普塞洛斯尤为详细地描述了邹伊制作香水的疯狂,说"她的寝宫无异于市场中铁匠和工匠的手工作坊,因为屋子里能下脚的地方都摆满了燃烧的火炉。每个仆人负责一道制作香水的程序:一个人分配装瓶,另一个人搅拌,还有人负责其他事宜。冬天里,这些

---

① Michael Psellus, *Chronographia*, pp. 55 and 158.

② Michael Psellus, *Chronographia*, pp. 157 and 239.

③ Michael Psellus, *Chronographia*, p. 76. John Skylitzes, *A Synopsis of Byzantine History, 811 – 1057*, p. 368.

设备倒是可以起到暖炉的作用;但是到了夏天,屋里热得简直如蒸笼一般。但邹伊对此却怡然自得”①。

此外,邹伊的性格中还具有妒忌心强和任性刁蛮的不良特质。对此,普塞洛斯和斯基利齐斯巧妙地运用对邹伊行为方式的描写来间接地展现它们。比如,当君士坦丁九世的情人斯科莱丽娜被接进皇宫后,普塞洛斯这样说“皇后立刻(对斯科莱丽娜的到来)表示欢迎。事实上,她已经不再充满嫉妒了。因为她有自己的烦恼,而且年龄太大,失去了嫉恨的力气。”②言外之意是,假如邹伊还年轻,还有气力,她定会嫉妒皇帝的情人并对此怀恨在心。邹伊的任性刁蛮主要体现在她对丈夫,或者说对一国之君的挑选上。除第一任丈夫是由父皇君士坦丁八世选中的之外,邹伊的另两位夫君全是凭她个人的喜好才登上皇位的。罗曼努斯三世逝世后,邹伊不顾教宗君士坦丁·达拉塞诺斯(Constantine Dalassenos)的反对③,“立即为他(指米哈伊尔)穿上了由金线交织而成的长袍,将帝国皇冠扣在他的头上,把他安置在宏伟的帝王宝座上。她自己则穿了与他相似的衣服,端坐在他身旁。随后她下令命宫中所有喘气的人必须前来觐见,高呼并认可他们共同享有帝国大权”。由此可见,邹伊只顾自己发号施令,完全不懂从谏如流,对国家大事仅凭个人的喜好行事。此外,君士坦丁九世能够迎娶邹伊,也是因为早在其担任罗曼努斯三世秘书之时,他便“具备为皇后可以放下一切尊严、不带一点痕迹迎合皇后的能力,还能在各种复杂的环境下都讨得皇后的欢心”。他的魅力彻底迷倒了邹伊,“最终,皇后终于将他牢牢记在心间”④。如果不是因为邹伊的积极争取,一个流放在外的落魄贵族又怎能打败君士坦丁堡的政治精英而夺得皇冠?以上行为淋漓尽致地表现出邹伊任性刁蛮的公主脾气,而这种任性刁蛮又与邹伊热情似火、浪漫感性的性格吻合一致,极为自然。

另一方面,塞奥多拉的性格特点是领悟力差却伶牙俐齿,行动力强,性情沉稳温和,甚至有些呆板。在金钱观上,她更有理智和自控力,能分清何时应慷慨,何

① Michael Psellus, *Chronographia*, pp. 117 and 187.

② Michael Psellus, *Chronographia*, p. 182.

③ T. Venning ed., *A Chronology of the Byzantine Empire*, London: Palgrave Macmillan, 2006, p. 360.

④ Michael Psellus, *Chronographia*, pp. 88 and 163.

时又该有所节制。这些性格特点可以在她平息米哈伊尔五世时期的民众暴乱时显露出来。当被热情支持她的民众和元老贵族接回宫中、逐渐明白政坛发生的震荡后,塞奥多拉立刻收回了最初的畏惧与胆怯,连夜召集所有的地方法官,下令解除她的敌人米哈伊尔五世的所有权力,并对上至最高指挥办公室、下至市场监督局的各级政府部门下达命令,指派任务。在捉到米哈伊尔五世后,塞奥多拉迅速做出公正的判决,果断对他施行瞽目刑罚,以断绝政治后患。① 最终,塞奥多拉果敢、坚毅、颇富主见的性格发挥了极大的政治作用,她不仅顺利从米哈伊尔五世手中夺回了皇权,还抚平了帝国上下不同阶层的情绪,稳定了动荡不安的社会环境。此外,塞奥多拉还具有宽厚、仁慈和忍让的性格特征。比如,米哈伊尔五世宫廷政变结束后,元老院无法决定究竟是由年长的邹伊皇后还是由正在主持政务的塞奥多拉执掌帝国大权,最终还是塞奥多拉率先表示愿意同姐姐共同执政。二人极有风度地相互拥抱,以示友好和睦。② 即便后来邹伊不满足与她平分皇权,毅然决定继续婚嫁,塞奥多拉依然对姐姐宽厚忍让,同意退出政坛,授予姐姐继续婚配的权利。③ 这种宽厚、仁慈、忍让的性格不仅与她身为修女的虔诚信仰一致,还同她沉稳温和甚至有些呆板的性情相吻合。

再其次,11 世纪的历史书写在重视人物性格特征的同时,极为关注人物的心理活动。比如,在谈到邹伊善妒吃醋的性格时,普塞洛斯讲到一个发生在邹伊和塞奥多拉共治前的趣闻。正在元老院犹豫不决、不知该支持哪位皇位继承人时,塞奥多拉的支持者似乎早已心中有数。他们"十分了解邹伊善妒的心理,并同时猜得到,她宁可让一个马童登上皇位也不愿意同自己的妹妹分享皇权"。于是塞奥多拉一派立刻采取措施,迅速将米哈伊尔五世绳之以法,从而解除了邹伊潜在的政治联盟,也因此保住了塞奥多拉日后共治的政治基础。又如,在二人共同执政时,社会上产生出两个派别。一派拥护塞奥多拉的统治,认为她才应该成为帝国的女皇,而另一派则支持邹伊,认为依据她曾经的皇后身份,她拥有一定的执政

① Michael Psellus, *Chronographia*, pp. 145 – 150. Michael Attaleiates, *The History*, pp. 27 – 29. John Skylitzes, *A Synopsis of Byzantine History, 811 – 1057*, pp. 395 – 396.

② Michael Psellus, *Chronographia*, p. 151.

③ Michael Psellus, *Chronographia*, p. 161. Michael Attaleiates, *The History*, p. 31.

经验。两派的争执越发激烈,谣言也越传越远。邹伊听闻后生怕自己被妹妹取代,“预感到他们的决定(很可能是推选塞奥多拉),于是便再一次攫取了帝国全部的权力。接着,她寻思着再嫁一个男人”①,以达到将妹妹彻底赶出政治舞台的目的。像这样描写邹伊嫉妒心理的例子还有很多。斯基利齐斯曾记载,1031 年 9 月的一天,罗曼努斯三世正在阿勒颇(Aleppo)执行公务,却“从塞萨洛尼基牧首塞奥发尼斯口中得知,邹伊告诉牧首,塞奥多拉禁闭在修道院也不老实,伙同君士坦丁·狄奥根尼斯(Constantine Diogenes)密谋逃到伊利里亚(Illyricum)去。② ……邹伊旋即气急败坏地闯入皮特里温修道院,强行剃光了塞奥多拉的头发,称不这样做就无法遏制她无休止的阴谋和令人厌恶的品行”③。在斯基利齐斯看来,邹伊告知牧首的消息或许可靠,却依然难以掩饰她剃光妹妹头发所流露出的恐惧与愤恨的心理。对她来说,似乎只有对妹妹施以迫害才能获得内心的平静与政治的安全。

总之,11 世纪拜占庭历史书写转型的另一个表现是突出强调对人物外貌的细致描写和对人物情感及心理活动的敏锐捕捉,并由此形成了从外貌到性格再到心理活动的系统化写作方式。它能够层层深入地刻画出富有生活气息、复杂又完整的人物形象,从而突破了以往拜占庭历史书写刻画人物时缺乏个体特征的写作窠臼。

通过 9、10 世纪的积淀,至 11 世纪止,拜占庭的历史书写水平有了极大提高。首先,它十分强调以人为本的叙述理念。除采用大量倒叙和插叙手法外,阿塔利亚特斯更在思想层面上对此做出深化。他在《历史》中提到,人与历史发展间的关系就如同赛车场上的车手与马车。比赛不是靠马拉车跑得有多快来取胜,而是靠车手精湛的技艺和经验驾驶马车来取胜。④ 因此,人的地位比任何历史事件的

---

① Michael Psellus, *Chronographia*, pp. 148 and 160.

② 即罗曼努斯三世的侄女婿,妻子是罗曼努斯三世弟弟瓦西里·阿吉洛斯(Basil Argyros)的女儿。塞奥多拉首次密谋篡权失败不久,时任塞萨洛尼基公爵的狄奥根尼斯同瓦西里二世的仆人奥雷斯特斯(Orestes)密谋发动叛乱。失败之后他被囚禁到一座铁塔中。当与塞奥多拉秘密逃脱的事件败露后,他便躲藏在布拉海尔奈(Blachernae)宫里避难,被孤儿院长约翰发现后自缢身亡。J. Skylitzes, *A Synopsis of Byzantine History, 811 - 1057*, pp. 355 - 356 and 364.

③ John Skylitzes, *A Synopsis of Byzantine History, 811 - 1057*, pp. 363 - 364.

④ Michael Attaleiates, *The History*, p. 159.

地位都要高。或者说,任何历史事件实际上都需要靠人的行为与品德来推动与发展。这种人本主义思想从根本上动摇了传统编年史体例强调人过度依赖上帝神圣权威的观念。

在此基础上,阿塔利亚特斯进一步提出,在众人中占统治地位的统治者对历史的影响力更大,“统治者的品德直接影响历史发展进程的好坏。拥有美德的皇帝会让事情朝向真善美的一面发展,而劣迹斑斑的皇帝只能让事情变得更糟”①。所以“皇帝要对降临在人间的事情负更多的责任,因为他们要是做得不好就会遭到上帝的惩罚,而他们要是能够审慎地做出伟绩便会得到上帝的赞赏”②。这便为以统治者为核心的写作方式找到了思想支撑。

其次,这一时期的历史书写形成的系统化写作方式更加细腻完整地呈现出人物性格的多元化色彩。比如邹伊既端庄高贵又任性善妒,既心地善良又心狠手辣③,既慷慨大方又铺张浪费,相互矛盾的性情和谐自然地体现在同一个人的身上。能够获得这种成就不仅得益于该时期史家敏锐的观察力,更重要的是他们洞悉复杂人性,理解人生百态的生活阅历,拥有慈悲宽容的人文主义情怀和恪守的写实主义态度。这些都进一步巩固了以人为本的叙述理念,令人物形象更加生动、鲜活、立体,为后期人物传记的写作打下坚实的基础。尽管10世纪利奥的《历史》也基本具备这些特点,但无法同11世纪的历史书写特别是普塞洛斯的《编年史》相比。后者在对人物的观察、对人物心理的了解和对人性的把握程度上都远胜于前者。可以说,11世纪历史书写形成的系统完善的人物描写方式既是人本主义思想的体现,更成为14世纪意大利文艺复兴人文主义精神崛起的先驱。④

再其次,该时期的历史书写将10世纪开始复苏的古典希腊罗马修辞技艺发

---

① Michael Attaleiates, *The History*, p. 157.

② Michael Attaleiates, *The History*, p. 159.

③ 邹伊的心狠手辣表现在她投毒害人的罪行上。据史料记载,邹伊共有两次投毒害人的经历。第一次是她毒死了罗曼努斯三世,可见 Michael Psellus, *Chronographia*, pp. 81 – 83; John Skylitzes, *A Synopsis of Byzantine History, 811 – 1057*, pp. 367 – 369。第二次是她意图毒害孤儿院长约翰,可见 John Skylitzes, *A Synopsis of Byzantine History, 811 – 1057*, pp. 379 – 380。

④ 有关拜占庭文化对意大利文艺复兴产生深远影响的研究成果,可参见张俊芳:《14—16世纪拜占廷学者与意大利文艺复兴关系研究》,南开大学历史学院博士学位论文2007年;陈志强、张俊芳:《末代拜占廷知识分子对文艺复兴运动的影响》,《史学集刊》2016年第3期。

展到更高的水平,其文风更加回归到阿提卡式的典雅文风[①],其典型代表就是博学多才的普塞洛斯。在《编年史》中,他娴熟地运用各种修辞技巧,显示出其高超的修辞技艺。这些特点都同他深厚的学术造诣十分相称。普塞洛斯首先是君士坦丁九世亲自册封的哲学教授,可见他在当时的学术影响力就已十分深远。[②] 比如,普塞洛斯的古典哲学造诣很高,以至于他时常抱怨拜占庭前几代人中"几乎没有产生饱学之士",这些人对亚里士多德的教义和柏拉图寓言的"深意"缺乏领会,只懂得关心"无原罪成胎说、圣灵感孕这类神秘事物和一些形而上的问题"[③]。在普塞洛斯的推动下,当时的学术界对新柏拉图哲学的再研究为在亚里士多德学说束缚下的思想界带来了新鲜空气,揭开了怀疑亚里士多德理论的长期思想运动,其深远影响甚至反映在意大利文艺复兴运动中。[④] 普塞洛斯在《编年史》中也加入了对哲学、对人性的领悟与反思。这使得《编年史》不仅成为学习古典修辞学的极佳读本,其展现出深邃的古希腊哲学精神更加强了历史书写所应有的思辨性与厚重感。此外,他本人曾自豪地声称已经掌握了哲学、修辞学、几何学、音乐、天文学和神学,总之"所有知识,不仅包括希腊罗马哲学,而且还包括迦勒底人、埃及人和犹太人的哲学",是一位百科全书似的学者。[⑤] 基于此,现代学者一致认为普塞洛斯集11世纪最杰出的哲学家、修辞家和演说家等于一身,他的出现"预示着11世纪拜占庭学术和古典文化的伟大复兴"[⑥]。

综上所述,11世纪历史书写的转型实质上是该时期拜占庭史家对古典希腊罗马文化的复兴。正是古典文化重获新生,才令该时期的拜占庭历史书写焕发出

---

① 阿提卡式的写作风格又被称为"雅典风格",其主要特点是克制而简约,其代表史家是塔西佗和萨路斯特(Sallust)。参见唐纳德·R. 凯利:《多面的历史:从希罗多德到赫尔德的历史探询》,第114页。

② Michael Attaleiates, *The History*, pp. 35 - 37. 陈志强:《拜占庭帝国通史》,第283页。

③ Michael Psellus, *Chronographia*, p. 64.

④ 赵敦华:《基督教哲学1500年》,北京:人民出版社2007年版,第289—310页。

⑤ N. H. 拜尼斯主编:《拜占庭:东罗马文明概论》,陈志强、郑玮、孙鹏译,郑州:大象出版社2012年版,第205页。

⑥ M. Angold, *The Byzantine Empire, 1025 - 1204: a Political History*, London: Longman Publishing Group, 1996, pp. 100 - 101; 唐纳德·R. 凯利:《多面的历史:从希罗多德到赫尔德的历史探询》,第124页;A. Kaldellis, *Hellenism in Byzantium : The Transformations of Greek Identity and the Reception of the Classical Tradition*, pp. 191 - 202。

新的光彩。古典希腊罗马元素同基督教元素在拜占庭历史书写演变过程中呈现的是不断碰撞与融合的曲折发展,而这与拜占庭历史的演进又是紧密相关的。[①] 可以说,11 世纪历史书写的转型是极为成功的。它在叙事观念、写作手法和修辞技艺等多个领域深化了前代复兴古典希腊罗马文化的成果,创造了全面复兴古典文化的繁荣局面,形成了独具拜占庭风格的历史书写范式,对后世产生了深远的文化影响。从大历史的角度看,它为 14—15 世纪文艺复兴时代的到来打下了坚实有力的文化基础。

第五节

12—15 世纪中叶史学转型的影响

经历了科穆宁王朝(1081—1185 年)的短暂繁荣后,拜占庭帝国的发展轨迹整体上呈现衰败之势。特别是经过 1204 年事件之后,昔日统一的庞大帝国竟然分裂为三个地方政权。1261 年君士坦丁堡光复之后,在末代帕列奥列格王朝初年曾经一度显现出复兴的态势,但是毕竟属于昙花一现,最后的几百年对帝国而言是走向穷途末路直至覆灭的几个世纪。[②] 然而,政治上的颓势并未波及拜占庭文坛。仅以历史写作为例,晚期拜占庭史学一度发展繁荣,史学著作数量众多,体

---

① 乔治·奥斯特洛格尔斯基认为,罗马的政治观念、希腊的文化和基督教的信仰是决定拜占庭帝国发展的主要因素。没有这三种因素,拜占庭的生活方式是无法想象的。见乔治·奥斯特洛格尔斯基:《拜占廷帝国》,第 23 页。

② 关于晚期拜占庭帝国的历史,可见以下作品:M. Angold, *A Byzantine Government in Exile : Government and Society under the Laskarids of Nicaea (1204 – 1261)*, Oxford: Oxford University Press, 1975; W. Miller, *Trebizond : the Last Greek Empire of the Byzantine Era, 1204 – 1461*, London: ZENO Booksellers & Publishers, 1926; D. M. Nicol, *The Despotate of Epiros*, Oxford: Basil Blackwell, 1957; D. M. Nicol, *The Despotate of Epiros, 1267 – 1479: a Contribution to the History of Greece in the Middle Ages*, Cambridge: Cambridge University Press, 1984; D. M. Nicol, *The Last Centuries of Byzantium, 1261 – 1453*, Cambridge: Cambridge University Press, 1999; S. Runciman, *Lost Capital of Byzantium : the History of Mistra and the Peloponnese*, New York: Touris Parke Paperbacks, 2009; F. Van Tricht, *The Latin Renovation of Byzantium : the Empire of Constantinople (1204 – 1228)*, Leiden; Boston, 2011.

裁丰富多样,而且许多作品能够保持很高的水准。更为重要的一点,在帝国灭亡前后,许多拜占庭史学作品同其他文化成果开始向西欧世界尤其是意大利地区传播,希腊文化及其承载的人文精神在西方的广泛流传,极大地推动了欧洲文艺复兴运动的开展。

一　叙述体历史书写持续繁荣

自12世纪起至15世纪中期,拜占庭叙述体历史的写作一直保持着蓬勃发展的态势,这种状况持续到帝国灭亡之后。其间,拜占庭史坛涌现了诸如安娜公主、侯尼雅迪斯、格里高拉斯以及“衰亡三史家”等一大批优秀的历史学家。他们的作品有序衔接,为我们了解三个多世纪间帝国命运的兴衰变迁提供了极为珍贵的一手资料。尤其是到了帝国末期,尽管国家命运已经江河日下,但是历史学家们的创作热情未减,著史水平在前代学者的基础之上又有进一步的发展。

尼基弗鲁斯·布里恩纽斯(Νικηφόρος Βρυέννιος)是科穆宁王朝的驸马,阿莱克修斯一世皇帝的女婿,安娜公主的丈夫。① 尼基弗鲁斯来自色雷斯地区显赫的布里恩纽斯家族,他的曾祖和祖父都是名噪一时的著名将领。尼基弗鲁斯生于1063年前后(另一说1083年),他于1096年与安娜结婚,后来享有凯撒的头衔,并且在阿莱克修斯一世统治期间一直生活在皇宫里。尼基弗鲁斯曾经陪同阿莱克修斯一世出征或参与某些军事、外交活动,但是始终没有独当一面的机会。在其岳父临

---

① 关于布里恩纽斯的生平及其《历史素材》,可见以下著作:A. Καρπόζηλος, *Βυζαντινοί Ιστορικοί και Χρονογράφοι*, τόμος Γ′ (11ος - 12ος αι.), Αθήνα, 2009, pp. 357 - 370; H. Hunger, *Βυζαντινή Λογοτεχνία*, τ. Β′, Μτφρ. Τ. Κόλιας κτλ., Αθήνα, 2007, pp. 217 - 225; W. Treadgold, *The Middle Byzantine Historians*, pp. 344 - 354; J. O. Rosenqvist, *Η Βυζαντινή Λογοτεχνία από τον 6ο Αιώνα ως την 'Αλωση της Κωνσταντινούπολης*, μετάφραση: Ι. Βάσσης, Αθήνα, 2008, pp. 179 - 181; A. Carile, La 'Υλη ιστορίας del cesare Niceforo Briennio, *Aevum*, vol. 43(1969), pp. 254 - 264; Κ. Σ. Παΐδας, Πολιτική σκέψη και ηγεμονικό πρότυπο στη 'Υλη Ιστορίας του Νικηφόρου Βρυεννίου, *Βυζαντιακά*, vol. 26(2007), pp. 177 - 189. K. Païdas, Issues of Social Gender in Nikephoros Bryennios's 'Υλη Ιστοριών, *Byzantinische Zeitschrift*, 101/2, 2008, pp. 737 - 749; L. Neville, *Heroes and Romans in Twelfth-century Byzantium : the Material for History of Nikephoros Bryennios*, Cambridge: Cambridge University Press, 2012; Nicéphore Bryennios, *Histoire*, ed. P. Gautier, [Corpus Fontium Historiae Byzantinae 9] Brussels: Byzantion, 1975, TLG, No. 3088002。

死前的权力斗争中,尽管得到多方面的支持,但是最终尼基弗鲁斯选择放弃,将皇位“让”给了约翰二世。约翰统治期间,尼基弗鲁斯与皇帝的关系还算和谐。安娜隐退之后,尼基弗鲁斯或许陪同她一起居住在修道院附近。1138 年,尼基弗鲁斯陪同约翰二世远征西里西亚,返回后不久病逝。尼基弗鲁斯的作品名为《历史素材》(*Ὕλη Ἱστορίας*),是应其岳母伊琳妮·杜凯娜的要求而作,全书分为 4 卷,记载了阿莱克修斯·科穆宁登基之前(1080 年之前)的各种重大事件。《历史素材》所涉及事件最早的年份是 1059 年,但是仅仅提到而已,其主要内容是从 1070 年代开始。该书开篇首先简要回顾了科穆宁家族的历史,追溯至阿莱克修斯一世的祖父曼努埃尔的情况。随后的内容涉及罗曼努斯四世和米哈伊尔七世两位皇帝的统治,侧重于小亚细亚地区的情况,特别突出了阿莱克修斯早期的军事活动。从第 3 卷开始,叙述的重点转移至君士坦丁堡和巴尔干半岛,该书以 1080 年尼基弗鲁斯三世皇帝镇压尼基弗鲁斯·梅里塞诺斯的起义失败为结束。该书虽然是以阿莱克修斯·科穆宁为核心人物,但是这位未来的皇帝却在一定程度上遭到作者的批判,书中真正的英雄当属罗曼努斯·狄奥根尼斯、约翰·杜卡斯和老布里恩纽斯等人。尼基弗鲁斯的《历史素材》大量引用或改写了普塞洛斯和斯基利齐斯等人的作品,另外还有很多信息来自作者个人或其他宫廷成员的回忆。

安娜·科穆宁娜公主(Ἄννα Κομνηνή)是拜占庭帝国历史上唯一的一位女性历史学家。[1] 她于 1083 年生于君士坦丁堡的皇宫之内,是阿莱克修斯一世皇帝的第一个孩子。安娜年幼时便遵父命与米哈伊尔七世皇帝之子君士坦丁·

---

① 安娜·科穆宁娜的生平我们可以从乔治·托尔尼基斯为她写的颂词中获得重要信息:G. Tornikes, An unpublished funeral oration on Anna Comnena, English translation by Robert Browning, in *Aristotle Transformed : The Ancient Commentators and Their Influence*, ed. R. Sorabji, New York: Cornell University Press, 1990, pp. 404 - 406. 另外关于安娜及其《阿莱克修斯政事记》,还可见以下著作:Καρπόζηλος, *Βυζαντινοί Ιστορικοί και Χρονογράφοι*, τόμος Γ′ (11os - 12os αι.), pp. 397 - 425; Hunger, *Βυζαντινή Λογοτεχνία*, τ. Β′, pp. 225 - 237. Treadgold, *The Middle Byzantine Historians*, pp. 354 - 386. Rosenqvist, *Η Βυζαντινή Λογοτεχνία από τον 6ο Αιώνα ως την 'Αλωση της Κωνσταντινούπολης*, pp. 181 - 185; G. Buckler, *Anna Comnena: a Study*, London: Clarendon Press, 1968; T. Gouma-Peterson ed., *Anna Komnene and Her Times*, New York and London: Taylor & Francis, 2000; P. Buckley, *The Alexiad of Anna Komnene : Artistic Strategy in the Making of a Myth*, Cambridge: Cambridge University Press, 2014; L. Neville, *Anna Komnene : the Life and Work of a Medieval Historian*, New York: Oxford University Press, 2016; Anna Comnène, *Alexiade*, ed. B. Leib, 3 vols., Paris: Les Belles Lettres, 1937, 1943, 1945, TLG, No. 2703001。

杜卡斯订婚,而且由未来的婆婆阿兰尼亚的玛丽亚抚养长大。后来君士坦丁因病去世,玛丽亚也因为卷入一场推翻其弟弟统治的阴谋而被流放至普林基坡岛的一所修道院中,安娜自幼接受的良好古典教育对其在修道院里的写作产生了积极的影响。1096 年,12 岁的安娜嫁给了尼基弗鲁斯·布里恩纽斯。阿莱克修斯一世去世后,安娜曾试图推翻约翰二世的统治,但是最终失败,姐弟二人彻底决裂。安娜从此之后退出政坛,隐居至修道院中,专注于同学者们交流学术。1138 年,母亲伊琳妮和丈夫布里恩纽斯相继去世,安娜心灰意冷,遂潜心于《阿莱克修斯政事记》(简称《政事记》)的写作。安娜大约去世于 1153 年,享年 69 岁。《阿莱克修斯政事记》写作于 1148 年前后,正值安娜的侄子曼努埃尔一世统治期间。安娜坦言自己的史料来源大致有三类:个人的回忆、文字材料(包括官方文献、私人书信、前代的史书等)以及通过与当事人交谈得到的信息。拜占庭史学作品中真正仅以一位君主为撰写对象的并不常见,除了安娜的《政事记》,恐怕也只有《君士坦丁一世传》《瓦西里一世传》和塞巴斯提亚的塞奥多利关于瓦西里二世的历史(已佚)等有限的几部了。前两种作品在很大程度上属于人物传记,而安娜的作品更偏向于一部历史,因此从这个角度而言,她的《政事记》在体例上具有开创性。安娜将自己的作品冠以 'Αλεξιάς 之名,意在比附《荷马史诗》之一 'Ιλιάς,然而书中主角阿莱克修斯一世的经历更加接近《荷马史诗》下部的主人公奥德修斯,后者历经千难万险最终得以保全。除了一篇风格不同寻常的前言外,《政事记》共分为 15 卷。全书第 1 卷从阿莱克修斯的早年经历写起,时间可以上溯至大约 1071 年,主要是概述尼基弗鲁斯·布里恩纽斯《历史素材》的内容。余下各卷详细记述了阿莱克修斯一世登基之后的历史,涉及他在位期间的内政外交等各种活动。《政事记》偏重于阿莱克修斯皇帝的军事行动,因此,关于他称帝之前以及统治前期的内容尤为详细。安娜在书中不仅对战争过程有细致的记载,对当时的武器、盔甲、队形和攻城器械等军事活动细节都进行了具体的分析。另外,安娜对帝国境外的事件和其他民族也非常感兴趣,她在书中详尽记述了拜占庭与周边各民族的关系。在众多外族当中,安娜尤为重视诺曼人及其活动,而对于新兴的十字军运动则不是那么关注。

塞萨洛尼基的尤斯塔修斯(Εὐστάθιος Θεσσαλονίκης)是 12 世纪拜占庭的

古典学者、神学家和历史学家，[①]有许多作品流传后世，他的《塞萨洛尼基陷落记》（*Ιστορικόν της Αλώσεως της Θεσσαλονίκης υπό των Νορμανδών*）是关于1185年诺曼人侵占该城的最重要史料。尤斯塔修斯于1115年前后生于君士坦丁堡，他从年幼时便在都城的圣尤菲米娅修道院接受教育，后来又进入牧首学校学习，师从当时的著名学者尼古拉斯·卡塔弗洛隆。尤斯塔修斯曾经先后担任宗教法庭法官的秘书、圣索菲亚教堂执事、牧首学校教师等职务，此后在恩主米哈伊尔三世牧首的保荐下，他被任命为塞萨洛尼基大主教。但是，尤斯塔修斯与当地的神职人员、修士和商人等群体的关系并不十分和谐，尤其与该城军事总督戴维·科穆宁不睦。1185年8月诺曼人进攻塞萨洛尼基之际，戴维出逃。尤斯塔修斯先是被俘，随后被诺曼司令官阿尔都因释放。尤斯塔修斯一直坚守在城内与诺曼人谈判，为当地居民争取利益，直至同年11月诺曼人撤离该城。后来，他曾经一度离职，但是，1193年伊萨克二世皇帝将他官复原职。尤斯塔修斯去世于1195年之后，年龄在80岁上下。尤斯塔修斯的历史作品原名为《关于塞萨洛尼基陷落的报告》（简称《陷落记》），作者在前言中特别突出了“报告”与“历史”的区别，认为前者应该是一名亲历者所写的记录。《陷落记》的导论主要是对戴维·科穆宁无能与背叛的谴责，接下来，作者详细记述了自1180年曼努埃尔一世去世至1185年君士坦丁堡的政治发展。关于诺曼人攻占塞萨洛尼基的内容只占全书不到一半的篇幅，而且作者只写了诺曼人攻占城市，并没有涉及拜占庭人后来收复该城的情况。《陷落记》的史料价值不仅仅在于一名亲历者对1185年事件的记载，更是我们了解拜占庭人与西方人那个时期内不断升级的冲突的重要依据。

---

① 关于尤斯塔修斯的生平及其《陷落记》，可见以下作品：Καρπόζηλος, *Βυζαντινοί Ιστορικοί και Χρονογράφοι*, τόμος Γ′ (11os - 12os αι.), pp. 664 - 690; Hunger, *Βυζαντινή Λογοτεχνία*, τ. Β′, pp. 261 - 265; Treadgold, *The Middle Byzantine Historians*, pp. 416 - 421; Rosenqvist, *Η Βυζαντινή Λογοτεχνία από τον 6° Αιώνα ως την 'Αλωση της Κωνσταντινούπολης*, pp. 176 - 179; *Reading Eustathios of Thessalonike*, ed. F. Pontani, V. Katsaros and V. Sarris, Berlin and Boston: De Grayter, 2017；丁寒冰：《尤斯塔修斯笔下的拜占廷帝国——〈塞萨洛尼基陷落记〉研究》，南开大学博士学位论文2019年；Eustazio di Tessalonica, *La espugnazione di Tessalonica*, ed. S. Kyriakidis, Palermo: Istituto Siciliano di Studi Bizantini e Neoellenici, 1961, TLG, No. 4083004。

约翰·金纳莫斯(Ἰωάννης Κίνναμος)生于1143或1144年,他或许在君士坦丁堡长大成人并接受中级教育的。① 他的姓氏金纳莫斯来源于“肉桂”一词,在历史上曾经有该家族成员担任过高官。金纳莫斯曾经长期担任曼努埃尔一世皇帝的秘书,并且陪同皇帝远征小亚细亚等地。安德罗尼库斯一世篡位之后,金纳莫斯仍然担任旧职。安苴鲁斯王朝建立后,金纳莫斯继续为新君伊萨克二世服务。金纳莫斯于1185年之后去世。金纳莫斯的作品名为《约翰与曼努埃尔功德记》②,大概从曼努埃尔一世去世后不久开始写作。该书记载了从1118年至1176年间的历史,即从约翰二世的统治开始,至曼努埃尔一世的米利奥克法隆战役。由于手稿残缺,《功德记》的末句突然中断,有学者推测,作者原先很有可能完成了曼努埃尔皇帝整个统治时期历史的记载。《功德记》中关于约翰二世的内容非常简略,只占全书总篇幅的1/12,因为,金纳莫斯没有亲身经历这段时期的事件。金纳莫斯记载的真正重点是曼努埃尔一世,书中其余的内容皆是围绕这位帝王展开的叙述,作者尤其突出了曼努埃尔与突厥人、诺曼人、亚美尼亚人、匈牙利人、库曼人和塞尔维亚人的战争,但是金纳莫斯过分夸大了皇帝在战场上的英勇业绩,因此,他的描写有些地方不免令人生疑。

尼基塔斯·侯尼雅迪斯(Νικήτας Χωνιάτης)大约于1156年生于小亚细亚西南部的侯奈,他的名字“侯尼雅迪斯”即来源于这个地名。③ 尼基塔斯的父母在

---

① 关于金纳莫斯的生平及其《功德记》,可见以下作品:Καρπόζηλος, *Βυζαντινοί Ιστορικοί και Χρονογράφοι*, τόμος Γ′ (11os - 12os αι.), pp. 625 - 641; Hunger, *Βυζαντινή Λογοτεχνία*, τ. Β′, pp. 237 - 246; Treadgold, *The Middle Byzantine Historians*, pp. 407 - 416; Rosenqvist, *Η Βυζαντινή Λογοτεχνία από τον 6° Αιώνα ως την 'Αλωση της Κωνσταντινούπολης*, pp. 190 - 191; J. N. Ljubarskij, John Kinnamos as a Writer, in *Πολύπλευρος νούς: Miscellanea für Peter Schreiner zu seinem 60. Geburtstag*, herausgegeben von C. Scholz und G. Makris, Leipzig, München, 2000, pp. 164 - 173; A. Δελέογλου, *Συμβολή στη μελέτη του ιστορικού έργου του Ιωάννου Κιννάμου*, Σέρρες, 2016; Ioannis Cinnami, *Epitome rerum ab Ioanne et Alexio Comnenis Gestarum*, ed. A. Meineke, [Corpus Scriptorum Historiae Byzantinae] Bonn: Weber, 1836, TLG, No. 3020001。

② 希腊语为 *Ἐπιτομὴ τῶν κατορθωμάτων τῷ μακαρίτῃ βασιλεῖ καὶ πορφυρογεννήτῳ κυρίῳ Ἰωάννῃ τῷ Κομνηνῷ καὶ ἀφήγησις τῶν πραχθέντων τῷ ἀοιδίμῳ υἱῷ αὐτοῦ τῷ βασιλεῖ καὶ πορφυρογεννήτῳ κυρίῳ Μανουὴλ τῷ Κομνηνῷ ποιηθεῖσα Ἰωάννῃ βασιλικῷ γραμματικῷ Κιννάμῳ*。

③ 关于侯尼雅迪斯的生平及其《记事》,可见以下作品:Καρπόζηλος, *Βυζαντινοί Ιστορικοί και Χρονογράφοι*, τόμος Γ′ (11os - 12os αι.), pp. 699 - 728; Hunger, *Βυζαντινή Λογοτεχνία*, τ. Β′, pp. 265 - 281; Treadgold, *The Middle Byzantine Historians*, pp. 422 - 456; Rosenqvist, *Η Βυζαντινή Λογοτεχνία από τον 6° Αιώνα ως την 'Αλωση της Κωνσταντινούπολης*, pp. 197 - 201; A. Simpson, *Niketas Choniates: A Historiographical Study*, Oxford: Oxford University Press, 2013; T. Urbainczyk, *Writing About Byzantium:* (转下页)

当地是富裕的地主,他们十分重视子女的教育。尼基塔斯9岁时便被送至首都接受教育,很快便体现出优秀的学习潜质。至20多岁时,尼基塔斯被任命为帕夫拉戈尼亚税收官君士坦丁·佩格尼蒂斯的下属,很快又升任为皇家副官。科穆宁王朝末年,经历了短暂的失势之后,尼基塔斯在安苴鲁斯王朝时期重新成为皇家副官,保荐人仍然是瓦西里·卡马特罗斯。在兄长的建议下,尼基塔斯于30岁左右结婚,新娘是都城新贵贝里萨利奥迪斯家族的女儿。在陪同伊萨克一世出征保加利亚后,尼基塔斯被皇帝提升为国库副总管,后来又被任命为菲利普波利斯省的总督。尼基塔斯在成功应对了弗雷德里克一世率领的第三次十字军过境之后,于1090年返回君士坦丁堡任职,先后担任了驿政大臣副官和帷幕法官。不久之后,伊萨克又擢升尼基塔斯为监督官,后来还赏赐给他"贵族"σεβαστός头衔。1195年初,尼基塔斯开始担任书记长官(λογοθέτης τῶν σεκρέτων),成为文职官员的最高长官。官运虽有起伏,但是,尼基塔斯保持自己的职位直到阿莱克修斯五世皇帝上台。尼基塔斯因为公开反对这位皇帝登基,被新君免去了职务。1204年君士坦丁堡被十字军攻占三天后,尼基塔斯带领家眷,在众多亲友陪伴下离开都城。尼基塔斯和家人在塞林布里亚逗留了两年时间,随后他于1206年7月返回君士坦丁堡参与同拉丁帝国的谈判,但是最终无果。对拉丁人极度失望的尼基塔斯于1207年初离开君士坦丁堡前往尼西亚,但是并没有得到拉斯卡利斯王朝皇帝塞奥多利一世的重用和尊重。正是在尼西亚流亡期间,尼基塔斯完成了《记事》的最终初稿。1217年,尼基塔斯去世于尼西亚,享年60岁余。尼基塔斯的《记事》留下许多版本的手稿,后人今天主要利用的是最终的第四版,该版本最能够体现作者的著史意图和史学理念。《记事》(*Χρονικὴ Διήγησις*)从约翰二世·科穆宁皇帝的统治开始,下限至君士坦丁堡陷落于十字军骑士后一段时期(大约至1207年)。书中囊括了阿莱克修斯一世之后科穆宁王朝的历任君主以及安苴鲁斯王朝的每位统治者,内容涉及12世纪拜占庭帝国的内政外交、社会生活、思想文化诸多方面。此外,《记事》中关于1204年事件的信息,是唯一一份由拜占庭

(接上页)*The History of Niketas Choniates*, London and New York: Routledge, 2018;邹薇:《尼基塔斯·侯尼亚迪斯〈记事〉研究》,南开大学博士学位论文2009年;Nicetae Choniatae, *Historia*, ed. J. van Dieten [Corpus Fontium Historiae Byzantinae 11.1], Berlin: De Gruyter, 1975, TLG, No. 3094001。

亲历者提供的记载,史料价值弥足珍贵。

乔治·阿克罗颇立塔斯(Γεώργιος 'Ακροπολίτης)是13世纪拜占庭帝国的官员、教师和历史学家。[①]“阿克罗颇立塔斯”的意思是“卫城附近的居民”,这里的卫城指的是君士坦丁堡的卫城,其家族的许多成员在11、12世纪曾担任财政和司法官员。阿克罗颇立塔斯于1217年生于君士坦丁堡,接受完初级教育后,他被父母送至尼西亚。他先后跟随塞奥多利·埃克萨普代里戈斯和尼基弗鲁斯·布拉米德学习,并且被约翰三世·瓦塔泽斯皇帝委以官职。1246年,阿克罗颇立塔斯陪同约翰三世皇帝出征,后者还将王位继承人、未来的塞奥多利二世委托给阿克罗颇立塔斯进行教育。1252年,阿克罗颇立塔斯出使伊庇鲁斯君主国,拜见米哈伊尔二世·安苴鲁斯。塞奥多利二世继位后,阿克罗颇立塔斯继续被委以重任,他被封为大总管(μέγας λογοθέτης)。后来,他还曾担任欧洲军队总司令,但是,在1257年伊庇鲁斯的米哈伊尔二世围攻普里拉博斯城之际被俘,至1259年底方才得救。1260年秋天,阿克罗颇立塔斯奉米哈伊尔八世之命出使保加利亚。1261年,拜占庭人收复君士坦丁堡之后,阿克罗颇立塔斯继续得到重用,负责帝国的外交和教育事业。他还曾出使罗马和里昂,并于1274年代表米哈伊尔八世皇帝签署了东西教会联合协议。1282年,阿克罗颇立塔斯奉命前往特拉比宗帝国约翰二世皇帝的宫廷,返回后不久便于该年秋天去世。阿克罗颇立塔斯的《历史》(*Χρονική Συγγραφή*)意在接续尼基塔斯·侯尼雅迪斯的《记事》而作,包含1203至1261年间的历史事件,即从君士坦丁堡被第四次十字军攻陷直至君士坦丁堡光复的历史,是后人了解尼西亚政权—拉斯卡利斯王朝及帕列奥列格王朝初年历史最重要的原始文献。作者在书中所写的内容许多都是他自己亲身经历的事情,因此极具史料价值。但是,阿克罗颇立塔斯曾先后在拉斯卡利斯王朝和帕

---

① 关于阿克罗颇立塔斯的生平及其《历史》,可见以下作品:A. Καρπόζηλος, *Βυζαντινοί Ιστορικοί και Χρονογράφοι*, τόμος Δ′ (13ος – 15ος αι.), Αθήνα, 2015, pp. 32 – 43; Hunger, *Βυζαντινή Λογοτεχνία*, τ. Β′, pp. 282 – 288; Rosenqvist, *Η Βυζαντινή Λογοτεχνία από τον 6ο Αιώνα ως την 'Αλωση της Κωνσταντινούπολης*, pp. 201 – 202; W. Blum, "L'historiographie et le personnage de Georges Acropolites (1217 – 1282)," *Byzantinische Forschungen*, vol. 22(1996), pp. 213 – 220; M. Αυγερινού-Τζιώγα, *Η Χρονική Συγγραφή του Γεωργίου Ακροπολίτη: η αττικιστική διαχείριση ενός γλωσσικού κεφαλαίου*, Θεσσαλονίκη, 2012;孙丽芳:《阿克罗颇立塔斯〈历史〉研究》,南开大学博士学位论文2014年; Georgii Acropolitae, *Opera*, ed. A. Heisenberg, vol. 1. Leipzig: Teubner, 1903, TLG, Nos. 3141002 and 3141003。

列奥列格王朝任职,因此他在书中以后见之明认为,尼西亚政权终将完成光复君士坦丁堡的大业,同时,他对米哈伊尔八世皇帝多有赞扬和辩护,认为此人是正当、合法的皇帝,其使命就是要统治拜占庭帝国。

乔治·帕奇米尔斯(Γεώργιος Παχυμέρης)是13世纪拜占庭的学者、官员和历史学家,他的学问涉及哲学、数学、法律等多个领域。帕奇米尔斯1242年生于尼西亚,并在家乡接受初级教育。① 1261年君士坦丁堡光复后,帕奇米尔斯来到都城,师从乔治·阿克罗颇立塔斯。出师之后,帕奇米尔斯成为一名神职人员,并且于1277年成为"使徒教师"(διδάσκαλλος του απόστολος)。后来,他先后被晋升为君士坦丁堡牧首身边最主要的官员。之后,米哈伊尔八世皇帝又封他为法律监管(Δυκαιοφύλαξ)。帕奇米尔斯一生有大量作品传世,包括哲学著作、诗歌、修辞作品、书信和自传等。因为他的历史作品截止于1308年而后人又没有其他材料佐证,所以一般认为帕奇米尔斯去世于1310年前后。帕奇米尔斯的代表作《历史关系》共13卷,涵盖大约1260至1308年间的历史事件,主要记述米哈伊尔八世和安德罗尼库斯二世两位皇帝在位期间的历史——当然,他只涉及了安德罗尼库斯二世统治的前半时期。《历史关系》的前6卷下限至1261年光复君士坦丁堡,其中的一些内容可以与阿克罗颇立塔斯的《历史》形成印证,后7卷则可以与格里高拉斯的《历史》相互参照。帕奇米尔斯的作品原标题为《当代史》(*Συγγραφικοί Ἱστορίαι*),这在拜占庭史学作品中并不常见;它表明作者有意效仿柏拉图的《斐多篇》(συγγραφικώς *ἐρείν*,102d),以强调自己像一位古代贤哲"作家"一样描述精确、严格。所以可以看出,帕奇米尔斯选择选择这一标题用意十分明显:这部作品是一位"作家"对"当时"各种事件的"准确"叙述。帕奇米尔斯几乎一生都在为教会服务,因而与其他拥有帝王、官员、将领等身份的拜占庭作

① 关于帕奇米尔斯的生平及其《历史关系》,可见以下作品:Καρπόζηλος, *Βυζαντινοί Ιστορικοί και Χρονογράφοι*, τόμος Δ′ (13ος – 15ος αι.), pp. 60 – 78; Hunger, *Βυζαντινή Λογοτεχνία*, τ. Β′, pp. 288 – 297; Rosenqvist, *Η Βυζαντινή Λογοτεχνία από τον 6ο Αιώνα ως την 'Αλωση της Κωνσταντινούπολης*, pp. 217 – 218; S. Lampakis, "Some Considerations on The Historiographical Work of Georgios Pachymeris," *Βυζαντινὰ Σύμμεικτα*, 16 (2003 – 2004), pp. 133 – 138; Σ. Λαμπάκης, *Γεώργιος Παχυμέρης: πρωτεκδικός και δικαιοφύλαξ: Εισαγωγικό δοκιμίο*, Αθήνα, 2004; Georges Pachymérès, *Relations Historiques*, ed. A. Failler and V. Laurent, 2 vols., [Corpus Fontium Historiae Byzantinae 24. 1 – 2] Paris: Les Belles Lettres, 1984, TLG, No. 3142001。

家有所不同,他尤为关注教会事务和宗教纷争,并认为教会斗争是导致帝国分裂的根本原因所在。帕奇米尔斯喜欢使用古典希腊语,然而,他在作品中习惯称自己为“君士坦丁堡人”(Κωνσταντινουπολίτης),而不是更为流行的古代称呼拜占庭人(Βυζάντιος),这显示出他对已沦陷旧都(1204 年事件)的情感以及光复国家的渴望。

约翰·坎塔库震努斯(Ἰωάννης Ϛʹ Καντακουζηνός)是 14 世纪的拜占庭政治家、皇帝和历史学家。① 坎塔库震努斯于 1292 年前后生于君士坦丁堡,其父米哈伊尔曾经担任莫利亚总督,他的母亲塞奥多拉与帕列奥列格和安苴鲁斯两个家族都有血缘关系。坎塔库震努斯在安德罗尼库斯三世和约翰五世两位帝王在位期间担任重臣,一度官至总司令(μέγας δομέστικος)。他最大的成就便是于 1340 至 1341 年间收复了伊庇鲁斯地区,使这个西部省区于 140 多年后重新回归君士坦丁堡中央政府的管辖。后来,在牧首约翰·卡里卡斯和朝廷重臣阿莱克修斯·阿波考库斯的主使下,坎塔库震努斯被剥夺了摄政权(1341 年)。他在色雷斯的狄迪蒙特乔被自己的军队拥立为帝,称约翰六世,但是他仍然承认约翰五世的皇帝地位。1346—1347 年,在内战中取得胜利的约翰六世入主君士坦丁堡,他的共治皇帝身份由此得到确立。约翰六世在位期间,拜占庭帝国的政局日益严峻,约翰皇帝在海军建设、宗教纷争(静默派运动)和对外关系(塞尔维亚人和土耳其人)等领域的努力均未能取得实质性效果。1354 年,他被约翰五世皇帝解除了统治权力。随后,约翰六世隐退至修道院中,以约阿萨菲·赫里斯托笃鲁斯之名继续在政界和教界发挥影响。约阿萨菲(Ιωάσαφ)去世后被安葬于米斯特拉(1383 年)。坎塔库震努斯在修道院中写作完成四卷本的《历史》(*Ιστορία*),该书涉及 1320 至 1356 年间的重大事件,具有浓厚的回忆录色彩。《历史》包括以下主要内

---

① 关于约翰·坎塔库震努斯的生平及其《历史》,可见以下作品:Καρπόζηλος, *Βυζαντινοί Ιστορικοί και Χρονογράφοι*, τόμος Δʹ (13ος - 15ος αι.), pp. 187 - 210; Hunger, *Βυζαντινή Λογοτεχνία*, τ. Βʹ, pp. 312 - 326; Rosenqvist, *Η Βυζαντινή Λογοτεχνία από τον 6ο Αιώνα ως την 'Αλωση της Κωνσταντινούπολης*, pp. 226 - 227; G. Weiss, *Joannes Kantakouzenos-Aristokrat, Staatsmann, Kaiser, und Mönch-in der Gesellschaftsentwicklung von Byzanz im 14. Jahrhundert*, Wiesbaden, 1969; D. M. Nicol, *The Reluctant Emperor : A Biography of John Cantacuzene, Byzantine Emperor and Monk, c. 1295 - 1383*, Cambridge: Cambridge University Press, 1996; Ioannis Cantacuzeni, *Eximperatoris Historiarum libri iv*, ed. L. Schopen, 3 vols., [Corpus Scriptorum Historiae Byzantinae] Bonn: Weber, 1828, 1831, 1832, TLG, No. 3169001。

容:两安德罗尼库斯之战、安德罗尼库斯三世的统治、两约翰之战以及约翰六世自己的统治和最后的退位。坎塔库震努斯的《历史》是我们了解14世纪上半期历史事件最重要的一部历史记载,可以作为格里高拉斯《罗马史》的有益补充。坎塔库震努斯将自己设置为历史事件的中心,其《历史》的主旨就是为自己的行为辩护,认为最后的失败并非人力可为,而是由天意决定的。作者是许多历史事件的亲历者,而且他还广泛利用了大量的档案文献,因此,坎塔库震努斯的《历史》尽管具有明显的主观色彩,但是仍具有极高的史料价值。

尼基弗鲁斯·格里高拉斯(Νικηφόρος Γρηγορᾶς)是13至14世纪拜占庭的天文学家、神学家和历史学家。① 他于13世纪90年代生于小亚细亚的赫拉克利亚—滂提基,后来移居至君士坦丁堡。在其叔赫拉克利亚大主教约翰的监护下,格里高拉斯先后投师于君士坦丁堡牧首约翰·格里基斯和塞奥多利·梅托契特斯等人门下,学习逻辑学、修辞学、哲学和天文学。格里高拉斯曾经在安德罗尼库斯二世和安德罗尼库斯三世两代君主统治期间得到重用,曾经于1326年作为使臣出访塞尔维亚统治者斯特凡·乌罗什三世。但是他的神学观点在1351年的宗教会议上被定为异端,而静默派旗手格里高利·帕拉马斯的观点则被尊奉为正统。格里高拉斯后来成为一名修士,致力于反对帕拉马斯派的斗争。为此,他与约翰·坎塔库震努斯的关系破裂,被禁闭在荷拉修道院中,直至1354年方才获释。格里高拉斯屈辱地度过了余生,大约于1360年左右去世。格里高拉斯的《罗马史》(*Ἱστορία Ρωμαϊκή*)洋洋37大卷,涵盖1204至1359年间的历史,尤其是1315年之后的内容愈加详细,对于1340年代的记述特别详尽。《罗马史》在一定程度上是对帕奇米尔斯《历史关系》的补充和续写,并且可与约翰·坎塔库震努斯的《历史》互为印证。格里高拉斯较为详细地记录了拜占庭帝国在14世纪中叶

① 关于格里高拉斯的生平及其《罗马史》,可见以下作品:Καρπόζηλος, *Βυζαντινοί Ιστορικοί και Χρονογράφοι*, τόμος Δ′ (13os - 15os αι.), pp. 137 - 163; Hunger, *Βυζαντινή Λογοτεχνία*, τ. Β′, pp. 297 - 312; Rosenqvist, *Η Βυζαντινή Λογοτεχνία από τον 6^ο^ Αιώνα ως την 'Αλωση της Κωνσταντινούπολης*, pp. 224 - 226; R. Guilland, *Essai sur Nicéphore Grégoras : l'homme et l'oeuvre*, Paris, 1926; Π. Κ. Βλαχάκος, *Ο βυζαντινός λόγιος Νικηφόρος Γρηγοράς : η προσωπικότητα και το έργο ενός επιστήμονα και διανοουμένου στο Βυζάντιο του 14^ου^ αιώνα*, Θεσσαλονίκη, 2008; Nicephori Gregorae, *Historiae Byzantinae*, ed. L. Schopen and I. Bekker, 3 vols., [Corpus scriptorum historiae Byzantinae] Bonn: Weber, 1829, 1830, 1855, TLG, No. 4145001。

的管理、税收和腐败状况,为我们理解帝国的衰落提供了许多具体的信息。格里高拉斯尤其关注神学争端,他的《罗马史》从第 18 卷中间开始专门探讨帕拉马斯的教义,意在为自己反对静默派运动的宗教立场做辩护。

约翰·卡纳诺斯('Ιωάννης Κανανός)是活跃于 15 世纪上半期的历史学家[①],他的作品 *Διήγησις περὶ τοὺ ἐν Κωνσταντινουπόλει γεγονότος πολέμου* 记载了 1422 年穆拉德二世素丹对君士坦丁堡围攻遭遇的失败。卡纳诺斯首先描述了奥斯曼军队在都城周围的肆虐行为,进而记述奥斯曼人在苏丹和将领米哈伊尔·贝伊的率领下所做的各种攻城的准备,以及随后的战争过程,尤其是城内守军的英勇抵抗。作者将城防保卫战的胜利归结于圣母玛利亚的保佑,但是其他史料显示,穆拉德苏丹在得知小亚细亚爆发起义后选择放弃攻城。卡纳诺斯对攻城事件顺序的记载非常准确,他同时记录了奥斯曼人的围城技术和拜占庭人的防御技术。作者所使用的材料来源不详,所使用的语言较为平实,介乎纯正希腊语(καθαρεύουσα)和白话文之间(δημοτική),目的是适合普通大众读者阅读。

关于历史学家杜卡斯(Δούκας)的生平信息非常零散,大体上都是他自己在其著作中提及的内容。[②] 杜卡斯最早的生平信息是在 1421 年,彼时他在新弗基亚担任热那亚总督的秘书。后来,他又受雇于统治莱斯沃斯岛的(热那亚)伽提露西家族,曾多次奉命出使奥斯曼宫廷。杜卡斯于 1451 至 1452 年间辗转于阿德里安堡和狄迪蒙特乔等地。1455 年,杜卡斯曾经先后两次代表伽提露西家族出使

① 关于卡纳诺斯的生平及其著作,可见以下作品:Καρπόζηλος, *Βυζαντινοί Ιστορικοί και Χρονογράφοι*, τόμος Δ′ (13os – 15os αι.), pp. 236 – 241; Hunger, *Βυζαντινή Λογοτεχνία*, τ. Β′, pp. 335 – 337; M. E. Colonna, Sulla διήγησις di Giovanni Cananos, *Universita di Napoli, Annali della Facoltà di Lettere e Filosofia*, 7 (1957), pp. 151 – 166; E. Pinto, Tecniche belliche e metafore nel *De Constantinopolis Obsidione*, in *Atti del seminario internazionale di studi letteratura scientifica e tecnica Greca e Latina*, ed. P. R. Colace and A. Zumbo, Messina, 2000, pp. 259 – 264; Giovanni Cananos, *L'assedio di Costantinopoli*, ed. E. Pinto, Messina: EDAS, 1977, TLG, No. 3144001。

② 关于杜卡斯的生平及其《历史》,可见以下作品:Καρπόζηλος, *Βυζαντινοί Ιστορικοί και Χρονογράφοι*, τόμος Δ′ (13os – 15os αι.), pp. 270 – 286; Hunger, *Βυζαντινή Λογοτεχνία*, τ. Β′, pp. 345 – 351; Rosenqvist, *Η Βυζαντινή Λογοτεχνία από τον 6° Αιώνα ως την 'Αλωση της Κωνσταντινούπολης*, pp. 249 – 250; N. B. Τωμαδάκης, Δούκας ο ιστορικός της Αλώσεως, εκ του ιδίου του έργου, *Αθηνά*, 54 (1950), pp. 38 – 58; Δ. Μ. Νίκου, *Πηγές και επιδράσεις του ιστορικού έργου του Δούκα*, Θεσσαλονίκη, 2009; Ducas, *Istoria Turco-Bizantina (1341 – 1462)*, ed. V. Grecu, [Scriptores Byzantini 1] Bucharest: Academia Republicae Popularis Romanicae, 1958, TLG, No. 3146001。

奥斯曼帝国。当穆罕默德二世苏丹于 1462 年吞并莱斯沃斯岛时,杜卡斯应该依然健在。但是之后的事情后人无从知晓,杜卡斯很可能去世于该年前后。杜卡斯的《历史》(*Ιστορία*)涵盖 1341 至 1462 年间的历史事件,在一定程度上接续了尼基弗鲁斯·格里高拉斯和约翰·坎塔库震努斯的作品,并且是斯弗兰基斯和乔尔克堪代勒斯历史作品的重要参照和补充。《历史》实际上开始于 1389 年的科索沃战役,终于土耳其人攻占莱斯沃斯岛。杜卡斯提供的资料具有非常重要的史料价值,他精通土耳其语和意大利语,这使他有条件接触多种语言的文献资料,并且能够与征服者和被征服者沟通交流,从而充分获得各方面的信息,洞悉 1453 年之前和之后的各种状况。杜卡斯认为土耳其人攻陷君士坦丁堡是上帝对拜占庭人的惩罚,因为后者犯下了严重的罪行。然而杜卡斯坚信,在帕列奥列格王朝灭亡后不久,奥斯曼人的王朝也会随之覆灭。

乔治·斯弗兰基斯(Γεώργιος Σφραντζής)的生平信息主要保存在他的《简明编年史》中。① 他的母系家族来自莫利亚的麦西尼亚,而父亲一方则居住在利姆诺斯岛上。斯弗兰基斯大约生于 1401 年前后,成长于君士坦丁堡的宫廷之中,年轻时便成为曼努埃尔二世皇帝的随从。成年后,斯弗兰基斯长期辅佐君士坦丁十一世,代表这位皇帝多次出使各国(突厥人国家、塞尔维亚、特拉比宗等)。他于 1432 年被任命为帕特拉地方总督,1446 年担任米斯特拉总督。君士坦丁堡陷落后,他被土耳其人俘虏,获释后继续广泛游历各地,足迹遍及意大利、塞尔维亚等地。斯弗兰基斯最后以一名修道士的身份终老于科孚岛(约 1478 年)。保存至今、归于斯弗兰基斯名下的历史作品有两部:简短的一部称为《简明编年史》(*Chronicon Minus*),篇幅较长的一部称为《长篇编年史》(*Chronicon Maius*)。一般认为,《简明编年史》是斯弗兰基斯真正的作品,它涉及 1413 至 1477 年间的历史,是我们了解最后三位拜占庭君主以及帝国最后半个世纪历程最重要的一份历史

---

① 关于斯弗兰基斯的生平及其历史作品,可见以下作品:Καρπόζηλος, *Βυζαντινοί Ιστορικοί και Χρονογράφοι*, τόμος Δ′ (13ος - 15ος αι.), pp. 571 - 588; Hunger, *Βυζαντινή Λογοτεχνία*, τ. Β′, pp. 351 - 358; Rosenqvist, *Η Βυζαντινή Λογοτεχνία από τον 6ο Αιώνα ως την 'Αλωση της Κωνσταντινούπολης*, pp. 247 - 249; Α. Γ. Κ. Σαββίδης, *Ο βυζαντινός ιστοριογράφος του 15ου αιώνα Γεώργιος Σφραντζής (Φραντζής)*, Αθήνα, 1983; Georgios Sphrantzes, *Memorii 1401 - 1477*, ed. V. Grecu, [Scriptores Byzantini 5] Bucharest: Academie Republicii Socialiste România, 1966, TLG, No. 3143001。

资料。但该作品的内容过于简明扼要,多是一些政治、军事事件的罗列。《简明编年史》以斯弗兰基斯的私人日记为主要依据,因此该书具有强烈的回忆录色彩。作者在书中对穆罕默德二世苏丹的评价比较负面,但并不是完全感情用事。《简明编年史》的语言不再刻板地模仿古典希腊语,而是大量使用15世纪所流行的方言,作者甚至还使用了一些土耳其语和意大利语词汇。《长篇编年史》或许是16世纪的一部作品,作者很可能是莫奈姆瓦夏大主教马卡留斯·梅里塞诺斯(Μακάριος Μελισσηνός),或可称其为"伪斯弗兰基斯"。《长篇编年史》包含了《简明编年史》的几乎全部内容,有少数几处重要的改动和增添。该作品涵盖整个帕列奥列格时代的历史,另有许多关于奥斯曼王朝的插叙内容。

米哈伊尔·克里托布鲁斯(Μιχαήλ Κριτόβουλος)的生平信息非常有限,他的生年不详,大概是在1410年前后。① 1456年,克里托布鲁斯被穆罕默德二世苏丹任命为因布罗斯岛(爱琴海北部)总督。1466年威尼斯人占领该岛后,他逃往君士坦丁堡。此后不久(1470年前后),克里托布鲁斯去世。他的《历史》(*Ξυγγραφή Ιστοριών/Η ζωή του Μωάμεθ Β'*)共分为5卷,涉及1451至1467年间的历史,关注的重点是土耳其人的历史。克里托布鲁斯与穆罕默德二世苏丹的关系比较密切,作者也将《历史》献给这位苏丹,因此在书中不乏对其美化之词。但是克里托布鲁斯只写了穆罕默德二世在位前17年的内容,或许是因为作者去世致使写作中断。他一边赞扬苏丹的文治武功,同时又哀悼君士坦丁堡的陷落和希腊人国家的灭亡。他的《历史》为后人了解土耳其人在君士坦丁堡统治初年的情况提供了最为珍贵的一手资料,人们借此得以知晓土耳其人重建城市和补充人口的情况。克里托布鲁斯喜欢使用古代术语来指称现在,如他将阿尔巴尼亚人称作伊利里亚人,将塞尔维亚人称

① 关于克里托布鲁斯的生平及其《历史》,可见以下作品:Καρπόζηλος, *Βυζαντινοί Ιστορικοί και Χρονογράφοι*, τόμος Δ' (13os - 15os αι.), pp. 315 - 327; Hunger, *Βυζαντινή Λογοτεχνία*, τ. Β', pp. 358 - 364; Rosenqvist, *Η Βυζαντινή Λογοτεχνία από τον 6º Αιώνα ως την 'Αλωση της Κωνσταντινούπολης*, pp. 250 - 253; D. R. Reinsch, "Kritobulos of Imbros: Learned Historian, Ottoman Raya and Byzantine Patriot," *Zbornik Radova Vizantološkog Instituta*, vol. 40(2003), pp. 297 - 311; Σ. 'Ημελλος, Θεοσημίες προ της αλώσεως της Κωνσταντινουπόλεως υπό των Τούρκων κατά τον ιστορικόν Κριτόβουλον, *Επετηρίς Εταιρείας Βυζαντινών Σπουδών*, vol. 52(2004 - 2006), pp. 447 - 478; H. Koski, "Assessing the Historian Michael Kritovoulus as a Historical Figure through Analysis of Michael Kritovoulus' History of Mehmed the Conqueror," *International Journal of Arts & Sciences*, 6/2(2013), pp. 1 - 18; Critobuli Imbriotae, *Historiae*, ed. D. R. Reinsch, [Corpus fontium historiae Byzantinae 22] Berlin: De Gruyter, 1983, tlg, No. 3147004。

作特里巴利人,而且他从来不用“土耳其人”这个词,而是将他们称为“阿拉伯人和波斯人”。一些现代希腊历史学家对克里托布鲁斯进行了诋毁与谩骂,因为他对希腊人的敌人穆罕默德二世进行了正面的歌颂。然而,作为中立的研究者,专家们需要进一步对克里托布鲁斯的《历史》做出审慎且客观的评价。

劳尼科斯·乔尔克堪代勒斯(Λαόνικος Χαλκοκονδύλης)的生平信息非常零散。[①] 他生于1430年前后的雅典,他的家庭属于当地的显赫之家,但是后来因为政局变化遭到驱逐。乔尔克堪代勒斯一家后来辗转至米斯特拉,劳尼科斯的父亲乔治曾经代表当时的莫利亚君主君士坦丁·帕列奥列格出使穆拉德二世苏丹。劳尼科斯在米斯特拉接受了大学者乔治·杰米斯塔斯·普里松的教育,后者对他的影响深远而持久。关于劳尼科斯1447年之后的情况后人们没有任何确凿的证据。他去世的时间纯属推断,有1470年和1490年等不同意见。劳尼科斯的著作《历史证据》(*Ἀποδείξεις Ἱστοριῶν*)共分为5卷,一般认为其内容涵盖1298至1463年间的历史,其中1421年之后的内容尤为详尽,具有不可替代的史料价值。《历史证据》的开篇首先追溯了希腊人和土耳其人的早期历史,随后重点记述了14世纪以后的历史事件,全书结束于穆罕默德二世苏丹统治的第12年。劳尼科斯虽然是希腊人,歌颂希腊语言并且怀揣着光复希腊人国家的梦想,但是他在书中将土耳其人的历史作为写作的重点,希腊历史只是作为背景和陪衬。这不禁令后人联想到希罗多德在《历史》中的处理方式,他将波斯人的历史置于其历史叙述的核心位置。同时,劳尼科斯在书中使用了许多演说和阿提卡词汇,这很可能是受到了修昔底德的影响。劳尼科斯在《历史证据》中有大量关于其他民族和国家的插叙内容,涉及的人群包括穆斯林、日耳曼人、罗斯人、南斯拉夫各民族和西

---

① 关于乔尔克堪代勒斯的生平及其《历史证据》,可见以下作品:Καρπόζηλος, *Βυζαντινοί Ιστορικοί και Χρονογράφοι*, τόμος Δ′ (13os - 15os αι.), pp. 348 - 364; Hunger, *Βυζαντινή Λογοτεχνία*, τ. Β′, pp. 339 - 345; Rosenqvist, *Η Βυζαντινή Λογοτεχνία από τον 6ο Αιώνα ως την 'Αλωση της Κωνσταντινούπολης*, pp. 252 - 254; W. Miller, “The Last Athenian Historian: Laonikos Chalkokondyles,” *The Journal of Hellenic Studies*, vol. 42(1922), pp. 36 - 49; A. Kaldellis, *A New Herodotos: Laonikos Chalkokondyles on the Ottoman Empire, the Fall of Byzantium, and the Emergence of the West*, Washington, D. C.: Dumbarton Oaks Research Library and Collection, 2014;金志高:《劳尼库斯〈精粹历史〉研究》,南开大学博士学位论文2019年; Laonici Chalcocandylae, *Historiarum Demonstrationes*, ed. E. Darkó, 2 vols., Budapest: Academia Litterarum Hungarica, 1922, 1923, 1927, TLG, No. 3139001。

班牙人等。劳尼科斯与杜卡斯、斯弗兰基斯被后世并成为“衰亡三史家”。

晚期拜占庭的叙述体史学作品大体呈现出一种救亡图存的味道,许多拜占庭史家希望通过撰写前代或是当代历史来寻找帝国昔日的繁荣和个中缘由,借以为当时亟需的复兴找到合理的出路,这一特征尤其鲜明地体现在“衰亡三史家”的作品当中。与此同时,虽然在政治、外交等领域昔日强大的拜占庭帝国已经沦为欧洲二等国家,但是在其末代王朝帕莱奥洛格王朝却兴起了一场轰轰烈烈的文化复兴运动,因此在末代拜占庭史学作品中充斥着强烈的人文主义因素,这些因素当然是对前代马其顿文艺复兴人文精神的继承和发扬,并且为日后意大利的文艺复兴运动提供了重要的文化养分,为人文主义史学的萌生提供了有益的借鉴。

二 编年史体例的式微

这个时期拜占庭编年史作品并不多见,而且鲜有高质量的作品出现,多为对前代作品的摘抄、汇编,因而史料价值普遍不高。这些作品中最有价值的信息,或许就是各位编年史家关于他们各自所处时代的记录以及对当时历史事件或人物的品评了。晚期拜占庭的编年史作品按照创作方法又可以细分为几个类型:一是传统的编年史,如斯库塔里欧忒斯、卓伊尔、以法莲等;二是亲西方的编年史,与希腊编年史撰写传统有一定的背离;三是地方史。①

约翰·仲纳拉斯('Ιωάννης Ζωνᾶρᾶς)是12世纪的拜占庭神学家和编年史作家,②关于他的生平经历我们了解的不多,只知道他早年曾在拜占庭宫廷担任

---

① 关于地方史作品,我们将在第三部分单独论述。

② 关于仲纳拉斯的生平及其《历史精粹》,可见以下作品:Καρπόζηλος, *Βυζαντινοί Ιστορικοί και Χρονογράφοι*, τόμος Γ′ (11os - 12os αι.), pp. 465 - 489; Hunger, *Βυζαντινή Λογοτεχνία*, τ. Β′, pp. 283 - 288; Treadgold, *The Middle Byzantine Historians*, pp. 388 - 399; Rosenqvist, *Η Βυζαντινή Λογοτεχνία από τον 6° Αιώνα ως την 'Αλωση της Κωνσταντινούπολης*, pp. 185 - 187; I. Grigoriadis, *Linguistic and Literary Studies in the Epitome Historion of John Zonaras*, Θεσσαλονίκη, 1998; C. Mallan, “The Historian John Zonaras: Some Observations on His Sources and Methods,” *Les historiens grecs et romains : entre sources et modèles*, ed. O. Devillers and B. Sebastiani, Bordeaux, 2018, pp. 353 - 366; Ioannis Zonarae, *Epitome Historiarum*, ed. L. Dindorf, 3 vols., Leipzig: Teubner, 1868, 1869, 1870, TLG, Nos. 3135001 and 3135003; Ioannis Zonarae, *Epitomae Historiarum*, libri xviii, ed. T. Büttner-Wobst, vol. 3, [Corpus scriptorum historiae Byzantinae] Bonn: Weber, 1897, TLG, No. 3135002。

高官,后来隐退至马尔马拉海上小岛圣格里切里亚,成了一名修士。在众多朋友的要求下,左纳拉斯在修道院中撰写了《历史精粹》(*Ἐπιτομὴ Ἱστοριῶν*)一书,完成的时间大致在1145年前后。《历史精粹》从创世开始,下限至1118年前后,即阿莱克修斯一世皇帝去世。书中的很多内容是对前代作品的摘录,最具价值的部分无疑当属作者对亲身经历事件的记述。他关于阿莱克修斯一世的记载和评价与安娜·科穆宁娜的《政事记》大相径庭,他对这位君主呈现出明确的批判立场,这一新的视角有助于我们更加全面地认识阿莱克修斯皇帝及其时代。《历史精粹》虽然在形式上属于编年史作品,但是却与拜占廷编年史的写作传统有很大的区别,它使用古典希腊语进行写作,而且十分关注世俗事件,该书甚至可以被视作是一部对各种叙述体历史的摘抄和汇编,从这个层面讲,该书对于我们复原、认知已经丢失的各种古代文献大有益处。

君士坦丁·马纳赛斯(Κωνσταντῖνος Μανασσῆς)是12世纪的历史学家,活跃于曼努埃尔一世皇帝(1140—1183年在位)时期。[①] 马纳赛斯受到伊琳尼·科穆宁娜的鼓励和资助,撰写了一部名为《编年史概要》(*Σύνοψις ιστοριών*)的作品,内容涉及自创世直至1081年间的史事。该书用非常简单的15音节的韵文写成,共计7 000多行。作者使用的主要资料来自塞奥法尼斯、乔治·凯德利诺斯、约翰·仲纳拉斯等前代历史学家的作品。作者在书中囊括了大量圣经传说,以及古代埃及、亚述、巴比伦和波斯等地的历史。这部《编年史概要》在14世纪时曾经被改写成散文体,并且被翻译成保加利亚语等文字,足见其流行和受到欢迎的程度。

米哈伊尔·格里卡斯(Μιχαὴλ Γλυκᾶς)是12世纪的历史学家、神学家、数学

① 关于君士坦丁·马纳赛斯及其《编年史概要》,可见以下作品:Καρπόζηλος, *Βυζαντινοί Ιστορικοί και Χρονογράφοι*, τόμος Γ′ (11os – 12os αι.), pp. 535 – 553; Hunger, *Βυζαντινή Λογοτεχνία*, τ. Β′, pp. 250 – 254; O. Lampsidis, Zur Biographie von Konstantin Manasses und seiner Chronik Synopsis in *Byzantion*, 58 (1988), pp. 97 – 111; M. Αυγερινού-Τζιώγα, *Η Σύνοψις Χρονική του Κωνσταντίνου Μανασσή : συμβολή στην υφολογική μελέτη μιας έμμετρης Χρονογραφίας*, Θεσσαλονίκη, 2013; Constantini Manassis, *Breviarium Historiae Metricum*, ed. I. Bekker, [Corpus scriptorum historiae Byzantinae] Bonn: Weber, 1837, TLG, No. 3074001。

家、天文学家和诗人。[①] 格里卡斯的家乡可能是科孚岛,后来他在君士坦丁堡生活。他曾经于曼努埃尔一世皇帝在位期间担任过皇家秘书一职,但是,后来因卷入宫廷斗争而获罪并入狱。有学者认为格里卡斯与1200年被斥为异端的米哈伊尔·斯基底迪斯是同一个人。格里卡斯最重要的一部作品是《编年史》(*Βίβλος Χρονική*),内容从创世直至阿莱克修斯一世皇帝去世(1118年)。他所使用的资料主要包括修士乔治、约翰·斯基利齐斯、约翰·仲纳拉斯等人的作品。格里卡斯在书中并没有提供什么新的历史信息,但是作者表现出对科穆宁王朝强烈的批判态度,尤其是对阿莱克修斯一世和曼努埃尔一世两位皇帝。格里卡斯的《编年史》呈现出浓厚的神学色彩,作者在第一卷中详尽阐释了上帝创世问题,并且还广泛论及宇宙学、天文学、自然史和动物学等方面的问题,在其他各卷中也随处可见关于占星术、各种神学争论或者历次基督教大公会议的记载和讨论。

塞奥多利·斯库塔里欧忒斯(Θεόδωρος Σκουταριώτης)大约生于1230年,[②]曾经担任陈情官(ἐπὶ τῶν δεήσεων)和执事官等职,后来被米哈伊尔八世皇帝任命为大法官(δικαιοφύλαξ)。斯库塔里欧忒斯曾经于1277至1283年间担任基齐库斯主教,但是由于他支持东、西教会联合而被安德罗尼库斯二世皇帝罢免。他还曾于1277年代表米哈伊尔八世皇帝出使罗马,面见教宗。斯库塔里欧忒斯最主要的历史作品是《编年史概要》(*Σύνοψις Χρονική*),涉及自亚当直至1261年间的历史事件。其中从开始直到尼基弗鲁斯三世·博塔尼埃蒂兹的部分十分简

---

① 关于米哈伊尔·格里卡斯及其《编年史》,可见以下作品:Καρπόζηλος, *Βυζαντινοί Ιστορικοί και Χρονογράφοι*, τόμος Γ′ (11ος - 12ος αι.), pp. 585 - 603; Hunger, *Βυζαντινή Λογοτεχνία*, τ. Β′, pp. 255 - 261; H. Eideneier, "Zur Sprache des Michael Glykas," *Byzantinische Zeitschrift*, vol. 61 (1968), pp. 5 - 9; Michaelis Glycae, *Annales*, ed. I. Bekker, [Corpus Scriptorum Historiae Byzantinae] Bonn: Weber, 1836, TLG, No. 3047。

② 关于塞奥多利·斯库塔里欧忒斯及其著作,可见以下作品:Καρπόζηλος, *Βυζαντινοί Ιστορικοί και Χρονογράφοι*, τόμος Δ′ (13ος - 15ος αι.), pp. 413 - 431; Hunger, *Βυζαντινή Λογοτεχνία*, τ. Β′, pp. 328 - 329; A. Γ. Κ. Σαββίδης, Σημείωμα για τον βυζαντινό Χρονικογράφο του 13ου αι. Θεόδωρο Σκουταριώτη και την Σύνοψη Χρονική, *Βυζαντιακά*, 26 (2007), pp. 221 - 231; K. Zafeiris, "The Issue of the Authorship of the Synopsis Chronike and Theodore Skoutariotes," *Revue des études Byzantines*, 69/1 (2011), pp. 253 - 263; *Georgii Acropolitae Opera*, ed. A. Heisenberg, vol. 1. Leipzig: Teubner, 1903 (repr. Stuttgart: 1978 (1st edn. corr. P. Wirth)), TLG, No. 3157001。

略，从阿莱克修斯一世起直至米哈伊尔八世收复君士坦丁堡，这部分内容则比较详尽；关于这段内容，作者在书中大量使用了尼基塔斯·侯尼雅迪斯和乔治·阿克罗颇立塔斯的作品；另外作者补充了一些新的资料，这些内容也成为该书最有价值的部分。

卓伊尔（'Ιωήλ）是《编年史概要》的作者，①该书从创世写至1204年，另有一部分续写的内容延续至1258年。从其内容上判断，该书很可能完成于1261年拜占庭人收复君士坦丁堡之前。该书基本上是一份包括巴比伦、波斯、马其顿、塞琉古以及罗马和拜占庭统治者在内的清单，记载了这些君主的统治时间和死亡原因等，自尤利乌斯·恺撒以降则按照罗马皇帝的顺序排列。书中关于阿莱克修斯一世统治的内容极为简略，作者列举了科穆宁王朝末年和安苴鲁斯王朝的权力斗争与皇位更迭情况，并借此指出1204年十字军攻陷君士坦丁堡正是上帝对拜占庭人无"义"行为的惩罚。作者明显使用了修士乔治、约翰·斯基利齐斯及其续编、乔治·凯德利诺斯等前代人作品。

以法莲（'Εφραίμ）是13—14世纪的编年史家，来自色雷斯的阿伊诺斯（Αἶνος）。② 他的《编年史》用12音节诗体写成，共计9 588行，涵盖从盖乌斯·卡里古拉至1261年间的历史。该书记载的重点是皇家世俗事务的历史，关于早期的统治者，作者更多关注他们的性格，从戴克里先至尼基弗鲁斯三世则变得愈加详细，进入13世纪以后的内容最为详尽。以法莲广泛使用了前代历史学家如约翰·仲纳拉斯、尼基塔斯·侯尼雅迪斯和乔治·阿克罗颇立塔斯

---

① 关于卓伊尔及其著作，可见以下作品：Καρπόζηλος, *Βυζαντινοί Ιστορικοί και Χρονογράφοι*, τόμος Δ′ (13ος – 15ος αι.), pp. 438 – 442; Hunger, *Βυζαντινή Λογοτεχνία*, τ. Β′, pp. 326 – 327; O. Mazal, "Überlieferung der Chronik des Joel," *Jahrbuch der Österreichischen Byzantinischen Gesellschaft*, vol. 16(1967), pp. 127 – 131; E. Θ. Τσολάκης, Η Χειρόγραφη παράδοση του Χρονογραφικού έργου του Ιωήλ, *Βυζαντινά*, vol. 8(1976), pp. 449 – 461; Ioelis, *Chronographia Compendiaria*, ed. I. Bekker, [Corpus Scriptorum Historiae Byzantinae] Bonn: Weber, 1836, TLG, No. 3140001。

② 关于以法莲及其《编年史》，可见以下作品：Καρπόζηλος, *Βυζαντινοί Ιστορικοί και Χρονογράφοι*, τόμος Δ′ (13ος – 15ος αι.), pp. 445 – 448; Hunger, *Βυζαντινή Λογοτεχνία*, τ. Β′, pp. 329 – 332; O. Lampsidis, *Beiträge zum byzantinischen Chronisten Ephraem und zu seiner Chronik*, Athens: I. Kollaros, 1971; O. Λαμψίδης, O κλασσικισμός και αι λαϊκαί τάσεις εις την Χρονογραφίαν του Εφραίμ, *Βυζαντινά*, vol. 9 (1978), pp. 117 – 121; M. Γ. Βαρβούνης, Εφραίμ του Αινίου τα Λαογραφικά, *Θρακική Επετηρίδα*, vol. 10(1995 – 1998), pp. 1 – 50. Ephraemius, *Chronicon*, ed. I. Bekker, [Corpus Scriptorum Historiae Byzantinae] Bonn: Weber, 1840, TLG, No. 3170001。

等人的作品。

晚期拜占庭的编年史作品较以往相比有了一定的变化,甚至可以说是一种突破。无论是史学思想、创作体例抑或写作目的,均发生了很大程度的改变。在尤西比乌斯时代奠定的从创世开始记录的传统形式之外,在帝国的最后几个世纪里出现了一些新的编年史模式,这些作品在内容、语言以及目标对象等方面都和之前的编年史作品展现出不一样的风貌。与此同时,在一些亲西方编年史中,我们还可以强烈感受到宣传元素的存在。

三 地方史的流行

在拜占庭帝国晚期,一度出现了大量的地方史作品,这些作品分散在塞萨洛尼基、伊庇鲁斯、特拉比宗以及塞浦路斯等拜占庭各地(或是曾经的属地)。与以往的历史作品相比较,这些地方史作品打破了昔日多以君士坦丁堡为中心的叙述格局,为我们了解帝国晚期的政治生活、对外关系以及希腊人的身份认同等问题提供了极为重要的参考。然而长期以来,国内外学界对这些历史作品的重视程度不够,关于它们的研究也有待进一步深入。这些地方史作品在创作方法上多采用编年史体例进行写作,但是我们在这里还是将它们单独划分出来加以论述。

米哈伊尔·帕纳雷托斯(Μιχαήλ Πανάρετος,约 1320—约 1390 年)曾在阿莱克修斯三世·大科穆宁(Αλέξιος Γ′ Μέγας Κομνηνός,1349—1390 年在位)的特拉比宗宫廷任职,担任过"首尊贵族"(πρωτοσ έβαστος)和"大总管"(πρωτονοτάριος)等职衔。① 帕纳莱托斯曾经两次造访君士坦丁堡(1363 年和 1368 年),其中一次显然是为了促成阿莱克修斯三世的女儿与约翰五世皇帝的儿

① 关于帕纳雷托斯及其著作,可见以下作品:Καρπόζηλος, *Βυζαντινοί Ιστορικοί και Χρονογράφοι*, τόμος Δ′ (13ος - 15ος αι.), pp. 503 - 514; Hunger, *Βυζαντινή Λογοτεχνία*, τ. Β′, pp. 332 - 333; N. A. Οικονομίδης, Αι Χρονολογίαι εις το Χρονικόν Μιχαήλ του Παναρέτου, *Νέον Αθήναιον*, vol. 2(1957), pp. 71 - 86; A. Asp-Talwar, "The Chronicle of Michael Panaretos," in *Byzantium's Other Empire : Trebizond*, ed. A. Eastmond, Istanbul, 2016, pp. 173 - 185; S. Kennedy, "Michael Panaretos in context: A historiographical study of the chronicle on the emperors of Trebizond," *Byzantinische Zeitschrift*, 112/3(2019), pp. 899 - 934。

子的婚事。此外，他还曾经陪同阿莱克修斯三世数次出征。帕纳雷托斯的作品全名为《关于大科穆宁家族的特拉比宗皇帝，他们如何、何时以及统治了多久》①。该书是关于特拉比宗帝国于1204—1390年间的一部简要历史，其中作者亲身经历的1340—1390年间的内容尤其详细。全书内容可以分成三个部分：1—15段涉及阿莱克修斯三世之前的历史事件，16—54段记载阿莱克修斯的统治，55—57段是一个简短的续写，谈及阿莱克修斯继任者的统治。该书所用的语言不同于常见的希腊语历史作品，它是用15世纪流行于特拉比宗地区的滂提基希腊语写成的。这部《编年史》是关于特拉比宗帝国的几乎唯一一部历史叙述材料，作者尤其关注公关生活方面的内容，如婚礼、葬礼、军事行动等。帕纳莱托斯对统治者之间的亲属关系也作出说明，他关于这些君主上台、去世等方面的信息十分精确。另外，《编年史》还简要记载了14世纪之后黑海地区的外交和军事活动、瘟疫、民众的政治活动以及土耳其人的扩张等内容。当然，该书是从一个拜占庭人的视角记载了早期奥斯曼土耳其人的历史。帕纳雷托斯在书中使用"罗马人"或"基督徒"来指称自己的同胞，而从来不用"希腊人"。

《莫利亚编年史》（*Το Χρονικόν του Μορέως*）是一部14世纪的历史作品，有希腊语、法语、意大利语和阿拉贡语四个版本流传于世。② 其中，希腊语和意大利语个版本文献的内容时间下限截止至1292年，法语版的下限时间是1333年，而阿拉贡语版的时间跨度则是从1200至1377年。在这些流传下来、多种语言的手稿当中，我们无法确知这部作品最初是用哪种语言撰写的。该书记载了自第一次十字军以来直至1292年前后法兰克人在伯罗奔尼撒半岛建立统治的情况，是我们了解莫利亚公国十分重要的历史资料。该书涉及十字军运动的起源以及第四

① 希腊语 *Περί των της Τραπεζούντος βασιλέων των Μεγάλων Κομνηνών όπως και πότε και πόσον έκαστος εβασίλευσαν*。

② 关于《莫利亚编年史》，可见以下作品：Καρπόζηλος, *Βυζαντινοί Ιστορικοί και Χρονογράφοι*, τόμος Δ′ (13ος – 15ος αι.), pp. 461 – 467; H.-G. Beck, *Ιστορία της Βυζαντινής Δημώδους Λογοτεχνίας*, Μτφρ. N. Eideneier, Αθήνα, 1993, p. 249 – 252; D. Jacoby, Quelques considérations sur les versions de la "Chronique de Morée," *Journal des savants*, 3/1 (1968), pp. 133 – 189; M. J. Jeffreys, "The Chronicle of the Morea: Priority of the Greek Version," *Byzantinische Zeitschrift*, vol. 68(1975), pp. 304 – 350; T. Shawcross, *The Chronicle of Morea: Historiography in Crusader Greece*, Oxford and New York: Oxford University Press, 2009.

次十字军攻占君士坦丁堡等事件，主要内容则是关于十字军攻占伯罗奔尼撒半岛、莫利亚君主国的建立以及杰弗里一世·德·维拉杜安(1209/1210—1229年在位)及其继任者(至伊莎贝尔·德·维拉杜安)的统治。书中保存了大量关于宫廷活动、军事外交以及当地封建制度等方面的信息。该书作者(们)的身份不详，但很有可能是拜占庭与西欧人的混血后代(γασμοπλοι)，他(们)的立场是亲西欧人的，对拜占庭和东正教不时流露出强烈的偏见。该书使用希腊语方言进行写作，因而被视作现代希腊语的开端，在语言学方面具有划时代意义。

《约阿尼纳编年史》(*Το Χρονικόν των Ιωαννίνων*)是一部15世纪的编年史作品，大约成书于1440年代。① 该书作者不详，它记录了伊庇鲁斯在14世纪中30余年的历史，集中关注托马斯·普利柳波维奇(1366/1367—1384年在位)、其遗孀玛丽亚·安吉丽娜以及她的第二任丈夫以扫·布昂代尔蒙蒂在约阿尼纳的统治。作者将托马斯描写成一个残忍、专治的统治者，玛丽亚则被刻画成一位虔诚且极富美德的女性。书中还记载了塞尔维亚人和阿尔巴尼亚人在伊庇鲁斯地区定居的状况。

《托科编年史》(*Το Χρονικό των Τόκκων*)是一部匿名作家的作品，②主要记载了托科家族、尤其是卡洛一世·托科在伊庇鲁斯专治君主国的统治，以及卡洛在莫利亚地区的征服活动，涵盖大约1375—1422年间的史事。该书使用中世纪希腊语方言写成，以15音节的无韵诗呈现。同时使用了一些意大利语词汇和习语；但是书中有许多拼写错误，显示出作者的文化水平并不算高。除了一般的政治史内容以外，《托科编年史》还记录了伊庇鲁斯地区的封建结构和社会

---

① 关于《约阿尼纳编年史》，可见以下作品：Καρπόζηλος, *Βυζαντινοί Ιστορικοί και Χρονογράφοι*, τόμος Δ' (13ος - 15ος αι.), pp. 524 - 532; Hunger, *Βυζαντινή Λογοτεχνία*, τ. Β', pp. 333 - 334; L. Maksimović, Το Χρονικόν των Ιωαννίνων ως ιστορική πηγή, in *Πρακτικά Διεθνούς Συμποσίου για το Δεσποτάτο της Ηπείρου ('Αρτα 27 - 31 Μαΐου 1990)*, 'Αρτα, 1992, pp. 53 - 62。

② 关于《托科编年史》，可见以下作品：Καρπόζηλος, *Βυζαντινοί Ιστορικοί και Χρονογράφοι*, τόμος Δ' (13ος - 15ος αι.), pp. 485 - 492; Beck, *Ιστορία της Βυζαντινής Δημώδους Λογοτεχνίας*, p. 253; G. Schirò, *Το Χρονικόν των Τόκκων. Τα Ιωάννινα κατά τας αρχάς του ΙΕ' αιώνος*, Ιωάννινα, 1965; A. Kazhdan, "Some Notes on the Chronicle of the Tocco," *Bisanzio e l'Italia. Raccolta di studi in memoria di Agnostino Pertusi*, Milan: Vitae Pensiero, 1982, pp. 169 - 172; Θ. Σανσαρίδου-Hendrickx, *Το Χρονικόν των Τόκκων: 'Ελληνες, Ιταλοί, Αλβανοί και Τούρκοι στο Δεσποτάτο της Ηπείρου (14ος— 15ος αι.): η κοσμοθεωρία του αγνώστου συγγραφέα*, Θεσσαλονίκη, 2008。

经济问题。作者赞扬约阿尼纳和希腊人,批评阿尔塔和阿尔巴尼亚人,流露出一种希腊民族主义的立场。

利奥提乌斯·马凯拉斯(Λεόντιος Μαχαιράς,约1380—1432年之后)是塞浦路斯的编年史作家。[①] 他出身富庶而且受过良好的教育,曾经担任过贵族约翰·德-诺里的秘书,后来又为雅努斯国王效力.据记载,马凯拉斯曾于1432年代表约翰二世国王出使小亚细亚.马凯拉斯的作品共6卷[②],第1卷是关于君士坦丁一世皇帝时期的教会简史,开始于圣海伦娜造访塞浦路斯;第2、3卷内容最长、最为翔实,记载彼得一世·鲁西南(1359—1369年在位)和彼得二世(1369—1382年在位)两位君主的统治;最后3卷涵盖詹姆士一世(1382—1398年在位)、雅努斯(1432—1458年在位)和约翰二世(1432—1458年在位)三位君主,时间下限至1432年前后。马凯拉斯所用的材料非常广泛,包括西方和希腊文献、口传资料以及个人回忆等。作者的观点代表爱国的东正教塞浦路斯人的立场,他尊崇鲁西南统治者和罗马教宗,鄙视热那亚人。该书用塞浦路斯希腊语写成,同时还有许多拉丁语、法语和意大利语等外来词汇。尽管如此,马凯拉斯在一些地方还是因循了拜占庭的历史写作传统,如他坚持用"皇帝"(βασιλεύς)来指称君士坦丁堡的拜占庭皇帝,而将塞浦路斯诸王称作"王"(regas来自拉丁语rex)。

约翰·阿纳格诺斯特斯('Ιωάννης 'Αναγνώστης)是15世纪的拜占庭作家,生平信息不详,其名'Αναγνώστης(诵经者)表明他或许曾经担任过神职。阿纳格诺斯特斯亲身经历了1430年3月29日土耳其人攻占塞萨洛尼基城,他在其著作《塞萨洛尼基最终陷落记》(*Διήγησις περὶ τῆς τελευταίας αλώσεως τῆς*

---

① 关于马凯拉斯及其著作,可见以下作品:L. Neville, *Guide to Byzantine Historical Writing*, pp. 289 – 292; R. M. Dawkins, *The Nature of the Cypriot Chronicle of Leontios Makhairas*, Oxford: Clarendon Press, 1945; C. Galatariotou, "Leontios Machairas' Exegesis of the Sweet Land of Cyprus: Towards a Re-Appraisal of the Text and Its Critics," *The Sweet Land of Cyprus : Papers given at the twenty-fifth Jubilee Spring Symposium of Byzantine Studies, Birmingham, March 1991*, ed. A. Bryer and G. S. Georghallides, Nicosia: Cyprus Research Centre, 1993, pp. 393 – 413; N. Anaxagorou, *Narrative and Stylistic Structures in the Chronicle of Leontios Machairas*, Nicosia: A. G. Leventis Foundatia, 1998; I. Τζίφα, *Ηγεμονικό πρότυπο και αντιπρότυπο στο έργο Εξήγησις της γλυκείας Χώρας Κύπρου, η οποία λέγεται Κρόνακα τουτέστιν Χρονικ(όν) του Λεοντίου Μαχαιρά*, Αθήνα, 2013.

② 希腊语 *Εξήγησις της γλυκείας Χώρας Κύπρου, η ποία λέγεται Κρόνηκα τουτέστιν Χρονικόν*。

Θεσσαλονίκης)中详细记载了这一过程以及城市陷落后的情况。① 先前占据该城的威尼斯人最终撤离,土耳其人永久占领了这种城市。《陷落记》开篇先是描绘了塞萨洛尼基城市的美,进而记述这座城市在威尼斯人的统治下所遭到的破坏,后面的内容就是关于城市居民如何抵抗土耳其人的入侵,以及威尼斯贵族弃城逃走等。在土耳其人一阵烧杀抢掠之后,穆拉德二世苏丹下令重建城市。但是后来,穆拉德又改变了政策,他开始没收财产,摧毁教堂和修道院,同时让大量的土耳其人进城定居。该书以文学语言写就,但是风格简单直白,书中的许多细节十分精确。

上述几部地方史作品是晚期拜占庭史学发展的一大特色,这些作品在形式上多采用编年史体例,它们的作者身份各异,尽管大多使用希腊语进行写作,但是他们所持的政见和民族立场却不尽相同。这些地方史作品的出现,深刻反映了晚期拜占庭世界支离破碎的政治格局,同时也是拜占庭文明与地中海世界其他文明交融的例证。

四 其他历史写作体例

在拜占庭帝国晚期还诞生了两部其他体裁的历史作品,具体来说,是一部教会史和一部个人回忆录,由于归类不便,因而在此处分别论述。

尼基弗鲁斯·卡利斯托斯·克桑索普洛斯(Νικηφόρος Κάλλιστος Ξανθόπουλος,约1256—1335年)是最后一位拜占庭教会史家,②他曾在圣索菲亚

---

① 关于约翰·阿纳格诺斯特斯及其《陷落记》,可参见以下作品:Καρπόζηλος, *Βυζαντινοί Ιστορικοί και Χρονογράφοι*, τόμος Δ′ (13ος – 15ος αι.), pp. 247 – 254; Hunger, *Βυζαντινή Λογοτεχνία*, τ. Β′, pp. 337 – 339; *Thessalonique : Chroniques d'une ville prise : Jean Caminiatès, Eustathe de Thessalonique, Jean Anagnostès*, introduction, notes et traduction par P. Odorico, Toulouse: Anacharsis, 2005; *Venice and Thessalonica 1423 – 1430: The Greek Accounts*, ed. J. R. Melville-Jones, Padova: Unipress, 2006; *'Ιωάννου 'Αναγνώστου Διήγησις περὶ τῆς τελευταίας ἁλώσεως τῆς Θεσσαλονίκης, Μονῳδία ἐπὶ τῇ ἁλώσει τῆς Θεσσαλονίκης*, ed. G. Tsaras, Thessalonica: Tsaras, 1958, TLG, No. 3145.

② 关于克桑索普洛斯的生平及其《教会史》,可见以下作品:Καρπόζηλος, *Βυζαντινοί Ιστορικοί και Χρονογράφοι*, τόμος Δ′ (13ος – 15ος αι.), pp. 99 – 118; H.-G. Beck, *Kirche und theologische Literatur im byzantinischen Reich*, München: Beck, 1959, pp. 705 – 707; G. Gentz, *Die Kirchengeschichte des Nicephorus Callistus Xanthopulus und ihre Quellen*, Berlin: Akademie-Verlag, 1966; F. Winkelmann, "Zur Bedeutung der Kirchengeschichte des Nikephoros Kallistos Xanthopoulos," *Jahrbuch der Österreichischen Byzantinistik*, vol. 44 (1994), pp. 439 – 447; S. Panteghini, Die Kirchengeschichte des Nikephoros Kallistos Xanthopoulos, *Ostkirchliche Studien*, vol. 58(2009), pp. 260 – 266.

大教堂担任圣职,去世之前以尼鲁斯之名成为一名修道士。他的主要作品是一部多卷本的《教会史》,是献给安德罗尼库斯二世·帕列奥列格皇帝的著作。《教会史》原书共有23卷,现在只有前18卷传世,内容涉及自耶稣基督降生至610年间的历史事件。最后的5卷现今已佚,下限延续至911年利奥六世皇帝去世。关于早期的历史,作者大量使用了尤西比乌斯、索佐门等教会史家的作品,同时还利用了圣徒传记、编年史和书信等各类材料。克桑索普洛斯的《教会史》十分重视公会议、教义争论等教会神学问题,但同时也比较关注世俗生活的历史,并且在书中广泛记载了如皇帝登基、军事活动等内容。

西尔韦斯特罗·西洛普洛斯(Σίλβεστρος Συρόπουλος,约1400—1464年之后)生于君士坦丁堡的一个富裕家庭,自幼接受良好的教育。[①] 成年后,他开始谋求教会职务,曾担任过圣索菲亚教堂的圣器管理员(Μέγας εκκλησιάρχης)和君士坦丁堡教区的"大法官"(δικαιοφύλαξ)等。他随同拜占庭人代表团参加了佛罗伦萨会议,并且被迫在联合教令上签字。回到君士坦丁堡之后,西洛普洛斯便开始公开反对东、西教会联合,成为马克·欧根尼科斯的坚定支持者。西洛普洛斯的《回忆录》('Απομνημονεύματα)记述了他于1438—1439年间参加佛罗伦萨会议的经历,作者并未涉及过多的神学或者哲学争端,而是力图为自己在佛罗伦萨随波逐流的做法开脱。《回忆录》解释了拜占庭代表团成员接受教会联合的原因,并且十分注重对参会人员的刻画。该书用希腊语的口语形式写成,分成12个部分,其中第一部分佚失;从整体风格来看,它与拜占庭的历史写作传统不甚相同。

上述两部作品在晚期拜占庭史学中无疑属于异类。克桑索普洛斯是晚期古代之后唯一一位写作教会史的拜占庭作家,但是他试图恢复这种史学体裁的努力没有成功,在他之后拜占庭世界再没有教会史作品出现。而西洛普洛斯的《回忆

---

① 关于西洛普洛斯的生平及其《回忆录》,可见以下作品:Hunger, *Βυζαντινή Λογοτεχνία*, τ. Β', p. 364; L. Neville, *Guide to Byzantine Historical Writing*, pp. 293–297; J. Gill, "The 'Acta' and the Memoirs of Syropoulos as History," *Orientalia Christiana Periodica*, vol. 14(1948), pp. 303–355; O. Kresten, "Nugae Syropulianae. Betrachtungen zur Überlieferungsgeschichte der Memoiren des Silbestros Syropoulos," *Revue d'Histoire des Textes*, vol. 4(1974), pp. 75–138; D. J. Geanakoplos, "A New Reading of the Acta, Especially Syropoulos," in *Christian Unity: The Council of Ferrara-Florence*, ed. G. Albergio, Leuven: Leuven University Press, 1991, pp. 325–351。

录》在性质上也介乎历史和个人回忆之间,它反映了作者强烈的主观色彩,所以今天我们需要审慎地对其加以使用。

晚期拜占庭帝国在政治、军事、外交等领域陷入重重困境,但是其文化生活却依旧呈现出生机勃勃的样态。作为文化领域重要分支的历史写作也没有停滞的迹象,除了承袭前代历史学家的优良传统之外,晚期拜占庭史学还多了一分救亡图存的意味。此外,动荡不安的环境和支离破碎的社会现实十分有利于这一时期的历史作品多样性特征的产生。晚期拜占庭史学的另一个重要贡献,便是在帝国灭亡前后,随着希腊学者的西迁,为推动西欧文艺复兴运动的深入开展注入了新的活力。[①] 大量希腊语手稿在随后的世纪中不断传播,遍及西欧各地,这其中有一部分便属于历史学作品。这些作品的西传,对西欧历史学的发展产生了一定的影响。

① 关于这一主题的相关问题,可见以下作品:D. J. Geanakoplos, *Interaction of the "Sibling" Byzantine and Western Cultures in the Middle Ages and Italian Renaissance (330 – 1600)*, New Haven: Yale University Press, 1976; *The Byzantine Tradition after the Fall of Constantinople*, ed. J. J. Yiannias; N. Wilson, *From Byzantium to Italy : Greek Studies in the Italian Renaissance*, Baltimore: Johns Hopkins University Press, 1992; J. Harris, *Greek Emigres in the West 1400 – 1520*, Camberley: Porphyrogenitus, 1995; J. Monfasani, *Byzantine Scholars in Renaissance Italy : Cardinal Bessarion and Other Emigres*, Aldershot: Ashgate Publishing Company, 1995; E. B. Fryde, *The Early Palaeologan Renaissance (1261 – c. 1360)*。

第五章

拜占庭东正教神学遗产

东正教是基督教三大支派之一,是基督教史上第一次(1054 年)东西教会大分裂的产物。拜占庭时期的东正教奠定了其后期发展的基础,形成了鲜明的特征,长期影响着所在地区的信徒,其神学主张深刻地融入各地东正教信徒的生活,至今仍然在全球保持强大的势力范围。

第一节

拜占庭东正教发展概述

史学界和宗教界对于东正教形成原因的看法相距甚远。在宗教界,一些学者出于宗教情感而极力淡化教会分裂的事实,刻意强调基督教世界的统一。他们明里暗里宣传基督教世界的统一,因而只把 1054 年的教会分裂视为东西教会之间

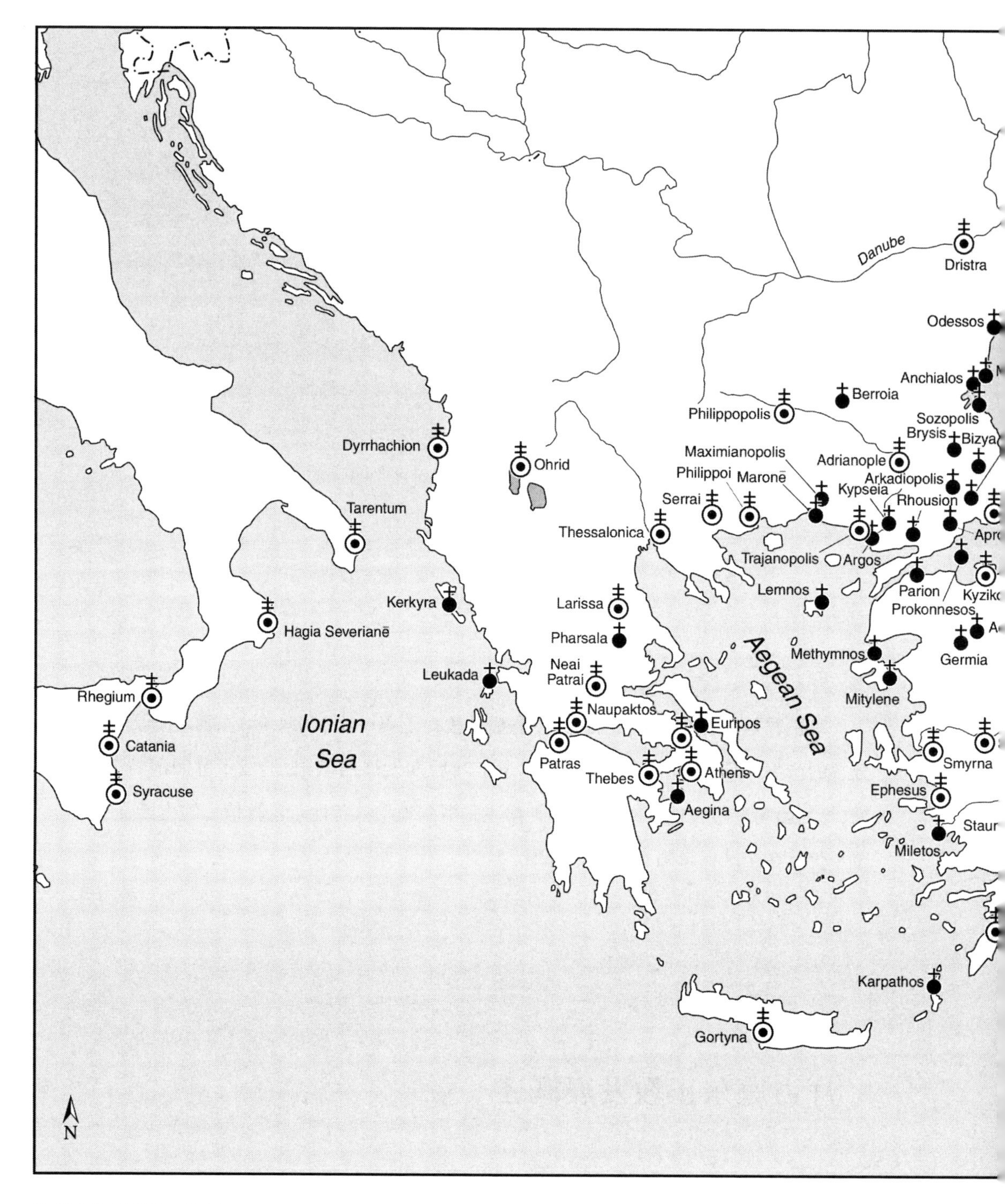

图 8 拜占庭时期东正教分布图

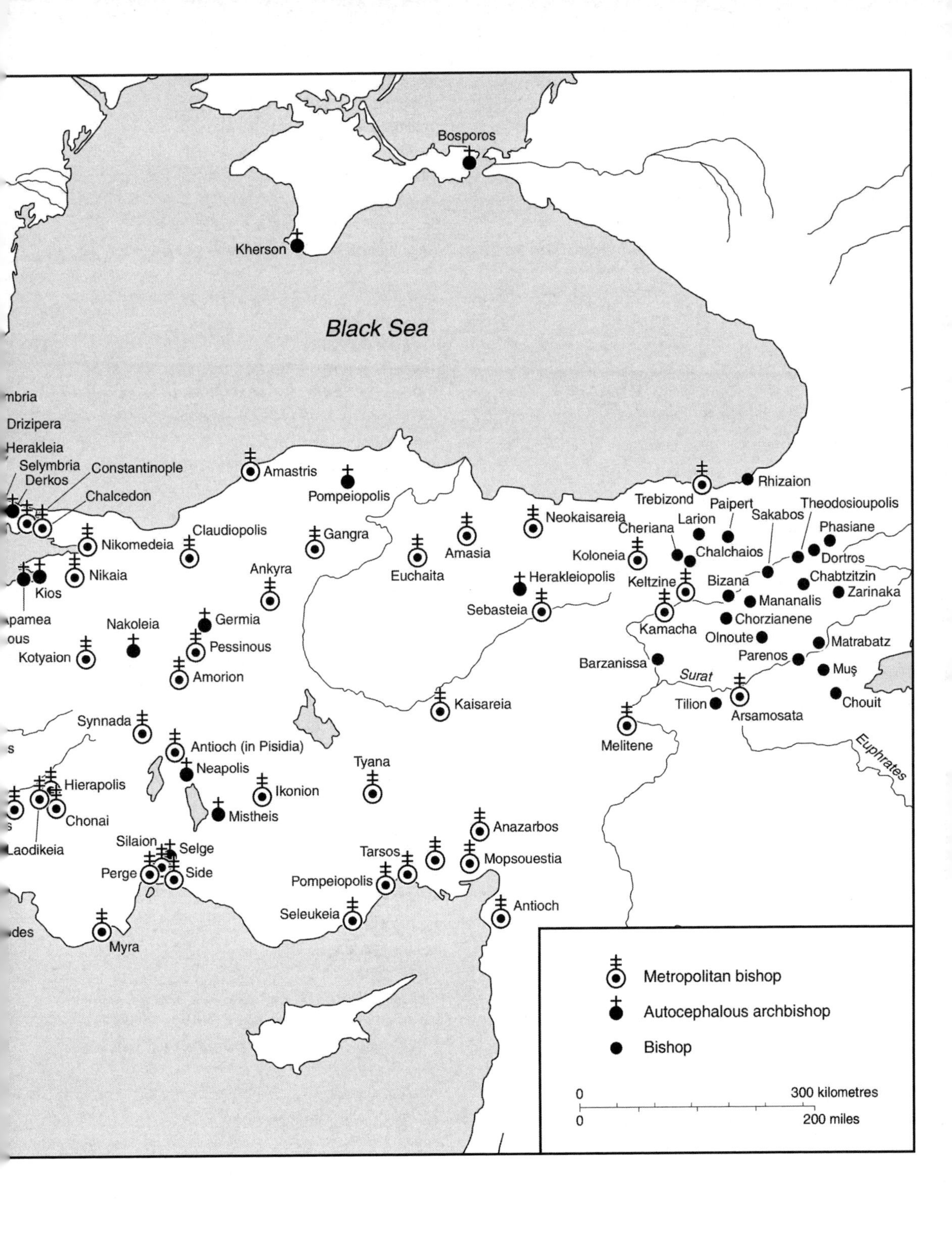

Bosporos
Kherson
Black Sea
mbria
Drizipera
Herakleia
Selymbria
Derkos
Constantinople
Chalcedon
Amastris
Pompeiopolis
Claudiopolis
Nikomedeia
Gangra
Nikaia
Kios
Ankyra
apamea
ous
Nakoleia
Germia
Kotyaion
Pessinous
Amorion
Amasia
Euchaita
Neokaisareia
Herakleiopolis
Sebasteia
Kaisareia
Trebizond
Rhizaion
Paipert
Theodosioupolis
Larion
Sakabos
Cheriana
Phasiane
Chalchaios
Dortros
Koloneia
Keltzine
Bizana
Chabtzitzin
Zarinaka
Mananalis
Kamacha
Chorzianene
Olnoute
Matrabatz
Parenos
Barzanissa
Surat
Muş
Tilion
Arsamosata
Chouit
Melitene
Euphrates
Synnada
Antioch (in Pisidia)
Neapolis
Tyana
Hierapolis
Ikonion
Chonai
Mistheis
Laodikeia
Silaion
Selge
Perge
Side
Anazarbos
Tarsos
Mopsouestia
Pompeiopolis
Seleukeia
Antioch
des
Myra
Metropolitan bishop
Autocephalous archbishop
Bishop
0
300 kilometres
0
200 miles

- Metropolitan bishop 都主教
- Autocephalous archbishop 自治大主教
- Bishop 主教

- Tarentum 塔兰图姆●[Tarentum 为拉丁文，是 Taranto（塔兰托）的古名。参见 https://www.britannica.com/place/Taranto-Italy.]
- Hagia Severianē 圣塞维尼安
- Rhegium 雷焦●[现代雷焦迪卡拉布里亚（Reggio di Calabria）的古名。参见 Simon Hornblower and Anthony Spawforth (eds.), *The Oxford Classical Dictionary,* Oxford University Press, 1999 (3rd edition), p.1312. https://www.britannica.com/place/Reggio-di-Calabria-Italy.]
- Catania 卡塔尼亚
- Syracuse 叙拉古
- Dyrrhachion[又拼写为 Dyrrachium。] 迪拉基乌姆
- Kerkyra 科基拉岛，即科孚岛（Corfu）
- Leukada 莱夫卡岛
- Ohrid 奥赫里德
- Thessalonica 塞萨洛尼基
- Larissa 拉里萨
- Pharsala 法尔萨拉
- Neai Patrai 即 Neopatras，新帕特拉●[参见 Alexander P. Kazhdan (editor in chief), *The Oxford Dictionary of Byzantium,* 3 vols., New York: Oxford University Press, 1991, p.1446, p.1454.]
- Naupaktos 纳夫帕克托斯
- Euripos 尤利普斯
- Athens 雅典
- Aegina 埃伊纳岛
- Thebes 底比斯
- Patras 帕特拉
- Gortyna 戈提那
- Karpathos 卡尔帕索斯
- Rhodes 罗德岛
- Danube 多瑙河
- Dristra 得利斯特拉
- Odessos 奥德苏斯，即瓦尔纳（Varna）●[参见 A. P. Kazhdan (editor in chief), *The Oxford Dictionary of Byzantium,* 3 vols., New York: Oxford University Press, 1991, p. 1512, p.2153.]
- Mesembria 梅塞姆夫里亚
- Anchialos 安奇亚洛斯
- Berroia 维洛亚●[此处韦里亚位于色雷斯。参见 Alexander P. Kazhdan (editor in chief), *The Oxford Dictionary of Byzantium,* 3 vols., New York: Oxford University Press, 1991, p.283.]
- Philippopolis 菲利普波利斯
- Maximianopolis 马克西米亚诺波利斯，或译马克西米安堡
- Maronē 马洛勒
- Philippoi 腓立比
- Serrai 塞利斯●[Serrai，又拼写为 Sérrai，即 Sérres（又拼写为 Serres），古名 Siris（西里斯）。参见 Alexander P. Kazhdan (editor in chief), *The Oxford Dictionary of Byzantium,* 3 vols., New York: Oxford University Press, 1991, p.1881. https://www.britannica.com/place/Serrai.]
- Sozopolis 索佐伯利斯
- Brysis 布里西斯
- Bizya 比兹
- Adrianople 哈德良堡，或译亚得里亚堡
- Arkadiopolis 阿卡迪奥波利斯
- Kypseia 基普西亚
- Rhousion 鲁西翁
- Argos 阿哥斯
- Trajanopolis 特拉亚诺波利斯，或译图拉真城
- Lemnos 利姆诺斯岛●[参见 Alexander P. Kazhdan (editor in chief), *The Oxford Dictionary of Byzantium,* 3 vols., New York: Oxford University Press, 1991, p.1205.]
- Apros 阿普洛斯
- Drizipera 德里兹佩拉
- Herakleia 希拉克利亚●[拜占庭时代称为 Herakleia 的城市有三座，此图中的 Herakleia 位于色雷斯，马尔马拉海北岸。关于这座城市，参见 Alexander P. Kazhdan (editor in chief), *The Oxford Dictionary of Byzantium,* 3 vols., New York: Oxford University Press, 1991, p.915.]
- Selymbria 塞林布里亚●[现代锡利夫里（Silivri）的古名。参见 Alexander P. Kazhdan (editor in chief), *The Oxford Dictionary of Byzantium,* 3 vols., New York: Oxford University Press, 1991, p.1867.]
- Derkos 德尔科斯
- Constantinople 君士坦丁堡
- Chalcedon 卡尔西顿
- Nikomedeia 尼科米底亚
- Claudiopolis 克劳迪奥波利斯
- Amastris 阿马斯特里斯，现在的阿马斯拉（Amasra）
- Pompeiopolis 庞培奥波利斯（庞培城）
- Gangra 冈格拉
- Amasia 阿马西亚
- Euchaita 欧凯塔●[今阿夫卡特（Avkat）的古名。参见 Alexander P. Kazhdan (editor in chief), *The Oxford Dictionary of Byzantium,* 3 vols., New York: Oxford University Press, 1991, p.737.]
- Ankyra 安基拉●[现代城市安卡拉（Ankara）的古名。参见 Alexander P. Kazhdan (editor in chief), *The Oxford Dictionary of Byzantium,* 3 vols., New York: Oxford University Press, 1991, p.102.]
- Nikaia[即 Nicaea（尼西亚）。] 尼西亚
- Kios 基奥斯
- Kyzikos 西奇库斯
- Parion 帕里翁
- Prokonnesos 普罗科奈索斯●[Prokonnesos，希腊文为 Προικόννησος，现代马尔马拉岛（Marmara）的古名，是马尔马拉海中的最大岛屿。参见 Alexander P. Kazhdan (editor in chief), *The Oxford Dictionary of Byzantium,* 3 vols., New York: Oxford University Press, 1991, p.1730.]
- Apamea 阿帕梅亚
- Achyraous 阿西拉奥斯●[希腊文为' *Αχυράους*，拉丁文为 Esseron。参见 Alexander P. Kazhdan (editor in chief), *The Oxford Dictionary of Byzantium,* 3 vols., New York: Oxford University Press, 1991, p.14.]
- Germia 杰尔米亚●[参见 Alexander P. Kazhdan (editor in chief), *The Oxford Dictionary of Byzantium,* 3 vols., New York: Oxford University Press, 1991, pp.847-848.]
- Kotyaion 科提埃昂●[参见 Alexander P. Kazhdan (editor in chief), *The Oxford Dictionary of Byzantium,* 3 vols., New York: Oxford University Press, 1991, p.1154.]

- Nakoleia 纳科里亚●［参见 Alexander P. Kazhdan (editor in chief), *The Oxford Dictionary of Byzantium,* 3 vols., New York: Oxford University Press, 1991, p.1434.］
- Pessinous 佩西努斯●［参见 Alexander P. Kazhdan (editor in chief), *The Oxford Dictionary of Byzantium,* 3 vols., New York: Oxford University Press, 1991, p.1636.］
- Amorion 阿莫里●［参见 Alexander P. Kazhdan (editor in chief), *The Oxford Dictionary of Byzantium,* 3 vols., New York: Oxford University Press, 1991, pp.79-80.］
- Synnada 辛纳达
- Antioch (in Pisidia) 安条克（位于比西迪亚）
- Neapolis 尼亚波利斯
- Ikonion●［现在的 Konya（科尼亚）。参见 Alexander P. Kazhdan (editor in chief), *The Oxford Dictionary of Byzantium,* 3 vols., New York: Oxford University Press, 1991, p.985.］伊科尼姆，现在的科尼亚
- Mistheis 米斯泰斯
- Tyana 提亚那●［参见 Alexander P. Kazhdan (editor in chief), *The Oxford Dictionary of Byzantium,* 3 vols., New York: Oxford University Press, 1991, p.2130.］
- Sardis 撒尔迪斯●［参见 Alexander P. Kazhdan (editor in chief), *The Oxford Dictionary of Byzantium,* 3 vols., New York: Oxford University Press, 1991, p.1843.］
- Smyrna 士麦那
- Ephesus 以弗所
- Miletos 米利都
- Stauropolis 斯塔夫鲁波利斯，意为“十字架之城”
- Laodikeia 劳迪西亚●［参见 Alexander P. Kazhdan (editor in chief), *The Oxford Dictionary of Byzantium,* 3 vols., New York: Oxford University Press, 1991, p.1177.］
- Chonai 科奈●［今霍纳兹（Honaz）城的古名。参见 Alexander P. Kazhdan (editor in chief), *The Oxford Dictionary of Byzantium,* 3 vols., New York: Oxford University Press, 1991, p.427.］
- Hierapolis 希拉波利斯，意为“圣城”●［有两座城市名叫希拉波利斯，一座在安纳托利亚弗里吉亚（Phrygia），一座在叙利亚，此图中的希拉波利斯在弗里吉亚，今天名叫帕穆克卡莱（Pamukkale）。参见 Alexander P. Kazhdan (editor in chief), *The Oxford Dictionary of Byzantium,* 3 vols., New York: Oxford University Press, 1991, p.928.］
- Silaion 西莱昂
- Selge 塞尔格
- Side 赛德●［参见 Alexander P. Kazhdan (editor in chief), *The Oxford Dictionary of Byzantium,* 3 vols., New York: Oxford University Press, 1991, p.1892.］
- Perge 佩吉●［又拼写为 Perga，古代潘菲利亚（Pamphylia）地区的重要城市和都主教牧座。参见 https://www.britannica.com/place/Perga.］
- Myra 米拉●［参见 Alexander P. Kazhdan (editor in chief), *The Oxford Dictionary of Byzantium,* 3 vols., New York: Oxford University Press, 1991, p.1428.］
- Seleukeia 塞琉西亚●［参见 Alexander P. Kazhdan (editor in chief), *The Oxford Dictionary of Byzantium,* 3 vols., New York: Oxford University Press, 1991, p.1866.］
- Pompeiopolis 庞培奥波利斯（庞培城）
- Tarsos 塔尔苏斯（圣经中旧译“大数”）●［Tarsos 即现代的 Tarsus（塔尔苏斯）。参见 Alexander P. Kazhdan (editor in chief), *The Oxford Dictionary of Byzantium,* 3 vols., New York: Oxford University Press, 1991, p.2013.］
- Rhizaion 里寨翁
- Trebizond 特拉比宗
- Neokaisareia 新凯撒利亚
- Cheriana 切里亚纳
- Larion 拉里翁
- Paipert 派博特
- Sakabos 萨卡博斯
- Theodosioupolis 塞奥多西波利斯（塞奥多西城）●［参见 Alexander P. Kazhdan (editor in chief), *The Oxford Dictionary of Byzantium,* 3 vols., New York: Oxford University Press, 1991, p.2054.］
- Phasiane 法希安里
- Dortros 多特罗斯
- Chabtzitzin 查布齐津
- Zarinaka 扎里纳卡
- Mananalis 马那纳利斯
- Bizana 比扎纳
- Chalchaios 查尔凯奥斯
- Keltzine 克尔津
- Koloneia 科洛尼亚●［参见 Alexander P. Kazhdan (editor in chief), *The Oxford Dictionary of Byzantium,* 3 vols., New York: Oxford University Press, 1991, p.1138.］
- Herakleiopolis 赫拉克利奥波利斯
- Sebasteia 塞巴斯提亚●［现代锡瓦斯（Sivas）的古名。参见 Alexander P. Kazhdan (editor in chief), *The Oxford Dictionary of Byzantium,* 3 vols., New York: Oxford University Press, 1991, pp.1861-1862.］
- Kamacha 卡马哈●［参见 Alexander P. Kazhdan (editor in chief), *The Oxford Dictionary of Byzantium,* 3 vols., New York: Oxford University Press, 1991, p.1097.］
- Chorzianene 科尔兹安尼内
- Olnoute 奥尔努特
- Parenos 帕雷诺斯
- Matrabatz 马特拉巴茨
- Muş 穆什
- Chouit 乔伊特
- Arsamosata 阿萨莫萨塔
- Surat 苏拉特河
- Tilion 提里昂
- Barzanissa 巴尔扎尼萨
- Melitene 梅利蒂尼
- Kaisareia 凯撒里亚
- Euphrates 幼发拉底河
- Anazarbos 阿纳萨尔波斯●［参见 Alexander P. Kazhdan (editor in chief), *The Oxford Dictionary of Byzantium,* 3 vols., New York: Oxford University Press, 1991, p.90.］
- Mopsouestia 莫普苏斯蒂亚
- Antioch 安条克
- Bosporos 博斯普鲁斯●［参见 Alexander P. Kazhdan (editor in chief), *The Oxford Dictionary of Byzantium,* 3 vols., New York: Oxford University Press, 1991, p.313.］
- Kherson 克尔松●［Kherson 又拼写为 Cherson。］
- Black Sea 黑海
- Methymnos 梅希姆诺斯
- Mitylene 米蒂里尼，又拼写为 Mytilene
- Aegean Sea 爱琴海
- Rhodes 罗德岛
- Ionian Sea 爱奥尼亚海

漫长对峙状态的延续。例如,英国宗教协会出版的《被遗忘的三位一体》一书就阐明了这样的观点:“东西方教会就某些问题从未发生过正式分裂,即使许多课本把1054年视为东西教会分裂的时间,但这并不能说明它不是漫长的历史发展中的一点。”①持这种观念者一般不在基督教东派教会与东正教之间进行明确划分。另外一些教会学者虽然承认1054年为东西教会分裂和东正教形成的标志性年代,但与历史学家相比,其观点仍有所不同。他们认为东西教会分裂在本质上是一种宗教现象,而并非是历史发展的必然结果,因此在分析其形成原因时较重视研究各种分裂因素的不同作用。他们一般较强调宗教因素在教会分裂中所起的作用。例如,T. 威尔即提出:“这次分裂有文化因素、政治因素以及经济因素为前提,但是其根本原因不是世俗的,而是神学意义的。”②

比较而言,历史学家由于研究不带宗教情感,对该问题的看法也较为客观。他们将基督教会的分裂视为一种社会历史现象,因此在分析东正教形成原因时强调该现象与社会政治、经济与文化等多方面的联系。就学术界一般观点而言,多数学者认为基督教会的分裂是多种因素共同作用的结果。正如我国学者所言:“东西方教会之差别,早在3—5世纪便已显露,这与当时的政治、经济、文化等历史原因紧密相连。”③本书认为应从历史学的角度,对基督教东西教会分裂过程中的宗教分歧、政治背景及历史文化背景加以分析,借此阐明宗教分歧并非教会分裂的主导性因素,而政治及历史文化背景才是其分裂的深层社会基础。

一　宗教纷争的本质

引起东西教会对峙的宗教纷争既表现在教义方面,也表现在礼仪和组织方面。在教义方面,主要有“圣父与圣子关系”之争、“和子说(*filioque*)”之争以及“有酵饼和无酵饼”之争;在礼仪方面,有“教士独身”之争和“斋戒”之争;而在组织方面,则具体体现为“教会首席地位”之争和“教区管辖权”之争。这些宗教争

---

① BCC Study Commission, *The Forgotten Trinity*, London: The British Council of Churches, 1989, p. 37.
② Timothy Ware, *The Orthodox Church*, Baltimore, Maryland, U. S. A.: Penguin, 1963, p. 52.
③ 于可:《世界三大宗教及其流派》,长沙:湖南人民出版社1988年版,第104页。

论虽然繁杂,但若将之置于东西教会自身的发展历程之中,则不难发现其本质内涵是权力之争。

首先,“教会首席地位”和“教区管辖权”之争就直接反映了东西教会对基督教世界最高权力的争夺。“教会首席地位”这一荣誉地位背后隐含着颇具实际意义的教会权力。343 年,罗马主教朱利亚一世曾在撒尔底迦宗教会议上将这种“首席主教”的宗教权威诠释为“主教被控案件的处置权”;445 年,另一位罗马主教利奥一世则借助罗马帝国西部皇帝的支持,又将该权威之内涵扩展为“立法权”和“传召主教权”;451 年,在卡尔西顿会议所颁布的第 28 条教规中,除提及君士坦丁堡主教在教务上同罗马主教享有同等权利之外,还规定其在蓬土斯、小亚西亚和色雷斯地区拥有“主教叙任权”,这实际上也是对首席主教宗教权力的进一步扩展。事实上,正是由于教会首席地位包含着如此众多的实际权力,所以罗马主教、君士坦丁堡牧首,甚至于安条克、亚历山大里亚和耶路撒冷等教区的教会领袖们,才为了“首席主教”的称号彼此争论不休。因此,所谓“教会首席地位”之争,本质上是一种最高宗教权力之争。“教区管辖权”背后更是隐含着宗教与世俗意义上的权力。在 8 世纪的伊利里亚教区管辖权之争中,东西教会为自己辩护的理由都十分牵强。一种是罗马教宗提出的古风论,强调其拥有西伊利里亚教区管辖权是古风的延续;另一种是君士坦丁堡牧首提出的律法说,指明其可以凭依帝国法律的认同而拥有该教区。依据这两种说法,教区的归属并没有影响到东西派教会的实际利益,而只是涉及是否与古风或律法相悖的问题。在其后的弗提乌斯分裂与塞鲁拉利乌斯分裂中,由教区管辖权问题所引发的纷争也是借助“和子说”“有酵饼和无酵饼”“教士独身”以及“斋戒”等神学阐释和礼仪方面的争论才得以体现。或言之,教区管辖权在形式上依然被限定在宗教层面,成为传教权和圣礼实施权的代名词。然而,教区管辖权事实上还反映了最具世俗意义的经济收益权,主要包括其中以“什一税”为主体宗教捐税和一些以捐赠和遗产形式出现的非固定收益。这些收益之巨不仅令东西教会之间为教区管辖权的归属问题而纷争不断,甚至还引起帝国皇帝的特别重视。例如,在塞奥法尼斯的《编年史》中曾经记载:(利奥三世)在把伊利里亚等教区强行划归君士坦丁堡之后,还下令将意大利南部地区缴纳给教宗的什一税全部收归帝国国库。①

其次,各种教义和礼仪之争在本质上也是权力之争。这些争论多数是由来已久的问题,它们之所以能够展开,大多与教区管辖权和教会首席地位的争夺有关。本书将以"和子说"及"有酵饼和无酵饼"问题为例,对教义与礼仪之争的本质特征略加论述。

"和子说"之争由来已久。"圣灵受造派"(Pneumatomachian)是最早提出这一观点的神学派别,该派兴起于马其顿地区,认为"圣灵不是如圣子一样为神,而是如天使一样为圣父和圣子服役,是受造的"②。这一派观点在西部地区得到了奥古斯丁神学的支持。他提出:"既然圣灵是圣子的精神,那么我们为什么不相信圣灵源于圣子呢? 如果圣灵不是源于圣子,那么复活后的耶稣就不会对其门徒吹口气说:接受圣灵吧! 这口气除了意味着圣灵源于圣子还能意味着什么呢?"③与此同时,卡帕多细亚的东方三教父却对此持反对意见。双方争执的结果在基督教第二次大公会议上有所表现。381 年的君士坦丁堡会议不仅将"圣灵受造派"定为异端,而且在其颁布的《尼西亚—君士坦丁堡信经》中,还进一步否认了"圣灵出自父与子"的观点,将原《尼西亚信经》中论及圣灵的一段扩充为:"我信圣灵,赐生命的主,从父出来,与父子同受敬拜,同受尊荣,他曾借众先知说话。"④从第二次大公会议直至弗提乌斯时期,西派教会在奥古斯丁神学思想的影响下,逐渐将"和子说"写入《尼西亚信经》。最早将"和子说"纳入信经的是《阿萨那修信经》。而后,589 年召开的特兰托会议再次将"和子说"纳入了西班牙版的《尼西亚信经》。后加入了"和子说"的信经又从西班牙传到了法兰克。至查理曼统治时期,"人们还就'和子说'进行了公开讨论,多数西派教会都接受了奥古斯丁的和子说神学"⑤。然而,令人惊奇的是,东派教会对此并未予以追究,双方也没有再就该问题展开争论。东派教会再次就"和子说"问题引发争论是在保加利亚皈依基督

① Theophanis, *Chronographia*, 引自陈志强:《拜占廷学研究》,第 211 页。Theophanis, *Chronographia*, ed. C. de Boor, Leipzig: Teubner, 1883 (repr. Hildesheim: Olms, 1963), TLG, No. 4046001.

② 乐峰:《东正教史》,北京:中国社会科学出版社 1999 年版,第 273 页。

③ A. Fortescue, *The Orthodox Eastern Churches*, London: Catholic Truth Society, 1908, p. 380.

④《尼西亚—君士坦丁堡信经》,引自乐峰:《东正教史》,第 274 页。

⑤ BCC Study Commission, *The Forgotten Trinity*, p. 38.

教之时。保加利亚国王伯利斯本是由东派教会施洗入教的教徒,866年,为了抵制拜占庭帝国的控制,转而投向罗马教廷。教宗趁机派遣德意志传教士去保加利亚传教,并取得了对保加利亚教区的实际管辖权。弗提乌斯就是在这一背景下,以“和子说”等教会分歧为由,指责教宗和拉丁教会为异端,进而引发了“和子说”之争。虽然在弗提乌斯分裂过程中,君士坦丁堡教会没有正面谴责教宗借机将保加利亚教区管辖权据为己有的行为,而只是强调对方在教义和礼仪上的异端表现,但从“和子之争”再起看,这不是孤立的教义纷争,而是与教区管辖权问题密切相连的权力之争的一个环节。

至1054年塞鲁拉利乌斯分裂之时,教区管辖权问题再次成为隐含的争论焦点。所不同的是,这次东西教会的争夺目标是南意大利教区,而借以表明其权力争夺的教义纷争是“有酵饼和无酵饼”之争。这场纷争主要在君士坦丁堡的施托迪厄斯修道院(Monastery of Stoudios)的僧侣尼基塔斯·斯特萨托斯(Nicetas Stethatus)和教宗特使亨伯特(Humbert)之间展开。虽然它在11世纪中期被渲染得沸沸扬扬,但仅就教义神学而言,它并没有超出5世纪关于基督位格的范畴。所谓“无酵饼”(The Azyma)和“有酵饼”,在争论中均有特殊的指代。依据东派教会的看法:无酵饼代表着无生命的、无灵魂的事物,其表达内容与该事物本性所表达的内容一致,因此是“受律法保护的犹太人的食物”;而有酵饼则象征着既是与事物本性同质又是超物质的“上帝的食物”,只有这种面包才是真正的圣体,因为虽然基督在人性上生来就与我们同质,但同时他也是来自天堂的超物质。① 西派教会则认为:东派教会关于“超物质的和与我们同质的事物是相同的”这一看法是完全不可取的。因为虽然基督耶稣在人性方面与我们同质,但在神性方面却与圣父同质,是超物质。因此,面包在人类食物中就与人类同质,而在神的食物中就是超物质。②

从上述观点来看,这场争论在本质上是卡尔西顿派与一性论派辩论的变相延

---

① Nicetas Stethatus, “The Question of The Azyma,” in *Leavened or Unleavened: Some Theological Implications of the Schism of 1054*, trans. J. Erickson, St. Vladimir's Theological Quarterly 14, 1970, pp. 9 - 10.

② Humbert, *The Response on The Azyma*, in *Leavened or Unleavened: Some Theological Implications of the Schism of 1054*, trans. J. Erickson, p. 11.

续。西派教会一再否认那种既与我们同质又是超物质的面包的存在,实际上是对基督耶稣同时具有不可混淆的、完整的神性和人性的强调。这种重视统一于同一位格的基督的人性与神性之间差别的主张,具有典型的卡尔西顿会议特征。而东派教会用既与我们同质又是超物质的有酵饼指代圣子,则隐含着对基督耶稣的超物质性或神性的强调,与5世纪争论中尤提奇乌斯所提出的“基督在化体后只有唯一神性”的观点颇为相似。有鉴于此,本书认为塞鲁拉利乌斯分裂中的“有酵饼和无酵饼”之争并非东西教派之间新一轮教义之争,而是与9世纪“和子说”之争相似的教区管辖权之争的外在表现。

综上所述,东西教会的分歧在本质上并非出于对教义、礼仪等宗教传统的执着,其中直接或间接表现出的对教区管辖权和教会首席地位的争夺表明,东西教会之争本质上是一种权力之争。

二　社会政治因素与东西教会分裂

如果说导致东西教会分裂的宗教纷争在本质上是基督教世界最高权力之争,那么晚期罗马帝国和中古欧洲的政治形势则适时地促进了双方对权力的追逐。在上述社会巨变中,拜占庭帝国对晚期罗马帝国中央集权制政治的存续和中古时期西欧的政治多元化是最为重要的两大动因,正是在其作用下,罗马和君士坦丁堡由单纯的宗教中心演变为宗教—政治中心。

罗马帝国幅员辽阔,虽然它在政治上是统一的,但在文化上却具有明显的区域性特征。帝国的东部和西部地区分属于拉丁和希腊两种文化体系,因此很早就蕴含着分裂的因素。330年,君士坦丁一世迁都以后,帝国逐渐分为东西两个部分,分别以君士坦丁堡和罗马为中心。至395年,塞奥多西一世将帝国东西部分开交由两个儿子掌控。476年,帝国西部分崩离析,东罗马统一帝国则存续至1453年。在史学界,这个千年帝国被称为“拜占庭帝国”。

拜占庭帝国的存续为君士坦丁堡教区的崛起提供了政治保证。一方面,伴随着拜占庭帝国的崛起,君士坦丁堡从一座普通东方城市变为政治中心,被世人称作“新罗马”,这为其演变为东方的宗教权力中心提供了依据。自君士坦丁大帝尊基督教为实质性国教开始,基督教即处于帝国皇帝的管辖之下。在其主持召开的第一次大公会议上,确立了帝国旧都罗马在基督教界的首席地位,同时也确立了帝国政治中心与宗教中心之间的联系。虽然罗马主教为自己成为“首席主教”提供了宗教传说方面的依据,①但罗马之所以能够位列于东方的亚历山大里亚和安提阿之上,主要是与罗马传统的帝国政治中心影响有着密切的联系。因此,作为拜占庭帝国的首都,君士坦丁堡由此获得了在宗教领域成为“新罗马”的契机。另一方面,拜占庭帝国在政治上的崛起与帝国西部陷入长期政治混乱迥异。经过君士坦丁王朝和塞奥多西王朝的改革,拜占庭帝国逐步强大起来,从而为君士坦丁堡教区的崛起提供了有力的政治依托。君士坦丁堡教区原本只是色雷斯的一个地方教区,隶属于赫拉克利亚大主教教区。由于330年君士坦丁大帝迁都于此,因此君士坦丁堡变成了东罗马世界的政治中心,进而获得了一个空前绝后的发展时机。首先,教会与皇权的结合为教会的传教活动和慈善事业的开展提供了政治和经济上的保证。教会及其神职人员因为这种结合而成为特权阶层,他们在政治上摆脱了国民义务,专心服务于教会,“因为他们为神提供的最高服务,也是为国家事务提供的最好服务”②;在经济上可以享有土地免税权;教会还不断得到皇帝的大量捐赠,获得了“大量地产、金钱和粮食,还建立了大批教堂和修道院”③,这些支持有力地促进了教会的传教活动和慈善事业的发展。其次,拜占庭皇帝还利用自己的政治影响积极帮助君士坦丁堡主教争取在宗教界的地位。拜占庭皇帝把提高君士坦丁堡主教的地位作为建立中央集权专制政治的一部分,希望通过君士坦丁堡牧首来管理整个基督教世界,因此在381年召开的第二次基督教大公会议(君士坦丁堡会议)上,利用自己的影响使君士坦丁堡教区名列五大教区的次席,其地位仅次于罗马。与此同时,君士坦丁堡还在皇帝的保护下不断扩张本教区的管辖范围,逐渐吞并了本都和小亚细亚,把以弗所和凯撒里亚都变

① S. 朗西曼《东方的分裂》,引自吴鹤鸣:《基督教东西教会的分裂》,《世界宗教资料》1983年第4期,第33页。

② Eusebius, *The Ecclesiastical History*. Eusèbe de Césarée, *Histoire Ecclésiastique*, ed. G. Bardy, 3 vols., Paris: Cerf, 1952, 1955, 1958, TLG, No. 2018002. In D. J. Geanakoplos, *Byzantium : Church, Society and Civilization Seen Through Contemporary Eyes*. p. 133.

③ 陈志强:《独特的拜占廷文明》,第18页。

成了都主教区。在查士丁尼统治时期,君士坦丁堡位列基督教世界第二荣誉教区的地位被以世俗法律的形式固定下来。《民法大全》明文规定:"最神圣的新罗马、君士坦丁堡牧首,将位列旧罗马使徒主教辖区的职位之后,并在其他主教辖区职位之前。"[①]至君士坦丁堡"斋戒者"约翰四世任职之时,他正式提出牧首应该享有"普世牧首"(Ecumenical Patriarch)的称号。对此,罗马教宗最初曾极力反对,但此举却颇受拜占庭皇帝的赞赏,并成为正式的称谓。

君士坦丁堡的迅速崛起,使东方出现了一个可以同罗马教区分庭抗礼的宗教权力中心。在君士坦丁堡崛起之前,东方已有亚历山大里亚和安条克是与罗马齐名的使徒教区。但鉴于东部教会的组织传统,它们缺乏演变为宗教权力中心的意识。正如T.威尔所分析的,"在东方,有许多教会的建立可以追溯到使徒时代,主教之间的平等性、教会在本质上的自治性和联合性十分突出。东方各教区虽承认教宗是教会的第一主教,但仍把他视为平等中的第一。在西方,只有罗马宣告自己有使徒传统,其他教会……视罗马为君主式的教宗"[②]。长期以来的文化积淀使东方的各大教区已习惯于联合性的教会组织体系,虽然在8世纪以前的教义之争中,它们也表现了对教区地位的关心,但其间的争论基本都限定在宗教层面。比之于前者,君士坦丁堡是拥有政治支持的"新罗马",也更有资格成为与罗马抗衡的权力中心。因为,君士坦丁堡对权力的追求不仅是宗教的,同时也是世俗的,其世俗性源于拜占庭帝国对权力的追求。正是在这个意义上,君士坦丁堡的崛起是东西教会争夺至高权的开始。

西派教会所处的政治环境与东部拜占庭世界迥然不同。总体而言,东部客观政治环境极有利于教权的发展。4世纪以后,罗马教会在名义上臣属于东罗马帝国皇帝,但是由于罗马实际上处于大迁徙混战的影响之下,所以君士坦丁堡皇帝很难对之实行有效的控制。536年,查士丁尼曾重新攻占了意大利并取得了对罗马教会的控制权,但是并没有维持很长时间,罗马教会很快就因为君士坦丁堡皇帝对意大利的失控而在事实上摆脱了其合法的政治统治者。962年,由于教宗为奥托加冕,并将德意志帝国诠释为复活的罗马帝国,罗马教会便从形式上摆脱了

① A. Fortescue, *The Orthodox Eastern Churches*, p. 43.
② T. Ware, *The Orthodox Church*, p. 55.

东方帝国的控制。与此同时,罗马教会所处的日耳曼各部族社会混战的政治环境也非常有利于教会的发展。西欧世界绝大部分地区长期处在一种政治多元化状态,不同层级的封建领主相互争战不止,国家君权衰微,表现为地方集权化特征。在这种情形下,罗马教会适时地在西罗马帝国灭亡后的权力真空中建立起绝对精神权威的地位,成为“西欧政治生活和精神生活中的稳定因素和持续因子”[①]。在精神事务和世俗政治领域以外,教宗还不断扩展了自己的经济实力。据记载:“8世纪前,罗马教廷就已拥有大量土地;8世纪中叶,矮子丕平为了感谢教宗在他夺取王位时所给予的帮助,又赠予教宗拉韦纳及亚平宁半岛上的许多土地;后来,拜占庭皇帝又将他们在西西里等地的许多权力机构移交给教廷。教廷为了管理教会产业,建立了庞大的行政机构,逐渐发展成为某种类似国家的组织。”[②]从理论上看,罗马教会对于教会权力的理解与东部教会迥然不同。罗马教会很早就开始追求教会权力,并构建了一系列理论来为自己的行为释义。针对世俗王权,它主要提出了“双城说”“双剑说”,以及“教会自由”的理论。针对教会的最高领导权,罗马教宗首先重申了“彼得优越论”。该理论认为,罗马教会是由基督耶稣门徒中居首要地位的彼得建立的,因此继承彼得担任罗马主教的人也应理所当然地享有最优越地位。此外,教宗格里高利七世还进一步强调罗马教宗的权力高于其他一切主教。他在谴责君士坦丁堡的约翰四世使用“普世的牧首”称号时,所用的言辞极好地体现了这一观点。他提出:“有谁怀疑君士坦丁堡的教会是隶属于使徒教区的? 就连最虔诚的皇帝陛下和那个城市的主教、我们的兄弟都热切地承认这一点。据我所知,没有哪一位主教不是隶属于使徒教座。”[③]伴随着社会基础的变化和理论准备的成熟,罗马主教区由一个宗教中心逐渐演变为一个带有世俗性的宗教—政治权力中心。不断增长的教宗权,不仅与世俗权威对立,而且与受拜占庭世俗权威支持的君士坦丁堡教会不断发生纠纷,并最终在极具世俗性的教区管辖权问题上产生了无法弥补的裂痕。

总之,由于拜占庭帝国的存续和中古西欧地方权力分化政治的影响,东西教

---

① T. Ware, *The Orthodox Church*, p. 55.

② 于可:《世界三大宗教及其流派》,第 107 页。

③ A. Fortescue, *The Orthodox Eastern Churches*, p. 43.

会之间的纷争明显地渗入了世俗性动力,这是导致双方最终走向分裂的重要因素。

三 文化传统差异与东西教会分裂

虽然东西教会之间的权力之争是由欧洲东西部独特的政治环境促成的,但是这却不能解释东西教会之间宗教问题产生的原因,除非是东西教会为了展开权力争夺而努力杜撰宗教分歧。然而,这一假设显然难以成立。东西方教会之间的分歧不仅是真实存在的,而且更是难以消除的。因为这些分歧来自不同文化传统的影响。从文化层面看,基督教会的分裂早在罗马帝国东西分治之时既已开始,特别是中央集权政治和地方集权政治的分道扬镳不仅使基督教世界产生了罗马和君士坦丁堡两个权力中心,而且也促使帝国东西部文化传统进一步沿着不同的方向发展。两种不同的文化传统,无论是希腊的还是拉丁的,皆在教会的神学思想、礼仪和组织上打上了深深的印记。

罗马帝国幅员辽阔,虽然政治上是统一的,但东部和西部在文化传统上却存在着很大差异。帝国东西分治以后,东部的希腊倾向和西部的拉丁倾向均得以强化,并在此基础上形成了中世纪的拉丁文化体系和拜占庭文化体系。

中世纪拉丁文化传统的基调大体是由两件事决定的。第一,西部地区在语言上日益排斥希腊语。T. 威尔曾对东西方语言的分化作过分析:“450 年西欧已经很少有能够阅读希腊语的人,而在 600 年以后,拜占庭也少有人能讲拉丁语。”①就文化传播而言,语言障碍无疑就等于文化的封闭。而东西语言障碍的出现,对西部社会产生的影响更为显著,它使得西欧直至 13 世纪早期意大利文艺复兴文化繁荣期间几乎无从了解古典文化。第二,罗马帝国西部几个世纪的战乱和日耳曼民族大迁徙导致了西部社会古典文明的消亡和不同文明之间的融合。所谓拉丁传统在罗马帝国西部陷入混战之前充盈着一种拉丁化的古典主义情节:一方面重视秩序与制度的建立,另一方面却汲取了希腊文化的形式,具有一种文雅

---

① T. Ware, *The Orthodox Church*, p. 53.

表象和讲求政治实效的气质。进入中世纪的西欧,在日耳曼各部族劫掠后的土地上,拉丁传统则意味着一种融合,即作为帝国“残存物”的罗马法、由基督教会保存下来的拉丁语和部分古典文化传统以及日耳曼民族文化传统的融合。中世纪的拉丁文化虽然十分落后,但作为多种文化因素相互融合的产物,其在总体上是富于创造力的。T. 威尔曾在评价查理曼宫廷的文化复兴活动时提到过这种创造力,他指出:“查理曼宫廷的文化复兴,一开始就带有强烈的反希腊文化的偏见和情绪,查理曼随从中的文人不准备抄袭拜占庭,而是要创立一种自己的崭新的文化,这有可能是东西文明分裂明显化的开始。”①

拜占庭文化传统中对基督教会的发展具有重要影响的因素,在 4 世纪初以后已开始显现出来。首先,希腊文化的影响越来越显著。东部帝国原本即是希腊文化的发祥地,加之罗马帝国对古典文化的尊崇,因此该地区一直比西部更富有古典气质。君士坦丁大帝迁都拜占庭后,为了提高新都的地位,积极鼓励文化活动的开展,进一步促进了东部希腊文化的复兴。据史料记载:“君士坦丁堡的文化活动十分活跃,新都迅速发展成为欧洲和地中海最大的文化中心。安全舒适的环境和繁荣昌盛的城市生活吸引着整个帝国知识界……语法学家和哲学家来到新都传授古希腊和罗马语言知识,以满足当时普遍存在的吟诵古典诗篇和名著的社会需求……为整理古代图书,帝国政府聘请了许多著名的学者翻译注释古希腊罗马时代的重要文献。当时君士坦丁堡尚古之风极盛,学习古希腊语、收集抄写古籍蔚然成风,研究古代哲学、戏剧、文法和修辞成为知识界的热门。”②这种复兴,更使该地区为希腊哲学势力所笼罩,柏拉图哲学和新柏拉图主义蓬勃而出,从而铸就了东部教会神学的神秘主义思辨特征。其次,伴随着罗马帝国的政治分立,东方神秘主义思想意识也开始在东部地区蔓延。因为分立促进了原东部地区居民与远东的亚美尼亚人和斯拉夫人的进一步融合,并逐渐形成了统一的拜占庭民族;而在这一融合过程中,波斯的“冥思”意识、埃及的苦行主义修道方式,以及小亚细亚的抽象主义的绘画艺术皆源源不断地涌入东部帝国。这些源于东部闪米特神秘主义文化的思想意识对拜占庭教会的神学、修道理念以及圣像艺术都产生

---

① T. Ware, *The Orthodox Church*, p. 54.

② 陈志强:《独特的拜占廷文明》,第 21 页。

了巨大的影响。

文化传统对东西教会影响首先表现在神学思想层面。西部基督教会在神学思想上受罗马法学影响较大。有学者发现,“罗马法的一些基本观念,也深深地渗入基督教神学当中。最权威的圣经拉丁文译本大量使用罗马法的概念”①。实际上,不仅西派教会的经典被翻译者融入了罗马法的概念;而且在经典之外,神学的重心也因受罗马法的影响而被集中在对“罪”的论证上。早在5世纪上半叶,奥古斯丁就系统地阐明了罪的产生、实质和消解。他认为,人之罪恶源于始祖,罪恶的实质是人类意志的缺陷,而罪恶的消解则有赖于上帝恩典。② 奥古斯丁的“原罪”论为西部教会的神学思想奠定了基调,西部教会分裂后所提出的“赎罪券”和“炼狱”的理论,都是在此基础上提出的。正如罗素所言,“整个西方基督教都蒙受了他的恩惠。……中世纪的罗马天主教的大多数特点起源于他的神学思想”③。

与西部地区相反,东部基督教会在神学思想上深受希腊哲学思辨思维的影响,“三位一体之争,即三圣之间的相互关系问题成为神学的中心问题”④。现代哲学家的研究成果表明,三位一体的争论决非单纯的教义之争,其间隐含了对于“本体”和“本质”这两个希腊文概念的不同理解。“争论上帝的本体与本质是否等同,实际上反映了本体与本质何者为先,两者关系如何等一系列形而上学重大问题”⑤,而这正是古希腊哲学所涉及的基本问题。毋庸讳言,基督教在此类神学命题数百年的争论中,也逐渐摆脱了犹太教母体之神秘主义神学和庸俗的古典希腊哲学父体之现世主义信仰的深刻影响,建立起独立自主的神学体系和信仰体系。换言之,基督教既不属于闪米特文化神秘主义“无形”神祇崇拜的宗教,也不属于希腊古典文化“有形”神祇崇拜的宗教,而真正成为独树一帜的新宗教。

拉丁传统和拜占庭传统的影响也波及了教会的礼仪层面。基督教会的礼拜仪式最初是有现实含义的。早期基督徒对礼拜仪式持一种末世论的态度,他

① 丛日云:《西方政治文化传统》,大连:大连出版社1996年版,第377页。
② 奥古斯丁:《忏悔录》,周士良译,北京:商务印书馆1963年版。
③ V. 沃尔克:《基督教会史》,孙善玲、段琦、朱代强译,北京:中国社会科学出版社1991年版,第202页。
④ 于可:《世界三大宗教及其流派》,第107页。
⑤ 赵敦华:《基督教哲学1500年》,第122页。

们期待基督的再次降临以改变现实世界。在基督教获得了合法地位之后,伴随着基督徒的末世观念由改变世界转为盼望获得救赎,礼拜仪式开始更多地融入了以"三位一体"和"基督救赎"等内容为核心的信仰成分。这些内容不可避免地带来了礼仪的神秘化倾向,进而形成特定的圣礼氛围。从东西部基督教会的礼仪神秘化的结果来看,二者之间的差异十分明显。无论中世纪的欧洲还是21世纪的欧洲,天主教和东正教在圣餐礼上的差异始终令人感到迷惑:近乎相同的内容,但其表现形式却有云泥之别。例如,A.福蒂斯丘就曾谈及:"东方教会一直有自己的圣餐仪式,同我们的一样古老,一样美丽。但是所有的圣餐礼都包容着相同的内在因素,它们都要遵循上帝的旨意去做他在最后的晚餐中所做的,以纪念他。"①在分析东西方教会礼仪上的差别时,研究者一般都会联想到东正教对传统的尊崇,但本书认为,不同的圣礼氛围主要源于双方文化传统上的差异。

在西部基督教社会,圣礼的神秘化氛围主要是由施行圣礼者与会众之间的语言障碍所致。4、5世纪,日耳曼各族群小国的建立极大地改变了西部教会所处的政治环境。在其他族群中传播教义虽然使罗马教会及时补充了新鲜血液,但也带来了前所未有的问题。一方面,新的教徒刚刚进入到西欧各地,大都不懂拉丁语,因此他们无法理解教士在圣礼上的言行;另一方面,其他族群基督徒的皈依方式是突变式的,常常不经过"慕道者"阶段而"在其首领皈依之后,整个部落便一起接受了'洗礼'"②。这种皈依方式也导致教徒对基督教缺乏必要的了解,在圣礼上无所适从,而只能"面对拉丁圣礼表示自己的崇敬之情"③。因此,圣礼中原有的一些公共行为被迫取消了,而代之以其他族群新信徒可以理解的神秘剧。神秘剧的出现又进一步促进了崇拜者和观望者的增加,以至于"圣礼用语的含义最终变得复杂,甚至多数教士都不了解,而且行为的意义也变得模糊了"④。其后,西部教会的圣礼一直沿着这个方向持续发展。大约在1000年前后,圣礼

① A. Fortescue, *The Orthodox Eastern Churches*, p. 131.

② L. L. Mitchell, *The Meaning of Ritual*. New York: Paulist Press, 1977, p. 103.

③ L. L. Mitchell, *The Meaning of Ritual*, p. 104.

④ L. L. Mitchell, *The Meaning of Ritual*, p. 104.

完全演变为现代意义上的弥撒。正如L.米切尔所言:“教士背对着会众实施圣礼……弥撒已经变成了现代意义上的由教士所施行,而会众只是观望的仪式。”①在东部基督教世界,圣礼的神秘化也同样导致早期教会礼仪中具有现实意义的公共集会行为逐渐消失,但其神秘化方式恰好与西方大相径庭。东派教会的圣礼神秘化没有采取建立在语言障碍基础上的弥撒形式,而是直接将圣餐礼的核心情节隐藏起来。根据L.米切尔的分析:“圣礼上的语言还是可以理解的,但信徒在视觉上与圣礼实施者的沟通被阻断了,神秘的祝圣被转移到香雾缭绕的圣屏背后进行。不再是教士的圣餐祈祷而是由执事念诵冗长的祷文,并和会众进行应答。在执事引导祈祷的时候,圣屏后的教士默诵古代圣礼祈祷文。在此,集体行为的现实意义也变得模糊起来。”②东派教会的圣餐礼仪形式,实际上也是东部基督教世界文化传统的反映,古老的闪米特神秘主义文化又为其提供了广泛的社会基础。在帝国东部,信众一直延续着仪式的神秘感,其文化传统也一直是希腊式的,因此语言不可能成为神秘释义的手段。这是东西教会圣餐礼仪迥异的重要原因。

综上所述,东西方教会分裂以及东正教的形成都是一个渐进的过程。一方面,东西罗马帝国在文化传统上的差异,使得东西教会从一开始就在教义和礼仪上不断产生分歧,进而形成了一系列的宗教纷争;另一方面,西罗马帝国灭亡后东西方独特的政治环境,又促使君士坦丁堡和罗马分别成长为两个具有世俗倾向的权力中心,双方不断展开对教会至高领导权的争夺,并最终导致了1054年的教会分裂。东西教会的分裂在本质上是文化因素和政治因素共同作用的结果。

---

① L. L. Mitchell, *The Meaning of Ritual*, p. 105.
② L. L. Mitchell, *The Meaning of Ritual*, p. 104.

第二节

拜占庭东正教的基本特征

自基督教分裂为东派教会和西派教会以后,由于政治历史背景与传播区域的不同,双方在教义、礼仪以及组织等方面均产生了某些区别。1054年基督教正式分裂后,东正教更是打上了拜占庭帝国的烙印,显现出与西方天主教和早期西派教会迥异的特征。深入探讨拜占庭时期东正教的基本特征,一方面是由于本书写作的需要,是研究拜占庭人精神气质的基石;另一方面,这一问题的解决也有助于深入了解当代东正教与天主教之间的区别。本节将从拜占庭教会与世俗权威的关系、与传统的关系以及与修道生活的关系三个方面切入这一论题。

一 教俗关系方面的依附性特征

马克思主义经典作家曾说:"东正教不同于基督教其他各教派的特点,就是国家与教会、世俗生活与宗教生活混为一体。"[①]拜占庭时期的东正教会在教俗关系方面已显现出明显的依附性特征。这一特征极大地弱化了拜占庭教会的感召力,使东部基督教世界呈现出教会、国家、传统与圣徒权威共享的局面。

拜占庭教会与世俗政治权威的关系是由"神权政治"观念界定的。这一观念最早产生于君士坦丁统治时期,是由4世纪早期凯撒里亚的主教尤西比乌斯提出的。它集中阐明了教会从属于由上帝加冕的拜占庭皇帝的思想。依据教会作家尤西比乌斯的描述:"基督教罗马帝国是天国的预示,正如天国只有一个上帝,人间也只有一个君主,那就是罗马帝国皇帝。皇帝是上帝在人间的代理,是教会和国家的有形首脑,因为二者是相通的。"[②]在拜占庭政治生活中,神权政治的观念

---

① 卡尔·马克思、弗里德里希·恩格斯:《马克思恩格斯全集》(第十卷),中共中央马克思恩格斯列宁斯大林著作编译局译,北京:人民出版社1965年版,第141页。

② Eusebius, *The Universal Empire and the Church Universal*, in D. J. Geanakoplos, *Byzantium*, p. 131.

不仅适时地神化了君士坦丁的君主制度,而且还促进了拜占庭皇帝对教会“至尊权”的发展。据现代学者分析,所谓拜占庭皇帝的“至尊权”就是在这一时期发展起来的。其内容主要包括:主教任免管理权,“帝国各教会的主教,包括罗马主教必须听从皇帝的召唤,随时到首都参加会议和接受皇帝的训示”①;基督教主教大会举办权,“拜占庭皇帝积极参与,不仅亲自主持宗教会议,参加神学讨论,而且为宗教会议做出最终决定”;解决教会内部争端的仲裁权。② D. J. 基纳勾普洛斯将“尊权”的内容进一步阐述为:除任命牧首、召集普世会议、建立主教职位的等级并评定任命资格以及罢免不驯服的牧首之外,皇帝的“至尊权”还表现在“具有某种与教士相似的礼仪特权,如向会众布道和焚香致敬,甚至可以亲自为圣体血祝圣”。③

至查士丁尼时代,“神权政治”观念被进一步用法律的形式加以阐明,从而标志着拜占庭帝国中央集权统一政治模式官方意识形态建设的完成。《查士丁尼法典》规定:“教会权威和帝国权威是上帝出于怜悯而给予人类的最大祝福。教士主管神圣之事,帝国权威被设置来管理人间事务;但两者都出自同一源泉,都装点人类的生活。对皇帝而言,没有什么比教士的尊严与荣耀更值得关心;而当他们为皇帝而祈祷的时候就更值得关心。”④比之于尤西比乌斯的理论,《法典》进一步阐明了世俗权威与教会之间的权力范畴,但同时也肯定了前者对后者有管理职能。

6 世纪以后,“神权政治”观念的发展主要体现在教会法领域。虽然查士丁尼肯定了教会法的地位,认为“教会法具有民法的效力,教会法庭甚至具有高于世俗法庭的地位”⑤,但是,查士丁尼时代的法律规则对于教会而言依然不尽如人意。一方面,虽然规定世人要在主教的法庭上起诉教会人士,但是如果双方对审判结果不满意,则行省长官就有权自行审判,甚至可以“逮捕教士、把他们强行带至法

---

① 陈志强:《独特的拜占廷文明》,第 20 页。

② 陈志强:《独特的拜占廷文明》,第 26 页。

③ D. J. *Geanakoplos*, *Byzantium*, p. 136.

④ Justinian, *Novella Ⅵ: Imperial Authority over the Church*, in D. J. Geanakoplos, *Byzantium*, p. 136. *Corpus Iuris Civilis*, ed. R. Schöll and W. Kroll, vol. 3. Berlin: Weidmann, 1895 (repr. 1968), TLG, No. 2734013.

⑤ 陈志强:《独特的拜占庭文明》,第 43 页。

庭"[1]。另一方面，查士丁尼所给予教会法的地位尚未超出民法的范畴，教会法对于刑事案件是无权过问的。至伊拉克略时代，以上情形才有所缓解。629年，伊拉克略颁布了一条新法令，用以保证教士在法庭的地位。该法令指出："所有针对君士坦丁堡的或居住在该地的主教、教士和僧侣的民事诉讼都要由牧首或代表他的法官审理。君士坦丁堡以外的，可以向牧首起诉，除非他们愿意向世俗法庭起诉。"[2]这一法令保证了教会人士可以不被强行带至世俗法庭。另外，伊拉克略时代还颁布了一项有关处理刑事案件的新律，它规定："无论是君士坦丁堡的大主教或其受委托人，还是各行省的主教或督主教，都将按照教会法对指控教士的诉讼进行判决，并对犯罪者予以处罚。"[3]这项法律的颁布首次在刑事法范畴建立起教会的权威，成为后世建立教会审判权限的蓝本。

尽管"神权政治"观念发展得越来越丰富，有利于教会方面的含义越来越多，然而作为整合拜占庭教会与国家关系的基本准则，其本质从来都没有游离出尤西比乌斯所界定的范围，即皇帝的"至尊权"一直控制教会。C. H. 布尔加柯夫曾分析过拜占庭教会与国家间的这种看似和谐的关系："教会与国家'交响乐'式的关系也使得君主在掌管国家生活的全部领域的时候，也支配教会生活。当这种和谐被不和谐破坏的时候，君主就企图在教义上领导教会，把自己的异端信条强加给教会。"[4]伴随着世俗权威对教会控制得越来越严格，尤其是对精神事务的干涉，教会方面努力界定教会在"神权政治"体系中的权力范畴，强调教会在精神事务中的独立性。

首先是7世纪的一位修士神学家殉道者马克西姆斯(St. Maximus the Confessor, 580—662年)，他对帝国权威在教会的权力进行了限定。针对世人相信皇帝拥有教士特权的说法，他提出"皇帝并非教士，因为他不能进入祭坛，他也不能在面包被祝圣后拿起来说'神圣的归属于神圣'，他也不能施行洗礼或涂圣油礼，他也不能施行神品……他不能像拥有王冠和紫袍那样拥有教士的象征——福音书

---

① J. M. Hussey, *The Cambridge Medieval History Ⅳ: The Byzantine Empire*, part II, p. 126.
② J. M. Hussey, *The Cambridge Medieval History Ⅳ: The Byzantine Empire*, part II, p. 127.
③ J. M. Hussey, *The Cambridge Medieval History Ⅳ: The Byzantine Empire*, part II, p. 127.
④ C. H. 布尔加柯夫:《东正教——教会学说概要》，徐凤林译，商务印书馆2001年版，第196页。

和教士礼袍"[①]。不久,9世纪的君士坦丁堡牧首弗提乌斯对牧首的权力作了较详细的界定:"牧首有权依据传统和宗教会议的决议来单独解释教会法;牧首应该关心和裁决因早期教会在普世会议和行省宗教会议中的言行所引发的问题。"[②]此外,他还提到了教会与国家的关系模式,即"因为国家的政体是由各个部分组成的,其间最高级和最重要的部分即是皇帝和牧首。因此,国民在灵魂与肉体上的和平与幸福都有赖于教权和俗权的和谐一致"[③]。显然,拜占庭东正教的这一演变是与前此发生的、长达百余年的毁坏圣像运动有密切关系,或者可以认为这场运动的一个长远后果是强化了拜占庭东正教对世俗皇权的依附。

对于教会权力的界定在一定程度上反映了拜占庭教会对世俗权威干涉教会事务的不满。但是,从马克西姆斯和弗提乌斯的上述观点来看,其权力要求并没有超出精神领域的范畴。正如E.贝克所分析的:"教会伸张其独立性的渠道主要是牧首和修道士;但在其背后是世人的精神与气质,他们感兴趣的是教会事务(而不是政治事务),并随时准备支持一位德高望重的牧首或修士。"[④]即便如此,9世纪以后的教会人士在精神领域伸张独立的行为,也使"神权政治"观念在理论上限定了皇帝对精神事务的介入,突出了教俗之间的合作气质。事实上,拜占庭教会与世俗权威之间的关系模式经过查士丁尼时代的法律界定之后基本上没有变化。据J.M.胡塞分析:"拜占庭社会的理论原则,在14世纪和8世纪一样,都是大一统的独裁原则,政治军事和经济的每一部分都是和王权紧密相连的;而王权自身有时是赋予其形式和意义的天国统治权在物质上的反映。"[⑤]以拜占庭基督教信仰为核心的统一帝国官方正统的意识形态就这样形成了。

综上所述,在拜占庭皇帝"至尊权"的作用下,拜占庭教会与世俗权威之间的关系在本质上是从属于中央集权专制政治体制的。但其外在表象,例如在上文提及的教会法层面抑或理论层面,君士坦丁堡牧首和拜占庭皇帝之间也是标准的"双头"政治,或者可以将拜占庭的教俗关系理解为皇帝专制主义控制下的合作

---

① Maximos, *On the Limits of Imperial Power over the Church*, in D. J. Geanakoplos, *Byzantium*, p. 138.

② Photius, *Defines the Powers of the Patriarch*, in D. J. Geanakoplos, *Byzantium*, p. 138.

③ Photius, *Defines the Powers of the Patriarch*, in D. J. Geanakoplos, *Byzantium*, p. 137.

④ E. Barker, *Social and Political Thought in Byzantium*, Oxford: Clarendor Press, 1957, p. 8.

⑤ J. M. Hussey, *The Cambridge Medieval History* Ⅳ*: the Byzantine Empire*, part Ⅱ, p. 79.

关系。

如果说拜占庭的教权和世俗权威是帝国中央集权政治的两个方面，那么西部教会在教俗关系上所显现的就是“对立”和“斗争”的概念。如前文所述，西欧陷入数百年战乱后的特殊的政治、经济和文化环境，使罗马主教区由一个教会中心主管迅速成长为带有世俗要求的权力中心代表人物。这一变化不仅导致了其与君士坦丁堡教区之间的权力之争，而且也对其与世俗政治权威之间的关系产生了重要影响。

西部教会的教俗关系理论产生较早。教宗对世俗权力的追求最早始于5世纪，即在马克西姆斯等东方神学家对尤西比乌斯的“神权政治”观念进行诠释之前的两个世纪，罗马主教格拉修一世（Gelasius Ⅰ，492—496年在任）就已经率先确立了教权与皇权的分野：“基督……依其适当的行为和特殊尊严，区分了两种权力的职责……故基督教教宗为得到永生需要主教，主教在世俗事务上应求助于皇帝的。”[①]6世纪，教宗格里高利一世又在奥古斯丁“双城论”的基础上进一步提出了“双剑说”，用以在理论上形成教权高于世俗政权的明证。他将《路加福音》中提到的“两把剑”释义为神权和政权，并指出“这两把剑都属于彼得，而教宗是彼得的继承者，所以教权与皇权都属于教宗，教宗高于世俗君主”[②]。8世纪，由于教宗国的建立，罗马教宗对世俗权力的追求更进一步演化为“教会自由”的观念，即“使僧侣摆脱皇室、王室和封建主的统治，并使他们统一在教宗之下”[③]。在格里高利七世（1073—1085年）统治时期，罗马教廷颁布了《教宗敕令》更为有效地强化了教权高于世俗权威的思想。根据第27条规定：“唯有教宗一人具有任免主教的权力”，“唯有教宗一人有制定新法、决定教区划分和设立新教区的权力”，“教宗有权废黜皇帝”，“教宗可以命令臣民指控其统治者”，“教宗永无谬误”，“凡不与罗马教会和谐的不得视为基督徒”[④]。纵观西部教会的教俗关系理论，其核心内容早已超越了教俗权力分野阶段，它与拜占庭教会的“神权政治”论的本质区

① J. H. 伯恩斯：《剑桥中世纪政治思想史》，引自丛日云：《西方政治文化传统》，第399页。
② 唐逸：《基督教史》，北京：中国社会科学出版社1993年版，第97页。
③ H. 伯尔曼：《法律与革命——西方法律传统的形成》，引自丛日云：《西方政治文化传统》，第529页。
④ 唐逸：《基督教史》，第98页。

别在于,对教权高于世俗权威的强调和教宗绝对权威的突显,其间所流溢的不是和谐的相处而是对立的冲突。西部教会主动提出教权高于俗权的底气在于,忙于各层级、多种类封建战争的世俗权力没有足够的实力和魅力与罗马教会争锋。

罗马教会与世俗权威之间的权力争夺不仅局限于理论上,在现实中亦有所体现。西部其他民族国家的政治多元化和文化的贫乏,使罗马教会在5世纪时就已经凭借在宗教和文化上的优势来攫取世俗权力,并且获得了丰厚的土地馈赠。由于西部社会的封建体制,这些土地日后都演化为集政治、经济和司法权力于一身的封地。虽然这些教会土地完全脱离世俗权威的封建体系是不现实的,但罗马教廷却极力强化对这些封地的控制,以免教会的财产外流。11世纪的主教叙任权之争正是反映了教俗双方在土地问题上的争执。教俗斗争的最终结果是"教会自由"思想的实现。"教会自由"使西部教会的教俗关系显现出极复杂的局面。就罗马教会而言,它一方面在法律上是整个西部地区的所有教职人员和属灵事务的管理者,另一方面又常常在现实生活中借助于教士干涉世俗权威的世俗事务。就世俗权威而言,它也与教会一样在法律与实际生活中扮演着双重角色。正如一些学者所分析的:"教宗和国王相互冲突的权力要求在多大程度上得以实现,取决于双方的力量对比和实际历史环境。当其中一方处于劣势时,他不会失去最后的权力基地,另一方也不会越俎代庖;当他处于优势时,他也会面临着一个潜在的竞争对手,失势者不会放弃其权力要求。双方如影随形,没有一方能一劳永逸地摆脱对方的制约,成为独一无二的主宰。"①

总之,西部教会无论在理论上还是在实践中都更强调教权至上的思想。就西部教会在中世纪所达成的"教会自由"的状态而言,纵然离它所追求的由教宗以神权统领西欧的政教合一的境界尚有一段距离,但是比之于拜占庭教会所处的那种皇帝控制下的"合作"式的教俗关系,它仍然是西部社会中实际存在的一种力量。它的存在是无条件的,不像拜占庭教会,"总是希望最大程度地影响国家政权,却不是从外部,而是从内部"②。

在宗教层面上,拜占庭教俗关系上的这种合作关系直接导致了拜占庭教会宗

① 丛日云:《西方政治文化传统》,第539页。
② C. H. 布尔加柯夫:《东正教——教会学说概要》,第197页。

教权威的不完整性。与西部教会相比,其不完整性主要表现在:缺乏具有绝对权威性的宗教领袖。在拜占庭教会,不存在与罗马教宗相对应的宗教领袖。君士坦丁堡牧首虽然是教会法的执行者和圣事的实施者,但是如前文所述,皇帝才是"教会与国家的首脑,是教会秩序和信仰的保卫者";在西部教会教宗"永无谬误",但在拜占庭教会,这样的品质被赋予了皇帝:"皇帝永无谬误。教会只可以对其进行劝诫,或以传统及圣灵之名反复地提醒他。"[①]然而,从另一方面看,拜占庭皇帝也不足以像教宗那样承担教会权威的角色,皇帝虽然拥有对教会的"至尊权",但不拥有绝对的教士特权。其差别在于皇帝不能实施圣礼,正如13世纪教会法学家指出的,"皇帝拥有实施圣礼以外的一切教士特权"[②]。因此,就拜占庭教会的宗教权威性而言,绝对且统一的宗教权威并不存在。拥有教士特权的牧首并不是教会的真正领袖,他必须服从于皇帝;皇帝作为教会与国家共同的领袖,他分享了牧首的宗教权威,却不能分享完整的教士特权。

教俗之间不平衡的合作关系,使皇帝成为东正教的精神权威的象征,而把教会变成了该权威意志的执行者。换一个角度看,教会成为中央集权制统一帝国主管信仰为核心的意识形态事务的机构。这使得教会不断地在教会法规与世俗政策之间迂回,并迫使其努力寻求新的依托以弥补绝对权威的真空状态。传统与修道者的重要性正是在这样的环境中显现出来的。伴随着东正教传统主义和遁世主义特征的日益成熟,拜占庭的教会权威最终被分为四个部分,由拜占庭皇帝、教会、修道院和使徒传统所共享。

二　拜占庭时期东正教的传统主义特征

拜占庭教会的传统主义精神,集中体现于其对"圣传"的尊崇。拜占庭教会对于"圣传"的界定并不十分清晰。大部分概念都是描述性的。例如H.威德姆斯的定义:"圣传是用各种方式展现的关于教会生活的活的溪流,为其成员提供灵

① E. Barker, *Social and Political Thought in Byzantium*, p. 8.

② D. M. Nicol, *Church and Society in the Last Centuries of Byzantium*, p. 3.

性的气氛、食粮和指导,而其中所蕴涵的只是能够完全被理解的关于基督的信息。"①事实上,即使教会人士也很难回答"属于圣传的和属于一种过去习俗的不重要的事物之间究竟有什么不同"②。就一般信徒而言,"圣传是那些虔信上帝的人以其自身的榜样或语言世代相传的传统"③。

对于拜占庭教会而言,圣传的重要性主要表现在两个方面。第一,作为教义的来源之一,圣传与圣经地位同等重要。这一观点显然与西部教会不同,后者只承认圣传是圣经以外的另一教义来源;然而,在拜占庭教会看来,圣传却关系到对圣经的理解和感悟。"他们要求把圣经和圣传的基本教理联系在一起,相互印证。认为只有这样,才能理解神启的深刻奥秘……讲解圣经必须借助于圣传,否则易导致对圣经的曲解和产生异端。"④第二,圣传不仅蕴涵着与教义相关的内容,而且也包含了礼仪等方面的内容。在这个意义上,圣传被视为是对圣经的补充。⑤

拜占庭教会所尊崇的圣传大致包括如下内容:早期地方教会(耶路撒冷、安条克教会等)的信经;使徒法规;前七次普世主教会议决议、第六次普世主教会议肯定的三次地方主教会议所确定的教义及宗规法;教父们对信仰所作的说明,包括新凯撒里亚的格里高利和大瓦西里的信纲,格里高利·帕拉玛对东正教信仰的解释等;前七次普世主教会议和4—8世纪地方主教会议文献(亦译为"业绩");古代的主要祭仪,按东正教神学家意见,其中许多礼仪来自使徒;殉教者的文献;教会中教父与导师的著作,包括尼萨的格里高利的《教义大纲》,大马士革约翰的《神学大全》等;古代教会对节日、圣地、礼仪等活动的实际经验,其中部分见于书面记载。⑥ 这九类内容构成了延续至今的东正教圣传体系。

拜占庭教会对传统的尊崇在本质上是对传统的固化,即把传统变成了具有象征意义的权威。这一点从其对圣传的尊崇方式即可明鉴。拜占庭教会对于上述圣传是完全按照其"原初形式"加以接受的。它"信守基督教从公元325年至787

---

① H. Waddams, *Meeting the Orthodox Churches*. London: SCM Press LTD, 1964, p. 32.
② H. Waddams, *Meeting the Orthodox Churches*, p. 35.
③ 于可:《世界三大宗教及其流派》,第113页。
④ 于可:《世界三大宗教及其流派》,第114页。
⑤ H. Waddams, *Meeting the Orthodox Churches*, p. 35.
⑥ 于可:《世界三大宗教及其流派》,第114页。

年之间所召开的七次主教大公会议和《尼西亚信经》的基本教条，对它们不做任何修改，补充和革新”[①]。前文提及的东西教会关于“和子说”的争论，表面看来就是能否按照原初形式接受《尼西亚—君士坦丁堡信经》的问题。

拜占庭传统主义的形成主要是受到拜占庭教俗关系的影响。由于拜占庭教俗不平衡的合作关系把皇帝变成教会的精神象征，更把牧首变成执行权威，以至于教会因依附于皇帝而在世人面前丧失了权威地位，而皇帝的权威地位在精神事务中又常常受到教会的挑战。在这种情形下，拜占庭人在教会事务中便自然而然地转向传统，并把传统的力量演化为一种权威。埃夫里尔·卡梅伦曾就教父观念的权威性提出两种逻辑，即一贯正确的教父们的经典著作中所表现的权威观念是若干次大公会议的杰作：“教父们的观念在一切都不确定的年代里都将是确定的保证。这一时期的宗教会议在本质上都呼吁权威，同时他们自身也构筑了权威。”[②]这种逻辑也可以扩展到整个传统主义的范畴。将传统演变为权威是基于教会对权威的需求。传统主义的作用之于教会，就如同习惯法之于中世纪的英国。后者因为没有成文法而将习惯演变为一种法律，拜占庭东正教教会亦是由于缺乏有效的精神权威而把传统塑造成具有象征意义的权威。传统的权威化历程开始于拜占庭教会对传统的重视。

传统主义的出现对拜占庭的教义、礼仪和神学都产生了重要的影响。就教义而言，传统主义是导致拜占庭教会在教义上缺乏体系论证并走向神秘化的直接原因。东西方教会皆以前七次普世大公会议的决议为其教义的主体部分。但是由于东部教会对传统的过分尊崇，完全依据原初形式接受圣传，这使得其教义体系基本上未游离出前七次大公会议决议的范畴。或言之，拜占庭教义的体系界定，即是《尼西亚信经》和前七次大公会议的界定。在此基础上，拜占庭教会的基本信条得以建立。

在这种情形下，为了使这些教义演变为一个在任何时候都无须论证的体系，拜占庭神学家强化了圣灵的作用，借以使其教义体系陷入神秘意境。他们提出“这些信条是圣灵感应的、不容置疑的、永恒不变的、为理性所不能理解的、必须以

---

① 乐峰：《东正教史》，第46页。

② Averil Cameron, *Changing Culture in Early Byzantine*, Aldershot: Variorum, 1996, p. 32.

信仰来体验的绝对真理”①。与之相对,西部教会没有对圣传采取固化尊崇的态度。他们在接受前七次大公会议决议的同时,为了突出教宗高于一切的权威地位,不断在教义体系中融入新内容。无论格里高利七世所颁布的《教宗敕令》,还是著名的“和子说”观点,抑或后来出现的关于“炼狱”“圣母”等思想,在它们被纳入教义体系时,都曾迫使神学家对西部教会的教义进行过概念化的界定,这也是西部教会得以建立起明晰的教义体系的重要原因。至于在中世纪晚期与近代之交的宗教改革运动中所产生的基督新教各派,则在经典方面完全抛弃了圣传,他们普遍相信“圣经是信仰的最高权威”,拒绝接受天主教和东正教的其他经籍。在避开了传统的羁绊之后,新教的改革神学比天主教更具社会实践意义。例如,瑞士宗教改革中的兹威格利(Zwingli)神学充分体现了依据圣经去改造社会的愿望。在其早期改革神学中,其教会观原本没有涉及教会与国家的关系。他所倡导的改革教会的外在标志只包括“宣讲圣经、实施必要的圣礼和组织机构、以及拥有固定的教规”②。兹威格利后来之所以在教会观中注入了“家教会”的概念,主要是由于改革过程中政治形势的变化——再洗礼派所倡导的教会礼仪和组织改革曾一度给苏黎世城的政治秩序带来了混乱。③ 其“国家教会”观主要强调教会与国家结盟的重要性,他指出,“有形教会内部存在着一些蛮横而凶残的人,即使被革除教籍数百次仍不以为然,因为他们没有信仰。因此需要有政府对之施以惩罚……很明显,如果没有市政府,教会就会陷入残破而无力的状态”④。

对传统主义的尊崇也影响到了拜占庭神学。或者更确切地说,是教义体系的神秘化导致了拜占庭神学的无体系倾向。虽然教义体系的神秘化不是唯一的致成因素,但其作用不可忽视。一方面,教义体系的固化使得神学缺少了系统化的动力,变成了各种没有关联的神学主题的集合体。另一方面,该教义体系本身即主导着神学沿着两个不同的主题方向发展。首先,该体系的神秘化直接促进了拜

① 于可:《世界三大宗教及其流派》,第115页。

② Zwingli, *An Exposition of Faith*, in G. W. Bromiloy, *Zwingli and Bullinger*. Philadelphia/London: Westminster Press, 1953, p. 264.

③ 再洗礼派:主张圣经乃是教会的唯一法律,基督教进展的正常程序应是讲道—听道—信道—受洗—行善。因此,他们不仅在礼仪上反对婴儿受洗,而且还在组织上否定国家秩序。

④ Zwingli, *An Exposition of Faith*, in G. W. Bromiloy, *Zwingli and Bullinger*, p. 268.

占庭神学家对以圣灵为中介的神秘主义体验的兴趣。迈耶多夫曾提及过拜占庭神学的这一主题，即教父神学和晚期拜占庭神学之间存在着一种连续性，后者是"一种一贯性的神学思维模式，在人与上帝和世界的关系方面强调人性的宿命的一种理解"；但是，他认为这种连续性的形成是由于7世纪的马克西姆斯成功地总结了这一主题："关于基督论的争论隐含着一个关于上帝和人之间的关系的概念，后来由马克西姆斯创造性地加以总结，成为一种'参与'神学，为拜占庭基督教思想的发展提供了框架"。[①] 如果从传统主义的影响出发，即使没有马克西姆斯的出色发现，拜占庭神学中或许依然存在这一现象，其动力在于拜占庭教义体系的神秘化所导致的对于圣灵的永恒的重视。其次，由于神秘化的教义体系基本上不再生成各种新概念，而是演变出各种没有被写入教义的神秘感受。所以神学家们对信仰的执着便相应地在对各种神秘感受的释义过程中得以展现。正如布尔加科夫所言："东正教的教义是一个丰富而扩展的领域，但其大部分不是以教会成员接受的强制性方式加以阐述的。"[②]这种新的阐述方式便是神学。它意味着拜占庭神学主题对教义体系以外的宗教实践感受的青睐。其中特别重要的内容，尤其是与基本信条相关的内容往往被列为"神学释义"（Theologumena），该词意指"不是以教会权威直接教导信徒的统一的信条，而是因其与其他教理明显有关而推荐信奉的信条"[③]。例如，关于圣母和圣徒的崇拜、关于圣礼和拯救的学说、关于末世论的学说等等。总之，分散的主题进一步弱化了拜占庭神学演绎为体系的可能性。

就礼仪而言，传统主义的影响使拜占庭教会礼仪在总体气质上显现出保守主义的特征。"用超保守主义的态度对待那些不值得注意的小事，使其夸张地显得重要……新的习俗则被视为异端的标志。"[④]这主要体现在具体礼仪规范上。比之于西部教会，拜占庭教会更"拘泥于古代基督教的教义和礼仪"[⑤]，强调某些礼仪规定的不可变更。例如，对包容在圣餐礼中的祈祷、祝圣方式、强调传统的圣游

---

① John Meyendorff, *Byzantine Theology*, New York: Fordham University Press, 1974, p. 3.

② H. Waddams, *Meeting the Orthodox Churches*, p. 36.

③ C. H. 布尔加柯夫：《东正教——教会学说概要》，第126页。

④ 见 H. Waddams, *Meeting the Orthodox Churches*, p. 35。

⑤ 乐峰：《东正教史》，第46页。

行,强调传统的浸洗方式,强调斋戒的古代习惯,强调沿用传统的教历等等。由于本节不以拜占庭教会礼仪为讨论重点,故在此仅以圣餐礼为例加以说明。拜占庭教会的圣餐礼之所以庄严而华美,很大程度上是因为对传统的因袭。首先,拜占庭圣餐礼中依然延续了祈祷和诵经的传统。如前所述,西方教会由于语言原因而放弃了圣餐礼中的问答式祈祷,同时还缩短了诵经的篇幅,以至于最终将西部教会的圣餐礼演化为由循规蹈矩的仪式和盛大的神秘剧涵盖的弥撒。在拜占庭教会,由于不存在施礼者与会众之间的语言障碍,圣餐礼中的信众齐声祈祷和互动式诵经便一直延续下来,甚至于古代基督教圣餐祈祷中的应答方式也被保留在其圣餐礼的前祷中。除前祷外,诵经士和执事伴随着仪式进程唱诵大量的经文、赞美诗。或许这些唱诵使得拜占庭的圣餐礼过于冗长,但是在东部教会借助于圣屏使圣餐礼仪神秘化之后,祈祷和诵经就成为施礼者与信众之间最有效的沟通手段。这种祈祷不仅把会众聚在一起,而且还以执事为中介使会众与圣屏内的神职人员连为一体。其次,拜占庭的圣餐礼还延续了一种奇特的祝圣和分领方式。在圣屏后面的神职人员为有酵饼和葡萄酒祝圣之前,必须进行大小两次圣游行:一次是从圣屏的执事门进入会众之间,然后带一本福音书从圣洁之门回返;另一次则是带着面包和葡萄酒圣器,这些都将被拿到圣桌前祝圣。此外,在祝圣祷之后要附加一句乞求圣灵降临于会众和圣赐的祈祷词“Επίκλησις”。[①] 在分领方式上,其传统意识表现为:葡萄酒在祝圣后不能直接注入圣杯,而要先用少量热水注入圣杯与祝圣过的葡萄酒混合。这一传统后来也被神学家赋意为与圣灵有关的行为,它被用来象征圣灵的火和热。[②] 我们承认,拜占庭圣餐礼的独特性的确与古代基督教传统有着密切的关联。

过分尊崇传统的气质,通过拜占庭教义和礼仪的运作,在教会之外亦形成了一种保守主义的社会心理积淀。人们倾向于肯定那些习以为常的、无改变的事物,而对变化或创新则持否定态度。这种心理积淀在本质上是一种群体潜意识,它不像那些确指的思想观念,局限于特定的时间和空间。相反,它只是隐藏于拜占庭人的内心,并通过他们的社会行为对社会产生影响。因此,它可能会把这种

---

① H. Waddams, *Meeting the Orthodox Churches*, p. 51.
② H. Waddams, *Meeting the Orthodox Churches*, p. 51.

保守主义的气质传导至社会的各个领域。语言是文化的载体，保守主义的心理积淀在拜占庭人的语言中有明显的反应。D. M. 尼克尔曾提及“在拜占庭语中，表示‘异端’的词汇是‘创新’或‘新鲜事物’；而表示社会政治动乱的最常见用语是‘无秩序’和‘混乱’……非常有趣的是，菲洛西奥斯牧首把‘暴乱者’斥责为‘野蛮人’和‘外邦人’”①。

这些语汇的等同关系十分耐人寻味。“创新”和“新鲜事物”被拜占庭人指代“异端”，隐含着他们对这两个概念的否定；用“无秩序”和“混乱”指代社会动乱，表明了他们对“秩序”和“规则”的赞同；而用“野蛮人”和“外邦人”来指代“暴乱者”，则不仅反映他们对暴乱的否定态度，而且更暗示了这种行为游离于拜占庭人的行为准则之外。由此可见，拜占庭人在潜意识里倾向于否定“创新”“新鲜事物”“无秩序”“混乱”等概念或行为。

三　拜占庭时期东正教的遁世主义特征

本书前文曾涉及基督教的修道活动，它原本是由于基督徒对灵魂与上帝相融境界的追求而形成的一种世俗的生活方式，以“禁欲、守贫和服从”为基本生活原则。它最早出现于埃及的荒凉沙漠，而后逐渐向东传播到巴勒斯坦、叙利亚和君士坦丁堡以北等地区；向西则传播到日耳曼诸王国。对于大规模修道活动出现的原因，学术界至今尚无定论。

大致有以下几种说法。第一，出于政治原因，“帝国皇帝的频繁更替，各地割据势力的混战不休，使人人自危，如履薄冰。无助的失望增添了人民对社会的厌烦……厌倦了一切的情绪使人民渴望逃避现实社会”②。第二，出于心理原因，即“由于公元3世纪中期的迫害所导致的持续性影响。迫害令基督徒形成一种观念，即没有迫害的宁静的生活是不可想象的，于是他们自己成为自己的迫害

① D. M. Nicol, *Church and Society in the Last Centuries of Byzantine*, Cambridge: Cambridge University Press, 1979, p. 25.

② 王亚平：《修道院的变迁》，北京：东方出版社1998年版，第2页。

者"[①]。第三,出于宗教原因。这种观点认为"基督教会内部发展起来的一种生活方式,它通过把基督教道德原则推进至及至而有机地发展起来。基督教认为人生最重要的是灵魂,基督徒的婚姻是荣耀的,却是属世的,而对之超越就可以像天使一般生活"[②]。还有一种说法认为,基督教教会组织结构化造成部分教会精英缺乏上升通道,以至于转向修道生活。不可否认的是,拜占庭帝国的修道活动发展得十分迅速。据史料记载,"在毁坏圣像运动爆发以前,拜占庭帝国的人口近乎可以分为两个平衡的集团——僧侣和俗人"[③]。

纵观拜占庭的修道生活,其管理水准较低,没有同西部教会的修道生活相类似的修道制度,至少其成熟要缓慢得多。各修道院在名义上从属于所在辖区的主教管理,但修道院的管理实际上是受私人捐助者控制。另外,修道模式也纷繁复杂,单独隐修模式与集体和半集体化修道模式共存。以拜占庭帝国的修道圣地阿索斯圣山为例,那里虽然以半集体化的"拉乌拉"式修道院为主,但同时也存在"科诺比"式的集体修道院。[④] 单纯就修道理念而言,拜占庭帝国的修道生活存在某些相似之处。修道者们保持并发展了从安东尼的修道生活中演绎出来的遁世主义修道理念,把修道目标始终固定在对遁世境界的追寻上。"遁世"之基本内涵是"离世索居"。它是英语中修士(monk)、隐士(hermit)和遁世者(anchorite)三词的原始意义。著名神学家和宗教史学家汉斯·孔曾考察过这三个词的词源。他指出,"修士一词源于希腊语 μοναχός,意指'孤独的生活'或'孤独生存于世之人',因此,修士可以是一位遁世者,即已经从尘世逃离或隐退于荒野之人,也可以是一位隐士,即居住于荒野之人"[⑤]。后世学者曾对他们加以描述:"如果被问及所做之事——是否布道、宣教、济贫或做告解——他们将解释说:这些事是由世人做的,而他是名修士。修道生活的典范只意味着一件事,即离开这个世界。"[⑥]这

① Panayiotis Christou, *The Monastic Life in the Eastern Orthodox Church*, in Myriobibls Etext Library Main Page (myriobiblos. gr).

② Panayiotis Christou, *The Monastic Life in the Eastern Orthodox Church*, in Myriobibls Etext Library Main Page.

③ G. Ostrogorsky, *History of the Byzantine State*, p. 121.

④ J. M. Hussey, *The Orthodox Church in the Byzantine Empire*, Oxford: Clarendon Press, 1986, p. 343.

⑤ Hans Küng, *Christianity: Its Essence and History*, London: SCM Press, 1995, p. 217.

⑥ A. Fortescue, *The Orthodox Eastern Churches*, p. 354.

种修道理念与西部基督教会的入世主义修道理念存在着明显差异，后者通过把修道手段同教化社会的目标相结合，使每位修士都变成“为基督而战的战士”①，进而使修道活动由一种世俗的生活方式变为宗教活动。

拜占庭的遁世主义修道理念使其修道生活方式呈现出明显的否定尘世的倾向。就其修道手段而言，它在“禁欲、守贫和服从”三原则的基础上比西部更强调自我戒罚的作用。其中，单独隐修者和早期集体修道者更强调对肉体的自我戒罚，主要包括长期禁食、少眠或不眠、穿铁衣、戴铁链、不间断地祈祷和冥思以及体力劳动等忍受人类肉体痛苦极限的行为；晚期的集体修道者相对强调对精神的自我戒罚，主要以对礼仪的尊崇和绝对冥思为特征。在处理同世人的关系上，该理念主要强调绝对避世和相对避世原则，前者主要为单独隐修者所实践，并被演绎为“远离尘嚣”式的沙漠或高山隐居；后者主要为集体化半集体化的修道院所实践，主要以道德避世为主。总之，无论是自我戒罚的修道手段，还是躲避尘世的阻断社会联系原则，修道者都是希望以此来磨炼自我意志、否定自我意愿，并最终达到否定尘世追求的境界。这是一种绝对平静和空灵的境界，既没有对金钱、权势的向往，也没有对荣誉和理想的奢望，甚至没有情绪的变化，在空灵的内心只存有对上帝的爱。阿塔纳修斯在描述安东尼第一次隐修生活结束后的情形时，曾记载过这种境界。他写道：“他的心灵更趋于平静，既没有狂喜，也没有沮丧；他永远是完美的，仿佛正在为理智所控制，永远处于自然的国度……他总是要世人记住上帝的仁慈和上帝的爱。”②

拜占庭的修道活动对其教会的宗教生活产生了深刻影响，尤其是遁世主义修道理念及其生活方式所展现的虔诚，使拜占庭教会在礼仪层面呈现出某些与西部教会迥异的特征。这主要体现在以下几个方面：首先，它强化了祈祷在拜占庭教会礼仪中的地位。在早期教会礼仪中，祈祷并不占有重要地位。6 世纪以前，祈祷还只是修道生活的手段之一。祈祷之所以能作为一种纯粹的日常活动出现在拜占庭教会仪式中，主要是源于修道者虔诚的榜样作用。在 4 世纪瓦西里的“修

---

① 王亚平：《修道院的变迁》，第 7 页。

② Athanasius, *Life of Saint. Anthony*, in D. J. Geanakoplos, *Byzantium*, p. 166. Athanasius, *Vita Antonii*, eds. A. Gottfried and H. Przybyla, Graz: Verlag Styria, 1987, TLG, No. 2035047.

道规范”中规定:修道者每天要做七八次祷告,主要有夜祷、晨祷、早祷、第三段祈祷、午时经、第五段祈祷和晚祷等。其中较为重要的早祷和晚祷还伴有许多仪式规定。[①] 与之相对,教会人士对赞美上帝的日常礼仪却流于荒疏。因此,查士丁尼一世于528年颁布法令要求:各个教堂的教士必须实施日常宗教仪式,即早祷和晚祷。其理由是:“当世俗人士非常狂热地去教堂吟唱赞美诗的时候,教士却逃避义务,这是极为不妥的。”[②]此后,早祷和晚祷便正式纳入拜占庭教会的日常礼仪之列。当然,除了以纯粹的日常礼仪的形式出现以外,祈祷往往也同某些重要教会礼仪相伴随而出现。以拜占庭教会圣餐礼为例,其礼法中至关重要的部分就是不断由教堂执事和唱诗者诵读各种祈祷文,并保持与信徒的互动。这种祈祷总是给人留下极深刻的印象。据史料记载:“尽管基本礼仪事项皆与西方教会的相同,但由于伴之以各种祷文,对于不习惯这种仪式的人来说,很容易忽视其相似之处。”[③]修道者在凭借虔诚的榜样力量把祈祷推入教会礼仪之门以后,还继续为其发展做出了许多贡献。中世纪拜占庭的修道者,主要是著名的巴勒斯坦的圣萨巴斯修道院和君士坦丁堡的施托迪厄斯修道院的修士,创作了大量“充满了诗性、灵性和乐感的赞美诗”[④],这为拜占庭教会的各种以祈祷为核心的礼仪的发展奠定了基础。众所周知,与西部教会相比,拜占庭教会的《礼仪指南》更为复杂,尤其对各种节日庆典和日常礼仪中的祈祷文的内容,其规定十分具体,而这一切首先应归功于修道者的持续创作。正是在大量可唱颂的赞美诗的创作基础上,才会有拜占庭教会那种复杂的祈祷仪式。

其次,修道生活方式还强化了拜占庭教会对斋戒的执着习惯。拜占庭的教会礼仪对于斋戒的要求比西部教会更苛刻,其禁食的范围“包括了所有肉类品种、奶酪黄油和鸡蛋”[⑤]。它所规定的斋戒次数也比西部教会频繁,不仅有圣运节和复活节前的大斋期,而且在圣彼得节、圣保罗节前,甚至在每次领取圣餐之

① John Thomas & A. C. Hero, *Byzantine Monastic Foundation Documents : A Complete Translation of the Surviving Founder's Typika and Testaments*, p. 104.

② Justinian, *The Civil Law*, Vol. II, in J. M. Hussey, *The Orthodox Church in the Byzantine Empire*, p. 350.

③ H. Waddams, *Meeting the Orthodox Churches*, p. 50.

④ J. M. Hussey, *The Orthodox Church in the Byzantine Empire*, p. 352.

⑤ H. Waddams, *Meeting the Orthodox Churches*, p. 60.

前也要实行斋戒。威德姆斯提出:东部教会的成人之所以较少参加圣餐礼,是由于“教会对领取圣餐之前的斋戒要求过于严格”[①]。有关拜占庭教会与西部教会在斋戒问题上的差异原因问题,宗教学界和史学界一直认为是东部教会的保守主义倾向所致,是教会坚持以行戒来纪念耶稣和圣徒的教会传统的结果:“大节是为纪念耶稣在旷野禁食 40 天而设立……小斋节是为纪念耶稣礼拜五受难被钉在十字架上而设立”[②]。事实上,除此以外,拜占庭教会对斋戒的重视还与修道生活的影响有密切的关系。遁世主义修道理念所倡导的自我戒罚式的修道生活中,禁食一直是重要的修道手段,尤其在单独隐修者那里,长期禁食与少眠、不眠、穿铁衣以及戴铁链一起构成了对隐修者肉体的自我戒罚;在集体修道模式中,虽然这种长期禁食的戒罚手段逐渐为精神戒罚手段所代替,但修道者仍然依据各种修道礼仪的规定严格禁食。相应地,在遁世主义理念为拜占庭社会提供的灵性生活依据中,也明确提到了禁食:“追求灵性生活之人,其身体必须受到禁食、祈祷、悲痛、悔悟和眼泪的控制,由此进入平静状态,不仅单纯地泯灭了人类之情感,而且还仁慈而永久地敬仰上帝。”[③]可见,与修道生活密切相关的灵性生活原则对于禁食的重视也是拜占庭教会礼仪重视斋戒规范的重要原因之一。

再其次,修道生活还对拜占庭教会的一些非规范化的私人宗教仪式的形成产生了深刻影响。在这些非正式的宗教仪式中,最有代表性的就是“私人祷告”,它是拜占庭教徒在规范化的教会礼仪以外进行的祈祷活动,“通常要遵依特别的《礼仪指南》,于清晨和傍晚在家中的圣像前进行。在祈祷、唱诗中,期盼圣灵的降临,并由此实现与上帝的交流”[④]。这种宗教仪式的出现,在很大程度上受到修道生活中“冥思”行为的影响。作为一种重要的修道手段,冥思一直在修道生活中占有重要地位。它往往被修道者神化为一种可以直接与上帝沟通的手段。拜占庭帝国晚期,阿索斯圣山的修道者所发明的冥思方法被称为

① H. Waddams, *Meeting the Orthodox Churches*, p. 52.

② 乐峰:《东正教史》,第 33 页。

③ J. M. Hussey, *The Orthodox Church in the Byzantine Empire*, p. 363.

④ T. Ware, *The Orthodox Church*, p. 310.

"静默",其要求更加具体:"采取坐姿,目光直视脐部(此处被视为人体和灵魂的中心部位),同时控制呼吸。修道者相信在这一过程中,一种神圣之光,就是试图见到的基督变容之光,会向其显现。"①伴随着冥思行为的发展,它所引起的社会反响也日益增强,蕴涵于该行为中的对于人类自身感悟力的自信,也随之传导给拜占庭广大信众,而这正是拜占庭教徒能够在教堂以外通过祈祷与上帝沟通的动力之一。值得注意的是,拜占庭人还利用修道禁闭生活作为惩罚政治犯的手段,他们将下野的皇帝、战败的将领、失意的政客和异己的政敌囚禁在修道院,以此切断其所有社会联系,同时施以精神和肉体的慢性折磨,这在中期和晚期拜占庭更为常见。众所周知的《阿莱克修斯传》作者公主安娜和晚期重要史书《历史》的作者约翰六世,都是被囚禁在修道院期间完成他们各自的传世之作的。

上述影响所导致的东西部教会之间的礼仪差异,虽然不是全部,但较突出地体现了拜占庭教会礼仪的某些特征。在探讨拜占庭教会与西部基督教会的礼仪差异问题时,这些特征也是不容忽视的。

如果说传统主义导致了拜占庭神学的无体系特征和多样化的神学主题,那么修道活动便直接孕育了神秘主义的否定神学。后者在拜占庭神学中占有重要地位。

神秘主义神学是一种修道神学,是根据修道生活体验演绎而成的对上帝与人的关系的看法。神秘主义神学正式兴起于6世纪。然而,早在此之前,以奥利金(Origenes,185—254年)和尼萨的格里高利(Gregorius Nyssenus,335—395年)为代表的早期教父们就已经根据自己的隐修经验对上帝与人的关系进行过神秘主义的表述,而且他们的思想还曾对拜占庭社会的遁世主义修道理念的形成产生过重要影响。奥利金提倡以否定肉体来净化精神,认为这是人类感受上帝并与上帝融合的最好途径。他的理论依据是柏拉图式的灵魂与肉体相对立的思想,认为人类虽然是上帝所创造的一种物质形体,但是拥有理性,而且可以因追求理性而上升为精神形体。在追求理性的途径上,奥利金较强调对支配身体欲望和活动的动

① D. J. Geanakoplos, *Byzantium : Church, Society and Civilization Seen Through Contemporary Eyes*, p. 179.

物本能进行控制,①进而具有明显的禁欲苦行色彩。就总体而言,奥利金的思想对于安东尼的遁世主义理念的形成具有决定性作用。后世学者研究认为,安东尼之所以选择"远离尘嚣"和"自我戒罚"的修道手段,就是因为他坚信"灵魂的强大是与肉体的衰弱相伴随而产生的,肉体的舒适将导致灵魂的懒惰"②。至4世纪,卡帕多细亚的教父们在论述人类与上帝的关系时仍然坚持柏拉图的"灵魂复归"思想模式。其中,尼萨的格里高利尤其强调人性中的"精神"因素在追随上帝过程中所起的作用,他提出:"人的精神生活就是情感服从理性、灵魂追求上帝的上升之路。"③与奥利金不同的是,格里高利认为单纯控制"人类的动物本能"并不能使人类精神强大到能与上帝融合的地步;在精神生活的发展过程中,人类还要学会放弃思想和感觉中一切关于上帝的知识,这才是人类最终实现与上帝融合的关键。他指出:在人类与上帝融合的过程中,"越接近其影像,神圣的本质就越不可见,所以要放弃一切表象,包括任何感觉、思维,直到通过圣灵的作用进入了不可视和不可理解的状态,那就是上帝之所在……因为上帝超越一切知识"④。由此可见,就人类精神生活的发展方式而言,格里高利的思想已经超越了奥利金的境界。他不仅强调否定人类在尘世的物质追求,而且还否定了人类在尘世的精神追求。在这个意义上,他比奥利金更深入也更具体地解释了遁世主义理念的合理性。

6世纪神秘主义神学的代表人物是阿莱奥帕吉特的伪狄奥尼修斯(Pseudo-Dionysius the Areopagite, 活动于500年之后)。伴随着修道生活的广泛传播,其神学思想更多地受到了修道经验的影响。神秘主义神学同早期教父神学最大的区别在于,它是以否定的方式而不是以肯定的方式来讨论上帝的属性。其代表人物伪狄奥尼修斯曾在《神秘主义神学与天国阶梯》中以否定的方式诠释了关于上帝

---

① 奥利金:《第一原则》,引自赵敦华:《基督教哲学1500年》,人民出版社1994年,第99—100页。Origenes, *Vier Bücher von den Prinzipien*, ed. H. Görgemanns and H. Karpp, Darmstadt: Wissenschaftliche Buchgesellschaft, 1976, TLG, No. 2042002.

② Mark Galli, "The Best There Ever Was", *Christian History*, vol. 18, Issue 4(1999), pp. 10 - 17.

③ 赵敦华:《基督教哲学1500年》,第136页。

④ Gregory of Nyssa, *Life of Moses*, in D. J. Geanakoplos, *Byzantium*, p. 180. Grégoire de Nysse, *La vie de Moïse*, ed. J. Daniélou, 3rd edn., [Sources chrétiennes 1 ter.] Paris: Cerf, 1968, TLG, No. 2017042.

的概念。他主要从三个层面描绘了上帝的超越性:第一,他认为上帝超越了存在与知识。他指出,如果有人看到过上帝并了解他所见到的,那么他所看见的必然不是上帝本身,而只是看到某些现存的和为人所了解的上帝的创造物。上帝自身高于理性、高于存在。在这个较高的层面,所有完全的无知实际上就是关于上帝的知识,它超越一切已知之上。第二,他认为上帝超越了至善与神圣。他曾提及,上帝是万源之源,甚至不能称作神圣和至善,因为他是超越神圣和至善的。在这个意义上,他也是无法仿效和学习的。第三,他认为基督的本质即使在其道成肉身之后依然是不可知的。他明确指出,即使在显现后,或者更神秘地讲,即使在显现中,基督依然是隐藏的。事实上他的显现始终是隐藏的,而且他的神秘也是人类不能用思想和语言来把握的。因此,即使我们开口说到上帝,也应缄默或承认自己的无知。① 很明显,在伪狄奥尼修斯看来,上帝是对包括知识、思想、至善甚至是道成肉身的耶稣在内的现实中的一切存在的超越和否定。其关于上帝的"超越性"的思想远远超出了格里高利在前文中所提出的关于"上帝超越一切知识"的观点;相应地,在接近上帝的方式方面,伪狄奥尼修斯的神秘冥想阶段的自我放弃的内容也更具体、更丰富。他曾对此进行了极为详尽的描述:"如果你努力在神秘的冥想中放弃感觉和对理智的运用,放弃一切可感的和可思考的事,放弃现存的和不存在的世界中的一切,那么你可以因无知而朝着与上帝融合的方向上升……通过用不停歇地、完全地自我否定和对一切的放弃,你会在较高的层面获得重生,通过纯净自我和完全的自我放弃,你可能会进入超存在的神圣的黑暗之中。"②神秘主义关于上帝的"超越性"概念,进一步强化了上帝的神秘性和不可知性。从伪狄奥尼修斯对冥思的描述来看,他在人类精神的发展方式问题上似乎并没有超出格里高利的境界,基本上还是强调放弃感觉和对理智的运用,放弃一切可感的和可思考的事物,放弃现存的和不存在的世界中的一切。

超越格里高利的重任被留给了后期神秘主义者。与6世纪的神秘主义思潮相比,后期神秘主义思潮在神学上的价值有所下降。其基本特征是强调以圣像为代表的可感象征在接近上帝时所起的作用,同时极端排斥人类的知识和理性。例

① Dionysius, *The Mystical Theology and the Celestial Hierarcles*, in D. J. Geanakoplos, *Byzantium*, p. 181.
② Dionysius, *The Mystical Theology and the Celestial Hierarcles*, in D. J. Geanakoplos, *Byzantium*, p. 181.

如后期神秘神学的代表人物大马士革的约翰(St. John Damascene,675—749年),就曾明确谈及圣像在人类与上帝融合过程中所起到的不可替代的作用,他指出:"圣像能使上帝和他的朋友获得荣耀,并引导着圣灵的降临。"①可感象征在与上帝融合过程中所起的作用之所以在后期神秘主义思潮中倍受重视,以至于达到从根本上否定人类的知识与理性的地步,主要是由于毁坏圣像运动的影响。据后世学者分析:这一方面是因为圣像拥护者曾大量援引神秘主义理论为圣像崇拜做辩护,进而促进了神秘主义思潮同圣像崇拜的结合;另一方面是因为拜占庭政府在该运动中对新柏拉图主义学说的排斥所致。该行为从根本上削弱了神秘主义思潮的理论基础,不仅使其未能像在西方那样发展出丰富的神学体系,而且还导致了极端排斥知识的倾向。②

神秘主义否定神学的出现,是修道活动作用于拜占庭神学的最有力的明证。神秘主义的否定神学不仅丰富了拜占庭神学的内容,而且发展了拜占庭神学中最具有影响力的圣灵中介主题。如前文所述,由于圣灵被附议于拜占庭教义体系,使圣灵中介理论在拜占庭神学中迅速发展,它不断闪现在对圣礼、教会、圣像崇拜等问题的解释中。否定神学在进一步确定上帝的不可知概念的同时,也强调了信徒参与"三位一体"生活的重要性。正如迈耶多夫所言,"由于否定神学的存在,拜占庭没有正统神学和'神秘主义'神学之间的冲突与对立……在拜占庭,神秘知识并不暗示情绪上的个人主义,而是暗示着一种同存在于整个教会的圣灵的不断交流"③。

综上所述,与中古时期的天主教对比,拜占庭东正教存在着一种严重的权威分化现象。东正教会没有一个像天主教的教宗那样的绝对权威。换言之,教宗权在拜占庭帝国被分为四个部分,由拜占庭皇帝、教会、修道院和使徒传统所共享。这一现象在一定程度上解释了拉丁和希腊两大教派在诸多层面的分歧,是深入了解拜占庭东正教的关键。

---

① John Damascene, *On Holy Images*, in D. J. Geanakoplos, *Byzantium*, p. 153. *Die Schriften des Johannes von Damaskos*, ed. B. Kotter, vol. 3, Berlin: De Gruyter, 1975, TLG, No. 2934005.

② 赵敦华:《基督教哲学1500年》,第195—205页。

③ John Meyendorff, *Byzantine Theology*, p. 14.

第三节

拜占庭东正教神学要点

17世纪以前的世界是个充满了各种信仰的时代,拜占庭人对世界和人生的总体看法也是有神论的。虽然在查士丁尼独尊基督教以前,古典文化在拜占庭社会也占有一席之地,尤其在毁坏圣像运动以后,拜占庭进入教俗文化并存共荣阶段,世俗文化更是拜占庭社会文化的重要组成部分;然而,世俗文化并不能替代东正教文化在拜占庭社会所起到的作用。正如国内学者在探讨拜占庭文化特征时所指出的:“教俗两大文化主流在拜占庭不是作为对立物而存在的,而是相互补充、相得益彰。教会文化在思想和艺术领域内极为活跃,它通过宗教活动和神学争论影响着拜占庭社会心理、伦理道德和社会风俗习惯。而世俗文化则在传统的文学、史学、哲学、语言学和其他自然科学领域内占主导地位。”[①]作为拜占庭社会的信仰载体,东正教不仅借助一系列神圣象征向信仰者传达宗教生活规范,而且也传递着有关世俗生活的真正知识。本节将对东正教所构筑的秩序观念,即世界观和人生观,以及在此基础上形成的教会伦理价值规范进行探讨。这是理解拜占庭人道德和审美风格的重要前提。

一　拜占庭时期东正教的上帝观念

上帝观念是拜占庭时期东正教所构筑的最重要的秩序观念之一。它从有神论的角度,阐明了拜占庭人对世界本原的看法。虽然东西教会都尊上帝为创造天地万物之主,但双方对上帝观的理解却存在本质上的差异。这种区别早在基督教分裂为东派教会和西派教会时就已经存在;至双方最终分裂为东正教和天主教之际,二者在上帝观上的差异就更为明显。

① 陈志强:《拜占庭文化特征初探》,《世界历史研究动态》1988年第8期,第7页。

首先是关于上帝的本质属性问题。西部教会总是把许多人类能够想象得到的美好品质赋予上帝,借以告诉世人上帝的神圣属性。奥古斯丁曾对上帝的属性作出过十分典型的描述:上帝是"至善、至能、无所不能、至仁慈而又至正义、至隐而又至现、至美而又至强、竖实而又不可思议,不变而又变化一切,无新无故而又更新一切……行而不息,晏然常静,总持万机而又一无所缺,负荷一切,充裕一切,维持一切,创造一切,养育一切,完善一切,虽万物皆备而仍不弃置。你爱而不偏,慎而无忧,侮而不悲,恼而仍安,改变工程而不改变目的,采纳所获而从无所失,从无所需而又悦其所得,从不怪吝而又要求收息"[①]。不难看出,在以上的描述中,奥古斯丁把他对上帝的理解是用类比的方法转化为一系列理性概念的集合,甚至于在这一系列理性概念的基础上,西部教会还演绎出一系列对上帝存在的论证。这种上帝观的表述是与西部地区的拉丁文化传统相辅相成的。从罗马法传承下来的法理观念是西部教会神学对上帝观念进行概念化表述的主要原因。事实上,隶属于拉丁文化传统的法理观念不仅作用于上帝观的表述方式,而且还强化了西部教会对上帝的"善"与"爱"的属性的认同。在西部教会神学中,由于受法理观念的影响而突显的"罪与原罪"的主题,使得隐含着拯救意义的上帝的"善"与"爱"的属性备受神学家的重视,成为西部教会上帝观念的本质内涵。这在一定程度上弱化了上帝作为神所固有的"正义"的属性。正如现代研究者所阐明的:"保罗从不说上帝发怒,所谓天谴指的是宇宙中神定的道德秩序对于恶行的不可避免的反应。人类生活的条件已经形成了一种结构,侵犯这一结构必然招灾惹祸,所以天谴制作了它可怕的因果法则。然而,在我们面前则显示为对罪恶的憎恶。"[②]

与之相对,东部教会对于上帝本质的认识主要体现于否定神学之中。拜占庭神学家以否定的形式描述上帝,强调上帝的超越性和不可知性。除在前文引用过的伪狄奥尼修斯的描述之外,大马士革的约翰的描述更为直观,他写道:上帝是"无始无终的……非被造的,不更换的不改变的,单纯的,非复合的无形

① 奥古斯丁:《忏悔录》,第一卷,引自何光沪:《多元化的上帝观》,贵阳:贵州人民出版社 1999 年版,第 166 页。

② C. 多德:《保罗对于今天的意义》,引自何光沪:《多元化的上帝观》,第 185 页。

的,看不见的摸不着的无界定的,无限的,不能认识的,难解释的,不可思议的"①。另外,拜占庭神学家对上帝神秘本质的认识还体现在对"三位一体"教义的理解上。三位一体问题是4世纪所关注的神学重点,主要探讨了基督与圣父和圣灵之间的关系:上帝究竟在什么意义上可以成为圣父、圣子、圣灵,而且三位一体?在上帝身上怎样才会有多异性的真正合一?三位一体最早是由卡帕多细亚的东方三教父(指大瓦西里、纳齐昂的格里高利以及尼萨的格里高利)提出的,其观点在381年的第二次大公会议上得到了确认,体现在《尼西亚—君士坦丁堡信经》之中。其中,关于三位一体的表述主要体现在第2条和第8条中:"我信独一主耶稣基督,上帝的独生子,在万世以前为父所生,出于神而为神,出于光而为光,出于真神而为真神,受生而非被造,与父一体,万物都是借着他造的……我信圣灵,赐生命的主,从父出来,与父子同受敬拜,同受尊荣,他曾借众先知说话。"②三位一体学说在得到大公会议的认同后,基本上是为东西教会所认同的("和子说"分歧则发生在几个世纪以后)。但东西教会对该学说的理解却因对上帝本质的理解不同而不同。西部教会神学家认为此学说的意义在于理清了圣父、圣子和圣灵三者之间的逻辑关系,即三者统一于神圣本质,本质在先,先于三个位格的形态或存在。③ 而东部神学家则首先把三位一体视为上帝救赎的实践,是由圣经阐释的救赎体验。正如J.迈耶多夫所分析的:"在道成肉身和圣灵首先被体验为上帝拯救行为的代理者(agent)的前提下,他们才在本质上成为一个神。"④显然,东部教会神学家对待三位一体的态度也体现了他们对上帝的理解,即上帝是不可知的,三位一体也同样是不可知的,人们只能在上帝的行为中去体会它,而无法真正地对其作知性释义。

在理解上帝的过程中,拜占庭神学家之所以较重视其神秘性或不可知性,主要是受到东方闪米特文化神秘主义的影响。约在3世纪时,古代东方重视"冥思"

---

① 大马士革的约翰:《论可说的事和不可说的事,可了解的事和不可了解的事》,引自费多铎:《东方教父选集》,谢扶雅等译,中国台北:基督教文艺出版社1964年版,第305页。*Die Schriften des Johannes von Damaskos*, vol. 2, ed. B. Kotter, [Patristische Texte und Studien 12] Berlin: De Gruyter, 1973, TLG, No. 2934004.

②《尼西亚—君士坦丁堡信经》,引自乐峰:《东正教史》,第276页。

③ John Meyendorff, *Byzantine Theology*, p. 180.

④ John Meyendorff, *Byzantine Theology*, p. 181.

的神秘主义传统借助于新柏拉图主义哲学的形式,在东罗马帝国的土地上流传。其代表人物是埃及人普罗丁(Plotinus,204—270年),他将古希腊柏拉图哲学中较接近"冥思"的那一部分加以扩充,认为宇宙本原是"太一",它超越一切本体,不能用范畴限定。世界万有皆由超自然的"太一"流出,其流出顺序是从最高级的理智开始,然后是灵魂,最后是可以萌生罪恶的物质。人是由灵魂和物质相结合的产物,是灵魂堕落在原初质料之中产生的规定性形体。因此,人要得救,必须舍弃罪恶的物质躯体,使灵魂复归太一,进而达到与之相融合的"狂迷"状态。普罗丁不仅在理论上探索灵魂复归之路,而且还将其理论与斯多葛学派的道德传统相融合,积极从事净化灵魂的道德修行。据史料记载,"他(普罗丁)在罗马组织了一个以贵族为主体的宗教团体,从事净化灵魂的修行。他充当导师与监护人。"①普罗丁对世界本原灵魂复归的看法对东部教会的上帝观产生深刻的影响。如果对前文所述大马士革约翰的"上帝观"与普罗丁的"太一"观念加以对比,则不难发现二者之间的相似。他们都认为世界的本原超越一切,不能为人类所言说和规范。而普罗丁所倡导的接近太一的道德修行方式后来也为东部教会的修道运动所继承,并且在此基础上进一步将道德冥契发展为遁世主义的修道理念。

总之,东部教会对于上帝的看法与西部教会有着本质的区别。西部的上帝观在总体上是强调上帝的"美"与"善"之属性,而东部则更强调其神秘性。这种区别主要是由西部社会的法理观念和拜占庭帝国的东方神秘主义氛围所致。

其次是关于上帝的外在特征问题。对东部教会的神秘主义上帝观的认同,往往使人忽视了拜占庭神学家关于上帝属性的另外一些观点。事实上,并不存在单纯神秘化的上帝。现代神学家鲁道夫·奥托认为:"神秘主义,当把这个主体作为不可言说者加以讨论时,也并不真要表明宗教意识的对象是绝对无话可说的,否则,神秘主义只能存在于未被打破的缄默之中,而神秘主义者的一个总体特征却是他们的滔滔雄辩。"②论及东部教会上帝观的时候,经常被忽略的上帝属性是"威严"与"不可抗拒"。这种属性在本质上与神秘性相辅相成,或者可以称之为

① 波菲利:《普罗提诺生平》,引自赵敦华:《基督教哲学1500年》,第41页。Plotini, *Opera, vol. 1. Porphyril Vita Plotini*, ed. P. Henry and H.-R. Schwyzer, Leiden: Brill, 1951, TLG, No. 2034001.

② 鲁道夫·奥托:《论"神圣"》,成穷、周邦宪译,成都:四川人民出版社1995年版,第3页。

上帝神秘化属性的外在特征。在心理学领域,"威严"和"不可抗拒"均为神秘性所导致的最直接的心理感受之一。奥托在其关于上帝的神秘性的分析中谈及这一点:"神秘的事物首先会使人产生恐惧感,而在这种或强大似刺穿骨髓或温柔如轻影的恐惧消失之后,威严的因素能够继续生动地保留下来。正是在与这个威严因素或不可抗拒因素的联系中,我们的受造意识才作为它的投影或主观反应而进入意识。"①

无论在神学中还是在审美艺术中,我们都可以发现拜占庭人始终把上帝视为世界的主宰,这种上帝观念有别于西欧人的威严气质。在神学领域,许多神学家都曾对此卓有论述。例如,大马士革的约翰就曾在论及上帝之超越性的文章中,明确指出了上帝的外在特征:"上帝也是全能的,统治一切的,巡视一切的,管理一切的,有权柄的审判者。"②不仅如此,他还在另一篇神学论文中进一步阐明了上帝的威严和不可抗拒的属性:"我们称呼上帝的第二个名称是'Θεός',乃是从希腊语'θέειν'(意即'奔行')得来,因为他运行通透万物;或者是从'αἴθεω'一词得来,就是燃烧的意思,因为'上帝是灭尽一切罪恶的烈火';或者从'θεᾶσθαι'一词得来,因为他是'无所不见的',没有能逃过他的。他看管着一切。在万物还未出来以前,他就已经看见他们了,他永久把它们放在心上;它们无一不合乎他自动的、永久的意念。这就是所谓'预定''形象''模式',在预定的时候发生。"③

拜占庭人对上帝之"威严"与"不可抗拒"属性的认知在宗教审美层面上也有较直观反映。东部教会的基督圣像大多将基督耶稣描绘成最终审判者或万物统治者,即使是在无主题场景的圣像中,也多是如此。例如,保存在西奈山修道院中的那幅"万物统治者基督像"即是如此。圣像中的基督披着长发,左手持书,右手祝福。相反,西方的宗教艺术更强调的是"最后的晚餐""基督受难"的主题场景。基督耶稣被钉在十字架上、流着鲜血、在饥渴和疼痛中为世人赎罪的形象一直被

① 鲁道夫·奥托:《论"神圣"》,第23页。

② 大马士革的约翰:《论可说的事和不可说的事,可了解的事和不可了解的事》,引自《东方教父选集》,第305页。

③ 大马士革的约翰:《关于上帝的指称》,引自《东方教父选集》,第327页。*Die Schriften des Johannes von Damaskos*, vol. 2, ed. B. Kotter, [Patristische Texte und Studien 12] Berlin: De Gruyter, 1973, TLG, No. 2934004.

反复塑造。时至今日,依然是西方天主教堂的标志性装饰。

二　人的本质与“神圣化”的终极目标

人的本质抑或人生的终极目标之类的问题,在后宗教时代一直令伦理学家苦恼不已。然而,在笃信上帝的时代,神学家们对这些问题的看法也不尽相同。受造于上帝又为上帝所主宰的人究竟应如何构建自己的人生呢?对于上帝本质的不同理解,直接影响了人们对世俗和宗教生活方式的选择。

上帝的不可知性,使拜占庭人对人的本质的理解也呈现出一种神秘化倾向。圣经中提及:“上帝说,朕要照着朕的形象,照着朕的样式造人,使他们管理海里的鱼,地上的兽,六畜和全地”(《创世记》1—26)。由此,拜占庭神学家对人的本质问题进行了阐述。其中,最有代表性的是东方三教父之一尼萨的格里高利的观点。

格里高利认为圣经中所说的依据上帝形象造人,实际上同时表明了两层含义:第一,人是依据上帝的形象受造的,因此具有原形之美。他在《人的本性比天地万物更可贵》一文中写道:“惟造物主创造人则思前虑后,三思而后动手,为的是准备这个形象的材料,使人的样式有一种原形之美,目标定了,人便要活现起来。”[①]第二,上帝还赋予人一种“人性”,以“适切配合人的作用,并且适宜于预定的目的”[②]。对于人性的含义,格里高利的论述较分散。就人性的本质而言,他认为人性是神性的摹本,“上帝就是心与道……你可以在你自身中见到表现力与理解力,而这些,实不过是真‘心’与‘道’的摹仿物而已”[③]。但就人性的具体品性而言,格里高利将之划分为两类。一者是由上帝赋予的美与善,它们敦促人类向上,远离罪恶。正如格里高利所言:“神绘他的真像时使用了许多不同的颜色……他所用的是纯洁、安详、幸福、脱离一切罪恶,及诸如此类足以使人表扬

① 格里高利:《人的本性比天地万物更可资》,引自《东方教父选集》,第5页。Gregorii Nysseni, *Opera, suppl.*, ed. H. Hörner, Leiden: Brill, 1972, TLG, No. 2017034.

② 格里高利:《人的本性比天地万物更可资》,引自《东方教父选集》,第5页。

③ 格里高利:《人是酷肖上帝的主权》,引自《东方教父选集》,第8页。Gregorii Nysseni, *Opera, suppl.*, ed. H. Hörner, Leiden: Brill, 1972, TLG, No. 2017034.

上帝之诸属性。造物主是用如此的种种颜色照着他自己的形象来造我们的人性。"[①]二者是上帝为了适于预定的目的所赋予人类的自由意志,"上帝看见一切,听见一切,搜找出一切;你能够借着视听而明白事物,又有理解力可探究事理,搜找出它们来"[②]。

总体而言,东部拜占庭神学家在对人性的看法上与西部神学家不同。在西部基督教世界,神学家认为人性是不完美的。因为上帝所赋予的自由意志,在人类因原罪而受罚后即丧失了,无法再择善去恶,进而无法自我救赎。正如奥古斯丁所言:"既已用自由意志犯了罪,为罪所胜,他就丧失了意志自由",并且"在做善事上便没有了自动力"。[③] 拜占庭神学家虽然承认自由意志的反向选择使人类陷入了恶,但并不因此而否认人性的完整,或声称人类就此失去了自由意志。相反,他们却以此为基点强调人性的不可知性特征。格里高利一直反复强调:"谁能明白他自己的心呢?……其实人心既为上帝的形象,它的本性非我们之所及知,则它正是和那高超的本性毫无殊异;这样借人心之不可知性就表征了那不可理解的神性。"[④]

东西教会对人性的不同理解,使基督徒在获得拯救的过程中呈现出明显的角色差异。相比较而言,西部教会的基督徒更为被动,更倾向于依赖教会的各种规范。在西部,控制着世人的生活方式和生活目标的宗教思想主要是安塞姆(Anselmus,约1033—1109年)的救赎理论。他在奥古斯丁的"原罪"思想的基础上,更为强调耶稣通过向圣父提供了完美的、充分的人祭,赎了全人类的罪,进而弱化了人类在获得救赎过程中的作用。因此,西部基督徒不仅要接受洗礼,并通过参与教会的各种圣礼与基督交流、融合为一体,而且其生活方式也在很大程度上受到西部教会的教令、教规及教条的影响。出于实践意义的考虑,西部教会对神职人员与普通基督徒提出了不同的宗教生活准则。对于教士,要求其皆效法基

① 格里高利:《人是酷肖上帝的主权》,引自《东方教父选集》,第7页。

② 格里高利:《人是酷肖上帝的主权》,引自《东方教父选集》,第8页。

③ 奥古斯丁:《忏悔录》,引自北京大学哲学系外国哲学史教研室编译:《西方哲学原著选读》,北京:商务印书馆1981年版,第220—221页。

④ 格里高利:《心的本性是不可解的》,引自《东方教父选集》,第22页。Gregorii Nysseni, *Opera, suppl.*, ed. H. Hörner, Leiden: Brill, 1972, TLG, No. 2017034.

督进行严修;对于普通信徒,出于对耶稣为救赎人类而背负十字架的善举的重视,教会则提倡信徒能够模仿救世主的善行,于是善功、赎罪券、炼狱等观念便弥漫于整个西部教会和基督徒的日常生活之中。相反,东部的拜占庭教会则更倾向于引发基督徒对灵性氛围的感受,进而使教徒在宗教生活中表现出更积极的角色特征。在东部的拜占庭教会,人类的救赎方式不似西部教会那么富于选择性。无论神职人员还是普通信徒,获得救赎的唯一方式即是完成自我"神圣化"的过程。

针对人类的得救问题,受古典哲学影响的神学家最先提出"神圣化"的概念。这种观点的理论基础是柏拉图的理念说。柏拉图哲学思想对拜占庭神学家影响最大的是"理念论"。所谓"理念",希腊文原意是"看到的东西",柏拉图用其诠释"用心灵的眼睛看到的东西",即独立于人的心灵的纯理智实在。其"理念论"将客观世界根据人的两种认识能力分为两个部分,即理念的可知世界和感觉的可见世界。与前者相对应的是不变、永恒、普遍因而是绝对的存在;与后者相对应的对象是变动、暂时、个别的因而是相对的现象。理念与现象、普遍与个体之间的联系是'分有'和'摹仿'的关系。在此基础上,柏拉图又提出:灵魂与身体的结合是理念堕落的结果。灵魂生前对理念有所观照,因此具有先天知识,知识由于肉体的污染与干扰而被忘却。因此,学习就是回忆和记忆。进入不能自制的狂迷世界即是和理念的重新结合。[①] 拜占庭神学家将"摹本"与"原型"的关系引申为人与上帝的关系,将人对上帝的追寻与灵魂对理念世界的复归相类比,认为人是依据上帝的形象受造的,人性是神性的摹本,所以人类可以通过对上帝的追寻而最终达到与上帝合一的境界。这一过程即是"神圣化"的最初内涵。这一派神学家中最具代表性的人物就是埃瓦格里乌斯·庞提克斯(Evagrius Ponticus, 399 年去世)。他认为人类的情感是阻碍其与上帝融合的最大障碍,而"心灵祈祷"则有可能实现与上帝的结合:"祈祷是一种适宜的心理活动,一种无感情的状态,一种最具可能性的思维。在这种状态中,人类心灵完全从繁杂中解脱出来;各种感觉皆处于聋哑状态……祈祷意味着心灵的与神圣的本质的融合。"[②]特别是祈祷与自虐式修道活动结合起来,使祈祷者常因肉体痛苦而陷入谵妄、幻觉等精神迷乱,事后被

① 赵敦华:《基督教哲学 1500 年》,第 26 页。

② John Meyendorff, *Byzantine Theology*, p. 68.

祈祷者称道为“通灵”,其随意解释和联想更强化了“心灵祈祷”的功力。

然而,埃瓦格里乌斯·庞提克斯和其他建立在柏拉图哲学基础之上的“神圣化”观点并不为正统拜占庭神学所接受。在拜占庭正统神学看来,如果人通过单纯的“心灵祈祷”即可达到与上帝合一的境界,则上帝通过圣灵转达的恩典以及基督耶稣的救赎便不再是必由之路,那么前两次大公会议所确定的对“三位一体”的尊崇又意义何在呢?依据“三位一体”的教义,基督的人性与神性是统一的。换言之,在基督耶稣由受难到复活的神圣化过程中,上帝的关怀与圣灵的光辉时时临在于耶稣。由此,拜占庭正统神学家们得出结论,人类的神圣化在柏拉图主义狂迷式的灵魂复归中是不能实现的,其间必须有圣灵所代表的上帝的恩宠和意志的参与。正如格里高利·帕拉马斯(Gregory Palamas, 1296—1359年)所言:“既然上帝在基督耶稣身上看到了完整的灵魂与肉体的人,那么人就是这样被神圣化的。”①

5世纪出现的圣西里尔和君士坦丁堡牧首聂斯托利(Nestorius, 381—451年)之间的关于基督的“人性”与“神人两性”的争论实际上就隐含着对神圣化的不同理解。聂斯托利认为基督的神性和人性分离,分别构成了两个部分。其人性部分源于圣母玛利亚,而其神性则直接来自上帝,所以玛利亚只是“人母”而非“神母”。如果在其观点的基础上进行推理,则可以较多地看到柏拉图主义对人的理解:既然基督的人性和神性是分离的,既然基督在人世间受难、死亡时都只具有完整的人性,而神圣化以后又只具有完整的神性,那么,基督耶稣从一个具有完整人性的人而神圣化为神的过程,实际上也是整个人类神圣化的缩影,其间所体现的不再是充溢于圣灵之中的上帝“恩典”,而是人类为使自己接近上帝所作出的努力和多层面的自我超越。② 聂斯托利及其追随者的二元论宗教观点在拜占庭帝国不断遭到正统神学的反对。以亚历山大主教西里尔为首的神学家和僧侣依据“三位一体”的理论,强调基督位格中人性与神性的不可分离,同时强调耶稣的生母玛利亚不只是“人母”而且是“神母”(Theorokos)。431年,在以弗所召开的第三次基督教大公会议上,西里尔的观点受到与会的150名主教的支持,并斥责聂

① John Meyendorff, *Byzantine Theology*, p. 77.

② John Meyendorff, *Byzantine Theology*, p. 68.

斯托利的主张为异端。至451年的第四次基督教大公会议(卡尔西顿会议),正统神学的观点进一步得到承认,会议决议规定"唯一同一的基督具有不可混淆或改变、分割或分离的神人两性"①。自此以后,正统神学的"神圣化"观点正式得以确立,人类的神圣化的核心是获得上帝的恩宠及圣灵的临在。

就"神圣化"的具体方式而言,拜占庭神学家认为如何让临在于耶稣身上的圣灵照亮自己是问题的关键。应该承认,拜占庭神学家大都承认参加教会所举行的圣礼是最可能沐浴圣灵的方式。殉道者马克西姆斯(St. Maximus the Confessor, 580—662年)曾在重新释义"三位一体"时,提及圣灵于教会的"临在"与基督徒神圣化的关系。他指出:三位一体就其本质而言是"神性"与"人性"的相互参与。一方面,上帝使自己在这种参与中成为人类的代理,道成肉身并受难,并在生与死的过程中表现了人的本性;另一方面,耶稣在这种参与中死而复生,升天并坐在上帝的右边,自然而然地获得了神的超越与荣耀。因此,由于基督的人性,由于基督在本质上与道相连而被神圣化,所有的在教者都可以由于通过基督教会中的圣灵的作用而被神圣化。② 圣灵于教会的临在,主要与教堂所举行的各种圣礼有关。

与西部教会相比,拜占庭的圣礼仪式中大多带有与乞请圣灵临在的特殊环节。例如,在前文提及的圣餐礼中,在教士为圣赐祝圣时,其祈祷词的结语均为"Epiclesis",以乞求圣灵降临在信众与圣赐之上;在将圣餐装入圣餐杯之前,往往先将些许热水倒入杯中,以象征充满热与火的圣灵的降临。再以拜占庭教会的洗礼仪式为例,教士在仪式中也要多次提及圣灵的临在:在浸洗中所伴随的祷词是"以圣父,圣子和圣灵的名义为上帝的仆人'某某'实施洗礼,阿门"③;而后在相当于西部教会的坚振礼的涂圣油仪式上,还有一句与圣灵相关的祷词,即"这是圣灵赐予你的印记"④。此外,还与教堂内陈设的圣像、圣遗物、《福音书》和十字架等圣物有关。在拜占庭教会信徒看来,这些圣物都是有圣灵临在的,同时它们也有助于"在精神上进入所回忆的事件之中"⑤。但是,对于大多数拜占庭神学家而

① A. A. 瓦西里耶夫:《拜占庭帝国史》,引自陈志强:《拜占廷学研究》,第165页。

② John Meyendorff, *Byzantine Theology*, p. 39.

③ H. Waddams, *Meeting the Orthodox Churches*, p. 54.

④ H. Waddams, *Meeting the Orthodox Churches*, p. 54.

⑤ C. H. 布尔加柯夫:《东正教——教会学说概要》,第181页。

言,圣灵的临在,关键在于祈祷:“爱和克己可解除灵魂的情欲;阅读和沉思可解脱心灵的无知;固定且按时的祈祷可将它带到上帝面前。”①事实上,“圣灵临在于教堂”的观念在某种程度上也是与祈祷相关的,如前所述,拜占庭教堂礼仪与西部教会的区别主要表现在祈祷上,尤其是拜占庭人在教堂中对圣像的敬拜活动大都是从默祷开始的,在拜占庭的各种祈祷方式中,最被教会人士所推崇的即是至今依然流行于东正教世界的“耶稣祈祷”,即几十次、几百次甚至无数次地重复一句祈祷词“神的儿子主耶稣,宽恕我的罪孽吧”②。

该祈祷方式由5世纪时埃毗如斯地区的主教戴亚多楚斯(Diadochus)创立。他提出“当一个人通过遵守戒律和不断地呼唤主耶稣来开始提高自我的时候,那么神圣之火就会穿透心脏的外在感受”③。5世纪的另一位神学家约翰·克利马库斯(John Climacus)是《阶梯》的作者和西奈山修道院的院长,他还曾对这一祈祷方式进行了补充。他认为在这种祈祷中,人们必须使自己的思考远离对于耶稣的一些生活片段的回忆,而将注意力集中在对耶稣变容的回忆上,因为“人的‘神圣化’是与变容耶稣的全身心的融合”④。而后,上文提及的马克西姆斯进一步完善了这种祈祷方式。他提出:在祈祷中不仅要谨呼耶稣的名,而且还要倾注对上帝的爱。马克西姆斯曾把有爱与无爱的两类祈祷加以对比:“纯洁的祈祷有两种高超的状态,一种为实践生活的人所用,一种为沉思的人所用。前者是由于敬畏上帝与美好的希望而在灵魂里产生,后者却是由于神圣的爱和极度的纯洁而产生。前者的特征是心完全脱离世俗之思,不分心或不动摇地祈祷上帝,好像上帝真的在自己面前一样,后者的特征是心因祈祷的集注而被神圣的和无穷的光收取了,它不仅完全忘记了自己,而且忘记了其他一切事物,只记得那在它里面借着爱而发动光辉的神。于是心被上帝的真理感动了而成为纯洁的,把握住一切表现着上帝的。”⑤很明显,马克西姆斯所推崇的是修道者采用的祈祷方式,因为一般苦修者的祈祷虽然纯洁,然而敬畏与希望依然使其与上帝分隔:只有满怀爱的祈祷才

① 马克西姆:《论爱》第3部,第6则,引自《东方教父选集》,第300页。
② C. H. 布尔加柯夫:《东正教——教会学说概要》,第182页。
③ John Meyendorff, *Byzantine Theology*, p. 70.
④ John Meyendorff, *Byzantine Theology*, p. 71.
⑤ 马克西姆:《论爱》第3部,第6则,引自《东方教父选集》,第249页。

能与上帝接近。

在拜占庭帝国,祈祷不仅是教堂礼拜中的公共行为,而且也可以以个人行为的方式发生在世俗人士的家庭抑或修道者的修道院或隐修地。虽然拜占庭帝国中后期不断出现的哲学家与修道者之间的论战表明,圣灵临在于单纯祈祷中的神学论证尚不充分,但是在实践中,私人祈祷依然十分盛行。14世纪,以格里高利·帕拉马斯(Gregory Palamas, 1296—1359年)为首的一个修士群体所掀起的"静默运动"是世人尊崇这种祈祷方式的最好的说明。因为在这场修道手段的革新运动中,耶稣祈祷完全被推向了极致状态。从祈祷的内容到祈祷的姿态全部被规范化了:"采取坐姿,目光直视脐部(这里被视为人体和灵魂的中心部位),同时控制呼吸。他们相信在这一过程中,一种神圣之光,就是试图所见到的基督变容之光,会向其显现。"①

总之,就"神圣化"救赎的实现而言,祈祷超越了戒律,跨越了教堂内外的时空界限,直接把拜占庭人对上帝的追随导入了精神层面。

三　拜占庭时期东正教的宗教伦理观念

教会伦理观念的演变和基督教的伦理观念原本十分单纯、质朴,是对以犹太人为主体的人类群体在社会发展过程中所孕育的道德准则的描述。其道德原则集中体现在"十诫"之中。依据《旧约·出埃及记》第20章的记载,"十诫"的内容包括:除上帝外,不许拜别的神;不许制造和敬拜偶像;不许妄称耶和华的名;六日勤劳做工,第七日守安息日为圣日;须孝敬父母,不许杀人,不许奸淫,不许偷盗,不许做假见证陷害人;不许贪恋他人所有的财物。这十条诫命的前四条是关于上帝与人的关系,后六条是关于人与人的关系。《新约》成书后,1—2世纪的神学家们进一步阐述了该教的道德原则,其言论主要集中体现在《登山宝训》之中。依据《马太福音》第5—7章的记载,它主要补充了关于爱的道德准则,即爱上帝("不能侍奉两个主")和爱仇敌("要爱你的仇敌,为那迫害你们的人祷告",要

① D. J. Geanakoplos, *Byzantium: Church, Society and Civilization Seen Through Contemporary Eyes*, p. 179.

“饶恕人的过错”)。此外,它还以训诫的形式阐明了理想的品德规范在于贫穷、悲戚温柔、有同情心、清心寡欲(“贫穷的人有福了”,“哀恸的人有福了”,“温柔的人有福了”,“饥渴慕义的人有福了”,“怜恤的人有福了”,“清心的人有福了”,“使人和睦的人有福了”)。虽然《新约》阐明的这些品德规范有鼓励世人漠视现实生活的倾向,但在根本上还是限定在社会群体所孕育的正面的个人品德规范的范畴之内。

伴随着基督教在罗马帝国的传播,尤其是伴随着修道生活的广泛开展,基督教的道德准则和品德规范开始有所改变。修道生活理念在本质上的遁世主义倾向,使这种生活方式与物质世界在各个层面形成对立。它不仅排斥了后罗马社会中流行的幸福至上主义,而且也排斥了享乐以外的所有尘世生活,以空明之心导向“冥思”,进而与上帝相融。在其作用之下,基督教的道德原则和规范相应地融入了修道者的修道理念。正如特尔慈所形容的,它“失掉了那原以献身给上帝和彼此相爱为根据的确定目标,而碎裂成为一些类聚的特殊经文诫命,一些从斯多亚派和犬儒派的伦理学中随便借用来的教训,一些遁世的规律和教会体制的规律等等”[①]。然而,必须注意的是,修道活动在东西部地区不同的发展道路,也在东西教会的伦理道德观念层面打上了深深的烙印。

在西部,迅速宗教化的修道活动逐渐变成了教士阶层的专有行为,而其修道理念也逐渐由“遁世”转为“入世”,他们不再专事祈祷,而是演变为“为基督而战的战士”。由此,基督徒被划分为两个部分:一是参与尘世生活的一般基督徒,他们必须与教会本身发生密切联系,必须以谦逊的心放弃恣意自为的习性,必须开阔心胸接受圣礼所附带的恩典(唯有恩典才能给予达成任何善功的力量),也必须具有那种把教会的统一放在其他一切事物之上的爱;二是具有更高德行的教牧人员,他们部分地或整个地达到绝意、安贫以及禁欲之境地。[②] 这种划分实际上也同时界定了西部基督教会伦理道德观念的两个发展方向,其中追随更高层次德行的教牧人员遵循并发展了修道主义的伦理观念,这种道德被奥古斯丁形容为“清洁之心和互爱”;另一些普通信徒则追随经教会加以阐释的另类的伦理,即牺

---

① E. 特尔慈:《基督教社会思想史》,戴盛虞等译,中国香港:基督教文艺出版社1959年版,第91页。

② E. 特尔慈:《基督教社会思想史》,第90页。

牲自己的意志和知识,以对教会的谦卑和温顺替代内心的圣洁和对上帝的爱。伴随着教宗权的增长,这种道德观念由托马斯·阿奎那发展成为系统的道德体系。因此,西部教会伦理道德观念总体上是世俗化的,并非完全排斥和漠视现世生活。

相反,修道活动在拜占庭教会没有能够成为划分属世和属灵阶层的标准。从教会神职人员的遴选标准来看,虽然自6世纪以后主教以上的神职要从修士中选举,但对于低品级神职人员一直没有把独身主义作为强制性的标准。修道活动始终保持一种世俗化的生活方式,而且一直以遁世主义的原初形态受到各界人士的尊崇。相应地,拜占庭教会的伦理道德观念也始终为遁世主义的修道伦理所控制,带有浓厚的漠视现实生活的遁世主义倾向。正是在这个意义上,迈耶多夫提出:"拜占庭的伦理观念是不同寻常的'神学伦理'观念,教会文献中有无数圣经注释的道德榜样以及禁欲主义关于祈祷和灵性生活的论文……但是却没有建立世俗基本的道德规范。"①

拜占庭教会的遁世主义伦理观主要体现在拜占庭教会的宗教生活原则上。在拜占庭,基本上不存在西部教会注重"善功"累积的宗教生活原则,与之相对应的是"灵性生活"(Spiritual Life)原则。它演绎于遁世主义修道理念,既是世人用以评价教会神职人员虔诚的标准,同时也是教会号召世人纯洁信仰的尺度。修道者的生活方式成为拜占庭人的灵性生活原则。这一点可以通过对两份材料的对比得出结论。一份是对5世纪的圣徒修道士希帕提厄斯(Hypatios)的生活规范的记载。它表明,除去实施神迹的能力以外,圣徒生活模式的主要特征就是"爱上帝,爱邻如己,只允许自己食用蔬菜、豆类和谷物,戒骄傲,戒懒惰,不断地祈祷"②。另一份是拜占庭中上阶层的"灵性导师"们所认同的指导原则,要求"追求灵性生活之人,其身体必须受到禁食、祈祷、悲痛、悔悟和眼泪的控制,由此进入平静状态,不仅单纯地泯灭了人类之情感,而且还仁慈而永久地敬仰上帝"③。若将二者加以对比,则不难发现,拜占庭人的灵性生活原则与圣徒的修道生活规范是基本重合的。修道生活规范走近基督徒的世俗生活主要是由于遁世主义理念所

---

① John Meyendorff, *Byzantine Theology*, p. 226.

② G. Cavallo, *The Byzantines*, Chicago: Chicago University Press, 1997, p. 276.

③ J. M. Hussey, *The Orthodox Church in the Byzantine Empire*, p. 363.

倡导的否定尘世的态度,使拜占庭的修道运动在教会之外营造了一种以虔诚为核心的权威氛围,并让世人趋之若鹜。在拜占庭社会,遁世的修道者是世人心目中最佳基督徒的理想代表,甚至比教士有更高的威望。许多修道者都被纳入圣徒之列,例如早期的安东尼、优西米乌斯(Euthymius)、奥诺弗里厄斯(Onophrios)以及中古的约翰·卡里卡亚考斯等。根据后世学者的统计,“一些著名的修道士获得了与殉道者相同的礼遇,成为圣徒……在拜占庭教会的圣徒中,护教者的数量远不如修士的数量大”①。这种教俗宗教生活一体化的现象,不仅反映了拜占庭教会宗教生活对精神行为的推崇,同时也隐含着其伦理道德观念的神学化气质。

拜占庭时期东正教的遁世主义教会伦理观,主要是在基督教的修道活动的影响下,由原始基督教的道德规范与修道者修道理念相融合而成。修道活动的兴起与东方神秘主义的二元论哲学以及苦行主义的灵修生活密切相关,其修道理念强调“遁世”和对尘世生活的否定,也反映修道者对上帝的神秘主义理解和对自身“神圣化”进程的不断追求。因此,东正教教会伦理观念中的遁世主义倾向,作为神秘主义上帝观和“神圣化”人生观的产物,实际上是以教会的秩序观念为神学依据的。

在拜占庭帝国,遁世主义与秩序观念之间的联系主要是通过修道者来建立的。首先,人类的“神圣化”过程中最重要的手段“祈祷”即是遁世主义修道理念发展的直接结果。早在4世纪,“祈祷、冥思”就已经作为一种济世原则在拜占庭修道院发展起来。由于与尘世在距离上的接近,修道院背负起从事慈善事业和传教活动的社会期望,并不可避免地被卷入尘世的各种善行之中。为了解决修道院对遁世境界的追求与体现基督教“爱”的原则之间的矛盾,瓦西里(St. Basil, 329—379年)把“祈祷”与“冥思”纳入善功范畴。他提出,修道者的祈祷和冥思“可以在灵魂上更清晰地印满上帝的观念;使上帝存在于记忆、存在于内心……只要我们的记忆不为世俗需求所阻,只要我们能抛开一切而归隐于上帝,抛开放任自我的情感,我们就是上帝的殿堂”②,换言之,修道者的祈祷和冥思因为不为世

① G. Cavallo, *The Byzantines*, p. 257.

② St. Basil the Great, *Epistle II*, in The St. Pachomius Library Main Page (ocforg). Saint Basile, *Lettres*, 3 vols., ed. Y. Courtonne, Paris: Les Belles Lettres, 1957, 1961, 1966, TLG, No. 2040004.

俗欲求所困扰,可以直接感受到上帝的存在。这种祈祷是上帝之灵临在的证明,不仅有助于坚定修道者的信仰,也有助于坚定世人的信仰,因为它实现了尘世中人不可实现的梦想。由此,在单独隐修者那里被视为强化信仰和与上帝融合之手段的"祈祷"与"冥思",不再单纯是修道方法,而被赋予了"善功"之内涵。与慈善事业和传教活动不同,它们可以使修道者在实践遁世主义理念的同时,客观地服务于世人。

修道士的"祈祷和冥思"与善功之间的联系不仅为修道者所宣扬,而且也为尘世中人所信仰。查士丁尼曾十分明确地肯定修道者的祈祷具有善功性质,"修士从事静思苦修的修道生活是神圣的事业,他使人的灵魂与上帝相通,不仅为修道的人服务,也对所有人有益"①。自此以后,祈祷在修道院发展得非常迅速。到11世纪中期,有些修道院的修士已经完全从体力劳作中脱离出来,专行祈祷之事。例如,盖利斯奥斯山上的拉兹鲁斯修道院就把修士正式分成行祈祷者和日常劳作者两部分,分别被称为"能够阅读圣经的唱诗者"和"无知的站在后排的不会唱诗者"。② 遁世主义修道活动的发展不仅为私人祈祷提供了存在的依据,而且也为公共祈祷的发展奠定了基础。9世纪,施托迪厄斯修道院的塞奥多利便在修道规范中对每个宗教节日的礼仪进行逐一论证,甚至具体列出每项礼仪中赞美诗的顺序和必读经文的名称。

例如,他在第11条和第12条院规中提及:"在每次晨祷诵读结束后要起身唱20遍《祈怜经》,然后再唱赞美诗……在星期六和星期日,无论那天是否是主的节日或圣徒的纪念日,都必须要诵读《使徒行传》。"③至今,东正教宗教节日中唱诵的赞美诗依然大部分与之一致。另一方面,他还把修道者的祈祷仪式与教堂礼仪加以融合。他所制定的"施托迪厄斯仪式",就是"无眠修士的24小时不间断的祈祷仪式与圣索菲亚大教堂的礼拜仪式相结合"的产物。④ 其次,一些圣徒修道

① 陈志强:《独特的拜占廷文明》,第305页。

② *Testament of Lazarus of Mount Galesios*, in John Thomas & A. C. Hero, *Byzantine Monastic Foundation Documents*, p. 159.

③ *Rule of the Monastery of St. John Stoudios in Constantinople*, in John Thomas & A. C. Hero, *Byzantine Monastic Foundation Documents*, p. 104.

④ John Thomas & A. C. Hero, *Byzantine Monastic Foundation Documents*, p. 87.

者还直接为人类的“神圣化”提供了榜样。拜占庭社会的圣徒都有一共同特征，即能行神迹。例如，上文提及的5世纪的圣徒修道士希帕提厄斯，就曾做过许多为常人能力所不及之事。在洛卡斯的传记中即有这样的记载：他帮助贫困的基督徒兄弟找回了埋藏的财宝；让谋杀者改过自新；让船长们能够捕到鱼；曾救护过沉船幸存者，让他们在远离海岸的荒岛上免于饥饿……帮助在柯林斯的帝国使节找回被窃取的钱财；并为一位希腊总督预言了其政治生涯中的危机及解决办法。[1] 拜占庭人对这些圣徒的崇敬，在很大程度上与此相关，因为他们为世人提供了圣灵临在的明证。对于人类的“神圣化”进程而言，其极致状态即是曾经临在于耶稣基督的圣灵的显现。借助于圣灵的临在，信徒们可以实现与基督的结合，进而完成与上帝的融合。圣徒修道者的神迹即是博得圣灵的表征，它强化了拜占庭人对遁世主义理念与人类“神圣化”之间的必然联系的认同。

拜占庭教会伦理观念之所以没有像西部教会那样由遁世还原于世俗，其间与修道活动在东西部的不同的发展趋势密切相关。拜占庭帝国的修道理念一直保持在遁世主义层面，这是其伦理观念持续呈现遁世倾向的主要原因。而遁世主义修道理念在东方的延续，则是拜占庭社会政治、经济等因素共同作用的结果。这主要取决于三个方面：修道运动能够独立于拜占庭教会而发展、拜占庭帝国的政治权威对该运动的影响，以及世俗私人力量对于修道运动的支持。

首先，修道运动与教会的分离是拜占庭遁世主义修道理念得以存在和发展的重要因素。由于拜占庭独特的教俗关系，教会自君士坦丁时代就同皇权紧密结合；凭借皇权的有力支持，拜占庭教会自然不必像西方教会那样倚重修道运动的教化力量。

因此，拜占庭的修道运动的发展从一开始就独立于基督教会。在451年卡尔西顿会议以前，修道活动是纯粹的世俗虔诚运动。卡尔西顿会议申明了主教对修道院的管辖权以后，拜占庭修道院在形式上受主教的管辖，但在本质上却与西方主教辖区内的修道院不同：后者在坚持修道三原则的基础上根据基督教教义制定了严格的修道规范，修道院成为隶属于教会的宗教社团；而前者本质上还是瓦西

---

① See G. Cavallo, *The Byzantines*, p. 278.

里修道院的翻版，没有隶属教会管辖的倾向。甚至某些由主教建立的修道院在本质上也是如此。J. 托马斯指出："从5世纪开始，一些主教也出面建立了修道院，但是只把它们视为个人的财产而非主教辖区内的公共机构。"[①]至9世纪以后，一方面由于拜占庭的政治权威对修道院财产的兴趣日益增长，另一方面由于私有修道院因受外力胁迫独立倾向日益增强，所以教会就更没有机会走近修道生活了。修道运动与教会的分离，是拜占庭遁世主义修道理念得以存在和发展的重要因素。从理论上看，这种分离避免了遁世主义理念同基督教义的融合。在古代后期和中世纪，教会是帝国官方意识形态的公共权威。它向世人传播福音，创办慈善机构，不仅关怀灵魂之救赎，而且还把宗教意识注入于社会文化的总体精神之中，深刻地影响着世人的世界观、人生观与行为准则。因此，修道运动一旦同教会相结合，势必会把基督教教义注入修道理念之中，使其修道目标、修道手段以及日常的修道规范都符合基督教教义的要求，从而背离了原有的遁世主义理念。从实践上看，西部基督教世界修道理念的转变，即是修道运动与基督教会相结合的产物。在修道生活方式于4世纪传入西方之初，以奥古斯丁为首的西方教父就把它同教会联系起来。他们出于纯洁教会的目的，提出把修道士的生活准则纳入教士的品行标准；同时为了促成这种融合，又进一步提出修道者应该是"为基督而战的战士"。这是西方修道理念由"遁世"化为"入世"的第一阶段，实现了在修道目标上的转变。至6世纪初，本尼狄克（Benedictus，约480—550年）进一步把修道生活和教会联系起来，他根据基督教义制定了完整而严格的修道规则，通过把修道手段和日常修道规范基督教化，将修道院由追求遁世境界的世俗团体变为"有组织、有纪律、共同生活的宗教社团"[②]。相应地，修道者在处理对外关系的方式上也发生了变化，不再排斥与尘世的接触，社会作用也日益增强。这是西方修道理念转变的第二阶段，即实现了在修道手段和与尘世关系层面的转变。

其次，拜占庭帝国的政治权威对修道运动的关注强化了遁世主义修道理念。在拜占庭帝国，由于皇权与教权的结合已使该社会拥有了政治统治所需要的教化力量，因此帝国政治权威最初和教会一样对修道运动自身的发展缺乏兴趣。皇权

① John Thomas & A. C. Hero, *Byzantine Monastic Foundation Documents*, p. 43.

② 王亚平：《修道院的变迁》，第14页。

后来对该运动的关注,主要是为解决该运动所引发的社会秩序和国家税收问题。这种关注大体上集中在两个时期:其一,5—6世纪期间,以对修道运动进行管理为重心;其二,自毁坏圣像运动开始至11世纪上半叶,以限制和剥夺修道院财产为重心。尽管帝国政治权威的关注并非直接针对修道目标与修道手段,却在客观上强化了遁世主义修道理念。5世纪至6世纪,修道运动的发展一度偏离了遁世主义的轨迹,进而影响到了国家的稳定。据后世学者分析:"这一时期,因为修道者游离于政府和社会结构之外(不担心受到制裁),所以他们敢于使用暴力干涉教义争论,接纳逃奴和逃债者在修道院避难,某些极端分子甚至以游荡群体的面貌出现在城市并搅乱了城市原有的生活秩序。"①有鉴于此,拜占庭统治者开始用严格的法律来规范修道运动。

在此间出台的一系列法案中,有些法规是规范修道者与尘世社会之间关系的,例如451年卡尔西顿会议所规定的主教管辖权,它们虽然具有约束力,但对遁世主义修道概念的发展并没有产生较深刻的影响。另外一些则不同,其中最为重要的是《查士丁尼法典》中的相关法案。由于该法案主要"以瓦西里制定的修道制度为依据,对修道生活的意义和细节作出规定"②,因此,伴随着该法案的实施,瓦西里的修道制度和熔铸于其中的修道理念便开始具有法律效力,进而以法律的形式强化了遁世主义修道理念。

自毁坏圣像运动至11世纪上半叶,是拜占庭政治权威关注修道运动的又一个高峰期,其关注重心是修道院的土地。自5世纪中期开始,修道院的土地问题就一直困扰着帝国统治当局。根据451年卡尔西顿会议的规定,修道院土地和教会土地一样,具有不可予夺性并享有免税特权,所以如果修道院的土地不断增长,则必将会影响到国家的税收。一般而言,如果国势强盛或者修道院的土地在税收土地中只占有限份额,那么朝廷大多不会注意此类问题;反之,则必然会予以关注。严格地说,毁坏圣像运动原本不是针对修道院土地问题的运动,但由于修士同情圣像崇拜者并且强烈反对政府的毁坏圣像政策,所以"对圣像崇拜者的迫害越来越变成了反对修道生活的十字军……修道院或者被关闭,或者变成兵营、公

---

① R. Fossier, *The Middle Ages 350 - 950*, Cambridge: Cambridge University Press, 1989, p. 146.

② 陈志强:《拜占庭文明》,第331页。

共浴室及其他类似建筑，其巨额财产被皇帝所没收”[①]。运动结束后，虽然修道生活很快得以恢复，但被没收的土地并没有被如数奉还。因此，在某种意义上，可以把该运动视为世俗当局对修道院土地财富的一次剥夺行为。

至于10世纪和11世纪的政府行为，则完全是针对修道院土地的举措。这一时期，皇帝为首的中央政府有充分的理由关注修道院土地：一方面，修道院经过一个世纪的恢复再次拥有了大量的土地财富，另一方面，国家正面临外敌入侵，国库空虚。因此，拜占庭皇帝在10世纪至11世纪上半叶接连通过了数项法律来限制和剥夺修道院的财产，其中较重要的包括：罗曼努斯·利卡潘努斯于934年颁布的《农业法》、965年尼基弗鲁斯·弗卡斯二世颁布的“关于限制和关心修道院财产法案”、988年瓦西里二世的《修道院财产转让法》（*Charistike*）以及为确保该法案顺利实施而于1002年颁布的《连坐法》（*Allelengyon*）。帝国统治当局的上述行为在客观上对遁世主义理念产生了深刻影响：它进一步促进了修道运动与拜占庭教会的分离。这种情况明显地反映在988年的《修道院财产转让法》中。该法是一项由皇帝和教会统治集团促成的对私人修道机构的管理计划，“即把财政状况紧张的修道院的管理权和财产转交给有权势或富有的世俗保护者，以帮助它们渡过难关”[②]。该法的关键是要把修道院不可予夺的免税地产变成国家的税收对象，用临时津贴把管理权和财产收益与捐建者及其继承人分离，从而将其变为未来世俗保护者的利益。

值得注意的是，拜占庭帝国在988年以前就存在剥夺修道院财产的先例。《通令》（*Epidosi*）规定：为解决各教区捐赠数量不均问题，允许修道院在教会当局内部转让管辖权。这暗示了教会对修道院土地及其他财产的剥夺。如果将两项法案相比较，《修道院财产转让法》是把修道院的土地转让给世俗权贵，而《通令》则是把土地以较隐蔽的方式转让给教会。由此可以得出结论，《修道院财产转让法》以法律的形式离间了教会与修道院之间暗存的经济链条。这是帝国朝廷在客观上强化遁世主义理念的重要表现之一，它避免了教会对修道院事务的进一步介

---

① G. Ostrogorsky, *History of the Byzantine State*, p. 155.

② John, patriarch of Antioch, *On Monastic Discipline and Why Monasteries Should Not Be Handed Over to Laymen*, in D. J. Geanakoplos, *Byzantium*, p. 178.

入。国家对修道院地产的关注所表明的对修道院财产的觊觎之心强化了修道院对外界的防御心理,进而直接导致修道院在9世纪以后强化道德避世原则的倾向。自毁坏圣像运动以来,拜占庭的集体修道院一直十分警惕世俗当局的干预。

虽然毁坏圣像运动是以圣像尊崇合法化而告终的,但朝廷在此期间所表露的觊觎修道院财产的姿态已令修道院十分警觉。前文提到的塞奥多利的绝对避世原则即是这种防御心理的产物。其强烈的避世愿望表面上是为了维护道德修为,但实际上是为了维护修道院财产的完整,因为那种对异性的极端化排斥,其目的只是在于强化放弃家庭生活以避免修道院财产的流失。同一时期,塞奥多利对"修道院长对待财富的态度及其使用方式"问题的论说为上述观点提供了一个极好的佐证。他提出,"让一切都成为公共的,不予以分散,即使一根针也不能专属于某个人……让你的身心都不说任何物品是属于自己的,至于金钱、各种必需品可以托付给管理员,而你则要全心护卫自己的灵魂"①。很明显,对于修道院长的告诫也是为了警惕修道院财产的外流,这说明保护修道院财产的确是塞奥多利所关心的重要问题之一。10世纪中期以后,面对世俗当局的强硬政策,修道院的防御心理进一步增强。从10世纪中期以后新出现的一系列修道院形式来看,各修道院所采取的自我保护措施并不一致,有的成为"受保护修道院"(The Protectorate),有的则发展成为"独立修道院"(Independent Monastery)。唯一可以肯定的是,各修道院都没有放弃强化道德避世的手段。而这正是11世纪和12世纪修道改革家不断重申和强化塞奥多利的避世原则的主要原因,也是针对阉人和男童的古老禁忌被重新发掘出来并列入修道禁忌的主要原因。

再者,拜占庭帝国的私有修道院传统也促进了遁世主义修道理念的发展。所谓"私有修道院"是指由私人捐建的修道院。拜占庭的"私有修道院"实际并非是法权概念,而只是一种为世人所认同的习惯性观念。早在卡尔西顿会议确定了主教对修道院的管辖权时,世俗当局就首次认同了修道院财产的不可予夺性,规定:"适用于教会的有关财政和传承方面的规定也适用于修道院。"②因此,在法权意义上,私有修道院及院中财富并非属于捐建者及其继承人,而是属于神的,或言只

① Theodore of Studium, *Reform Rules* (d. 826), in D. J. Geanakoplos, *Byzantium*, p. 169.

② R. Fossier, *The Middle Ages 350 – 950*, p. 127.

属于修道院自身。世人之所以认同“私有修道院”是捐建者及其继承人的个人财产,是因为捐建者的利益在建院之初就被以修道院遗嘱或宪章的形式固定下来,而它们同时又被帝国法律所承认。根据《查士丁尼法典》(新律)第137条规定:“只要不与神的律令矛盾,捐建者的命令在其修道院中便具有权威性。”①因此,这些修道院在法权以外的层面仍然被视为捐建者的私人财产。私有修道院传统的形成是由于修道运动的发展一直凭借世俗私人力量支持所致。

鉴于拜占庭帝国的政治权威和宗教权威对修道运动之教化作用的漠视,富有的拜占庭人有机会从修道运动兴起之初就大力支持修道运动。他们之所以如此而为之,其中有敬仰修道生活方式的因素,因为修道者对灵性的追求在世人心目中很有教化力量,甚至被认为比教士更值得尊敬。但是,更重要的因素还是经济利益。私人捐建者把建立修道院作为“对不可予夺之财富的一种投资方式,为自己及家人提供暮年之家、永生之地以及熔铸于祈祷中的永恒的纪念”②。基于世俗私人力量的支持,拜占庭集体修道院基本上都是私有修道院,直至10世纪中期“关于限制和关心修道院财产法案”颁布以后,其发展才逐渐陷入低潮。此后,在帝国统治当局的胁迫之下,帝国修道院和独立修道院不断涌现,私有修道院已经不再是帝国修道生活中的主导者。然而,这并不能抹去私有修道院传统对拜占庭修道生活根深蒂固的影响。

就遁世主义修道理念而言,私有修道院传统的影响主要体现在以下两个方面。第一,捐建者个人的意志以“遗嘱”的形式渗透到修道规范之中,进而在一定程度上阻止了教会势力对修道院的渗透。捐建者在弥留之际,往往会在遗嘱中把有关修道院的传承脉络、未来修道院的建制以及他在修道手段或道德戒律等方面的建议一一列出,依据法律,使它们成为该修道院必须遵守的永恒的规范。其中,关于修道院传承的规定是捐建者们最关心的内容,经常被列在遗嘱的首位,而且都规定得非常具体。以10世纪的《优西米乌斯遗嘱》为例。这是他在弥留之际写给其两座修道院僧侣的遗言,其中第一项就谈及了两个修道院的建制和传承问题:“一方面,在帕萨玛夏修道院有24名僧侣去敬神,并由跟随过我的3名僧侣共

① Justinian, *Novella, CXXXVII. In The Civil Law*, S. P. Scotttrans., Ohio: Cincinnati Press, 1932.
② J. M. Hussey, *The Orthodox Church in the Byzantine Empire*, p. 344.

同管理他们:但当他们离开之后,要在僧侣中选举一位能取悦于神同时又为大家满意的兄弟来做指导者。另一方面,在阿加留修道院有12名僧侣去敬神,并由我选定的3人共同执行院长之职。在他们之后,修道院将通过公开的选举选出新的修道院长。而帕萨玛奥斯的新院长将全权管理两家修道院。"①从优西米乌斯的遗嘱可以看出,在新修道院长的生成过程中,一切都是在修道院内部进行的,教区主教除祝圣以外根本没有介入的理由。类似的规定也频频出现在其他私有修道院的院规之中,进而避免了教会势力借助于对修道院长的任命而介入修道院行政管理的可能性。

第二,捐建者资助方式的改变使修道者的修道手段发生了变化,从而直接促进了遁世主义修道理念的进一步发展。在拜占庭修道运动早期,捐建者的资助方式主要是以土地和建筑捐赠为主。修道院出于避世原因基本上对其地产采取直接经营方式,这就使得修道院在本质上把自身变成了一个自给自足的农庄,而修士们的田间劳动和与之相关的其他体力劳动则成为修道院得以维持的根本保证。可以说,拜占庭早期修道院对"体力劳动"的重视,在很大程度上是以获得土地形式的捐赠为基础的。然而,伴随帝国政府对于税收的考虑越来越多,特别是在毁坏圣像运动以后,拜占庭统治当局逐渐对土地和建筑形式的捐赠加以限制,捐建者的资助逐渐改为现金形式。这种资助方式的变化迫使修道院不得不改变以往的农庄式生活。于是,伴随着田间劳动的消失和院内日常劳动的减少,体力劳动不再是维持修道院生存的必要行为。相应地,在晚期集体修道院的修道手段中,体力劳动也不再被重视,并且逐渐被礼仪尊崇和绝对冥思所取代。这些变化是私有修道院传统促进遁世主义修道理念发展的又一体现。

综上所述,拜占庭教会伦理观念的遁世倾向不是历史的偶然现象,而是与其对上帝的理解、对人类终极目标的追求以及拜占庭社会历史演变状况密切相关的必然现象。它不仅呈现于拜占庭教会,而且还以拜占庭人为载体传导于宗教以外的层面,构成了拜占庭社会的心理特质。

---

① *Testament of Euthymios for the Monasteries of Psamathia and Ta Agathou* [917], in John Thomas & A. C. Hero, *Byzantine Monastic Foundation Documents*, p. 120.

第四节

拜占庭东正教对社会生活的影响

精神气质所包容的内涵十分广泛,它主要指包括世界观和人生观在内的以及以道德和审美为中心的全方位的社会价值体系。本节所涉及的只是与拜占庭时期东正教相关的部分内容,主要包括"神权政治"的社会意识形态、由教会伦理演化而来的世俗伦理规范等方面,并着重阐明这些由东正教所演绎的精神气质对拜占庭政治生活的影响。

一　中央集权帝国政治下的东正教社会意识形态

拜占庭帝国的社会意识形态深受东正教的影响,具体而言,其形成与东正教的依附性特征及"出世性"的宗教价值取向密切相关。后者为拜占庭社会意识形态赋予了"神权政治"的色彩,进而对帝国的政治理论和政治实践产生了深刻影响。

拜占庭时期东正教的神秘主义的上帝观、以神圣化境界为终极目标的人生观、遁世主义的伦理道德观念,皆使其在宗教价值取向上呈现出"出世性"的倾向。这一倾向对拜占庭社会生活所产生的影响,不仅局限于伦理道德层面,而且也体现在社会意识形态层面。东正教的"出世性"价值取向是拜占庭帝国"神权政治"社会意识形态得以建立的基本前提。

依据结构主义政治学"价值取向论"的观点,宗教组织发展到一定程度,大多具有如下两个方面的特点:第一,"力行主义"(activism)倾向。所谓"力行主义"是指某种宗教对于其道德和宗教戒律态度的强调,以及对于个人宗教态度所昭示的履践道德责任的强调;第二,普遍主义倾向。这主要是针对宗教的群众基础而言的。它比构成某个社会的任何先决条件和地域群体的群体基础都更为广泛。

整个社会,都以宗教价值为象征,并成为这种文化与宗教价值的承担者。[①] 在这两种倾向的作用下,宗教意识形态将得以发展。尤其是在具有普遍主义和力行主义性质的宗教体系中,宗教往往发展出一种自主的意识形态取向和体系,具体表现为:“推动其成员承担评价现实之责,并促使现实走上正当的方向。这些体系所加之于人的责任,并没有简单地混溶于礼仪性与宗教性的活动中,它们还意味着更具专门性的社会政治活动。”[②]总之,当宗教成熟到一定程度,便使宗教努力成为一种理想和价值体系,根据终极价值去组织和评价其所由依存的社会,并力图根据特定价值和目的来改造世界。

就拜占庭时期的东正教而言,无论在力行主义还是普遍主义意义上,其发展均无可厚非。一方面,东正教作为国教在拜占庭无疑是一种具有普遍主义倾向的宗教,至少在形式上,其民众基础应该是全体国民;另一方面,从拜占庭教会努力在世俗领域贯彻基督教婚姻观念的种种举措可以看出其在“力行主义”层面的发展。然而,与西部教会不同,它在普遍主义和力行主义充分发展的前提下却没有发展出自主的意识形态体系。究其原因,这在很大程度上源于拜占庭帝国中央集权制的强化和该时期东正教在价值取向上的“出世性”。由于拜占庭教会在上帝观念、人生目标以及道德境界上的追求皆显现出对现实世界的漠视,因此,它很难在此基础上建立起以终极价值评价和改造现实的意识形态体系。艾森斯塔特曾就力行主义在“出世性”价值取向的作用下所导致的结果进行过专门分析。他认为:“力行主义为宗教活动提供了其自身的自主能动性,提供了组织不同社会活动与群体的动力,提供了裁判世俗现实之各个方面的自主标准。当然,这些标准在内容和类别上各不相同。在某些案例之中,例如……东正教,其取向是出世的,这就决定了它们对政治生活的相当消极的态度。”[③]换言之,正是东部教会的“出世性”的价值取向淡化了该教会对尘世的一切兴趣,进而使教会在“意识形态”领域陷入真空状态,而这正是导致教会与国家在“意识形态”需求上的趋同,乃至最终融合的关键,作为奉行专制主义的统治者在神化皇权的同时,需要“无为”的臣

---

① S. N. 艾森斯塔特:《帝国的政治体系》,贵阳:贵州人民出版社 1992 年版,第 62—63 页。
② S. N. 艾森斯塔特:《帝国的政治体系》,第 65 页。
③ S. N. 艾森斯塔特:《帝国的政治体系》,第 66 页。

民,这些都是拜占庭以“神权政治”为核心的社会意识形态得以建立的重要前提。

“神权政治”符合中古帝国集权政治的需要。虽然拜占庭教会出世性的价值取向已经令其在意识形态领域陷入“真空状态”,但这一真空究竟由哪一种权威来填补并不确定。本书详细阐明过东正教的依附性特征,该特征决定了拜占庭世俗权威和教会权威在政治领域存在着一种不平衡的合作关系,也可以说后者屈从于皇权专制的现实。正是这种合作促成了拜占庭教会与国家在“意识形态”上的融合。

首先,政治合作使世俗权威和教会权威共同参与了对意识形态的打造。从前文论述中,不难发现拜占庭世俗权威所崇尚的“神权政治”思想在本质上就是由教会人士尤西比乌斯界定的。尽管其后不断有世俗和宗教人士制定法律或提出相关理论来深化神权政治思想,但后者基本上没有超出尤西比乌斯所界定的范围。正是在这个意义上,后世学者们常常将拜占庭的教权与皇权比喻为一枚硬币的正反面,借以突出二者同属于一个共同体。本质利益的一致,使世俗权威在意识形态领域不仅不排斥教会,而且还极力彰显其精神,借以巩固由教会释义的“神权政治”观念,不仅皇权神圣,而且帝国神圣。其次,政治合作还使拜占庭教会与世俗君主之间的联系越来越密切,导致双方的趋同最终超越了政治层面,形成在意识形态领域的融合。正如E. 贝克所阐明的,二者的合作关系促使君士坦丁堡牧首与皇帝在心灵上的接近,“他们不仅彼此居住得很近,是社会中关系密切的成员,是共同的知性生活中的搭档……此外,更重要的是,他们还拥有共同的心灵;这意味着他们拥有共同的生活方式,或者看待生活的方式;意味着拥有共同的‘意识形态’”和共同的利益。①

由拜占庭世俗政治权威与教会权威在意识形态领域的融合而产生的社会意识形态,带有明显的“神权政治”色彩。它对皇权和教会都产生了重要影响。一方面,新的意识形态神圣化皇权,使其在基督教世界的合理性毋庸质疑;另一方面,使教会用以评判现实的价值尺度由特殊转化为一般,并深刻地融入世俗的价值体系之中。因此,这种“神权政治”的社会意识形态也可以称作“教会与国家一

① E. Barker, *Social and Political Thought in Byzantium*, p. 12.

体化”的社会意识形态,它主要具有以下特征:

第一,将宗教与国家从各个层面紧密地联系在一起,使精神共同体与政治共同体在世人心理层面彻底融合为一体。以A.施莫曼的观点为例。他显然是从教会发展的角度出发,认为“拜占庭教会的悲剧就在于它只是拜占庭的教会,它不仅从行政上而且还在心理上和自我意识上,深深地将自己融入拜占庭帝国”①。另外一则史料更为具体地反映了教会与国家的一体化现象:“在拜占庭语中不存在与拉丁语‘基督教世界’对等的词。该词反映在拜占庭人的脑海中就是‘帝国’。所谓‘奉基督之名的人’构成的伟大的基督教社会就是普世帝国的特权居民,他们的领袖是受上帝保护的统治者,是教会秩序和信仰的保卫者。”②从这一史料不难看出,拜占庭教会与帝国的联系早已超越了行政层面,它们在拜占庭人的心理文化层面沉积下来,并最终演变为拜占庭人特有的一种心理特征。

第二,这种意识形态将一切知识神学化,使神学成为价值中的核心内容。J.哈尔顿曾经描述过查士丁尼时代“神权政治”意识形态所带来的影响:“只有在基督教的词汇中,东罗马帝国才能被描绘成查士丁尼及其同时代人所能理解的‘象征宇宙’。那是其用宗教界定的思想世界,人们的经验和对世界的理解,无论是世俗的还是精神的,都必须通过宗教的词汇来表现。”③在这种意识形态的作用下,世人对神学问题的重视与社会实际问题等同,进而导致了对实际生活的漠视。正如E.贝克所言:“与神学相比,不能被忘怀的社会和政治的事物、日常生活,都将隐现于其后。哲学演变成神学化的哲学,只在与三位一体和道成肉身相关的精神问题中感受到和思考自我的存在;而且政治学也演变成神学化的政治学,在讨论皇帝的目标与作用的法律文献中,竟然也要记下他必须关心的对超验问题的看法。”④从这一点来看,这种颇具神学品质的社会意识形态将会导致世俗权威对社会实际问题的漠视。这也正是下文将要论述的主题。

毫无疑问,上述“神权政治”下的社会意识形态严重弱化了拜占庭政治理论,

① D. M. Nicol, *Church and Society in the Last Centuries of Byzantium*, p. 5.

② D. M. Nicol, *Church and Society in the Last Centuries of Byzantium*, p. 4.

③ J. F. Ualdon, *Byzantium in the Seventh century: the Transformation of a Culture*, Cambridge: Cambridge University Press, 1997, p. 25.

④ E. Barker, *Social and Political Thought in Byzantium*, p. 13.

可以认为,拜占庭政治宗教化,和拜占庭宗教政治化。如前文所述,"神权政治"的社会意识形态对于拜占庭国家的发展而言,其影响正负兼备。一方面,它强化了帝国存在的合理性,另一方面也使宗教借以评判现实的价值尺度融入世俗价值体系之中。这种影响反映在拜占庭政治理论体系之中,并使其在内容与形式上都呈现出弱化趋势。

拜占庭政治理论的弱化表现在两个方面。首先,拜占庭政治理论所关注的内容十分狭隘。它所关注的重点是表现世俗权威的神圣化,强调皇权源于上帝,在本质上具有永久的合理性。对于政治学的一般性概念,除与专制君主权力相关的内容以外,其余则较少提及。正如 E. 贝克所言:拜占庭政治思想的主流阐明了"皇权在本质上是上帝所建立的权力、为使这种权力能够运行所需要的教育以及这种权力的使用"等一系列问题。[①] 当然,在拜占庭帝国,不排除有少数学者关注政治学一般问题,但他们所得出的结论多数倾向于拜占庭专制主义政治的发展,这不仅反映出其研究在一定程度上受到主流思想的制约,而且也从侧面证明了拜占庭社会主流政治思想的本质。以 6 世纪的一部作者不详的纯学术型著作《拜占庭人政治科学的对话》为例。该书目的在于讨论政治体制问题,其中也充盈着对柏拉图主义和西塞罗政治学说的论证,但其结论却巧妙地落在君主专制问题上,详尽地阐明了只有专制君主才是真正的君主。书中提及:"真正的君主,将在世人中模仿上帝,他是上帝赐予人类的,他将公正地统治世人,并将自我置于法律之中。"[②]此外,还一些涉及政治问题的哲学作品,虽然其主题不是讨论神权政治的,但在论述政治问题时,也往往将"君论"视为必要的章节。例如,11 世纪普塞洛斯(Michael Psellus,1018—?)的《论哲学与修辞学》一文即是如此,这篇演讲稿原本是论证哲学与修辞学之间的关系,然而在谈及该问题时,他也就人的修养(主要是国君的修养)问题阐明了自己的观点。他指出:"哲学需要修辞的语言艺术,而艺术反过来也需要知识。一个人,只是一个哲学家则不优雅,只是单纯吹嘘艺术则等于被剥夺了无与伦比的知识的财富;然而,如果只是简单地将二者连为一体而

---

① E. Barker, *Social and Political Thought in Byzantium*, p. 20.

② *A Byzantine Dialogue in the Platonic Manner De Scientia Politica*, in E. Barker, *Social and Political Thought in Byzantium*, p. 71.

丝毫不懂得政治,那么他也只能是一个叮当作响的音叉……但是,许多只关注其中某一方面的人往往会对其他方面持批评态度,总是力图评价他们所不了解的事物。"①不难看出,普塞洛斯主张国君要具备多方面的才能,但应该以政治才能为其修养之核心。普塞洛斯对"君论"的关注,也从侧面反映出,拜占庭政治思想的主流在于论证君主专制的合理性及其运行的有效性。

其次,拜占庭的政治理论不像西方那样充盈着学理式探究。从其所关注的"君权神授"抑或"君论"等问题的论述来看,大多数都是在僧侣、主教或牧首写给亲王的信和附有"德政"建议的皇帝颂词中提及的。例如,9世纪弗提乌斯给保加利亚的米哈伊尔的一封信,12世纪末保加利亚牧首塞奥菲拉克特(Theophylact)写给米哈伊尔之子君士坦丁的信。偶尔也有皇帝本人亲自为其后代撰写的建议。例如,拜占庭帝国晚期的皇帝曼努埃尔二世写给其子约翰八世的一部手册,该书遵循了"给王子教育的建议"的格式。这些政治思想在本质上都是经验式的描述,很少证明道理。正如后世学者所评述的,"拜占庭的历史记载十分丰富,但是拜占庭的历史编纂所采取的主要是文学形式。在政治理论方面,只是历史的扩展和发展,它也包括历史研究中对问题所持的观点和所得出的结论,但是他们并不太注重探究其发展的内在逻辑"②。从拜占庭的非主流政治思想的论述形式上也可以窥见类似特点,例如,珂卡夫迈诺斯(Kekaumenuos)的《官员指南》(*Officers' Manual*)和塞奥多利·梅托契特斯(Theodore Metochites)的《杂记》(*Miscellanea*),它们是少量从非"君论"的角度来考虑政治问题的作品,其写作方式基本上是经验的描述。依据后世学者的评价:《官员指南》是珂卡夫迈诺斯在实践的基础上对为官经验的思考;而《杂记》则是梅托契特斯对一般政务的理解以及对不同政体之优劣的观察。③

拜占庭政治理论之所以具有上述特征,主要是由于东西部政治理论的重心不同。东西部政治理论的主体内容在本质上都是对其社会实际问题的讨论,所不同

① Michael Psellus, *On rhetoric and Philosophy*, in E. Barker, *Social and Political Thought in Byzantium*, p. 132. Michaelis Pselli, *Philosophica Minora*, ed. J. M. Duffy, Leipzig: Teubner, 1992, TLG, No. 2702010.
② E. Barker, *Social and Political Thought in Byzantium*, p. 20.
③ E. Barker, *Social and Political Thought in Byzantium*, p. 21.

的是西部政治理论无论是关于世俗王权的还是关于罗马教宗权的，其内容首先是对该权力存在合理性的论述，其中蕴涵着教权与王权在政治领域的对立。教权与王权究竟何者为先？对这一问题进行学理上的探究，并不仅仅是由于西部地区受罗马法的影响过于深刻，而更是出于现实需要。纵观西部社会的政治理论，无论是法学家对王权至高无上的论证，还是教会神学家对教宗权的伸张，其在学理层面的每一次创新，都与西部社会教俗双方的权力争夺密切相关。而拜占庭的政治理论却不必在此多费笔墨。这种情形的出现，与拜占庭的"神权政治"社会意识形态有很大关联。伴随着这种社会意识形态的产生，教会与世俗权威在社会心理层面逐渐被连为一体。在二者之中，只有一种权力象征，那就是皇权；而教会的存在就是皇权存在合理性的保证。在拜占庭人心目中，皇权是上帝赋予的，皇帝既是帝国的领袖也是教会的领袖和保卫者，因此，由皇帝所建立的社会和政治秩序也是神圣不可侵犯的，是宇宙神圣秩序的确定和不变的部分。换言之，"神权政治"社会意识形态极大强化了皇权存在的合理性。正是这种强化，一方面使得关于皇权的任何学理上的论证成为赘言，另一方面，也使得拜占庭政治学的一般性论述皆朝着"君论"和中央集权专制主义统治政治模式相关的方向发展。

拜占庭政治理论在内容上的狭隘和在方法论上缺乏学理式探究的特征，使其较少涉及一些实质性的政治问题。其核心内容主要集中在专制君主的品行和权力运用等问题上。但相对于拜占庭帝国政治机制的运行而言，这些问题所涉及的层面均过于泛化。以至于终生痴迷于拜占庭历史与文化的仁西曼对拜占庭人政治理论的贫乏持鄙视态度，他曾在其《拜占庭文明》中指出："当西方涌现出众多作家讨论教会与国家、皇帝与国王和教宗，及其相互之间的关系问题时，拜占庭许多世纪里，都没有产生出一位政治理论家。"①

拜占庭政治理论的核心内容"君论"，强调的是德政，即要求专制君主对臣民表现出上帝一般的爱。9 世纪的弗提乌斯在给保加利亚王储的一封信中曾提及："我的上述关于君主职责的建议，你可以采纳也可以不采纳，只要你在现实中能赋

① Steven Runciman, *Byzantine Civilization*, p. 79.

予自己一个最有活力、最高贵的形象,像上帝一样爱这个国家。”①以弗提乌斯的这封信为例,可发现其对君主职责的分析,即所谓“德政”主要包括如下几个方面的内容:首先是虚心。弗提乌斯强调的是统治者在进行决策的时候,不仅要参考以往的个人经验,而且还要注重那些德高望重的智者的建议。在其信中第33条提及:统治者要学会通过学史或与智者交谈而积累经验,还要学会通过自己的实践来积累经验,因为模仿过去的成功者、咨询智者以及对国务的实际控制都可以帮助统治者积蓄力量。其次是宽容。这主要是指国君应该严于律己、宽以待人。弗提乌斯在信中第42条告诫对方:对于冒犯了自己的人应该容忍,而对那些冒犯了他人与国家的人要进行公正的追究。同时又在第45条重申:国君应赞同最严格的律法,而且要严格遵守这些法律;但是,最好用严于律己来威慑那些冒犯者,不可过于严厉地惩罚臣民。再者是重视小节。他告诫国君重视身边的一些生活小事,例如服饰(第34条)、言辞(第35条)、自我控制(第57条)、婚姻(第95条)等问题。对这些问题的不当处理将会导致国君威望的降低,并影响到国民的忠诚。就像其谈及“自我控制”时所指出的:国君要学会控制自己的情感与快乐,以身作则,从而使臣民学会自我服从;如果国民将国君视为情感与快乐的奴隶,那么他们就不会容忍自己再成为奴隶之奴。又次是重视臣子。他告诫国君要重视臣子的作用。对于国家的富强而言,仅有国君的美德是不够的,治理国家更有赖于政府,因此应该注意倾听臣子的意见。弗提乌斯在信中第48条有所提及:国君应倚重政府。没有一个好的政府,国之富强是不可能的;另在第62条也有所提及:善于从臣子的家庭管理、家庭关系、朋友关系、邻里关系以及敌对关系中发现臣民的观点和看法。最后是重视国家的和平。弗提乌斯在信中第66条谈到:国王的职责是在臣民中制造和谐,臣民的团结是其权力的基础;只有暴君才在臣民中制造纷争,以便将之转化为对外战争。同时又在第107条谈及相同的主题,提倡对有所察觉的暴乱计划进行和平解决:处理蓄谋已久的暴乱计划,不是镇压或置若

---

① Photius, *The Letter of Photius to Michael, Prince of Bulgaria on the Function of a Prince*, in E. Barker, *Social and Political Thought in Byzantium*, p. 116.

罔闻,而是使之静静地平息而不引发任何纷争。[①] 对以上内容进行分析,不难看出:这位思想家所谓“德政”只是涉及拜占庭政治体系运行过程中与皇帝相关的部分,阐述的核心问题即是皇帝如何通过强化道德修养而有效地统治臣民。而对于该政治体系运行中的其他重要因素和蕴含的理论基本上没有提及。

用现代结构主义政治学的观点进行分析,拜占庭是一个前现代中央集权制官僚政治帝国。该理论认为:前现代官僚政治帝国的特征是在统一的政治制度框架之内,并存着传统的、不分化的和自主的、已分化的政治组织的政治活动。其中,传统的政治活动是指各种天赋的、地域的或亲缘类型群体的政治活动,其目标在于维持这些群体的传统权利与利益,同时在客观上支持统治者世袭的合法性地位;而分化的政治活动则主要是指那些不再混溶于原初群体结构之中的、功能专门化的群体或是归属性群体的政治活动,其目标在于改变不同社会群体之间的实际权力平衡,甚或要求决定统治者的合法性与责任。而这种前现代官僚政治帝国的存续,主要取决于这两种因素的和谐发展。如果先赋型群体的活动淹没了分化型群体,则中央集权的官僚帝国即还原为家产制或封建制的政治系统;而当分化型群体的活动淹没了前者时,中央集权制官僚帝国则演变为现代的官僚政治体系,其最重要的标志即是统治者传统的、世袭的合法性衰落,政治权力为被统治者所分割。因此,统治者必须同时操纵传统和非传统的支持以维持其基本传统型的合法性,只有当统治者在同一政治制度的框架之内既维持了传统的合法性支持,同时又保证了分化型群体在一定程度的发展之时,前现代官僚社会的政治体系才能生存。[②] 具体而言,拜占庭帝国在理论意义上的特征是政治组织的“有限”分化,该社会仍然需要保留皇帝传统意义上的权威性。这种权威性在很大程度上有赖于宗教赋予皇帝以“神秘”色彩,“神权政治”意识形态就是在这个意义上演变为帝国保持有限分化的关键因素。在政治共同体不再与宗教群体保持一致性的中古时代,统治者的神圣性必须得到强有力的证明。拜占庭时期的东正教,通过“神权政治”意识形态适时地为统治者存在的合理性提供了依据,因此它成为以

---

① Photius, *The Letter of Photius to Michael, Prince of Bulgaria on the Function of a Prince*, in E. Barker, *Social and Political Thought in Byzantium*, pp. 113 - 115.

② S. N. 艾森斯塔特:《帝国的政治体系》,第 27—34 页。

信仰为核心的官方正统意识形态的最重要内容。在这一点上,西部教会所起到的作用是负面的。由于西部多层面地方集权分立长期存在,以家族为主要形态的多种群体相互征战,封建关系缓慢形成,同时伴随着教权理论的发展,西部各国的世俗权威受到了教权的分化,以至于出现了一仆二主或一仆多主的现象;这说明西部教会在为世俗统治者的存在提供合理性的同时也分割了其传统的权威性。

就拜占庭帝国而言,其国家存续的重要因素之一已经得到了保证,皇帝统治合法性既有古老传统的支持,又有教会的神化,而拜占庭教会与皇权共同构建的"神权政治"意识形态毋庸置疑地强化了皇权存在的合理性。然而,帝国得以存续的另一重要前提"分化型群体在一定程度的发展",即官僚体制的正常运行却并非因"神权政治"意识形态的建立而得到任何保证。从对"德政"的分析来看,拜占庭的政治理论并不特别关注政治官员的作用、其权力的来源与运用等问题。在拜占庭少数涉及官员及行政组织的著作中,最为重要的即是约翰·利多斯(Johannes Lydus)所写的《官制》(*Magistratibus*)。这部著作写于6世纪,反映了查士丁尼统治后期帝国的行政组织结构。虽然它只是关于作者为官生涯的简短叙述,却反映了拜占庭政治生活中的一个持续性特征,即学术与政治领域的相互融合、学者与官员角色重合的现象。以约翰·利多斯为例,他是一名法律官员,但是在其从事法律事务的过程中,他在母语希腊语之外不但要掌握拉丁语,而且还要学习文学和写作。他在《官制》中提及皇帝查士丁尼对其的赞辞:"我们注意到最有学问的约翰·利多斯在研究领域拥有深厚的文化素养,他的语法精确、诗词优美、学识渊博;而且我们还了解到他一直刻苦努力,尽管已经实现了在宫廷服务的夙愿,但他还是选择在这一职责之外增添研究之伟任,将自己完全献给知识……有鉴于此,我命令你的总督从公共基金中出资奖励你。"[①]很明显,这并非一部真正的政治理论著作。虽然其中也对查士丁尼统治后期帝国的行政组织结构进行描述,但其写作重点在于揭示拜占庭政治领域学术与权术相融合的晋升之路。因此,用现代结构主义的观点分析,拜占庭政治理论既没有为现实政治提供解释,也

---

① John Lydus, *Magistratibus*, in E. Barker, *Social and Political Thought in Byzantium*, p. 79. Ioannes Lydus, *On Powers or the Magistracies of the Roman State*, ed. A. C. Bandy, Philadelphia: American Philosophical Society, 1983, TLG, No. 2580001.

没有为其发展提供引导。

综上所述,拜占庭帝国“神权政治”社会意识形态的形成虽然强化了皇权存在的合理性,但是却限制了拜占庭政治理论的发展,“君权神授”和“君论”的政治主题淹没了拜占庭中央集权官僚政治体制所必须关注的官员与行政组织机构的发展问题。

“神权政治”社会意识形态对拜占庭政治实践的影响是双重性的。就其正面影响而言,该意识形态的建立将有助于维护帝国皇权的权威性,进而提高社会整合的成功率;而从负面影响来看,其存在则完全模糊了宗教与政治领域的界限,致使拜占庭人在政治决策过程中往往要同时虑及政治与宗教双重利益的取舍,并且经常在物质与精神世界之间徘徊。

有鉴于“神权政治”意识形态在维护皇帝权威性方面所起到的作用,它在社会整合时期始终受到拜占庭帝国统治者的关注。纵观拜占庭历史,“神权政治”意识形态在以下几个重要历史时期,都曾经发挥过明显的社会整合作用。这主要是指查士丁尼时期、伊拉克略时期毁坏圣像运动时期,以及马其顿王朝时期。

在查士丁尼统治初期,其皇权的传统性权威受到来自各个层面的威胁。在政治上,他同时面临着来自先赋型群体和分化型群体的双重压力,“一者是代表大土地贵族和旧王朝贵族势力的复辟力量,二者是代表古罗马公民政治传统的党派势力”①。这两种势力经常利用下层民众的不满情绪或宗教分歧制造事端。532 年的“尼卡”起义和国内越来越激烈的宗教纷争,迫使查士丁尼首次将剪除两派势力威胁的意向提上议事日程。他进行了一系列内政改革。纵观查士丁尼在这一时期的改革举措,其社会整合的重心是解决“神权政治”意识形态的问题。该意识形态虽然在君士坦丁时期即已建立,但这种统一于基督教基础上的社会意识形态一直不十分稳定。这可以从君士坦丁时代至查士丁尼时代之间不断出现宗教纷争中得到证明。这一时期的争论主要有塞奥多西一世统治时期出现的关于“基督的性质”的争论,最后以 381 年《君士坦丁堡—尼西亚信经》的确立宣告结束;5 世纪于第四次基督教大会上爆发的“基督的人格与神格的关系”的争论,后以 451

① 陈志强:《拜占庭文明》,第 20 页。

年的卡尔西顿会议决议为终结。另外,“神权政治”意识形态的不稳定还表现在异教文化与基督教文化的并存。虽然君士坦丁为了解决“公元3世纪大危机”后的文化失控问题,以基督教取代罗马传统的宗教复合体,以新意识形态唤起世人对现实的信心;但是直至查士丁尼统治初期,异教的古典文化依然处于复兴的张扬之中。这种主流意识形态与非主流意识形态并存的情形是由于多种因素促成的。据J.哈尔顿的分析:这一方面是由于基督教的宽容态度所致,另一方面则是由于古典主义的异教形态在5世纪时仍然保持有一定的社会功能。例如,它可以同时满足知识分子和农民的需要。① 总之,在查士丁尼统治初期,神权政治意识形态虽然在法律上是拜占庭帝国的主流意识形态,但仍然存在许多不稳定因素。这不仅直接导致皇帝传统权威性的弱化,而且也成为各种纷争的潜在因素。

查士丁尼的各种内政实践,除少数经济改革举措很多,包括取消贵族地主享有的免税权,要求大地主根据各自土地和劳动力数量按时按量地完成税收;同时为了保证税收的有效征收,查士丁尼还下令清理全国的税户,确定税收等级,并严厉整顿各级税收机构等。这些改革是为了限制大贵族和大地主的发展,借以在经济上削弱那些异己的先赋型群体势力之外,其整合社会的重心在于强化“神权政治”意识形态,并以此为手段进一步强化皇帝的权威性。

查士丁尼强化“神权政治”意识形态的举措主要体现在三个方面:第一,他通过立法进一步确立君权神授的思想,强化皇权至高无上。第二,强化各种尊崇皇权的礼仪。“他除继续实行戴克里先以来的皇帝崇拜礼仪之外,还仿效波斯等东方国家君主专制制度,制定了大量对皇帝顶礼膜拜的规定。”②值得注意的是,查士丁尼时期对礼仪的强化与伊拉克略及其后世皇帝的礼仪强化重点不同:查士丁尼时期的重点在于通过礼仪塑造皇帝至高无上的形象;而6世纪以后,由于世人已经降低了对皇帝的看法,因此强化礼仪的重点主要表现在强化上帝与人间政权的联系。例如,拜占庭皇帝在7世纪以后每年都要参加在圣索菲亚教堂中所施行的加冕礼。这一礼仪模式本来是基督节日礼仪,是一年一度地为圣器熏香所举行的礼仪。有些学者认为,“保守的‘神圣皇帝’每年都参加拜占庭第一教堂的礼仪

① J. F. Haldon, *Byzantium in the Seventh Century : the Transformation of a Culture*, pp. 328 - 329.

② 陈志强:《独特的拜占廷文明》,第45页。

生活，从这一现象来判断，其礼仪行为在本质上可能是一种隐语，暗含着中古拜占庭政教关系的紧张”①，但本书认为这一现象所反映的只是对礼仪的强化，其目的在于强调皇帝与上帝之间的联系。在心理学上，这种现象被称作“角色异位”。它与中后期拜占庭宫廷艺术中皇帝与天使形象异位的创作理念如出一辙，均以强调皇帝与神圣事物之间的联系来突显世俗权威的神圣性。第三，查士丁尼还强化“至尊权”等新举措来伸张自己对于教会的绝对权威性。在这方面，查士丁尼所采取的手段是极端强硬的：他不仅一如君士坦丁时代的君主那样召开基督教大会、掌握教职人员的任免、参与教会事务并仲裁教会争端，而且强令所有异教徒改信国教，并以高压手段打击不愿屈服的宗教信徒。据记载：“529年，查士丁尼关闭了被视为古典思想中心和传播异教学说基地的雅典哲学院，许多不愿屈服的著名教授都被流放，学院的财产被没收。同时，查士丁尼还下令所有持非正统教义的信徒限期三个月皈依国教，否则，剥夺其政治和宗教信仰权，并以重税和劳役实行经济上的迫害。”②历史证明，查士丁尼上述强化神权政治意识形态的措施对于解决其统治初期皇帝权威性衰落的问题大有裨益。在查士丁尼中后期的统治生涯中，基本上不再为皇权合法性问题所困扰，而他所取得的举世瞩目的成就，更使他变成地中海世界的主宰。

自查士丁二世（Justin II，565—578年在位）直至641年期间，由于异族入侵和国库资源枯竭，加之宗教纷争的再度高涨，为查士丁尼所强化的“神权政治”意识形态再次趋于动摇：“人们对旧权威失去信心，逐渐远离上天赋予的地上王国的符号体系——皇帝或教会，转而去亲近一种更稳定、永无谬误的天堂力量的象征，例如基督耶稣圣像、圣母圣像、圣徒圣像等，简言之，转向了那些真正的、来自天堂的代祷者。”③而这一次强化“神权政治”意识形态的重任是由伊拉克略完成的。马其顿王朝的情况大体如此，不再赘述。

总之，神权政治意识形态与社会整合之间的互动模式表现为：一方面，由于各

---

① George P. Majcska, “The Emperor in His Church: Imperial Ritual in the Church of St. Sophia,” in H. Magurie, *Byzantine Court Culture From 829 To 1204*, Washington D. C.: Dumbarton Oaks Research Library and Collection, 1997, p. 20.

② 陈志强：《独特的拜占廷文明》，第53页。

③ J. F. Haldon, *Byzantium in the Seventh Century: The Transformation of a Culture*, p. 38.

种灾难的临近,民众对既有的神权政治意识形态有所怀疑,并使皇帝的传统权威性受到威胁;另一方面,皇权通过强化“君权神授”的理论或通过强化礼仪,重新建立起与神的联系,从而不断巩固其传统的权威性,并促使社会整合运动走向成功。

“神权政治”社会意识形态不仅强化了皇权统治的合理性,而且还导致宗教规范与世俗规范的融合。它使教会用以评判现实的价值尺度由特殊转化为一般,并深刻地融入世俗的价值体系之中。这种融合也波及拜占庭的政治生活,它使得拜占庭政治与宗教的基本分野变得越来越模糊,政治利益原则相对弱化了宗教权。用通俗的话来说,“君士坦丁堡治下的世俗帝国与基督的天国融为一体”①。

从古至今,利益原则在政治领域一直是处理国家之间、各种群体与集团之间关系的重要准则。在现代国际关系中,该原则更是被政治家们推崇为永恒的和唯一的原则。然而,在拜占庭政治生活中,尤其是对外关系中,利益原则有时也会被宗教问题所分解,进而演变为宗教价值尺度之下的利益追求。即使面对国家利益抑或民族尊严,有时宗教利益变成牢不可破的首要原则,而纯粹的政治利益原则却相对弱化了。拜占庭帝国晚期皇帝曼努埃尔二世对西方教会与诸侯所持的态度即是对这种弱化的政治利益原则的最佳诠释。

曼努埃尔二世的外交活动,一直被学者们认为是帕列奥列格王朝非自主性外交中的典型。这一时期的拜占庭帝国,无论在政治、经济还是军事上都已陷入一种无法挽回的败局。奥斯曼土耳其苏丹巴耶齐德(1389—1402年在位)此时已通过一系列战争征服了整个小亚细亚和巴尔干半岛,并组建了庞大的舰队控制爱琴海,将拜占庭人包围在君士坦丁堡城内。在这种情形下,西方各国是拜占庭人得救的唯一希望。于是,曼努埃尔二世前往西欧进行了为期三年半的游说活动。结果,曼努埃尔二世的外交没有取得任何实质性进展,得到的多是空头承诺。从历史的角度来分析,曼努埃尔二世的外交失败是必然的,正如国内学者所分析的:就帕列奥列格王朝的外交政策而言,对其产生影响的各种内在因素十分复杂。大致表现在以下几个方面:拜占庭经济基础的全面崩溃和国力资源的全面枯竭致使国

① P. 萨里斯:《(牛津通识读本)拜占庭》,刘洪涛、陆赟译,南京:译林出版社2021年版,第2页。

家极度衰竭，这是其外交屡屡失败的主要原因；军区制衰落以后，以不稳定的雇佣兵取代农兵，致使国家军事力量十分薄弱，[①]进而在外交活动中丧失了强有力的支持；政治上地方军事贵族坐大，进而形成地方势力武装割据的混乱局面，致使中央政府的外交政策无法实施；宗教贵族以教会的自身利益为重，反对东西教会和解；拜占庭缺乏那种“一言以兴邦”的政治家，进而无法及时洞察危局，以至于在外交活动中采取了许多短视行为。[②] 一些西方史学家在探索曼努埃尔二世外交活动的失败原因时还提及曼努埃尔虔诚的宗教信仰所起的作用：他既是一位学识渊博的学者，也是一位神学家，可以就教义问题与天主教的博士进行讨论；因此，在外交中他没有就宗教问题向教宗或西欧封建诸侯做出任何承诺。[③]

显然，在理解曼努埃尔二世的外交政策时还应考虑到社会意识形态的因素。曼努埃尔二世的外交行为或许不符合帝王政治活动的准则——利益原则，但他的活动却符合普通拜占庭人的处世原则，是社会意识形态和社会心理的正常反应。约在1400年，修士约瑟夫·布里恩纽斯（Joseph Bryennios）在其著作《我们痛苦的原因》中提出：普遍缺乏基督教信仰和道德是使人类遭受上帝离弃的原因。[④] 在更早的1300年，牧首阿塔纳修斯也曾提出：拜占庭人拒绝信仰和行善是直接导致其被剥夺被拯救权的原因。[⑤] 因此，对于拜占庭人而言，在处理与拉丁教会的关系上，能够保持信仰的纯洁是首要原则。他们坚信只要他们能够如此，就能够得到上帝的拯救。因为“上帝和圣母曾经一再剔除拜占庭人的邪恶，并运用神力使他们获得拯救，就如同将其祖先从阿拉伯人、斯拉夫人、保加利亚人以及俄罗斯人的手中拯救出来一样”[⑥]。如果从普通拜占庭人而非政治家的角度去衡量曼努埃尔二世的外交活动，那么他的行为就更容易为人所理解。作为一个普通的拜占庭人，他所理解的教会与国家利益是一致的，放弃了教会的利益也就等于放弃了国

---

① 陈志强：《晚期拜占庭帝国雇佣兵控制权的丧失及其影响》，《世界历史》2021年第3期，第117—126页。

② 陈志强：《帕列奥列格王朝外交政策研究》，《南开学报》1997年第1期，第44页。

③ D. M. Nicol, *Church and Society in the Last Centuries of Byzantium*, pp. 107 - 109.

④ Joseph Bryennios, “The Causes of our Sufferings,” in D. M. Nicol, *Church and Society in the Last Centuries of Byzantium*, p. 99.

⑤ Athanasios, “Letters of Athanasios,” in D. M. Nicol, *Church and Society in the Last Centuries of Byzantium*, p. 96.

⑥ D. M. Nicol, *Church and Society in the Last Centuries of Byzantium*, p. 107.

家的利益。或言之,在拜占庭社会心理层面,政治利益原则是为拜占庭教会利益原则所限定的。这一结论在其子约翰八世(John Ⅷ, 1425—1448 年在位)时期的社会政治生活中得到了进一步印证。虽然从约翰八世在牺牲教会纯洁的基础上签署《佛罗伦萨东西教会统一协议》的行为来看,拜占庭帝国的部分政治家依然固守着传统的利益原则;但从拜占庭教会与国民坚决否认该协议的情形来看,政治利益原则在世人的心理层面已然受到了宗教利益的分割。

二 东正教演绎的世俗伦理对拜占庭政治生活的影响

由教会伦理演绎的世俗品行规范主要表现在温和、谦恭、服从与孤独等方面。其中前两点是从基督耶稣的个人品行模式中直接演化而来的,后两方面则是圣徒修道者所共有的品行特征。在拜占庭帝国,温和、谦恭、服从意识与崇尚孤独等个人品行规范在转化为世俗伦理中,不仅使世人的伦理观念呈现出宗教化特征,而且也对拜占庭社会政治生活产生深刻影响。一方面,这表现为它们迅速适应了中央集权官僚政体的需要,在特定的范围内对"臣民"的概念进行伦理诠释;另一方面,它们还直接作用于拜占庭官僚政体的运行过程,对其工作效率产生了重要影响。

拜占庭帝国是在"罗马帝国"的政治框架中发展起来的,但与罗马帝国时代的政治体制相比,拜占庭帝国又有诸多发展,其中最重要的即是对皇权概念的发展。虽然自戴克里先之后,罗马帝国已经建立起专制主义的政治体制,然而,这种体制与东方的君主专制体制相比有所不同。其标志即是在罗马仍然保留着"国家权利来源于人民"的观念。法学家乌尔比安(170—228 年)曾言:"皇帝的意志具有法律效力,因为人民通过《王权法》把他们的全部权利授予了他。"①在此基础之上,罗马帝国的专制主义理论和观念包含有许多自相矛盾的地方:一方面,帝国皇帝已经被神化,皇帝是"君主和神",或者如戴克里先所自诩的是"朱庇特之子"②;

① 查士丁尼:《学说汇纂》,第 1 卷,第 4 章,引自丛日云:《西方政治文化传统》,第 333 页。

② 徐家玲:《查士丁尼与早期拜占庭王权》,引自施治生、刘欣如:《古代王权与专制主义》,北京:中国社会科学出版社 1993 年版,第 337—361 页。

另一方面，君主权源于人民的思想也同时体现在其专制主义的理论与观念之中。受君主权源于民众的思想的影响，罗马帝国专制主义观念强调“（皇帝）是罗马帝国的最高长官而不是东方式的君主；他不应将自己的权力视为一种个人特权，而应当视为一种职责；皇位虽不由选举决定名单但也不是父子相传，皇帝要从贤明的人中选其最贤明者立为继嗣；他的生活应当克勤克俭，而不应当耽于享乐；他应当是臣民的父亲和恩人，而不是他们的主子；他是国家的第一位仆人而不是国家的主人；他的臣民是自由人，不是奴隶；臣民须爱他，他也须爱臣民”等等。[①] 至拜占庭帝国时期，皇权在基督教的“君权神授”的原则作用下，被重新神化。虽然，此时皇帝已不再是真正的神，而演变成为上帝在人间的代表；但是基督教所携带的一整套带有东方气质的信仰和价值观念完全征服了罗马帝国。君士坦丁大帝通过将基督教演变为实质性国教，使专制皇权对臣民的控制进一步强化至信仰和思想领域，尤其是伴随着查士丁尼时期、伊拉克略时期以及毁坏圣像时期“神权政治”意识形态的强化，原罗马帝国专制主义观念中对“君主权来源于民”的强调在国民心理中根基日益受到削弱，仅仅作为罗马公民政治的残余而存在。如国内学者所说，“（查士丁尼）宣称皇权与教权均非来自于民而是受之于天，从而否定了古罗马时期皇权来自于人民意愿的基本信条”[②]。

与皇权观念的变化相适应，拜占庭的臣民观念亦与罗马帝国的臣民概念有所不同。在罗马帝国，伴随着全民的臣民化过程，自由公民的政治权利尽失，并屈从于一个专制皇帝的权力之下。然而，由于罗马帝国时代始终强调“君主权来自于民”，帝制只是由“人民直接行使权力”向“皇帝代表人民行使权力”的转变；因此，数百年的专制思想并没有培养出东方帝国臣民所普遍具有的“忠君”道德。或言之，罗马帝国时代的“臣民”只是一种法律概念，与“臣民”相伴随的是呈现于《罗马法》中的权利与义务，而并非具有社会心理意义的伦理道德观念，直至拜占庭帝国末期，“忠君爱国”的伦理道德观念并未形成。

对于“臣民”的伦理诠释是在拜占庭帝国时期完成的。伴随着以基督教为核心的君权神授理论的建立，拜占庭皇权与东方专制主义君主在形式上也越来越接

① M. 罗斯托采夫：《罗马社会经济史》，引自丛日云：《西方政治文化传统》，第 334 页。
② 徐家玲：《查士丁尼与早期拜占庭王权》，引自施治生等：《古代王权与专制主义》，第 357 页。

近。这表现在诸多方面。例如,为表现拜占庭皇帝的威严所制定的以加冕礼和觐见礼为中心的宫廷仪式、拜占庭国民参政传统的逐步丧失以及元老院权力的削弱等等。① 然而,在诸多表象之中,最重要的还是拜占庭帝国臣民观念的发展。与绝对专制主义国家不同,拜占庭政治体系中没有那种经过数十代人形成的等级森严的官僚体系所酝酿的忠诚与服从观念,相反却不时流露出共和体制下的国民参政意识。532 年,查士丁尼为了维护其皇权的传统性权威,对尼卡起义进行残酷镇压,从而以强制手段"改变了民众参与政治的传统"②。因此,当拜占庭帝国通过不断在理论和实践中强化皇权之后,与东方专制主义体制相适宜的忠诚与服从的政治伦理观念并非孕育于政治系统本身,而是在拜占庭社会伦理观念中找到了依托。后者即是由教会伦理演绎的世俗性的个人品行规范。这主要表现在两个方面:

首先,"温和""谦恭""服从意识"是与拜占庭中央集权官僚政体相适宜的"臣民"品行标准规范。拜占庭帝国专制主义体制首先在由宗教伦理演绎的个人品行规范中找到了政治伦理规范的依据。具体而言,由基督形象演绎的"温和"与"谦卑"的品行以及从修道圣徒的品行中抽象出的"服从意识",是最先受到赞许的臣民品质特征。自查士丁尼时代以后,拜占庭官员在就职或新皇帝即位之时都要对皇帝宣读忠诚誓言,而且帝国皇权对这种效忠誓词的重视程度与日俱增;14 世纪的帕列奥列格王朝甚至规定:皇帝死后,所有行省官员都将被罢免:然后,他们被聚在一处向新皇帝宣誓效忠,届时新皇再次将官职授予他们。从其誓词中,不难发现拜占庭帝国政治领域所推崇的臣民的品行特征。誓词内容是:"我向万能的上帝、唯一的上帝之子基督耶稣、圣灵、永远的圣母、手中的福音书、大天使迈可尔和加布利发誓,在履行职责时使自己纯洁的良心对于神圣而虔诚的主人查士丁尼和塞奥多拉夫妇保持忠诚;我愿意接受由该职位所带来的一切痛苦,始终效忠于帝国。我拥护神圣的普世教会,不以任何形式,在任何时候背离它。我也将尽我所能阻止他人那样做。我发誓我不是通过贿赂获得该职位的,既没有贿赂授予我职位的人,也没有以行省为条件作出承诺以得到皇帝、行政长官、行政名人

① 陈志强:《拜占庭文明》,第 81—87 页。
② 陈志强:《拜占庭文明》,第 204 页。

或宫廷宦官以及其他人的支持。我一直确信自己的职位是没有收入的,并因此在神圣皇帝的臣民眼中显得纯洁,而且我也非常满意国家所给予我的那笔俸禄。”①

上述誓言的核心由二部分组成:第一是强调忠诚。其内涵即是“绝对服从”,即未来的帝国官员无论“在何种前提下”,“为了何种理由”或“以何种形式”,都不能违背皇帝和教会。这就是对于皇帝和教会的忠诚。第二是强调官员应该保持一种“温和”与“谦卑”的心态。它要求官员们在努力获得职位时不可为利益所驱使去行不义之事,在未来行使职权时甚至要以放弃“薪金”来强调自己的忠诚服务不是为了博得一己之利。在拜占庭政治领域,对皇帝与教会的绝对服从也可以引申为对权威以及对上级长官的服从。拜占庭专制主义统治是与官僚政治体制分不开的。自君士坦丁时期即开始强化的庞大的官僚机构,其最重要的特征即是从中央到地方等级森严。以中央各行政部门的权力构成为例。在官僚体系的最上层,是皇帝。皇帝之下,最高级的行政官员是总理大臣。他通过庞大的信使团有效地控制着帝国的各级官员。信使分布于帝国各处,代表上级向下级发布命令、敕谕,监督地方政策的执行,并及时向中央汇报地方官的表现及其可靠程度。另外,他还负责指挥御林军,主持宫廷礼仪、接待外宾以及签署涉外条约等等。总理大臣之下有大法官,负责起草法令,处理上诉案件,主持帝国法庭;与大法官并列的还有枢密大臣和两位财政大臣。在这三个部门之下,等级依然森严。以枢密处为例,其下设首席秘书及其助手负责签发各级官员和东方军团将校的委任状,二等秘书只能负责起草“国务诏书”。② 面对森严的等级,下级“服从”上级是保证该体系可以上行下达的关键。因此,“服从”意识总是在官员的遴选过程中获得特别重视的个人品行。在拜占庭政治伦理中,“服从”甚至被强调到愚忠和妄信的地步。这主要反映在拜占庭官场中的一则金箴中,即“人人都要接受上级的指导,上级的意愿即使有所偏差也要予以执行”③。

其次,拜占庭专制主义政体还对另外一种由教会伦理演绎的个人品行规范加以认同,这就是圣徒修道者对“孤独”氛围的追求。在伦理学意义上,崇尚孤独是

① G. Cavallo, *The Byzantines*, p. 203.

② 徐家玲:《查士丁尼与早期拜占庭王权》,引自施治生等:《古代王权与专制主义》,第342—343页。

③ G. Cavallo, *The Byzantines*, p. 6.

指社会交往过程中的情感回避,或言在人际关系层面对“友谊”与“爱”的疏离。它在本质上是一种情感上的自我隔离。从表面上看,对孤独感的追求是与专制主义体制政治伦理相背离的一种个人品行规范,它所提倡的是对个性与自我的重视,在回避友谊、正直等情感的同时,也回避了忠诚,而后者正是东方专制主义官僚体制政治伦理的精髓。但是,从更深入的层面来看,对孤独感的追求也是与拜占庭专制主义官僚体制相适应的一种政治伦理规范。一方面,它是由社会关系危机所引发的具有现实意义的政治伦理。正如一些学者所提出的:自伊拉克略时代起,由于城市生活的崩溃和社会关系的危机,导致拜占庭人转而回归自我与孤独,亲近各种与上帝密切相连的圣像等事物。这实际上是对安全感的追求,因为在一个人人自危的社会中,这是唯一可能的道德主张。① 另一方面,孤独感与拜占庭专制主义政治的统一还在于:它是帝国臣民在绝对专制主义前提下对个性的一种有限张扬。带有中庸主义色彩的孤独氛围使拜占庭人将自我置于安全的屏障内,而正是在这屏障之内,他们或者热衷于在人神之间,或者热衷于在核心家庭内部拓展自我发展的空间,并因为在一定程度上超越政治界限而拥有安全感。从心理学的角度看,人类的存在必须同时满足五种基本的需求。而在极端压抑的专制主义氛围之下,对孤独感的追求体现了人类对于安全感和适度的个性发展的基本需求。因此,对孤独的认同,就成为强调“服从”与“忠诚”的拜占庭政治伦理体系的一种必要补充。

拜占庭帝国“臣民”观念的伦理释义并非从其专制主义官僚政治体制内部孕育而生,而是以教会伦理演绎的个人品行规范为依托。以“温和谦恭”服从意识以及“崇尚孤独”为核心的“臣民”品行规范使拜占庭社会的政治伦理带有极端宗教化特征。这对拜占庭官僚政治体制产生了深刻影响。

“温和”“谦恭”和“服从意识”的政治伦理,对于拜占庭官僚政治体制的运行而言,其影响既有积极的一面,同时也有消极的一面。就积极方面而言,它促进了拜占庭皇帝专制主义中央集权官僚政治体制的有序发展。中古时期的政治概念远比现代所涵盖的范围广泛,经济与文化实际上都只是政治的延伸而已。因此,

① G. Cavallo, *The Byzantines*, p. 10.

政治体系的运行方式实际上也是整个拜占庭社会的运行方式与规则,政治体系也就是当时的社会体系。拜占庭帝国的一切皆处于国家权力的控制之下。一些学者曾对拜占庭经济与文化领域的运行方式进行过描述:自由市场严格地由国家控制,除非是绝对必要,否则绝不会对商人或艺术家作出些许让步。当商人受商业本性的驱使而有不诚实的表现时,这种表现也只能限制在国家规定的范围之内。艺术家想要通过提高传统技艺来增加收入也是不允许的。① 在这样一个以政治权力管理一切领域、以政治形态包容一切的社会中,"秩序"是所有中央集权专制主义社会得以存续的关键。拜占庭社会的各个领域都必须遵循等级森严的秩序,每一位官员都直接对其上级负责,而最高层官员只向皇帝负责,后者对前者具有生杀予夺之权。以"温和""谦恭"以及"服从意识"为核心的政治伦理规范对于秩序的建立和维护具有至关重要的作用。

事实上,在拜占庭官僚政治体系的运行过程中,温和、谦恭和绝对服从等品行是密不可分的。温和与谦恭是臣民的内在品行,绝对服从则是这些内在品行的外在表现。内心温和而谦恭之人,外表才能绝对服从上级,否则势必会常常监视和评价上级,而不是去服从上级的意愿。纵观拜占庭帝国的历史,官员的个性品质一直被列为重要的遴选标准之一。以皇帝的大法官为例,他代表帝国的司法权,并负责为皇帝讲解法律知识。他不仅要有极高的法律才能,而且要绝对服从皇帝,还要温和而谦恭地表达皇帝的意愿。因此,拜占庭帝国的大法官往往都是那些"言辞技巧精湛,无可挑剔,并能够使人以为是皇帝本人在进行思维"的人。② 不难看出,这些政治伦理规范是使官方命令能够在上行下达过程中保持一贯有效的关键。在这个意义上,它们也是拜占庭中央集权专制主义秩序得以建立的重要保证。就消极方面而言,"温和""谦恭"以及"服从意识"还在一定程度上限制了拜占庭政治体制的效率性。在不断倡导这些品行规范的过程中,如果下级对上级所持的温和谦恭之态与服从意识能够保持适度水平,那么它们将会促进拜占庭官僚政治体系的正常运转;然而,这些政治伦理规范已经被强化到偏颇的地

---

① G. Cavallo, *The Byzantines*, p. 7.

② D. M. Nicol, *Church & Society in the Last Centuries of Byzantium*, p. 206.

步,甚至于"上级的意愿即使有所偏差也要予以执行"①,那么它们势必将影响拜占庭政治体系的效率性。在温和谦恭之态和绝对服从意识的作用下,一方面,有所偏差的命令将继续逐级贯彻,进而使其不良影响不断扩散;另一方面,评价政治决策或纠正其偏差都只能沿循与决策生成相同的政治进程——自上而下的顺序,致使政治错误的重复行为激增。这些是导致官僚政治体系内部运行效率低下的重要原因。

崇尚孤独的政治伦理是拜占庭官僚体制将学术与政治相结合的重要原因。与同时期的西欧国家相比,东方的拜占庭帝国在官员遴选过程中较重视后选者的受教育程度,甚至为官者的晋升之路遵循着政治作为与学术成就并重的另类标准。究其原因,一方面是由于拜占庭帝国沐浴着浓厚的古典文化氛围,其文化发展水平远远超出西欧中古文明;另一方面,也与拜占庭的政治体制和独特的宗教化政治伦理相关。在由东正教释义的"臣民"道德规范中,最能够突显其宗教化特征的就是对于孤独氛围的追求。在这种政治伦理的作用下,世人的行为模式倾向于淡泊,尤其是国家统治者和高级官员更是如此。面对中央集权专制主义的重压,崇尚孤独是拜占庭人在一定程度上张扬个性的唯一选择。由于为官者均受过完备的教育,因此其构筑孤独氛围的方式与普通拜占庭人有所不同。他们较少沉迷于圣像或占星术,而是热衷于神学或古典文化。在此基础上,拜占庭帝国的政治领域才发展出政治表现作为与学术成就并重的晋升标准。早在6世纪,约翰·利多斯就曾在《官制》中提及这一现象,同时,他也通过自己的为官经历向后人揭示了拜占庭官僚政体中学者与官员角色重合的现象的本质,即得到皇帝的赞赏与嘉奖。② 至拜占庭晚期,潜心向学的帝国高级官员的政治表现更强调了这一认知。例如,拜占庭晚期的重要人物塞奥多利·梅托契特斯(Theodore Metochites, 1270—1332年)即是集学者与重臣于一身的典范。他才智超群,学识渊博,不仅是安德罗尼库斯二世宫廷中的重要官员,而且也是那个时代最伟大的作家。世人曾这样描述他的生活:"从早到晚以极大的热情全身心地投入到国务之中,好像学

---

① G. Cavallo, *The Byzantines*, p. 6.

② John Lydus, *Magistratibus*, in E. Barker, *Social and Political Thought in Byzantium*, p. 79.

术与他毫无关联,而到深夜他离开宫廷以后,就完全置身于高深的学问之中,俨然变成与其他事务毫不沾边的学者。”①一般而言,学术与政治的融合将促进官僚政治体制的发展水平,对于文化素养的推崇也势必会与政府的效率水平成正比。但在拜占庭帝国,这一推理却无法在现实中得到印证,其官场中对纯学术活动的重视更多的是将之视为晋升之路。在拜占庭官僚政治体制中对纯学术活动的推崇,甚至以学术成就来铸就仕途升迁金桥的现象,在本质上是该社会崇尚孤独的政治伦理的产物。总之,由教会伦理所诠释的“臣民”的政治行为模式,虽然有利于减少社会成员间的横向流动,有利于国家的长治久安;但也使国家的政治生活丧失了活力。

拜占庭帝国历时千余年,这种遴选官员的标准一直未变,这也是导致拜占庭国力衰退的一个重要原因,特别是在最后的世纪中,帝国精英治国乏术,平庸者横行。

第五节

东正教对拜占庭审美观念的影响

审美情趣和伦理道德风格一样也是民族精神气质的核心要素之一。本节将着重研究拜占庭时期东正教所演绎的审美理念,以期加深关于拜占庭人精神气质的全面认识。在拜占庭帝国,能够唤起世人审美情感的神圣象征十分丰富。无论建筑、雕塑,还是音乐和绘画,无一不烙有东正教的印记。相比之下,只有圣像艺术才是纯粹的东正教艺术,其间的差异存在于审美层面。虽然东正教的教堂建筑、音乐以及雕塑等艺术形式,皆在艺术风格上表现出明显的宗教化特征,但它们在审美层面上依然是世俗的,其美学理念与艺术实践原则在本质上并没有超越世

① 陈志强:《盛世余辉——拜占廷文明探秘》,第94页。

俗艺术的审美价值规范。正如古希腊的神像在失去了膜拜价值的今天依然拥有令人叹赏不绝的美,如歌般流畅的东正教教堂建筑也没有因为易主于他族而不再壮观。然而,只有圣像艺术,它不仅源于教会,而且还演绎出一种宗教象征主义风格,在审美层面上规范着拜占庭人的精神气质。

一 拜占庭时期的圣像艺术风格

拜占庭人对于"圣像"(icon)的理解与现代人不同。在现代人看来,圣像是指"描绘神圣人物或其组合,并绘制在便携式木制嵌板上的宗教画像"①;然而,在拜占庭人的概念里,"圣像"却可以指代任何宗教"画像"(image),它不仅可以绘制在便携式木制嵌板上,也可以固定在墙上或其他非木质的基托上。就其材质而言,它们可以使用木制以外的"象牙、大理石、马赛克、贵金属、墙壁以及其他各种材料"②。就其种类而言,它们既可以是书籍中的宗教插图、教堂或民用建筑中的装饰马赛克和湿壁画,也可以是各种材质的便携式宗教画像。这里,所采用的是拜占庭人的广义的"圣像"概念。

现存的便携式圣像均为6世纪以后的作品。从文字记载看,这种圣像最早可能出现于4世纪初期。依据L.洛德里的分析:"早在公元305年的宗教迫害中,就发生过对神圣的画像的搜寻。可以推测,这些神圣画像就是便携式圣像。因为对于那些地点确定的艺术品,根本无须展开搜寻。"③广义上的圣像,最早可以追溯到"墓穴艺术"时代。所谓"墓穴艺术",就是指在3—4世纪期间基督徒的地下墓穴中所发现的壁画。这类地下墓穴是罗马帝国时期的集体墓地,其中有公共墓穴,也有隶属于家族或宗教团体的私人墓穴。墓穴的设计就像迂回曲折的地下迷宫,长长的甬道,两旁的墙壁上凿有层层墓穴,用刻有死者姓名的石板封闭。其中名人的安息处往往凿出一个拱形的奠堂,并常常饰以壁画以使其显得更为庄严。

① Lyn Rodley, *Byzantine Art and Architecture : An Introduction*, Cambridge: Cambridge University Press, 1994, p. 52.

② Jannic Durand, *Byzantine Art*, Paris: Terrail, 1999, p. 128.

③ Lyn Rodley, *Byzantine Art and Architecture : An Introduction*, p. 52.

墓穴壁画的内容主要是各种具有复活象征的圣经场景,用以表现基督教徒的灵魂在挣脱尘世桎梏后被召往未来世界。这些作品虽然十分粗糙,但就其内容和形式看,可以列入圣像范畴。拜占庭时期圣像艺术的发展大致可划分为两个阶段:第一阶段始于4世纪君士坦丁大帝尊基督教为国教之时,终至8世纪毁坏圣像运动爆发。这一时期的圣像艺术颇具现实主义特征,其艺术风格约形成于6世纪。第二阶段始于毁坏圣像运动结束,终至1453年拜占庭帝国灭亡。该阶段的圣像艺术较富于象征主义色彩,其艺术风格约形成于9世纪中期。

现实主义风格的圣像艺术是在基督教会获得合法化身份以后的两个世纪中逐渐形成的。大约在6世纪前后,拜占庭圣像艺术风格发生了显著变化。这一时期出现的宗教插图、教堂装饰马赛克和湿壁画,以及便携式圣像等作品,在风格上与早期"墓穴穴艺术"时代的宗教壁画迥然不同。

"墓穴艺术"时代的壁画虽然不似一般意义上的古典艺术那样精致,但其艺术风格依然从属于古典主义。L.洛德里曾对地下墓穴的墓壁装饰风格与壁画本身的风格进行过深入探讨,他认为:3—4世纪的地下墓穴壁画,在墓壁装饰风格上主要是使用罗马式的内墙装饰方法,即首先在墙壁上绘制分割线将壁面划分出不同的区域,然后再在绘画区域饰以主题人物或装饰图案,有时还在分割线以下较低的分区内绘制仿大理石墩身;就壁画自身风格而言,一般都具有相当程度的自然主义风格,人物通常用浅色背景加以衬托,很少有细节背景。[①] 从他的分析中不难看出,地下墓穴墓壁装饰风格与壁画绘制风格都遵循着那个时代所流行的古典主义传统。正如A.福蒂斯丘所言:"墓穴绘画与庞培绘画明显地属于同一派别。只是,它们更破败、更粗糙,因为它们只是一个请不起艺术家的被迫害的贫穷团体的作品。"[②]

与地下墓穴中的壁画相比,6世纪前后的圣像艺术呈现出古典主义风格弱化的趋势,而来自叙利亚、巴勒斯坦和美索不达米亚的东方绘画传统逐渐成为新的圣像艺术主流。这一时期最有代表性的作品是西奈山凯瑟琳修道院的《圣塞奥多利和圣乔治中间的圣母》。埃及西奈山的凯瑟琳修道院是在毁坏圣像运动时期,

---

① Lyn Rodley, *Byzantine Art and Architecture: An Introduction*, p. 35.

② A. Fortescue, *The Orthodox Eastern Churches*, p. 122.

少数几个未受到冲击的修道院之一。在其收藏的拜占庭时期的圣像中,有六幅是属于6世纪的作品,而《圣塞奥多利和圣乔治中间的圣母》是其中最杰出的一幅。该作品描绘的是圣母玛利亚怀抱圣子的坐姿全身像,以及在其身旁站立的圣乔治和圣塞奥多利的立姿全身像。该画高68厘米,以蜡彩在木质嵌板上绘制而成,属于便携式圣像。该圣像的重要性不仅在于其年代久远,而且还在于其绘画风格的多重性。据有关专家分析,该画极完美地展现了古希腊罗马的古典主义风格和来自叙利亚及巴勒斯坦等地的东方绘画风格的融合。例如,J. 迪朗提出:一方面,画面中的教会等级特征、圣母的呆滞不动的姿势以及两位圣徒的正面画像都证明了这幅作品的创作受到了来自东方传统的平面构图方式的影响,尤其是他们那没有表情的、无知觉的、仿佛戴了面具一般的面孔,而这种展示方式有利于精神意境的表达;另一方面,隶属于古典主义艺术风格的那种生动的空间概念也依然存在,它不仅体现在画面人物的三重阶梯式排列之中,而且还体现在建筑背景、建筑物背后的蓝色天空以及画面人物在其面前的地上所形成的清晰阴影等方面。此外,画面的中心人物圣子耶稣的形象,也保留了古典艺术的立体感和生动感,两位天使举头遥望圣手的造型则再现了希腊雕塑的影响。[①] J. 迪朗的这一观点代表了当今绝大多数学者对这幅旷世之作的看法。另外,在此必须提及的另一位学者是L. 洛德里。他在对这幅《圣塞奥多利和圣乔治中间的圣母》进行分析时,曾论证了该画在构图方面所体现的古典主义精神。他提出:画面的中心不是圣母,而是圣子基督耶稣,至于圣母则与两位圣徒一样都是以十字形围绕在基督的身旁。他认为,这种构图方式"是源于帝国风格的构图方式。它并非在一般事件中体现出罗马肖像画法,而是过去常常用来描绘皇帝和其他显贵的肖像画法"[②]。L. 洛德里的观点颇为独到,阐明了《圣塞奥多利和圣乔治中间的圣母》在构图方面所体现的古典主义精神,在一定程度上是对J. 迪朗观点的一种补充。

对拜占庭的圣像艺术而言,东方传统主要指来源于叙利亚、巴勒斯坦和美索不达米亚的一些艺术形式。一些学者还曾对这种艺术传统的渊源作过进一步探讨,例如N. 贝恩斯提出:"东方传统,即古伊朗或闪米特的东方传统。它们通过萨

---

① Jannic Durand, *Byzantine Art*, p. 40.

② Lyn Rodley, *Byzantine Art and Architecture : An Introduction*, p. 43.

珊波斯传播到埃及、叙利亚、美索不达米亚和亚美尼亚，并把已经长足挺进的希腊影响击退。”①事实上，究竟有多少源于东方的艺术形式对拜占庭文化产生过影响，其程度如何，这些问题在史学领域和艺术领域都非常模糊。相应地，对拜占庭学家而言，所谓东方主义的艺术，或言艺术领域的东方传统，也并非一个十分清晰的概念。有关文献对建筑艺术中的东方主义传统描述较多。例如 A. 福蒂斯丘曾写道：“几个世纪以来，一直存在一种与希腊风格不同的亚洲风格。它始于令人难以置信的时代。所罗门让腓尼基人为他建造的神庙、尼尼微城……都是这种风格。波斯人从巴比伦人那里学到了它，叙利亚（Seleucid，也译为塞琉古）国王又从波斯人那里学到了它。尽管叙利亚已经受到了希腊文化的影响，但其北部地区，仍然有几座城是亚洲风格的……在这些城市的广场上有拱门和圆顶建筑。”②至于绘画艺术方面，相关的文字记载较少，研究者只能在一些尚存的拜占庭早期书籍插图中看到属于东方艺术传统的某些特征。

对于这些来自东方的影响，学者们尚未形成统一的称谓。J. 迪朗在其最近出版的著作《拜占庭艺术》中用“抽象主义”来突显 6 世纪拜占庭圣像艺术中有别于墓穴艺术的非古典主义气质。他在分析拜占庭早期手稿插图时曾多次使用过“抽象主义”的概念，例如，在谈及 6 世纪的三部希腊文手稿，即维也纳的《创世记》（*the Vienna Genesis*）、卡拉布里亚的罗萨诺教堂的《福音书》（*the Gospels* in the treasury of *Rossano Cathedral in Calabria*）以及西诺普的《福音书》（*the Sinopa Gospels*）的手稿插图时，他认为：“即使古典主义的特征依然鲜活，但这三部手稿插图还是明显表现出具有东方色彩的抽象主义艺术倾向……在罗萨诺教堂的《福音书》中，圣路加的插图肖像尤其具有强烈的东方主义风格特征。它采用了平面化着色方式，几乎没有透视效果。”③在谈及同时期的叙利亚手稿插图时，他更明确地表达了对东方传统的理解：“叙利亚的福音插图甚至更加远离了古典主义传统。人物比例没有尊崇古典主义的规范；轮廓不分明；衣褶更富于几何形状，更蜿蜒，

---

① Norman H. Baynes, *Byzantium : An Introduction to East Roman Civilization*, London: Oxford University Press, 1948, p. 171.

② A. Fortescue, *The Orthodox Eastern Churches*, p. 122.

③ Jannic Durand, *Byzantine Art*, pp. 39 – 40.

同时在色彩的运用上也越来越缺乏庞贝湿壁画中细致的阴影表现,甚至以粗糙的纯色平涂方式取而代之。这些插图似乎在努力创造一种装饰性的、使人印象深刻的效果,而不是在力争把握形状和轮廓。"①从以上分析不难看出,J. 迪朗主要用"抽象主义"概念来指代东方艺术传统中的平面化构图原则和色彩运用原则。这种追求平面化特征的艺术实践原则与古典主义追求透视效果的艺术规范区别明显,集中体现在轮廓不分明、对人物衣褶的处理手段呆板,以及色彩运用方式粗糙等特征上。

与 J. 迪朗不同,另一位学者 N. 贝恩斯则把圣像艺术创作中的东方艺术传统称为"现实主义"。他在研究 6 世纪的圣像艺术风格时,也和注意到了东方艺术传统对平面化表现风格的追求,但他认为"现实主义"这一概念能更充分地体现该时期圣像艺术风格的本质内涵。当然,贝恩斯对"现实主义"概念的界定与一般意义的"现实主义"概念不同。一般意义的"现实主义"是写实主义的代名词,从现代天主教哲学家对现实主义艺术所持的批评态度就不难体会其中的关联:"现实主义艺术在人形无法超凡入圣时遭到挫折。结果,在肖像画里描绘出来的神不过是口若悬河、声似洪钟的人而已。"②与一般意义的现实主义概念不同,贝恩斯更强调现实主义与古典主义之理想化意境的对立。或言之,其现实主义不是对客观存在的写实,而是对古典主义意境的突破。具体来说,贝恩斯把现实主义风格界定为对个性化的、崇高而庄严意境的创造。他指出:"早期基督教艺术的古典主义已为一种更具个性化的、现实主义的、崇高庄严的风格所代替……为历史的、不朽的风格所代替,一种新的圣像画法为了表现神圣的主题而诞生。"③这不仅是贝恩斯对 6 世纪前后圣像艺术风格变化的评述,同时也涵盖了其对现实主义风格的理解和界定。贝恩斯之所以将现实主义风格作为 6 世纪圣像艺术的本质特征,主要是基于他对该时期圣像艺术主题的理解。从墓穴艺术时期力争表现的与死者升天有关的题材,到 6 世纪努力把圣经变成一幅色彩缤纷的画卷,主题的变化势

① Jannic Durand, *Byzantine Art*, pp. 39 - 40.

② 乌格里诺维奇:《艺术与宗教》,王先睿、李鹏增译,北京:生活·读书·新知三联书店 1987 年版,第 179 页。

③ Norman H. Baynes, *Byzantium : An Introduction to East Roman Civilization*, p. 171.

必导致表现方式的变化。在贝恩斯看来,现实主义风格正是为了表现神圣的主题而诞生的。因为它在超越了古典主义的“和谐”与“优雅”的理想化意境后,可以更好地运用人的想象力,把神的崇高与庄严在个性化特征中展现出来。如其所言:圣像画“已经逐渐放弃了生动的希腊式的优雅,转而追求那种庄严肃穆和高贵宏伟的历史风格。在发展中,它经常显露出新奇、创造和想象力。它已经证明其可以在艺术作品中把基督教信仰的美和荣耀具体化,能够用独特的、富有表现力的形式塑造神的重点形象,并能够给予福音中的历史事件以鲜活的、炫目的再现”①。

显而易见,贝恩斯比迪朗更准确地理解了6世纪圣像艺术的风格。如果说迪朗理解了其形式,而贝恩斯则理解了其精髓。以贝恩斯的现实主义基调为切入点,圣像艺术在6世纪的许多变化都得到了相应的解释。以深沉的纯蓝色背景取代古典主义的建筑背景或浅淡的风光背景,是为了突显基督英雄庄严与肃穆;以平面化的线条和色彩替换立体构图和着色的生动光影,是为了表现基督英雄的超自然性。古典主义的“和谐”不仅把自然固化于理想主义的意境,也把神固化在世俗里,正所谓“神人同一”。然而,当古希腊的神祇演变为超自然的上帝,希腊式的完美即显得苍白无力。正是在这种情形下,圣像艺术的风格由理想主义转化为现实主义。

经过历时百年的“毁坏圣像运动”的洗礼,拜占庭早期圣像艺术绝大多数遭到破坏。但是,伴随着圣像崇拜最终于公元843年获得了法律上的认可,拜占庭社会再次出现了圣像艺术的繁荣。各种圣像,或者以教堂及修道院的装饰马赛克画及湿壁画的形式,或者以手稿插图的形式,当然更多地是以便携式圣像的形式,再一次融入拜占庭人的生活。

9世纪以后的圣像艺术在风格上发生了很大变化。如果说,现实主义风格是以建立在想象力基础之上的肃穆氛围取代了古典主义风格的理想化意境,那么9世纪以后圣像艺术又是以何种精神作用于现实主义肃穆氛围呢?在N.贝恩斯看来,新风格的主体特征就在于对古典主义的完全抛弃,在于东正教修道院和教会的影响力对现实主义肃穆氛围中个人想象力的限制。他曾对这一新兴的艺术风

① Norman H. Baynes, *Byzantium : an Introduction to East Roman Civilization*, pp. 177 – 178.

格进行过描述:在9世纪以后的拜占庭,“存在一种修道主义的、大众化的艺术风格,它在艺术理念和实践方式上均与官方艺术迥异。[①] 它更接近现实,同时也更引人注目。由于越来越受到教会和修道院的影响,它逐渐从古典主义传统中走出,并最终排除了帝国官方艺术的影响,使自己变得更为刻板和严肃……直至创作过程的模式化、人物姿势的僵化状态以及对一切个人幻想和古代异教主义的排斥最终流行起来”[②]。

在此基础上,N. 贝恩斯还进一步指出了6世纪与9世纪圣像艺术之间的边缘性差异。首先,他认为9世纪以后的圣像艺术进一步强化了东方主义的平面化特征。这一点从前引文即可以看出。由于该时期的圣像艺术创作完全抛弃了古典主义的规范,故而其整体效果与6世纪的画面相比,更缺乏和谐与生动的理想主义意境。其次,9世纪以后的圣像艺术对东方主义的色彩和技法的运用更为纯熟。贝恩斯曾提及:“6世纪的马赛克人物经常模仿大理石和金属雕塑。但是现在,这些朴素的特征已经变得多样化、复杂化和色彩斑斓。早期的蓝色背景已为金色取代,有时还用装饰性的景色或建筑使画面更有生气。金色的背景之上,织物褶皱的明亮色彩互为补色,而非主要人物的中间色调也被融入其中。”[③]不难看出,N. 贝恩斯的分析很有说服力,但尚不够深入。新风格显然是由于对古典主义和现实主义的背离而出现的。然而,在走出古典主义的理想化意境和现实主义的肃穆氛围之后,圣像艺术究竟灵归何处呢?对此,贝恩斯的回答似乎很模糊,他只是提出这种变化是由于教会和修道院的影响,并因之与世俗的“帝国艺术”或“官方艺术”相对,被称为“修道主义艺术”。然而,自从基督教合法化以后,教会和修道院一直没有停止过对艺术活动的影响。而对于9世纪以后的圣像艺术而言,其影响究竟表现在何处呢?

对于9世纪以后的圣像艺术风格而言,后世研究者很难从纯艺术的角度分析

---

① 官方艺术:又称“帝国艺术”,与9世纪以后的拜占庭圣像艺术(或修道主义艺术)相对。在绘画领域,其艺术风格既有对古典艺术的回归,又保留了4世纪以来东方艺术传统的影响,尤其是在色彩的运用上,极尽东方奢华之风。11世纪以后,其艺术风格还在一定程度上受到教会艺术的影响,致使画面呈现出某种超凡入圣的意境。

② Norman H. Baynes, *Byzantium : an Introduction to East Roman Civilization*, p. 186.

③ Norman H. Baynes, *Byzantium : an Introduction to East Roman Civilization*, p. 178.

其意境。从当时拜占庭教俗人士对圣像的认识可以看出,拜占庭人并不把圣像看成单纯的艺术品,相反,他们把圣像看成是信仰的一部分。神学家大马士革的约翰曾经说过:“如果有个异教徒来向你说,请把你的信仰拿给我看看吧……你就不妨带他到教堂去瞻仰各种圣像。”[①]N. 贝恩斯在仔细考察了圣阿索斯山上一所教堂的圣像装饰之后,也认为 9 世纪以后的圣像艺术与教会的信条、礼仪密切相关。他提出:“6 世纪教堂装饰的主要目标是在教会的墙上表现福音中的场景;然而现在却连教会信条和礼仪也要被表现在装饰物之中。曾经是历史取代了符号,而现在则是历史让位于神学。”[②]一些学者从圣像与信仰的关系着手,得出了与贝恩斯不同的结论,他们认为 9 世纪以后的圣像艺术在本质上超越了世俗的审美理念范畴,其风格与意境并非源于艺术本身,而是源于东正教的宗教规范所造就的各种象征符号。正如雅科伏列夫所指出的:“在拜占庭东正教艺术中,规范转变为规范象征,对后者来说,重要的不仅是外部形式,而且还有宗教教义的深刻的内在涵义。”[③]总之,9 世纪以后的拜占庭圣像艺术应该是一种宗教象征主义艺术。准确地说,该时期圣像创作活动只不过是一系列反复进行的模式化过程,其所尊崇的艺术规范不再是世俗社会的美学理念,而是由宗教规范演变而来的象征符号。

二　拜占庭时期圣像艺术风格变化的历史背景

圣像艺术的风格变化开始形成于 4 世纪,即基督教取得合法地位之后。对于这种风格变化,艺术在本体论意义上的渐变理论似乎显得无足轻重。从纯艺术角度分析,4 世纪的罗马帝国适逢一场伟大艺术运动的兴起。这场运动在本质上是古希腊罗马古典艺术同东方艺术的融合运动,其出现有赖于罗马帝国独特的政治管理体制。3 世纪末,戴克里先(Diocletianus, c. 243—313 年)实行“四帝共治”制,将帝国分为四部分,由两位正皇帝和两位副皇帝共同管辖,其本人实为其中的太上皇。这种统治使帝国出现了一种人为的文化流动现象,正如 L. 洛德里所言:

---

① 乌格里诺维奇:《艺术与宗教》,第 146 页。

② Norman H. Baynes, *Byzantium : an Introduction to East Roman Civilization*, p. 175.

③ 雅科伏列夫:《艺术与世界宗教》,任光宣等译,北京:文化艺术出版社 1989 年版,第 236 页。

“四帝共治制的大同思想与物质文化颇有关联,因为四位皇帝把都市艺术、建筑和政治管理方式传播到遥远的行省,同时他们也接纳了后来被纳入主流文化的行省传统。”①就这场艺术融合运动的具体情形而言,学者们一般都认同其以建筑为先导的观点。四位皇帝在帝国各处修建的宫殿是东西艺术风格相互融合的最早明证。据史料记载,“戴克里先的斯帕拉托宫(Spalato)即极具叙利亚建筑特征,它与戴克里先从前在安条克的宫殿非常相似;与之相对,盖列里乌斯在塞萨洛尼基修建综合性住宅时使用了罗马人的样式,它以碎石为墙体核心,并在表面饰以砖石,这是爱琴海沿岸居民的传统技术。”②然而,如果说圣像艺术在4—6世纪以及9世纪以后在风格上的变化皆是拜这场运动所赐,那也过于笼统。就其变化而言,至少还有两种因素值得考虑。

基督教与古典主义艺术的对立由来已久。在理论上,二者的对立从属于世界范围内一神教与世俗审美艺术的对立。宗教与人类审美理念之间存在着密切联系。在人类社会发展的早期,审美艺术和宗教曾共存于原始仪式中,正如乌格里诺维奇所言,“在原始公社中,各种专门的艺术活动和宗教活动已经存在;但是,这些活动最初表现为尚未分解的统一的仪式性戏剧中的两个方面”③。这一时期,审美艺术在很大程度上是为膜拜活动而存在的,审美理念和宗教理念互为印证,互为促进。伴随着人类社会发展,人类的宗教形式不断变化,从巫术、拜物教、图腾膜拜,到万物有灵论和多神教,但是宗教与审美艺术之间和谐依旧。人类的审美理念始终沿着世俗的方向发展,“诸神以尘世的面貌,以人们周围的原质、对象、动物的形象或者人们自己的形象刻画出来……(古希腊)的雕塑在膜拜中的用途后来付诸遗忘,而它在审美方面却至今一直使人们叹赏不绝”④。直至一神教的出现以后,宗教与审美艺术之间的和谐关系才不复存在。一神教比之于多神教和更早的宗教形式,其根本差异在于其崇拜对象已由自然物、超自然物演化为纯粹的精神本质。在一神教中,唯一的神与可以被感知的尘世的事物之间有着原则的

① Lyn Rodley, *Byzantine Art and Architecture : an Introduction*, p. 8.

② Lyn Rodley, *Byzantine Art and Architecture : an Introduction*, p. 10.

③ 乌格里诺维奇:《艺术与宗教》,第78页。

④ 乌格里诺维奇:《艺术与宗教》,第110页。

区别,“神是永恒的,而尘世的事物是有限的和暂时的;神是智慧和至善的化身,而人是软弱的和有罪的存在物”①。换言之,这样的神根本无法由世俗审美艺术加以表现。至于造型艺术对神的刻画,更是不可避免地导致神的降格,从不可感知物降格为尘世上可感知物。因此,自一神教出现以后,宗教与审美艺术之间出现了根本的分歧。

就早期基督教而言,宗教与审美艺术之间的对立主要体现为它与各种古典审美艺术的对立。其间的关系较为复杂。由于基督教无论是在理论上还是在实践中都要利用审美艺术为之服务,因此它对世俗审美艺术的批判态度颇具选择性。事实上,早期基督教所明确反对的是古典主义造型艺术中的人物雕塑。早期基督教对于人型雕塑艺术的反对,首先是基于基督徒的情感偏见,因为雕像跟圣经里谴责过的那些木石偶像和异教偶像十分相像。正如 A. 福蒂斯丘所言,“这是基督徒的情感所致。对基督徒而言,这些美丽的希腊雕塑简直就是罪恶之源;正是为了拒绝信仰这些神,教父们才在竞技场被撕裂;所以他们不允许有与之相像的事物存在”②。其次,教会对古典人物雕塑的排斥还基于一个极具共性的原因,即与其他一神教人士一样,否认世俗审美艺术(尤其是造型艺术)能够完全反映神的本质。正如亚历山大的克莱门斯(Clemens Alexandrinus,约 150—215 年)所言:“立法者使人心上升到直观领域,而不足使之停留在物质上……只有心灵之眼才能洞察的非物质的存在物,以感性形象刻画出来进行膜拜,这徒然有损于他的尊严。”③对于非人形的雕塑艺术或者其他艺术形式,基督教会均持保留或部分保留态度。在基督教会获得合法身份以后,教会自身也开始从事大规模的艺术实践活动,并逐渐形成了西方天主教教会艺术和拜占庭东正教教会艺术两大体系。在这一系列艺术活动中,人们可以明显感受到教会在建筑艺术上对希腊罗马风格的包容,以及在雕塑艺术上对非人物主题的创造。

4 世纪以后,基督教会对于圣像艺术中古典主义风格的猛烈抨击主要是针对古典主义审美理念的。该理念主要包含两方面的内容。首先,古典主义对“美”

① 乌格里诺维奇:《艺术与宗教》,第 113 页。

② A. Fortescue, *The Orthodox Eastern Churches*, p. 129.

③ A. 戈卢布左夫:《教会考古学和礼仪学讲座选集》,引自乌格里诺维奇:《艺术与宗教》,第 114 页。

的界定一直遵循着“和谐”的标准。“美即和谐”思想最早由希腊哲学家毕达哥拉斯(Pythagoras,约前580—前500年)提出。他认为,世界的本原是数,数的原则是一切事物的原则。他最早列举了奇、偶、正、方、有限、无限等十组对立面,并强调对立面之间的和谐,整个天体在他看来就是一种和谐和一种数。由此,他进一步断言:美就是数量上的比例关系,即美就是和谐。① 另一位古希腊哲学家赫拉克利特(Herakleitos,约前540—470年)一方面肯定美即和谐的说法,但另一方面又强调对立面统一在美学中的意义。他认为“自然是由联合对立物造成的最初的和谐,而不是由联合同类的东西(造成的最初的和谐)。艺术也是这样造成和谐的,这显然是由于模仿自然的结果。绘画在画面上混合着白色和黑色、黄色和红色的部分,从而造成与原物相似的形相。音乐混合不同音调的高音和低音、长音和短音,从而造成一个和谐的曲调。语法混合元音和辅音,从而构成整个艺术”②。亚里士多德的美学理论较接近毕达哥拉斯,认为“美的主要形式是秩序、匀称和明确”③。在古希腊思想家中,只有柏拉图对美的界定显得与众不同。其美学理论深受其理念哲学的影响。他认为所谓“美”本身,就是美的理念。换言之,他认为美不存在于世俗世界,相应地,美也是不可言说的。但是,古典文化总体上对“美”的看法还是崇尚“和谐”原则的。其次,就艺术实践原则而言,古典主义审美理念则遵循“自然主义”的审美趣味与标准。它非常强调艺术品对自然的摹写,看重形似,并认为形似是神似的前提和条件。亚里士多德曾对该原则加以系统阐述,他提出:“人与动物的区别就在于人最善于摹仿。艺术乃至人类的其他知识都是由于摹仿而获得的,人对于摹仿的作品总是感到快感。经验证明,尽管事物本身看上去会引起痛感,但惟妙惟肖的图像看上去却总能引起我们的快感。”④

基督教人士认为,古典主义审美理念所造就的各种艺术形式,尤其是造型艺术,在本质上是与基督教禁欲主义精神相悖的。古典主义的造型艺术,特别是那

① 刘延勃等主编:《哲学辞典》,长春:吉林人民出版社1983年版,第208页。

② 启良:《西方文化概论》,广州:花城出版社2000年版,第276页。

③ 亚里士多德:《形而上学》,吴寿彭译,北京:商务印书馆1983年版,第265—266页。W. D. Ross, ed. *Aristotle's metaphysics*, 2 vols., Oxford: Clarendon Press, 1924, TLG, No. 0086025.

④ 亚里士多德:《诗学》,罗念生译,北京:人民文学出版社1962年版,第11页。R. Kassel, ed. *Aristotelis de arte poetica liber*, Oxford: Clarendon Press, 1965, TLG, No. 0086034.

些男女裸体雕像，极像是魔鬼的诱惑，最容易败坏人类的灵魂。例如，早期教父德尔图良（Tertullianus，约160—225年）就认为艺术在本质上将导致嗜好和情欲，并提出：异教的古典主义"艺术……处在两个魔鬼巴克科斯（嗜好）和情欲（维纳斯）的庇护之下"①。奥古斯丁也强调，他"正是对雕塑造型形象的凝视产生了最深刻的、尘世的现实情感和愿望"②。事实上，古典主义艺术的实践原则所造就的生动的完美，促使基督教不得不反对它在圣像艺术中的运用，这是为了避免圣徒的形象在古典主义艺术中沉沦为人。相反，来自东方的肃穆风格为6世纪的圣像主题提供了最适宜的表达方式。正是在这一背景下，圣像艺术的风格由理想主义转化为现实主义。

毁坏圣像运动中关于"圣像"的争论，使圣像的存在得以在理论上被释义，进而在圣儒和信仰之间建立起必然的联系。这是9世纪以后圣像艺术风格由现实主义向宗教象征主义转变的重要原因。

在拜占庭帝国，有关圣像崇拜的争论早在毁坏圣像运动之前既已存在。6世纪时，神秘主义者曾率先对圣像存在的必要性予以理论上的阐释。伪狄奥尼修斯曾提出："除非借助于人心所固有的物质指南，认为看得见的美色是看不见的美色的写照，闻得到的芬芳是神灵渗透的痕迹，物质的灯火是非物质的灵光的形象……简而言之，除非通过各种象征把关于天上的存在物的一切东西毕恭毕敬地转达给我们，人心才能百尺竿头更进一步，对天堂阶梯进行非物质的模拟和直观。"③然而，由于拜占庭神秘主义思想没有像西部那样形成体系，其释义功能并不足以在拜占庭社会建立起圣像与信仰之间的必然联系。因此，在毁坏圣像运动以前，虽然有圣像崇拜现象存在，但对圣像存在理论释义还只停留在教会及部分教徒的实践感悟阶段，带有明显的功利主义色彩。就教会而言，圣像因建立在艺术基础上而产生的审美价值有助于强化信徒的宗教感受，正如教宗格里高利一世所言："图画对于不识字者所起的作用，正如书籍之于文化一样重要。"④而一般信

---

① K.基里伯特：《美学史》，引自雅科伏列夫：《艺术和世界宗教》，第192页。

② 雅科伏列夫：《艺术和世界宗教》，第192页。

③ B.贝奇科夫：《拜占庭美学》，引自乌格里诺维奇：《艺术与宗教》，第123页。

④ 启良：《西方文化概论》，第291页。

徒则更看重圣像所带来的神迹。拜占庭人普遍认为圣像被赋予了魔力,可以治愈病患,可以满足虔诚者的愿望,或者保护旅行者。某些圣像甚至被认为是上帝亲自创造的,其创造神迹的能力也因此更为世人所妄信。[①] 在上述功利价值的推动下,圣像崇拜现象越来越普遍。但是由于圣像存在的理论释义问题始终未能解决,因此人们对圣像存在的意义尚存质疑,以至于关于圣像存在的争论一直延续不断,并最终引发了长达一个多世纪之久的毁坏圣像运动。

8—9世纪,当圣像之争演化为一场历时百余年的社会运动之后,由于关系到圣像是否能继续存在下去,因此圣像的释义问题也随之成为全社会关心的问题。虽然,与前几次教义之争相似,争论的结束并非理论说服的结果而是政治的胜利;但是当843年最终明确了圣像崇拜的合法性之后,大马士革的约翰对圣像的理论释义也相应地获得了全社会的认同。他首先从人性的角度指明了造型艺术与圣像相结合的必要性。他提出"圣像是没有形容的、看不见的,但由于我们理解力很差,而必得从肉体上来加以描绘,使之成为那种看得见的形象"[②]。其次,大马士革的约翰还在神学上系统地阐明圣像作为尘世和天国之间的中介而存在的必要性,他明确指出:"圣像能使上帝和他的朋友获得荣耀,并引导着圣灵的降临。"[③]由此,他将圣像艺术与信仰有机地联系起来,进而为9世纪以后圣像艺术的发展提供了新主题。

形式是其内容的外在体现,艺术风格的变化主要源于艺术主题的变化。虽然6世纪的现实主义风格力争排除古典主义的影响以适应突显宗教主题的需要,但现实主义风格的形成只是因基督教与古典主义理念的对立而转向东方文化艺术表现形式的产物。它的诞生适当地平衡了圣像艺术的审美感与宗教感受之间的关系,有利于防止古典风格所带来的身临其境的审美感受弱化了宗教主题。

然而,9世纪以后以信仰为核心的新主题的出现,使现实主义风格表现出了明显的局限性。虽然它有利于创造庄严肃穆的氛围,但其艺术实践原则在本质上

---

① See Lyn Rodley, *Byzantine Art and Architecture: An Introduction*, p. 101.

② B. 贝奇科夫:《拜占庭美学》,引自乌格里诺维奇:《艺术与宗教》,第124页。

③ St. John Damascene, *On Holy Images*, in D. J. Geanakoplos, *Byzantium : Church, Society and Civilization Seen Through Contemporary Eyes*, p. 153.

没有超越世俗的审美范畴。无论是平面化构图还是厚重色彩的运用，当其于6世纪至9世纪期间逐渐发展成熟之后，所突显的只是浓厚的东方特色，这在9世纪以后拜占庭官方艺术中表现得非常明显。9世纪以后的新圣像艺术主题所要表达的抽象的信仰，必须借助于新的艺术实践原则才能得以实现，而宗教象征主义的艺术风格正是为表达信仰而诞生的。

三　圣像艺术对拜占庭审美理念的影响

人类的审美意识是在人类意识渐趋完善的基础上，伴随着劳动和交际日益发展而出现的。乌格里诺维奇曾在《艺术与宗教》一书中详细描述过审美意识在劳动中诞生的过程，“在劳动活动发展的一定阶段上，对世界的审美的掌握，对人造劳动工具的审美的态度便萌生出来。人们由于创造为生产生活资料所需的、在实践中合目的性的物体而感到悦情。不但如此，人们还由于占有材料并赋予必要的形状、由于学会在自己的活动中利用材料的特性使之受到自己的意图和目的的支配而感到快乐。制造工具对于人们不单是一种必要的活动，同时也是因为人的全部才能、本领和知识得以施展和应用而给主体带来愉悦的活动。人们在制造劳动工具的过程中，破题第一遭获致机会显露诸如对称、节奏这些客观的事物特性，并且对之不是单纯地显露，而是尽情地享受。或言之，人们不但按照必然性和合目的性的规律，而且按照美的规律来掌握世界。”[①]由此可见，人类祖先是在劳动中作为美的创造者第一次体会到了美和美给人带来的愉悦之情，并在不自觉中踏上了审美之旅。

从心理学的角度看，审美活动是一种动态的积极心理过程。虽然在本质上应该将其归类为由外部事物引发的某种心理感受，但它不同于一般意义上情感冲击，而是以愉悦为核心肯定意义的心理感受。亚里士多德将这一心理过程称作“净化”。“净化”一词来自希腊文“καθάρισις”，字面意义为“洗净”，在古希腊医术中是指肉体摆脱某种有害的物质，是灵魂摆脱某种蔽心的污垢或致病的激情。

---

① 乌格里诺维奇：《艺术与宗教》，第36—37页。

亚里士多德曾在自己的著作中借用该词来解释悲剧的实质及其带给人类的审美感受。他提出“悲剧是通过怜悯和恐惧来洗涤激情”①。现代学者对审美过程分析得较为细致。例如,F.斯特伦曾提出,“人们对美的领悟成为一种力量,它在艺术家与观众身上创造了真正‘肯定’(或积极)的东西。在富有创造的表现形式里,观众或听众与艺术家结合起来,因为他们双方全都置身于审美感受所具有的和谐、神秘、充满活力的氛围之中”②。总之,现代学者也同古希腊哲学家一样将审美活动视为一种积极的心理建设过程。

人类的审美理念与道德理念一样,是相对独立的社会意识形态体系。审美理念就是关于如何获得审美感受的思想。它主要包括两方面的内容。首先是关于“美”的界定。由于审美感受的获得有赖于对美的发现,只有发现了美,才能引发人类的审美感受,并促使人类去创造美。因此,审美理念的核心是对美的界定和对美的本质的看法。其次,是指人类从事艺术实践的指导原则。在理论上,审美感受是在人同具有客观的审美特性的那些实在客体发生相互作用的过程中产生的。这些客体可以是自然景物、劳动对象或日常工具,也可以是艺术作品。但事实上,由于艺术作品在创作过程中被艺术家赋予了更深邃的审美价值,所以它们往往更能引发观赏者的审美感受。在这个意义上,艺术实践原则构成了审美理念的重要内容。这里将从这两方面着手探讨不同时期的圣像艺术对拜占庭审美理念的影响。

世人对美的界定相去甚远。如若依据审美过程来界定,则美“必是能引起您的赞叹和快感”的事物。③ 受历史传统的影响,拜占庭人对“美”的界定最初延续了古希腊罗马文化对“美”的理解。回顾古典主义的美学观念,从毕达哥拉斯、赫拉克利特到亚里士多德,他们或从数的比例关系出发,或从分析对立面的统一开始,或者从物质与形式的内涵开始切入,最终都皈依了美即“和谐”的原则。作为古希腊罗马文化的一部分,这一原则在4世纪时自然而然地为拜占庭人所继承。尽管在基督教文化和东方文化艺术形式的冲击下,它逐渐呈现弱化的趋势,然而

---

① 乌格里诺维奇:《艺术与宗教》,第10页。

② F. 斯特伦:《人与神——宗教生活的理解》,金译、何其敏译,上海:上海人民出版社1991年版,第249页。

③ 伏尔泰:《哲学辞典》(上册),王燕生译,北京:商务印书馆1997年版,第211页。

直到查士丁尼全面排斥古典文化为止,古典主义美学观念一直在拜占庭占据主导地位。拜占庭式建筑对唯美主义建筑流线的追求以及早期圣像艺术对古典主义风格的留恋都是该理念在艺术创作中的反映。

伴随着拜占庭教会艺术的发展,教会艺术与世俗古典艺术在审美理念层面的差异越来越明显。至6世纪,由于拜占庭世俗权威对古典文化的排斥和对正统基督教文化的尊崇,圣像艺术已经不仅在教堂装饰中出现,而且也成为世俗建筑的主要装饰品。作为拜占庭教会美学理念的主要承载者,圣像艺术的发展使拜占庭人更深刻地感受到宗教原则对美的诠释。

拜占庭教会所界定的"美",是一种神圣之美。无论东派还是西派教会,对于"美"的本质的理解都与上帝密切相关。依据基督教教义规定,上帝是"全能的父",是"创造天地的主",因此宇宙万物都来自于上帝。"美"亦是来自上帝,美的本质在于上帝。奥古斯丁在认识到只有上帝才是真正的美之后,曾对自己在早期著作《论美与适宜》中所阐明的观点极为懊悔,"我当时并不知道,我所爱的只是低级的美,我走向深渊……我还没有看出这个大问题的关键在于你的妙化之中,唯有你全能的天主,才能创造出千奇万妙。我的思想巡视了物质的形相,给美与适宜下了这样的定义:美是事物本身使人喜爱,而适宜是此一事物对另一事物的和谐。我从物质世界中举例子来证明我的区分"①。东方教父没有像奥古斯丁那样采取逻辑分类的方式来阐释上帝之美,相反,他们借助于神秘主义神学直观地描述上帝之美。例如,尼萨的格里高利曾在《摩西的生活》中深入分析了摩西与上帝相会时所经历的黑暗,"摩西所经历的即是充满其灵魂的对至高之善的渴望。这种渴望不时地被他对由所见之美中显明出来的超越者的盼望所增强,并且出于他在每一阶段已获的一切,这种盼望又时常地燃烧着他的愿望要见那所隐蔽的。因此,正是这种美的热爱者,仿佛时常得到他所渴望者的形象,而要求被那原型的形象所充满。登上愿望之峰的灵魂的大胆诉求就是想享受那美,而不是通过镜像或映像"②。

---

① 奥古斯丁:《忏悔录》卷四,第64—65页。

② 尼萨的格里高利:《摩西的生活》,引自A. 洛斯:《神学的灵泉》,孙毅、游冠辉译,北京:中国致公出版社2001年,第116页。

显然,东方教父同样认为美的本质在于上帝,与上帝越接近,就越受到美的吸引。上帝之外,一切美都只是一种映像。这种理解与狄奥尼修斯关于美的观念十分接近,只不过后者借助于哲学将其思想表述得更为清晰。例如,狄奥尼修斯在自己的论文《论神的各种名字》中曾提到,“艺术是神奇之美的表现,而且唯有神才是一种完善的美,美只不过是神的名字之一”①。“神”是否属于“美”的范畴?这取决于其是否能引发人的审美感受。神圣之美所引发的心理感受有别于一般的审美体验,体验到神圣之美,其关键在于感受到神的存在。而后,因宗教的终极关怀和对现实释义所产生的安全感受和慰藉感受也会随之出现,当这种安全感和慰藉感充斥于人的内心,其所带来的心理影响应该是积极和肯定的。正如柏拉图所言:一副形状神圣的美颜或是某种无形的东西,开始可能会引起敬畏,但如果“把这副仪容看成神明……等到美的作用通过他们的双目深入他们的灵魂,人类便觉着有一股温暖劲儿;灵魂的双翅也得到了润泽”②。如果说,“美”如伏尔泰所言,是“能引起您的赞叹和快感”的事物,那么,宗教领域中的神不正是一种具有审美价值的形象吗?

对神圣之美的发现和尊崇,是6世纪以后直至毁坏圣像运动期间拜占庭审美理念的重要特征。毁坏圣像运动以后,虽然拜占庭艺术开始沿着世俗的和教会的两个方向发展,但在拜占庭人审美理念中,美依然具有宗教的和世俗的双重内涵。对神圣之美的追寻,主要体现在9世纪以后的象征主义的圣像艺术之中。此时的圣像艺术虽然没有像在6世纪时那样主导着绘画艺术的发展,但对世俗绘画艺术产生了重大影响,并在11世纪的世俗绘画艺术中表现出明显的“和谐”与“神圣”并重的审美倾向。J.迪朗曾对克里索斯托(John Chrysostom)所绘制的皇帝尼基弗鲁斯三世(Nicephoros Ⅲ, 1078—1081年在位)的画像进行过分析,认为该画像展示了世俗的和谐之美与宗教的神圣之美相互融合的倾向,“变化的迹象出现在10世纪晚期:非人间的金色的背景更加平常,比例延长,寻求更大的动作幅度,面部表情更为严肃……这种倾向在11世纪期间越来越明显,并最终导致了一种新风格的出现——更有教会层次,并且更加表现了禁欲的弦外之音——这种风格在克

① 狄奥尼修斯:《论神的各种名字》,引自雅科伏列夫:《艺术和世界宗教》,第193页。
② 伏尔泰:《哲学辞典》(上册),第211页。

里索斯托创作的《尼基弗鲁斯像》中成为不朽和永恒”[1]。

拜占庭教会对美的界定展现在一切教会艺术形式之中。而艺术一旦同神联系在一起,便具有了双重的审美价值。教会艺术的目的也正是如此。一方面是为了把基督教信仰具象化,另一方面则要借助艺术所唤起的审美感受强化信徒的宗教感受。也许少数宗教艺术因为过多地展现了世俗之美,而使信徒忘记了神的存在;然而迄今为止,人们尚未在拜占庭时期东正教的圣像艺术中发现这种意外之作,这主要是由其艺术实践原则决定的。

圣像艺术规范早在6世纪时就进入了拜占庭审美领域。这一时期圣像艺术规范主要浓缩于现实主义风格之中。如前文所述,其整体基调是以想象为基础构建庄严肃穆的神圣氛围,借以排斥古典艺术生动和谐的世俗氛围;在艺术手段上,它提倡东方主义的平面抽象构图和色彩的运用,反对古典主义的立体透视构图,尤其反对立体构图与色彩概念的结合,以突显圣像艺术的超自然特质。从6世纪直至毁坏圣像运动以前,由于世俗政治权威对教会的尊崇,导致这些源自圣像艺术的审美情趣与艺术实践手段演变为该时期艺术规范的主流。该时期的非宗教作品事实上并不很多,就艺术主题而言,世俗性主题并不占主导地位,它们的存在主要是为了展示皇权的威仪。

《朱利安娜皇后像》是尚存的6世纪的绘画作品之一。它原是狄奥斯库里迪斯(Dioskorides)献给皇后的一部药理学著作中的插图,由于其画面极有层次地反映了圣像艺术对世俗审美理念的冲击,因此成为6世纪较具代表性的世俗绘画作品。在这幅绘画中,古典主义风格与教会传统都表现得十分明显。其古典主义特征主要体现为主题人物与拟人化品格之神并存的构图。依据J.迪朗的分析:朱利安娜皇后左右两侧分别站立着崇高之神与审慎之神,平卧在其脚边的是艺术之神。[2]《朱利安娜皇后像》的教会传统主要表现在其画面所采用的纯蓝色背景上,这是6世纪圣像艺术的典型特征,后者以单纯而宁静的蓝色取代建筑或风景是为了突出《圣经》人物的肃穆和庄严。这种背景被移植到皇后画像中,一方面同崇

---

① Jannic Durand, *Byzantine Art*, p. 120.

② Jannic Durand, *Byzantine Art*, p. 39.

高与审慎之神一起衬托了主题人物的庄严与尊贵,另一方面也表现了圣像艺术规范对世俗审美理念的影响。正是在这个意义上,J. 迪朗认为"《朱利安娜皇后像》是希腊传统与教会秩序风格的结合"①。

9世纪以后,圣像艺术所蕴涵的艺术规范在本质上是由787年的《尼西亚信经》所确定的。根据它所颁布的规则,"圣像将被保存在教堂,并要像对其他象征物,如珍贵的被赋予生命的十字架和福音书一样,对其表示敬仰……艺术是由画家完成的,却是由上帝赋予的"②。其内涵是,在圣像的完成过程中,画家只是一名背负着上帝意志的执行者,所有属于其个人的审美情趣范畴的感觉、知觉、判断以及想象都是被禁止的。基于对上述圣像制作原则的认识,拜占庭教会制定了一系列艺术规范,使颜色、构图、人体特征和某些物品都具有了象征意义。

在贝奇科夫的《拜占庭美学》中曾谈及教会对颜色的释义:"金色是'神明'与'天国'的象征,紫色是帝王的象征,白色是纯洁无瑕、不染红尘的象征,黑色是死亡、地狱的象征,绿色是青春、繁荣的象征。"③拜占庭教会关于人体和持有物的规范更为繁多,H. 马格里曾对拜占庭教会的圣像规范象征进行过极为详细的分类。他提出,圣像的规范象征可以依性别分为男圣徒和女圣徒,同时每一类别里还可以划分出一般圣徒和著名圣徒。其中,男性普通圣徒的象征一般根据服饰及其所持的所属象征物来分类:例如福音作者一般配以及膝古式长袍和希腊式宽松长衫,身旁摆放着他的著作;神圣的主教要穿圣餐法衣,手持书籍或羊皮经卷;医生手握药箱和外科器具;同时,年龄也可以作为象征的依据,例如主教和僧侣常常画得较年长,头发灰白,而医生和士兵要画得年轻。④ 男性著名圣徒往往拥有个性化的持有物或场景,其圣像模式主要通过颜色、胡须、头发等要素的变换而成。例如,约翰·克里斯托弗的圣像模式一般都要选取流放旅途作为背景,其面部特征主要表现为"极窄的下颌,倒三角形的胡须,光秃的头顶,深陷的面颊"⑤。

---

① Jannic Durand, *Byzantine Art*, p. 39.

② *The Seventh Ecumenical Council Condemns Iconoclasm (787)*, in D. J. Geanakoplos, *Byzantium : Church, Society and Civilization Seen Through Contemporary Eyes*, pp. 156 – 157.

③ B. 贝奇科:《拜占庭美学》,引自乌格里诺维奇:《艺术与宗教》,第125页。

④ Henry Maguire, *The Icons of Their Body : Saints and their Images in Byzantium*, Princeton, NJ: Princeton University Press, 1996, p. 16.

⑤ Henry Maguire, *The Icons of Their Body*, p. 25.

女性普通圣徒的象征主要依据也是以服饰、形体、面部特征来分类的。例如,“圆脸被拜占庭人认为是极美的标志”[①],所以一般女圣徒的脸颊都很丰满,除非像埃及的圣玛丽,她的瘦骨嶙峋被视为女性苦行者的象征。女性著名圣徒的个性化肖像模式比男性更容易识别,有些还十分传神。例如,安条克的圣玛丽娜的圣像模式要求其“手中永远高举一柄砸向魔鬼的铜锤”[②]。

从9世纪以后的圣像艺术看,教会所界定的规范象征不仅表现在颜色的运用和圣徒形象的刻画上,而且还表现在构图方式上。首先,教会强化了现实主义风格所遵依的平面构图法,正如A.福蒂斯丘所分析的,“圣像可以是马赛克的,可以是绘画的,甚至可以是半浮雕的,但是圣像一定得是平面的。越平面化,就越东正教化,尤其是在毁坏圣像运动以后”[③]。其次,教会还强调6世纪时就已经萌芽的反透视构图法。这种反向透视所凝成的空间,实际上是一个假想空间。其间,“人物形象的大小不是取决于他们所处的空间位置,而仅取决于他们具有的宗教意义”[④]。6世纪时,反向透视所凝聚的空间秩序尚不十分夸张,例如,西奈山的“圣母子像”,圣母与身旁的两位男性使徒处在同一条透视线上,形象比例的确大于身旁的两位使徒,但不十分明显。因此,这种方式有时会被世俗画家借用以突显皇家地位的高不可及。例如“朱利安娜皇后像”即采用了这种空间秩序:画面中皇后与正在向她献书的狄奥斯库里迪斯相比,其形象要高大许多。如果依据古典主义的透视方法,皇后离观者较远,人物的比例与所处空间位置的要求正好相反。9世纪以后,反向透视所形成的空间秩序变得十分夸张。在此,一幅1400年的《圣母子坐像》[⑤]提供了最好的佐证:相似的人物,相似的画面,但圣母与身旁使徒的比例关系却更为明显了。

再其次,约在帕列奥列格王朝统治时期,教会在反向透视构图的基础上进一步提出了多角度透视构图法。借助于15世纪一幅著名的“三位一体”画像,乌格里诺维奇分析了这种构图的特征:“桌子被描绘成观察者仿佛从上往下看的样子;

---

① Henry Maguire, *The Icons of Their Body*, p. 32.
② Henry Maguire, *The Icons of Their Body*, p. 33.
③ A. Fortescue, *The Orthodox Eastern Churches*, p. 129.
④ 乌格里诺维奇:《艺术与宗教》,第139页。
⑤ Jannic Durand, *Byzantine Art*, p. 196.

摆在桌子上的对象却被描绘成观察者从直线投影而不是从上往下看的样子;位于圣像右方的房屋被描绘成观察者从左边才能看清的样子;位于圣像左方的房屋被描绘成观察者站在右边去看的那种样子。"①很明显,这种多角度构图的目的是要把中心人物以外的所有不重要的事物加以隐藏,使其仿佛悬于云端。显然,这种规范是针对古典主义背景的复活而制定的,这一复活恰好伴随着帕列奥列格时代的"文化复兴"而出现。

综上所述,不难看出教会已经成功地把787年尼西亚会议所制定的圣像制作原则演绎成若干可操作的艺术规范。从艺术审美的角度来看,这解决了宗教艺术中艺术感受与宗教感受之间的矛盾。借助于一系列的规范化象征,教会限制了纯粹艺术之美的无限延伸,从而为神圣之美保留了发展空间。贝奇科夫在《拜占庭美学》中也曾对此阐明过自己的观点,"拜占庭艺术不是单纯的艺术,而是解决一系列神学问题的手段……在东正教的膜拜体系中,含有宗教内容的艺术形象是从非概念的感觉的情感方面来'消除'信条的二律背反的一种特殊手段"②。由此可见,9世纪以后的圣像艺术基本上抵达了宗教审美的理想境界,不仅向崇拜者展现神圣之美,而且有助于后者形成对"神圣之美"的洞见。当然,对于这种创造性的转换,其影响可以从纯艺术的角度进行分析。例如,把宗教规范变成规范象征在本质上是对毁坏圣像运动以前现实主义风格中的人的想象力的取代,这使圣像艺术越来越远离了艺术创作的境界。正如恩斯特·奔茨在强调东正教圣像与西方教会艺术的本质区别时所指出的,"东正教圣像是无个性的,在这种圣像里没有西方的个体。……圣像画家没有用加入自己想象成分的手法去歪曲原形"③。

① 乌格里诺维奇:《艺术与宗教》,第139页。
② B. 贝奇科夫:《拜占庭美学》,引自乌格里诺维奇:《艺术与宗教》,第120页。
③ 雅科伏列夫:《艺术与世界宗教》,第238页。

后记

当我们完成了大部头的《拜占庭帝国大通史》的写作后，仍有一些不得不说的话，至少作为总主编的我，实有不吐不快的感觉。这些话与全书正文似乎并无直接关系，但与全书的主题密切相关，还是将其置于后记中更为合理。

最核心的问题是：拜占庭帝国是否属于欧洲中世纪历史的一部分？拜占庭文明是否属于欧洲文明的内容？这个问题似乎还存在争议，我们在影响广泛的汤因比的名著中就看到了这一点。他在其名著《历史研究》第一部分绪论中，就将拜占庭文化置于"西方社会"的欧洲文明之外。

在欧洲中古史视阈中，拜占庭帝国无疑占有非常重要的地位。但是，由于西欧率先进入工业时代，工业文明也随之首先在那里发展起来，西欧先发展国家的几代学者在这一大背景下，努力打造其新文化主导话语权和学术主导权，对拜占庭文化采取了自觉或不自觉的排斥态度，以至于深刻影响了欧洲中古历史研究的价值取向。加之西欧学者中普遍存在的识读希腊语和西里尔文字体系语言史料的障碍，研究和学习的难度成倍增加，阻碍了西欧学界对拜占庭历史与文化的深入了解和认知。不得不说，我国的情况与此类似。在我们中国，拜占庭帝国的历史与文化长期被边缘化，不仅大部分高等学校教材没有给予足够的重视，大学世界中古史课程也大多没有相关的教学内容，或者被严重压缩，导致一些同志误以为拜占庭历史与文化不属于"欧洲中古文明"，进而认为数千年的欧洲文明史是一种"断裂式"发展。

事实上，研究和学习欧洲中古史而不谈拜占庭史是一个重大缺陷，反映出我们的世界史研究和教学还不完善,我们在欧洲中古史领域的研究水平有待提升,特别是在东欧拜占庭研究方面还存在明显不足。同时也反映出,我们在欧洲中古史研究框架方面还不能彻底从西欧学术影响中跳出来,在宏观研究理论上还不能真正摆脱“西欧中心论”的思想束缚。

对于这个问题,我们的回答非常明确:拜占庭帝国即东罗马帝国是欧洲地中海世界中古史极其重要的部分。从欧洲中古史的角度看,拜占庭帝国的历史贡献非常突出,表现在军事、政治、经济、文化、宗教等诸多方面。

首先,自古典时代结束后,公元3世纪大危机终结了上古欧洲史,逐渐拉开了欧洲中古史的大幕。此后,所谓日耳曼人“蛮族入侵”的巨浪便渐次席卷欧洲地中海世界,自北向南迁徙的日耳曼法兰克部族、盎格鲁-撒克逊部族,和自东向西迁徙的日耳曼西哥特部族、东哥特部族,以及汪达尔、伦巴第等部族相继侵入欧洲各地,长期活跃在东欧平原上的斯拉夫各部族则逐渐向西、南方向侵袭,他们在整个欧洲地中海各地定居,有些建立了“原始王国”。在此外族移民巨浪冲击中,东罗马(拜占庭)帝国在出身于巴尔干半岛中部的君士坦丁一世领导下站稳了脚跟,在帝国东部的拜占庭古城扩建并正式启用“新罗马”(即君士坦丁堡),从而开启了拜占庭帝国的历史。

强势崛起的拜占庭帝国在君士坦丁大帝、塞奥多西一世、查士丁尼一世等杰出皇帝的统领下,强化中央集权,完善帝国国家建设,统一调动帝国各种资源,组建强大的军事力量,取得军事行动的巨大成就。拜占庭帝国在原罗马帝国东部疆域军事遗产基础上,不断调整帝国军事组织和战略战术,建立起帝国的东部防御体系,进而也打造起整个中古时代欧洲地中海世界的东南部军事壁垒。虽然,拜占庭帝国东部防御体系以两河流域这一晚期罗马帝国扩张极限的边界为基础,不断受到萨珊波斯军队和其他草原部族的攻击进犯,时有收缩,但是这道防线基本稳固,形成了保护欧洲的重要屏障。

从欧亚大陆中古史发展看,公元4、5世纪的气候变化适于游牧民族的发展,其对当时人类生活最大的影响在于,人口流动性增加,与此相伴的族群之间的战争愈发频繁。根据竺可桢先生的宏观气温研究,拜占庭帝国统治时期,恰好处于全球低温气候的物候时期,值当历史温度变化下降阶段,经历了三次低温波谷(曲线谷底)，整体平均温度低于全球5 000年的平均值。因此，欧洲地中海世界面临欧亚大陆腹地游牧民族的冲击压力明显增大，西亚东欧地区的族群战争明显增多。作为统一帝国的拜占庭军队先后化解了西哥特人、东哥特人、匈人等大小游牧或半农半牧族群的入侵，保全了东罗马帝国，从东南方向降低了欧洲的压力，进而也降低了异族混战、政治四分五裂的欧洲其他地区的战争烈度。

毫无疑问，拜占庭帝国在保护整个欧洲方面发挥了重要的军事作用，使东南欧地区能渡过公元4、5世纪外族入侵的第一道难关。这样的作用，拜占庭帝国在此后数百年间一再发挥。譬如，公元7世纪中期，新兴的伊斯兰哈里发国家大肆进行军事扩张，其北路大军在“真主之剑”哈立德统帅下，横扫整个西亚。阿拉伯大军水陆并进，兵抵君士坦丁堡城下，但是遭到拜占庭军队的成功抵御，未能越过拜占庭人把守的欧洲大门，不得不兵败撤退，双方长期僵持于欧洲地中海世界东南部，拜占庭人粉碎了阿拉伯北路军继续进军欧洲的计划。

值得注意的是，拜占庭人利用新式防御武器“希腊火”长期阻遏阿拉伯军队西进，使其止步于博斯普鲁斯和达达尼尔海峡一线，未能进入欧洲。反观欧洲西部，阿拉伯人不仅将地中海撕裂为南北两半，而且其西路大军成功跨过直布罗陀海峡，进而翻越比利牛斯山脉，兵抵法兰克王国南部波亚迭，只是由于法兰克宫相查理马特在此地打败入侵者，才从欧洲西面阻遏住阿拉伯军队进军中欧的计划。但是，比利牛斯山脉以西的伊比利亚半岛从此以后陷入基督教和伊斯兰教各派王国混战的局面，直到15世纪末“收复失地运动”，前者取得胜利。

拜占庭帝国长期发挥着中古欧洲东部军事屏障的作用，其中央集权皇帝专制统一帝国能够适时推行军政改革，军区制便成为有效应对外敌入侵的制度，使拜占庭人能够适应欧洲地中海中古世界东部战争日益频繁的新形势，并在古代世界地缘政治交汇区域形成了对整个欧洲的保护。特别是在欧洲文化中心北移的大背景下，拜占庭帝国在地缘政治冲突区(东欧)逐步打造起对整个欧洲的军事保护区。这样的贡献得到国际学术界一致公认。

还应注意的是，拜占庭军事在冷兵器时代形成了特点，即在总体防御中采取主动进攻的战略战术，其首都君士坦丁堡的城防工事堪称整个欧洲地中海世界中古军事领域的一绝，被称为“无法攻克的堡垒”，是“万城之中的王城”。其强大的防御力量和先进的防御技术比该地区任何城堡都坚固,拜占庭人的多种军事科技都是围绕这一防御战略发展的,发挥着远比欧洲其他地区骑士武装强大的军事作用。拜占庭军事技术和兵器长期驰名中古世界,也直接影响欧洲其他地区,仅以当时闻名遐迩的拜占庭军刀为例即可见一斑,其制造技术后来为叙利亚人所承袭,以大马士革弯刀传世。

其次,拜占庭帝国对欧洲的历史贡献还表现在政治方面。诚如学者所说,罗马帝国是统一欧洲地中海古代世界的唯一帝国,拜占庭帝国继承了其中央集权制统一帝国的政治传统,并将该传统进一步发展成为皇帝专制帝国体制。而欧洲其他地区经历了数百年的封建战争之后,在 11 世纪前后逐渐降低战争的频度,它们深刻体验到战乱之于贵族和民众生活的痛苦,消弭战乱、倡导和平的呼声高涨,"上帝和平"运动于此期出现。拜占庭人相对安定的环境和更为富有的生活对整个欧洲各地民众产生了极大的吸引力,十字军战争则为他们提供了亲身体验的机会。当时投身于十字军的西欧骑士留下的很多记载,都给后人提供了生动的描述和感悟。十字军战争(1096—1291 年)持续了近 200 年,其原因和影响复杂多样,客观上加强了西欧民众对拜占庭帝国的亲身体验,他们亲眼看见了拜占庭帝国的富足,亲身体验到其居民生活水平之高,帝国都城的宏伟壮观令所有参与十字军战争的西欧骑士惊讶不已,因此也对拜占庭人充满了羡慕、敬畏、嫉妒、仇恨,并对拜占庭皇帝及其皇宫礼仪进行全方位的模仿。自此以后直到启蒙运动前的 17 世纪,拜占庭王公贵族生活方式就成为西欧各个王室争相学习的榜样,西欧上流社会更是把"拜占庭风尚"视为相互攀比的标准。

拜占庭人不仅继承了罗马帝国中央集权制的政治遗产,以罗马帝国正统继承者的身份保持了统一帝国的政治体制,而且在皇帝专制统治、罗马《民法大全》等诸多方面坚持了欧洲地中海上古政治遗产,并有所发展。以至于拜占庭帝国始终自称为"罗马帝国",并被后人称为"第二罗马帝国",直到 1453 年最终灭亡。这也是西欧中古时期出现的"加罗林帝国""神圣罗马帝国"都不能也不敢自称为"第二罗马帝国"的重要原因。

拜占庭人坚持罗马帝国政治理念的社会环境是与东地中海世界复杂的族群构成密切相关的,这里不仅存在埃及、巴勒斯坦、叙利亚、安纳托利亚、小亚细亚等地"古代民族国家"的遗民和遗产,而且有从东方和北方涌入巴尔干半岛的斯拉夫和中亚游牧部族。为了治理众多古代族群,帝国政府始终维系着庞大且完善的官僚国家体制,其核心是集政治经济、军事外交、社会司法、宗教文化各种最高权力于一身的皇帝专制中央集权,以此实现大帝国的统一。拜占庭人将古代罗马帝国集权制模式发展到极致,从而形成独特的专制帝国体制。

直到欧洲中古晚期,各国王室都将强化王权作为最高目标,拜占庭帝国的中央集权政治更是他们争相学习的榜样。虽然以罗马为中心的天主教与以君士坦丁堡为中心的东正教一直在争夺基督教世界最高领导权,但是在各民族国家萌发的初期,西欧各国专制王权无疑从拜占庭帝国中央集权皇帝专制主义中学到了诸多珍贵的经验。言及于此,我们还是强调需要用历史的眼光看待启蒙运动以前欧洲人的思想潮流和精神境界,同时我们不得不佩服启蒙思想家成功的新精神建设。正是在启蒙运动中,以孟德斯鸠和吉本为代表的思想家和学者,将曾经被西欧人追捧的拜占庭帝国打入冷宫,他们甚至公开放弃了他们所熟知的"拜占庭帝国"的名称,坚称那个千年帝国为"希腊帝国"和"罗马帝国",他们还无情批判拜占庭皇帝垄断公共权力,断言拜占庭历史就是"叛变、骚乱和和背信弃义行为"的集合。作为欧洲工业文明的弄潮儿,拜占庭政治模式和政治生活遭到他们刻意的污名化,这个帝国也被掘出坟墓,遭到彻底的鞭笞。

启蒙主义史观明显的矫枉过正也是历史发展的需要,启蒙思想家极端的思想表达方式全盘否定拜占庭历史,彻底抛弃拜占庭文化,这种历史虚无主义实不可取,但可以理解。吉本等人在丑化处理拜占庭宗教和文化时,没有心情把握该帝国的思想精髓和历史价值,但启蒙时代虚无主义历史观对拜占庭史的误读最终还是让位于科学的历史研究,启蒙思想家们的历史局限性最终被科学理性的实证主义史学所纠正。在实证主义史学成为主流后,拜占庭帝国在欧洲的地位得到应有的恢复,其对罗马帝国政治遗产的继承也得到承认。

如今,客观理性的历史研究者都不否认,拜占庭帝国辖区是欧洲地中海中古世界中,人口最为集中和城市最多的地带,经济发展和物质生活最为富有的地域,基督教正统教派地位最高的中心,中古晚期以前欧洲中古文明发展水准最高、文化生活最丰富的地区,因此也是古代古典文化积累最雄厚的区域,以至于直到今天,人们还将拜占庭帝国称为“第二史料大国”(第一是中国),而这一切都是在这个帝国的政治模式主导下产生出来的。

再者,拜占庭帝国对欧洲的历史贡献表现在文化方面。意大利文艺复兴时期的人文主义者批评欧洲中世纪为“黑暗时代”似乎有些极端,但这种评断在中世纪的西欧是实事求是的,因为古典世界的文化传统在西欧数百年的异族入侵和封建战争中遭到严重破坏是个不争的事实,日耳曼各部族国家在罗马帝国废墟上重建的王国文化大体上是日耳曼人原始文化与没落的罗马文化的结合,与欧洲地中海世界古典时代的灿烂文明相差甚远,与古典文明继承者的拜占庭文明也不可等量齐观。

西欧城市文明直到10世纪以后才逐渐发展起来,而此时的拜占庭城市文化生活还延续着古典时代的荣耀。考古学家推测,君士坦丁堡的人口达到50万—100万之众,这个记录在18世纪以前的欧洲其他地区没有被打破过。在大城市中聚集着众多的文化精英,拜占庭知识分子以其精通古典的世俗学问和基督教的宗教文化而自豪,以能说会写标准的希腊语而骄傲。但在西欧,直到人文主义者布鲁尼惊呼:在意大利“我们已经有700年没人懂得希腊语了”时,才惊醒了那里的进步文人。

意大利文艺复兴运动深受拜占庭文化的影响,拜占庭知识分子传承收藏的古希腊文化遗产受到文艺复兴运动人文主义者的青睐,现存于世的古希腊文献中有75%是以拜占庭手抄本的形式流入意大利,并传留于今日世界。许多拜占庭流亡学者成为新文化运动领军者的老师,不仅向他们传授希腊语言文学知识,而且激发起他们对以希腊语言文学为核心的古典学术的热爱,有力地推动人文主义者在思想理论上接受柏拉图主义。拜占庭知识分子还通过珍贵的古代文献和文物为新文化运动提供了文化素材,使得拜占庭文化成为文艺复兴运动重要的文化来源。拜占庭流亡知识分子不仅教会意大利人文主义学人正确的希腊语,将随身携带的古典文献和文物捐献给各个文艺复兴中心城市,而且为新兴阶级提供了发起文艺复兴运动的思想武器。恩格斯准确指出:“拜占庭灭亡时抢救出来的手抄本,罗马废墟中发掘出来的古代雕像,在惊讶的西方面前展示了一个新世界——希腊的古代;在它的光辉的形象面前,中世纪的幽灵消逝了;意大利出现了前所未见的艺术繁荣，这种艺术繁荣好象是古典时代的反照，以后就再也不曾达到了。”①

拜占庭教俗知识分子痴迷古希腊文化不是偶然的，而是该地区特别是爱琴海地区自古以来生活状态延续的结果。拜占庭经济虽然属于农业经济，拜占庭文明具有农耕性质，但作为拜占庭文明中心区和区域经济圈中心点的城市财政则主要依赖自古存在的地中海海洋经济，拜占庭帝国统治极大得益于海洋航路上活跃的过境贸易（特别是黎凡特之东方贸易），因此其继承古希腊文化具有广泛持久的生活需求和社会基础，它也将这一鲜明特征带给了意大利文艺复兴运动。正是凭借着古典文明蕴藏的活力，拜占庭人在9、10世纪期间通过传教士西里尔创造了古斯拉夫语的“西里尔文字”系统，成功打造了包括整个东欧世界的拜占庭文明圈，并将各斯拉夫族群纳入其中，其影响至今犹存。而古典希腊的思维模式通过希腊语不仅深入人心，且日益扩大成为融入其血脉的精神遗产。即便这种遗产被披上了中古基督教的外衣，也难以改变其古老的文化传统特质。同样，古代罗马帝国统一世界的政治理念和帝国皇帝君临天下的荣威一直是拜占庭人的政治理想和追求。

最后还要提到，作为欧洲中古文明核心内容的基督教也是由拜占庭人传入欧洲的。基督教是罗马帝国的遗产，同样为东罗马（拜占庭）帝国所继承。公元4世纪初的基督教尚未获得罗马帝国官方认可的合法地位。拜占庭皇帝君士坦丁一世敏锐地认识到这个源自巴勒斯坦地区的宗教具有强大的活力，比地中海世界其他古代宗教具有更大的发展前景，因此一改前代君主的迫害政策，第一次关照基督教，赋予其合法地位，并在他完成统一帝国的目标之后，亲自主持召开了尼西亚宗教会议，使基督教成为实质性的国教。

正是在帝国政府的大力支持下，基督教加速发展。自君士坦丁大帝之后，拜占庭帝国约150个皇帝和君主（除了朱利安皇帝一度参加多神教仪式外）全都是基督徒。其中最值得一提的是早期的皇帝们。他们不仅确定了至今仍为各派基督教教会接受的基本信仰和信条《尼西亚信经》，而且确定了皇帝对于教会的“至尊权”，在鼎力支持基督教发展的同时，也严格控制宗教事务。正是在皇帝的命令

---

① 恩格斯：《〈自然辩证法〉导言》，《马克思恩格斯选集》第三卷，第444—445页。

下,1 200名教职人员被派往约120个行政省区,从而以国家力量完成了基督教在欧洲的布局。

也是在这位“第一位基督教皇帝”及其后人的支持下,基督教获得了官方正统宗教的地位,拥有包括大量固定资产和非固定资产的所有权和经营权,享有包括免税权等在内的经济自主权,以及社会各层次司法诉讼的独立审理权和判决权,特别是将信徒遗产接受权永久掌控于教会手中。在多种特殊的权利和权力中,基督教立法权具有不可挑战质疑的地位,诸如婚姻法等各种民事立法连皇帝也要严格遵守,这就为基督教在中古欧洲的长期发展奠定了基础。更是在这位号称“第十三使徒”皇帝及其后人的资助下,包括君士坦丁堡在内的帝国各地大小城镇和农民定居区,兴建起无数的教堂,并逐渐成为习惯。教堂的建筑技术、材料、工艺、质量等都是整个欧洲各类建筑中的一流佳作,其使用寿命不是以数年、数十年、上百年,而是上千年为单位,因为它们是所有信徒心灵的归属地,是虔诚信徒灵魂聚集的家园。至今,这些遍布欧洲各地的教堂成为基督徒跨越时空顶礼膜拜的场所,也是游人必到的景点。而基督教借此成为四分五裂混战不已的西欧唯一的“统一”力量。

自君士坦丁一世直到8世纪中期,至今为基督教各派承认的“前七次大公会议”确定了基督教的核心信条,如“三位一体”“原祖原罪”“灵魂不灭”“基督救赎”等,也确定了基督教神学的正统内涵,建立起遍布欧洲地中海中古世界各地的教会组织,确立了以“五大教会”为首的各地教会之间的关系。公元325年第一次尼西亚会议斥责阿里乌派为“异端”,首开基督教内部审判异端的历史,从而赋予了正统教派铲除异己的武器,在中古欧洲各地盛行,同时开启了非正统教派的发展史,为被压迫信徒留下了生存发展的精神活动空间。

以基督教信仰为核心的中古欧洲世界虽然呈现出族群构成、政治模式、国家形态、社会组织、经济发展等多方面的多样性、多变性,但是在基督教信仰上却找到了共同性。基督教不仅成为整个欧洲地区最鲜明的身份认同标志,而且成为化解区域内差异性最强大的统一的因素,无论来自斯拉夫民族的原始崇拜,还是来自北欧的神话传说,甚至日耳曼各部落信仰等等都被“同化”为欧洲人的共同信仰,而完成基督教神学、制度、礼仪规范化和在整个欧洲布局的就是拜占庭人。

我们历数拜占庭历史与文化的历史贡献并不是要为这个早已逝去的帝国歌功颂德,而是力图还原欧洲地中海中古世界发展的历史事实,同时也是希望激发更多的年轻人对这个中古文明的兴趣,致力于开展更深入的研究,以加深我们对中古世界历史的认识。

总主编陈志强教授

2023 年于南开园龙兴里

征引书目

西文书目

- Abulafia, D. ed., *The New Cambridge Medieval History:* c. 1198 – c. 1300, Vol. 5, Cambridge: Cambridge University Press, 1999.
- *Actes du Prôtaton* (Archives de l'Athos 7), é dition diplomatique par Papachryssanthou, D., Paris: P. Lethielleux, 1975.
- Adler, W., *Time Immemorial:* Archaic History and its Sources in Christian Chronography from Julis Africanus to George Syncellus, Washington, D.C.: Dumbarton Oaks Research Library and Collection, 1990.
- Aetius of Amida, *The Gynaecology and Obstetrics of the VI th Century, A. D.*, Philadelphia: Blakiston, 1950.
- Aetius of Amida, *The Ophthalmology of Aëtius of Amida*, Oostende, Belgium: J. P. Wayenborgh, 2000.
- Agathiae Myrinaei, *Historiarum libri quinque*, ed. Keydell R., [Corpus Fontium Historiae Byzantinae 2] Berlin: De Gruyter, 1967, Thesaurus Linguae Graecae (以下简称 TLG), No. 4024001.
- Agathias, *The Histories*, translated with an introduction and short explanatory notes by Frendo J. D., Berlin: Walter de Gruyter & Co., 1975.
- Agnellus (of Ravenna), *The Book of Pontiffs of the Church of Ravenna*, trans. Deliyannis D. M., Washington: Catholic University of America Press, 2004.
- Ahrweiler, H., *Byzance et la mer. La marine de guerre, la politique et les institutions maritimes de Byzance aux VIIe – XV e siè cles*, Paris: Presses Universitaires de France, 1996.
- Ahrweiler, H. and Laiou, A. E. eds., *Studies on the Internal Diaspora of the Byzantine Empire*, Washington, D. C.: Dumbarton Oakes Research Library and Collection; Cambridge, Mass.: Distributed by Harvard University Press, 1998.
- Ahrweiler, H., *Byzance et la mer: la marine de guerre, la politique et les institutions maritimes de Byzance aux VIIe-XVe siè cles*, Paris: Presses universitaires de France Vendôme, 1966.
- Al-Baladhuri, *The Origins of the Islamic State*, trans. by Hitti, Ph. K., Beirut, 1966.
- Alberigo, G. ed., *Christian Unity:* The Council of Ferrara-Florence, Leuven: Leuven University Press, 1991.
- Albucasis, *De chirurgia:* Arabica et Latine, Cura Johannis Channing, Oxford: Clarendon Press, 1778.
- Alexakis, A., *Ι σ τ ο ρ ί αι*, Athens: Ekdoseis Kanakē, 2008.
- Alexander, P. J., *The Patriarch Nicephorus of Constantinople:* Ecclesiastical Policy and Image Worship in the Byzantine Empire, Oxford: At the Clarendon Press, 1958.
- Allen, P. and Neil, B., *The Oxford Handbook of Maximus the Confessor*, New York: Oxford University Press, 2015.
- Ammianus Marcellinus, *History*, 3 vols, with an English translation by Rolfe J. C., London and Cambridge Massachusetts: Harvard University Press, 1935 – 1940; Delphi Classics, 2016; London: William Heinemann Ltd., 1986; London: Bohn, 1862; MA: Harvard University Press, 1935.
- Amory, P., *People and Identity in Ostrogothic Italy, 489 – 554*, Cambriged: Cambridge University Press, 1997.
- Αναγνώστου, E. H., *Το Βυζάντιο και το Κράτος του Κάρολου Ντ'Ανζου*, Συμβολή στην ιστορία των σΧέσεων της Βυζαντινής αυτοκρατορίας με τη Νότια Ιταλία και τη Σικελία τον 13ο αιώνα. Διδακτορική διατριβή, Αριστοτέλειο Πανεπιστήμιο Θεσσαλονίκης, 2005.
- An Anonymous Author, *The Deeds of Pope Innocent Ⅲ*, ed. Powell, J. M., Washington, D.C.: Catholic University of America Press, 2011.
- Anaxagorou, N., *Narrative and Stylistic Structures in the Chronicle of Leontios Machairas*, Nicosia: A. G. Leventis Foundation, 1998.
- Andrea, A. J., ed. and trans., *Contemporary Sources for the Fourth Crusade*, Leiden; Boston; Köln: Brill, 2000.
- Angelov, D. and Saxby, M. eds., *Power and Subversion in Byzantium*, Birmingham: University of Birmingham, 2010.
- Angelov, D., *The Byzantine Hellene: The Life of Emperor Theodore Laskaris and Byzantium in the Thirteenth Century*, Cambridge and New York: Cambridge University Press, 2019.
- Angelov, D., *The Imperial Ideology and Political Thought in Byzantium, 1204 – 1330*, Cambridge and New York: Cambridge University Press,

2007.

- Angold, M. ed., *The Cambridge History of Christianity* , Vol.5, Cambridge: Cambridge University Press, 2006.
- Angold, M., *A Byzantine Government in Exile* : Government and Society under the Laskarids of Nicaea (1204 – 1261) , London: Oxford University Press, 1975.
- Angold, M., *Church and Society in Byzantium under the Comneni, 1081 – 1261* , Cambridge [England]; New York: Cambridge University Press, 1995.
- Angold, M., *The Byzantine Aristocracy IX to XIII Centuries* , Oxford: British Archaeological Reports, 1984.
- Angold, M., *The Fourth Crusade* : Event and Context , Harlow: Pearson Longman, 2003.
- Angold, M., *The Byzantine Empire, 1025 – 1204*: A Political History , London: Longman Publishing Group, 1996.
- Anna Comnena, *Alexiade* , ed. Leib, B., 3 vols., Paris: Les Belles Lettres, 1928, 1937, 1943, 1945, TLG, No.2703001.
- Anna Comnena, *The Alesiad of Anna Comnena* , trans. by Sewter, E. R. A., London: Penguin Books,1969.
- *Anna Comnenae Alexias* , recensuerunt Reinsch, D. R. et Kambylis A., [Corpus Fontium Historiae Byzantinae 40: 1] Berolini: Walter De Gruyter, 2001.
- Anna Comnena, *Alexiad* , New York: Kegan Paul, 2003.
- Anthimus, *Anthimus* : How to Cook an Early French Peacock: De Observatione Ciborum-Roman Food for a Frankish King , trans. Chevallier, J., Chez Jim Books, 2012.
- Arbel, B., Hamilton, B. and Jacoby, D. eds., *Latins and Greeks in the Eastern Mediterranean after 1204*, London: Totowa, N.J. Cass, in association with The Society for the Promotion of Byzantine Studies, The Society for the Study of the Crusades and the Latin East, 1989.
- Archimedes, *The Works of Archimedes* : Volume 1, The Two Books on the Sphere and the Cylinder: Translation and Commentary , ed. Netz, R., Cambridge: Cambridge University Press, 2004.
- Arentzen, T., *The Virgin in Song* : Mary and the Poetry of Romanos the Melodist , Philadelphia: University of Pennsylvania Press, 2017.
- *Aristakēs Lastivertc'i's History* , trans. by Bedrosian, R., New York: Sources of the Armenian Tradition, 1985.
- Arjava, A., *Women and Law in Late Antiquity and the Early Middle Ages* , Oxford: Clarendon Press, 1996, 1998.
- Arlett, J., *A Dying Empire? Do Byzantine Accounts of the Period 1204 – 1261 Support or Contradict the Claim that the Byzantine Empire was 'Mortally Wounded' by the Loss of Its Capital?* Ph. D diss., University of London, 2018.
- *Armenia and the Crusades* : Tenth to Twelfth Centuries: The Chronicle of Matthew of Edessa , Transl. by Dostourian, A. E., Belmont, M.A.: National Association for Armenian Studies and Research; Lanham: University Press of America, 1993.
- Arnakys, A., *The Early History of the Ottomans* , Athens, 1947.
- Athanasius, *Arian History. Athanasius Werke* , ed. Opitz, H.G., Berlin: De Gruyter, 1940, TLG, No. 2035009.
- Athanasius, *The Life of Antony and the Letter to Marcellinus* , trans. by Gregg, R., New York: Paulist Press, 1980. Athanasius, *Vita Antonii* , in *Patrologia Graeca* , ed. Migne, J. P., vol. 26, Paris, 1887, TLG, No.2035047.
- Atiya, A. S., *The Coptic Encyclopedia* , New York, Toronto, Oxford, Singapore, Sydney: MacMillan, Collier, Maxwell, 1991.
- Aubé, P., *Les Empires nomands d'Orient, XI-XIIe siècle, la Sicile, Constantinople, les Croisades* , Paris: Tallandier, 1983.
- Augustin, *The City of God and Christian Doctrine* , ed. Schaff Ph., New York: Grand Rapids, 1890.
- Αυγερινού-Τζιώγα, M., *Η Σύνοψις Χρονική του Κωνσταντ ίνου Μανασσ ή: συμβολ ή στην υφολογικ ή μελ έτη μιας έμμετρης Χρονογραφ ίας* , Θεσσαλον ίκη, 2013.
- Αυγερινού-Τζιώγα, M., *Η Χρονική Συγγραφή του Γεωργ ίου Ακροπολ ίτη: η αττικιστικ ή διαΧε ίριση ενός γλωσσικο ύ κεφαλα ίου* , Θεσσαλον ίκη, 2012.
- Avi-Yonah, M., *The Jews under Roman and Byzantine Rule* , Jerusalem: The Hebrew University, 1984.
- Bachrach, B. S., *A History of the Alans in the West* : From their First Appearance in the Sources of Classical Antiquity through the Early Middle Ages , Minneapolis: University of Minnesota Press, 1973.
- Bagnall, R. S., *Egypt in Late Antiquity* , Princeton: Princeton University Press, 1993.
- Baker, D. ed., *Relations between East and West in the Middle Ages* , New York: Routledge, 2017.
- Bakker, E. J. ed., *A Companion to the Ancient Greek Language* , Chichester: Blackwell Publishing, 2010.
- Baldwin, J. W., *The Government of Philip Augustus* : Foundations of French Royal Power in the Middle Ages , Berkeley: University of California Press, 1991.
- Ball, W. W. R., *A Short Account of the History of Mathematics* , North Chelmsford: Dover Publications, 2012.
- Banaji, J., *Agrarian Change in Late Antiquity* : Gold, Labour, and Aristocratic Dominance , Oxford: Oxford University Press, 2001.
- Banaji, J., *Exploring the Economy of Late Antiquity* , Cambridge: Cambridge University Press, 2016.
- Barker, E., *Social and Political Thought in Byzantium* : form Justinian I to the Last Palaeologus , Oxford: Clarendon Press, 1957.
- Barker, D. ed., *The Orthodox Churches and the West* , Oxford: Basil Black Well, 1976.
- Barker, J. W., *Manuel II Palaeologus (1391 – 1425)*: A Study in Late Byzantine Statesmanship , New Brunswich, N.J. 1969, 1979.
- Barker, J. W., *Justinian and the Later Roman Empire* , Madison: The University of Wisconsin Press, 1975.
- Barker, H., *Egyptian and Italian Merchants in the Black Sea Slave Trade, 1260 – 1500*, Doctoral

dissertation of Columbia University, 2014.

· Barnes, T. D., *Constantine and Eusebius* , Cambridge: Harvard University Press 1981.

· Barnard, L. W., *The Graeco-Roman and Oriental Background of the Iconoclastic Controversy* , Leiden: E. J. Brill, 1974.

· Barnes, T. D., *Constantine and Eusebius* , Cambridge: Harvard University Press, 1981.

· Barnwell, P. S., *Emperor, Prefects & Kings* : The Roman West, 395 – 565, Chapel Hill and London: The University of North Carolina Press, 1992.

· Bassett, S., *The Urban Image of Late Antique Constantinople* , Cambridge: Cambridge University Press, 2004.

· Bartusis, M. C., *the Late Byzantine Army* : Arms and Society 1204 – 1453, Philadelphia: University of Pennsylvania Press, 1992, 1997.

· Bartusis, M. C., *Land and Privilege in Byzantium* : The Institution of Pronoia , New York: Cambridge University Press, 2012.

· Βαρζός, Κ., *Η Γενεαλογία των Κομνηνών* , τόμος Β′, Θεσσαλονίκη: Κέντρον Βυζαντινών Ερευνών, 1984.

· Baynes, N. H. and Moss, H., *Byzantium* : An Introduction to East Roman Civilization , Oxford: Oxford University Press, 1948, 1953; London: Thornton Butterworth Ltd, 1925.

· Beck, H.-G., *Kirche und theologische Literatur im byzantinischen Reich* , München: Beck, 1959.

· Beck, H.-G., *Ιστορία της Βυζαντινής Δημώδους ΛογοτεΧνίας* , Μτφρ. Eideneier, N., Αθήνα: Morphōtko Hidryma Ethnikēs Trapezēs, 1993.

· Bekker, I. ed., *Theophanes Continuatus, Ioannes Cameniata, Symeon Magister, Georgius Monachus* , [Corpus Scriptorum Historiae Byzantinae] Bonn: Weber, 1838, TLG, No.4153001.

· Bekker, I. ed., *Georgii Pachymeris de Michaele et Andronico Palaeologis libri tredecim* , vol.2, [Corpus Scriptorum Historiae Byzantinae] Bonn: Weber, 1835, TLG, No.3142002.

· Bell, H. I., *Egypt from Alexander the Great to the Arab Conquest* , Amen House, London: Oxford University Press, 1956.

· Bellinger, A. R. and Grierson, P., *Catalogue of the Byzantine Coins in the Dumbarton Oaks Collection and in the Whittemore Collection* , vol.1 – 5 (DOC), Washington, D.C.: Dumbarton Oaks Research Library and Collection, 1966 – 1968 – 1999.

· Bellinger, A. R., *Essays on the Coinage of Alexander the Great* , New York: American Numismatic Society, 1963.

· Ben-Eliyahu, E., Cohn Y., Millar F., *Handbook of Jewish Literature from Late Antiquity, 135 – 700 CE* , Oxford: Oxford University Press, 2012.

· Benjamin, *The Itinerary of Benjamin of Tudela* , ed. Adler, M. N., London: Oxford University Press, 1907.

· Benoist, S., Daguet-Gagey, A. and Hoët-van Cauwenberghe, Ch. eds., *Figures d'empire, fragments de mémoire* : pouvoirs et identités dans le monde romain imperial , Presses Universitaires du Septentrion: Villeneuve d'Ascq, 2011.

· Ben-Sasson, H. H., *A History of the Jewish People* , London: Weidenfeld and Nicolson, 1976.

· Benson, F. S., *Ancient Greek Coins* , Privately Printed, 1900.

· Berger, A., *Encyclopedic Dictionary of Roman Law* , Philadelphia: The American Philosophical Society, 1991.

· Bernard, F. and Demoen, K. eds., *Poetry and its Contexts in Eleventh-century Byzantium* , Farnham: Ashgate, 2012.

· Besevliev, V., *Die protobulgarischen Inschriften* , Berlin: Akademie Verlag, 1963.

· Betancourt, R., *Sight, Touch, and Imagination in Byzantium* , Cambridge: Cambridge University Press, 2018.

· Bianquis, T., *Damas et la Syrie sous la domination fatimide (359 – 468/969 – 1076): Essai d'interpretation de chroniques arabes médiévales, 2 vols* ., Damas: Institut français de Damas, 1986 – 1989.

· Bidez, J. and Parmentier, L. ed., *The Ecclesiastical History of Evagrius with the Scholia* , London: Methuen, 1898 (repr. New York: AMS Press, 1979), TLG, No.2733001.

· Birkenmeier, J. W., *The Development of the Komnenian Army* : 1081 – 1180, Boston: Brill, 2002.

· Blaum, P. A., *The Days of the Warlords* : A History of the Byzantine Empire, A. D. 969 – 991 , Lanham: University Press of America, 1994.

· ΒλαΧάκος, Π. Κ., *Ο βυζαντινός λόγιος Νικηφόρος Γρηγοράς* : η προσωπικότητα και το έργο ενός επιστήμονα και διανοουμένου στο Βυζάντιο του 14ου αιώνα , Θεσσαλονίκη, 2008.

· Blemmydes, N., *A Partial Account* , trans. by Munitiz, J., Louvain: Spicilegium Sacrum Lovaniense, 1988.

· Blockley, R. C. ed., *The fragmentary classicising historians of the later Roman Empire* : Eunapius, Olympiodorus, Priscus and Malchus , vol.2, Liverpool: Francis Cairns Ltd, 1983.

· Blockley, R. C., *The History of Menander the Guardsman, introductory Essay, Text, Translation and Historigraphical Notes* , Liverpool: Francis Cairns Ltd, 1985.

· Blondal, S., *The Varangians of Byzantium* , revised by Benedikz, S., Cambridge: Cambridge University Press, 1978.

· Blowers, P. M. ed., *The Bible in Greek Christian Antiquity* , United States: University of Notre Dame Press, 1997.

· Βλυσίδου, Β. Ν., *Βυζαντινά στρατεύματα στη Δύση (5ος – 11ος αι.): 'Ερευνες πάνω στις Χερσαίες και ναυτικές επιΧειρήσεις · σύνθεση και αποστολή των βυζαντινών στρατευμάτων στη Δύση* , Αθήνα: Ε.'Ι.Ε./Ι.Β.Ε., 2008.

· Βλυσίδου, Β. επιμ., *Η αυτοκρατορία σε κρίση: το Βυζάντιο τον 11ο αιώνα (1025 – 1081)* , Αθήνα: Εθνικό 'Ιδρυμα Ερευνών, 2003.

· Boardman, J., Griffin J. and Murray O. eds., *The Oxford History of The Roman World* , Oxford: Oxford University Press, 1986.

· Boin, D., *Ostia in Late Antiquity* , Cambridge: Cambridge University Press, 2013.

· Boissevain, U. P. ed., *Excerpta historica iussu imp. Constantini Porphyrogeniti confecta, vol.4:* excerpta de sententiis , Berlin: Weidmann, 1906, TLG, No.4076005.

· Bolgar, R. R., *The Classical Heritage and Its Beneficiaries* , Cambridge: Cambridge University Press, 1958.

· Bolman, E. S., *Monastic Visions* : Wall Paintings

in the Monastery of St. Antony at the Red Sea , New Haven and London: Yale University Press, 2002.
· Bonfil, R. ed., *Jews in Byzantium : *Dialectics of Minority and Majority Cultures , Leiden: Brill, 2012.
· Bongars, J. De ed., *Gesta Dei per Francos* , vol. II, Hanoviae: Typis Wechelianis apud heredes Ioannis Aubrii, 1611.
· Boor, C. de ed., *Excerpta historica iussu imp. Constantini Porphyrogeniti confecta, vol. 1:* excerpta de legationibus , pt. 1 – 2, Berlin: Weidmann, 1903, TLG, Nos. 3023001, 4076003 and 4076004.
· Boojamra, J. L., *Church Reform in the Late Byzantine Empire, a Study for the Patriarchate of Athanasios of Constantinople* , Thessalonki: Patriarchal Institute for Patristic Studies, 1982.
· Bosch, U. V., *Kaiser Andronikos Ⅲ. Palaiologos, Versuch einer Darstellung der byzantinischen Geschichte in den Jahren 1321 –1341* , Amsterdam: Verlag Adolf M. Hakkert, 1965.
· Bouquet, D. M. ed., *Receuil des Historiens des Gaules et de France* , vol.18, Poitiers: Imprimerie de H. Oudin Frère, 1879.
· Bouras-Vallianatos, P. and Xenophontos, S. eds., *Greek Medical Literature and its Readers from Hippocrates to Islam and Byzantium* , London and New York: Routledge, 2018.
· Bowen, J., *A History of Western Education* , vol. 1, London: Methuen and Co. Ltd., 1981.
· Bowersock, G. W., Brown, P. and Grabar, O. eds., *Interpreting Late Antiquity :* Essays on the Postclassical World , London: Belknap Press of Harvard University Press, 2001.
· Boyer, C. B., *A History of Mathematics* , Hoboken: Wiley, 1991.
· Boyle, J. S. ed., *The Cambridge History of Iran, vol.5, The Saljuq and Mongol Period* , Cambridge: Cambridge University Press, 1968.
· Boulnois, L., *Silk Road :* Monks , Warriors & Merchants, New York: E. P. Dutton & Co., 1966.
· Bowden, W., Gutteridge A. and Machado C. eds., *Social and Political Life in Late Antiquity* , Leiden, Boston: Brill, 2006.
· Bowersock, G. W., Brown P., Grabar O. eds., *Late Antiquity :* A Guide to the Postclassical World , Cambridge: The Belknap Press of Harvard University Press, 1999.
· Bowersock, G. W., *Empires in Collision in Late Antiquity* , Waltham, Massachusetts: Brandeis University Press, 2012.
· Bowersock, G. W., *Hellenism in Late Antiquity* , Cambridge: Cambridge University Press, 1990.
· Bowes, K. and Kulikowski M. ed. and trans., *Hispania in Late Antiquity :* Current Perspectives , Leiden, Boston: Brill, 2005.
· Bowman, A. K., Garnsey P., Cameron A. eds., *The Cambridge Ancient History, Vol.Ⅻ:* The Crisis of Empire, A. D. 193 – 337, Cambridge: Cambridge University Press, 2005.
· Bowman, S. B., *The Jews of Byzantium (1204 – 1453)* , Alabama: University of Alabama Press, 1985.
· Boyarin, J. and Boyarin, D., *Powers of Diaspora :* Two Essays on the Relevance of Jewish Culture , Minnesota: University of Minnesota Press, 2002.
· Bradley, M. J., *The Birth of Mathematics :* Ancient Times to 1300, New York: Chelsea House, 2006.
· Brand, C. M., *Byzantium Confronts the West, 1180 – 1204*, Cambridge, Mass.: Harvard University Press, 1968; Aldershot: Gregg Revivals, 1992.
· Bréhier, L., *Le monde byzantin :* Vie et mort de Byzance , Paris, France: Éditions Albin Michel, 1946; trans. in English by Margaret Vaughan, Oxford: North-Holland Publishing Company, 1977.
· Brewer, D., *Greece, the Hidden Centuries: Turkish Rule from the Fall of Constantinople to Greek Independence* , London & New York: I. B. Tauris, 2010.
· Brilliantov, A., *Emperor Constantine the Great and the Edict of Milan* , London, 1937.
· Brion, M., *Alaric the Goth* , trans. by Martens F. H., New York: Robert M. McBride & Company, 1930.
· Bromiloy, G. W., *Zwingli and Bullinger* , Philadelphia: Westminster Press, 1953.
· Brongna, A., *The Generalship of Belisarius* , Boston: Boston University Master thesis, 1987.
· Brosset, M.-F., *Histoire de la Géorgie debuis l'Antiquité jusqu'au XIXe siècle* , S.- Pétersbourg: Imprimerie de l'Académie Impériale des sciences, 1849.
· Brown, P., *Augustine of Hippo :* A Biography , Berkeley and Los Angeles: University of California Press, 1967.
· Brown, P., *Power and Persuasion in Late Antiquity :* Towards a Christian Empire , Madison: University of Wisconsin Press, 1992.
· Brown, P., *The World of Late Antiquity :* AD. 150 – 750, London: Thames and Hudson Ltd, 1971; London and New York: W. W. Norton& Company, Inc., 1989.
· Brown, T. S., *Gentlemen and Officers :* Imperial Administration and Aristocratic Power in Byzantine Italy, A. D. 554 – 800, Hertford: Stephen Austin and Sons, 1984.
· Browning, R., *Byzantium and Bulgaria :* a Comparative Study Across the Early Medieval Frontier , London: Temple Smith., 1975.
· Browning, R., *Justinian and Theodora* , London: Weidenfeld and Nicolson, 1971.
· Browning, R., *The Byzantine Empire* , Washington D. C.: The Catholic University of America Press, 1992.
· Brubaker, L. and Haldon, J., *Byzantium in the Iconoclast Era c. 680 – 850:* A History , Cambridge: Cambridge University Press, 2011.
· Brubaker, L. ed., *Byzantium in the Ninth Century :* Dear or Alive? Aldershot, Brookfield: Ashgate, 1998.
· Brubaker, L., *Inventing Byzantine Iconoclasm* , Bristol: Bristol Classical Press, 2012.
· Brunswick, New Jersey: Rutgers University Press, 1969.
· Bryer, A. A. and Georghallides, G. S. eds., *The Sweet Land of Cyprus :* Papers given at the twenty-fifth Jubilee Spring Symposium of Byzantine Studies, Birmingham, March 1991 , Nicosia: Cyprus Research Centre, 1993.
· Bryer, A. A. and Winfield, D., *The Byzantine Monuments and Topography of the Pontos* ,

Washington, D.C.: Dumbarton Oaks Research Library and Collection, 1985.

- Bryer, A. A., *The Empire of Trebizond and the Pontos* , London: Variorum Reprints, 1980.
- Bryer, A. and Cunningham M. eds., *Mouth Athos and Byzantine Monasticism :* Papers from the Twenty-Eighth Spring Symposium of Byzantine Studies , University of Birmingham, March 1994; Ashingate: Routledge, 1996.
- Bryer, A. and Herrin J. eds., *Iconoclasm :* Papers given at the Ninth Spring Symposium of Byzantine Studies , University of Birmingham, March 1975; Birmingham: Centre for Byzantine Studies, University of Birmingham, 1977.
- Buchon, J. A. ed., *Chronique de la prise de Constantinople par les Francs écrite par Geoffroy de Ville-Hardoin,—suivie de la continuation de Henri de Valenciennes* , Paris: Verdière Libraire, 1828.
- Buchon, J. A., *Nouvelles recherches historiques sur la principaute française de More et ses hautes baronnies* , vol. 2, Paris: Comptoir des imprimeurs unis, 1844.
- Buchon, J. A., *Recherches et Matériaux pour servir à une histoire de la domination française dans le provinces démembrées de l'Empire grec* , vol. 2, Paris: Auguste Desrez, 1840.
- Buckler, G., *Anna Comnena :* A Study , Oxford: Oxford University Press, 1929, 1968.
- Buckley, P., *The Alexiad of Anna Komnene :* Artistic Strategy in the Making of a Myth , Cambridge: Cambridge University Press, 2014.
- Burckhardt, J., *Age of Constantine the Great* , translated by Hadas M., London: Routledge & Kegan Paul Ltd., 1949.
- Burgmann, L. ed., *Ecloga :* das Gesetzbuch Leons Ⅲ und Konstantinos' V , Frankfurt am Main: Löwenklau-Gesellschaft, 1983.
- Burnham, D. K., *Warp and Weft, A Textile Terminology* , Toronto: Royal Ontario Museum, 1980.
- Burns, J. H., *The Cambridge History of Medieval Political Thought* , Cambridge: Cambridge University Press, 1988.
- Burns, Th. S. and Eadie J. W. eds., *Urban Centers and Rural Contexts in Late Antiquity* , East Lansing: Michigan State University Press, 2001.
- Burns, Th. S., *A History of the Ostrogoths* , Bloomington and Indianapolis: Indiana University Press, 1984.
- Burns, Th. S., *Barbarians within the Gates of Rome :* A Study of Roman Military Policy and the Barbarians, ca. 375 – 435 A. D., Bloomington and Indianapolis: Indiana University Press, 1994.
- Bury, J. B. (planned.), Tanner, J. R., Previté-Orton, C. W. and Brooke, Z. N. eds., *The Cambridge Medieval History* , Cambridge: Cambridge University Press, 1929, 1978, 1966 – 1969.
- Bury, J. B., *History of Later Roman Empire, from Arcadius to Irene (A.D. 395 – 800)* , vols.1 – 2, London: MacMillan and Co., 1899; London: Dover Publications, 1985.
- Bury, J. B., *The Imperial Administrative System in the Ninth Century* , London: Oxford University Press, 1911. *Cletorologion* , sub auctore Philotheo, ed. Reiske J. J., vol.1, TLG, No.3023X06.
- Bury, J. B., *History of the Later Roman Empire from the Death of Theodosius I to the Justinian* , New York: Dover Publications. Inc., 1958.
- Bury, J. B., *A History of the Eastern Roman Empire from the Fall of Irene to the Accession of Basil I (A.D. 802 – 867)* , London: Macmillan, 1912.
- Butler, A. J., *The Arab Conquest of Egypt :* And the Last Thirty Years of the Roman Dominion , Oxford: Oxford University Press, 1978.
- Bydén, B., *Theodore Metochites' Stoicheiosis astronomike and the study of natural philosophy and mathematics in early Palaiologan Byzantium* , 2nd rev. ed., Göteborg: Acta Universitatis Gothoburgensis, Studia Graeca et Latina Gothoburgensia 66, 2003.
- Byron, R., *The Byzantine Achievement :* An Historical Perspective, A.D. 330 – 1453, Routledge & Kegan Paul, 1929.
- Cahen, C., *Pre-Ottoman Turkey :* A General Survey of the Material and Spiritual Culture and History, c. 1071 – 1330, trans. Jones-Williams, J., New York: Taplinger, 1968.
- Cahen, C., *The Formation of Turkey :* The Seljukid Sultanate of Rum, Eleventh to Fourteenth Century , ed. and trans. Holt, P. M., London and New York: Routledge, 2001.
- Cameron, A., *Christianity and the Rhetoric of Empire :* The Development of Christian Discourse , Berkeley: University of California Press, 1991.
- Cameron, A., *Circus Factions :* Blues and Greens at Rome and Byzantium , Oxford: Clarendon Press, 1976.
- Cameron, A., *Dialoguing in Late Antiquity* , Cambridge and London: Harvard University Press, 2014.
- Cameron, A., Garnsey, P. eds., *The Cambridge Ancient History, Volume XIII, The Late Empire, A. D. 337 – 425*, Cambridge: Cambridge University Press, 1998.
- Cameron, A., Ward-Perkins, B., Whitby, M. eds., *The Cambridge Ancient History, Vol. XIV :* Late Antiquity : Empire and Successors, A. D. 425 – 600 , Cambridge: Cambridge University Press, 2000.
- Cameron, A., *Porphyrius the Charioteer* , Oxford: Clarendon Press, 1973.
- Cameron, A., *The Mediterranean World in Late Antiquity AD 395 – 600*, London and New York: Routledge, 1993.
- Cameron, A., *The Byzantines* , Malden, USA, Oxford, UK & Carlton Australia: Blackwell Publishing, 2006.
- Cameron, A. and Conrad, L. I. eds., *The Byzantine and Early Islamic Near East, vol.I :* Problems in the Literary Source Material , Princeton: Darwin Press, 1992.
- Cameron, A., *Agathias* , Oxford: Clarendon Press, 1970.
- Cameron, A., *Changing Culture in Early Byzantine* , Aldershot: Variorum, 1996.
- Cameron, A., *Procopius and the Sixth Century* , London and New York: Taylor & Francis, 2005.
- Cameron, A., *The Later Roman Empire :* AD 284 – 430 , Cambridge, Mass: Harvard University Press, 1993.
- Canduci, A., *Triumph and Tragedy :* The Rise and Fall of Rome's Immortal Emperors , Millers

Point: Pier 9, 2010.
· Capizzi, P., *Piazza Armerina : The Mosaics and Morgantina* , Bologna: International Specialized Book Service Inc., 1989.
· Carr, J. C., *Fighting Emperors of Byzantium, Pen and Sword Military* , Barnsley, South Yorkshire: Pen & Sword Military, 2015.
· Casadio, G., Mastrocinque, A. and Santi, C. eds., *APEX Studi storico-religiosi in onore di Enrico Montanari* , Roma: Edizioni Quasar, 2016.
· Cassidy, N., *A Translation and Historical Commentary of Book One and Book Two of the Historia of Geōrgios Pachymerēs* , PhD. dissertation, University of Western Austria, 2004.
· Casiday, A. and Norris F. W. eds., *The Cambridge History of Christianity, Vol.2: Constantine to c. 600*, Cambridge: Cambridge University Press, 2007.
· Cassiodorus, *The Letters of Cassiodorus being a Condensed Translation of the Variae Epistolae of Magnus Aurelius Cassiodorus Senator* , with an English translation by Hodgkin Th., London: Henry Frowde, 1886.
· Cassiodorus, *Variae* , trans. Barnish S. J. B., Liverpool: Liverpool University Press, 1992.
· Casson, L., *The Ancient Mariners : Seafarers and Sea Fighters of the Mediterranean in Ancient Times* , Princeton, N. J.: Princeton University Press, 1991.
· Castiglioni, A., *A History of Surgery* , trans. Krumbhaar, E. B., New York: Routledge, 1969.
· Castiglioni, A., *Storia della medicina* , Milano: Società editrice ' Unitas', 1927.
· Cavallo, G., *The Byzantines* , Chicago: Chicago University Press, 1997.
· Chadwick, H., *The Church in Ancient Society : From Galilee to Gregory the Great* , Oxford: Oxford University Press, 2001.
· Chapman, C., *Michael Paleologue restaurateur de l'empire byzantin 1261 - 82*, Paris: Eugene Figuiere, 1926.
· Charanis, P., *Social Economic and Political Life in the Byzantine Empire, Collected Studies* , London: Variorum Reprints, 1973.
· Cheynet, J.-C., *Pouvoir et contestations à Byzance (963 - 1210)* , Paris: Univ. de Paris I, 1990.
· Cheynet, J.-C., *Pouvoir et Contestations à Byzance (963 - 1210)*, Paris: Éditions de la Sorbonne, 1996.
· Cheynet, J.-C., *La société byzantine : l'apport des sceaux, Vol.2* , Paris: Association des amis du Centre d'histoire et civilisation de Byzance, 2008.
· Chiarelli, L. C., *A History of Muslim Sicily* , Venera, Malta: Midsea books, 2011.
· Chisholm, H. ed., *Encyclopædia Britannica* , Cambridge: Cambridge University Press, 1911.
· Chrisostomides, J. ed., *Manuel II Palaeologus Funeral Oration on His Brother Theodore* , Thessalonike: Association for Byzantine Research, 1985.
· Chrissis, N. G., Kolia-Dermitzaki, A. and Papageorgiou, A. eds., *Byzantium and the West : Perception and Reality (11th - 15th centuries)* , London and New York: Routledge, 2019.
· Christides, V., *The Conquest of Crete by the Arabs (ca. 824), a Turning Point in the Struggle between Byzantium and Islam*, Athens: Akademia Athenon, 1984.
· Christophilopoulou, Ai., *Byzantine History I : 324 - 610* , trans. by Phelps W. W., Amsterdam: Adolf M. Hakkert, 1986.
· *Chronicon Paschale, 284 - 628 AD* , trans. by Whitby M. and Whitby M., Liverpool: Liverpool University Press, 1989.
· *Chronicon Paschale* , ed. Dindorf L., [Corpus Scriptorum Historiae Byzantinae] Bonn: Weber, 1832, TLG, No.2371001.
· *Chronographiae Quae Theophanis Continuati Nomine Fertur Liber Quo Vita Basilii Imperatoris Amplectitur* , ed. and trans. by Ševcenko, (Corpus Fontium Historiae Byzantinae 42) Berlin: De Gruyter, 2011; ed. and trans. by Featherstone, M. and Codoñer, J. S., Berlin: De Gruyter, 2015.
· *Chronographiae Quae Theophanis Continuati Nomine Fertur Libri I-IV*, Chrysostomides, J., *Manuel II Palaeologus Funeral Oration on His Brother Thodore* , Thessalonike: Association for Byzantine Research, 1985.
· Chuvin, P., *A Chronicle of the Last Pagans* , trans. Archer B. A., Cambridge: Cambridge University Press, 1990.
· Clark, P. A., *A Cretan Healer's Handbook in the Byzantine Tradition* , Farnham, Surrey, England; Burlington, VT: Ashgate, 2011.
· Clark, G., *Late Antiquity : A Very Short Introduction* , Oxford: Oxford University Press, 2011.
· Claudian, *Claudian* , with an English translation by Platnauer M., Cambridge, Massachusetts and London, England: Harvard University Press, 1922.
· *Clemens Alexandrinus, Fragmenta* , ed. Stählin, O., Früchtel, L. and Treu, U., Berlin: Akademie-Verlag, 1970, TLG, No.0555008.
· *Clément de Rome, Épître aux Corinthiens* , ed. Jaubert, A., Paris: Cerf, 1971, TLG, No. 1271001.
· Climacus, J., *The Ladder of Divine Ascent* , New York: Paulist Press, 1982.
· Cochrane, C. N., *Christianity and Classical Culture : A Study of Thought and Action from Augustus to Augustine* , New York: Oxford University Press, 1957.
· Cohen, H., *Description historique des monnaies frappées sous l' empire Roman* , vols.1 - 7, Paris: Rollin et Feuardent, 1859 - 1868.
· Coleman-Norton, P. R., ed., *Roman State and Christian Church : A Collection of Legal Documents to AD.535* , London, 1966.
· *Concilium Quinisextum, Das Konzil Quinisextum* , übersetzt und eingeleitet Ohme, H. von, Turnhout: Brepols Publishers, 2006.
· Conrad, L. I. et al. eds., *The Western Medical Tradition 800 BC to AD 1800*, Cambridge and New York: Cambridge University Press, 1995.
· Constantelos, D. J., *Byzantine Philanthropy and Social Welfare* , New Brunswick: Rutgers University Press, 1968.
· Constantini Manassis, *Breviarium Historiae Metricum* , ed. Bekker, I., [Corpus scriptorum historiae Byzantinae] Bonn: Weber, 1837, TLG, No. 3074001.
· Constantine Porphyrogennetos, *The Book of Ceremonies* , trans. by Moffatt, A. and Tall, M., (Bonn, 1829) Canberra: Australian Association for Byzantine Studies, 2012.

- Constantine Porphyrogenitus, *De administrando imperio* , ed. Moravcsik, Gy., trans. into English by Jenkins, R. J. H., [Corpus Fontium Historiae Byzantinae 1] Washington, D. C.: Dumbarton Oaks, 1967, TLG, No.3023008.
- *Constantini Porphyrogeniti imperatoris de cerimoniis aulae Byzantinae libri duo* , vol. 1, ed. Reiske, J. J., [Corpus Scriptorum Historiae Byzantinae] Bonn: Weber, 1829, TLG, No. 3023010.
- Constantine Ⅶ, *Le livre des cérémonies* , ed. Vogt A., vols. 1 – 2, Paris: Les Belles Lettres, 1935, 1939, repr. 1967, TLG, No.3023011.
- Constantinides, C. N., *Higher Education in Byzantium in the Thirteenth and Early Fourteenth Centuries, 1204-ca. 1310*, Nicosia: Cyprus Research Centre, 1982.
- Constantino Porirogenito, *De thematibus* , introduzione, testo critico, commento, a cura di Pertusi A., Città del Vaticano: Biblioteca apostolica vaticana, 1952.
- Cooper, K., *The Virgin and the Bride : Idealized Womanhood in Late Antiquity* , Cambridge, Mass.: Harvard University Press, 1999.
- *Corpus Iuris Civilis* , ed. Schöll, R. and Kroll, W., vol.3. Berlin: Weidmann, 1895 (repr. 1968), TLG, No.2734013.
- Cosmas Indicopleustes, *The Christian Topography of Cosmas, an Egyptian Monk : Translated from the Greek, and Edited with Notes and Introduction* , ed. Wolska-Conus, W., Paris: Cerf, 1968, 1970, 1973, TLG, No. 4061002; Cambridge: Cambridge University Press, 2010.
- Cosmas Indicopleustes, *The Christian Topography of Cosmas, an Egyptian Monk* , trans. by McCrindle, J. W., London: Printed for the Hakluyt Society, 1897; Cambridge: Cambridge University Press, 2010.
- Costantino Porfirogenito, *De thematibus* , ed. Pertusi, A., Vatican City: Biblioteca Apostolica, 1952, TLG, No.3023009.
- Cox, P., *Biography in Late Antiquity* , Berkeley, Los Angeles, London: University of California Press, 1983.
- Crawford, P., *Constantius II : Usurpers, Eunuchs, and the Antichrist* , Pen & Sword, 2016.
- Crawford, M. H., *Roman Republican Coinage* , vol.2, Cambridge: Cambridge University Press, 1975.
- Cribiore, R., *The School of Libanius in Late Antique Antioch* , Princeton and Oxford: Princeton University Press, 2007.
- Critobulus, *Critobuli Imbriotae Historiae* , Fragmenta Historicorum Graecorum, vol. XXII, ed. Reinsch, D. R., Berolini, Novi eboraci: W. De Gruyter, 1983; Berlin: De Gruyter, 1983, TLG, No.3147004.
- Crosby, A. W., *Throwing Fire : Projectile Technology Through History* , Cambridge: Cambridge University Press, 2002.
- Crowley, R., *1453: The Holy War for Constantinople and the Clash of Islam and the West* , New York: Hyperion, 2005.
- Crump, C. G. and Jacob, E. F. eds., *The Legacy of the Middlie Ages* , Oxford: Clarendon Press, 1926.
- Cruta, F., *The Making of Slavs* , New York: Cambridge Press, 2004.
- Cullmann, O., *Christ and Time : The Primitive Christian Conception of Time and History* , trans. Filson F. V., Philadelphia: Fortress Press, 1964.
- Cuomo, S., *Pappus of Alexandria and the Mathematics of Late Antiquity* , Cambridge: Cambridge University Press, 2007.
- Curiel, R. and Gyselen, R. eds., *Itinéraires d'Orient : Hommages à C. Cahen* , Res Orientalis: 6, Bures-sur-Yvette, 1994.
- Dadyaee, T., *Sasanian Persia : The Rise and Fall of an Empire* , London, New York: I. B. Tauris, 2013.
- Dagron, G., *Emperor and Priest : The Imperial Office in Byzantium* , Cambridge: Cambridge University Press, 2003.
- Dally, O. and Ratte, C., *Archaeology and the Cities of Late Antiquity in Asia Minor* , Ann Arbor: Kelsey Museum of Archaeology, 2011.
- Dam, R. V., *Rome and Constantinople : Rewriting Roman History during Late Antiquity* , Waco, Texas: Baylor University Press, 2010.
- Dam, R. V., *The Roman Revolution of Constantine* , New York: Cambridge University Press, 2007.
- Dandolo, A. and Pastorello, E., *Andreae Danduli Ducis Venetiarum Chronica Per Extensum Descripta Aa. 46 –1280 D. C.*, Bologna: Zanichelli, 1938.
- Darley, R. R., *Indo-Byzantine Exchange, 4th to 7th Centuries : A Global History* , Ph.D. Dissertation of University of Birminghan, 2013.
- Dashdondog, B., *The Mongols and the Armenians (1220 – 1335)*, Leiden & Boston: Brill, 2011.
- Davids, A. ed., *The Empress Theophano : Byzantium and the West at the Turn of the First Millennium* , Cambridge, Great Britain; New York, NY: Cambridge University Press, 1995.
- Davidson, I. J., *A Public Faith : From Constantine to the Medieval World, A.D.312 – 600* , Oxford, UK and Grand Rapids, Michigan: Monarch Books, 2005.
- Davis, R. H. C. and Wallace-Hadrill, J. M. eds., *The Writing of History in the Middle Ages : Essays presented to R.W. Southern* , New York: Clarendon Press of Oxford University Press, 1981.
- Davis, S. J., *The Cult of Saint Thecla : A Tradition of Women's Piety in Late Antiquity* , Oxford: Oxford University Press, 2008.
- Dawkins, R. M., *The Nature of the Cypriot Chronicle of Leontios Makhairas* , Oxford: Clarendon Press, 1945.
- Deakin, M. A. B., *Hypatia of Alexandria : Mathematician and Martyr* , Amherst: Prometheus, 2007.
- Decker, M. J., *Byzantine Dark Ages* , London: Bloomsbury, 2016.
- Delatte, A., *Anecdota Atheniensia et alia* , vol.2, Paris: E. Droz, 1939.
- Δελ έογλου, Α., *Συμβολ ή στη μελ έτη του ιστορικού έργου του Ιωάννου Κιννάμου* , Σέρρες, 2016.
- Deligiannakis, G., *The Dodecanese and East Aegean Islands in Late Antiquity, AD 300 – 700*, Oxford: Oxford University Press, 2016.
- Deliyannis, D. M., *Ravenna in Late Antiquity* , Cambridge: Cambridge University Press, 2010.

- Dendrinos, Ch., Harris, J., Harvalia-Crook, E. and Herrin, J., eds., *Porphyrogenita, Essays on the History and Literature of Byzantium and the Latin East in Honour of Julian Chrysostomides* , Aldershot: Ashgate, 2003.
- Dennis, G. T., *Maurice's Strategikon* , Handbook of Byzantine Military Strategy, Philadelphia: University of Pennsylvania Press, 1984.
- Dennis, G. T., *The Reign of Manuel II Palaeologus in Thessalonica, 1382 – 1387*, Romae: Pont. Institutum Orientalium Studiorum, 1960.
- Dennis, G. T. ed., *The Letters of Manuel II Palaeologus* , Washington, D. C.: Dumbarton Oaks Research Library and Collection, 1977.
- Devillers, O. and Sebastiani, B. eds., *Les historiens grecs et romains :* entre sources et modèles , Bordeaux: Ausonius e'ditions, 2018.
- Dick, I., *Melkites :* Greek Orthodox and Greek Catholics of the Patriarchates of Antioch, Alexandria and Jerusalem , Boston: Sophia Press, 2004.
- *Die Schriften des Johannes von Damaskos* , ed. Kotter, B., vol. 3, Berlin: De Gruyter, 1975, TLG, No.2934005.
- Diehl, C., *Byzantium :* Greatness and Decline, translated from the French by Naomi Walford , New Jersey: Rutgers University Press, 1957.
- Diehl, Ch., *Histoire de l'empire byzantine* , Paris: A. Picard, 1932.
- Dieten, J.-L. van ed., *Nicetae Choniatae Orationes et Epistulae* , Berlin, New York: de Gruyter, 1975.
- Difederico, F. R., *The Mosaics of Saint Peter's Decorating the New Basilica* , University Park: Pennsylvania State University Press, 1983.
- Dignas, B. and Winter, E., *Rome and Persia in Late Antiquity :* Neighbors and Rivals , New York: Cambridge University Press, 2007.
- Dindorf, L. A. ed., *Chronicon Paschale* , [Corpus Scriptorum Historiae Byzantinae 16 – 17] Bonn: Weber, 1832, TLG, No.2371001.
- Dionysius (Tellmaharensis), *Chronicle* , trans. by Witakowski W., Liverpool: Liverpool University Press, 1996.
- Dioscorides, *De Materia Medica* , a New Indexed Version in Modern English by Osbaldeston, T. A. and Wood, R. P. A., Johannesburg: Ibidis, 2000.
- Dodds, E. R., *Pagan and Christian in an Age of Anxiety :* Some Aspects of Religious Experience from Marcus Aurelius to Constantine , New York: Cambridge University Press, 1992.
- Dodgen, M. H. and Lieu, S. N. C., *The Roman Eastern Frontier and the Persian Wars (AD 226 – 363)* , London and New York: Rouledge, 1991.
- Dölger, F., *Regesten der Kaiserkunden des oströmischen Reiches, vol. 2:* Regesten von 1025 – 1204 , Munich & Berlin: Olderbourg, 1925.
- Donato, A., *Boethius' Consolation of Philosophy as a Product of Late Antiquity* , London, New Delhi, New York, Sydney: Bloomsbury, 2013.
- Doukas, *Decline and Fall of Byzantium to the Ottoman Turks* , an annotated translation of "Historia Turco-Byzantina" by Magoulias, H. J., Wayne State University, Detroit: Wayne State University Press, 1975.
- Downey, G., *The Late Roman Empire* , New York, Chicago, San Francisco, Altanta, Dallas, Montreal, Toronto, London, Sydney: Holt, Rinehart and Winston, Inc., 1969.
- Drinkwater, J. F., *The Alamanni and Rome 213 – 496 (Caracalla to Clovis)* , Oxford: Oxford University Press, 2007.
- Driver, S. D., *John Cassian and the Reading of Egyptian Monastic Culture*, London: Routledge, 2002.
- Ducas, *Istoria Turco-Bizantina (1341 – 1462)* , ed. Grecu, V., [Scriptores Byzantini 1] Bucharest: Academia Republicae Popularis Romanicae, 1958, TLG, No.3146001.
- Duda, H. W., *Die Seltschukengeschichte des Ibn Bībī* , Copenhagen: Munksgaard, 1959.
- Duffin, C. J., Moody, R. T. J. and Gardner-Thorpe, C., *A History of Geology and Medicine* , London: Geological Society of London, 2013.
- Duhem, P., *Le système du monde* , Paris: Hermann, 1913.
- Dunbabin, K., *Mosaics of the Greek and Roman World* , Cambridge and New York: Cambridge University Press, 1999.
- Durand, J., *Byzantine Art* , Paris: Terrail, 1999.
- Dunlop, D. M., *The History of the Jewish Khazars* , New York: The Princeton Press, 1954.
- Dunn, M., *The Emergence of Monasticism :* from the Desert Fathers to the Early Middle Ages , Oxford: Wiley-Blackwell, 2000.
- Dvornik, F., *Early Christian and Byzantine Political Philosophy :* Origins and Background, II , Washington: Trustees for Harvard University, 1966.
- Dvornik, F., *The Photian Schism, History and Legend* , Cambridge: Cambridge University Press, 1970.
- Dyck, A. and Takács, S. eds., *Presence of Byzantium :* Studies Presented to Milton V. Anastos in Honor of His Eighty-Fifth Birthday , Amsterdam: Hakkert, 1994.
- Dzielska, M., *Hypatia of Alexandria* , translated by Lyra F., Cambridge, Massachusetts and London, England: Harvard University Press, 1995, 1996.
- Eastmond, A. ed., *Byzantium's Other Empire :* Trebizond , Istanbul: Koç Universitesi, Anadolu Medeniyetleri Araştirma Merkezi, 2016.
- Eastmond, A., *Art and Identity in the Thirteenth Century Byzantium, Hagia Sophia, Trebizond* , Florence: Routledge, 2004.
- *Ecloga, Das Gesetzbuch Leons III. und Konstantinos V* ., ed. Burgmann, L., Frankfurt: Löwenklau-Gesellschaft, 1983.
- Edwards, M. and Goodman, M. eds., *Apologetics in the Roman Empire :* Pagans, Jews, and Christians , Oxford: Oxford University Press, 1999.
- Edwards, I. E. S. ed., *The Cambridge Ancient History :* History of the Middle East and the Aegean Region c. 1380 – 1000 B. C., Cambridge: Cambridge University Press, 2006.
- Eijk, P. J. van der ed., *Ancient Histories of Medicine :* Essays in Medical Doxography and Historiography in Classical Antiquity , Lieden and Boston: Brill, 1999.
- Elias, P. and Busse, A. eds., *Commentaria in Aristotelem Graeca XVIII*, Berlin: Typ. et Impensis G.

Reimeri, 1902.
· Elliott, A. G., *Roads to Paradise; Reading the Lives of the Early Saints* , Hanover, 1987.
· Emmer, M., *Imagine Math :* Between Culture and Mathematics , New York: Springer, 2012.
· Entwistle, C. and James, L. eds., *New Light on Old Glass :* Recent Research on Byzantine Glass and Mosaics , London: British Museum Press, 2013.
· Ephraemius, *Chronicon* , ed. Bekker, I., [Corpus Scriptorum Historiae Byzantinae] Bonn: Weber, 1840, TLG, No.3170001.
· Ermerins, F. Z. ed., *Anecdota medica Graeca* , Leiden: Luchtmans, 1840 (repr. Amsterdam: Hakkert, 1963), TLG, No.0729004.
· Errington, R. M., *Roman Imperial Policy from Julian to Theodosius* , Chapel Hill: The University of North Carolina Press, 2006.
· Étienne le diacre, *La vie d'Étienne le Jeune* , introduction, édition et traduction, Auzépy, M.-F., Aldershot, Brookfield: Variorum, 1997.
· Euclid, *The Thirteen Books of Euclid's Elements* , vol.1, eds. Heath, T. L. and Heiberg, J. L., Cambridge: Cambridge University Press, 1908.
· Euclides, *Euclidis Opera Omnia* , vol. 6, ed. Menge, H., Leipzig: Teubner, 1896, TLG, No. 4075002.
· Eunapii, *Vitae Sophistarum* , ed. Giangrande, J., Rome: Polygraphica, 1956, TLG, No.205001.
· Eusèbe de Césarée, *Histoire Ecclésiastique* , 3 vols., ed. Bardy, G., Paris: Cerf, 1952, 1955, 1958, TLG, No.2018002; trans. by Williamson, G., New York: Penguin, 1965.
· Eustazio di Tessalonica, *La espugnazione di Tessalonica* , ed. Kyriakidis, S., Palermo: Istituto Siciliano di Studi Bizantini e Neoellenici, 1961, TLG, No.4083004.
· Eusebios of Caesarea, *The History of the Church from Christ to Constantine* , trans. Williamson G., New York: Penguin, 1965.
· Eusebius Pamphilus, *Church History :* Life of Constantine the Great; Oration in Praise of Constantine , ed. Schaff Ph. and Wace H., New York: Grand Rapids, 1890; by Cameron A. and Hall S. G., Oxford: Clarendon Press, 1999.
· Eusebius Werke, *Über das Leben des Kaisers Konstantin* , ed. Winkelmann F., Berlin: Akademie-Verlag, 1975, TLG, No.2018020.
· Eusebius, *The Ecclesiastical History II* , trans. Oulton, J. E. L., New York: Harvard University Press, 1994.
· Eustathios of Thessalonika, *The Capture of Thessalonika* , trans. Melville-Jones, J., Canberra, 1988. Eustazio di Tessalonica, *La espugnazione di Tessalonica* , ed. Kyriakidis, S., Palermo: Istituto Siciliano di Studi Bizantini e Neoellenici, 1961, TLG, No.4083004.
· Eustathios of Thessaloniki, *Secular Orations 1167/8 to 1179*, trans. Stone, A. F., Leidon: Brill, 2013.
· Eustathios of Thessaloniki, *The Capture of Thessaloniki :* A Translation with Introduction and Commentary , eds. Jones, J. R. M., Canberra: Australian Association for Byzantine Studies, 1988.
· Eutropius, *The Breviarium ab Urbe Condita of Eutropius* , translated with an introduction and commentary by Bird H. W., Liverpool: Liverpool University Press, 1993.
· Evagrius Scholasticus, *The Eccelesiastical History of Evagrius Scholasticus* , translated by Whitby M., Liverpool: Liverpool University Press, 2000. *The Ecclesiastical History of Evagrius with the Scholia* , ed. Bidez J. and Parmentier L., London: Methuen, 1898, repr. New York: AMS Press, 1979, TLG, No.2733001.
· Evans, J. A. S., *The Age of Justinian :* the circumstances of imperial power , London and New York: Routledge, 2000.
· Evans, J., *The History and Practice of Ancient Astronomy* , Oxford: Oxford University Press, 1998.
· Evans, J. A., *The Emperor Justinian and the Empire* , Westport: Greenwood Press, 2005.
· Every, G., *The Byzantine Patriarchate 451 – 1204* , London, 1962.
· *Excerpta historica iussu imp. Constantini Porphyrogeniti confecta, vol. 1:* excerpta de legationibus , ed. by Boor, C. de, pt. 1 – 2, Berlin: Weidmann, 1903, TLG, Nos. 4076003 and 4076004; ed. by Boissevain, U.P., Berlin: Weidmann, 1906, TLG, No.4076005.
· Fage, J. D., ed., *The Cambridge History of Africa* , Cambridge: Cambridge University Press, 1978.
· Fahmy, A. M., *Muslim Naval Organisation in the Eastern Mediterranean from the Seventh to the Tenth Century A.D* ., Cairo: National Publication & Print. House, 1966.
· Fassoulakis, S., *The Byzantine Family of Raoul-Ral(l)es* , Athens: published privately, 1973.
· Ferrill, A., *The Fall of the Roman Empire :* The Military Explanation , London: Thames and Hudson, 1986.
· Ferjančić, B., *Деспоти у Византији и Јужнословенским земљама* [*Despots in Byzantium and the South Slavic Lands*], Belgrade: Српска академија наука, 1960.
· Festa, N. ed., *Theodori Ducae Lascaris Epistulae* CCXVII, Florence: Istituto di Studi Superiori Pratici e di Perfezionamento, 1898.
· Fine, J. V. A., *The Late Medieval Balkans :* A Critical Survey from the Late Twelfth Century to the Ottoman Conquest, Ann Arbor , Michigan: University of Michigan Press, 1994.
· Fine, J., *The Early Medieval Balkans, A Critical Survey from the Sixth to the Late Twelfth Century* , Ann Arbor: The University of Michigan Press, 1991.
· Finlay, G., *The History of Greece, the Empire of Trebizond, 1204 – 1461*, Edingburh and London: William Blackwood and Sons, 1851.
· Finlay, G., *History of the Byzantine Empire from 716 – 1057*, Edinburgh: William Blackwood & Sons, 1853.
· Finlay, G., *A History of Greece from the Conquest to the Present Time (BC146 – AD1864)*, Oxford: Clarendon Press, 1864.
· Fisher, G., *Between Empires :* Arabs, Romans, and Sasanians in Late Antiquity , Oxford: Oxford University Press, 2011.
· Fleet, K. ed., *The Cambridge History of Turkey* , Volume I, Cambridge: Cambridge University Press, 2009.
· Fletcher, B., *A History of Architecture* , revised by Palmes, J. C., London: University of London,

The Athlone Press, 1975.
- Foot, S. and Robinson, C. F. eds., *The Oxford History of Historical Writing, vol.2:* 400 - 1400, Oxford, UK: Oxford University Press, 2012, 2012.
- Forbes, R. J., *More Studies in Early Petroleum History 1860 - 1880*, Leiden: Brill, 1959.
- Fortescue, A., *The Orthodox Eastern Churches* , London: Catholic Truth Society, 1908.
- Fossier, R., *The Middle Ages 350 - 950*, Cambridge: Cambridge University Press, 1989.
- Foss, C., *Cities, Fortresses and Villages of Byzantine Asia Minor* , Aldershot: Variorum, 1996.
- Foss, C., *Nicaea :* A Byzantine Capital and its Praises , Brookline, Mass.: Hellenic College Press, 1996.
- Fouracre, P. ed., *The New Cambridge Medieval History, vol. 1:* ca. 500 - 700, London: Cambridge University Press, 2005.
- Fowden, G., *Empire to Commonwealth :* Consequences of Monotheism in Late Antiquity , Princeton, New Jersey: Princeton University Press, 1993.
- Frakes, R. M., Digeser, E. D. & Stephens, J. eds., *The Rhetoric of Power in Late Antiquity: Religion and Politics in Byzantium, Europe and the Early Islamic World* , London, New York: I. B. Tauris Publishers, 2010.
- Franck, I. M. and Brownstone D. M., *The Silk Road :* A History , New York: Facts on File Inc., 1986.
- Frankfurter, D., *Christianizing Egypt :* Syncretism and Local Worlds in Late Antiquity , Princeton: Princeton University Press, 2017.
- Freely, J., Çakmak A. S., *Byzantine Monuments of Istanbul* , New York, 2009.
- Freely, J., *Istanbul, the Imperial City* , London: Penguin Books Ltd., 1996.
- Freese, J. H., *The Library of Photius* , vol.1, New York: Macmillan Co., 1920.
- Fredriksen, P., *Augustine and the Jews :* A Christian Defense of Jews and Judaism , New Haven: Yale University Press, 2010.
- Freeman, C., *AD381:* Heretics, Pagans and the Christian Empire , London: Pimlico, 2008.
- Frend, W. H. C., *The Rise of Christianity* , Philadelphia: Fortress Press, 1984.
- Frend, W. H. C., *The Rise of the Monophysite Movement :* Chapters in the History of the Church in the Fifth and Sixth Centuries , Cambridge: Cambridge University Press, 1972.
- Frend, W. H. C., *Orthodoxy, Pagaism and Dissent in the Early Christian Centuries* , Adershot, Burlington: Ashgate, 2002.
- Freshfield, E., *A Manual of Eastern Roman Law :* The Procheiros Nomos published by the Emperor Basil I at Constantinople , Cambridge: Cambridge University Press, 1926.
- Freshfield, E., Nicole, J., *To eparchikon biblion. The Book of the eparch, Le livre du prefet* , London: Variorum Reprints, 1970.
- Friendly, A., *The Dreadful Day :* The Battle of Manzikert, 1071 , London, Hutchinson and Charlottesville: The University Press of Virginia, 1981.
- Fryde, E., *The Early Palaeologan Renaissance (1261 - c.1360)* , Leiden · Boston · Koln: Brill Academic Publishers, 2000.
- Fuller, J. F. C., *A Military History of the Western World* , New York: Funk and Wagnalls Company, 1954.
- Gabriel, R. A. and Metz, K. S., *A History of Military Medicine* , New York: Greenwood Press, 1992.
- Gaddis, M., *There is no Crime for Those Who Have Christ :* Religious Violence in the Christian Roman Empire , Berkeley: University of California Press, 2015.
- Gador-Whyte, S., *Theology and Poetry in Early Byzantium :* The Kontakia of Romanos the Melodist , Cambridge: Cambridge University Press, 2017.
- Galliazzo, V., *I ponti romani* , Vol.1, Treviso: Canova, 1995.
- Gardner, H., Kleiner, F. S. and Mamiya, C. J., *Gardner's Art Through the Ages* , Belmont: Thomson/Wadsworth, 2005.
- Gardner, A., *Theodore of Studium :* His Life and Times , New York: Burt Franklin Reprints, 1974.
- Gardner, A., *The Lascarids of Nicaea, the Story of an Empire in Exile* , London: Methuen, 1912.
- Gardner, J. F. and Wiedemann, T., *The Roman Household :* A Sourcebook , London and New York: Routledge, 1991.
- Gardner, J. F., *Women in Roman Law and Society* , Bloomington and Indianapolis: Indiana University Press, 1989.
- Gardiner, R., ed., *Age of the Galley :* Mediterranean Oared Vessels since pre-Classical Times , London: Conway Maritime Press, 2004.
- Garland, L. ed., *Byzantine Women :* Varieties of Experience A.D. 800 - 1200, Aldershot: Ashgate, 2006.
- Garland, L., *Byzantine Empresses :* Women and Power in Byzantium, AD 527 - 1204, London: Routledge, 1999.
- Garnsey, P. D. A. and Whittaker, C. R. eds., *Imperialism in the Ancient World* , Cambridge: Cambridge University Press, 1978.
- Garrison, F. H., *Notes on the History of Military Medicine* , Washington, D.C.: Assoc. of Military Surgeons, 1922.
- Gates, C., *Ancient Cities :* The Archaeology of Urban Life in the Ancient Near East and Egypt, Greece and Rome , London: Routledge, 2003.
- Gaston-Mahler, J., *The Westerners among the Fugurines of the Tang Dynasty of China* , Roma: Instituto italiano per il Medio ed Estremo Oriente, 1959.
- Gates, Ch., *Ancient Cities :* The Archaeology of urban life in the Ancient Near East and Egypt, Greece, and Rome , London: Routledge, 2003.
- Γκουτζιουκώστας, A. E., *Η απονομή δικαιοσύνης στο Βυζάντιο (9ος - 12ος αιώνες): Τα κοσμικά δικαιοδοτικά όργανα και δικαστήρια της πρωτεύουσας* , Θεσσαλονίκη: Κέντρο Βυζαντινών Ερευνών, 2004.
- Geanakoplos, D. J., *Byzantium: Church, Society and Civilization Seen Through Contemporary Eyes* , Chicago: University of Chicago Press, 1984.
- Geanakoplos, D. J., *Byzantine East and Latin West :* Two Worlds of Christendom in Middle Ages and Renaissance , Oxford: Basil Blackwell, 1966.
- Geanakoplos, D., *Emperor Michael Palaeologus and the West, 1258 - 1282:* A Study in Byzantine-

Latin Relations , Cambridge, Mass.: Harvard University Press, 1959.
· Geanakoplos, D. J., *Constantinople and the West* , London: University of Wisconsin Press, 1989.
· Geanakoplos, D. J., *Greek Scholars in Venice* , Cambridge, Mass.: Harvard University Press, 1962.
· Geanakoplos, D. J., *Interaction of the "Sibling" Byzantine and Western Cultures in the Middle Ages and Italian Renaissance (330 – 1600)* , New Haven: Yale University Press, 1976.
· Geanakoplos, D. J., *Medieval Western Civilization and the Byzantine and Islamic Worlds* , Lexington, Mass.: D. C. Heath, 1979.
· Geffcken, J., *The Last Days of Greco-Roman Paganism* , translated by MacCormack S., Amsterdam, New York, Oxford: North-Holland Publishing Company, 1978.
· Genesios, *On the Reigns of the Emperors* , translation and commentary by Kaldellis, A., Canberra: Australian Association for Byzantine Studies, 1998.
· Gentz, G., *Die Kirchengeschichte des Nicephorus Callistus Xanthopulus und ihre Quellen* , Berlin: Akademie-Verlag, 1966.
· Geoffroy de Villehardouin, *Histoire de la Conquête de Constantinople par Geoffroi de Villehardouin avec la Continuation de Henri de Valenciennes* , ed. and trans. by Wailly, M. N. de, Paris: Librairie Hachette et Cie, 1870; ed. Faral, E., Paris: Les Belles Lettres, 1961; Westport, Conn.: Greenwood, 1983.
· George Akropolites, *The History* , trans. by Macrides, R. J., Oxford and New York: Oxford University Press, 2007.
· George Sprantzes, *The Fall of The Byzantine Empire, a Chronicle XIV by George Sprantes, 1402 –1477* , trans. by Philippides, M., Amherst: The University of Massachusetts Press, 1980.
· George Synkellos, *The Chronography of George Synkellos* : A Byzantine Chronicle of Universal History from the Creation , trans. by Adler, W. and Tuffin, P., Oxford: Oxford University Press, 2002.
· George the Monk, *Georgii Monachi Chronicon* , eds. Boor, C. de and Wirth, P., 2 vols. Stuttgart: Teubner, 1978.
· Georges Pachymérès, *Relations Historiques* , ed. Failler, A. and Laurent, V., 5 vols., [Corpus Fontium Historiae Byzantinae 24.1 – 2] Paris: Les Belles Lettres, 1984 – 2000, TLG, No.3142001.
· Georgii Acropolitae, *opera* , ed. Heisenberg, A., vol. 1, Leipzig: Teubner, 1903, TLG, No. 3141002, No.3141003.
· Georgii Acropolitae, *Opera* , vol. 1, Breviarium historiae, eds. Heisenberg, A., Wirth, P., Theodori Scutariotae additamenta, Stuttg Breviarium historiae art: Teubneri, 1978.
· Georgii monachi, *Chronicon* , 2 vols, ed. Boor, C. de, Leipzig: Teubner, 1904 (repr. Stuttgart: 1978 (1st edn. corr. Wirth, P.)), TLG, No. 3043001.
· *Georgii Pachymeris de Michaele et Andronico Palaeologis libri tredecim* , ed. Bekker, I., 2 vol., [Corpus Scriptorum Historiae Byzantinae] Bonn: Weber, 1835, TLG, No.3142002.
· Georgiopoulou, S., *Theodore II Dukas Laskarids (1222 –1258) as an Author and an Intellectual of the XIII Century* , PhD. dissertation, Cambridge, Mass.: Harvard University, 1990.
· Georgios Sphrantzes, *Memorii 1401 – 1477* , ed. Grecu, V., [Scriptores Byzantini 5] Bucharest: Academie Republicii Socialiste România, 1966, TLG, No.3143001.
· Germanos, *On predestined terms of life* , trans. Garton, C. and Westerink, L. G., Buffalo, 1979.
· Gero, S., *Byzantine Iconoclasm during the Reign of Constantine V, with Particular Attention to the Oriental Sources* , Louvain: Louvin: Peeters Publishers, 1977; Secrétariat du Corpus SCO, 1973.
· Gerostergios, A., *Justinian the Great, The Emperor and the Saint* , The Institute for Byzantine and Modern Greek Studies, 1982.
· Gerson, L. P. ed., *The Cambridge History of Philosophy in Late Antiquity* , Cambridge: Cambridge University Press, 2010.
· Gibbon, E., *The History of the Decline and Fall of the Rome Empire* , London: George Bell and Sons, 1889; London: Methuen & Co., 1906.
· Gibbon, E., *The Decline and Fall of Later Roman Empire* , ed. by Bury J. B., New York: Fred De Fau Company, 1907.
· Gilbert, M., *Jewish History Atlas* , London: Weidenfeld and Nicolson, 1981.
· Gies, F. and Gies, J., *Daily Life in Medieval Times* : A Vivid, Detaild Account of Brith Marriage and Death, Clothing and Housing, Love and Labour in Europe of the Middle Age , New York: Black Dog & Leventhal Publishers, 1999.
· Gill, J., *Byzantium and the Papacy* : 1198 – 1400 , New Brunswick: Rutgers University Press, 1979.
· Gill, J., *Collected Studies* : Church Union : Rome and Byzantium, 1204 – 1453 , London: Variorum Reprints, 1979.
· Gillispie, C. C. ed., *Dictionary of Scientific Biography* , I, New York: Charles Scribner's Sons, 1970.
· Giovanni Cananos, *L'assedio di Costantinopoli* , ed. Pinto, E., Messina: EDAS, 1977, TLG, No. 3144001.
· Godfrey, J., *1204, The Unholy Crusade* , Oxford and New York: Oxford University Press, 1980.
· Goldsworthy, A., *Augustus* : First Emperor of Rome , New Haven: Yale University Press.
· Gordon, C. D., *The Age of Attila* : Fifth-Century Byzantium and the Barbarians , Ann Arbor: The University of Michigan Press, 1960.
· Gouma-Peterson, T., ed., *Anna Komnena and Her Times* , New York & London: Garland Publishing, 2000.
· Graham, M. W., *News and Frontier Consciousness in the Late Roman Empire* , Ann Arbor: University of Michigan Press, 2006.
· Greatrex, Geoffrey and Elton, Hugh eds., *Shifting Genres in Late Antiquity* , London: Taylor and Francis, 2016.
· Greatrex, G. and Lieu, S. N. C., *The Roman Eastern Frontier and The Persian Wars (AD 363 – 630)* , London and New York: Routledge, 2002.
· Greatrex, G., *Rome and Persia at War, 502 – 532* , Leeds, 1998.
· Greenhill, G. A. ed., *Theophili Protospatharii de corporis humani fabrica libri v.* , Oxford: Oxford

University Press, 1842, TLG, No.0729005.
- Greenslade, S. L., *Church and State from Constantine to Theodosius* , London: SCM Press Ltd, 1954.
- Greenwood, W., *The Electrum Coinage of Cyzicus* , London: Rollin and Feuardent Collection cdl, 1887.
- Grégoire de Nysse, *La vie de Moïse* , ed. Daniélou, J., 3rd edn., [Sources chrétiennes 1 ter.] Paris: Cerf, 1968, TLG, No.2017042.
- Gregorii Nysseni, *Opera* , suppl., ed. Hörner H., Leiden: Brill, 1972, TLG, No.2017034.
- Gregory Abū Al-Faraj, *The Chronography of Gregory Abû'l-faraj the son of Aaron, (Bar Hebraeus' Chronography)* , X, trans. by Budge, E. A. W., London: Oxford University Press, 1932.
- Gregor von Nazianz, *De vita sua* , ed. Jungck C., Heidelberg: Winter, 1974, TLG, No.2022004.
- Gregorovius, F., *Geschichte der Stadt Athen im Mittelalter* , Stuttgart: Ginn and Co., 1889.
- Gregory, T. E., *A History of Byzantium, 306 - 1453*, Malden, Oxford, Carlton: Blackwell Publishing, 2005.
- Gregory of Nazianzus, *Autobiographical Poems* , ed. and trans. White C., Cambridge: Cambridge University Press, 1996.
- Gregory of Tours, *History of the Franks* , translated with an Introduction by Thorpe L., London: Penguin Books Ltd, 1974.
- Gregory the Great, *The Letters of Gregory the Great* , with an English translation by Martyn J. R. C., Toronto: Pontifical Institute of Mediaeval Studies, 2004.
- Grierson, P. and Mays, M., *Catalogue of Later Roman Coins in the Dumbarton Oaks Collection and in the Whittemore Collection, from Arcadius and Honorius to the Accession of Anastasius (DOC Later Roman)* , Washington, D.C.: Dumbarton Oaks Research Library and Collection, 1992.
- Grierson, P., *Catalogue of the Byzantine Coins in the Dumbarton Oaks Collection and in the Whittermore Collection, vol.3. part 2, Basil I to Nicephorus Ⅲ, 867 - 1081 (DOC Ⅲ.2)* , Washington, D.C.: Dumbarton Oaks Research Library and Collection, 1973.
- Grierson, P., *Catalogue of the Byzantine Coins in the Dumbarton Oaks Collection and in the Whittemore Collection, vol.3*, Washington DC: Dumbarton Oaks, 1973; London: Methuen & CO LTD, 1982.
- Grig, L. and Kelly, G. ed., *Two Romes* : Rome and Constantinople in Late Antiquity , Oxford: Oxford University Press, 2012.
- Griggs, C. W., *Early Egyptian Christianity* : from its Origin to 451 CE , Leiden: Brill, 1990.
- Grigoriadis, I., *Linguistic and Literary Studies in the Epitome Historion of John Zonaras* , Thessalonike: Kentro Byzantinon Ereunon, 1998.
- Grosvenor, E. A., *The Hippodrome of Constantinople and its still Existing Monuments* , London: Sir Joseph Causton & Sons, Eastcheap, E. C., 1889.
- Grünbart, M., Kislinger, E., Muthesius, A. et al. eds., *Material Culture and Well-being in Byzantium* , Wien: Verlag der Österreichischen Akademie der Wissenschaften, 2007.
- Guilland, R., *Essai sur Nicéphore Grégoras* : l'homme et l'oeuvre , Paris: Geuthner, 1926.
- Guillou, A., *Regionalisme et Independance dans l'Empire Byzantin au VIIe Siecle* , Roma, 1969.
- Gunther of Pairis, *The Capture of Constantinople* : The Hystoria Constantinopolitana of Gunther of Pairis , ed. and trans. by Andrea, A. J., Philadelphia: University of Pennsylvania Press, 1997.
- Gwatkin, H. M., *Studies of Arianism* , Cambridge: Cambridge University Press, 1900.
- Haarer, F. K., *Anastasius I* : Politics and Empire in the Late Roman World , Cambridge: Francis Cairns Ltd, 2006.
- Haas, C., *Alexandria in Late Antiquity* : Topography and Social Conflict , Baltimore and London: The Johns Hopkins University Press, 1997.
- Hackel, S. ed., *The Byzantine Saint* , London: Fellowship of St Alban and St Sergius, 1981.
- Hähn, W., *Moneta Imperii Byzantini, Rekonstruktion des Prägeaufbaues auf synoptisch-tabellarischer Grundlage* , band 1 - 3 (MIB), Wien: Österreishische Akademie der Wissenschaften, 1973, 1981.
- Haldon, J., *Byzantium in the Seventh Century* , Cambridge: Cambridge University Press, 1990, 1997.
- Haldon, J., *The Byzantine Wars* , Gloucestershire: Tempus Publishing Ltd, 2001.
- Haldon, J. F., *Byzantium at War AD 600 - 1453*, New York & London: Routledge, 2003.
- Haldon, J. F., *The Palgrave Atlas of Byzantine History* , Basingstoke: Palgrave Macmillan, 2005.
- Haldon, J. F., *Warfare, State and Society in the Byzantine World, 565 - 1204*, London: UCL Press, 1999.
- Haldon, J. ed., *The Social History of Byzantium* , Oxford: Blackwell Publishing Ltd, 2009.
- Haldon, J., *Byzantine Praetorians* : An Administrative, Institutional, and Social Survey of the Opsikion and Tagmata, c. 580 - 900 , Bonn: R. Habelt, 1984.
- Haldon, J., *The State and the Tributary Mode of Production* , London and New York: Verso, 1993.
- Halfond, G. I. ed., *The Medieval Way of War* : Studies in Medieval Military History in Honor of Bernard S., Bachrach: Ashgate Publishing, 2015.
- Hall, A. R., Hall, M. B. and Petroni, A., *Storia della Scienza* , Bologna: Il mulino, 1991.
- Hankins, J., *Plato in the Italian Renaissance* , New York: E. J. Brill, 1994, Vol.I, p.5.
- Hamilton, F. J. and Brooks, E. W. trans., *The Syriac Chronicle Known as that of Zachariah of Mitylene* , London: Methuen & Co., 1899.
- Hannah, I. C., *Christian Monasticism* : a Great Force in History , London: G. Allen & Unwin, 1924.
- Hannay, J. O., *The Spirit and Origin of Christian Monasticism* , London: Methuen & co, 1903.
- Harl, K. W., *Coinage in the Roman Economy 300 B.C. to A.D. 700*, London: Johns Hopkins University Press, 1996.
- Harlfinger, D. ed., *Griechische Kodikologie und Text-überlieferung* , Darmstadt: Wissenschaftliche Buchgesellschaft, 1980.
- Harper, K., *From Shame to Sin* : The Christian Transformation of Sexual Morality in Late Antiquity , Cambridge, Massachusetts: Harvard Univer-

sity Press, 2013.
· Harries, J., *Imperial Rome AD 284 to 363:* The New Empire , Edinburgh: Edinburgh University Press, 2012.
· Harries, J., *Law and Empire in Late Antiquity* , Cambridge: Cambridge University Press, 1999.
· Harris, J., *Constantinople :* Capital of Byzantium , London and New York: Continuum, 2007.
· Harris, J. R. ed., *The Legacy of Egypt* (2nd edition), New York, 1971.
· Harris, J., *Byzantium and the Crusades* , London: Bloomsbury, 2014.
· Harris, J., *The End of Byzantium* , New Haven and London: Yale University Press, 2010.
· Harris, J., *Greek Emigres in the West 1400 – 1520*, Camberley: Porphyrogenitus, 1995.
· Harris, M. H., *History of Libraries in the Western World* , Metuchen, N. J. and London, 1984.
· Hashmi, S. H. ed., *Just Wars, Holy Wars, and Jihads :* Christian, Jewish, and Muslim Encounters and Exchanges , New York: Oxford University Press, 2012.
· Haskins, C. H., *The Renaissance of the Twelfth Century* , Cambridge, Mass.: Harvard University Press, 1971.
· Hassig, H. W., *A History of Byzantine Civilization* , trans. by Hussey J. M., New York, Washington: Praeger Publishers, 1976.
· Hatlie, P., *The Monks and Monasteries of Constantinople, ca. 350 – 850*, Cambridge: Cambridge University Press, 2007.
· Haussig, H. W., *A History of Byzantine Civilization* , New York: Praeger Publishers, 1971.
· Hazlett, I. eds., *Early Christianity* , Nashville: Abingdon Press, 1991.
· Heath, I., *Byzantine Armies AD 1118 – 1461*, Men-at-arms series. 287, Illustrated by McBride, A., Oxford: Osprey Publishing, 1995.
· Heath, L., *Byzantine Armies, 886 – 1118*, Illustrated by Mcbride, A., Oxford: Osprey Publishing, 2004.
· Heath, T. L., *A History of Greek Mathematics* , vol.2, Cambridge: Cambridge University Press, 2013.
· Heather, P. J., *Goths and Romans, 332 – 489*, Oxford: Clarendon Press, 1991.
· Heather, P., *The Fall of the Roman Empire :* A New History of Rome and the Barbarians , Oxford: Oxford University Press, 2006.
· Heather, P., *The Goths* , Oxford: Blackwell Publishers, 1996.
· Heather, P., *The Restoration of Rome :* Barbarian Popes and Imperial Pretenders , Oxford: Oxford University Press, 2013.
· Hefele, C. S., *History of the Councils of the Church* , New York: AMS Press 1972.
· Hefele, J., *A History of the Councils of the Church* , Edinburgh: T. & T. Clark, 1896.
· Heinle, E. and Schlaich, J., *Kuppeln aller Zeiten, aller Kulturen* , Stuttgart: Deutsche Verlags-Anstalt, 1996.
· Heisenberg, A. ed., *Georgii Acropolitae Opera* , Leipzig: Teubner, 1903.
· Hendy, M. F., *Coinage and Money in the Byzantine Empire, 1081 – 1261*, Washington, D.C.: Dumbarton Oaks Centre for Byzantine Studies, Trustees for Harvard University, 1969.
· Hendy, M. F., *Studies in the Byzantine Monetary Economy, c. 300 – 1450*, Cambridge: Cambridge University Press, 1985.
· Henri de Valenciennes, *Histoire de l'Empereur Henri* , ed. de Wailly, M. N., Paris: P. Geuthner, 1872.
· Hérodote, *Histoires* , 9 vols., Paris: Les Belles Lettres, 1930 – 1960 (repr. 1963 – 1970), TLG, No.0016001.
· Herodotus, *The Persian Wars* , with an English translation by Godley A. D., Cambridge, Massachusetts: Harvard University Press, 1995.
· Herrin, J. and Saint-Guillain, G., *Identities and Allegiances in the Eastern Mediterranean after 1204*, Farnham, Surrey, UK: Ashgate, 2011.
· Herrin, J., *Byzantium :* The Surprising Life of a Medieval Empire , Princeton and Oxford: Princeton University Press, 2007.
· Herrin, J., *Women in Purple, Rulers of Medieval Byzantium* , London: Weidenfeld and Nicolson, 2001.
· Hertzberg, G. F., *Geschichte der Byzantiner und des Osmanischen reiches bis gegen ende des 16. Jahrhunderts* , Berlin: G. Grote, 1883.
· Hertzberg, G. F., *Geschichte Griechenlands seit dem Absterben des antiken Lebens bis zum Gegenwart* , Berlin: G. Grote, 1883.
· Hesiod, *Theogony* , ed. West, M. L., Oxford: Clarendon Press, 1966 (TLG, No.0020001).
· Hill, B., *Imperial Women in Byzantium 1025 – 1204:* Power, Patronage and Ideology , London: Longman, 1999.
· Hillner, J., Prison, *Punishment and Penance in Late Antiquity* , Cambridge: Cambridge University Press, 2015.
· Hilsdale, C. J., *Byzantine Art and Diplomacy in an Age of Decline* , Cambridge: Cambridge University Press, 2014.
· Hippocrates, *Hippocrates Collected Works* , I, ed. Jones, W. H. S., Cambridge: Harvard University Press, 1868; London: Heinemann, 1931.
· Hippocrates, *Hippocrates. Volume* Ⅷ, trans. Potter, P., Cambridge, Massachusetts; London, England: Harvard University Press, 1995, 2012.
· Hirth, F., *China and the Roman Orient: Researches into Their Ancient and Medieval Relations as Represented in Old Chinese Records* , Shanghai and Hongkong: Kelly and Walsh, 1885.
· Hodgkin, Th., *Italy and her Invaders* , Oxford: Clarendon Press, 1892.
· Hoffmann, J., *Rudimente von Territorialstaaten im byzantinischen Reich (1071 – 1210)* , Munich: Institut fur Byzantinistik und Neugriechische Philologie der Universitat, 1974.
· Holmes, W. G., *The Age of Justinian and Theodora :* A History of the Sixth Century A. D., London: G. Bell & Sons Ltd., 1905.
· Holmes, C., *Basil II and the Governance of Empire (976 – 1025)*, Oxford: Oxford University Press, 2005.
· Holo, J., *An Economic History of the Jews of Byzantium* , Chicago: Bell & Howell, 2001.
· Holo, J., *Byzantine Jewry in the Mediterranean Economy* , Cambridge: Cambridge University Press, 2009.
· Holt, P. M., Lambton, A. K. S. and Lewis, B. eds., *Cambridge History of Islam* , Cambridge: Cambridge University Press, 1970.

- Holum, K. G., *Theodosian Empresses : Women and Imperial Dominion in Late Antiquity* , Berkeley, Los Angeles, London: University of California Press, 1982.
- Hopf K., *Geschichte Griechenlands vom Beginne des Mittelalters bis auf die neuere Zeit* , New York: B. Franklin, 1960.
- Hourani, G. F., *Arab Seafaring : in the Indian Ocean in Ancient and Early Medieval Times* , Princeton, N.J.: Princeton University Press, 1951.
- Housley, N., *Contesting the Crusades* , Malden, MA; Oxford: Blackwell, 2006.
- Houts, E. van ed. and trans., *The Normans in Europe* , Manchester & New York: Manchester University Press, 2000.
- Hovannisian, R. G. and Payaslian, S. eds., *Armenian Constantinople* , Costa Mesa, Calif.: Mazda Publishers, 2010.
- Hovannisian, R. G. ed., *The Armenian People from Ancient to Modern Times, Volume I : The Dynastic Periods: From Antiquity to the Fourteenth Century* , New York: St. Martin's Press, 1997.
- Howard-Johnston, J. D. ed., *Byzantium and the West : c.850-c.1200* , Amsterdam: Adolf M. Hakkert, 1988.
- Howard-Johnston, J. and Hayward P. A. eds., *The Cult of Saints in Late Antiquity and the Early Middle Ages : Essays on the Contribution of Peter Brown* , Oxford: Oxford University Press, 1999.
- Howard-Johnston, J., *Witnesses to a World Crisis : Historians and Histories of the Middle East in the Seventh Century* , Oxford: Oxford University Press, 2010.
- Howells, J. G. and Osborn, M. L., *A Reference Companion to the History of Abnormal Psychology* , Westport: Greenwood Press, 1984.
- Hudson, G. F., *Europe and China : A Survey of their Relations from the Earliest Times to 1800* , Boston: Beacon Press, 1931.
- Hughes, I., *Imperial Brothers : Valentinian, Valens and the Disaster at Adrianople* , Barnsley: Pen & Sword Military, 2013.
- Hughes, I., *Stilicho : The Vandal Who Saved Rome* , Barnsley: Pen & Sword Military, 2010.
- Humphreys, M. T. G., *Law, Power, and Imperial Ideology in the Iconoclast Era c.680 - 850* , Oxford: Oxford Press, 2015.
- Hunger, H. ed., *Veröffentlichungen der Kommission für die Tabula Imperii Byzantini* , 2, Wien: Verlag der Österreichischen Akademie der Wissenschaften, 1977.
- Hunger, H., *Die hochsprachliche profane Literatur der Byzantiner* , Munich: Beck, 1978.
- Hunger, H., *Βυζαντιν ή ΛογοτεΧν ία* , τ. Β′, Μτφρ. Τ. Κόλιας κτλ., Αθήνα, 2007.
- Hunger, H. and Ševčenko, I. eds., *Des Nikephoros Blemmydes Βασιλικὸς Α'νδριὰς und dessen Metaphrase von Georgios Galesiotes und Georgios Oinaiotes* , Vienna: Verlag der Österreichischen Akademie der Wissenschaften, 1986.
- Hussey, J. M., *The Cambridge Medieval History* , Vol.Ⅳ, London and New York: Cambridge University Press, 1967, 1978.
- Hussey, J. M., *The Orthodox Church in the Byzantine Empire* , Oxford: Clarendon Press, 1986.
- Hussey, J. M., *Church and Learning in the Byzantine Empire, 867 -1185* , New York: Russell & Russell. INC., 1963.
- Hutton, E., *Ravenna, a Study* , London: J. M. Dent; New York: E. P. Dutton, 1913.
- Huyghe, F.-B, Huyghe, E., *Les empires du mirage : hommes, dieux et mythes sur la route de la soie* , Paris: R. Laffont, 1993.
- Ideler, J. L. ed., *Physici et medici Graeci minores* , Berlin: Reimer, 1841 (repr. Amsterdam: Hakkert, 1963), TLG, No. 3188; TLG, Nos. 0729002, 0729003.
- Ignatios the Deacon, *The Life of Patriarch Tarasios* , trans. and commentary by Efthymiadis, S., Aldershot, Brookfield: Ashgate, 1998.
- Illes, J., *Encyclopedia of Mystics, Saints & Sages: A Guide to Asking for Protection, Wealth, Happiness, and Everything Else* , Harper Collins: Harper One, 2011.
- Imber, C., *The Crusades of Varna, 1443 -1445* , Aldershot: Ashgate, 2006.
- Ioannes Lydus, *On Powers or the Magistracies of the Roman State* , ed. Bandy, A. C., Philadelphia: American Philosophical Society, 1983, TLG, No.2580001.
- Ioannis Cantacuzeni, *Eximperatoris Historiarum libri iv* , ed. Schopen, L., 3 vols., [Corpus Scriptorum Historiae Byzantinae] Bonn: Weber, 1828, 1831, 1832, TLG, No.3169001.
- Ioannis Cinnami, *Epitome rerum ab Ioanne et Alexio Comnenis Gestarum* , ed. Meineke, A., [Corpus Scriptorum Historiae Byzantinae] Bonn: Weber, 1836, TLG, No.3020001.
- Ioannis Scylitzae, *Synopsis Historiarum* , ed. Thurn, J., [Corpus Fontium Historiae Byzantinae 5] Berlin: De Gruyter, 1973, TLG, No.3063001.
- Ioannis Zonarae, *Epitomae Historiarum* , libri xviii, vol.3, ed. Büttner-Wobst, T., [Corpus scriptorum historiae Byzantinae] Bonn: Weber, 1897, TLG, No.3135002.
- Ioannis Zonarae, *Epitome Historiarum* , 3 vols., ed. Dindorf, L., Leipzig: Teubner, 1868, 1869, 1870, TLG, Nos. 3135001 and 3135003.
- Ioannis, *Aristotelis physicorum libros octo commentaria* , 2 vols., ed. Vitelli, H., Berlin: Reimer, 1887, 1888, TLG, No.4015009.
- Ioannis Malalae, *Chronographia* , ed. Dindorf, L., [Corpus Scriptorium Historiae Byzantinae] Bonn: Weber, 1831, TLG, No.2871001.
- Ioelis, *Chronographia Compendiaria* , ed. Bekker, I., [Corpus Scriptorum Historiae Byzantinae] Bonn: Weber, 1836, TLG, No.3140001.
- Ιωάννης Ζωναράς, *Επιτομή ιστοριών*, εισαγωγή, μετάφραση, σΧόλια, Γρηγοριάδης Ι., τόμος Γ′, Αθήνα: Εκδόσεις Κανάκη, 1998, 1999.
- Ιω άννης, *Εκκλησιαστικ ή Ιστορ ία* , translated with Notes by Müller, E., Oxford, 1860.
- Imber, C., *The Ottoman Empire, 1300 - 1650, The Structure of Power* , Basingstoke: Palgrave macmillan, 2009.
- Ioannis Cinnami, *Epitome rerum ab Ioanne et Alexio Comnenis Gestarum* , ed. Meineke, A., [Corpus Scriptorum Historiae Byzantinae] Bonn: Weber, 1836, TLG, No.3020001.
- Iosephi Genesii, *Regum Libri Quattuor* , ed. Lesmüller-Werner, A. and Thurn, J., [Corpus Fontium Historiae Byzantinae 14] Berlin: De Gruyter, 1978, TLG, No.3040001.
- Jacoby, D., *Byzantium, Latin Romania and the*

Mediterranean , Aldershot; Burlington, USA: Ashgate/Variorum, 2001.

- Jackson, P. ed., *The Cambridge History of Iran, The Timurid and Safavid Periods* , vol.6, Cambridge: Cambridge University Press, 1986.
- Jaritz, G. and Szende, K. eds., *Medieval East Central Europe in a Comparative Perspective: From Frontier to Lands in Focus* , London: Routledge, 2016.
- Jarman, L. C., *Galen in early modern English medicine :* case-studies in history, pharmacology and surgery 1618 – 1794, University of Exeter, Phd, 2013.
- Jean Caminiatès, Eustathe de Thessalonique and Jean Anagnostès, *Thessalonique :* Chroniques d'une ville prise: Jean Caminiatès, Eustathe de Thessalonique, Jean Anagnostès , intro., notes and trans. Odorico, P., Toulouse: Anacharsis, 2005.
- Jean de Joinville and Geoffroi de Villehardouin, *Chronicles of the Crusades* , trans. Shaw, M. R. B., New York: Dorset Press, 1985.
- Jean de Joinville, *The Life of Saint Louis* , New York: Sheed and Ward, 1955.
- Jean-Michel, S. and Dasen, V., eds., *Les saviors magiques et leur transmission de l'Antiquité à la Renaissance* , Florence: Edizioni del Galluzzo, 2014.
- Jeffreys, E. and Haldon, J. eds., *The Oxford Handbook of Byzantine Studies* , New York: Oxford University Press, 2008.
- Jeffreys, E. ed., *Rhetoric in Byzantium* , Aldershot & Burlington: Ashgate, 2003.
- Jeffreys, E. ed., *Digenis Akritis, the Grottaferrata and Escorial Versions* , Cambridge: Cambridge University Press, 1998.
- Jeffreys, E. and Haarer, F. K. eds., *Proceedings of the 21st International Congress of Byzantine Studies* , London, Aldershot: Ashgate Publishing Limited, 2006.
- Jenkins, D. ed., *The Cambridge History of Western Textiles* , Cambridge: Cambridge University Press, 2003.
- Jenkins, R., *Byzantium :* The Imperial Centuries (AD 610 – 1071), Toronto, Buffalo & London: University of Toronto Press, 1966.
- Jenkins, R., *Studies on Byzantine History of the 9th and 10th Centuries* , London: Variorum Reprints, 1970.
- Jerome, *The Principal Works of St. Jerome* , ed. Schaff Ph., New York: Grand Rapids, 1892.
- Joannes Actuarius, *Opera* , Parisiis: G. Morelius, 1556.
- John Cananus, *De Constantinopoli anno 1422 oppugnata narratio* , ed. Bekker, I., [Corpus Scriptorum Historiae Byzantinae] Bonn: Weber, 1838.
- John, C., *The Deeds of John and Manuel Comnenus* , trans. by C. M. Brand, New York: Columbia University Press, 1976.
- John Cinnamus, *The Deeds of John and Manuel Comnenus* , trans. by Brand, C. M., New York: Columbia University Press, 1976.
- John Kantakouzenos, *Ioannis Cantacuzeni Eximperatoris Historiarum* , 3 vols, vol.1 ed. Schopen, L., vols.2 – 3 ed. Niehbuhr, B., Corpus Scriptorium Historiae Byzantinae, Bonn: Impensis Ed. Weberi, 1828, 1831, 1832.
- John Malalas, *The Chronicle of John Malalas* , a translation by Jeffreys E., Jeffreys M. & Scott R., Sydney: Sydney University Press, 2006. Ioannis Malalae, *Chronographia* , ed. Dindorf L., [Corpus Scriptorum Historiae Byzantinae] Bonn: Weber, 1831, TLG, No.2871001; Melbourne: Australian Assoc. for Byzantine Studies, 1986.
- John of Antioch, *Ioannis Antiocheni Fragmenta Quae Supersunt Omnia* , recensuit Anglice vertit indicibus instruxit Sergei Mariev, Berolini et Novi Eboraci: Walger de Gruyter, 2008. *Fragmenta Historicorum Graecorum* , ed. Müller K., vol.4, Paris: Didot, 1841 – 1870, TLG, No.4394001.
- John of Ephesus, *The Third Part of the Ecclesiastical History of John, Bishop of Ephesus* , trans. by Smith, R. P., Oxford: Oxford University Press, 1860.
- John of Nikiu, *The Chronicle of John, Bishop of Nikiu :* Translated from Zotenberg's Ethiopic Text (Christian Roman Empire), trans. by Charles, R. H., Merchantville, NJ: Evolution Pub & Manufacturing, 2007.
- John of Nikiu, *Chronicle* , translated with an introduction by Charles R. H., London: Williams & Norgate, 1916.
- John Skylitzes, *A Synopsis of Byzantine History, 811 –1057*, trans. Wortley, J., New York: Cambridge University Press, 2010.
- John Zonaras, *Epitome Historiarum* , Büttner-Wobst, T. ed., vol.3. Bonn: Corpus Scriptorium Historiae Byzantinae, Bonnae: Impensisi Ed., Weberi, 1897.
- Johnson, M. J., *The Roman Imperial Mausoleum in Late Antiquity* , Cambridge: Cambridge University Press, 2009.
- Joinville and Villehardouin, *Chronicles of the Crusades* , trans. Shaw, M. R. B., London: Penguin, 1963; New York: Dorset Press, 1985.
- Jones, A. H. M., Martindale J. R. and Morris J. eds., *The Prosopography of the Later Roman Empire* , Cambridge: Cambridge University Press, 1971.
- Jones, A. H. M., *The Decline of the Ancient World* , London: Longman, 1966,1976, 1980.
- Jones, A. H. M., *The Later Roman Empire 284 – 602:* A Social, Economic, and Administrative Survey , Oxford: Basil Blackwell, 1964, 1986.
- Jones, A. H. M., *A History of Rome Through the Fifth Century (Volume II :* The Empire), London. Melbourne: Macmillan, 1970.
- Jongeward, D., Cribb, J. and Donovan, P., *Kushan, Kushano-Sasanian, and Kidarite Coins :* A Catalogue of Coins from the American Numismatic Society , New York: the American Numismatic Society, 2015.
- Jordanes, *The Origin and Deeds of the Goths* , trans. by Mierow, C. C., Princeton: Princeton University Press, 1908.
- Jordanes, *The Gothic History of Jordanes* , translated by Mierow Ch. Ch., Cambridge: Speculum Historiale, New York: Barnes & Noble, INC., 1960.
- Josephus, *Jewish Antiquies, Books XVIII-XIX*, with an English translation by Feldman L. H., Cambridge, Massachusetts and London, England: Harvard University Press, 1996. Flavii Iosephi, *Opera* , vols.1 – 4, ed. Niese B., Berlin: Weidmann, 1887, 1885, 1892, 1890 (repr.

1955), TLG, No.0526001.
- Joshua the Stylite, *Chronicle composed in Syriac in AD 507*: A History of the Time of Affliction at Edessa and Amida and Throughout All Mesopotamia , trans. Wright W., Ipswich: Roger Pearse, 1882.
- Julian, Emperor of Rome, *The Works of the Emperor Julian* , 3 vols, trans. by Wright, W. C., Loeb Classical Library, London: W. Heinemann & New York: Macmillan, 1913; London and Cambridge Massachusetts: Harvard University Press, 1923.
- L'empereur Julien, *Oeuvres Complètes* , ed. Bidez, J., vol.1 – 2, 2nd edn, Paris: Les Belles Lettres, 1960, TLG, No.2003013.
- Justinian, *Novels* , with an English translation by Blume F. H., Laramie: The University of Wyoming, 2010. *Corpus Iuris Civilis* , ed. Schöll R. and Kroll W., vol. 3. Berlin: Weidmann, 1895 (repr. 1968), TLG, No.2734013.
- Justinian, *Novella, CXXXVII. In The Civil Law* , Scotttrans S. P., Ohio: Cincinnati Press, 1932.
- Kaegi, W. E., *Army, Society and Religion in Byzantium* , Collected Studies 162, London: Variorum Reprints, 1982.
- Kaegi, W. E., *Byzantine Military Unrest 471 – 843* , Amsterdam: Adolf M. Hakkert Publisher Press, 1997.
- Kaegi, W. E., *Byzantium and the Decline of Rome* , Princeton: Princeton University Press, 1968.
- Kaldellis, A. and Siniossoglou, N. eds., *The Cambridge Intellectual History of Byzantium* , Cambridge: Cambridge University Press, 2017.
- Kaldellis, A., *A New Herodotos :* Laonikos Chalkokondyles on the Ottoman Empire, the Fall of Byzantium, and the Emergence of the West , Washington, D.C.: Dumbarton Oaks Research Library and Collection, 2014.
- Kaldellis, A., *Hellenism in Byzantium :* The Transformations of Greek Identity and the Reception of the Classical Tradition , Cambridge University Press, 2008.
- Kaldellis, A., *Streams of Gold, Rivers of Blood :* The Rise and Fall of Byzantium, 955 A.D. to the First Crusade , New York: Oxford University Press, 2017.
- Kaldellis, A., *The Byzantine Republic :* People and Power in New Rome , Cambridge and London: Harvard University Press, 2015.
- Καρπόζηλος, Α., *Βυζαντινοί Ιστορικοί και Χρονογράφοι* , τόμος Γ' (11ος – 12ος αι.), Αθήνα, 2009.
- Καρπόζηλος, Α., *Βυζαντινοί Ιστορικοί και Χρονογράφοι* , τόμος Δ' (13ος – 15ος αι.), Αθήνα, 2015.
- Kamil, J., *Christianity in the Land of the Pharaohs :* the Coptic Orthodox Church , London and New York, 2002.
- Karayannopoulos, J., *Die Entstehung der byzantinischen Themenordnung* , Munich: Beck, 1959.
- Καραγιαννόπουλος Γ., *Ιστορία Βυζαντινού Κρατούς* , Τόμος Α, Θεσσαλονίκη: Εκδοτικός Οίκος Βάνιας 1995.
- Καραγιαννόπουλος, Ι., *Χάρται Μέσης Βυζαντινής Περιόδου (565 – 1081)* , Θεσσαλονίκη: Εκδοτικός Οίκος Σάκκουλα, 1976.
- Καραγιαννόπουλος Γ., *Το Βυζάντιο Κράτος* , Εκδόσεις Βάνιας, Θεσσαλονίκη, 1983; Αθήνα: 'Ερμης, 1985.
- Karasszon, D., *A Concise History of Veterinary Medicine* , Budapest: Akadémiai Kiadó, 1988.
- Karpozilos, A. D., *The Ecclesiastical Controversy between the Kingdom of Nicaea and the Principality of Epiros (1217 – 1233)* , Thessaloniki: Centre for Byzantine Studies, 1973.
- Kassel, R. ed., *Aristotelis de arte poetica liber* , Oxford: Clarendon Press, 1965, TLG, No. 0086034.
- Kasso, L., *Byzantine Law in Bessarabia* , Moscow, 1907.
- Katasri, C., *The Roman Monetary System, the Eastern Provinces from the First to the Third Century AD* , Cambridge: Cambridge University Press, 2011.
- Katz, S. T. ed., *The Cambridge History of Judaism :* The Late Roman-Rabbinic Period , Vol.4, Cambridge: Cambridge University Press, 2008.
- Kazhdan, A. P., *A History of Byzantine Literature (650 – 850)* , Athens: The National Hellenic Research Foundation, Institute for Byzantine Research, 1999.
- Kazhdan, A. P. and Epstein, A. W., *Change in Byzantine Culture in the Early Eleventh and Twelfth Centuries* , Berkeley, Los Angeles, and London: University of California Press, 1985.
- Kazhdan, A. P. ed., *The Oxford Dictionary of Byzantium* , 3 vols, New York and Oxford: Oxford University Press, 1991.
- Kazhdan, A. P., *Studies on Byzantine Literature of the Eleventh and Twelfth Centuries* , Cambridge: Cambridge University Press, 1984.
- Kazhdan, A. P., *The Social Composition of Byzantine Ruling Class in the 11 – 12th Centuries* , Moscow, 1974.
- Kelly, C. ed., *Theodosius II :* Rethinking the Roman Empire in Late Antiquity , Cambridge: Cambridge University Press, 2013.
- Kelly, C., *Ruling the Later Roman Empire* , Cambridge and London: The Belknap Press of Harvard University Press, 2004.
- Kelly, J. N. D., *Golden Mouth :* The Story of John Chrysostom-Ascetic, Preacher, Bishop , London: Duckworth, 1995.
- Kennedy, S. ed. & trans., *Two Works on Trebizond, Michael Panaretos and Bessarion* , Cambridge, Massachusetts: Harvard University Press, 2019.
- Kennedy, H. N., *The Prophet and the Age of the Caliphates :* The Islamic Near East from the 6th to the 11th Century , Harlow, UK: Pearson Education Ltd., 2004.
- Keys, D., *Catastrophe-An Investigation into the Origins of the Modern World* , New York: Ballantine Books, 1999.
- Khvalkov, E., *The Colonies of Genoa in the Black Sea Region :* Evolution and Transformation , New York: Routledge, 2017.
- Kim, H. J., *The Huns, Rome and the Birth of Europe* , Cambridge: Cambridge University Press, 2013.
- Knorr, W., *Studies in Ancient and Medieval Geometry* , Boston: Birkhäuser, 1989.
- Kolbaba, T. M., *Inventing Latin Heretics: Byzantines and the Filoque in the Ninth Century* ,

Kalamazoo: Western Michigan University, 2008.
- Kogman-Appel, K. and Meyer, M. eds., *Between Judaism and Christianity: Art Historical Essays in Honor of Elisheva (Elisabeth) Revel-Neher*, Boston: Brill, 2009.
- Kolias, T., *Byzantinische Waffen*: ein Beitrag zur byzantinischen Waffenkunde von den Anfangen bis zur lateinischen Eroberung, Vienna: Verlag der Osterreichischen Akademie der Wissenschaften, 1988.
- Κόλιας, Τ., *Νικηφόρος Β′ Φωκάς (963 –969), Ο στρατηγός αυτοκράτωρ και το μεταρρυθμιστικό του έργο*, Αθ ήνα: Ιστορικ ές εκδόσεις Στ. Δ. Βασιλόπουλος, 1993.
- Κονιδάρης, Ι. Μ., *Το δί καιον της μοναστηριακής περιουσ ίας από του 9ου μέΧρι του 12ου αιώνος*, Αθήνα: Σάκκουλας, 1979.
- Kondakov, N. P., *Sketches and Notes on the History of Mediaeval Art and Culture*, Prague: Ustav dejin umeni, 1929.
- Korobeinikov, D., *Byzantium and the Turks in the Thirteenth Century*, Oxford: Oxford University Press, 2014.
- Kordosis, M., *Tang China, the Chineses Nestorian Church and Heretical Byzantium (AD 618 – 845)*, Ioannina, 2008.
- Kotter, B. ed., *Die Schriften des Johannes von Damaskos*, [Patristische Texte und Studien 12] Berlin: De Gruyter, 1973, TLG, No.2934004; 1975, TLG, No.2934005.
- Kratchkovsky, I. and Vasiliev, A. A. incomplete ed. and French trans., *Histoire de Yahya-ibn-Said d'Antioche, Patrologia Orientalis*, Paris: Firmin-Didot, 1924 – 1932.
- Kreutz, B. M., *Before the Normans*: Southern Italy in the Ninth and Tenth Centuries, Philadelphia: University of Pennsylvania Press, 1996.
- Kristeller, P. O., *Renaissance Thought and Its Sources*, New York: Columbia University Press, 2010.
- Kritovoulos, *History of Mehmed the Conqueror*, trans. Riggs, C. T., Princeton: Princeton University Press, 1954.
- Krsmanovi ć, B., *The Byzantine Province in Change*: On the Threshold between the 10th and the 11th Century, Belgrade: Institute for Byzantine Studies, Serbian Academy of Sciences and Arts; Athens: Institute for Byzantine Research, National Hellenic Research Foundation, 2008.
- Krumbacher, K., *Geschichte der byzantinischen Litteratur von Justinian bis zum ende des ostromischen reiches (527 – 1453)*, Munich: C. H. Beck Verlag, 1891.
- Krumbacher, K., *Ιστορ ία της Βυζαντιν ής λογοτεΧν ίας*, Αθήνα: Γρηγοριάδης, 1974.
- Kulikowski, M., *Rome's Gothic Wars*: From the Third Century to Alaric, Cambridge: Cambridge University Press, 2008.
- Küng, H., *Christianity*: Its Essence and History, London: SCM Press, 1995.
- Kyriakides, T. ed., *Trebizond and the Black Sea*, Thessaloniki, 2010.
- Kyriakidis, S., *Warfare in Late Byzantium, 1204 – 1453*, Leiden & Boston: Koninklijke Brill NV, 2011.
- Kyritses, D. S., *The Byzantine Aristocracy in the Thirteenth and Early Fourteenth Centuries*, PhD. dissertation, Cambridge, Mass.: Harvard University, 1997.
- Lacombrade, C., Garzya, A., and Lamoureux J. eds., *Synésios de Cyrène*, Collection Budé, 6 vols., Paris: Belles lettres, 1978 – 2008.
- Laiou, A. E. eds, *The Economic History of Byzantium, from the Seventh through the Fifteenth Century (EHB)*, vol. 3, Wanshington, D. C.: Dumbarton Oaks Research Library and Collection, 2002.
- Laiou, A. E. and Mottahedeh, R. P. eds., *The Crusades from the Perspective of Byzantium and the Muslim World*, Washington, D.C.: Dumbarton Oaks Research Library and Collection, 2001.
- Laiou, A. E. ed., *Urbs Capta, The Fourth Crusade and its Consequences*, Paris: Lethielleux, 2005.
- Laiou, A. E., *Constantinople and the Latins*: The Foreign Policy of Andronicus II, 1282 – 1328, Cambridge: Harvard University Press, 1972.
- Laiou, A. E., *Law and Society in Byzantium*: Ninth-Twelfth Centuries, Washington, D. C.: Dumbarton Oaks Research Library and Collection, 1994.
- Laiou, A. E., *Mariage, Amour et Parenté à Byzance aux XIe-XIIIe siècles*, Paris: de Boccard, 1992.
- Lameere, W. ed., *La Tradition Manuscrite de la correspondance de Grégoire de Chypre Patriarche de Constantinople (1283 – 1289)*, Bruxelles: Palais des acade'mies, 1937.
- Lampsidis, O., *Beiträge zum byzantinischen Chronisten Ephraem und zu seiner Chronik*, Athens: I. Kollaros, 1971.
- Λαμπάκης, Σ., *Γε ώργιος ΠαΧυμ έρης: πρωτεκδικός και δικαιοφ ύλαξ*: Εισαγωγικό δοκιμ ίο, Αθήνα, 2004.
- Lançon, B., *Rome in Late Antiquity*: Everyday Life and Urban Change, AD 312 – 609, trans. by Nevill, A., Edinburgh: Edinburgh University Press, 1995.
- Langdon, J. S., *John III Ducas Vatatzes*: Byzantine Imperium in Anatolian Exile, 1222 – 1254: The Legacy of his Diplomatic, Military and Internal Program for the Restitutio Orbis, PhD. dissertation, University of California, 1978.
- Langdon, J., *Byzantium's Last Imperial Offensive in Asia Minor*: The Documentary Evidence for and Hagiographical Lore about John III Ducas Vatatzes' Crusade against the Turks, 1222 or 1225 to 1231, New Rochelle, N.Y.: Aristide D. Caratzas, 1992.
- Langlois, M. E. ed., *Les registres de Nicholas IV*: recueil des bulles de ce pape, D'apres les manuscrits originaux des Archives du Vatican, vol.II, Paris: Ernest Thorin, 1886.
- Laonici Chalcocandylae, *Historiarum Demonstrationes*, 2 vols., ed. Darkó, E., Budapest: Academia Litterarum Hungarica, 1922, 1923, 1927, TLG, No.3139001.
- Laonikos Chalkokondyles, *the Histories*, II, trans. Kaldellis, A., Cambridge, Mass.: Harvard University Press, 2014.
- Lardner, N., *A Large Collection of Ancient Jewish and Heathen Testimonies to the Truth of the Christian Revelation, with Notes and Observations*, 4 vols., London: M. DCC. LXIV, 1754 – 1767.

- La Torre, D. R., Kenelly, J. W., Biggers, S. S. et al., *Calculus Concepts :* An Informal Approach to the Mathematics of Change , Andover: Cengage Learning, 2011.
- Lauxtermann, M. D. and Whittow, M. eds., *Byzantium in the Eleventh Century :* Being in Between: Papers from the 45th Spring Symposium of Byzantine Studies , Exeter College, Oxford, 24 - 6 March 2012, London; New York: Routledge, Taylor & Francis Group, 2017.
- Layton, R. A., *Didymus the Blind and His Circle in Late-Antique Alexandria :* Virtue and Narrative in Biblical Scholarship , Urbana and Chicago: University of Illinois Press, 2004.
- Leder, S. ed., *Crossroads between Latin Europe and the Near East :* Corollaries of the Frankish Presence in the Eastern Mediterranean (12th - 14th Centuries) , Würzburg: Ergon Verlag, 2011.
- Lee, C. and Morley, N. eds., *A Handbook to the Reception of Thucydides* , Chichester: Wiley-Blackwell, 2014.
- Lee, A. D., *From Rome to Byzantium AD 363 to 565:* The Transformation of Ancient Rome , Edinburgh: Edinburgh University Press, 2013.
- Lee, A. D., *Information and Frontiers :* Roman Foreign Relations in Late Antiquity , Cambridge: Cambridge University Press, 1993.
- Lee, A. D., *War in Late Antiquity :* A Social History , Oxford: Blackwell Publishing, 2007.
- Lee, A. D. ed., *Paganisms and Christians in Late Antiquity :* A Sourcebook , London and New York: Routledge, 2000.
- Leicester, H. M., *The Historical Background of Chemistry* , New York: Dover, 1971.
- Leiser, G. ed., *Mésogeios. Revue trimestrielle d'études méditerranéennesp* , Paris.
- *Le livre des cérémonies* , ed. Vogt, A., vols.1 - 2, Paris: Les Belles Lettres, 1935, 1939, repr. 1967, TLG, No.3023011.
- Lemerle, P., *Les plus anciens recueils des miracles de saint Démétrius et la pénétration des Slaves dans les Balkans* , Paris: Éditions du Centre National de la Recherche Scientifique, 1979 - 1981.
- Lemerle, P. et al eds., *Actes de Saint-Pantéléèmon :* édition diplomatique , Paris: P. Lethielleux, 1982.
- Lemerle, P., *The Agrarian History of Byzantium :* From the Origins to the Twelfth Century , Galway, Ireland: Galway University Press, 1979.
- Lenski, N., *Failure of Empire :* Valens and the Roman State in the Fourth Century A.D., California: University of California Press, 2002.
- Leo the Deacon, *The History of Leo the Deacon :* Byzantine Military Expansion in the Tenth Century , trans. Talbot, A. M. and Sullivan, D. F., Washington, D.C.: Dumbarton Oaks Research Library and Collection, 2005.
- Leo Ⅵ, *The Book of the Eparch* , trans. Freshfield E. H., London: Variorum Reprints, 1970.
- Leonardo, R. A., *History of Surgery* , New York: Froben Press, 1943.
- Leonis diaconi, *Caloënsis Historiae Libri Decem* , ed. Hase, K. B., [Corpus Scriptorum Historiae Byzantinae] Bonn: Weber, 1828, TLG, No. 3069001.
- Lewis, A. R. and Runyan, T. J., *European Naval and Maritime History, 300 - 1500* , Bloomington: Indiana University Press, 1985.
- Lewis, N. and Reinhold M., *Roman Civilization :* Selected Readings , New York: Harper & Row, 1990.
- Lianta, E., *Late Byzantine Coins :* 1204 - 1453, in the Ashmolean Museum, University of Oxford , London: Spink, 2009.
- Lichtheim, M., *Ancient Egyptian Literature (3 Vols)* , California, 1974.
- Liddell, H. G. and Scott, R., *A Greek-English Lexicon* , Oxford: Clarendon Press, 1980.
- Liebeschuetz, J. H. W. G., *Barbarians and Bishops :* Army, Church, and State in the Age of Arcadius and Chrysostom , Oxford: Clarendon Press, 1990.
- Liebeschuetz, J. H. W. G., *Decline and Fall of the Roman City* , Oxford: Oxford University Press, 2001.
- Liebeschuetz, W., *East and West in Late Antiquity :* Invasion, Settlement, Ethnogenesis and Conflicts of Religion , Leiden, Boston: Brill, 2015.
- *Life of Shenoute* , trans. by Besa, B., Kalamazoo: Cistercian Publications, 1983.
- Lillington-Martin, C. and Turquois, E. eds., *Procopius of Caesarea: Literary and Historical Interpretations* , London: Routledge, 2017.
- Lim, R., *Public Disputation, Power, and Social Order in Late Antiquity* , Berkeley, Los Angeles, London: University of California Press, 1995.
- Lindberg, D., *The Beginnings of Western Science* , Chicago: University of Chicago Press, 1992.
- Linder, A., *The Jews in Roman Imperial Legislation* , Detroit: Wayne State University Press, 1987.
- Lindsay, J., *Byzantium into Europe; the Story of Byzantium as the First Europe, 324 - 1204 A.D. and its Further Contribution till 1453 A.D.*, London: The Bodley Head, 1952.
- Liudprand, *The Complete Works of Liudprand of Cremona* , translated with an introduction and notes by Squatriti, P., Washington, D.C.: Catholic University of America Press, 2007.
- Lionel Casson, *The Periplus Maris Erythraei* , Text with Introduction, Princeton University Press 1989. *Anonymi (Arriani, ut fertur) periplus maris Erythraei* , ed. Müller K., Geographi Graeci minores, vol. 1. Paris: Didot, 1855 (repr. Hildesheim: Olms, 1965), TLG, No.0071001.
- Littré, É. ed., *Oeuvres complètes d'Hippocrate* , Paris: Baillière, 1839 - 1861, TLG, No.0627.
- Little, L. K. ed., *Plague and the End of Antiquity :* The Pandemic of 541 - 750, Cambridge: Cambridge University Press, 2006.
- Littlewood, A. ed., *Byzantine Garden Culture* , Washington, D. C.: Dumbarton Oaks Research Library and Collection, 2002.
- Lonergan, B., *The Way to Nicea* , Philadelphia, 1976.
- Long, J., *Claudian's In Eutropium :* Or, How, When, and Why to Slander a Eunuch , Chapel Hill and London: The University of North Carolina Press, 1996.
- Longnon, J., *L'Empire Latin de Constantinople et la Principauté de Morée* , Paris: Payot, 1949.
- Loofs, F., *Nestorius and His Place in the History of Christian Doctrine* , Cambridge: Cambridge

University Press, 1914.
· Lopez, R., *Silk industry in the Byzantine Empire, Byzantium and the World Around It : Economic and Institutional Relations*, London: Variorum Reprints, 1978.
· Lopez, R., *Byzantine and the World around it : Economic and Institutional Relations*, London: Variorum Reprints, 1978.
· Lot, F., *The End of the Ancient World and the Beginnings of the Middle Ages*, London: Routledge & Kegan Paul Ltd, 1966.
· Louth, A., *St. John Damascene, Tradition and Originality in Byzantine Theology*, New York: Oxford University Press, 2002.
· Luard, H. R., *A Catalogue of the Manuscripts Preserved in the Library of the University of Cambridge*, Cambridge: Cambridge University Press, 2014.
· Lukonin, V. G., *Persia II : from the Seleucids to the Sassanids*, trans J. Hogarth: Barrie & Jenkins Press, 1971.
· Lurier, H. E. ed., *Crusaders as conquerors : The Chronicle of Morea*, New York and London: Columbia University Press, 1964.
· Luttwak, E. N., *The Grand Strategy of the Byzantine Empire*, Cambridge and London: Harvard University Press, 2009.
· Maas, M. ed., *The Cambridge Companion to the Age of Justinian*, Cambridge: Cambridge University Press, 2005.
· MacCormack, S. G., *Art and Ceremony in Late Antiquity*, Los Angeles & London: University of California Press, 1981.
· MacCormick, M., *Origins of the European Economy : Communications and Commerce, A. D. 300–900*, Cambridge: Cambridge University Press, 2002, 2001.
· MacCormick, M., *Eternal Victory : Triumphal Rulership in Late Antiquity, Byzantium and the Early Medieval West*, Cambridge: Cambridge University Press, 1986.
· Macmullen, R., *Christianizing the Roman Empire (A. D. 100–400)*, New Haven and London: Yale University Press, 1984, 1997.
· MacMullen, R., *Paganism in the Roman Empire*, New Haven and London: Yale University Press, 1981.
· MacMullen, R., *The Second Church : Popular Christianity, A.D.200–400*, Atlanta: Society of Biblical Literature, 2009.
· MacMullen, R., *Constantine I*, London, 1970.
· Macrides, R., *George Akropolites, The History*, Oxford: Oxford University Press, 2007.
· Macrides, R., Munitiz, J. A. and Angelov, D., *Pseudo-Kodinos and the Constantinopolitan Court : Offices and Ceremonies*, Birmingham Byzantine and Ottoman Studies, Volume 15, Farnham: Ashgate 2013.
· Madden, T. F. ed., *Crusades : the Illustrated History*, Ann Arbor, Mich.: Univ. of Michigan Press, 2004.
· Madden, T. F., *Enrico Dandolo and the Rise of Venice*, Baltimore: Johns Hopkins University Press, 2003.
· Madgearu, A., *The Asanids : The Political and Military History of the Second Bulgarian Empire, 1185–1280*, Leiden and Boston: Brill, 2017.
· Madgearu, A., *Byzantine Military Organization on the Danube, 10th – 12th Centuries*, Leiden; Boston: Brill, 2013.
· Maenchen-Helfen, J. O., *The World of the Huns : Studies in their History and Culture*, Berkeley, Los Angeles, London: University of California Press, 1973.
· Magadalino, P., *L'orthodoxie des astrologues : La science entre le dogme et la divination à Byzance*, Paris: Lethielleux, 2006.
· Magdalino, P. and Necipoğlu, N. eds., *Trade in Byzantium : Papers from the Third International Sevgi Gönül Byzantine Studies Symposius*, Istanbul: Koc University Press, 2016.
· Magdalino, P., *Studies on the History and Topography of Byzantine Constantinople*, Aldershot: Ashgate Publishing Company, 2007.
· Magdalino, P., *The Empire of Manuel I Komnenos, 1143–1180*, Cambridge: Cambridge University Press, 1993.
· Magdalino, P., *The Maritime Neighborhoods of Constantinople : Commercial and Residential Functions, Sixth to Twelfth Centuries*, Washington, D.C.: Dumbarton Oaks Research Library and Collection, 2000.
· Magdalino, P., ed., *New Constantines : The Rhythm of Imperial Renewal in Byzantium, 4th–13th Centuries : Papers from the Twenty-sixth Spring Symposium of Byzantine Studies, St Andrews, March 1992*, Great Britain: Variorum; Brookfield, Vt., U.S.A.: Ashgate Pub. Co., 1994.
· Magill, F. N. ed., *Dictionary of World Biography*, vol.1, Pasadena: Salem Press, 1998.
· Maguire, H., *Byzantine Court Culture from 829 to 1204*, Washington, D. C.: Dumbarton Oaks Research Library and Collection, Harvard University Press, 1997.
· Maguire, H., *The Icons of Their Body : Saints and their Images in Byzantium*, Princeton, NJ: Princeton University Press, 1996.
· Mainstone, R. J., *Hagia Sophia : Architecture, Structure, Liturgy of Justinian's Great Church*, London, 1997.
· Malatras, C., *Social Structure Relations in Fourteenth Century Byzantium*, PhD. diss., University of Birmingham, 2013.
· Malone, E. E., *the Monk and the Martyr*, Washington, D. C.: Catholic University of America Press, 1950.
· Mango, C., *The Brazen House : A Study of the Vestibule of the Imperial Palace of Constantinople*, København: i kommission hos Ejnar Munksgaard, 1959.
· Mango, C., ed., *The Oxford History of Byzantium*, Oxford: Oxford University Press, 2002.
· Mango, C., *Byzantium : The Empire of New Rome*, New York: Charles Scribner's Sons, 1980.
· Mango, C., *The Art of the Byzantine Empire, 312–1453: Sources and Documents*, New York, 1972.
· Mango, C., *Nikephoros, Patriarch of Constantinople, Short History : Text, Translation, and Commentary*, Washington, D. C.: Dumbarton Oaks Research Library and Collection, 1990.
· Mannas, L., *Merchants, Princes and Painters : Silk Fabrics in Northern and Italian Paintings 1300–1550*, New Haven: Yale University Press, 2008.

· Manoussakas, M. and Stailos, N., *The Publishing Activity of the Greeks During the Italian Renaissance* , Athens: Greek Ministry of Culture, 1987.
· *A Manual of Roman Law* , The Ecloga published by the Emperors Leo Ⅲ and Constantine Ⅴ of Isauria at Constantinople A. D. 726, trans. by Freshfield, E. H., Cambridge: Cambridge University Press, 1926.
· Marasco, G. ed., *Greek and Roman Historiography in Late Antiquity : Fourth to Sixth Century A. D.*, Leiden, Boston: Brill, 2003.
· Marcellinus Comes, *The Chronicle of Marcellinus* , trans. Croke, B., Sydney: Australian Association for Byzantine Studies, 1995.
· Marcus, J. R., *The Jew in the Medieval World* : A Source Book 315 – 1791 , Cincinnati: The Union of American Hebrew Congregations, 1938.
· Margotta, R., *The Story of Medicine* , New York: Golden Press,1968.
· Markus, R. A., *Christianity in the Roman World* , London: Thames and Hudson Ltd, 1974.
· Markus, R. A., *The End of Ancient Christianity* , Cambridge: Cambridge University Press, 1990.
· Martí-Ibáñez, F., *A Prelude to Medical History* , New York: MD Publications Inc., 1961.
· Martin, E. J., *A History of the Iconoclastic Controversy* , New York: AMS Press, 1978.
· Martindale, J. R., *The Prosopography of the Later Roman Empire, Vol.II* : AD. 395 – 527 , Cambridge: Cambridge University Press, 1980.
· Masai, F., *Plethon et le Platonisme de Mistra* , Paris: Belles Lettres, 1956.
· Mathisen, R. W., *People, Personal Expression, and Social Relations in Late Antiquity* , Ann Arbor: The University of Michigan Press, 2003.
· Matthews, J., *The Roman Empire of Ammianus* , London: Duckworth, 1989.
· Mattingly, H., Sydenham, E. A., Sutherland, C. H. V. and Carson, R. A. G. et al. eds., *The Roman Imperial Coinage (RIC)* , London: Spink & Son Ltd, 1923 – 1994.
· Maurice, J., *Numismatique Constantienne* , Tome I, Paris: Ernest Leroux, 1908.
· *Maurice's Strategikon* : Handbook of Byzantine Military Strategy , trans. by Dennis G. T., Philadelphia: University of Pennsylvania Press, 1984.
· Maurice, *Das Strategikon des Maurikios* , ed. Dennis, G. T. and Gamillscheg, E., Vienna: Verlag der österreichischen Akademie der Wissenschaften, 1981.
· Mauricius, *Arta Militara* , ed. Mihaescu, H., [Scriptores Byzantini 6] Bucharest: Academie Republicii Socialiste România, 1970, TLG, No. 3075001.
· Maxwell, J. C., *Matter and Motion* , New York: D. Van Nostrand, 1878.
· Mayer, R., *The Artist's Handbook of Materials and Techniques* , New York: Viking Press, 1985.
· Mayer, W. and Allen P., *John Chrysostom* , London and New York: Routledge, 2000.
· McCabe, A., *A Byzantine Encyclopaedia of Horse Medicine* : The Sources, Compilation, and Transmission of the Hippiatrica , Oxford and New York: Oxford University Press, 2007.
· McClanan, A., *Representations of Early Byzantine Empresses* , New York: Palgrave Macmillan, 2002.
· McGeer, E., *The Land Legislation of the Macedonian Emperor* , Toronto: Pontifical Institute of Mediaeval Studies, 2000.
· McGeer, E., *Sowing the Dragon's Teeth* : Byzantine Warfare in the Tenth Century , Washington, D.C.: Dumbarton Oaks Research Library and Collection, 1995.
· Meier, M. ed., *Brill's Companion to Procopius* , Leiden: Brill, 2017.
· Meier, M., *Justinian* : Herrschaft, Reich und Religion , Munich, 2004.
· Melville-Jones, J. R. ed., *Venice and Thessalonica 1423 – 1430*: The Greek Accounts , Padova: Unipress, 2006.
· Menander the Guardsman, *The History of Menander the Guardsman* , trans. Blockley R. C., Liverpool: Fancis Cairns Ltd., 1985.
· Merrills, A. H. ed., *Vandals, Romans and Berbers* : New Perspectives on Late Antique North Africa , Aldershot: Ashgate: 2004.
· Merrills, A. H., *History and Geography in Late Antiquity* , Cambridge: Cambridge University Press, 2005.
· Merrills, A., R. Miles, *The Vandals* , West Sussex: Wiley-Blackwell, 2010.
· Meyendorff, J., *Byzantium and the Rise of Russia* : A Study of Byzantino-Russian Relations in the Fourteenth Century , St Vladimirs Seminary Pr, 1997.
· Meyendorff, J., *Byzantine Theology* , New York: Fordham University Press, 1974.
· Michael Attaleiates, *Historia* , ed. and trans. Martin, Pérez, Madrid: Consejo Superior de Investigaciones Cientificas, 2002.
· Michael Ducas, *Historia byzantina* , ed. Bekker, I., [Corpus Scriptorum Historiae Byzantinae] Bonn: Weber, 1834.
· Michael Panaretos & Bessarion, *Two Works on Trebizond, 109*, ed. and trans. Kennedy, S., Cambridge: Harvard University Press, 2019.
· Michael Psellos, *Chronographie ou histoire d'un siècle de Byzance (976 – 1077)* , ed. Renauld, É., 2 vols., Paris: Les Belles Lettres, 1926, 1928, TLG, No.2702001.
· Michael Psellus, *Chronographia* , trans. Sewter, E. R., London: Penguin Books, 1953, 1966.
· Michael Psellus, *Fourteen Byzantine Rulers* : The Chronographia of Michael Psellus , English trans. Sewter, E. R. A., Harmandsworth: Penguin Books, 1966.
· Michaelis Attaleiates, *The History* , trans. by Kaldellis, A. and Krallis, D., New York: Harvard University Press, 2012.
· Michaelis Attaliotae, *Historia* , ed. Bekker, I., [Corpus Scriptorum Historiae Byzantinae] Bonn: Weber, 1853, TLG, No.3079001.
· Michaelis Glycae, *Annales* , ed. Bekker, I., [Corpus Scriptorum Historiae Byzantinae] Bonn: Weber, 1836, TLG, No.3047.
· Michaelis Pselli, *Philosophica Minora* , ed. Duffy, J. M., Leipzig: Teubner, 1992, TLG, No. 2702010.
· Michael Psellus, *Orationes funebres, Volume 1*, Polemis, I. ed., Berlin; Boston: De Gruyter, 2014.
· Michael the Syrian, *Chronique* , ed. and trans. by Chabot, J. B., Paris: Ernest Leroux, 1899 – 1910.
· Michael, A. ed., *The Byzantine Aristocracy IX to XIII Centuries* , Oxford: BAR International Series,

1984.

- Michael, A., *Church and Society in Byzantium under Comneni, 1081 – 1261*, Cambridge: Cambridge University Press, 1995.
- Michaelis Pselli, *Orationes panegyricae* , edidit Dennis, G. T., Stutgardiae: B. G. Teubner, 1994.
- Μιχαήλ Ψελλός, *Χρονογραφία*, Τόμος Α′, μετάφραση-εισαγωγή-σχόλια: Καραλής Β., Αθήνα: Εκδόσεις Κανάκη, 2004.
- Millar, F., *A Greek Roman Empire :* Power and Belief under Theodosius II (408 – 450), Berkeley, Los Angeles, London: University of California Press, 2006.
- Miller, T. S., *The Birth of the Hospital in the Byzantine Empire* , Baltimore: Johns Hopkins University Press, 1985, 1997.
- Miller, T. S., *The History of John Cantacuzenus (book Ⅳ) :* Text, Translation and Commentary , Dissertation, Catholic University Ann Arbor, 1975.
- Miller, T. S., *The Orphans of Byzantium, Child Welfare in the Christian Empire* , Wahington, D. C.: The Catholic University of America Press, 2003.
- Miller, W., *Trebizond :* The Last Greek Empire of the Byzantine era, 1204 – 1461, new enl. edition, historical introduction, select bibliography by Bandy, A. C., Chicago: Argonaut, 1969.
- Miller, T. S. and Nesbitt, J. W., *Walking Corpses :* Leprosy in Byzantium and the Medieval West , Ithaca & London: Cornell University Press, 2014.
- Millet, G., *Monuments byzantins de Mistra* , Paris: E. Leroux, 1910.
- Miotto, M., *Ο ανταγωνισμός Βυζαντίου και Χαλιφάτου των Φατιμίδων στην εγγύς ανατολή και η δράση των Ιταλικών πόλεων στην περιοχή κατά τον 10ο και τον 11ο αιώνα* , Θεσσαλονίκη: Κέντρο Βυζαντινών Ερευνών, 2008.
- Mitchell, S. and Greatrex, G. eds., *Ethnicity and Culture in Late Antiquity* , London: Duckworth and The Classical Press of Wales, 2000.
- Mitchell, L. L., *The Meaning of Ritual* , New York: Paulist Press, 1977.
- Moffatt, A. ed., *Maistor :* Classical, Byzantine and Renaissance Studies for Robert Browning (Byzantine Austrliensia vol.5), Canberra: Brill, 1984.
- Mogenet, J., *L'Introduction 'a l'Almageste* , [M' emoires de l'Acad'emie Royale de Belgique, Cl. Lettres, 51, fasc. 2] Bruxelles: Palais des Acade'mies, 1956.
- Momigliano, A. ed., *Conflict Between Paganism and Christianity in the Fourth Century* , Oxford: The Clarendon Press, 1963.
- Monfasani, J., *Byzantine Scholars in Renaissance Italy* , Aldershot, Hampshire & Vermont: Ashgate Publishing Company, 1995.
- Montfaucon, D. B., *Nova Collectio Patrum et Scriptorum Graecorum, Eusebii Caesariensis* , Athanasii & Cosmae Aegyptii, Parisiis, 1706.
- Moore, P., *Iter Psellianum :* a Detailed Listing of Manuscript Sources for All Works Attributed to Michael Psellos, Including a Comprehensive Bibliography , Toronto: Pontifical Institute of Mediaeval Studies, 2005.
- Moorhead, J., *Justinian* , New York: Longman Publishing, 1994.
- Moorhead, J., *The Roman Empire Divided, 400 – 700* , Second Edition, London and New York: Routledge, 2013.
- Moorhead, J., *Ambrose :* Church and Society in the Late Roman World , London and New York: Longman, 1999.
- Morkholm, O., *Early Hellenistic Coinage, from the Accession of Alexander to the Peace of Apamea (336 – 188 B.C.)* , Cambridge: Cambridge University Press, 1991.
- Morris, R., *Monks and Laymen in Byzantium 843 – 1118* , Cambridge: Cambridge University Press, 1995.
- Morris, R. ed., *Church and People in Byzantium* , Birmingham: Centre for Byzantine, Ottoman and Modern Greek studies, University of Birmingham, 1991.
- Morrison, C., *Catalogue des monnaies byzantines de la Bibliothèque nationale* , Tome 1 – 2, Paris: Bibliothèque nationale, 1970.
- Moschos, J., *The Spiritual Meadow* , Kalamazoo, Mich.: Cistercian Publications, 1992.
- Moss, H. St. L.B., *The Birth of the Middle Ages (395 – 814)* , London: Oxford University Press, 1979.
- Mousourakis, G., *A Legal History of Rome* , London; New York: Routledge, 2007.
- Moutafakis, N. J., *Byzantine Philosophy* , Indianapolis and Cambridge: Hackett Publishing Company, Inc., 2003.
- Mullett, M. and Scott, R. eds., *Byzantium and the Classical Tradition* , Birmingham: University of Birmingham, 1981.
- Mullett, M. and Smythe, D. eds., *Alexios I Komnenos, I :* Papers , Belfast: Belfast Byzantine Enterprises, 1996.
- Mullett, M., *Theophylact of Ochrid :* Reading the Letters of a Byzantine Archbishop, Birmingham Byzantine and Ottoman Monographs 2, Aldershot, U. K.: Variorum, 1997.
- Murray, A. V. ed., *The Crusades :* an encyclopedia , Santa Barbara, California: ABC-CLIO, 2006.
- Muthesius, A., *Studies in Silk in Byzantium* , London: Pindar Press, 2004.
- Myrepsus, N.s, *Medicamentorum Opus* , in *Sectiones Quadragintaocto Digestum, Hactenus in Germania non Visum* , Basileae: Per Jo. Oporinum, 1549.
- Nathan, G. S., *The Family in Late Antiquity :* The Rise of Christianity and the Endurance of Tradition , London and New York: Routledge, 2000.
- Naymark, A., *Sogdiana, Its Christians and Byzantium :* A Study of Artistic and Cultural Connections in Late Antiquity and Early Middle Ages , Ph. D., Indiana University, 2001.
- Necipoğlu, N., *Byzantium between the Ottomans and the Latins :* Politics and Society in the Late Empire , Cambridge: Cambridge University Press, 2009.
- Neil, B. and Garland, L. eds., *Questions of Gender in Byzantine Society* , New York: Routledge, 2016.
- Nemesius of Emesa, *De natura hominis* , ed. Einarson, B., [Corpus medicorum Graecorum (in press)] TLG, No.0743001.
- Nemesius, Bp. of Emesa, *Nemesii episcopi Premnon physicon* , a N. Alfano, archiepiscopo Salerni, in latinum translatus; recognovit Carolus

Burkhard, Leipzig: Teubner, 1917.

· Neuburger, M., *Geschichte der Medizin* , II, Stuttgart: Enke, 1911.

· Neville, L., *Anna Komnene :* the Life and Work of a Medieval Historian , New York: Oxford University Press, 2016.

· Neville, L., *Guide to Byzantine Historical Writing* , Cambridge: Cambridge University Press, 2018.

· Neville, L., *Heroes and Romans in Twelfth-century Byzantium :* the Material for History of Nikephoros Bryennios , Cambridge: Cambridge University Press, 2012.

· Niavis, P. E., *The Reign of the Byzantine Emperor Nicephorus I (AD 802 - 811)* , Athens: Historical Publications St. D. Basilopoulos, 1987.

· Nicéphore Bryennios, *Histoire* , ed. Gautier, P., [Corpus Fontium Historiae Byzantinae 9] Brussels: Byzantion, 1975, TLG, No.3088002.

· Nicephori Gregorae, *Historiae Byzantinae* , ed. Schopen, L. and Bekker, I., 3 vols., [Corpusscriptorum historiae Byzantinae] Bonn: Weber, 1829, 1830, 1855, TLG, No.4145001.

· Nicephori archiepiscopi Constantinopolitani, *Opuscula Historica* , ed. de Boor C., Leipzig: Teubner, 1880 (repr. New York: Arno, 1975), TLG, Nos. 3086001 and 3086002.

· Nicephoros Bryennios, *Materials for a History* , ed. Meinecke, A., [Corpus Scriptorium Historiae Byzantinae] Bonn, 1836.

· Nicephorus, *Antirrhetici tres adversus Constantinum Copronymum* , in Patrologia Graeca, ed. Migne, J. P., Paris, vol.100, 1865.

· Nicephorus, *Breviarium* , ed. Boor, C. de, Leipzig: Teubner, 1880.

· Nicetae Choniatae, *Historia* , ed. Dieten, J. van, [Corpus Fontium Historiae Byzantinae 11. 1], Berlin: De Gruyter, 1975, TLG, No.3094001.

· Nicholas I, *Patriarch of Constantinople, Letters* , ed. Jenkins, R. J. H. and Westerink, L. G., [Corpus Fontium Historiae Byzantinae 6] Washington, D. C.: Dumbarton Oaks, 1973, TLG, No. 3100001.

· Nicol, M., *The Last Centuries of Byzantium, 1261 - 1453* , London: Rupert Hart-Davis, 1972; 2nd edition, Cambridge: Cambridge University Press, 1993.

· Nicol, D. M., *Byzantium and Venice :* A Study in Diplomatic and Cultural Relations , Cambridge and New York and Melbourne: Cambridge University Press, 1988.

· Nicol, D. M., *Studies in Later Byzantine History and Prosopography* , Cambridge and New York and Melbourne: Cambridge University Press, 1985.

· Nicol, D. M., *The Despotate of Epiros 1267 - 1479:* A Contribution to the History of Greece in the Middle Ages , Cambridge: Cambridge University Press, 1984; Oxford: Blackwell, 1957.

· Nicol, D. M., *The Byzantine Family of Kantakouzenos* , Washington: Dumbarton Oaks Center for Byzantine Studies, 1968.

· Nicol, D. M., *The Immortal Emperor :* The Life and Legend of Constantine Palaiologos, Last Emperor of the Romans , Cambridge, Eng.: Cambridge University Press, 1992.

· Nicol, D. M., *The Reluctant Emperor :* A Biography of John Cantacuzene, Byzantine Emperor and Monk, c. 1295 - 1383 , Cambridge: Cambridge University Press, 1996.

· Nicol, D. M., *The End of the Byzantine Empire* , London: Cambridge University Press, 1979.

· Nicolle, D., Haldon, J. etc., *The Fall of Constantinople :* The Ottoman Conquest of Byzantium , Oxford: Osprey Publishing Ltd., 2007.

· Niebuhr, B. G. ed., *Corpus scriptorium historiae byzantinae* , 50 vols., Bonn, 1828 - 1897.

· Niketas Choniatēs, *O City of Byzantium, Annals of Niketas Choniatēs* , trans. by Magoulias, H. J., Detroit: Wayne State University Press, 1984.

· Nicolle, D., *Constantinople 1453:* The End of Byzantium , Oxford: Osprey Publishing, 2000.

· Nicolle, D., Hook, A., *Ottoman Fortifications 1300 - 1710* , Oxford: Osprey Publishing Limited, 2010.

· Nicolle, D., *The Fourth Crusade 1202 - 1204:* the Betrayal of Byzantium , Oxford: Osprey Publishing Ltd., 2011.

· Nicolet, C., *Space, Geography and Politics in the Early Roman Empire* , Ann Arbor: University of Michigan Press, 1991.

· Nicolle, D., *Romano-Byzantine Armies 4th - 9th Centuries* , Oxford & New York: Osprey Publishing Ltd, 1992.

· Nicolo Barbaro, *Diary of the Siege of Constantinople, 1453* , trans. by Jones, J. R., New York: Exposition Press, 1969.

· Nikephoros, *Nikephoros Patriarch of Constantinople Short History* , trans. by Mango, C., Washington: Dumbarton Oaks, 1990. *Nicephori archiepiscopi Constantinopolitani, Opuscula Historica* , ed. Boor, C. de, Leipzig: Teubner, 1880 (repr. New York: Arno, 1975), TLG, Nos. 3086001 and 3086002.

· Nikephoros, *Short History, Nikephoros, Patriarch of Constantinople :* Text, Translation, and Commentary , trans. Mango, C., Washington, D.C.: Dumbarton Oaks Research Library and Collection, 1990.

· Niketas Choniates, *City of Byzantium, Annals of Niketas Choniatēs* , trans. Magoulias, H., Detroit: Wayne State University Press, 1984.

· Νικηφόρος Γρηγοράς, *Ρωμαϊκή Ιστορία, Α' περίοδος :* 1204 - 1341 (Κεφάλαια 1 - 11), Απόδοση στην νέα ελληνική, εισαγωγή και σΧόλια από Δ. ΜόσΧος, Αθήνα: Εκδοτικός Οργανισμός Λιβάνη, 1997.

· Νικολάου, Κ., *Η γυναίκα στη μέση βυζαντινή εποΧή. Κοινωνικά πρότυπα και καθημερινός βίος στα αγιολογικά κείμενα* , Αθήνα: Ινστιτούτο Βυζαντινών Ερευνών, 2005.

· Νίκου, Δ. Μ., *Πηγές και επιδράσεις του ιστορικού έργου του Δούκα* , Θεσσαλονίκη, 2009.

· Norden, W., *Das Papsttum und Byzanz* , Berlin: E. Beck, 1903.

· Norwich, J. J, *Byzantium :* The Early Centuries , London: Penguin Books, 1990.

· Norwich, J. J., *A History of Venice* , New York: Vintage Books, 1982.

· Norwich, J. J., *A Short History of Byzantium* , New York: A Division of Random House, Inc., 1997.

· Norwich, J. J., *Byzantium :* The Decline and Fall , London: Penguin Books, 1996.

· Nuland, Sherwin B., *Doctors :* The Illustrated History of Medical Pioneers , New York: Black Dog & Leventhal: Distributed by Workman Pub. Co., 1988.

- Nystazopoulou, M. G., *'Η έν τη Ταυτική Χερσονήσωι πόλις Σοθγδαιά* , Athens, 1965.
- Oakland, J., *British Civilization—An Introduction* , fourth edition, London & New York: Routledge, 1998.
- Obolensky, D., *Byzantium and the Slavs* , Crestwood, N. Y.: St. Vladimir's Seminary Press, 1994.
- Obolensky, D., *The Byzantine Commonwealth :* Eastern Europe, 500 – 1453 , London: Phoenix Press, 2000; New York: St. Vladimir's Seminary Press, 1982.
- Ochir, A. and Erdenebold, L., *Archaeological Relics of Mongolia, Ⅶ:* Cultural Monuments of Ancient Nomads , Ulaanbaatar: Mongol Ulsyn Shinzhlékh Ukhaany Akademi, Tůů kh, Arkheologiĭn Khůrėėlėn, 2017.
- Oelsner, G. H., *A Handbook of Weaves* , New York: Macmillan, 1915.
- Ohnsorge, W., *Abendland und Byzanz :* Gesammelte Aufsätze zur Geschichte der byzantinisch-abendländischen Beziehungen und des Kaisertums , Darmstadt: H. Gentner, 1963.
- Oikonomidès, N., *Fiscalité et exemption fiscale à Byzance (IXe-XIe s.)* , Athènes: Fondation nationale de la recherche scientifique, Institut de recherches byzantines, 1996.
- Oikonomides, N., *Les Listes de préséance byzantines des IXe et Xe siècles* , Paris: Éditions du Centre national de la recherche scientifique, 1972.
- Olster, D. M., *The Politics of Usurpation in the Seventh Century* , PhD Thesis, The University of Chicago, 1986.
- Oost, S. I., *Galla Placidia Augusta :* A Biographical Essay , Chicago: University Press, 1968.
- Oribasii, *Collectionum Medicarum Reliquiae* , vols.1 – 4, ed. Raeder, J., Leipzig: Teubner, 1928, 1929, 1931, 1933, TLG, Nos. 0722001, 0722002, 0722003.
- Oribasius, *Collectionum Medicarum Reliquiae* , Lipsiae: In aedibus B. G. Teubneri, 1928 – 1933.
- Oribasius, *Dieting for an Emperor :* A Translation of Books 1 and 4 of Oribasius' Medical Compilations with an Introduction and Commentary , ed. Grant, M., Leiden: Brill, 1997.
- Oribasius, *Oeuvres d'Oribase, Texte Grec, en Grande Partie Inédit, Collationnée sur les Manuscrits* , Paris: Impr. nationale, 1851 – 1876.
- Origène, *Contre Celse, 4 vols.* , ed. Borret, M., Paris: Cerf, 1967, 1968, 1969, TLG, No. 2042001.
- Origenes, *Vier Bücher von den Prinzipien* , ed. Görgemanns, H. and Karpp, H., Darmstadt: Wissenschaftliche Buchgesellschaft, 1976, TLG, No. 2042002.
- Orlandos, A., *Palaces and Houses in Mistra* , Athens, 1937.
- Ostrogorsky, G., *Quelques problèmes d'histoire de la paysannerie byzantine* , Bruxelles: Éditions de Byzantion, 1956.
- Ostrogorsky, G., *Byzantinische Geschichte, 324 – 1453* , München: Verlag C.H. Beck OHG, 1996.
- Ostrogorsky, G., *History of Byzantine State* , trans. Hussy, J., Oxford: Basil Blackwell & Mott, 1956; New Brunswick and N.J.: Rutgers University Press, 1956, 1969.
- Ostrogorsky, G., *Serboi under Stefan Dusan* , Belgrade, 1965.
- Palladii, *Dialogus de vita S. Joanni Chrysostomi* , ed. Coleman-Norton P. R., Cambridge: Cambridge University Press, 1928, TLG, No. 2111004.
- Palladius, *The Dialogue of Palladius concerning the Life of Chrysostom* , trans. by Moore H., New York: The Macmillan Company, 1921.
- Parnell, D. A., *Justinians's Men* , London: Palgrave Macmillan Press, 2017.
- Παναγοπούλου, Α. Γ., *Οι διπλωματικοί γάμοι στο Βυζάντιο (6ος – 12ος αιώνας)* , Αθήνα: Λιβάνης, 2006.
- Parry, V. and Yapp, M. eds., *War, Technology and Society in the Middle East* , London: Oxford University Press, 1975.
- Partington, J. R., *History of Greek Fire and Gunpowder* , Cambridge: Cambridge University Press, 1960; Baltimore: Johns Hopkins University Press, 1999.
- Patlagean, É., *Un Moyen Âge Grec :* Byzance, IXe-XVe siècle , Paris: Albin Michel, 2007.
- Πατούρα, Σ., *Οι αιχμάλωτοι ως παράγοντες επικοινωνίας και πληροφόρησης (4ος – 10ος αι.)* , Αθήνα: Κέντρο Βυζαντινών Ερευνών, 1994.
- Paul the Deacon, *History of Lombards* , translated by Foulke W. D., Philadelphia: University of Pennsylvania Press, 1907, 1974.
- Paul of Aegina, *The Medical Works of Paulus Aegineta* , London: Welsh, Treuttel, Würtz, 1834.
- Paulus Aegineta, *Epitomae medicae libri septem* , 2 vols., ed. Heiberg, J. L., Leipzig: Teubner, 1921, 1924, TLG, No.0715001.
- Paulus Aegineta, *The Seven books of Paulus Aegineta* , London: Printed for the Sydenham Society, 1844 – 1847.
- Paulus Orosius, *The Seven Books of History Against the Pagans* , trans. Deferrai R. J., Washington, D. C.: The Catholic University of America Press, 1964.
- Pedanii Dioscuridis, *Anazarbei de materia medica libri quinque* , ed. Wellmann, M., 3 vols. Berlin: Weidmann, 1906, 1907, 1914 (repr. 1958), TLG, No.0656001.
- Pelagius, I, *Pelagii I Papae Epistulae Quae Supersunt* , ed. by Gassó P. M. and Batlle C. M., Montserrat, 1956.
- Pelliot, P., *Notes on Marco Polo, I* , Paris: Impr. nationale, 1959.
- Pepagomenus, D., *Peri Podagras* , Parisiis: Apud Guil. Morelium, in Graecis typographum regium, MDLVIII, 1558.
- Pepagomenus, D., *Prontuario Medico :* Testo Edito per la Prima Volta , Napoli: Bibliopolis, 2003.
- Perrie, M. ed., *The Cambridge History of Russia, Vol.1* , Cambridge: Cambridge University Press, 2006.
- Pertusi, A., *La formation des themes byzantine* , Munich: Beck, 1958.
- Pertusi, A., *Bisanzio e l'Italia. Raccolta di studi in memoria di Agnostino Pertusi* , Milan: Vita e pensiero, 1982.
- Peters, F. E., *Greek Philosophical Terms :* A His-

torical Lexicon , New York: NYU Press, 1967.

- Peters, E. ed., *The First Crusade :* The Chronicle of Fulcher of Chartres and Other Source Materials , 2nd edition, Philadelphia: University of Pennsylvania Press, 1998.
- Peterson, E., *Der Monotheismus als politisches Problem* , Leipzig: Hegner, 1935.
- Pevny, O. Z. ed., *Perceptions of Byzantium and Its Neighbours : 843 – 1261:* the Metropolitan Museum of Art Symposia , New York: Metropolitan Museum of Art; Yale University Press, 2000.
- Pharr, C. trans., *The Theodosian Code and Novels and the Sirmondian Constitutions :* A Translation with Commentary, Glossary, and Bibliography , Princeton: Princeton University Press, 1952.
- Philippides, M. and Hanak, W. K., *The Siege and Fall of Constantinople in 1453, Historiography, Topography, and Military Studies* , Farnham: Ashgate, 2011.
- Philippides, M., *Constantine XI Dragas Palaeologus (1404 –1453) :* The Last Emperor of Byzantium , Abingdon: Routledge, 2018, 2019.
- Phillips, J. ed., *The First Crusade :* Origins and Impact , Manchester, UK; New York, NY: Manchester University Press; New York, NY: Distributed exclusively in the USA by St. Martin's Press, 1997.
- Philomathestatos, *Studies in Greek Patristic and Byzantine Texts Presented to Jacques Noret* , Janssens, B., Roosen, B. and Deun, P. van eds., Leuven: Peeters, 2004.
- Philostorgius, *Church History* , translated by Amidon Ph. R., S. J., Leiden and Boston: Brill, 2007.
- Philostorgius, *Kirchengeschichte* , ed. Winkelmann F. (post J. Bidez), 3rd edn., Berlin: Akademie-Verlag, 1981, TLG, No.2058.
- Photius, *Bibliothèque* , ed. Henry, R., 8 vols., Paris: Les Belles Lettres, 1959, 1960, 1962, 1965, 1967, 1971, 1974, 1977, TLG, No. 4040001.
- Plant, I. M., *Women Writers of Ancient Greece and Rome :* An Anthology , Oklahoma: University of Oklahoma Press, 2004.
- Plant, R., *Greek Coin Types and Their Identification* , London: Seaby Publications Ltd., 1979.
- Plotini, *Opera, vol.1. Porphyril Vita Plotini* , ed. Henry, P. and Schwyzer, H.-R., Leiden: Brill, 1951, TLG, No.2034001.
- Plumb, J. H., *The Italian Renaissance* , Newbury: New Word City Inc., 2017.
- Pohl, W., *The Avars :* A Steppe Empire in Central Europe, 567 –822 , Ithaca and London: Cornell University Press, 2018.
- Polemis, D. I., *The Doukai :* A Contribution to Byzantine Prosopography , London: The Athlone Press, 1968.
- Poliakov, L., *History of Anti-semitism* , New York: Schocken, 1974.
- Polybii, *Historiae* , vols.1 – 4, ed. Büttner-Wobst T., Leipzig: Teubner, 1905, 1889, 1893, 1904 (repr. Stuttgart: 1962; 1965; 1967), TLG, No. 0543001.
- Polybius, *The Histories* , with an English translation by Paton W. R., Cambridge: Harvard University Press, 1992.
- *Πολὐπλευρος νο ὑς :* Miscellanea für Peter Schreiner zu seinem 60. Geburtstag , herausgegeben Scholz, C. und Makris, G., Leipzig & München: Saur, 2000.
- Pontani, F., Katsaros, V. and Sarris, V. eds., *Reading Eustathios of Thessalonike* , Berlin and Boston: De Gruyter, 2017.
- Porter, R. and Rousseau, G. S., *Gout :* The Patrician Malady , New Haven: Yale University Press, 2000.
- Porter, R. ed., *The Cambridge History of Medicine* , Cambridge & New York: Cambridge University Press, 2006.
- Postan, M. M. ed., *Cambridge History of European Economy* , vol.1 – 2, Cambridge: Cambridge University Press, 1952.
- Pourshariati, P., *Decline and Fall of the Sasanian Empire* , London: I.B. Tauris & Co Ltd, 2008.
- Principe, L. M., *The Secrets of Alchemy* , Chicago: University of Chicago Press, 2012.
- Prioreschi, P., *Byzantine and Islamic Medicine* , Omaha: Horatius Press, 2001.
- *Procli Diadochi in primum Euclidis elementorum librum commentarii* , ed. Friedlein, G., Leipzig: Teubner, 1873, TLG, No.4036011.
- Procopii Caesariensis, *Opera Omnia* , ed. Wirth G. (post Haury J.), 4 vols, Leipzig: Teubner, 1962 – 1964, TLG, Nos. 4029001 – 4029003.
- Procopius, *De Aedificiis or Buildings* , trans. Dewing, H. B., with the collaboration of Glanville Downey, Cambridge, Mass.: Harvard University Press, 1916, 1996.
- Procopius, *History of the Wars* , with an English trans. Dewing H. B., Cambridge: Harvard University Press, 1958, 1996.
- Procopius, *The Anecdota or Secret History* , trans. Dewing H. B., Cambridge: Harvard University Press, 1998.
- Procopius, *The Wars of Justinian* , translated by Dewing H. B., revised and modernized, with an introduction and notes, by Kaldellis A., Indianapolis/Cambridge: Hackett Publishing Company, Inc, 2006, 2014.
- Procopius, *History of the Wars, I :* The Persian War , New York: Harvard University Press, 1961.
- Procopius, *On Buildings* , trans. Dewing, H. B., Cambridge, Mass.: Harvard University Press, 1940.
- Prokopios, *The Secret History with Related Texts* , ed. and trans. Kaldellis, A., Indianapolis and Cambridge: Hackett Publishing Company, Inc., 2010.
- Pryor, J. H. and Jefereys, E. H., *The Age of the ΔΡΟΜΩΝ :* the Byzantine Navy ca. 500 – 1204 , Leiden & Boston: Brill, 2006.
- Ptolemy, *Ptolemy's Almagest* , trans. Toomer, G. J., Princeton: Princeton University Press, 1998.
- Puschmann, T. ed., *Alexander von Tralles* , Vienna: Braumüller, 1878 (repr. Amsterdam: Hakkert, 1963), TLG, Nos. 0744001 – 0744004.
- Puschmann, T. ed., *Nachträge zu Alexander Trallianus* , Berlin: Calvary, 1887 (repr. Amsterdam: Hakkert, 1963), TLG, No.0744005.
- Queller, D. E. and Madden, T. F., *The Fourth Crusade :* The Conquest of Constantinople , Philadelphia: University of Pennsylvania Press, 1977, 1999.
- Ramón, M., *The Catalan Expedition to the East :* From the Chronicle of Ramon Muntaner , Barce-

lona/Woodbridge: Barcino · Tamesis, 2006.
· Rapp, C., *Holy Bishops in Late Antiquity:* The Nature of Christian Leadership in an Age of Transition , Berkeley, Los Angeles, London: University of California Press, 2005.
· Rashdall, H., *The Universities of Europe in the Middle Ages* , Vol.3, London: Oxford University Press, 1936.
· Rashīd al-Dīn Ṭabīb, *The Successors of Genghis Khan* , trans. by Boyle, J., New York and London: Columbia University Press, 1971.
· Rautman, M., *Daily Life in the Byzantine Empire* , Westport, Conn., and London: Greenwood, 2006.
· Ravel-Neher, E., *The Image of the Jew in Byzantine Art* , Oxford: Pergamon Press, 1992.
· Reater, T., ed., *The New Cambridge Medieval History* , Cambridge: Cambridge University Press, 1999.
· Rebillard, É., *The Care of the Dead in Late Antiquity* , translated by Rawlings E. T. and Routier-Pucii J., Ithaca and London: Cornell University Press, 2003.
· Redgate, A. E., *The Armenians* , Oxford: Blackwell Publishers, 2000.
· Reinhold, M., *The History of Purple as a Status Symbol in Antiquity* , Brussels: Latomus, 1970.
· Reinink, G. J. and Stolte, B. H. eds., *The Reign of Heraclius (610 –641):* Crisis and Confrontation , Paris: Peeters, 2002.
· Rekavandi, H. O., Wilkinson T. J., Nokandeh J., Sauer E., *Persia's Imperial Power in Late Antiquity:* The Great Wall of Gorgan and the Frontier Landscapes of Sasanian Iran , Oxford: Oxbow Books, 2013.
· Reiske, J. J. ed., *Cletorologion* , sub auctore Philotheo, vol.1, TLG, No.3023X06.
· Remijsen, S., *The End of Greek Athletics in Late Antiquity* , Cambridge: Cambridge University Press, 2015.
· Reuter, T. ed., *The New Cambridge Medieval History, Vol. III c. 900 – c. 1024*, Cambridge: Cambridge University Press, 2006.
· *Rewriting Caucasian History:* The Medieval Armenian Adaptation of the Georgian Chronicles: The Original Georgian Texts and the Armenian Adaptation , Translated with Introduction and Commentary by Thomson, R. W., Oxford: Clarendon Press; New York: Oxford University Press, 1996.
· Reynolds, L. D. and Wilson, N. G., *Scribes and Scholars:* A Guide to the Transmission of Greek and Latin Literature , third edition, Oxford: Clarendon Press, 1991.
· Rhetorius the Egyptian, *Astrological Compendium* , trans. Holden, J. H., Tempe: Amer. Federation of Astrology, 2009.
· Ribak, E., *Religious Communities in Byzantine Palestina:* the Relationship Between Judaism, Christianity and Islam, AD 400 – 700 , Oxford: British Archaeological Reports, 2007.
· Rice, T. T., *Everyday Life in Byzantium* , New York: Dorset Press, 1967.
· Rich, J. ed., *The City in Late Antiquity* , London and New York: Routledge, 1992.
· Richards, J., *Consul of God:* The Life and Times of Gregory the Great , London: Routledge & Kegan Paul, 1980.
· Richards, J., *The Popes and the Papacy in the Early Middle Ages* , New York: Routledge, 1979.
· Riess, F., *Narbonne and its Territory in Late Antiquity:* From the Visigoths to the Arabs , Farnham, Burlington: Ashgate, 2013.
· Riley-Smith, J. ed., *The Oxford illustrated history of the crusades* , Oxford; New York: Oxford University Press, 1995.
· Riley-Smith, J., *What were the Crusades?* Houndmills, Basingstoke, Hampshire; New York: Palgrave Macmillan, 2009 (fourth edition).
· Ringrose, K. M., *The Perfect Servant:* Eunuchs and the Social Construction of Gender in Byzantium , Chicago: University of Chicago Press, 2003.
· Robert of Clari, *The Conquest of Constantinople* , New York and London: Columbia University Press, 2005.
· Robinson, J. H. ed., *Readings in European History* , Boston: Ginn & Company, 1904.
· Rodd, R., *The Princes of Achaia and the Chronicles of Morea:* A Study of Greece in the Middle Ages , vol.1, BiblioBazaar, 2009.
· Rodley, L., *Byzantine Art and Architecture:* An Introduction , Cambridge: Cambridge University Press, 1994.
· Rohde, E., *Der griechische Roman und seine Vorläufer* , New York: Nabu Press, 2010.
· Rohrbacher, D., *The Historians of Late Antiquity* , London and New York: Routledge, 2002.
· Rosen, W., *Justinian's Flea:* Plague, Empire, and the Birth of Europe , New York: Viking Penguin, 2007.
· Rosenqvist, J. O. ed., *The Hagiographic Dossier of St. Eugenios of Trebizond in Codex Athous Dionysiou 154*, Uppsala: Almqvist & Wiksell International, 1996.
· Rosenqvist, J. O., *Η Βυζαντινή ΛογοτεΧνία από τον 6ο Αιώνα ως την 'Αλωση της Κωνσταντινο ύπολης* , μετάφραση: Ι. Βάσσης, Αθήνα, 2008.
· Ross, W. D. ed., *Aristotle's metaphysics* , 2 vols., Oxford: Clarendon Press, 1924, TLG, No. 0086025.
· Rosser, J. H., *Historical Dictionary of Byzantium* , Lanham, Maryland & Plymouth: The Scarecrow Press, Inc., 2001.
· Roth, C. ed., *Encyclopaedia Judaica* , Jerusalem: Keter Publishing House, 2007.
· Rousseau, P., *Pachomius:* the Making of a Community in Fourth-Century Egypt , Berkeley: University of California Press, 1985.
· Runciman, S., *The Byzantine Theocracy* , Cambridge: Cambridge University Press, 1977.
· Runciman, S., *The Eastern Schism:* A Study of the Papacy and the Eastern Churches During the XIth and XIIth Centuries , Oxford: Clarendon Press, 1955.
· Runciman, S., *The Emperor Romanus Lecapenus and His Reign. A Study of Tenth-Century Byzantium* , Cambridge: Cambridge University Press, 1988.
· Runciman, S., *A History of the Crusades* , Cambridge: Cambridge University Press, 1951, 1987.
· Runciman, S., *Lost Capital of Byzantium: The History of Mistra and the Peloponnese* , New York: Tauris Parke Paperbacks, 2009.
· Runciman, S., *Byzantine Civilization* , London: Edward Arnold & Co, 1933.

- Runciman, S., *The Fall of Constantinople, 1453*, Cambridge: Cambridge University Press, 1965.
- Runciman, S., *The Last Byzantine Renaissance*, London: Cambridge University Press, 1970.
- Runciman, S., *The Sicilian Vespers*, Cambridge: Cambridge University Press, 1958.
- Russell, J. C., *The Control of Late Ancient and Medieval Population*, Philadelphia: The American Philosophical Society Independence Square, 1985.
- Russell, N., *Cyril of Alexandria*, London and New York: Routledge, 2000.
- Russell, N., *Theophilus of Alexandria*, London and New York: Routledge, 2007.
- Rutkow, I. M., *Surgery:* An Illustrated History, St. Louis: Mosby, 1993.
- Rydén, L. ed., *The Life of St Philaretos the Merciful*, written by his Grandson Niketas, A Critical Edition with Introduction, Translation, Notes and Indices, Uppsala University: Uppsala University Library, 2002.
- Sabatier, J., *Description générale des monnaies byzantines frappées sous les empereurs d'Orient depius Arcadius jusqu'à la prise de Constantinople par Mahomet II*, vols.1 – 2, Paris: Rollin et Feuardent, 1862.
- Σαββίδης, Α. Γ. Κ., *Ο βυζαντινός ιστοριογράφος του 15ου αιώνα Γεώργιος Σφραντζής (Φραντζής)*, Αθήνα, 1983.
- Sahas, D. J., *Icons and Logos:* Sources in Eighth-Century Iconoclasm, Toronto, Buffalo and London: University of Toronto Press, 1986.
- Saint Basile, *Lettres*, 3 vols., ed. Courtonne, Y., Paris: Les Belles Lettres, 1957, 1961, 1966, TLG, No.2040004.
- Salzman, M. R., *The Making of a Christian Aristocracy*, Cambridge, Massachusetts and London: Harvard University Press, 2002.
- Sambursky, S., *The Physical World of Late Antiquity*, Princeton, New Jersey: Princeton University Press, 1962.
- Sandys, J. E., *A History of Classical Scholarship*, Bristol: Thoemmes Press, 1998.
- Sangiuliani, A. C., *Atti della Società ligure di storia patria*, Genoa: La Società di storia patria, 1947.
- Sandwell, I., *Religious Identity in Late Antiquity:* Greeks, Jews and Christians in Antioch, Cambridge: Cambridge University Press, 2007.
- Σανσαρίδου-Hendrickx, Θ., *Το Χρονικόν των Τόκκων: Έλληνες, Ιταλοί, Αλβανοί και Τούρκοι στο Δεσποτάτο της Ηπείρου (14ος – 15ος αι.): η κοσμοθεωρία του αγνώστου συγγραφέα*, Θεσσαλονίκη, 2008.
- Sarantis, A. and Christie N. eds., *War and Warfare in Late Antiquity:* Current Perspectives, Leiden, Boston: Brill, 2013.
- Sarantis, A., *Justinian's Balkan Wars*, Liverpool: Francis Cairns, 2016.
- Sarris, P., *Economy and Society in the Age of Justinian*, Cambridge: Cambridge University Press, 2006.
- Sarton, G., *Introduction to the History of Science*, vol.2, Baltimore: Williams & Wilkins, 1953.
- Sayles, W. G., *Ancient Coin Collecting V. The Romaion/Byzantine Culture*, Iola: Krause Publications, 1998.
- Scafuri, M. P., *Byzantine Naval Power and Trade:* The Collapse of the Western Frontier, Master dissertation, Texas A & M University, 2002.
- Scarborough, J., *Pharmacy and Drug Lore in Antiquity:* Greece, Rome, Byzantium, Farnham: Ashgate-Variorum, 2010.
- Scarre, Ch., *The Historical Atlas of Ancient Rome*, London: Penguin Books Ltd, 1995.
- Schaff, P. ed., ANF01. *The Apostolic Fathers with Justin Martyr and Irenaeus*, Grand Rapids, MI: Christian Classics Ethereal Library, 2002.
- Schaff, P. ed., ANF03. *Latin Christianity:* Its Founder, Tertullian, Grand Rapids, MI: Christian Classics Ethereal Library, 2006.
- Schaff, P. ed., *History of the Christian Church, Vols. 3*, MI: Christian Classics Ethereal Library, 1987.
- Schaff, P. ed., NPNF2-03. *Theodoret, Jerome, Gennadius, & Rufinus:* Historical Writings, New York: Christian Literature Publishing Co., 1892.
- Schaff, P. ed., NPNF2 – 14. *The Seven Ecumenical Councils*, Grand Rapids, MI: Christian Classics Ethereal Library, 2005.
- Schirò, G., *Το Χρονικόν των Τόκκων. Τα Ιωάννινα κατά τας αρχάς του ΙΕ' αιώνος*, Ιωάννινα, 1965.
- Schleicher, D. and Lackmann, M. eds., *An Invitation to Mathematics:* From Competitions to Research, Berlin: Springer, 2011.
- Schöll, R. and Kroll, W. ed., *Corpus Iuris Civilis*, vol.3. Berlin: Weidmann, 1895 (repr. 1968), TLG, No.2734013.
- Schlumberger, G., *Un empereur byzantin au Xe siècle:* Nicéphore Phokas, Paris: Firmin-Didot, 1890.
- Schlumberger, G., *Epopee byzantine*, Paris: G. Cres, 1911.
- Schlumberger, G., *Sigillographie de l'Empire byzantin*, Paris: E. Leroux, 1884.
- Schmid, P., *Die diplomatischen Beziehungen zwischen Konstantinopel und Kairo zu Beginn des 14 Jahrhunderts im Rahmen der Auseinandersetzung Byzanz-Islam*, PhD. diss., Munchen University, 1956.
- Schmitt, J. ed., *Chronicle of the Morea*, London: Methuen, 1904, reprinted in Groningen: Bouma's Bockhuis, 1967.
- Schrijver, F. M., *The Early Palaiologan Court (1261 – 1354)*, PhD. dissertation, University of Birmingham, 2012.
- *Scriptor Incertus de Leone Armenio*, in Leonis Grammatici, *Chronographia*, ed. Bekker, I., Bonnae: Impensis Ed. Weberi, [Corpus Scriptorium Historiae Byzantinae 31] 1842, TLG, No. 3177001.
- Sear, D. R., *Byzantine Coins and Their Values*, London: Seaby Audley House, 1974.
- Seaver, J. E., *Persecution of the Jews in the Roman Empire (300 –438)*, Lawrence: The University of Kansas Press, 1952.
- Sebeos, *History*, trans. by Bedrosian R., New York: Sources of the Armenian Tradition, 1985.
- Sebeos, *The Armenian History Attributed to Sebeos*, trans. Thomson R. W. and Howard-Johnston, J., Liverpool: Liverpool University Press, 2000.
- Selin, H. ed., *Encyclopaedia of the History of Sci-*

ence, Technology, and Medicine in Non-Western Cultures , Berlin and New York: Springer, 2008.

· Setton, K. M., *Catalan Domination of Athens, 1311 –88*, London: Variorum, 1975.

· Setton, K. M., *The Papacy and the Levant (1204 – 1571), The thirteenth and fourteenth centuries* , Philadelphia: American Philosophical Society, 1976, 1978.

· Setton, K. M., Wolff, R. L., and Hazard, H. W. eds., *A History of the Crusades, Volume II :* The Later Crusades, 1189 – 1311 , Wisconsin: The University of Wisconsin Press, 1969.

· Ševčenko, I. ed. and trans., *Life of Basil, Chronographiae quae Theophanis Continuati nomine fertur liber, quo vita Basilii imperatoris amplectitur* , [Corpus Fontium Historiae Byzantinae] Berlin: De Gruyter, 2011.

· Ševčenko, I., Mango, C., Wilson, N. G. et al. eds, *Byzantine Books and Bookmen* , Washington, D.C.: Dumbarton Oaks Research Library and Collection, 1975.

· Ševčenko, I., *Ideology, Letters and Culture in the Byzantine World* , London: Variorum Reprints, 1982.

· Sezgin, F., *History of the Arabic literature Vol.Ⅲ:* Medicine-Pharmacology-Veterinary Medicine , Leiden: Brill, 1970.

· Sharf, A., *Byzantine Jewry :* From Justinian to the Fourth Crusade , London: Routledge & Kegan Paul, 1971,

· Shawcross, T., *The Chronicle of Morea :* Historiography in Crusader Greece , Oxford & New York: Oxford University Press, 2009.

· Shea, G. W., *The Iohannis or de Bellis Libycis of Flavius Cresconius Corippus* , Lewiston/New York: E. Mellen Press, 1998.

· Shepard, J. and Franklin, S., *Byzantine Diplomacy* , Aldershot, Hampshire: Variorum, 1992.

· Shepard, J. ed., *The Cambridge History of the Byzantine Empire c. 500 – 1492*, Cambridge, UK; New York: Cambridge University Press, 2008.

· Sherrard, P., *The Greek East and the Latin West :* A Study in the Christian Tradition , London: Oxford University Press, 1959.

· Sherrard, Ph., *Byzantium (Great Ages of Man)* , New York: Time, Inc, 1966.

· Siecienski, A. E., *The Filioque :* History of a Doctrinal Controversy , New York: Oxford University Press, 2010.

· Silberschmidt, M., *Das orientalische Problem zur Zeit der Entstehung des Türkischen Reiches* , Leipzig and Berlin: Teubner, 1923.

· Simplicius, *in Aristotelis physicorum libros octo commentaria* , 2 vols., ed. Diels, H., Berlin: Reimer, 1882, 1895, TLG, No.4013004.

· Simplicius, *Simplicius :* On Aristotle, Physics 1.3 – 4 , trans. Huby, P. M. and Taylor, C. C. W., London, 2011.

· Simplicius, *Simplicius :* On Aristotle, Physics 1.5 – 9 , trans. Baltussen, H., London, 2011.

· Simplicius, *Simplicius :* On Aristotle, Physics 2 , trans. Fleet, B., London, 1997.

· Simpson, A., *Niketas Choniates :* A Historiographical Study , Oxford: Oxford University Press, 2013.

· Singer, C., *A History of Technology :* From Early Times to Fall of Ancient Empires , Oxford & Toronto: Clarendon Press, 1972.

· Singerman, R., *Jewish Translation History :* A Bibliography of Bibliographies and Studies , Amsterdam: John Benjamins Pub., 2002.

· Sinnigen, W. G. and Boak A. E. R., *A History of Rome :* To A.D.565 , (six edition), New York: Macmillan Publishing Co., Inc., 1977.

· Sinor, D., *Inner Asia and its Contacts with Medieval Europe* , London: Variorum, 1977.

· Sinor, D., *The Cambridge History of Early Inner Asia* , Cambridge: Cambridge University Press, 1994.

· Sivan, H., *Galla Placidia :* The Last Roman Empress , Oxford: Oxford University Press, 2011.

· Sivan, H., *Palestine in Late Antiquity* , Oxford: Oxford University Press, 2008.

· Smith, A. ed., *The Philosopher and Society in Late Antiquity :* Essays in Honour of Peter Brown , Swansea: Classical Press of Wales, 2005.

· Smith, A., *Philosophy in Late Antiquity* , London and New York: Routledge, 2004.

· Socrates, *Ecclesiastical History* , ed. Bright W., 2nd edn., Oxford: Clarendon Press, 1893, TLG, No.2057001.

· Smith, W. ed., *Dictionary of Greek and Roman Biography and Mythology* , vol.3, Cambridge University Press, 2015.

· Smith, W., *A Dictionary of Greek and Roman Antiquities* , vol.1, Boston: Little, Brown, 1870.

· Smyrlis, K., *La fortune des grands monastères byzantins: fin du Xe-milieu du XIVe siècle* , Paris: Association des amis du Centre d'histoire et civilisation de Byzance, 2006.

· *Social and Political Thought in Byzantium, From Justinian to the Last Palaeologus, Passages from Byzantine Writers and Documents* , translated with an introduction and notes by Barker, E., Oxford: The Clarendon Press, 1957.

· Socrates, M. ed., *The Ecclesiastical History of Socrates, London, 1853. Socrates, Ecclesiastical History* , ed. W. Bright, 2nd edn., Oxford: Clarendon Press, 1893, TLG, No.2057001; trans. by Zenos A. C., Grand Rapids, Michigan: WM. B. Eerdmans Publishing Company, 1957.

· Sorabji, R. ed., *Aristotle Transformed :* The Ancient Commentators and Their Influence , New York: Cornell University Press, 1990.

· Sordi, M., *The Christians and the Roman Empire* , London & Sydney: Croom Helm Ltd., 1983.

· Southern, P. and Dixon, K. R., *The Late Roman Army* , New Haven and London: Yale University Press, 1996.

· Sozomen, *Ecclesiastical History of Sozomen* , ed. Schaff Ph., New York: Grand Rapids 1886.

· Sozomen, *The Ecclesiastical History of Sozomen* , trans. by Hartranft C. D., Grand Rapids, Michigan: WM. B. Eerdmans Publishing Company, 1957.

· Sozomenos, *A History of the Church in Nine Books :* from A. D. 324 to A. D. 440, trans. by Walford, London: S. Bagster, 1846.

· Sozomenus, *Kirchengeschichte* , ed. Bidez, J. and Hansen, G. C., Berlin: Akademie-Verlag, 1960, TLG, No.2048001.

· Spatharaki, s I., *The Portrait in Byzantine Illuminated Manuscript* , Leiden: E. J. Brill, 1976.

- Sphrantzes, G., *The Fall of Byzantine Empire, A Chronicle by George Sphrantzes, 1401 – 1477*, Amherst: The University of Massachusetts Press, 1980.
- Spieser, J.-M., *Urban and Religious Space in Late Antiquity and Early Byzantium* , Aldershot, Burlington, Singapore, Sydney: Ashgate, 2001.
- Spinka, M., *A History of Christianity in the Balkans* : A Study in the Spread of Byzantine Culture among the Slavs , Chicago: The American Society of Church History, 1933.
- St. Basil, *The Letters I* , translated by Deferrari R. J., Cambridge, Massachusetts: Harvard University Press, 1926, reprinted 1950, 1961, 1972.
- St. Jerome, *The Principal Works of St. Jerome* , translated by the Fremantle Hon. W. H., Grand Rapids, Michigan: WM. B. Eerdmans Publishing Company, 1957.
- St John of Damascus, *Three Treatises on the Divine Images* , trans. by Louth, A., New York: St Vladimir's Seminary Press, 2003.
- Starr, J., *The Jews in the Byzantine Empire (641 –1204)* , New York: Burt Franklin, 1970.
- Stathakopoulos, D. Ch., *Famine and Pestilence in the Late Roman and Early Byzantine Empire* : A Systematic Survey of Subsistence Crises and Epidemics , Aldershot: Ashgate, 2004; London and New York: Routledge, 2016
- Stephenson, P., *Byzantium's Balkan Frontier* : A Political Study of the Northern Balkans, 900 – 1204 , Cambridge: Cambridge University Press, 2000.
- Stein, A., *On Ancient Central-Asian Tracks* , London: Macmillan and Co., Ltd., 1933.
- Stein, A., Serindia. *Detailed Reported of Explorations in Central Asia and Westernmost China, vol. I-III* , Oxford: The Cambridge Press, 1921.
- Stein, M. A., *Innermost Asia* : detailed report of exploration in Central Asia, Kansu and Eastern Iran , 4 vols. Oxford: Clarendon Press, 1928.
- Stephenson, P., *Byzantium's Balkan Frontier* : A Political Study of the Northern Balkans, 900 – 1204 , Cambridge; New York: Cambridge University Press, 2000.
- Stern, E. M., *Roman Byzantine, and Early Medieval Glass 10 BCE –700 CE* : Ernesto Wolf Collection , Ostfildern-Ruit: H. Cantz, 2001.
- Stevenson, W. B., Tanner, J. R., Previte-Orton, C. W., Brooke, Z. N. eds., *The Cambridge Medieval History* : The Contest of Empire and Papacy, Vol. V , Cambridge: Cambridge University Press, 1968.
- Strabo, *The Geography of Strabo* , with an English translation by Jones H. L., London: William Heinemann LTD., Cambridge: Harvard University Press, 1961, TLG, No.0099001.
- *Studies in Medieval Georgian Historiography* : Early Texts and Eurasian Contexts , by Rapp, S. H., Lovanii: Peeters, 2003.
- Suetonius, *Lives of the Caesars* , trans. by Edwards C., New York: Oxford University Press, 2008.
- Sullivan, D., Fisher E. A., Papaioannou S. eds., *Byzantine Religious Culture* : Studies in Honor of Alice-Mary Talbot , Leiden; Boston: Brill, 2012.
- Sundkler, B. and Steed C., *A History of the Church in Africa* , Cambridge: Cambridge University Press, 2000.
- Svoronos, N., *Les novelles des empereurs macédoniens concernant la terre et les stratiotes: introduction, édition, commentaires* , Athènes: Centre de recherches byzantines, F.N.R.S., 1994.
- Swain, S. and Edwards, M. eds., *Approaching Late Antiquity* : The Transformation from Early to Late Empire , Oxford: Oxford University Press, 2004.
- Swetz, F. J., *Learning Activities from the History of Mathematics* , Portland, Maine: Walch Publishing, 1993.
- Synesii Cyrenensis, *Opuscula* , ed. Terzaghi N., Rome: Polygraphica, 1944 (TLG, No.2006002).
- Syvanne I., *Military History of Late Rome, 284 – 361* , Pen & Sword, 2015.
- *The Acts of the Second Council of Nicaea (787)* , translated with an introduction and notes by Price, R., Liverpool: Liverpool University Press, 2018.
- *The Armenian History attributed to Sebeos* , translation and notes by Thomson, R. W., historical commentary by Howard-Johnston, J., Liverpool: Liverpool University Press, 1999.
- *The Book of the Pontiffs (Liber Pontificalis)* : The Ancient Biographies of the First Ninety Roman Bishops to A.D. 715 , with an English translation by Davis R., Liverpool: Liverpool University Press, 2000.
- *The Book of the Popes (Liber Pontificalis), vol.I, To the Pontificate of Gregory I* , trans. with an introduction by Loomis L. R., New York: Columbia University Press, 1916.
- *The Chronicle of Zuqnīn, Parts III and IV A.D. 488 –775* , trans. by Harrack, A., Toronto: Pontifical Institute of Mediaeval Studies, 1999.
- *The Chronicle of Pseudo-Joshua the Stylite* , trans. Trombley F. R. and Watt J. W., Liverpool: Liverpool University Press, 2000.
- *The Civil Law* , trans. by Scott, S. P., New Jersey: The Lawbook Exchange, Ltd., 2001; Cincinnati: The Central Trust Company, 1932
- *The Codex of Justinian. A New Annotated Translation, with Parallel Latin and Greek Text* , ed. by Frier B. W., Cambridge: Cambridge University Press, 2016.
- *The Digest of Justinian* , trans. by latin text edited by Mommsen, Th. with the aid of Krueger, P., English translation edited by Watson, A., Philadelphia: University of Pennsylvania Press, 1985.
- *The Deeds of Pope Innocent III* , by an Anonymous Author, translated with an introduction and notes by Powell, J. M., Washington, D.C.: The Catholic University of America Press, 2004.
- *The Ecclesiastical History of Evagrius with the Scholia* , ed. Bidez, J. and Parmentier, L., London: Methuen, 1898, repr. New York: AMS Press, 1979, TLG, No.2733001.
- *The History of al-Tabari* , translated and annotated by Rosenthal, F., Albany: State University of New York Press, 1985 – 1998.
- *The History of Leo the Deacon: Byzantine Military Expansion in the Tenth Century* , trans by Talbot, A. M. and Sullivan, D. F., Washington, D. C.: Dumbarton Oaks Research Library and Collection, 2005.
- *The History of Theophylact Simocatta* , an English Translation with Introduction and Notes by Whitby, M. and Whitby, M., Oxford: Clarendon Press, 1986.

- *The Imperial Administrative System in the Ninth Century* , with a Revised Text of the Kletorologion of Philotheos, by Bury, J. B., Burt Franklin, London: Oxford University Press, 1911. Cletorologion, sub auctore Philotheo, in Constantini Porphyrogeniti, *Imperatoris de Cerimoniis aulae Byzantinae libri duo* , ed. Reiske, J. J., vol.1, Bonn: Weber, 1829, TLG, No.3023X06.
- *The Land Legislation of the Macedonian Emperors* , Translation and commentary by McGeer, E., Toronto, Ont., Canada: Pontifical Institute of Mediaeval Studies, 2000.
- *The Life of Michael the Synkellos* , Text, Translation and Commentary by Cunningham, M. B., Belfast: The Queen's University of Belfast, 1991.
- *The Lives of the Eighth-Century Popes, the Ancient Biographies of Nine Popes from AD 715 to AD 817*, translated with an introduction and commentary by Davis, R., Liverpool: Liverpool University Press, 1992.
- *The Miracles of St. Artemios, A Collection of Miracle Stories by an Anonymous Author of Seventh-Century Byzantium* , translation and notes by Crisafulli, V. S. and Nesbitt, J. W., Leiden, New York and Köln: E.J. Brill, 1997.
- *The Novels of Justinian :* A Complete Annotated English Translation , trans. Miller D. J. D. and Sarris P., Cambridge: Cambridge University Press, 2018.
- *The Russian Primary Chronicle :* Laurentian Text , translated and edited by Cross, S. H. & Sherbowitz-Wetzor, O. P., Cambridge; Massachusetts: The Mediaeval Academy of America, 1953.
- *The Siege of Constantinople 1453:* Seven Contemporary Accounts , trans. by Jones, J. R. M., Amsterdam: Adolf M. Hakkert-Publisher, 1972.
- *The Scriptores Historiae Augustae* , vol.II, with an English translation by Magie D., Cambridge, Massachusetts and London, England: Harvard University Press, 1993.
- *The Seven Ecumenical Councils* , trans. Schaff Ph., Grand Rapids, MI: Christian Classics Ethereal Library, 2005.
- *The Theodosian Code and Novels and the Sirmondian Constitutions* , trans. Pharr C., Princeton: Princeton University Press, 1952.
- Al-Tabarī, *The History of al-Tabarī, Vol.V :* The Sāsānids, the Byzantines, the Lakhmids, and Yemen , translated and annotated by Bosworth C. E., New York: State University of New York Press, 1999.
- Tafel, G. L. F., Thomas, G. M., *Urkunden zur älteren Handels-und Staatsgeschichte der Republik Venedig, mit besonderer Beziehung auf Byzanz und die Levante :* Vom neunten bis zum Ausgang des fünfzehnten Jahrhunderts. 1. Theil (814 – 1205) , Vienna: Kaiserlich-Königliche Hof-und Staatsdruckerei, 1856.)
- Tafel, Th. L. Fr. ed., *OPOSCULA Accedunt Trapezuntinae Historiae Scriptores Panaretus et Eugenicus* , Francofurti: Schmerber, 1832.
- Tafur, P., *Travels and Adventures, 1435 – 1438*, trans., ed. and intro. by Letts, M., London: George Routledge & Sons, LTD., 1926.
- Talbot, A. M. ed., *Holy Women of Byzantium :* Ten Saints' Lives in English Translation , Washington, D.C.: Dumbarton Oaks Research Library and Collection, 1996, 1998.
- Talbot, A. M., *The Correspondence of Athanasius I Patriarch of Constantinople* , Washington: Dumbarton Oaks Center for Byzantine Studies, 1975.
- Tarán, L. ed., *Asclepius of Tralles, Commentary to Nicomachus' Introduction to Arithmetic* , Transactions of the American Philosophical Society (n.s.), 59: 4, TLG, No.4018002.
- Tartaglia, A., *Teodoro II Duca Lascari, Encomio dell'Imperatore Giovanni Duca* , Naples: M. D'Auria, 1990; Munich-Leipzig: K.G. Saur, 2000.
- Taton, R., *History of Science :* Ancient and Medieval Science , New York: Basic Books, 1966.
- Τελέλης, Ι. Γ., *Μετεωρολογικά φαινόμενα και κλίμα στο Βυζάντιο* , Αθήνα: Ακαδημία Αθηνών, 2004.
- Telfer, R. N. J. B. trans. and ed., *The Bondage and Travels of Johann Schiltberger, A Native of Bavaria, in Europe, Asia, and Africa, 1396 – 1427*, London: Printed for the Halkuyt Society, 1874.
- Theodore Palaiologos, *Les Enseignements de Theodore Paleologue* , ed. Knowles, C., London: The Modern Humanities Research Association, 1983.
- Theodoret, *Kirchengeschichte* , ed. Parmentier, L. and Scheidweiler, F., 2nd edn. Berlin: Akademie-Verlag, 1954, TLG, No.4089003.
- Theodoret, *The Ecclesiastical History of Theodoret* , trans. by Jackson, R. B., New York, 1893.
- Théon d' Alexandrie, *Commentaires de Pappus et de Théon d'Alexandrie sur l'Almageste* , ed. Rome, A., vols. 2 – 3, Vatican City: Biblioteca Apostolica Vaticana, 1936, 1943, TLG, No. 2033001.
- Theophanes Confessor, *The Chronicle of Theophanes Confessor, Byzantine and Near Eastern History, AD 284 – 813*, trans. and commentary by Mango, C. and Scott, R., Oxford: Clarendon Press, 1997.
- *Theophanes Continuatus, Ioannes Cameniata, Symeon Magister, Georgius Monachus* , ed. Bekker, I., [Corpus Scriptorium Historiae Byzantinae]. Bonn: Weber, 1838, TLG, No.4153001.
- Theophanes, *The Chronicle of Theophanes, An English translation of anni mundi 6095 – 6305 (A. D.602 – 813)*, with introduction and notes, by Turtledove, H., Philadelphia: University of Pennsylania Press, 1982.
- Theophanis, *Chronographia* , ed. Boor, C. de, Leipzig: Teubner, 1883 (repr. Hildesheim: Olms, 1963), TLG, No.4046001.
- Theophilus Protospatharius, *Philothei medici praestantissimi commentaria in aphorismos Hippocratis nunc primum e graeco in latinum sermonem conversa* , first Latin trans. by Coradus, L., Spirae: Apud Bernhardum Albinum, 1581.
- Theophilus, *De Corporis Humani Fabrica* , Oxonii: E Typographeo Academico, 1842.
- Theophylacti Simocattae, *Historiae* , ed. Boor, C. de, Leipzig: Teubner, 1887 (repr. Stuttgart, 1972), TLG, No.3130003.
- Théophylacte d'Achrida Discours, *Traités, Poésies, introduction, texte, traduction et notes par Gautier P.*, Thessalonique: Association de recherches byzantines, 1980.
- Theophylactus Simocatta, *The History of Theophylactus Simocatta :* An English Translation with

Introduction and Notes, by Whitby, M., Oxford: Oxford University Press, 1986.

- Thomas, J. and Constantinides, A. eds., *Byzantine Monastic Foundation Documents* : A Complete Translation of the Surviving Founders' Typika and Testaments , Washington, D. C.: Dumbarton Oaks Research Library and Collection, 2000.
- Thomas, J. P., *Private Religious Foundations in the Byzantine Empire* , Washington, D.C.: Dumbarton Oaks Library and Collection, 1987.
- Thomasson-Rosingh, A. C., *Searching for the Holy Spirit* : Feminist Theology and Traditional Doctrine , London and New York: Routledge, 2015.
- Thompson, E. A., *A History of Attila and the Huns* , Oxford: Clarendon Press, 1948.
- Thompson, C. ed., *Collected Works of Erasmus, Literary and Educational Writings* , vol.2, Toronto, 1978.
- Thompson, E. A., *Romans and Barbarians* : The Decline of the Western Empire , Wisconsin: The University of Wisconsin Press, 1982.
- Thompson, E. A., *The Goths in Spain* , Oxford: Clarendon Press, 1969.
- Thompson, E. A., *The Huns* , revised and with afterword by Heather P., Oxford: Blackwell Publishers, 1996.
- *Three Byzantine Military Treatises, Text* , translation and notes by Dennis, G. T., Washington D. C.: Dumbarton Oaks Research Library and Collection, 2008.
- *Three Byzantine Saints, Contemporary Biographies* , trans. by Dawes, E. and Baynes, N. H., New York: St Vladimir's Seminary Press, 1977, 1996.
- Thucydidis, *Historiae* , ed. Jones, H. S. and Powell, J. E., 2 vols., Oxford: Clarendon Press, 1942, TLG, No.0003001.
- Thümmel, H. G., *Die Konzilien zur Bilderfrage im 8. und 9. Jahrhundert* : das 7. ökumenische Konzil in Nikaia 787, Paderborn, München, Wien, Zürich: Ferdinand Schöningh, 2005.
- Timothy, W., *The Orthodox Church* : An Introduction to Eastern Christianity , London: Penguin Books, 1993.
- Tolan, J., Lange, N. de eds., *Jews in Early Christian Law* : Byzantium and the Latin West, 6th - 11th Centuries , Belgium: Brepols Publishers, 2014.
- Tomlin, R., *The Emperor Valentinian I* , University of Oxford, Thesis (Ph.D.), 1973.
- Tougher, S., *The Eunuch in Byzantine History and Society* , London and New York: Routledge, 2008.
- Tougher, S., *The Eunuch in Byzantine History and Society* , London; New York: Routledge, 2008.
- Tougher, S., *The Reign of Leo VI*: (886 - 912). Politics and People , Leiden; New York; Koln: Brill, 1997.
- Toynbee, A., *Constantine Porphyrogenitus and His World* , London and New York: Oxford University Press, 1973.
- *Travels of an Alchemist: the Journey of the Taoist Ch'ang Ch'un from China to the Hindukush at the summon of Chingiz Khan,* recorded by his disciple Li Chih-Ch'ang, translated with an introduction by Waley, A., London, 1931 (= London, 1979).
- Treadgold, W., *The Byzantine Revival 780 -842* , Stanford: Stanford University Press, 1988.
- Treadgold, W., *The Byzantine State Finances in the Eighth and Ninth Centuries* , New York: Columbia University Press, 1982.
- Treadgold, W. T., *A Concise History of Byzantium* , New York: Palgrave, 2001.
- Treadgold, W. T., *A History of the Byzantine State and Society* , California: Stanford University Press, 1997.
- Treadgold, W. T., *Byzantium and Its Army, 284 - 1081* , Stanford: Stanford University Press, 1995.
- Treadgold, W., *The Middle Byzantine Historians* , Basingstoke [England]; New York: Palgrave Macmillan, 2013.
- Treu, M. ed., *Manuelis Holoboli Orationes* , Potsdam: typis P. Brandt, 1906.
- Tricht, F. V., *The Latin Renovatio of Byzantium* : The Empire of Constantinople (1204 - 1228), trans. Peter Longbottom, Leiden: Brill, 2011.
- Τρωιάνος, Σπ., *Οι Πηγές του Βυζαντινού Δικαίου* , Αθήνα: Εκδόσεις Αντ. Ν. Σάκκουλα, 1999.
- Tsangadas, B. C. P., *The Fortifications and Defense of Constantinople* , New York: Columbia University Press, 1980.
- Tsaras, G. ed., Ἰωάννου Ἀναγνώστου, *Διήγησις περὶ της τελευταίας ἁλώσεως της Θεσσαλονίκης, Μονῳδία ἐπὶ τη ἁλώσει της Θεσσαλονίκης* , Thessalonica: Tsaras, 1958 (TLG, No. 3145001).
- Tsougarakis, D., *Byzantine Crete from the Fifth Century to the Venetian Conquest* , Athens: Historical Publications St. D. Basilopoulos, 1988.
- Turdeanu, E., *Le dit de l'empereur Nicéphore II Phocas et de son épouse Théophano* , Thessalonike, 1976.
- Turnbull, S., *The Walls of Constantinople AD 324 - 1453*, Oxford: Osprey Publishing, 2004.
- Τζίφα, Ι., *Ηγεμονικό πρότυπο και αντιπρότυπο στο έργο Εξήγησις της γλυκείας Χώρας Κύπρου, η*
- Underwood, P., *The Kariye Djami* , New York: Pantheon Books, 1966.
- Unsöld, A. and Baschek, B., *The New Cosmos* : An Introduction to Astronomy and Astrophysics , Berlin and New York: Springer, 2001.
- Urbainczyk, T., *Writing About Byzantium* : The History of Niketas Choniates , London and New York: Routledge, 2018.
- Uspensky, Th., *A History of the Byzantine Empire* , St. Petersburg, 1914.
- Uyar, M. and Erickson, E. J., *A Military History of the Ottomans* : from Osman to Atatürk , Santa Barbara: Praeger, 2009.
- Vagi, D. L., *Coinage and History of the Roman Empire, c. 82 B.C.- A.D. 480* , Chicago: Fitzroy Dearborn Publishers, 1999.
- Vakalopoulos, A. E., *Origins of the Greek Nation* : the Byzantine Period, 1204 - 1461, trans. by Moles, I., New Brunswick, N. J: Rutgers University Press, 1970.
- Vanderspoel, J., *Themistius and the Imperial Court* : Oratory, Civic Duty, and Paideia from Constantius to Theodosius , Ann Arbor: The University of Michigan Press, 1995.
- Vandiver, P. et al. eds., *Materials Issues in Art and Archaeology III* , Pittsburgh: Materials Re-

search Society, 1992.
- Varzos, K., *Η Γενεαλογία των Κομνηνών* , vol. 2, Thessaloniki: Centre for Byzantine Studies, University of Thessaloniki, 1984.
- Vasiliev, A. A., *History of the Byzantine Empire, 324－1453*, Madison: The University of Wisconsin Press, 1952; 2 vols, Wisconsin: The University of Wisconsin Press, 1958.
- Vasiliev, A. A., *Justin the First :* An Introduction to the Epoch of Justinian the Great , Cambridge: Harvard University Press, 1950.
- Vasiliev, A. A., *The Goths in the Crimea* , Cambridge: The Mediaeval Academy of America, 1936.
- Vaughan, R., *Philip the Good :* The Apogee of Burgundy , Woodbridge: Boydell Press, 2002.
- Venning, T. and Harris J., *A Chronology of the Byzantine Empire* , New York: Palgrave Macmillan, 2006.
- Vespignani, G., *Polidoro :* Studi Offerti Ad Antonio Carile , Spoleto: Centro Italiano Di Studi Sull'alto Medioevo, 2013.
- Veyne, P., *A History of Private Life* , Cambridge: The Belknap Press of Harvard University Press, 1987.
- Visser, A. J., *Nikephoros und der Bilderstreit :* eine Untersuchung über die Stellung des Konstantinopeler Patriarchen Nikephoros innerhalb der ikonoklastischen Wirren , Haag: Martinus Nijhoff, 1952.
- Vondrovec, K., *Coinage of the Iranian Huns and Their Successors from Bactria to Gandhara (4th to 8th century CE)* , eds. Alram, M. and Lerner, J. A., Wien: Verlag der Österreichischen Akademie der Wissenschaften, 2014.
- Vryonis, S. ed., *Byzantine Studies in Honor of Milton V. Anastos* , Malibu, CA: Undena Publications, 1985.
- Vryonis, S., *The Decline of Medieval Hellenism in Asia Minor and the Process of Islamization from the Eleventh through the Fifteenth Century* , Berkeley and Los Angeles: University of California Press, 1971.
- Vuolanto, V., *Children and Asceticism in Late Antiquity :* Continuity, Family Dynamics and the Rise of Christianity , London and New York: Routledge, 2015.
- Waddams, H., *Meeting the Orthodox Churches* , London: SCM Press LTD, 1964.
- Waithe, M. E., *Ancient Women Philosophers :* 600 B.C.－500 A. D., vol.1, Dordrecht, 1987.
- Wang, H., *Money on Silk Road* , London: British Museum Press, 2004.
- Ward-Perkins, B., *The Fall of Rome and the End of Civilization* , Oxford: Oxford University Press, 2006.
- Ware, T., *The Orthodox Church* , Baltimore, Maryland, U.S.A.: Penguin, 1963.
- Warmington, E. H., *The Commerce between the Roman Empire and India* , London: Cambridge University Press, 1974.
- Weiss, G., *Joannes Kantakouzenos-Aristokrat, Staatsmann, Kaiser, und Mönch-in der Gesellschaftsentwicklung von Byzanz im 14. Jahrhundert* , Wiesbaden, O. Harrassowitz, 1969.
- Weitzmann, K., *The Icon :* Images-Sixth to Fourteenth Century , Rev. Edition, New York: Alfred A. Knopf, 1982.
- Wells, P. S., Celts B., *Germans and Scythians :* Archaeology and Identity in Iron Age Europe , London: Duckworth, 2001.
- Werke, E., *Über das Leben Constantins, Constantins Rede an die heilige Versammlung, Tricennatsrede an Constantin* , Leipzig: Hinrichs, 1902, TLG, No.2018021.
- Werke, E., *Über das Leben des Kaisers Konstantin* , ed. by F. Winkelmann, Berlin: Akademie-Verlag, 1975, TLG, No.2018020.
- Westbury-Jones, J., *Roman and Christian Imperialism* , London: Macmillan and Co., limited, 1939.
- Westerink, L. G., *Michaelis Pselli Poemata* , Leipzig: Teubner, 1992.
- Whitby, M., *The Emperor Maurice and His Historian :* Theophylactus Simocatta on Persian and Balkan Warfare , Oxford: Clarendon Press, 1988.
- Whitby, M., *Rome at War AD 293－696*, Oxford: Osprey Publishing, 2002.
- Whitby, M. and Whitby, M. trans., *Chronicon Paschale 284－628 AD* , Liverpool: Liverpool University Press, 1989.
- Whitby, M. and Whitby, M. trans., *The History of Theophylact Simocatta :* An English Translation with Introduction , Oxford: Oxford University Press, 1986.
- Whitting, P. D., *Byzantine Coins* , London: Barrie & Jenkins, 1973.
- Whittow, M., *The Making of Orthodox Byzantium, 600－1025*, London: Macmillan, 1996.
- Whittaker, C. R., *Frontiers of the Roman Empire :* A Social and Economic History , Baltimore and London: The Johns Hopkins University Press, 1994.
- Whittow, M., *The Making of Byzantium, 600－1025*, Berkeley and Los Angeles: University of California Press, 1996.
- Wilkinson, K., *Women and Modesty in Late Antiquity* , Cambridge: Cambridge University Press, 2015.
- Williams, M., *The Making of Christian Communities in Late Antiquity and the Middle Ages* , London: Anthem Press, 2005.
- Williams, S. and Friell, G., *The Rome that did not Fall :* The Survival of the East in the Fifth Century , London and New York: Routledge, 1999.
- Williams, S. and Friell, G., *Theodosius :* The Empire at Bay , New Haven and London: Yale University Press, 1994.
- Wilson, N. G., *Scholars of Byzantium* , London: Duckworth, 1983.
- Wilson, N. G., *From Byzantium to Italy :* Greek Studies in the Italian Renaissance , Baltimore: Johns Hopkins University Press, 1992.
- Wilson, N. G., *Scholars of Byzantium* , revised edition, London: Duckworth, 1996.
- With German translation in Gregoras Nikephoros, *Rhomäische Geschichte, Historia Rhomaike* , 5 vols, trans. by Dieten, J. van, Stuttgart: Anton Hiersemann, 1973.
- With partial translation in Geschichte, *Johannes Kantakuzenos Ubersetzt und Erlautert* , 2 vols, trans. by Fatouros, G. and Krischer, T., Stutgart: Hiersemann, 1982, 1986.
- Wirth, P. ed., *Historiae :* Theophylactus Simocatta , Bibliotheca Scriptorum Graecorum et Ro-

manorum Teubneriana, Stuttgart: Teubner, 1972.
- Withington, E. Th., *Medical History from the Earliest Times : A Popular History of the Healing Art* , London: The Scientific Press, 1894.
- Wolf, G. ed., *Kaiserin Theophanu, Prinzessin aus der Fremde : des Westreichs grosse Kaiserin* , Cologne: Böhlau, 1991.
- Wolff, P., *The Awakening of Europe* , Harmondsworth: Penguin Books, 1985.
- Wolfram, H., *History of the Goths* , translated by Dunlap Th. J., Berkeley and Los Angeles, London: University of California Press, 1990.
- Wood, D. ed., *Christianity and Judaism* , Oxford: Blackwell Publishers, 1992.
- Wroth, W., *Catalogue of the Coins of the Vandals, Ostrogoths and Lombards and of the Empires of Thessalonica, Nicaea and Trebizond in the British Museum* , London: Oxford University Press, 1911.
- Wroth, W., *Catalogue of the Imperial Byzantine Coins in the British Museum* , vols.1 - 2, London: Longmans & CO., 1908.
- Χριστοφιλοπούλου, Αι., *Βυζαντινή Ιστορία, τ. Β'1, 610-867*, Θεσσαλονίκη: Βάνιας, 1998.
- Yahya ibn Said al-Antaki, *Cronache dell'Egitto fatimide e dell' impero bizantino (937 - 1033)*, traduzione di Pirone, B., Milan: Jaca Book, 1998.
- Yarshater, E., *the Cambridge History of Iran, Vol.3, The Seleucid, Parthian and Sasanian Periods* , Cambridge: Cambridge University Press, 1983.
- Yiannias, J. J. ed., *The Byzantine Tradition after the Fall of Constantinople* , Charlottesville and London: University Press of Virginia, 1991.
- Yule, H., *Cathay and the Way Thither :* being a Collection of Medieval Notices of China, I , London: Hakluyt society, 1915.
- Zacharia von Lingenthal, K. E., *Geschichte des griechisch-römischen Rechts* , Berlin: Weidmannsche Buchhhandlung, 1892.
- Zacharia von Lingenthal K. E., *Jus graeco-romanum* , Leipzig: T.O. Weigel, 1856 - 1865.
- Zacharia, K. ed., *Hellenisms, Culture, Identity, and Ethnicity from Antiquity to Modernity* , London: Routledge, 2008.
- Zachariah, Rhetor, *The Syriac Chronicke Known as That of Zachariah of Mitylene* , trans. by Hamilton F. J. and Brooks E. W., London: METHUEN & CO., 1899.
- Zachariadou, E. A. ed., *The Ottoman Emirate (1300 - 1389)*, Rethymnon: Crete University Press, 1993.
- Zachariadou, E. A., *Romania and the Turks (c. 1300 - c. 1500)*, London: Variorum Reprints, 1985.
- Zacharias of Mitylene, *The Syriac Chronicle (The Syriac Chronicle Known as that of Zachariah of Mitylene)*, trans. Hamilton, F. J. and Brooks, E. W., London: Methuen & CO., 1899.
- Zacos, G. and Veglery, A., *Byzantine Lead Seals* , Basel: J. J. Augustin, 1972.
- Zakythinos, D. A., *Le Despotat grec de Morée* , Paris: Les Belles Lettres, 1932.
- Zepos, I., *Jus Graeco-Romanum* , Athenis: In aedibus Georgii Fexis, 1931.
- Zonaras, *The History of Zonaras : From Alexander Severus to the death of Theodosius the Great* , trans. by Banchich Th. M. and Lane E. N., introd. and commen. by Banchich Th. M., London and New York: Routledge, 2009. Ioannis Zonarae, *Epitome Historiarum* , ed. Dindorf L., 3 vols., Leipzig: Teubner, 1868, 1869, 1870, TLG, No. 3135001, No.3135003; Ioannis Zonarae, *Epitomae Historiarum* , libri xviii, ed. Büttner-Wobst T., vol.3, [Corpus scriptorum historiae Byzantinae] Bonn: Weber, 1897, TLG, No.3135002.
- Zoras, G. Th. ed., *Chronicle of the Turkish Sultans* , Athens, 1958.
- Zosimus, *Histoire Nouvelle* , ed. Paschoud, F., Paris: Les Belles Lettres, 1971, 1979, 1986, 1989, TLG, No.4084001.
- Zosimus, *New History* , trans. and commen. by Ridley R. T., Canberra: Australian Association for Byzantine Studies 1982.
- Zytka, M., *Baths and Bathing in Late Antiquity* , Ph.D. thesis, 2013.

中文书目

- 《柏朗嘉宾蒙古行纪　鲁布鲁克东行纪》，耿昇、何高济译，北京：中华书局1985年。
- 《汉书》卷九四《匈奴传》，北京：中华书局1962年。
- 《汉书》卷九六上《西域传上》，北京：中华书局1962年。
- 《后汉书》卷三六《郑众传》，北京：中华书局1965年。
- 《后汉书》卷四七《班超传》，北京：中华书局1965年。
- 《毛泽东选集》，北京：人民出版社1968年。
- 《史记》卷一二三《大宛列传》，北京：中华书局1982年。
- 《隋书》卷二四《食货志》，北京：中华书局1973年。
- 《魏书》卷九《肃宗孝明帝纪》，北京：中华书局1974年。
- 《魏书》卷三二《高湖传》，北京：中华书局1973年。
- 《魏书》卷一〇二《西域传》，北京：中华书局1973年。
- 《魏书》卷一一《前废帝纪》，北京：中华书局1973年。
- 《新唐书》卷二二一下《西域传》，北京：中华书局1975年。
- 莱斯利·阿德金斯、罗伊·阿德金斯著，张楠等译：《探寻古罗马文明》，张强校，北京：商务印书馆2008年。
- 阿巴·埃班著，阎瑞松译：《犹太史》，北京：中国社会科学出版社1986年。
- 艾儒略原，谢方校释：《职方外纪校释》，北京：中华书局1996年版。
- 艾森斯塔得著，阎步克译：《帝国的政治体系》，贵阳：贵州人民出版社1992年。
- 佩里·安德森著，郭方、刘健译：《从古代到封建主义的过渡》，上海：上海人民出版社2000年。
- 安田朴著，耿昇译：《中国文化西传欧洲史》，北京：商务印书馆2000年。
- 詹姆斯·奥唐奈著，夏洞奇、康凯、宋可即译：《新罗马帝国衰亡史》，北京：中信出版社2013年。
- 奥尔森著，吴瑞诚、徐成德译：《基督教神学思想史》，北京：北京大学出版社2003年。

- 乔治·奥斯特洛格尔斯基著，陈志强译：《拜占廷帝国》，西宁：青海人民出版社 2006 年。
- 奥古斯丁著，周士良译：《忏悔录》，北京：商务印书馆 1963 年。
- 鲁道夫·奥托著，成穷、周邦宪译：《论“神圣”》，成都：四川人民出版社 1995 年。
- 奥维德著，李永毅译：《哀歌集·黑海书简·伊比斯》，北京：中国青年出版社 2019 年。
- 约翰·巴克勒、贝内特·希尔、约翰·麦凯著，霍文利等译：《西方社会史》，第一卷，桂林：广西师范大学出版社 2005 年。
- 罗伯特·拜德勒克斯、伊恩·杰弗里斯著，韩炯等译，庞卓恒校：《东欧史》（上册），上海：东方出版中心 2013 年。
- N.H.拜尼斯主编，陈志强、郑玮、孙鹏译：《拜占庭：东罗马文明概论》，郑州：大象出版社，2012 年。
- 帕特里克·贝尔福著，栾力夫译：《奥斯曼帝国六百年：土耳其帝国的兴衰》，北京：中信出版社 2018 年。
- 北京大学哲学系外国哲学教研室编译：《西方哲学原著选读》，北京：商务印书馆 1981 年。
- 米夏埃尔·比尔冈著，郭子龙译：《古代罗马帝国》，北京：商务印书馆 2015 年。
- 毕尔麦尔等编著，雷立柏译：《古代教会史》，北京：宗教文化出版社 2009 年。
- 约瑟夫·P.伯恩著，王晨译：《黑死病》，上海：上海社会科学院出版社 2013 年。
- 爱德华·麦克诺尔·伯恩斯著，罗经国等译：《世界文明史》第 1 卷，北京：商务印书馆 1990 年。
- J.H.伯恩斯主编，程志敏等译：《剑桥中世纪政治思想史（350 年至 1450 年）》（上），北京：生活·读书·新知三联书店 2009 年。

- 爱德华·麦克诺尔·伯恩斯著，罗经国等译：《世界文明史》第 1 卷，北京：商务印书馆 1990 年。

- 罗伊·波特主编，张大庆主译：《剑桥插图医学史》，济南：山东画报出版社 2007 年。
- 博伊德、金著，任宝详、吴元训译：《西方教育史》，北京：人民教育出版社 1985 年。
- 伯希和著，冯承钧译：《西域南海史地考证译丛》（第一卷第一编），北京：商务印书馆 1934 年。
- 波里比阿著，翁嘉声译：《罗马帝国的崛起》，北京：社会科学文献出版社 2013 年。
- M.M.波斯坦、爱德华·米勒主编，钟和译：《剑桥欧洲经济史》（第二卷），北京：经济科学出版社 2004 年。
- M.M.波斯坦、H.J.哈巴库克主编，王春法，张伟，赵海波译，《剑桥欧洲经济史》（第六卷），北京：经济科学出版社 2002 年。
- 布尔加柯夫：《东正教——教会学说概要》，北京：商务印书馆 2001 年。
- L.布尔诺娃著，耿昇译：《丝绸之路：神祇、军士与商贾》，昆明：云南人民出版社 2015 年。
- 雅各布·布克哈特著，何新译：《意大利文艺复兴时期的文化》，北京：商务印书馆 1979 年。
- 雅各布·布克哈特著，宋立宏等译：《君士坦丁大帝时代》，上海：上海三联书店 2017 年。
- 艾弗尔·卡梅伦·布莱恩·沃德-帕金斯、密西尔·怀特比编，祝宏俊、宋立宏等译：《剑桥古代史》，北京：中国社会科学出版社 2021 年，第 14 卷。
- 詹姆斯·布赖斯著，孙秉莹、谢德风、赵世瑜译：《神圣罗马帝国》，北京：商务印书馆 2016 年。
- 哈特温·布兰特著，周锐译：《古典时代的终结》，上海：上海三联书店 2018 年。
- 彼得·布朗著，钱金飞、沈小龙译：《希波的奥古斯丁》，北京：中国社会科学出版社 2013 年。
- 拉尔斯·布朗沃思著，吴斯雅译：《拜占庭帝国：拯救西方文明的东罗马千年史》，北京：中信出版集团股份有限公司，2016 年。
- 布林顿等著，刘景辉译：《西洋文化史》第二卷中古（上），台湾：学生书局 1971 年。
- 马克·布洛赫著，张绪山译：《国王神迹》，北京：商务印书馆 2018 年。
- 坚尼·布鲁克尔著，朱龙华译：《文艺复兴时期的佛罗伦萨》，上海：三联书店 1985 年。
- 布哇著，冯承钧译：《帖木儿帝国》，上海：商务印书馆 1932 年。
- 布瓦松纳著，潘源来译：《中世纪欧洲生活和劳动》，北京：商务印书馆 1985 年。
- 查士丁尼著，张企泰译：《法学总论——法学阶梯》，北京：商务印书馆 1989 年。

- 查士丁尼著，张企泰译：《法学总论——法学阶梯》，北京：商务印书馆 1989 年。

- 查尔斯·霍默·哈斯金斯著，夏继果译：《十二世纪文艺复兴》，上海：上海三联书店 2008 年。
- 曹孚、滕大春等编：《外国古代教育史》，北京：人民教育出版社 1981 年。
- 丛日云：《西方政治文化传统》，大连：大连出版社 1996 年。
- 陈垣著：《基督教入华史略》，《陈垣学术论文集》第一集，北京：中华书局 1980 年。
- 陈志强：《巴尔干古代史》，北京：中华书局 2007 年。
- 陈志强：《拜占廷帝国史》，北京：商务印书馆 2003 年。
- 陈志强：《拜占廷学研究》，北京：人民出版社 2001 年。
- 陈志强：《盛世余辉——拜占庭文明探秘》，昆明：云南人民出版社 2001 年。
- 陈志强：《拜占庭帝国通史》，上海：上海社会科学出版社 2013 年。
- 陈志强：《拜占庭史研究入门》，北京：北京大学出版社 2012 年。
- 陈志强：《拜占庭文明》，北京：北京师范大学出版社 2018 年。
- 陈志强：《独特的拜占庭文明》，北京：中国青年出版社 1999 年。
- 陈志强：《古史新话—拜占庭研究的亮点》，北京人民出版社 2019 年。
- 岑仲勉著：《突厥集史》（下册），北京：中华书局 1958 年。
- 戴东雄：《中世纪意大利法学与德国的继受罗马法》，北京：中国政法大学出版社 2003 年。
- 诺曼·戴维斯著，郭方、刘北成等译：《欧洲史》，北京：世界知识出版社 2007 年。
- 耿昇译：《海市蜃楼中的帝国：丝绸之路上的人、神与神话》，北京：中国藏学出版社 2013 年。
- 慧超、杜环著，张毅、张一纯译：《往五天竺国传笺释经行记笺注》，北京：中华书局 2000 年。
- 威尔·杜兰著：《世界文明史》，台北：东方出版社 1998—1999 年。
- 威尔·杜兰著，幼狮文化公司译：《信仰的时代》，《世界文明史》第四卷，北京：东方出版社 1998 年。
- 杜佑：《通典》，北京：中华书局 1988 年。
- 多桑著，冯承钧译：《多桑蒙古史》，上海：上海古籍出版社 2014 年。
- 方豪著：《中西交通史》（上册），长沙；岳麓书社 1987 年。
- 费尔巴哈著，荣振华译：《基督教的本质》，北京：商务印书馆 1995 年。
- 费多铎著，谢扶雅等译：《东方教父选集》，台北：基督教文艺出版社 1964 年。
- 芬利主编，张强、唐均等译：《希腊的遗产》，上海：上海人民出版社 2004 年。

· 冯承钧著:《西域地名》,北京:中华书局1980年。
· 伏尔泰著,王燕生译:《哲学辞典》(上册),北京:商务印书馆1997年。
· 保罗·福拉克主编,徐家玲等译:《新编剑桥中世纪史》第一卷,北京:中国社会科学出版社2022年。
· 傅海波、魏瑞德等编,史卫民等译:《剑桥中国辽西夏金元史》,北京:中国社会科学出版社1998年。
· 彼得·弗兰科潘著,欧阳敏译:《十字军东征:来自东方的召唤》,海口:海南出版社2019年。
· 罗伯特·福西耶主编,陈志强等译:《剑桥插图中世纪史(350—950)》,济南:山东画报出版社2006年,2018年。
· 罗伯特·福西耶著,李桂芝等译:《剑桥插图中世纪史,(1250—1520)》,济南:山东画报出版社2009年。
· 理查德·A.盖布里埃尔、凯伦·S.梅兹著,王松俊等译:《军事医学史》,北京:军事医学科学出版社2011年。
· 火者·盖耶速丁著,何高济译:《沙哈鲁遣使中国记》,北京:中华书局2002年。
· 胡斯都·L.冈察雷斯著,陈泽民、孙汉书等译:《基督教思想史(第一卷)》,陈泽民、赵红军等校,南京:译林出版社2008年。
· 胡斯托·L·冈萨雷斯著,赵城艺译:《基督教史》(上),上海:上海三联书店2016年。
· 葛承雍著:《唐韵胡音与外来文明》,北京:中华书局2006年。
· 迈克尔·格兰特著,王乃新、郝际陶译:《罗马史》,上海:上海人民出版社2008年。
· 格雷戈里著,寿纪瑜、戚国淦译:《法兰克人史》,北京:商务印书馆1998年。
· 蒂莫西·E.格里高利著,刘智译:《拜占庭简史》,上海:华东师范大学出版社2019年。
· 菲利普·格里尔森著,武宝成译:《拜占庭货币史》,北京:法律出版社2018年。
· T.E.格里高利著,刘智译:《拜占庭简史》,上海:华东师范大学出版社2019年。
· 朱塞佩·格罗索,黄风译:《罗马法史》,北京:中国政法大学出版社1996年。
· 勒内·格鲁塞著,蓝琪译,项英杰校:《草原帝国》,北京:商务印书馆2013年。
· 国际中文版编辑部编译:《大不列颠百科全书》第1卷,北京:中国大百科全书出版社2007年。
· 乔纳森·哈里斯著:《拜占庭简史》,北京:中信出版社2017年。
· 哈里斯主编,田明等译:《埃及的遗产》,上海:上海人民出版社2006年。
· 哈里斯著,吴晞、靳萍译:《西方图书馆史》,北京:书目文献出版社1989年。
· 丹尼斯·哈伊著,李玉成译:《意大利文艺复兴的历史背景》,上海:三联书店1988年。
· 何光沪:《多元化的上帝观》,贵阳:贵州人民出版社1999年。
· 赫西俄德著,张竹明、蒋平译:《神谱》384—386,北京:商务印书馆1998年。
· 黄风编著:《罗马法词典》,北京:法律出版社2001年。
· 黄时鉴著:《东西交流史论稿》,上海:上海古籍出版社1998年。
· 黄维民:《中东国家通史·土耳其卷》,北京:商务印书馆2002年。
· 爱德华·吉本著,黄宜思、黄雨石译:《罗马帝国衰亡史》,北京:商务印书馆2005年。
· 爱德华·吉本著,席代岳译:《罗马帝国衰亡史》,第1卷,长春:吉林出版集团2008、2014年。
· 吉田丰著:《西安新出史君墓志的粟特文部分考释》,《粟特人在中国》(《法国汉学》第十辑),中华书局2005年。
· 基佐著,程洪逵、沅芷译:《欧洲文明史:自罗马帝国败落到法国革命》,北京:商务印书馆2005年。
· 江平、米健:《罗马法基础》,北京:中国政法大学出版社1987年。
· 姜椿芳总编:《中国大百科全书(考古学卷)》,上海:中国大百科全书出版社1986年。
· 姜伯勤著:《敦煌吐鲁番文书与丝绸之路》,北京:文物出版社1994年。
· 查尔斯·金著,苏圣捷译:《黑海史》,上海:东方出版社2011年。
· 阿尔图罗·卡斯蒂廖尼著,程之范、甄橙主译:《医学史》上册,南京:译林出版社2013年。
· 唐纳德·R.凯利著,陈恒、宋立宏译:《多面的历史:从希罗多德到赫尔德的历史探询》,北京:三联书店2003年。
· 凯特·凯利著,徐雯菲译:《医学史话:中世纪500—1450》,上海:上海科学技术文献出版社2012年。
· 凯撒著,任炳湘译:《高卢战记》,北京:商务印书馆1982年。
· 玛丽·坎宁安著,李志雨译:《拜占庭的信仰》,北京:北京大学出版社2005年。
· 罗伯特·柯布里克著,张楠等译:《罗马人》,北京:世界图书出版公司北京公司2013年。
· 克拉维约著,杨兆钧译:《克拉维约东使录》,北京:商务印书馆1982年。
· 克莱门著,王来法译:《劝勉希腊人》,北京:生活·读书·新知三联书店2002年。
· 克里亚什托尔内编著,李佩娟译:《古代突厥鲁尼文碑铭》,哈尔滨:黑龙江教育出版社1991年。
· 克林凯特著,赵崇民译:《丝绸古道上的文化》,乌鲁木齐:新疆美术摄影出版社1994年。
· 克林木凯特著,林悟殊翻译增订:《达·伽马以前中亚和东亚的基督教》,台北:淑馨出版社1995年。
· 克鲁普斯娅著,中共中央马克思恩格斯列宁斯大林著作编译局译:《论列宁》,北京:人民出版社1960年。
· 安娜·科穆宁娜著,李秀玲译:《阿莱克休斯传》,上海:上海三联书店2018年。
· 安娜·科穆宁娜著,谭天宇、秦艺芯译:《阿莱克修斯传》,哈尔滨:东北林业大学出版社2017年。
· 拉夫连季著,朱寰、胡敦伟译:《往年纪事》,北京:商务印书馆2011年。
· 拉施特主编,余大钧、周建奇译:《史集》,北京:商务印书馆1983—1985年。
· 蓝琪主编:《中亚史》(第一卷),北京:商务印书馆2018年。
· 斯蒂文·郎西曼著,马千译:《1453——君士坦丁堡的陷落》,北京:时代华文书局2014年。
· 乐峰:《东正教史》,北京:中国社会科学出版社1999年。
· 雅克·勒高夫著,徐家玲译:《中世纪文明(400—1500年)》,上海:上海人民出版社2011年。
· 大卫·勒斯科姆和乔纳森·赖利-史密斯主编,陈志强、郭云艳等译:《新编剑桥中世纪史》第四卷,北京:中国社会科学出版社2021年。
· 爱德华·勒特韦克著,时殷弘、惠黎文译:《罗马帝国的大战略》,北京:商务印书馆2008年。
· 李秀玲:《安娜·科穆宁娜及其笔下的拜占庭帝国》,北京:北京燕山出版社2014年。

- 李雅书、杨共乐:《古代罗马史》，北京：北京师范大学出版社 1994 年。
- 厉以宁:《罗马—拜占庭经济史》，北京：商务印书馆 2006 年。
- 尼古拉·梁赞诺夫斯基、马克·斯坦伯格著，杨烨、卿文辉主译:《俄罗斯史（第七版）》，上海：上海人民出版社 2007 年。
- 列夫臣柯著，葆煦译:《拜占庭》，北京：生活·读书·新知三联书店 1960 年。
- 林英:《金钱之旅——从君士坦丁堡到长安》，北京：人民美术出版社 2004 年。
- 林英:《唐代拂菻丛说》，北京：中华书局 2006 年。
- 刘榕榕:《古代晚期地中海地区自然灾害研究》，北京：中国社会科学出版社 2018 年。
- 刘新成主编:《西欧中世纪社会史研究》，北京：人民出版社 2006 年。
- 刘新利:《德意志历史上的民族与宗教》，北京：商务印书馆 2009 年。
- 刘延勃等主编:《哲学辞典》，长春：吉林人民出版社 1983 年。
- 刘衍刚:《罗马帝国的梦魇：马塞里努斯笔下的东方战争与东方蛮族》，上海：上海人民出版社 2018 年。
- 罗春梅:《1204 年君士坦丁堡的陷落》，北京：人民出版社 2012 年。
- 罗丰:《固原南郊隋唐墓地》，北京：文物出版社 1996 年。
- 罗丰:《胡汉之间——“丝绸之路”与西北历史考古》，北京：文物出版社 2004 年。
- 安德鲁·洛思著，孙毅、游冠辉译:《神学的灵泉：基督教神秘主义传统的起源》，北京：中国致公出版社 2001 年。
- 塞西尔·罗斯著，黄福武等译:《简明犹太民族史》，济南：山东大学出版社 2005 年。
- 罗斯托夫采夫著，马雍和、厉以宁译:《罗马帝国社会经济史》，北京：商务印书馆 1985 年。
- 罗香林著:《唐元两代之景教》，香港：中国学社 1966 年。
- 洛阳市文物管理局编著:《洛阳出土丝绸之路文物》，郑州：河南美术出版社 2011 年。
- 马长寿著:《突厥人与突厥汗国》，上海：上海人民出版社 1957 年。
- 洛伊斯·玛格纳著，刘学礼主译:《医学史》，上海：上海人民出版社 2009 年。
- 马基雅维里著，潘汉典译:《君主论》，北京：商务印书馆 1986 年。
- 马克垚:《中世纪西欧经济形态研究》，北京：人民出版社 1985 年。
- 亨利-伊雷内·马鲁著，王晓侠、龚觅、孟玉秋译:《古典教育史（罗马卷）》，上海：华东师范大学出版社 2017 年。
- 毛欣欣:《君士坦丁堡城市管理研究》，长春：吉林大学出版社 2017 年。
- 拉姆塞·麦克莫兰著，吕厚量译:《腐败与罗马帝国的衰落》，北京：中国方正出版社 2015 年。
- 约翰·麦克曼勒斯主编，张景龙等译:《牛津基督教史》，贵阳：贵州人民出版社 1995 年。
- 威廉·麦克尼尔著，余新忠、毕会成译:《瘟疫与人》，中信出版集团，2018 年。
- 西里尔·曼戈主编，陈志强、武鹏译:《牛津拜占庭史》，北京：北京师范大学出版社 2015 年。
- 西里尔·曼戈著，张本慎等译:《拜占庭建筑》，北京：中国建筑工业出版社 1999、2010 年。
- 美国不列颠百科全书公司编著，中国大百科全书出版社不列颠百科全书编辑部编译:《大不列颠百科全书》（国际中文版）第 3 卷，第 9 卷，北京：中国大百科全书出版社 1999 年。
- 德·梅列日科夫斯基著，刁绍华、赵静男译:《叛教者尤里安》，哈尔滨：黑龙江人民出版社 1998 年。
- 孟德斯鸠著，婉玲译:《罗马盛衰原因论》，北京：商务印书馆 2009 年。
- 蒙森著，李稼年译:《君主论》，北京：商务印书馆 2017 年。
- 莫里斯一世著:《战略：拜占庭时代的战术、战法和将道》，北京：台海出版社 2019 年。
- 莫里斯一世著，王子午译:《战略》，北京：台海出版社 2019 年。
- 威廉·穆尔著，周术情、吴彦、李婧、郑丽君译:《阿拉伯帝国》，西宁：青海人民出版社 2006 年。
- G.F.穆尔著，郭舜平等译:《基督教简史》，北京：商务印书馆 2003 年。
- 穆尔著，福建师范大学外语系编译室译:《基督教简史》，北京：商务印书馆 1981 年。
- 巴里·尼古拉著，黄风译:《罗马法概论》，北京：法律出版社 2000 年。
- 巴里·尼古拉斯著，黄风译:《罗马法概论》，北京：法律出版社 2000 年。
- 钮先钟:《西方战略思想史》，桂林：广西师范大学出版社 2003 年。
- 约翰·朱利叶斯·诺威奇，殷亚平等译:《地中海史》，上海：东方出版中心 2011 年。
- 杰弗里·帕克著，傅景川等译:《剑桥战争史》，长春：吉林人民出版社 1999 年。
- 米洛拉德·帕维奇著，南山、戴骢、石枕川译:《哈扎尔辞典》，上海：上海译文出版社 2013 年。
- 马文·佩里主编，胡万里等译:《西方文明史》，北京：商务印书馆 1993 年。
- 彭信威:《中国货币史》，上海：上海人民出版社 2015 年，第 4 页。
- 亨利·皮朗著，乐文译:《中世纪欧洲经济社会史》，上海：上海人民出版社 1986 年。
- 亨利·皮雷纳著，陈国樑译:《中世纪的城市》，北京：商务印书馆 2006 年。
- 普罗柯比著，崔艳红译:《战史》，郑州：大象出版社 2010 年。
- 普罗柯比著，吴舒屏等译:《秘史》，上海：上海三联书店 2007 年。
- 普洛科皮乌斯著，王以铸、崔妙因译:《普洛科皮乌斯战争史》，北京：商务印书馆 2010 年。
- 启良:《西方文化概论》，广州：花城出版社 2000 年。
- 齐思和著:《中国和拜占庭帝国的关系》，上海：上海人民出版社 1956 年。
- 曲可伸:《罗马法原理》，天津：南开大学出版社 1988 年。
- 荣新江:《中古中国与外来文明》，北京：生活·读书·新知三联书店 2001 年。
- 荣新江、李孝聪主编:《中外关系史：新史料与新问题》，北京科学出版社 2004 年。
- 荣新江:《丝绸之路与东西文化交流》，北京：北京大学出版社 2015 年。
- 柔克义译注，何高济译:《鲁布鲁克东行纪》，北京：中华书局 1985 年。
- 芮传明:《古突厥碑铭研究》，上海：上海古籍出版社 1998 年。
- 路易吉·萨尔瓦托雷利著，沈珩、祝本雄译:《意大利简史》，北京：商务印书馆 2014 年。
- 萨里斯著，刘洪涛、陆赟译:《（牛津通识读本）拜占庭》，南京：译林出版社 2021 年。
- 罗伯特·M.塞尔茨著，赵立行等译:《犹太的思想》，上海：上海三联书店 1995 年。
- 沙畹著，冯承钧译:《西突厥史料》，北京：中华书局 2004 年。
- 沈福伟著:《中西文化交流史》，上海：上海人民出版社 2006 年。
· 狄奥尼修斯 · 史塔克普洛斯著，陈友勋译：《拜占庭一千年》，北京：化学工业出版社 2019 年。
· 施治生，刘欣如主编：《古代王权与专制主义》，北京：中国社会科学出版社 1993 年。
· 桑德罗 · 斯奇巴尼著，张礼洪译：《民法大全选译 · 公法》，北京：中国政法大学出版社，1999 年，
· 斯特拉博著，李铁匠译：《地理学》，上海：上海三联书店 2014 年。
· 斯塔夫里阿诺斯著，吴象婴、梁赤民译：《全球通史——1500 年以前的世界》，上海：上海社会科学院出版社 1999 年。
· 斯特伦著，金泽、何其敏译：《人与神：宗教生活的理解》，上海：上海人民出版社 1991 年。
· 宋濂、王祎：《元史》卷三《宪宗纪 · 蒙哥》，北京：中华书局 1971 年。
· 苏维托尼乌斯著，张竹明等译：《罗马十二帝王传》，北京：商务印书馆 2000 年。
· 孙培良、杨群章：《萨珊朝伊朗》，重庆：西南师范大学出版社 2995 年。
· 塔西佗著，王以铸、崔妙因译：《编年史》，北京：商务印书馆，1981 年。
· 太原市文物考古研究所：《晋阳古城》，北京：文物出版社 2005 年。
· 谭载喜：《西方翻译简史》，北京：商务印书馆 2004 年。
· 詹姆斯 · W.汤普逊著，耿淡如译：《中世纪经济社会史：300—1300 年》，北京：商务印书馆 1961 年、1984 年。
· 唐逸：《基督教史》，北京：中国社会科学出版社 1993 年。
· 特尔慈著，戴盛虞等译：《基督教社会思想史》，中国香港：基督教文艺出版社 1959 年版。
· 沃伦 · 特里高德著、崔艳红译：《拜占庭简史》，上海：人民出版社 2008 年。
· 布莱恩 · 蒂尔尼等著，袁传伟译：《西欧中世纪史》(第六版)，北京：北京大学出版社 2011 年。
· 吐鲁番市文物局，吐鲁番学研究院，吐鲁番博物馆：《吐鲁番晋唐墓地——交河沟西、木纳尔、巴达木发掘报告》，北京：文物出版社 2019 年。
· A.A.瓦西列夫著，徐家玲译：《拜占庭帝国史》，北京：商务印书馆 2019 年。
· 王挺之、徐波、刘耀春：《新世纪的曙光：文艺复兴》，北京：中国青年出版社 1999 年。
· 王小波：《罗得海商法研究》，北京中国政法大学出版社，2011 年。
· 王晓朝主编：《信仰与理性—古代基督教教父思想评传》，北京：东方出版社 2001 年。
· 王旭东、孟庆龙：《世界瘟疫史：疾病流行、应对措施及其对人类社会的影响》，中国社会科学出版社 2005 年。
· 王亚平：《德国通史》(第一卷)，南京：江苏人民出版社 2019 年。
· 王亚平著：《修道院的变迁》，北京：东方出版社 1998 年。
· 王钺译注：《〈罗斯法典〉译注》，兰州：兰州大学出版社 1987 年。
· 王钺译注：《〈往年纪事〉译注》，兰州：甘肃民族出版社 1994 年。
· 王治来：《中亚通史》(古代史下)，北京：人民出版社 2010 年。
· 王治心著：《中国基督教史纲》，上海：上海文海出版社 1940 年。
· 韦伯著，姚燕译：《文化社会学视域中的文化史》，上海：上海人民出版社 2006 年。
· 菲利普 · 沃尔夫著，郑宇建、顾犇译：《欧洲的觉醒》，北京：商务印书馆 1990 年。
· 威利斯顿 · 沃尔克著，孙善玲，段琦译：《基督教会史》，北京：中国社会科学出版社 1991 年。
· 沃尔克著，孙善玲等译：《基督教会史》，北京：中国社会科学出版社 1991 年。
· 迈克尔 · 沃尔泽编，刘平译：《犹太政治传统(卷一)》，上海：华东师范大学出版社 2011 年。
· 乌格里诺维奇著，王先睿、李鹏增译：《艺术与宗教》，北京：三联书店 1987 年。
· 吴于廑、齐世荣主编：《世界史 · 古代史编》(下)，北京：高等教育出版社 1994 年。
· 希罗多德著，王以铸译：《历史》，北京：商务印书馆 1997 年。
· 希罗多德著，徐松岩译注：《历史》，北京：中信出版社 2013 年。
· 彼得 · 希瑟著，向俊译：《罗马帝国的陨落：一部新的历史》，北京：中信出版社 2016 年。
· 夏德著，朱杰勤译：《大秦国全录》，北京：商务印书馆 1964 年。
· 向达著：《唐代长安与西域文明》，北京：三联书店 1957 年。
· 斯坦福 · 肖著，许序雅、张忠祥译：《奥斯曼帝国》，西宁：青海人民出版社 2006 年。
· 谢方主编：《中西初识》，郑州：大象出版社 1999 年。
· 谢清高著，钟淑河等校点：《海录：附三种》，长沙：岳麓书社 2016 年。
· 新疆维吾尔自治区文物局：《丝路瑰宝：新疆馆藏文物精品图录》，乌鲁木齐：新疆人民出版社 2011 年。
· 新疆文物考古研究所：《吐鲁番阿斯塔那-哈拉和卓墓地》，北京：文物出版社 2018 年。
· 尼古拉 · 辛姆斯-威廉姆斯著，李鸣飞、李艳玲译：《阿富汗北部的巴克特里亚文献》(上册)，兰州：兰州大学出版社 2014 年。
· 修昔底德，徐松岩译注：《伯罗奔尼撒战争史》，卷 1，上海：上海人民出版社 2017 年。
· 徐家玲：《拜占庭文明》，北京：人民出版社 2006 年。
· 徐家玲：《早期拜占庭和查士丁尼时代》，长春：东北师范大学出版社 1998 年。
· 徐家玲：《走进拜占庭文明》，北京：民主与建设出版社 2001 年。
· 徐家玲：《世界宗教史纲》，高等教育出版社 2007 年。
· 徐松著：《汉书 · 西域传补注》下，上海：商务印书馆民国二十六年。
· 许列民著：《沙漠教父的苦修主义》，上海：上海人民出版社 2009 年版。
· 玄奘、辩机著，季羡林等校注：《大唐西域记校注》(下)，北京：中华书局 2000 年。
· 雅科伏列夫著，任光宣、李冬晗译：《艺术与世界宗教》，北京：文化艺术出版社 1989 年。
· 亚里士多德著，罗念生译：《诗学》，北京：人民文学出版社 1962 年。
· 亚里士多德著，吴寿彭译：《形而上学》，北京：商务印书馆 1983 年版。
· 杨威理：《西方图书馆史》，北京：商务印书馆 1988 年。
· 杨衒之：《洛阳伽蓝记校笺》，北京：中华书局 2006 年。
· 杨真：《基督教史纲》，三联书店 1979 年。
· 叶民：《最后的古典：阿米安和他笔下的晚期罗马帝国》，天津：天津人民出版社 2004 年。
· 佚名著，刘建军译：《狄吉尼斯 · 阿克里特：混血的边境之王》，北京：北京大学出版社 2019 年版。
· 尹忠海著：《权贵与土地：马其顿王朝社会解析》，北京：人民出版社 2010 年。

· 尤特罗比乌斯著，谢品巍译：《罗马国史大纲》，上海人民出版社 2011 年。
· 尤西比乌著，翟旭彤中译：《教会史》，三联书店 2009 年。
· 尤西比乌斯著，林中泽译：《君士坦丁传》，商务印书馆 2015 年。
· 于可主编：《世界三大宗教及其流派》，湖南人民出版社 1988 年。
· 裕尔著，考迪埃修订，张绪山译：《东域纪程录丛》，北京：中华书局 2008 年。
· 余太山主编：《西域文化史》，北京：中国友谊出版公司 1996 年。
· 余太山著：《嚈哒史研究》，济南：齐鲁书社 1986 年。
· 羽田亨著，耿世民译：《西域文化史》，乌鲁木齐：新疆人民出版社 1981 年。
· 羽田亨著，耿世民译：《西域文明史概论》，北京：中华书局 2005 年。
· 原州联合考古队编著：《北周田弘墓》，北京：文物出版社 2009 年。
· 原州联合考古队编著：《唐史道洛墓》，北京：文物出版社 2014 年。
· 约达尼斯著，罗三洋译：《哥特史》，北京：商务印书馆 2013 年。
· 泽田勋著，王庆宪、丛晓明译：《匈奴：古代游牧国家的兴亡》，呼和浩特：内蒙古人民出版社 2011 年。
· 张广达著：《西域史地丛稿初编》，上海：上海古籍出版社 1995 年。
· 张广智：《西方史学史》（第二版），上海：复旦大学出版社 2006 年。
· 张倩红，艾仁贵：《犹太文化》，北京：人民出版社 2013 年。
· 张倩红：《犹太史研究新维度——国家形态 · 历史观念 · 集体记忆》，北京：人民出版社 2015 年。
· 张晓校：《罗马军队与帝位嬗递——从奥古斯都到君士坦丁》，北京：中国社会科学出版社 2006 年。
· 张星烺编注：《中西交通史料汇编》（第一册），北京：中华书局 1977 年。
· 张星烺编注：《中西交通史料汇编》（第一册），北京：中华书局 2003 年。
· 张绪山：《中国与拜占庭帝国关系研究》，北京：中华书局 2012 年。
· 张绪山：《西学研究》第一辑，北京商务印书馆 2003 年。
· 张志伟主编：《西方哲学史》，北京：中国人民大学出版社 2010 年。
· 赵敦华：《基督教哲学 1500 年》，北京：人民出版社 1994 年。
· 志费尼著，何高济译：《世界征服者史》（下册），翁独健校，呼和浩特：内蒙古人民出版社 1980 年。
· 郑玮：《雅典：公元 267—582 年：从古典城市走向基督教城市》，天津：天津人民出版社 2009 年。
· 中共中央马克思恩格斯列宁斯大林著作编译局编译：《马克思恩格斯全集》第 10 卷，北京：人民出版社 1965 年。
· 中共中央马克思恩格斯列宁斯大林著作编译局编译：《马克思恩格斯选集》第 3 卷，北京：人民出版社 1972 年。
· 中国大百科全书总委员会《外国历史》委员会：《中国大百科全书》（外国历史 Ⅱ），北京：中国大百科全书出版社 1992 年。
· 周枏：《罗马法原论》，北京：商务印书馆 1994 年。
· 朱寰主编：《亚欧封建经济形态比较研究》，长春：东北师范大学出版社 1996 年。
· 朱谦之著：《中国景教：中国古代基督教研究》，北京：东方出版社 1993 年。
· 佐西莫斯著，谢品巍译：《罗马新史》，上海：上海人民出版社 2013 年。

重要译名表

说明:

1. 部分重要译名后均附有西文原文。
2. 所列译名主要依据商务印书馆《人名地名辞典》和《百科全书》中文版，个别冷僻译名依据“名从主人”的原则翻译。
3. 所列书名的原文用斜体文字附在中文前。
4. 西文小语种译名依据“名从主人”的原则翻译。
5. 所涉《圣经》译名依据中文版《圣经》。

A

· Aachen 亚琛
· Abasgians 阿巴斯吉安人
· 'Abbadids, of Seville 阿巴德王朝，塞维利亚的
· 'Abbas ibn Tamim 阿拔斯 · 伊本 · 塔敏
· 'Abbasid caliphate 阿拔斯哈里发王朝
· 'Abd al-'Aziz 阿卜杜勒 · 阿齐兹
· 'Abd Allā h b. al-Mansū r 阿卜杜拉 · 本 · 曼苏尔
· 'Abd Allā h b. Muhammad 阿卜杜拉 · 本 · 穆罕默德
· 'Abd Allah bin Yasin 阿卜杜拉 · 本 · 亚辛
· 'Abd al-Malik 阿卜杜勒 · 马利克
· *Abraham*《亚伯拉罕》
· Abu Bakr 阿布 · 巴克尔
· Abu Ya'qub Yusuf 阿布 · 雅库布 · 优素福
· Abu'l Faraj Yahya ibn Sa'id, *Annals of the Patriarchs of Alexandria* 阿布 · 法赖吉 · 叶海亚 · 伊本 · 赛伊德，《亚历山大里亚牧首年代纪》
· Abul-Kasim 阿布 · 卡西姆
· Abydos 阿拜多斯
· Abyssinia 阿比西尼亚
· Acacian schism “阿卡西乌斯分裂”
· Acacius 阿卡西乌斯，君士坦丁堡牧首
· Acarnania 阿卡纳尼亚（地名）
· Achaea（Achaia, Frankish duchy in Peloponnese） 阿哈伊亚公国
· Achaea, Latin principality 阿哈伊亚，拉丁公国
· Achaemenids 阿契美尼德王朝
· Acra 阿克拉
· Acre 阿卡
· Acroinon 阿克罗伊农
· Acte 阿克拉半岛，希腊
· Adana 阿达纳
· Adela 阿德拉
· Adelaide 阿德莱德
· Adelaide of Burgundy 勃艮第的阿德莱德
· Adramyttium 阿德拉米迪乌姆军区
· Adrian I, pope 阿德里安一世，教宗
· Adrianople 阿德里安堡
· Adriatic sea 亚得里亚海
· Aegean Sea 爱琴海
· Aequitius 埃奎提乌斯
· Aetitus 埃伊希厄斯，罗马将领
· Aetolia 埃托利亚
· Agathias 阿伽提阿斯，历史学家和诗人（古罗马）
· Agnè s of Montferrat 阿涅丝，蒙特菲拉特的
· Akhlat/Ahlat 阿赫拉特
· Aikaterine 爱卡特琳
· Akritai “阿克利提”（边防军的希腊文名称）

- Akroinon 阿克洛伊农
- al-'Aziz 'Uthman 阿齐兹 · 奥斯曼
- al-'Aziz Muhammad 阿齐兹 · 穆罕默德
- Alamanni 阿勒曼尼人
- Alans 阿兰人
- Alaric 阿拉里克
- Albania 阿尔巴尼亚
- Albanians 阿尔巴尼亚人
- Albert, patriarch of Jerusalem 阿尔伯特，耶路撒冷牧首
- Albigeois 阿尔比派（或阿尔比人，法语拼法）
- Aleppo 阿勒颇
- Alesios Kabasilas 阿莱克修斯 · 卡巴西拉斯
- Alexander 亚历山大
- Alexandria 亚历山大里亚
- *Alexiad*《阿莱克修斯传》
- Alexios Apokaukos 阿莱克修斯 · 阿波卡夫科斯
- Alexios Axouch 阿莱克修斯 · 阿克苏齐
- Alexios Branas 阿莱克修斯 · 布拉纳斯
- Alexios Ⅰ Komnenos 阿莱克修斯一世 · 科穆宁
- Alexios Ⅱ Kommenos 阿莱克修斯二世 · 科穆宁
- Alexios Ⅲ Angelos 阿莱克修斯三世 · 安苴鲁斯
- Alexios Ⅲ Grand Komnenos 阿莱克修斯三世 · 大科穆宁
- Alexios Ⅳ Angelos 阿莱克修斯四世 · 安苴鲁斯
- Alexios Ⅴ Ducas Murtzuphlos 阿莱克修斯五世 · 杜卡斯 · 穆尔祖夫罗斯
- Alexios Palaiologos 阿莱克修斯 · 帕列奥列格
- Alexios Sthlavos 阿莱克修斯 · 斯拉沃斯
- Alexius Apocaucus 阿莱克修斯 · 阿波考库斯
- Alexius Metochites 阿莱克修斯 · 梅托契特斯
- Alfred the Great 阿尔弗雷德大王
- Alani 阿兰
- Allan Harris Cutler 卡特勒
- allelengyon “连保制”
- Allies 蛮族同盟军
- al-Ma'mun 马蒙
- al-Mansū r 曼苏尔
- Almos of Hungary 匈牙利的阿尔莫斯
- Alopus 阿罗普斯
- Alp Arslan 阿尔普 · 阿尔斯兰
- Alps 阿尔卑斯山
- Alusianus 阿鲁斯阿努斯
- Amadeus of Savoy 萨伏依的阿马迪斯
- Amalaric 阿马拉里克，西哥特王
- Amalasuentha 阿马拉松塔
- Amandus Constantine 阿曼杜斯 · 君士坦丁
- Amanus mountains 阿马努斯山
- Amaseia 阿马西亚
- Amastrianon 阿马斯特里安农
- Āmed 阿米德，亦称迪亚巴克尔（Dīār Bakr），今土耳其迪亚巴克尔省首府
- Amintzantarantai 阿敏赞塔派
- Amisos 阿米索斯，萨姆松别称
- Amitiotai 阿米提奥泰
- Amida 阿米达，边防城市
- Ammianus Marcellinus 阿米亚努斯 · 马尔切利努斯
- 'Amr ibin al-'As 阿穆尔 · 伊本-阿斯，穆斯林将领
- *An Easter Rule*《复活节法则》
- Anastacia 安娜斯塔西娅
- Anastasiopolis（Dara）阿纳斯塔修斯城（达拉）
- Anastasius Ⅰ, emperor 阿纳斯塔修斯一世，皇帝
- Anastasius Ⅱ, pope 阿纳斯塔修斯二世，教宗
- Anatolia 安纳托利亚
- Anatolikon thema 安纳托利亚军区
- Anazarbos 阿纳萨尔波斯
- Ancona 安科纳
- Andrew Ⅰ 安德鲁一世
- Andrew Palaiologos 安德鲁 · 帕列奥列格
- Andronicus Lapadas 安德罗尼库斯 · 兰帕达斯
- Andronikopolis 安德洛尼库波利斯（地名）
- Andronikos Doukas Aprenos 安德罗尼库斯 · 杜卡斯 · 阿普利努斯
- Andronikos Doukas 安德罗尼库斯 · 杜卡斯
- Andronikos Ⅰ Gidos 安德罗尼库斯 · 吉多斯
- Andronikos Ⅰ Komnenos, emperor 安德罗尼库斯一世 · 科穆宁，皇帝
- Andronikos Ⅱ Palaiologos 安德罗尼库斯二世 · 帕列奥列格
- Andronikos Ⅲ Palaiologos 安德罗尼库斯三世 · 帕列奥列格
- Andronikos Ⅳ Palaiologos 安德罗尼库斯四世 · 帕列奥列格
- Andronikos Komnenos 安德罗尼库斯 · 科穆宁
- Andros 安德罗斯岛
- Angeli dynasty 安苴鲁斯王朝
- Angelus 安苴鲁斯
- Angevin dynasty 安茹王朝
- Ani 阿尼
- Anjou 安茹
- Anna Comnena 安娜 · 科穆宁娜
- Anna Dalassena 安娜 · 达拉塞娜
- Anna Kantakouzene（'Αννα Καντακουζηνή）安娜·坎塔库震妮(坎塔库震努斯的女性名)
- Anna of Hungary 匈牙利的安娜
- Anna Palaiologina 安娜·帕列奥列吉娜(帕列奥列格的女性名)
- Anna Porphyrogenita 紫衣家族的安娜
- *Annals*《年代记》
- Anne of Savoy 萨伏依的安妮
- Anseau de Courcelles 安索·德·库塞勒
- Antes（Antae）安特人(安泰人)(斯拉夫族群)
- Anthimius 安西米乌斯
- Anthousa 安淑莎,君士坦丁堡城标
- Anthypatus 执政
- Antigonus the One-eyed 安提柯
- Antikythera 安提基西拉岛
- Antioch 安条克
- *Antirrhētikos pros Galēnon*《驳斥盖伦》
- Antoiniadis 安托尼阿迪斯
- Antonine Order 安东尼修会
- Antony 安托尼
- Aphrodito 阿芙洛迪特
- aphthartodocetism “神性不朽”派(极端一性派异端)
- Apocaucus 阿波考库斯
- Apollonias 阿波罗尼亚
- Aprus 阿普鲁斯
- Apulia 阿普利亚
- Arabia 阿拉比亚(或阿拉伯半岛)
- Arabs 阿拉伯人
- Aragon-Catalonia 阿拉贡-加泰罗尼亚
- Araxes valley 阿拉斯河谷
- Arcadia 阿尔卡迪亚(地名)
- Arcadiopolis 阿卡地奥波利斯
- Arcadius, emperor 阿卡狄乌斯,皇帝
- Archontopouloi “英豪后裔军团”
- Arda of Armenia 阿尔达(埃德萨统治者托罗斯之女)
- Ardabil 阿尔达比勒(人名)
- Ardabur 阿德布尔(阿兰人)
- Arethas 艾黎色,弗提乌斯追随者
- argenteus, -i 银币
- Argos/Argolís 阿尔戈斯(阿尔戈利斯州)
- Argyri 阿尔吉利家族

B

- Baza (Spain) 巴萨(西班牙),处于拜占庭控制下
- Beatrice 比阿特丽斯
- Bedrum 贝德鲁姆,今土耳其东北蒂雷波鲁东南部
- Beatrice of Provence 普罗旺斯的比阿特丽斯
- Beirut 贝鲁特
- Bela Ⅰ, King of Hungary 贝拉一世,匈牙利国王
- Bela Ⅲ, King of Hungary 贝拉三世,匈牙利国王
- Belgrade 贝尔格莱德
- Belisarius 贝利萨留,查士丁尼的将军
- Benedict 本尼狄克
- Benavento 贝内文托
- Benjamin of Tudela 图德拉的便雅悯
- Berengar Ⅱ of Italy 意大利的贝伦加尔二世
- Berger de Xivery 贝格尔·德西弗里
- Bernard 贝尔纳
- Bertha 贝尔塔
- Bessarion 贝萨隆
- Beyoğlu 贝伊奥卢
- *Bibliotheca*《图书集成》
- Biksit 比克希特堡
- Bileča 比莱恰战役(南斯拉夫地名)
- Blachernai 布拉赫那(教堂)
- Black Death 黑死病
- Black Sea 黑海
- Blues 蓝党
- Bogomil heresy 鲍格米尔派异教徒
- Bogomilism 鲍格米尔派
- Bohemia 波希米亚
- Bohemond Ⅰ of Antioch, 安条克的博希蒙德一世
- Bohemund 博希蒙德
- Boilas, Eustathius 尤斯塔修斯·博伊拉斯
- Boleslav Ⅰ of Bohemia 波希米亚的波列斯拉夫一世
- Boleslav Ⅱ 波列斯拉夫二世
- Boleslaw Ⅲ ("wrymouth"; Krzywousty) of Poland 波兰的波列斯拉夫三世("歪嘴")
- Boniface of Montferrat 蒙特菲拉特的博尼法斯
- Bonos 博努斯
- *Book of Ceremonies*《礼仪书》
- Boril of Bulgaria 保加利亚的鲍里尔
- Boris Ⅱ of Bulgaria 保加利亚的伯利斯二世
- Boris-Michael of Bulgaria 保加利亚的伯利斯-米哈伊尔
- Bosnia 波斯尼亚
- Bosphorus 博斯普鲁斯
- Boucellarion 布塞拉隆军区
- Boucicaut 布西科
- boyars 波雅尔(俄罗斯贵族)
- Bozcaada 博兹贾阿达
- Branas family 布拉纳斯家族
- Branicevo 布兰尼切沃(军事要塞名)
- Brindisi 布林迪西
- Bringas 布林加斯
- Britain 不列颠
- Brusa 布鲁萨(地名)
- Bryennius 布林尼乌斯
- Bucellarii (帝国权贵们的)私人部队
- Bucoleon Palace 大皇宫
- Budva 布德瓦
- Bulgaria 保加利亚
- Burgundy 勃艮第
- Bursa 布尔萨
- Butrinto 布特林托
- Burtulus 布尔图鲁斯要塞
- Bythynian 比塞尼亚
- Byzantium 拜占庭城,有些研究中使用拜占廷,根据具体情况保留

C

- Cabasilas 卡巴司拉斯
- Caesar, Gaius Julius 凯撒,盖乌斯·尤利乌斯
- Caesarea of Cappadocia 卡帕多西亚的凯撒里亚
- Caesarea of Palestine 巴勒斯坦的凯撒里亚
- Caesarius 凯撒里乌斯
- Caffa (Κ α φ ά) 卡法,今乌克兰城市费奥多西亚
- Cairo 开罗
- Calάbria 卡拉布里亚
- 'caliph' 哈里发
- Callinicus 卡利尼库斯
- Callistus 卡利斯图斯(君士坦丁堡牧首名)
- Cambron 坎布伦
- Cameniate 卡门尼亚特
- Canca 堪加
- Cantacuzenus 坎塔库震努斯
- Cappadocia 卡帕多西亚
- Capua 卡普亚
- caput (poll tax) 人头税
- Carolingian 加洛林(加洛林帝国,历史地名)
- Carpathian mountains 喀尔巴阡山脉
- Carthage 迦太基
- Časlav of Serbia 塞尔维亚的查斯拉夫
- Cassandria 卡桑德利亚
- Cassia 卡西娅
- Castamon 科斯塔莫(科穆宁家族发祥地)
- Castile 卡斯蒂尔
- Castoria 卡斯托里亚(地名)
- Catacalon Cecaumenus 卡塔卡隆·塞考麦努斯
- Catalan Duchy 加泰罗尼亚雇佣兵公国
- Catalans 加泰罗尼亚人
- Catalonia 加泰罗尼亚
- cataphracts 重装骑兵部队
- *Catechism*《教理问答》
- catepano 首长
- Cathar 卡塔尔派(清洁派)
- Catherine de Courtenay 凯瑟琳·德·考特尼
- Catherine of Valois 瓦卢瓦的凯瑟琳
- Caucasus 高加索
- Cecaumenus 塞考门努斯
- Cedrenus 塞德林努斯
- Cekaumenos Catakalon 凯考迈努斯·卡塔卡隆
- Cephalonia 凯法利尼亚岛
- Cernikum 凯尔尼库姆城
- Černomen 色诺门(地名/战役名)
- Cesarini 塞萨里尼
- Cetina river 采蒂纳河(克罗地亚南部)
- Chagan 汗王
- Chalandritsa 查兰德里察(男爵领地)
- Chalcedon 卡尔西顿
- Chalcidice 哈尔齐迪基(地名)
- Chaldia 查尔迪亚
- Chalke Gate 皇宫大门
- Chandax 汉达克斯(今克里特岛伊拉克利翁[Heraklion, Ηράκλειο]以西)
- Charles 查理
- Charles of Anjou 安茹的查理
- Charlemagne 查理曼
- Charles Ⅰ of Anjou 安茹的查理一世
- Charsianon 查尔西农(军区)
- chartoularios 财政官(拜占庭的)
- Cherchere 车尔车利(地名)
- Cherson 克尔松
- Cherian (Χερ ίαναν) 海里安,今土耳其希兰(Şiran),也称卡拉加(Karaca)
- Chersonesos 切索内索斯(地区)

D

- Dacia 达契亚
- Dalmatia 达尔马提亚
- Damalis 大马里斯（地名）
- Damascus 大马士革
- Damietta 达米埃塔
- Danishmendid amirs 丹尼斯蒙蒂德埃米尔
- Danube 多瑙河
- Daphnous 达弗努斯港口
- Dara（Anastasiopolis）达拉（阿纳斯塔西奥波利斯）
- Dastagird 达斯塔基德
- David Comnenus 戴维 · 科穆宁
- David Ⅱ 戴维二世
- David Komnenos 戴维 · 科穆宁
- David Grand Komnenos 戴维 · 大科穆宁
- *De Administrando Imperio* 《论帝国政府》
- *De Ceremoniis* 《礼仪书》
- *De Excrementis Alvinis* 《论分区》
- *De medicina* 《论医学》
- *De observatione ciborum* 《食物观察》
- *De Usu Partium Corporis Humani* 《论人体各部器官功能》
- Deabolis（Δεάβολις）狄阿波利斯，今阿尔巴尼亚德沃尔（Devoll）
- Decimum 德西姆（地名/会战）
- Demes 竞技党人
- Demetrias 迪米特里亚斯（地名）
- Demetrios Chomatenos, archbishop of Ohrid 迪米特里·乔玛特诺，奥赫里德大主教
- Demetrios Khomatianos 奥赫里德主教迪米特里
- Demetrius 迪米特里
- Demetrius Cabasilas 迪米特里·卡巴西拉斯
- Demetrius Cydones 迪米特里·塞多尼斯，拜占庭作家
- Demetrius of Montferrat 蒙特菲拉特的迪米特里
- Demetrius Sophianus 迪米特里·索菲亚纳斯
- Demetrius, patron saint of Thessalonica 迪米特里，塞萨洛尼基的守护圣徒
- denarius 第纳里（钱币名称）
- Dervan 德万，塞尔维亚人领袖
- Despoina 女君主
- Despotate of Epiros 伊庇鲁斯君主国
- Despotes 专制君主
- Develtus 德维特斯
- Devoll 德沃尔
- Didymoteichos 底迪摩提克斯（地名）
- *Dieting for an Emperor*《献给皇帝的食谱》
- *Digenis Akrites*《狄吉尼斯·阿卡里特斯》
- *Digest*《学说汇纂》
- Dimitri Progoni 迪米特里·普罗戈尼，阿尔巴农大公
- Dimitrias 迪米特里亚（地名）
- Dioceses 大区长官
- Diocletian 戴克里先
- Diogenes family 狄奥根尼斯家族
- Diogeni 迪奥格尼斯
- Dionysius 狄奥尼修斯
- Dionysos 狄奥尼索斯
- Dioscorus 迪奥斯库鲁斯
- Diplokionion 迪普罗基翁
- Dnepr river 第聂伯河
- Dobromir Chrysos 多布罗米尔·克里索斯
- Dobrudja 多布罗加（地区名）
- Dodecanese islands 多德卡尼斯群岛
- domestic of the scholai 军区总司令
- Domestics（Dienstmänner）家仆、管家（或地产商品，视上下文语境而定）
- Dominum mundi 世界统治权
- Don 顿河
- Donation of Constantine 君士坦丁赠礼
- Dortmund 多特蒙德
- Dorylaeum 多里莱乌姆
- Doukas family 杜卡斯家族
- Dragutin 德拉古丁
- Dráma 兹拉马
- dromones 德隆猛
- Drungarius of the Fleet 海军舰队司令
- drungarius vigiliae 皇宫卫队司令
- drungus 德鲁古斯
- druzhina 卫队、亲随（波西米亚的）
- dryhten 指挥官
- Dryinopolis 德莱诺波利斯（军区）
- Dubrovnik 杜勃罗文克
- Ducas 杜卡斯
- Ducas Michaelis 杜卡斯·米哈伊尔利斯
- ducat 杜卡特，金币
- duces 都督
- Duchy of Athens 雅典公国
- Duke of the Archipelago 爱琴海公国公爵
- Dux 大公、伯爵
- Dvin 第温（又作杜比奥斯 Doubios）
- *Dynameron*《药典》
- Dyrrachium 迪拉基乌姆

E

- Echinades Islands 埃奇纳德群岛
- *Ecloga* 《法律选编》
- *Eclogae de re rustica* 《农业选集》
- Edessa 埃德萨
- Egypt 埃及
- Ehrbarkeit "身负声望者"
- Eirene Angelos 伊琳妮 · 安苴鲁斯
- Eirene Komnena 伊琳妮 · 科穆宁娜
- Elias 埃利亚斯
- Emeric 埃默里克
- Enghien 昂吉安
- Enric Dandolo 恩里科 · 丹多洛
- Eparchos of the City 君士坦丁堡市长
- Eparch 城市长官
- Ephesus 以弗所
- Ephraem Syrus 叙利亚的以法莲
- *Epidemics*《流行病论》
- epikernes 执杯者
- Epirus 伊庇鲁斯
- Episkepsis "地产"
- *Epitome on the Curing of Ailments* 《治愈疾病的提要》
- Eretnids 埃雷特纳（贝伊政权）
- Erzerum 埃尔泽乌姆
- Ethiopia 埃塞俄比亚
- Euboea 埃维厄岛（旧译优卑亚）
- Eudochia 欧多基娅
- Eudocia Angela 尤多奇亚 · 安哲拉
- Eudokia 欧多基娅，拜占庭皇后，伊拉克略之妻
- Eugenius Ⅲ， pope 尤金三世，教宗
- Eugenius Ⅳ， Pope（Gabriel Condulmaro）尤金四世，教宗（加布里尔 康杜尔马罗）
- Eulogia 尤洛吉亚
- Eunomius 尤诺米乌斯
- Euphrates 幼发拉底河
- Eusebius of Caesarea 凯撒里亚的尤西比乌斯
- Eusebius of Nicomedia 尼科米底的尤西比乌斯
- Eusebius 尤西比乌斯

- Hellespont 赫勒斯滂海峡
- Henry Ⅱ 亨利二世
- Henry Ⅳ 亨利四世
- Henry of Constantinople 君士坦丁堡的亨利
- Henry of Hainault 埃诺的亨利
- Henry the Bearded of Silesia 西里西亚的“胡子”亨利
- Henry Ⅵ 亨利六世
- Heraclea 希拉克利亚城
- Heracleonas 希拉克隆纳斯（伊拉克略之子）
- Heraclius 伊拉克略
- Heraclius, exarch of Carthage 伊拉克略，迦太基总督
- Heraklonas 伊拉克洛纳斯
- Hermus 赫尔穆斯河（今土耳其盖迪兹河，Gediz）
- Hesychasts 静默派
- Hetaereia 御林军
- Hetaireia 雇佣军“扈从”
- hexagram 六克钱
- Hexamilion 希克西米亚城墙
- Hicraklion 希克拉科隆
- Hierapolis 希拉波利斯
- Hiereia 海尔里亚
- Hijaz 汉志
- Himerios 海姆里奥斯
- Hippocrates 希波克拉底
- Hippodrome 大竞技场
- Hispania 伊比利亚半岛
- histmenon, -a（τὸ στάμενον, -α）西斯塔麦农，足重的“诺米斯玛”金币
- *Historiai*《历史》
- Holsteinius Lucas 霍斯泰纽斯·卢卡斯
- Holy Church 圣墓教堂
- Holy Roman Empire 神圣罗马帝国
- Honorius 霍诺留
- Honorius Ⅰ 霍诺留一世
- Hugh Ⅰ of Cyprus 塞浦路斯的休一世
- Hugh of Provence 普罗旺斯的休
- Hulegu（Mongol leader）旭烈兀（蒙古人首领）
- Humbert 亨伯特
- Hungary 匈牙利
- Huns 匈人
- hyperpers 金币
- Hyperpyra 海伯龙金币
- hyperpyron, -a 希帕皮隆，金币

I

- Iaropolk 埃罗波尔克
- Iaroslav（‘the Wise’）of Kiev 基辅的“智者”雅罗斯拉夫
- Ibas, bishop of Edessa 伊巴斯，埃德萨主教
- Ibas, Ostrogothic dux 伊巴斯，东哥特公爵
- Iberia 伊比利亚
- Iberian peninsula 伊比利亚半岛
- Ibn al-Wasiti 伊本·瓦西提
- Icaria 伊卡利亚岛
- Icon 圣像
- Iconium 伊科尼姆（或科尼亚）
- Iconoclasm 毁坏圣像运动
- Iconomium palace 伊科诺米乌斯宫
- Ierissó s 耶里索斯主教区
- Ignatius 伊格纳提乌斯
- Igor of Kiev 基辅的伊戈尔
- Ikhshidids 伊赫希德王朝
- Il-khanate 伊儿汗国
- Illustres “杰出者”
- Illyria（Illyricum）伊利里亚
- Imbros 因布罗斯（地名）
- Immortals 不朽军
- imperial protospatharios “御前首席带刀侍卫”
- imperial secretary 皇帝秘书
- India 印度
- Innocent Ⅱ 英诺森二世
- Innocent Ⅲ 英诺森三世
- Innocent Ⅳ 英诺森四世
- Innocent Ⅴ 英诺森五世
- Innocent Ⅵ 英诺森六世
- *Institutes*《法学阶梯》
- interventor 代理主教
- Ioannes Kaminiates 约翰·卡米尼亚特斯
- Ioannikios Komnenos 约翰尼克斯·科穆宁，意为“小约翰”
- Ioannina 约阿尼纳
- Ioannoupolis 约翰波利斯
- Iona 约纳，莫斯科都主教
- Iona monastery 艾奥纳修道院
- Ionian Islands 爱奥尼亚群岛
- Ionicus 伊奥尼库斯
- Iran 伊朗
- Iraq 伊拉克
- Irene Doukaina Laskarina 伊琳妮·杜凯娜·拉斯卡丽娜
- Irene Asanina 伊琳妮·阿萨妮娜
- Irene Asen 伊琳妮·亚森
- Irene Syrikaina 伊琳妮·叙丽凯娜
- Iris River 埃里斯河
- Isaac Angelus 伊萨克·安苴鲁斯
- Isaac Comnenus 伊萨克·科穆宁
- Isaac Ⅰ Komnenos 伊萨克一世·科穆宁
- Isaac Ⅱ Angelos 伊萨克二世·安苴鲁斯
- Isaac Komnenos, brother of Alexios Ⅰ 伊萨克·科穆宁，阿莱克修斯一世的兄弟
- Isaac Komnenos, brother of John Ⅱ 伊萨克·科穆宁，约翰二世的兄弟
- Isaac Komnenos, ruler of Cyprus 伊萨克·科穆宁，塞浦路斯统治者
- Isauria 伊苏里亚
- Isidore of Kie 基辅的伊西多尔
- Isidore of Seville 塞维利亚的伊西多尔
- Isle of Greece 希腊群岛
- Isoyaw Ⅳ 伊索尤四世
- Ispela 伊斯佩拉
- Issac Nestongos 伊萨克·奈斯通格斯
- Istamboul 伊斯坦布尔
- Ister River 伊斯特河
- Istria 伊斯特里亚
- Istronopolis 伊斯特罗诺波利行省
- Italy 意大利
- Ivan Alexander Asan 伊凡·亚历山大·阿山（保加利亚国王名）
- Ivan Ⅱ Asen of Bulgaria 保加利亚的伊凡二世·亚森
- Ivanko 伊万科
- I zmir 伊兹密尔
- İzyaslav Ⅰ 伊扎斯拉夫一世

J

- Jacobite Christianity 雅各派基督教
- Jader 亚德尔
- Jaffa 雅法
- Jagiellonians 亚盖洛家族
- janissaries 新军

K

L

- Labarum 拉伯兰军旗
- Lacedaemon 拉斯第孟
- Laconia 拉科尼亚（地名）
- Lachanodracon 拉查诺德拉孔
- Lactantius 拉克坦提乌斯
- Ladislas Hunyadi 拉迪斯拉斯·洪约迪
- Ladislas Ⅰ, king of Hungary 拉迪斯拉斯一世，匈牙利国王
- Ladislas Ⅱ, king of Hungary 拉迪斯拉斯二世，匈牙利国王
- Lala Sahin 拉拉·萨辛
- Laraxanes/Larxan/Larhan 拉拉哈尼
- Lamí a 拉米亚
- Lampas 兰帕斯
- Lampoudius 拉普底乌斯（人名）
- Lampsacus 兰普萨库斯
- Langobards 伦巴第人
- Laodikeia 劳迪西亚，今土耳其西南部城市代尼兹利（Denizli）
- Lasia 拉西亚
- Lά rissa 拉里萨
- Latins 拉丁人
- Lavra 劳拉
- Laz 拉兹人
- Lazar Ⅲ Brankovic 拉撒尔三世·布兰科维奇，塞尔维亚亲王
- Lazica 拉齐卡
- Lazio 拉齐奥
- Lebanon 黎巴嫩
- Lecapenus, Christopher 克里斯多佛·利卡本努斯
- l'Ecluse 莱克吕斯
- Lemnos 利姆诺斯岛
- Leontokastron 狮堡
- Lent 大斋节（若是人名，可译伦特）
- Leo Ⅲ 利奥三世
- Leo Argyrus 利奥·阿尔吉鲁斯
- Leo Cephalas 利奥·凯发拉斯
- Leo Cephlas 利奥·克弗拉斯
- Leo Ⅰ, Pope 利奥一世，教宗
- Leo Ⅰ 利奥一世
- Leo Ⅸ 利奥九世
- Leo Katakylas 利奥·卡塔凯拉斯
- Leo Nikerites 利奥·尼基里特斯
- Leo Phokas 利奥·福卡斯
- Leo the Deacon 执事利奥
- Leo the Sacellarius 撒塞拉里乌斯的利奥
- Leo Tornikios 利奥·托尔尼基奥斯
- Leo Ⅵ（'the Wise'）"智者"利奥六世
- Leo, bishop of Chalcedon 利奥，卡尔西顿主教
- Leonardus of Chios 希俄斯岛的莱奥纳杜斯
- Leonico Tomeo 列奥尼克·陶麦
- Leontarion 莱翁达里昂（地名）
- Leontius Ⅱ 利奥提乌斯二世
- Leontius of Byzantium 拜占庭的利奥提乌斯
- Leontius 利奥提乌斯
- Leovigild 莱奥维吉尔德
- Lesbos 莱斯沃斯岛
- Levant 利凡特（黎凡特）
- Lex militaris《士兵法》
- Lex Rhodia/Rhodian Sea Law《航海法》
- Lex rustica/Farmer's Law《农业法》
- *Lexikon*《词典》
- Libadenos 李巴德诺斯
- Libanius 利巴尼乌斯
- Licario 里卡利奥（拉丁骑士）
- Licinius 李锡尼
- limitanei 拜占庭边防军
- Limnia 利姆尼亚，今土耳其恰尔尚巴（Çarşamba）以北
- Lithuania 立陶宛
- Little Armenia 小亚美尼亚
- Liutprand 利乌特普兰德
- Loches Castle 罗切斯城堡
- logothete of genikon 总务部大臣
- logothete of the sekreta 秘书官
- Logothetes 重臣
- Lombard 伦巴第
- London 伦敦
- Longanikos 隆尼亚尼科斯（地名）
- Loos 鲁斯
- Lothar Ⅲ 洛塔尔三世
- Louis Ⅰ of Hungary 匈牙利的路易一世
- Louis Ⅱ 路易二世
- Louis Ⅸ（'Saint Louis'）路易九世（圣路易）
- Louis of Blois 布卢瓦的路易
- Louis the German 日耳曼人路易
- Louis the Great of Hungary 匈牙利的路易大王
- Louis Ⅶ of France 法兰西的路易七世
- Love č 洛维奇(地名)
- Lusignan 吕西尼昂
- Lycandus 利堪多斯
- Lydia 里迪亚(地名)

M

- Macedonia 马其顿
- Maçka 马奇卡区
- Macrobius 马克罗比乌斯
- magister officiorum 执事官
- magistri militum 军事指挥官
- magistrates 长官
- Magistrus 宰相
- magnate 权贵者
- Magnaura 玛格纳乌拉
- Magnentius 马格尼提乌斯
- Magnesia 马格尼西亚，今土耳其马尼萨（Manisa）
- Magnus Maximus 马格努斯·马克西姆斯
- Magyar 马扎尔
- Maina 麦纳地区
- Maksim 马克西姆
- Malalas 马拉拉斯
- Malamir 马罗米尔
- Maleini 马莱尼家族
- Malikites 马立克派
- Malikshah 马利克沙
- Malta 马耳他
- Mamluks 马穆鲁克王朝（马木路克）
- Mamun 马蒙
- manaig（monastic tenants）马奈伊格（修道院佃农）
- Manfred of Sicily 西西里的曼弗雷德
- Maniach 马尼亚克
- Manichaesim 摩尼教
- Manichees 摩尼教徒
- Mansur bin Sarjun 曼苏尔·本·苏尔俊
- Manuel 曼努埃尔
- Manuel Anemas 曼努埃尔·亚尼马斯
- Manuel Angelos Philanthropenos 曼努埃尔·安苴鲁斯·费兰斯罗比诺斯（约 1389—1394 年在任），塞萨利领主
- Manuel Chrysoloras 曼努埃尔·克里斯多利斯
- Manuel Ⅰ Comnenus 曼努埃尔一世·科穆宁
- Manuel Ⅱ Palaiologos 曼努埃尔二世·帕列奥列格

- milites ecclesiae 教会的斗士
- milites 士兵
- Militia of Jesus Christ 耶稣基督骑士团
- Milutin Stefan of Serbia 塞尔维亚的米卢廷・斯特凡
- Minister for Petitions 谏议官
- Mingerelia 明格列尼亚
- Minthrion（Μινθρίον）米特拉山，今土耳其博兹特佩（Boz Tepe）
- Mircea of Wallachia 瓦拉几亚的米尔西亚
- Mistislav 米斯提斯拉夫
- Mistra 米斯特拉
- Mitaton "米塔盾"（客栈）
- Modon 莫顿
- Moesia 默西亚
- Moldavia 摩尔达维亚
- *Monemvasia Chronicle*《莫奈姆瓦夏编年史》
- Mongolia 蒙古
- Monomachos family 摩诺马赫家族
- Monophysites 一性论派
- monostrategos 最高指挥官
- Monotheletism 基督单一意志说
- Montanists 孟他努派异端
- Monte Cassino 卡西诺山
- Monte Cassino Abbey 卡西诺山修道院
- Montenegro 黑山
- Moors 摩尔人
- Mopsuestia 莫普苏埃斯提亚
- Morava river 莫拉瓦河
- Moravia 莫拉维亚
- Morea 莫利亚
- Morea，principality 莫利亚公国
- Morocco 摩洛哥
- Moscow 莫斯科
- Moses 摩西
- Mosynopolis 莫西诺波利斯
- Mount Athos 阿索斯山
- mounted archers 骑射兵
- mounted sergeants 骑兵军士
- *Mousai*《歌集》
- Mstislav of Rus' 罗斯的姆斯基斯拉夫
- Mstislav 基辅大公姆斯基斯拉夫
- Mu'awiya 穆阿维亚
- Muhammed 穆罕默德
- Muhammed Ⅰ of Ottoman 穆罕默德一世
- Muhammed Ⅱ of Ottoman 穆罕默德二世
- Muhammad，Prophet 先知穆罕默德
- Muhammad，qadi of Seville 穆罕默德，塞维利亚的卡迪（法官）
- Mundus 蒙都斯（查士丁尼时期将军）
- Murad Ⅰ 穆拉德一世
- Murad Ⅱ 穆拉德二世
- Musa 穆萨
- Musele 穆塞雷
- Muslims 穆斯林
- Mustafa Çelebi 穆斯塔法・切勒比
- Mutasim 穆塔西姆
- Muzalon 木扎伦
- Mykonos 米科诺斯岛
- Mylasa 米拉萨（军区）
- Myriokephalon 米利奥克法隆
- Mysia 米西亚地区

N

- Naissus（Nis）纳伊苏斯（尼什）
- Namur 那慕尔
- Naples 那不勒斯
- Narses 纳尔泽斯
- Naupaktos 纳夫帕克托斯
- Navarre 纳瓦拉
- Náxos 纳克索斯
- Nazareth 拿撒勒
- Neboulos 内布鲁斯
- Neckar 内卡河
- Nemanja Stefan of Serbia 塞尔维亚的内马尼亚・斯特凡
- Neocastron 奈奥卡斯托恩
- Neopatras 新帕特拉
- Neoplatonism 新柏拉图主义
- Nephon Ⅰ 尼丰一世（君士坦丁堡牧首）
- Nestorian 聂斯托利派
- Nestorian Christianity 聂斯托利派基督教（景教）
- Nestorius 聂斯托利
- Nestus 奈斯托斯河
- Netherlands 尼德兰
- Nevers 纳韦尔
- Nicaea empire 尼西亚帝国
- Nicaea 尼西亚
- Niccolo Niccoli 尼科洛・尼科利
- Nicephoritzes 尼基弗里奇斯
- Nicephoros Ⅰ 尼基弗鲁斯一世
- Nicephoros Pastilas 尼基弗鲁斯・帕斯提拉斯
- Nicephorus Chumnos 尼基弗鲁斯・库慕诺思
- Nicephorus Loukanis 尼基弗鲁斯・洛卡尼斯
- Nicetas 尼基塔斯
- Nicholas 尼古拉斯
- Nicholas Cabasilas 尼古拉・卡巴西拉斯
- Nicholas Eudaimonoioannes 尼古拉・尤戴莫诺安尼斯
- Nicholas Ⅰ，Pope 尼古拉一世，教宗
- Nicholas Ⅲ，Pope（Caietanus Ursinus）尼古拉三世，教宗（凯耶塔努斯・乌尔西努斯）
- Nicholas Myrepsos 尼古拉・米利普索斯（尼西亚帝国医官）
- Nicolo Barbaro 巴尔巴洛
- Nicomedes Ⅳ Philopator 尼科米底斯四世
- Nicomedia 尼科米底亚
- Nicopolis 尼科波利斯
- Nika riot 尼卡起义
- Nike 尼科，胜利女神
- Nikephoritzes 尼基弗利齐斯
- Nikephoros Blemmydes 尼基弗鲁斯・布拉米德
- Nikephoros Bryenios 尼基弗鲁斯・布里恩纽斯
- Nikephoros Chrysoberges 尼基弗鲁斯・克茹索白格斯
- Nikephoros Ⅲ Botaneiates 尼基弗鲁斯三世・博塔尼埃蒂兹
- Nikephoros Mystikos of Constantinople 君士坦丁堡的尼基弗鲁斯・梅斯蒂科斯
- Nikephoros of Epiros 伊庇鲁斯的尼基弗鲁斯
- Nikephoros Phokas Ⅱ 尼基弗鲁斯・福卡斯二世
- Nikephoros Phokas 尼基弗鲁斯・福卡斯
- Nikephoros，patriarch of Constantinople 君士坦丁堡牧首尼基弗鲁斯
- Nikephorus Botaneiates 尼基弗鲁斯・伯塔奈亚特斯
- Nikephorus Bryennius 尼基弗鲁斯・布林纽斯
- Nikephorus Melissenus 尼基弗鲁斯・迈里西努斯
- Niketas Choniates 尼基塔斯・侯尼雅迪斯
- Niketiatou 尼基提阿图
- Nikiu 尼基乌
- Nile river 尼罗河
- Nineveh 尼尼微
- Nis 尼什
- Nisibis 尼西比斯

O

P

- Peter of Bulgaria 保加利亚的彼得
- Peter of Cyprus 塞浦路斯的彼得
- Peter of Serbia 塞尔维亚的彼得
- Peter Phokas 彼得·福卡斯
- Peter the Deacon 执事彼得
- Peter the Hermit 隐士彼得
- Peter the Subdeacon 副执事彼得
- Peter, king of Croatia 克罗地亚国王彼得
- Peter, Metropolitan 都主教区的彼得
- Peter, patriarch of Constantinople 君士坦丁堡牧首彼得
- Peter, tsar of Bulgaria 保加利亚沙皇彼得
- Peter's Pence 彼得税
- Petra 佩特拉
- Petraliphas family 佩特拉利法斯家族
- Petria Gate 佩特里亚门
- Petronas 佩特洛纳斯
- Petroniius Maximus 彼得罗纽斯·马克西姆斯
- Phanariots 法纳尔人
- Philadelphia 费拉德尔菲亚
- Philaretus 菲拉雷图斯,塞奥菲鲁斯的别名
- Phileas 菲利斯
- Philip Ⅱ Augustus 菲利普二世·奥古斯都
- Philip Ⅳ ("the Fair")("美男子")菲利普四世
- Philip of Germany 德意志的菲利普
- Philip of Swabia 士瓦本的菲利普
- Philip of Taranto 塔兰托的菲利普
- Philip, count of Flanders 佛兰德伯爵菲利普
- Philippopolis 菲利普波利斯
- Philokales 菲洛卡勒斯
- Philopation 菲罗帕提昂
- Philumenus 菲路梅努斯
- Phirygia 菲利吉亚
- Phocis 福西斯(地名)
- Phoinix 菲利克斯
- Phokas family 福卡斯家族
- Phokas 福卡斯皇帝
- Photinus 弗提努斯
- Photius 弗提乌斯
- Phrangopoulos 弗朗哥波洛斯
- Phrangopoulos 菲拉努普卢斯
- Phrantzes 法兰奇斯
- Phrygia 弗里吉亚
- Pindus 品都斯山脉
- Pisa 比萨
- Pitsounda 皮聪大
- Placidia 普拉西迪亚
- Platamón 普拉塔蒙(地名)
- Plato's academy 柏拉图学院
- Platonism 柏拉图主义
- Pliska, Bulgar capital 普利斯卡,保加利亚人的首都
- Plousias 普卢西亚斯(军区)
- Ployeucht, Patriarch 普罗尤科特,牧首
- Poitiers 普瓦蒂埃
- Poland 波兰
- Polima 帕里马堡
- Politian 堡利西安
- Polyeuctes 伯利埃乌克特斯
- Pomerani/Pomerania 波美拉尼亚
- Pomorie 波摩莱港,古称 Anchialos
- Pondos 旁都斯(地区名)
- Pontic Mountains 本都山脉
- Pontus 本都(地区名)
- Popelicani (Paulicians) 保罗派
- Port of Ascalon 阿什凯隆港口
- praetor "行政司法官"
- praetorian prefecture 大区长官
- Praetorium 总督府
- *Pragmatic Sanction*《国事诏书》
- Preslav 普雷斯拉夫
- Prespa 普雷斯帕
- pretorian prefect 大区行政长官
- Prilep 普里莱普
- Primate (保加利亚)大主教
- Principes 元首
- Principo 普林西波岛
- Priscus 普里斯库斯
- Pristina 普里斯第纳
- Prizren 普里兹伦
- Prochoros Kydones 普罗考罗斯·克多恩尼斯
- Proclus 普罗克洛斯
- Proconnesus 马尔马拉岛
- Procopius 普罗柯比
- *Prognostic*《预后论》
- Prokopia 普罗柯比娅
- pronoia system 普洛尼亚制
- Prosek 普罗塞克
- proskynesis 吻脚礼
- Proterius 普罗特里乌斯
- protimesis 先占权原则
- Protoasekretis 宫廷首席文书
- protonotarios 总管
- Protosebastohypertatos 首席贵族
- Protosebastos "首尊"
- Protospatharius 首席佩剑贵族
- protosynkellos "大主教区首席联络官"
- protos 总督
- protovestiarios 首席配剑贵族
- Protovestiarites 侍卫长
- Prousa 普鲁萨
- Psellos 普塞洛斯
- Pseudo-Maurice 伪莫里斯
- Ptolemy 托勒密
- Pulcheria 帕尔切里亚
- Pylae 彼莱(军区)
- Pyrrhus 皮尔胡斯
- Pythia 皮提亚

Q

- Qayrawan 凯鲁万
- Quadi 奎代人
- *Quadrivium*《四艺》
- quaestor, 拜占庭司法主管
- Quinisext Synod of Constantinople 君士坦丁堡第五—六次基督教公会议

R

- Rabban Sauma 拉班·索马(即巴索马,也译为扫马·拉班)
- Radonic 拉多尼奇
- Radoslav of Zeta 泽塔的拉多斯拉夫
- Ragusa (Dubrovnik) 拉古萨(杜布罗夫尼克)
- Raphanea 拉法内
- Ramon Muntaner 拉蒙·蒙塔内尔
- Rascia 拉齐亚
- Raška 拉斯卡
- Ratislav 拉提斯拉夫
- Ravenna 拉文纳
- Raymond of Poitiers 普瓦蒂埃的雷蒙
- Raymond of Toulouse 图卢兹的雷蒙
- Red Sea 红海

S

· Sicilian Vespers 西西里晚祷事件
· Sicily 西西里
· Sidon 西顿
· Sigismund 西吉斯孟德
· Sigos River 西哥斯河
· Silesia 西里西亚
· Sikyon 锡克永
· Silivri 锡利夫里
· siliqua，-ae 西里夸，银币
· Silistria 希利斯特利亚
· Silvan 锡尔万
· Simon Atumano 西蒙·阿图曼诺
· Simonis 西蒙尼丝
· Sinai 西奈
· Sinai，Mt 西奈山
· Singara 辛加拉
· Singidunum 锡吉杜姆
· Sinope 西诺普
· Sinope Gospels 西诺普福音书
· şiran 希兰，也称卡拉加（Karaca）
· Sirmium 西尔米乌姆
· Sis 西斯要塞
· Sision 西西翁
· Sittas 西塔斯（查士丁尼时期将领）
· Sivas 锡瓦斯，旧称塞巴斯提亚（Sebastea）
· Sixth Ecumenical Synod of Constantinople 君士坦丁堡第六次基督教普世公会议
· Skadar 斯库台
· Skadar 斯考德拉（塞尔维亚第一王国首都）
· Skamandros 斯卡曼德罗斯
· Skanderbeg（George Castriotes）斯堪德培（乔治·卡斯特里奥特斯）
· Skiathos 斯基亚索斯岛
· Skopelos 斯科佩洛斯岛
· Skoplje 斯科普里
· Skylolimne 斯凯洛利姆尼（地名）
· Skyros 斯基洛斯岛
· Slavs 斯拉夫人
· Smederevo 斯梅代雷沃
· Smyrna 士麦那
· Socrates 苏格拉底
· Sogdian 粟特人
· solidus，-i 索里达
· Sophia Palaiologa 索菲娅·帕列奥列格
· Sophronius 索弗洛尼乌斯
· Soteropolis 索特罗波利斯
· Sozomen 索佐门
· Sozomenos 索卓门诺斯
· Sozopetra 索佐佩特拉
· Spain 西班牙
· spatharii 私人卫兵
· Spatharocandidatus 白袍佩剑者
· spear-bearer 持投枪者
· St John of Jerusalem 耶路撒冷的圣约翰
· St Sophia 圣索菲亚
· St Thecla 塞克拉
· St Theodosius 圣塞奥多西
· Stadia 斯塔德
· Stauracios 斯达乌拉焦斯
· Stauracius 斯达乌拉西乌斯
· Staurophoros “持十字架者”
· Stefan Dusan 斯特凡·杜尚
· Stefan Ⅱ the “First-crowned” “第一个加冕者”斯特凡二世
· Stefan Nemanja 斯特凡·内马尼娅
· Stefan Radoslav 斯特凡·拉多斯拉夫
· Stefan Uros Ⅱ 斯特凡·乌罗什二世
· Stefan Urosh Ⅳ Dushan 斯特凡·乌罗什四世·杜尚
· Stephan Lazarevic 斯特凡·拉扎雷维克
· Stephanie of Milly 米利的斯蒂法妮
· Stephanites 斯蒂法尼派
· Stephen（Istvan）Ⅴ of Hungary 匈牙利的斯蒂芬（伊斯特万）五世
· Stephen Contostephanos 斯蒂芬·康托斯蒂法诺斯
· Stephen Dušan 斯蒂芬·杜尚
· Stephen Ⅰ，king of Hungary 斯蒂芬一世，匈牙利国王
· Stephen Ⅱ，king of Hungary 斯蒂芬二世，匈牙利国王
· Stephen Ⅲ，king of Hungary 斯蒂芬三世，匈牙利国王
· Stephen Ⅳ，king of Hungary 斯蒂芬四世，匈牙利国王
· Stephen Nemanja 斯蒂芬·内马尼亚
· Stephen of Hungary，St 圣徒匈牙利的斯蒂芬
· Stephenson 斯蒂芬森
· Steven Bowman 斯蒂芬·伯曼
· Stilicho 斯蒂利科
· Stip 什蒂普
· Stoumpion 斯托皮昂
· Stousites 斯都底特斯
· Strabo 斯特拉波
· Straits of Gibraltar 直布罗陀海峡
· *Strategikon*《战略》
· Strategius 斯塔特基乌斯
· Stratē gos 将军
· Struma 斯特鲁马河
· Strymon 斯特雷蒙河
· Studenica monastery 斯图德尼卡修道院
· Studium 斯达迪尔修道院
· Stylianos Zautzes 斯提连努斯·扎乌奇斯
· Sueves 苏维汇人
· Sufetula 苏非杜拉
· Suidas 修达
· Suleiman 苏莱曼
· Sü leyman Ⅰ 苏莱曼一世
· Suma Kale 苏玛堡
· Sumela 苏梅拉修道院
· Šumen 苏门
· Sü rmene 叙尔梅内（地名）
· Sunni 逊尼派
· Svetoslav 斯维托斯拉夫
· Sviatopolk 斯维亚托波尔克
· Sviatopolk of Great Moravia 大摩拉维亚的斯维亚托波尔克
· Sviatoslav of Rus' 罗斯的斯维亚托斯拉夫
· Svyatopolk of Kiev 基辅的斯维亚托波尔克
· Swabia 士瓦本
· Sybilla of Flanders/Hainaut 西比拉
· Symbatius 辛巴提乌斯
· Symbolon 辛伯伦
· Symenon of Bulgaria 保加利亚的西米恩
· Symeon ‘of Trebizond’ “特拉比宗的”西米恩
· Symeon，tsar of Bulgaria 保加利亚沙皇西米恩
· Synaxarion of Sughdaq 苏达克的“圣徒传记”
· Synesius 辛尼修斯
· synkellos “大主教区联络官”
· *Synopsis tō n Physikō n*《关于自然的探究概要》
· *Syntagma peri Trophō n Dynameō n*《论食物的性质》
· Syracuse 叙拉古
· Syrgiannes Palaiologos 希尔扬尼斯·帕列奥列格
· Syria 叙利亚
· Syros 锡罗斯岛

T

· Tabari 塔巴里
· Tabennan 塔本纳
· Taceddino ğullari 塔吉·阿丁贝伊领地
· *Tactica*《战术》
· Tacitus 塔西佗
· tagma 塔格玛
· Tana 塔纳港,亦称塔奈斯港(Tanais)
· Tancred of Antioch 安条克的坦克雷德
· Tancred of Sicily 西西里的坦克雷德
· Taormina 塔奥米纳
· Taprobane 塔普罗巴奈
· Taranto 塔兰托
· Tarasius 塔拉西乌斯
· Tarchaniotes 塔查尼奥特斯
· Tareutum 塔兰图姆
· Tarsus 塔尔苏斯
· Tatars 鞑靼人
· Tatikios 塔提基奥斯
· Taurus mountains 托罗斯山脉
· Telerig of Bulgaria 保加利亚的泰勒里格
· Teluch 泰鲁赫
· Templars, Order of 圣殿骑士团
· Temujin 铁木真
· Tenedos 特奈多斯岛,今土耳其博兹贾岛(Bozcaada)
· Terina 特里纳,地名
· Tervel 特尔维尔
· Teutonic Knights, 条顿骑士团
· Thamar 泰玛
· Thásos 萨索斯
· The Büyük Menderes River 大门德雷斯河
· the church of Blachernae 布拉海尔奈教堂
· the Church of the Holy Apostle 圣使徒教堂
· the corps of the Carabisiani, Καραβησιάνοι 卡拉比斯阿尼军团
· the Crusades 十字军战争
· The Emirate of Crete 克里特酋长国
· the Golden Gate 金门
· The Grand Vizier 大维齐尔
· the Kerkoporta gate 小城门(君士坦丁堡城内)
· *The Ladder of Divine Ascent*《圣灵的阶梯》
· the Maritza 马里察河
· the Mese 梅希大道
· the Mesoteichon 陆墙
· *The Miracles of St. Demetrius*《迪米特里奇迹》
· the Pegae Gate 佩贾门
· the Praetorian Guard 近卫军
· the river Lycus 莱库斯河
· Thermaïkós Gulf 塞尔迈湾
· the Scholae Palatinae 帕拉丁卫队
· *The Spiritual Meadow*《圣灵的草地》
· the theme of Boleron 博莱隆军区
· the Theme of Hellas 希腊军区
· the Theme of Sicily 西西里军区
· the Theme of the Aegean Sea 爱琴海军区
· the True Cross 耶稣受难真十字架
· Thebes 底比斯
· theios dikastes 帝国法官
· themata 军区
· Themistius 泰米斯蒂乌斯
· Theobald 塞奥博尔德
· Theocritus 里奥克里特斯
· Theodahad 塞奥达哈德
· Theoderic of Fleury 弗勒里的塞奥多里克
· Theoderic of Metz 梅斯的塞奥多里克
· Theoderic the Amal 阿马尔的塞奥多里克(马其顿东哥特王)
· Theoderic the Ostrogoth 东哥特人塞奥多里克
· Theodisclus 塞奥迪斯克鲁斯
· Theodora 塞奥多拉
· Theodore Calliopas 塞奥多拉·卡里奥帕斯
· Theodore Daphnopates, the Constantinopolitans 君士坦丁堡的塞奥多利·达帕诺帕特
· Theodore Doukas of Epiros 伊庇鲁斯的塞奥多利·杜卡斯
· Theodore Ⅰ Laskaris 塞奥多利一世·拉斯卡利斯
· Theodore Ⅰ Palaeologus 塞奥多利一世·帕列奥列格
· Theodore Ⅱ Eirenikos 埃林尼库斯二世(牧首)
· Theodore Ⅱ Laskaris 塞奥多利二世·拉斯卡利斯
· Theodore Ⅱ Palaiologos 塞奥多利二世·帕列奥列格
· Theodore Ⅲ Palaiologos 塞奥多利三世·帕列奥列格
· Theodore Laskaris 塞奥多利·拉斯卡利斯
· Theodore Metochites 塞奥多利·梅托契特斯
· Theodore Mouzalon 塞奥多利·木扎伦
· Theodore Myakios 塞奥多利·米亚基乌斯
· Theodore the Studite 斯图迪特派的塞奥多利
· Theodoret 塞奥多利特
· Theodoropolis 塞奥多罗波利斯
· *Theodosian Code*《塞奥多西法典》
· Theodosia 塞奥多西亚
· Theodosiopolis 塞奥多西波利斯
· Theodosius 塞奥多西
· Theodosius, Count of Africa 塞奥多西,非洲伯爵
· Theodosius, Monophysite patriarch of, Alexandria 塞奥多西,亚历山大里亚一性论派牧首
· Theodosius, patriarch of Antioch 塞奥多西,安条克牧首
· Theodosius Ⅰ, Emperor of the East 塞奥多西一世,东部皇帝
· Theodotos Phokas 塞奥多图斯·福卡斯
· Theodotus 塞奥多图斯
· *Theophanes Continuatus*《塞奥法尼斯编年史续》
· Theophanes 塞奥法尼斯
· Theophano 塞奥法诺
· Theophilitzes 塞奥非利特斯
· Theophilus 塞奥菲鲁斯
· Theophylact of Constantinople 君士坦丁堡的塞奥菲拉克特
· Theophylact Simocatta 塞奥菲拉克特·西摩卡塔
· Theophylaktos 塞奥菲拉克图斯
· Theorianos 塞奥里亚诺斯
· *Therapeutic Method*《治疗方法》
· Therasia 锡拉夏岛
· Thermae 塞迈城
· Thermaic Gulf 塞迈湾
· Thessaloníke 塞萨洛尼基
· Thessaly 塞萨利
· The Theme of Sámos 萨摩斯军区
· Thomas Aquinas 托马斯·阿奎那
· Thomas Magistros 托马斯·马吉斯特罗斯
· Thomas Palaiologos 托马斯·帕列奥列格
· Thomas Warwick 托马斯·沃里克
· Thoros 托罗斯
· Thrace 色雷斯
· Thrasekion thema 色雷斯军区
· ‘Three Chapters’“三章案”
· Tiberius 提比略
· Tiberius Ⅱ 提比略二世
· Tiberius Apsimar 提比略·阿普西马尔
· Tigris-Euphrates valley 底格里斯-幼发拉底河河谷
· Tigranocerta/Tigranakert 迪亚巴克尔地区,可能是

今土耳其锡尔万(Silvan)
- Timur 帖木儿
- Tínos 蒂诺斯岛
- Tirebolu 蒂雷博卢
- Tocco 托科
- Tomislav of Croatia 克罗地亚的托米斯拉夫
- Tormás of Hungary 匈牙利的托马斯
- tornesi 托内西
- Totila 托提拉
- Torrul 托鲁尔,也称亚琳卡巴克(Yalinkavak)或索里纳(Sorina)
- Tourmarchai 旅长(军区的)
- tourmarch 军团指挥官
- Tragos《典章》
- Trajan 图拉真
- *Treatise on the Astrolabe*《论星盘》
- *Treaty of Caltabellotta*《卡尔塔贝洛塔条约》
- *Treaty of Christburg*《基督堡条约》
- *Treaty of Devol*《迪沃尔条约》
- *Treaty of Nymphaion*《南菲宏条约》
- *Treaty of Viterbo*《维泰博条约》
- Trebizond 特拉比宗
- Tremisses 泰米赛斯
- Tribonian 特里波尼安
- Tripoli 的黎波里
- Triremes 三列桨战船
- Trnovo 特诺沃
- Trois Fontaines 特鲁瓦方丹
- Tulunids 突伦王朝
- Tunis 突尼斯
- Turcomans 土库曼人
- Turkestan 突厥斯坦
- Turks 突厥人/土耳其人
- Tver' 特维尔
- Tvrtko 特维尔托克
- *Twelve Books on Medicine*《医学十二卷》
- Tyrach 提拉赫
- Tyre 提尔(推罗)
- Tyrian purple 腓尼基紫
- Tzachas 扎查斯
- Tzurulum/Chorlu 乔尔卢

U

- Uighurs 回鹘人
- Ukraine 乌克兰
- Uldin 乌尔丁(匈人首领)
- Ulfila 乌尔菲拉
- 'Umar 欧麦尔
- Umayyad dynasty 倭马亚王朝
- Uniate Church 合一教会
- Urban Ⅱ 乌尔班二世
- Urban Ⅳ 乌尔班四世
- Uros Ⅰ 乌罗什一世
- Uros Ⅱ 乌罗什二世
- 'Uthman 奥斯曼
- Utigur Huns 乌提古尔匈人
- Uzè s 乌赛斯

V

- Vaclav Ⅰ of Bohemia 波希米亚的瓦茨拉夫一世
- Vakfikebir 瓦克菲克比尔
- Valens 瓦朗斯
- Valentinian Ⅰ, emperor 瓦伦提尼安一世,皇帝
- Valentinian Ⅱ, Emperor of the West 瓦伦提尼安二世,西罗马皇帝
- Valentinian Ⅲ, emperor 瓦伦提尼安三世,皇帝
- Valerian 瓦勒里安
- Van 凡城
- Vandals 汪达尔人
- Varangians 瓦兰吉亚人
- Vardar 瓦尔达尔河
- Varna 瓦尔纳
- Vatican 梵蒂冈
- Velbužd 韦尔布德
- Venice 威尼斯
- Veria 韦里亚
- Verona 维罗纳
- Veronica 维罗尼卡
- Via Egnatia 艾格纳提亚大道
- Vicenza 维琴察
- Vidin 维丁
- Vienna 维也纳
- Vikings 维京人(北欧海盗)
- Villehardouin 维莱哈顿
- Viminacium 维米尼库姆
- Visigoths 西哥特人
- Vitalian 维塔利安,教宗
- Vitlinitsa 维特里尼察
- Vitislav of Bohemia 波希米亚的维蒂斯拉夫
- Vlach 弗拉希部落
- Vladimir Ⅰ 弗拉基米尔一世
- Vladimir Monomakh, 弗拉基米尔·莫诺马赫
- Vladimir of Bulgaria 保加利亚的弗拉基米尔
- Vladimir of Rus' 罗斯的弗拉基米尔
- Vladimiri, Paulus 鲍卢斯·弗拉基米里
- Vladislav Ⅰ of Bohemia 波希米亚的弗拉迪斯拉夫一世
- Vladislav Ⅲ 弗拉迪斯拉夫三世
- Voleron 沃勒隆(地名)
- Volga river 伏尔加河
- Vonitsa 沃尼察
- Vostitsa 沃斯蒂萨
- Vukan of Zeta 武坎,泽塔的
- Vukan, zupan of Raska, 武坎,拉斯卡的祖潘
- Vukašia 乌卡什亚(塞尔维亚国王)

W

- Wallachia 瓦拉几亚
- Walter of Brienne 布里恩的瓦尔特
- Welfs 韦尔夫王朝
- William Ⅰ, king of Sicily 西西里国王威廉一世
- William Ⅱ of Morea 莫利亚的威廉二世
- William Ⅱ the Norman of Sicily 西西里的诺曼人威廉二世
- William of Champlitte 尚普利特的威廉
- Witiza 维蒂札
- Witteric 维特里克
- Wladislas Ⅰ of Hungary 匈牙利的弗拉迪斯拉斯一世

X

- Xiphias 西非雅斯
- Xyleas 科里阿斯

Y

Z